SÜDOST- UND SÜDASIEN
Demographische, soziale und regionale Transformationen

ABHANDLUNGEN ZUR GEOGRAPHIE UND REGIONALFORSCHUNG

herausgegeben von Karl Husa, Christian Vielhaber und Helmut Wohlschlägl
Institut für Geographie und Regionalforschung
der Universität Wien

Schriftleitung: Helmut Wohlschlägl

Band 13

Südost- und Südasien

Demographische, soziale und regionale Transformationen

herausgegeben von

Karl Husa, Heinz Nissel und
Helmut Wohlschlägl

mit Beiträgen von

Tibor Aßheuer, Rainer Einzenberger, Bianca Gantner, Martin Heintel,
Karl Husa, Heinz Nissel, Andrea Perchthaler, Werner Schlick, A. Z. M. Shoeb,
Günter Spreitzhofer, Alexander Trupp, Krisztina Veress,
Philip Weninger und Helmut Wohlschlägl

Wien 2011

Anschrift der Herausgeber:

Ao. Univ.-Prof. Mag. Dr. Karl HUSA, Ao. Univ.-Prof. i. R. Dr. Heinz NISSEL und Univ.-Prof. Mag. Dr. Helmut WOHLSCHLÄGL, Institut für Geographie und Regionalforschung der Universität Wien, Universitätsstraße 7/5, 1010 Wien. E-Mail: karl.husa@univie.ac.at, heinz.nissel@univie.ac.at, helmut.wohlschlaegl@univie.ac.at.

Bibliografische Information der Deutschen Bibliothek

Die Deutsche Bibliothek verzeichnet diese Publikation in der Deutschen Nationalbibliografie; detaillierte bibliografische Daten sind im Internet über < http://dnb.ddb.de > abrufbar

---

Umschlagfoto: K. HUSA 2011 (aufgenommen in Laos).

ISBN 978-3-900830-74-8

Alle Rechte vorbehalten

© 2011 by Karl Husa und Helmut Wohlschlägl
Institut für Geographie und Regionalforschung der Universität Wien
A-1010 Wien

Schriftleitung: Helmut Wohlschlägl
Redaktion: Karl Husa, Karin Mayer, Heinz Nissel und Helmut Wohlschlägl
Satz, Layout: Karin Mayer
alle: Institut für Geographie und Regionalforschung der Universität Wien
Druck: Copydruck KG
A-1160 Wien, Sandleitengasse

Printed in Austria

Inhalt

Zu diesem Band 7

Forschungsschwerpunkte im Wandel der Zeit

Karl HUSA und Helmut WOHLSCHLÄGL
Südostasien im Umbruch. Demographische, ökonomische und soziale Transformationen im Spiegel der Wiener Geographischen Südostasienforschung 9

Heinz NISSEL
Fokus Südasien. Schwerpunkte der Geographischen Südasienforschung 1970 bis 2010 – ein Überblick 25

Wandel und Beharrung in Südostasien

Karl HUSA und Helmut WOHLSCHLÄGL
Der Alterungsprozess der Bevölkerung in Südost- und Ostasien: die neue demographische Herausforderung des 21. Jahrhunderts? 43

Karl HUSA und Helmut WOHLSCHLÄGL
„Gastarbeiter" oder Immigranten? Internationale Arbeitsmigration in Südost- und Ostasien im Umbruch 81

Philipp WENINGER
Internationale Migration philippinischer Arbeitskräfte und die Auswirkungen von „Remittances". Mit einer Fallstudie aus den Zentralen Visayas 117

Krisztina VERESS
„Vom Sextouristen zum Strandpensionisten?" Eine Fallstudie zur männlichen Altersmigration nach Thailand am Beispiel von Hua Hin und Cha-am 203

Alexander TRUPP
Mit den Augen der Bereisten – Handlungen und Wahrnehmungen im Ethnotourismus Nordthailands 249

Bianca GANTNER
Die Auswirkungen des Tsunamis 2004 auf die Tourismusgebiete im Raum Phuket, Südthailand: Absturz in die Krise oder neue Chance? 283

Martin HEINTEL und Günter SPREITZHOFER
Manila – Urbanisierung findet statt 323

Günter SPREITZHOFER
„New Towns & Old Kampungs" – Metro-Jakarta zwischen Macht und Marginalität.. 343

Inhalt

Andrea PERCHTHALER
Zum Problem informellen Wohnens in Bangkok Metropolis: Traditionelle und partizipative Ansätze zur Lösung der Wohnungsproblematik von Niedrigeinkommensgruppen 373

Werner SCHLICK
„Shifting Cultivation" im Wandel der Zeit – am Beispiel von Landnutzungskonflikten in Nordthailand 407

Rainer EINZENBERGER
Der Konflikt in Südthailand aus historischer, ethnisch-religiöser und sozioökonomischer Perspektive 437

Südasien – Fortschritte und Rückschläge

Heinz NISSEL
Der Kampf um Lebensraum in den Megastädten Indiens 501

Heinz NISSEL
Indiens geopolitische Ambitionen und Interessensphären 529

Tibor ASSHEUER und A. Z. M. SHOEB
Überschwemmungen und Entwicklung in Bangladesch – von Widersprüchen zu Zusammenhängen 557

Verzeichnis der Autorinnen und Autoren 599

Zu diesem Band

Forschungsreisen in den „Orient" und geographische Fragestellungen zu Asien oder Teilregionen davon besitzen in Wien eine lange Tradition, die sich bis in das 18. Jahrhundert zurückverfolgen lässt. Beginnend in der Zeit zwischen den beiden Weltkriegen und bis in die siebziger Jahre des 20. Jahrhunderts hinein leistete das damalige Institut für Geographie der Universität Wien vor allem Beiträge zur Erforschung Vorderasiens, ab den 1980er-Jahren verlagerte sich dann der Schwerpunkt des Forschungsinteresses zunehmend nach Südost- und Südasien.

Ein wesentlicher Grund dafür liegt in der bemerkenswerten Geschwindigkeit demographischer wie sozio-ökonomischer Transformationen in *Südostasien*. Im Verlauf von drei Jahrzehnten begleitete und analysierte die Wiener Geographie diese rasanten Veränderungen mit Forschungsprojekten, neuen Fragestellungen oder wichtigen Themenfeldern, die immer wieder aufzugreifen waren (siehe dazu den ausführlichen Überblick von Karl HUSA und Helmut WOHLSCHLÄGL über die Entwicklungslinien und Schwerpunkte der Wiener Geographischen Südostasienforschung von Seite 9 bis 24).

Forschungsansätze erwuchsen einerseits aus den dynamischen demographischen, sozio-ökonomischen und regionalen Wandlungsprozessen in den Staaten Südostasiens, andererseits aus „Wiener Traditionen" – dazu zählen etwa die Bevölkerungsforschung, später mit besonderem Fokus auf Migrationsfragen, die Verknüpfung demographischer Befunde mit sozialen und ökonomischen Entwicklungen, die Stadtforschung (heute in Asien vorrangig die Analyse der Entwicklung von Megacities), die Tourismusforschung und nicht zuletzt die Verknüpfung ökonomischer und ökologischer Probleme. Die Beiträge in diesem Asienband, dessen Autorinnen und Autoren sich bis auf eine Ausnahme zur Gänze aus Mitarbeitern oder Absolventen des „Asien-Schwerpunkts" am Institut für Geographie und Regionalforschung zusammensetzen, widerspiegeln diese Schwerpunkte.

Anders ist *Südasien* einzuschätzen, lange Zeit nur Symbol für Armut, Unterentwicklung und politische Zweitklassigkeit. Der regionale Hegemon, Indien, schickt sich nun jedoch an, in wenigen Jahrzehnten vom belächelten „Hungerleider" zur ernstzunehmenden Weltmacht aufzusteigen. In dieser Hinsicht ist Südasien schon seit längerem das zweite regionale Kerngebiet des „Asien-Schwerpunkts" am Institut für Geographie und Regionalforschung, wobei der Fokus vor allem, aber nicht nur, auf Megastadtforschung, Fragen der Urbanisierung und politisch-geographischen Aspekten liegt (siehe dazu den ausführlichen Überblick von Heinz NISSEL über die Entwicklungslinien und Themenbereiche der Geographischen Südasienforschung von Seite 25 bis 41).

Insgesamt soll die Auswahl der Aufsätze in diesem Band die Bandbreite der Arbeiten der Forschungsgruppe Asien (sowohl der Lehrenden wie auch von Absolventen) am Institut für Geographie und Regionalforschung der Universität Wien dokumentieren, wichtige Entwicklungsfragen aufgreifen und die Fortsetzung der Untersuchungen durch eine junge, engagierte Generation ermutigen.

Abschließend wollen wir noch einen besonderen Dank aussprechen: Dieser gilt Frau Karin MAYER. Sie hat diese Publikation wie immer mit viel Umsicht, großer Sorgfalt und hohem Engagement betreut und in gewohnt perfekter Form und mit ausgezeichneter einschlägiger Fachkenntnis die Textverarbeitung durchgeführt, alle notwendigen grafischen Arbeiten erledigt, das Layout gestaltet und die Korrekturarbeiten durchgeführt, so dass der Band nun zu guter Letzt in einem sehr ansprechenden Erscheinungsbild vorliegt.

Vor dem Hintergrund der inhaltlichen Breite und Vielfalt der in dieser Veröffentlichung angesprochenen aktuellen Themen und Problemfelder zu Südost- und Südasien würden wir als Herausgeber uns freuen, wenn dieses Buch insgesamt oder einzelne Beiträge das Interesse der Leserinnen und Leser finden.

Die Herausgeber

Anmerkung:

Aus Gründen der Lesbarkeit wird in diesem Buch bewusst auf die jeweils explizite Nennung von männlichen und weiblichen grammatikalischen Formen verzichtet. Mit dem durchgängig verwendeten generischen Maskulinum sind jedoch stets sowohl männliche als auch weibliche Personen gemeint.

Südostasien im Umbruch. Demographische, ökonomische und soziale Transformationen im Spiegel der Wiener Geographischen Südostasienforschung

KARL HUSA und HELMUT WOHLSCHLÄGL

Asien befindet sich schon seit langer Zeit im Fokus der wissenschaftlichen geographischen Auslandsforschung am Institut für Geographie und Regionalforschung der Universität Wien. Die traditionellen regionalen Schwerpunkte lagen zunächst bis in die 1970er-Jahre auf Vorderasien – und hier insbesondere auf dem Iran und der Türkei (vgl. dazu zum Beispiel die Arbeiten von Hans BOBEK, Gustav STRATIL-SAUER, Hans POZDENA und Martin SEGER), verschoben sich aber bereits gegen Ende dieses Jahrzehnts weiter nach Osten: Nun rückte auch der indische Subkontinent stärker in den Blickpunkt des Forschungsinteresses (vgl. dazu den Beitrag von Heinz NISSEL in diesem Band).

Seit Mitte der 1980er-Jahre bildete – ursprünglich auf Initiative von Univ.-Prof. Dr. Ernest TROGER, der 1988 verstorben ist – auch Südostasien aufgrund der besonders dynamisch ablaufenden ökonomischen und sozialen Transformationsprozesse zunehmend ein wichtiges Thema von Forschung und Lehre und es entwickelte sich ein in der Forschung vor allem auf Südost- und Südasien ausgerichteter, in der Lehre auch den Nahen und Mittleren Osten umfassender *„Asien-Schwerpunkt"*.

Vor allem ein Aspekt erregte zu dieser Zeit sowohl in entwicklungspolitischer als auch in wissenschaftlicher Hinsicht besondere Aufmerksamkeit: das sogenannte „asiatische Wirtschaftswunder" und seine sozio-demographischen und regionalökonomischen Auswirkungen. Tatsächlich erlebte wohl keine Großregion der Dritten Welt – sieht man einmal von der Volksrepublik China ab – damals derart dynamische wirtschaftliche und soziale Veränderungen wie Südostasien. Tiefgreifende Wandlungstendenzen manifestierten sich aber nicht nur in der Wirtschaft, sondern auch in folgenden Bereichen:

- Im *Bereich der Transport- und Kommunikationssysteme*: In den meisten Staaten Südostasiens ist es heute möglich, auch abgelegene und bis vor kurzem noch weitgehend isolierte Landesteile mit effizienten und vor allem kostengünstigen Transportmitteln zu erreichen; ähnlich dynamisch verlief auch der Ausbau der Kommunikationsinfrastruktur.

- Im *Tourismus*: Parallel zu den enormen ökonomischen Fortschritten und dem breitflächigen Ausbau der Infrastruktur in den meisten Staaten begann auch der Massentourismus in Südostasien zu boomen, eine Entwicklung, die – unterbrochen durch kurze, katastrophenbedingte Rückschläge (wie etwa durch die SARS-Krise 2003 oder die Auswirkungen des Tsunami im Dezember 2004) – nun schon seit mehr als drei Jahrzehnten ungebrochen anhält.

- Im *demographisch-sozialen Bereich*: Ein Großteil der Staaten Südost- ebenso wie Ostasiens – in ersterer Region insbesondere die Gründerstaaten der ASEAN – verzeichnet heute neben einem beeindruckenden Anstieg im Bildungsniveau der Bevölkerung (die Analphabetenraten konnten drastisch reduziert werden und die Einschulungsraten bei der Grundschulausbildung erreichen nahezu hundert Prozent) vor allem auch beachtliche Erfolge in der Reduktion des Bevölkerungswachstums, unter anderem durch den Einsatz effizienter Familienplanungsprogramme.

- Konsequenz des massiven und anhaltenden Fertilitätsrückgangs der letzten Jahrzehnte ist ein rasch ablaufender *demographischer Alterungsprozess* in vielen Teilen der Region, der nicht nur von der Dynamik her seinesgleichen sucht, sondern die betroffenen Staaten in naher Zukunft auch vor beträchtliche Infrastrukturherausforderungen stellen wird.

- Die hier nur kurz angerissenen Veränderungen im ökonomischen und sozio-demographischen Bereich hatten auch gravierende Auswirkungen auf Umfang, Richtung und Zusammensetzung der Migrationsvorgänge in Südostasien: Das Niveau der räumlichen Bevölkerungsbewegungen ist drastisch angestiegen, aber auch die Komplexität des räumlichen Musters von Migrationsbewegungen und die Zahl der darin involvierten Bevölkerungsgruppen haben erheblich zugenommen, so dass manche Experten heute bereits neben dem „Demographischen Übergang" auch von einem sogenannten „Mobilitätsübergang" bzw. einer *„Mobility Revolution"* in den Staaten Südostasiens sprechen.

Vor dem Hintergrund dieser Transformationsprozesse lag der regionale Schwerpunkt der ersten Untersuchungen von Mitgliedern des Instituts für Geographie und Regionalforschung der Universität Wien in Südostasien vor allem in Thailand, das zu Beginn der 1980er-Jahre noch die typischen sozio-demographischen Merkmale und ökonomischen Strukturen eines stark agrarisch geprägten Entwicklungslandes mit zunehmender Dynamik des Industrialisierungsprozesses aufwies. Das Forschungsspektrum war demgemäß in erster Linie „klassischen" Problembereichen gewidmet: Zu dieser Zeit genossen in Thailand Fragen der Bevölkerungsforschung höchste Priorität, insbesondere die Struktur und die Determinanten der Binnenwanderungsprozesse und deren mögliche Steuerung durch gezielte „Migration Management"-Maßnahmen (vgl. dazu HUSA 1986; 1988; 1991) sowie die Analyse räumlicher Unterschiede im Fertilitätsrückgang und die Evaluierung der regional unterschiedlichen Effizienz bevölkerungspolitischer Programme (vgl. WOHLSCHLÄGL 1986; 1988; 1991).

Der stark temporäre und saisonale Charakter der Binnenwanderung und die daraus resultierenden erheblichen jahreszeitlichen Schwankungen auf dem Arbeitsmarkt waren weitere typische Kennzeichen dieses südostasiatischen Königreichs in der Transformationsphase vom Agrarstaat zu einem Schwellenland: Mit Hilfe der Individualdaten der sogenannten „Labour Force Surveys" war es nicht nur möglich, regionale bzw. sektorale Trends auf dem thailändischen Arbeitsmarkt herauszufiltern, sondern es zeigte sich auch, dass die in Europa gängigen Messkonzepte und Analyseansätze unverändert nicht sinnvoll auf ein Land wie Thailand übertragen werden können (vgl. HUSA 1987; 1991; siehe auch KEIMEL 1990).

Die große Bedeutung, die solchen Thematiken auch von offizieller thailändischer Seite zugemessen wurde, manifestierte sich – neben Kooperationen mit einer Reihe von universitären Forschungsinstituten am „Asian Institute of Technology", an der „Chulalongkorn University" und an der „Mahidol University" in Bangkok – auch im Interesse des „National Statistical Office of the Prime Minister" und des „National Research Council", die den Wissenschaftlern des Instituts für Geographie und Reginalforschung nicht nur generell Unterstützung zusicherten, sondern auch Zugang zu unausgewerteten Primärdaten und Mitarbeit an der Diskussion und kritischen Reflexion der Ergebnisse wichtiger Grundlagenerhebungen gewährten.

Eine charakteristische Form der räumlichen Mobilität im ländlichen Raum Südostasiens ist auch die geplante und spontane Neulanderschließung, der ein weiteres Projekt gewidmet wurde, in welchem die Konsequenzen der für Thailand typischen spontanen Neulanderschließung mit der von Indonesien bevorzugten geplanten Form der staatlichen Transmigrationsprogramme verglichen wurden (HUSA und WOHLSCHLÄGL 1996a).

Der dynamische „Modernisierungsschub", den Thailand in den 1980er-Jahren erfuhr, und die damit verbundenen Bestrebungen, auch die politisch instabilen nördlichen Landesteile an den Grenzen zu Myanmar und Laos zu stabilisieren und verstärkt in den Entwicklungsprozess einzubinden, richtete das Augenmerk auch auf bislang – mit Ausnahme von Ethnologen und Kulturanthropologen – wenig beachtete, marginale Bevölkerungsgruppen Thailands: die Bergstämme im Norden des Landes (vgl. dazu auch TRUPP 2009b). Mitte der 1980er-Jahre fand deshalb in Thailand ein breit angelegter „Hill Tribe Survey" in allen relevanten Provinzen („Changwats") statt. Die Bereitstellung der vom „National Statistical Office" nur teilweise ausgewerteten Daten dieses Surveys ermöglichte erstmals eine detaillierte massenstatistische Analyse der demographischen Struktur und des Fertilitätsverhaltens, der Wanderungsvorgänge und der Wirtschaftsweisen der „Hill Tribes" vor dem Hintergrund zunehmender Bestrebungen der thailändischen Behörden, diese Bevölkerungsgruppen stärker in den Staatsverband zu integrieren (HUSA und WOHLSCHLÄGL 1987; siehe auch GRÜNSTEIDL 1993).

In diesem Zusammenhang ist auch eine interessante interdisziplinäre Kooperation zu erwähnen: Bereits zu Beginn der 1960er-Jahre leitete der österreichische Ethnologe Hans MANNDORFF im Dienst der Vereinten Nationen und der thailändischen Regierung eine ethnographische Untersuchung mit dem Zweck, wissenschaftlich fundierte Informationen über die sozio-ökonomischen und sozio-kulturellen Verhältnisse der „Hill Tribes" zu sammeln, die dann als Grundlage für eine Neuformulierung der Wirtschafts-, Sozial- und Kulturpolitik gegenüber den Bergstämmen dienen sollten (siehe MANNDORFF 1967). Knapp fünfzig Jahre später wurden nun die damals entstandenen Dia-Materialien in Zusammenarbeit des Wiener Instituts für Geographie und Regionalforschung, des „Center for Ethnic Studies and Development" der Chiang Mai University und des „Sirindhorn Anthropology Center" in Bangkok digitalisiert, kontextualisiert und einer interessierten Öffentlichkeit zugänglich gemacht (siehe BUTRATANA und TRUPP 2009).

Das massive Einsetzen des Wirtschaftsbooms und die sogenannten „Double-Digit-Growth"-Jahre, die Thailand zwischen 1988 und 1990 zweistellige Wirtschaftswachstumsraten bescherten, lenkten das Augenmerk raumwissenschaftlicher Forschung auf die

Analyse räumlicher Unterschiede in der industriellen Entwicklungsdynamik und auf das Ausmaß und die Veränderung der räumlichen Disparitäten im Land, die 1991 in einer ausführlichen Untersuchung mit dem Titel „Regionale Disparitäten in einem asiatischen Entwicklungsland mit dynamischer Wirtschaftsentwicklung – Das Beispiel Thailand" analysiert wurden (HUSA und WOHLSCHLÄGL 1991).

Schon zu Beginn der 1980er-Jahre galt die Hauptstadt Bangkok als der Idealtyp einer „Primate City" schlechthin, die innerhalb des Landes auf allen Ebenen dominiert und in Bezug auf ihre ökonomische Vorrangstellung und ihre Bevölkerungsdominanz innerhalb des thailändischen Städtesystems auch international kaum ihresgleichen findet. Seit Beginn der 1970er-Jahre versuchte daher die thailändische Landesplanung im Rahmen der jeweiligen Fünfjahrespläne („Social and Economic Development Plans"), Maßnahmen zum Abbau der sozialen und ökonomischen Disparitäten zu setzen, allerdings mit wenig Erfolg, wie die multivariate Analyse eines Datensatzes mit einer Reihe von Entwicklungsindikatoren auf Provinzbasis in der oben bereits genannten Studie (HUSA und WOHLSCHLÄGL 1991) aufzeigen konnte.

Parallel zur generellen Diskussion über das Ausmaß der Disparitäten zwischen Thailands Provinzen und die Effizienz bzw. Ineffizienz der Maßnahmen zu deren Abbau trat in den 1990er-Jahren zunehmend die Rolle der Megastadtregion „Bangkok Metropolis" in den Vordergrund des Interesses: War die Bevorzugung der Hauptstadtagglomeration sowohl von Seiten der öffentlichen Hand und der Landesplanung als auch durch – inländische wie ausländische – private Investoren ein notwendiges Phänomen, um in der Folge auch die restlichen Landesteile in den wirtschaftlichen Entwicklungsprozess miteinzubeziehen, oder wurde damit eher das Gegenteil erreicht? Anders ausgedrückt: Fungiert „Bangkok Metropolis" als Motor der Landesentwicklung oder als *„parasitic city"*, die das restliche Land „aussaugt"? (siehe dazu ausführlich HATZ, HUSA und WOHLSCHLÄGL 1993; HUSA und WOHLSCHLÄGL 1997a).

In den späten 1990er-Jahren wurde die Entwicklung der Megastadtregion Bangkok allerdings zunehmend nicht nur positiv, sondern auch kritischer gesehen: Verschiedene Ereignisse – wie etwa das Abwandern einiger bedeutender internationaler Firmen aus dem Raum Bangkok – ließen erkennen, dass die Funktion der Metropole als „wirtschaftliches Herz" und als Knotenpunkt mit überregionaler Bedeutung durch eine Reihe von Fehlentwicklungen mehr und mehr in Gefahr zu geraten drohte. In mehreren im Bereich der Metropolenforschung angesiedelten Arbeiten über Bangkok wurde diese brisante Thematik aufgegriffen und versucht, positive wie auch negative Aspekte der Metropolisierung und Megastadtentwicklung im Großraum Bangkok vor dem Hintergrund der generellen Metropolisierungstendenzen in Südostasien aufzuzeigen (HATZ, HUSA und WOHLSCHLÄGL 1993; HUSA und WOHLSCHLÄGL 1997a; 1998c; vgl. auch HATZ 1993 sowie HUSA und WOHLSCHLÄGL 1986).

Ähnlichen Fragestellungen wurde auch im Rahmen eines vom österreichischen Bundesministerium für Wissenschaft und Forschung finanzierten Forschungsprojekts über den Zusammenhang von Megastadtentwicklung und Migration anhand von drei vergleichenden Fallstudien in Bombay/Mumbai (NISSEL), Mexiko City (PARNREITER) und Jakarta (HEINTEL und SPREITZHOFER) unter der Projektleitung von K. HUSA und H. WOHLSCHLÄGL nachgegangen (siehe dazu Husa und Wohlschlägl 1999b). Eine kontinuierliche Analyse aktueller Entwicklungsprozesse und -probleme südostasiatischer Metropolen stellt auch weiterhin einen wesentlichen Schwerpunkt der Wiener geographischen Südostasienforschung dar (vgl. dazu zum Beispiel die zahlreichen Arbeiten von Heintel und Spreitzhofer über Metro Manila und Jakarta zwischen 1998 und 2003, sowie 2007, 2009 und in diesem Band, ebenso Ebner 2006 über Marginalsiedlungen in Bangkok und Perchthaler über Wohnungsmarktprobleme in Bangkok Metropolis in diesem Band).

Die schon zu Beginn dieses Beitrags kurz skizzierte dynamische Wirtschaftsentwicklung der marktwirtschaftlich orientierten Staaten Südostasiens erregte ab Mitte der 1980er-Jahre sowohl in entwicklungspolitischer als auch in wissenschaftlicher Hinsicht besondere Aufmerksamkeit: so wurde das sogenannte *„asiatische Wirtschaftswunder"* bald als Modellfall für andere Staaten der Dritten Welt gehandelt. Über mehr als ein Jahrzehnt wuchsen ja auch tatsächlich Produktivität, Wirtschaftsleistung und – sowohl inländische als auch ausländische – Investitionen im Vergleich zum Rest der Welt weit überdurchschnittlich. Vor diesem Hintergrund wurde zunächst der typische Entwicklungspfad der wirtschaftlich erfolgreichen Staaten Südostasiens von den Agrarländern der 1970er-Jahre zu neuen „Tigerländern" Asiens in den 1990er-Jahren sowie die Bestimmungsgründe, raumstrukturellen Erscheinungsformen und Konsequenzen am Beispiel Thailands in einer – später auch ins Englische übersetzten – Studie mit dem Titel „Auf dem Weg zum ‚fünften' Tiger Asiens? Das thailändische Industrialisierungsmodell und sein Preis" analysiert und kritisch diskutiert (Husa und Wohlschlägl 1995a; siehe auch 1996b; 1997b).

Der kometenhafte wirtschaftliche Aufstieg großer Teile Ost- und Südostasiens veranlasste damals eine Reihe von Politikern und Ökonomen zu der Feststellung, dass zu den drei wirtschaftlichen Weltmächten – USA, Europäische Union und Japan – bald eine vierte Hochwachstumsregion, nämlich weite Teile Südost- und Ostasiens einschließlich der Volksrepublik China, hinzutreten könnte. Die *„Asienkrise"* der Jahre 1997 und 1998 brachte jedoch zunächst einen herben Rückschlag und die warnenden Stimmen, die schon während der Boomphase Südostasiens auf die Schattenseiten des Wirtschaftswunders hingewiesen hatten, hatten erneut Hochkonjunktur: auf die Euphorie der vergangenen Jahre folgte der Katzenjammer. Nachdem der erste große Schock abgeklungen war, war es an der Zeit, nüchtern Bilanz zu ziehen: Was war die Basis für den kometenhaften wirtschaftlichen Aufstieg Ost- und Südostasiens gewesen? Hatte der Wirtschaftsboom die bestehenden regionalen und sozialen Disparitäten verstärkt oder war es gelungen, diese– zumindest teilweise – abzubauen? Wer waren die Gewinner, wer die Verlierer?

Solchen und ähnlichen Fragen wurde in den folgenden Jahren in einer Serie von Beiträgen nachgegangen und welches Land wäre dafür als Beispiel besser geeignet gewesen als Thailand, jenes Königreich, das einerseits in den späten 1980er-Jahren die größten wirtschaftlichen Erfolge aller südostasiatischer Staaten zu verzeichnen hatte, dessen ökonomischer Beinahe-Zusammenbruch 1997 aber andererseits die Initialzündung für die Asienkrise dargestellt hatte (vgl. dazu vor allem die ausführlichen Beiträge Husa und Wohlschlägl 1998a; 1999a und 2003c; kurzgefasst 1998b).

Das südostasiatische Wirtschaftswunder der späten 1980er- und frühen 1990er-Jahre hatte die wirtschaftlichen Boomregionen Südostasiens nicht nur für in- und ausländische

Firmen attraktiv gemacht, sondern zunehmend auch für ausländische Arbeitsmigranten. Innerhalb nur weniger Jahre nahmen alle Formen der internationalen Migration – einschließlich der illegalen Arbeitsmigration – in den meisten Staaten Südostasiens sprunghaft zu. Obwohl gerade in diesem Bereich erhebliche Datenlücken bestehen, ermöglichte es die Bearbeitung des vorhandenen – teilweise unausgewerteten – Datenmaterials, die großen Trends im Umbruch des räumlichen Mobilitätsverhaltens in Thailand und in Südostasien zu dokumentieren (HUSA und WOHLSCHLÄGL 1995b).

Innerhalb der letzten drei Jahrzehnte kristallisierte sich die internationale Arbeitsmigration zu einem wichtigen Einflussfaktor des dynamisch ablaufenden sozioökonomischen Transformationsprozesses in Südostasien heraus. Vor diesem Hintergrund war es nicht erstaunlich, dass der Problemkreis „Internationale Migration und Ausländerbeschäftigung" auch in Südostasien sowohl auf Regierungsebene als auch in der breiten Öffentlichkeit und in den Medien zunehmend zu einem höchst brisanten und kontrovers diskutierten Thema geworden war. In mehreren Beiträgen wurde zunächst versucht, den Aufstieg Südostasiens zu einem eigenständigen regionalen Subsystem der globalen internationalen Arbeitsmigration und seine Ursachen zu analysieren, wobei die wachsende Dynamik der Arbeitsmigration in Südostasien als Effekt eines schon seit der zweiten Hälfte des 19. Jahrhunderts – in mehreren Phasen – einsetzenden Globalisierungsprozesses interpretiert wurde (siehe dazu ausführlich HUSA und WOHLSCHLÄGL 2007b).

Weitere Schwerpunkte der Migrationsstudien in Südostasien stellen Analysen des gegenwärtigen Ausmaßes, des räumliche Musters und der verschiedenen Formen und Facetten der internationalen Arbeitsmigration im heutigen Südostasien anhand des jeweils aktuellen vorliegenden Datenmaterials dar, wobei unter anderem auch der Frage nachgegangen wurde, inwieweit die „Asienkrise" und der darauf folgende Einbruch des Wirtschaftswachstums das räumliche Muster, das Ausmaß der Arbeitskräftemobilität in der Region und die jeweiligen nationalen „Migrationspolitiken" verändert haben (vgl. HUSA und WOHLSCHLÄGL 2000a, b; 2002a; 2003b; 2005a; ERLBACHER 2004 sowie HUSA und WOHLSCHLÄGL in diesem Band).

Aktuellen Migrationsfragen wird auch gegenwärtig am Asienschwerpunkt des Instituts für Geographie und Regionalforschung in mehreren teilweise bereits abgeschlossenen, teilweise noch in Arbeit befindlichen Dissertationen und Diplomarbeiten nachgegangen, wobei eine breite Palette von Fragestellungen aufgegriffen wird: So analysiert Alexander TRUPP im Rahmen seines Doktoratsprojektes in Kooperation mit dem „Social Research Institute" der Universität Chiang Mai in Nord-Thailand die Motivation und Organisation sowie die sozialen Netzwerke von Akha-Migrantinnen im Zusammenhang mit dem raschen Wachstum ethnischer Minderheitenökonomien in Thailands urbanen und touristischen Zentren; Philipp WENINGER untersuchte in seiner Diplomarbeit die Auswirkungen von Geldrücksendungen durch internationale Migranten auf die soziale und wirtschaftliche Situation in den Herkunftsgebieten am Beispiel einer Fallstudie in den Philippinen (siehe dazu auch seinen Beitrag in diesem Band) und Krisztina VERESS befasste sich in ihrer Diplomarbeit mit dem Titel „Vom Sextouristen zum Strandpensionisten?" mit dem dynamisch zunehmenden Phänomen der Altersmigration in Thailand am Beispiel einer Fallstudie über Hua Hin und Cha-am (siehe dazu auch den Beitrag von VERESS in diesem Band). Zwei weitere Diplomarbeiten zu den räumlichen und sozialen Auswirkungen der internationalen „Retirement Migration" oder „Amenity Migration" im Raum Hua Hin – Cha-am, die im Rahmen eines Kooperationsprojektes mit der „Suan Dusit Rajabhat Universität" in Hua Hin erarbeitet wurden, befinden sich zur Zeit der Veröffentlichung des vorliegenden Buches noch im Stadium der Fertigstellung.

In den letzten Jahren ist in Südostasien, vor allem in Thailand, wieder ein zunehmendes Interesse an Prozessen der Land-Stadt-Migration und ihren Auswirkungen auf Ziel- und Herkunftsgebiete festzustellen. Diese Thematik, die am Wiener Institut schon vor rund einem Vierteljahrhundert ausführlich untersucht worden ist (vgl. HUSA 1986, 1988), wird in den nächsten Jahren wieder stärker in den Fokus von österreichisch-thailändischen Kooperationsprojekten rücken. Erste Ansätze dazu stellen zum Beispiel das schon erwähnte Akha-Migrationsprojekt, das Alexander TRUPP gemeinsam mit Kollegen von der Universität Chiang Mai bearbeitet, sowie ein im März 2010 von K. HUSA abgehaltener Workshop über „Rural-Urban Migration and Its Impact: The Case of Thailand" an der Suan Dusit Rajabhat Universität in Hua Hin dar.

Neben den bereits kurz skizzierten dynamischen wirtschaftlichen und sozialen Transformationsprozessen in vielen Teilen Südostasiens zeichneten sich in den letzten Jahren immer stärker auch Veränderungen im Bereich der Bevölkerungsstruktur ab. Die meisten Staaten Südostasiens befinden sich heute in einer demographischen Umbruchssituation: Die Geburtenhäufigkeit ist stark zurückgegangen und die Regierungen stehen durch die absehbaren Veränderungen in der Altersstruktur ihrer Bevölkerungen in den nächsten Jahrzehnten unter starkem Zugzwang, rechtzeitig geeignete Maßnahmen zu treffen, um Problemen im Gesundheitswesen und in der Altersversorgung effektiv begegnen zu können. Dies verdeutlicht, dass sinkende Kinderzahlen und alternde Bevölkerungen heute keineswegs mehr auf die Staaten des „Nordens" beschränkt sind. Vielmehr handelt es sich um globale Prozesse, die regional gesehen zu verschiedenen Zeitpunkten eingesetzt haben und auch mit unterschiedlichem Tempo ablaufen, wobei sich dieser demographische Übergang in Südostasien in den letzten Jahrzehnten zum Teil schneller vollzogen hat als in anderen weniger entwickelten Teilen der Welt. Kurzum: die Gesellschaften Südostasiens altern, Südostasien „ergraut", und das zum Teil mit einer Geschwindigkeit, die man in Expertenkreisen noch vor wenigen Jahrzehnten nicht erwartet hat.

Demgemäß ist zu Beginn des neuen Jahrtausends auch in der Südostasienforschung am Wiener Institut für Geographie und Regionalforschung eine Schwerpunktsetzung auf die Dynamik, die raumzeitlichen Muster sowie die Konsequenzen sozio-demographischer Transformationsprozesse in Südostasien erfolgt, in deren Rahmen bereits eine Reihe von Arbeiten zum demographischen Übergang, zur Alterung der Bevölkerung und zu Problemen der sozialen Sicherung in den einzelnen Staaten der Region vorgelegt wurde (siehe dazu auch HUSA und WOHLSCHLÄGL in diesem Band).

Neben Einzelbeiträgen (vgl. HUSA und WOHLSCHLÄGL 2003a; 2005b; 2007a; 2008a, c, d und 2009b) wurden zu dieser Thematik auch zwei umfangreichere Veröffentlichungen publiziert, an denen Mitarbeiter des Wiener Instituts federführend beteiligt waren, nämlich der 2008 von K. HUSA, R. JORDAN und H. WOHLSCHLÄGL herausgegebene Sammelband mit dem Titel „Ost- und Südostasien zwischen Wohlfahrtsstaat und Eigeninitiative. Entwicklungstendenzen von Armut, Alterung und sozialer Unsicherheit" (HUSA et al. 2008b) und das ebenfalls von K. HUSA und H. WOHLSCHLÄGL moderierte, im Oktober 2009 in der Geographischen Rundschau erschienene Themenheft „Südostasien – Gesellschaft im Wandel" (HUSA und WOHLSCHLÄGL 2009a).

Zusätzlich zu der beinahe schon traditionellen, auf sozioökonomische und demographische Prozesse abzielenden Transformationsforschung hat sich im Lauf der Zeit am Wiener Institut auch eine Schwerpunktsetzung im Bereich der Analyse massentouristischer Entwicklungstendenzen und ihrer Vorläufer abgezeichnet. Nach einer ersten Studie von Christian VIELHABER (1986) über den Wandel von Pattaya vom Fischerdorf zu einem Zentrum des Fernreisetourismus in Thailand befasste sich vor allem Günter SPREITZHOFER seit Beginn der 1990er-Jahre in zahlreichen Artikeln in Fachzeitschriften und in journalistischen Beiträgen in diversen Tageszeitungen und Printmedien ausführlich mit den Phänomenen Rucksacktourismus und Massentourismus in Südostasien und deren vielfältigen Facetten und Konsequenzen (z. B. in seiner 1995 veröffentlichten Dissertation mit dem Titel „Tourismus Dritte Welt: Brennpunkt Südostasien. Alternativtourismus als Motor für Massentourismus und sozio-kulturellen Wandel"; siehe SPREITZHOFER 1995b). Eine vollständige Liste der von ihm vorgelegten Arbeiten aus dem Tourismusbereich – sowie übrigens auch aller Arbeiten aus den anderen Arbeitsbereichen zur Südostasienforschung – findet sich auf der Webseite des Asienschwerpunktes am Institut für Geographie und Regionalforschung unter http://asien.univie.ac.at.

Neben Überblicksarbeiten über die Bedeutung des Massentourismus in Südostasien sind in den letzten Jahren auch einige empirische Studien über spezielle Aspekte der Tourismusentwicklung in Thailand entstanden. Dazu zählt zum Beispiel die Diplomarbeit von Bianca GANTNER, die sich mit der Struktur und Dynamik des Massentourismus in Südthailand vor dem Tsunami 2004 und der Situation zwei Jahre danach am Beispiel einer Fallstudie in Kamala Beach auf Phuket befasste (vgl. dazu GANTNER im vorliegenden Band). In ihrer Dissertation, die sich zum Zeitpunkt der Abfassung dieses Beitrags noch in Arbeit befand, führt GANTNER ihre fremdenverkehrsgeographischen Studien im Raum Phuket weiter und analysiert Umfang, Struktur und Aktivitäten des informellen Sektors in der Tourismuswirtschaft Thailands am Beispiel von Patong, ebenfalls auf Phuket.

Zusätzlich sind auch die verschiedenen Formen ethnotouristischer Aktivitäten in das Blickfeld der Südostasienforschung am Wiener Institut für Geographie und Regionalforschung geraten. So hat Alexander TRUPP das Phänomen Ethnotourismus in seiner 2006 fertig gestellten Diplomarbeit mit dem Titel „Ethnotourismus in Nordthailand am Beispiel zweier touristisch unterschiedlich entwickelter ‚Hilltribe-Dörfer': Handlungen und Wahrnehmungen aus der Perspektive der Bereisten" in einer empirischen Fallstudie im Raum Chiang Mai, Nord-Thailand aufgegriffen (siehe dazu auch TRUPP 2007; 2009a sowie den Beitrag in diesem Band) und 2009 gemeinsam mit seiner Schwester Claudia einen Sammelband mit dem Titel „Ethnotourismus – Interkulturelle Begegnung auf Augenhöhe?" vorgelegt, in dem die ethnotouristischen Trends in Südostasien mit jenen aus anderen Kulturkreisen verglichen werden (TRUPP und TRUPP 2009). Eine weitere empirische Studie zum Themenbereich ethnische Minderheiten in den Berggebieten Thailands stammt von Werner SCHLICK, der in seiner Diplomarbeit die Thematik „Shifting Cultivation im Wandel der Zeit – Am Beispiel von Landnutzungskonflikten in Nordthailand" kritisch beleuchtete (siehe dazu SCHLICK in diesem Band). Landnutzungsfragen, Ressourcen-

und Umweltprobleme stehen auch im Zentrum zweier Beiträge von Günter SPREITZHOFER (2003b, c), die in einem umfassenden von Karl HUSA mitherausgegebenen Reader zu Südostasien, der den Titel „Südostasien – Gesellschaft, Räume und Entwicklung im 20. Jahrhundert" trägt, enthalten sind (vgl. FELDBAUER, HUSA und KORFF 2003).

Ebenfalls mit einer Minorität in Thailand, allerdings sowohl räumlich als auch thematisch etwas abgehoben von den „Hill Tribe-Studien" in Nordthailand, befasste sich Rainer EINZENBERGER in seiner 2008 fertig gestellten Diplomarbeit, in der er den Konflikt zwischen der thai-buddhistischen Mehrheitsbevölkerung und muslimisch-malaiischen Bevölkerungsgruppen in Thailands südlichen Provinzen aus historischer, ethnisch-religiöser und sozioökonomischer Perspektive analysierte (siehe EINZENBERGER in diesem Band).

Vor diesem Hintergrund ist es auch nicht erstaunlich, dass sich im Lauf der Jahre im Zuge der genannten Forschungsaktivitäten zahlreiche wissenschaftliche Kontakte zu bzw. Kooperationen mit einschlägigen Universitätsinstituten und Forschungseinrichtungen in Südostasien, insbesondere mit universitären Einrichtungen und Forschungsinstitutionen in Thailand (National Research Council, National Statstical Office of Thailand, Chulalongkorn University, Mahidol University, Chiang Mai University, Suan Dusit Rajabhat University, Maha Sarakham University etc.) herauskristallisiert haben. Die im vorliegenden Band gesammelten Beiträge sollen einen kurzen Überblick über einige Ergebnisse dieser Kooperationen und über die aktuellen Schwerpunkte der Südostasienforschung am Institut für Geographie und Regionalforschung der Universität Wien vermitteln.

Literatur

BUTRATANA, K. und A. TRUPP (2009): Images of Hans Manndorff's Anthropological Research on the „Hill Tribes" of Northern Thailand. In: ASEAS – Austrian Journal of South-East Asian Studies 2. Jg., Heft 2, Wien, S. 153–161.

FELDBAUER, P., HUSA, K. und R. KORFF, Hrsg. (2003): Südostasien: Gesellschaft, Räume und Entwicklung im 20. Jahrhundert. Wien: Promedia, 269 S. (= Edition Weltregionen, Band 6).

HATZ, G. (1993): Bericht über die internationale Konferenz „Managing the Mega-Urban Regions of ASEAN Countries: Policy Challenges and Responses", Bangkok, Asian Institute of Technology, Dez. 1992. In: Mitteilungen der Österreichischen Geographischen Gesellschaft, Band 135, Wien, S. 247–258.

HATZ, G., HUSA, K. und H. WOHLSCHLÄGL (1993): Bangkok Metropolis – eine Megastadt in Südostasien zwischen Boom und Krise. In: FELDBAUER, P., PILZ, E., RÜNZLER, D. und I. STACHER (Hrsg.): Megastädte. Zur Rolle von Metropolen in der Weltgesellschaft. Wien: Böhlau, S. 149–189 (= Beiträge zur Historischen Sozialkunde, Beiheft 2).

HEINTEL, M. (1998): Jakarta: Mega City Südostasiens; Eine Fallstudie des Projektes „Migration in Megastädte der Dritten Welt *in progress*". In: GOETZ, K., HEINTEL, M. und R. KANA (Hrsg.): Geografie, Wirtschaftskunde und andere Ungereimtheiten. Wien: WUV-Universitätsverlag, S. 87–107.

HEINTEL, M. (2002): Manila: ein Lokalaugenschein. In: Journal für Entwicklungspolitik (JEP), 18. Jg., Heft 4, Wien, S. 337–352.

HEINTEL, M. und G. SPREITZHOFER (1997): Jakarta: Der „Big Apple" Südostasiens? In: FELDBAUER, P., HUSA, K., PILZ, E. und I. STACHER (Hrsg.): Mega-Cities: Die Metropolen des Südens zwischen Globalisierung und Fragmentierung. Frankfurt am Main: Brandes & Apsel, S. 151–175 (= Beiträge zur historischen Sozialkunde, Band 12).

HEINTEL, M. und G. SPREITZHOFER (1998a): Jakarta: Megastadt im Spannungsfeld nationaler Verhaftung und globaler Integration. In: ASIEN – Deutsche Zeitschrift für Politik, Wirtschaft und Kultur, Nr. 66, Hamburg, S. 23–41.

HEINTEL, M. und G. SPREITZHOFER (1998b): Urbanization in West Java in the „New Order Era": Demographic and Socio-economic Trends in Jabotabek Region. In: Journal of Population, Vol. 4/1, Jakarta, S. 89–111.

HEINTEL, M. und G. SPREITZHOFER (1999a): Migration und Stadtentwicklung: Agglomerationsbildung und ländliche Neuordnung in Java. In: Mitteilungen der Österreichischen Geographischen Gesellschaft, Band 141, Wien, S. 155–186.

HEINTEL, M. und G. SPREITZHOFER (1999b): Aktuelle Aspekte der Urbanisierung in Jabotabek: Räumlicher und sektoraler Wandel in Metro-Jakarta. In: Internationales Asienforum – International Quarterly for Asian Studies, Vol. 30, Nr. 1–2, Freiburg, S. 131–152.

HEINTEL, M. und G. SPREITZHOFER (1999c): Megastadtentwicklung, Globalisierung und Migration – Fallstudie Jakarta. In: HUSA, K. und H. WOHLSCHLÄGL (Hrsg.): Megastädte der Dritten Welt im Globalisierungsprozess; Mexico City, Jakarta, Bombay – Vergleichende Fallstudien in ausgewählten Kulturkreisen. Wien: Institut für Geographie und Regionalforschung, S. 199–346 (= Abhandlungen zur Geographie und Regionalforschung, Band 6).

HEINTEL, M. und G. SPREITZHOFER (2000): Metro-Jakarta: Zwischen Nasi und Nike; Suhartos „Neue Ordnung" als Motor der Regionalentwicklung in Westjava? Frankfurt am Main / New York: Peter Lang, 257 S.

HEINTEL, M. und G. SPREITZHOFER (2001a): Metro Manila. Megastadt als Spielball postfeudaler Zwänge, neokolonialer Interessen und globaler Vernetzungen. In: Mitteilungen der Österreichischen Geographischen Gesellschaft, Band 143, Wien, S. 35–62.

HEINTEL, M. und G. SPREITZHOFER (2001b): Zeitbombe Jabotabek? Metro-Jakarta im Spannungsfeld von internationaler Investition, ökologischem Desaster und politischer Labilisierung. In: ASIEN – Deutsche Zeitschrift für Politik, Wirtschaft und Kultur, Nr. 78, Hamburg, S. 50–69.

HEINTEL, M. und G. SPREITZHOFER (2001c): Jakarta. In: BECKEL, L. (Hrsg.): Mega Cities. Salzburg: Geospace Verlag, S. 138–143.

HEINTEL, M. und G. SPREITZHOFER (2002a): Metro Manila im Brennpunkt sozialer Disparitäten und globaler Perspektiven. In: Internationales Asienforum – International Quarterly for Asian Studies, Vol. 33, Nr. 1–2, Freiburg, S. 67–90 und S. 197 (Summary).

HEINTEL, M. und G. SPREITZHOFER (2002b): Metropolitanregion Manila; Demographische und ökonomische Aspekte einer Funktionalen Primacy. In: asien afrika lateinamerika, Bd. 30, Nr. 1, Berlin / Berkshire, S. 31–48.

HUSA, K. (1986): Räumliche Mobilitätsprozesse in Metropolen von Entwicklungsländern: Das Beispiel Bangkok. In: HUSA, K., VIELHABER, C. und H. WOHLSCHLÄGL (Hrsg.): Beiträge zur Bevölkerungsforschung. Festschrift Ernest Troger zum 60. Geburtstag, Band 1. Wien: F. Hirt, S. 321–354 (= Abhandlungen zur Geographie und Regionalforschung, Band 1).

HUSA, K. (1987): Beschäftigungsprobleme in Entwicklungsländern – Das Beispiel Thailand. In: FISCHER, M. und M. SAUBERER (Hrsg.): Gesellschaft – Wirtschaft – Raum. Beiträge zur modernen Wirtschafts- und Sozialgeographie. Wien: AMR, S. 230–254 (= Mitteilungen des Arbeitskreises für Neue Methoden in der Regionalforschung, Band 17).

HUSA, K. (1988): Räumliche Mobilitätsprozesse in Entwicklungsländern als komplexes Phänomen: Das Beispiel Thailand. Habilitationsschrift, Universität Wien, 393 S.

HUSA, K. (1991): Wer ist ein Migrant? Probleme der Dokumentation und Abgrenzung räumlicher Mobilität in der Dritten Welt. In: Demographische Informationen 1990/91. Wien: Institut für Demographie der Österreichischen Akademie der Wissenschaften, S. 35–47.

HUSA, K. und H. WOHLSCHLÄGL (1986): Armut in Großstädten der Dritten Welt. Das Wohnungs- und Einkommenselend der städtischen Armen am Beispiel von Bangkok, Thailand. In: HUSA, K., VIELHABER, C. und H. WOHLSCHLÄGL (Hrsg.): Beiträge zur Didaktik der Geographie. Festschrift Ernest Troger zum 60. Geburtstag, Band 2. Wien: F. Hirt, S. 247–288. (Wiederabgedruckt als Band 1 der Reihe „Materialien zur Didaktik der Geographie und Wirtschaftskunde", Wien 1988, 57 S.)

HUSA, K. und H. WOHLSCHLÄGL (1987): Thailands Bergstämme als nationales Entwicklungsproblem – demographische und sozioökonomische Wandlungsprozesse am Beispiel der „Hill Tribes" in der Provinz Chiang Mai. In: Geographischer Jahresbericht aus Österreich, Band 44 (1985), Wien, S. 17–69.

HUSA, K. und H. WOHLSCHLÄGL (1991): Regionale Disparitäten in einem asiatischen Entwicklungsland mit dynamischer Wirtschaftsentwicklung – Das Beispiel Thailand. In: Geographischer Jahresbericht aus Österreich, Band 48 (1989), Wien, S. 41–99.

HUSA, K. und H. WOHLSCHLÄGL (1995a): Auf dem Weg zum „fünften Tiger" Asiens? Das thailändische Industrialisierungsmodell und sein Preis. In: FELDBAUER, P., GÄCHTER, A., HARDACH, G. und A. NOVY (Hrsg.): Industrialisierung. Entwicklungsprozesse in Afrika, Asien und Lateinamerika. Frankfurt am Main und Wien: Brandes & Apsel, Südwind, S. 141–172 (= Historische Sozialkunde, Band 6).

HUSA, K. und H. WOHLSCHLÄGL (1995b): Von der „alten Sesshaftigkeit" zur „neuen Dynamik der Mobilität" – Migrationsvorgänge in Südostasien im Umbruch. In: Beiträge zur Historischen Sozialkunde, 25. Jg., Heft 3, Wien, S. 85–95.

HUSA, K. und H. WOHLSCHLÄGL (1996a): Staatlich gelenkte Umsiedlungsprogramme und spontane Neulanderschließung in Südostasien. In: BINDERHOFER, E., GETREUER-KARGL, I. und H. LUKAS (Hrsg.): Das pazifische Jahrhundert? Wirtschaftliche, ökologische und politische Entwicklung in Ost- und Südostasien. Frankfurt am Main und Wien: Brandes & Apsel, Südwind, S. 121–143 (= Historische Sozialkunde, Band 10).

HUSA, K. und H. WOHLSCHLÄGL (1996b): Thailand – on its Way to Becoming Asia's Fifth Tiger? The Thai Model of Industrialization and the Price at which it Comes. In: Applied Geography and Development, Band 48, Tübingen: Institute for Scientific Co-operation, S. 85–119.

HUSA, K. und H. WOHLSCHLÄGL (1996c): Bangkok. Wachstumsprobleme einer Megastadt in Südostasien. In: Geographie heute, 17. Jg., Heft 142, Seelze, S. 28–33 (Themenheft Weltstädte und Metropolen).

HUSA, K. und H. WOHLSCHLÄGL (1997a): „Booming Bangkok": Eine Megastadt in Südostasien im Spannungsfeld von Metropolisierung und Globalisierung. In: FELDBAUER, P., HUSA, K., PILZ, E. und I. STACHER (Hrsg.): Mega-Cities: Die Metropolen des Südens zwischen Globalisierung und Fragmentierung. Frankfurt am Main und Wien: Brandes & Apsel, Südwind, S. 113–150 (= Historische Sozialkunde, Band 12).

HUSA, K. und H. WOHLSCHLÄGL (1997b): Thailands industrielle Entwicklung – Tiger in Nöten. In: Geographie heute, 18. Jg., Heft 155, Seelze, S. 28–31 (Themenheft Industrie global).

HUSA, K. und H. WOHLSCHLÄGL (1998a): Regionale Disparitäten, überhitzte Wirtschaftsentwicklung und ökonomische Krise in Thailand. In: Geographischer Jahresbericht aus Österreich, Band 55 (1996), Wien, S. 83–116.

HUSA, K. und H. WOHLSCHLÄGL (1998b): Der „gestrauchelte Musterschüler" – Thailands ökonomische Entwicklung und die „Asienkrise". In: GW-Unterricht, Heft 72, Wien, S. 3–18.

HUSA, K. und H. WOHLSCHLÄGL (1998c): Bangkok – Wachstumsprobleme einer Megastadt in Südostasien. In: Geographie heute, Sammelband „Städte", Seelze, S. 66–71.

HUSA, K. und H. WOHLSCHLÄGL (1999a): Vom „Emerging Market" zum „Emergency Market": Thailands Wirtschaftsentwicklung und die Asienkrise. In: PARNREITER, C., NOVY, A. und K. FISCHER (Hrsg.): Globalisierung und Peripherie – Umstrukturierung in Lateinamerika, Afrika und Asien. Frankfurt am Main / Wien: Brandes & Apsel, Südwind, S. 209–236 (= Historische Sozialkunde, Band 12).

Husa, K. und H. Wohlschlägl, Hrsg. (1999b): Megastädte der Dritten Welt im Globalisierungsprozess. Mexico City, Jakarta, Bombay – Vergleichende Fallstudien in ausgewählten Kulturkreisen. Wien: Institut für Geographie und Regionalforschung, 469 S. (= Abhandlungen zur Geographie und Regionalforschung, Band 6).

Husa, K. und H. Wohlschlägl (2000a): Aktuelle Entwicklungstendenzen der internationalen Arbeitsmigration in Südost- und Ostasien vor dem Hintergrund von Wirtschaftsboom und Asienkrise. In: Husa, K., Parnreiter, C. und I. Stacher (Hrsg.): Internationale Migration – Die globale Herausforderung des 21. Jahrhunderts? Frankfurt am Main / Wien: Brandes & Apsel, Südwind, S. 247–279 (= Historische Sozialkunde/Internationale Entwicklung, Band 17).

Husa, K. und H. Wohlschlägl (2000b): Internationale Arbeitsmigration im Zeitalter der Globalisierung: Das Beispiel Südostasien. In: Mitteilungen der Österreichischen Geographischen Gesellschaft, Band 142, Wien, S. 269–314.

Husa, K. und H. Wohlschlägl (2002a): Southeast Asia: A New Global Player in the System of International Labour Migration. In: International Migration – Problems, Prospects, Policies. Wien, S. 16–28 (= Beiträge zur Historischen Sozialkunde / Special Issue 2002).

Husa, K. und H. Wohlschlägl (2002b): Vom Baby-Boom zum „Grey Boom"? Sozio-demographische Transformationsprozesse in Südostasien. In: Journal für Entwicklungspolitik (JEP), 18. Jg., Heft 4, Wien, S. 311–336.

Husa, K. und H. Wohlschlägl (2003a): Südostasiens „demographischer Übergang": Bevölkerungsdynamik, Bevölkerungsverteilung und demographische Prozesse im 20. Jahrhundert. In: Feldbauer, P., Husa, K. und R. Korff, Hrsg. (2003): Südostasien: Gesellschaft, Räume und Entwicklung im 20. Jahrhundert. Wien, S. 133–158 (= Edition Weltregionen, Band 6).

Husa, K. und H. Wohlschlägl (2003b): Südostasien: Ein neuer „Global Player" im System der Internationalen Arbeitsmigration. In: Mitteilungen der Anthropologischen Gesellschaft in Wien, Band 133, Wien, S. 139–158.

Husa, K. und H. Wohlschlägl (2003c): Wirtschaftsboom und ökonomische Krise: Thailands Wirtschaftsentwicklung in den achtziger und neunziger Jahren. In: Hohnholz, J. und K.-H. Pfeffer (Hrsg.): Thailand: Ressourcen – Strukturen – Entwicklungen eines tropischen Schwellenlandes. Tübingen, S. 79–120 (= Tübinger Geographische Studien, Band 137).

Husa, K. und H. Wohlschlägl (2005a): „Gastarbeiter" oder Immigranten? Internationale Arbeitsmigration in Ost- und Südostasien im Umbruch. In: Binder, S., Rasuly-Paleczek, G. und M. Six-Hohenbalken (Hrsg.): „HerausForderung Migration" – Beiträge zur Aktions- und Immigrationswoche der Universität Wien anlässlich des „UN International Migrant's Day". Wien: Institut für Geographie und Regionalforschung, S. 71–204 (= Abhandlungen zur Geographie und Regionalforschung, Band 7).

Husa, K. und H. Wohlschlägl (2005b): Asien ergraut – Alterung der Bevölkerung und soziale Sicherung in Ost- und Südostasien. In: Jordan, R. (Hrsg.): Sozialer Staat? Zur Kritik staatlicher Sozialpolitik in Ost- und Südostasien. Essen: Asienstiftung, S. 43–65 (= Focus Asien, Schriftenreihe des Asienhauses, Band 23).

Husa, K. und H. Wohlschlägl (2007a): Der Alterungsprozess der Bevölkerung in Ost- und Südostasien: die neue demographische Herausforderung des 21. Jahrhunderts? In: Geographischer Jahresbericht aus Österreich, Band 62/63, Wien, S. 95–129.

Husa, K. und H. Wohlschlägl (2007b): Globale Märkte – lokale Konsequenzen: Arbeitsmigration in Südostasien seit der Mitte des 19. Jahrhunderts. In: Husa, K., Kraler, A., Bilger, V. und I. Stacher (Hrsg.): Migrationen. Globale Entwicklungen seit 1850. Wien: Mandelbaum, S. 171–198 (= Globalgeschichte und Entwicklungspolitik, Band 6).

Husa, K. und H. Wohlschlägl (2008a): From „Baby Boom" to „Grey Boom"? Southeast Asia's Demographic Transformation and its Consequences. In: Geographische Rundschau – International Edition, 4. Jg., Nr. 1, Braunschweig, S. 20–27.

Husa, K., Jordan, R. und H. Wohlschlägl, Hrsg. (2008b): Ost- und Südostasien zwischen Wohlfahrtsstaat und Eigeninitiative. Aktuelle Entwicklungstendenzen von Armut, Alterung und sozialer Unsicherheit. Wien: Institut für Geographie und Regionalforschung, 234 S. (= Abhandlungen zur Geographie und Regionalforschung, Band 10).

Husa, K. und H. Wohlschlägl (2008c): Demographischer Wandel, Dynamik des Alterungsprozesses und Lebenssituationen älterer Menschen in Südostasien. In: Husa, K., Jordan, R. und H. Wohlschlägl (Hrsg.): Ost- und Südostasien zwischen Wohlfahrtsstaat und Eigeninitiative. Aktuelle Entwicklungstendenzen von Armut, Alterung und sozialer Unsicherheit. Wien: Institut für Geographie und Regionalforschung, S. 139–164 (= Abhandlungen zur Geographie und Regionalforschung, Band 10).

Husa, K. und H. Wohlschlägl (2008d): Staatliche Altersvorsorge und soziale Sicherungssysteme in Südostasien. In: Husa, K., Jordan, R. und H. Wohlschlägl (Hrsg.): Ost- und Südostasien zwischen Wohlfahrtsstaat und Eigeninitiative. Aktuelle Entwicklungstendenzen von Armut, Alterung und sozialer Unsicherheit. Wien: Institut für Geographie und Regionalforschung, S. 165–184 (= Abhandlungen zur Geographie und Regionalforschung, Band 10).

Husa, K. und H. Wohlschlägl, Moderation (2009a): Südostasien – Gesellschaft im Wandel. Themenheft, Geographische Rundschau, 61. Jg., Heft 10, Braunschweig, 66 S.

Husa, K. und H. Wohlschlägl (2009b): Südostasien „ergraut" – Demographischer Wandel und Alterung der Bevölkerung in Südostasien. In: Geographische Rundschau, 61. Jg., Heft 10, Braunschweig, S. 4–12.

Manndorff, H. (1967): The Hill Tribe Program of the Public Welfare Department, Ministry of Interior, Thailand: Research and Socio-economic Development. In: Kunstadter, P. (Hrsg.): Southeast Asian Tribes, Minorities and Nations. Princeton: Princeton University Press. S. 525–552.

Spreitzhofer, G. (1995a): Alternativtourismus in Südostasien. Rucksackreisen als Speerspitze des Massentourismus. In: Internationales Asienforum – International Quarterly for Asian Studies, 26. Jg., Heft 4–5, Freiburg, S. 383–397.

Spreitzhofer, G. (1995b): Tourismus Dritte Welt: Brennpunkt Südostasien. Alternativtourismus als Motor für Massentourismus und sozio-kulturellen Wandel. Frankfurt / New York: Peter Lang Verlag, 232 S.

Spreitzhofer, G. (1996a): Alternativtourismus in Südostasien. Touristische Billiginfrastruktur im urbanen Vergleich. In: Journal für Entwicklungspolitik (JEP), 12. Jg., Heft 1, Wien, S. 5–29.

Spreitzhofer, G. (1996b): Aspekte der Tourismuspolitik in Südostasien. Individualtourismus und Sextourismus als neue Herausforderungen für ASEAN und Indochina. In: asien, afrika, lateinamerika, 24. Jg., Heft 1, Berlin, S. 33–46.

Spreitzhofer, G. (1996c): Auswirkungen des Tourismus in Südostasien. In: ASIEN – Deutsche Zeitschrift für Politik, Wirtschaft und Kultur, Nr. 58, Hamburg, S. 26–39.

Spreitzhofer, G. (1997a): Vietnam: Zehn Jahre „Doi Moi". Bilanz einer Transformation. In: Journal für Entwicklungspolitik (JEP), 13. Jg., Heft 2, Wien, S. 181–198.

Spreitzhofer, G. (1997b): Ethnotourismus in Südostasien. Hilltribes im Spannungsfeld von Trekking und Opium. In: ASIEN – Deutsche Zeitschrift für Politik, Wirtschaft und Kultur, Nr. 63, Hamburg, S. 45–55.

Spreitzhofer, G. (1998a): Backpacking Tourism in South-East Asia. In: Annals of Tourism Research, 25. Jg., Heft 4, Menomonie (USA), S. 979–983.

Spreitzhofer, G. (1998b): Hilltribe-Trekking in Nordthailand. Ethnotourismus als Produkt synthetischer Authentizität? In: Journal für Entwicklungspolitik (JEP), 14. Jg., Heft 3, Wien, S. 295–310.

Spreitzhofer, G. (1999): Gesellschaftliche Liberalisierung in Indonesien? Aktuelle Aspekte in Partei und Politik. In: asien, afrika, lateinamerika, 27. Jg., Heft 3, Berlin / Berkshire, S. 227–244.

Spreitzhofer, G. (2000a): Internationale Völkerverständigung durch Drittwelt-Tourismus? Asien-Klischees als Motor für Eurozentrismus und Neo-Kolonialismus. In: asien, afrika, lateinamerika, 28. Jg., Heft 2, Berlin / Berkshire, S. 159–175.

SPREITZHOFER, G. (2000b): Metropolization in Suharto's Western Java. Three Decades of Megacity Management in Jabotabek Region. In: asien, afrika, lateinamerika, 8. Jg., Heft 3, Berlin / Berkshire, S. 609–630.

SPREITZHOFER, G. (2000c): Jakarta. Megacity im Spannungsfeld globaler Interessen und sozialer Disparitäten. In: BLOTEVOGEL, H., OSSENBRÜGGE, J. und G. WOOD (Hrsg.): Lokal verankert – weltweit vernetzt. Tagungsbericht und wissenschaftliche Abhandlungen (52. Deutscher Geographentag in Hamburg), Stuttgart: Steiner, S. 273–278.

SPREITZHOFER, G. (2001): Jakarta: Zwischen Nasi und Nike. In: PILZ, B. (Hrsg.): Zum Beispiel Mega-Städte. Göttingen: Lamuv, S. 30–35.

SPREITZHOFER, G. (2002a): Metro Manila im Brennpunkt sozialer Disparitäten und globaler Perspektiven. In: Internationales Asienforum – International Quarterly for Asian Studies, 33. Jg., Heft 1–2, Freiburg, S. 67–90.

SPREITZHOFER, G. (2002b): Globalizing Metro Manila? External and Internal Impact on Landuse and Infrastructure Development in the Philippine NCR. In: Philippine Studies, 50. Jg., Heft 2, Manila, S. 251–268.

SPREITZHOFER, G. (2002c): Metro-Jakarta: Post-crisis Investment Opportunities and Risks in a Mega-urban Region. In: IFAS Forum (Interdisciplinary Research Institute for Asian Studies), Heft 1–2, Hamburg, S. 28–35.

SPREITZHOFER, G. (2002d): Kann denn Rucksack Sünde sein? In: Praxis Geographie, 32. Jg., Heft 10, Braunschweig, S. 26–29.

SPREITZHOFER, G. (2002e): The Individualization of Southeast Asian Tourism: Aspects of the New Appreciation of Low-budget Backpacking as a Tool for Local Development. In: Journal für Entwicklungspolitik (JEP), 18. Jg., Heft 4, Wien, S. 381–398.

SPREITZHOFER, G. (2002f): The Roaring Nineties. Low-budget Backpacking in South-East Asia as an Appropriate Alternative to Third World Mass Tourism? In: asien, afrika, lateinamerika, 30. Jg., Heft 3, Berlin / Berkshire, S. 115–129.

SPREITZHOFER, G. (2003a): From Farming to Franchising: Current Aspects of Transformation in Post-crisis Metro-Jakarta. In: ASIEN – Deutsche Zeitschrift für Politik, Wirtschaft und Kultur, Nr. 87, Hamburg, S. 52–64.

SPREITZHOFER, G. (2003b): Gunst- und Ungunsträume in Südostasien: Geologische und klimatische Naturraumpotenziale als Determinanten landwirtschaftlicher Nutzung. In: FELDBAUER, P., HUSA, K. und R. KORFF (Hrsg.): Südostasien. Gesellschaften, Räume und Entwicklung im 20. Jahrhundert. Wien, S. 79–92 (= Edition Weltregionen, Band 6).

SPREITZHOFER, G. (2003c): Brennpunkt Regenwald: Ökologische und sozioökonomische Wurzeln der Rodung Südostasiens. In: FELDBAUER, P., HUSA, K. und R. KORFF (Hrsg.): Südostasien. Gesellschaften, Räume und Entwicklung im 20. Jahrhundert. Wien, S. 93–113 (= Edition Weltregionen, Band 6).

SPREITZHOFER, G. (2004): Tourism in Southeast Asia. New Local Development Chances Through Individual Backpacking. In: Internationales Asienforum – International Quarterly for Asian Studies, 35. Jg., Heft 1–2, Freiburg, S. 63–83.

SPREITZHOFER, G. (2007): „New Towns & Old Kampungs" – Metro-Jakarta zwischen Macht und Marginalität. In: Geographischer Jahresbericht aus Österreich, Band 62/63, Wien, S. 157–184.

SPREITZHOFER, G. (2009): Konsum, Kommerz und Khao San – Touristische Triebfedern in Südostasien? In: Geographische Rundschau, 61. Jg., Heft 10, Braunschweig, S. 26–31.

TRUPP, A. (2007): Ethnotourismus in Nordthailand: Perspektiven der Akha und Karen, dargestellt am Beispiel zwier touritisch unterschiedlich entwickelter Hilltribedörfer. In: Geographischer Jahresbericht aus Österreich, Band 62/63, Wien, S. 31–76.

TRUPP, A. (2009a): Alle Menschen sind gleich, aber einige sind gleicher. Von asymmetrischen Beziehungen im Hilltribe-Tourismus Südostasiens. In: TRUPP, A. und C. TRUPP (Hrsg.): Ethnotourismus – Interkulturelle Begegnung auf Augenhöhe? Wien: Mandelbaum, S. 97–116.

TRUPP, A. (2009b): Südostasiens ethnische Minderheiten. Im Spannungsfeld von Marginalisierung, Assimilierung und nationaler Integration. In: Geographische Rundschau, 61. Jg., Heft 10, Braunschweig, S. 26–31.

TRUPP, A und C. TRUPP, Hrsg. (2009): Ethnotourismus. Interkulturelle Begegnung auf Augenhöhe? Wien: Mandelbaum, 176 S.

VIELHABER, C. (1986): Vom Fischerdorf zu einem Zentrum des Fernreisetourismus. Das Beispiel Pattaya, Thailand. In: Geographischer Jahresbericht aus Österreich, Band 43 (1984), Wien, S. 31–76.

WOHLSCHLÄGL, H. (1986): Bevölkerungswachstum und Fruchtbarkeitsrückgang in Thailand. In: HUSA, K., VIELHABER, C. und H. WOHLSCHLÄGL (Hrsg.): Beiträge zur Bevölkerungsforschung. Festschrift Ernest Troger zum 60. Geburtstag, Band 1. Wien: F. Hirt, S. 355–384 (= Abhandlungen zur Geographie und Regionalforschung, Band 1).

WOHLSCHLÄGL, H. (1988): Verlauf, räumliche Differenzierung und Bestimmungsgründe des Rückgangs der Geburtenhäufigkeit in Thailand – eine bevölkerungsgeographische Fallstudie vor dem Hintergrund theoretischer Konzepte und empirischer Befunde zum Wandel des generativen Verhaltens in der Dritten Welt. Habilitationsschrift, Universität Wien, 425 S.

WOHLSCHLÄGL, H. (1991): Familienplanungsprogramme und Geburtenkontrolle in der Dritten Welt. In: Demographische Informationen 1990/91. Wien: Institut für Demographie der Österreichischen Akademie der Wissenschaften, S. 17–34.

Diplomarbeiten (Auswahl)

EBNER, S. (2006): Marginale Siedlungen in Bangkok und Manila – Dimensionen, Projekte, Strategien. Eine vergleichende Analyse. Diplomarbeit, Institut für Geographie und Regionalforschung, Universität Wien, 155 S.

EINZENBERGER, R. (2007): Konfliktherd Südthailand: eine Analyse der historischen, ethnisch-religiösen und sozioökonomischen Hintergründe der Unruhen in den Grenzprovinzen Pattani, Yala und Narathiwat. Diplomarbeit, Institut für Geographie und Regionalforschung, Universität Wien, 196 S.

ERLBACHER, C. (2004): Trends und Perspektiven der Arbeitsmigration in Südost- und Ostasien. Diplomarbeit, Institut für Geographie und Regionalforschung, Universität Wien, 183 S.

GÄTZ, W. (1994): Wirtschaftliche, soziale und räumliche Auswirkungen des Prostitutionstourismus auf ein Land der Dritten Welt: das Beispiel Thailand. Diplomarbeit, Institut für Geographie und Regionalforschung, Universität Wien, 102 S.

GANTNER, B. (2007): Struktur und Dynamik des Massentourismus in Südthailand vor dem Tsunami des 26.12.2004 und zwei Jahre danach – eine Analyse von Kamala Beach auf Phuket. Diplomarbeit, Institut für Geographie und Regionalforschung, Universität Wien, 163 S.

GRÜNSTEIDL, S. (1993): Demographische Entwicklungen und sozio-ökonomischer Wandel der Bergstammbevölkerung Thailands – eine bevölkerungsgeographische Studie der ethnischen Minoritäten in den nördlichen Grenzprovinzen Mae Hong Son, Chiang Mai, Chiang Rai, Phayao und Nan. Diplomarbeit, Institut für Geographie und Regionalforschung, Universität Wien, 272 S.

KEIMEL, U. (1990): Die Beschäftigungssituation in Entwicklungsländern als komplexes Problem. Eine Fallstudie über Thailand. Diplomarbeit, Institut für Geographie und Regionalforschung, Universität Wien, 186 S.

TRUPP, A. (2006): Ethnotourismus in Nordthailand am Beispiel zweier touristisch unterschiedlich entwickelter „Hilltribe-Dörfer": Handlungen und Wahrnehmungen aus der Perspektive der Bereisten. Diplomarbeit, Institut für Geographie und Regionalforschung, Universität Wien, 175 S.

SCHLICK, W. (2009): „Shifting Cultivation" im Wandel der Zeit. Diplomarbeit, Institut für Geographie und Regionalforschung, Universität Wien, 128 S.

SCHOLZ, B. (2005): Die Integration Vietnams in die Weltwirtschaft. Diplomarbeit, Institut für Geographie und Regionalforschung, Universität Wien, 130 S.

VERESS, K. (2009): Vom Sex-Touristen zum „Strandpensionisten"? Eine Fallstudie zur männlichen Altersmigration nach Thailand am Beispiel Hua Hin und Cha-am. Diplomarbeit, Institut für Geographie und Regionalforschung, Universität Wien, 136 S.

WENINGER, P. (2010): Internationale Migration: Die Auswirkungen von „Remittances" auf die sozioökonomische Umwelt und Entwicklung in den Philippinen – eine Fallstudie in den Zentralen Visayas. Diplomarbeit, Institut für Geographie und Regionalforschung, Universität Wien, 167 S.

ZANKL, M. (2005): Dynamik und Ursachen des Fertilitätsrückganges in Südostasien: Erklärungsansätze, Determinanten und empirische Befunde, dargestellt am Beispiel von Kambodscha, Laos, Thailand und Vietnam. Diplomarbeit, Institut für Geographie und Regionalforschung, Universität Wien, 297 S.

Fokus Südasien. Schwerpunkte der Geographischen Südasienforschung 1970 bis 2010 – ein Überblick

Heinz Nissel

Wenn es in diesem Beitrag gilt, Bilanz zu ziehen über Aktivitäten in Forschung und Lehre zu Südasien, insbesondere Indien, am Wiener Institut für Geographie und Regionalforschung, so ist dies nicht möglich ohne Verweise auf die persönliche Vita des Autors dieses Beitrags. Mit dem Einstieg in das Studium der Geographie und Soziologie an der Universität Wien im Wintersemester 1963/64 (damals noch mit Sondergenehmigung eines *studium irregulare*) war die Hauptrichtung des folgenden Lebenswegs bereits eingeschlagen. Denn Wien stand damals in der Humangeographie des deutschsprachigen Raums gleichsam für den Begründer und „Papst" der Sozialgeographie, Univ.-Prof. Dr. Hans Bobek, und im Rahmen sozialgeographischer Ansätze entwickelte sich insbesondere die Stadtforschung zu einer tragenden Säule der Institutsaktivitäten. Desgleichen waren Bobeks bahnbrechende Arbeiten in der islamischen Welt, insbesondere im Iran, vermittelt durch etliche Lehrveranstaltungen, inspirierender Ausgangspunkt für die Träume und Sehnsüchte vieler Studierender. So machte sich bereits 1965 ein Quartett von Freunden aus dem Institut auf den Landweg über Iran nach Indien. Als Studentenvertreter ergab sich für mich dann die Chance, im Dezember 1968 am 21. Weltkongress der Geographie in New Delhi (erstmalig in Asien) teilzunehmen. Die Bedeutung dieser Tagung gerade aus indischer Sicht wurde durch die Eröffnungsrede *Indira Gandhis* unterstrichen.

Im Anschluss daran war es mir vergönnt, gemeinsam mit Wilfried Schönbäck eine mehrmonatige Reise durch Südasien (Indien, Nepal, Sri Lanka, Pakistan) mit bescheidensten Mitteln durchzuführen. Der indische Subkontinent übererfüllte einerseits unsere Vorstellungen realer Exotik, zeigte aber zugleich die ungeheure Härte des Alltagslebens für Abermillionen. Sich auf Indien einzulassen, ermöglicht keine lauwarme Annäherung, sondern trennt Erstbesucher nahezu immer in Liebende und Hassende. Für mich mündete diese Reise trotz aller Strapazen in überfüllten Dritte-Klasse-Waggons, Bussen und Städten, und ohne dies damals schon abschätzen zu können, in eine lebenslange Zuneigung zu „Land und Leuten". Ein Ergebnis dieser ersten Fahrt, der später noch dutzende andere folgen sollten, war auch die erste Publikation über „Ökonomische und soziale Probleme Indiens" (Nissel 1970).

Während dieser großen *tour d'horizon* war mir aufgefallen, dass die Geographie an allen wichtigen Universitäten Indiens mit Instituten vertreten war, nur ausgerechnet nicht in der Wirtschaftsmetropole Bombay. Daraus entstand in jugendlichem Leichtsinn die sicher verrückte Idee, der damaligen Viermillionen-Stadt mit einer sozialgeographischen Arbeit zu Leibe zu rücken. Erstaunlicherweise unterstützte Prof. Bobek dieses Ansinnen. Allerdings galt die Auslandsforschung im Fach, und noch mehr jene außerhalb Europas, als prestigeträchtig. Ab 1969 folgte die Arbeit an der Dissertation „Bombay – eine sozialgeographische Analyse" bei Hans Bobek. Ermöglicht wurde dies dann durch die Gewährung eines zweijährigen post-graduate Austauschstipendiums des „Indian Ministry of Education" für die Jahre 1970/71. Die Zeit in Bombay gestaltete sich sehr arbeitsintensiv und war in mancher Hinsicht eine Pionierleistung, wurde aber durch den Gewinn vieler Freundschaften, die zum Teil bis heute gehalten haben, sowie durch große Hilfsbereitschaft indischer Behörden und Organisationen belohnt. Gegen Ende des Aufenthalts führten eine schwere Erkrankung sowie der kriegsbedingte Verlust eines Großteils der erarbeiteten Unterlagen (Indisch-Pakistanischer Krieg 1971) zu einer persönlichen Krise. Es gelang jedoch, überwiegend aus dem Gedächtnis heraus, die umfangreiche Untersuchung neu zu formulieren und 1974 mit der Promotion abzuschließen.

Als sich nach Beendigung des Studiums keine Möglichkeit der Mitarbeit an einer österreichischen Universität abzeichnete, ging ich im Herbst 1974 zunächst an die Universität Köln, ohne zu ahnen, dass es ein Abschied für 14 Jahre sein würde. Es folgten in verschiedenen Positionen die Tätigkeiten an der TU Berlin als Assistent bei Prof. HOFMEISTER (1975–1980) und an der Universität Marburg (1980–1988) (Prof. EHLERS, Prof. MERTINS u.a.). Wenn auch an diesen Standorten die Aufgaben mehrfach wechselten, so war doch die Begründung für meine Einstellung jeweils im Fokus Stadtforschung und regional im Südasienbezug gegeben. Dabei ist die Metropole Bombay (später Megacity Mumbai) meine zweite Heimatstadt geblieben. In einer vermutlich einzigartigen Forschungskontinuität wurde mir die Megastadt zum „Laboratorium", die mich in über vier Jahrzehnten zu immer neuen Fragestellungen und Forschungsfeldern inspirierte. Wichtigste Basis aber blieben die beim großen Forschungsaufenthalt gemachten Erfahrungen.

1990 erfolgte die Rückkehr an das Wiener Stammninstitut, zunächst als Lektor, ab 1993 als Vertragsassistent, Einreichung der Habilitationsschrift 1999, 2000 Habilitation und *venia legendi* für Humangeographie sowie Ernennung zum „Außerordentlichen Universitätsprofessor". Seit Mitte der 1980er-Jahre hatte sich in Wien bereits ein *Schwerpunkt der Südostasienforschung* herauskristallisiert (siehe Beitrag HUSA und WOHLSCHLÄGL in diesem Band). Daher konnte ich mich einerseits problemlos in Forschung und Lehre in diesen Asienfokus integrieren, wie man etwa aus der gemeinsamen Analyse in und an Megastädten ablesen kann, andererseits aber zugleich auch mit Südasien einen anderen, neuen Akzent setzen. Dieser Asienfokus wird bestehen, solange die dafür Verantwortlichen in der Institutsgemeinschaft der Lehrenden und Lernenden dies wollen und dafür arbeiten. Es sei aber auch nicht verschwiegen, dass es sich um ein Geographisches Großinstitut handelt, in dem auch viele andere Agenden in sehr unterschiedlichen Forschungsfeldern wie auch in der Lehre abgedeckt werden (müssen). Aktuell stehen Fragen der heutigen und zukünftigen Entwicklung Indiens/Südasiens im Mittelpunkt der Überlegungen und Untersuchungen, insbesondere solche der Bevölkerungs- und Wirtschaftsentwicklung und des neuen politischen Selbstbewusstseins – häufig im Vergleich mit dem großen Rivalen in Asien, China – sowie möglicher Positionen in einer multipolaren Welt.

Die umfangreiche Dissertation „Bombay – eine sozialgeographische Analyse" (1974) ist das Ergebnis mehrjähriger Untersuchungen und entspricht sowohl dem Stand damaliger sozialgeographischer Stadtforschung mit ihren spezifischen Erkenntnisinteressen (nomothetischer Ansatz) wie auch der (idiographischen) Darlegung des Spezifischen, Einzigartigen dieser Metropole. Der erste Hauptteil widmet sich den Strukturen und Funktionen im zeiträumlichen Ablauf, ihrem Bedeutungswandel und ihrer Fixierung in einem Modellschema. Der zweite Hauptteil analysiert die Bevölkerung und erfasst demographische, ökonomische und soziokulturelle Aspekte mit besonderer Beachtung der Zuwanderung. Eine sozialräumliche Typisierung der (damals) 444 „Circles" von Greater Bombay mittels multivariater Verfahren war ein Novum in der indischen Stadtforschung. Es folgt schließlich noch eine Interpretation ausgewählter Teilgebiete mit dem damaligen sozialgeographischen Instrumentarium mittels Kartierung, Befragung, Auswertung von Daten etc.

In gekürzter und umgearbeiteter Form konnte diese Studie 1977 als Band 1 der Berliner Geographischen Studien an meinem damaligen Arbeitsbereich der TU Berlin unter dem Titel „Bombay – Untersuchungen zur Struktur und Dynamik einer indischen Metropole" erscheinen (NISSEL 1977b, Teilaspekte davon in NISSEL 1977a, 1980 und 1981). In dem Beitrag „Jüngste Tendenzen der Zuwanderung nach Bombay" (NISSEL 1982) wurden die Binnenwanderungsströme auf Bundesstaatenbasis analysiert – mit der überraschenden Einsicht, dass der Umfang der Wanderungsströme keineswegs mit der Distanz von den Herkunftsgebieten korreliert, sondern mit den spezifischen Profilen der Zuwanderer nach Bildungsniveau, Berufsspektrum und soziokulturellem Hintergrund variiert.

In eine andere Richtung geht der Beitrag über Planung und Entwicklungsstand einer Entlastungsmetropole für zwei Millionen Bewohner (NISSEL 1984). Zwischen der ambitionierten raumplanerischen Konzeption und den späteren Umsetzungsversuchen klafft allerdings eine für Indien nicht untypische große Kluft. Ein DFG-Projekt wandte sich 1985 den Prozessen der Tertiärisierung und Gentrifizierung der Innenstadtbezirke von Bombay zu (NISSEL 1985). Die City (der CBD) sowie die von mir so definierte Bazarzone weisen eine sich verstärkende Dualstruktur des Geschäftslebens je eigenen Charakters auf, beiden gemeinsam ist ein rapider Bevölkerungsverlust trotz der dynamisch wachsenden Agglomeration. Leider scheiterte beim damaligen Stand der Technik der Druck der Ergebnisse (u.a. kleinräumige Farbkarten) an den Kosten (Aspekte dieser Arbeit wurden noch einmal vertiefend in NISSEL 1994a aufgegriffen).

Für einen breiteren Leserkreis wurden Entwicklung und Probleme des ökonomischen Zentrums Indiens dargelegt in: „Die indische Metropole Bombay. Ein Opfer ihres eigenen Erfolges?" (NISSEL 1989). Im Titel klingt bereits das Leitmotiv an. Gerade der phänomenale Aufstieg der Stadt, vor allem ihre wirtschaftliche Durchschlagskraft, wurde zur Vision für Milllionen Zuwanderer – und damit zur Ursache für soziale Anomalien, sozialräumliche Marginalisierung, wie besonders an der Ausweitung der Slums vorgeführt. Negative Begleiterscheinungen des ökonomischen Wachstums treffen einmal alle Bewohner, und darüber hinaus die Unterprivilegierten zusätzlich in verschärfter Form. Dieser Gedanke wurde in späteren Arbeiten mehrfach wieder aufgenommen – bei der Diskussion von Globalisierungswirkungen. Erstmals beschäftigte sich auch ein Beitrag nicht spezifisch mit Bombay, sondern mit Ursachen und Veränderungen der Urbanisierung generell in Indien (NISSEL 1986). Im Mittelpunkt der Überlegungen stand dabei der extrem niedrige Urbanisierungsgrad des Landes bei gleichzeitig zweitgrößtem städtischem Bevölkerungspotenzial weltweit (nach China), sowie die seit über hundert Jahren anhaltende Umschichtung der Anteile städtischer Bevölkerung von Klein- und Mittelstädten zunächst zugunsten der Großstädte, dann der Millionenstädte und schließlich von Metropolen – ein Prozess, der heute bei der Formierung der Megacities weitergeht.

Heinz Nissel

Diese Beiträge zu Bombay befassten sich sowohl mit den dynamischen Entwicklungen der Metropole und künftigen *World City* wie auch mit ihren Widerständen und Persistenzen (etwa in Hinblick auf Modernisierungsansprüche). Gerade wegen ihrer Bevölkerungs- und Wirtschaftsdynamik wird die Entwicklung der Kernstadt wie der Agglomeration jedoch nie inselhaft interpretiert, sondern immer auch im gesamten Kontext der Urbanisierung in Indien, in ihren Wirkungen als Regionalhauptstadt des Bundesstaates Maharashtra (mit heute mehr als 100 Millionen Einwohnern), in der Rivalität gegenüber und im Wettbewerb mit anderen indischen Metropolen. Methodisch decken diese Arbeiten ein weites Spektrum ab, von der kartographischen Umsetzung komplexer thematischer Karten bis zur Anwendung multivariater statistischer Verfahren (Faktoren- und Clusteranalysen). Die englischen Beiträge wurden in Indien rezipiert und lösten auch eine Anzahl von Folgeuntersuchungen einheimischer Autoren aus.

Abweichend von diesen stadtgeographischen Beiträgen versuchte ich auch landeskundliche Aufsätze mit Pioniercharakter über damals nahezu unbekannte Peripherräume Südasiens – im Himalaya – zu konzipieren. Es sind dies Ladakh (NISSEL 1977c) sowie Bhutan (NISSEL 1989a und 1990). Beide Räume stehen für extreme Hochgebirgslandschaften mit einer buddhistisch geprägten Bevölkerung und tibetisch formierten Leitkultur. Da sich beide Regionen in diesen Jahren allmählich nach vollständiger, jahrzehntelanger Isolation zu öffnen begannen – allerdings zunächst nur für wenige „Auserwählte" – war ich besonders dankbar für die Ermöglichung dieser Begegnungen. Da Bhutan damals gerade erst zum (einzigen) Schwerpunktland der österreichischen Entwicklungszusammenarbeit in Asien proklamiert worden war, erwiesen sich meine Expertisen zu „Land und Leuten" auch für die Projektplanungen als nützlich.

Gleichsam leitmotivisch wurde die stadtgeographische Forschung in Indien, insbesondere über Bombay, auch in der zweiten Hälfte der 1990erJahre wie auch im neuen Jahrtausend weitergeführt, jedoch in neue theoretische wie reale Zusammenhänge gebettet. Die wichtigste Frage war jene nach den Auswirkungen der Globalisierung auf die inzwischen von der Metropole zur Megacity mutierte Weltstadt. So sehr der Begriff der Globalisierung nicht nur im wissenschaftlichen Diskurs, sondern auch massenmedial zu einem Schlagwort unserer Zeit geraten ist, so schwierig erweist sich jedoch die analytische wie definitorische Mehrdeutigkeit dieser modischen Chiffre.

Obwohl die Globalisierung der Weltwirtschaft ohne Nutzung des virtuellen Raums kaum möglich wäre, findet sie nicht im luftleeren Raum statt, sondern in immer dichteren, vielfältigeren Netzwerken. In diesen hochkomplizierten Hierarchien spielen die sogenannten *Global* oder *World Cities* eine zentrale Rolle. Sie sind nicht nur die weltweit dominierenden Zentren, wie sie die klassische „Theorie der Zentralen Orte" postuliert, sondern die Knotenpunkte, in denen Prozesse der verschiedenen Maßstabsebenen zusammenlaufen: lokale, regionale, nationale und transnationale Prozesse. Sie transformieren sich zu Orten des Austausches, der Kontrolle, der Steuerung dieser Ströme von Informationen, Kapital und Menschen. Global Cities managen die neue internationale Arbeitsteilung und die dazu nötigen politischen Entscheidungen, sie verkörpern die „Nodalisierung des globalen ökonomischen Raumes" (ALTVATER und MAHNKOPF 1996). Klassische Forschungsansätze wie etwa *Erste* versus *Dritte Welt* oder Diskurse über *Zentrum-Peripherie-Modelle* werden zunehmend obsolet, da innerhalb der Global Cities wie in einem Brennspiegel diese Phänomene gleichzeitig und als „two worlds in one place" auftreten. „Gated communities", informelle Arbeit, Slums etc. werden zu ubiquitären Elementen der Metropolen weltweit, und dies auch unabhängig vom jeweiligen Entwicklungsstand ihrer Staaten. Deshalb charakterisieren NARR und SCHUBERT (1994) Globalisierung auch als „transnationale Produktion von Ungleichheit".

Durch geraume Zeit vernachlässigte der wissenschaftliche Diskurs die Megastädte der Dritten Welt, vor allem, solange nur Global Cities (der führenden Industriestaaten) als Kommandozentralen weltweit agierender ökonomischer und politischer Macht gedeutet wurden. Die Megastädte der Dritten Welt stellen zwar keine Global oder World Cities im engeren Sinn dar, sie sind aber trotzdem *strategisch wichtige Orte der Globalisierung*, indem sie ihre Staaten, Gesellschaften und Territorien in globale Prozesse integrieren. Es erscheint deshalb sinnvoll, sie als *„Globalising Cities"* zu bezeichnen. Die Diskrepanz zwischen globalen Funktionen, die sie ausüben, und gleichzeitiger transnationaler Abhängigkeit erfordert ein neues Theorieverständnis der spezifischen Charakteristika solcher Städte, wie auch die Erarbeitung vergleichbarer Indikatoren, mit deren Hilfe sie in eine Hierarchie unter, oder besser hinter die führenden Weltstädte positioniert werden können.

Städte der „Dritten Welt" weisen eine große Anzahl von Phänomenen, Problemen und Prozessen auf, die andersartig strukturiert sind als in Städten der „Ersten Welt". Dazu zählen die Auflösung bisheriger Ordnungsmuster in den städtischen Funktionen, die hypertrophe Ausweitung von Stadtraum und Bevölkerung sowie soziale Anomalien. Ergebnisse finden sich in der Entstehung diffuser Zentralität, ökonomischer Fremdbestimmung und Polarisierung (formeller/informeller Sektor), sozioökonomischer Fragmentierung (Slumentwicklung) bis hin zu ökologischen Überlastungsfaktoren (z. B. Luft- und Wasserverschmutzung) und zum Verlust der Regierbarkeit durch politische/rechtliche Institutionen. Alle diese Phänomene treten in indischen Megastädten in geballter Form in Erscheinung.

Diese Thematiken wurden in den Beiträgen „Megastadt Bombay – Global City Mumbai?" (NISSEL 1997) und „Bombay in Zeiten der Globalisierung" (NISSEL 1998) zusätzlich zur Darlegung bisheriger Entwicklungen und zur Problematik der Spannungen einer multikulturellen Gesellschaft im Konflikt zwischen lokaler, nationaler und globaler Orientierung aufgegriffen. Die für einen indischen Leserkreis bestimmte Untersuchung „Functional Change and Population Displacement within Core Areas in Greater Mumbai" war ursprünglich bereits für eine Publikation 1997/98 vorgesehen, konnte aber in umgearbeiteter Form erst 2006 erscheinen (NISSEL 2006b).

Ein weiterer Grund für die erneute Beschäftigung mit Indien war die Konstituierung einer Arbeitsgruppe „Megacityforschung" am Wiener Institut für Geographie und Regionalforschung, der es auch gelang, Projektmittel des Bundesministeriums für Wissenschaft und Forschung für eine großangelegte Untersuchung zu erhalten. Neben den Projektleitern K. HUSA und H. WOHLSCHLÄGL gehörten dieser Gruppe auch M. HEINTEL, H. NISSEL, Ch. PARNREITER und G. SPREITZHOFER an. Im Brennpunkt der Arbeiten stand die vergleichende Analyse dreier Megastädte der Dritten Welt in verschiedenen Kulturkreisen im Globalisierungsprozess und ihrer Migrationsströme – Mexico City (PARNREITER), Jakarta (HEINTEL und SPREITZHOFER) und Bombay (NISSEL). Projektbericht, Buch und Kurzfassung sind alle 1999 erschienen. Diese Analysen überschneiden sich weitgehend forschungsleitend und personell mit dem Südost- und Südasienschwerpunkt des Wiener Instituts. Drei Dimensionen sind allen Fallstudien gemeinsam: sie untersuchen die nationalstaatlichen und regionalen Rahmenbedingungen, widmen sich den Strukturen, der Dynamik und den Wachstumstrends dieser Megastädte und schließlich den Migrationsmustern in Kontinuität und Wandel. Für Bombay liegt der Akzent auf den Auswirkungen der „New Economic Policy", auf einem Vergleich der vier Megacities Indiens, ihrer gemeinsamen Stärken und wechselseitiger Rivalität, auf der sozialräumlichen Polarisierung in Bombay und der anhaltenden Attraktivität für Zuwanderer aus allen Landesteilen als einziger Metropole Indiens bei gleichzeitiger Verminderung des Migrationsvolumens im letzten Jahrzehnt. Der Vergleich macht deutlich, dass die Globalisierung am Indischen Subkontinent später eingesetzt hat und deutlich schwächer ausgeprägt ist als in den Ökonomien und Metropolen Südostasiens (NISSEL 1999a, b). Die Ergebnisse dieses Projekts der Wiener Megacitygruppe fanden internationale Beachtung.

Die Habilitationsschrift „Bombay-Mumbai. Megacity im lokalen, nationalen und globalen Kontext" (NISSEL 1999d) bündelt ein Dutzend der bisherigen Beiträge des Autors und stellt in einer ausführlichen einleitenden Zusammenschau Fragen, Probleme und Entwicklungen des inneren Zustands von Stadtraum und Bewohnern ebenso zur Diskussion wie zum einen die Einwirkungen auf die Megastadt von außen und – vice versa – zum anderen ihre Außenwirkung in verschiedenen Maßstabsebenen. Zwei Kongressbeiträge (NISSEL 2000a, b) widmen sich schwerpunktmässig den negativen Einflüssen der Globalisierung auf Stadtraum und Bewohner: „Auswirkungen der Globalisierung auf die Megacity Bombay/Mumbai" zum Hamburger Geographentag (1999) mit dem bezeichnenden Motto „lokal verankert – weltweit vernetzt" sowie „Gateway of India: Bombay/Mumbai. Globale Einbindung, nationale Dominanz und lokaler Widerstand" zum 7. Wiener Architekturkongress mit dem Generalthema „The Future of Cities. Learning from Asia" (2000). Etwas anders gelagert sind die beiden Beiträge aus dem Jahr 2001 zu Kalkutta und Bombay im Megacityband von Lothar BECKEL (NISSEL 2001a, b). Sie bieten problemorientierte Satellitenbild- und Photointerpretationen unter Auswertung von Materialien der europäischen Raumfahrtbehörde ESRA.

Im Jahr 2004 konzentrierte der Beitrag „Mumbai: Megacity im Spannungsfeld globaler, nationaler und lokaler Interessen" (NISSEL 2004a) wiederum den Blick auf die innere Entwicklung der größten megaurbanen Region Indiens in der Rolle als Anker der Globalisierung auf dem Indischen Subkontinent. Aufgegriffen wurden Fragen zur forcierten Segmentierung des städtischen Raumes, die Propagierung (angeblicher) globaler Bedürfnisse (Modernisierungsschübe), Verfall der Fabrikarbeit und des gewerkschaftlichen Widerstands, Entwicklung von Forschung und Entwicklung und der Dienstleistungsgesellschaft insgesamt, und besonders die zunehmende sozialräumliche Dichotomisierung der *„haves and have nots"*. Boden- und Immobilienspekulation, Prozesse der Gentrification in den älteren Stadtteilen, mosaikhafte Formierung fragmentierter städtischer Räume und Ausweitung des informellen Sektors sind die „Begleiterscheinungen" dieser Veränderungsprozesse. Erstmals befasste sich diese Arbeit auch mit der Formierung des lokalen Widerstands gegen die globalen wie nationalen Verwertungsinteresssen des Kapitals.

Die Studie „Bombay/Mumbai – Stadterweiterung und Stadtumbau einer Globalizing City" (NISSEL 2006a) gehört zu einem Sammelband über Mumbai, Delhi und Kolkata

(Kalkutta), den einer der beiden Herausgeber, Ravi AHUJA, in seiner Einführung als Annäherung an das Dickicht indischer Megastädte bezeichnet und zu dessen Kernelementen die kolonialen Ursprünge, aktuellen Widersprüche, Verwandlungen und Perspektiven der Zukunft zählen: „Das Buch reflektiert die Bereitschaft und das Bedürfnis aller zwanzig Autorinnen und Autoren, ihren jeweils eigenen Zugang – oft Ergebnis langjähriger und intensiver, immer leidenschaftlicher wissenschaftlicher Auseinandersetzung – einer breiteren Leserschaft nahe zu bringen." (AHUJA, S. 14, in AHUJA und BROSIUS 2006). Eine knappe Zusammenfassung zu Bombay/Mumbai findet sich übrigens auch in einem jüngst erschienenen, von R. MUSIL und C. STAUDACHER herausgegebenen Band über Entwicklung und Perspektiven der Geographie in Österreich (NISSEL 2009c).

Neue Wege und eine Hinwendung zu verstärkten Analysen über das städtische System Indiens beschreitet der Aufsatz „Auswirkungen von Globalisierung und New Economic Policy im urbanen System Indiens" (NISSEL 2001c). Es wurde versucht, die Veränderungen der städtischen Hierarchie und ihrer Wirkungsweisen aus den neuen Aspekten der Einflüsse der Globalisierung und der „New Economic Policy" (NEP) in Indien abzuleiten. Staatliche wie private Investitionen sowohl inländischer als auch internationaler Geldgeber bevorzugen einseitig einige wenige Megastädte und deren Agglomerationen, vor allem die Hauptstadtregion New Delhi, im westlichen Indien Bombay/Mumbai mit dem Korridor Pune – Raigad – Mumbai – Ahmedabad, sowie das „südliche Dreigespann" Madras/Chennai, Bangalore und Hyderabad. Der „Rest" abseits dieser prosperierenden Inseln, sogar die Megastadt Kalkutta und alle übrigen Millionenstädte, Klein- und Mittelstädte sowie der ländliche Raum werden zunehmend peripherisiert. Globalisierung und NEP sind nicht die Ursache der Armut und des regionalen Ungleichgewichts, tragen jedoch zu ihrer Verstärkung bei. Als „Nebenprodukt" der Studie bestätigt sich die weiterhin bestehende ökonomische Dominanz von Bombay – 56 von 100 führenden Unternehmen Indiens halten hier ihr Hauptquartier, und von den Top 500 Firmen immer noch 178.

Einer anderen Aufgabe stellt sich die Studie, welche Rolle die „Hafenstädte im Netzwerk britischer Weltherrschaft" im Indischen Ozean spielten (NISSEL 2004b). Bombay, Kalkutta, Madras, Karachi und Colombo – sie alle sind Schöpfungen des britischen Kolonialismus. Indien galt als Juwel in der Krone britischer Weltherrschaft, und zur Sicherung der politischen Dominanz wie der ökonomischen Inwertsetzung kam den Hafenstandorten immer höchste entwicklungspolitische Priorität zu. Die maritime Übermacht Englands dauerte bis zum Ersten Weltkrieg. Von den neu gegründeten Häfen überzogen die Kolonialherren den Subkontinent mit einem dichten Eisenbahnnetz zur systematischen Durchdringung des Hinterlands. Hafenstandorte waren die Scharniere des Land- und Seeverkehrs, der militärischen Eroberungen und Hochburgen der Fremdherrschaft. In der physiognomischen Erscheinung ihrer Altstadtzentren, der multikulturellen Zusammensetzung der Bevölkerung, im architektonischen Erbe und ihrem Aufstieg zu den führenden Metropolen des Subkontinents sind sie einzigartig, unverzichtbar und doch zugleich für Nationalisten der Stachel im Fleisch, ein stetiger Verweis auf 200 Jahre kolonialer Fremdbestimmung.

Der Beitrag „Der Kampf um Lebensraum in den Megastädten Indiens" (NISSEL 2007b) ist im hier vorliegenden Band als Neudruck wiedergegeben. Wie schon der Titel suggeriert, geht es um die neuen Verwertungsinteressen des urbanen Raums und die daraus abgeleiteten Friktionen vor allem für die „Armen". Visionen, Auseinandersetzungen und Netzwerke der Solidarität werden an Fragestellungen zu Bangalore, Bombay und New Delhi abgehandelt. Indiens Megastädte befinden sich in einer kritischen Transformationsphase, die sich sowohl aus Globalisierungswirkungen wie aus nationalen und lokalen Einflüssen und Widerständen speist. Gegenläufige Prozesse der Integration und Segmentierung in unterschiedlichen Teilräumen gehören zu den kennzeichnenden Merkmalen des *„global city space"* der Postmoderne. Im gleichen Geist, nur in gekürzter Form bewegt sich der Beitrag für ein englischsprachiges Auditorium mit dem Titel „Contesting Urban Space: Megacities and Globalization in India" (NISSEL 2009a).

Vor allem – aber nicht nur – für die indische Kollegenschaft wurde der Beitrag „Global Capital, Neo-Liberal Politics and Terrains of Resistance in Vienna" (NISSEL 2010a) verfasst, in dem – quasi spiegelbildlich – der Blick auf Wien unter Mitberücksichtigung der Globalisierungs-Perspektive erfolgt, denn die Rolle Wiens mit seiner erneuerten zentralen Lage in Europa im Gefolge der Osterweiterung der Europäischen Union ist auch spannend für Theorie und Praxis der *Globalising Cities*. Trotzdem, verglichen mit den drängenden Überlebensfragen indischer Megastädte erscheinen die Probleme und Aufgaben, mit denen uns „wir" in Mitteleuropa herumschlagen müssen, als eine *„quantité négligeable"*.

Aus der Stadtforschung mit Betonung der Entwicklung der Megastädte kristallisierte sich auch schon früh ein besonderes Interesse an demographischen Prozessen und Befunden heraus, und dabei insbesondere an Migrationsphänomenen. So sind bereits große Bereiche der Dissertation (1974/77), die Zuwanderungsstudie nach Bombay (1982) sowie die Untersuchungen von 1999 zur Migration in Megastädte der Dritten Welt dieser Thematik gewidmet.

Darüber hinaus entstanden drei Beiträge zu Bevölkerungsfragen als Ergebnis der 14. Volkszählung Indiens 2001. Zunächst „Rezente Bevölkerungsentwicklung in Indien" und „India´s Population Tops One Billion" (NISSEL 2002a, b). Trotz aller politischer und ökonomischer Wirren auf dem Subkontinent gibt es eine beeindruckenden Kontinuität des *Census of India* seit 1871 mit einer Totalerhebung in jedem Dezennium. Das interessanteste Ergebnis für die Weltöffentlichkeit war die Überschreitung der Milliardengrenze der Einwohner (nach China). Anlass für viele Deutungsversuche über einen „Männerüberschuss" bzw. ein „Frauendefizit" bildet auch die Tatsache, dass von den 1.027 Millionen Menschen 531 Millionen Männer und nur 495 Millionen Frauen waren. Im Modell des „Demographischen Übergangs" bewegt sich Indien vom „verschwenderischen" zum „sparsamen" Bevölkerungstyp mit allen Merkmalen einer rapiden Bevölkerungszunahme. Trotz deutlich sinkender Geburten- und noch rascher fallender Sterberaten lag das Wachstum zwischen 1991 und 2001 bei 181 Millionen Menschen. Seit 1930 stieg die mittlere Lebenserwartung von 29 auf 63 Lebensjahre! Große regionale Unterschiede der Bevölkerungsvermehrung (Nord-Süd-Gegensatz) führen zu Konflikten im ökonomischen Bereich (regionaler Ausgleich) und in politischen Fragen (Mehrheitswahlrecht nach britischem Muster). Der Bundesstaat Bihar weist eine dreifach höhere Zuwachsrate auf als Kerala. Diese wachsenden Disparitäten stellen längerfristig eine Gefahr für den Zusammenhalt des Landes dar.

Im Beitrag „Fortschritte bei der Bekämpfung des Analphabetismus in Indien" (NISSEL 2007a) werden die jahrzehntelangen Bemühungen um eine Verbesserung der Lebensqualität insbesondere von Frauen, Minderheiten und Dalits (ehem. „Unberührbare") analysiert. Das Bildungsniveau gehört zu den bedeutendsten Indikatoren des Entwicklungsstandes einer Gesellschaft, der Lebensqualität insgesamt; die Fähigkeit des Lesens und Schreibens gilt als wichtigster Input zur Entfaltung des Individuums. 1901 waren nur fünf von hundert Personen in Britisch-Indien des Lesens und Schreibens mächtig (jeder zehnte Mann, jedoch nur 0,6 Prozent der Frauen!). Die allmähliche Alphabetisierung mit vielen Rückschlägen ergibt für 2001 eine Quote von 52,7 (männlich) bzw. 32,2 (weiblich) Prozent. Deutliche regionale Unterschiede der Bildungsmobilisierung werfen Fragen nach den gesellschaftlichen und politischen Hintergründen auf. Weitere Zusammenhänge mit den Faktoren Bevölkerungsentwicklung, Urbanisierung und Religion werden interpretiert.

In den letzten Jahren erfolgte eine Erweiterung der Fragestellungen hin zur Gesamtschau der Entwicklungen in Indien in ökonomischer und politischer Hinsicht, vor allem in Bezug auf das Thema, welche Rolle das Land in der Welt(politik) einzunehmen gedenkt und wie die bisher führenden Staaten darauf reagieren. Dies hängt mit dem rasanten – auch durch die Weltfinanzkrise 2009 nur kurzfristig gestörten – Wirtschaftsaufschwung Indiens seit der ökonomischen Liberalisierung 1991 und dem daraus resultierenden neuen Selbstbewusstsein der eigenständig entwickelten Atommacht und zugleich „größten Demokratie der Welt" zusammen. Durch Jahrzehnte beobachtete die Menschheit fasziniert den Aufstieg der kommenden Weltmacht China. Indien existierte in den Köpfen der großen Mehrheit nur als Hort von Armut, Elend und Stillstand. Für die geopolitischen Experten bedeutete vor allem die „ewige Feindschaft" zwischen Indien und Pakistan einen Brennpunkt des Weltgeschehens und Konfliktherd erster Ordnung. Das Bild begann sich zu ändern mit den großen Leistungen und Erfolgen südasiatischer Spezialisten in der Softwareentwicklung (z. B. jeder dritte Kopf in Kaliforniens Silicon Valley) und in der Raumfahrt. Trotzdem bleibt die Armutsbekämpfung die größte Herausforderung. Während die regionale Dominanz Indiens in Südasien heute unbestritten ist, dürfte die Verwirklichung des Traums vom Weltmachtstatus noch eine Generation benötigen.

Vor diesem Hintergrund gehört der Beitrag mit dem lapidaren Titel „Indien" zu einer breit angelegten Untersuchung mit über 30 Autoren, die Entwicklungen, Potenziale und Szenarien einer künftigen Weltentwicklung bis 2025 sowie mögliche Auswirkungen auf Österreich und sein Bundesheer analysieren sollten (NISSEL 2007c). Meine Aufgabe bestand darin, diese Fragen für Indien aufzubereiten. Der vorgegebene Raster umfasste folgende Dimensionen: Demographie, Ökonomie, Gesellschaft und Politik sowie militärisch-geostrategische Überlegungen. Entwicklungschancen wie -hemmnisse werden für diese vier Felder vorgestellt, wobei der bis 2050 „jungen" Bevölkerungsstruktur, den Potenzialen des Humankapitals sowie der stabilen Demokratie besondere Bedeutung zukommt. Die massive militärische Aufrüstung und die geostrategischen Ambitionen hingegen widersprechen Indiens lange verfolgter Nichteinmischungspolitik deutlich.

Im Aufsatz „Indien: Globaler und regionaler politischer Akteur?" (NISSEL 2008) werden Indiens strategische Ziele und Interessensphären genauer unter die Lupe genommen. Diese Untersuchung geht auch als zweiter Beitrag in den hier vorliegenden Sammelband ein.

Heinz Nissel

Andere Autoren sind diesen Fragen für die USA, die Europäische Union, Russland und China sowie für die möglichen wechselseitigen Reibungszonen und Konflikte nachgegangen. Verbunden mit dem neuen Selbstverständnis als „freundlicher Hegemon" ist ein Pespektivenwechsel in geopolitischer wie geostrategischer Hinsicht. Behandelt werden Nationen und Großregionen in der Einschätzung der wechselseitigen Aktivitäten mit Indien in der Reihenfolge ihrer Bedeutung aus indischer Sicht. Indien hat das Potenzial, mittel- bis langfristig ein globaler Akteur zu werden, ähnlich wie die VR China, wenn auch mit einem deutlichen Entwicklungsrückstand von zehn bis zwanzig Jahren.

Eine neue Form der Informationsvermittlung stellt die ISS *Flash Analyse* (NISSEL 2009b) des Instituts für Strategie und Sicherheitspolitik dar. Ihre Aufgabe besteht darin, kurz und profund zu aktuellen Ereignissen und Entwicklungen der internationalen Politik Stellung zu nehmen. Ein wichtiges Ereignis waren die Parlamentswahlen in Indien, der „größten Demokratie der Welt" im April / Mai 2009. Ich konnte bereits am 18. Mai, drei Tage nach Verkündung des vorläufigen Endergebnisses, eine Diagnose liefern, die einen Tag später *online* gestellt wurde. Sie enthält die wichtigsten Ergebnisse, vor allem den unerwartet deutlichen Sieg des regierencen *Indian National Congress* mit den Verbündeten der *United Progressive Alliance* über die Gegenspieler der *Bharatya Janata Party* (Volkspartei) und ihrer *National Democratic Alliance*, den Einbruch der Linksparteien und die Stärkung von Regional- und Kastenparteien. Eine erste Interpretation von Begründungen dafür wurde gegeben, Weltanschauungen und Wählerschichten der komplexen Parteienlandschaft kurz charakterisiert und mit einer regionalen Interpretation der Gewinne und Verluste abgeschlossen. Indien, die „funktionierende Anarchie", bleibt ein demokratisches Bollwerk inmitten der *„failing states"* nicht nur seiner unmittelbaren Nachbarschaft.

Der Außen- und Sicherheitspolitik Indiens und Chinas in der lang-, mittel-, und kurzfristigen Perspektive sind auch zwei Projekte einer Forschungsgruppe unter der Leitung der Landesverteidigungsakademie gewidmet, die Ende 2009 abgeschlossen werden konnten (HAUSER et al. 2009a, b). Nach erfolgter Freigabe wird noch für 2010 eine Veröffentlichung beider Studien gemeinsam angepeilt. Mit der jüngsten, fertiggestellten Untersuchung über Indiens innere Verfassung wie Ambitionen auf der Weltbühne (NISSEL 2010b) schließt sich der Kreis zur ersten Veröffentlichung nach 40 Jahren.

Eine Bilanz der Aktivitäten Südasien betreffend wäre unvollständig ohne auf die vielfältigen Verbindungen von Forschung und Lehre einzugehen. Zunächst bleibt einmal festzuhalten, dass die Forschungs- wie Lehrkapazität einer lange und weitgehend als „Einzelkämpfer" agierenden Person natürlich nicht mit dem Ressourcenpool der Gruppe Südostasien vergleichbar ist. Dies belegt auch die große Anzahl von Dissertationen und Diplomarbeiten zu Südostasien, die an diesem Institut entstehen konnten. Trotzdem ist nicht uninteressant, wie gleich nach meiner Rückkehr nach Wien von den Kollegen Südasien auch im Lehrplan als Bereicherung akzeptiert wurde.

So konnte bereits mit der Aufnahme der Lehrtätigkeit im Wintersemester 1990 eine wichtige Vorlesung in den Veranstaltungskanon aufgenommen werden, die ich schon in meiner Tätigkeit in Deutschland entwickeln konnte. Es handelt sich um die Vorlesung „Südasien – Aktuelle Probleme und Entwicklungstendenzen", die nun schon seit 20 Jahren in Wien regelmäßig im Zweijahresrhythmus abgehalten wird. Sie gliedert sich in zwei Serien: Teil

I im Wintersemester behandelt Sozialindikatoren, Demographie, Stadtforschung, Struktur der Gesellschaft und die politische Dimension sowie regionale Konflikte (z. B. im Himalaya). Teil II im Sommersemester widmet sich dem physisch-geographischen Setting des Subkontinents sowie Themen der Ökonomie und Ökologie. Im Gegensatz zum Forschungsschwerpunkt ist die Wissensvermittlung deutlich auf Südasien, nicht (nur) Indien ausgerichtet. Deshalb werden etwa Umweltrisiken in Bangladesch, Nepal und auf den Malediven oder Auswirkungen des Bürgerkriegs in Sri Lanka behandelt.

Auch die ab 1991 alle zwei bis drei Jahre durchgeführte Vorlesung über „Österreichische Entwicklungspolitik und Schwerpunktländer der Entwicklungszusammenarbeit" wies immer einen Südasienbezug auf, besonders hinsichtlich *Bhutan*, dem einzigen Schwerpunktland der österreichischen Entwicklungszusammenarbeit in Asien überhaupt. Überraschend gut angenommen wurde von den Studierenden auch die Spezialvorlesung „Stadtentwicklung in Asien im interkulturellen Vergleich" (alle zwei Jahre seit 2004), die auf die unterschiedlichen Weltbilder und ihre städtebauliche Umsetzung im Islam, Hinduismus und Konfuzianismus eingeht sowie auf ihre Prägungsmacht bis in die Gegenwart.

In keiner Lehrveranstaltung funktioniert die Verklammerung der Asiengruppe besser als in den alljährlich abgehaltenen (dreistündigen) gemeinsamen Seminaren aus Humangeographie/Regionalgeographie (HUSA – NISSEL – WOHLSCHLÄGL) seit 2001, wobei für jedes Seminar ein Leitthema mit kritischen und/oder aktuellen Fragestellungen zu Asien gewählt wird. Einige Themen seien hier erwähnt, um die Bandbreite aufzuzeigen: Entwicklungspolitik in Asien (2003); Asiens Megastädte im Globalisierungsprozess (2004); Minderheitenprobleme in asiatischen Großräumen (2005); Geographien von Gewalt, Krisen und Kriegen in Asien (2006); Was heißt Entwicklung? (2007); Indien – China. Zukünftige Weltmächte im Vergleich (2008). Und zusätzlich neu seit 2010 ein Bachelorseminar aus Humangeographie: „Social Protection" in Entwicklungsländern – Ein neuer Ansatz zur Eliminierung der Armut in der Dritten Welt?

Seit 1992 ergab sich auch eine fruchtbare Zusammenarbeit mit dem Interdisziplinären Institut für Raumforschung, Stadt- und Regionalplanung (IIR) der Wirtschaftsuniversität Wien, 1999 ausgeweitet auf IFAS („Interdisciplinary Research Institute for Asian Studies"), einer Kooperation von vier Instituten der Wirtschaftsuniversität Wien. Neben gemeinsamen Lehrveranstaltungen ist vor allem die Organisation und Durchführung von drei Exkursionen nach Indien mit vorgeschalteten Seminaren erwähnenswert. Alle Exkursionen leitete ich gemeinsam mit Herwig PALME vom IIR. 1993 zu „Territorialität, kultureller Identität und politischer Autonomie in Peripherregionen Indiens" (Schwerpunkte Orissa und Nordostindien). 1998 zu „Technologiezentren Indiens" (New Delhi, Mumbai, Pune, Bangalore). Hier gesellten sich zur Leitung noch Helmut KASPAR und Reinhold PIRKER vom IFAS hinzu. 2001 führte das Kernthema „Dezentralisierte Entwicklung" schließlich in wahrhaft kontrastreiche Regionen Südasiens – nach Kerala und Bhutan. Sicher war die Exkursion nach Bhutan mit Unterstützung „höchster Kreise" ein wahrer Höhepunkt der Exkursionsaktivitäten, nicht nur wegen der Begehung von Dörfern bis über 4.000 m Seehöhe.

Auch außerhalb des Instituts, aber in universitärem Rahmen, ergaben sich noch weitere Möglichkeiten zur Vermittlung von Südasienkenntnissen. Am Institut für Südasien-, Tibet- und Buddhismuskunde der Universität Wien konnte ich 2000 und 2001 die Vorlesung „Indien heute. Bevölkerung – Gesellschaft – Raum" halten, bevor sie wiederum dem Sparstift zum Opfer fiel. Innerhalb der Universität Wien ergab sich auch die regelmäßige Einbindung in fächerübergreifende, international besetzte Ringvorlesungen – zuletzt 2007 „Indischer Ozean" (Institut für Geschichte und Institut für Ostasienwissenschaften) und 2008 „Südasien in der Neuzeit" (Institut für Südasienkunde). An der Technischen Universität Wien existiert seit 2004 im Bereich der Internationalen Stadt- und Regionalentwicklung die alljährlich angebotene interdisziplinäre Ringvorlesung „Internationale Urbanisierung", in der ich den Themenblock „Urbanisierung in Indien" übernommen habe. Eine internationale Lehrtätigkeit zu Indien und Südasien an den Universitäten Münster, Berlin (Humboldt-Universität), Klagenfurt, Bombay/Mumbai und JNU (Jawaharlal Nehru University) New Delhi ist ergänzend zu erwähnen.

Von „meinen" Doktoranden und Diplomanden hat sich die große Mehrheit für Themenstellungen aus der Politischen Geographie oder der Entwicklungsforschung entschieden. Dennoch seien einige gelungene Beiträge mit Regionalbezug zu Südasien genannt. Barbara DREWS hat 2002 eine Diplomarbeit mit dem Titel „Evaluierung von Projekten der österreichischen Entwicklungszusammenarbeit in Nepal und Bhutan, dargestellt anhand der Kleinwasserkraftwerke Thame-Namche Bazar (Nepal) und Rangjung (Bhutan)" vorgelegt, in der sie Naturraumpotenzial, Inwertsetzung und Evaluierung der Projekte ausgezeichnet verknüpft. Markus ROTHENSTEINER (2007) arbeitete über „Nation-Building in Malaysia: Zusammenhalt und Divergenz im multinationalen Staat", wobei die Konstruktion der malayischen Identität in der Auseinandersetzung zwischen malayischen und chinesischen Bevölkerungsgruppen dominiert, während sich die indische Minorität politisch ruhig verhält, um wirtschaftlich zu prosperieren.

Elisabeth STEINER (2008) wählte den provokanten Titel „Dann ertrinken wir eben! – Eine politisch-ökologische Analyse der Widerstandsbewegungen rund um das Narmada Valley Development Project (Indien)". Dieses gigantische Projekt steht seit Jahrzehnten für eine ökologisch-soziale Debatte mit weltweiter Aufmerksamkeit. Zwangsumsiedlungen zehntausender Adivasi und Dalits führten zur Entstehung lokaler, nationaler und globaler Hilfsnetzwerke für die Betroffenen. Die Konfliktbiographie und der Kampf des ökonomischen gegen den ethnischen Diskurs sind exakt recherchiert und machen betroffen. Rakitha NIKAHETIYA aus Sri Lanka arbeitet am Dissertationsthema „Integration von Migranten der zweiten Generation am Wiener Arbeitsmarkt – Fokus: Migranten aus Südasien" (seit 2009). Hauptfragen sind die Migrationsgründe, Lebensverhältnisse, Chancen am Arbeitsmarkt, Erwerbstätigkeiten/Berufsgruppen, Mehrgenerationen-Netzwerke, soziale Mobilität und Rücküberweisungen.

Last but not least sei die Diplomarbeit von Tibor ASSHEUER hervorgehoben: „Entwicklungszusammenarbeit als Anpassung an Naturereignisse – Nichtregierungs-Organisationen (NGOs) und Überschwemmungen in Bangladesch" (2007). Hier entwickelt ein junger Forscher zweifach Mut. Erstens mit dem sehr anspruchsvollen Vorhaben, das naturwissenschaftliche Verständnis für Überschwemmungen, die sozialwissenschaftlich-theoretische Kenntnis für Entwicklungsfragen sowie das angewandte, praxisnahe Wissen über Katastrophen-Management unter einen Hut zu bringen. Zweitens durch mehrfache Aufenthalte vor Ort mit Beobachtungen, Begehungen und Interviews unter schwierigen Bedingungen.

Was sind die „*Root Causes*" hinter der besonderen Vulnerabilität des Landes? Welche Erfolge zeitigen überschwemmungsbezogene Aktivitäten von NGOs? Welche Maßnahmen werden von den Bewohnern/Betroffenen gewünscht? Ein wichtiges Ergebnis der Untersuchung ist darin zu sehen, dass Katastrophen-Management in die alltägliche Entwicklungszusammenarbeit auch kleiner NGOs (mit beschränkten Mitteln und Personal) integriert werden kann (Projektinhärenz). Die Weiterarbeit an diesen Fragen führt direkt zum letzten Beitrag in diesem Band: Tibor ASSHEUER und A. Z. M. SHOEB: „Überschwemmungen und Entwicklungen in Bangladesch – von Widersprüchen zu Zusammenhängen".

Hinzuweisen ist in diesem Zusammenhang auch auf die von anderen Mitgliedern des Instituts für Geographie und Regionalforschung betreuten, ebenfalls Thematiken aus Südasien behandelnden Diplomarbeiten von Sandra EDLINGER (1996), Birgit NEZOLD (1996), Robert SCHATTNER (1997), Monika THULLNER (1999) und Andreas FRIEDWAGNER (2004).

Ein Bericht über die Südasienforschung am Institut für Geographie und Regionalforschung der Universität Wien wäre aber unvollständig, ohne die Studien von Maria MAYRHOFER zur qualitativen Tourismusforschung in Goa zu erwähnen. Die Tourismusdebatte hat eine lange Tradition – mit einer Fülle an Publikationen wird sie seit Jahrzehnten geführt, und in jüngster Zeit lässt sich erneut ein Pendelschlag zurück zur Vision des verantwortungsvollen, respektvollen Reisens feststellen. Normative Vorgaben und Verhaltensempfehlungen werden unermüdlich wiederholt – nur ein Vorwurf bleibt unverändert im Raum stehen: Der Mangel an konkreten empirischen Befunden über das unmittelbare Verhalten von Urlauberinnen und Urlaubern an ihrem Urlaubsort in einem Land der Dritten Welt, die viel zu geringe Bezugnahme auf die tatsächliche Erlebnisebene im Urlaubsraum, oder – mit anderen Worten – das „Hinwegtheoretisieren" über die Köpfe der Touristen und Bereisten. Dieser Thematik widmete sich MAYRHOFER (1992) zunächst bereits in ihrer Diplomarbeit „Sozio-kulturelle Aspekte des Tourismus in der Dritten Welt: Eine empirische Fallstudie in Goa, Indien" sowie in der Veröffentlichung „How «They» Perceive «Tourism» – Another Side of the Touristic Coin. An Empirical Study in Goa, India" (MAYRHOFER 1997), in denen sie ihre Aufmerksamkeit auf den Aspekt der sozio-kulturellen Auswirkungen des Tourismus richtete.

Eine wesentliche Aussage der empirischen Ergebnisse der Autorin bestand darin, dass „sozio-kulturelle Aspekte des Tourismus in einem touristischen Zielgebiet nur im konkreten gesellschaftlichen Kontext verstanden werden können" (MAYRHOFER 1997, S. 97) – im Gegensatz zu einer Vielzahl an Studien, in denen „Bereiste" als weitgehend undifferenzierte Konstante betrachtet werden. Demgemäß versuchte sie in ihrer sehr sorgfältig durchgeführten, ebenso wie die Diplomarbeit von Karl HUSA betreuten Dissertation mit dem Titel „UrlauberInnen am Urlaubsort in einem Land der sogenannten Dritten Welt. Verhalten und Handeln, Wahrnehmungs- und Deutungsmuster, subjektives Urlaubserleben – eine empirische Studie in Goa, Indien" (MAYRHOFER 2004, als Publikation 2008), den verschiedenen Lebenswelten der Betroffenen – Touristen und Bereiste – in Goa näher zu kommen, um deren unterschiedliche Deutungs- und Handlungsmuster nachvollziehen und verstehen zu können, wobei sie im Zuge ihrer empirischen Forschungsarbeit vor Ort vorwiegend den Blickwinkel der Urlauberinnen und Urlauber analysierte und vor allem qualitative Methoden einsetzte.

Ein weiter Bogen ist somit in der geographischen Südasienforschung am Institut für Geographie und Regionalforschung gespannt – vom „Laboratorium" der Metropole Bombay zur *„Globalising City"* Mumbai; von der Stadtgeographie zur Migrationsforschung; von Strukturen und Funktionen zur Sozialraumanalyse; von hypertropher Ausweitung des Stadtraums und seiner Bewohner zu sozioökonomischer Fragmentierung und ökologischer Überlastung; vom Vergleich der Megastädte zwischen Konkurrenz und Kooperation; von Globalisierungsgewinnern und -verlierern; von der Metropolenforschung zum urbanen System; von Analysen der Entwicklungszusammenarbeit zur qualitativen Tourismusforschung über Urlauber und Bereiste; von strategischen Zielen und Interessensphären; vom Armenhaus zur Weltmacht.

Literatur

AHUJA, R. und Ch. BROSIUS, Hrsg. (2006): Mumbai – Delhi – Kolkata. Annäherungen an die Megastädte Indiens. Heidelberg: Draupadi Verlag, 310 S.

ALTVATER, E. und B. MAHNKOPF (1996): Grenzen der Globalisierung. Ökonomie, Ökologie und Politik in der Weltgesellschaft. Münster: Westfälisches Dampfboot, 638 S.

HAUSER, G. et al. (2009a): Indiens Außen- und Sicherheitspolitik in der lang-, mittel- und kurzfristigen Perspektive. Endbericht der Projektstudie für das Bundesministerium für Landesverteidigung und Sport. Wien, 45 S.

HAUSER, G. et al. (2009b): Chinas Außen- und Sicherheitspolitik in der lang-, mittel- und kurzfristigen Perspektive. Endbericht der Projektstudie für das Bundesministerium für Landesverteidigung und Sport. Wien, 43 S.

MAYRHOFER, M. (1997): How «They» Perceive «Tourism» – Another Side of the Touristic Coin. An Empirical Case Study in Goa, India. Wien: Institut für Geographie und Regionalforschung der Universität Wien, 100 S. (= Beiträge zur Bevölkerungs- und Sozialgeographie, Band 7).

MAYRHOFER, M. (2008): UrlauberInnen am Urlaubsort in einem Land der sogenannten Dritten Welt. Verhalten und Handeln, Wahrnehmungs- und Deutungsmuster, subjektives Urlaubserleben – eine empirische Studie in Goa, Indien. Wien: Institut für Geographie und Regionalforschung der Universität Wien, 381 S. (= Abhandlungen zur Geographie und Regionalforschung, Band 11).

NARR, W.-D. und A. SCHUBERT (1994): Weltökonomie. Die Misere der Politik. Berlin: SuhrkampVerlag, 280 S.

NISSEL, H. (1970): Ökonomische und soziale Probleme Indiens. In: Mitteilungen der Österreichischen Geographischen Gesellschaft, Band 112, Heft 1, Wien, S. 98–119.

NISSEL, H. (1974): Bombay – eine sozialgeographische Analyse. Zwei Bände, Dissertation, Geographisches Institut, Universität Wien, 760 S.

NISSEL, H. (1977a): Die indische Metropole Bombay. Entwicklung, funktionelle und sozialräumliche Typisierung. In: Geographischer Jahresbericht aus Österreich, Band 35, Wien: Geographisches Institut, S. 7–30 und beigegebene Farbkarte.

NISSEL, H. (1977b): Bombay. Untersuchungen zur Struktur und Dynamik einer indischen Metropole. West-Berlin: Institut für Geographie der Technischen Universität Berlin, 350 S. (= Berliner Geographische Studien, Band 1).

NISSEL, H. (1977c): Ladakh – Eine landeskundliche Skizze. In: Erdkunde, 31. Jg., Heft 2, Bonn, S. 138–146.

NISSEL, H. (1980): Greater Bombay – An Explanation of Structures, Functions and Development. In: Bombay Geographical Magazine, Vol. XXV, No. 1, Bombay, S. 1–24.

NISSEL, H. (1981): Determination of Social Areas by Using Multivariate Techniques: The Case of Greater Bombay. In: Bombay Geographical Magazine, Vol. XVI, No. 1, Bombay, S. 1–31.

NISSEL, H. (1982): Jüngste Tendenzen der Zuwanderung nach Bombay. In: KULKE, H., RIEGER, H. C. und L. LUTZE (Hrsg.): Städte in Südasien. Wiesbaden: Südasieninstitut der Universität Heidelberg, S. 213–231 (= Beiträge zur Südasienforschung, Band 60).

NISSEL, H. (1984): Eine neue indische Metropole. Planung und Entwicklungsstand von New Bombay. In: Aktuelle Beiträge zur angewandten Humangeographie. Festschrift zum 80. Geburtstag von Hans Bobek. Wien, S. 56–68 (= ÖIR-Forum. Schriftenreihe des Österreichischen Instituts für Raumplanung. Reihe B, Band 7) (unveränderter Neudruck: 1986, S. 49–61).

NISSEL, H. (1985): City und Bazarzone. Zur Dualstruktur des Geschäftslebens in Greater Bombay (Indien). Unveröffentlicher Abschlussbericht des gleichnamigen Forschungsprojekts an die Deutsche Forschungsgemeinschaft. Marburg/Lahn, 60 S.

NISSEL, H. (1986): Determinanten und rezente Auswirkungen der Urbanisierung in Indien. In: HUSA, K., VIELHABER, C. und H. WOHLSCHLÄGL (Hrsg.): Beiträge zur Bevölkerungsforschung. Festschrift für Ernest Troger zum 60. Geburtstag. Wien: Verlag Hirt, S. 267–284 (= Abhandlungen zur Geographie und Regionalforschung, Band 1).

NISSEL, H. (1989a): Bhutan. Das Drachenland im Himalaya. In: Jahrbuch der Marburger Geographischen Gesellschaft 1988. Marburg/Lahn, S. 25–27.

NISSEL, H. (1989b): Die indische Metropole Bombay. Ein Opfer ihres eigenen Erfolges? In: Geographische Rundschau, 41. Jg., Heft 2, Braunschweig, S. 66–74.

NISSEL, H. (1990): Bhutan. Schwerpunktland der österreichischen Entwicklungszusammenarbeit. Wien: Austrian Association for Development and Coopreration (adc-Austria). Länderprogramme des Österreichischen Ministeriums für Auswärtige Angelegenheiten. 24 S.

NISSEL, H. (1994a): Increase and Displacement of Population within Bombay. Vervielfältigtes Manuskript zur Konferenz „Working and Living in Cities", University of Bombay, Nov. 25–26, 15 S.

NISSEL, H. (1994b): Die Metropole Bombay – ein Opfer ihres eigenen Erfolges. In: Jahrbuch der Marburger Geographischen Gesellschaft 1993, Marburg/Lahn, S. 15–17.

NISSEL, H. (1997): Megastadt Bombay – Global City Mumbai? In: FELDBAUER, P., HUSA, K., PILZ, E. und I. STACHER (Hrsg.): Mega-Cities. Die Metropolen des Südens zwischen Globalisierung und Fragmentierung. Frankfurt am Main: Brandes & Apsel / Südwind, S. 95–111.

NISSEL, H. (1998a): Mumbai. Eine indische Metropole auf dem Weg zur Weltstadt? Wien: Österreichisch-Indische Gesellschaft, Newsletter Nr. 5, S. 3–6.

NISSEL, H. (1998b): Bombay in Zeiten der Globalisierung. In: StadtBauwelt, Heft 140 (Bauwelt Nr. 48.1998), Berlin, S. 2620–2629.

NISSEL, H. (1999a): Migration und Megastadtentwicklung. Fallstudie Bombay. In: Migration in Megastädte der Dritten Welt. Vergleichende Fallstudien in ausgewählten Kulturkreisen. Vervielfältigter Endbericht zum Forschungsauftrag des Bundesministeriums für Wissenschaft und Verkehr. Wien: Institut für Geographie und Regionalforschung, S. 318–397 und S. 436–442.

NISSEL, H. (1999b): Megastadtentwicklung, Globalisierung und Migration – Fallstudie Bombay. In: HUSA, K. und H.WOHLSCHLÄGL (Hrsg.): Megastädte der Dritten Welt im Globalisierungsprozess. Mexico City, Jakarta, Bombay – Vergleichende Fallstudien in ausgewählten Kulturkreisen. Wien: Institut für Geographie und Regionalforschung, S. 347–432 (= Abhandlungen zur Geographie und Regionalforschung, Band 6).

NISSEL, H. (1999c): Bombay/Mumbai. Megacity im lokalen, nationalen und globalen Kontext. Habilitationsschrift, Universität Wien, 344 S.

NISSEL, H. (2000a): Auswirkungen der Globalisierung auf die Megacity Bombay/Mumbai. In: BLOTEVOGEL, H., OSSENBRÜGGE, J. und G. WOOD (Hrsg.): „Lokal verankert – weltweit vernetzt". Tagungsbericht und wissenschaftliche Abhandlungen des 52. Deutschen Geographentages Hamburg (2. bis 9. Okt. 1999). Stuttgart: Franz Steiner Verlag, S. 279–285.

NISSEL, H. (2000b): Gateway of India: Bombay/Mumbai. Globale Einbindung, nationale Dominanz und lokaler Widerstand. In: Architektur Zentrum Wien (Hrsg.): Ergebnisse des 7. Wiener Architekturkongresses 12.–14.11.1999, „The Future of Cities. Learning from Asia". Wien, S. 27–46 (= Schriftenreihe Hintergrund, Heft 8).

NISSEL, H. (2001a): Calcutta. In: BECKEL, L. (Hrsg.): Megacities. Ein Beitrag der Europäischen Raumfahrtagentur zum besseren Verständnis einer globalen Herausforderung (Satellitenbildinterpretationen). Salzburg: Verlag Geospace, S. 116–119.

NISSEL, H. (2001b): Auswirkungen von Globalisierung und New Economic Policy im Urbanen System Indiens. In: Mitteilungen der Österreichischen Geographischen Gesellschaft, Band 143, Wien, S. 63–90.

NISSEL, H. (2002a): Rezente Bevölkerungsentwicklung in Indien. In: HAZDRA, P. und E. REITER (Hrsg.): Die sicherheitspolitische Entwicklung in Südasien. Ergebnisse der Südasientagung der Landesverteidigungsakademie in Reichenau an der Rax, 22.–24. April 2002. Wien, S. 17–26 (= Schriftenreihe der Landesverteidigungsakademie, Nr. 3).

NISSEL, H. (2002b): India's Population Tops One Billion. Lessons from the 2001 Census. In: IFAS-Forum (Interdisciplinary Research Institute for Asian Studies, Vienna University of Economics & Business Administration), Nr. 1–2, S. 4–9.

NISSEL, H. (2004a): Mumbai: Megacity im Spannungsfeld globaler, nationaler und lokaler Interessen. In: Geographische Rundschau, 56. Jg., Heft 4, Braunschweig, S. 55–60.

NISSEL, H. (2004b): Hafenstädte im Netzwerk britischer Weltherrrschaft. In: ROTHERMUND, D. und S. WEIGELIN-SCHWIEDRZIK (Hrsg.): Der Indische Ozean. Wien: Promedia Verlag, S. 181–206 (= Edition Weltregionen, Band 9).

NISSEL, H. (2006a): Bombay/Mumbai: Stadterweiterung und Stadtumbau einer „Globalizing City". In: AHUJA, R. und Ch. BROSIUS (Hrsg.): Mumbai – Delhi – Kolkata. Annäherungen an die Megastädte Indiens. Heidelberg: Draupadi Verlag, S. 19–34.

NISSEL, H. (2006b): Functional Change and Population Displacement within Core Areas in Greater Mumbai. In: PHADKE, V. S. und S. BANERJEE-GUHA (Hrsg.): Urbanisation, Development and Environment – Memorial Volume Prof. C. D. Deshpande. Jaipur: Rawat Publishers, S. 239 – 254.

NISSEL, H. (2007a): Fortschritte bei der Bekämpfung des Analphabetismus in Indien. In: NIEDERLE, H. A. (Hrsg.): Literatur und Migration – Indien. Migranten aus Südasien und der westliche Kontext. Wien: Verlag Lehner, S. 244–260.

NISSEL, H. (2007b): Der Kampf um Lebensraum in den Megastädten Indiens. In: Geographischer Jahresbericht aus Österreich, Band 62/63 (Doppelband). Wien: Institut für Geographie und Regionalforschung, S. 131–155.

NISSEL, H. (2007c): Indien. In: Landesverteidigungsakademie (Hrsg.): Aspekte zur Vision BH 2025. Wien, S. 299–315 (= Schriftenreihe der Landesverteidigungsakademie, Nr. 7).

NISSEL, H. (2008): Indien: Globaler und regionaler geopolitischer Akteur? Strategieforum in der Landesverteidigungsakademie am 9. Oktober 2007. In: RIEMER, A. K. (Hrsg.): Geopolitik großer Mächte: Aktuelle Trends. Wien, S. 205–241 (= Schriftenreihe der Landesverteidigungsakademie, Nr. 4).

NISSEL, H. (2009a): Contesting Urban Space: Megacities and Globalization in India. In: Geographische Rundschau – International Edition, Vol. 4, No. 1, Braunschweig, S. 40–46.

NISSEL, H. (2009b): Indien hat gewählt. Ergebnis und Bewertung der 15. Unterhauswahlen im April/Mai 2009. In: ISS Flash Analysis 5/2009. Institut für Strategie und Sicherheitspolitik der Landesverteidigungsakademie Wien. 5 S.

NISSEL, H. (2009c): Mumbai – Mega-City des indischen Subkontinents. In: MUSIL, R. und Ch. STAUDACHER (Hrsg.): Mensch. Raum. Umwelt. Entwicklungen und Perspektiven der Geographie in Österreich. Wien: Österreichische Geographische Gesellschaft, S. 168–169.

NISSEL, H. (2010a): Global Capital, Neo-Liberal Politics and Terrains of Resistance in Vienna. In: BANERJEE-GUHA, S. (Hrsg.): Accumulation by Dispossesion: Transformative Cities in the New

Global Order (Konferenzbeiträge Universität Mumbai, Oktober 2006). New Delhi: Sage Publications India, S. 55–73.

NISSEL, H. (2010b): Weltmacht Indien – Realität oder Chimäre? In: Mitteilungen der Österreichischen Geographischen Gesellschaft, Band 152, Wien, S. 29–62.

PATEL, S. (2001): Mumbai. In: BECKEL, L. (Hrsg.): Megacities. Ein Beitrag der Europäischen Raumfahrtagentur zum besseren Verständnis einer globalen Herausforderung (Satellitenbildinterpretationen). Darin Photos und Erläuterungen von H. NISSEL. Salzburg: Verlag Geospace, S. 156–161.

Diplomarbeiten (Auswahl)

ASSHEUER, T. (2007): Entwicklungszusammenarbeit als Anpassung an Naturereignisse. Nichtregierungs-Organisationen (NGOs) und Überschwemmungen in Bangladesch. Diplomarbeit, Institut für Geographie und Regionalforschung, Universität Wien, 142 S.

DREWS, B. (2002): Evaluierung von Projekten der österreichischen Entwicklungszusammenarbeit in Nepal und Bhutan dargestellt anhand der Kleinwasserkraftwerke Thame-Namche Bazar (Nepal) und Rangjung (Bhutan). Diplomarbeit, Institut für Geographie und Regionalforschung, Universität Wien, 166 S.

EDLINGER, S. (1996): Die Rolle der Frau in der indischen Gesellschaft, dargestellt am Beispiel der Akademikerin. Eine sozial- und bevölkerungsgeographische Fallstudie aus Mysore, Südindien. Diplomarbeit, Institut für Geographie und Regionalforschung, Universität Wien, 211 S.

FRIEDWAGNER, A. (2004): Die Berücksichtigung der spezifischen Gegebenheiten hochgelegener Weideländer der Hindukush-Karakorum-Himalaya-Region in der nationalen Entwicklungsplanung am Beispiel Bhutans. Diplomarbeit, Institut für Geographie und Regionalforschung, Universität Wien, 157 S.

MAYRHOFER, M. (1992): Sozio-kulturelle Aspekte des Tourismus in der Dritten Welt. Eine empirische Fallstudie in Goa, Indien. Diplomarbeit, Institut für Geographie und Regionalforschung, Universität Wien, 226 S.

NEZOLD, B. (1996): Fertilität und Familienplanung in Indien vor dem Hintergrund der internationalen Bevölkerungspolitik. Diplomarbeit, Institut für Geographie und Regionalforschung, Universität Wien, 198 S.

ROTHENSTEINER, M. (2007): „Nation-building" in Malaysia. Zusammenhalt oder Divergenz im multinationalen Staat. Diplomarbeit, Institut für Geographie und Regionalforschung, Universität Wien, 169 S.

SCHATTNER, R. (1997): Aspekte des islamischen Wirtschaftssystems. Ein wirtschaftskundlicher Vergleich der Islamisierung des Finanzwesens in Ägypten und Pakistan. Diplomarbeit, Institut für Geographie und Regionalforschung, Universität Wien, 147 S.

STEINER, E. (2008): „Dann ertrinken wir eben!" – Eine politisch-ökologische Analyse der Widerstandsbewegungen rund um das Narmada Valley Development Project. Diplomarbeit, Institut für Geographie und Regionalforschung, Universität Wien, 134 S.

THULLNER, M. (1999): Bhutan. Entwicklungsprobleme und sozio-ökonomischer Wandel in einem Kleinstaat im Himalaya. Diplomarbeit, Institut für Geographie und Regionalforschung, Universität Wien, 123 S.

Der Alterungsprozess der Bevölkerung in Südost- und Ostasien: die neue demographische Herausforderung des 21. Jahrhunderts?[1]

KARL HUSA und HELMUT WOHLSCHLÄGL

Inhalt

1. Einführung und Ausgangsproblematik 43
   1.1 Von der Bevölkerungsexplosion zum „demographischen Bonus" – „alte" Probleme in neuem Gewand 43
   1.2 Alte Menschen in Asien: ein neues demographisches Top-Thema im Blickpunkt von Politik, Massenmedien und Öffentlichkeit 45
2. Fertilitätsrückgang und ansteigende Lebenserwartung – die Haupttriebkräfte des Alterungsprozesses 47
3. Dimensionen und raumzeitliche Unterschiede des demographischen Alterungsprozesses in Südost- und Ostasien 51
4. Ältere Menschen in Südost- und Ostasien – ein soziodemographisches Profil 59
5. Staatliche Altersvorsorge und soziale Sicherungssysteme in Südost- und Ostasien 64
   5.1 Staatlich verwaltete Versorgungs- bzw. Rentenfonds („National Provident Funds") ... 68
   5.2 Sozialversicherungsprogramme zur Alterssicherung in marktwirtschaftlich ausgerichteten Staaten 71
   5.3 Alterssicherungsprogramme in Transformationsstaaten bzw. sozialistischen Staaten . 73
   5.4 Staaten ohne geregelte Altersvorsorge 76
6. Ausblick 76
7. Literatur 78

1. Einführung und Ausgangsproblematik

1.1 Von der Bevölkerungsexplosion zum „demographischen Bonus" – „alte" Probleme in neuem Gewand?

Wie schnell wächst die Weltbevölkerung? Wann wird das globale Bevölkerungswachstum zum Stillstand kommen? Wie viele Menschen werden dann auf der Erde leben und wie wird deren räumliche Verteilung aussehen? All das sind altbekannte Fragen, mit denen

---

[1]) Dieser Beitrag wurde erstmals in der Zeitschrift Geographischer Jahresbericht aus Österreich, Bd. 62/63 (Doppelband), Wien 2007, S. 95–128, publiziert. Für den Wiederabdruck in diesem Band erfolgte eine geringfügige Aktualisierung und inhaltliche Modifikation.

sich nicht nur zahlreiche Bevölkerungsexperten, sondern auch die Medien und die demographisch interessierte Öffentlichkeit in der zweiten Hälfte des 20. Jahrhunderts intensiv beschäftigt haben. Dementsprechend belegten sowohl bei den Regierungen der meisten Staaten der Dritten Welt als auch bei den Fachgremien internationaler Organisationen Themen wie die Eindämmung des zu raschen Bevölkerungswachstums (Schlagwort „Bevölkerungsexplosion") und die zunehmende Ungleichverteilung der Bevölkerung zwischen den Agglomerationsräumen und den restlichen Landesteilen (Schlagwort „hoffnungslose Überfüllung der ausufernden Megastädte") jahrzehntelang die Spitzenpositionen der bevölkerungspolitischen Agenden. Nachdem während des allergrößten Teils der Menschheitsgeschichte das Bevölkerungswachstum nur sehr langsam vor sich gegangen war, erschien es nur folgerichtig, dem neuen und vorher nie gekannten Phänomen einer dynamischen Bevölkerungszunahme und seiner möglichen Konsequenzen die entsprechende Beachtung zu schenken und das vergangene Jahrhundert als das „Jahrhundert der Bevölkerungsexplosion" zu etikettieren.

Allerdings begann sich schon gegen Ende des 20. Jahrhunderts abzuzeichnen, dass Bevölkerungsexplosion, Ressourcenknappheit, Konflikte um Wasser, Energieträger und Nahrungsmittel, Umweltverschmutzung, wachsende Armut oder riesige Verkehrsstaus in ausufernden und zunehmend unregierbar werdenden Megastädten nur ein Teil der Geschichte sind. Der zweite Teil, der das 21. Jahrhundert prägen dürfte, scheint völlig anders zu lauten: das klassische Leitthema „zu viele Menschen auf der Welt" scheint plötzlich – zumindest in den meisten entwickelten Staaten – von einem neuen abgelöst zu werden, nämlich „zu viele alte Menschen bei zu geringem (natürlichem) Bevölkerungszuwachs". Tatsächlich sanken in jüngster Zeit in fast allen Staaten der Welt die Fertilitätsraten kontinuierlich ab, und das zum Teil mit zunehmender Geschwindigkeit. Während dieses Phänomen noch bis vor etwa drei Jahrzehnten in der Öffentlichkeit vor allem als typisch für die Industriestaaten erachtet wurde, zeigt sich nunmehr, dass sich der revolutionäre Fertilitätsrückgang der letzten Dekaden schon derzeit – und künftig noch stärker – in viele Staaten der Dritten Welt verlagert bzw. verlagern wird, wobei allerdings die Konsequenzen dieses Prozesses unterschiedlich eingeschätzt werden:

Ein Teil der Fachleute spricht bereits davon, dass vor allem die so genannte „Erste Welt" ebenso wie die postkommunistischen Transformationsländer (die frühere sog. „Zweite Welt") schon in kurzer Zeit massiv mit dem historisch bislang unbekannten demographischen Phänomen schrumpfender Bevölkerungszahlen bei gleichzeitig rascher demographischer Alterung der Bevölkerung konfrontiert sein wird, wobei die wirtschaftlichen und gesellschaftlichen Konsequenzen dieses Vorgangs ohne historische Parallelen zur Zeit noch schwer abschätzbar sind.

Andere wiederum argumentieren, dass es sich sowohl beim Fertilitätsrückgang als auch bei der demographischen Alterung letztlich um global ablaufende Prozesse handelt, die – zu unterschiedlichen Zeitpunkten und mit unterschiedlicher Dynamik – alle Staaten der Welt erfassen werden oder bereits erfasst haben; sie sehen aber in der Tatsache, dass in vielen Entwicklungsländern der demographische Übergang und das Absinken der Kinderzahlen erst seit relativ kurzer Zeit vonstatten gehen, im Gegensatz zu früheren Annahmen keinen Nachteil mehr: Längerfristig gesehen könnte es sich dabei sogar um einen *„demographischen Bonus"* handeln, der diesen Staaten einen Zeitpuffer verschafft, um den möglichen ökonomischen Nachteilen alternder, schrumpfender Bevölkerungen effektiver begegnen zu können. Mit anderen Worten: Während in den meisten westlichen Staaten in zunehmendem Maß die Ressource „einheimische menschliche Arbeitskraft" knapp zu werden droht, zögern die noch immer deutlich stärkeren Geburtenjahrgänge der letzten Jahre in vielen Entwicklungsländern den Alterungseffekt der Bevölkerung noch zwei bis drei Jahrzehnte hinaus.

Dieser „demographische Bonus" hat jedoch auch seine Schattenseiten: Eine Reihe von Entwicklungsländern wird in naher Zukunft in steigendem Maß mit einer neuen Art von „demographischer Scherenentwicklung" konfrontiert sein, indem nämlich einerseits für die noch eine gewisse Zeit weiter wachsende Zahl von Jugendlichen, die in das Erwerbsalter kommen, dringend Erwerbsmöglichkeiten geschaffen werden müssen, während andererseits zur selben Zeit die Weichen für eine künftig rasch alternde Gesellschaft mit all ihren spezifischen Anforderungen gestellt werden müssen.

Zu jenen Weltregionen, in denen diese neuen demographischen Herausforderungen bereits derzeit offensichtlich werden und auch dementsprechend heftig diskutiert werden, zählen Südost- und Ostasien.

1.2 Alte Menschen in Asien: ein neues demographisches Top-Thema im Blickpunkt von Politik, Massenmedien und Öffentlichkeit

Als im Jahr 1982 in Wien die erste „UN World Assembly on Ageing" stattfand, wurde von den meisten Konferenzteilnehmern der Alterungsprozess der Bevölkerung noch als ein Problem betrachtet, von dem primär die Industriestaaten des Westens betroffen waren. Die meisten Regierungen der so genannten „Dritten Welt" – und so auch jene vieler asiatischer Staaten – sahen sich damals noch mit ganz anderen Bevölkerungsproblemen konfrontiert: An der Spitze der demographischen Prioritätenliste standen Themen wie die Eindämmung des raschen Bevölkerungswachstums, die Schaffung von ausreichenden Arbeitsplätzen für eine rasch wachsende Erwerbsbevölkerung, Maßnahmen zur Stabilisierung der Land-Stadt-Migration und Verbesserungen im Bildungs- und Gesundheitsbereich. Zwei Jahrzehnte später hingegen, bei der „Second World Assembly on Ageing" der Vereinten Nationen in Madrid im Jahr 2002, war der rasche demographische Alterungsprozess von Bevölkerungen bereits zu einem Thema von globalem Interesse aufgestiegen, denn es zeichnete sich bereits deutlich ab, dass die Alterung nun nicht mehr nur eine Angelegenheit der „Staaten des Nordens" ist, sondern in absehbarer Zeit auch eine erhebliche Herausforderung für immer mehr Länder der sog. „Dritten Welt" darstellen wird.

Unter den sog. „Newly Industrializing Countries" waren es vor allem zahlreiche Staaten Ost- und Südostasiens, die als erste die großen sozialen und wirtschaftlichen Herausforderungen erkannten, mit denen sie durch die dynamischen Veränderungen in der Altersstruktur ihrer Bevölkerungen in den kommenden Jahrzehnten konfrontiert sein werden. Das jüngst erwachte Problembewusstsein dieser Staaten manifestiert sich auch in einer Reihe von hochkarätig besetzten Seminaren und Konferenzen, die in den letzten Jahren abgehalten wurden und auch bereits erste konkrete Ergebnisse mit sich brachten: Bereits 1998 wurde von den Mitgliedsstaaten der „United Nations Economic and Social Commission for Asia and the Pacific Region" (ESCAP) die sog. „Macao Declaration on Ageing for Asia and The Pacific" verabschiedet. Im Jahr 2002 wurde dieser erste regionale Aktionsplan, der sich mit Fragen der demographischen Alterung auseinandersetzt, durch die „Shanghai Implementation Strategy" noch weiter konkretisiert und ergänzt. Auch auf wissenschaftlicher Ebene boomt die Befassung mit alternden Gesellschaften: Die Zahl der auf Asien bezogenen einschlägigen Veröffentlichungen ist in den letzten Jahren geradezu zur Flut angewachsen und das „Altersthema" hat mittlerweile schon längst die jahrzehntelang dominierenden Forschungsbereiche Fertilität, Familienplanung etc. von der Spitze der demographischen Forschungsagenden verdrängt. Die im Februar 2006 in Honolulu abgehaltene „Hawaii's International Conference on Aging" mit dem Titel „Active Aging in Asia Pacific: Showcasing Best Practices" stellt dafür ein eindrucksvolles Beispiel dar.

Das neu erwachte Interesse an Dimensionen und Folgen des unaufhaltsam voranschreitenden Alterungsprozesses der ost- und südostasiatischen Gesellschaften spiegelt sich auch in den Massenmedien wider: „Grey boom on its way" lautete zum Beispiel der Titel des Leitartikels der englischsprachigen thailändischen Tageszeitung „The Nation" anlässlich des Weltbevölkerungstages am 11. Juli 2001, und in einem ähnlichen Stil berichtete „Xinhua", die offizielle Nachrichtenagentur der VR China, mit dem Aufmacher „Aging Challenges Asia-Pacific" (Xinhua News Agency, May 17, 2002) von den erheblichen Herausforderungen, die durch die „*growing greying population*" auf viele asiatische Staaten in den nächsten Jahrzehnten zukommen werden. Die Liste einschlägiger Berichte in asiatischen Massenmedien aus den letzten Jahren ließe sich beliebig verlängern.

In der Wahrnehmung des „neuen" demographischen Top-Themas „Alterung" besteht allerdings – sowohl auf Regierungsebene als auch in Wissenschaft, Massenmedien und öffentlicher Meinung – verglichen mit jener zu den in den letzten Jahrzehnten aktuellen „alten" demographischen Fragen ein eklatanter Unterschied: Der drastische Rückgang der Fertilität bei gleichzeitig kontinuierlich zunehmender Lebenserwartung wurde als großer Erfolg begrüßt und durch breit angelegte familienplanerische Maßnahmen unterstützt (vgl. KNODEL 1999), die Konsequenzen dieser beiden demographischen Prozesse für die Alterung hingegen werden weit weniger euphorisch aufgenommen und vielfach eher als ungünstige Nebeneffekte betrachtet, was auch in einer ausgeprägten „demographischen Krisenrhetorik" zum Ausdruck kommt. Das Paradebeispiel schlechthin für eine derartige negative Grundeinstellung zum Thema „Altern von Gesellschaften" stellt ein Weltbank-Bericht aus dem Jahr 1994 dar, der den wenig freundlichen Titel „Averting the Old Age Crisis" trägt (World Bank 1994).

Dass gerade in Südost- und Ostasien den steigenden Anteilen älterer Menschen größere Beachtung geschenkt wird als in anderen Regionen der Dritten Welt, mag zunächst vielleicht überraschen, kommt aber nicht von ungefähr. Gerade diese Weltregion hatte in den letzten drei Dekaden des 20. Jahrhunderts einen dynamischen Fertilitätsrückgang und parallel dazu – zeitlich etwas verzögert – auch eine kontinuierliche Zunahme der Lebenserwartung zu verzeichnen. Die Folgen für die nächsten Jahrzehnte sind unschwer abzuschätzen: Viele Staaten der Region werden in absehbarer Zeit mit der Herausforderung von historisch beispiellos hohen Anteilen älterer Menschen in ihren Bevölkerungen konfrontiert sein. Derzeit, zu Beginn des 21. Jahrhunderts, ist der Anteil der älteren Bevölkerung – definiert als die 60- und Mehrjährigen – in den meisten Staaten (mit Ausnahme Japans) noch gering, die entsprechenden Prozentsätze werden jedoch bis zur Jahrhundertmitte mit alarmierender Geschwindigkeit zunehmen. So zählt zum Beispiel in Südostasien, grob gesprochen, derzeit erst eine von 14 Personen zur Altersgruppe der 60- und Mehrjährigen, um 2050 wird es bereits mehr als jeder Fünfte sein, für Ostasien lauten die entsprechenden Relationen eine von acht Personen für 2000 bzw. eine von drei (!) für 2050.

Die meisten Staaten der Region stehen also erst am Beginn des Alterungsprozesses, so dass die frühe Einbeziehung von möglichen Problemen, die durch das rasche Altern der Gesellschaften entstehen, in die langfristigen sozialen und wirtschaftlichen Planungen zunächst überraschend anmutet. Die finanzielle, ökonomische und soziale Krise, die viele Staaten ab der Jahresmitte 1997 – zum Teil für mehrere Jahre und bis in ihre Grundfesten – erschüttert hat und unter der Bezeichnung „Asienkrise" international bekannt wurde (vgl. dazu u.a. HUSA und WOHLSCHLÄGL 1999, 2003a), hat allerdings auch den Blick der Regierungen für die Unzulänglichkeiten der bestehenden Sozialsysteme und des sozialen Risikomanagements geschärft. Man erkannte, dass aufgrund der Dynamik des demographischen Transformationsprozesses nicht viel Zeit bleibt, Strategien zur Anpassung der sozialen Sicherungssysteme wie auch der Gesundheitssysteme an den demographischen Alterungsprozess einzurichten.

Nicht überall allerdings verlaufen die Veränderungen in der Altersstruktur mit der gleichen Dynamik und nicht in allen Staaten ist der Handlungsbedarf gleichermaßen akut, weshalb es sinnvoll erscheint, zunächst die Triebkräfte des Alterungsprozesses und die daraus resultierenden Veränderungen in der Altersstruktur regional differenziert zu betrachten, bevor in der Folge die Konsequenzen für die sozialen Sicherungssysteme und die staatlich unterschiedlichen Reaktionsstrategien vorgestellt und analysiert werden sollen.

2. Fertilitätsrückgang und ansteigende Lebenserwartung – die Haupttriebkräfte des Alterungsprozesses

Die Altersstruktur einer Bevölkerung ist im Wesentlichen das Ergebnis jener demographischen Prozesse, die in den vorangegangenen Jahrzehnten abgelaufen sind, wobei die Frage, welcher Einflussfaktor hauptverantwortlich für das rasche Altern einer Bevölkerung ist, spontan meist mit „zunehmende Langlebigkeit" beantwortet wird. In der Bevölkerungsforschung herrscht allerdings heute generell Übereinstimmung, dass zunächst nicht die ansteigende Lebenserwartung, sondern der Fertilitätsrückgang, also der Rückgang der durchschnittlichen Kinderzahl pro Frau, die Hauptursache für das Altern von Bevölkerungen ist (vgl. z. B. OGAWA 2003). Sinkende Fertilitätsraten bewirken eine relative Abnahme der jüngeren Altersgruppen innerhalb einer Bevölkerung, führen also zu einem „Altern von der Basis" her.

Karl Husa und Helmut Wohlschlägl

In fortgeschritteneren Stadien des demographischen Übergangs und mit steigendem sozioökonomischem Entwicklungsstand verschiebt sich das Gewicht der demographischen Einflussfaktoren schließlich zunehmend von der Fertilität zur Mortalität. Während das Absinken der Säuglingssterblichkeit in den frühen Phasen des demographischen Übergangs zunächst zu einer Verjüngung der Bevölkerung führt (weil mehr Neugeborene überleben), bewirkt die rückläufige altersspezifische Sterblichkeit in den höheren Altersgruppen einen „Alterungsprozess an der Spitze" der Alterspyramide. Besonders wichtig für die Dynamik des Alterns einer Bevölkerung ist die Geschwindigkeit, mit der die Überlebenswahrscheinlichkeit in den hohen Altersgruppen steigt, und diese Steigerung verlief in vielen Staaten der Ost- und Südostasiens in den letzten Jahrzehnten deutlich ausgeprägter als in anderen Teilen der Welt: So hat sich zum Beispiel in Japan die fernere Lebenserwartung der 65- und Mehrjährigen zwischen 1970 und 2000 um 44 Prozent erhöht, die durchschnittliche Lebenserwartung bei Geburt im selben Zeitraum hingegen nur um 9 Prozent (KINSELLA und PHILLIPS 2005, S. 9).

Was die Ursachen des Alterns der Bevölkerung in Südost- und Ostasien betrifft, so ist in den meisten Staaten der Region der Einfluss veränderter Mortalitätsmuster auf Verschiebungen in der Altersstruktur im Vergleich zu den Effekten des Geburtenrückgangs bislang noch relativ begrenzt (vgl. Abb. 1). Noch um 1970 wies mit Ausnahme von Japan und der britischen Kronkolonie Hongkong kein einziger Staat der Region eine Gesamtfertilitäts-

Abb. 1: Die demographischen Triebkräfte des Alterungsprozesses in Südost- und Ostasien: Dynamik des Fertilitätsrückgangs und Anstieg der mittleren Lebenserwartung bei der Geburt 1950/55 bis 2000/05 und Prognose bis 2045/50

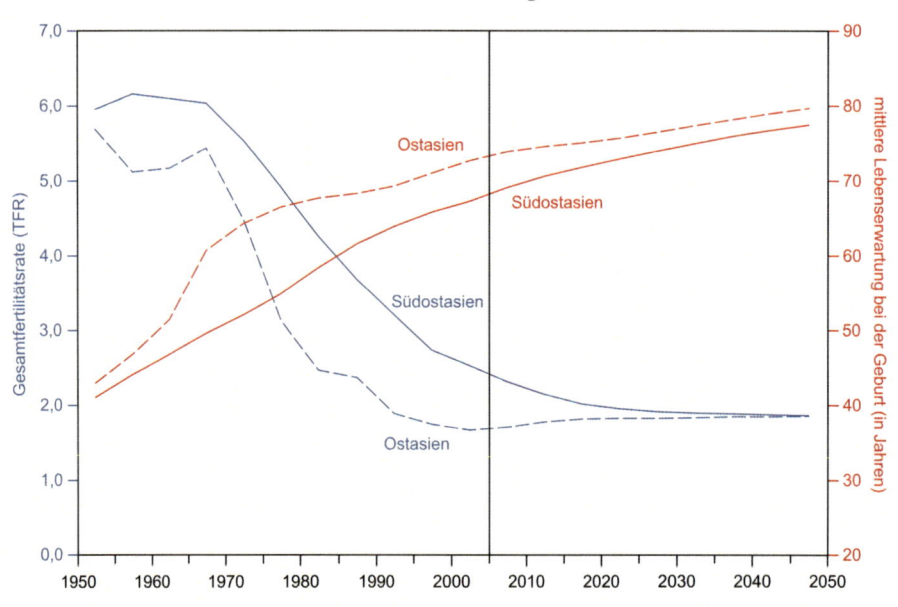

Datengrundlage: United Nations (2005): World Population Prospects – The 2004 Revision.
Eigener Entwurf.

rate (TFR) von unter fünf Kindern pro Frau auf. Mittlerweile hat bereits in allen Staaten Ostasiens ein massiver Geburtenrückgang stattgefunden und nach Schätzungen und Berechnungen des „Population Reference Bureau" in Washinton lag die TFR in Ostasien im Durchschnitt im Jahre 2006 nur mehr bei 1,6 Kindern pro Frau (PRB 2006). Japan mit einer TFR von 1,3 und Südkorea und Taiwan mit 1,1 (2006) zählen schon seit geraumer Zeit zur Staatengruppe mit den weltweit geringsten Fertilitätsraten und auch die VR China liegt mit einem Wert von 1,6 bereits deutlich unter dem sog. „Bestandserhaltungs- oder Ersetzungsniveau" („Replacement Level") von 2,1 (vgl. auch Tab. 1).

Tab. 1: Gesamtfertilitätsrate (TFR) und mittlere Lebenserwartung bei der Geburt 1950/55 bis 2000/05 und Prognose bis 2045/50 in den Staaten Südost- und Ostasiens

	Gesamt-fertilitätsrate (TFR)			Mittlere Lebenserwartung (Männer)			Mittlere Lebenserwartung (Frauen)		
	1950/55	2000/05	2045/50	1950/55	2000/05	2045/50	1950/55	2000/05	2045/50
Kambodscha	6,29	4,14	2,10	38	52	69	41	60	73
Laos	6,15	4,83	1,89	37	53	70	39	56	74
Myanmar	6,00	2,46	1,85	36	57	72	39	63	77
Vietnam	5,75	2,32	1,85	39	68	77	42	72	81
Brunei	7,00	2,50	1,85	60	74	79	61	79	84
Malaysia	6,83	2,93	1,85	47	71	78	50	76	82
Thailand	6,40	1,93	1,85	50	66	77	54	74	82
Indonesien	5,49	2,37	1,85	37	65	75	38	69	79
Philippinen	7,29	3,22	1,85	46	68	76	50	72	81
Singapur	6,40	1,35	1,84	59	77	83	62	81	86
VR China	6,22	1,70	1,85	39	70	77	42	73	81
Hongkong	4,44	0,94	1,52	57	79	84	65	85	90
Mongolei	6,00	2,45	1,85	41	62	74	44	66	78
Südkorea	5,40	1,23	1,77	46	73	81	49	81	88
Nordkorea	3,35	2,00	1,85	48	60	71	50	66	77
Japan	2,75	1,33	1,85	62	78	84	66	85	93

Gesamtfertilitätsrate (TFR): Durchschnittliche Zahl der pro Frau lebendgeborenen Kinder bei den zum jeweiligen Beobachtungszeitraum herrschenden Fertilitätsverhältnissen (Periodenmaßzahl).
Mittlere Lebenserwartung bei der Geburt: In Jahren.

Datengrundlage: United Nations (2005): World Population Prospects – The 2004 Revision.

Auch in Südostasien zeigt die Entwicklung in den letzten Jahren eine zunehmende, allerdings in der Mehrheit der Staaten zeitlich leicht verzögerte Konvergenz zur Situation in Ostasien. Anders als in Ostasien sind jedoch die regionalen Unterschiede im Fertilitätsniveau noch wesentlich ausgeprägter. Generell gesehen lag die Gesamtfertilitätsrate 2006 mit 2,5 im Vergleich zu Ostasien (1,6) noch deutlich höher und nur Singapur und Thailand haben mit Gesamtfertilitätsraten von 1,2 bzw. 1,7 Kindern pro Frau ein Niveau erreicht, das unter dem „Replacement Level" liegt und dem der ostasiatischen Staaten vergleichbar ist. Aber auch in Malaysia, Vietnam, Indonesien, auf den Philippinen und in Myanmar vollzieht sich seit geraumer Zeit ein ausgeprägter Prozess des Geburtenrückgangs, so dass auch diese Staaten zu Beginn des 21. Jahrhunderts bereits zur Gruppe der Länder mit intermediären Fertilitätsraten (TFR zwischen 2,4 und 3,2) gezählt werden können (vgl. CALDWELL 2002). Nur mehr Kambodscha und Laos weisen noch hohe Geburtenraten auf (TFR jeweils über 3,5) und liegen somit noch näher an der Schwelle von fünf Kindern pro Frau, ab der ein Staat zur Staatengruppe mit hoher Fertilität gezählt wird.

Generell zeigen die vorliegenden statistischen Daten bzw. die Prognosen der UNO für die Entwicklung der Fertilität bis zur Mitte dieses Jahrhunderts, dass der Fertilitätsrückgang mit dem Fortschreiten der einzelnen Staaten im Prozess des demographischen Übergangs von hoher zu niedriger Geburtenhäufigkeit in Ostasien (als Ganzes betrachtet) bereits seit etwa 2000 auf der Höhe des Bestanderhaltungsniveaus von rund zwei Kindern pro Frau oder knapp darunter stabilisiert ist und dies in Südostasien ab etwa 2015/2020 der Fall sein wird. Es würde an dieser Stelle zu weit führen, die vielfältigen Ursachen der rasch sinkenden Kinderzahlen in Südost- und Ostasien näher zu diskutieren. Es sei nur darauf hingewiesen, dass es wohl nicht möglich ist, den Geburtenrückgang in allen Staaten der Region nur allein vor dem Hintergrund eines – pointiert ausgedrückt – „sozioökonomischen Determinismus", wie er auch in der orthodoxen demographischen Transformationstheorie einen zentralen Stellenwert einnimmt und in der von den Vereinten Nationen in den 1960er-Jahren entwickelten sog. „Schwellenwerthypothese" („threshold hypothesis of fertility decline") noch besonders akzentuiert wurde, zu erklären (vgl. dazu HUSA und WOHLSCHLÄGL 2002, 2003b).

Neben der Fertilität ist – wie eingangs erwähnt – der zweite wesentliche Einflussfaktor auf den Alterungsprozess in einer Veränderung des Mortalitätsmusters zu suchen. Wie in den meisten anderen Teilen der Welt ist während des letzten halben Jahrhunderts auch in Ost- und Südostasien ein markantes Ansteigen der Lebenserwartung zu verzeichnen, das vor allem auf die massive Reduktion der Säuglings- und Kindersterblichkeit zurückzuführen ist. Zu Beginn des 21. Jahrhunderts (im Jahrfünft von 2000 bis 2005) lag die Lebenserwartung bei der Geburt für Ostasien insgesamt bei rund 73 Jahren (71 Jahre für die Männer und 75 Jahre für die Frauen) und für Südostasien bei 67 Jahren (Männer 65 Jahre, Frauen 70 Jahre). Gegenüber der Periode 1950/55 bedeutet dies ein Verlängerung der durchschnittlichen Lebensspanne der Bevölkerung um rund drei Jahrzehnte in Ostasien und um knapp mehr als ein Vierteljahrhundert in Südostasien: Die Generation des beginnenden 21. Jahrhunderts kann somit erwarten, in Südostasien im statistischen Durchschnitt um rund 63 Prozent und in Ostasien sogar um 69 Prozent länger zu leben, als dies bei ihren in den 1950er-Jahren geborenen Vorgängern der Fall war.

Trotz der unbestreitbar großen Erfolge, die vor allem bei der Absenkung der Säuglings- und Kindersterblichkeit in den letzten Jahrzehnten in den meisten Staaten der Region erzielt werden konnten, sind die Unterschiede in der Höhe der Lebenserwartung und im Niveau der Säuglingssterblichkeit zwischen den einzelnen Staaten Ost- und Südostasiens noch enorm. Während zum Beispiel in Bezug auf die mittlere Lebenserwartung bei der

Geburt Staaten wie Japan mit durchschnittlich 82 Jahren, Singapur mit 80 Jahren oder Südkorea und Taiwan mit rund 76 Jahren weltweit im Spitzenfeld zu finden sind, beträgt diese in Laos erst 54 Jahre, in Kambodscha und Myanmar 60 Jahre (alle Werte 2006). Ähnlich massiv sind auch die Differenzen im Niveau der Säuglingssterblichkeit. Während Japan, Südkorea, Singapur oder Taiwan bereits Raten von deutlich unter zehn Promille erreicht haben, lag die Säuglingssterblichkeit in Kambodscha, Laos und Myanmar auch gegen Ende der 1990er-Jahre noch zwischen 75 und 95 Promille und damit deutlich über dem Durchschnittswert der Entwicklungsländer insgesamt von rund 62 Promille. Insgesamt betrachtet ist die mittlere Lebenserwartung in Südostasien immer noch deutlich niedriger als in den Industriestaaten, während die Säuglingssterblichkeit noch immer auf dem nahezu sechsfachen Niveau liegt. Dies zeigt, dass gerade für eine Verbesserung des Gesundheitswesens in den meisten Staaten Südostasiens noch ein erheblicher Spielraum besteht.

Dieser kurze Überblick über die unterschiedliche Entwicklung des Fertilitätsrückgangs und des Anstiegs der mittleren Lebenserwartung macht deutlich, dass nicht alle Staaten Ost- und Südostasiens gleichzeitig mit den Problemen rasch alternder Bevölkerungen konfrontiert sein werden. Für jene südostasiatischen Staaten, in denen die Geburtenraten nach wie vor noch relativ hoch sind oder in denen sie erst vor kurzer Zeit stärker abzusinken begonnen haben, ist das (Über)Alterungsproblem noch einige Jahrzehnte entfernt. In jenen Ländern hingegen, in denen der Fertilitätsrückgang bereits voll in Gang oder durch Stabilisierung auf tiefem Niveau im Wesentlichen bereits abgeschlossen ist, besteht das Problem rasch alternder Gesellschaften schon heute oder steht bereits in naher Zukunft bevor.

3. Dimensionen und raumzeitliche Unterschiede des demographischen Alterungsprozesses in Südost- und Ostasien

Im Jahr 2000 lebten insgesamt rund 421 Millionen Menschen im Alter von 65 und mehr Jahren auf der Erde, das entspricht ca. sieben Prozent der Weltbevölkerung. Um 2050 werden es – nach aktuellen Prognosen der „Population Division" der Vereinten Nationen – bereits rund 1,47 Milliarden Menschen oder 16 Prozent der Weltbevölkerung sein, die dieser Altersgruppe angehören, was – in absoluten Zahlen betrachtet – mehr als eine Verdreifachung der älteren Menschen in nur einem halben Jahrhundert darstellt. Da der Alterungsprozess der Bevölkerung in den entwickelten Regionen besonders in der zweiten Hälfte des 20. Jahrhunderts rasch vorangeschritten ist und in den kommenden Jahrzehnten nicht mehr so dynamisch verlaufen wird, entfällt ein Großteil der Alterungsdynamik der kommenden Jahrzehnte auf die sog. „Dritte Welt" (vgl. Tab. 2).

Überdies altert auch die ältere Bevölkerung selbst immer rascher: Gegenwärtig beträgt der Anteil der so genannten „Hochbetagten" oder „Oldest Old" (Bevölkerung im Alter von 80 und mehr Jahren) an der 60- und mehrjährigen Bevölkerung weltweit rund 13 Prozent (2006), um 2050 werden es bereits mindestens 20 Prozent sein, womit die „Oldest

Old" in den nächsten Dekaden die Altersgruppe mit der größten Wachstumsdynamik darstellen werden.

Ostasien und – in einem etwas geringeren Maß – auch Südostasien zählen dabei zu jenen Weltregionen, in denen sich die hier skizzierten Trends in den kommenden Jahrzehnten besonders akzentuiert vollziehen: So wird der Prozentsatz der 80- und Mehrjährigen an der Bevölkerung im Alter von 60 und mehr Jahren in Ostasien von derzeit (2006) zwölf Prozent bis 2050 auf 25 Prozent, also den doppelten Wert, ansteigen und auch in Südostasien fällt der entsprechende Anstieg der Vergleichswerte von neun Prozent 2006 auf 16 Prozent um 2050 dynamischer aus als in vielen anderen Teilen der Welt.

Eine ähnliche Struktur ergibt sich, wenn man den Anteil der 80- und Mehrjährigen an der Gesamtbevölkerung betrachtet: Zwischen 2006 und 2050 werden – bei durchaus ausgeprägten regionalen Unterschieden (vgl. dazu auch Abb. 2) – die entsprechenden Prozentsätze für Ostasien insgesamt von 1,5 Prozent auf acht Prozent und für Südostasien immerhin auch noch von 0,7 Prozent auf rund vier Prozent hochschnellen, relativ gesehen liegen aber, was die Anteile der Hochbetagten an der Gesamtbevölkerung betrifft, nach wie vor europäische Regionen im Spitzenfeld – die für 2050 angenommenen acht Prozent „Oldest Old" in Ostasien werden nach den derzeit aktuellen UN-Bevölkerungsprognosen von Nordeuropa (neun Prozent) sowie West- und Südeuropa (jeweils zwölf Prozent) noch deutlich übertroffen werden.

In absoluten Zahlen gesehen bietet sich hingegen ein ganz anderes Bild (vgl. Abb. 3): Während sich derzeit die absolute Anzahl der Hochbetagten in Ost- und Südostasien im Vergleich zu Gesamteuropa (einschließlich Russland) mit jeweils rund 27 Millionen die Waage hält, wird um die Mitte dieses Jahrhunderts das Verhältnis Europas zu Ost- und Südostasien 63 Millionen zu rund 154 Millionen betragen – eine derart große absolute Anzahl an sehr alten Menschen stellt, völlig unabhängig davon, ob die Relativwerte hoch oder niedrig sind, eine enorme Herausforderung an künftige Gesundheits-, Betreuungs- und soziale Sicherungssysteme dar.

Um welche Dimensionen mit allen ihren Auswirkungen auf die Fragen der sozialen Sicherung im Alter es hier in Zukunft – trotz des relativ geringen Anteils, den die 65- und Mehrjährigen derzeit an der Gesamtbevölkerung der Staaten der Dritten Welt noch ausmachen (2000: 5,1 Prozent) – geht, verdeutlichen die folgenden Zahlen: Um 1950 lebten rund 51 Prozent der 65- und Mehrjährigen in Entwicklungsländern, im Jahr 2000 waren es schon 59 Prozent und bis zur Mitte des 21. Jahrhunderts werden bereits mehr als drei von vier älteren Menschen (mehr als 78 Prozent) in einem Staat leben, der heute zur Gruppe der Länder der sog. „Dritten Welt" gezählt wird (vgl. Tab. 2).

In Asien betrug die Bevölkerungszahl der 65- und Mehrjährigen im Jahr 2000 – folgt man den Zahlenangaben der Vereinten Nationen – rund 216 Millionen Menschen, was einem Anteil von 5,9 Prozent an der asiatischen Gesamtbevölkerung entspricht. Der Anteil älterer Menschen liegt somit in Asien gegenwärtig zwar noch deutlich unter dem Niveau der entwickelten Länder (14,3 Prozent im Jahr 2000), allerdings entfällt von der Gesamtzahl der 65- und Mehrjährigen auf der Welt auf Grund der hohen Einwohnerzahl des Kontinents – Asien beherbergt ja nicht nur mit Japan den zweitältesten Staat der Welt

Der Alterungsprozess der Bevölkerung in Südost- und Ostasien

Abb. 2: Prognostizierte Zunahme der Zahl der Hochbetagten (80- und Mehrjährigen) 2006 bis 2050 und Anteil dieser Altersgruppe an der Gesamtbevölkerung 2050 in den Staaten Südost- und Ostasiens

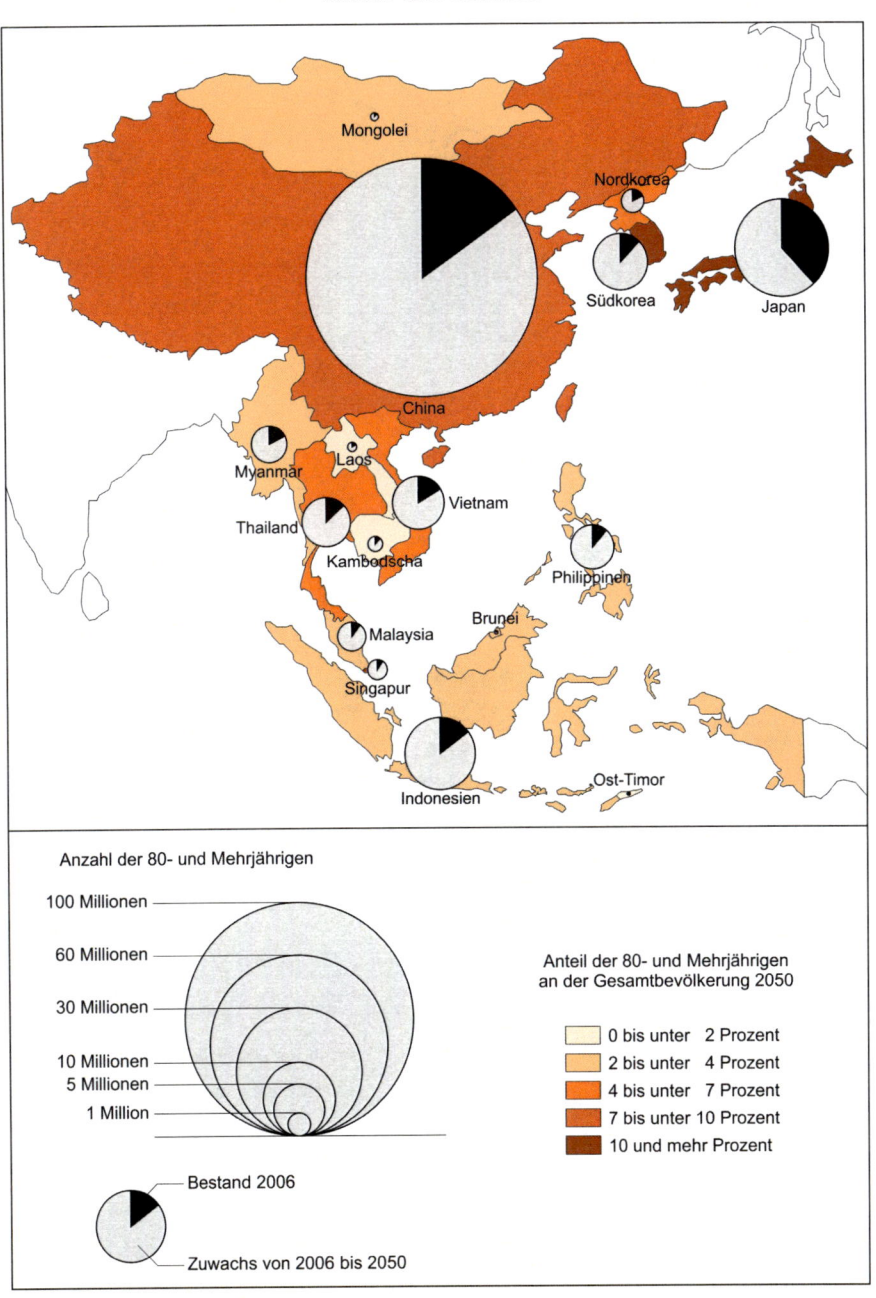

Quelle: Datengrundlage: United Nations (2005): World Population Prospects – The 2004 Revision. Eigener Entwurf.

Abb. 3: Anzahl der Hochbetagten (80- und Mehrjährigen) nach Weltregionen absolut und in Prozent der Gesamtbevölkerung 2006 sowie Prognose für 2050

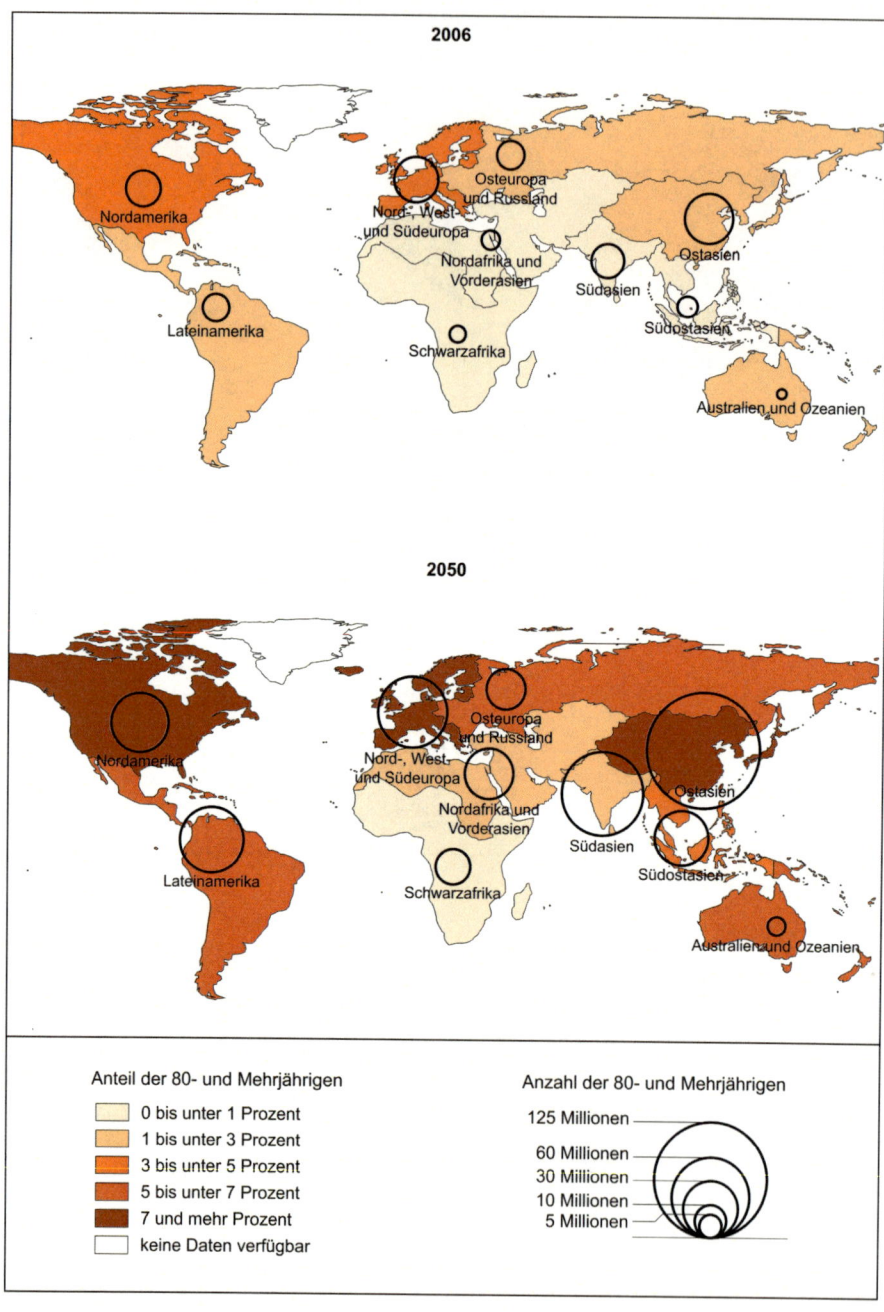

Anteil der 80- und Mehrjährigen
- 0 bis unter 1 Prozent
- 1 bis unter 3 Prozent
- 3 bis unter 5 Prozent
- 5 bis unter 7 Prozent
- 7 und mehr Prozent
- keine Daten verfügbar

Anzahl der 80- und Mehrjährigen
- 125 Millionen
- 60 Millionen
- 30 Millionen
- 10 Millionen
- 5 Millionen

Quelle: Datengrundlage: United Nations (2005): World Population Prospects – The 2004 Revision. Eigener Entwurf.

Tab. 2: Ausgewählte Kennzahlen zum Anteil alter Menschen in Südost- und Ostasien im globalen Vergleich 1950 und 2000 sowie Prognose bis 2050

Groß-region	65- und Mehrjährige (in Millionen)		65- und Mehrjährige in Prozent der Gesamtbevölkerung				Anteil der 65- und Mehrjährigen an der gesamten Weltbevölkerung in dieser Altersgruppe (in Prozent)			
	2000	2050	1950	2000	2025	2050	1950	2000	2025	2050
Südostasien	25	129	3,8	4,8	8,8	17,1	5,3	5,9	7,1	8,8
Ostasien	115	393	4,5	7,7	15,0	24,7	22,9	27,3	29,8	26,8
Asien	216	911	4,1	5,9	10,2	17,5	43,5	51,3	57,8	62,2
Industrieländer	171	321	7,9	14,3	20,8	25,9	48,9	40,6	31,2	21,9
Entwicklungsländer	250	1144	3,9	5,1	8,6	14,6	51,1	59,4	68,8	78,1
Welt	421	1465	5,2	6,9	10,5	16,1	100,0	100,0	100,0	100,0

Quelle: Datengrundlage: United Nations (2005): World Population Prospects – The 2004 Revision. Eigene Berechnungen.

nach Italien, sondern mit China auch jenen mit der bei weitem höchsten absoluten Anzahl älterer Menschen – bereits jetzt mehr als die Hälfte auf Asien und Mitte dieses Jahrhunderts werden bereits nahezu zwei Drittel der Menschen im Alter von 65 Jahren und mehr, die auf der Erde leben, auf dem asiatischen Kontinent zu Hause sein.

Innerhalb Asiens verläuft der Alterungsprozess vor allem in Südostasien besonders dynamisch. In dieser Region wird sich der Anteil der 65- und Mehrjährigen in der ersten Hälfte des 21. Jahrhunderts von 2000 bis 2050 nahezu vervierfachen (von 4,8 auf 17,1 Prozent), aber auch Ostasien wird seinen Anteil älterer Menschen im selben Zeitraum verdreifachen (von 7,7 auf 24,7 Prozent; vgl. Tab. 2). Der rasche „Aufholeffekt" von Südostasien gegenüber Ostasien wird auch in einem Vergleich der Veränderung des Altersaufbaus in den beiden Regionen im Zeitraum von 1950 bis 2000 bzw. 2050 deutlich erkennbar: Während die Altersstruktur Südostasiens im Jahr 2000 anders als jene von Ostasien noch nahezu die klassische „Pyramidenform" erkennen lässt, wird prognostiziert, dass fünfzig Jahre später kaum mehr Unterschiede im Altersaufbau der beiden Regionen vorhanden sein werden (siehe Abb. 4).

Nimmt man als Kriterium zur Abgrenzung der älteren Bevölkerung anstelle von 65 Jahren 60 Jahre (in den meisten Staaten Südost- und Ostasiens liegt das durchschnittliche Pensionsalter der im formellen Sektor Beschäftigten bei 60 Jahren oder darunter), so zeigen sich die gewaltigen Dimensionen der künftig zu erwartenden Verschiebungen in der Altersstruktur noch eindrucksvoller (vgl. Abb. 5), wobei weniger die rasch ansteigenden Relativwerte, sondern vor allem die hohen absoluten Zuwächse eine enorme Herausforderung für die Sozialpolitik in den betroffenen Staaten darstellen (vgl. auch KNODEL 1999; NIZAMUDDIN 1999):

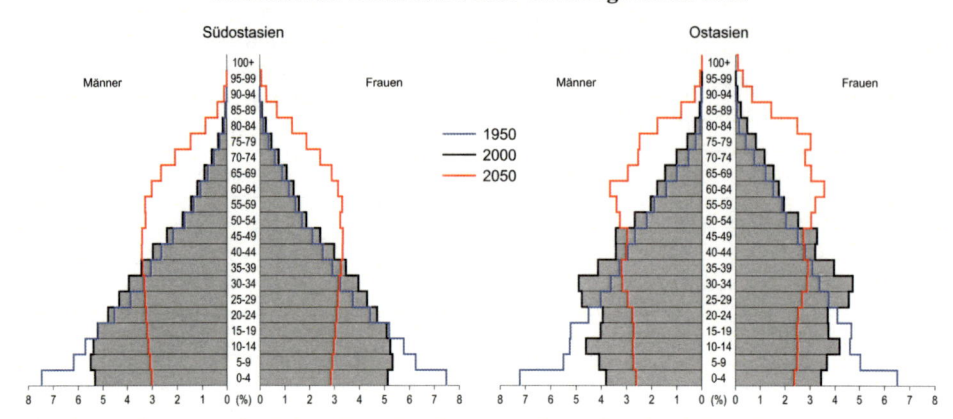

Abb. 4: Veränderungen in der Altersstruktur der Bevölkerungen Südost- und Ostasiens im Zeitraum von 1950 bis 2000 und Prognose bis 2050

Quelle: Datengrundlage: United Nations (2005): World Population Prospects – The 2004 Revision. Eigener Entwurf.

Standen in Ostasien zum Beispiel im Jahr 2000 den rund 167 Millionen 60- und Mehrjährigen noch 352 Millionen unter 15-Jährige gegenüber, so wird sich diese Relation bis 2050 in nur fünf Jahrzehnten mit 245 Millionen unter 15-Jährigen zu nun knapp mehr als einer halben Milliarde (!) 60- und Mehrjährigen ziemlich genau ins Gegenteil verkehrt haben! Tendenziell ähnlich, wenn auch noch nicht ganz so spektakulär ist die in den nächsten Jahrzehnten zu erwartende Verschiebung in der Alterstruktur der südostasiatischen Bevölkerung: Während die Relation zwischen den Altersgruppen der unter 15-Jährigen zu den 60- und Mehrjährigen im Jahr 1950 noch etwa 7 : 1 und 2000 noch immer ca. 4 : 1 betrug, werden um 2050 rund 175 Millionen ältere Menschen einer nunmehr ebenfalls geringeren Anzahl von nur rund 135 Millionen unter 15-Jährigen gegenüberstehen (0,8 : 1).

Auf Staatenbasis sind die Unterschiede im Anteil der 60- und Mehrjährigen innerhalb Südost- und Ostasiens allerdings groß. Während noch 1950 alle Länder der Region weniger als acht Prozent 60- und Mehrjährige aufzuweisen hatten, haben im Jahr 2000 bereits fünf Staaten die Zehn-Prozent-Schwelle überschritten: Japan liegt mit mehr als 23 Prozent älterer Menschen klar an der Spitze, mit einem deutlichen Abstand gefolgt von der SAR Hongkong (14,8 Prozent) und Südkorea (11,4 Prozent) sowie Singapur und der VR China mit jeweils knapp mehr als zehn Prozent. Folgt man den Prognosen der Vereinten Nationen für 2050, so werden, was die Anteile der 60- und Mehrjährigen betrifft, zur Mitte dieses Jahrhunderts außer den gegenwärtig noch „sehr jungen" Staaten Laos und Kambodscha alle Staaten der Region die 20-Prozent-Schwelle überschritten haben.

Besonders deutlich wird das unterschiedliche Alterungsniveau in Südost- und Ostasien, wenn man die Entwicklung des Altersindex (60- und Mehrjährige in Prozent der unter 15-Jährigen) auf Staatenbasis betrachtet: Im Jahr 2000 lag dieser nur in Japan bei mehr als 100, in allen anderen Staaten überwog noch die Anzahl der unter 15-Jährigen jene der

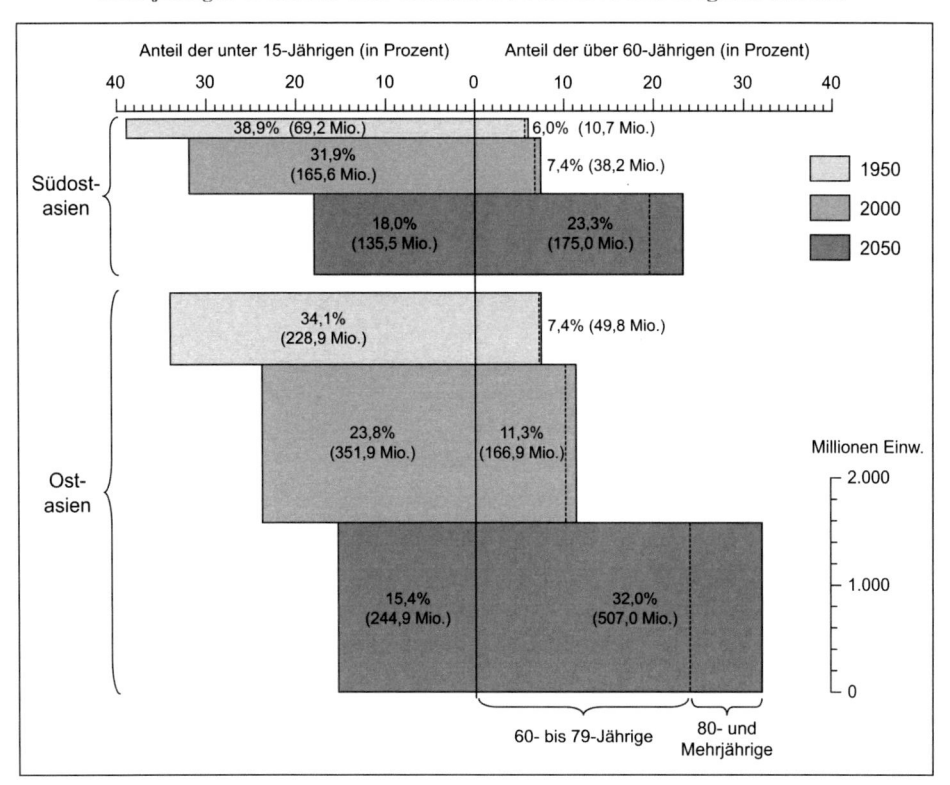

Abb. 5: Veränderung der Anzahl und des Anteils der unter 15-Jährigen und der 60- und Mehrjährigen in Südost- und Ostasien 1950 bis 2000 und Prognose bis 2050

	Anteil der unter 15-Jährigen (in Prozent)	Anteil der über 60-Jährigen (in Prozent)	
Südostasien	38,9% (69,2 Mio.) — 1950	6,0% (10,7 Mio.)	
	31,9% (165,6 Mio.) — 2000	7,4% (38,2 Mio.)	
	18,0% (135,5 Mio.) — 2050	23,3% (175,0 Mio.)	
Ostasien	34,1% (228,9 Mio.) — 1950	7,4% (49,8 Mio.)	
	23,8% (351,9 Mio.) — 2000	11,3% (166,9 Mio.)	
	15,4% (244,9 Mio.) — 2050	32,0% (507,0 Mio.)	

60- bis 79-Jährige | 80- und Mehrjährige

Die in den Balken links und rechts der Nulllinie angegebenen Prozentwerte und absoluten Zahlen betreffen die Gesamtzahl der unter 15-Jährigen bzw. über 60-Jährigen. Bei letzteren ist zusätzlich noch der Anteil der 80- und Mehrjährigen grafisch verdeutlicht.

Quelle: Datengrundlage: United Nations (2005): World Population Prospects – The 2004 Revision. Eigene Berechnung. Eigener Entwurf.

60- und Mehrjährigen. Für 2050, also 50 Jahre später, zeichnet sich eine Teilung der Staaten in drei Gruppen mit unterschiedlichem Alterungsniveau und somit mit unterschiedlich gravierenden sozialpolitischen Herausforderungen ab (vgl. Abb. 6):

- Die erste Gruppe besteht aus den Staaten Kambodscha, Laos, Brunei, den Philippinen und Malaysia, deren Altersindex zwischen rund 60 und 120 liegen wird und die in ihren Bevölkerungen noch eine halbwegs ausgewogene Altersverteilung aufweisen werden.

- In den Staaten Myanmar, Vietnam, Indonesien und Thailand wird die Altersgruppe der über 60-Jährigen jene der unter 15-Jährigen bereits deutlich überwiegen (Altersindices zwischen 140 und 170) und der Altersaufbau der betroffenen Bevölkerungen wird bereits ausgeprägte „kopflastige" Tendenzen zeigen.

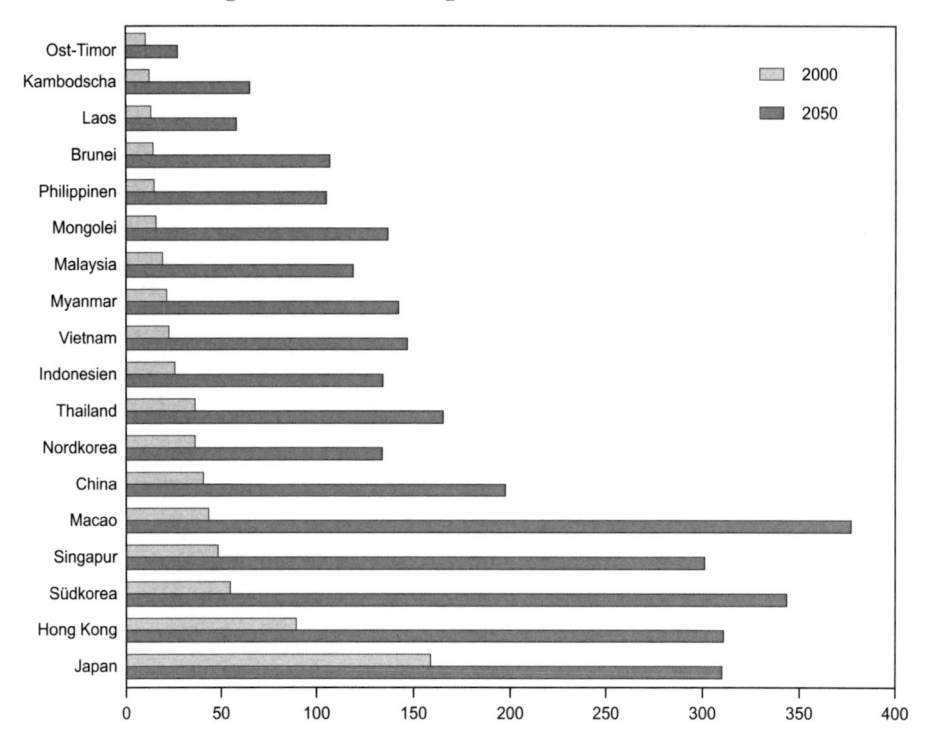

Abb. 6: Prognose der Veränderung des Altersindex* von 2000 bis 2050

*) Altersindex = (60- und Mehrjährige / Unter 15-Jährige) x 100.

Datengrundlage: United Nations (2005): World Population Prospects – The 2004 Revision.
Eigene Berechnung.

- Bleibt schließlich noch die Gruppe der ostasiatischen Staaten, in denen die Relation zwischen alten und jungen Bevölkerungsanteilen zur Jahrhundertmitte zwischen 2 : 1 (VR China) und mehr als 3 : 1 (Japan, Südkorea, Taiwan) liegen dürfte. Damit werden die Länder Ostasiens in wenigen Jahrzehnten – wie Japan bereits heute – geschlossen zur Gruppe der Staaten mit den ältesten Bevölkerungen weltweit zählen.

Ein auffälliges Charakteristikum, das den Alterungsprozess in Südost- und Ostasien deutlich vom Verlauf der demographischen Alterung in den Industriestaaten unterscheidet, ist das hohe Tempo, mit dem sich die Veränderungen in der Altersstruktur vollziehen – ein Phänomen, das von KINSELLA und PHILLIPS (2005) treffend als „Compression of Aging" bezeichnet wurde. Während viele europäische Staaten wie zum Beispiel Deutschland oder Frankreich bereits Ende des 19. Jahrhunderts die Zehn-Prozent-Schwelle bei den Anteilen der 60- und Mehrjährigen überschritten hatten und rund 100 Jahre für eine Verdopplung der entsprechenden Anteile auf 20 Prozent benötigten, vollzog Japan diese Entwicklung innerhalb von nur 28 Jahren und Singapur wird – folgt man den aktuellen Prognosen – diesen Sprung in der „Weltrekordzeit" von nur 17 Jahren (!) bewältigen (vgl. Abb. 7).

Abb. 7: Zur Dynamic der „Compression of Aging" in Südost- und Ostasien
(Jahr, in dem der Anteil der 60- und Mehrjährigen 10 Prozent bzw. 20 Prozent der Gesamtbevölkerung erreicht hat bzw. erreichen wird, differenziert nach Staaten und Medianalter)

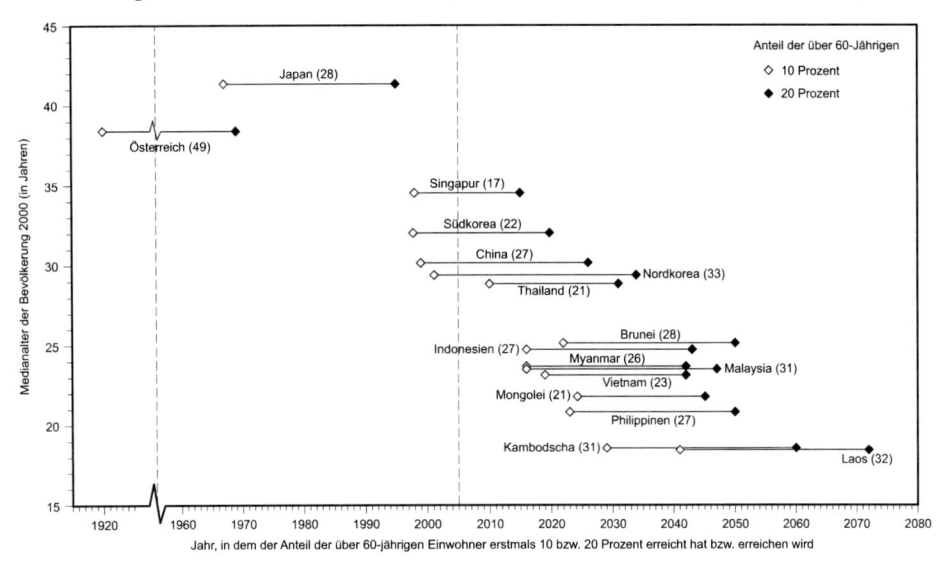

Datengrundlage: United Nations (2005): World Population Prospects – The 2004 Revision, Comprehensive Tables. Eigene Berechnung. Eigener Entwurf.

Letztlich wird aus Abbildung 6 auch deutlich, dass bis zur Mitte des 21. Jahrhunderts kein Staat der Region von den Folgen des voranschreitenden Alterungsprozesses verschont bleiben wird, einzig für Ost-Timor, Kambodscha und Laos – Länder mit einem Medianalter ihrer Bevölkerungen von derzeit jeweils noch unter 20 Jahren – besteht noch ein gewisser Zeitpolster, bevor Fragen der demographischen Alterung in quantitativ großen Dimensionen sozialpolitisch relevant werden.

4. Ältere Menschen in Südost- und Ostasien – ein soziodemographisches Profil

Wer sind nun die rund 205 Millionen Menschen im Alter von 60 und mehr Jahren, die derzeit in Ost- und Südostasien beheimatet sind? Wo und wie leben sie, welche demographischen und sozialen Merkmale weisen sie auf? Einfache Antworten auf diese Fragen gibt es nicht, denn die Heterogenität dieser Altersgruppe ist auch in Asien groß. Einige charakteristische Merkmale lassen sich jedoch generalisierend festhalten.

Das auffälligste Charakteristikum, das nicht nur auf Südost- und Ostasien zutrifft, sondern grundsätzlich in einem Großteil der Staaten der Welt festzustellen ist, ist eine zunehmende „*Feminisierung des Alterns*", da die Lebenserwartung der Frauen deutlich höher ist als die der Männer (vgl. Tab. 1). So wie auch in den Industrieländern sind es vor allem die höheren Altersgruppen, besonders jene ab achtzig Jahren, die von Frauen dominiert werden, wie ein Blick auf die in Tabelle 3 aufgelisteten Sexualproportionen in den Altersgruppen der 60- und Mehrjährigen bzw. der 80- und Mehrjährigen verdeutlicht. Darin spiegelt sich die Tatsache, dass die mittlere fernere Lebenserwartung, die für bestimmte Altersgruppen die im statistischen Durchschnitt noch zu erwartenden Lebensjahre angibt, mit zunehmendem Alter bei den Frauen deutlich höher liegt als bei den Männern.

Der Frauenüberschuss in den höheren Altersgruppen kommt auch in den alters- und geschlechtsspezifischen Verheirateten- bzw. Verwitwetenquoten deutlich zum Ausdruck (vgl. Tab. 3). Während nur zwischen 20 bis maximal knapp über 40 Prozent der Frauen

Tab. 3: Sexualproportion,[a]) alters- und geschlechtsspezifische Erwerbs- und Analphabetenquoten für 2000 sowie Verheirateten- und Verwitwetenquoten um 1990/95 der 65- und Mehrjährigen in Südost- und Ostasien

Staat	Sexualproportion [a]) im Jahr 2000 in der Altersgruppe [b])		Erwerbsquote 2000 (%) [b])		Analphabetenquote 2000 (%) [b])		Verheiratetenquote / Verwitwetenquote 1990/95 (%) [c])	
			\multicolumn{6}{c}{der 65- und mehrjährigen}					
	60+	80+	Männer	Frauen	Männer	Frauen	Männer	Frauen
Kambodscha [d])	56,1	68,5	41,8	26,7	39,7	26,2	87 / 9	42 /45
Laos	88,0	78,9	53,6	27,1	–	–	–	–
Myanmar	86,9	75,6	66,7	32,9	17,7	47,1	–	–
Vietnam	87,6	74,6	43,7	26,1	9,5	31,6	–	–
Brunei	102,4	91,3	29,1	4,2	33,2	88,3	–	–
Malaysia	89,7	76,4	38,6	17,0	34,2	70,3	81 / 17	36 / 62
Thailand	82,9	64,9	37,5	17,3	11,0	23,9	74 / 22	39 / 58
Indonesien	84,5	69,4	48,5	24,1	35,3	68,8	80 / 16	28 / 70
Philippinen	83,0	61,5	54,5	26,2	16,1	20,5	78 / 19	42 / 49
Singapur	86,9	62,3	16,3	4,3	16,1	56,0	74 / 21	33 / 63
VR China	91,4	54,1	27,5	7,6	39,1	82,3	67 / 31	37/ 63
Hongkong	93,9	60,5	20,0	6,9	8,6	37,7	–	–
Südkorea	72,0	41,1	32,4	16,0	5,7	20,8	84 / 16	26 / 73
Japan [e])	77,0	46,8	33,4	14,4	0,0	0,0	84 / 14	43 / 53

a) Sexualproportion = Männer je 100 Frauen.
b) Quelle: United Nations 2002, teilweise modifiziert.
c) Nach KINSELLA und VELKOFF 2001.
d) Kambodscha: Spalten 7 und 8 nach UN-ESCAP 2001, S. 65, für 55- und Mehrjährige, Stand 1990/95.
e) Japan: Spalten 5 und 6 nach OGAWA 2003.

im Alter von 65 und mehr Jahren (noch) verheiratet waren, schwankt die Verheiratetenquote bei den Männern zwischen rund 70 und 90 Prozent – wie in anderen Teilen der Welt ist also auch in Asien die Witwenschaft das dominante Familienstandsmuster bei den älteren Frauen.

Ein ganz zentraler Unterschied zwischen der Lebenssituation der älteren Bevölkerung in den entwickelten Staaten Europas und Nordamerikas und in den weniger entwickelten Ländern Südost- und Ostasiens manifestiert sich jedoch in den Wohnverhältnissen: Während ein Großteil der älteren Menschen – besonders verwitwete Frauen – in der westlichen Welt in Einfamilienhaushalten lebt, ist die dominante Wohnsituation älterer Menschen in Asien an Lebensarrangements gebunden, die jüngere Familienmitglieder – primär erwachsene Kinder – involvieren. So leben nach den Ergebnissen diverser in den ASEAN-Ländern durchgeführter „Ageing Surveys" in Indonesien rund 76 Prozent, in Thailand 73 Prozent, in Malaysia 82 Prozent, auf den Philippinen 92 Prozent und in Singapur 81 Prozent der älteren Menschen gemeinsam mit anderen Verwandten in einem Haushalt. Diese Ko-Residenz älterer Menschen mit jüngeren erwachsenen Verwandten stellt gleichsam das zentrale Merkmal des in vielen Teilen der Region noch einigermaßen intakten familialen Unterstützungs- und Pflegesystems dar, wobei allerdings zwischen den einzelnen Staaten erhebliche Unterschiede bestehen, und zwar sowohl, was die Art und das Niveau der gewährten Unterstützung, als auch, was das Geschlecht des im gemeinsamen Haushalt wohnenden erwachsenen Kindes betrifft (vgl. ILO 1997; OFSTEDAL et al. 1999). Grundsätzlich lassen sich diesbezüglich in Ost- und Südostasien zwei dominante Systeme feststellen (vgl. dazu auch OGAWA 2003):

- Im patrilinealen System ostasiatischer Gesellschaften verfügt der Mann über die Ressourcen, während die Frau bzw. Gattin nach ihrer Heirat die familialen Sorgepflichten innerhalb der Familie des Mannes übernimmt. In solchen Gesellschaften, wie zum Beispiel in China oder Japan, leben die älteren Menschen primär mit dem Sohn in einem gemeinsamen Haushalt, Pflege erhalten sie – wenn benötigt – von der Schwiegertochter.

- In Teilen Südostasiens, wie zum Beispiel in Thailand, Laos oder Kambodscha, herrscht ein stärker bilaterales Muster vor: Frauen und Männer werden in Bezug auf Fürsorge für die älteren Familienmitglieder als weitgehend gleich verantwortlich betrachtet und es gibt kaum geschlechtsspezifische Präferenzen, was das Zusammenwohnen von jüngeren und älteren Familienmitgliedern betrifft.

Die rasch voranschreitende Urbanisierung, die Südost- und Ostasien in den letzten Jahrzehnten ergriffen hat, birgt allerdings die Gefahr in sich, dass diese zentrale Säule des Versorgungs- und Pflegesystems älterer Menschen nun bald auch in Asien ins Wanken geraten könnte. So ist im letzten halben Jahrhundert der Urbanisierungsgrad in Ostasien von rund 16 Prozent um 1950 auf 43 Prozent im Jahr 2005 und in Südostasien von 15 Prozent auf 39 Prozent angestiegen (Population Reference Bureau 2006). Im Vergleich zu den Industriestaaten ist er gegenwärtig in der Region noch immer relativ niedrig, so dass nach aktuellen Prognosen der Vereinten Nationen (vgl. United Nations 2005) auch in nächster Zukunft mit einer weiteren dynamischen Zunahme des Anteils der städtischen Bevölkerung bis etwa 2030 auf über 60 Prozent zu rechnen sein dürfte.

Die zentrale Triebkraft der Urbanisierung ist die Abwanderung von jungen Erwerbsfähigen in die Stadtregionen, was in der Folge zu wachsenden Isolationstendenzen der in den ruralen Gebieten zurückgebliebenen älteren Bevölkerung und zu steigenden Engpässen in der Verfügbarkeit von potenziellen Pflegepersonen aus dem Familienkreis führt. Verstärkt werden diese Tendenzen in den letzten Jahren in vielen Teilen Südost- und Ostasiens noch durch eine Zunahme der Erwerbstätigkeit von Frauen in nicht-landwirtschaftlichen Sektoren, was bewirkt, dass sie nur mehr eingeschränkt als Pflegepersonal für ältere Familienangehörige verfügbar sind. In zahlreichen weniger entwickelten, überwiegend ländlichen Gebieten – zum Beispiel auf den Philippinen, in Thailand, in Indonesien und Malaysia, in den Indochina-Staaten und in zunehmendem Ausmaß auch in der VR China – spielt auch die internationale Arbeitsmigration (vgl. z. B. HUSA und WOHLSCHLÄGL 2005) eine wesentliche Rolle für die beginnende Krise der traditionellen familiengebundenen Unterstützungssysteme.

Die Tatsache, dass ein erheblicher Teil der älteren Bevölkerung im heutigen Südost- und Ostasien im ländlichen Raum lebt, findet auch in den altersspezifischen Erwerbsquoten ihren Niederschlag (vgl. Tab. 3). Die Erwerbsquote der Männer in der Altersgruppe der 65- und Mehrjährigen schwankt – sieht man einmal von Hongkong und Singapur ab – zwischen 27 Prozent (VR China) und 67 Prozent (Myanmar) und liegt somit deutlich über den entsprechenden Vergleichswerten europäischer Staaten. Die Erwerbsbeteiligung der Frauen in derselben Altersgruppe liegt hingegen wesentlich tiefer, was tendenziell mit der traditionellen Rollenverteilung innerhalb der Familie erklärt werden kann. Die deutlich geringere Chance für ältere Frauen, durch eigene Erwerbstätigkeit selbst zu ihrem Lebensunterhalt beizutragen, kommt auch im wesentlich geringeren Bildungsniveau im Vergleich zu den Männern derselben Altersklasse zum Ausdruck (Tab. 3). Dies ist ein Faktum, das vor dem Hintergrund der dynamischen Verbesserungen in den Bildungssystemen der meisten südost- und ostasiatischen Staaten in den letzten Jahrzehnten zwar noch auf die gegenwärtige ältere Generation zutrifft, allerdings die künftigen Alten nicht mehr in diesem Ausmaß betreffen wird. Zahlreiche empirische Erhebungen zu den Lebensverhältnissen älterer Menschen in Asien bestätigen, dass die finanzielle Unterstützung durch Familienmitglieder vor allem für ältere Frauen die Hauptquelle für den Lebensunterhalt darstellt, während ältere Männer in geringerem Ausmaß von Unterstützungsleistungen durch Familienmitglieder abhängig sind, dafür aber in höherem Maße durch Einkommen aus eigener Erwerbstätigkeit zu ihrem Lebensunterhalt beitragen können (vgl. z. B. JONES 1993; CHAN 1999).

Schließlich geraten die in weiten Teilen Asiens noch dominanten „Family-based Support Systems" auch durch die schon eingangs erwähnte drastische Fertilitätsreduktion zusätzlich noch demographisch unter Druck: Nicht nur das Voranschreiten des allgemeinen sozio-ökonomischen Entwicklungsprozesses mit dem Trend zur Kernfamilie führt zu Veränderungen in den asiatischen Familiensystemen, sondern zusätzlich unterminieren kontinuierlich sinkende Kinderzahlen die traditionellen „extended families", die vor allem in vielen Teilen Südostasiens noch weit verbreitet sind, und schmälern auf diese Weise weiter die personelle Basis für Unterstützungsleistungen innerhalb des Familienverbandes (vgl. HUSA und WOHLSCHLÄGL 2003b).

Ein in letzter Zeit gebräuchlicher Indikator, um in rasch alternden Gesellschaften das Ausmaß des Bedarfs an familialen Unterstützungsleistungen für die gemeinhin als „Oldest-

Old" bezeichnete pflegeintensivste Gruppe der 85- und Mehrjährigen zu messen, ist die so genannte „intergenerationelle Unterstützungsrate" oder „Eltern-Unterstützungsrate" (PaSR = „Parent Support Ratio"). In dieser Maßzahl wird die Anzahl der 85- und Mehrjährigen auf die nachfolgende Generation – definiert durch die Altersgruppe der 50- bis 64-Jährigen (also deren potenzielle Nachkommen, die geboren wurden, als die Elterngeneration sich noch in der Altersgruppe der Zwanzig- bis Dreißigjährigen befand) – bezogen. Abbildung 8 zeigt drastisch das Hochschnellen der PaSR von Werten unter 10 in den meisten Staaten um das Jahr 2000 auf historisch beispiellose Höchstwerte von 50 und mehr 85- und Mehrjährigen, die um das Jahr 2050 in Staaten wie Japan, Südkorea oder Singapur auf hundert Personen im Alter von 50 bis 64 Jahren entfallen werden.

Eine zweite sehr gebräuchliche Maßzahl zur Charakterisierung der Relationen zwischen ökonomisch aktiven und nicht mehr aktiven (somit potenziell „abhängigen") älteren Menschen ist die „potenzielle Unterstützungsrate" („Potential Support Rate", PSR), in der die Anzahl der in der Regel ökonomisch aktiven 15- bis 64-Jährigen auf die eher nicht mehr erwerbstätige Altersgruppe der 65- und Mehrjährigen bezogen wird. Auch hier zeigt sich (vgl. Abb. 8), dass sich das Verhältnis zwischen erwerbs- und nicht mehr erwerbsfähiger

Abb. 8: Prognostizierte Veränderung der „Potenziellen Unterstützungsraten" (PSR) und der „Eltern-Unterstützungsraten" (PaSR) in Südost- und Ostasien 2000 bis 2050

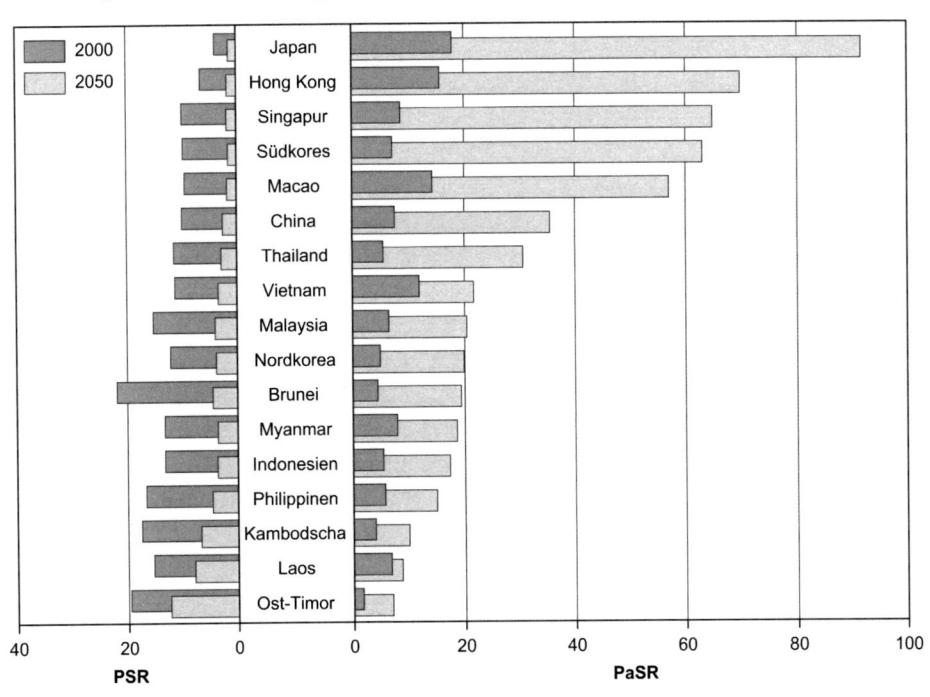

Datengrundlage: United Nations (2005): World Population Prospects – The 2004 Revision, Comprehensive Tables. Eigene Berechnung.

Bevölkerung in den nächsten Jahrzehnten in den meisten Staaten der Region deutlich in Richtung der letzteren Gruppe verschieben wird.

Abschließend lässt sich mit OGAWA (2003, S. 109) für die Mehrzahl der Staaten Südost- und Ostasiens folgendes idealtypisches soziodemographisches Profil der älteren Bevölkerung zeichnen:

- Die Mehrheit der älteren Menschen in der Region sind Frauen und davon der Großteil verwitwet.
- Der überwiegende Teil der älteren Menschen lebt im ländlichen Raum in einem gemeinsamen Haushalt mit einem oder mehreren erwachsenen Kindern.
- Ein beträchtlicher Teil der alten Menschen trägt noch durch eigene Erwerbstätigkeit zum Lebensunterhalt bei, wobei dies in wesentlich stärkerem Ausmaß auf Männer zutrifft. Ältere Frauen sind deutlich öfter von Armut bedroht und auf die wohlwollende Unterstützung durch die Familie angewiesen.
- Die Hauptquelle für die Unterstützung in finanzieller wie auch in pflegerischer Hinsicht ruht in einem Großteil der Staaten der Region nach wie vor noch auf intakten großfamiliären Strukturen.

In vielen Staaten geraten allerdings sowohl die traditionellen Familienstrukturen als auch die familialen Unterstützungsnetze durch voranschreitende Modernisierung und sozioökonomische Veränderungen zunehmend unter Druck und die Notwendigkeit einer tendenziellen Verlagerung der Zuständigkeit für die sozialen Sicherungssysteme älterer Menschen von der Familie in Richtung öffentlich-staatlicher Unterstützungsleistungen zeichnet sich immer deutlicher als ein zentrales sozialpolitisches Problem der näheren Zukunft am Horizont ab.

5. Staatliche Altersvorsorge und soziale Sicherungssysteme in Südost- und Ostasien

Trotz des zunehmenden Bewusstseins von Regierungskreisen, Öffentlichkeit und Medien für das künftige Kernproblem der demographischen Entwicklung Ost- und Südostasiens, die rasche Alterung der Bevölkerung, und obwohl viele Staaten in den letzten Dekaden einen starken Wirtschaftsaufschwung und teilweise erhebliche Steigerungen im Lebensstandard breiter Bevölkerungsgruppen zu verzeichnen hatten, hinkt die Institutionalisierung formeller, also vom Staat getragener sozialer Sicherungssysteme in den meisten Ländern deutlich hinterher (vgl. z. B. MÜLLER 2000; CHAN 2001). Nach wie vor ist ein Großteil der Menschen bei der Sicherung ihres Überlebens im Alter primär auf die schon kurz erwähnten informellen Solidarnetzwerke angewiesen. Die zentrale Rolle, die Großfamilien, Dorfgemeinschaften, religiöse Organisationen usw. in vielen Teilen der Region für die soziale Absicherung älterer Menschen immer noch spielen, kommt auch darin zum Ausdruck, dass viele Regierungen bei der Formulierung neuer oder neu adaptierter Sozialpläne oder Pensionssysteme explizit auf die Beibehaltung bzw. verstärkte Förderung von Unterstützungsleistungen durch Familien oder lokale Gemeinschaften abzielen (vgl. z. B. UN-ESCAP 2001, 2002).

Im Extremfall wird, wie in Singapur, sogar von staatlicher Seite versucht, Unterstützungsleistungen der Eltern durch ihre Kinder per Gesetz einzufordern, um so den Zusammenbruch der auf dem „Filial piety"-Prinzip beruhenden familialen Versorgungssysteme zu vermeiden. In diesem Sinne fand zum Beispiel die vom damaligen Gesundheitsminister Yeo Chow TONG 1997 auf einer Konferenz über Gesundheitsvorsorge und Alterssicherung in Singapur vorgetragene offizielle Grundsatzposition „… family is still the best approach – it provides the elderly with the warmth and companionship of family members and a level of emotional support that cannot be found elsewhere" schon 1996 ihren konkreten Niederschlag im so genannten „Maintainance of Parents Act", welcher Eltern, die sich von ihren Kindern im Alter vernachlässigt fühlen, die rechtliche Handhabe gibt, die gewünschte Unterstützungsleistung durch diese bei Gericht einzuklagen.

In den letzten Jahren ist jedoch – trotz aller Versuche von Seiten der Regierungen, die informellen Unterstützungssysteme weiterhin als Hauptpfeiler der Versorgung und Betreuung der Alten in Ost- und Südostasien beizubehalten – in allen Teilen der Region auch ein deutlicher Trend festzustellen, die traditionellen familialen Leistungen durch formelle soziale Sicherungssysteme zu ergänzen, wobei dies – vor dem Hintergrund der oben skizzierten demographischen Trends – insbesondere auf Programme zur finanziellen Absicherung der Menschen im Alter zutrifft (vgl. auch ILO 1997).

Die Nachfrage nach verstärktem Engagement des Staates in der wirtschaftlichen Absicherung älterer Menschen ist nicht zuletzt auch eine Konsequenz der dynamischen Wirtschaftsentwicklung der letzten Jahrzehnte, die zu bedeutsamen Verschiebungen in der Erwerbsstruktur der Bevölkerungen geführt hat. In den marktwirtschaftlich orientierten Staaten Ost- und Südostasiens hat die steigende Nachfrage nach Arbeitskräften im modernen Sektor zumindest bis zum Ausbruch der „Asienkrise" 1997 dazu geführt, dass eine kontinuierliche Umschichtung von Erwerbstätigen aus informellen in formelle Beschäftigungsverhältnisse bzw. von den überwiegend in der Landwirtschaft oder im informellen Sektor tätigen Selbstständigen zu Angestellten- oder Lohnarbeitsverhältnissen stattgefunden hat. Durch die auf diese Weise stark angestiegene Zahl von Anspruchsberechtigten sind formelle Pensionssysteme, die ehemals nur für eine kleine Gruppe von Beschäftigten von Belang waren, unter Druck und in das Zentrum öffentlicher Diskussionen geraten.

In diesem Zusammenhang erscheint es sinnvoll, die wichtigsten staatlichen Systeme zur Altersvorsorge, die gegenwärtig in den Ländern Südost- und Ostasiens implementiert sind, kurz zu charakterisieren und in Hinblick auf ihre Stärken und Schwächen zu diskutieren. Das Hauptaugenmerk gilt dabei weniger den Pensionssystemen der Staatsangestellten oder der Militärs, die – wie auch in den meisten anderen Teilen der Welt – meist großzügige Sonderregelungen genießen, sondern den von staatlicher Seite her angebotenen Möglichkeiten zur Alterssicherung für die breite Masse der im privaten Sektor beschäftigten Bevölkerung.

Generell lässt sich eine erhebliche Bandbreite der sowohl vom Staat als auch von privaten Finanzdienstleistern angebotenen Programme zur Alterssicherung innerhalb Südost- und Ostasiens feststellen, und zwar sowohl, was die Leistungen als auch, was den Erfassungs- bzw. Abdeckungsgrad der betreffenden gesellschaftlichen Gruppen angeht. Während zum Beispiel in Japan nahezu 100 Prozent der Bevölkerung und in den ebenfalls wohlhabenden Staaten Malaysia und Singapur immerhin noch zwischen 60 und 65 Prozent von einem der angebotenen Alterssicherungsprogramme erfasst sind, ist in Staaten wie Myanmar oder auch Laos eine staatliche Sozialpolitik so gut wie nicht existent, sieht man einmal von Sonderregelungen für Militär und Staatsbedienstete ab.

Der – mit wenigen Ausnahmen, wie Japan – nur mäßig hohe bis sehr geringe, große Bevölkerungsteile nicht erfassende Abdeckungsgrad ist in der gesamten Region ein gemeinsames charakteristisches Merkmal der sozialen Sicherungssysteme, besonders in Staaten mit einem hohen Anteil an in der Landwirtschaft und im informellen Sektor Erwerbstätigen. So schließen beitragsorientierte Programme in vielen Staaten Asiens sowohl die Selbstständigen (einschließlich der großen Zahl der Bauern) als auch viele Angestellte kleiner Firmen aus (GILLION et al. 2000). Letzteres trifft zum Beispiel auf Indonesien zu, wo sich die relativ geringe Abdeckungsquote von unter dreißig Prozent vor allem dadurch erklärt, dass Personen in Betrieben mit weniger als zehn Beschäftigten keine Teilnahme an formellen Programmen zur Altersvorsorge möglich ist (eine Beschäftigtenzahl von unter zehn wird häufig als Kriterium zur statistischen Erfassung von Betrieben des informellen Sektors verwendet). Der auffällig geringe Erfassungsgrad von weniger als zehn Prozent in Vietnam, das 1993 die gesetzlich verpflichtende Altersversicherung auch auf Beschäftigte des privaten Sektors ausgedehnt hat, erklärt sich hingegen primär aus der – meist aufgrund mangelnder finanzieller Kapazitäten – extrem schlechten Beitragsmoral der Betroffenen (TURNER 2002).

Die Erhöhung des Abdeckungsgrades der Altersvorsorgeprogramme genießt demgemäß in den meisten Staaten der Region hohe Priorität, wobei man auch schon auf erste ermutigende Beispiele zurückgreifen kann: So hat zum Beispiel Malaysia vor wenigen Jahren erfolgreich sein Sozialversicherungssystem auf alle im privaten Sektor beschäftigten Personen ausgedehnt, unabhängig von der Beschäftigtenzahl der Betriebe, und Südkorea bezieht seit 1995 auch die im Primärsektor tätigen Selbstständigen in das Pflichtversicherungssystem mit ein, indem die Betroffenen gesetzlich verpflichtet werden, drei Prozent ihrer Einkünfte in dieses einzuzahlen.

Ein zweites typisches Merkmal der Altersvorsorgeprogramme ist in nahezu allen Staaten Südost- und Ostasiens das relativ niedrig angesetzte gesetzliche Pensions- bzw. Anspruchsalter, ab welchem auf deren finanzielle Leistungen zurückgegriffen werden kann (vgl. Tab. 4). Dieses liegt in allen Staaten der Region bei maximal 60 Jahren, meist sogar noch darunter, ausgenommen in Japan und in Hongkong, wo sowohl für Männer als auch Frauen die 65-Jahre-Altersgrenze gilt.

Ein drittes charakteristisches Merkmal der Pensionssysteme in Südost- und Ostasien ist, dass – unabhängig davon, um welches Finanzierungsmodell es sich handelt – die daraus bezogenen Beträge bzw. Pensionen kaum ausreichen, um die minimalsten Grundbedürfnisse abzudecken, nicht einmal in Staaten wie Singapur oder Hongkong (vgl. OGAWA

Tab. 4: Beitragsraten zu den Alterssicherungssystemen in Südost- und Ostasien (in Prozent des Bruttoeinkommens) und gesetzliches Pensionsalter 2004

Staat	Renten-, Arbeitsunfähigkeits- und Hinterbliebenenversicherung			gesetzliches Pensionsalter	
	Versicherte	Arbeitgeber	insgesamt	Männer	Frauen
Kambodscha	–	–	–	–	–
Laos	4,5	5,0	9,5	60	60
Myanmar	–	–	–	–	–
Vietnam	5,0	10,0	15,0	60	55
Brunei a)	5,0	5,0	10,0	55	55
Malaysia	11,5	12,5	24,0	55	55
Thailand	3,0	3,0	6,0	55	55
Indonesien	2,0	4,0	6,0	55	55
Philippinen	3,3	6,1	9,4	60	60
Singapur	20,0	13,0	33,0	55	55
VR China	8,0	3,0	11,0	60	60
China Hongkong	5,0	5,0	10,0	65	65
Südkorea	4,5	4,5	9,0	60	60
Japan	6,8	6,8	13,6	65	65

a) Beiträge für die Pensions- und Berufsunfähigkeitsversicherung zahlt die Regierung.
– Kein staatliches Alterssicherungssystem vorhanden (außer Sonderregelungen für Militär und Staatsbedienstete).

Quelle: United States Social Security Administration 2005, Tab. 4.

2003). In Hongkong werden zum Beispiel die Gelder, die aus der staatlichen Pensionsversicherung bezogen werden, umgangssprachlich als „Fruit Money" bezeichnet, weil die geringe Höhe der Beträge zynisch betrachtet bestenfalls ausreicht, um den monatlichen Bedarf an Obst abzudecken (vgl. dazu auch PHILLIPS und CHAN 2002).

Grundsätzlich finden sich in Südost- und Ostasien folgende Typen von formellen Alterssicherungssystemen (vgl. MÜLLER 2000; CROISSANT 2002; HOLZMANN und HINZ 2005):

- Staatlich verwaltete Versorgungs- bzw. Rentenfonds („National Provident Funds").
- Sozialversicherungsprogramme zur Alterssicherung in marktwirtschaftlich ausgerichteten Ökonomien, zum Beispiel in Form von privaten Pensionsversicherungsmodellen.
- Alterssicherungsprogramme in Transformationsstaaten bzw. sozialistischen Staaten.
- Spezielle Alterssicherungsprogramme für Staatsbedienstete, Militärangehörige und ähnliche privilegierte Personengruppen (zum Beispiel Politiker etc.), für die der Staat die Hauptlast der Finanzierung übernimmt.
- Sozialhilfeprogramme für bedürftige ältere Menschen, die in einigen wenigen Staaten gewährt werden; diese sind in der Regel viel zu gering dotiert, trotzdem ist deren Bezug aber für die Empfänger oft überlebensnotwendig (vgl. ILO 1997).

Im Folgenden soll ein kurzer Überblick über die in den einzelnen Staaten Südost- und Ostasiens eingerichteten formellen Alterssicherungssysteme sowie deren Vor- und Nachteile gegeben werden (siehe dazu auch die Übersicht in Tab. 5).

Tab. 5: Verpflichtende Alterssicherungssysteme in Südost- und Ostasien zu Beginn des 21. Jahrhunderts

Staat	Sozialversicherungssystem		Sozialhilfe („Means-tested")	Volkspension („Flat-Rate universal")	Versorgungsfonds („Provident Fund")	Berufsbezogenes System	Individuelles Pensionskonto
	Pauschalsystem („Flat-Rate")	Verdienstbezogen („Earnings-related")					
Kambodscha							
Laos		X					
Myanmar							
Vietnam		X					
Brunei				X	X		
Malaysia					X		
Thailand		X					
Indonesien					X		
Philippinen	X						
Singapur					X		
VR China	X						X
Hongkong			X	X		X	
Südkorea		X					
Japan	X	X					

Quelle: United States Social Security Administration 2005, Tab. 2.

5.1 Staatlich verwaltete Versorgungs- bzw. Rentenfonds („National Provident Funds")

Im Gegensatz zu den in vielen Staaten der westlichen Welt vorherrschenden umlageorientierten Pensionsmodellen spielt der Aspekt des Einkommenstransfers bei den in Asien eingerichteten Alterssicherungssystemen nur eine geringe Rolle, wodurch die Verantwortung für eine ausreichende Alterssicherung primär den Individuen bzw. deren Familien zugeschoben wird. Auffällig ist auch die relativ große Anzahl an Ländern in der Region, die kein verpflichtendes umfassendes Sozialversicherungssystem aufweisen. Statt dessen bietet ein Großteil dieser Länder Rentenfonds, sog. *„Provident Funds"*, an. Diese sind üblicherweise ein Vermächtnis aus der Kolonialzeit und in Asien ursprünglich typisch für ehemalige britische Kolonien. Nach Erlangung der Unabhängigkeit wurden diese Systeme, die eigentlich gar nicht als soziale Sicherungssysteme für breite Bevölkerungsgruppen, sondern als Sparmodelle für die in den Kolonien tätigen „Expatriats" gedacht waren, weitergeführt.

Sie bestehen in der Regel nur aus einem Fonds, der sich aus der Summe individueller Sparkonten zusammensetzt und staatlich verwaltet wird. Das angesparte Kapital wird schließlich bei Erreichen des festgelegten Anspruchsalters, das in der Regel sehr niedrig angesetzt ist und in der Mehrzahl der Staaten bei 55 Jahren für die Männer und 50 Jahren für die Frauen liegt, als Pauschalsumme ausbezahlt. Zusätzlich besteht die Möglichkeit, auch schon vor Erreichen des Alterslimits unter bestimmten Bedingungen (Tod, schwere Krankheit, strategische Investitionen u. Ä.) auf die angesparte Summe oder zumindest auf einen Teil davon zuzugreifen.

Kritiker dieses Systems argumentieren, dass durch diese Praxis keinesfalls eine Absicherung der Leistungsempfänger während des gesamten Rentenalters gewährleistet ist (vgl. MÜLLER 2000; ILO 1997):

- In den meisten Fällen reicht der aufgrund niedriger Beiträge und schlechter Verzinsung angesparte Kapitalstock nicht aus, sich gegen das „Risiko zunehmender Langlebigkeit" ausreichend zu versichern, oder, wie TURNER (2002, S. 11) diesbezüglich treffend formuliert: „Lump sum benefits typically provided by provident funds do not protect against the risk of a retired person outliving his or her income."

- Grundsätzlich bringt die Auszahlung des angesparten Kapitals in Form einer Gesamtsumme keine Garantie, dass das Kapital auch als Alterssicherung Verwendung findet: eine Auszahlung in Form von Annuitäten wäre sinnvoller, ist aber nur in wenigen Fällen üblich.

- Die Möglichkeit, einen beträchtlichen Teil der angesparten Summe aus dem Fonds auch schon vor Erreichen des Anspruchsalters zu ziehen – zum Beispiel für „strategische Investitionen" in Immobilien, in die Ausbildung der Kinder oder auch als Mitgift für Heiraten –, führt häufig dazu, dass bei Erreichen des Rentenalters viel zu wenig Kapital übrig bleibt, um eine längerfristige Absicherung im Alter zu gewährleisten.

Als die „Provident Funds" in den meisten Staaten eingeführt wurden, wurden sie als erster Schritt gesehen, möglichst viele Menschen im Alter zumindest mit einem Minimaleinkommen zu versorgen, und zwar für eine Übergangsphase, bis umfassendere Alterspensionssysteme etabliert würden. Einmal eingerichtet, erwiesen sich diese Fonds allerdings als höchst populäre gesetzlich vorgeschriebene Möglichkeit für Individuen, Kapital für Hochzeiten, Wohnungs- oder Grundstückskäufe usw. zu akkumulieren, so dass das eigentliche Ziel, soziale Sicherung im Alter zu gewährleisten, oft vernachlässigt wurde und wird. „Provident Funds" sind aber auch bei Regierungen populär, da durch sie Investitionskapital für große staatliche Entwicklungsprojekte zur Verfügung steht.

Von den weltweit 19 Staaten, die „National Provident Funds" betreiben, liegen 13 in der asiatisch-pazifischen Region und davon wiederum vier in Südostasien: Indonesien und Malaysia verfügen schon seit 1951 über einen solchen Fonds, Singapur seit 1955 und Brunei seit 1993, wobei nur Malaysia für die Angehörigen bestimmter Berufsgruppen (Lehrer, Militärangehörige, Selbstständige) einen freiwilligen Austritt aus dem System erlaubt (FERRARA et al. 1995).

In Indonesien existieren drei separate „Provident Funds", nämlich einer für Militärangehörige, einer für öffentlich Bedienstete und einer für im privaten Sektor Beschäftigte, wobei – wie auch charakteristisch für viele andere Staaten der Welt – die Altersunterstützung für Militärs und Staatsangestellte beträchtlich großzügiger ist als für im Privatsektor Tätige. Der Fonds für die in der Privatwirtschaft Beschäftigten („Jaminan Sosial Tenaga Kerja", in Kurzform JAMSOSTEK) ermöglicht die pauschale Auszahlung ab einem Alter von 55 Jahren bei einer Beitragsrate von sechs Prozent des Einkommens, wovon vier Prozent auf den Arbeitgeber und zwei Prozent auf den Erwerbstätigen entfallen. Die ausbezahlten Beträge sind gering, was unter anderem auf die hohen administrativen Kosten des Programms (einschließlich teurer Bürogebäude für die dort Beschäftigten) zurückgeführt wird. Weiters wird gemeinhin angenommen, dass ein Teil des Investitionskapitals von der Regierung für politische Zwecke missbraucht wird (TURNER 2002, S. 9). Das Hauptproblem des JAMSOSTEK ist jedoch, dass nur rund zehn Prozent aller im privaten Sektor Beschäftigten durch diesen Fonds erfasst werden, was vor allem auf die Größe des informellen Sektors in Indonesien zurückzuführen ist; allerdings decken auch die beiden anderen Fonds für Staatsangestellte und Militärs nur einen geringfügig höheren Prozentsatz ab (RAMESH und ASHER 2000).

Der „Central Provident Fund" (CPF) in Singapur wurde 1955 noch von der britischen Kolonialverwaltung eingerichtet und stellt bis heute den Hauptpfeiler des singapureanischen Sozial- und Alterssicherungssystems dar (ASHER und MAC ARTHUR 2000). Er unterscheidet sich jedoch insoferne deutlich von ähnlichen Systemen in der Region, als die Regierung seine Leistungen seit 1968 kontinuierlich auf eine breite Palette von sozialen Programmen ausgedehnt hat.

Um dieses Ziel zu ermöglichen, wurde die Beitragsrate von ursprünglich zehn Prozent auf bis zu 50 Prozent des Einkommens im Jahr 1984 angehoben, ab 1999 allerdings – um die Auswirkungen der „Asienkrise" auf die Bevölkerung etwas abzufedern – wieder abgesenkt. Sie beträgt gegenwärtig 33 Prozent (davon 20 Prozent Arbeitnehmer, 13 Prozent Arbeitgeber). Die Teilnahme am CPF ist gesetzlich verpflichtend, ausgenommen sind nur ausländische Arbeitskräfte (also rund 20 Prozent der Erwerbsbevölkerung) und Teilzeitbeschäftigte. Seit 1996 erlaubt die Regierung allerdings auch die Entnahme eines gewissen Kapitalanteils aus dem System, um Geld in alternativen Investitionsformen anzulegen, wie zum Beispiel in den Kauf von CPF-approbierten Aktien usw. (vgl. TURNER 2002).

Die in den CPF eingezahlten Beiträge teilen sich auf drei individuelle Konten auf:

- Der sog. „ordinary account", auf den 75 Prozent der Gesamtsumme entfallen, kann für Wohnraumbeschaffung oder für andere Investitionszwecke verwendet werden,
- der „Medisave Account" ist für Krankenversicherung und medizinische Leistungen reserviert,
- und nur die dritte Säule, der „Special Account", ist speziell für die Alterssicherung vorgesehen.

Als Konsequenz muss die staatlich geregelte Altersvorsorge in Singapur, einem der reichsten Staaten der Welt, im Vergleich zu den Maßnahmen zur Alterssicherung in vielen Staaten des OECD-Raumes nur als minimal betrachtet werden, wobei allerdings der Abdeckungsgrad mit rund 65 Prozent der Erwerbsbevölkerung innerhalb der Region im Spitzenfeld liegt.

Malaysia verfügt ebenfalls über verschiedene Fonds für unterschiedliche Bevölkerungsgruppen, wobei der „Employees Provident Fund" (EPF) das wichtigste Programm darstellt. Die Beitragsrate ist mit insgesamt 24 Prozent des Einkommens nach Singapur die zweithöchste unter den Staaten der Region und auch der Erfassungsgrad der Bevölkerung liegt mit rund 60 Prozent nur unwesentlich niedriger als im benachbarten Stadtstaat. Relativ niedrige Verzinsung, wenig transparente Investitionsentscheidungen der Fondsmanager (so wurden zum Beispiel erhebliche Summen aus dem EPF zur Finanzierung des neuen Flughafens in Kuala Lumpur verwendet) und zu niedrige Rentenzahlungen sind typische Kennzeichen des malaysischen Systems (vgl. HOLZMANN und HINZ 2005).

Als letztes Land innerhalb der Region richtete Brunei im Jahr 1993 einen „National Provident Fund" ein, wobei der so genannte „Employee Trust Fund" (ETF) einen speziellen Altersvorsorgefonds darstellt. Die Teilnahme an diesem Programm ist auch für alle im privaten Sektor Beschäftigten verpflichtend und die Beitragsrate beträgt zehn Prozent. Unabhängig von den Leistungen des ETF gewährt das kleine, aber reiche Sultanat allen Einwohnern, die zumindest 30 Jahre in Brunei wohnhaft waren, eine „Volkspension" („Demogrant"), also einen Beitrag zur Alterssicherung ohne Rücksicht auf Einkommen oder Bedürftigkeit. Der reale Wert dieser Volkspension, die seit ihrer Einführung im Jahr 1984 mit monatlich 150 Brunei-Dollar (dieser Betrag entsprach im Dezember 2005 etwa 76 Euro) bis heute unverändert geblieben ist, wurde allerdings inflationsbedingt erheblich geschmälert.

5.2 Sozialversicherungsprogramme zur Alterssicherung in markwirtschaftlich ausgerichteten Staaten

In vielen Staaten, die während der Kolonialzeit außerhalb des britischen Einflussbereichs gelegen sind, haben sich private Pensions- und Altersvorsorgeprogramme durchgesetzt. Zu dieser Gruppe zählen Südkorea, die Philippinen, Thailand und auch Japan. Die Alterssicherung im Rahmen von solchen Sozialversicherungsprogrammen wird sowohl durch Beiträge der Versicherten als auch der Arbeitgeber finanziert.

Südkorea implementierte sein Sozialversicherungssystem – das „National Pension Scheme" (NPS) – erst 1988, so dass die ersten Auszahlungen erst 2008 erfolgen werden, wenn die ersten Jahrgänge nach 20 Beitragsjahren anspruchsberechtigt sind. In der Zwischenzeit konnte das Land beträchtliche finanzielle Reserven, die etwa zehn Prozent des Bruttosozialprodukts entsprechen (TURNER 2002), in einem Sozialversicherungsfonds akkumulieren, wobei die Regierung diese Gelder in quasi-staatliche Projekte wie den sozialen Wohnbau investiert.

Beim NPS handelt es sich um ein vom Staat gemanagtes leistungsorientiertes Pensionsmodell, das allen Staatsbürgern offen steht. Ursprünglich war die Teilnahme am Versicherungsprogramm nur für Personen in Betrieben mit fünf oder mehr Beschäftigten verpflichtend, 1999 weitete die Regierung die Teilnahmepflicht jedoch auch auf kleinere Firmen und Selbstständige im städtischen Raum aus. Die Beitragsrate von insgesamt neun

Prozent wird zu gleichen Teilen vom Arbeitgeber und vom Arbeitnehmer aufgebracht (vgl. SIN und MAC ARTHUR 2000). Wie in den meisten anderen Ländern mit ähnlichen Pensionssystemen ist auch in Südkorea die schlechte Beitragsmoral ein ernstes Problem, da sowohl Arbeitgeber als auch Arbeitnehmer versuchen, geringere Löhne und Gehälter anzugeben, als es der Realität entspricht, um auf diese Weise die Höhe der Pflichtbeiträge drücken zu können. Auch die Tendenz, schlicht und einfach gar keine Beiträge in das System einzubezahlen, hat seit der Asienkrise 1997/98 zugenommen (BAILEY und TURNER 2001). Ein gegenteiliges Problem mit der Angabe der Höhe von Löhnen und Gehältern hat übrigens Thailand. Dort beginnt der Anspruch auf Auszahlung einer Rente mit 15 Beitragsjahren, die Höhe des auszubezahlenden Betrages basiert jedoch nur auf den letzten fünf Jahren: Konsequenterweise hat sich diese Praxis in Thailand als starker Anreiz erwiesen, das Einkommen der letzten Jahre zu hoch, jenes aller anderen Jahre aber möglichst niedrig anzugeben.

Ergänzt wird die Alterspension in Südkorea noch durch gesetzlich verpflichtende Abfertigungszahlungen: Beim Übertritt in den Ruhestand ist der Arbeitgeber verpflichtet, dem scheidenden Arbeitnehmer eine Abfindung im Ausmaß von 30 durchschnittlichen Tageslöhnen für jedes Jahr, das der oder die Betreffende im Betrieb gearbeitet hat, auszuzahlen, wenn dieser mindestens ein Jahr in dem Betrieb beschäftigt war. Für den Fall, dass der Betrieb in Bankrott geht, übernimmt der Staat die ausständige Abfertigungszahlung, wozu ein eigens geschaffener „Wage Claim Guarantee Fund" zur Verfügung steht.

Das Pensionssystem auf den Philippinen wurde bereits 1957 eingerichtet und zeichnet sich durch eine relativ hohe Ersatzrate des vormals bezogenen – allerdings in der Regel sehr niedrigen – durchschnittlichen Gehalts im Ausmaß von über 70 Prozent aus. Anspruchsberechtigt sind Arbeitskräfte ab Erreichen des 60. Lebensjahres, sofern sie mindestens 120 Beitragsmonate aufweisen. Erfasst wird nur der formelle Sektor, aber nicht die große Zahl der informell Beschäftigten oder der Landbevölkerung. Auch auf den Philippinen existiert ein gesetzlich verankerter Anspruch auf eine Abfindungszahlung (hier im Ausmaß eines halben Monatslohns pro Arbeitsjahr), und ebenso zählen falsche Lohnangaben und eine schlechte Beitragsmoral zu den Hauptproblemen des Systems (vgl. RAMESH und ASHER 2000).

Thailand verfügt seit der Implementierung des „Social Security Act" und der Einrichtung des so genannten „Social Security Office" im Jahr 1990 über eines der umfassendsten Sozialversicherungssysteme der Region. Nach der Etablierung verschiedener Programme im Bereich der Krankenversicherung, Invalidität usw. verpflichtete die Regierung im Jahr 1999 die Inhaber aller an der Börse notierten Unternehmen, der staatlichen Betriebe und einer Reihe weiterer Firmen, „Provident Funds" für ihre Beschäftigten einzurichten. Das Alterspensionssystem, das erste Beitragszahlungen ab 1999 verzeichnete, garantiert ab 15 Beitragsjahren (also erst ab 2014) eine Lohnersatzrate von 15 Prozent, anspruchsberechtigt sind allerdings schon Personen ab 55 Jahren. Im Gegensatz zu anderen Staaten ist die Teilnahme am Altersversicherungsprogramm in Thailand freiwillig. Als eines der wenigen Länder der Region hat Thailand auch die Problematik armer älterer Menschen im ländlichen Raum im Sozialversicherungssystem zu berücksichtigen versucht. Seit 1993 gewährt der Staat mittellosen alten Personen in den Landgebieten monatliche Unterstützungszahlungen, wobei 1997 immerhin schon rund 318.000 Bedürftige erfasst wurden.

Die ausbezahlten Zuschüsse sind allerdings im Vergleich zu den Rentenzahlungen aus dem Pensionsprogramm sehr niedrig (SIN und MAC ARTHUR 2000).

Auf den wohlhabenden Industriestaat Japan mit seinem komplexen Sozialversicherungssystem, das teilweise Ähnlichkeiten zum System in Großbritannien aufweist, soll hier nur kurz eingegangen werden. Wie auch in anderen Staaten der Region existieren in Japan verschiedene Versicherungsprogramme für unterschiedliche Personengruppen. Grundsätzlich verfügt das Land seit 1986 (das erste Pensionsversicherungsgesetz stammt bereits aus dem Jahr 1941) über ein Zwei-Säulen-Modell: Säule 1 besteht aus einer allgemeinen „Flat-Rate"-Grundpension aus dem „National Pension Plan" (NPP), wobei die Teilnahme für alle Bürger im Alter zwischen 20 und 59 Jahren (inklusive Studierende) verpflichtend ist. Die zweite Säule besteht aus fünf „Employees' Pension Plans" (EPPs) und ist ein einkommensbezogenes Pensionsprogramm für Beschäftigte im privaten Sektor. Das Besondere am japanischen Pensions- und Sozialversicherungsmodell ist das freiwillige „carve out", also die rechtlich abgesicherte Möglichkeit, einen Teil der Pflichtbeiträge nicht in das staatliche Pensionssystem einzubezahlen, sondern in alternative private Pensionsmodelle zu investieren. Außer in Japan gibt es in Ländern mit einem voll ausgebildeten, traditionellen Sozialversicherungssystem dieses Optionsmodell nur noch in Großbritannien.

5.3 Alterssicherungsprogramme in Transformationsstaaten bzw. sozialistischen Staaten

Jene Länder, in denen sich zur Zeit in Südost- und Ostasien die stärksten Umbrüche in den sozialen Sicherungsnetzen vollziehen bzw. wo umfassende Veränderungen unmittelbar bevorstehen, sind die so genannten Transformationsstaaten bzw. die nach wie vor kommunistisch regierten Staaten der Region, die sich langsam, aber kontinuierlich in Richtung marktwirtschaftlicher Ökonomien orientieren. Zu dieser Staatengruppe zählen die Volksrepublik China, die Demokratische Volksrepublik Laos und die Sozialistische Republik Vietnam sowie die Demokratische Volksrepublik Korea (Nordkorea), über die jedoch zu wenige Informationen vorliegen, um sie in diese Analyse einzubeziehen.

Zur Zeit besteht in diesen Ländern noch ein Großteil der gegenwärtigen, aus dem formellen Sektor kommenden Pensionisten aus Militärs und ehemaligen Angestellten in staatlichen Betrieben oder im öffentlichen Dienst, aber in nicht allzu ferner Zukunft wird sich die Mehrheit der älteren Bevölkerung aus ehemals in der Privatwirtschaft beschäftigten Personen zusammensetzen, was gravierende Umorientierungen der jetzigen Alterssicherungspraktiken nach sich ziehen wird. So sind in manchen sozialistischen Staaten der Region nach wie vor die Staatsbetriebe individuell für die Alterssicherung ihrer ehemaligen Beschäftigten verantwortlich. Diese Praxis ist allerdings mit marktwirtschaftlichen Prinzipien unvereinbar, da es dadurch aufgrund sozialpolitischer Überlegungen unmöglich wird, veraltete, unrentable Betriebe zu schließen oder bankrott gehen zu lassen (TURNER 2002). Sowohl in China, als auch in Laos und Vietnam ist derzeit noch der Großteil der im formellen Sektor Erwerbstätigen in Staatsbetrieben oder im öffentlichen

Dienst beschäftigt; das erklärte wirtschaftspolitische Ziel ist jedoch in allen drei Staaten, die Beschäftigtenzahlen in diesen Bereichen drastisch zu reduzieren, die Zahl der Staatsbetriebe abzusenken und unrentable Unternehmen zu schließen.

Auf großes internationales Interesse stoßen vor allem die Maßnahmen im Bereich der Alterssicherung, die in China gesetzt werden: Die Volksrepublik ist ja nicht nur der einwohnerreichste Staat der Welt, sondern auch ein Staat, dem in nicht allzu ferner Zukunft aufgrund der schon skizzierten demographischen Entwicklung ein radikaler Umbruch in der Altersstruktur seiner Bevölkerung bevorsteht. Erste soziale Sicherungsprogramme wurden in China schon sehr bald nach der kommunistischen Machtübernahme in Leben gerufen: So betrieb zum Beispiel der gesamtchinesische Gewerkschaftsverband von den frühen 1950er-Jahren bis zum Beginn der Kulturrevolution 1966 ein nationales soziales Sicherungssystem, von dem alle Arbeiter in Staatsbetrieben und ähnlichen Unternehmen im städtischen Raum erfasst wurden. Da in dieser Periode fast alle im städtischen Raum Erwerbstätigen in solchen Betrieben arbeiteten, wurden demgemäß nahezu hundert Prozent der erwerbstätigen Stadtbevölkerung von diesem auch als „eiserne Reisschüssel" bezeichneten System erfasst (SIN und MAC ARTHUR 2000). Während der Wirren der Kulturrevolution brach das System zusammen und die Alterssicherung wurde in dieser Zeit von den einzelnen Betrieben für ihre Angestellten bestritten. Auffällig ist jedoch, dass vom Beginn der sozialen Sicherungsmaßnahmen in den 1950er-Jahren an nur der urbane Sektor abgedeckt wurde, nicht aber die Menschen im ländlichen Raum.

Die großen wirtschaftlichen Veränderungen in China in den 1990er-Jahren und im ersten Jahrfünft des 21. Jahrhunderts reduzierten den Abdeckungsgrad der von der Altersvorsorge und anderen sozialen Sicherungsmaßnahmen erfassten Bevölkerung erheblich, so dass zur Zeit deutlich weniger als der Hälfte der im städtischen Raum beschäftigten Personen vom sozialen Sicherungsnetz erfasst sein dürfte (TURNER 2002). Die Liberalisierung der Wirtschaft und eine enorme Welle von Arbeitsmigranten in die boomenden Küstenregionen und Wirtschaftszentren des Landes hat auch das urbane Arbeitskräftepotenzial erheblich verändert: Während noch vor rund zwei Jahrzehnten weit über 90 Prozent der Arbeitskräfte im städtischen Raum im staatlichen Sektor beschäftigt waren, lag der entsprechende Prozentsatz im Jahr 2000 bereits nur mehr bei rund 50 Prozent (LIU und MACKELLAR 2001). Im privaten Sektor der Wirtschaft Beschäftigte werden vom derzeitigen System jedoch überhaupt nicht erfasst, ebenso wie ältere Menschen im ländlichen Raum größtenteils ausschließlich von der Unterstützung durch ihre Familien abhängig sind.

Seit 1997 hat China allerdings erste Maßnahmen zu einer Ausdehnung bzw. Reformierung des alten Sozialversicherungssystems unternommen, durch die der Abdeckungsgrad der Bevölkerung vergrößert und die gewährten Leistungen vereinheitlicht werden sollen. China stieg – den Empfehlungen der Weltbank folgend – in den letzten Jahren schrittweise auf ein Drei-Säulen-Modell um. Dieses besteht aus einem grundlegenden leistungsbestimmten Pensionsplan, der Altersrenten in der Höhe von 20 Prozent des Durchschnittslohns der jeweiligen Provinz vorsieht, wobei allerdings enorme Unterschiede im Lohnniveau zwischen Chinas 31 Provinzen bestehen. Auch bei den Beitragsraten sind die Schwankungen erheblich: Während Arbeitnehmer in der Regel nirgendwo mehr als vier Prozent des Lohnes in das System einzahlen müssen, schwankt die Höhe des Arbeitgeberbeitrags je nach Provinz zwischen 15 und 30 Prozent. Unterschiedlich ist auch die Mindestdauer der Beitragspflicht (je nach Provinz zwischen fünf und 15 Jahren). Der zweite Pfeiler besteht aus einem individuellen Pensionskonto und das dritte Standbein stellt die Möglichkeit zu einer freiwilligen Altersvorsorge-Zusatzversicherung dar.

Im derzeit gültigen staatlichen Reformpapier, dem „State Council Document 26", wird die Zielrichtung der künftig vorgesehenen Reformen des Altersvorsorge- und Sozialversicherungssystems präzisiert. Überragendes Ziel ist die Schaffung eines landesweit einheitlichen, umfassenderen und gerechteren Pensionssystems, das – wie in China so oft der Fall – mit einer numerischen Etikette, nämlich den so genannten „vier Vereinheitlichungen" umschrieben wird: Vereinheitlichung des Systems, des Leistungsstandards, des Managements und der Verwendung der Gelder, gültig für alle Arten von Betrieben und Arbeitskräften.

Hongkong – heute „Special Administrative Region" (SAR) und formell ein Teil Chinas – verfügt über ein eigenes Sozialversicherungssystem, das sich von jenem des Festlandes grundsätzlich unterscheidet. In der Finanzmetropole mit ihrer boomenden Wirtschaft, dem hohen Lebensstandard und Wohlstand und mit traditionell stark ausgeprägten familialen Netzwerken genießen von der Regierung initiierte Altersvorsorgepläne keine hohe Priorität. Demgemäß beschränkt sich die Regierung der SAR auch auf die Einrichtung eines nicht beitrags-, sondern bedürftigkeitsorientierten Programms, des so genannten „Comprehensive Social Security Assistance Schemes" (CSSA), das an oder unter der Armutsgrenze lebenden älteren Menschen Sozialzuschüsse gewährt, deren Höhe allerdings sehr gering bemessen ist. Erst im Jahr 2000 erließ die Regierung ein Gesetz, das für jeden Bürger die verpflichtende Einrichtung eines individuellen Pensionskontos in Form eines Versorgungsfonds („Provident Fund" in britischer Tradition) mit einer Beitragsrate für Arbeitgeber und -nehmer von jeweils fünf Prozent vorsieht (SIN und MAC ARTHUR 2000; United States Social Security Administration 2005).

Das kommunistische Laos gehört zu jenen Staaten der Region, in denen – auf Grund der jungen Altersstruktur der Bevölkerung und der aktuellen demographischen Situation (vgl. dazu Kapitel 2) – Maßnahmen zur Altersvorsorge noch längere Zeit keine quantitative Herausforderung darstellen dürften. Dementsprechend rudimentär sind auch die bestehenden Regelungen. Die erste gesetzliche Grundlage für die Einführung der Altersvorsorge im Rahmen eines Sozialversicherungssystems stammt aus dem Jahr 1999, in Kraft getreten ist das Gesetz 2001. Erfasst werden Beschäftigte in staatlichen und privaten Betrieben ab einer Größe von zehn Arbeitskräften, wobei jedoch gegenwärtig eine Beteiligungsmöglichkeit erst in wenigen besser entwickelten Provinzen des Landes gegeben ist. Für die Beschäftigten in Kleinbetrieben mit fünf bis zehn Personen ist mittelfristig eine freiwillige Beteiligung am System vorgesehen.

In der Vergangenheit konnten neben Staatsbediensteten und Militärs, für die wie üblich Sonderbestimmungen gelten, nur noch Beschäftigte in Staatsbetrieben mit einer geregelten Altersversorgung im Rahmen des Pensionssystems für Staatsbedienstete rechnen. Nachdem in einem ersten Reformschritt 1993 die Gruppe der Arbeiter in staatlichen Betrieben aus dem Pensionssystem für Staatsangestellte ausgeschlossen wurde und mittlerweile auch in Laos die Privatisierung oder Schließung von unrentablen Staatsbetrieben an der Tagesordnung ist, stellt sich nun die Frage, wer für früher erworbene Pensionsansprüche zuständig ist. Die noch existenten Staatsbetriebe wurden verpflichtet, erworbene Pensionsrechte zu übernehmen, während pensionierte Beschäftigte aus geschlossenen Staatsbetrieben nur darauf hoffen können, ihre Pensionen von dem ehemals für ihren Betrieb zuständigen Ministerium bezahlt zu bekommen. So erhalten zum Beispiel die ehemaligen Angestellten der Staatsbrauerei „Lao Beer" heute ihre Pensionen vom vormals zuständigen Industrieministerium (TURNER 2002).

Bleibt schließlich noch Vietnam, dessen Sozialversicherungsmodell sowohl durch einige innovative Ansätze als auch durch eine – verglichen mit den meisten anderen Staaten der Region – relativ hohe Beitragsrate von 15 Prozent sowie eine hohe Lohnersatzrate von 69 Prozent (bei allerdings sehr niedrigem Lohnniveau) gekennzeichnet ist. Vietnam hat, was Überlegungen zu einer staatlich geregelten Altersvorsorge betrifft, schon eine längere Tradition: Das erste Gesetz für Angestellte im öffentlichen Sektor stammt aus dem Jahr 1961 (aus dem damaligen Nordvietnam), das aktuelle Pensionssystem nach dem Sozialversicherungsmodell wurde allerdings erst 2002 eingerichtet.

Das Innovative am vietnamesischen Ansatz ist, dass nicht nur alle im öffentlichen und privaten Sektor Tätigen, sondern auch in der Landwirtschaft, der Fischerei und der Salzgewinnung beschäftigte Personen im System eingeschlossen sind, wobei versucht wird, die spezifischen Bedürfnisse der jeweiligen Gruppe zu berücksichtigen. So müssen Reisbauern einen „jährlichen Pensionsbeitrag" von 80 kg Reis „einzahlen", was sie zum Bezug von monatlich 6 kg Reis auf Lebenszeit nach Ausscheiden aus der landwirtschaftlichen Erwerbstätigkeit berechtigt (GILLION et al. 2000).

5.4 Staaten ohne geregelte Altersvorsorge

Kambodscha und Myanmar sind zur Zeit noch die einzigen Staaten Südostasiens, die über kein Sozialversicherungsprogramm oder Alterssicherungssystem verfügen. In Kambodscha sind ältere Menschen, die nicht von Familienangehörigen unterstützt werden, gezwungen, so lange wie möglich selbst erwerbstätig zu bleiben, und wenn beides nicht möglich ist, sind sie auf die mildtätige Unterstützung der Dorfgemeinschaft angewiesen (ZIMMER et al. 2005). Die zentrale Anlaufstelle für ältere Menschen in Kambodscha schlechthin ist der Wat, der oft die einzige Möglichkeit darstellt, irgendeine Art der Unterstützung erhalten zu können (HelpAge 2001).

6. Ausblick

Der demographische Alterungsprozess erfolgt in vielen ost- und südostasiatischen Staaten mit einer Geschwindigkeit, die eine umfassende und koordinierte Vorsorgeplanung von staatlicher Seite her unumgänglich macht. Die gegenwärtig in Kraft befindlichen

Pläne zur Alterssicherung sind – sofern überhaupt existent – in vielen Staaten der Region durch den dynamischen sozio-ökonomischen und demographischen Wandel der letzten Jahrzehnte bereits erheblich unter Druck geraten. CROISSANT (2004) weist zum Beispiel zu Recht darauf hin, dass wohl kein anderer Akteur als der Staat in der Lage sein wird, die offensichtlich bestehenden großen Lücken abzudecken, weshalb in der Folge mit einem deutlichen Ansteigen der bislang noch meist niedrigen öffentlichen Sozialausgaben zu rechnen sein wird.

Vor diesem Hintergrund sind auch die umfassenden Anstrengungen sowohl auf nationalstaatlicher als auch auf internationaler Ebene zu sehen, dem Problem der raschen demographischen Veränderungen und ihren Folgen umfassend und koordiniert zu begegnen. Konkreter Ausdruck der hohen Priorität, die dieser Thematik im heutigen Ost- und Südostasien zugemessen wird, ist die Verabschiedung des so genannten „Macao Plan of Action on Ageing for Asia and the Pacific" und dessen Implementierung im Rahmen der „Shanghai Strategy".

Der „Macao Plan of Action" spricht insgesamt sieben Themenbereiche an, die im Zusammenhang mit dem demographischen Alterungsprozess und der Lebenssituation älterer Menschen von Belang sind:
- Die soziale Stellung älterer Menschen innerhalb der Gesellschaft;
- Ältere Menschen und die Familie;
- Gesundheit und Ernährung;
- Wohnen, Verkehrsteilnahme und Wohnumfeld;
- Ältere Menschen, Markt und Konsum;
- Soziale Dienste und Leben in der Gemeinschaft,
- und schließlich Einkommenssicherung, Lebensunterhalt und Beschäftigungsmöglichkeiten.

Ein Blick auf diese Agenda macht deutlich, dass die Diskussion um adäquate Pensionssysteme nur eine – allerdings zugegebenermaßen für viele ältere Menschen überlebenswichtige – Facette der großen sozio-ökonomischen Veränderungen ist, mit denen die Staaten Südost- und Ostasiens entweder derzeit schon konfrontiert sind oder sich in näherer oder fernerer Zukunft befassen müssen. Der aktuelle Status der sozialen Sicherung im Alter ist – wie gezeigt wurde – im größten Teil der Region unbefriedigend, die bestehenden Sicherungssysteme erfassen nur Teile der Bevölkerung und bieten in der Regel nur sehr geringe finanzielle Unterstützung für den Einzelnen.

Für Millionen alter Menschen (und es werden durch den Geburtenrückgang und die steigende Lebenserwartung sehr rasch immer mehr) ist derzeit, abgesehen von den – durch den fortschreitenden Modernisierungsprozess und seine gesellschaftlichen Auswirkungen jedoch zunehmend aufbrechenden – familialen Unterstützungsnetzwerken und Pflegeleistungen, (noch) keine ausreichende Alterssicherung gewährleistet. *Asien „ergraut"* – das Thema der sozialen Sicherung im Alter ist in seiner Dringlichkeit zwar von den meisten Regierungen bereits erkannt worden, die Lösung dieses Problems stellt jedoch eine der großen sozialen und politischen Aufgaben der nächsten Jahrzehnte in Ost- und Südostasien dar, um zu verhindern, dass große Bevölkerungsgruppen letztlich in Altersarmut und unwürdigen Lebensbedingungen enden.

7. Literatur

ASHER, M. und I. W. MAC ARTHUR (2000): Annex B10: Country Profile for Singapore. In: HOLZMANN, R. et al.: Pension Systems in East Asia and the Pacific: Challenges and Opportunities. Washington D.C.: The World Bank (= Social Protection Discussion Paper 14).

BAILEY, C. und J. TURNER (2001): Strategy to Reduce Contribution Evasion in Social Security Financing. In: World Development 29, S. 385–393.

CALDWELL, J. C. (2002): The Contemporary Population Challenge. Arbeitspapier für das „Expert Group Meeting on Completing the Fertility Transition". New York: United Nations. Population Division, Dept. of Economic and Social Affairs.

CHAN, A. (1999): The Social and Economic Consequences of Ageing in Asia: An Introduction. In: Southeast Asian Journal of Social Sciences 27 (2), S. 1–8.

CHAN, R. (2001): The Welfare System in Southeast Asia. Development and Challenges. Hongkong: Southeast Asia Research Centre (= Working Paper Series 13).

CROISSANT, A. (2004): Wohlfahrtsregime in Ostasien: Strukturen, Leistungsprofile und Herausforderungen. In: BETZ, J. und W. HEIN (Hrsg.): Soziale Sicherung in Entwicklungsländern. Opladen, S. 119–142 (= Neues Jahrbuch Dritte Welt 2004).

FERRARA, P. J. et al. (1995): Private Alternatives to Social Security in Other Countries. Dallas: National Center for Policy Analysis, 38 S. (= National Center for Policy Analysis Report 200, October 1995).

GILLION, C. et al. (2000): Social Security Pensions: Development and Reform. Geneva: International Labour Organization.

HelpAge International und Ministry of Social Affairs, Labour and Veterans Affairs (MSALVA), Government of Cambodia (2001): Older Persons in Cambodia. In: Policies and Programmes for Older Persons in Asia and the Pacific: Selected Studies. Bangkok: UN-ESCAP, S. 53–103 (= Social Policy Paper 1).

HOLZMANN, R., MAC ARTHUR, I. W. und Y. SIN (2000): Pension Systems in East Asia and the Pacific: Challenges and Opportunities. Washington D.C.: The World Bank (= Social Protection Discussion Paper 14).

HOLZMANN, R. und R. HINZ (2005): Old Age Income Support in the 21st Century. An International Perspective on Pension Systems and Reform. Washington D.C.: The World Bank.

HUSA, K. und H. WOHLSCHLÄGL (1999): Vom „Emerging Market" zum „Emergency Market": Thailands Wirtschaftsentwicklung und die Asienkrise. In: PARNREITER, C. et al. (Hrsg.): Globalisierung und Peripherie – Umstrukturierung in Lateinamerika, Afrika und Asien. Frankfurt am Main und Wien: Brandes & Apsel / Südwind, S. 209–236 (= Historische Sozialkunde 12).

HUSA, K. und H. WOHLSCHLÄGL (2000): Internationale Arbeitsmigration im Zeitalter der Globalisierung: Das Beispiel Südostasien. In: Mitteilungen der Österreichischen Geographischen Gesellschaft 142, Wien, S. 269–314.

HUSA, K. und H. WOHLSCHLÄGL (2002): Vom Baby-Boom zum „Grey Boom"? Sozio-demographische Transformationsprozesse in Südostasien. In: Journal für Entwicklungspolitik 18 (4), Wien, S. 311–336.

HUSA, K. und H. WOHLSCHLÄGL (2003a): Wirtschaftsboom und ökonomische Krise: Thailands Wirtschaftsentwicklung in den achtziger und neunziger Jahren In: HOHNHOLZ, J. und K.-H. PFEFFER (Hrsg.): Thailand: Ressourcen – Strukturen – Entwicklungen eines tropischen Schwellenlandes. Tübingen, S. 79–120 (= Tübinger Geographische Studien 137).

HUSA, K. und H. WOHLSCHLÄGL (2003b): Südostasiens „demographischer Übergang": Bevölkerungsdynamik, Bevölkerungsverteilung und demographische Prozesse im 20. Jahrhundert. In:

FELDBAUER, P., HUSA, K. und R. KORFF (Hrsg.): Südostasien: Gesellschaft, Räume und Entwicklung im 20. Jahrhundert. Wien: Promedia, S. 133–158 (= Edition Weltregionen 6).

HUSA, K. und H. WOHLSCHLÄGL (2005): „Gastarbeiter" oder Immigranten? Internationale Arbeitsmigration in Ost- und Südostasien im Umbruch. In: BINDER, S. et al. (Hrsg.): „HerausForderung Migration" – Beiträge zur Aktions- und Informationswoche der Universität Wien anlässlich des „UN International Migrant's Day". Wien, S. 71–104 (= Abhandlungen zur Geographie und Regionalforschung 7).

International Labour Organization (ILO) (1997): Ageing in Asia: The Growing Need for Social Protection. Bangkok: ILO – Regional Office for Asia and The Pacific.

JONES, G. W. (1993): Consequences of Rapid Fertility Decline for Old Age Security in Asia. In: LEETE, R. und ALAM, I. (Hrsg.): The Revolution in Asian Fertility: Dimensions, Causes and Implications. Oxford, S. 275–295.

KINSELLA, K. und V. A. VELKOFF (2001): An Aging World: 2001. Washington D.C.: U.S. Census Bureau (= U.S. Census Bureau Series P95/01-1).

KINSELLA, K. und D. R. PHILLIPS (2005): Global Aging: The Challenge of Success. Washington D.C.: Population Reference Bureau (= Population Bulletin 60/1).

KNODEL, J. (1999): The Demography of Asian Ageing: Past Accomplishments and Future Challenges. In: Asia-Pacific Population Journal 14 (4), S. 39–56.

LIU, S. und F. L. MACKELLAR (2001): Key Issues of Aging and Social Security in China. Laxenburg bei Wien: IIASA (= IIASA Interim Report IR-01-004).

MÜLLER, K. (2001): Altern in der Dritten Welt. In: BETZ, J. und S. BRÜNE (Hrsg.): Jahrbuch Dritte Welt 2001. Hamburg, S. 32–46.

NIZAMUDDIN, M. (1999): Population Ageing: Policy Responses to Population Ageing in Asia and the Pacific. In: CLIQUET, R. und M. NIZAMUDDIN (Hrsg.): Population Ageing: Challenges for Policies and Programmes in Developed and Developing Countries. Leuven: UN Population Fund and Population and Family Study Centre, S. 95–115.

OFSTEDAL, M. J., KNODEL, J. und N. CHAYOVAN, (1999): Intergenerational Support and Gender: A Comparison of Four Asian Countries. In: Southeast Asian Journal of Social Science 27, S. 21–42.

OGAWA, N. (2003): Ageing Trends and Policy Responses in the ESCAP Region. In: Population and Development: Selected Issues. Bangkok: UN-ESCAP, S. 89–127.

PHILLIPS, D. R. und A. C. M. CHAN (2002): Policies on Ageing and Long-term Care in Hong Kong. In: PHILLIPS, D. R. und A. C. M. CHAN (Hrsg.): Ageing and Long-term Care. National Policies in the Asia-Pacific. Singapur: Institute of Southeast Asian Studies und Ottawa: International Development Research Centre, S. 23–67.

Population Reference Bureau (2006): World Population Data Sheet 2006. Washington D.C.: Population Reference Bureau.

RAMESH, M. und M. ASHER (2000): Welfare Capitalism in Southeast Asia: Social Security, Health and Education Policies. New York.

SIN, Y. und I. W. MAC ARTHUR (2000): Annex B2: Country Profile for China, Hongkong, South Korea, Thailand. In: HOLZMANN, R. et al.: Pension Systems in East Asia and the Pacific: Challenges and Opportunities. Washington D.C.: The World Bank (= Social Protection Discussion Paper 14).

SKELDON, R. (2001): Ageing of Rural Populations in South-East and East Asia. In: The World Ageing Situation: Exploring a Society for All Ages. New York: United Nations, S. 38–54.

TURNER, J. A. (2002): Social Security Development and Reform in Asia and the Pacific. London: The Pension Institute, Birkbeck College, University of London (= Discussion Paper PI-0203).

United States Social Security Administration (SSA) (2005): Social Security Throughout the World: Asia and the Pacific 2004. Washington D.C.: SSA (= SSA Publication 13-11802).

United Nations (2002): World Population Ageing 1950–2050. New York.

United Nations (2006): Population Ageing 2006, Wallchart. New York.

United Nations. Economic and Social Commission for Asia and the Pacific Region (UN-ESCAP) (2001): Policies and Programmes for Older Persons in Asia and the Pacific: Selected Studies. Bangkok (= Social Policy Paper 1).

United Nations. Economic and Social Commission for Asia and the Pacific Region (UN-ESCAP) (2002): Population and Development: Selected Issues. Bangkok.

World Bank (1994): Averting the Old Age Crisis: Policies to Protect the Old and Promote Growth. New York: Oxford University Press.

ZIMMER, Z. et al. (2005): The Impact of Past Conflicts and Social Disruption in Cambodia on the Current Generation of Older Adults. Michigan (= University of Michigan, Population Studies Center, Report 05-582).

„Gastarbeiter" oder Immigranten?
Internationale Arbeitsmigration in Südost- und Ostasien im Umbruch[1]

KARL HUSA und HELMUT WOHLSCHLÄGL

Inhalt

1. „Heißes Eisen" internationale Migration: Europäische „Deja Vu"-Effekte im pazifischen Asien 81
2. Vom Arbeitskräfteexporteur zum Zielgebiet: Das Entstehen der „neuen" internationalen Arbeitsmigration im pazifischen Asien 83
3. Die aktuelle Arbeitsmigration in Südost- und Ostasien – Dimensionen, Dynamik, Datenprobleme 87
4. Ostasien – Struktur der internationalen Arbeitsmigration und staatliche Migrationspolitik. 91
5. Entwicklung der internationalen Arbeitsmigration und migrationspolitische Konzepte in den Staaten Südostasiens 95
6. Veränderte Arbeitsmärkte und demographische Rahmenbedingungen – das Entstehen neuer Migrationsformen 103
7. „Gastarbeiter" oder Immigranten – Vor einer Trendwende der Migrationspolitik im pazifischen Asien? 107
8. Literatur 112

1. „Heißes Eisen" internationale Migration: Europäische „Deja Vu"-Effekte im pazifischen Asien

Rückläufige Geburtenzahlen, stagnierende bzw. längerfristig sogar schrumpfende Bevölkerungen, eine stark ansteigende Lebenserwartung gekoppelt mit einem dynamisch voranschreitenden Alterungsprozess der Gesellschaften, Probleme der künftigen Finanzierung der Pensionssysteme, drohende Engpässe auf den Arbeitsmärkten sowohl in Wachstumsbranchen als auch im Bereich der von den Einheimischen zunehmend gemiedenen manuellen Tätigkeiten – all das sind Fakten, mit denen die Staaten der westlichen Hemisphäre bereits spätestens seit Beginn der 1990er-Jahre konfrontiert sind. Hand in Hand mit diesen Prozessen setzte sowohl in der Politik und den Massenmedien als auch

---

[1]) Der vorliegende Text stellt eine aktualisierte und modifizierte Fassung des gleichnamigen Beitrags dar, den die Autoren 2005 in dem Buch BINDER, S. et al. (Hrsg.): „Heraus Forderung Migration" – Beiträge zur Informations- und Aktionswoche der Universität Wien anlässlich des „UN International Migrant's Day". Wien, S. 71–104 (= Abhandlungen zur Geographie und Regionalforschung, Bd. 7) publiziert haben.

in der Öffentlichkeit eine breite Diskussion darüber ein, wie diesen offensichtlich unvermeidlichen Entwicklungen der kommenden Jahrzehnte, die das Wirtschaftswachstum, den Wohlstand und die Lebensqualität in vielen Staaten Europas zu bedrohen scheinen, effektiv begegnet werden könnte.

Als wirksamster Ausweg aus diesen Dilemmata wird in den letzten Jahren in einer wachsenden Anzahl von Staaten eine forcierte selektive Zuwanderungspolitik gesehen: aus den „Gastarbeitern" früherer Jahre sollen nunmehr die Immigranten der Zukunft werden, die helfen sollen, den Bevölkerungsrückgang einzudämmen, Defizite auf den Arbeitsmärkten auszugleichen, das Wirtschaftswachstum anzukurbeln und die Aufrechterhaltung der Pensions- und Sozialsysteme zu ermöglichen. Begleitet wird diese kontrovers und mit zunehmender Heftigkeit geführte Debatte über die Notwendigkeit einer Neuausrichtung der jeweiligen Immigrationspolitik (sofern eine solche bislang überhaupt vorhanden war) von zunehmend xenophoben Tendenzen in breiten Bevölkerungskreisen und von einem Aufschwung nationalistisch gesinnter, immigrationsfeindlicher und populistisch argumentierender Parteien.

Gravierende Veränderungen in der sozio-demographischen Situation und globalisierungsbedingte wirtschaftliche Umbrüche bleiben allerdings zu Beginn des 21. Jahrhunderts keineswegs nur mehr auf die klassischen Wohlstandsökonomien Europas und Nordamerikas beschränkt, sondern in immer mehr Regionen der Welt zeichnen sich zunehmend ähnliche Problemlagen ab. So haben in den letzten Jahrzehnten vor allem die meisten Staaten Südost- und Ostasiens nicht nur in ökonomischer, sondern auch in demographischer und sozialer Hinsicht einen spektakulären Transformationsprozess erfahren, der von der Geschwindigkeit und Dynamik her gesehen weltweit ohnegleichen ist (vgl. z. B. HUSA und WOHLSCHLÄGL 2000a, 2003a). Vor diesem Hintergrund ist es daher keineswegs erstaunlich, dass sich nunmehr eine rasch wachsende Anzahl von Staaten der Region zunehmend mit ähnlichen Problemen konfrontiert sieht, wie sie die westliche Welt schon seit geraumer Zeit kennt.

Im Zuge dieser Entwicklungen ist in den letzten Jahren der Problemkreis „Internationale Arbeitsmigration" nunmehr auch in Südost- und Ostasien sowohl auf Regierungsebene als auch in der breiten Öffentlichkeit zu einem brisanten und kontrovers diskutierten Thema geworden: Während die öffentliche Meinung generell dazu tendiert, die Migranten für eine Reihe sozialer Missstände – wie zum Beispiel steigende Probleme auf dem Arbeitsmarkt, Gefährdung des sozialen Zusammenhalts oder zunehmende Kriminalität – verantwortlich zu machen und die Politik diese Argumentationslinie verstärkt aufgreift, werden Vertreter der Wirtschaft nicht müde, auf den wichtigen Beitrag hinzuweisen, den ausländische Arbeitsmigranten zu der ökonomischen Erfolgsstory der „Newly Industrializing Countries" in Asien bisher geliefert haben und noch immer liefern. Sozialpolitiker und Bevölkerungswissenschaftler hingegen sprechen immer häufiger die zunehmende „demographische Notwendigkeit" einer gezielten Immigrationspolitik an.

Selbst Japan, bis vor kurzem weltweit die einzige große Wirtschaftsmacht ohne nennenswerte Immigration, wurde mittlerweile voll von der „Globalisierungstendenz" der Migrationsproblematik erfasst: ein prognostizierter Rückgang der Bevölkerungszahl um rund 26 Millionen Menschen bis zum Jahr 2050 und der weltweit zweithöchste

Prozentsatz an über Sechzigjährigen lassen auch in einem Staat mit traditionell extrem restriktiver Immigrationspolitik die Alarmglocken schrillen und stellen die Regierung vor die schwierige Aufgabe, die eigene Bevölkerung von dem unabdingbaren Schwenk in Richtung einer immigrationsfreundlicheren Politik zu überzeugen.

Ein dramatischer Anstieg der räumlichen Mobilität – und hier besonders der internationalen Migration – im Zuge der immer rascher ablaufenden Globalisierungsprozesse ist natürlich kein alleiniges Charakteristikum des asiatisch-pazifischen Raums, sondern in jüngster Zeit in allen Weltregionen festzustellen. Was allerdings Ost- und Südostasien diesbezüglich von anderen Großräumen deutlich abhebt, ist das Entstehen und das dynamische Wachstum eines von Marktmechanismen gesteuerten, eigenständigen und intraregionalen Migrationssystems, das die klassischen Brennpunkte der Arbeitsmigration, Nordamerika und Europa, was die Dynamik und Komplexität der Wanderungsströme betrifft, zunehmend in den Schatten stellt.

Vor allem die internationale *Arbeitskräftewanderung* ist im asiatisch-pazifischen Raum innerhalb der letzten drei Jahrzehnte von einem Phänomen mit nur geringer oder gar keiner Bedeutung zu einem wichtigen Einflussfaktor der ökonomischen, sozialen, politischen und demographischen Entwicklung der Region geworden (vgl. zum Beispiel HUGO 2000; HUSA und WOHLSCHLÄGL 2000b, 2003b; SKELDON 2003; KAUR und METCALFE 2006; KAUR 2007). Ihre beschleunigte Zunahme, insbesondere in den letzten beiden Dekaden, darf jedoch nicht den Blick auf die Tatsache verdecken, dass Wanderungsbewegungen über weite Distanzen innerhalb des pazifischen Asien keineswegs ein Phänomen darstellen, das sich erst im letzten Jahrzehnt unseres Jahrhunderts herauskristallisiert hat.

2. Vom Arbeitskräfteexporteur zum Zielgebiet: Das Entstehen der „neuen" internationalen Arbeitsmigration im pazifischen Asien

Großräumige Wanderungsbewegungen im südost- und ostasiatischen Raum reichen bereits in die Frühphase der Geschichte zurück und auch die Arbeitsmigration hat im pazifischen Asien bereits eine Jahrhunderte alte Tradition aufzuweisen. Darauf wird jedoch an dieser Stelle nicht eingegangen, sondern der Blick nur auf die jüngere Entwicklung gerichtet. Ab dem frühen 19. Jahrhundert prägten zahlreiche große Wanderungswellen das Migrationsgeschehen in Südost- und Ostasien, von denen die wichtigsten hier kurz genannt werden sollen (für ausführliche Darstellungen siehe SKELDON 1998; HUSA und WOHLSCHLÄGL 2000a, 2000b, 2003b, 2007; KAUR 2004; United Nations 2003):

- Zu Beginn des 19. Jahrhunderts erfolgten ausgedehnte Überseewanderungen von asiatischen Kontraktarbeitern. Die steigende Nachfrage nach Arbeitskräften sowohl im Einflussbereich der europäischen Kolonialmächte als auch in Nord- und Südamerika erweiterte den Wanderungsradius asiatischer Arbeiter – besonders von Chinesen und Indern, aber auch von Japanern – erheblich, so dass gegen Ende des 19. Jahrhunderts asiatische Wanderungsströme erstmals auf nahezu globaler Ebene stattfanden.

- In der ersten Hälfte des 20. Jahrhunderts dominierten dann Binnenwanderungen und – vor allem gegen Ende des Zweiten Weltkriegs und in den Fünfzigerjahren – umfangreiche Flüchtlingsströme das Wanderungsgeschehen, während internationale Arbeitsmigrationen und die „klassische" Auswanderung von permanenten Siedlern nach Übersee kaum eine bedeutende Rolle spielten.

- In den jungen unabhängigen Staaten Südostasiens, die nach dem Rückzug der Kolonialmächte entstanden waren, blieben Emigrationen zunächst weitgehend auf die Repatriierung von ehemaligen Kolonialbeamten und auf einen kleinen Strom hochqualifizierter Professionisten nach Europa und Nordamerika beschränkt, während in jenen Ländern, die nunmehr kommunistisch regiert wurden, durch eine hermetische Abriegelung der Grenzen und Ausreiseverbote praktisch jede Außenwanderung unterbunden war.

- In Ostasien wurden umfangreiche Bevölkerungsbewegungen durch den Zusammenbruch des japanischen Imperiums nach Ende des Zweiten Weltkriegs ausgelöst. Um 1950 waren bereits rund sechs Millionen japanische Zivilisten und Militärpersonal aus den besetzten Gebieten in China, Korea oder in Südostasien in ihre Heimat zurückgekehrt, während in einem entgegengesetzten Wanderungsstrom mehr als zwei Millionen von den Japanern – oft zwangsweise – rekrutierte koreanische Arbeitskräfte aus Japan oder der Mandschurei nach Korea zurückkehrten.

- Im Lauf der 1960er- und 1970er-Jahre gewann in den nichtkommunistischen Ländern Südost- und Ostasiens die „traditionelle" internationale Migration, also die permanente Abwanderung in Länder der entwickelten Welt, vor allem in die USA, nach Kanada und nach Australien, wieder kontinuierlich an Dynamik.

- Bereits ab der Mitte der 1970er-Jahre entwickelten sich jedoch zunehmend auch neue – primär temporäre – Formen der internationalen Migration, durch die sich insbesondere in den letzten beiden Jahrzehnten das internationale Migrationsmuster in Südost- und Ostasien deutlich veränderte: Während sowohl die klassische permanente Auswanderung nach Übersee als auch die Flüchtlingsbewegungen in ihrer Bedeutung in den Hintergrund traten, begann sich der Aufstieg des asiatisch-pazifischen Raumes zu einem sowohl auf überregionaler als auch auf globaler Ebene wichtigen Zentrum der *internationalen Arbeitsmigration* abzuzeichnen.

Die sogenannte „neue asiatische internationale Arbeitsmigration" setzte in großem Stil in den frühen siebziger Jahren des 20. Jahrhunderts ein, als die Staaten am Arabisch-Persischen Golf – die sechs Mitgliedsländer des „Gulf Co-operation Council" Bahrain, Kuwait, Oman, Katar, Saudiarabien und die Vereinigten Arabischen Emirate – als Folge des dramatischen Anstiegs des Rohölpreises ab 1973 große Investitionen in ehrgeizige Infrastrukturprojekte zu tätigen begannen. Die starke Nachfrage nach Arbeitskräften in der Bauwirtschaft wurde zunächst vorwiegend durch Migranten aus Indien und Pakistan gedeckt, seit den früheren 1980er-Jahren aber auch zunehmend durch Arbeitskräfte von den Philippinen sowie – in im Vergleich dazu geringerem Ausmaß – aus Indonesien, Thailand und Südkorea.

Der Eintritt von Arbeitskräften aus Thailand und den Philippinen in den boomenden Arbeitsmarkt der erdölproduzierenden Staaten am Arabisch-Persischen Golf war vor allem eine Folge der bereits seit den 1960er-Jahren bestehenden Verbindungen mit international tätigen – vorwiegend US-amerikanischen – Baufirmen. Diese Verbindungen stammten aus der Zeit des Vietnamkriegs, als zahlreiche US-Firmen zwischen 1964 und 1974 Militäranlagen und dazugehörige Infrastruktureinrichtungen errichteten – zuerst im ehemaligen Südvietnam und auf Guam sowie etwas später auch in Thailand, wofür philippinische und thailändische Arbeitskräfte angeheuert wurden. Als 1974 eine koreanische Firma, die ebenfalls bereits auf Erfahrungen aus der Zeit des Vietnam-Konflikts hinweisen konnte, die Ausschreibung für die Errichtung einer Autobahn in Saudiarabien gewann und mehr als 200 koreanische Arbeitskräfte mitnahm, wurde die Republik Korea schließlich zum dritten bedeutenden Quellgebiet der Arbeitsmigration aus Südost- und Ostasien an den Golf (vgl. United Nations 2003, S. 59). Um 1985 befanden sich bereits rund 3,2 Millionen Arbeitskräfte aus Süd-, Südost- und Ostasien in den Golfstaaten, davon zwei Millionen allein in Saudiarabien (CASTLES und MILLER 1998). Mit dem Verfall des Ölpreises im Laufe der 1980er-Jahre ging auch die Rekrutierung ausländischer Arbeitskräfte am Golf deutlich zurück und zeigte erst zu Beginn der 1990er-Jahre wieder steigende Tendenz (vgl. dazu auch DITO 2008).

Während die von den Ländern Südost- und Ostasiens ausgehenden Arbeitsmigrantenströme in den siebziger Jahren und im Großteil der achtziger Jahre des 20. Jahrhunderts noch weitgehend in die Golfstaaten gerichtet waren, setzte gegen Ende der Dekade – und besonders nach dem Golfkrieg 1990/1991 – eine deutliche Verlagerung auf Ziele innerhalb der Region selbst ein. Das Ausmaß dieser Verlagerung wird besonders offensichtlich am Beispiel von Thailand (vgl. Tab. 1): Bis Ende der 1980er-Jahre dominierte die Arbeitsmigration in die Golfstaaten eindeutig die Außenwanderungsverflechtung des Landes. Im Jahrfünft von 1975 bis 1979 gingen rund 75 Prozent und im Zeitraum von 1985 bis 1989 noch 72 Prozent aller thailändischen Kontraktarbeiter, die das Land verließen, nach Westasien; in der zweiten Hälfte der neunziger Jahre sank der entsprechende Anteil jedoch auf nur mehr rund neun Prozent ab und 87 Prozent fanden bereits in anderen Staaten innerhalb Südost- und Ostasiens Beschäftigung. Eine ähnliche, wenn auch nicht ganz so ausgeprägte Verlagerung der Wanderungsziele war im selben Zeitraum auch in Indonesien, in Südkorea und auf den Philippinen zu verzeichnen. Ein wesentlicher Grund für den abrupten Bedeutungsverlust der Golfstaaten als Wanderungsziel für thailändische Arbeitsmigranten war allerdings politischer Natur: Als Ende der achtziger Jahre ein thailändischer Arbeitsmigrant des Diebstahls von Juwelen aus dem Besitz der saudischen Königsfamilie bezichtigt wurde, blockierte Saudiarabien die weitere Rekrutierung von Kontraktarbeitern aus Thailand (SKELDON 1998).

Die neuen Zielgebiete der Arbeitsmigration innerhalb Südost- und Ostasiens waren primär jene Länder, deren Ökonomien während der letzten drei Jahrzehnte – zumindest bis zum Ausbruch der ökonomischen Krise 1997, der sog. „Asienkrise" (vgl. u.a. HUSA und WOHLSCHLÄGL 1999) – ein dynamisches und anhaltendes Wirtschaftswachstum zu verzeichnen hatten, wie zum Beispiel Japan, die sogenannten „Tiger-Staaten" Südkorea, Taiwan, Hongkong und Singapur sowie – etwas später – auch Brunei und die „Newly Industrializing Countries" Malaysia und Thailand. Parallel zum Wirtschaftsaufschwung vollzog sich innerhalb weiter Teile der Region ein eklatanter Rückgang in der Geburtenhäufigkeit, der letztlich in einigen Staaten seinen Ausdruck in einem erheblichen Mangel an einheimischen Arbeitskräften fand.

Tab. 1: Zielgebiete und durchschnittliche jährliche Zahl der Arbeitsmigranten aus den wichtigsten Arbeitskräfteexportstaaten Ost- und Südostasiens 1975 bis 1999 [a]

Herkunftsland / Zielgebiet	1975–1979[b]	1980–1984[b]	1985–1989[b]	1990–1994[b]	1995–1999[b]
aus der VR China (ohne Taiwan) nach ...					
Anzahl der „Clearances"[c]	–	37.600	61.100	135.000	320.000
aus Südkorea nach ...					
Westasien (Golfstaaten)[f]	97,3	90,0	81,7	50,4	–
sonstiges Asien	1,7	8,5	12,2	37,7	–
außerhalb Asiens	1,0	1,5	6,0	11,9	–
Anzahl der „Clearances"[c]	79.900	142.600	52.100	20.200	–
aus Indonesien nach ...					
Westasien (Golfstaaten)	73,7	64,9	78,0	40,6	38,5
sonstiges Asien	8,5	20,5	13,1	55,5	48,4
außerhalb Asiens	17,8	14,6	8,9	3,9	13,1
Anzahl der „Clearances"[c]	10.400	24.400	63.500	148.900	321.300
von den Philippinen nach ...					
Westasien (Golfstaaten)[e]	67,4	84,8	71,8	61,6	42,2
sonstiges Asien	17,7	11,2	22,5	30,6	39,4
außerhalb Asiens	14,9	4,0	5,7	7,9	18,4
Anzahl der „Clearances"[d]	42.400	274.000	353.900	471.000	562.000
aus Thailand nach ...					
Westasien (Golfstaaten)[f]	75,5	81,7	72,4	24,4	8,9
sonstiges Asien	7,7	5,3	14,6	71,9	87,1
außerhalb Asiens	16,9	13,1	13,0	3,7	4,0
Anzahl der „Clearances"[d]	6.300	60.100	89.600	86.800	193.100

[a] Erfasst sind nur offiziell registrierte („dokumentierte") Arbeitsmigranten.
[b] Prozentangaben über die Verteilung der Arbeitsmigranten eines Herkunftslandes (= jeweils 100 Prozent) auf die Zielgebiete und absolute Zahlen über die durchschnittliche jährliche Zahl der weggezogenen Arbeitsmigranten im angegebenen Jahrfünft.
[c] Zahl der von den zuständigen Behörden erfassten Kontraktarbeiter („clearances").
[d] Zahl der von den zuständigen Behörden erfassten Kontraktarbeiter ohne die auf See beschäftigten Arbeitsmigranten („land-based clearances").
[e] Einschließlich Libyen und Algerien.
[f] Einschließlich Libyen.

Quellen: United Nations 2003, S. 60; Husa und Wohlschlägl 2000a und die dort angegebenen Datengrundlagen.

Einen nicht zu vernachlässigenden migrationsfördernden Aspekt stellt aber auch das insgesamt doch wesentlich angestiegene Bildungsniveau der Bevölkerung in den meisten Staaten Südost- und Ostasiens dar (vgl. Husa und Wohlschlägl 2003a). Vor allem durch massive Anstrengungen im Bereich des weiterführenden Schulwesens ist ein beträchtliches Reservoir an jungen, gut ausgebildeten, stärker urban orientierten Arbeitskräften entstanden, die auf den heimatlichen Arbeitsmärkten zu wenige adäquate Jobs finden und ihr Glück daher im Ausland suchen. Weiters haben die geringen Kosten für internationale

Reisen, das Entstehen einer Art „Immigrationsindustrie" (Anwerber, Mittelsmänner und Vermittler aller Art) und die stark verbesserten Kommunikationsmöglichkeiten innerhalb des pazifischen Asien sowie zwischen der Region und den meisten anderen Teilen der Welt wesentlich dazu beigetragen, dass die Arbeitsmigration in andere Länder für immer breitere Bevölkerungsgruppen eine mögliche Option wurde.

Der wichtigste Einflussfaktor auf die Dynamik der asiatisch-pazifischen Arbeitsmigration und ihre zunehmende Konzentration auf Ziele innerhalb der Region selbst war jedoch sicherlich das „asiatische Wirtschaftswunder": Das rasche Entstehen neuer Arbeitsplätze bei einem sich gleichzeitig verlangsamenden Wachstum des Arbeitskräftepotenzials in den asiatischen „Miracle Economies" machte aus Staaten mit einem Arbeitskräfteüberschuss innerhalb kurzer Zeit Ökonomien mit einem Bedarf an zusätzlichen (vor allem qualifizierten) Arbeitskräften, ein Vorgang, der in der Literatur vielfach auch als *„Migration Transition"* angesprochen wird (vgl. zum Beispiel PANG 1993; MARTIN und WIDGREN 1996; HUSA und WOHLSCHLÄGL 2000a).

3. Die aktuelle Arbeitsmigration in Ost- und Südostasien – Dimensionen, Dynamik, Datenprobleme

Welche Dimensionen die internationale Arbeitsmigration in Südost- und Ostasien heute tatsächlich erreicht hat, lässt sich nur schwer beantworten. Zu spärlich und zu lückenhaft sind die vorhandenen Daten und noch dazu dürfte ein erheblicher Teil der Migrationen undokumentiert stattfinden und in der Statistik nicht aufscheinen. Wenn überhaupt von staatlicher Seite – und das betrifft Herkunfts- wie Aufnahmeländer gleichermaßen – „offizielle" Statistiken zur internationalen Arbeitsmigration geführt und veröffentlicht werden, so sind diese aufgrund unterschiedlicher oder mangelhafter Erhebungs- bzw. Klassifikationskriterien nur in den wenigsten Fällen vergleichbar:

- So ist selbst aus „offiziellen" Datensammlungen zur internationalen Migration nicht immer klar ersichtlich, ob es sich bei den erfassten Fällen um *„Flow"-Daten* (durchschnittliche Anzahl „neuer" Migrationsfälle für eine bestimmte Periode) oder um *„Stock"-Daten* (kumulative Anzahl aller aus dem Ausland zugezogenen Personen zu einem bestimmten Zeitpunkt) handelt, bzw. wer überhaupt als Migrant klassifiziert wurde und nach welchen Kriterien.

- In manchen Staaten wird per Gesetz jede Ausreise – also auch wiederkehrendes transnationales Pendeln – als eigener Migrationsfall registriert, wie zum Beispiel auf den Philippinen (vergleiche dazu nachstehendes Beispiel), während in anderen Staaten keinerlei Registrierungspflicht für Personen besteht, die als Arbeitsmigranten ins Ausland gehen, wie etwa in Indien.

- Staaten wie Japan und Südkorea akzeptieren offiziell überhaupt keine ungelernten bzw. niedrig qualifizierten Arbeitskräfte aus dem Ausland, decken aber den tatsächlich existenten Bedarf mit sogenannten „Trainees" (temporär zu „Ausbildungszwecken" beschäftigte Ausländer) ab, die in den amtlichen Statistiken nicht als Migranten aufscheinen (vgl. HUSA und WOHLSCHLÄGL 2000a).

- Ein großes, letztlich aber kaum vermeidbares Problem verursachen auch Personen, die zunächst als Touristen oder zu „Business-Zwecken" einreisen, als „Overstayers" ihr Aufenthaltsvisum überziehen und einen Job annehmen, sich später aber im Zuge von Amnestieregelungen als Arbeitsmigranten „legalisieren" lassen. Solche statistisch im Zielland plötzlich aus dem „Nichts" auftauchende Immigranten sind ein wichtiger Grund dafür, dass die „Flow"-Daten von Emigrations- und Immigrationsländern oft nicht „zusammenpassen" (vgl. dazu zum Beispiel die späteren Ausführungen zu Thailand oder Malaysia).

Als instruktives Beispiel für die Fallstricke bei der Interpretation scheinbar exakter offizieller Migrationsstatistiken, in denen Migrantenzahlen bis auf die Einer-Stelle genau angegeben sind, sei hier die Migrationsstatistik der Philippinen angeführt: Dort sind alle Personen, die als Arbeitsmigranten ins Ausland gehen wollen, per Gesetz verpflichtet, sich behördlich registrieren zu lassen. Die große Mehrheit dieser Personengruppe besteht aus temporären Arbeitsmigranten, die aufgrund der zeitlich befristeten Natur ihrer Arbeitsverträge häufig zwischen Herkunfts- und Zielland hin- und herpendeln. Solche Migranten kehren zum Beispiel nach Ablauf ihres Kontraktes für eine kurze Zeit in ihre Heimat zurück, erneuern einige Wochen später ihren alten Kontrakt und treten wieder ihren ehemaligen Job im Ausland an.

Nur selten ist es aus den vorliegenden Daten möglich, tatsächliche „New Hires" von solchen „Re-Hires" zu trennen, wodurch es häufig zu einer erheblichen Überschätzung der tatsächlichen Migrantenzahlen kommt. So registrierten zum Beispiel die philippinischen Behörden 500.000 eigene Staatsbürger, die im Zeitraum von 1997 bis 2000 als Arbeitsmigranten nach Hongkong gegangen sein sollen, die Hongkonger Behörden meldeten für das Jahr 2001 allerdings nur knapp über 151.000 Filipinos, die in der Stadt registriert waren (IOM 2003). Viele dieser Filipinos sind offensichtlich wieder und wieder zwischen Hongkong und ihrer Heimat hin und her gependelt, oft mehrmals pro Jahr, und jedes Mal wurden sie von den philippinischen Behörden – quasi als „neuer" Migrationsfall – registriert. Es kann mit nahezu an Sicherheit grenzender Wahrscheinlichkeit angenommen werden, dass sich dieses Muster nicht nur in der philippinischen Migrationsstatistik findet.

Tabelle 2, in der aktuelle Daten aus verschiedenen Quellen zusammengestellt sind, verdeutlicht, dass selbst ein grober Überblick über das gegenwärtige Ausmaß, das die Arbeitsmigration im pazifischen Asien erreicht hat, nur sehr schwer möglich ist. Die einzige Feststellung, die sich generalisierend aus den zum Teil erheblich voneinander divergierenden Angaben treffen lässt, ist, dass sich die internationale Arbeitsmigration in allen Teilen der Region im Aufwind befindet.

Selbst die „Asienkrise", von der allerdings primär nur Thailand, Malaysia, Südkorea und besonders Indonesien ab 1997 massiv getroffen wurden, konnte den Aufwärtstrend der Arbeitsmigration nur kurzfristig dämpfen: Wie die in Abbildung 1 auf der Basis offizieller (vermutlich ebenfalls problematischer) Schätzungen dargestellte Entwicklung der Gesamtzahl ausländischer Arbeitskräfte in den Staaten Südost- und Ostasiens von 1996 bis 2001/02 erkennen lässt, wurde mit Ausnahme von Indonesien und Malaysia in al-

Tab. 2: Internationale Arbeitsmigranten in den wichtigsten Arbeitskräfteimportstaaten Südost- und Ostasiens zu Beginn des 21. Jahrhunderts im Spiegel unterschiedlicher Erhebungen / Schätzungen

Staat/ Territorium	Ausländische Arbeitsmigranten („Migrant Stock", in 1000)		Migranten in % der Gesamtbe- schäftigten	Geschätzte Zuwachsra- te pro Jahr (%)	Jahr	Quelle
	mit „Work Permit" bzw. dokumentiert	ohne „Work Permit" bzw. irregulär				
Japan	710	192	-	4,5	2000	IOM 2003
	420	63	1	-	2000	Martin und Widgren 2002
	740[a]	-	-	-	2001	Skeldon 2003
	1.000	-	-	-	2006	Migration News 15 (4), 2008
Südkorea	123	163	-	8,0	2000	IOM 2003
	95	31	1	-	2000	Martin und Widgren 2002
	330[a]	-	-	-	2001	Skeldon 2003
VR China	60	-	-	-	2000	IOM 2003
	-	-	-	-	-	-
	60[c]	-	-	-	2001	Skeldon 2003
Taiwan	380	3	-	9,2	2000	IOM 2003
	329	96	3	-	2000	Martin und Widgren 2002
	305	-	-	-	2001	Skeldon 2003
Hongkong	310	-	-	6,6	2000	IOM 2003
	235	78	9	-	2000	Martin und Widgren 2002
	237[b]	-	-	-	2002	Skeldon 2003
Singapur	590	17	-	9,1	2000	IOM 2003
	940	98	44	-	2000	Martin und Widgren 2002
	590	-	-	-	2002	Skeldon 2003
Brunei	80	-	-	-	2000	IOM 2003
	-	-	-	-	-	-
	-	-	-	-	-	-
Malaysia	850	200	-	1,5	2000	IOM 2003
	789	64	13	-	2000	Martin und Widgren 2002
	847[a]	-	-	-	2002	Skeldon 2003
	1.800	316	-	-	2007	Migration News 15 (4), 2008
Thailand	103	562	-	-	2000	IOM 2003
	700[d]	70[d]	3	-	2000	Martin und Widgren
	1.103[a]	-	-	-	2000	Skeldon 2003
	500	1.300	-	-	2007	Martin 2008
Philippinen	-	-	-	-	-	-
	7[c]	-	-	-	2001	Skeldon 2003
Indonesien	-	-	-	-	-	-
	24[c]	-	-	-	2002	Skeldon 2003
Vietnam	-	-	-	-	-	-
	30[c]	-	-	-	2000	Skeldon 2003

[a] Inklusive Schätzungen für irreguläre Arbeitsmigranten.
[b] Nur Schätzungen für „foreign domestic workers" (ohne „highly skilled workers").
[c] Nur „ausländische Experten" (primär Professionisten, Lehrer und sonstige „highly skilled").
[d] Unplausible, von allen anderen Quellen abweichende Schätzung (vermutlich fehlerhafte Angaben durch irrtümliche Vertauschung der Spalten für dokumentierte und irreguläre Migranten?).

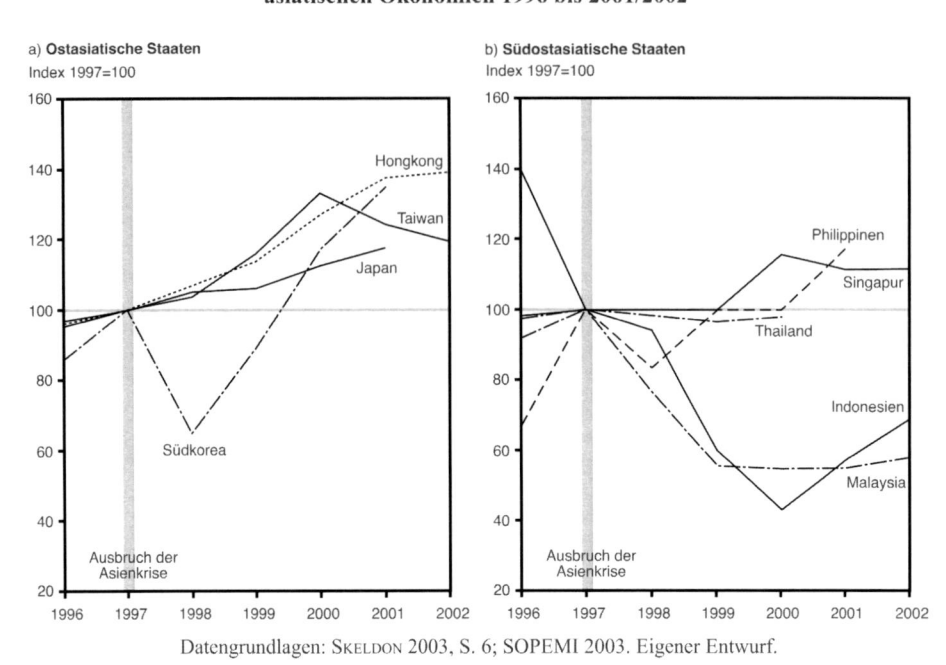

Abb. 1: Gesamtzahl ausländischer Arbeitskräfte in ausgewählten asiatischen Ökonomien 1996 bis 2001/2002

Datengrundlagen: SKELDON 2003, S. 6; SOPEMI 2003. Eigener Entwurf.

len Staaten das Vorkrisenniveau der Arbeitsmigration innerhalb weniger Jahre wieder erreicht oder sogar übertroffen. Die migrationspolitischen Maßnahmen, die während und knapp nach der „Asienkrise" in den Jahren 1997 und 1998 von den meistbetroffenen Regierungen sowohl der Empfänger- als auch der Herkunftsländer von Arbeitsmigranten gesetzt wurden und die sozialen Auswirkungen der Krise auf die Migranten selbst wurden bereits an anderer Stelle ausführlich analysiert (vgl. HUSA und WOHLSCHLÄGL 2000a, 2000b).

Betrachtet man das räumliche Muster der internationalen Arbeitsmigration im pazifischen Asien, so zeigt sich, dass sich die Staaten, die aktiv in transnationale Migrationsprozesse eingebunden sind, je nach ihrer Funktion im Migrationssystem drei unterschiedlichen Gruppen zuordnen lassen (vgl. Tab. 3):

– Staaten, die überwiegend *Zielgebiete* der Arbeitsmigration sind,

– Staaten, die primär als *Entsendeländer* von internationalen Arbeitsmigranten fungieren, und

– Staaten, die sich in einem *Übergangsstadium* befinden und sowohl eine nennenswerte Anzahl von Arbeitsmigranten entsenden als auch aufnehmen.

Im Folgenden sollen nun die Bedeutung der einzelnen Empfänger- und Senderländer im asiatischen Migrationssystem sowie vorhandene charakteristische Gemeinsamkeiten bzw. Unterschiede im Migrationsgeschehen näher analysiert werden.

Tab. 3: Klassifikation der Staaten Ost- und Südostasiens nach ihrer Funktion im System der internationalen Arbeitsmigration um 2000

Staat	Art der Migrationspolitik	Hauptzielgebiete bzw. Hauptherkunftsgebiete der Arbeitsmigranten
Überwiegende Entsendeländer		
Philippinen	Arbeitskräfte-Exportpolitik	Golfregion, Japan, Taiwan, Hongkong, Singapur, (West-)Europa, USA, Kanada, Australien
Indonesien	Arbeitskräfte-Exportpolitik	Golfregion, Malaysia, Singapur, Hongkong
Myanmar	keine	Thailand
Laos	keine	Thailand
Kambodscha	keine	Thailand
Vietnam	Arbeitskräfte-Exportpolitik	USA, Kanada, Australien, (West-)Europa, Russland
VR China	keine	Japan, Südkorea, (West-)Europa, USA, Kanada
Überwiegende Aufnahmeländer		
Japan	Offiziell keine (in Diskussion), stattdessen „Trainee-System"	Südkorea, VR China, Thailand, Philippinen, Brasilien und Peru („Nikkeijin")
Taiwan	Arbeitskräfte-Importpolitik (restriktiv), „Trainee-System"	Thailand, Philippinen, Indonesien
Südkorea	keine	VR China, Philippinen
Hongkong	Arbeitskräfte-Importpolitik	Philippinen, Thailand
Singapur	Arbeitskräfte-Importpolitik	Malaysia, Indonesien, Hongkong, Philippinen, Europa, Australien
Brunei	Arbeitskräfte-Importpolitik	Malaysia, Indonesien, Philippinen
Entsende- und Aufnahmeländer		
Thailand	Arbeitskräfte-Exportpolitik, Arbeitskräfte-Importpolitik in Diskussion	Emigranten nach: Taiwan, Malaysia, Singapur, Golfregion Immigranten aus: Myanmar, Kambodscha, Laos, VR China, Bangladesch
Malaysia	Arbeitskräfte-Importpolitik	Emigranten nach: Singapur, Taiwan, Japan, Australien Immigranten aus: Indonesien, Bangladesch

Quellen: HUGO 1999; HUSA und WOHLSCHLÄGL 2000a, 2000b; IOM 2003.

4. Ostasien – Struktur der internationalen Arbeitsmigration und staatliche Migrationspolitik

In Ostasien zählen die meisten Staaten – Japan, Südkorea, Taiwan und Hongkong, nicht aber die Volksrepublik China – zu den Arbeitskräfteimporteuren. So erfuhr *Japan* vor allem ab Mitte der 1980er-Jahre eine erhebliche Arbeitskräfteknappheit im Bereich der

Industriebeschäftigten, da japanische Schulabgänger vielfach nicht bereit waren, „Blue-Collar"-Jobs in Fabriken anzunehmen und das Potenzial der Abdeckung des Bedarfs durch die Land-Stadt-Migration in die Industriezentren oder durch den zunehmenden Eintritt von Frauen ins Erwerbsleben weitgehend erschöpft war.

Sowohl Japan als auch Südkorea erlauben per Gesetz keine Zuwanderung von niedrig qualifizierten ausländischen Arbeitskräften, obwohl im japanischen „Immigration Control and Refugee Recognition Act" von 1989 diesbezüglich eine Ausnahme für „Nikkeijin" – Abkömmlinge von japanischen Emigranten, vorwiegend aus Brasilien und Peru – enthalten ist. Die Ambivalenz der japanischen Zuwanderungsregelungen kommt noch in einem weiteren Phänomen zum Ausdruck, das ARCHAVANITKUL und GUEST (1999) als sogenannte „Close the door – Open the window"-Politik bezeichnen: Durch Etablierung eines „Trainee"-Systems können seit Beginn der 1990er-Jahre kleinere und mittlere Industrieunternehmen, die sich eine Verlagerung ihrer Produktionsstätten ins Ausland nicht leisten können, ausländische Arbeitskräfte zu „Ausbildungszwecken" ins Land zu holen und auf diese Weise ihren Arbeitskräftebedarf abdecken. Als Ergebnis solcher Praktiken verfügt Japan heute trotz offiziell äußerst restriktiver Zuwanderungsregelungen – im Jahr 2004 wurden die im „Immigration Control and Refugee Recognition Act" zur Kontrolle der irregulären Migration vorgesehenen Maßnahmen nochmals verschärft (vgl. KASHIWAZAKI und AKAHA 2006) – über die nicht unbeträchtliche Anzahl von rund 1,6 Millionen Ausländern (2005), die sich permanent im Land aufhalten (United Nations 2006).

Der rasch voranschreitende Alterungsprozess der japanischen Bevölkerung – für 2050 wird eine Zunahme der über 65-Jährigen von gegenwärtig 22 Prozent der Gesamtbevölkerung (2008) auf rund 38 Prozent prognostiziert – und kontinuierlich absinkende Fertilitätsraten (Japan zählt schon heute mit einer Gesamtfertilitätsrate von nur mehr 1,3 Kindern pro Frau zu den Staaten mit der weltweit niedrigsten Fertilität) bewirkten in den letzten Jahren allerdings zunehmend einen sich abzeichnenden Strategieschwenk der Regierung, was die künftige Migrationspolitik betrifft. Der im März 2000 verabschiedete „Basic Plan for Immigration Control", ein Strategiepapier des Justizministeriums, anerkennt erstmals offiziell die Notwendigkeit, ausländische Arbeitskräfte für jene Bereiche, in denen ein akuter Mangel an einheimischen Arbeitskräften herrscht, über ein Quotensystem für Arbeitsmigranten, wie es auch in vielen europäischen Staaten seit längerem üblich ist, zuzulassen. Erstmals werden in diesem Papier nicht nur Arbeitskräftedefizite im Hightech-Bereich erwähnt, sondern explizit auch ein Arbeitskräftemangel im Bereich der Sozialberufe (Altenbetreuung, Gesundheitswesen) und in der japanischen Landwirtschaft. Der „Basic Plan for Immigration Control" sieht auch eine Ausweitung des „Trainee"-Systems vor, dessen Bedeutung als unverzichtbare Quelle für dringend benötigte Arbeitskräfte in Landwirtschaft und Industrie – anders als in den Jahren zuvor – nun auch offiziell anerkannt wird. Wie dringend der Handlungsbedarf der japanischen Regierung in Bezug auf eine Öffnung der Migrationspolitik geworden ist, zeigt eindrucksvoll der Bericht der Vereinten Nationen zur „Replacement Migration" (United Nations 2000) auf: demnach würde Japan bis zum Jahr 2050 jährlich 609.000 Zuwanderer (!) benötigen, um die Größe der Erwerbsbevölkerung auf dem Niveau von 1995 zu stabilisieren.

Ein Paradebeispiel für extrem rasch ablaufende Veränderungen im Migrationssystem ist *Südkorea*: So waren im Jahr 1982 noch rund 200.000 koreanische Arbeitskräfte im

Ausland beschäftigt, der Großteil davon in der Bauwirtschaft in den Staaten des „Gulf Co-operation Council". Nur zehn Jahre später war Südkorea bereits Netto-Importeur von Arbeitsmigranten: Ende der 1990er-Jahre hielten sich mindestens 160.000 ausländische Arbeitskräfte legal und rund 96.000 Personen illegal im Land auf, während die Anzahl von temporär im Ausland beschäftigten Koreanern verschwindend gering war (vgl. MARTIN und WIDGREN 1996). Das südkoreanische Einwanderungsgesetz von 1996 erlaubt die Beschäftigung von ausländischen Arbeitskräften nur für jene Jobs, für die keine einheimische Arbeitskraft gefunden werden kann; allerdings besteht seit 1994 so wie in Japan auch in Korea die Möglichkeit, wenig qualifizierte Arbeitskräfte im Rahmen sogenannter „On the Job"-Trainingsprogramme aus dem Ausland zu importieren (PARK 1998). Die Folgen der Asienkrise ab 1997 führten zunächst zu einer deutlichen Reduktion der Anzahl ausländischer Beschäftigter, aber bereits im Jahr 2000 wurde, bedingt durch die rasche Erholung der koreanischen Wirtschaft, das Vorkrisenniveau der Ausländerbeschäftigung nicht nur wieder erreicht, sondern klar übertroffen. Wenig überraschend folgte die südkoreanische Regierung auch in dieser Situation dem japanischen Vorbild und ergänzte das „Trainee"-System im Jahr 2002 durch das „Employment Permit Scheme", indem anspruchsberechtigte koreanische Arbeitgeber (das sind Inhaber von Betrieben mit weniger als 300 Beschäftigten) erstmals legal die Möglichkeit erhalten, offiziell ausländische Arbeitskräfte anzustellen, soferne diese nicht älter als 40 Jahre und bei guter Gesundheit sind (PARK 2004). Mit dem Inkrafttreten dieser Regelung fand das jahrzehntelange Zuwanderungsverbot für ungelernte Arbeitskräfte ein offizielles Ende.

Anders als Japan und Südkorea akzeptierten die beiden anderen Zielländer der Arbeitsmigration in Ostasien, Hongkong und Taiwan, schon seit jeher auch „offiziell" die wirtschaftliche Notwendigkeit, auf ungelernte ausländische Migranten zur Deckung ihres Arbeitskräftebedarfs zurückzugreifen. Sie haben bereits vor geraumer Zeit entsprechende gesetzliche Rahmenbedingungen geschaffen, die sowohl die Zulassung und den Aufenthalt als auch die Abreise dieser Personengruppe regeln.

Arbeitsmigranten in *Hongkong* sind im Wesentlichen drei Kategorien zuzuordnen: Hauspersonal, Beschäftigte im Bauwesen und Arbeitskräfte, die nach einem festgelegten Quotensystem für spezielle Industriezweige angeheuert werden. Die bei weitem größte Gruppe der ausländischen Arbeitskräfte bildet das Hauspersonal, wobei rund 80 Prozent der Beschäftigten von den Philippinen stammen, während die Anzahl der Arbeitsmigranten in der Bauwirtschaft seit der Fertigstellung des neuen internationalen Großflughafens Chek Lap Kok 1998 drastisch zurückgegangen ist. Als „Global City" verfügt Hongkong allerdings auch über eine erhebliche Anzahl von sogenannten „Expatriats" (insgesamt waren 2005 rund 300.000 Ausländer in Hongkong registriert; vgl. United Nations 2006).

Die zunehmende Standortkonkurrenz zwischen Hongkong, Singapur und in jüngster Zeit vor allem Shanghai und der daraus resultierende Wettlauf um hochqualifizierte Arbeitskräfte führten im Dezember 1999 zur Implementierung des sogenannten „Admission of Talents Scheme", das vor allem Zuwanderungsanreize für hochqualifizierte Festlandschinesen („Mainland Chinese"), aber auch für temporär im Ausland lebende Chinesen sowie für Staatsbürger von Bulgarien, Rumänien und der Mongolei, soferne diese über die nötigen Qualifikationen verfügen, bieten soll (CHIU 2001). Um im Rahmen dieses Programms akzeptiert zu werden, ist eine hervorragende berufliche Qualifikation vonnöten, die üblicherweise durch ein Doktorat in einer der gesuchten Fachrichtungen nachgewiesen werden muss. Ziel dieser neuen Strategie ist eindeutig die Stärkung der Stellung von Hongkong im schärfer werdenden Wettbewerb der „Global Cities" und nicht die Öffnung einer Hintertür, um mehr Billigarbeitskräfte ins Land holen zu können, wie die ersten Erfahrungen mit dieser Regelung beweisen: Bis Oktober 2000 wurden von 349 unter diesem Programm eingereichten Anträgen nur 74 positiv beschieden. Seit 2006 konnten im Rahmen des nun „Quality Migrant Scheme" (QMS) genannten Anreizprogramms hochqualifizierte Personen um eine Aufenthalts- und Arbeitsbewilligung ansuchen, auch ohne bereits vorher einen Job in Hongkong gehabt zu haben. Im Jänner 2008 wurden die Zulassungskriterien neuerlich gelockert, da zwischen 2006 und Jahresbeginn 2008 von rund 1300 Bewerbern nur 322 Kandidaten die Kriterien erfüllen konnten (CHONG 2008).

Taiwans Engagement in der internationalen Arbeitsmigration begann erst 1991, als der Arbeitskräftebedarf durch den Start einer Reihe großer öffentlicher Bauvorhaben in die Höhe schnellte. Im Rahmen des 1992 verabschiedeten „Employment Service Act" wurde dann die Erlaubnis, ausländische Arbeitskräfte ins Land zu holen, auf die Textilindustrie und später auch auf andere Industriezweige ausgedehnt, wobei folgende Restriktionen Geltung erlangten (vgl. LEE und WANG 1996; BATTISTELLA und ASIS 1999):

- Die Beschäftigung von ausländischen Arbeitsmigranten ist nur in jenen Industriezweigen möglich, die das stärkste Arbeitskräftedefizit aufweisen.
- Ausländische Arbeitsmigranten erhalten maximal für zwei Jahre eine Aufenthaltsgenehmigung (zu Beginn für ein Jahr plus der Option, um ein weiteres Jahr zu verlängern); durch eine im Juni 2007 erfolgte Gesetzesänderung ist allerdings unter Inanspruchnahme aller möglichen Sonderregelungen mittlerweile ein Aufenthalt von bis maximal neun Jahren möglich (vgl. LEE 2008).
- Arbeitsmigranten, die schon einmal in Taiwan gearbeitet haben, können nicht im Rahmen eines anderen Kontrakts wiederbeschäftigt werden.
- Wenn einheimische Arbeitskräfte für einen Job zur Verfügung stehen, ist die Beschäftigung von Ausländern untersagt.
- Ausländische Arbeitskräfte haben keinen Anspruch auf Inanspruchnahme des taiwanesischen Gesundheitssystems oder auf den Ersatz von sonstigen sozialen Kosten (aus diesem Grund bestehen die Behörden auch auf einem umfangreichen Gesundheitsattest, bevor die Einreisebewilligung erteilt wird).

Ein Großteil der in Taiwan anwesenden ausländischen Arbeitskräfte (2002 rund 292.000) stammt aus Thailand, den Philippinen, Indonesien und Malaysia, was mit der Politik der Regierung, Arbeitsmigranten nur in diesen vier Staaten zu rekrutieren, konform geht. Ausschlaggebend für diese Politik sind zum einen diplomatische Gründe, zum anderen auch die Tatsache, dass sich die Auslandsinvestitionen Taiwans seit geraumer Zeit auf diese vier Staaten konzentrieren (LEE 1998; BATTISTELLA und ASIS 1999; SKELDON 2003).

Die größten Veränderungen im Migrationssystem Ostasiens – und vermutlich weit darüber hinausgehend – sind allerdings in naher Zukunft durch die zunehmende Öffnung der Wirtschaft der *Volksrepublik China* und ihre Anbindung an den Weltmarkt zu erwarten, wodurch letztlich auch ein hohes Migrationspotenzial in Bewegung gesetzt werden wird. Bereits in den ersten Jahren des 21. Jahrhunderts sind deutliche Anzeichen für eine immer dynamischer werdende Einbindung Chinas in die globalen Migrationssysteme sichtbar:

Die enorme Umstrukturierung der chinesischen Wirtschaft, die seit dem Beitritt der Volksrepublik zur WTO im Dezember 2001 bereits angelaufen ist, wird das rasch wachsende Heer der Arbeitslosen, das schon gegen Ende der 1990er-Jahre durch Entlassungswellen in unprofitablen Staatbetrieben und vor allem durch Freisetzung von Arbeitskräften in der Landwirtschaft auf über 80 Millionen Menschen angewachsen ist (vgl. GIESE 2000), noch weiter in die Höhe schnellen lassen. Gemäß den Richtlinien der WTO ist es zumindest prinzipiell für alle chinesischen Staatsbürger, die in größeren Städten leben, möglich, die Ausstellung eines Reisepasses zu beantragen, der ihnen zumindest theoretisch die Ausreise ermöglicht. Es wäre höchst erstaunlich, wenn diese Veränderungen nicht zu einem dramatischen Anstieg sowohl der Binnenmigrationen als auch der internationalen Wanderungen aus China hinaus führen würden (IOM 2003, S. 197).

Bereits jetzt weisen die Emigrationen aus „Mainland China" eine zunehmende Komplexität auf: Sowohl die Anzahl der Personen, die als Studierende ins Ausland gehen, als auch die Zahl der sogenannten „highly skilled workers" ist in den letzten Jahren enorm angestiegen. In den letzten Jahren hat sich die Zahl chinesischer Studenten in manchen Staaten Europas vervielfacht, in Großbritannien und Irland werden in jüngster Zeit zunehmend Krankenschwestern und Pflegepersonal aus China rekrutiert, und große US-Firmen sind in steigendem Ausmaß auf der Suche nach chinesischen Computerfachleuten, die mit sogenannten H-1B Visa (Arbeitsvisa für Hochqualifizierte) ins Land geholt werden. Bislang international am meisten Beachtung fand allerdings der rasch wachsende Strom von irregulären Migranten, die von kriminellen Organisationen („Snakehead Gangs") seit Jahren in die westlichen Wohlstandsökonomien Europas, nach Nordamerika und zunehmend auch nach Japan geschmuggelt werden (vgl. u.a. ABOU CHABAKE 2000; HUSA und WOHLSCHLÄGL 2000a).

5. Entwicklung der internationalen Arbeitsmigration und migrationspolitische Konzepte in den Staaten Südostasiens

In Südostasien bietet das Muster der internationalen Arbeitsmigration ein sehr differenziertes Bild: Die wirtschaftlich weniger entwickelten Staaten Myanmar, Laos, Vietnam und Kambodscha, die SKELDON (1997) als Länder mit sog. *„distress movements"* (im deutschen Sprachraum oft als „Armutsflüchtlinge" bezeichnet) klassifiziert, sind im Wesentlichen Arbeitskräfteexporteure, aber bislang nur in geringem Ausmaß in das System der internationalen Arbeitsmigration eingebunden, wobei sich in den letzten Jahren allerdings eine deutlich steigende Tendenz zeigt. Malaysia und besonders Thailand sind sowohl Arbeitskräfteimport- als auch -exportstaaten und bei Singapur wie auch beim ölreichen Brunei handelt es sich um Aufnahmeländer für Arbeitsmigranten.

Singapur importierte ausländische Arbeitskräfte schon seit 1968, also lange bevor der Stadtstaat seinen gegenwärtigen Status als „Tigerland" erreichen konnte. Ihre Anzahl verzehnfachte sich von rund 50.000 Personen 1970 auf 612.000 Personen beim Zensus 2000, was mehr als einem Viertel der gesamten Erwerbsbevölkerung des Landes entspricht

(YAP 2001; ARCHAVANITKUL und GUEST 1999). Der Großteil der Arbeitsmigranten kam anfangs aus Malaysia, in den 1990er-Jahren aber auch zunehmend aus anderen südost- und südasiatischen Staaten. Ein typisches Charakteristikum der singapurianischen Zuwanderungspolitik ist die Förderung der Zuwanderung von hochqualifizierten Migranten (offiziell „foreign talent" genannt) bei gleichzeitig äußerst restriktiven und ausschließlich bedarfsorientierten Regelungen für die Zulassung minder qualifizierter ausländischer Arbeitskräfte. Diese Migrationspolitik ermöglicht dem Stadtstaat, einerseits den nach wie vor gegebenen Bedarf nach ungelernten Arbeitskräften abzudecken, andererseits aber auch längerfristig die Basis für eine Reduktion der Abhängigkeit vieler Unternehmen von diesen zu legen: so sollen zum Beispiel die Gebühren, die bei Beschäftigung von ungelernten Arbeitern aus dem Ausland an den Staat entrichtet werden müssen, die Betriebe ermutigen, eher in ein „Technologie-Upgrading" zu investieren als auf Migrantenarbeitskraft zurückzugreifen.

Ebenso wie Hongkong versucht in jüngster Zeit auch Singapur, höchstqualifizierte Arbeitskräfte ins Land zu holen, um die Position der Stadt im globalen Wettbewerb zu stärken. Zu diesem Zweck wurde 1998 von der Regierung das sogenannte „Singapore Talent Recruitment Committee" (STAR) eingerichtet, wobei die Zielgruppe, die im Rahmen dieses Programms angesprochen werden soll, jedoch vergleichsweise breit gefasst ist. So organisierte zum Beispiel die angesehene, eher regierungsfreundliche Tageszeitung „The Straits Times" im Jahr 2000 einen sogenannten „Maid of the Year"-Wettbewerb, durch den der großen Gruppe der ausländischen Arbeitskräfte im Dienstleistungssektor gezeigt werden sollte, dass auch ihr Beitrag zur singapurianischen Wirtschaft durchaus geschätzt wird.

Ein weiteres Arbeitskräfteimportland in Südostasien ist das Sultanat *Brunei*, das allerdings nicht in das gängige Muster der Arbeitskräfteimporteure im asiatisch-pazifischen Raum passt: Brunei weist in Bezug auf die internationale Arbeitsmigration ganz ähnliche Charakteristika auf wie die Staaten am Arabisch-Persischen Golf: Ölreichtum, eine geringe Bevölkerungszahl (358.000 Einwohner 2004), Beschäftigung ausländischer Kontraktarbeiter vorwiegend im Erdölsektor, im Bauwesen oder im Bereich der persönlichen Dienstleistungen und einen hohen Anteil von ausländischen Arbeitskräften an der gesamten Erwerbsbevölkerung (vgl. JONES und FINDLAY 1998; United Nations 2003).

Wesentlich stärker vertreten als die Gruppe der Arbeitskräfteimportstaaten sind in Südostasien die überwiegenden Arbeitskräfteexporteure. Diese umfassen neben Myanmar sowohl die ehemals kommunistischen Staaten Indochinas Laos, Kambodscha und Vietnam als auch die größten Entsendeländer von Arbeitsmigranten, nämlich Indonesien und die Philippinen, wobei der letztgenannte Staat in den letzten Jahrzehnten auch auf globaler Ebene zu einem der wichtigsten Quellgebiete für internationale Arbeitsmigranten geworden ist.

Die arbeitsorientierte Migration aus Myanmar begann erst zu Beginn der 1990er-Jahre im Zusammenhang mit der schwierigen innenpolitischen Situation im Land und mit dem Wirtschaftsboom im Nachbarland Thailand. Schätzungen gehen davon aus, dass sich um 1998 insgesamt knapp mehr als eine Million Burmesen im Ausland aufgehalten haben, davon rund 800.000 Personen allein in Thailand (BATTISTELLA und ASIS 1999). Die Burmesen finden in Thailand vorwiegend in jenen Sektoren Beschäftigung, die von den inländischen Arbeitskräften gemieden werden, zum Beispiel im Fischereiwesen, in kleinen Fabriken, vor allem bei schlecht bezahlten „Schmutzarbeiten", oder in Restaurants und Bars. Burmesische Frauen waren in den letzten Jahren zunehmend als Hauspersonal oder in der kommerziellen Sexindustrie Thailands tätig.

Die internationale Arbeitsmigration aus *Laos* ist umfangmäßig nach wie vor nur von geringer Bedeutung. Auch für laotische Arbeitskräfte stellt Thailand das hauptsächliche Wanderungsziel dar, vor allem die Provinzen im Nordosten des Landes, wo starke Ähnlichkeiten sowohl in ethnischer als auch sprachlicher Hinsicht zwischen der laotischen und der einheimischen Bevölkerung bestehen. Die Migrationsbewegung aus *Kambodscha* war in den vergangenen Jahrzehnten primär durch Flüchtlingswellen geprägt. Als Folge schwerer innerer Krisen und der Verwicklung des Landes in militärische Konflikte in Indochina suchten Tausende Menschen ihr Heil in der Flucht, überwiegend in den Nachbarstaat Thailand, um dort Asyl zu suchen. Erst nach dem Machtverlust der „Khmer Rouge" und vor allem durch die Aufnahme des Landes in die ASEAN erfuhr auch die Arbeitsmigration nach Thailand einen ersten Aufschwung: die Anzahl von Arbeitsmigranten aus Kambodscha, die sich 1999 – vorwiegend in illegalen Beschäftigungsverhältnissen – in Thailand aufgehalten haben, dürfte nach diversen Schätzungen bereits knapp über 200.000 Personen betragen haben (KAUR 2007).

Einen Sonderfall stellt *Vietnam* dar, das in Bezug auf die internationale Arbeitsmigration einen völlig anderen Weg als die restlichen Staaten Indochinas eingeschlagen hat. Dominante Wanderungsziele waren seit Mitte der 1970er-Jahre die ehemalige Sowjetunion und die kommunistischen Staaten Osteuropas, vor allem die Deutsche Demokratische Republik. Mitte der 1980er-Jahre wurde die Anzahl der im Ausland beschäftigten vietnamesischen Migranten auf rund 220.000 geschätzt. Durch die großen politischen Veränderungen im ehemaligen „Ostblock" nach 1989/90 verloren allerdings die meisten Auslandsvietnamesen ihre Jobs in Osteuropa. Danach – und parallel zur Öffnung der vietnamesischen Wirtschaft nach dem Zusammenbruch des Kommunismus in Russland und Osteuropa – verlagerten sich die Wanderungsziele internationaler Miganten aus Vietnam in Richtung der marktwirtschaftlich orientierten Ökonomien in Südost- und Ostasien. Nach offiziellen Angaben ist die Zahl der im Ausland beschäftigten Vietnamesen jedoch gering: so wurden in der Periode von 1990 bis 1996 nur rund 36.000 Personen registriert, die das Land verlassen hatten, um im Ausland zu arbeiten (HUGO 1999). In Zukunft ist allerdings zu erwarten, dass das Land ebenso wie die VR China als Arbeitskräfteexporteur zunehmend in Konkurrenz zu den traditionellen Arbeitskräfteexportstaaten der Region treten wird. Aktuelle Schätzungen gehen davon aus, dass sich 2008 rund 400.000 vietnamesische Arbeitsmigranten in rund 40 Ländern der Welt befunden haben (DANG 2008).

Die geringe Anzahl an Arbeitsmigranten darf aber nicht darüber hinwegtäuschen, dass Vietnam insgesamt gesehen sehr wohl ein wichtiges Quellgebiet der internationalen Migration darstellt. Der Großteil der Abwanderer der letzten Jahrzehnte bestand allerdings nicht aus Arbeitsmigranten, sondern aus politischen Flüchtlingen, die sich permanent in Nordamerika, Europa oder Australien ansiedelten (sog. „Viet Kieu" oder „Übersee-Vietnamesen"). So gab die vietnamesische Regierung im Frühjahr 1996 an, dass rund 2,6 Millionen ethnischer Vietnamesen im Ausland leben und dass deren Anzahl wahrscheinlich bis zum Jahr 2000 auf über drei Millionen ansteigen dürfte (Japan Economic Newswire vom 29. März 1996, zit. nach HUGO 1999).

Wie schon erwähnt, sind die wichtigsten Entsendeländer von internationalen Arbeitsmigranten im gesamten asiatisch-pazifischen Raum zweifellos die Philippinen und Indonesien, was auch darin zum Ausdruck kommt, dass beide Staaten die große Bedeutung der Beschäftigung einheimischer Arbeitskräfte in Übersee für die Landesentwicklung in ihren nationalen Entwicklungsplänen explizit betonen. Vor allem der institutionelle Rahmen, innerhalb dessen sich der Export von Arbeitskräften nach Übersee in den *Philippinen* vollzieht, wird häufig als Modell für andere Arbeitskräfteexportländer herangezogen. So sind die Philippinen innerhalb von nur drei Jahrzehnten zu einem der größten Entsendeländer von Arbeitsmigranten auf globaler Ebene aufgestiegen: gegen Ende der 1990er-Jahre befanden sich Arbeitskräfte aus den Philippinen bereits in 181 Staaten der Welt (BÖHNING 1998). Aktuelle Schätzungen der Gesamtzahl der philippinischen Arbeitsmigranten im Ausland – des sog. „Migrant Stock" – schwanken für 2007/2008 zwischen rund 4,8 Millionen temporären und 2,9 Millionen permanenten Arbeitsmigranten im Ausland (CoF – Commission of Filipinos Overseas), die Anzahl der von der Weltbank aufgrund von Zensusdaten geschätzten im Ausland tätigen Filipinos liegt hingegen mit insgesamt rund 3,6 Millionen Personen wesentlich tiefer (DUCANES und ABELLA 2008).

Bis Mitte der 1990er-Jahre stellten die Erdölstaaten am Arabisch-Persischen Golf die wichtigsten Zielgebiete philippinischer Arbeitskräfte dar (vgl. auch Tab. 1). 1997 überwog jedoch erstmals die Anzahl der offiziell in anderen Staaten Asiens registrierten Arbeitmigranten mit rund 235.000 Personen die Arbeitsmigration in den Mittleren Osten (221.000 Personen) (BATTISTELLA und ASIS 1999). Ausgehend von einem stark „marktorientierten" Ansatz, der im „1995 Overseas Filipinos and Migrant Workers Act" seinen Ausdruck fand, erweiterte die philippinische Regierung ihre Politik auf eine breite Palette von Hilfestellungen für im Ausland tätige Arbeitsmigranten und ihre Familien, die von sog. „Pre-Departure"-Maßnahmen bis zu Maßnahmen zur Reintegration nach Rückkehr der Migranten reicht. Das Ausmaß der philippinischen „Diaspora" zeigt auch der stark zunehmende Devisenrückfluss in Form von Geldrücksendungen der Migranten aus nahezu allen Teilen der Welt: so verzehnfachte sich die offiziell registrierte Summe der Geldrücksendungen durch Auslandsfilipinos von rund 811 Millionen US-Dollar Mitte der 1980er-Jahre auf etwa 7 Milliarden US-Dollar Mitte der 1990er-Jahre und verdoppelte sich bis 2006 nochmals auf rund 14 Milliarden US-Dollar, was wertmäßig knapp einem Drittel der gesamten Exporterlöse des Landes entsprach (DUCANES und ABELLA 2008). Der Export von Arbeitskräften ist somit mittlerweile zu einem Schlüsselelement der philippinischen Wirtschaft geworden (TIGALO 1997; GO 2001).

Im Gegensatz zu den Philippinen ist *Indonesien* beim staatlich organisierten Arbeitskräfteexport nach Übersee eher ein Nachzügler, der allerdings durch eine aggressive Förderung der ins Ausland gerichteten arbeitsorientierten Migration ebenfalls zu einem bedeutenden Arbeitskräfteexporteur aufgestiegen ist. So hat Indonesien im nationalen Entwicklungsplan sowohl die große Bedeutung der Arbeitsmigration für die nationale Entwicklung als auch vorgegebene Arbeitskräfte-Exportquoten festgeschrieben. Die Arbeitsmigration aus Indonesien zeigt sowohl von den wichtigsten Wanderungszielen als auch von der Struktur der Migranten her ausgeprägte Charakteristika: die dominierende

Zielregion für weibliche Arbeitsmigranten ist der Mittlere Osten, während die männliche Arbeitskräftewanderung primär auf Zielgebiete im asiatisch-pazifischen Raum ausgerichtet ist, insbesondere auf das Nachbarland Malaysia.

Insgesamt waren 2006 von den indonesischen Behörden rund 2,7 Millionen im Ausland beschäftigte Arbeitskräfte offiziell erfasst (Hugo 2007), wobei es sich dabei wohl nur um die sprichwörtliche „Spitze des Eisbergs" handelt: Die Zahl der nicht registrierten, illegal im Ausland beschäftigten Arbeitsmigranten dürfte die offiziellen Angaben bei weitem überschreiten. Als deutliches Indiz für das erhebliche Ausmaß der illegalen Migration aus Indonesien kann auch die Tatsache gewertet werden, dass sich bei den Wahlen in Indonesien 1996 allein rund 1,4 Millionen in Malaysia ansässige Indonesier bei der dortigen Botschaft ihres Landes als Wähler registrieren ließen (Azizah 1997). Aktuelle Schätzungen gehen weiters davon aus, dass sich allein im ostmalaysischen Sabah mindestens 100.000 und im westmalaysischen Bundesstaat Selangor 130.000 irregulär anwesende Ausländer permanent aufhalten, der allergrößte Teil davon Indonesier.

Aus einem finanziellen Blickwinkel betrachtet war die Involvierung Indonesiens in das System der internationalen Arbeitsmigration allerdings keineswegs eine Einbahn: Während das Land eine erhebliche Anzahl von einheimischen Arbeitskräften zum Zweck der Devisenbeschaffung ins Ausland entsandte, waren in den 1990er-Jahren – zumindest noch vor Ausbruch der „Asienkrise" 1997 – rund 63.000 höchstqualifizierte „Expatriats" in Indonesien beschäftigt (Scalabrini Migration Center 1999). Schätzungen gingen davon aus, dass die Lohnkosten für die Expatriats bei rund drei Milliarden US-Dollar jährlich gelegen sein dürften, der jährliche Devisenrückfluss durch die im Ausland beschäftigten Migranten hingegen nur bei rund einer Milliarde US-Dollar.

Eine Sonderstellung im System der Arbeitskräftewanderung im asiatisch-pazifischen Raum nehmen schließlich Thailand und Malaysia ein: Beide Staaten sind, wie schon erwähnt, sowohl Entsende- als auch Aufnahmeländer von internationalen Arbeitsmigranten. Weiters weisen beide Länder Grenzen zu Nachbarstaaten auf, in denen sich aufgrund politischer und ökonomischer Probleme ein erheblicher „Emigrationsdruck" aufgebaut hat: Thailand verfügt über teilweise unzugängliche und nur schwer kontrollierbare Landgrenzen zu Kambodscha, Laos und Myanmar, und Malaysia liegt – wie übrigens auch Singapur – in unmittelbarer räumlicher Nähe zum großen Migrantenexporteur Indonesien, wobei zusätzlich die ostmalaysischen Provinzen Sarawak und vor allem Sabah auch von den südlichen Philippinen leicht erreichbar sind. Abgesehen von der geographischen Lage der beiden Staaten weisen Migrationsprozesse in den genannten Gebieten schon eine lange Tradition auf, da zwischen den beiden Ländern und ihren jeweiligen Nachbarstaaten schon traditionellerweise sowohl starke kulturelle Affinitäten als auch teilweise gemeinsame historische Beziehungen bestehen.

In *Malaysia* begann die Zuwanderung ausländischer Arbeitskräfte schon in den 1970er-Jahren, als durch die Etablierung der sog. „New Economic Policy" (NEP) die Nachfrage nach Arbeitskräften im Bauwesen, in der expandierenden exportorientierten Industrie und in der ebenfalls expandierenden Plantagenwirtschaft sprunghaft anstieg und im Inland nicht mehr gedeckt werden konnte. Ein Großteil der überwiegend aus Indonesien, den Philippinen und Thailand stammenden Gastarbeiter kam zunächst illegal ins Land, bis öffentliche Proteste die Regierung dazu veranlassten, gesetzliche Regelungen zur legalen Rekrutierung von Arbeitsmigranten aus dem Ausland zu treffen: Diese wurden ab 1984 im „Vertrag von Medan" mit Indonesien und in einem „Memory of Understanding" mit den Philippinen sowie in der Folge auch in ähnlichen Rekrutierungsabkommen mit Thailand, Bangladesch und Pakistan in die Tat umgesetzt.

Die Maßnahmen zur Regelung der internationalen Arbeitsmigration erwiesen sich jedoch als nur begrenzt wirksam. In den 1980er-Jahren hatte sich bereits eine erhebliche Anzahl ursprünglich temporärer ausländischer Arbeitskräfte im Land niedergelassen und der Zustrom von Arbeitsmigranten hielt trotz aller gesetzlichen Bestimmungen weiter an. Die Schätzungen über die gegen Ende der 1990er-Jahre in Malaysia legal wie auch illegal anwesenden ausländischen Arbeitskräfte gehen mittlerweile davon aus, dass sich zum Ausbruch der „Asienkrise" 1997 rund 1,5 Millionen Personen im Land befunden haben, wobei es sich größtenteils um angelernte oder ungelernte Arbeitskräfte handelte. Nach dem krisenbedingten Rückgang auf nur mehr knapp 800.000 ausländische Arbeitsmigranten dürfte deren Anzahl zu Beginn des neuen Jahrtausends wieder auf rund 850.000 Personen angestiegen sein (IOM 2003; SKELDON 2003). Die wichtigsten Herkunftsländer der Migranten sind Indonesien (rund 64 Prozent aller Migranten aus dem Ausland) und Bangladesch (ca. 27 Prozent), gefolgt von den Philippinen, Thailand und Pakistan. Unter den Arbeitskräften, die sich illegal in Malaysia befinden, dominieren indonesische Staatsbürger, gefolgt von Migranten aus Myanmar und Bangladesch. Eine Ausnahme bilden die ostmalaysischen Provinzen Sarawak und Sabah auf Borneo, für die eigene Zuwanderungsregelungen gelten: für Ostmalaysia ausgegebene Arbeitsbewilligungen gelten nicht für Festlandsmalaysia und umgekehrt.

Ausländische Arbeitsmigranten sind vor allem für die Plantagenwirtschaft in Sabah unverzichtbar, da die einheimische Bevölkerung sowohl die Arbeit in den Plantagen als auch in der Holzindustrie meidet. Dementsprechend lang ist auch die Tradition des aufgrund eklatanten Arbeitskräftemangels weitgehend tolerierten illegalen Arbeitskräftezustroms über die kaum kontrollierbare Landgrenze zu Kalimantan, dem indonesischen Teil von Borneo (BATTISTELLA und ASIS 1999). Seit 1977 wurden mehrere Regularisierungsprogramme zur Erfassung illegaler Arbeitsmigranten in Sabah gestartet, die tatsächliche Anzahl der undokumentierten (illegal im Land befindlichen) Arbeitsmigranten dürfte aber nach wie vor sehr hoch sein: nach aktuellen Schätzungen belief sich die Zahl der irregulären Migranten im Jahr 2006 auf rund 700.000 Personen in Westmalaysia und auf nochmals 150.000 bis 200.000 undokumentierte Migranten in Sabah in Ostmalaysia (KANAPATHY 2008).

Obwohl Malaysia seit nahezu drei Jahrzehnten eine der wichtigsten Destinationen für Arbeitsmigranten innerhalb Südostasiens darstellt und zum Beispiel der – überwiegend illegale – Zuwanderungsstrom aus Indonesien mittlerweile zu den größten Migrantenströmen der Welt zählt, exportiert das Land auch nach wie vor Arbeitskräfte: Gegen Ende der 1990er-Jahre dürften insgesamt rund 250.000 Malaysier im Ausland gearbeitet haben (HUSA und WOHLSCHLÄGL 2000b), rund 100.000 davon allein im benachbarten Singapur (AZIZAH 1997) und ebenso gingen signifikante Wanderungsströme von Malaysia aus nach Brunei, Japan, Hongkong und Taiwan (HUGO 1999).

Auch *Thailands* Eintritt in die internationale Arbeitsmigration begann, so wie auf den Philippinen und in Indonesien, mit der Entsendung von Gastarbeitern in den Mittleren Osten. Zum Aufnahmeland für ausländische Arbeitsmigranten wurde das südostasiatische Königreich dann in der zweiten Hälfte der 1970er-Jahre, als die thailändische Wirtschaftsentwicklung zunehmend dynamischer wurde (vgl. HUSA und WOHLSCHLÄGL 2003c) und sich gleichzeitig die politischen und wirtschaftlichen Bedingungen in den Nachbarländern schrittweise verschlechterten: Myanmars Wirtschaft befand sich im Niedergang und Kambodscha und Laos waren in bewaffnete Konflikte involviert. Thailand war von dieser Entwicklung doppelt betroffen: zum einen stieg die Anzahl der politischen Flüchtlinge und zum anderen wuchs auch die Zahl der Personen, die den schwierigen wirtschaftlichen Bedingungen in diesen Ländern entfliehen wollten.

Auf diese Weise wurde Thailand zunehmend von einem Arbeitskräfteexporteur zu einem Aufnahmeland für vorwiegend undokumentierte Arbeitsmigranten aus den drei genannten Staaten. Demgemäß erfolgten in den 1990er-Jahren kurz hintereinander drei Versuche der Regierung zur Regelung des Problems der illegal im Land befindlichen Ausländer. Als zum Beispiel zur Jahresmitte 1996 der Nachbarstaat Malaysia strikte Maßnahmen zur Aufspürung und Ausweisung illegaler Arbeitskräfte erließ, Thailand als Drehscheibe für die illegale Einwanderung von Pakistanis, Bangladeschis und Nepalesen nach Malaysia bezeichnete und begann, im Land aufgegriffene Illegale nach Thailand abzuschieben, sah sich auch die Regierung in Bangkok zum Handeln gezwungen. Sie entschied noch im Juni 1996, illegalen Arbeitskräften, die bereits vor diesem Zeitpunkt in Thailand beschäftigt waren, eine temporäre Aufenthalts- und Beschäftigungsbewilligung für zwei Jahre zu erteilen, falls sich diese bis Ende November 1996 offiziell registrieren ließen.

Der Erfolg dieser Maßnahme war mit rund 372.000 erfolgten Registrierungen nicht schlecht, dennoch kamen nun auch in Thailand Ängste auf, wie sie in diesem Zusammenhang bisher für westliche Zielländer illegaler Zuwanderungsströme charakteristisch waren: So artikulierte ein Vetreter des „National Economic and Social Development Board" in einem Interview mit der Zeitung „Bangkok Post" 1997 die Befürchtung, dass die illegale Zuwanderung ausländischer Arbeitskräfte ethnische Konflikte zwischen Thais und Ausländern schüren könnte, billigere ausländische Arbeiter von den Arbeitgebern gegenüber – teureren – inländischen vorgezogen werden würden und die Zahl der Bettler und Kinderprostituierten in Bangkok sprunghaft zunehmen könnte (HUSA und WOHLSCHLÄGL 1997). Für das Jahr 2007 wird die Anzahl ausländischer Migranten in Thailand auf rund 1,8 Millionen Personen geschätzt, wobei sich von diesen rund drei Viertel bzw. 1,3 Millionen Personen illegal im Land aufhalten dürften (MARTIN 2008). Rund 85 Prozent der undokumentierten Ausländer stammen aus Myanmar und der Rest zum größten Teil aus Kambodscha und Laos.

Nach wie vor entsendet Thailand aber auch Arbeitsmigranten, wenngleich sich deren Anzahl seit Ausbruch der Asienkrise 1997 deutlich verringert hat: Betrug 1995 die Anzahl „offizieller" thailändischer Kontraktarbeiter im Ausland noch rund 202.000 Personen, wovon – im Gegensatz zur früher dominierenden Arbeitsmigration in den Mittleren Osten – nun mehr als die Hälfte allein in Taiwan beschäftigt war (Thailand, Ministry of Labour and Social Welfare 1999, unveröff. Daten), so waren im Jahr 2004 nur mehr rund 149.000 thailändische Staatsbürger im Ausland erwerbstätig (HUGUET und PUNPUING

2005). Taiwan als bevorzugtes Ziel thailändischer Arbeitsmigranten ergab sich aufgrund der Zuwanderungspolitik der dortigen Regierung: ausländische Arbeitskräfte (2002 rund 292.000) kommen neben Thailand noch von den Philippinen, aus Indonesien und Malaysia, was mit der Politik der Regierung Taiwans, Arbeitsmigranten nur in diesen vier Staaten zu rekrutieren, konform geht. Ein nicht unwesentlicher Grund für die Bevorzugung thailändischer Arbeitsmigranten von Seiten taiwanesischer Unternehmer liegt auch in den weit verbreiteten stereotypen Annahmen, dass Thais nicht nur den Chinesen „ähnlicher", sondern auch umgänglicher bzw. weniger auf ihre Rechte bedacht seien als Migranten aus anderen Staaten, während zum Beispiel Filipinos häufiger als „wilder" bzw. stärker auf ihre Rechte pochend eingestuft werden (STERN 1999).

Auch im Fall Thailands dürften die von offiziellen Stellen angegebenen Daten das tatsächliche Ausmaß der ins Ausland gerichteten Arbeitsmigration erheblich unterschätzen: Viele potenzielle Migranten versuchen, die Inanspruchnahme der Vermittlungsdienste des „Ministry of Labour" zu vermeiden, da die Arbeit der Behörden meist als konfus, langsam und eher hinderlich empfunden wird, und greifen stattdessen auf private – in zunehmendem Ausmaß illegale – Vermittlungsagenturen zurück. So liefen zum Beispiel nach einer Studie von PUNPUING und ARCHAVANITKUL (1996, S. 4) rund 90 Prozent der gesamten Arbeitsmigrationen aus Thailand im Jahr 1995 über private Agenturen. Realistischere Schätzungen gehen davon aus, dass Mitte der 1990er-Jahre allein in den APEC-Mitgliedsstaaten Singapur, Südkorea, Taiwan, Malaysia, Brunei und Japan mindestens 350.000 thailändische Migranten beschäftigt waren (STERN 1999).

Ein spezielles Problem stellen die sogenannten „stranded migrants" („gestrandeten Migranten") dar (CHALAMWONG 1998; BATTISTELLA und ASIS 1999), da das Königreich auch ein wichtiges Transitland für internationale Migranten, die eine Beschäftigungsmöglichkeit in einem Drittland suchen, ist. Das Land hat sich im Zuge der 1990er-Jahre zu einem wichtigen Stützpunkt für Schlepper entwickelt, die Migranten aus Myanmar, Laos, Kambodscha und in den letzten Jahren zunehmend auch aus den südlichen Provinzen der Volksrepublik China auf durch thailändisches Territorium führenden Routen weiter nach Malaysia und in andere Staaten der Region schleusen. Solche Vorhaben scheitern allerdings oft; die illegalen Schlepper werden verhaftet oder flüchten und die ortsunkundigen und mittellosen Migranten „stranden" in Thailand, ohne ihre eigentlichen Zielländer erreichen zu können oder zurück in ihre Heimatländer zu wollen bzw. zu dürfen.

Zusammenfassend läßt sich deutlich erkennen, dass das räumliche Muster der internationalen Arbeitsmigration im heutigen Südost- und Ostasien ein höchst komplexes Bild ergibt: Im Gegensatz zum Muster der Wanderungsströme noch vor rund zwei Jahrzehnten, als die Arbeitskräftewanderung primär aus Südost- und Ostasien heraus vorwiegend in die ölreichen Staaten des Nahen Ostens, nach Nordamerika, Australien und zu einem geringeren Teil auch nach Europa gerichtet war, besteht heute ein dichtes Netz von Wanderungsverflechtungen innerhalb des asiatisch-pazifischen Raumes, in das die meisten Staaten der Region – in unterschiedlichem Ausmaß und konfrontiert mit unterschiedlichen Formen der Migration – eingebunden sind.

Obwohl die Arbeitsmigration in allen Aufnahmestaaten – und zwar nicht nur in Südost-, sondern vor allem auch in Ostasien (vgl. HUSA und WOHLSCHLÄGL 2000a) – nach wie vor fast ausschließlich als temporäres Phänomen gesehen wird, verfügte Ende der 1990er-Jahre bereits eine Reihe von Staaten des asiatisch-pazifischen Raumes über eine beträchtliche Anzahl an internationalen Arbeitsmigranten (vgl. Tab. 3). Für diese besteht jedoch in der Regel keinerlei Chance zur Integration in die Gesellschaft des jeweiligen Gastlandes, da das Aufenthaltsrecht im Wesentlichen an die Dauer der Arbeitskontrakte gebunden ist, die üblicherweise nur auf wenige Jahre beschränkt sind. Eine Erneuerung der Kontrakte erfordert – wenn überhaupt möglich – normalerweise zumindest eine Rückkehr in das Herkunftsland.

6. Veränderte Arbeitsmärkte und demographische Rahmenbedingungen – das Entstehen neuer Migrationsformen

Wie schon in den vorigen Kapiteln ausgeführt wurde, ist das aktuelle südost- und ostasiatische Migrationssystem nicht nur durch ständig steigende Migrantenzahlen gekennzeichnet, sondern auch durch eine kontinuierlich zunehmende Vielfalt an Formen und beteiligten Bevölkerungsgruppen. So hatte die „moderne" Arbeitsmigration seit Beginn der „Gastarbeiterwanderung" an den Arabisch-Persischen Golf von den 1970er-Jahren bis in die frühen 1990er-Jahre, als sich die Wanderungsströme zunehmend auf Zielgebiete innerhalb der Region selbst verlagerten, eine stark „bodenlastige", das heißt, auf ungelernte oder wenig qualifizierte Arbeitskräfte ausgerichtete Struktur (IOM 2003, S. 209). Die meisten Migranten der frühen Phasen wurden geholt, um Jobs im Bauwesen bzw. in kleinen Fabriken zu übernehmen oder schwere Arbeiten in der Landwirtschaft, im Haushalt oder in Restaurants und anderen Etablissements zu verrichten. An der Spitze der Qualifikationspyramide der Arbeitsmigranten befand sich in diesem für die 1970er- und 1980er-Jahre charakteristischen Migrationssystem eine nur sehr dünne Schicht von Managern, Technikern oder anderen hochqualifizierten Personen, die größtenteils von transnationalen Konzernen beschäftigt wurden und auch in deren Auftrag ihren Arbeitsplatz wechselten.

Die Qualifikationsstruktur der Arbeitsmigranten entsprach somit im Wesentlichen den Anforderungen der Wirtschaft, die in der Frühphase des Industrialiserungsbooms ihre stärksten Zuwachsraten in arbeitsintensiven Branchen und im Bauwesen zu verzeichnen hatte (vgl. HUSA und WOHLSCHLÄGL 1999; BOOTH 2003). Dementsprechend groß war bis zu Beginn der 1990er-Jahre innerhalb der Region auch die Nachfrage nach Bauarbeitern, Arbeitskräften für Fließbandjobs und weiblichem Haus- und Dienstpersonal. In Staaten wie zum Beispiel Singapur, Hongkong, Japan etc. übernahmen die Arbeitsmigrantinnen jene Tätigkeiten im Haushalt, die durch die Aufnahme von außerhäuslicher Erwerbsarbeit durch viele bisher ausschließlich im Haushalt tätige einheimische Frauen nun frei geworden waren.

Mit dem Boom der Software-Entwicklung, der Produktion von Computerperipherie (Festplatten, Hubs, Speicher-Chips etc.) und IT-Geräten einschließlich Zubehör (Mobiltelefone, Akkus usw.), aber auch von technisch höherwertigem Autozubehör traten die Wachstumsökonomien Ost- und Südostasiens ab Ende der 1990er-Jahre nun jedoch auch als neue Konkurrenten im globalen Wettrennen um die heiß begehrten „Highly Skilled Workers" auf (Japan Institute of Labour 2002; CHALAMWONG 2004). In diesem Zusammenhang sind bei der „Highly Skilled"-Migration zwei Migrationsströme zu unterscheiden: Zum einen die Abwanderung von qualifizierten Arbeitskräften aus den Staaten Ost- und Südostasiens in andere Länder, vor allem in die hochentwickelten Industriestaaten (OECD-Länder) Nordamerikas und Westeuropas sowie nach Australien, aber auch Japan, zum anderen die (überwiegend temporäre) Zuwanderung von Führungskräften und Spezialisten aus diesen Staaten in die Länder Ost- und Südostasiens.

Jene Migrantengruppe, die aus den asiatischen Arbeitskräfteexportstaaten in OECD-Länder abwandert, besteht nach wie vor überwiegend aus gut ausgebildeten Personen (vgl. Tab. 4, wobei allerdings bei der Interpretation der vorliegenden Daten trotz der klaren Aussage Vorsicht am Platze ist, denn die Ausbildungssysteme sind in den einzelnen Ländern sehr unterschiedlich und eine international vergleichbare Definition der Ausbildungsniveaus, zum Beispiel „Tertiärstufe", erweist sich als schwierig). Anders als die „traditionellen" ungelernten Arbeitsmigranten, die vorwiegend von den weniger entwickelten in höher entwickelte Staaten migrieren, wandern die hochqualifizierten Arbeitskräfte jedoch tendenziell stärker auch in alle möglichen Richtungen, teilweise sogar in Staaten, die weniger entwickelt sind als das Herkunftsland selbst.

Tab. 4: Anzahl der Immigranten (25 Jahre und älter) in OECD-Staaten aus ausgewählten asiatischen Staaten im Jahr 2000, differenziert nach dem Ausbildungsniveau

Herkunftsland	Anzahl der Zuwanderer insgesamt	Ausbildungsniveau (in Prozent)		
		Primärstufe oder weniger	Sekundärstufe	Tertiärstufe
Indien	375 000	4,9	15,3	79,8
VR China	722 000	20,5	25,6	53,9
Indonesien	143 000	2,7	22,7	74,6
Philippinen	356 000	7,7	19,7	72,6

Quelle: ADAMS 2003, zit. nach CHALAMWONG 2004, S. 5.

Das Ausmaß der „Highly Skilled"-Migration ist noch wesentlich schwieriger zu erfassen als jenes der sonstigen Arbeitsmigranten. So besteht zum Beispiel in einer Reihe von Staaten der Region keine Visumpflicht für kürzere Aufenthalte von Staatsbürgern entwickelter Länder, ähnliches trifft auch auf die Staatsangehörigen von Partnerstaaten in internationalen Bündnissen wie zum Beispiel der ASEAN in Südostasien zu. Problematisch ist meist auch, welche Personen mit welchen Qualifikationen als „highly skilled" ausgeschieden werden: neben Managern, Software-Ingenieuren und Technikern aller Art finden sich in manchen Staaten wie Südkorea auch eine große Anzahl von Sprachlehrern oder sogar Beschäftigte im „Entertainment-Sektor", worin nach Einschätzung der „International Organization of Migration" (IOM) sogar eine beträchtliche Zahl an Prostituierten enthalten sein dürfte. Die Bezeichnung „highly skilled" kann demnach durch solche Zuordnungen in den Statistiken mancher Länder auch eher unerwartete Personengruppen umfassen. Trotz der erheblichen Datenprobleme und größter Erhebungsunsicherheiten seien die gegenwärtig greifbaren Angaben zur Migration der Hochqualifizierten im pazifischen Asien in Tabelle 5 angeführt.

Tab. 5: Anzahl der „Highly Skilled Migrants" in ausgewählten Staaten des pazifischen Asien 2000

Zielland	Anzahl / Jahr in 1000 („Flow"-Daten)	Gesamtzahl in 1000 („Migrant-Stock")	Hauptherkunftsländer (%)
VR China	220,0	n. v.	k. A.
Indonesien	n. v.	22,8	Japan (15), Australien (10), Südkorea (8), Philippinen (6), Thailand (5)
Südkorea	34,7	17,7	USA, Kanada, Japan, Großbritannien
Malaysia	n. v.	31,9	Japan (17), Indien (17, Singapur (9), China (7), Taiwan (4), Philippinen (4)
Singapur	n. v.	110,5	k. A.
Thailand	44,1	n. v.	OECD (72%, davon 30% Japan); Taiwan, China, Indien, Philippinen
Vietnam	n. v.	30,0	Hongkong, Taiwan, Südkorea, Singapur, Thailand

n. v. ... nicht verfügbar, k. A. ... keine Angaben.
Quellen: IOM 2003, S. 210; Japan Institute of Labour 2002 (diverse „Country Reports").

Räumliche Muster lassen sich aus der geringen Anzahl der erfassten Personen und vor allem aufgrund der unsicheren Natur der vorliegenden Daten aus Tabelle 5 nicht ablesen, außer dass die Hauptströme von hochqualifizierten Arbeitsmigranten parallel zur Richtung der ausländischen Direktinvestitionen (FDIs) von den Geber- zu den Empfängerländern verlaufen. Den bei weitem größten Anteil an den „highly skilled migrants" hat – wenig überraschend – Singapur, das eine wichtige „Headquarter"-Funktion für eine Reihe internationaler Konzerne ausübt. Ähnliches wird mit Sicherheit auch auf Hongkong zutreffen, allerdings liegen in diesem Fall keine Daten vor.

Migrantenströme von Hoch- und Höchstqualifizierten laufen aber nicht nur über die „Beschäftigungsschiene" ab, sondern in den letzten Jahren auch immer stärker über die „Ausbildungsschiene". Die Anzahl an Studenten aus asiatischen Staaten in Europa und Nordamerika ist seit Jahren stark im Ansteigen begriffen. Viele Studierende nehmen bereits während ihres Studiums ein Beschäftigungsverhältnis auf und streben letztlich eine unbefristete Aufenthaltserlaubnis oder eine Einbügerung an, weshalb diese Gruppe auch als „*Immigrants in Waiting*" bezeichnet wird (vgl. SOPEMI 2001). Beliebtestes Zielland für Studierende aus Asien sind nach wie vor die USA. Die vielfach geäußerten Bedenken, dass Studieren im Ausland letztlich zu einem „Braindrain" führen könnte, durch den den Herkunftsländern wichtiges Humankapital abhanden käme, haben mittlerweile in Zeiten, in denen auch in vielen asiatischen Staaten die Anzahl gut ausgebildeter Jugendlicher stark im Zunehmen ist, viel von ihrer früheren Brisanz verloren.

Zunehmende politische Brisanz erlangt allerdings die breite Palette der irregulären Migrationsformen, über die bereits an anderer Stelle ausführlich berichtet wurde (HUSA und WOHLSCHLÄGL 2000a, 2000b; für einen globalen Überblick siehe z.B. ABOU CHABAKE 2000 sowie BATTISTELLA und ASIS 2003 für die aktuelle Situation in Südostasien). Wie in anderen Teilen der Welt vollzieht sich auch in Ost- und insbesondere in Südostasien nur ein Teil der internationalen Arbeitsmigration innerhalb gesetzlich geregelter Bahnen. Im letzten Jahrzehnt sind solche irreguläre Migrantenströme (manchmal auch als „*undocumented*" oder „*unauthorized migration*" bezeichnet) zu einer bedeutenden Komponente im Prozess des Zustroms von Arbeitskräften in die Zielländer der asiatischen Arbeitsmigration aufgestiegen. In einigen Entsendeländern, wie zum Beispiel in Myanmar, Kambodscha und vermutlich auch in Laos, ist die Anzahl der „undokumentierten" (illegalen) Arbeitsmigranten bereits zum Teil erheblich größer als die Zahl der „dokumentierten", innerhalb der bestehenden gesetzlichen Rahmenbedingungen gewanderten Personen, und auch einige wichtige Aufnahmeländer wie etwa Südkorea, Japan, Thailand und Malaysia haben mittlerweile beträchtliche Anteile undokumentierter Arbeitsmigranten zu verzeichnen.

Eine besonders dynamisch wachsende Variante solcher irregulärer Migrationen in der Region ist die sogenannte „*Transborder Migration*", die vor allem dort stattfindet, wo Staatsgrenzen dicht besiedelte Gebiete zerschneiden. Viele dieser „Transborder"-Migrationen sind kurzfristiger, zirkulärer Natur und finden zwischen Gebieten statt, deren Bevölkerungen aufgrund bestehender sprachlicher Ähnlichkeiten, kultureller Affinitäten und gemeinsamer historischer Wurzeln schon traditionell ausgeprägte Wanderungsbeziehungen aufzuweisen haben. Erleichtert werden diese Migrationsprozesse auch dadurch, dass es sich bei den Grenzen in den betroffenen Gebieten um de facto „offene" Grenzen handelt, die aufgrund schwieriger naturräumlicher Bedingungen kaum effektiv überwacht werden können, oder, wie SKELDON (2003, S. 3) zynisch, aber treffend formuliert: „*[...] the only places that some borders are closed are at official crossing points.*"

Eine neue aktuelle Zielgruppe von (potenziellen) internationalen Migranten, die zahlenmäßig allerdings noch kaum ins Gewicht fällt, sind sogenannte „*Retirement Migrants*", also wohlhabende Rentner und Pensionisten, meist aus den Wohlstandsökonomien des Nordens, denen die Ansiedlung in den infrastrukturell gut ausgestatteten und klimatisch begünstigten Staaten Südostasiens, wie etwa Malaysia, Thailand oder Indonesien, schmackhaft gemacht werden soll (vgl. KOCH-SCHULTE 2008). Besonders aktiv in dieser Richtung ist gegenwärtig die Regierung von Malaysia, wo von staatlicher Seite eigens für diese Personengruppe attraktive langfristige Aufenthaltspakete geschnürt wurden, wie etwa das „Malaysia – My Second Home Program" oder das „Silver Hair Program" (siehe dazu http://www.retiringmalaysia.com). Die thailändische Regierung plant bereits ähnliche Aktivitäten, während gleichlautende Initiativen in Indonesien durch die jüngsten Anschläge der islamistischen „Jemaah Islamiah", deren Drohungen sich zunehmend gegen im Land anwesende Ausländer richten (vgl. Far Eastern Economic Review, Ausgabe vom 17. Juni 2004), ins Stocken geraten sind. Andererseits werden die höher entwickelten Staaten Südostasiens durch ihre Klimagunst und durch die deutlich niedrigeren Lebenshaltungskosten zunehmend auch für japanische Pensionisten, die in den letzten Jahren durch kontinuierlich fallende Pensionen betroffen sind, attraktiv. Eigens zu diesem Zweck wurde von der japanischen Regierung bereits 1992 die sogenannte „Long Stay Foundation" als beratende Nonprofit-Organisation eingerichtet, was ihr letztlich heftige

Kritik eintrug, „da sie versuche, Japans Überalterungsproblem zu exportieren" (Straits Times, Ausgabe vom 15. September 2003).

7. „Gastarbeiter" oder Immigranten – Vor einer Trendwende der Migrationspolitik im pazifischen Asien?

Migrationspolitische Fragen und Probleme rangieren im heutigen pazifischen Asien zweifellos ganz oben auf der Liste der großen Herausforderungen, für die es in absehbarer Zeit Lösungen zu finden gilt. Grundsätzlich betrachten sowohl die Regierungen der Entsendeländer als auch der Zielländer die Arbeitsmigration nach wie vor als temporäres Phänomen, das eines Tages zum Stillstand kommen wird, wenn ausländische Arbeitskräfte nicht mehr benötigt werden. Dieser Auffassung steht jedoch ein kontinuierlich zunehmendes Migrationsvolumen in der gesamten Region gegenüber, während eine Abschwächung der Entwicklung weder in Ost- noch in Südostasien zu beobachten ist. Vor diesem Hintergrund erscheint eine überregionale Koordination der jeweiligen Migrationspolitiken das Gebot der Stunde. In den letzten Jahren, vor allem seit der „Asienkrise" 1997/98, wurden deshalb verstärkt Schritte gesetzt, die Ansätze im Umgang mit internationalen Migrationsvorgängen besser zu koordinieren. Die gegenwärtige Diskussion um die Bereiche, in denen koordinierte Maßnahmen dringend notwendig sind, zentriert sich schwerpunkthaft auf folgende Problemfelder (vgl. auch ARCHAVANITKUL und GUEST 1999):

Es besteht eine weitgehende internationale Übereinstimmung, dass so bald wie möglich *überregionale Strategien zur Regelung der irregulären Migration* ergriffen werden müssen. Durch den wachsenden Einfluss krimineller Organisationen hat diese Form der Arbeitsmigration tatsächlich das Potenzial, zu einer Bedrohung der inneren Sicherheit in manchen betroffenen Staaten zu werden. Ein Ansatz, die undokumentierte Migration besser unter Kontrolle zu bringen, ist, Sanktionen und Strafen nicht primär über die Migranten zu verhängen, sondern verstärkt über jene, die am meisten davon profitieren, nämlich Arbeitgeber und Agenten bzw. Schlepper. In einigen Staaten der Region wurden entsprechende gesetzliche Regelungen schon in die Tat umgesetzt, wie die Zusammenstellung in Tabelle 6 zeigt. Solche Maßnahmen können – so meint man – die undokumentierte Migration zwar nicht verhindern, vielleicht aber ihr weiteres Ansteigen eindämmen.

Offiziell bezeichnet sich heute *kein* Staat Ost- und Südostasiens als *Einwanderungsland*, ein gesetzlich garantiertes Aufenthaltsrecht für Ausländer besteht nur im Fall der Verheiratung mit einem eigenen Staatsangehörigen oder für Kinder, die im Rahmen der Familienzusammenführung ins Land geholt werden. Dies ist unter anderem darauf zurückzuführen, dass in einer Reihe von Staaten der Region unter der einheimischen Bevölkerung in jüngster Zeit ähnliche xenophobe Tendenzen aufkommen, wie wir sie aus Europa schon seit längerem kennen, obwohl in der großen Mehrzahl der ost- und südostasiatischen Staaten mit Ausnahme Malaysias (im Ausland geborene Personen: 6,5 Pro-

Tab. 6: Maßnahmen zur Einschränkung der irregulären Immigration in ausgewählten Staaten Ost- und Südostasiens, Stand 2004

Sanktionen und Strafen			Präventivmaßnahmen
für Arbeitgeber, die irreguläre Migranten beschäftigen	für irreguläre Migranten bzw. „Visa-Overstayers"	für Personen, die irreguläre Migranten bzw. illegale Beschäftigung unterstützen	
Japan			
• Kriminaldelikt mit Geldstrafen bis zu 2 Millionen Yen und / oder bis zu 3 Jahren Gefängnis	• Kriminaldelikt mit Geldstrafen bis zu 2 Millionen Yen und / oder bis zu 3 Jahren Gefängnis • Zwangsabschiebung	• Gefängnis bis zu 3 Jahren und Geldstrafen bis zu 2 Millionen Yen	• Verstärkte Grenzkontrollen und Kontrollen der Meldepflicht • Amnestieprogramme
Südkorea			
• Geld- und Gefängnisstrafen	• Geld- und Gefängnisstrafen • Zwangsabschiebung	• Geld- und Gefängnisstrafen	• Bislang ein Amnestieprogramm für „Overstayers" 1992 • Humanitäre Maßnahmen: Aufnahme in die Arbeiter-Unfallversicherung
Hongkong			
• Geldstrafen bis zu HK$ 350.000 und / oder Gefängnisstrafen bis zu 3 Jahren	• Geldstrafen bis zu HK$ 50.000 plus Gefängnisstrafen bis zu 2 Jahren	• Geld- und Gefängnisstrafen	• Einrichtung einer „Inter-Department Task Force" zur Bekämpfung der illegalen Ausländerbeschäftigung im April 2003
Singapur			
• Gefängnisstrafen zwischen 6 Monaten und 2 Jahren und Geldstrafen bis zu S$ 6.000 • Bei Anstellung von mehr als 5 illegalen ausländischen Arbeitern: Stockschläge	• Maximale Gefängnisstrafe 6 Monate und Minimum 3 Stockschläge • Zwangsabschiebung	• Gefängnisstrafen zwischen 6 Monaten und 2 Jahren und Geldstrafen bis zu S$ 6.000 und mehrere Stockschläge	• Einrichtung eines Quotensystems zur Anstellung von ungelernten ausländischen Arbeitskräften in gewissen Sektoren • Einführung von Identitätskarten mit Fingerabdrücken für ausländische Arbeitskräfte • Hinterlegung einer Kaution für Touristen aus China bzw. Indien (S$ 1.000) und aus Bangladesch bzw. Myanmar (S$ 3.000 bis 5.000)

Fortsetzung auf der nächsten Seite

Tab. 6: Maßnahmen zur Einschränkung der irregulären Immigration in ausgewählten Staaten Ost- und Südostasiens, Stand 2004 (Fortsetzung)

Sanktionen und Strafen			Präventivmaßnahmen
für Arbeitgeber, die irreguläre Migranten beschäftigen	für irreguläre Migranten bzw. „Visa-Overstayers"	für Personen, die irreguläre Migranten bzw. illegale Beschäftigung unterstützen	
Malaysia			
• Maximale Geldstrafe 50.000 Ringgits, 5 Jahre Gefängnis und 6 Stockschläge	• Maximale Geldstrafe 10.000 Ringgits, maximal 5 Jahre Gefängnis und 6 Stockschläge • Zwangsabschiebung	• Maximale Geldstrafe 60.000 Ringgits, 2 Jahre Gefängnis und 6 Stockschläge	• Beschäftigungserlaubnis von ungelernten ausländischen Arbeitskräften in nur 4 Sektoren (nur für Bangladeschis, Pakistanis, Thais und Filipinos): • Für insgesamt 138 Branchen Beschäftigungsverbot für Ausländer angekündigt • Diverse Kampagnen zur Mobilisierung der Bevölkerung zur Mithilfe bei der Ausforschung illegaler Ausländer • Verstärkte Grenzüberwachung durch das Militär
Thailand			
• Maximal 3 Jahre Gefängnis und 60.000 Baht Geldstrafe	• Illegal Beschäftigte: bis zu 3 Jahre Gefängnis und 60.000 Baht Geldstrafe • „Overstayers": nicht über 2 Jahre Gefängnis und / oder Geldstrafe bis zu 20.000 Baht • Zwangsabschiebung	• Nicht mehr als 10 Jahre Gefängnis und Geldstrafe bis zu 100.000 Baht	• Einreise- und Beschäftigungsverbot für ungelernte ausländische Arbeitskräfte • Für insgesamt 39 Branchen Beschäftigungsverbot für Ausländer • Amnestieprogramme für irreguläre Arbeitsmigranten aus Kambodscha, Laos und Myanmar mit befristeter Aufenthalts- und Beschäftigungsgenehmigung nach Registrierung • Verstärkte Grenzkontrollen
Philippinen			
			• Verstärkte Grenzkontrollen, Amnestieprogramme, Informationskampagnen über Gefahren der irregulären Migration

Quellen: CHALAMWONG 2004, S. 38–40; Asian Migration News, Ausgabe vom 15. Mai 2004.

zent im Jahr 2005) die Ausländeranteile an der Gesamtbevölkerung deutlich geringer sind als in den meisten europäischen ehemaligen „Gastarbeiter-Ökonomien". Nur Singapur, Hongkong und Brunei – alle drei Kleinstaaten bzw. Territorien mit geringer Einwohnerzahl, boomender Wirtschaft und dementsprechend großer Nachfrage nach Arbeitskräften – weichen von diesem Grundmuster ab (vgl. Abb. 2).

Abb. 2: Im Ausland geborene Personen („Migrant Stock") in den Staaten Ost- und Südostasiens 2000/01

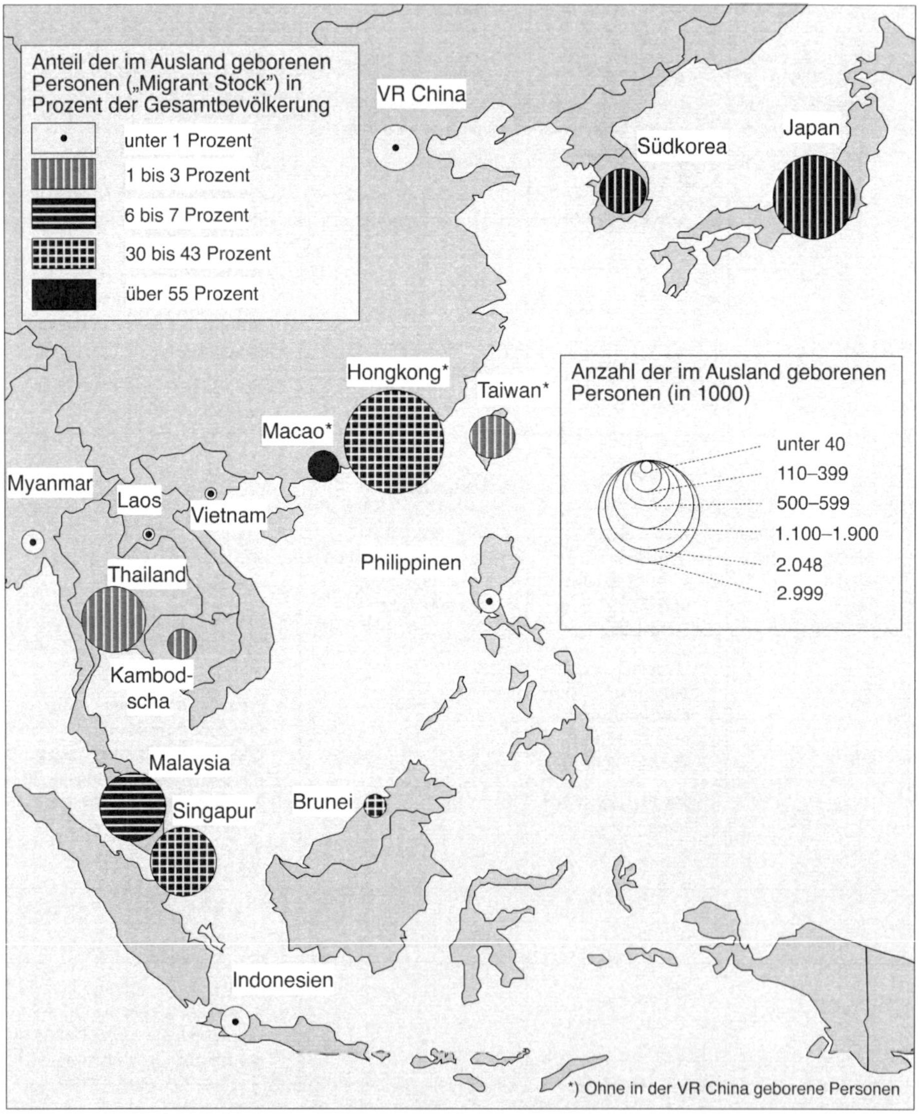

Datengrundlage: United Nations 2002, 2003. Eigener Entwurf.

Eine Änderung der Migrationspolitiken in den Staaten des pazifischen Asien ist auch in den nächsten Jahren nicht zu erwarten, wie die Ergebnisse einer Umfrage der Vereinten Nationen zur Einschätzung der Migrationssituation und -politik durch die verantwortlichen Regierungen aus dem Jahr 2006 zeigen (Tabelle 7).

Tab. 7: Einschätzung der Migrationspolitik und migrationspolitische Maßnahmen in den Staaten Ost- und Südostasiens aus der Sicht der Regierungen

Staat	Immigrationspolitik 2006		Emigrationsniveau 2006	
	Gesamteinschätzung des Immigrationsniveaus	Anzahl der Hochqualifizierten	Gesamteinschätzung des Emigrationsniveaus	Anreize für Remigration von (höher qualifizierten) Staatsbürgern aus dem Ausland
Japan	aufrecht erhalten	*anheben*	keine Intervention	keine
Südkorea	zufriedenstellend	*anheben*	keine Intervention	keine
VR China	zufriedenstellend	aufrecht erhalten	zufriedenstellend	keine
Singapur	zufriedenstellend	*anheben*	*absenken*	*ja*
Brunei	aufrecht erhalten	*anheben*	keine Intervention	keine Intervention
Malaysia	aufrecht erhalten	aufrecht erhalten	zufriedenstellend	keine
Thailand	aufrecht erhalten	aufrecht erhalten	*anheben*	keine
Indonesien	aufrecht erhalten	aufrecht erhalten	*anheben*	keine
Timor-Leste	aufrecht erhalten	aufrecht erhalten	keine Intervention	–
Philippinen	aufrecht erhalten	aufrecht erhalten	*zu hoch*	*ja*
Vietnam	aufrecht erhalten	aufrecht erhalten	*anheben*	*ja*
Laos	aufrecht erhalten	*anheben*	keine Intervention	*ja*
Kambodscha	aufrecht erhalten	aufrecht erhalten	keine Intervention	keine
Myanmar	*absenken*	aufrecht erhalten	aufrecht erhalten	*ja*

Quelle: United Nations 2006, gekürzt und bearbeitet.

Gegenwärtig sind keinerlei Anzeichen dafür zu erkennen, dass die derzeitige Strategie, Arbeitsmigranten nur auf strikt temporärer Basis ins Land zu holen, in absehbarer Zeit geändert werden könnte. In Summe ist daher sehr wahrscheinlich damit zu rechnen, dass zumindest mittelfristig die *Politik der temporären Gastarbeiterbeschäftigung* weiter beibehalten werden wird, wobei folgende Gründe dafür angeführt werden können (IOM 2003, S. 213):

- Die Beschäftigung von ausländischen Arbeitskräften auf temporärer Basis durch Kontrakte mit kurzer Laufzeit verhindert, dass das Ausländerthema auch in den Staaten des pazifischen Asien von der jeweiligen politischen Opposition als zugkräftiges

Wahlkampfthema aufgegriffen wird, wobei es keine Rolle spielt, wie lange sich die Arbeitsmigranten dann tatsächlich in den jeweiligen Staaten aufhalten.

- Anders als in Europa scheint in den Staaten des pazifischen Asien die sogenannte „Drehtür-Strategie" der Arbeitsmigration (alte Migranten nach Vertragsablauf nach Hause senden, neue ins Land holen) durchaus gut zu funktionieren, sodass die Tendenz, dass aus Gastarbeitern längerfristig Einwanderer werden, dadurch weitgehend unterbunden wird.

- Weiters ist die große Masse der Arbeitsmigranten im pazifischen Asien im Bereich jenes Jobspektrums tätig, das von der einheimischen Bevölkerung ohnehin gemieden wird. Durch die zeitlich befristeten Aufenthalte erhalten die Arbeitsmigranten kaum eine Chance, mit der einheimischen Erwerbsbevölkerung in Konkurrenz um besser bezahlte Jobs zu treten, wodurch wiederum ein mögliches Konfliktpotenzial minimiert wird.

- Letztlich haben sich auch – anders als in Europa – gewerkschaftliche Organisationen zumindest bislang nicht gegen die Beschäftigung von temporären Arbeitsmigranten ausgesprochen.

In einem Punkt stimmen die meisten Experten und politischen Entscheidungsträger der betroffenen Staaten heute jedenfalls überein: Die Schaffung von geeigneten Strategien und Maßnahmen zu einem überregionalen, multilateral koordinierten *„migration management"* ist mittelfristig unabdingbar, denn nur so kann vermieden werden, dass Migrationsfragen in Ost- und Südostasien – ähnlich wie das seit geraumer Zeit in den europäischen Industriestaaten der Fall ist – zu einem „Dauerbrenner" der innenpolitischen Diskussion und ständigen Anlassfall für zunehmende ausländerfeindliche Tendenzen in der breiten Öffentlichkeit werden.

8. Literatur

ABOU CHABAKÉ, T. A. (2000): Irreguläre Migration und Schleusertum: Im Wechselspiel von Legalität und Illegalität. In: HUSA, K., PARNREITER C. und I. STACHER (Hrsg.): Internationale Migration – Die globale Herausforderung des 21. Jahrhunderts? Frankfurt a. M. / Wien: Brandes & Apsel / Südwind, S. 123–144 (= Historische Sozialkunde 17 / Internationale Entwicklung).

ADAMS, R. (2003): International Migration, Remittances and the Brain Drain: A Study of 24 Labor-Exporting Countries. Washington, DC: World Bank (= World Bank Policy Research Working Paper 3069).

ARCHAVANITKUL, K. und P. GUEST (1999): Managing the Flow of Migration: Regional Approaches. Unveröff. Diskussionspapier, International Symposium on Migration „Toward Regional Cooperation on Irregular / Undocumented Migration", Bangkok, 21.–23. April 1999.

ARNOLD, F., MINOCHA, U. und J. T. FAWCETT (1987): The Changing Face of Asian Immigration to the United States. In: FAWCETT, J. T. und B. V. CARIÑO (Hrsg.): Pacific Bridges: The New Immigration from Asia and the Pacific Islands. New York: Center for Migration Studies, S. 105–152.

Asian Migration News, div. Ausgaben. Quezon City, http://www.smc.org.ph/amnews/amnarch.htm.

AZIZAH, K. (1997): International Migration and its Impact on Malaysia. Diskussionspapier, 11th Asia-Pacific Roundtable, Labour Migration in Southeast Asia: The Impact (Political, Economic, Social, Securip (3), S. 267–286.

BATTISTELLA, G. und M. B. ASIS (1999): The Crisis and Migration in Asia. Quezon City: Scalabrini Migration Center.

BATTISTELLA, G. und M. B. ASIS (2003): Unauthorized Migration in Southeast Asia. Quezon City: Scalabrini Migration Center.

BÖHNING, W. R. (1998): Conceptualizing and Simulating the Impact of the Crisis on Filipinos' Employment Opportunities Abroad. In: Asian and Pacific Migration Journal 7 (2–3), S. 339–368.

BOOTH, A. (2003): Linking, De-Linking und Re-Linking: Südostasien und die Weltwirtschaft im 20. Jahrhundert. In: FELDBAUER, P., HUSA, K. und R. KORFF (Hrsg.): Südostasien: Gesellschaft, Räume und Entwicklung im 20. Jahrhundert. Wien: Promedia Verlag, S. 159–176 (= Edition Weltregionen 6).

BRILLANTES, J. (1998): The Philippine Overseas Program and its Effects on Immigration to Canada. In: LAQUIAN, E. R. et al. (Hrsg.): The Silent Debate: Asian Immigration and Racism in Canada. Vancouver.

CASTLES, S. und M. J. MILLER (^{2}1998): The Age of Migration. International Population Movements in the Modern World. Houndmills/Basingstoke/Hampshire/London: MacMillan.

CHALAMWONG, Y. (1998): The Impact of the Crisis on Migration in Thailand. In: Asian and Pacific Migration Journal 7 (2–3), S. 297–312.

CHALAMWONG, Y. (2004): The Migration of Highly Skilled Asian Workers in OECD Member Countries and Its Effects on Economic Development in East Asia. Bangkok: TDRI, Arbeitspapier, verfasst für das Expertenseminar im Rahmen des „Joint MOF/PRI-OECD Research Project: The Impact and Coherence of OECD Country Policies on Asian Developing Economies", 10.–11. Juni 2004, Paris, 41 S.

CHEW, R. (1998): Immigration and Emigration in Singapore: Patterns and Consequences. Unveröff. Diskussionspapier, Regional Workshop on „Transnational Migration and Development in ASEAN Countries", IPSR und IOM, Bangkok/Hua Hin, 25.–27. Mai 1998.

CHIU, S. W. K. (2001): Hong Kong (China). In: Japan Institute of Labour (Hrsg.): Migration and the Labour Market in Asia. Recent Trends and Policies – International Migration. Tokio, S. 141–170.

CHONG, V. (2008): Hong Kong Relaxes Admission Criteria for Foreign Talent. In: The Straits Times, Saturday, 19. January 2008.

DANG, N. A. (2008): Labour Migration from Viet Nam: Issues of Policy and Practice. Bangkok: ILO (= ILO Asian Regional Programme on Governance of Labour Migration Working Paper 4).

DITO, M. E. (2008): GCC Labour Migration Governance. Paper presented at the United Nations Expert Group Meeting on International Migration and Development in Asia and The Pacific, Bangkok 20-21 September 2008. Bangkok: UN-ESCAP, Population Division, 15 S.

DUCANES, G. und M. ABELLA (2008): Overseas Filipino Workers and Their Impact on Household Poverty. Bangkok: ILO (= ILO Asian Regional Programme on Governance of Labour Migration Working Paper 5).

GIESE, K. (2000): Von der Scholle in die Welt. Chinesische Migration im Zeichen von Reform, Markt und Globalisierung. In: HUSA, K., PARNREITER C. und I. STACHER (Hrsg.): Internationale Migration – Die globale Herausforderung des 21. Jahrhunderts? Frankfurt a. M. / Wien: Brandes & Apsel / Südwind, S. 281–311 (= Historische Sozialkunde 17 / Internationale Entwicklung).

GO, S. P. (2001): The Philippines. In: Japan Institute of Labour (Hrsg.): Migration and the Labour Market in Asia. Recent Trends and Policies – International Migration. Tokio, S. 257–280.

HUGO, G. (1997): Asia and the Pacific on the Move: Workers and Refugees, a Challenge to Nation States. In: Asia Pacific Viewpoint 38 (3), S. 267–286.

Hugo, G. (1999): Managing Mobilisation and Migration of Southeast Asia's Population. In: Tai-Chee, W. und M. Singh (Hrsg.): Development and Challenge. Southeast Asia in the New Millenium. Singapore: Times Academic Press, S. 171–214.

Hugo, G. (2000): Demographic and Social Patterns. In: Leinbach, T. R. und R. Ulack (Hrsg.): Southeast Asia. Diversity and Development. Upper Saddle River, N.J.: Prentice Hall, S. 74–109.

Hugo, G. (2007): Indonesia's Labor Looks Abroad. In: Migration Information Source, April 2007. Internet: http://www.migrationinformation.org/Profiles/display.cfm?ID=594.

Huguet, J. W. und S. Punpuing (2005): International Migration in Thailand. Bangkok: International Organization for Migration.

Husa, K. und H. Wohlschlägl (1997): „Booming Bangkok": Eine Megastadt in Südostasien im Spannungsfeld von Metropolisierung und Globalisierung. In: Feldbauer, P., Husa, K., Pilz, E. und I. Stacher (Hrsg.): Mega-Cities. Die Metropolen des Südens zwischen Globalisierung und Fragmentierung. Frankfurt a. M. / Wien: Brandes & Apsel / Südwind, S. 113–150 (= Historische Sozialkunde 12).

Husa, K. und H. Wohlschlägl (1999): Vom „Emerging Market" zum „Emergency Market": Thailands Wirtschaftsentwicklung und die Asienkrise. In: Parnreiter, C., Novy, A. und K. Fischer (Hrsg.): Globalisierung und Peripherie – Umstrukturierung in Lateinamerika, Afrika und Asien. Frankfurt a. M. / Wien: Brandes & Apsel / Südwind, S. 209–236 (= Historische Sozialkunde 14).

Husa, K. und H. Wohlschlägl (2000a): Aktuelle Entwicklungstendenzen der internationalen Arbeitsmigration in Südost- und Ostasien vor dem Hintergrund von Wirtschaftsboom und Asienkrise. In: Husa, K., Parnreiter C. und I. Stacher (Hrsg.): Internationale Migration – Die globale Herausforderung des 21. Jahrhunderts? Frankfurt a. M. / Wien: Brandes & Apsel / Südwind, S. 247–279 (= Historische Sozialkunde 17 / Internationale Entwicklung).

Husa, K. und H. Wohlschlägl (2000b): Internationale Arbeitsmigration im Zeitalter der Globalisierung: Das Beispiel Südostasien. In: Mitteilungen der Österreichischen Geographischen Gesellschaft 142, S. 269–314.

Husa, K. und H. Wohlschlägl (2003a): Südostasiens „demographischer Übergang": Bevölkerungsdynamik, Bevölkerungsverteilung und demographische Prozesse im 20. Jahrhundert. In: Feldbauer, P., Husa, K. und R. Korff (Hrsg.): Südostasien: Gesellschaft, Räume und Entwicklung im 20. Jahrhundert. Wien: Promedia Verlag, S. 133–158 (= Edition Weltregionen 6).

Husa, K. und H. Wohlschlägl (2003b): Südostasien: Ein neuer „Global Player" im System der Internationalen Arbeitsmigration. In: Mitteilungen der Anthropologischen Gesellschaft in Wien 133, S. 139–158.

Husa, K. und H. Wohlschlägl (2003c): Wirtschaftsboom und ökonomische Krise: Thailands Wirtschaftsentwicklung in den achtziger und neunziger Jahren. In: Hohnholz, J. und K.-H. Pfeffer (Hrsg.): Thailand: Ressourcen – Strukturen – Entwicklungen eines tropischen Schwellenlandes. Tübingen, S. 79–120 (= Tübinger Geographische Studien 137).

Husa, K. und H. Wohlschlägl (2007): Globale Märkte – lokale Konsequenzen: Arbeitsmigration in Südostasien seit der Mitte des 19. Jahrhunderts. In: Kraler, A., Husa, K., Bilger, V. und I. Stacher (Hrsg.): Migrationen – Globale Entwicklungen seit 1850. Wien: Mandelbaum Verlag, S. 171–198 (= Globalgeschichte und Entwicklungspolitik 6).

Iguchi, Y. (2001): Japan. In: Japan Institute of Labour (Hrsg.): Migration and the Labour Market in Asia. Recent Trends and Policies – International Migration. Tokio, S. 183–214.

IOM (International Organisation of Migration) (2003): World Migration 2003. Genf: IOM.

Japan Institute of Labour, Hrsg. (2001): Migration and the Labour Market in Asia. Recent Trends and Policies – International Migration. Tokio: JIL.

Japan Institute of Labour, Hrsg. (2002): Migration and the Labour Market in Asia. Recent Trends and Policies – International Migration. Tokio: JIL.

Jones, H. und A. Findlay (1998): Regional Economic Integration and the Emergence of the East Asian International Migration System. In: Geoforum 29 (1), S. 87–104.

KANAPATHY, V. (2008): Controlling Irregular Migration: The Malaysian Experience. Bangkok: ILO (= ILO Asian Regional Programme on Governance of Labour Migration Working Paper 14).

KASHIWAZAKI, Ch. und T. AKAHA (2006): Japanese Immigration Policy: Responding to Conflicting Pressures. In: Migration Information Source, November 2006. Internet: http://www.migrationinformation.org/Profiles/display.cfm?ID=487.

KASSIM, A. (2001): Malaysia. In: Japan Institute of Labour (Hrsg.): Migration and the Labour Market in Asia. Recent Trends and Policies – International Migration. Tokio, S. 231–255.

KAUR, A. (2004): Wage Labour in Southeast Asia since 1840: Globalisation, the International Division of Labour and Labour Transformations. Basingstoke: Palgrave Macmillan.

KAUR, A. (2007): Migration Matters in the Asia-Pacific Region: Immigration Frameworks, Knowledge Workers and National Policies. In: International Journal on Multicultural Societies (IJMS) 9 (2), S. 135–157.

KAUR, A. und I. METCALFE (2006): Mobility, Labour Migration and Border Controls in Asia. Basingstoke: Palgrave Macmillan.

KOCH-SCHULTE, J. (2008): Planning for International Retirement Migration and Expats: A Case Study of Udon Thani, Thailand. Winnipeg: Department of City Planning, University of Manitoba (Practicum submitted to the Faculty of Graduate Studies of The University of Manitoba in partial fulfillment of the requirements of the degree of Master of Arts). Internet: http://hdl.handle.net/1993/3020. Zugriff am 06.11.2008.

KURUS, B. (1998): Migrant Labor: The Sabah Experience. In: Asian and Pacific Migration Journal 7 (2–3), S. 281–296.

LEE, E. (1998): The Asian Financial Crisis. The Challenge for Social Policy. Genf: International Labor Organisation (ILO).

LEE, J. S. (1998): The Impact of the Asian Financial Crisis on Foreign Workers in Taiwan. In: Asian and Pacific Migration Journal 7 (2–3), S. 145–169.

LEE, J. S. (2008): The Admission of Foreign Labour and Its Impact on the Labour Market in Taiwan, Province of China. Bangkok: ILO (= ILO Asian Regional Programme on Governance of Labour Migration Working Paper 6).

LEE, J. S. und S. W. WANG (1996): Recruiting and Managing Foreign Workers in Taiwan. In: Asian and Pacific Migration Journal 5 (2–3), S. 281–302.

MARTIN, P. (2008): The Economic Contribution of Migrant Workers to Thailand: Towards Policy Development. Bangkok: ILO.

MARTIN, P. und J. WIDGREN (1996): International Migration: A Global Challenge. Washington: Population Reference Bureau (= Population Bulletin 51/1).

MARTIN, P. und J. WIDGREN (2002): International Migration: Facing Challenge. Washington: Population Reference Bureau (= Population Bulletin 57/1).

Migration News, diverse Ausgaben. Davis: University of California at Davis.

NG, S. und G. O. M. LEE (1998): Hong Kong Labor Market in the Aftermath of the Crisis: Implications for Foreign Workers. In: Asian and Pacific Migration Journal 7 (2–3), S. 171–186.

OECD, Hrsg. (1995): Trends in International Migration: Annual Report 1994. Paris: OECD.

PANG, E. F. (1993): Labour Migration to the Newly Industrialising Economies of South Korea, Taiwan, Hong Kong and Singapore. In: International Migration 31, S. 300–313.

PARK, Y. (1998): The Financial Crisis and Foreign Workers in Korea. In: Asian and Pacific Migration Journal 7 (2–3), S. 219–233.

PARK, Y. (2004): South Korea: Balancing Labor Demand with Strict Controls. In: Migration Information Source, November 2006. Internet: http://www.migrationinformation.org/Profiles/display.cfm?ID=272.

PUNPUING, S. und K. ARCHAVANITKUL (1996): The Situation of Overseas Thai Workers: Past and Present. Diskussionspapier, Conference on Movement of People within and from the East and

Southeast Asian Region: Trends, Causes, and Consequences and Policy Measures. Jakarta: Indonesia Institute of Science, 5.–6. Juni 1996.

Scalabrini Migration Center (1999): Asian Migration Atlas 1999. http://www.scalabrini.asn.au/atlas/amatlas.htm.

SKELDON, R. (1997): Migration and Development: A Global Perspective. London: Longman.

SKELDON, R. (1998): The Future of Labor Migration in Asia: Patterns, Issues, Policies. Bangkok: Mahidol University, mimeo.

SKELDON, R. (2003): Migration Systems and Regional Integration in Asia. Working Paper, präsentiert auf der „Eigth International Metropolis Conference: Gaining from Migration, A Global Perspective on Opportunities for Economic and Social Prosperity", 15.–19. September 2003, Wien, 6 S.

SOPEMI (2001): Trends in International Migration. Annual Report, 2001 Edition. Paris: OECD.

SOPEMI (2003): Trends in International Migration. Annual Report, 2003 Edition. Paris: OECD.

STERN, A. (1999): Thailand's Migration Situation and its Relations with APEC Members and Other Countries in Southeast Asia. Bangkok: Institute of Asian Studies, Chulalongkorn University.

TIGALO, R. (1997): What Tiger? In: Far Eastern Economic Review, Ausgabe vom 23. Oktober 1997.

United Nations (2000): Replacement Migration. New York: Department of Economic and Social Affairs, Population Division, United Nations.

United Nations (2002): International Migration 2002 (Wallchart). New York: Department of Economic and Social Affairs, Population Division, United Nations.

United Nations (2003): Levels and Trends of International Migration to Selected Countries in Asia. New York: Department of Economic and Social Affairs, Population Division, United Nations.

United Nations (2006): International Migration 2006 (Wallchart). New York: Department of Economic and Social Affairs, Population Division, United Nations.

YAP, M.-T. (2001): Singapore. In: Japan Institute of Labour (Hrsg.): Migration and the Labour Market in Asia. Recent Trends and Policies – International Migration. Tokio, S. 281–288.

YOO, K.-S. und S.-B. UH (2001): Korea. In: Japan Institute of Labour (Hrsg.): Migration and the Labour Market in Asia. Recent Trends and Policies – International Migration. Tokio, S. 215–227.

Internationale Migration philippinischer Arbeitskräfte und die Auswirkungen von „Remittances"[1]

Mit einer Fallstudie aus den Zentralen Visayas

PHILIP WENINGER

Inhalt

1. Einführung in die Fragestellung 117
2. Einige kurze theoretische Vorüberlegungen.. 120
3. Begriffe und Definitionen – „Who is Who" in der philippinischen Migration 123
4. Die globale Bedeutung von „Remittances"... 125
5. Zur Geschichte der philippinischen Migration... 127
6. Die aktuelle Situation der philippinischen Arbeitsmigration – ein statistischer Überblick . 148
7. Der Einfluss der philippinischen Politik auf die Entwicklung der Arbeitsmigration 158
8. Das Untersuchungsgebiet: Die Zentralen Visayas 170
9. Die Ergebnisse der empirischen Erhebung 179
10. Zusammenfassung und Fazit.. 197
11. Literatur... 199

1. Einführung in die Fragestellung

Die Philippinen sind in der westlichen Welt, neben ihrer wechselvollen Geschichte und dem Klischee als exotisches Urlaubsparadies, vor allem in der Rolle als Entsendeland von Arbeitsmigranten bekannt. Man schätzt, dass über 8,7 Millionen philippinische Staatsbürger im Ausland leben und arbeiten (POEA 2007, S. 42). Die Bandbreite ihrer Erwerbstätigkeiten ist enorm und reicht mittlerweile weit über die klassischen und nach wie vor präsenten, oft aber auch etwas klischeebehafteten Berufsbilder von Filipinas und Filipinos als Krankenschwestern oder Seemänner hinaus. Man findet philippinische Arbeitsmigranten, auch bekannt unter dem Kürzel OFWs (*„Overseas Filipino Workers"*), in fast allen Spektren der modernen Berufs- und Arbeitswelt. Ihre Job-Destinationen sind um den Erdball verteilt und scheinen keinerlei geographischen Grenzen zu unterliegen.

---

[1] Der vorliegende Beitrag stellt eine gekürzte Fassung der Diplomarbeit des Autors mit dem Titel „Internationale Migration – Die Auswirkungen von ‚Remittances' auf die sozio-ökonomische Entwicklung in den Philippinen. Eine Fallstudie in den Zentralen Visayas" dar, die 2010 am Institut für Geographie und Regionalforschung der Universität Wien approbiert wurde (WENINGER 2010a). Für die Veröffentlichung in diesem Band erfolgte eine Überarbeitung des Textes, der Grafiken und der Tabellen.

Philip Weninger

Trotz der schwierigen sozialen und politischen Lage der Philippinen konnte das Land während der letzten Jahre ein deutliches Wirtschaftswachstum aufweisen. Einen wichtigen Anteil an dieser positiven Entwicklung stellen dabei die Geldrücksendungen philippinischer Arbeitsmigranten aus dem Ausland, die sogenannten *„Remittances"*, dar. Im Jahr 2008 wuchs das Bruttoinlandsprodukt (BIP) des Landes trotz der sich abzeichnenden globalen Finanzkrise um 4,6 Prozent. Laut Philippinischer Zentralbank (*Bangko Sentral ng Pilipinas*) belief sich die Gesamtsumme an Remittances im selben Jahr auf über 16,43 Milliarden US-Dollar und brachte durch den Zuwachs von 13,7 Prozent gegenüber dem Vorjahr 2007 ein neues Rekordergebnis.[2] Für das Jahr 2009 wurde trotz der anhaltenden globalen Wirtschaftskrise mit einem weiteren, wenn auch geringeren Anstieg des Gesamtvolumens an Geldrücksendungen gerechnet. Die „Remittances" werden damit zu einem immer bedeutenderen Faktor.

Der stetige Zufluss dieser Geldtransfers erhöht die Fremdwährungsreserven der Philippinen und hilft dem Land, seine Schulden zu begleichen sowie die Importkosten für Erdöl und benötigte Rohmaterialien für seine Exportwirtschaft zu decken. Die Geldüberweisungen stärken die allgemeine Kaufkraft und ermöglichen viele wichtige Investitionen in den verschiedensten Wirtschaftsbereichen. Auf der anderen Seite nehmen „Remittances" für die im Land verbliebenen Familien von philippinischen Arbeitsmigranten eine eminent wichtige Rolle ein. Ihre sozio-ökonomische Umwelt und Entwicklung wird in starkem Ausmaß durch den Erhalt dieser Geldüberweisungen beeinflusst.

Forschungsarbeiten, die die Thematik um „Remittances" und Migration auch im globalen Kontext beleuchten und dabei schwerpunktmäßig eher volkswirtschaftlichen und wirtschaftspolitischen Aspekten folgen, werden u.a. in den Schriftenreihen der *Weltbank*,[3] des *Internationalen Währungsfonds* (IMF),[4] der *Europäischen Zentralbank* (EZB)[5] und der *Asian Development Bank* (ADB)[6] veröffentlicht. Auch in diesen Publikationen werden die Philippinen, als einer der weltweit führenden und wichtigsten Empfänger von Geldflüssen aus „Remittances", oft als Untersuchungsbeispiel angeführt. Neben den internationalen Finanzinstitutionen geben auch staatliche Einrichtungen der westlichen Welt oder Forschungsinstitute wie die *International Organization for Migration* (IOM) und das *Migration Policy Institute* (MPI)[7] Studien zu der Thematik heraus.

Das Phänomen der Abwanderung vieler Filipinas und Filipinos ins Ausland, um dort einen ausreichenden Lebensunterhalt zu erwirtschaften – auch unter dem Begriff *„Philippine Diaspora"* bekannt –, wird schon seit geraumer Zeit von Wissenschaftlern aus verschiedensten Disziplinen beobachtet und in zahlreichen Publikationen beschrieben. Neben der Auseinandersetzung mit der Vielfalt und Komplexität an unmittelbaren und zu erwar-

---

[2]) Vgl. http://technology.inquirer.net/infotech/infotech/view/20090220-190030/OFW-remittances-rose-137-in-2008 (Zugriff: Februar 2009).

[3]) Vgl. u.a. MAIMBO und RATHA 2005; ADAMS 2003 sowie AGGARWAL et al. 2006.

[4]) Vgl. u.a. BURGESS und HAKSAR 2005 sowie CHAMI et al. 2003.

[5]) Vgl. SCHIOPU und SIEGFRIED 2006.

[6]) Vgl. WESCOTT und BRINKERHOFF 2006; VARGAS-SILVA et al. 2009.

[7]) Vgl. YANG 2004.

tenden Folgen für das Land sind auch zunehmend die Akteure selbst – die philippinischen Migrantinnen und Migranten – Gegenstand des Forschungsinteresses. Die Bandbreite an Forschungsansätzen und vorhandener Literatur ist daher sehr groß und wächst stetig.

Auf nationaler Ebene ist in diesem Zusammenhang vor allem auf die *University of the Philippines School of Economics* (UPSE)[8] in Manila (Quezon City) zu verweisen, deren Lektoren und Forscher sich schon seit geraumer Zeit dem Themengebiet Migration und Remittances widmen. Dazu zählen insbesondere die Arbeiten von ERNESTO M. PERNIA, EDITHA A. TAN, LORADEL O. CAPISTRANO oder MARIA LOURDES C. STA. MARIA, bei denen zumeist wirtschaftspolitische und ökonomische (vor allem volkswirtschaftliche) Aspekte im Vordergrund stehen sowie die Auswirkungen auf dem nationalen Arbeits- und Finanzmarkt genauer beleuchtet werden.

Die traditionell wichtige und einflussreiche Rolle der Zivilgesellschaft auf den Philippinen, deren Partizipation am politischen Leben seit 1987 (nach Sturz des Marcos-Regimes) auch durch die Verfassung explizit gefördert und geschützt wird (vgl. REESE und WERNING 2006), spielt auch in der Migrationsthematik eine wichtige Rolle. Hier ist vor allem auf die Bedeutung der zahlreichen Nicht-Regierungsorganisationen (*Non-Governmental Organizations* – NGOs) und Non-Profit-Organisationen (NPOs) hinzuweisen, welche sich für die Rechte von philippinischen Migrantinnen und Migranten einsetzen und deren mitunter prekäre Lebensumstände und Arbeitsumfelder aufzeigen. Oft sind dies nationale Teilorganisationen global vernetzter Institutionen mit teilweise kirchlichem Hintergrund, wie beispielsweise die *Apostleship of the Sea (AOS)-Philippines*, welche sich für die philippinischen Seefahrer auf den Weltmeeren einsetzt und als Teil des weltweiten „Apostleship of the Sea"-Netzwerks dem Vatikan untersteht. Zwecks besserer Koordination zwischen den verschiedenen Organisationen, die sich für die Rechte philippinischer Migranten einsetzen, schloss man sich unter einem gemeinsamen Dachverband – dem 1995 gegründeten *Philippine Migrants Rights Watch* (PMRW)[9] – zusammen.

Unter den beteiligten Organisationen finden sich auch Non-Profit-Forschungsinstitute wie das *Scalabrini Migration Center* (SMC)[10] in Manila (Quezon City), das sich auch in breiterem Umfang der Migrationsthematik widmet und mit dem „Asian and Pacific Migration Journal" eine wichtige und anerkannte wissenschaftliche Zeitschrift auf diesem Gebiet herausgibt. Ein weiterer Vertreter ist die *Friedrich Ebert Stiftung* (FES) mit ihrer philippinischen Niederlassung in Manila, die in mehrere nationale und regionale (Südostasien-)Projekte im Migrationsbereich involviert ist.[11]

Zu den ebenfalls wichtigen Anlaufstellen für wissenschaftliche Fragestellungen aus dem Migrationsbereich zählt die nationale statistische Behörde, das *National Statistics Office* (NSO), welches in Zusammenarbeit mit den zuständigen Ministerien regelmäßig themenbezogene Daten veröffentlicht (z. B. im Rahmen des „Statistical Yearbook") und Migrationsstudien („Survey on Overseas Filipinos") anfertigt.

---

[8]) Vgl. http://www.econ.upd.edu.ph/ (Zugriff: Jänner 2010).
[9]) Vgl. http://www.pmrw.org/ (Zugriff: November 2008).
[10]) http://www.smc.org.ph/ (Zugriff: November 2008).
[11]) Vgl. http://www.fes.org.ph/ (Zugriff: November 2008).

Im Zusammenhang mit der Beschreibung der sozioökonomischen und demographischen Situation des gewählten Forschungsgebiets, der Provinz (und gleichzeitig Insel) Cebu in den Zentralen Visayas (vgl. Abb. 10), nimmt das *Office of Population Studies* (OPS) der University of San Carlos in Cebu mit seinen umfangreichen Studien auf dem Gebiet eine herausragende Stellung ein (vgl. OPS 2004).

Im Zeitalter des Internets darf man auch auf die zahlreichen Nachrichten- und Webportale von philippinischen Migranten nicht vergessen. Diese bieten neben reichhaltigen Informationen und Hilfestellungen zu relevanten Themen und Anliegen von Migranten und OFWs auch die Möglichkeit, sich schnell und unbürokratisch online auszutauschen. Nicht umsonst fällt in diesem Zusammenhang oft der Begriff des *„Global Filipino"*.

Im ersten Teil des vorliegenden Beitrags soll zunächst ein Einblick in die vielfältigen Charakteristiken und Rahmenbedingungen der philippinischen Auslandsmigration gegeben werden. Die eingehende Beschäftigung mit den historischen, politischen und sozioökonomischen Hintergründen der philippinischen Arbeitsmigration soll dabei helfen, die aktuelle Situation von philippinischen Migranten sowie die verschiedenen Auswirkungen ihrer Geldrücksendungen auf die Landesentwicklung besser zu verstehen.

Der zweite Teil des Beitrags setzt sich mit den Eindrücken und Ergebnissen, die im Rahmen eines mehrmonatigen Aufenthalts auf den Philippinen gesammelt wurden, auseinander. Die empirische Fallstudie soll einen tiefer gehenden Einblick in das sozioökonomische Umfeld von philippinischen Migranten und ihren Angehörigen geben. Im Mittelpunkt des Interesses steht dabei die Frage, auf welche Art und Weise die Geldrücksendungen aus dem Ausland den betroffenen Haushalten vor Ort zu Gute kommen und deren Lebenssituationen dadurch verändern. Die Untersuchung soll Aufschlüsse liefern, wie „Remittances" das Leben der betroffenen Menschen und Familien beeinflussen können, wobei die persönliche Perspektive der Empfänger (Stichwort: Rolle der Frauen) eingehend Berücksichtigung finden soll und auch mögliche negative Aspekte und Konfliktpotenziale ausgelotet werden (siehe dazu ausführlicher WENINGER 2010a, S. 16ff).

2. Einige kurze theoretische Vorüberlegungen

2.1 Netzwerkansätze und Transnationalismus

Die Bedeutung von Netzwerken bei Migrationsprozessen spielte im wissenschaftlichen Diskurs lange Zeit eine untergeordnete Rolle. In älteren Erklärungsansätzen und Denkschulen zu Migration stand vor allem die Untersuchung der migrationsentscheidenden ökonomischen Motive im Vordergrund. Erst ab den späten 1980er-Jahren haben sich theoretische Konzepte über die Bedeutung von Migrationsnetzwerken allmählich durchgesetzt. Eine sehr wichtige Funktion erfüllen diese zum Beispiel im Zusammenhang mit den Integrationsprozessen von Migranten in die Aufnahmegesellschaft. Zu den führenden

Vertretern dieses Ansatzes zählen unter anderem D. S. MASSEY und F. GARCIA ESPANA (vgl. u.a. MASSEY et al. 1987).

Nach den Ausführungen dieser Theorie ist Migration nicht nur ein ökonomischer, sondern ebenso ein sozialer Prozess. Durch die Einbindung in soziale Netzwerke reduzieren sich die ökonomischen und psychosozialen Kosten der Migration deutlich und machen sie dadurch attraktiver. Neuankommenden Migranten wird in der schwierigen Anfangs- und Einlebungsphase im neuen Gastland Rückhalt geboten. Informationen über günstige Übernachtungsmöglichkeiten, Mitfahrgelegenheiten, Arbeitsmöglichkeiten sowie Unterstützung bei Behördenwegen sind nur einige der vielen Beispiele an Hilfestellungen, von denen die Neuankömmlinge profitieren. Nichtsdestotrotz wird in der aktuellen migrationswissenschaftlichen Debatte auch darauf hingewiesen, dass der soziale Aspekt bei Migrationsmotiven meist zu stark betont wird und ökonomische Faktoren nach wie vor die primären Determinanten der Migrationsentscheidung sind (vgl. KRALER und PARNREITER 2005, S. 15ff).

Die Erkenntnisse aus der Theorie zu Migrationsnetzwerken lieferten schließlich den Nährboden für die Entstehung des neuen Forschungsansatzes „Transnationalismus und Transmigration". Das Konzept von transnationalen Räumen und Identitäten wurde erstmals zu Beginn der 1990er-Jahre in einem in den USA erschienenen Sammelband von Anthropologen formuliert: „Toward a Transnational Perspective on Migration, Race, Class Ethnicity and Nationalism Reconsidered" (GLICK SCHILLLER et al. 1992, hier zitiert nach HAN 2006, S. 149). Einzelbeiträge über Migrationsbewegungen von mexikanischen, philippinischen und karibischen Zuwanderern in die USA bildeten hierbei die Grundlage. Der Transmigrations-Ansatz interpretiert das Phänomen der internationalen Migration nicht nur als Folge von Globalisierungsdynamiken, sondern auch als deren Katalysator (vgl. KRALER und PARNREITER 2005, S. 16ff).

Der Lebensmittelpunkt von Migranten beschränkt sich nicht auf einen bestimmten Ort, sondern teilt sich zunehmend über mehrere geographische Räume auf, da gleichzeitig sowohl zur Ankunfts- wie auch zur Ursprungsregion Beziehungen bestehen. Die starren traditionellen Vorstellungen und Konzepte zu Raum, Identität und Nationalität (bzw. Staatsbürgerschaft) werden dadurch aufgebrochen. Transnationale Räume reichen über Staatsgrenzen hinweg. Transmigration und Transnationalismus sind keine einmaligen Prozesse, die abgeschlossen oder begonnen werden, sondern unterliegen einer permanenten Dynamik. Die Lebenswelt von Migranten umfasst in gleichem Maß sowohl Ziel- als auch Herkunftsort, unabhängig davon, ob sie zwischen beiden geographischen Räumen hin- und herpendeln oder am Zielort bereits sesshaft geworden sind.

Der Lebensmittelpunkt ist nicht mehr länger an einen bestimmten Ort gebunden. Dadurch bilden sich neue Gesellschaften heraus. Forscher sprechen von „transmigrants", „transnational workers" oder „transnational communities" (vgl. KRALER und PARNREITER 2005, S. 16). Obwohl transnationale Phänomene in Ansätzen bereits auch in früherer Zeit existierten, erreicht das Ausmaß und die Intensität von transnationalen Beziehungen durch den technologischen Fortschritt (vor allem in den Bereichen Transport und Kommunikation) heutzutage ungleich größere Dimensionen.

2.2 „Entangled Histories"

Vor dem Hintergrund der zunehmenden Globalisierung und aufbauend auf den Erkenntnissen und Konzeptionen zu Transnationalismus und Transmigration fanden in der jüngeren Vergangenheit auch einige neue Begriffe und Denkansätze Eingang in die Migrationsforschung. Darunter fallen das Konzept von den *„entangled histories"* und die zunehmende Abkehr von traditionellen Auffassungen und Denkmustern über das Verhalten von Migranten und dessen Hintergründe.

Früher war es üblich, die politische, kulturelle und sozioökonomische Entwicklung von räumlich getrennten Gesellschaften isoliert voneinander zu betrachten. Durch die zunehmende Interaktion zwischen den Gesellschaften und Akteuren an immer mehr Schauplätzen verschwinden aber zunehmend die räumlichen Grenzen. Die gesellschaftliche Entwicklung, und damit auch die Geschichte, setzt sich über räumlich-administrative Barrieren hinweg. Durch die zunehmende globalisierte Interaktion zwischen lokalen, regionalen und nationalen Akteuren entstehen neue „Geschichten", die unter dem Begriff „entangled histories" zusammengefasst werden. Die internationale Migration bildet hierbei eine wichtige Triebfeder (vgl. PARNREITER 2007).

PARNREITER (2007) argumentiert, dass Migranten durch ihr Handeln nicht nur – mehr oder weniger gezwungen – auf soziale und ökonomische Zwänge reagieren, sondern damit auch eine aktive Rolle in der Gestaltung von Geschichte, und damit auch von Geographie, einnehmen. Migranten sind also entgegen den traditionellen migrationswissenschaftlichen Vorstellungen keine „Geschichtsopfer", sondern „Täter". Migranten produzieren durch ihr spezifisches Verhalten *„entangled histories"* und schaffen damit auch neue Geographien (vgl. ebd., S. 55).

Durch Migration von Familien- oder Haushaltsmitgliedern eröffnen sich neue Handlungsspielräume für die Betroffenen. Der soziale sowie ökonomische Aktionsradius wird größer und neue räumliche Ebenen werden erschlossen. Migranten verfolgen ihre eigene Agenda und ihr Verhalten lässt sich auch unter *„politics of scale"*[12] einordnen.

„An diesem Punkt laufen die Argumentationsstränge zusammen. ‚Entangled Histories' entstehen, weil MigrantInnen ‚politics of scale' betreiben. Dabei entstehen neue geographische Konstellationen, die unter dem Begriff der transnationalen Räume verhandelt und […] untersucht werden." (PARNREITER 2007, S. 67).

Als klassisches Beispiel dafür wird oft die Gruppe der mexikanischen Migranten in den USA genannt, deren Angehörige ihren Lebensmittelpunkt zunehmend zu gleichen Teilen auf ihren Herkunfts- sowie Zielort verteilen. Auch wenn sie sich in den Vereinigten Staaten aufhalten, fällen sie wichtige Entscheidungen, die die in Mexiko verbliebenen Familienmitglieder unmittelbar betreffen, etwa, was die Verwendung der Haushaltsmittel angeht. Im Ausland lebende Migranten können durch ihre Handlungen den Lebensalltag

---

[12]) Raum ist auch sozial konstituiert. Soziale Akteure versuchen, durch ihr Agieren in den unterschiedlichen räumlichen Maßstabseinheiten („*scales"*) einen Vorteil daraus zu gewinnen.

von ihren in der ursprünglichen Heimat verbliebenen Familien- und Haushaltsmitgliedern maßgeblich beeinflussen. Gleichzeitig kann ihr wirtschaftliches wie soziales Prestige im Heimatort trotz oder gerade wegen ihrer Abwesenheit deutlich zunehmen (vgl. PARNREITER 2007, S. 68). Auch bei philippinischen Migranten lassen sich trotz der meist viel größeren räumlichen Distanzen dieselben Phänomene und Zusammenhänge nachweisen, wie später noch zu zeigen ist.

3. Begriffe und Definitionen – „Who is Who" in der philippinischen Migration

Zunächst sollen einige wichtige Begriffe, die bei der Beschäftigung mit philippinischen Migrationen essenziell sind und im Verlauf dieses Beitrags auch immer wieder Verwendung finden, kurz erläutert werden.

3.1 „Overseas Filipinos", „Overseas Filipino Contract Workers" und „Overseas Filipino Workers"

In der offiziellen Diktion werden Filipinos, die permanent oder über einen längeren Zeitpunkt im Ausland leben, generell als *„Overseas Filipinos"* bezeichnet, wobei der Faktor Berufstätigkeit hier keine Rolle spielt. Für die genaue Bezeichnung von philippinischen Arbeitsmigranten wird in der Literatur meist der Begriff *„Overseas Filipino Workers"* (kurz: OFWs) verwendet. Eine weitere, bereits etwas ältere Bezeichnung ist *„Overseas Filipino Contract Workers"* (abgekürzt: OCWs), in welcher besonders das offiziell legitimierte Arbeitsverhältnis *(Contract Worker)* hervorgehoben wird. Beide Bezeichnungen werden manchmal auch synonym verwendet, obwohl sie nicht exakt das Gleiche bedeuten.

Da es vor allem in jüngerer Vergangenheit einen Anstieg an philippinischen Migranten gibt, die in einem informellen und gesetzlich nicht legitimierten Arbeitsverhältnis stehen (vor allem im Bereich der Haushalts- und Pflegehilfen), stößt der Begriff *Overseas Filipino Contract Worker* an dieser Stelle schon im Wortsinn an seine Grenzen. Die neuere Bezeichnung *Overseas Filipino Worker* beinhaltet hingegen auch jene philippinischen Arbeitsmigranten, die nur über ein informelles Beschäftigungsverhältnis verfügen.

Bei Statistiken zur philippinischen Migration ist die exakte Definition von *Overseas Filipino Worker* oder *Overseas Filipino Contract Worker* für die Interpretation der jeweiligen Daten von besonderer Bedeutung. Die jeweiligen Begriffsbestimmungen der beiden führenden amtlichen philippinischen Institutionen, welche Migrationsdaten erfassen, die *Philippine Overseas Employment Administration* (POEA) sowie das *National Statistics Office* (NSO), gehen jedoch diesbezüglich erheblich auseinander. Als Folge davon gibt es unterschiedliche Angaben zur tatsächlichen Anzahl von philippinischen Arbeitsmigranten. Das NSO fasst die Begriffe OCW und OFW für seine Studien zwar in einen weiteren Rahmen als die POEA, da die Definitionen des NSO jedoch exakter sind, werden in dieser Arbeit bevorzugt die Migrationsstatistiken des *National Statistics Office* verwendet.

Die jährlich durchgeführten Migrationsstudien (*Survey on Overseas Filipinos*) des NSO, welche einen besonderen Schwerpunkt auf die Arbeitsmigration legen, erfassen sämtliche Filipinas und Filipinos, deren Ausreise zum Stichtag der Erhebung nicht länger als fünf Jahre zurückliegt. Diese Gruppe wird, unabhängig von einem vorhandenen Arbeitsverhältnis, allgemein als *„Overseas Filipinos"* klassifiziert. Dazu zählen etwa auch philippinische Auswanderer, Studenten, Trainees, Botschaftsmitarbeiter und Angehörige von internationalen Organisationen (z. B. UNO). Jene *Overseas Filipinos*, die auch im Ausland berufstätig sind, werden laut NSO als *Overseas Filipino Contract Workers* (OCWs) gelistet. Voraussetzung für eine Klassifikation als OCW ist also das Vorhandensein eines vertraglich legitimierten Arbeitsverhältnisses für einen bestimmten Zeitraum. Jene philippinischen Arbeitsmigranten, die über ein solches nicht verfügen, fallen nicht in diese Kategorie und werden in den Statistiken des NSO auch nicht als OCW angeführt.

Der Begriff *Overseas Filipino Worker* (OFW) beinhaltet hingegen sehr wohl auch jene Filipinas und Filipinos, die keinen offiziellen Arbeitsvertrag haben:

> *„OFWs include overseas contract workers (OCWs) who were presently and temporarily out of the country during the reference period to fulfill an overseas contract for a specific length of time or who were presently at home on vacation during the reference period but still had an existing contract to work abroad and other Filipino workers abroad with valid working visa or work permits. Those who had no working visa or work permits (tourist, visitor, student, medical, and other types of non-immigrant visas) but were presently employed and working full time in other countries were also included."* (NSO 2007: Survey on Overseas Filipinos 2005, S. xvii)

Bei beiden Begriffen, sowohl OCW als auch OFW, steht jedoch laut Definition der temporäre Charakter im Vordergrund. Die Aufenthaltsdauer im Ausland richtet sich nach dem Arbeitsverhältnis, welches – sofern es von offizieller Natur ist – im Normalfall auf einen gewissen vertraglich festgelegt Zeitraum befristet ist. Natürlich kommt es vor, dass sich philippinische Arbeitsmigranten im Lauf der Jahre permanent an ihrem Arbeitsort niederlassen und somit zu Auswanderern werden, sofern es die gesetzlichen Bestimmungen des jeweiligen Gastlandes erlauben (wie z. B. in Kanada). Der offizielle Status als OFW kann also durchaus von vorübergehender Dauer sein. Die Grenze, ab wann nun genau ein OCW oder OFW offiziell zum „Exil-Filipino" wird, ist jedoch sehr unscharf und nur selten genau auszumachen.

3.4 *„Remittances", „Remesas" und Geldrücksendungen*

Der Begriff *„Remittance"*, der in der internationalen Bank- und Finanzwirtschaft für „Überweisung, Transaktion" verwendet wird, findet in seiner Pluralform *„Remittances"* bereits seit einiger Zeit Verwendung in der Nord-Süd-Debatte. Mittlerweile hat sich das Wort auch in Wissenschaft, Gesellschaft und Politik als geläufige Bezeichnung für Geldrücksendungen bzw. Geldrücküberweisungen von Migrantinnen und Migranten durchgesetzt. Analog dazu hat sich, im Speziellen bezogen auf die Entwicklungsdebatte der lateinamerikanischen Staaten, die spanische Bezeichnung *„Remesas"*[13] in der Literatur etabliert.

Obwohl die zunehmende Bedeutung von Remittances auch in der öffentlichen Diskussion durchaus wahrgenommen und anerkannt wird, existiert noch keine exakte und allgemein gültige Definition des Begriffs. Dessen genaue Abgrenzung und die Antwort auf die Frage, was nun alles zu Remittances gezählt wird und was nicht, unterliegt den Entscheidungen der jeweiligen Autoren bzw. Organisationen und kann durchaus erheblich variieren. Nicht zuletzt spielt auch der jeweilige Kontext, in dem der Begriff *„Remittances"* in Studien bzw. diversen Aussagen verwendet wird, eine bedeutende Rolle.

In der Migrationsforschung tendiert man dazu, den Begriff *„Remittances"* relativ breit zu fassen. Im Allgemeinen fallen alle monetären Transferzahlungen, die ein Migrant in irgendeiner Form an sein Herkunftsland entrichtet, unter diese Bezeichnung; finanztechnische Unterscheidungen und Aspekte treten dabei eher in den Hintergrund. Ein gutes Beispiel stellt die *International Organization for Migration* (IOM) dar, welche *„Remittances"* folgendermaßen definiert:

> *„For IOM purposes, migrant remittances is defined broadly as monetary transfers that a migrant makes to the country of origin. In other words, financial flows associated with migration. Most of the time, remittances are personal, cash transfers from a migrant worker or immigrant to a relative in the country of origin. They can also be funds invested, deposited or donated by the migrant to the country of origin."* (IOM 2006, S. 1; Zugriff: 16.09.2009)

Im vorliegenden Beitrag wird der Begriff *„Remittances"* im Sinn der Definition der IOM verwendet, wobei von der Möglichkeit, nichtmonetäre Transferflüsse ebenfalls einzubeziehen, Abstand genommen wird.

4. Die globale Bedeutung von „Remittances"

Eine der bedeutendsten Erscheinungen der internationalen Migration sind die Geldrücksendungen von Migranten in ihre Heimatländer (engl. *„Remittances"*). Die globalen Summen dieser Geldtransfers haben längst gewaltige Ausmaße erreicht. Nach Berechnungen der Weltbank wurden alleine im Jahr 2008 über 283 Milliarden US-Dollar an Remittances überwiesen. Viele Länder des globalen Südens sind auf diese Geldrücksendungen angewiesen. In einigen Staaten übersteigt die Summe der Geldrücksendungen sogar mehr als ein Viertel des Bruttoinlandsprodukts (BIP). Relativ gesehen sind in die-

---

[13]) Aus dem Spanischen „Remesa", als Bezeichnung für Überweisung, Anweisung und Sendung.

ser Rangliste die ehemaligen Sowjetrepubliken Tadschikistan, wo Remittances etwa 45,5 Prozent des BIP ausmachen, und Moldawien mit ca. 38,3 Prozent führend. Danach folgen Tonga (35,1 Prozent) und Lesotho (28,7 Prozent) sowie an fünfter Stelle Honduras (24,5 Prozent) (vgl. Abb. 1). Andere Länder, wie beispielsweise Mexiko (2,9 Prozent), Guatemala (10,3 Prozent) oder die Philippinen (13 Prozent), die in absoluten Zahlen gesehen die führenden Empfänger von Geldrücksendungen sind, scheinen in dieser Rangfolge erst viel weiter hinten auf (nach RATHA et al. 2008; siehe auch WENINGER 2010b).

Abb. 1: Geldrücküberweisungen von Migranten in die jeweiligen Heimatländer in Prozent des BIP – „Top Ten" 2008

1. Tadschikistan	45,5	6. Libanon	24,4
2. Moldawien	38,3	7. Guyana	23,5
4. Tonga	35,1	8. Jordanien	22,7
3. Lesotho	28,7	9. Haiti	20,0
5. Honduras	24,5	10. Jamaika	19,4

Quelle: Die Presse, Ausgabe vom 5. April 2009. Zahlenangaben der Weltbank (vgl. RATHA et al. 2008).

Betrachtet man die absoluten Summen von Geldrücksendungen in die Heimat, so liegt der asiatische Kontinent an der Spitze. Im Jahr 2008 wurden nach Berechnungen der Weltbank, die neben den Daten aus formellen Überweisungen (über Banken oder Finanzdienstleister) auch die geschätzten Summen aus informellen Transaktionskanälen (z. B. per Geldboten) beinhalten, etwa 30 Milliarden US-Dollar nach Indien überwiesen. Hinter China (27 Mrd. US-Dollar) und Mexiko (23,8 Mrd. US-Dollar) folgen an vierter Stelle bereits die Philippinen mit einem geschätzten Volumen von etwa 18,7 Milliarden US-Dollar (Abb. 2). Allein über formelle Kanäle wurden laut Philippinischer Zentralbank im Jahr 2008 rund 16,43 Milliarden US-Dollar an Remittances überwiesen, was einen neuen Rekord darstellte (Zahlenangaben der Weltbank).

Abb. 2: Geldrücküberweisungen von Migranten in die jeweiligen Heimatländer in Milliarden US-Dollar – „Top Ten" 2008

1. Indien	30,0	6. Nigeria	10,0
2. China	27,0	7. Ägypten	9,5
4. Mexiko	23,8	8. Rumänien	9,0
3. Philippinen	18,7	9. Bangladesch	8,9
5. Polen	11,0	10. Pakistan	7,1

Quelle: Die Presse, Ausgabe vom 5. April 2009. Zahlenangaben der Weltbank (vgl. RATHA et al. 2008).

Geldrücküberweisungen können zur Entwicklung eines Landes beitragen und nehmen für viele Menschen und Familien in den betroffenen Weltgegenden eine immens wichtige Rolle ein. Ihre Auswirkungen und Begleiterscheinungen sind jedoch vielfältig und nicht immer nur positiver Natur. Auch wenn Remittances die sozioökonomische Entwicklung der betroffenen Gesellschaften stimulieren können, darf man nicht außer Acht lassen, dass diese Geldrücksendungen auch ein gewisses Konfliktpotenzial im sozialen Bereich darstellen, beispielsweise in Bezug auf die gesellschaftliche Verteilung der Remittances, die daraus sich ergebenden sozialen Disparitäten und deren Auswirkungen auf die betroffenen Gesellschaften.

Die zentrale Rolle der Geldrücksendungen von Migranten für die ökonomische Entwicklung der Herkunftsgebiete und ihre möglichen sozialen Konsequenzen sind zunehmend Gegenstand einer regen Diskussion auf internationaler und nationaler Ebene, in Wissenschaft, Wirtschaft, Politik sowie großen Finanzinstitutionen wie der Weltbank, wobei in den letzten Jahren auch „Grassroot"-Initiativen und Nichtregierungsorganisationen (bzw. Non-Profit-Organisationen) immer mehr an Bedeutung gewinnen (zitiert aus WENINGER 2010b).

5. Zur Geschichte der philippinischen Migration

Eine ausführliche und vollständige Beschreibung aller Facetten und Besonderheiten der philippinischen Migration im Lauf der Geschichte sowie alle ihre vielfältigen Ursachen und Hintergründe würde wohl den Rahmen des vorliegenden Beitrages sprengen. An dieser Stelle sei nochmals auf die reichhaltige Literatur zu diesem Thema hingewiesen. Nichtsdestotrotz sollen in diesem Kapitel wichtige historische Eckpunkte der philippinischen Migration angesprochen werden, da sie für ein besseres Verständnis des aktuellen Migrationsgeschehens notwendig sind.

Die historischen Wurzeln der *„Philippine Diaspora"* reichen weit in die US-amerikanische und spanische Kolonialzeit zurück. Das Wesen der philippinischen Migration, von der Vergangenheit bis zur Gegenwart, ist dabei auch immer im Zusammenhang mit den sich ändernden politischen und sozioökonomischen Verhältnissen im Lauf der kolonialen und postkolonialen Geschichte des Landes zu sehen.

Philippinische Migranten üben in der heutigen Zeit meist Dienstleistungsberufe aus, wobei in die klassische Vorstellung des typischen philippinischen Arbeitsmigranten oft die bereits erwähnten Klischeebilder hineinwirken. Zu Beginn der philippinischen Migrationsgeschichte am Anfang des 20. Jahrhunderts kamen Filipinas und Filipinos jedoch weniger in Hotelbetrieben, Krankenhäusern oder auf Öltankern zum Einsatz, sondern waren vor allem in den sich intensivierenden Landwirtschaften der westlichen Welt anzutreffen. Die Pioniere der heutigen *Overseas Filipino Workers* waren meist Feldarbeiter, Erntehelfer oder Fischereiarbeiter, die sich oft unter widrigsten Arbeitsbedingungen ihren Lebensunterhalt verdienen mussten.

Historisch gesehen werden zumindest vier große Migrationswellen unterschieden (vgl. AOS 2004, Part 1):

- Die erste Welle von 1900 bis 1946;
- die zweite Welle von den späten 1940er- bis zu den späten 1960er-Jahren;
- die dritte Welle von den frühen 1970er-Jahren bis 1990;
- die vierte Welle von den frühen 1990er-Jahren bis heute.

Jede davon hatte unterschiedliche Ausprägungen und Ursachen, doch charakteristisch bleibt stets die große Anzahl philippinischer Arbeitskräfte, die während dieser Zeitphasen ins Ausland abwanderten.

5.1 Die Ursprünge der philippinischen Migration

Neben den vier bereits genannten großen Migrationsbewegungen des 20. Jahrhunderts sind auch schon ältere Gruppen von philippinischen Migranten historisch bekannt. Da sich ihre Anzahl jedoch auf überschaubare Größen beschränkte, kann man hier noch nicht von Migrationswellen sprechen.

Die „Manila Men" von Louisiana

Die älteste Gemeinschaft von Filipinos in der westlichen Welt waren ehemalige Seeleute der berühmten Manila-Galeonen (1570 bis 1813), die während der spanischen Kolonialzeit den Warenverkehr zwischen Manila und Acapulco an der Pazifikküste Mexikos (das zum damaligen Vizekönigreich Neuspanien gehörte, welches auch die Philippinen regierte) abwickelten (vgl. CORPUZ 1997). Zu Beginn des 19. Jahrhunderts versuchten immer mehr philippinische Seemänner der Manila-Galeonen, den zunehmenden Repressionen der spanischen Kolonialverwaltung zu entkommen, indem sie von Bord flüchteten, während die Schiffe in Acapulco vor Anker lagen. Viele der abtrünnigen Filipinos setzten sich unauffällig in das Hinterland von Mexiko ab, das bis 1821 zu Spanien gehörte.

Den Großteil der Seeleute zog es jedoch weiter über den Land- oder Seeweg in die noch junge Nation der Vereinigten Staaten von Amerika. Das Ziel der abenteuerlichen Reise war meist Louisiana, welches bereits 1813 amerikanischer Bundesstaat wurde, nachdem die Gegend um die ursprünglich französische Stadt New Orleans schon 1803 von den USA erworben wurde. Das Gebiet lag damit im Gegensatz zu Kalifornien und Texas schon sehr früh außerhalb der Einflusssphäre der spanischen Krone, der sich die meisten abtrünnigen Seemänner entziehen wollten.

Um 1840 gründeten die ehemaligen philippinischen Seeleute und deren Nachkommen die ersten Siedlungen. Die bekanntesten davon, *Manila Village* und *St. Malo Village*, befanden sich in Louisiana (Abb. 3). Beide waren nicht viel mehr als auf Stelzen gebaute Fischerdörfer und lagen in der Umgebung der weitläufigen Sumpflandschaften um New

Orleans. Diese Siedlungen zählen zu den ältesten asiatischen Einwanderungsgemeinschaften in den USA. Um sich den Lebensunterhalt zu verdienen, arbeiteten die meisten Bewohner im aufblühenden Shrimps- und Garnelenfang Louisianas. Bereits 1870 gründeten die spanisch sprechenden Einwohner St. Malos mit dem *„Sociedad de Beneficencia de los Hispano Filipinos"* den ersten eingetragenen philippinischen Verein in der Neuen Welt (vgl. CORDOVA 1983).[14]

Abb. 3: „Manila Village" in Louisiana – um 1900

Quelle: http://projects.global-teach.com/si/u3-part-01b.html (Zugriff: 02.02.2010).

Das „Pensionado"-Programm

Schon bald nach Beginn der amerikanischen Annexion der Philippinen erließ die US-Kolonialverwaltung im Jahr 1903 den sogenannten *„Pensionado-Act"*. Dieser stellte für ein begrenztes Kontingent philippinischer Studenten und/oder Hochschulabsolventen ein weiterführendes Stipendium an amerikanischen Universitäten bereit. Ziel dieses meist über mehrere Jahre laufenden Austauschprogramms war es, Filipinos und Filipinas für höhere Aufgaben im Staatsdienst auszubilden und zu qualifizieren. Das Programm sah vor, für jedes absolvierte Universitätsjahr in den USA zumindest ein Jahr im Dienst des von der USA gelenkten Verwaltungsapparats auf den Philippinen abzuleisten. Der damit verbundene Selektionsprozess richtete sich nicht nur nach den schulischen Qualifikationen, sondern auch nach dem persönlichen gesellschaftlichen Status der Bewerber. So entstammte ein Großteil der Teilnehmer dieses Programms den wohlhabenden traditionellen Familienclans der Oberschicht. Die ersten 100 Pensionados (ausgewählt aus über 22.000 Bewerbern) trafen im Oktober 1903 in den USA ein.

---

[14]) Siehe dazu auch: http://projects.global-teach.com/si/u3-part-01b.html (Zugriff: Mai 2009).

Das Programm der amerikanischen Kolonialverwaltung lief offiziell bis 1910 und ermöglichte über 200 philippinischen Studenten (darunter auch acht Frauen) ein Studium an renommierten amerikanischen Universitäten wie der University of California in Berkeley, University of Washington, Notre Dame, Yale, Massachusetts Institute of Technology und anderen (vgl. POSADAS 1999).[15] Die erfolgreich zurückgekehrten Absolventen des Pensionado-Projekts inspirierten in weiterer Folge viele andere angehende Akademiker in der Heimat. Obwohl der Großteil davon weniger privilegiert war, entschlossen sich viele, es den Pensionados gleich zu tun. Zwischen 1910 und 1938 migrierten über 14.000 philippinische Studenten, die meist kaum über Zuwendungen und Stipendien verfügten, in die USA und finanzierten sich auf eigene Faust (meist nach Jahren harter und prekärer Arbeit) ein Hochschulstudium (vgl. ESPIRITU 1995).

5.2 Die erste Migrationswelle (1900 bis 1946)

Der Beginn der philippinischen Arbeitsmigration während der US-amerikanischen Kolonialzeit kann im Wesentlichen auf zwei Punkte zurückgeführt werden:

- Die rapide Verschlechterung der Lebensumstände im ländlichen Bereich als unmittelbare Folge der nationalen Befreiungskriege und Aufstände gegen die Kolonialmächte. Weite Teile des Landes befanden sich praktisch über mehrere Jahre durchgehend im Kriegszustand. Auf die „Philippinische Revolution" gegen die spanischen Kolonialherren (1896–1898) folgten nach nur kurzer Waffenpause weitere intensive landesweite Kampfhandlungen gegen die neue Kolonialmacht USA während des Philippinisch-Amerikanischen Kriegs (1899–1902).
- Der steigende Bedarf an landwirtschaftlichen Arbeitskräften in den USA und auf Hawaii, welches die Vereinigten Staaten aufgrund seiner besonderen strategischen Bedeutung im Laufe des Spanisch-Amerikanischen Kriegs im Jahre 1898 annektiert hatten.

Der philippinische Unabhängigkeitskampf forderte einen hohen Blutzoll und hinterließ zudem in vielen ländlichen Gebieten, die oft als Rückzugsgebiete der philippinischen Revolutionstruppen dienten, verbrannte Erde und große Schäden (vgl. CORPUZ 1997). Die Schaffung der zivilen Kolonialregierung und die anschließende wirtschaftliche Öffnung des Landes hin zum Freihandel *(free trade)* mit dem neuen „Mutterland" USA führten zunehmend zum intensiven Anbau sogenannter „cash crops", um den Anforderungen der kolonialen Exportwirtschaft nachkommen zu können. Dies setzte wiederum den traditionellen, kleinbäuerlichen Landwirtschaften *(peasant economies)* stark zu.

Die Ausrichtung der Wirtschaft auf die Kultivierung und den Export von „cash crops" verschärfte noch zusätzlich die Nachwirkungen der Unabhängigkeitskriege (vgl. AOS 2004, S. 7). Die exportorientierte landwirtschaftliche Produktion verdrängte und enteignete in der Folge viele Kleinbauern, was zu einer zunehmenden Verarmung in vielen ländlichen Gebieten führte. Als Folge kam es im agrarischen Sektor zu verstärkter Bin-

---

[15]) Siehe dazu auch: http://projects.global-teach.com/si/u3-part-02.html (Zugriff: Mai 2009).

nenmigration in andere Teile der Philippinen (z. B. auf die damals noch relativ dünn besiedelte Insel Mindanao im Süden des Landes). Die zunehmende Unzufriedenheit der Bauern hielt während der Anfangsjahre der amerikanischen Kolonialzeit noch weiter an und manifestierte sich unter anderem in Streiks und lokalen Revolten.

In weiterer Folge kam es im Lauf der ersten Dekade des 20. Jahrhunderts zu Abwanderungsbewegungen aus vielen ländlichen Gebieten. Der Großteil wanderte in die urbanen Zentren des Landes ab (Land-Stadt-Migration), andere entschlossen sich jedoch, ins Ausland zu migrieren und fanden dabei zunehmend Nachahmer. Ein entscheidender Antrieb dafür war der Beginn der ersten Kampagnen zur Anwerbung philippinischer Feldarbeiter, der sogenannten „*Sakadas*", für die Zuckerrohr- und Ananasplantagen auf Hawaii ab dem Jahr 1906. Die organisierte Migration von philippinischen Arbeitskräften hatte damit begonnen.

Arbeitermangel in Hawaii

Um die Wende vom 19. zum 20. Jahrhundert benötigte Hawaii dringend ausländische Arbeitskräfte. Die von den USA vorangetriebene Transformation der hawaiianischen Ökonomie in eine exportorientierte Plantagenwirtschaft (vor allem Ananas und Zuckerrohr) und die anfängliche Dezimierung der indigenen Bevölkerung durch eingeschleppte Krankheiten machten den Import von landwirtschaftlichen Arbeitskräften aus dem Ausland und anderen amerikanischen Kolonien notwendig. Die Entwicklung der hawaiianischen Plantagenwirtschaft ist auch eng mit dem Aufstieg der *Hawaiian Pineapple Company* verbunden, die vom späteren „Pineapple King" James DOLE 1901 gegründet wurde und im selben Jahr die Bewirtschaftung der ersten großen Ananasplantage auf Oahu aufnahm.[16]

Um die konstante Nachfrage an landwirtschaftlichen Arbeitskräften auf hawaiianischen Plantagen zu decken, begann die *Hawaiian Sugar Planters Association* (HSPA)[17] ab dem Jahr 1906 mit der systematischen und organisierten Anwerbung von philippinischen Arbeitern.[18] Die HSPA eröffnete mehrere Zweigstellen in Nord-Luzon (Vigan, Ilocos Sur) und Cebu, um eine möglichst große Bandbreite an potenziellen Bewerbern in landwirtschaftlich geprägten Gebieten effektiv ansprechen zu können. Zur Zielgruppe gehörten ungelernte männliche Arbeitskräfte, die als Hilfsarbeiter auf den Plantagen eingesetzt werden konnten.

---

[16]) Das Unternehmen firmiert mittlerweile unter dem Namen „Dole Food Company" und ist in der Zwischenzeit zu einem riesigen multinationalen Agrarkonzern herangewachsen, der als weltweit größter Anbieter von Frischobst und Gemüse gilt. Quelle: http://www.dole.com/CompanyInformation/AboutDole/History/tabid/1287/Default.aspx (Zugriff: November 2009).

[17]) Die HSPA (gegründet 1895) war ein freiwilliger Zusammenschluss von Eigentümern hawaiianischer Zuckerrohrplantagen (und später auch Ananasplantagen). Die Drähte der immer einflussreicher werdenden HSPA reichten dabei auch bis in höchste Kreise nach Washington, D.C. (vgl. http://opmanong.ssc.hawaii.edu/filipino/MigLinks.htm; Zugriff: November 2008).

[18]) Vgl. http://opmanong.ssc.hawaii.edu/filipino/labor.html (Zugriff: November 2008).

Philip Weninger

Spezifische Nachfrage nach philippinischen Arbeitern

Unter den hawaiianischen Plantagenbesitzern kam es zu einer erhöhten Nachfrage nach philippinischen *Sakadas*. Diese Bevorzugung gegenüber anderen ethnischen Gruppen hatte mehrere handfeste Gründe:

- Als jüngste Gruppe von Zuwanderern erhielten die philippinische *Sakadas* den geringsten Lohn im Vergleich zu anderen Plantagenarbeitern (die meist ostasiatischer Herkunft waren). Filipinos einzustellen galt trotz der zur Verfügung gestellten und beworbenen freien Überfahrt nach Hawaii immer noch als besonders günstig.

- Da die Philippinen zu diesem Zeitpunkt vom rechtlichen Standpunkt her gesehen Außengebiet (*„insular area"*) und Territorium der USA waren, galten philippinische Arbeitskräfte verwaltungstechnisch als amerikanische Staatsbürger, obwohl sie formell die Staatsbürgerschaft nicht erhielten (Ausnahme: Militärdienst). Filipinos waren als sogenannte *„subjects"* der US-Verwaltung ein Sonderfall und unterlagen deshalb, ähnlich wie Puerto Ricaner, für lange Zeit keinerlei Einwanderungsbeschränkungen (bis 1934). Deshalb hatten sie einen großen Vorteil gegenüber anderen Immigrantengruppen wie zum Beispiel den Chinesen und Japanern, die als Ausländer in eine Kontingentierung fielen. Diese beiden zahlenmäßig bedeutenden Gruppen wurden – wie andere Asiaten in den amerikanischen Einwanderungsbestimmungen – als Gruppe der *„Orientals"* geführt. Mit der Unterzeichnung eines sogenannten *„Gentlemen's Agreement"* zwischen den USA und Japan im Jahr 1908 traten zudem noch umfassende Reglementierungen zur Zuwanderung japanischer Arbeiter in Kraft. Durch organisierte Migration von Filipinos wollte die HSPA den zu erwartenden Engpass an billigen Arbeitskräften vermeiden.

- Filipinos wurden als *„subjects"* der USA zwar verwaltungstechnisch wie amerikanische Staatsbürger eingestuft, erhielten aber durch Verwehrung einer vollwertigen US-Staatsbürgerschaft nicht die gleichen Rechte. Im Gegensatz zu anderen Immigrantengruppen (Japaner, Chinesen, Koreaner, etc.), die ihre diplomatischen Vertretungen im Fall von arbeitsrechtlichen Unregelmäßigkeiten und Willkürakten konsultieren konnten (was tatsächlich jedoch selten erfolgte), waren Filipinos solchen Problemen eher schutzlos ausgeliefert.

- Die Philippinen waren zu Beginn des 20. Jahrhunderts noch ein besonders stark agrarisch geprägtes Land und verfügten über ein großes Reservoir an Arbeitskräften im primären Sektor. Davon waren viele aufgrund der schwierigen wirtschaftlichen Situation auf der Suche nach Arbeit. Durch die lange koloniale Vergangenheit gab es zudem bereits eine längere Tradition im Anbau von Zuckerrohr. Das bekannteste Beispiel dafür war die „Zuckerinsel" Negros in den Zentralen Visayas. Die HSPA stufte die philippinischen *Sakadas* deshalb als sehr geeignet für die Arbeit auf den hawaiianischen Plantagen ein.

- Philippinische *Sakadas* galten als zuverlässige und hart arbeitende Arbeitskräfte, die aufgrund der zu dieser Zeit noch vorherrschenden kolonialistischen Denkweise zudem als überwiegend fügsam, ungebildet und unterwürfig betrachtet wurden. Nach den Vorstellungen der hawaiianischen Plantagenbesitzer würden Filipinos sich deshalb nur sehr unwahrscheinlich jeglichen Gewerkschaftsbewegungen anschließen – eine Eigenschaft, die man vor allem den japanischen Arbeitern vorwarf.[19]

Filipinos in Hawaii

Am 20. Dezember 1906 traf das erste Kontingent von philippinischen *Sakadas* per Schiff in Honolulu ein. Diese Gruppe bestand aus 15 Männern („*First Fifteen*"), die alle aus der Provinz Ilocos in Luzon stammten und für die Feldarbeit auf der Olaa-Zuckerplantage auf der großen Insel von Hawaii vorgesehen waren. Bis 1946 sollten noch viele Filipinos dem Beispiel der „*First Fifteen*" folgen.

Die Auslandsmigration bot damit, wenn auch in bedeutend kleinerem Umfang als heute, bereits zu Beginn des 20. Jahrhunderts für viele Filipinos eine Möglichkeit, der Armut zu entkommen und die persönlichen Lebensumstände zu verbessern (vgl. CORPUZ 1997, S. 249).

In den Anfangsjahren der Kampagnen der HSPA verlief die organisierte Anwerbung von Sakadas noch schleppend. Es war schwierig, Filipinos für die Arbeit auf Hawaii zu gewinnen. Viele schreckte die große Distanz und die lange Dauer der anstrengenden Überfahrt ab. Aber mit erhöhtem Aufwand gelang es der HSPA gegen Ende der ersten Dekade des vorigen Jahrhunderts, zunehmend mehr Sakadas zu überzeugen. Ihre Kampagnen priesen dabei beharrlich die Erfolgsgeschichten der ersten zurückgekehrten Filipinos an. Im Volksmund wurden diese bald als „*Hawayanos*" bezeichnet und fanden zunehmend Bewunderung (Abb. 4). Die Migration philippinischer Arbeitsmigranten nach Hawaii wurde dadurch noch zusätzlich vorangetrieben und entwickelte allmählich eine gewisse Eigendynamik.[20]

Obwohl die erste Gruppe von Sakadas, die „*First Fifteen*", allesamt gebürtige Ilocanos waren, kam der Großteil der philippinischen Migranten auf Hawaii zunächst von den Visayas (dem Untersuchungsgebiet dieser Arbeit), und dabei vermehrt von der „Zuckerinsel" Negros, da hier bereits ein großes Potenzial an landwirtschaftlichen Arbeitskräften vorhanden war. Ab Mitte der 1920er-Jahre ging die Anzahl von Bewerbern aus den Visayas jedoch drastisch zurück und die HSPA fokussierte ihre Kampagnen auf die Provinzen Nord-Luzons mit Schwerpunkt auf die bereits erwähnte Region Ilocos. Zwischen 1925 und 1928 machten gebürtige Ilocanos fast 60 Prozent aller angeworbenen philippinischen Arbeitskräfte für Hawaii aus (vgl. AOS 2004, S. 8). Die Mehrzahl davon waren Bauern aus einfachsten Verhältnissen. Dazu emigrierten zunächst überwiegend Männer, um auf den Plantagen und Feldern der hawaiianischen Inseln zu arbeiten (Abb. 5).

---

[19]) Ein Trugschluss, wie sich später herausstellte, da sich philippinische *Sakadas* genauso Gewerkschaftsbewegungen anschlossen und dort teilweise sogar führende Rollen einnahmen.

[20]) Vgl. http://opmanong.ssc.hawaii.edu/filipino/labor.html (Zugriff: Dezember 2008).

Abb. 4: „Successful Hawayanos" – Philippinische Heimkehrer aus Hawaii um 1930

Quelle: http://opmanong.ssc.hawaii.edu/filipino/labor.html (Zugriff: 02.02.2010).

Abb. 5: Philippinische „Sakadas" auf Plantagen der „Hawaiian Pineapple Company"

Quelle: http://projects.global-teach.com/si/u3-part-03.html (Zugriff: 02.02.2010).

Zu Beginn der ersten Migrationswelle nach Hawaii wurden philippinische Arbeiter von den Vermittlungsagenturen oft schamlos ausgenützt. Um auf hawaiianischen Plantagen arbeiten zu dürfen, wurden nicht selten horrende Gebühren für die Transportkosten der Überfahrt, die Verpflegung und Behausung sowie sonstige Provisionen in Rechnung gestellt, die von den potenziellen Arbeitsmigranten im Vorhinein beglichen werden mussten.

Diese Missstände erregten bald auch die Aufmerksamkeit der philippinischen Behörden unter der Leitung des US-Generalgouverneurs, die beschlossen, die zunehmende Emigration heimischer Arbeitskräfte stärker zu beobachten und durch Schaffung gesetzlicher Rahmenbedingungen regulierend einzugreifen.

Schließlich arbeitete die HSPA, welche während dieses Zeitraums weiterhin die führende Vermittlungsagentur blieb, ein System aus, das einen geregelten Rahmen und eine gewisse Rechtssicherheit für philippinische Arbeiter im Zusammenhang mit den von ihnen verlangten Arbeitstätigkeiten bieten sollte (vgl. AOS 2004, S. 9). Filipinos auf Hawaii erhielten demnach in der Regel einen Dreijahresvertrag, der nach seinem Auslaufen eine von der HSPA organisierte und vom Arbeitgeber finanzierte freie Rückfahrt auf die Philippinen beinhaltete. Gleichzeitig verpflichteten sich die hawaiianischen Zuckerrohr- und Ananasproduzenten für die Überfahrt von angehenden *Sakadas* aufzukommen sowie die Kleidung, ärztliche Behandlung und den Transfer vom Hafen in Honolulu zu den jeweiligen Plantagen zu übernehmen.

Nach Beginn der organisierten Kampagnen im Jahr 1906 gingen innerhalb von 40 Jahren bis 1946 über 126.000 philippinische Arbeitskräfte nach Hawaii. Die meisten davon (über 90 Prozent) wurden von der HSPA angeworben. Der Großteil dieser Migrationsbewegungen erfolgte dabei in mehreren Spitzen bis zum Jahr 1934 (vgl. ESPIRITU 1995, S. 5ff). Ab den 1930er-Jahren ging der Zustrom von Filipinos als Folge der Weltwirtschaftskrise (Börsencrash im Oktober 1929) und einer gewissen Stagnation des Arbeitskräftebedarfs in Hawaii zurück, blieb aber noch bis 1934 aufrecht. Durch die zunehmende philippinische Zuwanderung änderte sich auch das ethnische Gefüge der hawaiianischen Plantagenarbeiter, wie ESPIRITU (1995) ausführt:

> *„In 1915, Filipinos formed only 19 Percent of the workers and the Japanese 54 percent; by 1932, Filipino Workers predominated, constituting 70 percent, and the Japanese were 19 percent."* (ESPIRITU 1995, S. 7)

Da die Anzahl der philippinischen Sakadas auf Hawaii stetig anwuchs, wurde es für Filipinos zunehmend schwieriger, nach Ablauf ihrer mehrjährigen Arbeitsverträge eine weitere Anstellung auf den hawaiianischen Plantagen zu erhalten. Die Konkurrenzsituation wurde stärker, die Arbeitsbedingungen auf den Plantagen blieben extrem hart und teilweise menschenunwürdig und der landwirtschaftliche Arbeitsmarkt wurde zunehmend ausgedünnt. Viele sahen sich deshalb gezwungen, wieder auf die Philippinen zurückzukehren oder entschlossen sich, auf das Festland der USA auszuweichen. Man schätzt, dass von den zwischen 1906 und 1934 eingewanderten 120.000 Filipinos etwa 41 Prozent wieder in ihre Heimat zurückkehrten oder ihre Arbeitssuche auf dem nordamerikanischen Kontinent fortsetzten (vgl. AOS 2004, S. 9).

Philippinische Arbeitsmigranten auf dem nordamerikanischen Kontinent

Neben dem Einwanderungsstrom nach Hawaii, der den Großteil der ersten philippinischen Auswanderungswelle ausmachte, fand ab den 1920er-Jahren auch eine zweite

Migrationsbewegung statt – sie betraf vor allem die Westküste der USA und Kanadas. Ab Mitte der 1920er-Jahre bis zum Ende des Jahrzehnts strömten etwa 50.000 Filipinos auf das Festland der USA und konzentrierten sich dabei vor allem auf die Pazifikküste. Etwa ein Drittel davon war davor auf Hawaii tätig. Novellierungen der amerikanischen Einwanderungsbestimmungen kamen ihnen bei der Arbeitssuche entgegen. Die *Immigration Acts* der USA von 1921 und 1924 schränkten die Zuwanderung von Europäern stark ein, Asiaten aus China, Japan und Korea wurde sie gänzlich untersagt. Um dem daraus entstandenen Engpass an Arbeitskräften zu begegnen, warben amerikanische Farmer und Fabrikanten der (zu dieser Zeit bedeutungsvollen) Fischkonserven-Industrie („canneries") im Lauf der 1920er-Jahre zunehmend Filipinos an.

Ausgehend von den an der Pazifikküste liegenden Bundesstaaten verteilten sich philippinische Einwanderer schließlich über die meisten anderen Landesteile der USA. Die überwiegende Mehrheit blieb aber auf Kalifornien konzentriert. Zwischen 1923 und 1929 kamen jährlich über 4.000 Filipinos in den Bundesstaat an der Westküste. Die philippinische Bevölkerung Kaliforniens wuchs bis 1930 auf mehr als 30.000 Menschen an (vgl. Espiritu 1995, S. 9).

In Großstadtregionen und urbanen Zentren waren Filipinos oft im niederen Dienstleistungssektor anzutreffen. Viele waren in Restaurants als Tellerwäscher und Küchenhilfen beschäftigt, andere arbeiteten in der Hotellerie als Portiere, Zimmermädchen und Liftboys oder in Appartements als Hauswarte, Dienstmädchen, etc. Der Großteil philippinischer Migranten blieb jedoch im landwirtschaftlichen Sektor tätig und musste sich meist mit der harten und entbehrungsreichen Arbeit auf amerikanischen Feldern und Plantagen den Lebensunterhalt verdienen.

Anders als auf Hawaii, wo sich die Arbeitstätigkeiten ortsgebunden auf die jeweiligen Plantagen beschränkten, folgten philippinische Feldarbeiter an der amerikanischen Pazifikküste dem landwirtschaftlichen Ernteverlauf („*harvest trail*") und wechselten meist regelmäßig den Standort. Durch die große Vielfalt an unterschiedlichen Anbaupflanzen und Feldfrüchten an der Pazifikküste fiel beinahe jeden Monat eine spezielle Ernte an, wobei die meisten Ernteperioden etwa zwei bis sechs Wochen in Anspruch nahmen. Diese charakteristische Landwirtschaft bewirkte die Entstehung eines eigenen Berufsstands von *landwirtschaftlichen Wanderarbeitern*, der bis zur heutigen Zeit Bestand hat. Vom Ende der 1920er- bis zu Beginn der 1970er-Jahre bildeten Filipinos zusammen mit den Mexikanern (welche heutzutage die führende Rolle inne haben) das Rückgrat dieser Gruppe an Arbeitern (vgl. Espiritu 1995, S. 10).

Während der 1920er-Jahre traten Gesetze in Kraft, die den Erwerb von landwirtschaftlichen Flächen für Nicht-US-Staatsbürger, zu denen trotz ihres Sonderstatus auch die Filipinos zählten, untersagten. Philippinische Migranten konnten deshalb im Gegensatz zu früheren asiatischen Einwanderergruppen wie den Japanern auf legalem Weg kaum Land erwerben und blieben somit als einfache Feldarbeiter in der landwirtschaftlichen Hierarchie weit unten. Filipinos zogen meist in Gruppen von etwa fünf bis 50 Leuten von Job zu Job umher und folgten den Angeboten von Arbeitsvermittlern. Da die Entlohnung meist sehr karg war, wurden die gemeinsamen Einkünfte oft akkumuliert, um anfallende Kosten für Transport, Nahrungsmittel und Unterkünfte leichter abdecken zu können. Die

Gruppen philippinischer Wanderarbeiter bestanden überwiegend aus alleinstehenden Männern. Für die Arbeitgeber war der Kostenaufwand bezüglich ihrer Unterbringung daher sehr gering. Filipinos wurden deshalb gegenüber anderen ethnischen Gruppen oft bevorzugt eingestellt, wie Zeitzeugenberichte bestätigen. Ein japanisch stämmiger Farmer in Kalifornien erklärte anno 1930 im Interview:

> „[...] these Mexicans and Spaniards bring their families with them and I have to fix up houses; but I can put a hundred Filipinos in that barn." (ESPIRITU 1995, S. 10)

Die Nachfrage nach philippinischen Feldarbeitern in der Plantagen- und Landwirtschaft der USA blieb bis zum Beginn der 1930er-Jahre, als sich auch in diesem Sektor die Weltwirtschaftskrise bemerkbar machte, konstant hoch. Die Bandbreite ihrer Tätigkeiten war umfassend und richtete sich nach den unterschiedlichen Gegebenheiten der agrarischen Produktion in den verschiedenen Landesteilen. In Kalifornien mussten philippinische Feldarbeiter beispielsweise Karotten, Erdbeeren, Sellerie, Weintrauben oder Spargel ernten (vgl. ESPIRITU 1995, S. 12). An der pazifischen Nordwestküste und in Alaska lag die Mehrzahl der amerikanischen Fischkonserven-Fabriken. Die Entlohnung in dieser Branche war verhältnismäßig hoch und zog auch viele Migranten an. Vor allem die Arbeit im Lachsfang und in der Weiterverarbeitung in den Fischkonserven-Fabriken Alaskas während der Sommermonate war bei Filipinos sehr gefragt. Die Arbeitstätigkeit umfasste in der Regel zwei Monate. Um 1930 kamen jährlich bis zu 9.000 philippinische Arbeiter, auch „Alaskeros" genannt, während des Höhepunkts der Lachsfang-Saison zum Einsatz (vgl. CORDOVA 1983).[21] Seattle wurde dabei zum Zentrum und Brückenkopf der „Alaskeros".

Der „Tydings-McDuffie-Act" und seine Folgen

Ab der zweiten Hälfte der 1930er-Jahre ging die Zuwanderung von Filipinas und Filipinos nach Hawaii abrupt zurück. Grund dafür war der Erlass des „Tydings-McDuffie-Act",[22] der mit Unterzeichnung durch den US-Präsidenten Franklin D. Roosevelt am 24. März 1934 in Kraft trat und einschneidende Veränderungen für philippinische Migranten mit sich brachte.

Im Zuge dieses Gesetzesakts wurde die Schaffung des „Commonwealth of the Philippines" formell beschlossen. Das Land war somit nicht mehr länger Außengebiet („insular area") der USA und erhielt eine neue Verfassung. Die begleitenden Rahmenbedingungen des Tydings-McDuffie-Act beinhalteten umfassende politische und wirtschaftliche Reformen im Zuge einer zehnjährigen Übergangsphase, nach deren Ablauf die Philippinen in die Unabhängigkeit entlassen werden sollten. Der neu konstituierten philippinischen Regierung wurde dabei weitreichende Autonomie im Rahmen eines Commonwealth-Status zugestanden. Das Amt des United States Governor-General of the Philippines wurde abgeschafft, als Nachfolge bestimmten die USA während dieser Übergangszeit

---

[21]) Siehe dazu auch: http://projects.global-teach.com/si/u3-part-05.html.

[22]) Offizielle Diktion: Philippine Independence Act, Public Law 73–127.

einen *High Commissioner to the Philippines*, welcher dem gewählten Präsidenten des philippinischen Commonwealth und der neu geschaffenen Nationalversammlung zur Seite gestellt wurde.[23]

Für philippinische Migrantinnen und Migranten kam es dadurch jedoch zu einschneidenden Veränderungen, da ihnen verwaltungstechnisch nicht mehr der (vermeintliche) Status eines US-Bürgers zugesprochen wurde und sie behördlich von nun an als Ausländer galten (wenn auch mit einigen Privilegien). Der Einwanderungsstrom nach Hawaii, als Territorium der Vereinigten Staaten, kam damit praktisch zum Erliegen. Die Migration von Filipinos in die USA wurde auf eine jährliche Quote von 50 Personen beschränkt.

Die Auswirkungen des Zweiten Weltkriegs

Unmittelbar im Anschluss an den Überraschungsangriff der Kaiserlichen Japanischen Armee auf Pearl Harbor in Hawaii (7. Dezember 1942) erfolgte die japanische Invasion und anschließende Okkupation der Philippinen. Damit kam der Migrationsstrom von Filipinos in die USA schlussendlich völlig zum Erliegen. Mit Fortdauer des Krieges meldeten sich viele philippinische Migranten in Hawaii und am Festland (vor allem an der Westküste) der USA freiwillig zum Militärdienst in den amerikanischen Streitkräften, um diese im Kampf gegen das Kaiserreich Japan zu unterstützen. Dem Wunsch, die Heimat von den japanischen Besatzungsmächten zu befreien, wurde vom US-Militär, nicht ganz frei von Eigeninteresse, Rechnung getragen.

Ein anderer wichtiger Aspekt war eine Novellierung des „*Nationality Act*" der USA im Jahr 1940. Dieser bewirkte, dass sich Ausländer freiwillig zum Dienst in den amerikanischen Streitkräften melden durften und nach einer Dienstzeit von mehr als drei Jahren zum Erwerb der US-Staatsbürgerschaft berechtigt waren. Da man ab 1943 dringend neue Rekruten für den Kampf gegen die japanischen Streitkräfte im Pazifik benötigte, wurde die notwendige Einsatzzeit für den Erhalt der amerikanischen Staatsbürgerschaft nochmals drastisch reduziert, um zusätzliche Anreize für Nicht-Staatsbürger, wie etwa Filipinos, zu schaffen. Man geht davon aus, dass bis zum Ende des Zweiten Weltkriegs über 10.000 philippinische Migranten dadurch naturalisiert wurden und im Zuge dessen die amerikanische Staatsbürgerschaft erhielten.[24]

Kurz bevor die Philippinen nach dem Ende des Weltkriegs ihre Unabhängigkeit erlangten, machte die HSPA noch ein letztes Mail ihren Einfluss geltend und erwirkte in Folge des Arbeitskräftemangels auf Hawaii nach dem Krieg eine Ausnahmeregelung beim US-Senat für die Zulassung eines letzten großen organisierten Zuwanderungspakets für Filipinos. Die als „*Sakada '46*" bezeichnete Gruppe an philippinischen Arbeitsmigranten umfasste über 6.000 Personen, die noch während des Jahrs 1946 in Hawaii eintrafen. Dies stellte auch den Höhepunkt der zu Ende gehenden ersten Migrationswelle von Filipinos dar.

---

[23]) Erster „Commonwealth of the Philippines"-Präsident wurde Manuel L. QUEZON, erster Vizepräsident Sergio OSMEÑA.

[24]) Vgl. http://opmanong.ssc.hawaii.edu/filipino/wwii.html (Zugriff: 14.01.2009).

Filipinos in der US-Navy und die Rolle der US-Militärbasen

Schon vor den Anfängen der organisierten Bewerbungskampagnen durch die *Hawaiian Sugar Planters Association* (HSPA) begann auch ein anderer großer amerikanischer Arbeitgeber Filipinos für seine Dienste anzuwerben – die US-Navy. Deren Anzahl blieb vergleichsweise gering, doch emigrierten viele philippinische Navy-Angehörige nach Beendigung ihrer Dienstzeit in die Vereinigten Staaten. Die Rekrutierungen der US-Navy hatten eine lange Tradition aufzuweisen und bestanden durch die Präsenz der amerikanischen Militärbasen bis in die 1990er-Jahre.

Obwohl die Philippinen 1946, ein Jahr nach dem Ende des Zweiten Weltkriegs, von den Vereinigten Staaten in die Unabhängigkeit entlassen wurden, blieb die Präsenz von amerikanischen Streitkräften auf dem Archipel weiterhin bestehen. Auch wenn die Periode des „Philippine Commonwealth" ihr planmäßiges Ende fand und die Philippinen nun ein souveräner Staat wurden, konnten sich die USA durch ein besonderes Zusatzabkommen die weitere Nutzung ihrer militärischen Stützpunkte auf der Inselgruppe (fünf große Basen und 20 kleinere Stützpunkte) sichern, wobei das Herzstück davon die Luftwaffenbasis „Clark Air Base" und der davon 60 Kilometer entfernte Marinestützpunkt „Subic Bay" auf Luzon bildeten.

Mit der Unterzeichnung des *Military Bases Agreement* von 1947 wurde den US-Streitkräften der weitere Betrieb ihrer Militärbasen für die nächsten 99 Jahre ohne Anfall zusätzlicher Steuerabgaben gestattet. Obwohl als offizielle Motive des Abkommens gemeinsame sicherheitspolitische Intentionen im Sinne beider Länder angeführt wurden, dienten die Militärbasen vor allem den ökonomischen und geopolitischen Interessen der USA in dieser Region. In der Zeit nach 1945 avancierten die US-Stützpunkte auf den Philippinen zu strategisch überaus wichtigen logistischen Brückenköpfen und Sprungbrettern für die militärischen Interventionen der amerikanischen Streitkräfte in Ost- und Südostasien (China, Korea, Vietnam und das ehemalige Indochina). Nach der Machtübernahme Mao Zedongs in China 1949 und dem Ausbruch des Koreakriegs 1950 nahmen die philippinischen Stützpunkte zunehmend eine immer wichtigere Rolle für die USA ein, die bestrebt waren, dem aufkeimenden Kommunismus in dieser Weltregion zu begegnen.

Für die philippinischen Nationalisten stellten die US-Militärbasen ein Symbol für den nach wie vor dominanten amerikanischen Einfluss auf das Land dar. Vielen anderen Filipinos gaben die amerikanischen Stützpunkte jedoch neue wirtschaftliche und soziale Perspektiven. Gegen Ende der 1980er-Jahre waren die amerikanischen Militärbasen der zweitgrößte heimische Arbeitgeber nach dem Verwaltungsapparat der philippinischen Regierung. Fast 70.000 Filipinos, die zusammen fast 100 Millionen US-Dollar jährlich verdienten, waren zu dieser Zeit in den Basen als Zivilbedienstete beschäftigt (vgl. ESPIRITU 1995, S. 14ff). Dazu kamen noch viele direkte und indirekte Einnahmen für die Bewohner der an die Stützpunkte angrenzenden Gemeinden (z. B. durch Freizeitaktivitäten der US-Soldaten und Zivilbediensteten, Infrastrukturprojekte, diverse Förderungen und Subventionen, etc.).

Während der fast 100-jährigen amerikanischen Militärpräsenz auf den Philippinen dienten die Stützpunkte auch als Zentren für die Rekrutierung und Anwerbung von Soldaten und

Personal für die amerikanischen Streitkräfte. Besonders die US-Navy machte davon von Anfang an intensiv Gebrauch. Schon bald nach Beginn der amerikanischen Annexion begann sie verstärkt, Filipinos anzuwerben und zu rekrutieren (Abb. 6). Die Mehrzahl davon kam als Stewards oder Ordonanzen in den zahlreichen Offiziersmessen an Bord der Flotte zum Einsatz. Während des Ersten Weltkriegs dienten bereits über 6.000 Filipinos in der Navy, in den 1920er- und 1930er-Jahren pendelte sich deren Anzahl bei etwa 4.000 Mann ein. Dies machte einen Anteil von ungefähr fünf Prozent des gesamten Personalstands der US-Navy zu dieser Zeit aus.

Abb. 6: Filipinos in der US-Navy um 1940

Quelle: http://projects.global-teach.com/si/u3-part-06.html (Zugriff: 02.02.2010).

Nachdem die Philippinen 1946 die volle Unabhängigkeit erlangt hatten, durfte die US-Navy jedoch formal nicht mehr ohne Weiteres Filipinos rekrutieren. Diese besaßen nun eine vollwertige philippinische Staatsbürgerschaft und fielen somit nicht mehr in die juristische Grauzone als Einwohner eines US-Außengebiets bzw. des späteren „Philippine Commonwealth". Um dieses Hindernis zu umgehen, implementierten die amerikanischen Behörden im Militärbasen-Abkommen von 1947 eine Sonderklausel (Artikel 27), welche es der US-Navy weiterhin erlaubte, in einem begrenzten Kontingent philippinische Staatsbürger anzuwerben und zu rekrutieren. Nach dem Ausbruch des Koreakriegs (1950–1953) wurde es der Navy gestattet, jährlich bis zu 2.000 Filipinos zu rekrutieren, wobei eine Dienstzeit in der Länge von vier oder sechs Jahren gewählt werden konnte (vgl. ESPIRITU 1995, S. 15).

Internationale Migration philippinischer Arbeitskräfte und „Remittances"

Für viele junge Filipinos stellte der Dienst in der amerikanischen Marine einen Lebenstraum dar. Der Dienst in der US-Navy wurde mitunter Tradition, nicht nur in vielen Familien, sondern auch in einigen Dörfern und Städten, besonders in jenen Ortschaften und Siedlungen, die sich in der Umgebung der amerikanischen Marinestützpunkte befanden (vor allem um die Basis von „Subic Bay" in Luzon).

Die Funktion der Basen ging weit über die konventionelle Bedeutung als militärische Stützpunkte und Rekrutierungszentren hinaus. Sie stellten, im Gegensatz zum vergleichsweise armen lokalen Umfeld, auch Inseln des Wohlstands dar. Mit der Aussicht auf eine überdurchschnittlich gute Entlohnung in harten US-Dollars, einen besseren Lebensstandard, zahlreiche Privilegien für die eigene Person und die Angehörigen (Versicherung, Schulstipendien, Pensionsanspruch) erhielt der Dienst in der amerikanischen Marine ein hohes Ansehen in der Bevölkerung.

Philippinische Rekruten nützten den Dienst in der US-Navy auch, um die amerikanische Staatsbürgerschaft zu erhalten und somit der heimischen Armut und den schwierigen Lebensbedingungen auf Dauer zu entkommen. Während der 1960er-Jahre bewarben sich jährlich über 100.000 Filipinos bei der Navy, um als Rekruten aufgenommen zu werden, doch da das Kontingent beschränkt war (2.000 Rekruten pro Kalenderjahr), konnten nur wenige davon berücksichtigt werden. Die meisten Filipinos ließen sich auch nach abgeschlossener Dienstzeit (vier bis sechs Jahre) noch weiter bei der US-Navy verpflichten. Die Wiedereintrittsquote nach Auslaufen der ersten Dienstverpflichtung lag während dieser Zeit unter Filipinos (auch wenn sie oft in der Zwischenzeit bereits die US-Staatsbürgerschaft erwarben) bei 94 bis 99 Prozent (vgl. ESPIRITU 1995, S. 16).

Während der 1970er-Jahre, die von starken ökonomischen Problemen und sozialen Konflikten (totalitäre Präsidentschaft unter Ferdinand Marcos, Verhängung des Kriegsrechts 1972) geprägt waren, dienten mehr Filipinos in der US-Navy (über 14.000) als in der gesamten Philippine Navy. Als die amerikanische Marine im Jahre 1973 das Kontingent an philippinischen Rekruten von 2.000 auf 400 Personen pro Kalenderjahr herabsetzte, gab es daraufhin einen regelrechten Ansturm an Bewerbern. Man schätzt, dass sich in den darauf folgenden Jahren etwa 200.000 Filipinos jährlich für die wenigen Plätze bewarben. Obwohl viele philippinische Rekruten über einen College- oder Universitätsabschluss verfügten, wurden sie von der US-Navy im Dienstbetrieb nur als Stewards oder Ordonanzen in den Offiziersmessen eingesetzt. Im Gegensatz zu früheren Zeiten, wo Filipinos auch andere höher stehende Positionen einnahmen, entschied sich die Navy nach Beginn der organisierten Rekrutierungen im Rahmen des Militärbasen-Abkommens (1947), philippinische Staatsangehörige in der Regel nur noch für allgemeine Steward-Aufgaben heranzuziehen (vgl. ESPIRITU 1995, S. 16).

Nach langen innenpolitischen Debatten beschloss der philippinische Senat im Jahr 1991, das Militärbasen-Abkommen mit den USA vorzeitig aufzukündigen. Die amerikanische Marine musste im darauf folgenden Jahr ihren letzten Stützpunkt auf „Subic Bay" aufgeben und räumen. Dies bedeutete auch das Ende der organisierten Rekrutierung von Filipinos in der US-Navy. Das letzte Kontingent wurde im Frühjahr 1992 aufgenommen.

5.3 Die zweite Migrationswelle (1946 bis Ende der 1960er-Jahre)

Steigende Nachfrage nach philippinischen Arbeitskräften nach dem Zweiten Weltkrieg

Nach dem Ende des Zweiten Weltkriegs (1945) waren das US-Militär sowie private amerikanische Auftragnehmer mit großem Nachdruck auf der Suche nach Arbeitskräften für den Wiederaufbau auf den ehemaligen Kriegsschauplätzen im Pazifik. Durch die intensiven und verlustreichen Kampfhandlungen lagen viele pazifische Inselstützpunkte in Trümmern (vgl. AOS 2004, S. 11). Ehemalige US-Marinestützpunkte wie auf Wake und Guam waren stark in Mitleidenschaft gezogen worden und mussten wiederhergestellt werden. Auch auf Okinawa, wo neben dem Wiederaufbau der zivilen Infrastruktur auch eine neue amerikanische Militärbasis entstehen sollte, war viel Aufbauarbeit zu verrichten. Aufgrund der historischen Hintergründe und der bereits vorhandenen längeren Erfahrung versuchte man bevorzugt Filipinos anzuwerben.

Da die philippinische Migration nach Hawaii und auf das Festland der USA nach 1946 abnahm (siehe dazu S. 138f), mussten die potenziellen Arbeitgeber wieder damit beginnen, entweder selbst direkt auf den Philippinen oder indirekt durch Arbeitsvermittlungen nach Arbeitern zu suchen. Hier hatten die amerikanischen Streitkräfte durch die Erfahrungen und Kontakte der US-Navy natürlich einen Vorteil. Nach dem Ausbruch des Koreakriegs (Juni 1950) suchte das amerikanische Militär speziell nach philippinischen Bauarbeitern für die Konstruktion und den Ausbau von dringend benötigten militärischen Einrichtungen.

Mit dem Beginn des Vietnamkriegs (1965) stieg der Bedarf an Arbeitskräften erneut stark an. Diesmal war die Nachfrage nach philippinischen Arbeitern so groß, dass die amerikanischen Streitkräfte eigene Vermittlungsbüros in Manila einrichteten. Bei vielen heimischen Arbeitgebern regte sich zunehmend Unmut über die Praxis der US-Militärs mit ihren gezielten Anwerbungen und den sich dadurch verstärkenden Abfluss von qualifizierten philippinischen Arbeitskräften ins Ausland. Zu dieser Zeit begann auch die philippinische Regierung zum ersten Mal, rechtliche Rahmenbedingungen und Richtlinien zu formulieren, um den Zufluss an ausländischen Geldrücksendungen von philippinischen Migranten zu gewährleisten und zu fördern. Das Phänomen der *„Overseas Filipino Workers"* und ihrer *„Remittances"* erlangte mit Fortdauer der 1960er-Jahre zunehmend politische Dimensionen und damit auch höhere Priorität (vgl. ESPIRITU 1995, S. 19ff).

Neben der Arbeit für das US-Militär ergaben sich auch weitere Erwerbsmöglichkeiten für philippinische Arbeitsmigranten: Großbritannien benötigte gegen Ende der 1950er-Jahre für seine Besitztümer im damaligen „British North Borneo" (vor allem in der heutigen, zu Malaysia gehörenden Provinz Sabah) dringend Arbeitskräfte. Filipinos kamen hier zum Beispiel als Friseure, Musiker und Vertragspersonal zum Einsatz. Während der 1960er-Jahre, die eine enorme Zunahme der kommerziellen Waldrodungen in Südostasien mit sich brachten, arbeiteten viele Filipinos als Holzfäller in den *logging camps* von Malaysia und Thailand (vgl. AOS 2004, S. 11).

Die zweite Welle der philippinischen Arbeitsmigration in die USA und nach Kanada

Die zweite Migrationswelle war gekennzeichnet durch die Öffnung neuer Arbeitsmärkte in Nordamerika, an denen Filipinos erstmals auch in größerem Umfang partizipieren konnten. Nichtsdestotrotz blieb die Arbeitsmigration während dieser Periode zunächst auf generell niedrigem Niveau, da die US-Behörden zu dieser Zeit eine stark eingeschränkte und restriktive Einwanderungspolitik verfolgten. Dies änderte sich sukzessive erst ab der zweiten Hälfte der 1960er-Jahre. Hinzu kam das Faktum, dass gegen Ende des Jahrzehnts die zahlreichen philippinischen Arbeiter in der malaiischen Provinz Sabah, die in der Zwischenzeit Teil des unabhängigen Königreichs Malaysia geworden war, wieder in ihre Heimat zurückkehren mussten. Hintergrund war der aufkeimende Grenzkonflikt zwischen Malaysia und den Philippinen, welche beiderseits territoriale Ansprüche auf Sabah erhoben.

Nach dem Ende der amerikanischen Intervention im Vietnamkrieg brach zudem auch noch die Nachfrage an philippinischen Arbeitern für Vietnam schlagartig ab. Erst die langsame Entspannung und die schrittweise Lockerung der Einwanderungsbestimmungen in den USA und Kanada gegen Ende der 1960er-Jahre ermöglichten eine neue Einwanderungswelle von philippinischen Migranten auf dem nordamerikanischen Kontinent, die den Beginn eines weiteren markanten Abflusses philippinischer Arbeitskräfte ins Ausland darstellte. Diesmal waren vor allem ausgebildete Ingenieure und die medizinischen Berufsgruppen wie Krankenschwestern, Pflegekräfte und Ärzte betroffen (vgl. ESPIRITU 1995, S. 19, sowie AOS 2004, S. 10ff).

Nach offiziellen Angaben der philippinischen Behörden arbeiteten im Jahr 1967 bereits über 6.000 heimische Krankenschwestern und Pfleger in den USA und weitere 800 waren in Kanada beschäftigt (vgl. AOS 2004, S. 12). Zur selben Zeit praktizierten bereits fast 2.500 philippinische Ärzte in amerikanischen Spitälern und Kliniken. Damit waren etwa 25 Prozent aller ausländischen Ärzte in den Vereinigten Staaten philippinischer Herkunft.

Generell lässt sich auch feststellen, dass die Integration philippinischer Arbeitsmigranten in die nordamerikanischen Gesellschaften während der zweiten Migrationswelle vergleichsweise reibungslos funktionierte. Verwaltungstechnische und rassistische Benachteiligungen, die noch in den 1920er- und 1930er-Jahren vorherrschten, traten kaum noch auf. Viele philippinische Arbeitsmigranten nahmen im Lauf der Zeit die amerikanische bzw. kanadische Staatsbürgerschaft an und durften in vielen Fällen ihre Familien nachbringen.

Die wachsende Anzahl philippinischer Seeleute

Während der zweiten philippinischen Migrationswelle rückte allmählich eine weitere wichtige Gruppe von Arbeitsmigranten in den Fokus – die philippinischen Seeleute und Matrosen. Obwohl die Philippinen über eine lange Seefahrertradition verfügen (siehe Kapitel 5.1), stieg die Anzahl philippinischer Seeleute auf den Weltmeeren erst im Verlauf der zweiten Migrationswelle signifikant an. Die meisten Migranten dieser Gruppe wurden von lokalen Vermittlungsagenturen im Auftrag transnationaler Reedereien für den Dienst auf internationalen Schiffen unter ausländischer Flagge angeworben. Viele Filipinos kamen deshalb an Bord von sogenannten *„Flag-of-Convenience-Schiffen"* (FoC-Schiffen) unter.[25] Da diese bis zur heutigen Zeit sehr häufig die minimalsten Gehaltslimits und Sicherheitsstandards nicht einhalten können, werden sie in der Seemannssprache oft auch als *„floating coffins"* bezeichnet (vgl. AOS 2004, S. 151).

5.4 Die dritte Migrationswelle (Anfang der 1970er-Jahre bis 1990)

Die dritte große Migrationsbewegung, die seit Beginn der 1970er-Jahre bis zum heutigen Tag anhält, ist durch folgende Aspekte charakterisiert (vgl. AOS 2004, S. 13ff):

- Ein neuer Zuwanderungsschwerpunkt der philippinischen Arbeitsmigranten entstand in den Staaten am Persisch-Arabischen Golf, zunächst insbesondere im Königreich Saudi-Arabien (siehe dazu auch HUSA und WOHLSCHLÄGL 2000, 2005).

- Die philippinische Arbeitsmigration geriet zunehmend in das Blickfeld der nationalen Politik. Durch gesetzgebende Maßnahmen der philippinischen Regierung wurden Möglichkeiten und Regulative geschaffen, um einerseits eine stärkere Kontrolle über die steigende Emigration von heimischen Arbeitskräften zu erhalten und andererseits auf zukünftige Entwicklungstendenzen am globalen Arbeitsmarkt besser reagieren zu können. Mit der Gründung der *Philippine Overseas Employment Administration* (POEA) im Jahr 1982 wurde endgültig eine maßgebende Institution geschaffen, um die Erwerbstätigkeit von philippinischen Arbeitsmigranten im Ausland gesetzlich überwachen, fördern und regulieren zu können.

- Das Alters- und Qualifikationsspektrum der philippinischen Arbeitsmigranten wurde zunehmend breiter und vielfältiger. Verstärkt gingen nun auch wieder Filipinos in das Ausland, die nicht über einen hochwertigen Schul- und Berufsabschluss verfügten. Dies stand im Gegensatz zu den meist gut ausgebildeten und oft noch relativ jungen Fachkräften der zweiten Migrationswelle (Ärzte, Krankenschwestern, Ingenieure, etc.), die nach Nordamerika gerichtet war.

Durch die angespannte politische Situation (Ausrufung des Kriegsrechts im September 1972) und die ökonomische Krise des Landes, die um die Mitte der 1980er-Jahre ihren Höhepunkt erreichte, mussten die Philippinen hohe Kredite bei der Weltbank und dem Internationalen Währungsfonds (IMF) aufnehmen. Durch Misswirtschaft und eine teilweise haarsträubende Budgetpolitik unter dem Regime von Präsident Ferdinand Marcos befand sich der Staatshaushalt der Philippinen in einer zunehmend kritischen Situation. Die ins Land zurückfließenden Geldsendungen von philippinischen Arbeitsmigranten, die *„Remittances"*, wurden dadurch zu einer immer bedeutungsvolleren Devisenquelle. Präsident Marcos, der dringend finanzielle Mittel benötigte, um den wachsenden Schul-

---

[25]) Typische Beispiele für solche Flaggen in der Schifffahrt: Bahamas, Cayman Islands, Gibraltar, Jamaica, Malta, Panama, Sri Lanka, etc. (Quelle: AOS 2004, Kapitel 13).

dendienst bedienen zu können, wollte sich diesen Umstand zunutze machen (vgl. JORDAN und REESE 2008, S. 186).

Eine der ersten politischen Zielsetzungen, die die neu gegründete POEA daher verfolgen sollte, war die Gewährleistung und Förderung eines kontinuierlichen Zuflusses von Remittances in die Philippinen. Offiziell registrierte philippinische Arbeitsmigranten[26] wurden vertraglich dazu angehalten, eine gewisse Summe ihrer im Ausland verdienten Nettoeinkünfte (*„mandatory remittances"*) über autorisierte Bankkanäle an ihre Angehörigen zurück ins Land zu überweisen (*Executive Order 857*). Ein weiteres Ziel der Behörde war die aktive Suche nach bzw. die Evaluierung von neuen Arbeitsmärkten und potenziellen Beschäftigungsmöglichkeiten für philippinische Arbeitsmigranten.

Die Golfstaaten als Ziel der dritten Migrationswelle

Zu Beginn der 1970er-Jahre begannen die erdölexportierenden Länder am Persisch-Arabischen Golf und in Nordafrika ihre Rohölpreise sukzessive zu erhöhen. Diese relativ abrupte preispolitische Änderung wurde im Verbund der OPEC (*Organization of Petroleum Exporting Countries*) gemeinsam beschlossen und abgestimmt. Als Folge stiegen die Profite für die Länder in der Golfregion sprunghaft an.

Diese neuen Einnahmen bedeuteten den Startschuss für umfangreiche Bauvorhaben und Infrastrukturprojekte. Durch den plötzlichen Anstieg des nationalen Wohlstands in vielen Golfstaaten war nun genügend Kapital vorhanden, um dringend notwendig gewordene Reformvorhaben umzusetzen. Dazu zählten zum Beispiel umfangreiche Förderungsmaßnahmen für die nationalen Wirtschaften und Industrien, die langfristig ein dynamisches Wirtschaftswachstum der betroffenen Länder in der Golfregion garantieren sollten. Doch ähnlich wie in Hawaii zu Beginn des 20. Jahrhunderts (Kapitel 5.2) war es auch hier nicht möglich, die dadurch entstandene hohe Nachfrage nach Arbeitskräften abzudecken, das einheimische Arbeitskräftepotenzial in den Golfstaaten reichte dazu bei weitem nicht aus. Dies veranlasste die erdölreichen und mittlerweile auch kapitalstarken Länder in der Golfregion zu groß angelegten Rekrutierungsprogrammen für ausländische Arbeitsmigranten (vgl. AOS 2004, S. 13).

Der philippinischen Regierung kam diese Entwicklung zu dieser Zeit sehr entgegen. Philippinische Arbeitsmigranten sollten dazu beitragen, den Arbeitskräftemangel in den durch die „Petrodollars" reich gewordenen Ländern Westasiens abzudecken. Die Regierung initiierte umfangreiche Exportprogramme philippinischer Arbeitsmigranten für die Golfregion, wobei zwei Ziele verfolgt wurden. Zum einen sollte durch die *„Remittances"* der OFWs und die dadurch steigenden Deviseneinnahmen dem wachsenden Handelsbilanzdefizit und den zunehmenden Kreditschulden bei der Weltbank und dem Internationalen Währungsfonds indirekt entgegengewirkt werden. Zum anderen sollte die organisierte Arbeitsmigration den heimischen Arbeitsmarkt entlasten, welcher der stark

---

[26]) Diese wurden ab diesem Zeitpunkt offiziell als *„Overseas Contract Workers"* (OCWs) oder später auch als *„Overseas Filipino Workers"* (OFWs) bezeichnet.

anwachsenden Bevölkerung nicht genügend Möglichkeiten und Perspektiven anbieten konnte (vgl. JORDAN und REESE 2008, S. 186).

Aus Sicht der Regierung sollte der organisierte Export von Arbeitskräften, der im Laufe der 1970er-Jahre immer größere Dimensionen annahm, nur eine vorübergehend befristete Maßnahme darstellen, um der chronischen Unterbeschäftigung infolge der Schwäche der heimischen Volkswirtschaft entgegenzuwirken. Die Geschichte jedoch zeigt, dass die Arbeitsmigration der einheimischen Bevölkerung ins Ausland mit all ihren Folgen bis zum heutigen Tag ein Charakteristikum der Philippinen blieb und die wirtschaftlichen Probleme noch lange nicht gelöst scheinen.

Durch den ökonomischen Aufschwung in den erdölexportierenden Golfstaaten zu Beginn der 1970er-Jahre und den darauf folgenden Boom der Bauwirtschaft wurde die Region der bedeutendste Arbeitsmarkt für Gastarbeiter aus ganz Asien (vgl. auch HUSA und WOHLSCHLÄGL 2000, 2005). Dies betraf im Lauf der Zeit natürlich auch die Philippinen. Durch die Vermittlung der einheimischen Behörden wurden im Jahr 1976 erstmals knapp 5.000 philippinische Arbeitskräfte für die betroffenen Golfstaaten angeworben. Dies war mehr als ein Viertel (26 Prozent) aller *Overseas Filipino Workers* (OFWs), die in diesem Kalenderjahr ins Ausland gingen. Drei Jahre später, 1979, war dieser Anteil schon auf 63 Prozent angewachsen und 1983 waren bereits 83 Prozent aller philippinischen Arbeitsmigranten, insgesamt 300.000 Personen, in den erdölreichen Golfstaaten beschäftigt (vgl. AOS 2004, S. 15).

Die überwiegende Mehrheit (über 70 Prozent im Jahr 1983) der philippinischen Arbeitsmigranten in dieser Region fand in den verschiedenen Sektoren der boomenden Bauwirtschaft eine Beschäftigung. An zweiter Stelle (1983 etwa zwölf Prozent der OFWs in den Golfstaaten) folgten Arbeitskräfte im Gastronomie- und Hotelgewerbe (inklusive Haushälterinnen). An dritter Stelle war schließlich jene Gruppe an OFWs zu finden, die als Büro- und Verwaltungsangestellte beschäftigt waren (über vier Prozent im Jahr 1983) (vgl. AOS 2004, S. 16, basierend auf Zahlen der POEA).

Unter den Arbeitskräfte-Importstaaten in der Golfregion wurde Saudi-Arabien der bei weitem größte Arbeitgeber für OFWs. Die neu gegründete *„Philippine Overseas Employment Administration"* (POEA) registrierte 1984 bereits über 240.500 philippinische Arbeitsmigranten in Saudi-Arabien. Diese waren alle auf dem Festland beschäftigt und fielen unter die Kategorie der *„land-based contract workers"*. Hinzu kam noch die kleine Gruppe an philippinischen Seeleuten, die auf Schiffen unter saudi-arabischer Flagge ihre Arbeit verrichteten, die sogenannten *„sea-based contract workers"* (etwa 2.000 Männer und Frauen im Jahr 1984). Zusammengerechnet entfielen etwa 77 Prozent aller offiziell registrierten OFWs in der gesamten Golfregion auf Saudi-Arabien, was wiederum etwa 84 Prozent aller weltweit auf dem Festland beschäftigten philippinischen Arbeitsmigranten entsprach (vgl. AOS 2004, S. 16, basierend auf Zahlen der POEA).

Basierend auf Zahlen der POEA lässt sich die Entwicklung der jährlichen Beschäftigungszahlen von offiziell registrierten OFWs zwischen 1975 und 1990 gut nachverfolgen (Abb. 7). Aufgrund des wirtschaftlichen Booms in den erdölexportierenden Golfstaaten wuchs deren Anzahl während der zweiten Hälfte der 1970er-Jahre rasant an und erreichte

1983 mit über 434.000 OFWs einen vorläufigen Höhepunkt. Danach brach die Zahl philippinischer Arbeitsmigranten etwas ein, bis sie schließlich nach dem Ende der Ära Marcos (1986) wieder anstieg und sich bis 1990 etwa auf dem Niveau von 1983 stabilisierte.

Abb. 7: Anzahl der „Overseas Filipino Workers" (OFWs) 1975 bis 2008 nach Daten der POEA („Philippine Overseas Employment Administration")

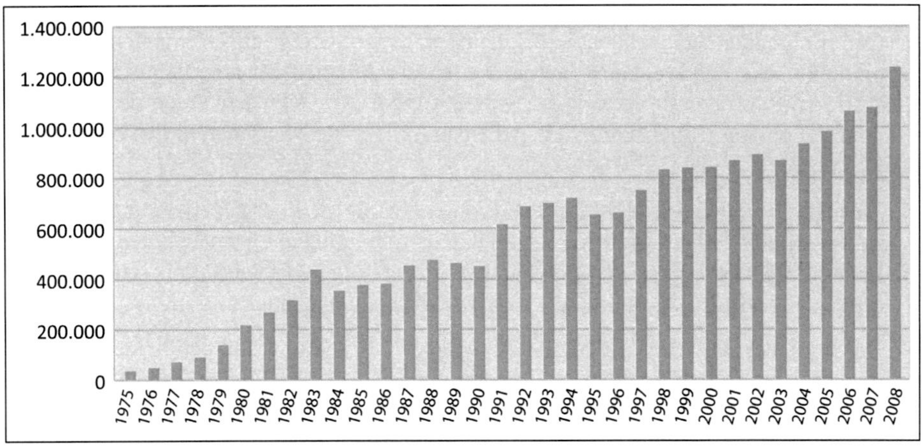

Quelle: POEA 2008a; vgl. http://www.poea.gov.ph/html/statistics.html (Zugriff: August 2009).

5.5 Die vierte Migrationswelle (Anfang der 1990er-Jahre bis heute)

Zu Beginn der 1990er-Jahre befanden sich die Philippinen sowohl innenpolitisch als auch wirtschaftlich in einer schwierigen Situation. Zwar konnten die Demokratie und die Freiheit der Bürger durch den Sturz von Präsident Ferdinand Marcos im Jahr 1986 zu großen Teilen wiederhergestellt werden, doch die neue politische Führung hatte mit zunehmenden wirtschaftlichen und innenpolitischen Problemen zu kämpfen. Präsidentin Corazon Aquino (1986–1992), die mit der von ihr initiierten nationalen Protestbewegung *People Power* dem Regime von Ferdinand Marcos und seiner Gattin Imelda unter den Augen der Weltöffentlichkeit erfolgreich die Stirn bot, konnte sich meist zu wenig gegen die Interessen der alteingesessenen und einflussreichen Eliten durchsetzen. Viele wichtige Reformvorhaben blieben deshalb auf der Strecke. Zudem stellten die vielen Versäumnisse in der Wirtschafts- und Sozialpolitik und die hohen Auslandsschulden, als Vermächtnis der Regentschaft von Ferdinand Marcos, ein schweres Erbe für die neue politische Führung des Landes dar.

Die philippinische Wirtschaft stagnierte und die veraltete Industrie schwächelte. Ausländische Direktinvestitionen waren auf einem Tiefstand angelangt und die Arbeitslosigkeit im Land wuchs. Zu den bereits erwähnten politischen Faktoren gesellten sich zudem noch weitere Ereignisse und Probleme, die sich erschwerend auswirkten (vgl. AOS 2004, S. 17):

- Die Philippinen wurden zu Beginn der 1990er-Jahre von vielen Naturkatastrophen heimgesucht. Dazu zählten vor allem Erdrutsche und Taifune. Das folgenreichste Ereignis war jedoch der Ausbruch des Vulkans Pinatubo auf Luzon im Juni 1991. Die Folgen der dadurch ausgelösten Ascheregen und Lavaströme belasteten die Region noch viele weitere Jahre. Ebenfalls davon betroffen waren die beiden großen US-Militärbasen auf Luzon, „Clark Air Base" und „Subic Bay". Die USA nahmen dieses Ereignis zum Anlass, mit der Räumung ihrer Stützpunkte vorzeitig zu beginnen. Im darauffolgenden Jahr sollten die Nutzungsverträge jedoch ohnehin enden, weil der philippinische Senat einen weiteren Betrieb der Anlagen der amerikanischen Streitkräfte von vornherein verweigerte (siehe Kapitel 5.2). Mit dem Ende der US-Militärbasen gingen jedoch auch viele Arbeitsplätze für die Menschen in den betroffenen Regionen verloren.

- Zu einem weiteren schwerwiegenden Problem wurde die Energieversorgungskrise, die zu Beginn der 1990er-Jahre zu regelmäßigen großräumigen Stromausfällen im ganzen Land führte. Diese Krise war unter anderem eine Folge von Versäumnissen in der Energie- und Infrastrukturpolitik, die sich bereits über einen längeren Zeitraum hinzogen.

- Der seit jeher schwelende Konflikt zwischen der Regierung und den beiden einflussreichen islamischen Separatistengruppen auf der Insel Mindanao, der MILF (*Moro Islamic Liberation Front*) und der MNLF (*Moro National Liberation Front*), flammte zu Beginn des Jahrzehnts wieder auf und brachte eine neuerliche Welle der Gewalt im Süden des Landes mit sich.

Aufgrund der geschilderten Probleme und der schwierigen wirtschaftlichen Situation zu Beginn der 1990er-Jahre entschieden sich viele Filipinos, aus Mangel an Zukunftsperspektiven in der Heimat im Ausland zu arbeiten. Dies brachte einen erneuten Schub an philippinischer Auslandsmigration mit sich. Die Anzahl der offiziell registrierten OFWs stieg 1991 sprunghaft auf über 615.000 an (plus 37 Prozent innerhalb eines Jahres, siehe Abb. 7), wobei auf die Gruppe der philippinischen Seefahrer bereits ein Sechstel der gesamten Migrantenzahl entfiel (1990 gab es bereits über 110.000 Seeleute) (vgl. AOS 2004, S. 17).

6. Die aktuelle Situation der philippinischen Arbeitsmigration – ein statistischer Überblick

In den letzten zwei Jahrzehnten wuchs die Zahl der pro Jahr offiziell registrierten philippinischen Arbeitsmigranten nach Berechnungen der POEA auf rund 1,24 Millionen Menschen an (2008, vgl. Abb. 7).[27] Durch die zunehmende Globalisierung des Arbeitsmarktes lassen sich OFWs in mittlerweile fast allen Ländern der Welt wiederfinden, auch wenn gewisse Regionen wie die Golfstaaten immer noch Schwerpunktgebiete der philippinischen Arbeitsmigration darstellen.

---

[27]) Nach den überarbeiteten Berechnungen der POEA belief sich die Anzahl der offiziell beschäftigten OFWs im Jahr 2008 auf 1.236.013 Menschen (vgl. POEA 2008a).

Internationale Migration philippinischer Arbeitskräfte und „Remittances"

Zu Beginn der 1990er-Jahre stieg die Zahl der philippinischen Arbeitsmigranten im Zuge der vierten Migrationswelle stark an und pendelte sich nach einem leichten Knick um die Mitte des Jahrzehnts, ab dem Jahr 1998, bei über 800.000 Menschen ein. Diese Anzahl blieb auch über die Jahrtausendwende konstant, bis sie schließlich ab 2004 wieder zunahm, wobei vor allem im Jahr 2008 ein besonders deutlicher Zuwachs (plus 14,7 Prozent) verzeichnet werden konnte.

Zieht man jedoch die Daten des *National Statistics Office* (NSO) in Betracht, so betrug die Zahl an OFWs im Jahr 2008 bereits über zwei Millionen Menschen. Die statistische Behörde verwendet für ihre Studien eine andere Erfassungsmethode, dadurch ergibt sich die große Differenz im Vergleich zu den Zahlen der POEA. Betrachtet man aber die Werte für die relative Verteilung der Migranten bezüglich der Arbeits- und Herkunftsorte, liefern beide behördliche Institutionen ähnliche Ergebnisse. Nach den Daten des NSO (siehe Tab. 1) waren etwa 51,7 Prozent der philippinischen Arbeitsmigranten Männer und 48,3 Prozent Frauen.

Tab. 1: Anzahl und Verteilung der „Overseas Filipino Workers" nach Zielgebieten 2008

Anzahl (in Tausend)	2.002
Männer	51,7 %
Frauen	48,3 %
Zielgebiet: gesamt (in Prozent)	**100,0**
Afrika	**1,5**
Ostasien	**18,8**
Hongkong	5,9
Japan	5,1
Taiwan	4,2
Andere Länder in Ostasien (z. B.: VR China, Südkorea)	3,6
Süd- und Südostasien	**10,3**
Malaysia	2,6
Singapur	6,2
Andere Länder in Süd- und Südostasien (z. B.: Brunei)	1,5
Westasien	**49,1**
Kuwait	3,7
Qatar	5,1
Saudi-Arabien	20,4
Vereinigte Arabische Emirate	14,6
Andere Länder in Westasien (z. B.: Bahrain, Israel, Libanon, Jordanien)	5,4
Australien	**2,4**
Europa	**9,4**
Nord- und Südamerika	**8,4**
Andere Länder	**0,2**

Quelle: NSO 2009; eigene Berechnung und Darstellung.

Fast die Hälfte (49,1 Prozent), und damit der Großteil an *Overseas Filipino Workers*, befand sich in Westasien, wobei hier Saudi-Arabien mit insgesamt 20,4 Prozent und die Vereinigten Arabischen Emirate mit 14,6 Prozent weit an der Spitze lagen. Jeder dritte OFW arbeitete also in einem dieser beiden Länder. Weitere Schwerpunkte der philippinischen Migration finden sich in Ostasien (18,8 Prozent), vor allem in Japan, Hongkong und Taiwan, sowie in den beiden südostasiatischen Tigerstaaten Malaysia (2,6 Prozent) und Singapur (6,2 Prozent). Die Industriestaaten der westlichen Welt sind ebenfalls noch präsent in der Liste der bevorzugten Zuwanderungsziele, spielen jedoch eine viel geringere Rolle als früher. Nur mehr knapp ein Fünftel aller philippinischen Migranten arbeitet in Australien, Europa oder Amerika.

Im Jahr 2008 war mehr als die Hälfte aller philippinischen Arbeitsmigranten (56,7 Prozent) unter 35 Jahre alt. Die am stärksten vertretene Altersgruppe waren die 25- bis 29-Jährigen mit insgesamt 25,7 Prozent. Geht man weiter ins Detail, so lassen sich auch geschlechtsspezifische Unterschiede in der Altersstruktur der OFWs erkennen (siehe Abb. 8). Frauen sind generell etwas jünger als Männer. In der Gruppe der 15- bis 24-Jährigen (13,5 Prozent aller weiblichen OFWs) sowie 25- bis 29-Jährigen (28,8 Prozent) sind sie deutlich stärker vertreten. Männer dominieren in den höheren Altersgruppen. Rund jeder fünfte (20,8 Prozent) männliche OFW ist 45 Jahre oder älter. Im Gegensatz dazu beträgt der weibliche Anteil hier nur 11,6 Prozent.

Abb. 8: Zusammensetzung der „Overseas Filipino Workers" nach Geschlecht und Altersgruppen 2008

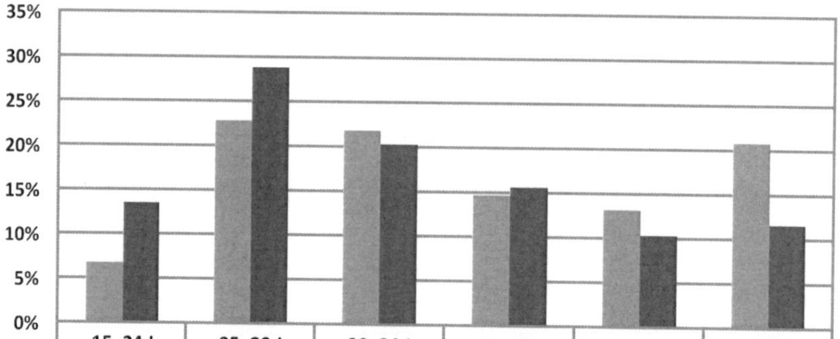

	15–24 J.	25–29 J.	30–34 J.	35–39 J.	40–44 J.	45 J. u. älter
Männer	6,7%	22,8%	21,8%	14,7%	13,2%	20,8%
Frauen	13,5%	28,8%	20,3%	15,6%	10,3%	11,6%

Quelle: NSO 2009; eigene Berechnung und Darstellung.

6.1 Die Herkunft der „Overseas Filipino Workers"

Die meisten philippinischen Migranten stammen aus den bevölkerungsreichen Regionen rund um die Bucht von Manila auf Luzon (Abb. 9). Die führenden Herkunftsgebiete der

OFWs befinden sich daher allesamt im näheren Einzugsgebiet der Hauptstadt bzw. der Metropolregion Metro-Manila. Dazu zählen Zentral-Luzon (Region III), wo 14,5 Prozent aller OFWs beheimatet sind, Süd-Luzon (Region IVa) mit 18,4 Prozent sowie Metro-Manila selbst („National Capital Region", NCR) mit 14 Prozent aller OFWs. Ein weiterer Schwerpunkt der philippinischen Migration befindet sich im äußersten Nordwesten von Luzon mit der Region Ilocos (Region I; 7,8 Prozent), die bereits die ursprüngliche Heimat vieler Feldarbeiter im Zuge der ersten Migrationswelle zu Beginn des 20. Jahrhunderts war. Insgesamt hatten mehr als zwei Drittel aller *Overseas Filipino Workers* (67,3 Prozent) im Jahr 2008 ihre ursprüngliche Heimat auf Luzon oder auf einer seiner unmittelbaren Nachbarinseln (inklusive Palawan). Von der ebenfalls sehr dicht besiedelten Inselgruppe der Visayas kamen insgesamt 16,3 Prozent aller philippinischen Migranten. Die übrigen 16,4 Prozent aller OFWs stammen aus Mindanao im Süden des Landes.

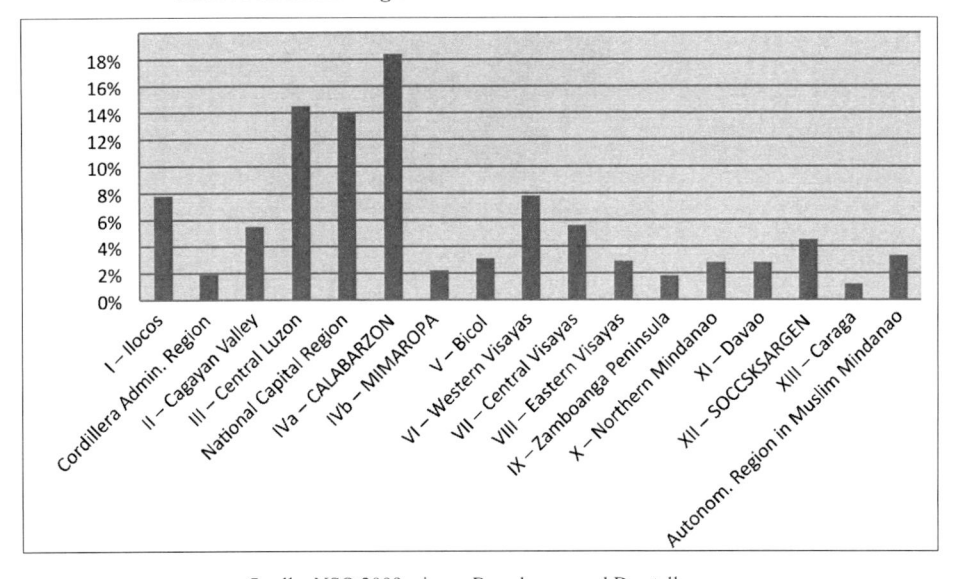

Abb. 9: Herkunftsregionen der OFWs 2008 nach NSO-Daten

Quelle: NSO 2009; eigene Berechnung und Darstellung.

In der Übersichtskarte (Abb. 10) lässt sich ein besserer räumlicher Eindruck von der geographischen Verteilung der Herkunftsregionen der *Overseas Filipino Workers* gewinnen. Der Großteil der OFWs stammt aus dem Großraum Metro-Manila (Region NCR), seinen unmittelbar angrenzenden Regionen (Regionen III und IVa) sowie aus den nördlichen Küstenregionen der Insel Luzon (Regionen I und II). Das Gebiet der Ethnien und Bergstämme (Ifugao, Kalinga, Bontoc, etc.) im Hochland des Cordillera Gebirges (Region CAR) verfügt dagegen nur über wenige OFWs. Ein weiterer Schwerpunkt der Auslandsmigration liegt in den Westlichen und Zentralen Visayas (Regionen VI und VII). Auf der südlichen Insel Mindanao stellt vor allem die Region südwestlich von Davao-City (Region XII) ein wichtiges Emigrationszentrum dar. Die Herkunftsregionen der OFWs korrelieren im Wesentlichen auch mit der aktuellen Bevölkerungsverteilung des Landes, deren Schwerpunkte ebenfalls in Zentral-Luzon (Regionen NCR, III und IVa), den West-

Philip Weninger

Abb. 10: Verteilung der „Overseas Filipino Workers" nach Heimatregionen im Jahr 2008

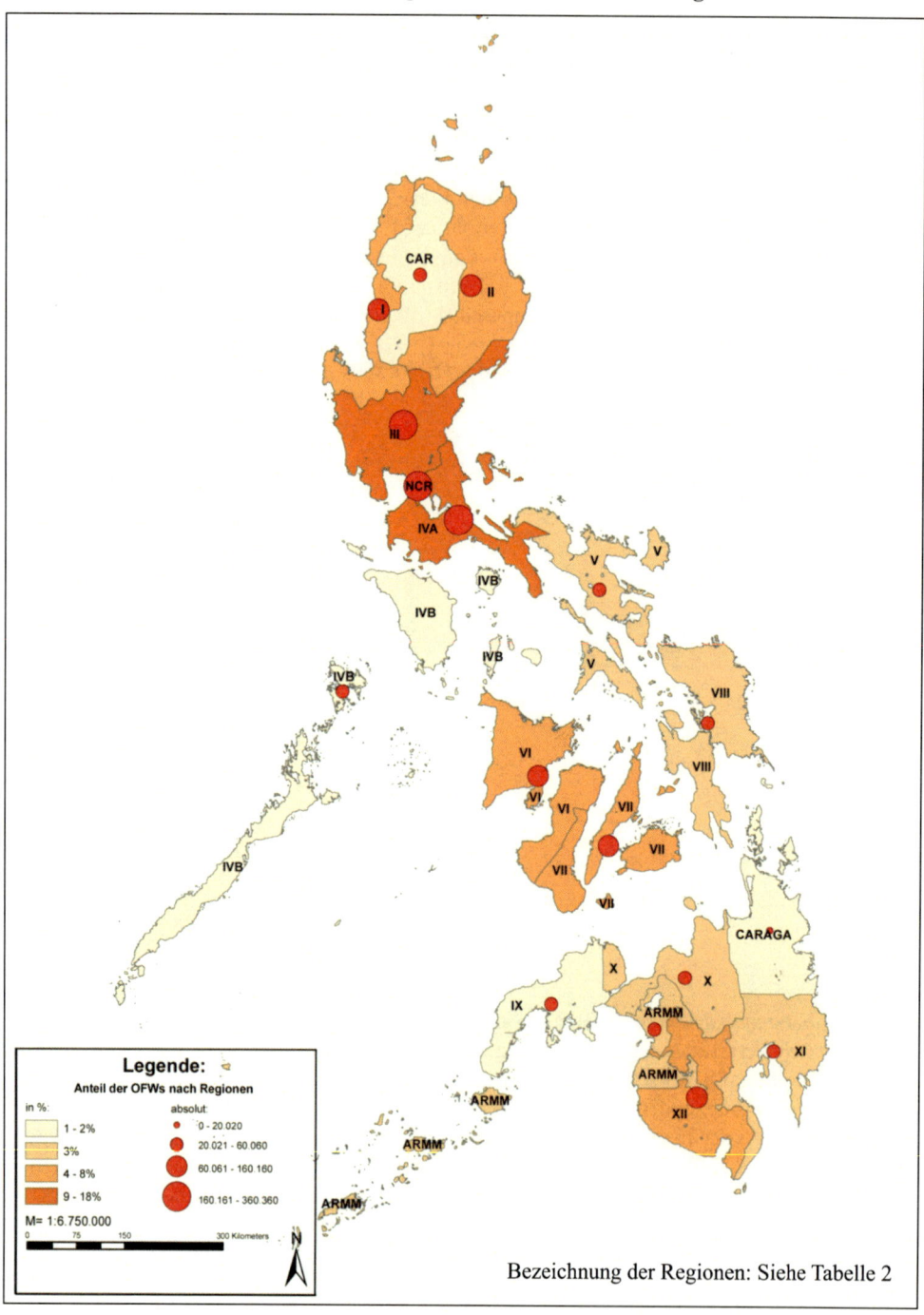

Quelle: NSO 2009; eigene Berechnung und Darstellung.

lichen und Zentralen Visayas (Regionen VI und VII) sowie im Süden Mindanaos liegen (siehe dazu auch Tab. 2).[28]

Tab. 2: Philippinische Gesamtbevölkerung 2007 differenziert nach Regionen

Region	Absolut	Relativ (%)
I – Ilocos	4.545.906	5,13
Cordillera Administrative Region (CAR)	1.520.743	1,72
II – Cagayan Valley	3.051.487	3,45
III – Central Luzon	9.720.982	10,97
National Capital Region (NCR)	11.553.427	13,04
IVa – CALABARZON	11.743.110	13,26
IVb – MIMAROPA	2.559.791	2,89
V – Bicol	5.109.798	5,77
VI – Western Visayas	6.843.643	7,73
VII – Central Visayas	6.398.628	7,22
VIII – Eastern Visayas	3.912.936	4,42
IX – Zamboanga Peninsula	3.230.094	3,65
X – Northern Mindanao	3.952.437	4,46
XI – Davao	4.156.653	4,69
XII – SOCCSKSARGEN	3.829.081	4,32
XIII – Caraga	2.293.480	2,59
Autonomous Region in Muslim Mindanao (ARMM)	4.120.795	4,65
Philippinen – Gesamt	*88.574.614*	*(100,00)*

Quelle: NSO (2008a): 2007 Census of Population; eigene Darstellung.

6.2 Die Berufsstruktur der Overseas Filipino Workers

Philippinische Arbeitsmigranten haben in der zunehmend globalisierten Arbeitswelt bereits in allen möglichen Berufssparten Fuß gefasst. Dennoch ragen in der anteilsmäßigen Verteilung der OFWs einige Berufsgruppen deutlich hervor und ebenso sind geschlechts-

---

[28]) Die Philippinen werden allgemein in drei Haupt-Inselgruppen untergliedert: Luzon (inklusive Palawan) im Norden, die Visayas im Zentrum und Mindanao im Süden des Landes. Auf administrativer Ebene gliedert sich der Archipel in 17 verschiedene Regionen, die – ohne die „National Capital Region" (NCR), die nicht in Provinzen gegliedert ist – insgesamt 80 Provinzen umfassen (Stand: 2010). Zu Luzon zählen die Regionen I, II, III, IVa, IVb, V, die „Cordillera Administrative Region" (CAR) sowie die NCR rund um die Hauptstadt Manila. Die Visayas werden in die Regionen VI, VII und VIII unterteilt. Zu Mindanao gehören die Regionen IX, X, XI, XII, XIII sowie die muslimischen Autonomiegebiete (ARMM – „Autonomous Region in Muslim Mindanao").

spezifische Unterschiede zu erkennen (siehe Abb. 11). Von den insgesamt rund 1,75 Millionen *Overseas Filipino Workers*, die im Jahr 2007 vom NSO gezählt wurden, waren 50,9 Prozent männlich und 49,1 Prozent weiblich. Die am stärksten vertretene Berufsgruppe war jene der Arbeiter und ungelernten Arbeitskräfte (*„labourers and unskilled workers"*) mit insgesamt 35,5 Prozent. Auffällig ist auch, dass vor allem Frauen in dieser Berufsgruppe besonders stark vertreten sind: 58,3 Prozent aller weiblichen philippinischen Migranten gehören ihr an, gegenüber bloß 12,6 Prozent aller Männer. In die Kategorie der *„labourers and unskilled workers"* fallen jedoch auch Berufe wie Haushaltshilfe (*„domestic helper"*), die überwiegend von Frauen ausgeübt werden und vor allem in letzter Zeit in Ländern wie Singapur, Hongkong oder Saudi-Arabien stark nachgefragt werden (vgl. u.a. JORDAN und REESE 2008).

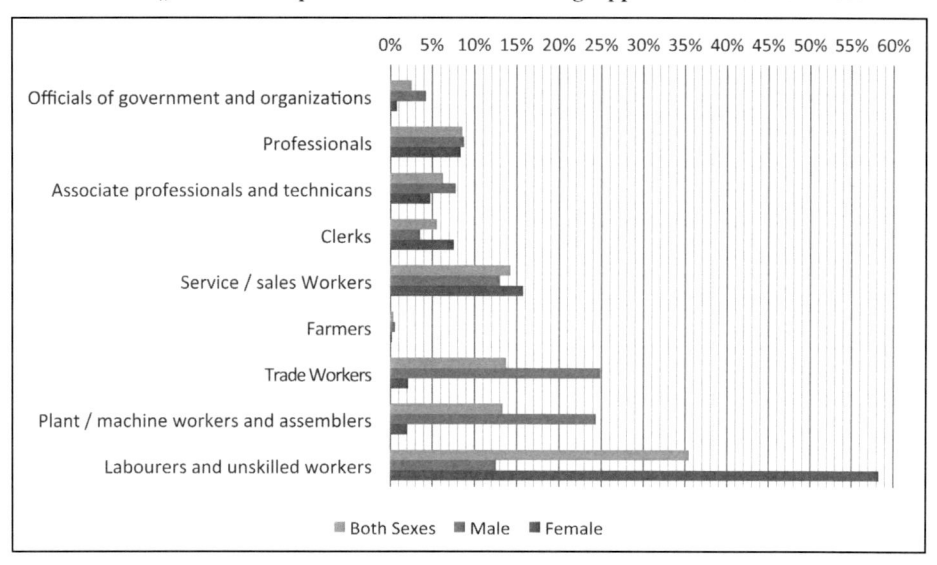

Abb. 11: „Overseas Filipino Workers" nach Berufsgruppen und Geschlecht 2007

Quelle: NSO 2008b; eigene Berechnung und Darstellung.

Männliche OFWs sind hingegen stärker in technischen und kaufmännischen Berufen vertreten. So entfällt jeweils etwa ein Viertel aller männlichen Beschäftigten auf die Kategorien *„plant/machine workers and assemblers"* oder *„trade workers"*. Frauen sind in den beiden genannte Berufsgruppen mit einem Anteil von jeweils nur knapp über zwei Prozent der gesamten weiblichen Beschäftigten nur sehr unterdurchschnittlich zu finden. Berufe im Dienstleistungssektor (*„service/sales workers"*) und Angestelltensektor (*„clerks"*), die von insgesamt 14,3 Prozent bzw. 5,6 Prozent aller philippinischen Arbeitsmigranten ausgeübt werden, weisen dagegen ein eher ausgeglichenes Geschlechterverhältnis auf. Auch auf die Berufsgruppe der *„professionals"* und *„associate professionals and technicians"* trifft dies zu. In der Gruppe der gehobenen Behörden- und Firmenvertreter (*„officials"*), die am oberen Ende der Berufskategorien steht, sind wiederum Männer stärker vertreten.

6.3 Entwicklung und räumliche Verteilung der „Remittances" in den Philippinen

Die Geldrücksendungen philippinischer Arbeitsmigranten gerieten ab Mitte der 1960er-Jahre erstmals in das Blickfeld der Politik (siehe Kapitel 5.4). Mit der zunehmenden Arbeitsmigration zu dieser Zeit und dem anhaltenden technischen Fortschritt im Finanztransaktionswesen wuchs auch die Summe der „Remittances". Die philippinische Regierung versuchte schon frühzeitig, entsprechende politische Rahmenbedingungen zu schaffen, um den Zufluss an Geldrücksendungen weiterhin zu gewährleisten und zu fördern. Deshalb sammelt die philippinische Zentralbank, die *Bangko Sentral ng Pilipinas* (BSP), in Zusammenarbeit mit den beteiligten Banken und Finanzdienstleistern bereits seit mehreren Jahrzehnten die entsprechenden Daten zu den Geldrücküberweisungen.

Die daraus errechnete Gesamtsumme an „Remittances" beinhaltet alle Transaktionen, die im Laufe eines Jahres über formelle Kanäle getätigt wurden und somit offiziell von Banksystemen erfasst werden konnten. Geldrücksendungen, die über informelle Transaktionswege erfolgten, werden von der BSP nicht erfasst, weshalb sich die von der BSP erhobenen Summen stark von jenen der Weltbank unterscheiden, deren Statistiken zu Remittances sowohl formell als auch informell getätigte Geldrücksendungen umfassen. Obwohl ein großer Teil dieser Geldrücksendungen tatsächlich von OFWs stammt, beinhaltet die Gesamtsumme an Remittances natürlich auch die Überweisungen von philippinischen Emigranten und Auswanderern (womöglich bereits der zweiten oder dritten Generation).

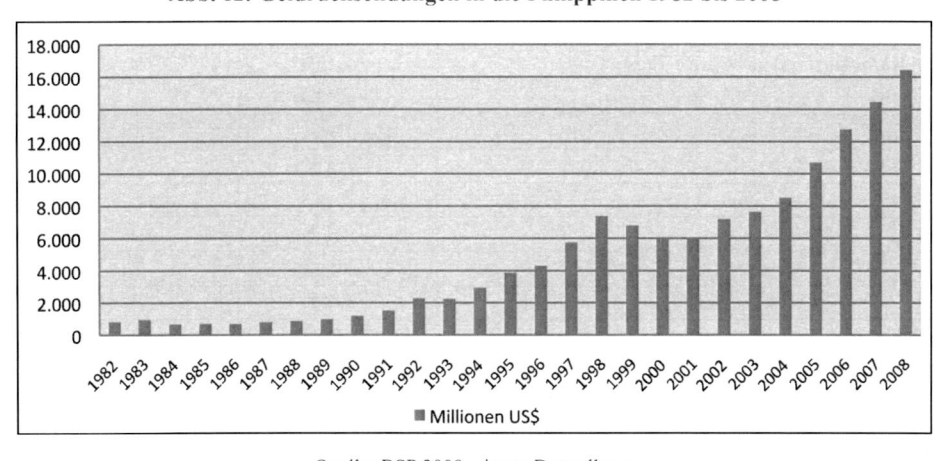

Abb. 12: Geldrücksendungen in die Philippinen 1982 bis 2008

Quelle: BSP 2009; eigene Darstellung.

Betrachtet man die Entwicklung der vergangenen 25 Jahre, so zeigt sich eine kontinuierliche Zunahme der Geldrücksendungen von philippinischen Migranten, wobei größere Rückgänge nur im Jahr 1984 und um die Jahrtausendwende (1999–2001) verbucht werden mussten (Abb. 12).

Allein im Zeitraum von April bis September 2008 überwiesen philippinische Arbeitsmigranten über 2,23 Milliarden US-Dollar an Remittances (siehe Tab. 3). Fast die Hälfte (45,2 Prozent) dieser Summe stammte von OFWs aus Westasien, an zweiter Stelle folgt Ostasien (17,3 Prozent) und an dritter Position Europa (13,1 Prozent).

Tab. 3: **Herkunft und Gesamtsumme der Geldrücksendungen von OFWs nach Arbeitsort: April bis September 2008 (in US-Dollar)**

Arbeitsort	Summe (US-Dollar)	Relativ (in %)
Westasien (Golfregion)	1.010.917.226	45,2
Ostasien	388.098.434	17,3
Europa	292.438.479	13,1
Nord- und Südamerika	260.268.456	11,6
Süd- und Südostasien	165.279.642	7,4
Australien	69.731.544	3,1
Afrika	48.948.546	2,2
Andere Länder	3.288.591	0,1
Philippinen gesamt	*2.238.970.917*	*100,0*

Quelle: NSO 2009; eigene Berechnung und Darstellung.

Tab. 4: **Gesamtsumme und Verteilung der empfangenen „Remittances" nach Regionen Zeitraum: April bis September 2004 (Angaben in US-Dollar)**

Region	Summe (US-Dollar)	Anteil (in %)
I – Ilocos Region	71.197.250	5,6
Cordillera Administrative Region (CAR)	16.527.937	1,3
II – Cagayan Valley	47.041.041	3,7
III – Central Luzon	165.279.312	13,0
National Capital Region (NCR)	336.915.521	26,5
IVa + IVb (= Southern Tagalog)	277.160.688	21,8
V – Bicol Region	34.327.250	2,7
VI – Western Visayas	111.881.375	8,8
VII – Central Visayas	53.397.937	4,2
VIII – Eastern Visayas	27.970.354	2,2
IX – Zamboanga Peninsula	15.256.542	1,2
X – Northern Mindanao	29.241.729	2,3
XI – Southern Mindanao/Davao	35.598.625	2,8
XII – Central Mindanao/Soccsksargen	17.799.312	1,4
XIII – Caraga	12.713.792	1,0
Autonomous Region in Muslim Mindanao (ARMM)	17.799.312	1,4
Philippinen gesamt	*1.270.107.976*	*100,0*

Quelle: PERNIA 2006, S. 11, geringfügig modifiziert, umgerechnet in US-Dollar.
Datengrundlage: National Statistics Office (NSO), Survey of Overseas Filipinos 2004.

Die Remittances sind sehr ungleich über die verschiedenen Regionen des Landes verteilt (Tab. 4). Die geographischen Schwerpunkte der Geldrücksendungen liegen vor allem in den zentralen Gebieten der Hauptinsel Luzon, besonders im Großraum der Hauptstadt Manila (Region NCR) und den benachbarten Regionen (Region III und IVa/b), wobei allerdings zu beachten ist, dass die Summen für die an den Großraum Manila angrenzenden Regionen IVa und IVb (CALABARZON und MIMAROPA, früher gemeinsam Region IV: Southern Tagalog) vom *National Statistics Office* akkumuliert wurden. Diese Zusammenfassung verfälscht die Daten, da der größte Teil der OFWs und damit auch der „Remittances" auf die Region IVa entfällt, während von den Inseln der Region IVb nur vergleichsweise wenige OFWs in das Ausland migrieren.

Im Zeitraum von April bis September 2004 wurden Geldrücksendungen im Ausmaß von insgesamt über 1,27 Milliarden US-Dollar von OFWs in ihre Heimatregionen überwiesen. Mehr als ein Viertel davon (26,5 Prozent) gelangte in die Region um Metro-Manila (NCR). Die Visayas (Region VI, VII und VIII) erhielten insgesamt 15,2 Prozent der Gesamtsumme an Geldrücksendungen (vgl. Tab. 4).

Zwischen April und September 2004 sandte ein OFW, wie Pernia 2006, S. 11f, ausführt, im Durchschnitt rund 72.800 Pesos (umgerechnet 1.430 US-Dollar) an Remittances in

Tab. 5: **Durchschnittliche Höhe der Geldrücksendungen pro OFW nach Regionen und Abweichung vom landesweiten Durchschnitt April bis September 2004**

	Summe US-Dollar (gerundet)	Abweichung vom Durchschnitt (1430) in Prozent	Index (1430 = 100)
I – Ilocos Region	932	-34,8	65,2
Cordillera Administrative Region (CAR)	1.146	-19,9	80,1
II – Cagayan Valley	923	-35,5	64,5
III – Central Luzon	1.372	-4,0	96,0
National Capital Region (NCR)	1.906	33,3	133,3
IVa + IVb (= Southern Tagalog)	1.538	7,6	107,6
V – Bicol Region	1.214	-15,1	84,9
VI – Western Visayas	1.318	-7,9	92,1
VII – Central Visayas	1.653	15,6	115,6
VIII – Eastern Visayas	1.407	-1,6	98,4
IX – Zamboanga Peninsula	780	-45,4	54,6
X – Northern Mindanao	1.382	-3,3	96,7
XI – Southern Mindanao/Davao	1.489	4,2	104,2
XII – Central Mindanao/Soccsksargen	861	-39,8	60,2
XIII – Caraga	1.387	-3,0	97,0
Autonomous Region in Muslim Mindanao (ARMM)	1.969	37,7	137,7
Nationaler Durchschnitt an „Remittances" pro „Overseas Filipino Worker" (OFW)	*1.430*		

Quellen: NSO (2006b) und Pernia 2006; eigene Darstellung.

seine jeweilige Heimatregion, wobei die Hauptstadt-Region (National Capital Region) mit 1.906 US-Dollar und die Zentralen Visayas (Region VI) mit 1.653 US-Dollar deutlich über dem landesweiten Durchschnitt lagen. Auch das muslimische Autonomiegebiet in Mindanao (ARMM) stach mit durchschnittlich 1.969 US-Dollar pro OFW deutlich heraus (siehe Tab. 5). Dies ist etwas verwunderlich, da es sich bei der betroffenen Region um eines der strukturschwächsten Gebiete auf den Philippinen handelt und nur vergleichsweise wenige OFWs aus dieser Region stammen (vgl. Abb. 10).

Nach PERNIA (2006, S. 12) sind zwei mögliche Erklärungen plausibel. Zum einen ist anzunehmen, dass sich die betroffenen OFWs der schwierigen ökonomischen und politischen Situation in ihrer Herkunftsregion bewusst waren und deshalb, soweit dies möglich war, überdurchschnittlich viel Geld zurücksandten. Aufgrund der erschwerten Rahmenbedingungen in dieser islamisch geprägten Region erscheint es ebenfalls denkbar, dass die betroffenen Arbeitsmigranten aus der ARMM-Region über einen höheres Ausmaß an familiärer Unterstützung und über ein höheres berufliches Qualifikationsniveau verfügen müssen, um eine Auslandsmigration überhaupt realisieren zu können. Diese „higher positive selectivity of migrant workers from the less developed regions" (PERNIA, ebd.) manifestiert sich dann in einem höheren Einkommen in der Fremde und in höheren Geldrücksendungen.

In Summe geben die Daten zur regionalen Verteilung der philippinischen Geldrücksendungen einen guten Überblick. Da die Erhebung der Remittances jedoch – wie bereits erwähnt – mit vielen technischen Schwierigkeiten verbunden ist, soll von einer tiefergehenden Interpretation und Analyse Abstand genommen werden.

7. Der Einfluss der philippinischen Politik auf die Entwicklung der Arbeitsmigration

Unter den schätzungsweise mehr als acht Millionen Filipinos, die im Ausland leben, befinden sich nach offiziellen Angaben über 1,2 Millionen OFWs (siehe Kapitel 6). Ohne die gezielte Politik der Regierung, die seit über 35 Jahren eine führende Rolle in diesem Prozess spielt, wäre diese Entwicklung wohl kaum möglich gewesen. Für viele Beobachter beschreibt das philippinische System einen für Entwicklungsländer beispielhaften und erfolgreichen Weg, wie temporäre Arbeitsmigration administrativ gesteuert werden kann, um vom globalen Arbeitsmarkt zu profitieren (vgl. AGUNIAS 2008).

Obwohl die Migration von philippinischen Arbeitskräften in alle Welt bereits auf eine lange Geschichte zurückblicken kann, spielte der Einfluss der philippinischen Politik (bis auf wenige Ausnahmen) bis zum Beginn der 1970er-Jahre eine eher untergeordnete Rolle. Die Anwerbung philippinischer Migranten für das Ausland erfolgte überwiegend durch private Vermittlungsbüros und Initiativen. Die Dimension der Migration war im Vergleich zu heute überschaubar und die Politik der philippinischen Behörden beschränkte sich im Großen und Ganzen auf einen *Laissez-Faire*-Ansatz mit einem gewissen Maß an Beobachtung und Kontrolle (vgl. AGUNIAS 2008, S. 2).

Internationale Migration philippinischer Arbeitskräfte und „Remittances"

Mit dem Beginn des wirtschaftlichen Aufschwungs in der Golfregion Anfang der 1970er-Jahre stieg die Nachfrage nach philippinischen Arbeitskräften sprunghaft an und setzte eine gewaltige Migrationswelle in Gang (siehe Kapitel 5.4). Die philippinische Regierung änderte daraufhin ihre Arbeits- und Migrationspolitik und richtete ihre Agenden neu aus, um von dieser Entwicklung profitieren zu können. Im Jahr 1974 wurde schließlich mit der gesetzlichen Verabschiedung des *Presidential Decree No. 442* das zentrale legislative Regelwerk geschaffen, welches die Institutionalisierung der Arbeitsmigration und deren staatliche Förderung als Strategie des künftigen politischen Handelns festhielt. Dieses Vorhaben, das als *„Overseas Employment Program"* bekannt wurde, sollte nicht nur den heimischen Arbeitsmarkt entlasten und ausländische Devisen ins Land spülen, sondern ebenfalls einen wichtigen Faktor für die weitere Entwicklung des Landes darstellen. Darüber hinaus stellte die organisierte Arbeitsmigration für das Regime unter Präsident Ferdinand Marcos ein willkommenes Hilfsmittel dar, um den zunehmenden politischen und sozialen Spannungen im Land entgegenzuwirken und diese auf gewisse Weise zu „exportieren". In einer Aussendung hielt Marcos diesbezüglich zusammenfassend fest:

> *„For us, overseas employment addresses two major problems: unemployment and the balance of payment positions. If these problems are met or at least partially solved by contract migration, we also expect an increase in national savings and investment levels. In the long run, we also expect that overseas employment will contribute to the development of the country's industrial base." (vgl. AGUNIAS 2008, S. 2, sowie TYNER 1999, S. 681)*

Die Sorge der politischen Machthaber um die weitere Entwicklung des Landes war also eine der zentralen strategischen Triebfedern bei der Schaffung des *Overseas Employment Program*. Der 1974 beschlossene *„Labour Code of the Philippines"* ermöglichte die Schaffung eines entsprechenden bürokratischen und institutionellen Rückgrats, um das Programm auch realisieren zu können. Mit dem *Overseas Employment Development Board* (OEDB), dem *National Seaman Board* (NSB) und dem *Bureau of Employment Services* (BES) wurden zu diesem Zweck drei neue behördliche Institutionen geschaffen, die in diesem Prozess künftig die führende Rolle übernehmen sollten (vgl. MUGHAL und PADILLA 2005). Damals (Mitte der 1970er-Jahre) entstand im Rahmen dieser Entwicklung auch erstmals der Begriff *„Overseas Filipino Contract Worker"* (OCW).

Die Anzahl der Arbeitsverträge, die durch die philippinische Regierung abgewickelt wurden, wuchs nach der Schaffung der drei spezialisierten Regierungsbehörden (OEDB, NSB und BES) im Lauf der zweiten Hälfte der 1970er-Jahre rasant an. Waren es 1974 noch 12.500 abgeschlossene Verträge, so verdreifachte sich die jährliche Anzahl auf über 36.700 im Jahr 1977 (vgl. AGUNIAS 2008, S. 3). Vom ursprünglichen Plan, eine Privatisierung des Angebotsmarkts durch Vermittlungsagenturen (*recruitment agencies*) für philippinische Arbeitsmigranten zu unterbinden, wichen die staatlichen Behörden jedoch ab. Man erkannte sehr schnell, dass private Anbieter dieser Entwicklung mehr Nutzen als Schaden zufügen konnten. Private Vermittlungsagenturen durften, unter strenger Aufsicht des BES, weiterhin Arbeitsmigranten anwerben und Arbeitsverträge abschließen.

Im Jahr 1982 kam es schließlich zur Zusammenlegung von OEDB, NSB und BES zur *„Philippine Overseas Employment Administration"* (POEA), die fortan als maßgebende staatliche Behörde das Wesen der philippinischen Arbeitsmigration lenken und mitbestimmen sollte. Die POEA fungiert nun bereits seit über 25 Jahren als „Manager" des philippinischen *Overseas Employment Program*. Die Behörde reguliert das Ausmaß der Arbeitsmigration und überwacht, im Rahmen der ihr zur Verfügung stehenden Mittel, die Aktivitäten der privaten Vermittlungsbüros. Die Aufgabe der POEA ist dabei nicht immer einfach und gestaltet sich in der Praxis häufig als ziemlich diffizil.

Die umfassende Information, Aufklärung und Wahrung der Rechte der philippinischen Arbeitsmigranten gehört ebenfalls zu den Hauptaufgaben der POEA. Bei den großen Dimensionen der philippinischen Migration stößt die Behörde natürlich auch an ihre Kapazitätsgrenzen. So umfasst das Aufgabenfeld der POEA keine Migranten, die sich von Beginn an dazu entschlossen haben, ihre Heimat permanent zu verlassen und auszuwandern, sei es auf eigene Faust oder auch im Rahmen von Familienzusammenführungen und Einwanderungsquoten-Programmen in den betroffenen Ländern. Schätzungen der *Commission on Filipinos Overseas*, einer weiteren behördlichen Einrichtung, gehen aber davon aus, dass die POEA insgesamt etwa 47 Prozent (im Jahr 2007) der gesamten philippinischen Auslandsmigration abwickelt.[29]

7.1 Die Struktur der POEA und ihre Funktionsweise

Die POEA untersteht offiziell dem philippinischen Arbeitsministerium DOLE (*Department of Labour and Employment*). Der Verwaltungsrat (*governing board*) ist die oberste Entscheidungsebene der POEA und gibt die Richtlinien und Leitziele für das Direktorium (*directorate*) der Behörde, das für die Abwicklung des Tagesgeschäftes verantwortlich ist, aus. Das Direktorium setzt sich aus drei verschiedenen Geschäftsstellen (*operating offices*) zusammen: *Licensing and Education, Employment and Welfare* sowie *General Administrative and Support Services*.[30]

Die POEA arbeitet auch sehr eng mit weiteren Behörden zusammen, die ebenfalls dem Arbeitsministerium unterstehen. Darunter befinden sich vor allem:

- Die *National Labour Relation Commission* (NLRC), welche de facto als gerichtliche Instanz über Entschädigungs- und Kompensationsforderungen von philippinischen Arbeitnehmern entscheidet. Sie ist auch für die Gruppe der Arbeitsmigranten zuständig.

- Die *Technical Education and Skills Development Authority* (TESDA), die die Definition und Überprüfung der Qualifikations- und Ausbildungskriterien von potenziellen Arbeitsmigranten festlegt sowie Fachlehrgänge und Schulungen organisiert.

- Die *Overseas Workers Welfare Administration* (OWWA), die für die Betreuung eines eigenen Sozialfonds (*welfare fund*) für philippinische Arbeitsmigranten verantwortlich ist.[31]

---

[29]) Vgl. AGUNIAS 2008, S. 3, sowie http://www.cfo.gov.ph/pdf/statistics/Stock%202007.pdf (Zugriff: Oktober 2010).

[30]) Vgl. http://www.poea.gov.ph/html/aboutus.html (Zugriff: Oktober 2010).

[31]) Vgl. http://www.poea.gov.ph/html/aboutus.html (Zugriff: Oktober 2010).

Obwohl die POEA aufgrund ihres Tätigkeitsfeldes global ausgerichtet ist, arbeitet die Behörde offiziell nur im Inland und betreibt keine Zweigstellen oder ständige Vertretungen im Ausland. Diese Aufgabe übernehmen die sogenannten *Philippine Overseas Labour Offices* (POLOs), die als Außenstellen (*field offices*) des Arbeitsministeriums (DOLE) agieren und in den Einrichtungen der philippinischen Botschaften und Konsularvertretungen im Ausland beherbergt sind.

Die POLOs bieten einerseits Beratung und Unterstützung für Migranten an und sind andererseits auch für die Ankurbelung der weiteren Nachfrage nach philippinischen Arbeitskräften in den jeweiligen Gastländern durch verschiedene Werbeinitiativen zuständig. Die länderspezifisch unterschiedliche Ausrichtung der POLOs wird dabei maßgeblich von den Botschaften und Konsularvertretungen bestimmt, in denen sie auch untergebracht sind. Die *Philippine Overseas Employment Administration* bleibt durch diese besonderen bürokratischen Rahmenbedingungen und Aufgabenverteilungen – genaugenommen – „nur" ein lokaler Akteur für ein globales Phänomen, wie AGUNIAS (2008, S. 4) anmerkt:

> *„This set-up essentially makes POEA a locally based manager for a global labour market."*

Als zentraler Akteur des *Philippine Overseas Employment Program* verfügt die POEA mittlerweile über ein weltweites Netzwerk an Kontakten, das ausländischen Arbeitgebern und Regierungen je nach Bedarf auf verschiedene Art und Weise ermöglicht, um philippinische Arbeitskräfte anzufragen. Es gibt drei verschiedene Möglichkeiten, OFWs offiziell anzuwerben:

- Durch Anwerbung über POEA-lizensierte private Vermittlungsagenturen auf den Philippinen;
- über eigene spezifische Regierungsabkommen zwischen den Philippinen und einem ausländischen Staat;
- durch direkte Anwerbung der gefragten Person(en), auch als *„Direct Hiring"* oder *„Name Hiring"* bezeichnet.

Private Agenturen

Diese Institutionen wickeln die Arbeitsverträge von insgesamt 94 Prozent aller offiziell registrierten OFWs ab (2007) und sind damit eine tragende Säule für das System der organisierten philippinischen Arbeitsmigration (vgl. POEA 2008b). Der Angebotsmarkt der privaten Agenturen wird von der POEA überwacht und reguliert. Die genauen Kriterien und Richtlinien der Behörde müssen von allen Anbietern eingehalten werden, um eine gültige Lizenz zu erlangen und um diese auch weiterhin zu behalten. Dies betrifft auch die gesetzlichen Bestimmungen für den gesamten Bewerbungs- und Rekrutierungsprozess, den Arbeitsmigranten durchlaufen müssen, wenn sie sich über die Agentur für ein Arbeitsangebot im Ausland bewerben. Durch ein striktes Festhalten an gewissen Minimalstandards in Bewerbungsprozessen und Einstellungsverfahren sollen OFWs vor etwaigem Missbrauch durch unseriöse Agenturen geschützt werden. Doch die Realität zeigt, dass dies nicht immer möglich ist.

Ähnliche Bestimmungen gelten auch für alle ausländischen Arbeitgeber und Regierungen, die philippinische Arbeitskräfte anwerben wollen. Direkte Anwerbungen, ohne Vermittlerdienste von philippinischen Agenturen oder Behörden in Anspruch zu nehmen, sind allerdings zahlenmäßig weniger relevant. Die Agenturen nehmen also mittlerweile eine besonders wichtige Rolle im System des *Philippine Overseas Employment Program* ein und dies ist durchaus im Sinn der Behörden:

> „Ideally, private agencies are integral tools of governmental control, connecting not only foreign workers to foreign employers but also foreign employers to the Philippine Government. Their integrity is central to the proper functioning of the system." (AGUNIAS 2008, S. 6)

Der reale Einfluss von Agenturen ist allerdings sehr unterschiedlich und hängt von Fall zu Fall von der eigenen Marktstellung in den jeweiligen Ländern und Berufssparten ab. Größere Agenturen, die überwiegend hochqualifizierte Arbeitskräfte in Länder mit besseren Arbeitsgesetzen vermitteln, sind hier im Vorteil.

Abb. 13: Aushang einer Agentur in Manila mit aktuellen Jobangeboten im Ausland

Foto: WENINGER 2008.

Zu Beginn des *Philippine Overseas Employment Program* (Mitte der 1970er-Jahre) gab es im ganzen Land 44 offiziell registrierte Agenturen. Als die POEA einige Zeit später, im Jahr 1982, gegründet und als oberste Aufsichtsbehörde bestimmt wurde, existierten bereits über 1.100 Agenturen. Die Regierung gab niemals eine Richtzahl oder ein Limit für die Anzahl an akkreditierten Institutionen bekannt. Der Wettbewerb sollte dem Markt die gewisse notwendige Dynamik verleihen. Allerdings nahm man dadurch auch in Kauf, dass infolge des immer stärkeren Konkurrenzdrucks für die Agenturen mit der Zeit auch die Zahl an OFWs zunahm, die durch unseriöse Anbieter und Geschäftspraktiken teils erheblichen finanziellen Schaden erlitten. Fälle von illegalen Rekrutierungspraktiken werden auch zunehmend in den Medien bekannt und öffentlich angeprangert (vgl. AGUNIAS 2008, S. 7).

Um einem möglichen „Wildwuchs" an Agenturen einen gewissen Riegel vorzuschieben, hat die POEA strenge Richtlinien und Kriterien festgelegt, die alle Agenturen erfüllen müssen, bevor sie eine gültige Lizenz erhalten können (siehe dazu ausführlich MUGHAL und PADILLA 2005 sowie AGUNIAS 2008). Seit der Gründung der POEA im Jahr 1982 erhielten insgesamt 3.168 Agenturen eine staatliche Lizenz (Stand 2007). Viele davon liefen aus oder wurden nicht mehr verlängert. Im Jahr 2007 konnten über 1.420 Agenturen eine offiziell bestätigte gute Reputation vorweisen (vgl. AGUNIAS 2008, S. 8).

In der philippinischen Politik herrscht Konsens darüber, dass die Zahl der lizensierten Agenturen auf konstant hohem Niveau bleiben soll. Der daraus resultierende zunehmende Verdrängungswettbewerb zwischen den vielen Bewerbern wird jedoch auch kritisch gesehen. Die ehemalige philippinische Arbeitsministerin und erste Direktorin der POEA, Patricia Sto. Thomas glaubt, dass der einheimische Markt nicht groß genug sei, um diese hohe Anzahl an Agenturen zu rechtfertigen. Die Hälfte der momentan lizensierten Bewerber wäre ihrer Meinung nach optimal und völlig ausreichend (vgl. AGUNIAS 2008, S. 8ff).

Ausländische Arbeitgeber

Ausländische Behörden, Firmen oder Privatpersonen, die philippinische Arbeitskräfte anwerben möchten, müssen bestimmte Zulassungskriterien erfüllen. In den meisten Fällen wickeln die POLO-Niederlassungen in den betroffenen Ländern in Rücksprache mit der POEA diese Verfahren ab. In Staaten, in denen es keine dieser Einrichtungen gibt, müssen interessierte Arbeitgeber direkt in Kontakt mit der POEA treten und etwaige Bescheinigungen und Anfragen übermitteln. In beiden Fällen muss der ausländische Arbeitgeber eine von ihm bestimmte Agentur auf den Philippinen bekanntgeben, welche dort offiziell als Vertretung fungiert. Dazu muss bei der POEA ein Muster-Arbeitsvertrag für die betreffenden OFWs eingereicht werden, der alle behördlichen Bestimmungen erfüllt. Im weiteren Verfahren müssen sämtliche Informationen bezüglich der gewünschten Anzahl an philippinischen Arbeitskräften, ihrem Qualifikationsprofil und Tätigungsbereich sowie dem angebotenen Gehaltsschema angegeben werden (vgl. *„POEA Rules and Regulations"*, Part II, Rule 1).

Werden OFWs in heiklen oder gefährlichen Berufssparten engagiert, müssen die Arbeitgeber einige zusätzliche Bestimmungen erfüllen. So ist es notwendig, dass Auftraggeber im Nahen Osten, die philippinische Kraftfahrer (z. B. für Tanklastwagen) einstellen wollen, entsprechende Nachweise von Versicherungspolizzen für Fahrer und Fahrzeug vorweisen können. In Singapur dürfen nach dem vermehrten Auftreten von Missbrauchsfällen, die bei philippinischen Haushaltshilfen (*maids*) aufgetreten sind und im Heimatland breite Wellen der Empörung in Medien und Gesellschaft auslösten, nur mehr ausgewählte Agenturen Filipinas für solche Arbeiten anwerben. Wenn ausländische Arbeitgeber OFWs für gering qualifizierte Tätigkeiten (etwa als Haushaltshilfe) direkt, also ohne Abwicklung über Vermittlungsagenturen, anwerben möchten, müssen sie persönlich bei den POLOs in den philippinischen Botschaften und Konsularabteilungen vorstellig werden. Erst nach einer eingehenden Prüfung durch die Behörden kann solchen Anträgen stattgegeben werden.

Allein zwischen 2005 und 2007 konnte die POEA insgesamt über 52.000 ausländische Arbeitgeber aus über 190 Ländern offiziell registrieren. Der Großteil davon (etwa 90 Prozent) wurde mit Hilfe der POLOs betreut. Ein dementsprechend großer administrativer Aufwand ist also notwendig, um das System der organisierten philippinischen Arbeitsmigration aufrechterhalten zu können. Ein besonderes Hauptaugenmerk gilt hierbei den Ländern Saudi-Arabien und Taiwan, die zusammen für über zwei Drittel aller offiziell gemeldeten ausländischen Arbeitgeber verantwortlich sind (im Jahr 2007).[32]

Die Hürden der offiziellen Arbeitsmigration

Nach dem philippinischen Gesetz dürfen nur jene Filipinas und Filipinos als offizielle Arbeitsmigranten ins Ausland gehen und damit OFWs werden, die als *„medically and technically qualified"* gelten. Deshalb ist es auch eine der Hauptaufgaben der POEA, diese Voraussetzungen zu überprüfen und zu gewährleisten. Der physische und psychische Gesundheitszustand von potenziellen OFWs wird in medizinischen Kliniken überprüft, die vom philippinischen Gesundheitsministerium (*Department of Health,* DOH) offiziell dafür zugelassen sind. Die genauen gesundheitlichen Voraussetzungen, die von OFWs erbracht werden müssen, hängen dabei von den entsprechenden Zielregionen und angestrebten Tätigkeitsprofilen ab. So müssen zum Beispiel philippinische Arbeitsmigranten für Länder in der Golfregion Tests auf HIV und Hepatitis beibringen.

Für die Prüfung der entsprechenden Ausbildungs- und Bildungsstandards (*„technical fitness"*) ist die TESDA, eine bereits erwähnte Schwesterbehörde der POEA, zuständig. Diese betreibt dafür auch eigene Prüfungszentren und ist für den genauen Ablauf der Testverfahren verantwortlich. Die philippinische Regierung ist seit langer Zeit bereits stark darauf bedacht, dass ihre Arbeitsmigranten entsprechend qualifiziert sind und über einen hohen Standard an jobspezifischen Fähigkeiten und Fertigkeiten verfügen, welche auch im internationalen Vergleich anerkannt sind. Daher wurde mit Hilfe der POEA und ihrer Schwesterbehörden auf eine stetige Verbesserung von Qualifikationskriterien, Standards und Prüfungsabläufen in Bezug auf Berufsfähigkeiten hingearbeitet.

Man orientierte sich dabei auch an internationalen Kriterien, um damit möglichst optimale Voraussetzungen für die eigenen OFWs im Wettbewerb auf dem globalen Arbeitsmarkt zu schaffen. Dies alles geschah auch in Absprache mit den heimischen Bildungseinrichtungen und Wirtschaftsvertretern. Ein besonderes Beispiel hierfür ist die Marineindustrie,

---

[32]) Vgl. http://www.poea.gov.ph/html/statistics.html (Zugriff: Oktober 2010).

welche in diesem Bereich führend ist. Mit der Einrichtung des *Maritime Training Council* (MTC) im Jahr 1984 wurde ein eigener Fachverband geschaffen, der die Implementierung von internationalen Standards in der Ausbildung von philippinischen Marineoffizieren, Schiffsingenieuren und Seeleuten vorantrieb. Dies alles ist eine wichtige Voraussetzung dafür, dass philippinische Seemänner nach wie vor einen guten Ruf genießen und international sehr gefragt sind.

Ein weiteres Beispiel für die konsequente Verbesserung von Qualifikationskriterien aus der jüngeren Vergangenheit betrifft die Berufsgruppe der philippinischen Haushaltshilfen. Seit dem Jahr 2006 müssen alle offiziell registrierten *maids* oder *domestic workers* mindestens 23 Jahre alt sein sowie einen landesspezifischen Kultur- und Sprachkurs absolvieren, bevor sie ihre Arbeit im Ausland aufnehmen können. Darüber hinaus müssen die Bewerberinnen und Bewerber ein von der TESDA ausgestelltes Zeugnis (*household work*) vorweisen, das ihnen nachweisbare Fähigkeiten in der Hausarbeit bescheinigt. Die philippinische Präsidentin Gloria M. Arroyo bezeichnete diese neue Generation philippinischer Haushaltshilfen als *„supermaids"*, weil diese ihrer Ansicht nach über eine große Bandbreite an Qualifikationen verfügen:

> *„[...] they have certified instruction on skills ranging from operating a microwave oven to administering first aid."* (AGUNIAS 2008, S. 11ff)

Selbst bei Künstlern und Entertainern führte die POEA bestimmte Qualifikationsstandards ein.[33] Dies passierte auch vor dem Hintergrund der Tatsache, dass in der Vergangenheit viele junge Filipinas von unseriösen und dubiosen ausländischen Arbeitgebern offiziell als „Entertainerinnen" deklariert wurden, um die Betroffenen nachher unter diesem Deckmantel als Sexarbeiterinnen zu beschäftigen bzw. in die Prostitution zu zwingen. Oftmals waren solche Fälle mit zum Teil schwerem Missbrauch und Ausbeutung der betroffenen Frauen verbunden. Die meisten bekannten Fälle wurden in ostasiatischen Nachbarstaaten dokumentiert, darunter vor allem in Japan und Hongkong. Seit dem Jahr 2004 müssen alle philippinischen Entertainer, die als OFWs im Ausland ihren Beruf ausüben wollen, eine sogenannte *Artist Accreditation Card* (ACC) vorweisen können. Dieses Dokument bescheinigt dem Inhaber, dass er seine künstlerischen Fertigkeiten vor einer von der TESDA zusammengestellten Jury erfolgreich vorweisen konnte (z. B. durch Vortanzen oder Vorsingen). Trotz der vielen Bemühungen von Seiten der Regierung konnte das Problem der illegal beschäftigten philippinischen Frauen in den Rotlichtszenen Ostasiens, mit allen negativen Folgeerscheinungen, jedoch nicht endgültig gelöst werden. So dürfte in jüngster Zeit die Zahl an illegal tätigen Sexarbeiterinnen in Japan wieder im Steigen begriffen sein.

Bilaterale Abkommen mit ausländischen Regierungen und Behörden

Philippinische Arbeitskräfte, die im Rahmen von bilateralen politischen Abkommen zwischen der Regierung der Philippinen und einem ausländischen Staat direkt angeworben

---

[33]) Vgl. dazu z. B. das POEA Memorandum Circular No. 21, July 7, 2003: „Guidelines on the Recruitment and Development of Overseas Performing Artists to Japan".

werden, machen etwa nur vier Prozent aller OFWs im gesamten *Overseas Employment Program* aus.

Arbeitsrechtliche Bestimmungen und Standards sind in diesem Bereich deshalb vergleichsweise nur von geringem Umfang und variieren je nach Abkommen. Falls eine ausländische Regierung philippinische Arbeitskräfte direkt über die POEA und ohne Vermittlung durch Agenturen anwerben will, muss davor ein entsprechender Sicherheitsfonds eingerichtet werden, der später etwaige Schadens- und Versicherungsforderungen durch OFWs abdecken soll. Im Jahr 2007 unterhielt die POEA gesonderte Abkommen mit 17 verschiedenen ausländischen Regierungen, wobei man mit Südkorea die größte Zahl an Verträgen abschloss (vgl. POEA Annual Report 2007).

7.2 Die individuellen Kosten der Arbeitsmigration

Der Entschluss, als OFW ins Ausland zu gehen, um dort den Lebensunterhalt zu verdienen, ist trotz der großen organisatorischen Unterstützung von Seiten der Behörden und der lizensierten Agenturen für jeden Einzelnen immer noch mit erheblichem Aufwand und hohen finanziellen Kosten verbunden. Die positive Absolvierung der ausbildungs- und jobspezifischen Qualifikationstests ist dabei nur der Beginn. In den meisten Fällen müssen potenzielle Arbeitsmigranten sämtliche Kosten für notwendige Behördenwege und die damit verbundenen Bearbeitungsgebühren, zum Beispiel für die Ausstellung von Zeugnissen und Genehmigungen etc., selbst tragen.

In diesem Prozess müssen zukünftige OFWs bei fast allen großen einheimischen Ministerien vorstellig werden und entsprechende Anträge auf notwendige Dokumente stellen. Dies beinhaltet die Ausstellung von gültigen Reisepässen und Leumundszeugnissen bei Innenministerium und Polizei, das Einholen der Geburtsurkunde beim *National Statistics Office* (NSO) sowie der notwendigen medizinischen Atteste in vom Gesundheitsministerium akkreditierten Kliniken und Spitälern. Selbst bei der eigenen Heimatgemeinde muss ein entsprechendes Freigabedokument eingeholt werden (*barangay clearance*).

An die Agenturen muss neben den üblichen Bearbeitungsgebühren in vielen Fällen auch eine sogenannte „*placement fee*" (einmalige Vermittlungskaution) entrichtet werden. Diese Kautionen bewegen sich meist in der Höhe eines Monatsgehalts. Davon ausgenommen sind Seeleute und jene Arbeitskräfte, die in Länder migrieren, deren Arbeitsgesetze die Einhebung solcher „*placement fees*" verbieten. Diese stehen immer wieder im Kreuzfeuer der Kritik von Migrantenorganisationen und NGOs, weil die Gebühren oft in völlig ungerechtfertigter Höhe von den Agenturen eingehoben werden. In diesem Bereich passieren nach wie vor viele Unregelmäßigkeiten im Zusammenhang mit unseriösen Vermittlungsagenturen, die sich auf diese Weise an den angehenden OFWs bereichern wollen. Dies ist nicht zuletzt einer der Hauptgründe, warum sich viele angehende philippinische Arbeitsmigranten verschulden müssen, um die finanziellen Kosten einer Auslandsmigration tragen zu können. Die Abgaben, die an Behörden und Agenturen zu entrichten sind, belaufen sich nicht selten auf vierstellige US-Dollar-Beträge.

7.3 Rechte und Pflichten der Migranten im Rahmen der Arbeitsverträge

Kein *Overseas Filipino Worker* darf im Ausland beschäftigt sein, ohne vorher einen entsprechenden Arbeitsvertrag unterzeichnet zu haben, der in seiner rechtlichen Form von der POEA geprüft und genehmigt wurde. Der sogenannte *„Overseas Employment Contract"* (OEC) enthält die vertraglich festgelegten Arbeitsbedingungen und Modalitäten der gesamten Beschäftigungsverhältnisse eines OFW im Ausland. Je nach Land und Berufsfeld können zusätzliche Bestimmungen (z. B. die Arbeitszeit betreffend) vertraglich miteinbezogen werden, solange diese mit den gesetzlichen Regelungen der POEA akkordiert sind und Arbeitsmigranten dadurch nicht benachteiligt werden (z. B. durch entsprechende Vergütung von anfallender Mehrarbeit).

Die POEA erließ gewisse arbeitsrechtliche Mindestbestimmungen, die für alle Formen von OEC-Verträgen Gültigkeit besitzen und nach denen sich die ausländischen Arbeitgeber richten müssen (vgl. *„POEA Rules and Regulations"*, Part III, Rule 1). Diese beinhalten unter anderem: Garantierte Vergütung für alle regulär geleisteten Arbeitsstunden, Erstattung der Fahrtkosten zu und vom Arbeitsplatz, freie Verpflegung und Unterbringung oder entsprechende Vergütungen, transparentes Verfahren bei einer Beendigung des Arbeitsverhältnisses.

Anstatt gewisse Mindestsätze für die Gehälter von OFWs im Ausland festzulegen, beließ es die POEA bei der Entwicklung von bestimmten Richtwerten, nach denen sich die Löhne orientieren müssen. Die Gehälter von OFWs dürfen demnach nicht unter den nationalen Standards für die entsprechenden Berufe im Gastland oder unter den vertraglich festgelegten Werten im Rahmen von bilateralen Abkommen oder internationalen Verträgen und auch nicht unter dem üblichen Lohn für vergleichbare Arbeit auf den Philippinen liegen.

In einigen Bereichen und für gewisse Berufssparten schreibt die POEA zusätzliche arbeitsrechtliche Regelungen vor, die über die gesetzlichen Mindestbestimmungen im Rahmen der OEC-Verträge hinausgehen. Dies betrifft vor allem die Berufsgruppe der Seeleute, der Entertainer und seit dem Jahr 2006 auch die der Haushaltshilfen. Seemänner, Marineoffiziere und Schiffsingenieure müssen demnach zum Beispiel eine zusätzliche Lebensversicherung abschließen, welche eine Polizzensumme von mindestens 50.000 US-Dollar umfasst sowie zusätzlich 7.000 US-Dollar für jedes Kind unter 21 Jahren (in der Regel bis zu maximal vier Kindern).

Darüber hinaus müssen die betroffenen Reedereien und Agenturen die ordnungsgemäße Transaktion von „Remittances" an die Familien der Seeleute gewährleisten. Haushaltshilfen müssen seit einer Gesetzesnovelle im Jahr 2006 mindestens 400 US-Dollar (statt vormals 200 US-Dollar) netto im Monat verdienen. Dazu müssen noch einige zusätzliche Bestimmungen vom Arbeitgeber einer philippinischen Haushaltshilfe (*maid*) erfüllt werden (Gewährung einer täglichen Ruhezeit von mindestens acht durchgehenden Stunden, bezahlter Urlaub von mindestens 15 Kalendertagen, Abschluss von notwendigen Versicherungen – Kranken- und Unfallversicherung – und Unterstützung bei der Überweisung von Geldrücksendungen über Banken oder Finanzdienstleister).

Philip Weninger

7.4 Das Monitoring der Arbeitsmigration als große Herausforderung

Die POEA inspiziert die offiziell registrierten Agenturen in regelmäßigen Abständen. Bei bekannt gewordenen Vergehen oder gemeldeten Beschwerden unternimmt die Behörde auch unangemeldete Inspektionen. Tatsächlich aber kann sie dieser wichtigen Aufgabe nur eingeschränkt nachkommen. Das scheinbar größte Problem dabei ist die eklatante Unterbesetzung im Personalstand. Dazu kommt, dass von den insgesamt 510 Arbeitsplätzen in der POEA fast ein Viertel seit Jahren vakant ist und die Posten nicht nachbesetzt werden. Im Jahr 2007 beschäftigte die Behörde nur sechs Vollzeitinspektoren im ganzen Land. Bei über 1.420 Agenturen und fast 480 neuen Bewerbern, die sich in diesem Jahr um eine Lizenz beworben hatten, ist es schwierig, ein halbwegs lückenloses Monitoring durchführen zu können. Ein weiteres Aufgabengebiet in diesem Bereich betrifft die Kontrolle von Job-Inseraten und einschlägiger Bewerbung von Arbeitsangeboten im Ausland. Auch hier überprüft ein eigener Stab an Mitarbeitern, dass diese Einschaltungen konform mit den vorgeschriebenen Richtlinien erfolgen und keine falschen Vorstellungen suggeriert werden. Pro Jahr werden über 9.000 Inserate und Werbungen überprüft (vgl. AGUNIAS 2008, S. 16).

Das Monitoring der philippinischen Arbeitskräfte stellt sich jedoch im Vergleich dazu als ungleich schwierigeres Unterfangen heraus. Die POEA betreibt zu diesem Zweck an den internationalen Flughäfen im Land eigene Helpdesks und Informationsschalter. Bei den OFWs geht es in erster Linie um die Sicherstellung der ordnungsgemäßen und lückenlosen Dokumentation. Deshalb werden die betroffenen Personen vor allem bei der Ein- und Ausreise genauer überprüft. Trotz der angespannten Personalsituation der Behörde bleibt das Monitoring eine wichtige Aufgabe, da diese Daten auch eine Grundlage für die jährlich erscheinenden POEA-Reports darstellen, welche wichtige Anhaltspunkte und Trends der philippinischen Auslandsmigration liefern.

Auch im philippinischen Staatshaushalt schlägt sich die schwierige Situation der POEA nieder. So bekommen das Außenressort und das Arbeitsministerium, welche alle Behörden beinhalten, die im Zusammenhang mit Arbeitsmigration stehen, nur etwa 0,92 Prozent (ca. 22 Millionen US-Dollar) der staatlichen Budgetmittel zugesprochen. Im Gegensatz dazu entfallen zum Beispiel auf das Verteidigungsressort zehn Prozent oder auf das Bildungsressort 15 Prozent der öffentlichen Ausgaben. Auf der anderen Seite ist vor allem die POEA eine gute und verlässliche Einnahmequelle für die Regierung. Allein zwischen 2003 und 2007 erwirtschaftete die Behörde für den staatlichen Haushalt einen Nettogewinn von über 10,8 Millionen US-Dollar (AGUNIAS 2008, S. 30).

7.5 Die zukünftige Rolle der POEA

Ein immer wichtiger werdender Faktor für die Arbeit der Behörde ist die enge Zusammenarbeit und Partnerschaft mit Migrantenorganisationen und der Zivilgesellschaft. Gerade im Bemühen um eine Verbesserung der Situation der Arbeitsmigranten ist diese Kooperation sehr wichtig. Auch mit den behördlichen Vertretern auf Provinzebene wird zunehmend kooperiert. In den Provinzhauptstädten können sich angehende Arbeitsmigranten in eigenen Orientierungsseminaren über die unterschiedliche Kultur und Rechtssituation in potenziellen Gastländern informieren.

In Zukunft sollen von Seiten der POEA vermehrt Bemühungen unternommen werden, die Arbeitsmigration vor allem auch in jene Staaten zu forcieren, die über eine gut entwickelte Rechtslage in diesem Bereich verfügen. Neue Zielländer sind unter anderem Kanada, Australien und Neuseeland, aber auch Guam und Palau. Ein weiteres Ziel ist es, vermehrt hochqualifizierte philippinische Arbeitskräfte ins Ausland zu vermitteln. Mit der Forcierung beider Zielsetzungen wird auch die Hoffnung verbunden, die Wahrscheinlichkeit von arbeitsrechtlichen Missbrauchsfällen unter OFWs zu minimieren.

Was den Ausbildungsstand von künftigen Arbeitsmigranten betrifft, geben aktuelle Studien der Regierung Anlass zur Hoffnung. So haben sich seit dem Jahr 1999 über 2,4 Millionen Filipinas und Filipinos bei den nationalen Colleges und Universitäten für ein Studium oder eine weiterführende Ausbildung eingeschrieben. Etwa ein Viertel aller Inskribenten belegte Kurse und Studiengänge im medizinischen Sektor, vor allem im Pflegebereich (*nursing and caregiving*). Dennoch ist es auf lange Sicht schwierig, die weltweit hohe Nachfrage nach hochqualifizierten Arbeitskräften in diesem Bereich dauerhaft zu befriedigen. Vor allem in Saudi-Arabien wird es für die philippinischen Behörden immer schwieriger, den hohen Bedarf an philippinischen Krankenschwestern und Pflegern vollständig abzudecken.

Trotzdem gibt AGUNIAS zu bedenken, dass man nicht völlig auf die Berufsgruppen in niedrig qualifizierten Bereichen vergessen sollte. Vor allem die ärmeren philippinischen Haushalte profitieren sehr stark durch die von ihren in wenig qualifizierten Tätigkeitsbereichen beschäftigten Angehörigen im Ausland nach Hause gesandten „Remittances" (vgl. AGUNIAS 2008, S. 36).

Deshalb bleibt es – im Kombination mit anderen politischen Bemühungen, die nationale Armut zu verringern – auch in Hinkunft sehr wichtig, dass auch die niedrig qualifizierten Migrantengruppen wie etwa die Haushaltshilfen weiterhin gefördert werden. Darüber hinaus darf man auch nicht vergessen, dass viele Frauen vor allem aus ärmeren sozialen Schichten in diesen Berufen als OFWs im Ausland arbeiten und diese Möglichkeit nicht nur ein wichtiger, sondern für viele oft der einzige Zugang zur legalen Arbeitsmigration bleibt.

7.6 Abschließende Bemerkungen zur philippinischen Arbeitsmigrationspolitik

In Summe hat die Geschichte der philippinischen Arbeitsmigration der letzten 25 Jahre gezeigt, dass es mit Hilfe eines gut aufgestellten Behörden- und Verwaltungsapparats – bestehend aus der POEA und ihren Schwesterbehörden – möglich war, eine weitgehend erfolgreiche Migrationspolitik zu gestalten. Das philippinische Modell bleibt trotz einiger bestehender Probleme und institutioneller Schwächen (mangelndes Budget, zu wenig Personal) ein oft zitiertes Beispiel dafür, wie ein Entwicklungsland durch politisch unterstützte Arbeitsmigration in das Ausland profitieren kann. Nichtdestotrotz darf man auch auf die negativen Kehrseiten eines solchen Systems nicht vergessen. Zum einen fehlen die vielen gut ausgebildeten Fachkräfte, die als Arbeitsmigranten ins Ausland gehen, im eigenen Land. Dieser sogenannte „brain-drain" wird zunehmend von Vertretern der Zivilgesellschaft und von NGOs kritisiert, wie AGUNIAS anmerkt (vgl. dazu auch REESE 2008):

> „Many in Philippine civil society say the government has not spent enough energy or money on ensuring that migration benefits all Filipinos, especially in the long run."
> (AGUNIAS 2008, S. 37).

Besonders im medizinischen Bereich und im öffentlichen Gesundheitswesen der Philippinen spürt man mittlerweile die negativen Konsequenzen durch die zunehmende Abwanderung von einheimischen Fachkräften (Ärzte, Krankenschwestern und Pfleger). Zum anderen wird durch den spürbaren Erfolg der Arbeitsmigration, der sich auch anhand der großen Devisenmengen, die durch „Remittances" ins Land gespült werden, zeigen lässt, die philippinische Politik dazu verleitet, viele wichtige Reformvorhaben auf die lange Bank zu schieben. Denn nach wie vor lebt ein großer Teil der einheimischen Bevölkerung in Armut. Die staatlich geförderte Arbeitsmigration kann nur eine von mehreren Säulen sein, um eine positive Entwicklung des Landes voranzutreiben. Diese Strategie muss jedoch von weiteren Maßnahmen und Reformen begleitet werden, damit auch die ärmeren Bevölkerungsschichten langfristig davon profitieren können.

8. Das Untersuchungsgebiet: Die Zentralen Visayas

Die dicht besiedelte Region der Visayas mit über 17 Millionen Einwohnern (Zensus 2007) befindet sich im Zentrum des Archipels und ist traditionell die Herkunftsregion zahlreicher philippinischer Migranten. Bereits während der ersten Migrationswelle vor dem Zweiten Weltkrieg gingen viele gebürtige Filipinas und Filipinos von den Visayas auf die Plantagen von Hawaii und an der Westküste der USA, um dort als Feldarbeiter, als sogenannte „Sakadas", zu arbeiten (siehe Kapitel 5.2). Administrativ gliedert sich die Inselgruppe der Visayas in drei verschiedene Regionen (*regions*): *Eastern Visayas* (Region VI), *Central Visayas* (Region VII) und *Western Visayas* (Region VIII). Im Jahr 2008 kamen 16,3 Prozent aller offiziell im Land registrierte OFWs aus diesem Gebiet (Region VI, VII und VIII; siehe Kapitel 6.1). In die Visayas gelangt etwa ein Fünftel aller philippinischen „Remittances" und deren Gesamtsumme ist damit etwa doppelt so hoch wie jene von ganz Mindanao (vgl. NSO 2009).

Das Administrationsgebiet der Zentralen Visayas (Region VII) umfasst im Wesentlichen die Inseln Cebu, Bohol und Siquijor sowie den Ostteil der Insel Negros (*Negros Oriental*). In der gesamten Region leben etwa 6,4 Millionen Menschen (Zensus 2007). Im Vergleich zu den anderen Regionen der Philippinen rangiert man damit landesweit an fünfter Stelle. Die Zentralen Visayas waren im Jahr 2008 auch die Herkunftsregion von 5,6 Prozent der OFWs (vgl. NSO 2009).

Internationale Migration philippinischer Arbeitskräfte und „Remittances"

Das traditionelle Zentrum der Visayas ist die Insel Cebu. Hier befindet sich mit der städtischen Agglomeration „Metro-Cebu", deren Kern die Provinzhauptstadt Cebu City darstellt, auch die drittgrößte Metropolregion des Landes (nach Metro-Manila auf Luzon und Davao City auf Mindanao).[34] Das Gebiet um die heutige Stadt Cebu erfüllte jedoch bereits in vorkolonialer Zeit eine wichtige Rolle als regionales kulturelles Zentrum für Einheimische und als Stützpunkt für Seefahrer und Händler aus China, Indien und dem islamisch geprägten Raum Südostasiens. Im Lauf der Geschichte wurde Cebu auch das traditionelle kulturelle und spirituelle Zentrum des katholischen Glaubens auf den Philippinen.

Verwaltungstechnisch ist die Insel Cebu eine eigene Provinz (*Province of Cebu*), die der Verwaltungsregion *Central Visayas* (Region VII) zugehörig ist. Als regionales politisches Oberhaupt der Provinz fungiert ein gewählter Gouverneur. Die Stadt Cebu (bzw. Cebu-City) genießt das Privileg einer eigenen Stadtregierung. Auf der gesamten Insel leben mittlerweile über 3,8 Millionen Menschen und die Bevölkerungsdichte von über 721 Menschen pro Quadratkilometer ist eine der höchsten im gesamten Land (Zensus 2007).[35]

8.1 Die Gemeinde Sibonga als Zentrum der Untersuchungen

Aufgrund der bereits länger bestehenden persönlichen Kontakte in diese Region war es naheliegend, meine Forschungsarbeiten auf Cebu zu konzentrieren. Im Fokus der Erhebungen lag dabei die „Municipality of Sibonga", wo ich den Großteil meiner Untersuchungen durchführen konnte.

Sibonga befindet sich etwa 50 Kilometer südlich von Cebu-City an der Westküste der Insel (siehe Abb. 14). Die Gemeinde wird in der administrativen Diktion als eine sogenannte *3rd Class Municipality* bezeichnet, der auf einem Verwaltungsgebiet von ungefähr 125 Quadratkilometern insgesamt 25 *Barangays*[36] untergeordnet sind (Abb. 15). Im gesamten Gemeindegebiet leben etwa 41.000 Menschen in über 7.500 Haushalten (Zensus 2007) und nicht wenige davon empfangen „Remittances" von Familienmitgliedern aus dem Ausland.

---

[34]) Im gesamten Stadtgebiet (Cebu-City) lebten zum Zeitpunkt der letzten Volkszählung vom 1. August 2007 knapp 800.000 Menschen. Zählt man die angrenzenden bereits verstädterten Gebiete („Metro-Cebu") dazu, waren es bereits 2,31 Millionen Menschen (Quelle: Zensus 2007).

[35]) Bei der letzten landesweiten Volkszählung im Jahr 2007 erhob das NSO eine offizielle Bevölkerungsanzahl von 3.848.730 Menschen für die Insel Cebu. Innerhalb der Provinzen steht die Provinz Cebu damit landesweit an zweiter Stelle (nach Metro-Manila). Für die Bevölkerungsdichte wurde bei einer Gesamtfläche von über 5.330 Quadratkilometern (inklusive der kleinen umliegenden Inseln) ein Wert von 721,98 Menschen pro Quadratkilometer erhoben (Quelle: NSO unter www.census.gov.ph; Zugriff: Jänner 2010).

[36]) Ein „*Barangay*" ist die traditionelle philippinische Bezeichnung für die kleinste politische Verwaltungseinheit. Ein Barangay umfasste ursprünglich eine kleine, meist isolierte Stammes- bzw. Dorfgemeinschaft von etwa 30 bis 100 Familien (vgl. Scott 2004).

Abb. 14: Übersichtskarte von Cebu

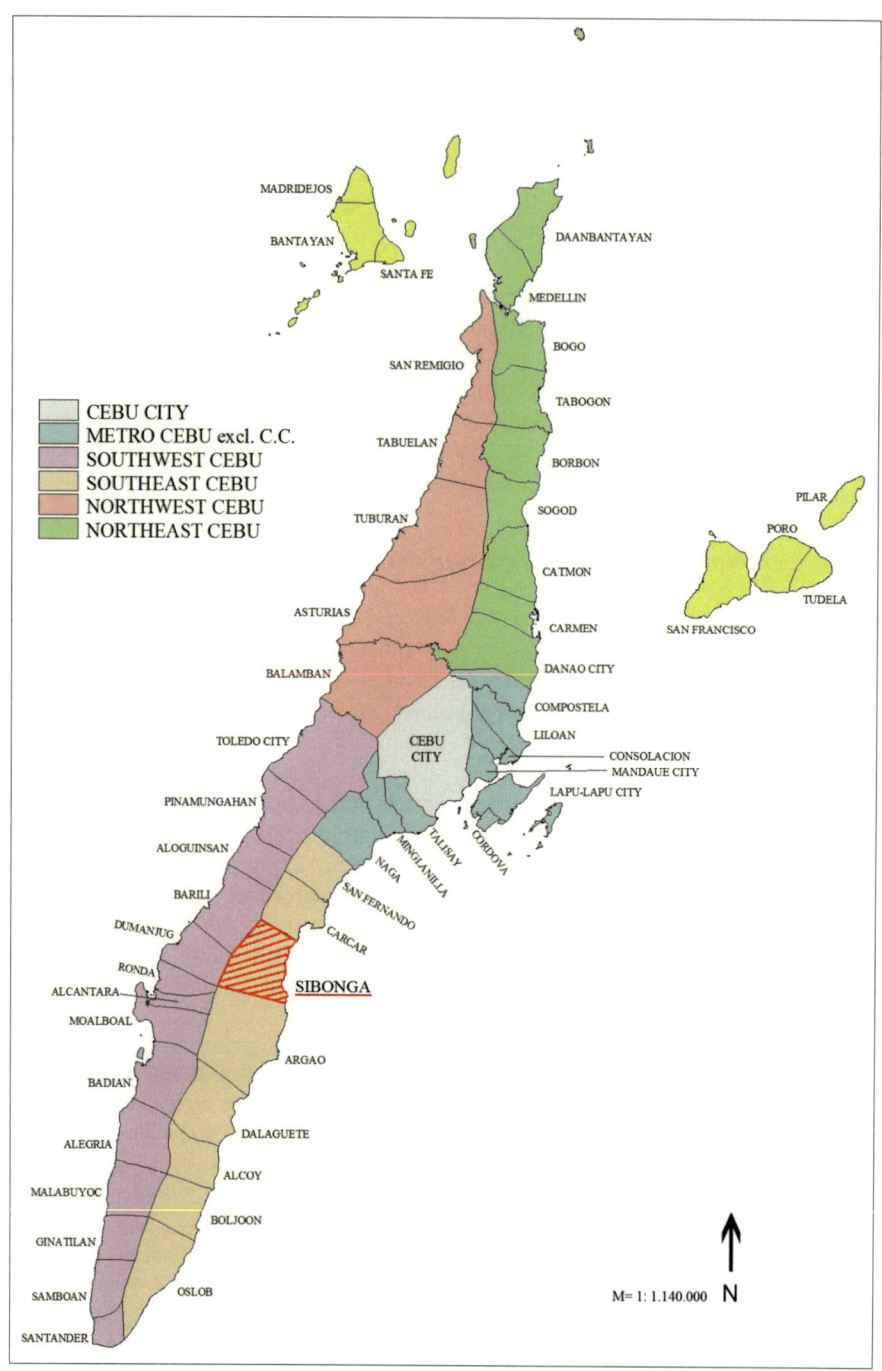

Quelle: Office of Population Studies 2004; eigene Bearbeitung.

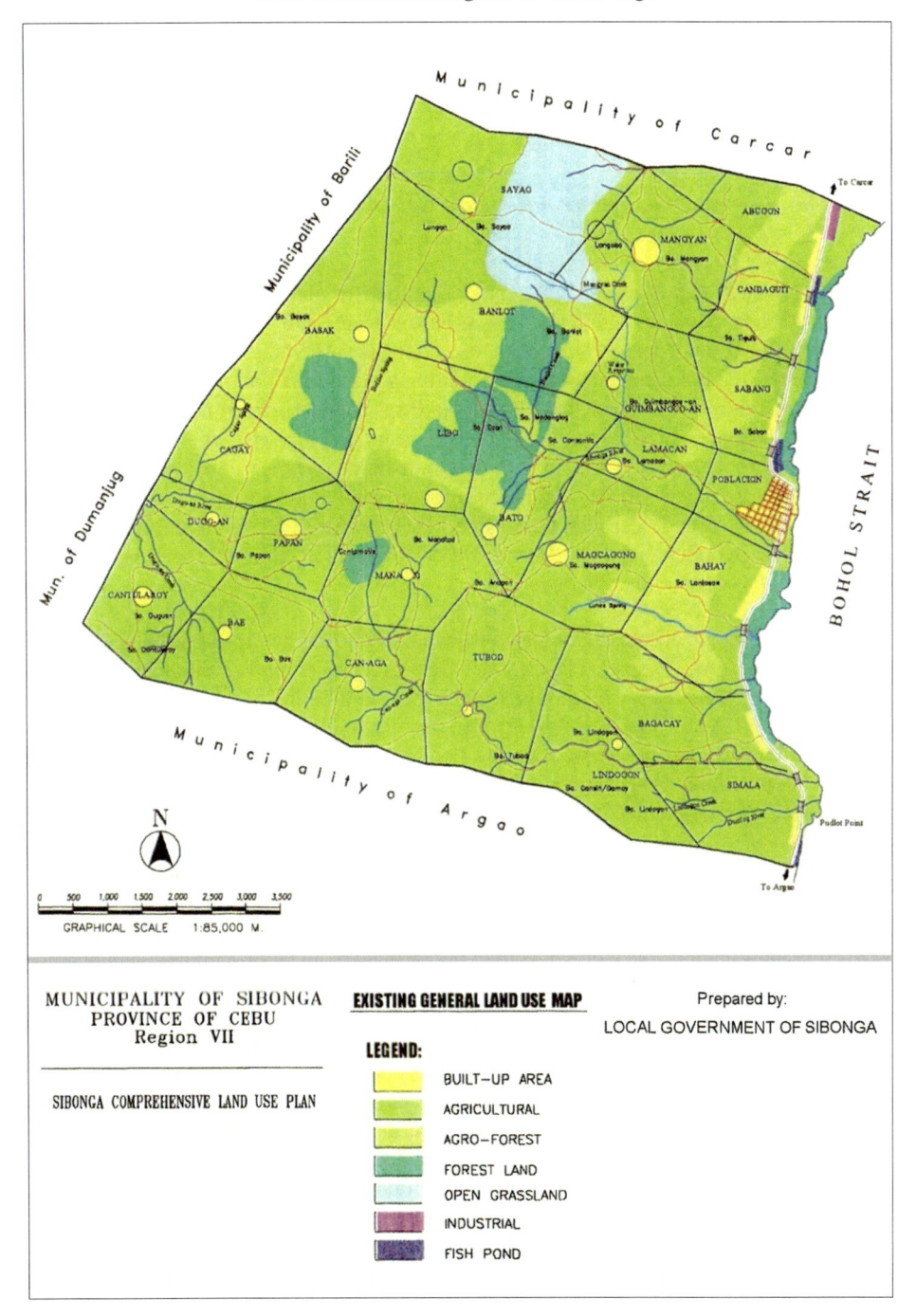

Abb. 15: Landnutzungskarte von Sibonga

Quelle: Sibonga 2003.

Philip Weninger

Die Informationen zu und Beschreibungen von Sibonga basieren einerseits auf ausgewähltem sekundärstatistischem Datenmaterial (insbes. Sibonga 2003) und andererseits auf persönlichen Erfahrungen und im Lauf der Zeit angesammelten subjektiven Eindrücken. Durch bestehende verwandtschaftliche Beziehungen war es mir möglich, das Untersuchungsgebiet seit Mitte der 1980er-Jahre in regelmäßigen Abständen zu bereisen.

8.2 Sibonga – eine Gemeinde mit vielen Gegensätzen

Sibonga ist von großen Gegensätzen geprägt. Das betrifft nicht nur die unterschiedlichen naturräumlichen Gegebenheiten, sondern in besonderem Maß auch eine Vielzahl an sozioökonomischen und demographischen Aspekten. Der Bevölkerungsschwerpunkt von Sibonga liegt in den küstennahen Gebieten entlang der *South National Road*, der wichtigsten Fernstraße in der südlichen Hälfte der Insel Cebu. Hier befindet sich auch das historische Zentrum von Sibonga aus der spanischen Kolonialzeit – die *Poblacion*. Alle wichtigen administrativen (Rathaus, Verwaltungsbüros), infrastrukturellen (Bus- und Taxibahnhof), sozialen (Ärzte, Krankenstationen) und kulturellen (Pfarrkirche) Einrichtungen und Gebäude der Gemeinde sind hier beherbergt. Die zwei größten Schulen der Gemeinde befinden sich hier ebenso wie der Großteil an Einrichtungen von Handel (Hauptmarkt), Gewerbe und Dienstleistungen.

Die *Poblacion* ist als eigenes Barangay ausgewiesen und zählte im Jahr 2000 5.238 Einwohner (Zensus 2000), was 13,7 Prozent der Gesamtbevölkerung von Sibonga entspricht. Nach den Prognosen des *National Statistics Office* soll die Einwohnerzahl der Poblacion bis zum Jahr 2012 auf über 6.200 Menschen ansteigen. Mit über 1.522 Bewohnern pro Quadratkilometer (Zensus 2000) wies die Poblacion die bei weitem höchste Bevölkerungsdichte innerhalb des gesamten Gemeindegebiets auf. Der Durchschnittswert für Sibonga lag bei gerade einmal 286 Menschen pro Quadratkilometer (vgl. Sibonga 2003).

Im Gegensatz dazu sind die agrarisch geprägten Barangays im hügeligen Hinterland von Sibonga nur vergleichsweise dünn besiedelt und teilweise auch von Abwanderung betroffen. Die meisten Familien, die nicht unmittelbar von der Landwirtschaft abhängig sind, sowie die traditionell etwas wohlhabendere bürgerliche Schicht von Sibonga wohnen bevorzugt in der Poblacion oder in den benachbarten Gebieten. Hier befindet man sich auch in unmittelbarer Nähe zu den wichtigsten Einrichtungen der Gemeinde wie etwa Rathaus, Kirche oder Hauptplatz (*plaza mayor*) (siehe dazu auch Abb. 16). Auch die wenigen ansässigen Ausländer besitzen hier ihre Häuser. Meistens sind es Immigranten aus Ländern der westlichen Welt, die über eine Pension oder genügend Ersparnisse verfügen. Auch der Infrastrukturstandard und die Lebensqualität sind im Vergleich zum übrigen Gemeindegebiet spürbar höher. Asphaltierte Verkehrswege, durchgehende Straßenbeleuchtung und Wasserleitungen finden sich in dieser Konzentration sonst nirgendwo in Sibonga. Eine Folge davon ist, dass die Bodenpreise in der und um die Poblacion um einiges höher sind als in den anderen Teilen des Gemeindegebiets.

Das weiträumige Hinterland von Sibonga, das weit ins Landesinnere der Insel reicht, bietet ein völlig anderes Bild. Das Terrain ist zerklüftet und die sich hier befindenden Ba-

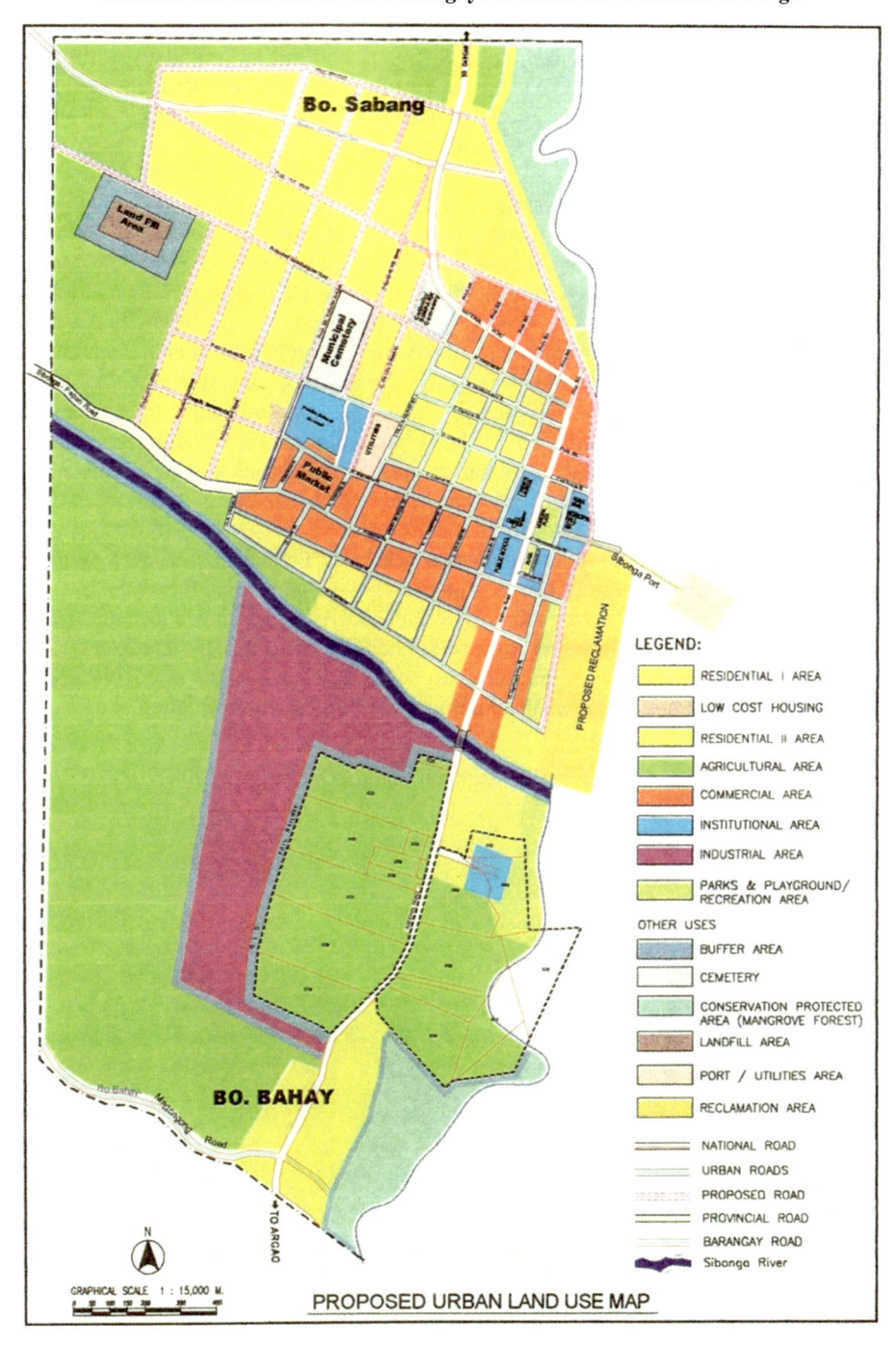

Internationale Migration philippinischer Arbeitskräfte und „Remittances"

Abb. 16: Übersichtskarte des Barangay *Poblacion* der Gemeinde Sibonga

Quelle: Sibonga 2003.

rangays liegen in bis zu 500 Metern Höhe. Eines der landwirtschaftlichen Hauptprodukte ist Kopra, das getrockneten Kernfleisch der Kokosnuss. Die Landschaft wird dominiert von Kokospalmen und Maisfeldern, die noch traditionell mit Hilfe von Wasserbüffeln, den *Carabaos*, gepflügt werden. Ein gewisses Wohlstandsgefälle und Anzeichen einer sozialen Spaltung gegenüber den im Vergleich dazu wohlhabenden Barangays im Tiefland rund um die Poblacion machen sich bemerkbar.

Ein Großteil der im Hinterland ansässigen Bewohner arbeitet in der Landwirtschaft. Die Bedingungen sind hart, die Arbeit ist entbehrungsvoll. Die ausgelaugten Böden der Maisfelder bedürfen massiver Düngung und immer wieder kommt es aufgrund des Waldraubbaus und intensiven Pflügens der Hänge zu Erdrutschen. Da die Bauern ihr Land meist nur pachten können, schmälern diverse Abgaben die Erträge noch zusätzlich. Auch die Infrastruktur im gebirgigen Hinterland ist allgemein in keinem optimalen Zustand. Zwar gibt es Anstrengungen der Gemeindeverwaltung, die Situation zu verbessern, doch es besteht noch großer Bedarf an diesbezüglichen Maßnahmen. So sind viele Straßenabschnitte vor allem während der Regenzeit nur schwer befahrbar und die örtlichen Schulen und Krankenstationen sind meist nur mangelhaft ausgestattet. Innerhalb des Gemeindegebiets machen sich also große soziale und wirtschaftliche Gegensätze bemerkbar.

Neben den vielen zu bewältigenden Problemen bekam die Gemeinde in den vergangenen Jahrzehnten auch die Folgen der seit Beginn der 1980er-Jahre zunehmenden Abwanderung vieler junger Erwachsener zu spüren. Die Ziele der Abwanderung heißen meist Cebu City, aber auch Manila oder gar das Ausland (siehe Sibonga 2003). Im letzteren Fall bedeutete dies den Beginn des stetigen Zuflusses an Geldrücksendungen aus dem Ausland, von denen die in Sibonga verbliebenen Familien von Migranten profitierten.

Abb. 17: Plaza Mayor von Sibonga mit Stadtpark und altem Pfarrhaus

Foto: WENINGER, August 2006.

Abb. 18: Das hügelige Hinterland von Sibonga

Foto: WENINGER, April 2008.

8.3 Zur Methodik der Fallstudie Sibonga

Gestützt auf die zur Verfügung stehenden Daten zu Sibonga und die bereits im Vorfeld gesammelten persönlichen Eindrücke des Verfassers wurde der räumliche Fokus der empirischen Untersuchung vor allem auf das Barangay *Poblacion* und seine umliegenden Gebiete gesetzt. Durch die gegebenen demographischen und sozioökonomischen Voraussetzungen (höchste Bevölkerungsdichte, bessere Infrastruktur, höhere Anzahl wohlhabender Familien) lag die Wahrscheinlichkeit, in Poblacion ansässige Familien von philippinischen Auslandsmigranten anzutreffen, höher als irgendwo sonst im Gemeindegebiet. Die in Poblacion lebenden Einwohner haben im Fall des Falles noch eher die finanziellen Mittel, um die Migration eines Haushalts- oder Familienmitglieds zu ermöglichen. Da eine offiziell legitimierte Arbeitsmigration ins Ausland mit hohen individuellen Kosten verbunden ist (siehe Kapitel 7.2), scheidet diese Option für viele Bewohner aus dem Hinterland von Sibonga aus oder ist zumindest mit einem vielfach höheren Aufwand verbunden.

Ziel war es, möglichst viele Haushalte in Poblacion und in den unmittelbar angrenzenden Wohngebieten zu finden, die in regelmäßigen Abständen „Remittances" von im Ausland lebenden Familienmitgliedern erhalten. Diese mussten nicht zwingend über einen aktuellen offiziellen Status als OFW verfügen, sollten jedoch zumindest über einen längeren Zeitraum als philippinische Migranten einer legitimierten beruflichen Tätigkeit im Ausland nachgegangen sein. Dies beinhaltete auch Personen, die bereits eine andere Staatsbürgerschaft angenommen hatten und / oder bereits ihren Altersruhestand im Ausland genossen. Eine gewisse Regelmäßigkeit bei der Sendung von „Remittances" an die in Sibonga verbliebenen Familienmitglieder war jedoch Voraussetzung. Um möglichst valide Informationen über relevante Daten zu Haushalten, die Geldrücksendungen erhalten, zu erlangen, sollten die ausgewählten Interviewpartner nach Möglichkeit auch jene Personen sein, die die empfangenen Remittances verwalten oder zumindest soweit in diesen Prozess eingebunden sind, um möglichst verlässliche Angaben machen zu können.

Im Vorfeld der Befragungen konnte bereits ein Grundstock von ungefähr sechs bis acht Haushalten gefunden werden, die regelmäßig Geldrücksendungen empfingen und bereitwillig Auskunft geben wollten. In der Regel fanden die Interviews innerhalb der Räumlichkeiten der betroffenen Haushalte statt. Um weitere Interviewpartner zu finden, wurde vor allem nach der „Schneeball-Methode" vorgegangen. Im konkreten Fall bedeutete dies, dass die Interviewpartner nach abgeschlossener Befragung aktiv danach gefragt wurden, ob ihnen weitere Haushalte in der Nachbarschaft näher bekannt waren, die ebenfalls Geldrücksendungen in regelmäßigen Abständen bezogen. Dies hatte noch dazu den großen Vorteil, dass man beim nächsten Interviewpartner auf diese Informationen zurückverweisen konnte und dadurch auch eine Art Empfehlung mitbrachte.

Die Wahrscheinlichkeit von auftretenden Verständigungsschwierigkeiten oder Sprachbarrieren bei den Interviews wurde im Vorfeld als eher gering erachtet. Neben der lokalen Sprache *Cebuano*[37] genießt die englische Sprache – so wie fast überall auf den Philippinen – einen traditionell hohen Stellenwert. Englisch ist auch Unterrichtssprache, zweite Amtssprache (nach *Filipino*)[38] sowie Geschäftssprache und wird von weiten Teilen der Bevölkerung ausreichend beherrscht. Deshalb war es naheliegend, die Fragebögen in englischer Sprache zu verfassen. Da etwaige auftretende Verständigungsschwierigkeiten dennoch im Vorhinein nicht völlig auszuschließen waren, unterstützte mich mein Onkel Apollonio LLANOS JR. bei meinen Erhebungen. Er war bei den Interviews stets anwesend und konnte dank seiner perfekten Cebuano- und Tagalog-Kenntnisse nötigenfalls auch übersetzen.

Im Zuge der Befragungen sollten neben der Erhebung von allgemeinen sozialen Daten (z. B. Geschlecht, Alter, Beruf, Haushaltsgröße) auch sensible Informationen im Zusammenhang mit vorhandenen Geldrücksendungen und der finanziellen Situation des betroffenen Haushalts gewonnen werden. Deshalb war es überaus wichtig, eine gewisse Vertrauensbasis mit den Respondenten aufzubauen, um möglichst valide, relevante und vollständige Daten zu erhalten. Unter Mithilfe von Apollonio LLANOS JR. sollte es gelingen, den jeweiligen Interviewpartner in eine möglichst zwangsfreie und informelle Gesprächssituation zu verwickeln. Als Grundlage für die Interviews diente ein vorab erstellter standardisierter Fragebogen, der auch als Gesprächsleitfaden verwendet wurde. Jedes Interview wurde auf einem digitalen Aufnahmegerät aufgezeichnet, um eine spätere Transkription, Zusammenfassung und Archivierung zu ermöglichen. Gleichzeitig

---

[37]) *Cebuano*, auch bekannt unter *Bisaya* oder *Visayan*, gehört wie die meisten philippinischen Sprachen der austronesischen Sprachfamilie an (Malayo-Polynesischer Zweig) und ist nach *Tagalog* die am zweithäufigsten gesprochene Sprache auf den Philippinen.

[38]) *Filipino* ist die offizielle Landessprache der Philippinen und beruht de facto (aber nicht de iure) auf dem *Tagalog*, welches auf Luzon und besonders in Manila und seinen umliegenden Gebieten seinen Ursprung hat.

wurden wichtige Daten und Auszüge der Interviews bei Möglichkeit sofort stichwortartig auf Papier festgehalten.

Die aus den Interviews gewonnenen quantitativen Informationen bildeten die Grundlage für die anschließende statistische Analyse. Obwohl der Kern der empirischen Analyse auf quantitativen Daten aufbaut, war es ein Anliegen, im Rahmen der Interviews auch Raum für subjektive Meinungen und qualitative Aussagen von Respondenten zu schaffen. Diese zusätzlichen Informationen sollten eine willkommene Ergänzung der Erhebungsarbeit darstellen. Deshalb wurde von einer streng standardisierten Umsetzung des Fragebogens abgesehen. Der Charakter der Interviews sollte nicht nur eine bloße Aufarbeitung eines Fragenkatalogs darstellen, sondern bis zu einem gewissen Grad auch einer normalen Gesprächssituation ähneln. Die Interviewpartner sollten über die rein quantitative Beantwortung der Fragen hinaus angeregt werden, im gegebenen Fall noch zusätzliche persönliche Bemerkungen und Erfahrungen mitzuteilen.

Um die empirische Erhebung zu unterstützen, wurde auch die Methode der „teilnehmenden Beobachtung" angewendet. Da ich während des Großteils meines Forschungsaufenthalts selbst in der Poblacion von Sibonga Quartier bezog, war es naheliegend, die Möglichkeiten der eigenen subjektiven Wahrnehmung auszunützen. Allgemeine Besonderheiten des Alltagslebens im Untersuchungsgebiet von Sibonga sowie feststellbare Auffälligkeiten und Dynamiken im Zusammenhang mit Migration und Geldrücksendungen wurden deshalb in schriftlicher oder fotografischer Form festgehalten.

9. Die Ergebnisse der empirischen Erhebung

Die überwiegende Mehrheit der Befragungen (74 Prozent) fand innerhalb des Untersuchungsgebiets, in der Poblacion von Sibonga, statt. Durch Kontakte, die sich im Lauf der Interviews entwickelt haben, wurde der geographische Radius der empirischen Arbeiten mit Fortdauer des Forschungsaufenthalts erweitert (siehe Tab. 6). So kam es auch zu weiteren Befragungen in den Nachbargemeinden Carcar und Dumanjug sowie in der Provinzhauptstadt Cebu City und dem südlichen Vorort Talisay (siehe Abb. 14).

Tab. 6: Ort der durchgeführten Befragungen

Ort des Interviews	Häufigkeit	Prozent
Sibonga-Poblacion	37	74,0
Cebu City	6	12,0
Carcar	3	6,0
Talisay	2	4,0
Dumanjug	2	4,0
Gesamt	*50*	*100,0*

Quelle: Eigene Erhebung.

In den meisten Fällen konnte das Interview auch mit jener Person durchgeführt werden, die tatsächlich für die Verwaltung der Geldrücksendungen und des vorhandenen Haushaltsbudgets zuständig war. 46 von 50 Respondenten (92 Prozent) waren direkt mit dieser wichtigen Aufgabe betraut. Nur in vier Fällen (8 Prozent) war der Interviewpartner nicht jene Person, die auch tatsächlich das Geld verwaltete.

9.1 Demographische und soziale Struktur der Haushalte und Respondenten

Zu Beginn der Befragungen wurden allgemeine soziale und demographische Daten erhoben, um einen ersten Eindruck von den betroffenen Interviewpartnern und Haushalten zu gewinnen.

Alter und Geschlecht der Interviewpartner

Die überwiegende Mehrheit der Interviewpartner (47 Fälle oder 94 Prozent) war weiblichen Geschlechts. Dies ist schon ein erstes Anzeichen für die besondere Rolle der Frauen im Zusammenhang mit Geldrücksendungen. Auf dieses spezielle Verhältnis wird später noch genauer eingegangen.

Beim Alter der Interviewpartner ergab sich eine große Spannweite (insgesamt 56 Jahre). Die jüngste Respondentin war gerade 19 Jahre alt, die älteste 75 Jahre. Das Medianalter lag bei 35 Jahren, der Mittelwert bei 37,7 Jahren. Der Großteil der Befragten (75 Prozent) war jünger als 42 Jahre alt. Ein Viertel der Interviewteilnehmer (25 Prozent) hatte das 31. Lebensjahr noch nicht überschritten.

Schulbildung und berufliche Stellung der Interviewpartner

Fast zwei Drittel aller Befragten (66 Prozent) verfügte über einen College- oder Universitätsabschluss, 15 Personen (30 Prozent) hatten eine Mittelschule (*highschool*) absolviert. Nur zwei Interviewpartner (4 Prozent) beendeten bereits nach der Volksschule (*elementary school*) ihre Schullaufbahn. Der hohe Anteil an Respondenten mit tertiärem Bildungsabschluss ist ein erster Hinweis darauf, dass sich Haushalte, die „Remittances" beziehen, tendenziell aus jenen Bevölkerungsschichten zusammensetzen, die über ein gewisses Maß an Wohlstand verfügen. Das öffentlich finanzierte staatliche Schulsystem endet nämlich nach der *highschool* (10. Schulklasse). Eine weiterführende Ausbildung muss weitgehend privat finanziert werden, da Stipendien-Programme nur sehr begrenzt verfügbar sind.

Wie bereits erwähnt, war die überwiegende Mehrheit der Interviewpartner weiblichen Geschlechts. Dies ist auch ein Grund dafür, weshalb sich der Anteil an berufstätigen und nichtberufstätigen Respondenten mit jeweils 46 Prozent die Waage hielt. Drei weitere Interviewpartner (6 Prozent) befanden sich bereits im Ruhestand und einer noch in Ausbildung (2 Prozent).

Anzahl der Personen im Haushalt

Die Durchschnittsgröße der befragten Haushalte lag bei 4,32 Personen. Der kleinste Haushalt setzte sich aus nur zwei Personen zusammen, der größte umfasste acht Mitglieder. Gezählt wurden nur jene Haushaltsmitglieder, die auch permanent in Sibonga wohnten. Angehörige, die im Ausland arbeiteten und „Remittances" sandten, wurden nicht berücksichtigt, auch wenn sie – wie im Falle der Seeleute – mehrere Monate des Jahres zu Hause verbringen können.

Kinder im Haushalt

Die durchschnittliche Kinderzahl pro Haushalt betrug 1,8. Mehr als die Hälfte der Haushalte (insg. 62 Prozent) beherbergte mindestens zwei Kinder oder mehr. Nur sechs Haushalte (12 Prozent) waren kinderlos (siehe Tab. 7). Berücksichtigt wurden auch jene Kinder, die bereits das 18. Lebensjahr vollendet hatten, aber immer noch im gemeinsamen Haushalt lebten und finanziell abhängig waren. Dies traf insbesondere auch für College- und Universitätsstudenten zu. Von den insgesamt 50 gezählten Kindern in den betroffenen Haushalten befanden sich 15 im collegefähigen Alter (zwischen 16 und 25 Jahren). Davon besuchten 13 auch tatsächlich ein College. Diese bemerkenswert hohe Anzahl ist ein erster Hinweis darauf, dass Geldrücksendungen einen großen Einfluss auf die Schulbildung von Kindern ausüben können. Auch die Anzahl der Haushaltshilfen und Kindermädchen lag unerwartet hoch. Insgesamt 23 Haushalte (46 Prozent) gaben an, eine entsprechende Arbeitskraft zur Erledigung dieser Tätigkeiten zu beschäftigen.

Tab. 7: Anzahl der Kinder pro befragtem Haushalt

Anzahl der Kinder im Haushalt	Häufigkeit	Prozent
0	6	12,0
1	13	26,0
2	19	38,0
3	9	18,0
4	2	4,0
5	1	2,0
Gesamt	*50*	*100,0*

Quelle: Eigene Erhebung.

9.2 Migrierte Angehörige im Ausland: ein sozioökonomisches Profil

Die Erhebung von Daten über Angehörige im Ausland, die an den betroffenen Haushalt regelmäßig „Remittances" überweisen, war ein weiterer Schwerpunkt der durchgeführten

Befragungen. Die Familienmitglieder und Angehörigen, die Remittances tätigen, werden im weiteren Verlauf dieses Kapitels auch als „Sender" bezeichnet. Fünf Haushalte (10 Prozent) verfügten gar über zwei Angehörige im Ausland, die regelmäßig Geld zurücksandten. Der Großteil der Haushalte (90 Prozent) verfügte jedoch nur über einen „Sender".

Die familiäre Stellung der betroffenen Angehörigen im Ausland wurde immer aus der Sicht des jeweiligen Interviewpartners beschrieben (siehe Tab. 8). In den meisten Fällen (70 Prozent) war der Ehemann der befragten Person der Sender von Remittances. Dies ergab sich, wie sich später herausstellte, aus der Tatsache, dass sehr viele Sender den Beruf als Seemann ergriffen hatten.

Tab. 8: Stellung im Haushalt der Angehörigen im Ausland

Familienmitglied im Ausland, das Geld sendet	Häufigkeit	Prozent
Ehemann	35	70,0
Tochter	1	2,0
Sohn	2	4,0
Schwester	2	4,0
Bruder	2	4,0
Mutter	2	4,0
Sonstige	1	2,0
mehrere Familienmitglieder	5	10,0
Gesamt	*50*	*100,0*

Quelle: Eigene Erhebung.

Schulbildung und Beruf des Senders

Die überwiegende Mehrheit der Sender (92 Prozent) hatte vor der Auslandsmigration eine College- oder Universitätsausbildung abgeschlossen. Nur in vier Fällen (8 Prozent) stellte ein Highschool-Diplom den höchsten vorhandenen Schulabschluss dar. Bei einer angestrebten Arbeitsmigration ins Ausland ist jedoch ein College-Abschluss oft Voraussetzung, um überhaupt bei einer Agentur oder in ein OFW-Programm der POEA aufgenommen zu werden (siehe Kapitel 7).

Über 60 Prozent der Sender arbeiteten als Seemänner im Ausland. Technische Berufe und Angestellte rangierten an zweiter Stelle. Berufe im medizinischen Bereich waren mit nur acht Prozent in der vorliegenden Stichprobe verhältnismäßig schwach repräsentiert (siehe Abb. 19). Die Region der Visayas ist traditionell die Heimat von vielen philippinischen Seemännern. Auf Cebu gibt es zudem mehrere nautische Hochschulen, die landesweit führend sind und auch über eine gute internationale Reputation verfügen.

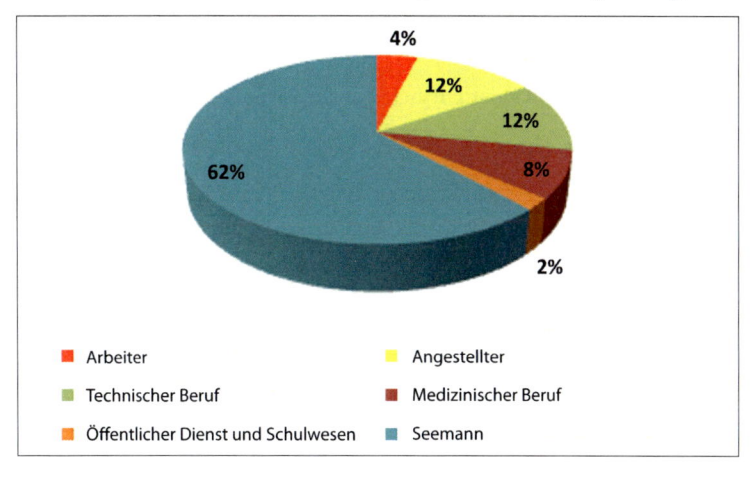

Abb. 19: Berufe der im Ausland erwerbstätigen Haushaltsmitglieder („Sender")

- Arbeiter: 4%
- Angestellter: 12%
- Technischer Beruf: 12%
- Medizinischer Beruf: 8%
- Öffentlicher Dienst und Schulwesen: 2%
- Seemann: 62%

Quelle: Eigene Erhebung.

Alter bei erstmaliger Migration und Dauer des Auslandsaufenthalts

Im Durchschnitt waren die Sender bei der erstmaligen Auslandsmigration 27,4 Jahre alt. Der jüngste Sender ging mit gerade einmal 20 Jahren ins Ausland, der älteste mit 42 Jahren. Der Großteil der Betroffenen war also zum Zeitpunkt der Migration noch relativ jung. Ein Viertel der Sender war jünger als 23 Jahre. Drei Viertel der Betroffenen waren nicht älter als 30 Jahre.

Die durchschnittliche Länge der (teilweise noch andauernden) Aufenthalte der Sender im Ausland lag zum Zeitpunkt der Erhebung bei 10,3 Jahren (Mittelwert). Auch hier ergab sich eine große Bandbreite: die kürzeste Zeitspanne lag bei einem Jahr, die längste bei bereits 29 Jahren. Bei Seeleuten ist aufgrund der besonderen Arbeitsbedingungen am Schiff noch zu beachten, dass nach Beendigung einer Dienstperiode (meist nach sechs bis acht Monaten) in der Regel ein mehrmonatiger Aufenthalt bei Heim und Familie erfolgt, bevor es wieder auf See geht. Die Aufenthaltsperiode im Ausland kann also durchaus die eine oder andere Unterbrechung aufweisen.

Aufenthaltsorte der „Sender"

Die überwiegende Mehrheit der Sender arbeitete in Europa (46 Prozent) oder in den USA (24 Prozent). Die unter philippinischen Arbeitsmigranten üblicherweise sehr gefragte Region Westasien (Golfstaaten) lag bei dieser Stichprobe nur bei zehn Prozent (siehe Tab. 9). Dies ist unter anderem auf die hohe Anzahl an Seeleuten unter den Sendern zurückzuführen. Ein Großteil der internationalen Reedereien hat den Stammsitz in Europa oder den USA. Der überwiegende Anteil der Schiffe aus deren Flotten hat auch den jeweiligen

Heimathafen auf einem der beiden Kontinente, auch wenn viele davon unter einer anderen Flagge betrieben werden (siehe Kapitel 5.3).

Tab. 9: Aufenthaltsorte der Sender im Ausland

Aufenthaltsort des Senders	Nennungen absolut	Prozent
Australien	1	2
Ostasien	4	8
Süd- und Südostasien	5	10
Westasien (Golfstaaten)	5	10
Nordamerika	12	24
Europa	23	46
Gesamt	*50*	*100*

Quelle: Eigene Erhebung.

9.3 Migrationsmotive

Die Ergründung der Motive, die die Angehörigen der betroffenen Haushalte dazu bewegt hatten, ins Ausland zu migrieren, gestaltete sich als äußerst diffizil. Da der Zeitpunkt der Auslandsmigration in vielen Fällen bereits viele Jahre oder gar Jahrzehnte zurücklag, konnten die meisten Respondenten nur vereinzelt präzise Angaben dazu machen. Wenn das betroffene Familienmitglied im Ausland noch dazu der eigene Ehepartner war, kam es in einigen Fällen dazu, dass sich Respondent und Sender zum Zeitpunkt der erstmaligen Auslandsmigration noch gar nicht gekannt hatten. Nur in zwei Ausnahmefällen konnten die betroffenen Familienmitglieder im Ausland persönlich dazu befragt werden, da sie zum Zeitpunkt der Befragung gerade zufällig anwesend waren, weil sie Heimaturlaub hatten. Trotz der geschilderten erhebungstechnischen Probleme konnte jedoch ein erster Einblick in den komplexen Prozess der Migrationsentscheidung gewonnen werden.

Die Grundannahmen der wesentlichen migrationstheoretischen Konzepte über die Auslöser von Arbeitsmigrationsprozessen (siehe Kapitel 2) erwiesen sich auch im konkreten Fall als relevant. Neben den unzureichenden sozialen, wirtschaftlichen und politischen Verhältnissen in der Heimat spielen auch die persönlichen Motive der Betroffenen eine wichtige Rolle. Durch Auslandsmigration eröffnen sich neue Perspektiven und Möglichkeiten, die anders nicht erschlossen werden hätten können. Die Meinungen der Respondenten bestätigten dies zu einem großen Teil:

> *„The reason for migration is to earn. If they'd [Anm.: Filipinos] have enough money why would they go abroad?" (Interview Nr. 1)*

> *„Politics and economics are weak in the Philippines. If you have the chance to go abroad you have to go!" (Interview Nr. 11)*

> *„There are more chances abroad." (Interview Nr. 17)*

Die Rolle der „Remittances" wurde in diesem Zusammenhang teilweise besonders hervorgehoben. Eine Respondentin, die selbst als Highschool-Lehrerin tätig war und mit dem Gedanken spielte, so wie ihr Ehemann ins Ausland zu migrieren, meinte dazu:

> *„Remittances are a good factor. You're gonna be elevated from the line of poverty. [...] The goal is to go abroad by hook or by crook!" (Interview Nr. 22)*

Von großer Bedeutung ist in diesem Zusammenhang auch die Rolle von traditionellen sozialen und gesellschaftlichen Normen. Ähnlich wie in anderen südostasiatischen Ländern ist die gegenseitige Hilfsbereitschaft innerhalb des Familienverbands von enormer Bedeutung und Wichtigkeit. Diese Tatsache drückt sich auch in der Art eines innewohnenden Schuldgefühls und besonderen Pflichtbewusstseins gegenüber den eigenen Angehörigen aus. In kulturwissenschaftlichen Studien zu den Philippinen wird in diesem Zusammenhang oft der Begriff *„utang na loob"* erwähnt, was auf Tagalog so viel wie „Herzensschuld" oder „Dankesschuld" (engl.: *debt of gratitude*) bedeutet (vgl. REESE und WERNING 2006).

„Utang na loob" spielt vor allem in der traditionellen Beziehung zwischen Eltern und Kindern eine wichtige Rolle. Der eigene Nachwuchs muss sich angesichts der entgegengebrachten Liebe und Zuwendung sowie der oft aufopferungsvollen Arbeit des Elternhauses stets als dankbar erweisen (im Idealfall). Die spätere Unterstützung der Eltern, auch in Form von finanziellen Zuwendungen, ist ein elementarer Teil davon. Diese spezifische Form von Reziprozität ist nicht nur auf das eigene Elternhaus beschränkt, sondern umfasst meistens auch die gesamte nähere Verwandtschaft.

Die persönliche Ausprägung von *„utang na loob"* ist natürlich sehr verschieden und variiert von Fall zu Fall. Bei vielen philippinischen Arbeitsmigranten ist dieses innewohnende Schuldgefühl und Pflichtbewusstsein gegenüber dem eigenen Familienverband in der Heimat aber oft besonders stark ausgeprägt. Schließlich muss in vielen Fällen die gesamte Familie zusammenhelfen, um einem Angehörigen die Migration ins Ausland zu ermöglichen, da der finanzielle und bürokratische Aufwand erheblich ist (vgl. Kapitel 7.3). Das regelmäßige Senden von Remittances an Familie und Verwandte ist deshalb bis zu einem gewissen Grad auch eine Möglichkeit, um dem verinnerlichten *„utang na loob"* nachzukommen. Ein philippinischer Migrant, der bereits seit vielen Jahren in Italien arbeitete und bei den Erhebungsarbeiten zufällig anwesend war, erwähnte in diesem Zusammenhang:

> *„It's part of the Philippine culture. You have to remit. You have to send." (Interview Nr. 1)*

Viele Migranten entwickeln darüber hinaus im Ausland auch ein besonderes finanzielles Verantwortungsbewusstsein, wie derselbe Respondent zu bedenken gab:

> *„If I spend 20 Euros in Europe, sometimes I think: No, no, no, that's one sack of rice in the Philippines!"(Interview Nr. 1)*

Zugleich steigt aber auch die Erwartungshaltung unter den Angehörigen, wenn ein Familienmitglied ins Ausland migriert. So erwähnte ein Interviewpartner, dessen Verlobte kurz davor in die USA ging, um dort als Laborantin zu arbeiten:

> *„Hopefully she'll send some money back."(Interview Nr. 28)*

9.4 Höhe und Ausmaß der „Remittances"

Die Summen der monatlichen Geldrücksendungen können mitunter beträchtliche Ausmaße annehmen. Dennoch kommt es durchaus auch vor, dass die betroffenen Haushalte nur kleinere Beträge an Remittances erhalten. Innerhalb der vorliegenden Stichprobe waren 120 US-Dollar die kleinste Summe an monatlichen Geldrücksendungen, im Gegensatz dazu belief sich der höchste monatliche Durchschnittsbetrag an Remittances auf 3.500 US-Dollar. Die Spannweite ist also enorm. Im Durchschnitt erhielten die Haushalte 791 US-Dollar pro Monat. Der Medianwert lag bei 720 US-Dollar, der Modalwert (häufigster genannter Betrag) bei genau 1.000 US-Dollar.

Die Zuordnung der monatlichen Remittances in vier Kategorien nach ihrer Höhe zeigt, dass exakt die Hälfte aller Haushalte Geldrücksendungen zwischen 400 und 999 US-Dollar empfing und damit in die mittlere Kategorie fällt (siehe Tab. 10). Ein Fünftel (20 Prozent) der Betroffenen erhielt weniger als 400 US-Dollar pro Monat (niedrige Kategorie). Demgegenüber standen zehn Haushalte, die zwischen 1.000 und 1.499 US-Dollar bekamen (hohe Kategorie) und weitere fünf Haushalte, die über 1.500 US-Dollar an monatlichen Remittances erhielten (sehr hohe Kategorie).

Tab. 10: Durchschnittlich monatliche Höhe der Remittances pro Haushalt

Höhe der Remittances	Anzahl der Haushalte	Prozent
niedrig (0–399 US-Dollar)	10	20,0
mittel (400–999 US-Dollar)	25	50,0
hoch (1000–1499 US-Dollar)	10	20,0
sehr hoch (ab 1500 US-Dollar)	5	10,0
Gesamt	*50*	*100,0*

Quelle: Eigene Erhebung.

Im Zuge der Befragungen kam auch zum Vorschein, dass es im Fall von zwölf Sendern (24 Prozent) noch weitere Personen außerhalb des betroffenen Haushalts gab, die von diesen ebenfalls in regelmäßigen Abständen Remittances empfingen. In den meisten Fällen handelte es sich dabei um Familienangehörige des Senders (Eltern, Geschwister, etc.), die in anderen Haushalten als im eigenen lebten.

Remittances nach Berufskategorien

Auch zwischen den verschiedenen Berufsgruppen der Sender bestanden Unterschiede in der Höhe der monatlichen Geldrücksendungen. Seeleute senden im Vergleich zu anderen Berufsgruppen verhältnismäßig hohe Summen nach Hause. Jeweils 60 Prozent der beiden höchsten Kategorien (siehe Tab. 10) an Geldrücksendungen entfielen auf Seeleute.

Internationale Migration philippinischer Arbeitskräfte und „Remittances"

Zwischen den Merkmalen „Ausgeübter Beruf des Senders" und „Höhe der Remittances" besteht eine positive Korrelation (siehe Tab. 11). Dies hängt natürlich mit den guten Verdienstmöglichkeiten in der internationalen Schifffahrt zusammen. Auf Frachtschiffen von westlichen Reedereien können OFWs selbst in den untersten Mannschaftsgraden zumindest einen vierstelligen Betrag in US-Dollar verdienen. Offiziere und Ingenieure bekommen ein Vielfaches davon. Auf Öl- und Flüssiggastankern und Kreuzfahrtschiffen liegen die Gehälter nochmals um einiges höher.

Tab. 11: Zusammenhang zwischen den Berufen der Sender und der Höhe der Remittances

			Höhe der Remittances
Kendalls Tau-b	Ausgeübter Beruf des Senders	Korrelationskoeffizient	0,285*
		Signifikanz (2-seitig)	0,022
		N	50
Spearmans Rho	Ausgeübter Beruf des Senders	Korrelationskoeffizient	0,350*
		Signifikanz (2-seitig)	0,013
		N	50

* auf dem 0,05-Niveau signifikant (zweiseitig).
Quelle: Eigene Erhebung und Berechnung.

Ein weiterer Grund liegt in der Tatsache, dass Seeleute gegenüber anderen Berufsgruppen in der Regel einen höheren Anteil ihres monatlichen Gehalts an ihre Angehörigen zurücksenden, wie die Ausführungen im folgenden Kapitel demonstrieren.

Anteil der Remittances am Haushaltsbudget

Da weniger als die Hälfte (46 Prozent) der Interviewpartner in den betroffenen Haushalten selbst einen Beruf ausübte (vgl. Kapitel 9.1), war davon auszugehen, dass die empfangenen Geldrücksendungen in den meisten Fällen einen erheblichen Teil des Haushaltsbudgets abdecken müssen. Unter den befragten Haushalten stellten Remittances im Durchschnitt 79,8 Prozent der monatlich zur Verfügung stehenden Geldmittel dar, bei über einem Drittel aller Haushalte (17 Fälle) waren Geldrücksendungen überhaupt die einzige Finanzierungsquelle. Bei solch hohen Werten wird die außerordentliche Bedeutung der Remittances für die betroffenen Haushalte nur allzu deutlich. Ohne diese Geldrücksendungen wäre der entsprechende Lebensstandard der untersuchten Haushalte kaum realisierbar.

Auf der anderen Seite setzen sich die Betroffenen damit einer erheblichen finanziellen Vulnerabilität aus. Jobverlust und Einkommensausfälle des Senders können schwere Auswirkungen haben. Falls Kredite, Darlehen oder Schulden zurückgezahlt werden müssen, kann ein Ausfall oder eine Reduzierung der Geldrücksendungen auch für philippinische Verhältnisse existenzbedrohend sein. Selbst Währungsschwankungen werden von vielen Respondenten gefürchtet, da die empfangenen Remittances dadurch an Wert verlieren können.

Philip Weninger

Anteil der Remittances am Nettogehalt des Senders

Die monatlich an die Angehörigen getätigten Geldüberweisungen können einen Großteil des gesamten im Ausland verdienten Nettogehalts des Senders ausmachen. Die philippinische Regierung hat gesetzliche Richtlinien erlassen, um philippinische Arbeitsmigranten anzuhalten, einen entsprechenden Betrag ihres Gehalts in Form von Remittances in die Heimat zurückzusenden. Die Transaktionen sollen dabei nach Möglichkeit über formelle philippinische Bankkanäle abgewickelt werden.

Der ursprüngliche Gesetzeserlass dazu wurde vor dem Hintergrund von rasant wachsenden Staatsschulden im Jahr 1982 unter Präsident Ferdinand Marcos verabschiedet (siehe Kapitel 5.4). Die offizielle Bezeichnung lautete *Executive Order No. 857* (EO-857). Umgangssprachlich wird auch vom sogenannten *„Forced Remittance"*-Gesetz gesprochen.[39] Als offizielle Begründung für diesen Gesetzeserlass wurden vor allem wohlfahrtsstaatliche und ökonomische Faktoren angeführt. Laut EO-857 soll jeder philippinische Arbeitsmigrant einen gewissen Teil seines Gehalts regelmäßig an seine Angehörigen zurücksenden. Dieser Pflichtteil wird auch als *„Mandatory Remittance"* bezeichnet und seine Größe variiert nach der jeweiligen Berufsgruppe der Arbeitsmigranten. In der Praxis lässt sich die genaue Einhaltung der jeweiligen Höhe der verpflichtenden Remittances aufgrund der außerordentlichen quantitativen Dimensionen der philippinischen Arbeitsmigration nur schwer kontrollieren. Gesetzliche Sanktionierungen sind deshalb selten.

Bei Seeleuten wurde die Ableistung von verpflichtenden Geldrücksendungen jedoch genauer festgelegt. Bevor ein philippinischer Seemann seinen Arbeitsvertrag unterzeichnet, muss er eine Vertrauensperson bestimmen, die auf den Philippinen wohnhaft ist und den Pflichtanteil seines Lohns, der nach Hause überwiesen werden muss, regelmäßig empfangen soll. Diese Person wird offiziell als *„allottee"* (Bezugsberechtigter) und der Pflichtanteil als *„allotment"* bezeichnet. Da Seeleute während ihrer Zeit am Schiff in der Regel nur wenig Geld benötigen, wurde dieser Pflichtanteil mit 80 Prozent des monatlichen Nettogehalts (!) bewusst sehr hoch angesetzt. Die genaue Einhaltung dieser Bestimmung beruht allerdings ebenfalls auf Freiwilligkeit.

Die jeweilige Höhe des Anteils der Remittances am Gehalt oder Lohn des Senders schwankt deshalb auch in der Stichprobengruppe erheblich. Im Durchschnitt überweisen die Sender rund 59 Prozent ihres Nettogehalts an die jeweiligen Haushalte, der Medianwert liegt sogar fast bei 70 Prozent. Fast die Hälfte (48 Prozent) der betroffenen Haushalte empfing demgemäß regelmäßig über 70 Prozent des monatlichen Nettogehalts des jeweiligen Senders. Demgegenüber stehen 15 Haushalte, die in die mittlere Kategorie fielen (31 bis 70 Prozent), sowie weitere elf Haushalte, welche weniger als 30 Prozent des Nettogehalts ihres Senders erhielten (siehe Tab. 12).

Die große Anzahl an Haushalten, die in die höchste Kategorie (über 70 Prozent) fiel, war auf den hohen Anteil an Seeleuten unter den Sendern zurückzuführen (62 Prozent, siehe Abb. 19). So befand sich unter den 24 Haushalten, die über 70 Prozent vom Nettogehalt des Senders erhielten, nur ein einziger Fall, wo der Sender nicht Seemann war, sondern ei-

---

[39]) Vgl. http://www.unifil.org.hk/uniprimer.html (Zugriff: Jänner 2010).

Internationale Migration philippinischer Arbeitskräfte und „Remittances"

Tab. 12: **Anteil der Remittances am monatlichen Nettogehalt der Sender**

Anteil der Remittances am monatlichen Nettogehalt	Häufigkeit	Prozent
niedrig (bis 30 Prozent)	11	22,0
mittel (31 bis 70 Prozent)	15	30,0
hoch (über 70 Prozent)	24	48,0
Gesamt	*50*	*100,0*

Quelle: Eigene Erhebung.

nen anderen Beruf (Ingenieur) ausübte. Die höchste Kategorie bestand also fast zur Gänze aus Haushalten, die Geldrücksendungen von Seeleuten empfingen, was sich auch durch die stark positive Korrelation zwischen den Merkmalen „Ausgeübter Beruf des Senders" und „Anteil der Remittances am Gehalt" bestätigte (siehe Tab. 13). Im Vergleich zu anderen Berufsgruppen überweisen Seeleute also in den meisten Fällen auch tatsächlich einen deutlich höheren Anteil ihres Nettogehalts an Remittances an ihre Angehörigen.

Tab. 13: **Zusammenhang zwischen dem ausgeübten Beruf des Senders und der Höhe des Anteils der Remittances am Nettogehalt**

			Höhe der Remittances
Kendalls Tau-b	Ausgeübter Beruf des Senders	Korrelationskoeffizient	0,703**
		Signifikanz (2-seitig)	0,000
		N	50
Spearmans -Rho	Ausgeübter Beruf des Senders	Korrelationskoeffizient	0,772**
		Signifikanz (2-seitig)	0,000
		N	50

** auf dem 0,01-Niveau signifikant (zweiseitig).

Quelle: Eigene Erhebung und Berechnung.

9.5 *Die Verwendung der Remittances*

Die Verwendungszwecke der Geldrücksendungen sind vielfältig und es gestaltete sich meist als äußerst schwierige Aufgabe, ihre genaue Aufschlüsselung innerhalb eines betroffenen Haushalts zu erfahren. Da Remittances häufig die einzige substanzielle Einkommensquelle der betroffenen Haushalte darstellen, muss durch dieses Geld der Großteil der gesamten Lebenshaltungskosten abgedeckt werden. Geldrücksendungen werden ebenfalls benötigt, um anfallende Rechnungen zu begleichen und etwaige Kreditrückzahlungen und Versicherungsraten zu bedienen. Remittances werden aber genauso für die

Anschaffung von Konsumartikeln (vom TV-Gerät bis zum Auto) verwendet. Auch eine weiterführende Schulbildung (College, Universität) der Kinder kann in vielen Fällen nur durch die Geldrücksendungen ermöglicht werden.[40]

Basierend auf den Zahlen der Einkommens- und Haushaltsstudie von 2003 des *National Statistics Office*[41] hat A. TABUGA vom *Philippine Institute for Development Studies* (PIDS) die jährlichen Ausgaben von philippinischen Haushalten näher untersucht (vgl. TABUGA 2007). Dabei handelte es sich um eine Stichprobe von über 40.000 Haushalten im ganzen Land. In einem weiteren Schritt wurde danach differenziert, ob Remittances in regelmäßigen Abständen bezogen wurden oder nicht. Betrachtet man die Resultate dieser Studie (siehe Tab. 14), so lassen sich einige Unterschiede zwischen den beiden Gruppen erkennen. Haushalte, die regelmäßig Geldrücksendungen empfangen, verfügen meistens auch über größere finanzielle Mittel. Daher ist der durchschnittliche Anteil des Haushaltsbudgets, der für die Ernährung aufgewendet wird, geringer als bei Haushalten, die keine Remittances erhalten (42 statt 51 Prozent). Dafür geben Haushalte, die regelmäßig Geldrücksendungen empfangen, mehr Geld für Freizeit und Konsumgüter aus. Gleichzeitig steigt aber auch der Anteil des Haushaltsbudgets an den Bildungsausgaben (fünf Prozent gegenüber zwei Prozent) deutlich an.

Tab. 14: Durchschnittliche jährliche Ausgaben philippinischer Haushalte

	Haushalte OHNE Remittances	Haushalte MIT Remittances
Ernährung	51 %	42 %
Betriebsausgaben und Transportkosten	13 %	15 %
Wohnkosten (inkl. Instandhaltung)	11 %	13 %
Gebrauchsgüter (Möbel und Haushaltsgeräte)	6 %	7 %
Konsumgüter	6 %	7 %
Andere Ausgaben	4 %	3 %
Tabak und Alkohol	3 %	2 %
Bildung	2 %	5 %
Freizeit	2 %	3 %
Medizinische Behandlungskosten	1 %	2 %
Geschenke	1 %	1 %
Summe	*100 %*	*100 %*

Quelle: Zahlenangaben nach TABUGA 2007; eigene Bearbeitung und Darstellung.

Die befragten Interviewpartner in der vorliegenden Fallstudie machten bezüglich der konkreten Verwendung der empfangenen Remittances sehr unterschiedliche Angaben. Einige Respondenten konnten die ausgabenseitige Verwendung der Geldrücksendungen sehr exakt auflisten, andere überhaupt nicht. Um dennoch einen umfassenden Überblick

---

[40]) Dieser Abschnitt basiert mit einigen Abänderungen auf WENINGER 2010b.
[41]) Siehe NSO 2003.

zu bekommen, wurden mehrere allgemeine Kategorien erstellt und bei den Respondenten nachgefragt, ob Remittances, egal in welcher Höhe, dafür verwendet werden, oder nicht.

Tab. 15: Verwendung der Remittances bei den befragten Haushalten

	Ja	Nein
Lebenshaltungskosten und allgemeine Konsumausgaben	100 %	0 %
Betriebskosten und Kredite	74 %	26 %
Versicherungen	50 %	50 %
Ersparnisse	38 %	62 %
Haus und Grundstück	50 %	50 %
Bildung	80 %	20 %
Sonstige Ausgaben	14 %	86 %

Quelle: Eigene Erhebung.

Bei allen untersuchten Haushalten wurden Remittances zur Deckung der Lebenshaltungskosten und für allgemeine Konsumausgaben verwendet. Dies umfasste unter anderem auch Ernährung, Mietkosten oder Bekleidung. Ein großer Teil der Befragten verwendete Remittances für die Schulbildung der Kinder (80 Prozent). Die Begleichung von Betriebskosten (Strom, Wasser) und Kreditrückzahlungen folgte ebenfalls an vorderer Stelle. Insgesamt 74 Prozent der befragten Haushalte zogen Remittances dafür heran. Die Hälfte der Befragten verwendete Geldrücksendungen auch für die Zahlung von Versicherungsraten.

Neben allgemeinen Lebensversicherungen wird häufig auch ein sogenannter „*educational plan*" für die eigenen Kinder abgeschlossen. Im Prinzip handelt es sich dabei um einen verzinsten „Bildungsfonds": Wenn der eigene Nachwuchs später auf ein College geht, wird dieser Fonds ausbezahlt und die anfallenden Studiengebühren werden dadurch abgedeckt. Die Hälfte der Befragten verwendete Geldrücksendungen auch für den Kauf oder Bau eines eigenen Grundstücks oder Hauses. Auch größere bauliche Erweiterungen der eigenen vier Wände fallen in diese Kategorie. Immerhin 38 Prozent der Befragten nützten die Geldrücksendungen, um allgemeine Ersparnisse anzuhäufen. Unter „Sonstige Ausgaben" fielen in den meisten Fällen diverse medizinische Behandlungen, die durch Remittances finanziert wurden (14 Prozent der Befragten).

Bildungsausgaben nehmen also eine zentrale Stellung im Zusammenhang mit Remittances ein. Diese Kategorie der finanziellen Ausgaben war auch die einzige, die in den meisten Fällen genauer beziffert werden konnte. Die verschiedenen Interviewpartner gaben an, im Schnitt rund 17 Prozent der monatlichen Remittances für die Bildungsausgaben der eigenen Kinder zu verwenden. Neben Einschreibe- und Studiengebühren wurden auch die Kosten für Verpflegung und Schuluniformen damit abgedeckt. Auch der Hang zu privaten Bildungsinstitutionen ist bei Familien, die Geldrücksendungen empfangen, tendenziell etwas stärker ausgeprägt. Einige Eltern schickten ihre Kinder bereits mit drei Jahren in exklusive Privat-Kindergärten außerhalb von Sibonga. Das Bewusstsein bezüglich des Wertes einer guten Ausbildung ist in der Regel sehr tief verankert.

Abb. 20: Absolventen der „Sibonga Public Highschool" bei der Zeugnisvergabe

Foto: WENINGER, April 2008.

Eine Interviewpartnerin erwähnte in diesem Zusammenhang:

„Without remittances [...] our needs are not well provided and our kids are not in a good school." (Interview Nr. 39)

Geldrücksendungen werden auch für die Finanzierung von diversen Geschäftstätigkeiten der Angehörigen verwendet. 44 Prozent der Befragten gaben an, dass Remittances für aktive oder zukünftige geschäftliche Vorhaben herangezogen werden. Die Bandbreite ist auch hier enorm. Neben den landesweit typischen kleinen Gemischtwarenhandlungen, den *„Sari-Sari Stores"*, werden auch Einzelhandelsgeschäfte (z. B. Schuhe, Korbwaren) sowie kleine Geflügel- oder Schweinezuchten damit finanziert. In zwei Fällen wurde mit der Hilfe von Geldrücksendungen die Eröffnung eines eigenen Internet-Cafés ermöglicht. In einem weiteren Fall wurde damit der Aufbau eines eigenen Maklerbüros für den Immobilienhandel finanziert. Neben der Erschließung von neuen Einnahmequellen und einer gewissen Absicherung des finanziellen Portfolios dienen solche Geschäfte auch dazu, um den Angehörigen eine sinnvolle Betätigung zu ermöglichen. Finanzielle Aspekte müssen also nicht immer unbedingt im Vordergrund stehen. Die junge Ehefrau eines Seemanns, College-Absolventin in Kommunikationswissenschaften, zweifache Mutter und nun Betreiberin eines *„Sari-Sari Store"* meinte dazu:

„The store is only for my own pleasure so that I don't get bored here." (Interview Nr. 23)

9.6 Die Verwaltung der Remittances

Die wichtige Aufgabe der Verwaltung des Haushaltsbudgets und der empfangenen Geldrücksendungen wird in den meisten Fällen von Frauen übernommen. Innerhalb der

Stichprobe war von 50 Fällen nur zweimal ein Mann mit dieser Aufgabe betraut. In 36 Fällen (72 Prozent) verwaltete die Ehefrau des Senders das Haushaltsbudget und das Geld aus den Remittances. In sechs Fällen (12 Prozent) war die Schwester dafür zuständig und in fünf Fällen (10 Prozent) die Mutter.

Wie in anderen südostasiatischen Ländern wird Männern im Allgemeinen kein guter Umgang mit Geld nachgesagt. Die Frau erfüllt in ihrer Rolle als *„traditional caregiver"* in den meisten Fällen auch die Aufgabe der Geldverwaltung innerhalb eines Haushalts. Ein Großteil der Frauen fasst diese Aufgabe als relativ selbstverständlich auf. Als oberste Geldverwalterin übt die Frau auch eine gewisse Macht aus. Als wichtigste Schnittstelle zu den Sendern und Empfängern ist sie auch innerhalb der näheren Verwandtschaft eine wichtige Autoritätsperson.

„Every time they got a financial problem, they always call me!" (Interview Nr. 5)

Diese Rolle muss aber nicht immer nur von Vorteil sein. Neid und Missgunst sind keine Seltenheit, wenn Geld im Spiel ist. Es kommt immer wieder vor, dass sich Angehörige benachteiligt fühlen, weil sie vom Sender nicht ausreichend in Form von Remittances oder Geschenken berücksichtigt worden sind.

Als Seemann steht man nach dem lokal vorherrschenden Meinungsbild in einem besonders schlechten Licht, was den verantwortungsvollen Umgang mit Geld betrifft. Das Klischeebild vom trinkenden und vergnügungssüchtigen Matrosen auf Landgang wird immer wieder gerne aufgegriffen. Die Ehefrauen von Seeleuten weisen deshalb oft auf ihre wichtige und verantwortungsvolle Rolle in diesem Zusammenhang hin, auch wenn der eigene Ehemann in der Regel immer noch als traditionelles Oberhaupt angesehen wird:

„The wife is who's next in line." (Interview Nr. 21)

Philippinische Seeleute bezeichnen ihre Ehefrauen deshalb oft ganz liebevoll als *„budget officer"* und überlassen ihnen in vielen Fällen auch bei Heimaturlauben die Finanzen:

„Even if he's here, I manage the money." (Interview Nr. 20)

In finanzielle Entscheidungsprozesse werden die Sender aber sehr wohl miteinbezogen. 78 Prozent der Befragten gaben an, dass die Angehörigen im Ausland ein gewichtiges Wort mitreden, was die Verwendung der von ihnen übersandten Remittances betrifft. Die übrigen 22 Prozent gaben zumindest eine fallweise Einbindung der Sender in derlei Entscheidungsprozesse an.

Durch die fortschreitende Technologisierung und neue Kommunikationsmöglichkeiten gestalten sich finanzielle Entscheidungsprozesse heute zudem um ein Vielfaches einfacher als früher. Die Kontaktaufnahme zwischen Sender und Angehörigen hat sich durch Internet und Mobiltelefone erheblich vereinfacht. Über die Verwendung der Geldrücksendungen kann, wie fallweise auch vom Verfasser der vorliegenden Studie beobachtet, über Videochat-Konferenzen in Echtzeit diskutiert werden.

9.7 Die Transaktion von Remittances

Damit Geldrücksendungen am richtigen Bestimmungsort ankommen, müssen entsprechende Transaktionskanäle herangezogen werden. Dabei unterscheidet man zwischen formellen und informellen Transaktionswegen. Formelle Transaktionen von Geldrücksendungen sind alle jene, die auch banktechnisch erfasst werden können. Das Versenden von Remittances über reguläre Briefkuverts oder die persönliche Übergabe durch beauftragte dritte Personen wären Beispiele für informelle Transaktionskanäle. Im Allgemeinen ist die Verwendung von informellen Transaktionskanälen zur Übermittlung von Remittances in den letzten Jahren rückläufig. Bereits drei von vier OFWs (insg. 75,8 Prozent) sandten im Jahr 2005 ihre regelmäßigen Remittances über formelle Transaktionswege (Bank oder Finanzdienstleister) (NSO 2007, S. ix).

Unter den befragten Interviewteilnehmern gab es keinen einzigen Fall, bei dem Remittances über informelle Transaktionswege empfangen wurden. Die Übermittlung erfolgte ausschließlich über formelle Bankkanäle. Neben *Western Union*, dem weltweit führenden Anbieter für Geldtransfer-Services, wurden fast durchgehend philippinische Bankinstitute mit dieser Aufgabe betraut. Folgende Unternehmen wurden im Zuge der Befragungen erhoben: *Bank of the Philippine Islands* (BPI), *Banco de Oro* (BDO), *Western Union*, *Metro Bank*, *Philippine National Bank* (PNB), *Rizal Commercial Banking Corporation* (RCBC), *United Coconut Planters Bank* (UCBP). In drei weiteren Fällen erfolgte die Überweisung von Remittances über die Bereitstellung von entsprechenden Bankschecks und Kreditkarten. Fast ein Drittel der Befragten (32 Prozent) betraute die *Bank of the Philippine Islands* (BPI) mit der Transaktionsabwicklung der Remittances. An zweiter Stelle (24 Prozent) folgte *Banco de Oro* (BDO), an dritter Position erst *Western Union*.

Tab. 16: Betraute Geldinstitute für die Transaktion der Remittances

Bankinstitute oder Finanzdienstleister	Anzahl	Prozent
BPI Bank	16	32,0
BDO Bank	12	24,0
Western Union	6	12,0
Metro Bank	4	8,0
PNB Bank	3	6,0
RCBC Bank	3	6,0
UCPB Bank	3	6,0
sonstige	3	6,0
Gesamt	*50*	*100,0*

Quelle: Eigene Erhebung.

In den meisten Fällen erfolgte die Überweisung der Remittances über eine reguläre Banktransaktion auf ein festgelegtes Konto des Empfängers. Meist sind diese Konten auch bankomatfähig, so dass der vom Sender betraute Geldverwalter sofort auf das Geld zugreifen kann. Vereinzelt wurde auch ein sogenannter „*Door-to-Door-Service*" in Anspruch genommen. In diesem Fall werden die empfangenen Remittances, sobald sie auf dem Konto eintreffen, vom Bankinstitut direkt per Geldboten an den entsprechenden Haushalt übermittelt. Vor allem ältere Menschen machen gerne davon Gebrauch.

Bei der Wahl des Geldinstituts spielt neben der Verlässlichkeit vor allem die Höhe der Transaktionsgebühren für Remittances eine wichtige Rolle. Diese variiert je nach Transaktionsmodalität und Aufenthaltsort der Sender. Mittlerweile haben viele philippinische Bankinstitute Zweigstellen im Ausland. In Wien gibt es zum Beispiel eine Filiale der *Philippine National Bank* (PNB) und der *Metrobank*.[42] Die Gebühren für Geldüberweisungen auf die Philippinen belaufen sich in Österreich in der Regel zwischen sechs und zwölf Euro pro Transaktion.[43]

9.8 Negative Auswirkungen von Remittances

Die positiven Auswirkungen von Geldrücksendungen stehen außer Frage. Remittances ermöglichen den betroffenen Menschen und Haushalten einen besseren Lebensstandard und eröffnen neue Perspektiven. Geldrücksendungen werden nicht nur, wie oft kritisiert wird, für die Bezahlung von Konsumartikeln aller Art herangezogen. Remittances werden ebenfalls benötigt, um dem eigenen Nachwuchs eine weiterführende Ausbildung zu finanzieren oder Angehörigen den Aufbau eines eigenen Geschäfts zu ermöglichen.

Nichtsdestotrotz können Geldrücksendungen auch negative Folgen mit sich bringen, die sich zum Beispiel in sozialen Konflikten innerhalb eines Haushalts oder Familienverbands äußern. In den meisten Fällen handelt es sich um Meinungsverschiedenheiten und Differenzen bezüglich der entsprechenden Verwendung von Remittances. Es wird immer wieder von Vorfällen berichtet, wo heimkehrende Migranten schockiert feststellen müssen, was mit ihren Geldrücksendungen während ihrer Abwesenheit so alles passiert ist. Ein OFW, der gerade auf Heimaturlaub verweilte, teilte mir dahingehend mit:

> *„The social status and the whole attitude changes. The money comes at the end of the month and is already spent until the middle of next month. They spend it also for lotto, gambling, unnecessary home-entertainment equipment, etc. They didn't have to work hard for the money, that's why they don't have a relation to it. They spend it all in just one month and want always more. It's extravaganza!" (Interview Nr. 1)*

Der regelmäßige Empfang von relativ hohen Geldsummen kann also unter gewissen Umständen auch negative moralische und soziale Effekte für die betroffenen Familien und Haushalte mit sich bringen. Innerhalb der Stichprobe konnte dieses Phänomen jedoch nur in einigen Ausnahmefällen ansatzweise beobachtet werden. Auch die allgemeine

---

[42]) Stand: September 2009.

[43]) Die Metrobank-Filiale in Wien 1010 betreut mittlerweile über 7.000 Kunden vor Ort (Stand: Mai 2009). Pro Tag werden im Schnitt über 100 Kunden an den Schaltern bedient. Quelle: Eigene Erhebungen im Mai 2009.

Meinung über die Bedeutung und die Auswirkungen der philippinischen Arbeitsmigration war unter den Interviewteilnehmern durchaus ambivalent und teilweise auch negativ behaftet. Oft wurde auf die Tatsache hingewiesen, dass viele OFWs Kinder haben, die sie zurücklassen müssen, um im Ausland arbeiten zu können. Die junge Ehefrau eines Seemanns beklagte sich, trotz vorgeschobenem Pflichtbewusstsein, über die schwierige familiäre Situation infolge der Arbeitsmigration:

> *„It's so hard for a family. Children are still young and have no father. It's hard to live as a single parent. But you should help your husband. No extravaganza in spending!"*
> *(Interview Nr. 23)*

9.9 Weitere Beobachtungen während der Befragung

Die Auswirkungen der Arbeitsmigration und der Remittances manifestieren sich auch im Ortsbild des Barangays *Poblacion*. Das bauliche Erscheinungsbild der Häuser von Familien, die Geldrücksendungen empfangen, hebt sich in vielen Fällen vom ortsüblichen Durchschnitt ab. Statt der traditionellen Holzkonstruktionen kommen feste Steinmauern und aufwändige Blechdächer zur Anwendung.

Abb. 21 und 22: Häuser von Familien, die Remittances empfangen

Fotos: WENINGER, Mai 2008.

Die Kommunikation mit den Angehörigen im Ausland ist von großer Bedeutung. Die örtlichen Internetcafés profitieren stark davon. Ihre Anzahl ist im Steigen begriffen.

Abb. 23: Innenaufnahme eines örtlichen Internetcafés

Foto: WENINGER, Mai 2008.

10. Zusammenfassung und Fazit

Wie sich gezeigt hat, sind die Zusammenhänge und Wirkungsgefüge zwischen Migration, „Remittances" und sozioökonomischer Entwicklung sehr komplex und dynamisch. Die Auswirkungen der Geldrücksendungen aus aller Welt sind für die betroffenen Menschen und Familien auf den Philippinen durchaus vielfältig.

Die aktuellen Ausmaße und Dimensionen der globalen philippinischen Migration sind allerdings kein Zufall, sondern das Ergebnis einer bewusst gesteuerten Politik sowie von vielfältigen sozioökonomischen und historischen Prozessen, die teilweise weit in die US-amerikanische Kolonialvergangenheit zurückreichen.

Remittances sind mittlerweile ein überaus wichtiger Wirtschaftsfaktor für die Philippinen. Wie in Kapitel 6 gezeigt wurde, profitieren davon jedoch nicht alle Landesteile in gleichem Ausmaß. Gewisse Regionen und Provinzen empfangen um ein Vielfaches höhere Summen an Geldrücksendungen als andere.

Die ärmsten Bevölkerungsschichten der Philippinen können von Remittances nur in sehr begrenztem Ausmaß profitieren. Die finanziellen Aufwendungen und bürokratischen Hürden der Arbeitsmigration sind nicht unerheblich (siehe Kapitel 7). Die straffe behördliche Verwaltung und Organisation ist jedoch Grundvoraussetzung für den Erfolg der philippinischen Arbeitsmigrationspolitik. Die Ausmaße der globalen Migration von

Overseas Filipino Workers (OFWs) werden immer größer und eine Trendumkehr ist nicht zu erwarten. Trotz aller positiven Effekte darf jedoch nicht völlig vergessen werden, dass infolge der starken Abwanderung von qualifizierten Arbeitskräften in einigen heimischen Berufssektoren (vor allem im Gesundheitswesen) auch die negativen Folgen dieses Prozesses bereits zunehmend spürbar sind (Stichwort: *„brain-drain"*) (vgl. REESE 2008).

Nichtsdestotrotz werden die philippinischen Arbeitsmigranten von der heimischen Politik in der öffentlichen Debatte gerne als *„modern-day heroes"* bezeichnet.[44] Dies geschieht nicht völlig ohne Eigeninteressen. Denn nicht nur die gesendeten Remittances, auch die OFWs selbst sind mittlerweile ein wichtiger wirtschaftlicher, politischer und gesellschaftlicher Faktor für die Philippinen geworden. So hat sich ein eigener Markt von spezialisierten Wirtschaftszweigen herausgebildet. Bildungsinstitutionen, Behörden, Agenturen und private Dienstleistungsunternehmen buhlen um die Gunst der OFWs.[45] An philippinischen Arbeitsmigranten wird bereits verdient, bevor sie überhaupt das Land verlassen.

Für die Familien und Angehörigen der Arbeitsmigranten sind jedoch vor allem die gesendeten Remittances von immenser Bedeutung. Im empirischen Teil dieser Arbeit wurde versucht, einen näheren Einblick in die konkrete Lebenssituation von betroffenen philippinischen Familien und Haushalten, die Geldrücksendungen von Angehörigen aus dem Ausland empfangen, zu erhalten (siehe Kapitel 9). Insgesamt wurden 50 Interviews im Rahmen einer Feldstudie zwischen März und Juni 2008 auf der Insel Cebu durchgeführt.

Bei gewissen Berufsgruppen können Remittances, nicht zuletzt infolge von gesetzlichen Bestimmungen, den Großteil des im Ausland verdienten Nettogehalts ausmachen. In der empirischen Untersuchung konnte das vor allem bei Seeleuten festgestellt werden (bis zu 80 Prozent des Nettogehalts). Die monatlich empfangenen Geldrücksendungen erreichen bis zu vierstellige Summen in US-Dollar (bis max. 3.500 US-Dollar) und decken in vielen Fällen den Großteil des Haushaltsbudgets ab (bis zu 100 Prozent). Die Verwaltung dieser Geldsummen ist überwiegend in weiblicher Hand (in 48 von erhobenen 50 Fällen). Frauen nehmen in diesem Zusammenhang eine besonders wichtige Rolle innerhalb der vor Ort lebenden Familien und Angehörigen ein. Soziale Konflikte in Zusammenhang mit Remittances und deren Verteilung konnten nur vereinzelt beobachtet werden, sind jedoch nicht auszuschließen.

Geldrücksendungen sind ein wichtiger finanzieller Entlastungsfaktor für die Betroffenen und ermöglichen in vielen Fällen eine Verbesserung des persönlichen Lebensstandards. Remittances werden aber nicht nur für den Privatkonsum und Hausbau verwendet, sondern auch für andere Zwecke eingesetzt. Neben der Ermöglichung von selbstständigen Geschäftstätigkeiten vor Ort (in 44 Prozent der Fälle) können durch Geldrücksendungen auch Ersparnisse angehäuft (in 38 Prozent der Fälle) und Versicherungen abgeschlossen werden (in 50 Prozent der Fälle). Familie und Angehörige können bis zu einem gewissen Grad abgesichert werden. Eine der wichtigsten Funktionen kommt den Remittances bei

---

[44]) Dieser Ausdruck geht zurück auf Präsidentin Gloria M. Arroyo.
[45]) Beispielsweise der Banken und Finanzdienstleistungssektor, die Immobilienbranche, der Einzelhandel sowie Telekommunikationsanbieter.

der Finanzierung einer möglichst hochwertigen Ausbildung für die eigenen Kinder zu (in 80 Prozent der Fälle). Im Durchschnitt gelangten 16,6 Prozent (Mittelwert) der empfangenen Geldrücksendungen in den Bildungsbereich. Dies gehört sicher zu den nachhaltigsten sozioökonomischen Effekten von Remittances.

11. Literatur

ADAMS, R. H. (2003): International Migration, Remittances, and the Brain Drain. A Study of 24 Labor-Exporting Countries. Washington (= World Bank Policy Research Working Paper 3069).

AGGARWAL, R. et al. (2006): Do Workers' Remittances Promote Financial Development? Washington (= World Bank Policy Research Working Paper 3957).

AGUNIAS, D. (2008): Managing Temporary Migration. Lessons from the Philippine Model. In: Insight. Program on Migrants, Migration, and Development. October 2008. Washington: Migration Policy Institute (MPI). Internet: http://www.migrationpolicy.org/pubs/Insight_POEA_Oct07.pdf (letzter Zugriff: 02.02.2010).

AOS – The Apostleship of the Sea Philippines (2004): AHOY! Manual for Filipino Seafarers. Manila: AOS.

BSP – Bangko Sentral ng Pilipinas (2009): Overseas Filipinos' Remittances. Internet: http://www.bsp.gov.ph/statistics (letzter Zugriff: 02.02.2010).

BURGESS, R. und V. HAKSAR (2005): Migration and Foreign Remittances in the Philippines. Washingtion: International Monetary Fund (= IMF Working Paper 05/111).

CHAMI, R., FULLENCAMP, C. und S. JAHJAH (2003): Are Immigrant Remittances Source of Capital for Development? Washingtion: International Monetary Fund (= IMF Working Paper 03/189).

Commission on Filipinos Overseas (2007): Stock Estimates of Overseas Filipinos as of December 2007. Internet: http://www.cfo.gov.ph/pdf/statistics/Stock%202007.pdf (letzter Zugriff: 02.02.2010).

CORDOVA, F. (1983): Filipinos: Forgotten Asian Americans. Kendall/ Hunt: Dubuque, IA.

CORPUZ, O. (1997): An Economic History of the Philippines. Quezon City: University of the Philippines Press.

DANNECKER, P. (2008): Migrant Visions of Development. A Gendered Approach. In: Population, Space and Place 15 (2), S. 119–132.

Dole Food Company, History. Internet: http://www.dole.com/CompanyInformation/AboutDole/History/tabid/1287/Default.aspx (letzter Zugriff: 02.02.2010).

ESPIRITU, Y. (1995): Filipino American Lives. Philadelphia: Temple University Press.

GLICK SCHILLER, N., BASCH, L. und C. BLANC-SZANTON (Hrsg.) (1992): Towards a Transnational Perspective on Migration: Race, Class, Ethnicity, and Nationalism Reconsidered. New York: The New York Academy of Science (= Annals of the New York Academy of Science 645).

GMA News.TV (2009): POEA Clarifies Rise in OFW Deployment for 2008. 19. Mai 2009. Internet: http://www.gmanews.tv/print/161900 (letzter Zugriff: 02.02.2010).

HAN, P. (2006): Theorien zur internationalen Migration. Ausgewählte interdisziplinäre Migrationstheorien und deren zentrale Aussagen. Stuttgart: Lucius & Lucius (= UTB Uni-Taschenbücher 2814).

HUSA, K. und H. WOHLSCHLÄGL (2000): Aktuelle Entwicklungstendenzen der internationalen Arbeitsmigration in Südost- und Ostasien vor dem Hintergrund von Wirtschaftsboom und Asienkrise. In: HUSA, K., PARNREITER, C. und I. STACHER (Hrsg.): Internationale Migration. Die globale Herausforderung des 21. Jahrhunderts? Frankfurt: Brandes & Apsel, S. 247–279.

HUSA, K. und H. WOHLSCHLÄGL (2005): „Gastarbeiter" oder Immigranten? Internationale Arbeitsmigration in Ost- und Südostasien im Umbruch. In: BINDER, S., RASULY-PALECZEK, G. und M. SIX-HOHENBALKEN (Hrsg.): „Heraus Forderung Migration" – Beiträge zur Aktions- und Informationswoche der Universität Wien anlässlich des „UN International Migrant's Day". Wien: Institut für Geographie und Regionalforschung der Universität Wien, S. 71–104 (= Abhandlungen zur Geographie und Regionalforschung 7).

IOM – International Organization for Migration (2006): IOM and Remittances. Definition, Scale and Importance of Remittances. Internet: http://www.iom.int/jahia/webdav/site/myjahiasite/shared/shared/mainsite/published_docs/brochures_and_info_sheets/iom_remittance_eng.pdf (letzter Zugriff: 02.02.2010).

Inquirer.net (2008): OFW Remittances Rose 13.7% in 2008. 20. Feb. 2009. Internet: http://technology.inquirer.net/infotech/infotech/view/20090220-190030/OFW-remittances-rose-137-in-2008 (letzter Zugriff: 02.02.2010).

JORDAN, R. und N. REESE (2008): Von Manila nach Singapur ... und zurück – Migration philippinischer Frauen als widersprüchliche Praxis sozialer Sicherung. In: HUSA, K., JORDAN, R. und H. WOHLSCHLÄGL (Hrsg.): Ost- und Südostasien zwischen Wohlfahrtsstaat und Eigeninitiative. Aktuelle Entwicklungstendenzen von Armut, Alterung und sozialer Unsicherheit. Wien: Institut für Geographie und Regionalforschung der Universität Wien, S. 185–199 (= Abhandlungen zur Geographie und Regionalforschung 10).

KOLLAND, F. (2006): Zwischen Fortschrittsoptimismus und kritischer Gesellschaftsanalyse. Die klassischen Entwicklungstheorien. In: FISCHER, K., MARAL-HANAK, I., HÖDL, G. und C. PARNREITER (Hrsg.): Entwicklung und Unterentwicklung. Eine Einführung in Probleme, Theorien und Strategien. Wien: Mandelbaum, S. 79–103.

KRALER, A. und C. PARNREITER (2005): Migration Theoretisieren. In: Prokla – Zeitschrift für kritische Sozialwissenschaft 140 (3), S. 327–344.

MAIMBO, S. und D. RATHA (Hrsg.) (2005): Remittances: Development Impact and Future Prospects. Washington D.C.: World Bank.

MASSEY, D. und F. GARCIA ESPANA (1987): The Social Process of International Migration. In: Science 237, S. 733–738.

MUGHAL, R. und L. PADILLA (2005): Regulatory Frameworks for Recruitment of Migrant Workers and Minimum Standards in Employment Contracts: A Comparative Study of Pakistan, the Philippines and Sri Lanka. In: MACKENZIE, C. (Hrsg.): Labour Migration in Asia: Protection of Migrant Workers, Support Services and Enhancing Development Benefits. Genf: International Organization for Migration, S. 13–83.

NSO – National Statistics Office (2003): Family Income and Expenditures Survey (FIES) 2003. Manila.

NSO – National Statistics Office (2004): Survey on Overseas Filipinos 2002. Manila.

NSO – National Statistics Office (2006a): Philippine Yearbook 2006. Manila.

NSO – National Statistics Office (2006b): Survey on Overseas Filipinos 2004. Manila.

NSO – National Statistics Office (2007): Survey on Overseas Filipinos 2005. Manila.

NSO – National Statistics Office (2008a): 2007 Census of Population (Final Count). Manila. Internet: http://www.census.gov.ph/ (letzter Zugriff: 02.02.2010).

NSO – National Statistics Office (2008b): Survey on Overseas Filipinos 2007. Manila. Internet: http://www.census.gov.ph/data/pressrelease/2008/of07tx.html (letzter Zugriff: 02.02.2010).

NSO – National Statistics Office (2009): Survey on Overseas Filipinos 2008. Manila. Internet: http://www.census.gov.ph/data/pressrelease/2009/of08tx.html (letzter Zugriff: 02.02.2010).

OPS – Office of Population Studies, University of San Carlos Cebu (2004): A Demographic and Socioeconomic Profile Based on the 2000 Census. Cebu.

PARNREITER, C. (2007): Migration, Entangled Histories und Politics of Scale. Der Fall Lateinamerika. In: KRALER, A., HUSA, K., BILGER, V. und I. STACHER (Hrsg.): Migrationen. Globale Entwicklungen seit 1850. Wien: Mandelbaum. S. 54–70 (= Globalgeschichte und Entwicklungspolitik 6).

PERNIA, E. (2006): Diaspora, Remittances, and Poverty RP's Regions. Rom: Economics Web Institute. Internet: http://www.economicswebinstitute.org/essays/filipinoremit.pdf (letzter Zugriff: 02.02.2010).

POEA – Philippine Overseas Employment Authority: Overseas Employment Statistics. Internet: http://www.poea.gov.ph/html/statistics.html (letzter Zugriff: 02.02.2010).

POEA – Philippine Overseas Employment Authority: About POEA. Internet: http://www.poea.gov.ph/html/aboutus.html (letzter Zugriff 02.02.2010).

POEA – Philippine Overseas Employment Authority (2007): Overseas Employment Statistics 2007. Internet: http://www.poea.gov.ph/stats/stats2007.pdf (letzter Zugriff: 02.02.2010).

POEA – Philippine Overseas Employment Authority (2008a): Overseas Employment Statistics 2008. Internet: http://www.poea.gov.ph/stats/stats2008.pdf (letzter Zugriff: 02.02.2010).

POEA – Philippine Overseas Employment Authority (2008b): Annual Report 2007. Internet: http://www.poea.gov.ph/ar/ar2007.pdf (letzter Zugriff: 02.02.2010).

POSADAS, B. (1999): The Filipino Americans. Westport: Greenwood Press.

RATHA, D., MOHAPATRA, S. und Z. XU (2008): Outlook for Remittance Flows 2008–2010: Growth Expected to Moderate Significantly, but Flows to Remain Resilient. In: Migration and Development Brief 8. Onlinepublikation der World Bank, Migration and Remittances Team. Internet: http://siteresources.worldbank.org/INTMOROCCOINFRENCH/Resources/MD_Brief8.pdf (letzter Zugriff: 03.02.2010)

RATHA, D., MOHAPATRA, S. und A. SILWAL (2009): Migration and Remittances Trends 2009. A Better-than-Expected Outcome so Far, but Significant Risks Ahead. In: Migration and Development Brief 11. Onlinepublikation der World Bank, Migration and Remittances Team. Internet: http://siteresources.worldbank.org/INTPROSPECTS/Resources/334934-1110315015165/MigrationAndDevelopmentBrief11.pdf (letzter Zugriff: 03.02.2010)

REESE, N. (2008): Strukturanpassung schadet ihrer Gesundheit – Neoliberale Gesundheitspolitik in den Philippinen. In: HUSA, K., JORDAN, R. und H. WOHLSCHLÄGL (Hrsg.): Ost- und Südostasien zwischen Wohlfahrtsstaat und Eigeninitiative. Aktuelle Entwicklungstendenzen von Armut, Alterung und sozialer Unsicherheit. Wien: Institut für Geographie und Regionalforschung der Universität Wien, S. 75–92 (= Abhandlungen zur Geographie und Regionalforschung 10).

REESE, N. und R. WERNING (Hrsg.) (2006): Handbuch Philippinen. Gesellschaft, Politik, Wirtschaft, Kultur. Berlin: Horlemann.

SCHIOPU, I. und N. SIEGFRIED (2006): Determinants of Worker's Remittances. Evidence from the European Neighbouring Region. Frankfurt am Main: European Central Bank (= ECB Working Paper Series 688).

SCOTT, W. (2004): Barangay. Sixteenth Century Philippine Culture and Society. Manila: Ateneo de Manila University Press.

Sibonga – Municipality of Sibonga Development Council (2003): Comprehensive Land Use Plan of Sibonga (Planning Period 2003–2012). Sibonga.

TABUGA, A. D. (2007): International Remittances and Household Expenditures: The Philippine Case. Manila: Philippine Institute for Development Studies (PIDS) (= PIDS Discussion Paper Series 2007-18). Internet: http://dirp4.pids.gov.ph/ris/dps/pidsdps0718.pdf (letzter Zugriff: 02.02.2010).

The Filipino American Curriculum Project: Internet: http://projects.global-teach.com/si/u3-index.html (letzter Zugriff: 02.02.2010).

The Office of Multicultural Student Services, University of Hawaii: The Philippine History Site. Internet: http://opmanong.ssc.hawaii.edu/filipino/filmig.html (letzter Zugriff: 02.02.2010).

TYNER, J. (1999): The Global Context of Gendered Labour Migration from the Philippines to the United States. In: The American Behavioral Scientist 42 (4), S. 671–689.

ULTSCH, C., KROHN, K. und S. ZASTIRAL (2009): Die große Heimkehr der Migranten. In: Die Presse am Sonntag, Ausgabe vom 05.04.2009, S. 4–5.

United Filipinos in Hongkong (UNIFIL-HK), Historical Background. Internet: http://www.unifil.org.hk/uniprimer.html (letzter Zugriff: 02.02.2010).

VARGAS-SILVA, C., SHIKHA, J. und G. SUGIYARTO (2009): Remittances in Asia: Implications for the Fight against Poverty and the Pursuit of Economic Growth. Manila: Asian Development Bank (= ADB Economics Working Paper Series 182).

WENINGER, P. (2010a): Internationale Migration: Die Auswirkungen von „Remittances" auf die sozio-ökonomische Umwelt und Entwicklung in den Philippinen. Eine Fallstudie in den Zentralen Visayas. Diplomarbeit, Institut für Geographie und Regionalforschung, Universität Wien.

WENINGER, P. (2010b): Die Auswirkungen von „Remittances" auf die sozio-ökonomische Umwelt und Entwicklung in den Philippinen. Eine Fallstudie in den Visayas. In: REESE, N. und J. WELKMANN (Hrsg.): Das Echo der Migration. Wie Auslandsmigration die Gesellschaften im globalen Süden verändert. Berlin: Horlemann, S. 149–157.

WESCOTT, C. und J. BRINKERHOFF (Hrsg.) (2006): Converting Migration Drains into Gain. Harnessing the Resources of Overseas Professionals. Manila: Asian Development Bank. .

YANG, D. (2004): How Remittances Help Migrant Families. In: Migration Information Source, Ausgabe vom 1. Dezember 2004. Washington: Migration Policy Institute. Internet: http://www.migrationinformation.org/Feature/print.cfm?ID=270 (letzter Zugriff: 01.02.2010).

… „Vom Sextouristen zum Strandpensionisten?"
Eine Fallstudie zur männlichen Altersmigration nach Thailand am Beispiel von Hua Hin und Cha-am[1]

Krisztina Veress

Inhalt

1. Einleitung 203
2. Internationale Altersmigration – ein boomender Forschungsgegenstand? 205
   2.1 Zum Stand der Forschung – ein kurzer Überblick 205
   2.2 Altersmigration – eine „neue" Form der Mobilität? 206
   2.3 Ursachen und Folgen der Altersmigration 208
   2.4 Volumen und Zielgebiete 210
3. Zusammenhänge zwischen Tourismus und Migration – der thailändische Kontext ... 211
   3.1 Die thailändische (Sex-)Tourismusindustrie 211
   3.2 Prostitution, die thailändische Gesellschaft und der „Farang" 212
   3.3 Internationale Migration nach Thailand 214
4. Hua Hin und Cha-am als Brennpunkte des Binnentourismus und der internationalen Altersmigration – eine Fallstudie 215
   4.1 Hua Hin und Cha-am als Tourismusstandorte 215
   4.2 Die „Expats" von Hua Hin und Cha-am 219
5. Die Befragung 222
   5.1 Merkmale der „Expats" 223
   5.2 (Sex-)Touristische Vorgeschichte 226
   5.3 Motive und Entscheidungsprozesse für die Migration nach Thailand 229
   5.4 Die Rolle der (thailändischen) Frau im Rahmen der Migrationsentscheidung ... 232
   5.5 Leben in Thailand und Probleme der interkulturellen Partnerschaft / Ehe .. 234
   5.6 Auswirkungen auf die Region Hua-Hin – Cha-am 239
6. Zusammenfassung 242
7. Literatur 244

1. Einleitung

Wohl jeder kennt das klischeehafte Bild des etwas übergewichtigen, meist ergrauten Herrn mit sonnenverbranntem Gesicht und gebräunten Armen, der eine halb so große und halb so alte, bildschöne thailändische Frau an der Hand führt. Im vorliegenden Beitrag geht

[1]) Der vorliegende Beitrag stellt eine stark gekürzte und überarbeitete Fassung der gleichnamigen Diplomarbeit der Autorin dar, die 2009 am Institut für Geographie und Regionalforschung der Universität Wien approbiert wurde (VERESS 2009). Für detailliertere Ausführungen muss auf die Diplomarbeit verwiesen werden.

es jedoch nicht um eine Stigmatisierung der beteiligten Personengruppen und weder um eine Viktimisierung der Frauen, die in der Branche des Sextourismus arbeiten, noch um eine Verurteilung der Männer, die diese Dienstleistungen nachfragen. Es wird auch nicht unterstellt, dass alle Männer, die nach Thailand fahren oder in Thailand leben, Sextouristen sind oder waren. Vielmehr steht die Frage im Mittelpunkt, welche Rolle der Sextourismus, für den Thailand international eine wichtige Zieldestination darstellt und der dem Land unbestritten als eine wichtige Einnahmequelle dient, und das thailändische weibliche Geschlecht im Entscheidungsprozess der Migration spielen, im Speziellen bei der Migration der Älteren. In dieser Hinsicht soll eine Brücke zwischen den beiden herausragenden Mobilitätsphänomenen unserer Zeit, nämlich dem Tourismus und der Migration, geschlagen werden, deren Behandlung meist in Form von getrennten Ansätzen erfolgt, die aber in der Realität auch sehr stark ineinander greifen können.

Die Relevanz der Fragestellung und des Untersuchungsgebietes ergibt sich aus der Tatsache, dass Thailand sowohl eine wichtige Zieldestination für den internationalen (Sex-) Tourismus ist als auch zunehmend für Langzeiturlauber und „westliche" Einwanderer attraktiv wird, wenngleich dies auch kein allzu neues Phänomen in der Region darstellt, da die Niederlassung von „westlichen" Ausländern bereits auf die Zeit des Vietnamkriegs zurückgeht: US-amerikanische Soldaten (GIs), die vor allem in den Gegenden nahe der kambodschanischen Grenze stationiert waren, nützten zunächst verschiedene Standorte in Thailand im Rahmen ihrer R&R-Programme („Rest & Recreation"), und viele verblieben nach dem Ende der Kriegsjahre im Land und heirateten.

Im Zentrum der Untersuchung steht die Region rund um die Stadt Hua Hin, die als neuer „retirement haven" Thailands angepriesen wird und gemeinsam mit Cha-am das touristische Zentrum der Gegend bildet. Die Region verfügt über eine sehr ausgeprägte „Expat"-Bevölkerung, und ein beträchtlicher Teil der sogenannten „Farang", wie man die westlichen Ausländer in Thailand bezeichnet, hat sich hier nach der Pensionierung niedergelassen. Natürlich ist das Phänomen keinesfalls auf Hua Hin beschränkt, auch andere Standorte wie Bangkok, Pattaya, Phuket oder Chiang Mai, die gleichzeitig wichtige touristische Zentren sind, verzeichnen beträchtliche Anteile westlicher Zuwanderer. Das Hauptargument, Hua Hin als Zentrum des Interesses näher zu analysieren, ergibt sich allerdings aus der Tatsache, dass die Gegend vor allem seit dem Tsunami 2004 als neue Wachstumsregion Thailands gilt, auf dem touristischen Sektor ebenso wie unter den Zuwanderern und bezüglich des Immobilienmarktes, bedingt durch eine leichte Verlagerung des Tourismus und der Immobiliennachfrage aus den vom Tsunami betroffenen Regionen nach Norden in Gebiete am Golf von Thailand, die von diesem Naturereignis verschont geblieben sind.

Die Konzentration auf die höheren Altersgruppen ist in Anbetracht der Alterung der Weltbevölkerung, des zunehmenden Eintritts der Generation der „Baby-Boomer" in den Ruhestand, des damit verbundenen Wegfalls von Freizeit- bzw. Mobilitätsbeschränkungen wie Arbeit oder Kinder in dieser Bevölkerungsgruppe und der erheblichen Kaufkraft der „Expats" von großer Bedeutung. Vor diesem Hintergrund ist der vorliegende Beitrag in den Rahmen der sogenannten *„International Retirement Migration"* (IRM) eingebettet, bei der es sich um Wanderungsbewegungen älterer, bereits im Ruhestand befindlicher Frauen oder Männer handelt. Thailand nahm bis vor kurzem als Zieldestination internationaler Migrationsvorgänge nur eine eher periphere Rolle ein und auch die Relevanz des weiblichen Geschlechts oder die Verfügbarkeit von Sex fanden bisher nur wenig Eingang in die Migrationsforschung. In der Auseinandersetzung mit Thailand kann man diesen Aspekt aber wohl kaum außer Acht lassen.

Da es sich beim Großteil der Sextouristen und Expatriats in Thailand um Männer handelt, liegt der Schwerpunkt der vorliegenden Untersuchung auf einer ausschließlich männlichen Zielgruppe. Die Erhebung der empirischen Daten wurde – nach einer umfangreichen Literaturrecherche – im Rahmen eines dreimonatigen Forschungsaufenthalts vor Ort in den Monaten Juni, Juli und August 2008 durchgeführt.

Der Beitrag ist in drei Teile gegliedert: Im ersten Abschnitt werden die theoretischen Grundlagen und Konzepte zur „International Retirement Migration" diskutiert. Im zweiten Teil, der bereits eine Brücke zur Fallstudie schlägt, wird die rasch wachsende Bedeutung Thailands als neues Zielgebiet dieser Migrationsprozesse analysiert, wobei vor allem auf die Bereiche (Sex-)Tourismus, Prostitution, Frauen in der thailändischen Gesellschaft und Migration eingegangen wird. Der letzte Teil widmet sich schließlich der Fallstudie im Raum Hua Hin und Cha-am und umfasst, als Kern der Arbeit, eine qualitative Befragung von 44 Personen aus der Zielgruppe der männlichen Altersmigranten, die in Form von persönlichen Interviews durchgeführt, aufgezeichnet und transkribiert wurde. Unter Berücksichtigung bereits vorhandener Erkenntnisse zum Phänomen der Altersmigration werden Fragestellungen zu den Themenbereichen Struktur der Migranten, Migrationsmotive und Entscheidungsprozesse, Leben in Thailand und, damit verbunden, Probleme des Sextourismus erörtert sowie die ökonomischen und sozialen Auswirkungen dieses relativ neuen Phänomens auf die Region diskutiert.

2. Internationale Altersmigration – ein boomender Forschungsgegenstand?

2.1. Zum Stand der Forschung – ein kurzer Überblick

Die Literatur zu diesem relativ neuen Bereich der Migrationsforschung, der im englischsprachigen Raum als „International Retirement Migration" (IRM) bekannt ist, erlangte vor allem im letzten Jahrzehnt einen starken Zuwachs und verfügt über eine inzwischen breite, aber dennoch überschaubare Basis. Frühes Forschungsinteresse zu diesem Thema stammt hauptsächlich aus Nordamerika, vor allem aus den USA, wobei sich die vorliegenden Untersuchungen vor allem auf die Migration vom Norden des Kontinents in den Süden beziehungsweise vom sogenannten „Frostbelt" in den „Sunbelt" der Südstaaten konzentrierten (vgl. z. B. BIGGAR 1984; LONGINO, Jr. 1980; SULLIVAN und STEVENS 1982). In Europa begann die Befassung mit diesem Themenbereich – zunächst ebenfalls auf den nationalen Kontext beschränkt – etwa zur gleichen Zeit (siehe z. B. CRIBIER 1978; KARN 1977), verglichen mit den nordamerikanischen Aktivitäten blieb die europäische

IRM-Forschung jedoch noch längere Zeit eher marginal. Die bedeutendsten Arbeiten zur europäischen Altersmigration, die ebenfalls im Zeichen einer Nord-Süd-Bewegung standen, gehen vor allem auf die zweite Hälfte der 1990er-Jahre zurück, wobei noch deutliche Mängel im Bereich fehlenden Datenmaterials und fehlender grenzüberschreitender Forschungstätigkeit bestanden (KING et al. 1998a, b; WILLIAMS et al. 1997).

Eine weitere Ausdehnung erfuhr das Thema, wenn auch nur in bescheidenem Ausmaß, durch die Beschäftigung mit neuen Zielgebieten der Altersmigration wie etwa Lateinamerika (PAPADEMETRIOU et al. 2006), wobei hier vor allem Mexiko und die Länder Mittelamerikas, die als bevorzugte Zielgebiete für die Bürger Nordamerikas von Relevanz sind, ins Blickfeld des Forschungsinteresses rückten. Nach wie vor konzentriert sich auch heute noch ein Großteil der Forschungstätgkeit auf die USA mit den klassischen Zielgebieten Florida und Kalifornien sowie Europa mit den Mittelmeergebieten.

Noch weitgehend unerforscht ist der für diese Arbeit relevante asiatische Raum, speziell Südostasien. Zu nennen ist hier vor allem die Arbeit von John KOCH-SCHULTE (2008), der eine umfangreiche Fallstudie im thailändischen Udon Thani erstellte, wobei hauptsächlich die Planungs- und Entscheidungsprozesse westlicher Altersmigranten im Zielgebiet im Zentrum seines Forschungsinteresses standen. Auch HOWARD (2008) konzentrierte sich auf die Zuwanderung westlicher Pensionisten nach Thailand, wobei das Augenmerk den Motiven, Erfahrungen und dem Wohlbefinden der Zielgruppe galt.

Die häufigsten Fragestellungen in empirischen Studien zur „International Retirement Migration" sind Motive und Beweggründe, die Erfassung der Strukturmerkmale der Migranten, ihre Integration in die Gesellschaft am Zielort, Auswirkungen auf die Zieldestinationen und Vergleiche der Struktur von temporären und permanenten Migrantengruppen. Auch spezifische Fragestellungen zur Entscheidung bzw. zur Auswahlstrategie für eine bestimmte Destination und Implikationen für die Gesundheits- und Pensionssysteme sowie für den Immobilienmarkt sind oftmals angesprochene Themen.

Genderperspektiven fanden bislang in einschlägigen Arbeiten nur wenig Berücksichtigung; es gibt kaum Untersuchungen, die sich primär auf weibliche oder männliche Zielgruppen konzentrieren. Einzig die Studie von KOCH-SCHULTE (2008) befasst sich mit einer fast ausschließlich männlichen Zielgruppe.

2.2 Altersmigration – eine „neue" Form der Mobilität?

Da konventionelle Formen der Migration oft mit Arbeitsmigration und ökonomischen Push- und Pull-Faktoren in Verbindung gebracht werden, fällt nach HALL und WILLIAMS (2002b) die Altersmigration unter sogenannte „neue" Formen der Mobilität, die nicht primär aus einer ökonomischen Notwendigkeit heraus entstehen, sondern in stärkerem Ausmaß von anderen Faktoren beeinflusst werden. Altersmigration zählt dabei zu einer besonderen Form der konsumorientierten Migration („consumption led migration") gegenüber produktionsorientierten Formen („production led migration"). Ältere, vielfach bereits im Ruhestand befindliche Menschen sind weniger limitiert in ihren Entscheidungen, da sie weder vom Arbeitsmarkt noch von anderen lokalen ökonomischen Strukturen abhängig sind. Neu im eigentlichen Sinn sind diese Formen allerdings keineswegs, das „Neue" liegt vielmehr in der Zunahme im Volumen und der räumlichen Bandbreite in den letzten Jahrzehnten (HALL und WILLIAMS 2002b).

Die Herausdifferenzierung und Klassifikation einzelner Formen der Altersmigration ist ein schwieriges Unterfangen und erfolgt nicht immer eindeutig. Vor allem die unterschiedliche Terminologie der englischsprachigen Literatur im Vergleich zur deutschsprachigen macht eine analoge Verwendung der Begrifflichkeiten nicht einfach. So findet man in der angloamerikanischen Literatur meist die Bezeichnung IRM („*International Retirement Migration*") als übergeordneten Begriff für Migration in höherem Alter über internationale Grenzen hinweg. Die deutschsprachige Literatur verwendet dafür unterschiedliche Terminologien wie zum Beispiel internationale Ruhesitzwanderung (FRIEDRICH und KAISER 2001), Altenwanderung oder Altersmigration (BREUER 2003).

Im vorliegenden Beitrag wird der Begriff *Altersmigration* verwendet, da dieser für die Altersstruktur der untersuchten Zielgruppe am adäquatesten erscheint. Die Begriffe IRM und Ruhesitzwanderung hingegen implizieren den Vorgang eines „sich zur Ruhe Setzens", also auch des Ausscheidens aus dem Erwerbsleben. Diese Grenze ist heute allerdings nicht mehr so einfach zu ziehen, da nicht alle Menschen, die im Pensionsalter sind, im Ruhestand sind und nicht alle, die im erwerbsfähigen Alter sind, noch arbeiten. Die Übergänge verschwimmen, daher kann man nicht alle, die im höheren Alter migrieren, mit Pensionisten gleichsetzen. Die Definition von Pension nimmt neue Dimensionen an; das altersbedingte Ausscheiden aus dem Berufsleben muss nicht mehr das Ende aller wirtschaftlichen Aktivitäten bedeuten, sondern kann auch einen Neubeginn darstellen. Veränderungen am Arbeitsmarkt und eine längere Lebenserwartung tragen dazu bei. Erwerbstätigkeit kann genauso ein Bestandteil dieser neuen Lebensphase sein, sei es, um sich selbst zu verwirklichen oder aus ökonomischer Notwendigkeit (TERLECKY und BRYCE 2007). Daher muss auch die Tatsache, dass man Pensionist ist, nicht unbedingt mit dem chronologischen Alter übereinstimmen.

Die Altersmigration kann in unterschiedliche Formen unterteilt werden und ist oft eng mit verwandten Themenbereichen verknüpft. Zu solchen Mobilitätsphänomenen, bei denen die Variablen Migration und Alter eine wichtige Rolle spielen, zählen zum Beispiel: Zweitwohnsitze („Second Homes"), die meist nur einige Monate im Jahr genutzt werden, diverse Formen der Wohnumfeldmigration („Residential Tourism") sowie sonstige Formen der sogenannten „Amenity Migration", die definiert wird als „the movement of people for pleasure rather than economic reasons" (vgl. CHIPENIUK 2004, S. 327, in KOCH-SCHULTE 2008, S. 23). Dabei spielen – wie auch bei generellen Typologien von Migrationsbewegungen – Dauer und Distanz des Migrationsvorgangs eine wichtige Rolle, wobei man oft zwischen Formen der temporären, saisonalen oder permanenten Altersmigration unterscheidet.

Ein genauerer Blick auf die Ausprägungen der Altersmigration weist auf einen starken Zusammenhang mit touristischen Formen der Mobilität hin. Vor allem, wenn man von „amenity seeking migrants" spricht, die von den Annehmlichkeiten der Zieldestinationen angezogen werden, wird ein Brückenschlag von „Migranten" zu „Touristen", die auf ihren Reisen von derselben Motivation getrieben werden, offensichtlich. Ähnliche Überschneidungen ergeben sich, wenn man die Tatsache in Betracht zieht, dass sich die Zielgebiete von Touristen und internationalen Altersmigranten stark überlagern. Demgemäß wird die klare Trennung von unterschiedlichen Mobilitätsformen auf der Skala zwischen Tourismus und Migration von vielen Autoren als Hauptschwierigkeit angesehen (HALL und WILLIAMS 2002b; WILLIAMS et al. 1997).

2.3 Ursachen und Folgen der Altersmigration

Eine Vielzahl an Faktoren ermöglichte und begünstigte die Zunahme der Mobilität, das Auftreten „neuer" Formen und die vermehrte Partizipation älterer Menschen am Mobilitätsgeschehen. Die wichtigsten Ursachen der räumlichen Mobilität in höherem Alter, aber auch des allgemeinen Bedeutungsgewinns von Migrationsprozessen bei älteren Menschen, fassen HALL und WILLIAMS (2002b) wie folgt zusammen:

1. Demographische und soziale Veränderungen, wie zum Beispiel Veränderungen im Familienlebenszyklus, zunehmender Wohlstand bzw. hoher Lebensstandard, das „Ergrauen" der Weltbevölkerung etc. sind wichtige Entwicklungen der letzten Jahrzehnte, die die Mobilitätsoptionen der Bevölkerung drastisch erhöht haben.

2. Das Wirtschaftswachstum der 1950er- und 1960er-Jahre hat in den entwickelten Ländern zu einem großen Einkommenszuwachs geführt. In der Folge kam es zu vermehrtem Konsum, gestiegenen Freizeitaktivitäten und starken Steigerungen im Tourismus, besonders im Massentourismus.

3. Verbesserungen im Transport- und Kommunikationswesen, der Einsatz von effizienteren Technologien und Kostenreduktionen bewirken eine zunehmende Konvergenz von Raum und Zeit.

4. Politische Veränderungen und die Lockerung der Visa-Anforderungen und sonstiger Barrieren erleichterten in vielen Teilen der entwickelten Welt Mobilitätsprozesse. Einst war in vielen Gesellschaften der Erhalt eines Reisepasses ein Privileg, heute besteht darauf, zumindest in demokratischen Gesellschaften, ein Rechtsanspruch.

5. Letztlich spielt auch eine verbesserte körperliche Verfassung im Alter eine entscheidende Rolle, die in Verbindung mit ausreichend vorhandenen ökonomischen Ressourcen erhöhte Mobilitätsaktivitäten erlaubt. So sind viele Migranten gemäß der selektiven Natur der Altersmigration Frühpensionisten oder aktive, jüngere Alte mit überdurchschnittlichem Einkommen und hohem Lebensstandard, die durch die Zunahme des Massentourismus auch mehr Erfahrung bei Auslandsreisen aufweisen (vgl. WILLIAMS et al. 1997).

Die Faktoren, die zu dieser Entwicklung geführt haben, sind ähnlich wie jene, die üblicherweise für die Entwicklung des Massentourismus verantwortlich gemacht werden. Wie bereits erwähnt, besteht eine enge Verbindung zwischen diesen beiden Phänomenen. Einerseits gilt Tourismus als eine wichtige Grundlage bzw. mögliche Vorstufe für spätere Migrationsvorgänge, andererseits ergeben sich durch die verschiedenen Formen der Altersmigration im Zwischenfeld von Migration und Tourismus und den heterogenen Charakter der Zielgruppe erhebliche definitorische Schwierigkeiten.

Für eine gemeinsame Betrachtung der beiden Phänomene spricht auch die Tatsache, dass die Möglichkeiten für konsumorientierte „amenity seeking migrants" erst durch die Tourismusindustrie generiert werden (HALL und WILLIAMS 2002a), was auch auf den Sachverhalt hinweist, dass Massentourismus häufig einen Vorläufer später folgender Migrationsprozesse darstellt. Daher überschneiden sich auch die Orte, die von Touristen und Altersmigranten aufgesucht werden: „Temporary and permanent flows to these areas are thus driven by similar motives and act in a complementary fashion, generating a ‚virtuous circle' of cumulative growth." (vgl. BELL und WARD 2000, S. 105).

In dieser Hinsicht spielt das Verhältnis von vorherigen Besuchen als Tourist zur späteren Migration eine wichtige Rolle und beeinflusst die Migrationsentscheidung. Eine „tourismusinduzierte Migration" entsteht als Nachfolger des Massentourismus (GUSTAFSON 2002; STALLMANN und ESPINOZA 1996). Die wachsende Anbindung an mögliche Zielorte für Migrationen als Folge von wiederholten Besuchen als Tourist kann ein wichtiger mobilitätsfördernder Faktor sein, eine Entwicklung, die nach HAUG et al. (2007) als kontinuierlich ablaufender Prozess gesehen werden kann, der vom Tourismus möglicherweise über temporäre Migrationsstadien zur permanenten Migration führt. Viele Autoren stimmen überein, dass nur wenige Migranten, die von den Vorzügen der Zielgebiete angezogen werden, in eine Gegend ziehen, in der sie nicht schon zuvor als Touristen gewesen sind (HALL und WILLIAMS 2002b).

Die Folgen und Auswirkungen der IRM sind vielfältig und betreffen sowohl die Ziel- als auch die Herkunftsgebiete sowie die Lebensumstände der Zielgruppe selbst. Wichtige Konsequenzen der Migration sind die Umverteilung von sozialen und gesundheitlichen Kosten von den Herkunftsländern in die Zielgebiete und der internationale Transfer von persönlichem Einkommen und Vermögen, die einen erheblichen Einfluss auf Gesundheits- und Wohlfahrtssysteme ausüben können (WILLIAMS et al. 1997).

Die Folgen für die Zieldestinationen äußern sich sowohl positiv als auch negativ. Positive Veränderungen können sich zum Beispiel durch Schaffung neuer Arbeitsplätze, durch Innovationen und das Entstehen von Netzwerken zwischen Herkunfts- und Zielgesellschaften ergeben; zu den negativen Auswirkungen zählen steigende Preise für Immobilien und Dienstleistungen sowie möglicherweise auch Beeinträchtigungen des „kulturellen Images" der Zielgesellschaften (HALL und WILLIAMS 2002b). KING et al. (1998b) präzisieren die wichtigsten ökonomischen Folgen der „International Retirement Migration" für die Zielgebiete am Beispiel von Altenmigrationen an die europäische Mittelmeerküste wie folgt:

1. Am Immobilienmarkt zeigt sich deutlich die Präsenz ausländischer Kaufkraft, die die lokale Bevölkerung vom Markt verdrängen kann.
2. Starke direkte ökonomische Auswirkungen ergeben sich durch die Ausgaben der Migranten vor Ort, die einen Einkommenstransfer aus den Heimatländern der Migranten zur Folge haben.

3. Es entsteht ein erhöhter Bedarf an Gesundheits- und Sozialleistungen durch die wachsende Präsenz älterer Migrantengruppen.

Wie sich die Zieldestinationen unter den Touristen- und in weiterer Folge Migrationsströmen entwickelt und verändert haben, ist ein wichtiger Analyseaspekt in zahlreichen Studien. So untersuchte zum Beispiel SALVÁ-TOMÁS (2002) die Auswirkungen von tourismusbedingten Zuwanderungsvorgängen auf den Balearen und in ähnlicher Weise analysierten ALEDO und MAZÓN (2004) die spanische Stadt Torrevieja. Einst eine ländliche Gegend, haben sich die Balearen durch zunehmenden Tourismus seit den 1950er-Jahren zu einer sehr dienstleistungsorientierten, mobilen Gesellschaft entwickelt. Sie vollzogen einen gesellschaftlichen Wandel, der durch den Tourismus geprägt ist und entwickelten sich von einem Auswanderungsgebiet zu einem Einwanderungsgebiet. Torrevieja hingegen leidet vor allem unter der Ausbeutung der wichtigsten natürlichen Ressourcen, Land und Boden, und an zunehmender Landschaftsdegradation durch Wachstum und Ausdehnung des Stadtgebietes.

2.4 Volumen und Zielgebiete

Das Gesamtvolumen der „International Retirement Migration" ist kaum zu erheben, da es sogar länderspezifisch schwierig ist, den Anteil an älteren Migranten statistisch zu fassen. Die meisten Autoren sind sich jedoch in einer Hinsicht einig: Die IRM erfuhr in den letzten Jahrzehnten ein massives und dynamisches Wachstum (KOCH-SCHULTE 2008). Ihr Volumen ist nach WARNES et al. (2004) seit den 1960er-Jahren jährlich etwa um sieben Prozent gestiegen und wird in Zukunft erwartungsgemäß durch die Baby-Boomer noch mehr anwachsen. KOCH-SCHULTE (2008) argumentiert, dass sich die IRM derzeit in einer Take-Off-Phase befindet und auf der ganzen Welt in den nächsten Jahren an Dynamik gewinnen wird, wobei viele Länder und Gesellschaften nicht ausreichend auf diese Entwicklung vorbereitet sind.

Wichtige Zielgebiete auf globaler Ebene sind – wie bereits aus der angeführten Literatur evident – vor allem Südeuropa, allen voran Spanien mit seiner Mittelmeerküste, den Balearen und den Kanarischen Inseln, aber auch der Süden Frankreichs, die Toskana, Malta und die Algarve. Der „Sunbelt" der USA und Teile Lateinamerikas sowie einige der karibischen Inseln stellen für die Altersmigration aus Nordamerika wichtige Destinationen dar. Schließlich erfährt Asien, im speziellen Südostasien, ein zunehmendes Interesse, wobei die Region derzeit noch nicht zu den wichtigsten Zielländern zählt, jedoch durch eine beträchtliche Zunahme der Altersmigration gekennzeichnet ist.

Für quantitative Analysen kann nur vereinzelt auf Datenquellen aus verschiedenen Fallstudien oder aus nationalen Statistiken zurückgegriffen werden. Aber auch diese erweisen sich als höchst problematisch, da viele saisonale Migranten ebenso wie andere temporäre Mobilitätsformen nur in Ausnahmefällen erfasst werden.

Laut *Age Concern* (2008) befanden sich um 2007 geschätzte eine Million Bürger des Vereinigten Königreichs außerhalb ihres Landes und bekamen ihre Pension in den IRM-

Destinationen ausbezahlt. Zählt man die für längere Zeit während des Jahres temporär abwesenden, nicht registrierten Pensionisten dazu, schätzt man die Zahl der betreffenden Personengruppe sogar auf das Doppelte.

SALVÁ-TOMÁS (2002) nennt für die Balearen eine Zahl von über 47.000 ausländischen Einwohnern im Jahr 1999, wovon rund drei Viertel aus Europa zugezogen sind; die Zahl der über 60-jährigen europäischen Einwohner gibt er mit mehr als einem Viertel an. CASADO-DÍAZ (2006) führt alleine für die Provinz Alicante eine Zahl von mehr als 20.000 über 65-jährigen ausländischen Zuwanderern, die aus EU-Ländern stammen, an.

BREUER (2005) beziffert auf der Basis verschiedener Schätzungen die Zahl der Deutschen auf den Kanarischen Inseln im Alter von über 55 Jahren mit 50.000 bis 60.000, wobei sich die entsprechende Zahl 2001 nach offiziellen Angaben lediglich auf 6.000 belaufen haben soll.

Eine stark vertretene Gruppe unter den Altersmigranten sind auch die Skandinavier. In ANDERSSONS (2002) Fallstudie über die skandinavische Zuwanderung an die Costa Blanca wird mit einer Anzahl von über 50.000 Schweden und 15.000 Norwegern (2001), die sich längerfristig in Spanien aufhalten, gerechnet.

3. Zusammenhänge zwischen Tourismus und Migration – der thailändische Kontext

3.1 Die thailändische (Sex-)Tourismusindustrie

Als wichtigster Grundstein der internationalen Entwicklung des Massentourismus in Thailand im letzten Jahrhundert gilt allgemein die Einführung des „Rest & Recreation"-Programms für die US-Truppen während des Vietnamkriegs. 1967 schloss das Land mit der US-Regierung einen Vertrag ab, in dem sich das südostasiatische Königreich bereit erklärte, für die amerikanischen Soldaten während des Vietnamkriegs als Erholungsdestination zu fungieren (BISHOP und ROBINSON 1998). Allerdings sollen bereits 1959 die ersten Lastwagen mit Soldaten aus Vietnam in Thailand angekommen sein, zunächst nur wenige Dutzend, Ende der 1960er-Jahre waren es jedoch bereits laufend große Kontingente (ACKERMANN und FILTER 1994).

Nach dem Abzug der US-Truppen drohten hohe wirtschaftliche Verluste, die man nun durch die Vermarktung Thailands als internationale Tourismusdestination und den Ersatz der Soldaten durch internationale Touristen kompensieren wollte. So begann man vor allem seit den 1970er-Jahren, begünstigt durch das generell rasche wirtschaftliche Wachstum des Landes, das Tourismuspotenzial durch eine aktive Tourismuspolitik forciert auszubauen und die Tourismuswirtschaft als bedeutende Deviseneinnahmequelle zu erschließen. Seit den 1980er-Jahren zählt der Tourismus zur wichtigsten Einnahmequelle für Devisen (LI und ZHANG 1997). Die Tourismusindustrie leistete einen wichtigen Beitrag zur thailändischen Wirtschaftsentwicklung und hatte im Jahr 2007 einen Anteil von über acht Prozent am Bruttoinlandsprodukt (National Statistical Office of Thailand, Core Economic Indicators 2008).

Betrachtet man die Entwicklung des touristischen Angebots des Landes sowie den hohen Beitrag des Tourismussektors zur Entwicklung der thailändischen Wirtschaft, so kann man die sextouristische Industrie nicht außer Acht lassen, die seit den Anfängen fester Bestandteil des Tourismussektors ist. Nicht umsonst ist das Land als „sexual paradise" (LI und ZHANG 1997) bekannt, das oft mit einem stark negativen Image des Sextourismus verbunden ist. Umso widersprüchlicher erscheint in diesem Zusammenhang die Tatsache, dass Prostitution offiziell im Land verboten ist. Die Wurzeln des Sextourismus in Thailand reichen allerdings schon bis in die Anfänge der touristischen Entwicklung zurück, da während der „R&R-Zeit" der Ausbau von einschlägigen Vergnügungsstätten und die Verbreitung sogenannter Mietfrauen ein fester Bestandteil des „Rest & Recreation"-Programms war. So versuchten die thailändischen Tourismusverantwortlichen nach dem Abzug der amerikanischen Truppen, auch das sextouristische Angebot zu vermarkten, um die Lücken zu füllen.

Die tatsächliche Anzahl der Touristen, die aus sextouristischen Gründen ins Land reisen – wenngleich auch nicht immer allein zu diesem Zweck – ist ebenso schwer zu schätzen wie die Anzahl der Sex-Arbeiterinnen und der gesamten Wirtschaftsleistung dieser Branche. Die Angaben zur Wertschöpfung der Sexindustrie reichen bis zu knapp 27 Milliarden US-Dollar jährlich bzw. rund 14 Prozent des Bruttoinlandsprodukts. Damit dürfte die Sexindustrie noch vor Drogenhandel, Waffengeschäften und Menschenschmuggel zum wichtigsten illegalen Wirtschaftszweig des Landes aufgestiegen sein.

Landesweit gehören dazu rund 60.000 Bordelle, in denen bis zu 2,8 Millionen Prostituierte anschaffen (HINZE 2002). Die Zahl der Prostituierten wird nach älteren Angaben für die 1990er-Jahre auf 500.000 bis eine Million Frauen geschätzt (KLEIBER und WILKE 1995), oder sogar auf 1,5 Millionen erwachsene Frauen und 30.000 bis 800.000 Mädchen im Alter von unter 16 Jahren (ACKERMANN und FILTER 1994). Auch in neueren Quellen schwanken die Angaben über die Zahl der Sex-Arbeiterinnen von mindestens 30.000 bis zu einer Million enorm (MCGEOWN 2007). Die Geldüberweisungen der Prostituierten an ihre Familien in den Herkunftsgebieten stellen einen nicht unerheblichen Wirtschaftsfaktor dar; die thailändische Soziologin Pasuk PHONGPAICHIT schätzte das durchschnittliche Einkommen einer Sex-Arbeiterin auf das 25-fache von anderen verfügbaren Berufen (hier zitiert nach BISHOP und ROBINSON 1998).

3.2 Prostitution, die thailändische Gesellschaft und der „Farang"

Damit sich Prostitutionstourismus überhaupt entwickeln kann, ist ein ökonomisches Gefälle zwischen Herkunfts- und Zielländern nötig, das keinen gleichberechtigten Austausch von Wirtschafts- und Dienstleistungen ermöglicht und, nach GÄTZ (1994), auch als Spielart des modernen Imperialismus verstanden werden kann.

Im Falle Thailands spielten aber nicht nur die bereits erwähnten Faktoren wie das vorhandene ökonomische Gefälle und die Politik eine Rolle, sondern auch eine Reihe von weiteren begünstigenden Gegebenheiten. PHILLIP und DANN (1998) sehen die Ursachen für die große Bedeutung, die dem Sextourismus in Thailand zukommt, ebenso in der patriarchalisch strukturierten Gesellschaft mit ihrer langen Tradition der Konkubinage, die Erfahrungen mit Prostituierten unterstützt, und in der Rolle der Frau im Buddhismus, wobei die Tochter den Eltern ihre Dankbarkeit insbesondere durch finanzielle Unterstützung zollen muss.

Vor allem das Bild und die Rolle der Frau in der Gesellschaft sind in diesem Zusammenhang sehr wesentlich. Einerseits schreibt der Buddhismus den Frauen eine deutlich minderwertigere Position gegenüber den Männern zu, andererseits besaßen die thailändischen Frauen schon immer eine große wirtschaftliche Unabhängigkeit und eine starke Stellung in der Familie, die matrilinear organisiert ist. Zu den töchterlichen Pflichten gehört es, die Familie finanziell zu unterstützen. Wenn sich nun eine Tochter prostituiert, um zum Überleben ihrer Familie beizutragen und somit ihre Tochterpflichten erfüllt, entspricht sie eher den Erwartungen an die traditionelle Frauenrolle, als wenn sie zu Hause bleibt und nicht zum Familieneinkommen beitragen würde, so absurd das auch klingen mag (LATZA 1989).

Weiters spielt das Bild der traditionell unterwürfigen asiatischen Frau in den Köpfen westlicher Männer eine wichtige Rolle. Denn wer kennt nicht das Klischee von der lächelnden, fleißigen, kleinen, thailändischen bzw. asiatischen Frau, die ihren Mann liebevoll umsorgt. Die mediale Verbreitung dieses Klischees erwies sich als überaus erfolgreich, da sich analog zur tatsächlichen Rolle der Frau in der thailändischen Gesellschaft noch zusätzlich ein sehr überzeichnetes Bild in den westlichen Staaten verankerte, das mit teilweise übertriebenen und unrealistischen Zuschreibungen gekoppelt war. Parallel zur sich rasch verändernden Rolle der Frauen in westlichen Gesellschaften erschien daher die Attraktivität und Anziehungskraft asiatischer Frauen auf emanzipationsgeplagte westliche Männer nur noch höher.

Eine weitere Tatsache, die man beachten muss, wenn man über Sextourismus in Thailand oder auch in Dritte-Welt-Ländern spricht, ist, dass das Kunden-Prostituierten-Verhältnis oft über die reine Dienstleistung „Sex für Geld" hinausgeht, da viele Männer oft komplexere Absichten verfolgen als eine simple Geschäftsbeziehung, die aus einer Entlohnung für eine kurzfristige sexuelle Leistung besteht. COHEN (1996) verwendet für diese Form der Beziehung den Begriff der sogenannten „*open-ended prostitution*", der für eine Beziehung zwischen dem Kunden und der Prostituierten steht, die mehr oder weniger „gefühlsneutral" beginnt und sich dann zu einer persönlicheren Beziehung entwickelt, die ökonomische wie auch emotionale Interessen involviert.

Bei dieser Art der offenen Prostitution stellt sich die wichtige Frage, wo Prostitution aufhört und eine Art Ehe oder Beziehung beginnt. OPPERMANN (1998) spricht in diesem Zusammenhang von einem „*Kontinuum der Prostitution*", wobei zu Beginn oft eine sexuelle Dienstleistung gegen Geld steht, die sich über die Zeit möglicherweise in eine Beziehung – sei es zum Beispiel zunächst auch nur in Form einer Reisebegleitung – verwandelt und schließlich vielleicht sogar in einer Ehe endet.

Eine mögliche Antwort auf die Frage, wo nun Prostitution aufhört und ein beziehungsähnliches Verhältnis beginnt, geben PHILLIP und DANN (1998, S. 68): „She not only has sex with the customer, but she cooks and cleans for him. She tells him he is sexy, and that she loves him. The client thinks of her as a girlfriend, and she calls him her boyfriend („feng'). Thus, the relationship is no longer perceived as a Western prostitute-customer liaison, but a normal relationship between two adults. The legitimacy of the relationship has been established. The ideal type of scenario has been set in place, the kind of relationship for which Western man has been searching – a compliant partner who is not afraid to please her man inside and outside the bedroom – something that Western man hast lost since the advent of feminism." Hier beginnt dann die Entfernung von der Wahrnehmung der Beziehung als Prostitution und der geschäftlichen Natur der Begegnung. Er gibt ihr Geld und sie übernimmt die weiblichen Pflichten.

Die Heirat zwischen einem Ausländer und einer thailändischen Sexarbeiterin sieht COHEN (2003) in gewisser Weise als letzte Konsequenz einer *„open-ended prostitution"*. Seiner Meinung nach weisen solche Beziehungen bzw. Mischehen aber ein zusätzliches wichtiges Merkmal auf: es herrscht auch nach längerer Zeit des Zusammenlebens keine klare Trennung zwischen Prostitution und Liebesbeziehung, die auch einfacher als eine andere Form der Prostitution gesehen werden kann: „Instead of prostituting themselves with many men, they prostitute themselves with only one men." (vgl. COHEN 2003, S. 66). COHEN vertritt allerdings nicht die Ansicht, dass der größte Teil der zwischen westlichen Männern und thailändischen Frauen geschlossenen Ehen aus Prostitutionsbeziehungen resultiert, da eine beträchtliche Anzahl der mit Ausländern verheirateten Frauen aus einem ganz anderen Umfeld kommt, aber die Tendenz der thailändischen Gesellschaft, diese Frauen generell als Prostituierte zu sehen, hat enorme Auswirkungen auf die betroffenen Paare. Es soll durchaus auch Beziehungen zwischen „Farangs" (Ausländern) und Thais geben, die ihren Ursprung nicht in einer Bar haben. Tatsache ist aber, dass die allermeisten ersten Begegnungen, die dann zu einer Dauerbeziehung werden, dort stattfinden (Samuifinder.com 2009).

Mischehen zwischen thailändischen Frauen und westlichen Männern sind inzwischen weit verbreitet und erfahren im Gegensatz zu früher, als es nur für eine Frau aus einer niedrigeren sozialen Schicht akzeptabel war, einen Ausländer zu heiraten, nun zunehmende Akzeptanz durch die thailändische Bevölkerung (MONTLAKE 2004). In der Realität wird es aus finanziellen Gründen durchaus angestrebt, einen „Farang", wie westliche Ausländer in Thailand genannt werden, zu heiraten, um finanziell abgesichert zu sein (COHEN 2003).

3.3 Internationale Migration nach Thailand

Migrationsbewegungen aus den Industrieländern nach Thailand bleiben gegenüber Migrationen aus den asiatischen Nachbarstaaten fast marginal, dennoch existiert ein gewisser Anteil an westlichen Ausländern, die sich längerfristig im Land aufhalten. Die Zahl der Ausländer, die in Thailand leben und arbeiten, kann nicht mit Sicherheit angegeben werden; grobe Schätzungen sprechen von über 2,3 Millionen Ausländern in Thailand für das Jahr 2004, von denen 1,9 Millionen auch am Erwerbsleben teilnahmen (HUGUET und PUNPUING 2005). Die Gesamtzahl der Ausländer entspricht somit nicht einmal fünf Prozent der Gesamtbevölkerung Thailands, wobei der größte Anteil dieser Gruppe auf Migranten aus Thailands Nachbarländern entfällt. Die Zahl der registrierten Fachkräfte und ihrer Angehörigen schätzten HUGUET und PUNPUING (2005) auf etwa 200.000 (bei etwa 102.000 Fachkräften), wobei der größte Anteil auf Japan und China entfällt. An dritter Stelle kommen mit 6,7 Prozent bereits Arbeitskräfte aus dem Vereinigten Königreich; andere wichtige westliche Herkunftsländer sind die USA mit fünf Prozent und Australien mit 2,6 Prozent – überwiegend handelt es sich um sogenannte Schlüsselkräfte. Diese Zahlen beziehen sich lediglich auf registrierte Fachkräfte, die im „Immigration Bureau" erfasst sind und eine Arbeitserlaubnis haben. Es handelt sich dabei vor allem um Arbeitnehmer im Privatsektor, die durch Firmen, die in Thailand operieren, rekrutiert wurden.

Daten oder Schätzungen zur Gesamtzahl der ausländischen Bevölkerung aus den westlichen entwickelten Ländern (Europa, Nordamerika, Australien) sind kaum vorhanden, dürften über diese Angaben jedoch hinausgehen. Da es viele unterschiedliche Möglichkeiten gibt, um in Thailand seinen Aufenthalt zu regeln und die Aufenthaltsdauer sehr unterschiedlich sein kann, ist die Datenlage alles andere als klar. So lebt eine große Zahl an Ausländern ohne Aufenthalts- oder Arbeitsgenehmigung für eine längere Zeitperiode im Land. Sie reisen etwa alle drei Monate oder jedes Monat aus, um ein neues Visum zu erlangen. Die Zahl solcher Personen, die sich regelmäßig auf sogenannte „visa runs" ins Ausland begeben müssen, ist nicht bekannt, könnte aber gut über 10.000 liegen (HUGUET und PUNPUING 2005), andere Schätzungen sprechen sogar von 30.000 bis 50.000 betroffenen Personen (Asia Sentinel 2006). Diese arbeiten oft auch als Freiberufler oder für kleine Unternehmen und wollen den Prozess zur Erlangung einer Arbeitserlaubnis nicht durchmachen. Eine andere Kategorie stellen Personen mit einem „retirement visum" dar, die in Thailand leben. Vor allem Aussagen über die Zahl der internationalen Altersmigranten und der pensionierten ausländischen Bevölkerung lassen sich kaum seriös treffen, genauso wie über die so genannten „amenity seeking migrants", die kein geschäftliches Interesse im Land verfolgen.

4. Hua Hin und Cha-am als Brennpunkte des Binnentourismus und der internationalen Altersmigration – eine Fallstudie

4.1 Hua Hin und Cha-am als Tourismusstandorte

Die Stadt Hua Hin (41.953 Einwohner, zirka 68.000 im gesamten Distrikt)[2] liegt etwa 200 Kilometer südlich von Bangkok am westlichen Golf von Thailand in der Provinz Prachuap Khiri Khan und ist in nur wenigen Autostunden von der Hauptstadt aus erreich-

---

[2]) National Statistical Office of Thailand, Zensus 2000.

bar. Der Badeort Cha-am (45.981 Einwohner, zirka 64.000 im gesamten Distrikt)[3], vor allem bekannt für seinen touristischen Küstenstreifen Cha-am Beach, liegt 20 Kilometer nördlich von Hua Hin und gehört zur Provinz Phetchaburi. Beide Standorte gelten als wichtige Zentren des inländischen Tourismus, der eine weit höhere Bedeutung erreicht als der internationale Tourismus, vor allem in Cha-am, wo internationale Gäste in Relation zu den Inlandstouristen stark in der Minderheit sind.

Die beiden einst traditionellen Fischerdörfer gelten als älteste und exklusivste Badeorte Thailands. Der Beginn der Tourismusentwicklung geht bereits auf die 1920er-Jahre zurück, als der Palast „Klai Kangwon" („Fern der Sorgen") 1928 von König Phra Pokklao (Rama VII) wenige Kilometer nördlich vom Ortskern Hua Hins erbaut wurde und seitdem von der königlichen Familie als Sommerresidenz viel genutzt wird. Die königliche Atmosphäre der Stadt machte sie seit jeher auch zu einer wichtigen Urlaubs- und Wochenenddestination für die thailändische Oberschicht, die vornehmlich aus wohlhabenden Familien Bangkoks besteht (Hua Hin Thailand 2009; Siambeing 2008).

Dass Hua Hin in den letzten Jahren als neuer „*retirement haven*"[4] Thailands angepriesen wird, ist auf viele Vorzüge der Gegend zurückzuführen. Ein großer Vorteil der Region ist sicherlich die günstige Erreichbarkeit von Bangkok aus, die vor allem auch den Wochenendtourismus der inländischen Bevölkerung begünstigt, aber sie ist auch eine der vom Flughafen Bangkok aus am schnellsten zu erreichenden Badedestinationen für internationale Touristen.

Klimatisch gesehen zählt die Region durch die Lage im geschützten Golf von Siam zu den begünstigsten Gebieten in Thailand. Das ganze Jahr über halten sich die Niederschläge in Grenzen und die Gegend zählt zur trockensten in Thailand mit angenehmen Temperaturen das ganze Jahr über. Zum Vergleich: der Jahresniederschlag im Raum Hua Hin beträgt etwa 1.000 mm, andere touristische Zentren wie Phuket weisen über 2.500 mm auf, am östlichen Golf von Thailand liegen die durchschnittlichen Jahresniederschläge sogar über 4.000 mm.[5]

Bekannt ist die Gegend weiters noch als „*golfer's paradise*", als erster Golfstandort Thailands und als eine der führenden Golfdestinationen Asiens mit über zehn Golfanlagen (HASTINGS 2008a).

Besonders charakteristisch für die Region ist auch ihre relative Ruhe im Vergleich zu anderen touristischen Destinationen: Insgesamt verfügen Hua Hin und Cha-am über eine massentouristische Infrastruktur und ein Nachtleben, die sich im Vergleich zu jenem in Phuket, Pattaya oder Koh Samui (noch) eher bescheiden ausnimmt, vor allem in Cha-am.

Touristisch gesehen gehört die Gegend nicht zu den ersten Destinationen für internationale Touristen in Thailand und liegt mit knapp über 300.000 (Cha-am) bzw. etwas mehr als 400.000 (Hua Hin) internationalen Besuchern deutlich hinter Standorten wie Pattaya

---

[3] National Statistical Office of Thailand, Zensus 2000.
[4] Retire in Paradise 2009; Hua Hin & Thailand Rough Guide & Information Port 2009.
[5] Klimadiagramme unter http://www.klimadiagramme.de, 26.02.2009.

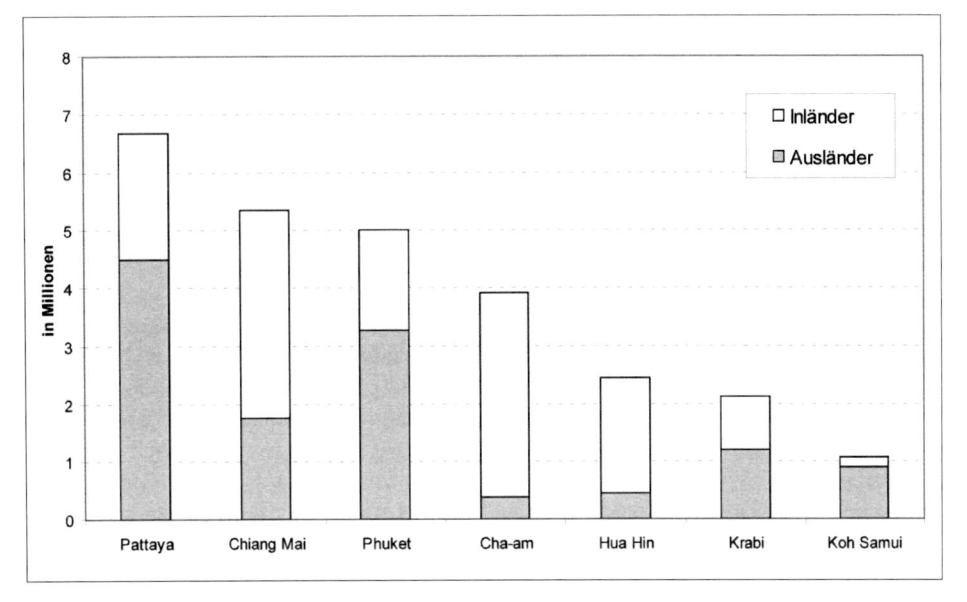

Abb. 1: Ankünfte 2007 nach Herkunft und Destinationen

Quelle: Eigene Darstellung; Daten: Tourism Authority of Thailand 2008, S. 16.

mit über vier Millionen und Phuket mit über drei Millionen Ankünften (Abb. 1). Dafür gilt die Region als größtes Zentrum des Binnentourismus mit stetig steigender Tendenz. Die Strände, vor allem jene von Cha-am Beach, werden am Wochenende von den Stadtbewohnern aus Bangkok, die entweder privat anreisen oder mit Reisebussen massenweise nach Cha-am transportiert werden, geradezu überschwemmt. In Hua Hin findet eine deutlich stärkere Vermischung des Binnentourismus mit internationalen Touristen als in Cha-am statt, wo ausländische Touristen zwischen den Inländern im wahrsten Sinne des Wortes kaum sichtbar werden. In Cha-am ist die Zahl der Ankünfte von inländischen Touristen fast doppelt so hoch wie in Hua Hin. Als ältester Tourismusstandort im Land war die touristische Entwicklung immer schon durch die thailändische Bevölkerung getragen und wurde nicht wie etwa in Pattaya durch den Vietnam-Krieg ausgelöst oder wie im Falle von Koh Samui durch die „Eroberung" der Insel durch Rucksacktouristen.

Ein wichtiger zusätzlicher Impuls für die touristische Entwicklung der Region war der Tsunami 2004, der sich sehr positiv auf die Gegend auswirkte und die Nächtigungszahlen deutlich ansteigen ließ. Der Tourismusboom in der Region Hua Hin – Cha-am war die Folge eines „Ausweichmanövers" von den schwer getroffenen Destinationen an der Andamanensee in den geschützten Golf von Thailand. Die auch bei den Tourismusverantwortlichen in der Region fest verankerte Einschätzung, dass der Tsunami für die touristische Entwicklung im Raum Hua Hin ein wichtiger Motor war, gilt jedoch für den internationalen Tourismus nur bedingt: Die Zahl der internationalen Ankünfte in Hua Hin und Cha-am nahm zwischen 2004 und 2007 durchschnittlich um 80.000 pro Jahr zu, die Zahl der Binnentouristen stieg hingegen im selben Zeitraum im Durchschnitt um 260.000 Besucher pro Jahr (Tourism Authority of Thailand 2008).

Was für den Tourismusmarkt gilt, gilt vor allem auch für den Immobilienmarkt. Immobilienmakler vor Ort sind sich einig, dass der Markt in den letzten vier bis fünf Jahren eine immense Ausweitung erfahren hat. Der starke Bauboom ist in der ganzen Stadt allgegenwärtig und setzte sich auch nach der Sättigung des Marktes fort. Die Bebauung wird auf immer mehr Gebiete im Um- und Hinterland ausgedehnt, da im Zentrum kaum mehr Platz verfügbar ist, höchstens wenn alte Gebäudekomplexe abgerissen und durch neue ersetzt werden, was ebenfalls eine vorherrschende Tendenz ist.

Primäre Käufergruppe sind die städtischen Eliten Bangkoks, die die Immobilien als Investment sehen oder als Wochenendresidenz nutzen, sowie auch zunehmend Ausländer. In letzterem Fall sind das meist ältere Paare, Familien oder gemischte Thai-ausländische Paare. Die Relationen zwischen den einzelnen Käufergruppen lassen sich jedoch nur sehr grob abschätzen, da die Käuferklientel von Händler zu Händler stark variiert. Demographisch gesehen verzeichnet die Gruppe der älteren Expats aus Nordeuropa die höchsten Zuwachsraten, dennoch geht aber die Schlüsseldynamik von thailändischen Zweitwohnsitzen aus (FLOOD 2008).

Frank KHAN, Direktor von *Knight Frank Immobilien*, sieht seine primäre Zielgruppe für Luxus- und High-End-Produkte in Paaren mittleren Alters und pensionierten Skandinaviern. Saphatsanan PHOAJIADA, Customer Relations Manager von *Hua Hin Property*, zählt vor allem Ausländer, darunter ältere Herren mit thailändischen Frauen, zu ihren besten Kunden. *Siam Property* hat sich bei den In- und Ausländern gleichermaßen positioniert, wobei 80 Prozent der Thais eher Kondominien bevorzugen und 80 Prozent der Ausländer, die zum Großteil aus Paaren bestehen, lieber Villen kaufen, die sie als Zweitwohnung saisonal nutzen, oft mit dem Hintergedanken, später einmal nach Thailand zu migrieren. Gemischte Ehepaare machen nur einen geringen Teil der Kunden aus. Aber nicht nur westliche Käufer aus dem Ausland spielen eine wichtige Rolle, sondern auch asiatische Käufergruppen sind stark im Zunehmen, vor allem japanische Pensionisten oder Angehörige der indischen Mittelschicht. Bei *Avenue Homes* hingegen sind europäische Käufer aus Skandinavien und Großbritannien am stärksten vertreten, wobei sich Mischehen und westliche Paare die Waage halten.

Abb. 2: Bautätigkeit in Hua Hin

Foto: VERESS 2008.

Abb. 3: Bautätigkeit in Hua Hin

Foto: VERESS 2008.

4.2 Die Expats von Hua Hin und Cha-am

Für die Größe der Expat-Bevölkerung im Raum Hua Hin, die aus westlichen Industriestaaten stammt, liegen sehr unterschiedliche Schätzungen vor. Eine gängige, häufig genannte Zahl liegt bei etwas mehr als 3.000 westlichen Ausländern, die sich in Hua Hin längerfristig aufhalten (Expat Hua Hin 2009). Laut Jira PONGPHAIBOON, Bürgermeister von Hua Hin, sind mindestens etwa 1.000 Häuser im Besitz ausländischer Familien und Paare, die diese auch als mehr oder weniger permanente Wohnresidenz nutzen. Auch von mehr als 3.000 Unterkünften, die von Ausländern bewohnt werden, ist die Rede (DECHAPANYA 2008). Diskussionen in Expat-Foren über die Zahl der Expats in der Region weisen eine weite Bandbreite auf. Bereits 2004 sollen laut Immigrationsbüro in Dan Sinkorn über 7.000 Expats in Hua Hin gelebt haben, und inzwischen soll die Zahl auf 15.000 angestiegen sein. In Cha-am hingegen wird eine überschaubarere Zahl von rund 1.000 Migranten geschätzt (Hua Hin After Dark, Forum 2009). In der Realität dürften die Zahlen im Bereich der höheren Schätzungen liegen, da die Fluktuation der ausländischen Bevölkerung relativ hoch ist, ein ständiges Kommen und Gehen herrscht und es schwierig ist, den Übergang zwischen den einzelnen Formen der Mobilität quantitativ eindeutig festzumachen.

Angaben zur Alters oder Geschlechtsstruktur dieser schwer fassbaren Bevölkerungsgruppe sind noch schwieriger zu erhalten. Ob es sich beim Großteil der älteren Migranten tatsächlich überwiegend um alleinstehende Männer handelt, die alleine migriert sind, sei dahingestellt. Die Einschätzungen vor Ort schwanken von über 90 Prozent pensionierter Männer, die alleine nach Thailand migriert sind, bis hin zu einer 50:50 Relation zwischen männlichen Pensionisten und Paaren. Tatsache ist, dass die älteren männlichen Expats mit einer thailändischen Partnerin eindeutig das Stadtbild prägen und allgegenwärtig sind. Eine Tatsache ist aber auch, dass es einen nicht unerheblichen Anteil an ausländischen Paaren, vor allem aus Skandinavien, gibt, die die europäischen Wintermonate hier verbringen. In diesen Monaten wird die Stadt geradezu überschwemmt von ausländischen saisonalen Migranten und Schwedisch gilt in diesem Zeitraum als zweite „offizielle" Sprache. Die Nationalitäten, die unter den Expats vertreten sind, sind zum großen Teil Skandinavier, vor allem Schweden, Norweger und Dänen, und Briten (TERLYCKY und BRYCE 2007). Eine große Zahl an Deutschen und US-Amerikanern ist ebenfalls anzutreffen sowie vereinzelt auch eine Vielzahl an anderen Nationalitäten.

Trotz der Tendenz zur steigenden Anzahl an Expats, die in der Gegend leben, bleibt die „Expat-Szene" relativ überschaubar. Nach einiger Zeit kennt man viele bekannte Gesichter, im Immigrationsbüro trifft man sie beim Verlängern des Visums wie auch fast täglich in ihren Stammbars. Man findet die Gruppen oft in der gleichen Konstellation, als buntes Konglomerat aus allen Ländern oder auch ähnlicher Nationalitäten, wobei sich die Skandinavier und Deutschen am meisten mit Gleichgesinnten zu sozialisieren scheinen. Die Community ist sehr fragmentiert, man kennt sich aber schnell und es wird auch viel Tratsch und Klatsch erzählt, vor allem in Cha-am, wo sich fast alle Expats zu kennen scheinen. Zu den diskutierten Gerüchten in der Community gehören vor allem das Fluktuieren der Expat-Bevölkerung, wer es schafft und wer wieder aufgibt, wer wie viel Geld hat und nicht zuletzt Bedenken, welche Thai-Frau wen betrügt.

Wenn man hier von einer Expat-Szene spricht, muss man sie immer in Relation mit einer weitgehend männlichen Gemeinschaft sehen, da sie meist auch als solche verstanden und behandelt wird. Betrachtet man verschiedenste Informationsquellen für diese Gruppe wie etwa Online-Foren wie das HHAD (Hua Hin After Dark), das größte Online-Netzwerk der Gegend mit 3.700 Mitgliedern und 1.700 täglichen Besuchern, oder regionale fremdsprachige Zeitschriften wie „Tip" oder „Observer", so wird sofort klar, dass es sich hauptsächlich um eine männliche Zielgruppe handelt.

Ein Blick auf die Kategorie „Fragen und Antworten" oder die Postings in den Foren macht deutlich, dass sich hier vor allem Männer informieren und aktiv beteiligen. Die Themen sind neben den alltäglichen Problemen des Expat-Lebens weitgehend auch auf „männliche" Anliegen ausgerichtet wie die Bar-Szene und Probleme mit Thai-Frauen. Der „Hua Hin Online Community Report" des „Observer" zeigt, dass die am häufigsten angesprochenen Themen weiters Lebenshaltungskosten, Kriminalität, steigende Immobilienpreise, die Verlobte, Beziehungen, Korruption und die „Überlebensdauer" von Expats sind. Auch Beschwerden über die Immigration auf Grund sich ständig ändernder Bedingungen sind ein Thema (DEVONSHIRE 2008). Auch wenn die tatsächliche Relation der männlichen Migranten zu westlichen Paaren unsicher ist, ist deutlich, dass die männlichen Expats intensiver am öffentlichen Leben beteiligt sind und auch als wichtige Zielgruppe angenommen werden. Paare hingegen sind viel seltener im öffentlichen Leben anzutreffen, gesellen sich eher mit anderen Paaren und bleiben von den touristischen Zentren eher fern.

Ein zentraler Bereich der Freizeitgestaltung der männlichen Expat-Szene sind das Nachtleben und die Bar-Szene, die wichtige – nach KOCH-SCHULTE (2008) sogar die wichtigsten

– Elemente des sozialen Lebens dieser Gemeinschaft darstellen. So trifft man die männliche Expat-Szene oft in Überschneidung mit touristischer Infrastruktur. In diesem Zusammenhang prägte SEABROOK (1991) den Begriff „*sexpatriates*", Expats, die zusätzlich zu den üblichen touristischen Dienstleistungen noch einschlägige weitere in Anspruch nehmen (BISHOP und ROBINSON 1998). Ein gängiger Begriff der „Szene" sind die sogenannten „*butterflies*", eine Bezeichnung für Expats, die sich meistens in den Bars aufhalten, trinken und alle paar Wochen oder Monate eine neue Freundin haben. Eine andere charakteristische, vor allem die ältere Expat-Gruppe abwertend bezeichnende Zuschreibung, die vor

Abb. 4, 5 und 6: Bars und Nachtleben

Fotos: VERESS 2008.

allem Einheimische für Mitglieder dieser Gruppe gebrauchen, ist das Akronym „VOMIT", das für „Vile Old Man in Thailand", zu Deutsch „widerlicher, alter Mann in Thailand" steht und somit in Kombination mit der ursprünglichen Wortbedeutung von „vomit" als Erbrochenes quasi ein doppelt negatives Urteil über die ältere Expat-Gruppe abgibt.

Im Untersuchungsgebiet konnte sich aber auf Grund der Tatsache, dass sich der Sommersitz der Königsfamilie in Hua Hin befindet, weder ein ausgedehntes Nachtleben noch ein ausgeprägter Sextourismus entwickeln. Entlang Hua Hins Hauptstraße, der Phetchkasem Road, findet man zum Beispiel kaum Bars, die das Stadtbild prägen. Dennoch ist eine gewisse Infrastruktur für die Expat-Szene vorhanden, wenn auch nur in sehr bescheidenem Rahmen. Das Nachtleben findet man hauptsächlich in der „Dark Soi", auch „Mud Alley" genannt, die mit etwa 50 Bars in Strandnähe hinter dem Hilton Hotel das einzige größere Vergnügungsviertel in Hua Hin darstellt. Auch in einigen Nebenstraßen gibt es noch vereinzelte Barmeilen, die aber sehr überschaubar sind. Das gesamte Barviertel, das sich etwa über vier Straßen erstreckt, entstand aus ehemaligen Fischerhütten. Heute arbeiten etwa 500 Frauen hier (zum Vergleich: in Pattaya sollen es zur Hauptsaison 40.000 sein) (ANSCHEL 2008). In Cha-am gibt es zwar nur eine sehr bescheidene Expat-Szene, dennoch aber ein ausreichendes Nachtleben, das rund um das Plaza, entlang der Strandpromenade und in einigen Seitenstraßen von Cha-am Beach zu finden ist. Einmal in der Woche jeden Mittwoch trifft sich die Expat-Gemeinschaft am „Night Market" von Cha-am zur feuchtfröhlichen Runde.

5. Die Befragung

Die Befragung der männlichen Expat-Bevölkerung erfolgte mittels persönlicher Gespräche, die aufgezeichnet und transkribiert wurden. Ein Gesprächsleitfaden, der sowohl die Möglichkeit für standardisierte Informationen bieten als auch Raum für individuelle Perspektiven und Lebensgeschichten der Migranten erlauben sollte, bildete den thematischen Rahmen.

Die Zielgruppe wurde idealtypisch definiert als männlich, im Alter von 50+ (Altersgrenze für das „Retirement Visum") und pensioniert bzw. nicht mehr im Erwerbsleben stehend. Zusätzlich galt als Bedingung, dass die Befragten die größte Zeit des Jahres in Thailand verbringen und ohne Partnerin aus dem Herkunftsland migriert sind. Durch diese Auswahlkritierien wurden also auch saisonale Migranten erfasst. Die Altersgrenze wurde flexibel gehandhabt, indem nicht mehr erwerbstätige oder frühpensionierte Migranten aus dem Ausland auch dann in die Befragung miteinbezogen wurden, wenn sie die Altergrenze von 50 Jahren noch nicht erreicht hatten.

Die Kontaktaufnahme mit der Zielgruppe gestaltete sich durch die starke Präsenz der Expats in ganz bestimmten Lokationen der Region relativ einfach. Die Interviews wurden unter sehr unterschiedlichen Bedingungen durchgeführt, meist an öffentlichen Plätzen, in Bars, Cafés, Restaurants, Einkaufszentren, Massagesalons oder – in wenigen Fällen –

auch in den eigenen vier Wänden. Die Probanden waren entweder mit der Lebensgefährtin oder Frau, alleine oder in den meisten Fällen ohne Partnerin mit anderen Expats bzw. in größerer Gesellschaft anzutreffen, wobei in solchen Fällen gleich mehrere Interviews nacheinander durchgeführt werden konnten. Die Interviews selbst fanden jedoch stets unter vier Augen statt, manchmal mit anschließender Diskussionsrunde mit mehreren Teilnehmern.

Die Bereitschaft zum Gespräch fiel überaus positiv aus und die meisten erzählten sehr offen über ihre Erfahrungen. Für manche Probanden schien es geradezu ein Bedürfnis zu sein, ihre Erlebnisse zu schildern und mitzuteilen. Die meisten der Befragten zeigten nicht nur eine hohe Bereitschaft zum Gespräch, wobei sich jedoch manchmal die Frage nach der Ehrlichkeit der Antworten nicht leicht abschätzen lässt, sondern es handelte sich meist auch um durchaus sehr höfliche und angenehme Personen, von denen nur einige wenige unter anderem auch entwürdigende oder feindliche, moralisch nicht vertretbare Ansichten äußerten. Es wurden insgesamt 44 Gespräche aufgezeichnet, wobei 26 in Hua Hin stattfanden und 18 in Cha-am.

5.1 Merkmale der Expats

Die Herkunft der befragten Migranten dürfte die reale Herkunftsstruktur der Expats relativ gut widerspiegeln, da allgemein die Zahl der britischen und skandinavischen Expats am höchsten geschätzt wird und diese Gruppe in der vorliegenden Befragung mit elf Personen aus dem Vereinigten Königreich, hauptsächlich England, und insgesamt acht Probanden aus skandinavischen Ländern am stärksten vertreten ist. Der Rest der Befragten, der sich auf viele unterschiedliche Nationalitäten wie Schweiz, Kanada, Australien, Neuseeland und andere aufteilt, zeigt bereits die große Diversität der Zielgruppe, die nicht nur von einigen wenigen Nationalitäten dominiert wird (Tab. 1).

Differenziert nach der Aufenthaltsdauer gaben 33 Personen an, das ganze Jahr durchgehend in Thailand zu verbringen, elf Personen hielten sich nur saisonal in Thailand auf. Die saisonalen Migranten verbrachten zwischen sechs und neun Monate im Jahr in Thailand, da sie noch Geschäften im Herkunftsland nachgingen, den Kontakt zu Familie und Bekannten im Herkunftsland nicht abreißen lassen oder einfach den Sommer in der Heimat genießen wollten.

Die durchschnittliche Aufenthaltsdauer der Migranten, die auf permanenter oder regelmäßig wiederkehrender saisonaler Basis im Land lebten, lag bei 5,2 Jahren, wobei genau die Hälfte seit zwei bis fünf Jahren im Land lebte, ein weiteres Viertel seit sechs bis zehn Jahren, 13 Prozent erst seit einem Jahr oder wenigen Monaten und nur sieben Prozent seit mehr als zehn Jahren.

Das durchschnittliche Alter der Gruppe war mit 61 Jahren noch relativ niedrig, wobei die Spannweite der Befragten von 44 bis 77 Jahren reichte. Die Verteilung der Altersgruppen war – mit Ausnahme der beiden Enden der Altersskala – ausgewogen; so gehörten der Altersgruppe der 44–49-Jährigen nur drei Personen an und jener der über 75-Jährigen

Tab. 1: Herkunft und Art der Migration der befragten Expats

Herkunftsland	Befragte nach Aufenthaltsdauer		Befragte insgesamt
	permanent	saisonal/ Zweitwohnsitz	
UK	11	–	11
USA	6	2	8
Deutschland	5	3	8
Norwegen	2	1	3
Schweden	2	1	3
Kanada	2	–	2
Schweiz	2	–	2
Dänemark	1	1	2
Australien	–	1	1
Neuseeland	–	1	1
Irland	1	–	1
Italien	–	1	1
Kroatien	1	–	1
insgesamt	33	11	44

Quelle: Eigene Erhebung 2008.

lediglich einer. Auch zwischen 70 und 74 Jahren fanden sich nur fünf Personen. Fast ein Viertel der Personen war zwischen 65 und 69 Jahre alt und der große Rest zwischen 50 und 64 (Abb. 7).

Die Altersverteilung der befragten Expats zeigt auf den ersten Blick, dass viele noch lange nicht das pensionsfähige Alter erreicht hatten. Der Großteil der Probanden befand sich aber offiziell schon in Pension, ein Teil im normalen Pensionseintrittsalter mit vollem Anspruch, andere in verschiedenen Formen von Frühpension, Altersteilzeit oder Übergangsurlaub, entweder, weil sie diese Arrangements freiwillig gewählt haben, vom Arbeitgeber dazu veranlasst wurden oder aus gesundheitlichen Gründen. Die Mitglieder dieser Gruppe bekamen entweder eine Pension ausbezahlt, meist mit Abstrichen, oder auch eine einmalige Abfindung. Ein weiterer Teil hatte trotz fehlendem Pensionsanspruch zu arbeiten aufgehört und lebte entweder von meist gering dotierten Privatvorsorgearrangements und/ oder von Erspartem, um so die Zeit bis zur Erreichung des regulären Pensionsalters zu überbrücken. Ein einziger Befragter wurde gekündigt und zwei weitere waren durch Umstrukturierungen in der Firma oder Branche gezwungen, aus ihrem Beruf auszuscheiden.

Die vertretenen Berufsgruppen waren breit gestreut, auffällig war aber dennoch der hohe Anteil von etwas mehr als 25 Prozent an ehemals im öffentlichen Dienst beschäftigten Personen, allen voran in Militärberufen. Weiters gehörten dazu Polizisten, Feuerwehrmänner, Lehrer, Chauffeure und ein Psychologe. Die nächstgrößere Gruppe umfasste Selbstständige, die eine eigene Firma hatten oder teilweise noch immer haben, wie etwa

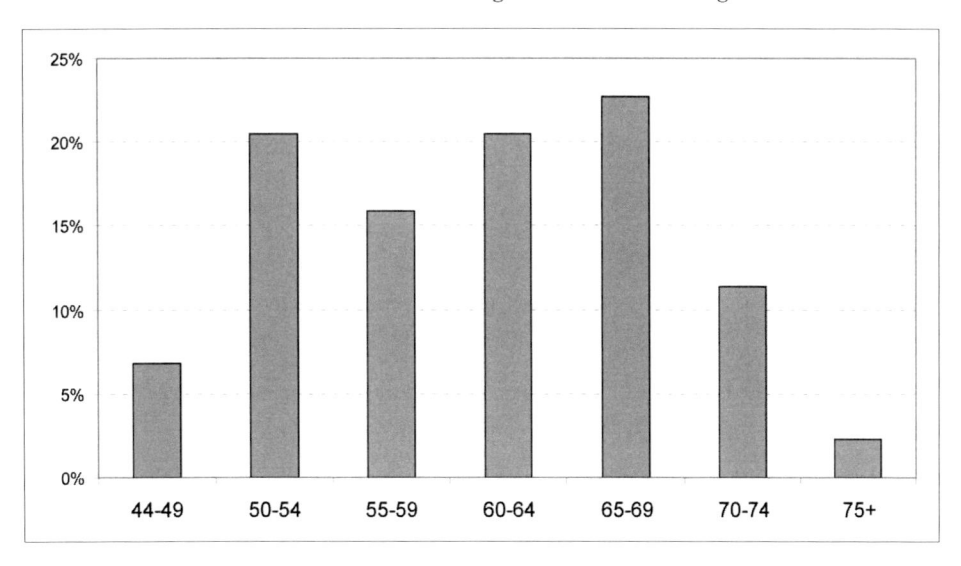

Abb. 7: Altersstruktur der befragten ausländischen Migranten

(N=44)

Quelle: Eigene Erhebung 2008

Autohandel, Reisebüro, Marketing oder Baufirmen. Weitere 18 Prozent waren Vertreter der unteren Berufsgruppen wie Arbeiter, Handwerker und Beschäftigte im Fischereiwesen. Vereinzelt waren unter den Befragten noch technische Berufe und Tätigkeiten in der Baubranche zu finden.

Ein regelmäßiges Pensionseinkommen, sei es monatlich oder jährlich, bezogen 66 Prozent, was aber nicht gleichzeitig bedeutet, dass auch alle ausschließlich davon ihren Lebensunterhalt bestreiten konnten. Die Spannweite der regelmäßigen Pensionen reichte von 120 bis 5.000 Euro im Monat. Durchschnittlich ergab sich ein Einkommen von 1.700 Euro monatlich, das aus dem Herkunftsland bezogen wurde. Vergleicht man dieses Einkommen mit dem durchschnittlichen Pro-Kopf-Einkommen in Thailand, das sich im Jahr 2008 auf rund 12.000 Baht im Monat belief[6] (also kaum mehr als 200 Euro), zeigt sich eine hohe Kaufkraft der Gruppe. Am stärksten unter den Befragten war die Gruppe mit einem Pensionseinkommen zwischen 1.000 und 2.000 Euro monatlich vertreten (insgesamt mehr als 60 Prozent). Immerhin 20 Prozent erhielten weniger als 1.000 im Monat, hingegen nur jeweils 12 Prozent höhere Beträge zwischen 2.000 und 3.000 und über 3.000 Euro monatlich (Abb. 8).

Die größte Kaufkraft lässt sich, wie man eventuell vermuten mag, nicht unbedingt den Skandinaviern zuschreiben, da die Personen mit Spitzenpensionen aus den unterschiedlichsten Ländern stammten: Kanada, Schweiz, Norwegen, Dänemark, USA und Deutschland. Mehr als ein Viertel der Pensionisten lebte mehr oder weniger von eigenen Ersparnissen und Investitionen, wobei einige wenige auch angaben, gar nicht von ihrer

---

[6]) Quelle: National Statistical Office of Thailand, Core Economic Indicators 2008.

Abb. 8: Monatliches Pensionseinkommen der befragten ausländischen Migranten in Euro

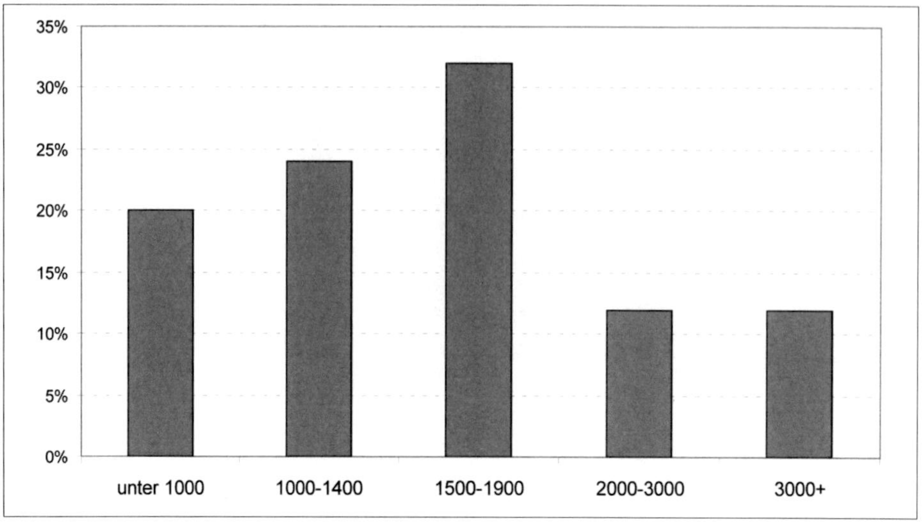

Einkommensklasse	Anteil
unter 1000	20%
1000-1400	24%
1500-1900	32%
2000-3000	12%
3000+	12%

(N=44)

Quelle: Eigene Erhebung 2008.

Pension zu leben, sondern anderen Einkommensquellen in Thailand nachzugehen. Da es Ausländern offiziell kaum erlaubt ist, in Thailand zu arbeiten, ist es eine sehr beliebte Ausweichvariante, ein Lokal zu besitzen, in welchem man aber offiziell selbst nicht arbeiten darf. Demnach betrieb ein Viertel der Befragten eine Bar, ein Restaurant oder ein Gästehaus, um das Einkommen aufzubessern oder einfach, um die laufenden Kosten zu decken, meist aber ohne dabei einen darüber hinausgehenden Gewinn machen zu wollen. Eine Person ging in Thailand einem Lehrerberuf nach, zwei weitere waren in Immobiliengeschäfte involviert und noch drei weitere hielten Geschäftsbeziehungen zum Ausland aufrecht. Somit war etwa die Hälfte noch ökonomisch aktiv, die andere Hälfte war bereits voll im Ruhestand angekommen.

Beim Familienstand zeigt sich, dass nahezu alle Befragten mindestens einmal in ihrem Leben verheiratet waren, nur fünf Personen waren zuvor noch nie in ihrem Leben verheiratet und drei weitere waren verwitwet. Der Großteil der Befragten war einmal geschieden, wenige bereits zweimal und eine Person sogar dreimal. Fast die Hälfte war mit der thailändischen Lebenspartnerin auch verheiratet und immerhin mehr als ein Viertel der Personen war kinderlos.

5.2 (Sex-)Touristische Vorgeschichte

Wie vermutet, kannten fast alle Befragten das Land durch vorangegangene touristische Besuche unterschiedlicher Dauer und Häufigkeit. Dabei kamen viele durch Empfehlungen von Freunden, Bekannten und Verwandten, die bereits das Land besucht hatten, mit Thailand in Verbindung oder durch einen Besuch von Bekannten vor Ort im Rahmen des sogenannten „VFR-Tourismus" („Visit Friends & Relatives"). Nur zwei der Befragten kamen zunächst ausschließlich durch geschäftliche Beziehungen mit Thailand in Verbindung, bevor sie auch private Interessen im Land verfolgten.

Im Durchschnitt erfolgte der Erstbesuch im Land vor zwölf Jahren, wobei der erste Aufenthalt in Thailand bei 38 Prozent sechs bis zehn Jahre zurücklag, weitere 32 Prozent kannten das Land schon seit über zehn Jahren (davon kamen 18 Prozent bereits vor mehr als 20 Jahren nach Thailand und immerhin neun Prozent vor über 30 Jahren), die restlichen 30 Prozent waren erst seit wenigen Jahren mit Thailand vertraut.

Die Regelmäßigkeit der Thailandbesuche war bei fast einem Drittel der Probanden hoch, sie hatten das Land entweder bereits vielfach bereist oder hier sogar jedes Jahr regelmäßig Urlaub gemacht. Rund 25 Prozent der Befragten hatten das Land nur ein einziges Mal besucht und der Rest war bereits zumindest mehrere Male zu Besuch im Königreich.

Ein markantes Charakteristikum der touristischen Aktivitäten ist die Tatsache, dass die Hälfte aller Befragten das Land ausschließlich alleine besucht hat und ein weiteres Viertel der Befragten zumindest einmal auch alleine nach Thailand gereist ist. 15 Prozent haben Thailand – teilweise öfter – mit der damaligen Frau oder Lebensgefährtin bereist, der Rest mit Freunden, Bekannten oder Familienmitgliedern.

Die Aufenthaltsdauer bei früheren touristischen Besuchen reichte von fünf Tagen bis zu sechs Monaten. Bei den regelmäßigen Besuchen in Thailand wurde meistens die Urlaubszeit von zwei bis vier Wochen genützt, und bei einigen ließ sich eine deutliche Tendenz erkennen, immer längere Aufenthalte bis hin zur permanenten Migration einzuplanen (20 Prozent).

Ein idealtypischer Übergangsprozess vom Touristen über saisonale Migration bis hin zum permanenten Aufenthalt lässt sich anhand der Befragungsergebnisse jedoch nicht bestätigen, da sich lediglich zwei der permanenten Migranten zuvor auf saisonaler Basis im Land aufgehalten haben, alle anderen Befragten haben den „Zwischenschritt" der saisonalen Migration nicht mitgemacht. Auch eine Tendenz zur kontinuierlichen Verlängerung von saisonalen Aufenthalten ist nicht erkennbar, denn lediglich zwei Befragte dehnten den Zeitraum ihrer saisonalen Aufenthalte immer weiter aus.

Wie fließend die Grenzen zwischen touristischen Besuchen und längerfristigen Aufenthalten – zum Beispiel im Sinn von saisonalen bzw. semipermanenten Migrationen – sind, zeigt sich auch an der Tatsache, dass sich selbst jene Befragten, die sich bereits längerfristig in Thailand aufhielten, meist noch immer als Touristen betrachteten und ihren Thailandaufenthalt mehr oder weniger als eine Art verlängerten „Urlaub" einstuften. Dass Tourismus allerdings grundsätzlich in den meisten Fällen als Vorläufer des Migrationsprozesses gesehen werden kann, lässt sich auch aus den Ergebnissen der Befragung ableiten, da dadurch die nötige Basis gelegt wurde, das Land besser kennenzulernen und längerfristige Aufenthalte vorzubereiten.

Eine weitere interessante Tatsache, was die Vorgeschichte der Migration nach Thailand betrifft, ist, dass einige der Probanden nach ihrer Pensionierung bereits auch andere Destinationen für längere Aufenthalte aufgesucht hatten. So waren einige zuvor schon nach Spanien gezogen, andere gingen nach Zypern oder sogar nach Hawaii. Die Gründe, weswegen letztlich diese Standorte zugunsten Thailands aufgegeben wurden, waren im Fall von Spanien und Hawaii die steigenden Lebenshaltungskosten und das daraus resultierende Unvermögen, mit der Höhe der zur Verfügung stehenden Pension weiter einen adäquaten Lebensstandard aufrechterhalten zu können. Jener Befragte, der zuvor in Zypern gelebt hatte, kritisierte überdies noch die hohe Anziehungskraft der Mittelmeerregion für pensionierte Paare. Er fühlte sich deshalb als alleinstehender, älterer Mann einsam, und es fiel ihm schwer, dort eine Lebensgefährtin zu finden, was in Thailand kein weiteres Problem darstellt.

Die Bedeutung von sextouristischen Interessen im Land wurde von den Befragten sehr unterschiedlich bewertet. Knapp mehr als die Hälfte (54 Prozent) bestätigte, während ihrer Urlaube beziehungsweise auch noch zu Beginn ihrer Migration nach Thailand sextouristischen Angeboten und Aktivitäten in Form von ausgedehntem Nachtleben, Sex für Geld oder kurzfristigen Affären, die in gewisser Weise mit Sextourismus und offener Prostitution verbunden sind, nachgegangen zu sein. Die meisten schilderten solche Erlebnisse aber eher als Begleiterscheinung, der man als Mann in Thailand nicht entkommen kann, und sahen darin nicht den primären Grund, das Land zu bereisen. Käuflicher Sex wurde eher gesehen als etwas, das man auskostet und in Anspruch nimmt, da es ja ohnehin überall präsent ist, wie auch KLEIBER und WILKE (1995) in ihrer Arbeit über deutsche Sextouristen feststellten.

Weiters interessant ist die Tatsache, dass kaum einer der Befragten sich selbst als Sextourist beschreiben wollte, auch wenn er sextouristischen Aktivitäten nachgegangen ist und Sex für Geld in Anspruch genommen hat oder Affären mit Frauen hatte, die mit Prostitution in Verbindung standen. Und auch wenn diese Tatsache bejaht wurde, wurde meist noch rasch hinzugefügt, dass dies ohnehin nur wenige Male vorgekommen sei. Bemerkenswert ist, dass im Interview oft auch von jenen, die knapp zuvor offen über ihre früheren einschlägigen Erlebnisse und die Inanspruchnahme sextouristischer Angebote gesprochen hatten, eine deutlich ablehnende Haltung gegenüber der thailändischen Sexindustrie eingenommen wurde. Typisch ist auch, dass sich zum Befragungszeitpunkt keiner der Befragten mehr mit sextouristischen Dienstleistungen in Verbindung sah, vielmehr wurde betont, dass solche Erfahrungen bereits einige Zeit zurücklagen und in gewisser Weise als nicht mehr relevant und erstrebenswert angesehen wurden:

> *"I hold my hand up, when I first came it was like being a child in a sweet shop, all of us. Old ugly men from England and all these pretty girls want to know you. Yes I fell into the trap as well. For about 6 months I was like anybody else. But now I don't like it."* (B. A., 05.09.2008, UK)

31 Prozent der Befragten verneinten überhaupt, jemals Sex für Geld in Anspruch genommen zu haben und in irgendeine Art von Sextourismus involviert gewesen zu sein, weshalb sie bei der Verurteilung von Sextouristen noch vehementer vorgingen. Sie argumentierten ihre nicht vorhandene Erfahrung als Sextourist damit, dass sie niemals „Frauen- und Bar-

Typen" gewesen seien, zu viel Angst vor Krankheiten hätten oder bereits beim ersten Besuch in Thailand ihre nunmehrige Frau oder Freundin kennengelernt hatten, in manchen Fällen sogar schon vor der Ankunft im Internet den Kontakt hergestellt hatten und somit bereits mit der Absicht hergekommen seien, eine dauerhafte Gefährtin zu finden und nicht kurzfristige Abenteuer zu suchen. 15 Prozent wollten sich nicht zum Thema Sextourismus äußern, haben also entweder neutral geantwortet, die Frage nicht beantwortet oder ausdrücklich betont, dass sie darüber nicht reden wollten.

65 Prozent der Probanden gaben auch an, das Zentrum des thailändischen Sextourismus schlechthin, Pattaya, zu kennen. Viele begründeten ihre Besuche mit Neugierde, um es einmal gesehen zu haben, argumentieren aber weiter, dass Sextourismus ohnehin nicht zwingend an einige wenige Standorte wie Pattaya gebunden sei und ohne weiters im gesamten Land praktiziert werden könne. Der Rest der Befragten hatte den Ort noch nie besucht und zeigte wegen des schlechten Rufes von Pattaya auch kein Interesse daran. Bei allen Befragten waren Sex, Prostitution und Nachtleben die ersten Assoziationen, die ihnen bei der Erwähnung von Pattaya in den Sinn kamen. Fast einstimmig wurde von allen Pattaya und der damit verbundene Expat-Lebensstil ausdrücklich abgelehnt, auch von jenen, die einst selbst dort ausgiebige Erfahrungen gemacht und teilweise sogar einige Zeit dort gelebt hatten. Nur ein einziger Befragter antwortete mit dem viel strapazierten Leitspruch der Pattaya-Expat-Community: *„Good boys go to heaven, bad boys go to Pattaya"*.

5.3 Motive und Entscheidungsprozesse für die Migration nach Thailand

Wie bereits erwähnt, war das Land den meisten Befragten bereits durch mehrere Thailandbesuche vertraut. Zu welchem Zeitpunkt sich die Befragten letztlich entschieden hatten, längerfristig nach Thailand zu ziehen, war den meisten selbst gar nicht mehr genau bewusst. Nur wenige Personen schienen aber bereits vor ihrem ersten Besuch mit dem Gedanken gespielt zu haben, in Thailand zu leben, entweder weil sie bereits jemanden kannten, der ihnen zu Thailand geraten hatte, oder weil sie bereits vor ihrer Pensionierung umfassende Informationen über potenzielle Destinationen für einen Altersruhesitz eingeholt hatten, wobei dann die Entscheidung auf Grund spezifischer Motive, wie zum Beispiel Lebenshaltungskosten und günstige klimatische Bedingungen, auf Thailand fiel.

Der Prozess der Entscheidungsfindung für Thailand als Alterswohnsitz verlief bei den meisten Befragten durchaus unterschiedlich. Während einige bereits nach dem ersten Besuch des Landes auf der Rückreise oder bald nach der Ankunft in der Heimat beschlossen, einen längeren Aufenthalt in Thailand zu planen, kehrten andere bereits vom ersten Urlaub nicht mehr zurück, wobei aus ursprünglich geplanten zweiwöchigen Urlauben plötzlich Aufenthalte von vier und sogar sechs Monaten wurden. Bei vier befragten Personen erfolgte die Umzugsentscheidung durch eine abrupte drastische Änderung der Lebensumstände wie zum Beispiel Pensionierung oder Tod der Ehefrau. Die meisten Probanden entschieden sich aber im Lauf mehrerer Urlaube für Thailand bzw. Hua Hin als Standort für ihren Alterswohnsitz, ohne einen genauen Zeitpunkt festlegen zu können – entscheidend war jedoch in allen Fällen, dass das Land und die entsprechenden Lebensumstände bereits bekannt und der Zeitpunkt der Pensionierung nicht mehr fern war.

Als Motive für den Umzug nach Thailand wurden meist ganze Bündel an Faktoren genannt, bei den wenigsten scheint für die Verlagerung des Wohnortes ein einziges Motiv ausschlaggebend gewesen zu sein. An erster Stelle der meistgenannten Motive für die Migration ins Untersuchungsgebiet (vgl. Abb. 9) steht zweifellos die Tatsache, dass die Lebenshaltungskosten in Thailand deutlich geringer sind als in den jeweiligen Herkunftsländern. Fast die Hälfte der Befragten nannte die niedrigeren Lebenshaltungskosten als wichtigsten Umzugsgrund.

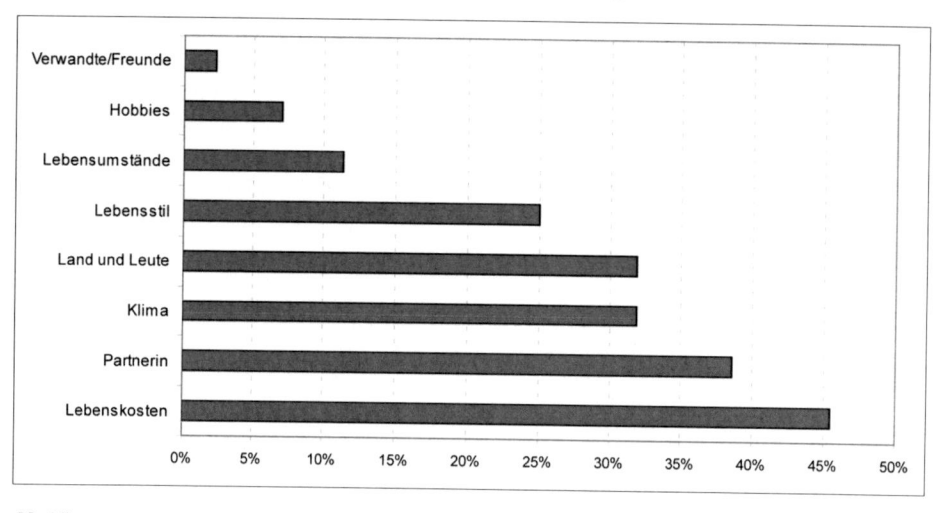

Abb. 9: Am häufigsten genannte Motive für die Migration nach Thailand

(N=44)

Quelle: Eigene Erhebung 2008.

Am zweithäufigsten taucht das Motiv „Partnerin" auf, das heißt, 38 Prozent gaben an, deshalb nach Thailand gekommen zu sein, weil sie auf vorhergegangenen Aufenthalten eine einheimische Frau kennengelernt hatten, mit der sie in Thailand leben wollten. Es handelte es sich also meist um eine ganz bestimmte Partnerin und nicht um das Motiv „leichte Verfügbarkeit des weiblichen Geschlechts im Allgemeinen", wobei der eine oder andere Befragte durchaus die Lebensart der thailändischen Frauen als positivsten Aspekt des Lebens in Thailand betrachtete.

Die Gründe „Klima" sowie „Land und Leute" wurden jeweils von 32 Prozent genannt. Das angenehme warme Klima ist ein wichtiger Vorzug des Landes gegenüber den klimatisch meist kühleren Herkunftsländern. Unter Land und Leuten wurde meist die angenehme und freundliche Art der Thais geschätzt, aber auch das Landschaftsbild wurde aufgezählt, das hervorragende Essen, Sehenswürdigkeiten und die Freizeitmöglichkeiten, die das südostasiatische Königreich zu bieten hat.

25 Prozent nannten den „Lebensstil" in Thailand als eines ihrer wichtigsten Motive. Aber nicht etwa der thailändische Lebensstil als solcher wurde als erstrebenswert empfunden, sondern die Möglichkeit, das eigene Leben hier so frei wie möglich zu gestalten. Das Expat-Leben in Thailand wurde in vielen Fällen als *„easy living"* bezeichnet und mit individueller Freiheit assoziiert, ohne Beschränkungen und Vorschriften wie in der westlichen Welt. Die Expats schätzten es vor allem, ihr Leben in größerem Ausmaß als in ihrem Herkunftsland selbst bestimmen und die Sorgen des Lebens und des Jobs hinter sich lassen zu können; viele sahen ihr Leben in Thailand als Neuanfang und als Abschluss ihrer Vergangenheit.

Weitere genannte Motive, die nur bei wenigen relevant waren, waren die Änderung der persönlichen Lebensumstände, spezielle Hobbys, die man in Thailand ausüben kann und die Nähe von Verwandten und Freunden. Zu den genannten Änderungen der Lebensumstände zählten Ereignisse wie der Tod der Ehefrau oder anderer Familienmitglieder, Scheidung oder der Eintritt in die Pension, wobei das Leben in der Heimat von dieser Gruppe an Befragten meist als deprimierend und nur mehr wenig lebenswert beschrieben wurde. Nur drei Personen gaben an, in Thailand vor allem an Freizeitmöglichkeiten wie zum Beispiel Golf interessiert zu sein.

Alle genannten Motive traten meist in Kombination mit zwei bis drei weiteren Faktoren auf, aber zumindest 36 Prozent der Befragten machten nur ein einziges dominantes Motiv für ihren Umzug verantwortlich. Unter den am häufigsten genannten Einzelmotiven rangiert die Tatsache, in Thailand eine Partnerin gefunden zu haben, an erster Stelle, die weiteren Rangplätze nehmen Lebensstil, Änderung der Lebensumstände, Lebenshaltungskosten und Hobbys ein.

Was die Wahl von Hua Hin und Cha-am als Destinationen für den Umzug nach Thailand betrifft, so wurde von den Befragten die Ruhe der Gegend gegenüber anderen Standorten im Land am meisten geschätzt. Ein weiterer wichtiger Grund scheint das Vorhandensein von Freunden und Bekannten am Zielort zu sein, wobei es sich sowohl um soziale Kontakte, die man bereits aus der Heimat mitgebracht hat, als auch um Bekanntschaften, die man erst im Laufe von Reisen oder während früherer Aufenthalte im Land geknüpft hat (einige haben vorher bereits in anderen Destinationen in Thailand gelebt), handeln kann.

Weitere Gründe, die für Hua Hin und Cha-Am sprachen, waren, dass beide Orte am Meer liegen, die Infrastrukturausstattung besser als in anderen Landesteilen ist und Bangkok schnell erreicht werden kann, ferner, dass die lokale Bevölkerung als angenehm empfunden wird und sich in der Region weniger Ausländer und Touristen aufhalten als an anderen touristisch geprägten Standorten im Land. Weiters wurde von mehreren Befragten als positiv erwähnt, dass die Gegend über ein ausgesprochen angenehmes Klima verfügt, niederschlagsarm ist und zudem auch gut gepflegt und sauber ist. Nur die Golfer nannten die hohe Dichte an exzellenten Golfplätzen in der Umgebung als wichtigsten Umzugsgrund.

Positiv vermerkt wurde von zahlreichen Befragten auch, dass die Tatsache, dass sich der Sommerpalast der Königsfamilie in Hua Hin befindet, die Stadt attraktiv macht, was einer der Expats treffend wie folgt beschrieb: „If it's good enough for the king, then it is good enough for me!" Und auch Bürgermeister Jira PONGPHAIBOON betrachtet Hua Hin als sicherste Stadt in Thailand, wo man sich stolz als „Nachbar des Königs" fühlen kann.

5.4 Die Rolle der (thailändischen) Frau im Rahmen der Migrationsentscheidung

Die Rolle der Frauen ist im Migrationsprozess durchaus nicht unrelevant. Wie bereits aus den Motiven ersichtlich, wurde dem Bedürfnis nach einer dauerhaften und beständigen Beziehung eine große Bedeutung zugemessen. Kurzfristige Beziehungen oder sogar sextouristisches Angebot sowie der unkomplizierte Umgang mit dem weiblichen Geschlecht im Generellen traten hingegen als relevante Umzugsgründe deutlich in den Hintergrund. Und auch der Faktor Verfügbarkeit von Frauen wurde von den meisten Befragten nur in Verbindung mit einer dauerhaften Lebenspartnerin und dem Wunsch gesehen, sein Leben mit jemandem zu teilen. So antwortete einer der Befragten auf die Frage nach der sexuellen Verfügbarkeit der Frauen folgendermaßen:

> „No, no, actually it's not. I know it sounds like a lie but it's not. I like just to meet one nice person. One nice person would be wonderful and the lady I am with right now is very nice and we get along well together." (R. W., 04.09.2008, USA)

Beobachten kann man auch, dass Expats, die schon länger in Thailand leben, den Faktor „thailändische Frau" nicht mehr so hoch bewerten, wie sie es offensichtlich nach eigener Einschätzung in jüngeren Jahren getan haben:

> „Nein, nicht die Hauptrolle, denn wenn sie jeden Tag Filet haben, dann ist es auch nur mehr normal." (P. W., 15.09.2008, Schweiz)

> „I'm a married man. I don't like these girls constantly trying to come on to me, a lot of farang guys who come here become crazy with it because the first time in their life, maybe they are like me, older guy, not so good looking and suddenly all the young girls ‚I love you, I love you, I wanna have sex with you, I wanna sleep with you', but I tell you after 2 or 3 times you get really sick of it." (B. S., 07.09.2008, Neuseeland)

Auch COHEN (1996) stellte fest, dass das Bild der thailändischen Frauen am Anfang positiver ausfällt und die Männer sich leichter in eine Beziehung begeben als es später der Fall ist, wenn die Begierde bereits wieder „abkühlt".

Aber nicht nur das Vorhandensein einer dauerhaften Beziehung, sondern auch die Tatsache, dass es sich bei dieser Partnerin meist um eine viel jüngere Frau handelt sowie die Möglichkeit, als Single problemlos eine junge, attraktive Partnerin haben zu können, erscheinen nicht unwichtig. Zwar suchen nicht alle bewusst nach einer jüngeren Partnerin, aber das Wissen um die Verfügbarkeit und die Möglichkeit, sich problemlos mit einer jüngeren Dame einlassen zu können, ist allgemein bekannt und wird von einigen auch als Vorteil gesehen:

> *„I suppose having a young woman around you is a good boost for your ego. In the west if I try to talk to someone of your age, in England she would run and get the police men [...] I rather look at something pretty than looking at something that's all wrinkled and horrible."* (M. B., 07.09.2008, UK)

Interessant ist in diesem Zusammenhang, dass bis auf wenige Ausnahmen alle Befragten das weibliche Geschlecht als wichtigstes, wenn nicht sogar einziges Motiv für die Mehrheit der anderen migrierten Pensionisten sahen, in ihrem eigenen Fall aber (bei etwa drei Viertel) die Entscheidung nicht alleine auf diese Tatsache zurückführen wollten und sich nicht in das Klischee des älteren, pensionierten „Farang", der in seiner Heimat keine Frau mehr bekommt, zwängen lassen wollten. Nur etwa ein Viertel sprach offen über die eigenen Probleme, als älterer, alleinstehender Mann in der Heimat eine Frau zu finden.

> *„The ladies are a big factor, a young wife who is back home. Everything is different. I divorced at 48 and it is so difficult to find a partner then, then! At 48! The circumstances are so much different here."* (D. F., 05.09.2008, UK)

Alle anderen sahen sich stets als Ausnahme, die sich von den anderen Expats unterscheidet, über die man sich jedoch ein klares Bild gemacht hat:

> *„Und vor allem, gut, ich kenne Thailand schon lange, ich zähle mich nicht dazu, hier wird man als Mann wirklich umsorgt und versorgt, ja. Und das ist, was viele, viele Männer von europäischen Frauen vermissen."* (H. N., 04.09.2008, Deutschland)

Da allgemein die Motive der anderen einseitig bewertet wurden, war man sich auch weitgehend darüber einig, dass sich Thailand eher für Männer als für Frauen als Migrationsziel eignet, da Frauen vermutlich größere Schwierigkeiten als Männer hätten, sich in Thailand wohlzufühlen:

> *„Usually it doesn't work if you bring the woman. The husband comes with wife and kiddos and the wife and kiddos they are out of here."* (R. B., 04.09.2008, USA)

> *„This is no place for women."* (M. B., 07.09.2008, UK)

Nicht nur das Bild der Männer, sondern auch das Frauenbild und die gesellschaftliche Rolle der thailändischen Frau im Vergleich zur westlichen Frau sind, wie bereits aus einigen oben genannten Zitaten ersichtlich, durchaus klischeebehaftet. Die zugeschriebene „Unterwürfigkeit" der thailändischen Frau und die eigene Überlegenheit werden in vielen Fällen als erstrebenswert empfunden:

> *„They give you respect which you don't get back in the UK or in Europe. You have respect, you give them security, they give you security. It is as simple as that."* (D. F., 05.09.2008, UK)

> *„I read a lot of surveys about European women, they are very demanding and not so good. Asians are not. It is a very main reason for many. And you have women who take better care than in Norway."* (S. K., 05.09.2008, Norwegen)

Aber auch jene, die ihre Entscheidung ausdrücklich nicht auf die Rollen der Frau(en) zurückführen wollten, sahen eine (potenzielle) thailändische Partnerin oder auch bereits in Thailand gemachte sextouristische Erfahrungen durchaus als angenehme Begleiterscheinung:

„I come here to relax and enjoy the rest of my life, women are not an issue. I haven't come here because of the women. But they are. That does not bother me." (A. F., 04.09.2008, UK)

5.5 Leben in Thailand und Probleme der interkulturellen Partnerschaft / Ehe

Die meisten Beteiligten befanden sich zur Zeit der Befragung in einer mehr oder weniger festen Beziehung. Sechs Personen erklärten jedoch, keine Beziehung zu führen, weder eine längerfristige noch eine kurzfristige. Sie gaben an, aus verschiedenen Gründen nicht an einer Beziehung interessiert zu sein, vor allem deshalb, weil es für „Farangs" schlichtwegs kaum möglich sei, Kontakte zu anderen thailändischen Frauen als zu Prostituierten zu knüpfen und sie aus diesem Grund wenig Vertrauen in die thailändischen Frauen hätten. Ein beträchtlicher Teil der Befragten war mit der thailändischen Partnerin auch verheiratet (40 Prozent) oder plante zumindest, diesen Schritt in nächster Zeit zu tun.

Beim Großteil der Partnerschaften handelte es sich jedenfalls keineswegs um kurzfristige Affären, sondern um relativ beständige Beziehungen, die oft schon auf länger zurückliegenden Thailandreisen oder kurz nach dem Zeitpunkt der Migration geschlossen wurden und seither noch immer andauerten. Bei etwa 50 Prozent der Befragten handelte es sich um die erste und einzige dauerhafte Beziehung, seit sie Thailand erstmals besucht hatten oder sich längerfristig im Land aufgehalten haben. Weitere 30 Prozent hatten davor lediglich eine längere Beziehung, auf die sie in den meisten Fällen negativ zurückblickten und diese als gewissen Lernprozess und als Sammlung von Erfahrungen betrachteten, um die Schwierigkeiten einer interkulturellen Beziehung besser abschätzen zu können bzw. in Zukunft mehr Vorsicht walten zu lassen. So haben sie in der vorigen Beziehung oft die Erfahrung gemacht, betrogen oder finanziell ausgebeutet worden zu sein, wobei es sich oft um Kontakte zu sogenannten „Bar-Girls" gehandelt hatte oder die damalige Partnerin mehrere „Farangs" gleichzeitig oder einen thailändischen Partner hatte, wie auch OPPERMANN (1999) beschrieb. Nur wenige hatten zuvor mehrere längerfristige Beziehungen zu thailändischen Frauen.

Die charakteristischen Merkmale solcher Beziehungen sind typischerweise der Altersunterschied und die Herkunft der thailändischen Partnerin. Zum einen handelte es sich fast durchgehend um wesentlich jüngere Frauen bzw. Freundinnen, nur in zwei Fällen betrug der Altersunterschied weniger als zehn Jahre. In allen anderen Fällen war der Altersunterschied wesentlich größer. Den Extremfall unter den Probanden stellte ein 74-Jähriger dar, der seine 24-jährige Freundin demnächst heiraten wollte. Im größten Teil der Fälle bewegte sich die Altersdifferenz im Bereich von 15 bis 19 Jahren. Was die Herkunft der thailändischen Partnerinnen betrifft, so stammte der Großteil aus dem Nordosten des Landes, dem Isaan, der bekannt dafür ist, dass viele Mädchen aus ärmeren Familien als Prostituierte arbeiten oder sich in die Touristengebiete des Landes auf die Suche nach einem wohlhabenden „Farang" begeben.

Auch in Bezug auf das Einkommen der Frauen ergibt sich ein klares Bild: zwar arbeiteten 40 Prozent der Frauen und verfügten somit über ein – meist geringes – selbstständiges Einkommen, aber dennoch unterstützten 70 Prozent der Männer ihre thailändischen Partnerinnen finanziell ganz wesentlich. Der Rest der Frauen arbeitete gar nicht, auch wenn die meisten im erwerbsfähigen Alter waren und auch keine Kinder im Kleinkindalter hatten, sondern lebte zur Gänze von der Unterstützung des ausländischen Partners. Eine beliebte Form der Erwerbstätigkeit ist auch das gemeinsame Betreiben einer Bar, wobei der Mann üblicherweise die Bar besitzt und die Partnerin, quasi als Teilhaberin bzw. Geschäftsführerin, die Bar führt oder selbst hinter dem Tresen steht, da ja Ausländer im Regelfall in Thailand offiziell keiner Erwerbsarbeit nachgehen, sehr wohl aber eine Bar oder einen ähnlichen Betrieb besitzen dürfen.

Ein Viertel der Befragten unterstützte neben der eigenen Partnerin auch andere Familienmitglieder finanziell, wie zum Beispiel schulpflichtige Kinder, eine kranke Mutter oder andere bedürftige Familienmitglieder. So bemerkte nicht nur einer der Befragten: „Jeder unterstützt, wenn er eine Thai-Frau hat, auch deren Familie." Nur eine Minderheit der Befragten verneinte eine Unterstützung von weiteren Familienmitgliedern vehement und gab an, lediglich für den Unterhalt der eigenen Frau aufzukommen oder meinte, dass es sich bei den Angehörigen seiner Partnerin um für Thai-Verhältnisse relativ wohlhabende Personen handelte, die keine Unterstützung nötig hätten.

Das bereits angesprochene klischeehafte Bild der thailändischen Frau zog sich in einigen Fällen durch das gesamte Gespräch. Gut die Hälfte der Befragten sprach voller Respekt und Stolz über die aktuelle Partnerin, die sie im Laufe der Zeit schätzen und lieben gelernt hatten, allerdings gab es bei einem Teil der Befragten auch eine andere Sichtweise, indem sie sich gegenüber ihrer Partnerin als überlegen sahen und auf sie herunterblickten:

> *„Hier muss man umziehen. Wenn man eine Frau hier hat, da muss man ganz ähnlich auch mit umgehen. Da muss man vorsichtig sein, was man überhaupt für eine Person vor sich hat. Entweder sie will es lernen oder sie will es nicht lernen. […] Das größte Problem ist, dass der [ausländische Partner] einfach mehr Intelligenz und alles hat, wo die Thai ned hat."* (U. S., 06.09.2008, Deutschland)

Die Freizeitgestaltung der Expats umfasste viele Möglichkeiten, allen voran aber stand das *„easy living"*, ein entspannter, stressfreier Lebensstil verbunden mit dem Pflegen von sozialen Kontakten. Dennoch handelte es sich um eine relativ aktive Gruppe, die daneben auch noch einer Vielzahl an sonstigen Aktivitäten nachging wie Motorradfahren, Strandspaziergänge, Schwimmen, Lesen, Fischen, sich um die Familie und um Haus und Garten kümmern. Beliebt war auch das regelmäßige Herumreisen im Land oder Ausfahrten ins Hinterland. Einige Befragte vertrieben sich die Zeit auch mit geschäftlichen Aktivitäten wie Immobilienhandel oder dem Führen von Bars oder Restaurants, die sie meist, wie bereits erwähnt, nicht aus reinen Profitgründen betrieben, sondern um ihre Lebenshaltungskosten zu decken und nebenbei auch soziale Kontakte zu pflegen.

Besonders wichtig schien offensichtlich zu sein, dass die Befragten sehr vom Bestreben geleitet waren, ihr Leben neu zu entdecken und freier gestalten zu können, als dies in der Heimat möglich war. So beschrieb einer seine neue Familie als Ursache für sein Aufblühen und Wohlbefinden, andere wiederum meinten „all the men look for a second childhood", und zwar mittels eines Lebensstils, wo sie tun und lassen können, was sie wollen.

Eine echte Beteiligung am thailändischen Leben und die Integration in die thailändische Gesellschaft verliefen hingegen insgesamt nur sehr zaghaft. Bei ihren sozialen Kontakten suchte fast die Hälfte der Probanden die Gesellschaft von Gleichgesinnten, das heißt, entweder von Migranten aus dem gleichen Herkunftsland oder generell von anderen Ausländern aus westlichen Industriestaaten. Etwas mehr als ein Viertel gab an, sich sowohl mit Thais als auch mit Expats regelmäßig zu treffen. Was genau dabei unter Thai-Freunden verstanden wird, muss kritisch betrachtet werden, da einige der Befragten auch Kontakte zur Thai-Bevölkerung in Verbindung mit in Anspruch genommenen Dienstleistungen dazuzählten, wie etwa, wenn sie einmal in der Woche einen Beautysalon besuchten, einen thailändischen Gärtner beschäftigten oder in eine Bar gingen und sich dort von den Thai-Frauen umsorgen ließen. Nur wenige hatten in ihrer Freizeit echte Kontakte mit der ansässigen Bevölkerung in Form von Freundschaftsbeziehungen oder persönlichen Gesprächen. Nur fünf Personen gaben an, mehr mit thailändischer Bevölkerung zu kommunizieren als mit Ausländern, da sie dies als erstrebenswerter erachteten und sich von der Expat-Community eher distanzieren wollten. Dabei handelte es sich in der Regel um jene Befragten, die auch in einem eher traditionell geprägten Wohnumfeld lebten.

Vom Großteil der Probanden selbst wurde ihre Integration in die Thaigesellschaft vor Ort als sehr gut bewertet, nur die wenigsten sahen sich als kaum integriert, wobei die Frage auftritt, was unter Integration verstanden wurde. Denn wenn man sich wie die meisten Betroffenen hauptsächlich in Kreisen von Gleichgesinnten bewegt, kann sich rasch das Gefühl einstellen, in die Gesellschaft gut integriert zu sein, ohne dass dies tatsächlich in Bezug auf die einheimische thailändische Bevölkerung der Fall ist:

> *„They might think they integrate but I don't think they do."* (E. P., 05.09.2008, UK)

Die Bedeutung einer Integration in die Gesellschaft vor Ort bzw. der Interaktion mit der thailändischen Bevölkerung wurde von den Befragten daher sehr unterschiedlich eingeschätzt. So dachten viele nicht weiter über das Thema Integration nach und beurteilten das Knüpfen von Kontakten und Freundschaftsbeziehungen zu Einheimischen als sehr einfach und völlig problemlos, was sie darauf zurückführten, dass die Thais grundsätzlich sehr freundlich seien und immer lachen würden:

> *„The first time when I came here, everybody smiled and waved at me, you are like a movie star here."* (C. K., 07.09.2008, USA)

Andere hingegen hielten es für völlig unmöglich, tiefere Kontakte zur einheimischen Bevölkerung knüpfen zu können, geschweige denn, sich in die Gesellschaft zu integrieren. Sie fühlten sich eher nicht willkommen und meinten auch eine generelle Abneigung der thailändischen Bevölkerung gegenüber der Gruppe der Expats zu verspüren. Sie führten das bestehende Ausmaß ihrer „Integration" bzw. – besser gesagt – „Duldung" alleine auf ihre finanziellen Ressourcen zurück:

> *„Also ich möchte gar nicht so viel Kontakt mit Thais. [...] Wir sind nur akzeptiert, wenn wir unseren Geldbeutel aufmachen, sonst nicht."* (P. W., 15.09.2008, Schweiz)

> „Sagt einer zu mir in Bangkok: ‚Sigi, wir kennen uns so lange, du gehörst zu uns, wir machen schon so lange Geschäfte, dir kann ich es sagen, unsere Einstellung zu den Farangs ist so: kommt an am Flughafen, legt euer Geld hin und dreht wieder um und fliegt heim. Wir wollen euch gar nicht auf der Straße sehen.' Das ist kein Jux, das ist Tatsache." (S. D., 08.09.2008, Deutschland)

Einige Befragte vertraten einen etwas diplomatischeren Standpunkt, indem man sich einig war, dass es darauf ankommt, wie man sich verhält („down to attitude") und sie persönlich keine Probleme im Zusammenleben mit der Thai-Bevölkerung hätten, aber dass man sich dennoch bewusst sein müsse, dass eine vollständige Integration wohl kaum möglich sei und man gewisse Abstriche machen müsse:

> „If you want to make it difficult then it is, if you want to make it easy then it is. It depends on the attitude. [...] The Thai people make it very easy to establish contact and it's up to you [...] It's like an onion, if you are a good person you can maybe get to layer number 4 but you don't get into further. You just have to live with that." (L. R., 07.09.2008, Dänemark)

Weitgehende Einigkeit hingegen bestand bei den meisten Befragten, dass sich ihre Lebensqualität nach dem Umzug wesentlich verbessert hat, nur einige wenige Personen waren der Meinung, dass die Lebensqualität im Vergleich zu ihrer Heimat abgesunken sei. Der Rest der Befragten gab an, sich zwar zweifellos wohlzufühlen, wollte aber die Lebensqualität vor Ort nicht unbedingt besser bewerten als die Lebensumstände im Herkunftsland. Immer wieder wurde betont, dass die Lebensumstände im Herkunfts- und im Zielland nicht miteinander vergleichbar seien, da in Thailand andere Faktoren ausschlaggebend seien als in der Heimat.

Dabei wurden die wichtigsten Einflussfaktoren auf die Lebensqualität von den Einzelnen sehr unterschiedlich bewertet: Die häufigste positive Assoziation betraf meist die finanzielle Situation der Betroffenen, die aufgrund der deutlich geringeren Lebenshaltungskosten in Thailand zweifellos wesentlich besser sei als in den Herkunftsländern der Migranten. Bei näherem Überlegen präzisierten aber viele Befragte ihre Meinung und stuften ihr generelles Wohlbefinden und die entspannte und sorgenfreie Art des Lebens in Thailand als wesentlich wichtiger ein als die im Vergleich zum Heimatland gehobene Kaufkraft. Auch klimatische Faktoren, insbesondere „Wärme", wurden als wichtiger Einflussfaktor für das Wohlbefinden der Befragten eingestuft, wobei vor allem ältere Befragte auch auf das deutlich reduzierte Schmerzempfinden bei wärmeren Wetterlagen hinwiesen.

Das Leben in Thailand weist aber – wie zu erwarten – nicht nur positive, sondern auch negative Aspekte auf. Direkt angesprochen auf negative Faktoren, wurden von den meisten Befragten spontan zunächst nur Kleinigkeiten, die sie störten, genannt. Abgesehen von den bereits erwähnten Integrationsproblemen entpuppte sich allerdings bei genauerer Nachfrage die Korruption, die sich durch alle Ebenen des öffentlichen Lebens zieht, als größter Störfaktor. Ihr Ausmaß stieß bei den Befragten generell auf Kritik und Unverständnis, ein Viertel nannte diese Praktiken als größtes Problem in Thailand, ein Ergebnis, das sich auch durch andere empirische Studien belegen lässt (vgl. z. B. HOWARD 2008).

Viele Befragte wurden oft mit Korruption konfrontiert, zum Beispiel in Form von Zahlungen, die getätigt werden mussten, um den Prozess der Visaerteilung bzw. -verlängerung zu beschleunigen, oder bei Polizeikontrollen, bei denen sie mit einigen Geldscheinen einer – manchmal auch grundlos verhängten – höheren Strafe entgehen konnten. Einige Befragte beklagten auch negative Erfahrungen mit der Bevölkerung, wie zum Beispiel Unehrlichkeit gegenüber Ausländern, Ausländerfeindlichkeit, die starke Hierarchisierung der thailändischen Gesellschaft, Probleme mit der thailändischen Mentalität im Allgemeinen oder die „Dummheit" und „Rückständigkeit" der thailändischen Bevölkerung. Weiters wurden noch der Fahrstil der Einheimischen, konstante Lärmentwicklung, das Problem der Sprachbarriere und die komplizierte Gesetzeslage zu Einwanderungsfragen und dem Erwerb von Eigentum durch Ausländer als Störfaktoren angeführt.

Vor allem die Fixierung der thailändischen Bevölkerung auf die finanziellen Ressourcen der Expats ist Gegenstand vieler Diskussionen. Sie äußert sich auf vielen Ebenen, sei es, dass die Freundlichkeit und „Integration" der Einheimischen gegenüber Ausländern nur auf deren finanzielle Möglichkeiten zurückgeführt wird. Dies gilt genauso für das weibliche Interesse an ausländischen Männern („No money, no honey") oder andere Formen der finanziellen Ausbeutung und Diskriminierung von Ausländern, etwa wenn zum Beispiel thailändische Frauen beim Arzt in Begleitung ihres „Farang" mehr bezahlen als alleine. Viele Befragte hatten auch das Gefühl, dass ihre gesamte Persönlichkeit von ihrer thailändischen Umgebung nur auf ihre finanzielle Potenz reduziert wurde und manche sahen im Falle von geschäftlichen Aktivitäten sogar ihr Vermögen in Gefahr, einerseits durch die bestehende Gesetzeslage, die besagt, dass Ausländer maximal 49 Prozent an einem Unternehmen besitzen dürfen, der Rest jedoch in thailändischen Händen bleiben muss, und andererseits auch durch ständig steigende Ansprüche der thailändischen Partnerin und ihrer Familie.

Gerade in Verbindung mit der Überschreibung von Eigentum an die thailändische Partnerin waren Probleme um den Häuserkauf und die Verwaltung von Finanzen ein heikles Thema. Einige Befragte bedauerten offen, ein Haus gekauft zu haben, und ein Proband antwortete geradezu wie paralysiert, dass er erst vor kurzem von seiner Ex-Partnerin um „Haus und Hof" gebracht worden sei, da er ein Haus auf ihren Namen gekauft habe und sie sich dann von ihm trennte. Nicht selten kann man Geschichten vom dummen „Farang" hören, der aus blinder Liebe seinen gesamten Besitz auf seine Frau überschreibt und diese sich anschließend von ihm trennt:

> „You can take the wrong one and she is bringing you to death." (A. G., 05.09.2008, USA)

Einige Befragte betonten auch die große Wichtigkeit einer realistischen Einschätzung des „Faktors Liebe" im Rahmen von Liaisonen zwischen „Farangs" und thailändischen Frauen:

> „How can I put this tactfully? Well, basically all the women, they are all prostitutes. Whether the people believe it or not, they are prostitutes, or they were before but they are still only doing it for money, they want money all the time." (E. P., 05.09.2008, UK)

Dass die Situation bezüglich Mischehen und Finanzen durchaus nicht einfach ist, verdeutlichte auch der Bericht in einer lokalen Zeitung über einen Mord einer thailändischen Frau an ihrem weißen Ehemann aus Habgier, weil der Mann sie verklagen wollte (DETTMAR 2008).

Probleme, die die Expats bei der Befragung in Bezug auf das Eigentum bewegten, werden auch in einschlägigen Internet-Foren, lokalen Zeitungen und Informationsbroschüren (z. B. Property & Lifestyle Today 2008) diskutiert. Betroffene können dort im Fall eines eventuell geplanten Häuserkaufs oder ähnlicher Investitionen Ratschläge einholen und Tipps erhalten, wie man zum Beispiel mit dem Problem umzugehen hat, wenn nach einem Hausbau nun die gesamte Thai-Familie der Frau oder Partnerin dort wohnen möchte.

> *„Dadurch, dass die Thais alle einen Farang suchen, da bekannt ist, dass die alle Geld haben. Man muss aufpassen, wo man sich eine Frau holt beziehungsweise wo man eine kennenlernt, weil Geld spielt eine große Rolle und die anhängende Familie kauft man gleich mit." (W. G., 08.09.2008, Deutschland)*

Aufgrund der Probleme mit Korruption und Eigentumsrechten, der Gefahr der finanziellen Ausbeutung durch die Partnerin und ihre Familie und der Notwendigkeit, die eigenen finanziellen Ressourcen zu schützen, betonten viele der Expats, die schon länger im Land lebten, wie wichtig es sei, seine *„homework"* gemacht zu haben, also sich intensiv mit der Gesetzeslage auseinanderzusetzen beziehungsweise auch aus bereits einmal gemachten negativen Erfahrungen gelernt zu haben, was sie auch jedem anderen empfehlen würden:

> *„People are drinking beer and think they know everything and then they find out that 90% of what they know is not true." (T. G., 05.09.2008, USA)*

In Summe schienen jedoch beim weitaus größten Teil der befragten Personen die Vorteile des Lebens in Thailand die oben genannten negativen Aspekte so weit zu überwiegen, dass eine Rückkehr in ihre Heimat dennoch nicht erstrebenswert schien.

5.6 Auswirkungen auf die Region Hua Hin – Cha-am

Die Region Hua Hin – Cha-am hat sich in den letzten Jahren stark verändert, was sowohl Vor- als auch Nachteile mit sich brachte. Die bedeutsamsten Veränderungen sind vor allem auf die Zunahme der Immobilien- und Tourismusindustrie zurückzuführen und, in Verbindung damit, auf die Zunahme der Langzeittouristen, saisonalen Besucher und Expats. Mehr denn je hat sich Hua Hin seit 2003 von einer ruhigen, entspannten Destination zu einem dynamisch wachsenden städtischen Zentrum verändert.

Die infrastrukturellen Einrichtungen wurden enorm ausgebaut. Viele Tätigkeiten, die man vor einigen Jahren noch in Bangkok erledigen musste, können nunmehr problemlos auch in Hua Hin durchgeführt werden. Die Einkaufsmöglichkeiten haben zugenommen, die Verkehrsinfrastruktur wurde durch die Errichtung der neuen Autobahn drastisch verbessert, die Verbindung zu Bangkok verkürzt und auch das Angebot der medizinischen Versorgung hat sich verbreitert, aber gleichzeitig wurde auch das Leben teurer (TEE 2008). Trotz steigender Lebenshaltungskosten wird die Entwicklung von Hua Hin von Entscheidungsträgern vor Ort grundsätzlich positiv beurteilt, wie auch Saphatsanan PHOAJIADA, Customer Relations Manager von „Hua Hin Today", im Interview betonte. Musste sie früher für größere Erledigungen noch nach Bangkok, könne sie nun alles hier in Hua Hin erledigen. Der wirtschaftliche Vorteil sei enorm, vor allem durch die erheblichen Investitionen, die im Rahmen der starken Bautätigkeit getätigt werden.

Insgesamt werden im Raum Hua Hin durch die Einnahmen aus dem Binnen- sowie internationalen Tourismus mehrere zehn Milliarden Baht (TUMCHAROEN 2009) pro Jahr erwirtschaftet. Neben einer stetig wachsenden touristischen Infrastruktur mit Restaurants, Bars, Hotels und Tour-Anbietern nehmen auch die Angebote für Immobilienhandel zu, ebenso wie Versicherungsfirmen und Möbelhäuser, die sich vor allem an der Hauptstraße außerhalb des Zentrums ansiedeln, sowie private medizinische Einrichtungen.

Vor allem für die Zielgruppe der Langzeittouristen und Expats gibt es eine Reihe von speziellen Angeboten, die im Zusammenhang mit dem Migrationsprozess stehen und sich zu einer regelrechten Industrie ausgebreitet haben. In diesen Bereich fallen zahlreiche Beratungsbüros und Serviceagenturen, die sich um Angelegenheiten wie Visum, Versicherungen, Immobilienan- und -verkauf und Gesetzesberatung kümmern und einen sogenannten „one stop service" anbieten, also die Möglichkeit, in einem einzigen Büro alles Nötige rund um den Aufenthalt im Land regeln zu können. Aber nicht nur „Face-to-Face"-Leistungen entwickeln sich, sondern vor allem im Internet gibt es eine große Bandbreite an Informationsquellen und Hilfsangeboten für migrationswillige Zielgruppen.[7] Und auch die Ratgeberliteratur (z. B. BECKER und THONGKAEW 2008; BRYCE 2006; TERLYCKY und BRYCE 2007; WYLIE 2007) rund um die Themen Pension in Thailand, Gesetzeslage für Ausländer und Leben in Thailand boomt (Abb. 8).

Konsequenz dieser Entwicklungen ist ein deutlicher Bevölkerungszuwachs in der Region. Der letzte offizielle Zensus 2000 ergab für Hua Hin knapp über 40.000 Einwohner, wobei aktuelle Schätzungen diese Angaben weit übertreffen und von 85.000 Personen für das Stadtgebiet (vgl. Expat Hua Hin 2009) und bis zu 200.000 für den ganzen Distrikt (TUMCHAROEN 2009) reichen. Auf Grund des Wachstums und der ökonomischen Stärke, die Hua Hin in den letzten Jahren erlangte, wird sogar in Erwägung gezogen, den Distrikt, der zur Provinz Prachuap Khiri Khan gehört, mit Hua Hin als Zentrum zu einer eigenen Provinz zu erheben (ebd.).

Das Wachstum der Stadt bringt aber auch einige Probleme und Herausforderungen mit sich, vor allem, was den Ausbau der Infrastruktur betrifft. Als Hauptproblem erweist sich die Verkehrsinfrastruktur, da eine effiziente Stadtentwicklungsplanung zu spät erstellt wurde und das Wachstum weitgehend ungeplant verlaufen ist. Auch das Transportwesen weist große Mängel auf, da die Investments, die in die Infrastruktur getätigt wurden, in den letzten Jahren bei weitem nicht mit der Zunahme der Touristenzahlen Schritt halten konnten (HASTINGS 2008b).

Das bebaubare Land, vor allem in Strandnähe und im Stadtgebiet, wird immer knapper und es herrscht akuter Platzmangel im Zentrum, wo viele Kondominium-Projekte die Kapazität der Infrastruktureinrichtungen bereits bis an die Grenzen belasten. Geht es nach den Tourismusplanern, soll Hua Hin künftig als „ *The Paradise City* " positioniert werden,

---

[7]) Zum Beispiel http://www.retire-in-paradise.net; http://www.thailand-visa.org; http://www.retirementresort.com

Abb. 8: Werbeplakat für „one stop services" in Hua Hin

Foto: VERESS 2008.

aber dafür müssen noch zahlreiche Verbesserungen durchgeführt werden: so fehlt zum Beispiel ein attraktives Stadtzentrum ebenso wie Grünflächen und vor allem ein vernünftiges Verkehrsmanagement (STANCULESCU 2008).

Ein weiteres Problem stellt die Wasserknappheit dar. 200.000 Touristen und temporär im Raum Hua Hin anwesende Bewohner halten sich jedes Jahr zumindest saisonal in der Region auf, dadurch ist der Wasserbedarf um das Dreifache im Vergleich zu den vergangenen Jahren gestiegen. Das Wasser wird aus dem 25 Kilometer entfernten Pranburi in den Raum Hua Hin geleitet. Viele Dörfer entlang der Pipeline zapfen Wasser ab, weshalb es manchmal zu Versorgungsengpässen kommt. Weitere Umweltprobleme entstehen durch umfangreiche Bauarbeiten entlang der Hauptstraße im Bereich von neuen Kondominium-Ketten, durch die Sand, Erde und Steine achtlos auf die Straße verbracht werden, was vor allem für „Tuk Tuks" und Mopeds gefährlich ist. Auch Starkregenfälle und die darauf folgenden Fluten können problematisch werden, da das schlechte Kanal- und Abflusssystem größere Wassermassen nicht mehr bewältigen kann und Überschwemmungen im Stadtgebiet entstehen (PUENGIOH 2008b; KLAIWAAD 2008a).

Ein Problem, das primär aus der Altersstruktur der im Raum Hua Hin lebenden ausländischen Bevölkerung resultiert, ist der Transport von verstorbenen Expats und die damit verbundenen Kosten. So benötigt zum Beispiel die Polizeistation von Hua Hin dringend mehr Geld für die Begleichung der Transportkosten von ausländischen Verstorbenen, die zur Autopsie nach Bangkok gebracht werden müssen. Die meisten Todesfälle entfallen auf Skandinavier, Deutsche oder andere europäische Männer zwischen 60 und 70 Jahren, die durch Unfälle, Herzinfarkte und andere Gesundheitsprobleme ums Leben gekommen sind. Seit Jänner 2008 sind zum Beispiel über 50 Leichen auf Anfrage von Botschaften und der Familien von Verstorbenen nach Bangkok überstellt worden. Die Polizei muss in einem solchen Fall die Transportkosten von 5.000 Baht pro Leichnam aus dem eigenen Budget begleichen. Da sich diese Problematik durch die kontinuierlich steigende Zahl an Ausländern immer mehr zuspitzt, wird mittlerweile in solchen Fällen ein Ansuchen an die Botschaft des Herkunftslandes zur Übernahme der Überführungskosten gestellt (PUENGIOH 2008a).

Wie unterschiedlich sich allerdings die beiden Destinationen Hua Hin und Cha-am in den letzten Jahren auseinander entwickelt haben, zeigt eine Stellungnahme aus dem regionalen Expat-Forum (Hua Hin After Dark, Forum 2009):

> *„I never thought I'd ever be saying this, but having lived in both Hua Hin and Cha Am in my opinion Cha Am is a far better place to stay. Apart from better assessable beaches, Cha Am has retained it's true Thai identity something that attracted me to Hua Hin about 7 years ago. I should watch what I'm saying because a lot of the expats living in Cha Am prefer to keep its appeal a secret. Actually there are more and more expats discovering the attraction of Cha Am over Hua Hin and are making the move never to look back. Accommodation is cheaper whether buying or selling, there is more choice in the centre of Town, the beaches are cleaner and have more remote quiet areas. The people are more friendly, there is a slower pace to life in Cha Am and there are less undesirables that has blighted Hua Hin over the last few years."*

Wie die zukünftige Entwicklung der Region verlaufen wird, lässt sich derzeit noch schwer abschätzen. Der seit 2008 amtierende Bürgermeister von Hua Hin, Jira PONGPHAIBOON, legte zu Beginn seiner Amtszeit einen Entwicklungsplan vor (siehe dazu KLAIWAAD 2008b) und sprach auch im Interview über seine Zukunftspläne für Hua Hin:

Die wichtigsten Bemühungen sollen sich hauptsächlich auf die Verkehrs- und Wasserinfrastruktur konzentrieren. Um die Wasserproblematik zu bewältigen, plante er die Errichtung eines eigenen Wassertanks für die Stadt, der die Versorgung der Bevölkerung für die nächsten 20 Jahre sichern soll. Dadurch sollte die Abhängigkeit von den Wasserimporten aus der Umgebung reduziert werden. Den Einsatz von neuen Wasserpumpen gegen Überschwemmungen und die Ausarbeitung eines neuen Verkehrsplans sah er ebenfalls als dringende Notwendigkeit.

In Verbindung mit der Zunahme der ausländischen Bevölkerung wollte er Altersheime errichten lassen, einerseits, um der Zielgruppe auch in höherem Alter attraktive Lebensbedingungen bieten zu können, und andererseits, um für die lokale Bevölkerung neue Arbeitsplätze zu schaffen. In diesem Sinn hieß er alle Ausländer herzlich in Hua Hin willkommen und verwies auf ihre große Bedeutung für das wirtschaftliche Wohlergehen der Stadt und ihrer Bevölkerung. Weitere Bemühungen, um der ausländischen Bevölkerung entgegenzukommen, sah er in der Errichtung eines „Law Centers" zur Beratung und Kontrolle, um Betrügereien und Problemen mit den Gesetzen entgegenzuwirken, wie sie beim Häuserkauf oft auftreten, da er auf keinen Fall ein „bad image" für die Stadt in Kauf nehmen wolle, das durch die Nichteinhaltung von Verträgen und daraus resultierende Interessenkonflikte entsteht.

6. Zusammenfassung

Dem Phänomen der Altersmigration in Asien wurde in der internationalen Migrationsforschung – einige wenige empirische Fallstudien jüngeren Datums ausgenommen – bislang nur wenig Beachtung geschenkt. Dabei zeigte sich aber, dass vor allem Südostasien und hier insbesonders Thailand eine immer beliebtere Destination für die sogenannte „*International Retirement Migration*" geworden sind, wie auch KOCH-SCHULTE (2008) in seiner Fallstudie über Zuwanderungsprozesse von Ausländern nach Udon Thani in Nordostthailand feststellte.

Im Vergleich zu Zuwanderungsprozessen älterer Migranten in andere Destinationen weist die internationale Zuwanderung nach Thailand eine stark geschlechtsspezifische Komponente auf, indem es sich bei der Zielgruppe fast ausschließlich um Männer handelt. Thailands ausgeprägte Sexindustrie und die gängigen Klischees über die Rolle und leichte Verfügbarkeit der thailändischen Frau bilden dabei zentrale Aspekte.

Wie bereits von einigen Autoren konstatiert wurde (z. B. O'REILLY 1995; HALL und WILLIAMS 2002b), kommt es auch im Untersuchungsgebiet der vorliegenden Studie, der Region Hua Hin und Cha Am südlich von Bangkok, zu einer Überschneidung unterschiedlicher Formen von Migration und Tourismus, die nicht immer eindeutig voneinander getrennt werden können, da die Zielgruppe der Ausländer, die sich temporär in der Region aufhalten, sowohl aus saisonalen Migranten und Langzeiturlaubern als auch aus mehr oder weniger permanent im Land lebenden Expats besteht. Die These von der Bedeutung vorangehender touristischer Aufenthalte als Vorläufer für eine spätere Migration erwies sich in der vorliegenden Untersuchung als durchaus zutreffend, denn nur die wenigsten Migranten hatten außer früheren Urlaubsaufenthalten auch noch andere Verbindungen zu Thailand, wie etwa berufliche Beziehungen.

Auch sextouristische Aktivitäten spielten bei den meisten Migranten zumindest bei früheren Aufenthalten im Land eine gewisse Rolle, wurden allerdings von den Befragten kaum als ein Hauptmotiv für den späteren Migrationsprozess beschrieben. Wie auch COHEN (1996) feststellte, relativiert sich das Interesse an solchen Aktivitäten, je länger jemand im Land ist, und verliert an Zugkraft. Eine viel wichtigere Motivation scheint für die meisten Migranten die Möglichkeit gewesen zu sein, im Gegensatz zu daheim im Herkunftsland in Thailand rasch eine wesentlich jüngere und attraktive Partnerin finden zu können.

Inwiefern solcherart eingegangene Partnerschaften als „echte" Beziehungen oder als sogenannte „*open-ended prostitution*" einzustufen sind, lässt sich aus den vorhandenen Ergebnissen der empirischen Untersuchung nicht pauschal ableiten. Dass der finanzielle Rahmen dabei eine zentrale Rolle spielt, sind sich die zugewanderten Männer meist deutlich bewusst, spätestens, nachdem sie einige negative Erfahrungen gemacht haben. In der Realität erscheint die Situation vieler Partnerschaften wie eine Art ungeschriebener wechselseitiger Vertrag, woraus beide Seiten ihren Vorteil ziehen. Aber genau hier liegen in weiterer Folge auch die größten Probleme, nämlich Differenzen bei Geldfragen und interkulturelle Missverständnisse.

Was die finanzielle Komponente betrifft, so wird deutlich, dass die geringeren Lebenshaltungskosten in Thailand bei einem Großteil der Befragten als Zuzugsmotiv schwerer wogen als die Attraktivität und leichte Verfügbarkeit des weiblichen Geschlechts (zumindest, wenn man den Aussagen der Befragten trauen will). Der von KOCH-SCHULTE (2008) oder auch von anderen Autoren beschriebene Umstand, dass ökonomische Motive bei der

Altersmigration grundsätzlich weniger relevant sind als bei anderen Migrationsformen, lässt sich jedenfalls aus den Ergebnissen der vorliegenden empirischen Erhebung nicht eindeutig bestätigen.

Vielmehr erscheint die Migration als „Flucht" vor den ökonomischen Beschränkungen des Lebens in westlichen Industriegesellschaften durch geringe Pensionseinkommen bzw. als Versuch, dem hektischen Lebensstil unserer immer schnelllebigeren Zeit zu entkommen, oder auch nur als Ausbruch einer neuen, vielleicht verspätet einsetzenden „Midlife Crisis", indem ältere Männer versuchen, zumindest einen Teil ihrer Jugend wieder aufleben zu lassen.

Die im Titel der vorliegenden Arbeit etwas pointiert formulierte Aussage „Vom Sextouristen vom Strandpensionisten" wird durch die Vielfalt an Einflussfaktoren auf die Migrationsentscheidung und ihre individuell unterschiedliche Gewichtung durch die Probanden wieder etwas relativiert. Daher lässt sich zusammenfassend sagen, dass zwar einstige Touristen mit mehr oder weniger starkem sextouristischem Interesse durchaus eine wichtige Zielgruppe für eine permanente Altersmigration nach Thailand darstellen, ökonomische Motive, *„easy living"* und günstige klimatische Bedingungen aber eine nicht minder wichtige Rolle spielen.

7. Literatur

ACKERMANN, L. und C. FILTER (1994): Die Frau nach Katalog. Sex-Tourismus und Frauenhandel und was eine couragierte Nonne dagegen tut. Freiburg / Basel / Wien: Herder Spektrum.

Age Concern (2008): Retirement Migration. London: Age Concern England, Policy Position Papers, Februar 2008.

ALEDO, A. und T. MAZÓN (2004): Impact of Residential Tourism and the Destination Life Cycle Theory. In: PINEDA, F. D., BREBBIA, C. A. und M. MUGICA (Hrsg.): Sustainable Tourism. Southampton: WIT Press, S. 25–36.

ANDERSSON, J. (2002): Retirement Migration: Motives for Migration to Warmer Climate and Housing Needs. A Study of Scandinavians in Costa Blanca. Göteborg: Chalmers University of Technology.

ANSCHEL, L. (2008): Barszene in Hua Hin. Willkommen im Legoland. In: TIP, Zeitung für Thailand, Ausgabe 9/1, Segnitz, S. 22.

Asia Sentinel (2006): The End of the Thailand Visa Run. Ausgabe vom 23.10.2006, Hongkong.

BECKER, B. P. und R. THONGKAEW (2008): Thai Law for Foreigners. Bangkok: Paiboon Publishing.

BELL, M. und G. WARD (2000): Comparing Temporary Mobility with Permanent Migration. In: Tourism Geographies 2 (1), S. 97–107.

BIGGAR, J. C. (1984): The Graying of the Sunbelt. A Look at the Impact of the U.S. Elderly Migration. Washington, D.C.: Population Reference Bureau.

BISHOP, R. und L. ROBINSON (1998): Nightmarket. Sexual Cultures and the Thai Economic Miracle. New York: Routledge

BREUER, T. (2003): Deutsche Rentnerresidenten auf den Kanarischen Inseln. In: Geographische Rundschau 55 (5), S. 44–51.

BREUER, T. (2005): Retirement Migration or Rather Second-Home Tourism? German Senior Citizens on the Canary Islands. In: Die Erde 136 (3), S. 313–333.

BRYCE, P. (2006): How to Buy Land and Build a House in Thailand. Bangkok: Paiboon Publishing.

BUTLER, R. W. (1980): The Concept of a Tourist Area Cycle of Evolution: Implications for Management of Resources. In: Canadian Geographer 24 (1), S. 5–12.

CASADO-DÍAZ, M. A. (2006): Retiring to Spain. An Analysis of Differences among North European Nationals. In: Journal of Ethnic and Migration Studies 32 (8), S. 1321–1339.

CRIBIER, F. (1978): Die Wanderung der pensionierten Pariser Beamten. In: KULS, W. (Hrsg.): Probleme der Bevölkerungsgeographie. Darmstadt: Wissenschaftliche Buchgesellschaft, S. 239–249.

COHEN, E. (1996): Thai Tourism. Hill Tribes, Islands and Open-Ended Prostitution. Bangkok: White Lotus.

COHEN, E. (2003): Transnational Marriage in Thailand: The Dynamics of Extreme Heterogamy. In: BAUER, T. und B. MCKERCHER (Hrsg.): Sex and Tourism. Journeys of Romance, Love, and Lust. New York: Haworth Hospitality Press, S. 57–81.

DECHAPANYA, T. (2008): Editorial. In: Hua Hin Hotline. News That Matters, No. 010, September 1st 2008, S. 2.

DETTMAR, M. (Hrsg.) (2008): Britischer Auswanderer in Roi Et aus Habgier ermordet. In: TIP, Zeitung für Thailand, Ausgabe 9/1, Segnitz, S. 27.

DEVONSHIRE, C. (Hrsg.) (2008): Hua Hin Online Community Report. In: Observer. Your Only Choice, September 2008, Hua Hin, S. 84f.

FRIEDRICH, K. und C. KAISER (2001): Rentnersiedlungen auf Mallorca? Möglichkeiten und Grenzen der Übertragbarkeit des nordamerikanischen Konzeptes auf den „Europäischen Sunbelt". In: Europa Regional 9 (4), S. 204-211.

FLOOD, K. (Hrsg.) (2008): Thailand's Oldest Resort Town Comes to Life. In: Tropical Living in Thailand 4 (4), September 2008, Bangkok, S. 47–54.

GÄTZ, W. (1994): Wirtschaftliche, soziale und räumliche Auswirkungen des Prostitutionstourismus auf ein Land der Dritten Welt. Das Beispiel Thailand. Diplomarbeit, Institut für Geographie und Regionalforschung, Universität Wien.

GUSTAFSON, P. (2002): Tourism and Seasonal Retirement Migration. In: Annals of Tourism Research 29 (4), S. 899–918.

HALL, C. M. und A. M. WILLIAMS (2002a): Conclusions. Tourism-Migration Relationships. In: HALL, C. M. und A. M. WILLIAMS (Hrsg.): Tourism and Migration. Dordrecht u.a.: Kluwer Academic Publishers, S. 277–289.

HALL, C. M. und A. M. WILLIAMS (2002b): Tourism, Migration, Circulation and Mobility. The Contingencies of Time and Place. In: HALL, C. M. und A. M. WILLIAMS (Hrsg.): Tourism and Migration. Dordrecht u.a.: Kluwer Academic Publishers, S. 1–52.

HASTINGS, C. (Hrsg.) (2008a): Golf Courses in Hua Hin. In: The BigChilli Hua Hin, 08/08, S. 45.

HASTINGS, C. (Hrsg.) (2008b): The Hua Hin Hoteliers Club: Dedicated to the Resort's Future. In: The BigChilli Hua Hin, 08/08, S. 30–32.

HAUG, B., DANN, G. und M. MEHMETOGLU (2007): Little Norway in Spain. From Tourism to Migration. In: Annals of Tourism Research 34 (1), S. 202–222.

HINZE, P. (2002): Sex-Tourismus: Nur eine Platte Form? In: FOCUS Magazin, Nr. 10/2002, S. 174–177.

HOLERT, T. und M. TERKESSIDIS (2006): Fliehkraft. Gesellschaft in Bewegung – von Migranten und Touristen. Köln: Kiepenheuer & Witsch.

HOWARD, R. (2008): Western Retirees in Thailand: Motives, Experiences, Wellbeing, Assimilation and Future Needs. In: Ageing & Society 28, S. 145–163.

Huguet, J. W. und S. Punpuing (2005): International Migration in Thailand. Bangkok: International Organization for Migration.

Karn, V. A. (1977): Retiring to the Seaside. London: Routledge.

King, R., Warnes, A. M. und A. M. Williams (1998a): Editorial Introduction. In: International Journal of Population Geography 4 (2), S. 87–89.

King, R., Warnes, A. M. und A. M. Williams (1998b): International Retirement Migration in Europe. In: International Journal of Population Geography 4 (2), S. 91–112.

Klaiwaad, S. (2008a): Fixing the Water Supply Problems in Khao Tao. In: Hua Hin Today 5 (10), August 2008, S. 2.

Klaiwaad, S. (2008b): Hua Hin Mayor Presents Development Strategy. In: Hua Hin Today 5 (10), August 2008, S. 5.

Kleiber, D. und M. Wilke (1995): Aids, Sex und Tourismus. Ergebnisse einer Befragung deutscher Urlauber und Sex-Touristen. Baden-Baden: Nomos Verlag-Ges.

Koch-Schulte, J. (2008): Planning for International Retirement Migration and Expats: a Case Study of Udon Thani, Thailand. Winnipeg: University of Manitoba.

Latza, B. (1989): Sex-Tourismus in Südostasien. Frankfurt am Main: Fischer.

Li, L. und W. Zhang (1997): Thailand: The Dynamic Growth of Thai Tourism. In: Go, F. und C. Jenkins (Hrsg.): Tourism and Economic Development in Asia and Australasia. London / Washington: Pinter, S. 286–303.

Longino, C. F., Jr. (1980): Residential Relocation of Older People. In: Research on Aging 2 (2), S. 205–216.

McGeown, K. (2007): Life as a Thai Sex Worker. BBC News, 22.02.2007.

Montlake, S. (2004): Thailand's ,Swiss Village'. BBC News, 20.04.2004.

Oigenblick, L. und A. Kirschenbaum (2002): Tourism and Immigration. Comparing Alternative Approaches. In: Annals of Tourism Research 29 (4), S. 1086–1100.

Oppermann, M. (1998): Introduction. In: Oppermann, M. (Hrsg.): Sex Tourism and Prostitution. Aspects of Leisure, Recreation and Work. New York: Cognizant Communication Corp., S. 1–19.

Oppermann, M. (1999): Sex Tourism. In: Annals of Tourism Research 26 (2), S. 251–266.

O'Reilly, K. (1995): A New Trend in European Migration: Contemporary British Migration to Fuengirola, Costa del Sol. In: Geographical Viewpoint 23, S. 25–36.

Papademetriou, D. G. et al. (2006): America's Emigrants. US Retirement Migration to Mexico and Panama. Washington: Migration Policy Institute.

Phillip, J. und G. Dann (1998): Bar Girls in Central Bangkok. Prostitution as Entrepreneurship. In: Oppermann, M. (Hrsg.): Sex Tourism and Prostitution. Aspects of Leisure, Recreation and Work. New York: Cognizant Communication Corp., S. 60–70.

Property & Lifestyle Today (2008): Dear Uncle Bill 5 (9), September 2008, S. 20.

Puengioh, C. (2008a): Hua Hin Police Department Seeks Help. In: Hua Hin Today 5 (10), August 2008, S. 3.

Puengioh, C. (2008b): Solving Hua Hin's Environmental Problems. In: Hua Hin Today 5 (10), August 2008, S. 4.

Rodríguez, V. (1998): European Retirees on the Costa del Sol: A Cross-National Comparison. In: International Journal of Population Geography 4 (2), S. 183–200.

Salvá-Tomás, P. A. (2002): Foreign Immigration and Tourism Development in Spain's Balearic Islands. In: Hall, C. M. und A. M. Williams (Hrsg.): Tourism and Migration. Dordrecht u.a.: Kluwer Academic Publishers, S. 119–134.

Siambeing (2008): Hua Hin History. In: Hua Hin Pocket Guide 5 (5), May 2008, S. 4.

STALLMANN, J. I. und M. C. ESPINOZA (1996): Tourism and Retirement Migration. Tamu (Texas): Department of Agricultural Economics (= Faculty Paper Series 97-3).

STANCULESCU, D. G. (2008): Hua Hin Mad Thoughts about the City. In: Hua Hin Today 5 (10), September 2008, S. 8.

SULLIVAN, D. A. und S. STEVENS (1982): Snowbirds: Seasonal Migrants to the Sunbelt. In: Research on Aging 4, S. 159–177.

TEE, J. (2008): Hua Hin Since 2000. In: Hua Hin Hotline. News That Matters, No. 010, September 1st 2008, S. 2.

TERLYCKY, S. W. und P. BRYCE (2007): Retiring in Thailand. Live in Paradise for Pennies on the Dollar. Bangkok: Paiboon Publishing.

TUMCHAROEN, S. (2009): Is 77 Hua Hin's Lucky Number? In: Bangkok Post, 15.02.2009.

VERESS, K. (2009): Vom Sex-Touristen zum „Strandpensionisten"? Eine Fallstudie zur männlichen Altersmigration nach Thailand am Beispiel von Hua Hin und Cha-am. Diplomarbeit, Institut für Geographie und Regionalforschung, Universität Wien.

WILLIAMS, A. M., KING, R. und A. M. WARNES (1997): A Place in the Sun. International Retirement Migration from Northern to Southern Europe. In: European Urban and Regional Studies 4 (2), S. 115–134.

WISEMAN, R. und C. ROSEMAN (1979): A Typology of Elderly Migration based on the Decision Making Process. In: Economic Geography 55 (4), S. 324–337.

WYLIE, P. (2007): How to Establish a Successful Business in Thailand. Bangkok: Paiboon Publishing.

Internetquellen

Expat Hua Hin – The Guide to Living in Hua Hin: http://www.expathuahin.com (Zugriff: 02.03.2009) und http://www.expathuahin.com/municipality-huahin.php (Zugriff: 16.03.2009).

Hua Hin After Dark, Forum: http://www.huahinafterdark.com/forum/cha-am-better-than-hua-hin-t8206.html (Zugriff: 16.03.2009) und http://www.huahinafterdark.com/forum/expat-t10140.html (Zugriff: 02.02.2009).

Hua Hin Thailand: http://www.hua-hin.com/deutsch (Zugriff: 25.02.2009).

Hua Hin & Thailand Rough Guide & Information Portal: http://www.huahin-thailand.org (Zugriff: 26.02.2009).

Klimadiagramme weltweit: http://www.klimadiagramme.de (Zugriff: 26.02.2009).

National Statistical Office of Thailand, Zensus 2000: http://web.nso.go.th/census/poph/cen_poph.htm (Zugriff: 20.02.2009).

National Statistical Office of Thailand, Core Economic Indicators 2008: http://web.nso.go.th/indicator/eco_mgs08.pdf (Zugriff: 09.04.2009).

Only Cha-Am: http://www.onlychaam.com/cha-am-whereto.html (Zugriff: 18.04.2009).

Retire In Paradise. In Beautiful Hua Hin, Thailand: http://www.retire-in-paradise.net (Zugriff 26.02.2009).

Samuifinder.com: http://www.samui-finder.com/de/koh-samui-info/soziales-und-kulturelles/beziehung-zwischen-farang-und-thaifrau (Zugriff: 14.04.2009).

Tourism Authority of Thailand, Tourism Statistics 2008: http://www2.tat.or.th/stat/web/static_index.php (Zugriff: 25.02.2009).

Mit den Augen der Bereisten – Handlungen und Wahrnehmungen im Ethnotourismus Nordthailands

ALEXANDER TRUPP

Inhalt

1. Einführung und Ausgangsproblematik 249
   1.1 Zielsetzungen der Studie 251
   1.2 Die Hilltribes und ihre Einbeziehung in (inter)nationale Kontexte:
       Folgen und Probleme 252
2. Ethnotourismus in Nordthailand – Entwicklung und Akteure 254
3. Theoretischer Rahmen der Untersuchung 257
4. Methodische Vorgehensweise und Probleme 260
5. Die untersuchten Hilltribedörfer – eine Kurzcharakteristik 261
   5.1 Das Akha-Dorf *Jorpakha* 262
   5.2 Das Karen-Dorf *Muang Pham* 265
6. Tourismus aus der Perspektive der Akha und Karen 267
   6.1 Handlungen 267
   6.2 Wahrnehmungen und Bewertungen 271
7. Abschließende Bemerkungen 278
8. Literatur.. 279

1. Einführung und Ausgangsproblematik[1]

Ankunft am internationalen Flughafen Suvarnabhumi in Bangkok, Thailand; einem Land wo jährlich 15 Millionen internationale Touristen ca. 17 Milliarden US-Dollar ausgeben (UNWTO 2009). Nach Erledigung der Einreiseformalitäten begebe ich mich zur Gepäcksabholung. Während ich auf meinen Rucksack warte, erblicke ich die großen leuchtenden Werbeflächen der nationalen thailändischen Tourismusorganisation (TAT), die die Touristen wohl auf die Thailand-Highlights einstimmen sollen. Ich sehe Bilder von traumhaften Stränden, Wasserfällen, Tempeln und lächelnden Mädchen. Das nächste

---

[1] Der vorliegende Beitrag präsentiert die Ergebnisse eines Feldforschungsaufenthaltes in Nordthailand, der im Rahmen einer am Institut für Geographie und Regionalforschung verfassten Diplomarbeit von Jänner bis Mai 2006 stattfand. Für die Genehmigung zur Feldforschung in Nordthailand dankt der Autor dem „National Research Council of Thailand". Teile dieser Forschungsarbeit wurden bereits in TRUPP (2007): Ethnotourismus in Nordthailand: Perspektiven der Akha und Karen, dargestellt am Beispiel zweier touristisch unterschiedlich entwickelter Hilltribedörfer. In: Geographischer Jahresbericht aus Österreich 62/63 (Doppelband), Wien: Institut für Geographie und Regionalforschung, S. 185–213, publiziert.

Foto zeigt eine junge Frau mit imposantem silbernem Kopfschmuck und farbenprächtiger Kleidung beim Worfeln in einem Reisfeld. Hiermit bewirbt die Kampagne „Amazing Thailand" eine der wichtigsten touristischen Attraktionen in Nordthailand, die *ethnischen Minderheiten*. Das Berg- und Hügelland Nordthailands ist das Siedlungsgebiet von neun offiziell anerkannten ethnischen Minderheiten (Bergstämmen), die auf Thai „chao khao" und im englischen Sprachgebrauch *„Hilltribes"* genannt werden (siehe Tab. 1). Da sich die Hilltribes in ethnischer, sprachlicher und kultureller Hinsicht von der thailändischen „Mainstream"-Gesellschaft deutlich unterscheiden, wurde ihre Attraktivität schnell von Individualtouristen („Travellern") und etwas später auch von der Tourismusindustrie entdeckt.

Eine Reiseform, deren Ziel der Aufenthalt bei einer „fremden ethnischen Gruppe, speziell einer politisch und ökonomisch marginalen – oft tribalen – Gruppe ist" (KIEVELITZ 1989, S. 29), wird *Ethnotourismus* genannt (siehe auch TRUPP und TRUPP 2009). Das Hauptmotiv ethnotouristischer Reisen ist die Suche nach Authentizität (MACCANNELL 1973). Destinationen von Ethnotourismus, zumeist abgelegene Berggebiete, Wüsten, Inseln oder Regenwälder sowie die dort beheimateten Bevölkerungsgruppen werden als Gegenbilder zur eigenen ‚modernen' Gesellschaft wahrgenommen und dienen als Projektionsfläche für die touristische Sehnsucht nach Ursprünglichkeit. Im Ethnotourismus geht es letztlich aber auch um den Konsum von attraktiven Objekten oder Darbietungen: Der Ethnotourist besucht die „Stämme", um die exotisch anmutenden Bräuche als attraktives Erlebnis zu konsumieren (FRIEDL 2001, S. 50). Doch für die Touristen spielt nicht nur die Erfahrung von konstruierter Authentizität eine wichtige Rolle, sondern auch die Verwirklichung von Träumen und Fantasien. In allen Kulturen, so HENNIG (1999, S. 94f) existiert eine „Geographie des Imaginären", die sich in der touristischen Erfahrung, in der kulturell vermittelte Erfahrungen und reale Ortsveränderung verschmelzen, verwirklichen soll. Daher suchen Reisende auch jene Orte auf und sind von jenen Attraktionen begeistert, die ihren imaginierten Bildern und Images entsprechen.

Tab. 1: Die Hilltribe-Bevölkerung in Thailand 2003

Ethnie	Anzahl der Dörfer	Zahl der Haushalte	Bevölkerungszahl	Anteil in Prozent
Karen (Kariang, Yang)	1.912	87.628	438.131	47,47
Hmong (Meo, Miao)	253	19.287	153.955	16,68
Lahu (Mussur)	385	18.057	102.876	11,15
Akha (Hani)	271	11.178	68.653	7,44
Mien (Yao)	178	6.758	45.571	4,94
H'tin	159	8.496	42.657	4,62
Lisu (Lisaw)	155	6.556	38.299	4,15
Lua (Lawa)	69	4.361	22.260	2,41
Khamu	38	2.256	10.573	1,14
gesamt	3.420	164.574	922.957	100,00

Quelle: Tribal Museum Chiang Mai 2004.

Wie aber stehen die Bereisten zum Tourismus und den Urlaubern? Gibt es neben ökonomischen Motiven noch andere Gründe, sich am Ethnotourismus beteiligen zu wollen? Was denkt die einheimische Bevölkerung, wenn sich Touristen sittenlos benehmen? Und welche Strategien verfolgen die Bereisten, um sich als erfolgreiche Akteure im Ethnotourismus zu behaupten?

1.1 Zielsetzungen der Studie

In diesem Beitrag geht es primär darum, das Phänomen Ethnotourismus aus der Sicht zweier ausgewählter Hilltribegruppen zu beleuchten. Am Beispiel Nordthailands kann man bei näherer Betrachtung verschiedene Stadien des Kontaktes zwischen den sogenannten Hilltribes und den Touristen beobachten, die sich in den letzten Jahrzehnten entwickelt haben. Deshalb wurden für die empirische Analyse zwei Dörfer mit unterschiedlicher touristischer Intensität ausgewählt:[2]

1. Das Akha-Dorf *Jorpakha*: Dieses Dorf wird von ca. 100 Touristen pro Tag im Zuge einer Rundreise oder einer Package-Tour für ca. 20 Minuten besucht. Das Dorf weist somit massentouristische Erscheinungen auf.
2. Das Karen-Dorf *Muang Pham*: Auch dieses Dorf ist bereits touristisch gut erschlossen, jedoch erreichen die Touristen das Dorf entweder im Zuge einer organisierten Trekkingtour oder als Individualtouristen auf eigene Faust. 90 Prozent der Touristen bleiben im Dorf über Nacht.

Primäres Forschungsziel war es, diese beiden Dörfer mit unterschiedlicher touristischer Entwicklung zu untersuchen und zu vergleichen, wobei vor allem die in der geographischen Tourismusforschung bisher wenig beachtete emische Perspektive, also jene der Bereisten, in den Vordergrund gestellt werden soll. Dabei wird ein handlungsorientierter Ansatz verfolgt, der die Wahrnehmungen und Handlungen der Hilltribes in Hinblick auf das Phänomen Tourismus ins Zentrum der Betrachtungen stellt (siehe Kapitel 3).

Folgende Forschungsfragen stehen im Zentrum der empirischen Analyse:

- Was sind die Wahrnehmungen der Hilltribes gegenüber Tourismus und Touristen?
- Wie sehen die Einstellungen der Hilltribe-Bevölkerung und ihre Bewertungen zum Tourismus aus?
- Wie handeln die Hilltribes im touristischen Feld?
- Welcher Sinn, welche Intentionen und Interessen stehen hinter den Handlungen?
- In welchem sozio-kulturellen und sozio-ökonomischen Kontext finden diese Handlungen und Wahrnehmungen statt?
- Welche Unterschiede lassen sich zwischen den beiden touristisch unterschiedlich entwickelten Dörfern feststellen?

---

[2]) Eine genauere Beschreibung der Dörfer sowie eine Charakterisierung der dort auftretenden Tourismusformen ist in Kapitel 5 vorzufinden.

Für die Darstellung der Ergebnisse greift der Autor auf zahlreiche Direktzitate der Befragten zurück. Damit ist das Ziel verbunden, die Daten so wiederzugeben, als wenn die Informanten selbst sprechen. Dieses illustrative Material wird mit den Interpretationen des Forschers und somit einer distanzierteren Konzeptualisierung dieser Wirklichkeit verknüpft. Bevor die theoretische Einordnung, die methodische Herangehensweise und schließlich die Ergebnisse der vorliegenden Studie präsentiert werden, soll im Folgenden etwas näher auf die Hilltribes sowie auf die Entwicklung des Ethnotourismus in Nordthailand eingegangen werden.

1.2 Die Hilltribes und ihre Einbeziehung in (inter)nationale Kontexte: Folgen und Probleme

Die gesamte Hilltribe-Bevölkerung Thailands wird gegenwärtig auf über 920.000 Personen geschätzt, was bei einer Gesamtbevölkerung von rund 65 Millionen einen Anteil von ca. 1,4 Prozent ausmacht. Zum Vergleich, 1960 wurde die Anzahl der Hilltribes in Thailand auf 222.000 Menschen geschätzt (KUNSTADTER 1967), 1974/77 auf ca. 331.000 (HUSA und WOHLSCHLÄGL 1985) und 1996 auf ca. 793.000 (KAMPE 1997). Dieses enorme Wachstum ist einerseits auf die natürliche Bevölkerungszunahme und andererseits auf Immigrations- und Flüchtlingsbewegungen vorwiegend aus Burma und Laos zurückzuführen.

Der Begriff „Hilltribes" ist keine Selbstbezeichnung, sondern wurde 1959 von behördlicher Seite offiziell eingeführt. Der Terminus „Hilltribe", zu deutsch „Bergstamm", wird jedoch oft als problematisch angesehen, denn zum einen handelt es sich nicht um einen Stamm im ethnologischen Sinn, da diese Volksgruppen weder über ein geschlossenes Siedlungsgebiet noch über eine übergreifende Stammesorganisation verfügen, und zum zweiten ist der Begriff negativ besetzt, weil „Bergstamm" mit wild, primitiv und unzivilisiert assoziiert wird (vgl. KORFF 2003, S. 122). In dieser Arbeit wird – im Bewusstsein der eben kurz dargelegten Problematik – aus Mangel an Alternativen weiterhin der Begriff „Hilltribes" verwendet.

Die Siedlungsgebiete dieser Gruppen erstrecken sich über weite Gebiete des nordthailändischen Berglandes und sind von häufigen Migrationsvorgängen begleitet. Man nimmt an, dass einige der Bergstämme wie die H'tin oder die Lua bereits vor der Ankunft der thai-sprechenden Bevölkerung zu Beginn des zweiten Jahrtausends auf dem heutigen Staatsgebiet in Thailand siedelten. Siedlungen der Karen sind mindestens seit über 300 Jahren nachzuweisen, während die Hmong und Yao seit der Mitte des 19. Jahrhunderts und die tibeto-burmanischen Ethnien wie Lisu, Lahu und Akha seit Beginn des 20. Jahrhunderts in das heutige Nordthailand eingewandert sind (KUNSTADTER 1983, S. 28)

Vor der Bildung des thailändischen Nationalstaates standen die verschiedenen ethnischen Gruppen der Berggebiete in zum Teil sehr unterschiedlichen Verhältnissen zur benachbarten Mehrheitsbevölkerung. Diese Beziehungen reichten von weitgehender Autonomie über Handels- und Nachbarschaftsbeziehungen bis hin zu Tribut- und Gefolgschaftsverhältnissen (BUERGIN 2000, S. 8). Von einer völligen Isolierung der „Hilltribes" zu sprechen ist daher falsch, denn es gab seit jeher Einflüsse und Kontakte zu den in Thailand, Burma oder Yünnan dominanten Ethnien der Thai, Burmesen oder Chinesen (vgl. PLATZ 1995, S. 105).

Erst ab den 1950er-Jahren begann sich die Situation, wonach der Staat kein großes Interesse hatte, sich in Angelegenheiten der Hilltribes einzumischen, drastisch zu ändern. Für diesen Wandel bzw. den Beginn einer „Hilltribe-Politik" gibt es mehrere Gründe:

- Auf politischer Ebene erregten die Hilltribes vor allem Aufmerksamkeit aufgrund ihrer angeblichen Anfälligkeit für kommunistische und andere ideologische Einflüsse. Thailand fürchtete ähnliche Entwicklungen wie in seinen Nachbarländern. Während es in Burma starken Widerstand der Karen und Shan gab, waren es in China, Laos und Vietnam die stärker werdenden kommunistischen Einflüsse, die dem westlich orientierten Thailand Sorge bereiteten.

- Aus strategischen Gründen kam den Hilltribes eine große Bedeutung zu, da sie in den schwer zu verteidigenden und unüberschaubaren gebirgigen Grenzregionen siedeln. Wegen ihres Nomadenlebens zwischen den Grenzen wurden und werden sie von Behörden als Sicherheitsrisiko betrachtet.

- Auf ökonomischer Ebene gerieten sie (vor allem ab den 1980er-Jahren) aufgrund ihres Brandrodungsfeldbaus („shifting cultivation" und „rotational cultivation"), der die natürlichen Ressourcen des Landes zerstöre, ins Rampenlicht. Diese seit Jahrhunderten bewährte und nachhaltige Anbaumethode ist in den letzten Jahrzehnten aufgrund sich verändernder Rahmenbedingungen immer stärker in Kritik geraten, da ihre Anwendung einen großen Flächenbedarf bei extensiver Landnutzung erfordert.

- Zuletzt ist das Drogenproblem zu nennen. Das „Goldene Dreieck" im Grenzgebiet von Burma, Thailand und China (Yünnan) stieg nach dem Zweiten Weltkrieg zum wichtigsten Anbaugebiet für Opium auf. Das Siedlungsgebiet der Hilltribes erwies sich aufgrund natürlicher Faktoren und aufgrund seiner isolierten bzw. nicht kontrollierten Lage als ideales Anbaugebiet. Zunächst wurde nur Opium hergestellt, danach das auf Opium basierende Heroin und später synthetisch hergestellte Metaamphetamine, die in Thailand als „Yaba" bezeichnet werden.

Aufgrund dieser Entwicklungen, die hier nur sehr marginal behandelt werden können, wurde den Hilltribes seitens der thailändischen Behörden und der öffentlichen Meinung der Stempel unruhestiftender und waldzerstörender Drogenhändler aufgedrückt. Die Bezeichnung „Hilltribes" weist somit sowohl eine topographische Dimension auf, die eine Dichotomie von Hochland- und Tieflandbevölkerung aufzeigt, als auch eine politisch-ökonomische, in der sich bestehende Vorurteile und ungleiche Machtbeziehungen widerspiegeln (vgl. TRUPP 2009b). Vor diesem Hintergrund müssen auch die Maßnahmen der thailändischen Regierung zur „Entwicklung" der Bergstämme sowie die Schaffung einer Reihe von Institutionen, die sich auf verschiedenen Ebenen mit der Thematik und (produzierten) Problematik der Hilltribes beschäftigen, gesehen werden (vgl. HUSA und WOHLSCHLÄGL 1985, S. 19).

Zunächst wurde auf Initiative der US-Special Forces die sogenannte *„Border Patrol Police"* (BPP) gegründet (siehe dazu KUNSTADTER 1967, S. 381). 1959 wurde das *„Central Hilltribe Committee"* errichtet, die erste Organisation, die auf nationaler Ebene für eine koordinierte Hilltribe-Politik verantwortlich war. Im Zuge dieser Entwicklung beschloss der thailändische Ministerrat, geplante Umsiedlungsprojekte, sogenannte *„nikhoms"*, durchzuführen. Das Ziel war es, den verschiedenen Ethnien dauerhafte Siedlungen zu schaffen und sie somit in die thailändische Verwaltung zu integrieren bzw. sie dadurch besser kontrollieren zu können. In den Jahren 1961 und 1962 wurde unter Einbeziehung des österreichischen Ethnologen Hans MANNDORFF der erste offizielle *„Socio-Economic Survey of the Hill Tribes"* durchgeführt, mit dem Ziel, verlässliche Informationen für weitere Entwicklungspläne und -projekte zu erhalten. Die Errichtung des *„Tribal Research Centers"* (TRC) in Chiang Mai im Jahr 1964 wurde in einem Bericht des „Socio-Economic Survey" empfohlen (GEDDES 1967). Aufgabe des TRC war bis 2003 die Durchführung wissenschaftlicher Untersuchungen und die Sammlung von statistischem Datenmaterial. Heute ist das *„Social Research Institute"* (SRI) der „Chiang Mai University" die wichtigste Institution, die sich wissenschaftlich mit dem Thema „Hilltribes" auseinandersetzt.

Nach wie vor besitzen viele Angehörige der Hilltribes keine thailändische Staatsbürgerschaft. Ohne diese ist es ihnen nicht erlaubt, ihren Distrikt zu verlassen, sie dürfen nicht wählen, nicht arbeiten, können kein Land kaufen, sind vom Versicherungs- und Gesundheitssystem ausgeschlossen und haben keinen Zugang zu höheren Ausbildungswegen.

An dieser Stelle soll noch kurz auf jenes Gesetz eingegangen werden, das die Hilltribes nach eigenen Aussagen am stärksten betroffen hat: Der *„Logging Ban"* von 1989 bewirkte ein allgemeines Holzschlagverbot, das sowohl für die kommerzielle Holzindustrie Gültigkeit besitzt als auch für „einfache" Bauern wie die Hilltribes, denen dadurch ein integraler Bestandteil ihrer Lebensgrundlage entzogen wurde, denn durch dieses Gesetz wurde der Brandrodungsfeldbau als wichtigste landwirtschaftliche Methode – zumindest theoretisch – strafbar (vgl. MCKINNON 1997, S. 131). Fehlende Landrechte und das Verbot der „shifting cultivation" sind die wichtigsten Faktoren für die steigende Migration der Bergstammbevölkerung in die Städte.

2. Ethnotourismus in Nordthailand – Entwicklung und Akteure

Hilltribetourismus in Südostasien führt Touristen zu marginalisierten Gruppen, die sozial, kulturell und politisch nicht zur dominierenden Mehrheitsgesellschaft des Staates, in dem sie leben, gezählt werden (COHEN 2001a, S. 6). Es besteht ein von ungleichen Machtverhältnissen geprägtes Beziehungsgeflecht zwischen Reisenden, Bereisten und weiteren Akteuren der Tourismusindustrie (siehe dazu TRUPP 2009a). Die ethnotouristische Entwicklung in Nordthailand begann bereits in den späten 1960er- und frühen 1970er-Jahren, als Abenteurer, Tramper und junge Alternativtouristen durch Mundpropaganda und später durch nicht-konventionelle Reiseführer und Reiseagenturen von den

Hilltribes und den Trekkingmöglichkeiten im Goldenen Dreieck erfuhren (vgl. MEYER 1988, S. 411). Zu dieser Zeit waren die nordthailändischen Städte Chiang Mai und Chiang Rai die einzigen im gesamten Bergland Südostasiens, die leicht und vor allem sicher erreicht werden konnten.

So entstand mit steigender Touristenzahl Anfang der 1970er-Jahre in Chiang Mai und in geringerem Maß in Chiang Rai ein „low cost tourist establishment" (COHEN 2001b, S. 37), sozusagen eine kleine „traveller-community" für die „cheap charlies", die sich von der ebenfalls bereits zunehmenden Zahl der Massentouristen in Chiang Mai abgrenzen wollten. Dieses neue Tourismussegment bestand aus billigen „guesthouses", Essensständen und „coffeshops", die alle den Bedürfnissen dieser Art von Reisenden angepasst waren. Diesem Publikum wurden zunächst von unabhängigen lokalen Führern und etwas später von kleinen Agenturen („jungle companies") authentische Erlebnisse und echtes Erleben fernab der Zivilisation angeboten. Diesen Touristen, die sich gerne als die besseren Reisenden betrachteten, war damit allerdings nicht bewusst, dass sie nur die Vorreiter des sich rasch entwickelnden Massentourismus waren.

Bereits Ende der 1970er-Jahre wurde der sich für die exotischen Hilltribes interessierende Touristenkreis immer größer, was auch sehr schnell von der Tourismusindustrie erkannt wurde. Während große Reiseveranstalter damit begannen, „Hilltribe-Besuche" in ihre Programme aufzunehmen, sprossen gleichzeitig viele neue Reiseagenturen in Chiang Mai hervor, die im Konkurrenzkampf die Preise niedrig halten mussten (COHEN 2001b, S. 39). Aufgrund wachsender touristischer Nachfrage nach „unverdorbenen" und „echten" Regionen wurden immer neue „Hilltribegebiete" erschlossen. Wiesen die Bergdörfer nicht mehr den gewünschten Grad an Authentizität auf, wurden sie aus dem Tourprogramm gestrichen und durch neue „back regions" ersetzt (vgl. DEARDEN und HARRON 1994, S. 88). Diese touristische Erschließung ging zeitgleich mit den nationalen und internationalen „Entwicklungsprogrammen" einher, wobei die Annahme, dass die Tourismusentwicklung im Bergland ebenfalls als politisches Instrument zur Integrierung bzw. Assimilierung der Hilltribes in die thailändische Gesellschaft verwendet werde, durchaus plausibel erscheint (vgl. MICHAUD 1997, S. 131). DEARDEN und HARRON (1994, S. 85) gehen von jährlich 100.000 Trekkern mit einer mittleren Trekkdauer von vier Tagen und drei Nächten aus.

In den letzten 20 Jahren haben sich folgende Haupttrekkingrouten bzw. Exkursionstourismusziele und -zentren etabliert:

- Chiang Mai – Mae Taeng Route
- Chiang Mai – Mae Wang Route (einschließlich Besteigung des Doi Inthanon, des höchsten Berges Thailands)
- Chiang Mai – Mae Hong Son Route
- Chiang Mai – Chiang Rai Route

Weitere Trekking-Gebiete bzw. Ausgangspunkte für Trekking im Norden Thailands sind: Chiang Dao, Pai, Soppong, Mae Chaem, Mae Chan, Phrao, Fang, Naan und Lampang.

Hilltribetourismus kann grundsätzlich als Ethnotourismus zu den Bergstämmen bezeichnet werden, wobei die Hilltribes allerdings nicht mehr das einzige Objekt des touristi-

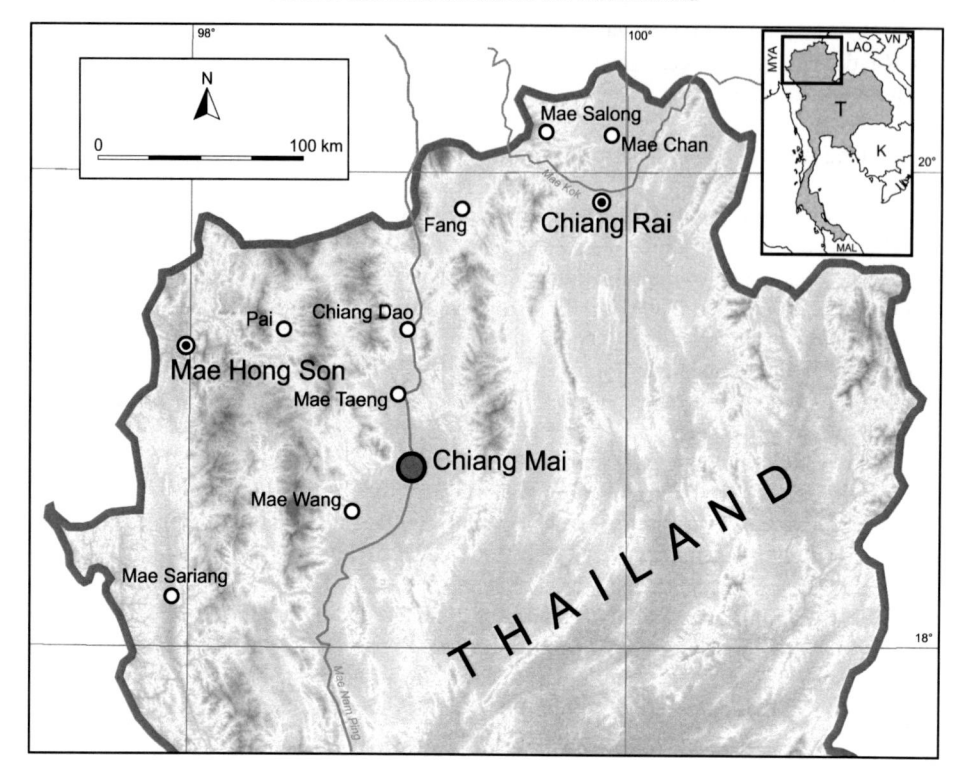

Abb. 1: Hilltribetourismus in Nordthailand

Entwurf: A. TRUPP, Kartographie: W. LANG.

schen Interesses darstellen. COHEN (2001a, S. 27) spricht in diesem Zusammenhang von einer „variety of 'site-seeing' tourism" und auch DEARDEN (1996, S. 211) bestätigt: „In such tourism, ethnic people are no longer the prime focus of interest, but constitute just one item of interest within a broader landscape."

Der touristische Blick (URRY 1990) betrachtet die lokale Bevölkerung oft weniger als Akteure in einer eigenständigen Lebenswelt, sondern vielmehr als Teil einer malerischen Kulturlandschaft (MADER 2009, S. 44). Diese Tatsache wird offensichtlich, wenn man die aktuellen Plakate und Werbebroschüren der Reiseagenturen betrachtet. Es gibt kaum mehr organisierte Ausflüge oder Trekkingtouren, die ausschließlich den Besuch der Hilltribes propagieren. Diese sind eine von vielen Attraktionen, die zwischen Mittagessen und Wasserfall konsumiert werden.

Grundsätzlich kann zwischen organisiertem und individuellem Hilltribetourismus unterschieden werden. In der Kategorie des organisierten Tourismus gibt es zwei Hauptgruppen, die COHEN (2001b, S. 69ff) „*Tribal Village Tour*" (Exkursionstourismus) bzw. „*Jungle Tour*" (Trekkingtourismus) nennt. Am Beispiel der beiden Fallstudien in Jorpakha und Muang Pham werden diese zwei Typen noch näher vorgestellt (Kapitel 5).

Foto 1: Werbeplakat für eine Trekkingtour

Foto 2: Werbeplakat für eine eintägige Exkursionstour

Foto: A. TRUPP 2006.

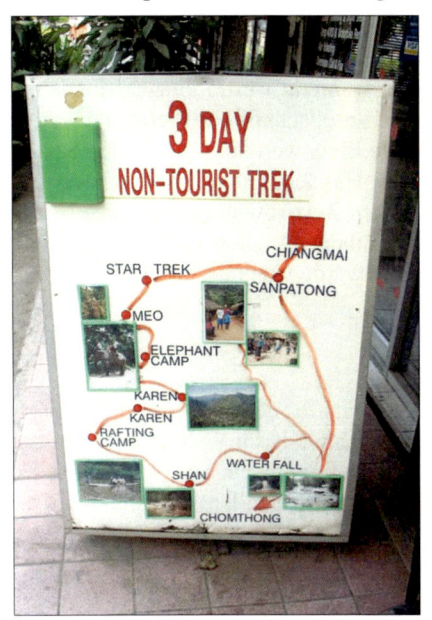

Foto: A. TRUPP 2006.

3. Theoretischer Rahmen der Untersuchung

Im Zentrum der Forschungsfragen der vorliegenden Untersuchung stehen ganz klar die Handlungen, Wahrnehmungen und Interessen von Menschen. Daher bietet sich für die theoretische Konzeption der Arbeit das handlungsorientierte Modell von Paul REUBER (2001) an. Dabei werden die Handlungen eines Akteurs als „Produkt individueller Präferenzen, gesellschaftlicher Spielregeln und räumlicher Rahmenbedingungen" verstanden (ebd., S. 81). Hierbei ist jedoch darauf zu achten, dass es nicht die strukturellen Rahmenbedingungen sind, die das menschliche Handeln determinieren, sondern dass diese vielmehr von Individuen geschaffen wurden, um ihre Handlungen zu realisieren oder zu unterstützen (vgl. WEICHHART 2004, S. 47). Mit strukturellen Rahmenbedingungen ist hier der sozio-kulturelle und sozio-ökonomische Kontext gemeint, in dem die bereisten Akha und Karen handeln. Denn „alles was Subjekte tun, verweist gleichzeitig und immer auf sozial-kulturelle und materielle Kontexte des Tuns, ohne von diesem im kausalistischen Sinne determiniert zu werden" (WERLEN 1998, S. 10).

Zum Begriff Handlung

Für den Begriff des „Handelns" im handlungsorientierten Ansatz sind vor allem der Aspekt der Reflexivität sowie das Element der Intentionalität von Bedeutung. Dabei greifen REUBER und WERLEN auf das „soziale Handeln" Max WEBERS zurück. Die Annahme, dass handelnde Personen einen Sinn hinter ihren Handlungen sehen, ist zentral. WEBER (hier zitiert nach WEBER 1984, S. 44ff) unterscheidet vier Handlungstypen, die unterschiedlichen Bestimmungsgründen folgen können: Zweckrationales Handeln (1) orientiert sich primär am Zweck, den Mitteln und Nebenfolgen, während wertrationales Handeln (2) unabhängig vom Erfolg ist und durch kulturelle und gesellschaftliche Werte und Normen, also den Glauben an einen ethischen oder religiösen Eigenwert eines speziellen Sachverhaltes, bestimmt ist. Affektuelles oder emotionales Handeln (3) wie beispielsweise das hemmungslose Reagieren auf einen außeralltäglichen Reiz sowie traditionelles Handeln (4), orientiert an eingelebten, oft alltäglichen Gewohnheiten, stehen an der Grenze und oft jenseits dessen, was als soziales Handeln aufgefasst werden kann.

Zu Wahrnehmung und Image

Wahrnehmung und Image sind weitere zentrale Begriffe, denen in den theoretischen Überlegungen eine wichtige Bedeutung zukommt. Denn „durch Wahrnehmung entsteht die subjektive Realität jedes einzelnen Menschen und damit ein wesentlicher Teil der Grundlage seines Handelns" (MAYRHOFER 2004, S. 31). Vor allem im Ethnotourismus finden wir exotische oder befremdende Bilder („Images") über die Bereisten, die im Extremfall von exotischen (und erotischen) Schönheiten und edlen Wilden bis hin zu blutrünstigen Barbaren reichen. Aber umgekehrt sind auch die Bilder, die Bereiste über Reisende haben, begrenzt und pauschalisiert (siehe Kapitel 6.2).

Individuen nehmen eine Vielzahl von vorhandenen Reizen (visuelle Reize, Gerüche, Geräusche) auf, wobei jedoch nicht alle Reize wahrgenommen werden. Wahrnehmung ist also ein selektiver Prozess, wobei die Auswahl der Reize durch einen sogenannten Wahrnehmungsfilter erfolgt. Was gefiltert wird und was nicht, hängt von den persönlichen Variablen der Individuen wie Motivation, Bedürfnisse, Einstellungen und Werte ab (TZSCHASCHEL 1989, S. 24). Somit existieren Reize für die Praxis „nicht in ihrer objektiven Wahrheit als bedingte und konventionelle Auslöser, da sie nur wirken, wenn sie auf Handelnde treffen, die darauf konditioniert sind, sie zu erkennen" (BOURDIEU 1987, S. 99).

Macht und Kapitalformen

Ein weiterer wichtiger Aspekt ist jener der Macht der Akteure, „vor allem die Erforschung der Zugangsmöglichkeiten zu materiellen Artefakten, ihrer räumlichen Anordnung und Verfügbarkeit zur Handlungsverwirklichung" (WERLEN 1997, S. 64). REUBER (2001) greift für sein Verständnis von Macht GIDDENS' (1997, S. 45) Unterteilung in „autoritative und allokative Ressourcen" auf. Allokative Ressourcen werden als „an der Generierung von Macht beteiligte Ressourcen einschließlich der natürlichen Umwelt und physischer Artefakte" bezeichnet und autoritative als „an der Generierung von Macht beteiligte nichtmaterielle Ressourcen, die sich aus dem Vermögen, die Aktivitäten menschlicher Wesen verfügbar zu machen, herleiten" (ebd., S. 429). So ist Macht an sich keine Ressource, aber Ressourcen sind Mittel, die sich Akteure zur Machtausübung zunutze machen. Dieser Konzeption von GIDDENS wird noch eine dritte, stark individuelle Komponente hinzugefügt, womit u.a. das persönliche Charisma, Führungsqualitäten und Verhandlungsgeschick gemeint sind. Dieses „Dreisäulen-Konzept der Macht" versucht "strukturelle und individuelle Merkmale gleichermaßen zu berücksichtigen" (REUBER 2001, S. 86).

Zur Erklärung des Umgangs mit diesen Ressourcen bieten sich Pierre BOURDIEUS Formen des Kapitals an, wobei zwischen ökonomischem, kulturellem, sozialem und symbolischem Kapital unterschieden wird:

– Das ökonomische Kapital umfasst alle Formen des materiellen Besitzes, die mittels Geld getauscht werden können.

– Das kulturelle Kapital tritt in drei verschiedenen Zustandsformen auf – in seiner inkorporierten, objektivierten und institutionalisierten Form. In verinnerlichtem, inkorporiertem Zustand besteht das kulturelle Kapital aus den kulturellen Kenntnissen, Fähigkeiten und Fertigkeiten eines Individuums. Die Akkumulation von inkorporiertem kulturellem Kapital, also dem, das im Allgemeinen „Bildung" genannt wird, ist mit einem hohen Maß an persönlichem Einsatz und Zeit verbunden (vgl. BOURDIEU 1997, S. 55). Diese Form des kulturellen Kapitals kann also nur von einem selbst und niemand anderem verinnerlicht werden und kann deshalb nicht, wie etwa Geld oder materielle Kulturartefakte, weitergegeben werden. In seinem objektivierten Zustand tritt das kulturelle Kapital in Form von Büchern, Bildern, Lexika, Instrumenten, Maschinen und anderen kulturellen Gütern auf, die uns sicht- und (wörtlich genommen) greifbar erscheinen. Institutionalisiert tritt das kulturelle Kapital in Form von Titeln und Abschlüssen auf.

– Das Sozialkapital kann als die „Gesamtheit der aktuellen und potenziellen Ressourcen, die mit dem Besitz eines dauerhaften Netzes von mehr oder weniger institutionalisierten Beziehungen gegenseitigen Kennens oder Anerkennens verbunden sind" (ebd., S. 63) definiert werden. Damit ist also ein soziales Netzwerk von Freunden und Bekannten gemeint, die man um Hilfe, Rat und Informationen bitten kann. Da allerdings Beziehungen per se noch keinen entscheidenden Vorteil für die Akteure erbringen, ist es sinnvoll, zwischen Netzwerk und sozialem Kapital zu unterscheiden. Soziales Kapital liegt nur dann vor, wenn diese Beziehungen mobilisiert werden können, das heißt, den Akteuren auch einen konkreten Nutzen verschaffen (ANTHIAS 2007).

– Das symbolische Kapital „besteht aus den Chancen, soziale Anerkennung und soziales Prestige zu gewinnen und zu erhalten" (FUCHS-HEINRITZ und KÖNIG 2005, S. 169).

Die hier vorgestellten Kapitalformen stehen in enger Beziehung zueinander und bedingen sich gegenseitig. Eine Kapitalform kann auch von den Handelnden in eine andere transformiert werden. In Kapitel 6 wird dargestellt, wie die Akha und Karen in den beiden untersuchten Dörfern ihr kulturelles Kapital nutzen und dieses in ökonomisches umwandeln.

Durch die Entwicklung der Handlungstheorie ist es gelungen, das Individuum aus seiner passiven Rolle – wie in den verhaltensgeographischen Ansätzen durch einen Reiz-Reaktions-Mechanismus dargestellt – zu lösen. Die Menschen werden als selbstbestimmte und zielorientierte Akteure verstanden, die die Wahl haben, sich für oder gegen eine bestimmte Handlung zu entscheiden. Durch Einbettung der strukturellen Ebene wird versucht, die Kluft zwischen Individuum bzw. Praxis und Struktur etwas zu überbrücken. Mit dem

Schwenk von einer „raumzentrierten" zu einer „handlungsorientierten" Geographie ist „in methodologischer Hinsicht auch die Forderung verbunden, den Kategorien des Handelns gegenüber denen des Raumes Vorrang einzuräumen und die kategorielle Ordnung der traditionellen Forschungslogik auf den Kopf zu stellen" (WERLEN 1998, S. 310). Dies impliziert, sich einer qualitativen Sozialforschung und ihren Methoden zuzuwenden.

4. Methodische Vorgehensweise und Probleme

„Qualitative Forschung hat den Anspruch, Lebenswelten ‚von innen heraus' aus der Sicht der handelnden Menschen zu beschreiben" (FLICK et al. 2004, S. 14). Dies war auch der Anspruch meiner Untersuchung, nämlich die Handlungen, Wahrnehmungen, Interessen und Bewertungen der bereisten Akha und Karen im touristischen Kontext zu verstehen und offenlegen zu können. Methodologisch gelten die Prinzipien von Offenheit, Flexibilität, Kommunikativität und Explikation (vgl. LAMNEK 2005).

Mein Forschungsaufenthalt in Nordthailand erstreckte sich von Anfang Jänner bis Anfang Mai 2006. Die Unterstützung des „Social Research Institute" (SRI) der „Chiang Mai University" sowie die Betreuung durch Prof. Prasit LEEPREECHA waren für mich in vielen Belangen von großem Vorteil. Von diesen vier Monaten habe ich ca. ein Drittel der Zeit in den Dörfern verbracht. Die restliche Zeit benötigte ich für den Zugang zu den Dörfern und zur Kontaktaufnahme mit den Bewohnern, zur Vorbereitung der Interviews und Beobachtungen, zu deren Transkription und für erste Auswertungen, für Gespräche und Diskussionen am SRI sowie mit Vertretern diverser NGOs und anderer Institutionen und schließlich für eine intensive Literaturrecherche in den unterschiedlichen Bibliotheken in Chiang Mai.

Als zentrale Methoden zur Erreichung der Forschungsziele wurde dabei vor allem auf die qualitative Interviewführung sowie auf teilnehmende Beobachtung zurückgegriffen.

Ein Problem, das mich während der Gesamtheit meines Aufenthaltes begleitete, war die Sprachbarriere. Da meine Thai-Kenntnisse damals noch begrenzt und meine Fähigkeiten in Akha und Sgaw-Karen auf wenige Phrasen limitiert waren, wurde ich in beiden Dörfern von Dolmetschern begleitet. Meine Begleiter und Übersetzer, *Mai* in Jorpakha bzw. *Prassert* und *Wisoot* in Muang Pham, engagierten sich sehr für eine exakte Übersetzung ins Englische. Ich habe durch häufiges Nachfragen und Überprüfen der Übersetzungen versucht, etwaigen Missverständnissen entgegenzutreten. Durch jede Übersetzung kann Information verloren und verzerrt werden, doch die Nachteile eines solchen Sprachfilters waren aufgrund mangelnder eigener Sprachkenntnisse unvermeidlich.

Bei qualitativen Interviews handelt es sich um nicht standardisierte Interviews, was vorformulierte Fragen und eine feste Reihenfolge der Fragen weitgehend ausschließt. Solche Interviews versuchen, den Charakter eines Alltagsgesprächs zu realisieren und die Befragten zu Wort kommen lassen. Das Bestreben, den Inhalt des Gesprächs mittels eines Tonbandgeräts aufnehmen zu dürfen, stieß allerdings von Seiten der Befragten auf Widerstand bzw. schuf eine zu künstliche und gezwungene Gesprächssituation, worauf diese Maßnahme fallen gelassen werden musste. Zwar hätte man die Möglichkeit einer verdeckten Aufzeichnung ergreifen können, doch eine solche wurde aus Gründen der Fairness gegenüber meinen Informanten ausgeschlossen. So war ich gezwungen, jedes Gespräch bzw. die Parallelübersetzung durch meine Begleiter sofort schriftlich zu protokollieren. Ich habe somit dem Versuch, dem Gespräch einen Charakter vertrauter Alltagssituation zu verleihen, gegenüber jenem, jedes Wort genau zu erfassen, Vorrang eingeräumt. Insgesamt wurden in den beiden Dörfern 28 qualitative Interviews mit 23 unterschiedlichen Gesprächspartnern geführt. Schlüsselinformanten wie beispielsweise der „Headman" oder auch andere Personen, die einfach gerne erzählten, wurden zweimal interviewt.

Während die qualitativen Interviews vor allem dazu dienten, Meinungen, Einstellungen, Erwartungen und Intentionen zu ermitteln, erschien die teilnehmende Beobachtung vor allem für die Erfassung von Handlungen und Verhaltensweisen angemessen, denn „die Beobachtung als Methode der Sozialwissenschaft hat als Gegenstand soziales Handeln, wie auch immer dieses definiert wird" (LAMNEK 2005, S. 549). Als teilnehmender Beobachter habe ich versucht, an der natürlichen Lebenswelt innerhalb und außerhalb des touristischen Feldes der Akha und Karen teilzuhaben und die Situation in Form eines Beobachtungsprotokolls niederzuschreiben. LÜDERS (2004, S. 396) weist darauf hin, dass Beobachtungsprotokolle als das gesehen werden müssen, „was sie sind: Texte von Autoren, die mit den ihnen jeweils zur Verfügung stehenden sprachlichen Mitteln ihre Beobachtungen und Erinnerungen nachträglich sinnhaft verdichten, in Zusammenhänge einordnen und textförmig in nachvollziehbare Protokolle gießen".

Das Gesamtmaterial kann somit als Text im weitesten Sinn verstanden werden, wobei im vorliegenden Fall die transkribierten Interviews, Beobachtungsprotokolle, Essays und Zeichnungen von den Dorfbewohnern zum Thema „Tourismus in meinem Dorf", Feldnotizen und Fotos dazu zu zählen sind.

Das Vorgehen bei der Auswertung des umfangreichen Datenmaterials orientiert sich vor allem am benutzerfreundlichen Werk von STRAUSS und CORBIN (1996). Ziel der vorliegenden Analyse ist es, das breite, aus den eben kurz vorgestellten Methoden gewonnene Datenmaterial sinnvoll aufzuschlüsseln und Kategorien zu bilden, die das Phänomen Ethnotourismus aus der Perspektive der Hilltribes beleuchten.

5. Die untersuchten Hilltribedörfer – eine Kurzcharakteristik

Die beiden ausgewählten Dörfer, das Akha-Dorf *Jorpakha* und das Karen-Dorf *Muang Pham*, weisen sehr unterschiedliche Charakteristika auf: Sie unterscheiden sich sowohl hinsichtlich ihrer Lage, Erreichbarkeit, Ethnizität und wirtschaftlichen Ausgangsposition als auch in Hinblick auf Tourismusform, -intensität und Infrastruktur.

Alexander Trupp

5.1 Das Akha-Dorf Jorpakha

Jorpakha befindet sich in ca. 800 m Seehöhe in der Provinz Chiang Rai und ist auf einer asphaltierten Straße schnell und einfach zu erreichen. Zum Zeitpunkt dieser Untersuchung (2006) lebten im Dorf 108 Haushalte bzw. ca. 650 Bewohner, die alle der ethnischen Subgruppe Akha-Ulo zuzuordnen sind. Seit 1997 sind das Dorf bzw. Teile davon an das Stromnetz angeschlossen. Rund zehn Prozent der Bewohner besaßen keine thailändische Staatsbürgerschaft. Etwa zwei Drittel der Dorfbewohner waren bereits zu den verschiedenen Glaubensrichtungen des Christentums übergetreten und hatten neue religiöse Führer. Im Dorf stehen derzeit drei Kirchen, eine evangelische, eine katholische und eine baptistische. Die Ausbreitung des Christentums, aber auch andere Entwicklungen wie verstärkte Migration in die Städte, die thailändische Assimilierungspolitik usw. tragen zum Schwinden des „Akhazang",[3] des traditionellen Lebenswegs der Akha, bei. Ehemals wichtige politisch-religiöse Funktionen wie etwa die des „dzoema" (Dorfgründer) oder des „baji" (Schmied) gibt es bereits heute nicht mehr bzw. werden diese in der nächsten Generation nicht mehr existieren.

Das Hauptproblem der Bewohner ist, dass sie kaum über ökonomische Verdienstmöglichkeiten verfügen, denn die umliegenden Felder und Wälder sind entweder im Besitz von Thais oder stehen unter Kontrolle des „Royal Forest Department", das die natürlichen Ressourcen des Landes kontrolliert. So sind viele Bewohner gezwungen, als Lohnarbeiter für 100 Baht pro Tag entweder auf Feldern oder in der Stadt an Tankstellen, Baustellen, Restaurants oder Bars zu arbeiten.

Touristische Gegebenheiten

Die wohl auffälligsten Manifestationen des Tourismus sind die über 20 vorhandenen Souvenirstände, die nahezu wie Perlen einer Kette aneinandergereiht sind. Taschen, Polster und Kopfbedeckungen werden selbst gemacht, doch der große Teil wird bei Betrieben in Chiang Rai, Chiang Mai oder in Tachilek (Burma/Myanmar) bestellt. Die Hauptattraktion aber sind die exotisch anmutenden Akha selbst, vor allem die Frauen mit ihrem imposanten Kopfschmuck (Foto 3). Als objektiviertes kulturelles Kapital (BOURDIEU) oder allokative Ressourcen (GIDDENS 1997) sind die akhaspezifischen „Kulturgüter" und Touristenattraktionen wie die Dorftore[4] inklusive der dazugehörenden Holzfiguren (Foto 4)

---

[3]) Der „*Akhazang*" ist mehr als eine Religion, er ist ein Lebensweg, eine Philosophie, die alle Ebenen des Akha-Lebens regelt. Er beinhaltet das Wissen um alle Akha-Traditionen und Zeremonien, um den Anbau der Felder, die Tierhaltung, die Jagd, Krankheitsursachen und Therapien und das Handeln und Verhalten innerhalb der eigenen Gruppe sowie gegenüber Fremden (GEUSAU 1983, S. 249f).

[4]) Die *Akha-Dorftore*, die am unteren und oberen Eingang eines Akha-Dorfes errichtet werden, ziehen eine klare Trennung zwischen dem Bereich der Menschen und jenem der Geister („place of spirits") (vgl. LEWIS und LEWIS 1984, S. 224). Die Tore bestehen aus hölzernen Pfosten, wobei am Querbalken Schutzsymbole wie Gewehre und Vögel sowie Tabusymbole aus Bambus aufgesetzt werden, die das Eindringen von Unheil wie Krankheiten, Seuchen, Wildtieren usw. verhindern sollen.

Ethotourismus in Nordthailand

Foto 3: Verkaufssituation in Jorpakha

Foto: A. Trupp 2006.

Foto 4: Touristen bei der Besichtigung des Akha-Dorfes

Foto: A. Trupp 2006.

Foto 5: Touristenankunft in Jorpakha

Foto: A. Trupp 2006.

am Beginn des Dorfes oder die daneben stehende Schaukel,[5] deren Verwendung nur zur „Swing Ceremony" erlaubt ist, zu verstehen. Neben diesen Attraktionen sind Informationsschilder in thailändischer und englischer Sprache angebracht, die deren Funktionen kurz erklären.

An den Akha-Dorftoren beginnen alle Touristen die Dorfbesichtigung. Wie im Ausschnitt der Karte (Abb. 2) dargestellt ist, folgen die meisten Touristen im Schlepptau ihrer Führer dem eingezeichneten Weg entlang den vorgestellten Attraktionen und Souvenirständen. Die touristischen Gegebenheiten sowie die darin stattfindenden Handlungen sind auf einen sehr begrenzten Raum beschränkt, eine sogenannte Vorderbühne („front stage") im Sinne Goffmans, weshalb eine starke Segregation zwischen touristischen und nicht touristischen Aktivitäten festzustellen ist. Diese räumliche Eindämmung touristischen Aufkommens entlang der Hauptstraße wird von manchen Autoren auch als Protektionsmechanismus der Dorfbewohner interpretiert (Evrard und Leepreecha 2009, S. 249).

Tourismusform

Die in Jorpakha auftretende Form des Hilltribetourismus ist als Exkursionstourismus oder *„Tribal Village Tour"* im Sinne von Cohen (2001b) aufzufassen. Das Dorf wird überwiegend von Touristengruppen besucht, die sich auf einer Thailand-Rundreise befinden und nahezu ausschließlich aus dem Ausland kommen. Meist handelt es sich um Gruppen von 15 bis 25 Personen sowie um Kleingruppen aus bis zu neun Personen, die

---

[5]) Die aus sechs bis neun Meter hohen Holzpfosten zusammengesetzte Schaukel ist ein Blickfang und Charakteristikum eines jeden Akhadorfes. Sie wird nur an wenigen Tagen im Jahr, nämlich während der *„Swinging Ceremony"* Ende August oder Anfang September, verwendet.

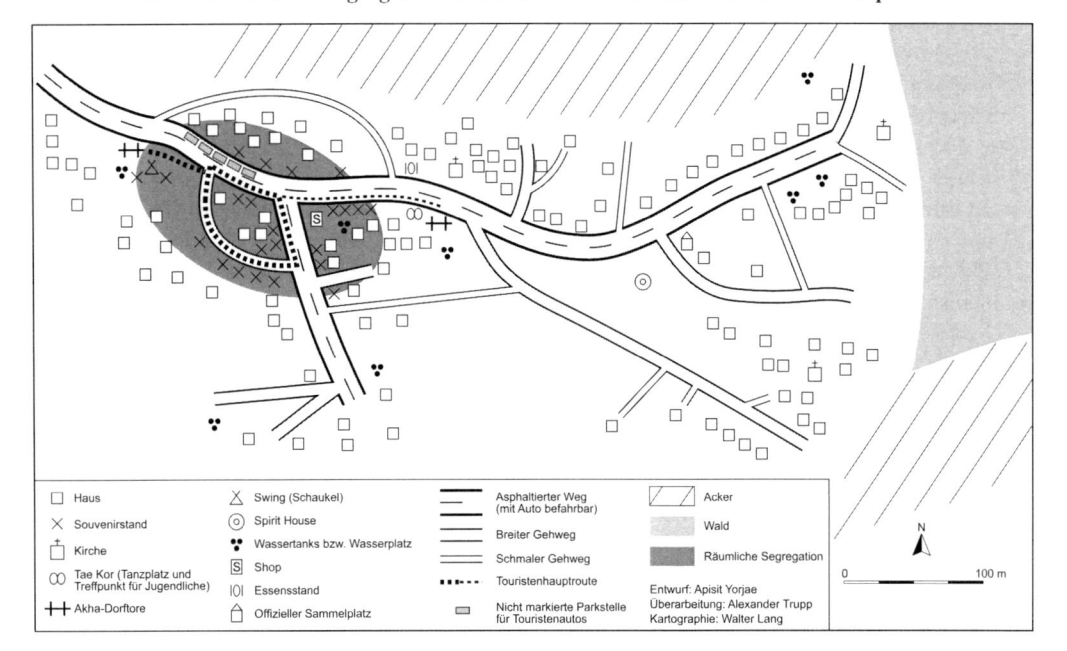

Abb. 2: Räumliche Segregation touristischer Aktivitäten im Akha-Dorf Jorpakha

☐ Haus	✕ Swing (Schaukel)	Asphaltierter Weg (mit Auto befahrbar)
✕ Souvenirstand	⊙ Spirit House	Breiter Gehweg
† Kirche	⁞ Wassertanks bzw. Wasserplatz	Schmaler Gehweg
∞ Tae Kor (Tanzplatz und Treffpunkt für Jugendliche)	Ⓢ Shop	▪▪▫▫▫ Touristenhauptroute
╫ Akha-Dorftore	|◯| Essensstand	▭ Nicht markierte Parkstelle für Touristenautos
	⌂ Offizieller Sammelplatz	

Acker | Wald | Räumliche Segregation

Entwurf: Apisit Yorjae
Überarbeitung: Alexander Trupp
Kartographie: Walter Lang

0 — 100 m

eine Eintagestour in Chiang Mai oder Chiang Rai buchen. Große Reisegruppen sind zumeist in Begleitung eines Reiseleiters aus ihrem Heimatland sowie eines thailändischen Führers. Kleingruppen werden ebenfalls von einem „Tourist Guide" geführt. Der Preis für eine Eintagestour von Chiang Mai aus beträgt ca. 1.200 Baht, wovon die Bewohner allerdings keinen Anteil erhalten.

Die Touristen werden in Minivans und Kleinbussen in das infrastrukturell gut zu erreichende Dorf kutschiert, wobei der Aufenthalt im Dorf zwischen zehn und maximal 40 Minuten dauert. Im Hilltribedorf besteht während der Besichtigung die Möglichkeit zu fotographieren sowie Souvenirs einzukaufen. Den Großteil des Tages verbringen die Touristen im klimatisierten Auto, da es vielfach darum geht, in kurzer Zeit viel zu sehen. Der Besuch der Hilltribes ist nur ein Programmpunkt unter vielen anderen. Im Durchschnitt erreichen ca. 100 Besucher pro Tag das Dorf, wobei die Schwankungen der Touristenankünfte gering sind, da das Dorf auch in der Regenzeit problemlos erreicht werden kann. Die organisierte Tour ist auf einen Kurzbesuch, der je nach Zeitplanung der durchführenden Agentur zwischen 8 Uhr und 18 Uhr erfolgt, zugeschnitten und bietet so nicht einmal die theoretische Möglichkeit, über interkulturelle Kurzkontakte hinauszugehen.

5.2 Das Karen-Dorf Muang Pham

Muang Pham befindet sich in der Provinz Mae Hong Son im Distrikt Pang Ma Pha und liegt somit in einem Gebiet, das teilweise bis in die 1980er-Jahre nicht unter Einfluss des thailändischen Staates, sondern von Opiumkönig KHUN SA und seiner „Shan United Army" (SUA) stand, die damals den Drogenhandel entlang der burmesisch-thailändischen Grenze kontrollierte. Aus diesem Grund wurden in diesem Gebiet zahlreiche Entwicklungsprogramme lanciert, um die Bewohner der Region stärker in die thailändische Gesellschaft zu integrieren.

Muang Pham ist vom sieben Kilometer entfernten Shan-Dorf Tamlod auf einer Erdstraße zu erreichen. Von dort führt eine asphaltierte Straße nach Soppong (Pang Ma Pha), das am Highway 1095 liegt und nur ca. eine Autostunde vom Alternativtourismuszentrum Pai[6] entfernt ist. Das Dorf, welches bereits 1961 gegründet wurde, besteht aus ca. 100 Haushalten mit knapp 500 Bewohnern. Der Großteil der Bewohner gehört der Gruppe der Sgaw-Karen an und ist im Besitz der thailändischen Staatsbürgerschaft. Neun Familien haben sich der christlich-baptistischen Religion zugewandt, die auch mit einer Kirche im Dorf vertreten ist. Die große Mehrheit sind offiziell Buddhisten, aber auch hier gilt, dass sich die buddhistischen Vorstellungen mit jenen der Karen vereinbaren lassen. Seit 2005 verfügt jeder Haushalt über Solarenergie, eine Entwicklung, die für die Bewohner große Veränderungen brachte.

Im Gegensatz zum Akha-Dorf Jorpakha besitzt hier mehr als die Hälfte der Bewohner Landnutzungsrechte für Nassreisfelder bzw. für Nassreis- und Bergreisfelder. Einige Haushalte bauen darüber hinaus Cash Crops wie Knoblauch, Chili, Ingwer oder Mais an. Tierhaltung ist eine weitere wichtige ökonomische Grundlage des Dorfes. Die meisten Haushalte verfügen über Hühner und Schweine. Einige Familien verfügen über Büffel und Kühe, eine Familie besitzt Pferde und eine weitere besitzt zwei Elefanten, die für touristische Zwecke verwendet werden.

Touristische Gegebenheiten

Wer das Dorf von Tamlod oder Soppong kommend besucht, wird am Ortseingang von einer „Welcome-Tafel" sowie einer Informationstafel zu den touristischen Attraktionen begrüßt. Die Attraktionen des Dorfes sind zum einen die Naturlandschaft und die kulturellen Plätze in unmittelbarer Umgebung und zum anderen die angebotenen touristischen Aktivitäten wie „Elephant Riding" und „Bamboo-Rafting". Eine zentrale Rolle des Tourismus in Muang Pham nehmen die Karen-Frauen ein, die im Dorf während ihrer Webarbeiten, die sie auch an Touristen verkaufen, „besichtigt" werden können. Ebenso im Preis der Trekking-Tour inbegriffen ist die Übernachtung im Dorf sowie das Essen, das vom Guide mitgebracht und gekocht wird. Die Bewohner von Muang Pham stellen nur den Reis und Softdrinks inklusive Bier bereit, da die Touristen die Karen-Küche erfahrungsgemäß schlecht vertragen.

Muang Pham verfügt somit über ein differenzierteres touristisches Angebot, das sich nicht wie in Jorpakha auf einige Quadratmeter beschränkt. Trotzdem ist auch in Muang Pham eine starke Segregation von Touristen und einheimischen Karen festzustellen. So

---

[6] Pai wird zwar noch als „laid back spot für backpackers" beschrieben, doch ist es mittlerweile unübersehbar, dass sich dort zur Zeit ein neues Tourismussegment für die mittlere und obere Preisklasse entwickelt.

laufen die touristischen Hauptaktivitäten wie „Elephant Riding", „Bamboo Rafting" und der Besuch der Höhlen außerhalb des Dorfes ab. Die Führung des Guides durch das Dorf, wo es zu interkulturellen Kontakten kommt, dauert in der Regel 30 bis 60 Minuten. Im „Homestay" selbst sind die Touristen in einem eigenen von den Bewohnern bzw. Betreibern abgegrenzten Bereich untergebracht.

Tourismusform

Die im Karen-Dorf Muang Pham auftretende Form des Hilltribetourismus kann als Trekking-Tourismus oder *„Jungle Tour"* (COHEN 2001b) bezeichnet werden. Ein- bis mehrtägige Trekkingtouren inklusive Guide werden von den „Guesthouses" in den nahe gelegenen Orten Tamlod und Soppong sowie von den zahlreichen Agenturen in Pai, Mae Hong Son oder Chiang Mai angeboten. Darüber hinaus wird Muang Pham von Touristen besucht, die in ihrer Heimat eine mehrwöchige Fernreise mit einem gehobenen Erlebnis- und Kulturanspruch buchen und im Zuge Reise einen mehrtägigen Trekk zu den „Bergvölkern" unternehmen.

Mindestens 90 Prozent der Touristen bleiben in einem der neun unklar definierten „Homestays" über Nacht. Im Gegensatz zu Jorpakha ist der Trekking-Tourismus in Muang Pham von einer hohen Saisonalität gekennzeichnet. So kommen in der Hauptsaison und Trockenzeit (Dezember bis Februar), aber auch in der Regenzeit, der Haupturlaubszeit der meisten Reisenden (Juli bis September), nahezu täglich Touristengruppen ins Dorf. Wenn sich mehrere Gruppen gleichzeitig im Dorf befinden, versuchen die jeweiligen Guides, dass es nicht zu einem gegenseitigen Aufeinandertreffen kommt.

6. Tourismus aus der Perspektive der Akha und Karen

Nach der Kurzcharakteristik der beiden Dörfer im Untersuchungsgebiet und der dort sichtbaren touristischen Manifestationen sollen nun schwerpunkthaft die Sichtweisen der Akha und Karen zur Sprache kommen. Dabei stehen die Handlungen, Wahrnehmungen und Bewertungen der touristischen Aktivitäten durch die Hilltribe-Bevölkerung sowie die auftretenden Chancen und Probleme im Zentrum des Interesses.

6.1 Handlungen

Selbstpräsentation im Tourismus: Inszenierung oder „echter" Lebensstil

Die Akha und Karen selbst sind die Hauptattraktion im Ethno- bzw. Hilltribetourismus und sollen jenen Hauch von Exotik und Fremde repräsentieren, den Touristen, auf ihrer Suche nach Authentizität oder der Bestätigung ihrer imaginierten Bilder, suchen. In beiden

Dörfern erwecken vor allem die Frauen großes Interesse, da überwiegend sie es sind, die die traditionelle Tracht und den imposanten Schmuck tragen, wobei vor allem die Akha-Frauen von Jorpakha mit ihrem prachtvollen Silberkopfschmuck hervorstechen (Foto 3).

Hier stellt sich nun die Frage, ob sich die Dorfbewohner nur für touristische Zwecke in traditionelle Akha und Karen zurückverwandeln und somit eine bewusste künstliche Inszenierung schaffen. ROTHFUSS (2004, S. 133) stellte bei seiner Untersuchung zum Ethnotourismus in Namibia fest, dass eine solche Verwandlung der Himba für den Tourismus viel zu aufwändig und kompliziert wäre und dass diese überdies die Ablehnung der Reisenden hervorrufen würde. Die Himba präsentieren demnach, einer eher unterbewussten Logik folgend, ihren Habitus (ebd.). Im Falle der Akha und Karen der vorliegenden Untersuchung lassen sich jedoch bewusste Strategien der Selbstpräsentation und Inszenierung im Tourismus feststellen, die deutlich am Tragen der traditionellen Tracht aufgezeigt werden können.

> *„I only wear the traditional dress for tourists. When I come home to my house I change my clothes. Then I wear Thai or European clothes, trousers, T-shirts, just like you."*
> *(I/11/J)*

Ein Teil der Akha und Karen trägt die traditionelle Tracht nur für Touristen. Kulturelles Kapital wird in diesem Fall nur als wirtschaftliche Ressource verwendet bzw. in solch eine umgewandelt.

> *„Older women are wearing the traditional dress every day. We, the young people, only wear it when we have to. The weaving women also wear it every day. Some of them would wear it anyway and others just wear it to make a better sell." (I/17/M)*

Hier wurde klar angesprochen, was sich auch in all meinen Beobachtungen bestätigt. Es ist vor allem die ältere Generation, die das traditionelle Gewand auch fernab des Tourismus trägt und somit unbewusst den „way of being Akha or Karen" praktiziert. Während also ein Teil der Bewohner, vor allem die ältere Generation, auch im touristischen Kontext, im Sinne von ROTHFUSS einer unbewussten Logik folgend, seinen Habitus präsentiert, stellen andere den Touristen einen Teil ihrer Kultur vor, der sonst für sie von keiner oder nur mehr von sehr geringer Relevanz ist.

Posieren vor der Kamera

Die Situation, dass sich Dorfbewohner gegen Geld fotografieren lassen, ist nur im Akha-Dorf Jorpakha vorzufinden. Touristen erfahren im Normalfall von ihrem Guide, dass sie 10 Baht[7] für ein Foto bezahlen sollen. Die Fotomodelle sind zum Großteil weiblich, was sich vor allem auf die höhere Attraktivität ihres Schmucks und ihrer Kleidung zurückführen lässt. Während meiner Aufenthalte im Dorf konnte ich nur zwei Männer beobachten, die mit einer alten Bambuspfeife bzw. einem alten Hut posierten. Posierende Frauen und

---

[7] 10 Baht entsprechen zum Zeitpunkt der Abfassung dieses Beitrages in etwa 20 Eurocent. Für einen Tag Lohnarbeit am Feld oder Bau verdient man im Distrikt Mae Chan zwischen 100 und 150 Baht.

Männer fordern die Touristen oft mit den Worten „Foto, Foto" auf, ein Abbild von ihnen zu machen.

Für die Touristen sind die Fotomodelle Repräsentanten einer fremden Kultur, deren Andersartigkeit fotografisch festgehalten werden soll, unabhängig davon, ob die Situation inszeniert wurde oder nicht. Dass sie für ein Foto bezahlen müssen, ist vielen Touristen unangenehm und sie möchten diese Interaktion schnell hinter sich bringen. Für die Akha ist das Posieren vor der Fotokamera ein Geschäft, das sich finanziell durchaus lohnen kann.

> *„If somebody wants to take a picture of me he/she has to pay 10 Baht. But sometimes I get more, 20 Baht or 100 Baht. One time I even got 1000 Baht. I need that money for my family." (I/10/J)*

Verkauf von Souvenirs oder Kunsthandwerk

Der Verkauf von Souvenirs oder Kunsthandwerk ist die naheliegendste Strategie, um ökonomisches Kapital zu erreichen. Diese Strategie wird sowohl von den Bewohnern Jorpakhas als auch Muang Phams angewandt, wobei sich jedoch grundlegende Unterschiede in Herstellung, Beschaffung und Material der Objekte feststellen lassen. Eine weitere Frage ist auch, ob die Verkaufsobjekte ausschließlich einem externen Publikum, nämlich den Touristen, dienen, oder ob diese auch für die eigene Dorfgemeinschaft produziert oder beschafft werden. Allgemein in Bezug auf die Hilltribes in Nordthailand kann noch festgehalten werden, dass die Kommerzialisierung der Kulturgüter kein spontaner endogener Prozess ist, der von den Dorfbewohnern initiiert wurde, sondern ein exogener Prozess, eingeleitet von Agenturen und privaten Firmen (vgl. COHEN 1983, S. 8).

In Jorpakha darf primär von Souvenirverkauf gesprochen werden, denn wenn profitorientierte Motive und der ökonomische Druck, Geld zu verdienen, die ästhetischen Standards übertreffen, wenn es wichtiger ist, den Kunden (Touristen) als den Künstler selbst zu befriedigen, spricht man von Souvenir-, Tourist- oder *Airport-Art* (GRABURN 1976, S. 6). Nur wenige Objekte wie etwa Armbänder, Kissen oder Decken werden selbst hergestellt. Der Großteil der angebotenen Souvenirs wird bereits als Fertigprodukt bei Betrieben in Chiang Mai, Chiang Rai oder Tachilek (Burma) gekauft. Die Verkäuferinnen gaben immer wieder dieselbe, (rational) leicht nachvollziehbare Erklärung dafür:

> *„It is easier to buy the products than to produce them by ourselves." (I/2, 10, 11/J)*

Die Beschaffung des Rohmaterials und der seriell hergestellten Souvenirs ist keine leichte Aufgabe. So müssen für den Verkauf der in Tachilek (Burma) gekauften Souvenirs die Fahrt- und Transportkosten sowie die Visa- und Zollgebühren miteinberechnet werden. Obwohl den Akha oft ein niedriger sozialer Status zugeschrieben wird, gelten sie doch als geschickte Akteure im Handel, die in der Lage sind, Möglichkeiten für sich nützen zu können (KORFF 2003, S. 122). Die Involvierung im Souvenirhandel ist zwar durch externe Einflüsse initiiert worden, doch die Tatsache, dass sich Akha auch im Handel behaupten, ist keine neue Entwicklung (GEUSAU 1983, S. 265). Diese kommt ihnen zwar ökonomisch zugute, doch gleichzeitig ist damit eine Abhängigkeit vom Markt und der touristischen Entwicklung verbunden. Der ökonomische Gewinn durch den Verkauf von Souvenirs variiert stark und ist abhängig von der Zahl der ankommenden Touristen, von den Ratschlägen des Guides, der Kauflust der Touristen und vom Verkaufstalent der Akha.

In Muang Pham werden ausschließlich Karen-Webprodukte wie Schals, Taschen, Decken und Sarongs, deren Preis sich zwischen 100 und 1.000 Baht bewegt, verkauft. Produziert wird überwiegend für Touristen, wobei sich diese Webereien in Bezug auf Herstellung und Design nur geringfügig von jenen für den Eigengebrauch unterscheiden. Für die eigenverwendeten Produkte werden oft komplizierte Muster gewebt, während die touristischen Produkte fast immer in einem einfachen Design gehalten werden. Darüber hinaus gibt es immer wieder Auftragsarbeiten von privaten Firmen, die zum Beispiel 100 Schals und Taschen bestellen. In diesem Fall wird das Design von der Firma vorgegeben und von den Frauen umgesetzt.

Die Webprodukte der Karen von Muang Pham sind nicht nur bei in- und ausländischen Touristen beliebt. So kommen auch Bewohner aus dem benachbarten Lahu-Dorf, um diese zu erwerben. Für die Produktion der Webereien existiert eine Webgruppe, die sich aus über 30 Frauen zusammensetzt. Die Weberei ist ein zentrales Element der Karen-Kultur. „Der Name Karen wurde nahezu synonym mit dem Begriff ‚Weber', so herausragend sind ihre Webarbeiten" (Lewis und Lewis 1984, S. 72). Die Weberei ist eine Aktivität, die seit jeher den Frauen zugeschrieben ist (Foto 6). Mit dem Aufkommen des Tourismus kann diese Fähigkeit, welche als inkorporiertes kulturelles Kapital aufgefasst werden kann, nun in ökonomischen Profit transformiert werden.

Foto 6: Für die Herstellung der Webprodukte sind ausschließlich Frauen verantwortlich

Foto: A. Trupp 2006.

„I am selling weaving products for 11 years. Before I used to weave as well but I never thought about selling it. Tourists then often asked me if they can buy this or that product. So everything started." (I/18/M)

Zusammenarbeit und Aufbau sozialer Netzwerke

In beiden Dörfern wurden soziale Netzwerke aufgebaut, die für den Tourismus genutzt werden können. Dabei gibt es unterschiedliche Akteure, mit denen die Akha und Karen zusammenarbeiten. Die wichtigsten Protagonisten sind die Guides (siehe Kapitel 6.2.3), die die Touristen durch die Dörfer führen. Die Bewohner von Muang Pham pflegen auch Kontakte zu den Reiseagenturen in Chiang Mai und Pai, um ihr touristisches Angebot „Elephant Riding", „Bamboo Rafting" sowie die Übernachtungsmöglichkeiten im „Homestay" zu präsentieren. Ein weiterer wichtiger Kooperationspartner ist das „Guesthouse Cave Lodge" im nahe gelegenen Tamlod.

> *„I went to the city to travel agencies in order to make arrangements for bamboo rafting and elephant riding. Also Mr. John[8] asked if I want to start elephant riding for tourists. John asked me because he does not have enough place at his guesthouse. At the beginning John came with a group once a week." (I/19/M)*

Diese Kooperationen mit anderen „Playern" der Fremdenverkehrsindustrie stellen eine wichtige ökonomische Ressource für die Karen und Akha dar. Auch hier bestätigt sich, dass es nicht die Hilltribes selbst waren, die mit dem Tourismus begonnen haben, sondern vielmehr die Trekking-Agenturen und „Guesthouses" (vgl. DEARDEN 1996; COHEN 2001). Es muss an dieser Stelle aber auch betont werden, dass die Hilltribes, wie eben dargelegte Beispiele zeigen, keineswegs ahnungslose „Player" in einem für sie undurchschaubaren System sind.

6.2 Wahrnehmungen und Bewertungen

Wie wird nun das Phänomen Ethnotourismus aus der Perspektive der Akha und Karen von Jorpakha und Muang Pham wahrgenommen? Bei der Analyse des Erhebungsmaterials drängte sich dabei folgende Gliederung auf:

- Wahrnehmung und Bewertung des Ethnotourismus
- Wahrnehmung und Bewertung der Touristen
- Wahrnehmung und Bewertung der Guides

6.2.1 Wahrnehmung und Bewertung von Ethnotourismus

Relativierung von Tourismus als Faktor des Kulturwandels

Ein zentrales Ergebnis dieser Studie ist, dass Tourismus als Agent des Kultur- und Sozialwandels, vor allem im Kontext anderer Prozesse und Entwicklungen, aus eurozentrischer Perspektive oft überbewertet wurde. LÜEM (1985) wertet in seinem Modell den

---

[8]) John, ein Australier, ist der Leiter des etablierten Guesthouses „Cave Lodge" im benachbarten Shan-Dorf Tamlod.

Alexander Trupp

Tourismus in Entwicklungsländern als typischen Akkulturationsprozess, indem Touristen den Bereisten ihre westliche Kultur vorführen. Auf diesen Demonstrationseffekt folgen auf Seiten der Gastgeberkultur Identifikations-, Imitations- und Akkulturationseffekte.

Betrachtet man die Situation in Thailand, lässt sich feststellen, dass außer dem Tourismus noch andere, zum Teil viel bedeutendere Prozesse in Bezug auf Kulturwandel vorzufinden sind (siehe TRUPP 2009b). So bezeichnen die nicht christianisierten Akha von Jorpakha das Christentum als die gefährlichste Bedrohung für ihre eigene Kultur. Als weiterer Faktor ist die thailändische Gesetzgebung (vgl. „logging ban", Staatsbürgerschaftsfrage) zu nennen, die starken Einfluss auf die Lebensweise und Kultur der Akha ausübt.

Weiters ist der Einfluss der thailändischen „mainstream society" entscheidend, der in beiden Dörfern stark wahrgenommen wird. Durch Beschäftigungslosigkeit und Mangel an Bildungseinrichtungen in den Dörfern sind viele Bewohner gezwungen, temporär in die Stadt zu migrieren, um dort eine Arbeit zu finden. Zuletzt ist noch auf den Einfluss der Massenmedien aufmerksam zu machen, der spätestens seit dem Anschluss der Dörfer an das Stromnetz an Bedeutung gewonnen hat.

Es soll hier nicht behauptet werden, dass der Tourismus keine Auswirkungen auf die Hilltribes hat, jedoch müssen diese immer im Kontext anderer Wandlungsprozesse beleuchtet werden und im Vergleich dazu spielt der Tourismus eine eher untergeordnete Rolle. Für die Lisu in Nordthailand kommt PLATZ (1995) zu einem ähnlichen Schluss: „Das Selbstbewusstsein ethnischer Minderheiten wurde oft unterschätzt, und die Übernahme westlicher Kulturmuster muss nicht in direktem Zusammenhang mit Touristen stehen."

Wahrnehmung von Kulturwandel und dessen Bedeutung für den Tourismus

Die Akha und Karen sind sich ihres kulturellen Kapitals, das sie auch im Tourismus für sich nützen, bewusst. Gleichzeitig befinden sich ihre Dörfer aber im Wandel, wobei dieser von Touristen und Hilltribes sehr unterschiedlich wahrgenommen wird. Äußerlich und für die meisten Touristen auch schnell erkennbar manifestiert er sich in der Änderung des Baumaterials von Bambus und Gräsern hin zu Zement, Ziegeln und Wellblech und in der Änderung der Kleidung von traditionellen Trachten hin zu Hosen und Hemden. Durch den Ausbau der Infrastruktur haben die Bewohner teilweise Zugang zu asphaltierten Straßen, durch den Ausbau des Stromnetzes hallen Radio- und Fernsehstimmen aus den Häusern. Diese offensichtlichen Beobachtungen veranlassen die „erfahrenen" Touristen dazu, das Dorf als unauthentisch oder gar verdorben zu bezeichnen.

> *„The tourists don't want development in our village. For example they don't want to see modern roofs but modern roofs are better for us in the rainy season. Tourists always want to see the old style. They complain about modernisation but don't understand the problems." (I/12/J)*

Unterschiedliche Handlungskontexte, Interessen, Motive und Einstellungen machen hier die Differenz zwischen Selbst- und Fremdwahrnehmung deutlich.

Tourismus als Motor zur Aufrechterhaltung der Kultur

Die Diskussion, ob Tourismus die Kultur der Bereisten kommerzialisiert, zerstört oder gar rettet, kann zu keinen allgemein gültigen Aussagen führen. Dies ist von einem Bündel von Faktoren wie der Tourismusform, der Intensität des Tourismus, der wirtschaftlichen Ausgangslage im Zielgebiet usw. abhängig. Wie sind nun die Einstellungen und Wahrnehmungen zu den komplexen und vielschichtigen Auswirkungen des Tourismus?

> *„No, tourists cannot help at all. It is up to us Akha People to keep our Akha culture."*
> *(I/1/J)*

Von Teilen der Bevölkerung wird dem Tourismus also weder eine zerstörerische noch eine – abgesehen vom ökonomischen Gewinn – konstruktive Bedeutung zugemessen. Bezieht man sich nun weiters konsequent auf die Wahrnehmungen und Aussagen der Dorfbewohner, muss festgestellt werden, dass die Frage von Tourismus als Kulturzerstörer oder Kulturbesinner nicht einmal für ein Dorf generalisierend beantwortet werden kann. So betonen andere Bewohner immer wieder, sie seien froh und stolz, dass sich andere Menschen für ihre Kultur interessieren, womit schließlich auch das Selbstvertrauen, Akha oder Karen zu sein, gestärkt werde.

> *„I'm proud that there are tourists who travel to my village and pay attention in nature and local wisdom. These things are worthy and I will protect them forever."* (E/8/M)

Nicht-ökonomische Interessen: Sprachen und Kulturaustausch

Die dominierenden Interessen und Intentionen hinter den touristischen Handlungen der Bereisten für die Touristen sind zweifelsohne ökonomischer Natur. Darüber hinaus besteht ein signifikantes Interesse der jungen Generation, Bildungskapital in Form von Sprachen zu akkumulieren.

> *„I like to learn language very much, I like to learn many languages. Now I learn English and French language in high school, this is a last year for me too. So I am very happy and so glad to see tourists coming to visit our village."* (E/4/J)

Des Weiteren ist ein Interesse an Informations- und Kulturaustausch festzustellen, wobei sowohl die Intention besteht, sich selbst mitzuteilen, als auch etwas von den Gästen und über diese zu erfahren.

Im Sinne Max WEBERS kann zweckrationales Handeln, wozu vor allem die bereits vorgestellten Verkaufsstrategien zählen, von wertrationalem Handeln unterschieden werden. Ate, ein Bewohner von Jorpakha, erklärt bei Bedarf Akha-Traditionen, führt traditionelle Jagdgeräte und Musikinstrumente vor und beantwortet gerne Fragen der Touristen. Sein primäres Interesse ist aber nicht ökonomischer Natur, sondern kann in dem Sinne als wertrational bezeichnet werden, da für ihn nicht der finanzielle Wert, sondern eher ein kulturell-religiöser Wert entscheidend ist.

> *„For me it is alright even I get no money because it is good what I am doing and the spirits will bless me for my actions."* (I/J/14)

6.2.2 Wahrnehmung und Bewertung von Ethnotouristen

Generalisierende Images – begrenzte Wahrnehmungsmöglichkeiten

Der Grund, warum sowohl auf Seiten der Reisenden als auch auf Seiten der Bereisten pauschalisierte Images überwiegen, liegt in der Kürze der interkulturellen Begegnung sowie in der räumlichen und sozialen Segregation der beiden Gruppen. Verweilen die Tagestouristen in Jorpakha im Durchschnitt 15 Minuten, so sind es in Muang Pham zwar mehrere Stunden, allerdings in räumlicher und sozialer Segregation von den Dorfbewohnern. Um diese Kluft zu überbrücken, fehlt vor allem die verbale Ausdrucksmöglichkeit, da ausländische Touristen im Normalfall weder über Thai-Kenntnisse noch über Akha- oder Karenkenntnisse verfügen. Diese Sprachbarriere kann nur mit Hilfe des Guides überwunden werden.

> *„As I do not speak English my only way in communicating with tourists is the sign language. I would often like to talk to tourists but we do not understand each other. So we usually look at each other and smile." (I/18/M)*

Sobald in Jorpakha rote oder grüne „Pick-Ups" (die lokal üblichen Transportmittel, auch für viele Touristen) oder klimatisierte Kleinbusse, vereinzelt auch verschiedene Arten von Mietautos, die Straße hochfahren, wird davon ausgegangen, dass sich Touristen darin befinden, denen bestimmte Attribute und Eigenschaften zugeschrieben werden. Touristen sind natürlich nicht nur durch ihr Transportmittel, sondern auch durch ihre Sprache, ihr äußerliches Aussehen (Hautfarbe, Frisur, Kleidung), ihre Kameras, ihr Verhalten und ihren Guide zu erkennen.

Die Touristen, die allerspätestens beim Aussteigen aus den Autos als solche identifiziert werden, weisen für die Hilltribes bereits spezifische Bedeutungen auf. WERLEN (1998, S. 332) spricht von einem „relationalen Orientierungskriterium", das dazu dient, „physische Situationselemente für bestimmte Handlungen und in Bezug auf bestimmte Normen und kulturelle Werte mit spezifischen Bedeutungen zu belegen. Derart stellt das Subjekt eine Bedeutungsrelation zwischen Handlungsziel und physischen Objekten der Situation her."

Wie bereits erläutert, werden die Handlungen im touristischen Kontext vor allem von ökonomischen Determinanten geleitet, weshalb auch das Image *„Touristen haben Geld"* persistent bleibt. Dass Touristen Einkommen und somit Geld bedeuten, wird in nahezu jedem Gespräch bekräftigt. So wurde auch ich des öfteren nach meinem Einkommen, dem Preis meines Flugtickets sowie meiner Digitalkamera gefragt. *„Touristen haben Kameras"* ist ein weiteres Charakteristikum, das den Reisenden zugeschrieben wird. Wie die Akha daraus ökonomisches Kapital erlangen, ist in Kapitel 6.1 erläutert. Es entsteht ein Image vom „goldenen Westen", das durch den „zur Schau getragenen Reichtum, verbunden mit der scheinbar fehlenden Notwendigkeit der Arbeit", vermittelt wird (FRIEDL 2001, S. 75).

Touristen haben Unterhaltungswert und bieten Abwechslung

Die Touristen haben in beiden Dörfern ihren Status als spannende, neue Erscheinung und Attraktion verloren. Zu alltäglich und gewöhnlich ist ihr Auftreten geworden, als

dass man bei den Einheimischen generelle Neugier und Entdeckungsdrang feststellen
könnte. Das wichtigste an den Touristen ist und bleibt zwar das ökonomische Kapital,
aber sie sorgen auch für Abwechslung und Unterhaltung. Im Akha-Dorf spielt sich das
touristische Geschehen von 8 Uhr bis spätestens 18 Uhr ab. Nach Abreise der letzten Touristen
verlassen die Frauen ihre Souvenirstände und kehren in ihre Häuser zurück. In den
Gesprächen wurde immer wieder betont, dass das Dorf in der Zeit, in der keine Touristen
anwesend sind, anders, vor allem sehr ruhig sei. Dass diese Ruhe von Touristen gestört
wird, ist eine Tatsache, die auch als positiv empfunden wird.

> *„And it is exciting and interesting to meet different people every day. They have different skin, different language, and different hairstyles. That's exciting. When the tourists leave the village it is very quiet."* (I/11/J)

Spezialfall „Thai Tourist"

In den klassischen Provinzen für den Ethnotourismus, Chiang Mai, Chiang Rai und Mae
Hong Son, sind mehr inländische als ausländische Touristen zu verzeichnen. Gleichzeitig
mit dem thailändischen Wirtschaftsboom in den 1980er-Jahren stieg auch die Zahl
thailändischer Touristen weiter an. Die meisten Inlandstouristen stammen aus der urbanen
Ober- und Mittelklasse und reisen in den Norden, um natürliche, religiöse und
historische Attraktionen zu besuchen (BEZIC et al. 2001). Ethnotourismus spielt dabei
eine vergleichsweise untergeordnete Rolle. Mit einer klassischen Eintagesexkursion von
Chiang Mai aus können alle diese Wünsche, inklusive dem Besuch eines Hilltribedorfes,
zumindest oberflächlich befriedigt werden.

Wie thailändische Touristen aus urbanen Zentren die Hilltribes der Bergregion wahrnehmen
und wie sie selbst von den Akha und Karen bewertet werden, muss in Hinblick auf
die in Kapitel 1.2 dargestellten Entwicklungen und die Herausbildung von Negativstereotypen
betrachtet werden. Dass den Hilltribekulturen von der urbanen Thaigesellschaft
ein niedriger Status zugemessen wird, ist deren Angehörigen bewusst. Wer sich in der
Stadt als Akha oder Karen durch das Tragen der traditionellen Kleidung outet, ist bereits
oft mit Negativzuschreibungen konfrontiert. Dies bestätigen auch meine Beobachtungen
in Bangkok, wo selbst in Akademikerkreisen das Bild von sicherheitsbedrohenden und
drogenverseuchten Hilltribes präsent ist.

> *„Many people have to move to the city. There they don't learn the Karen culture. If they wear the traditional clothing there people of the city look down at them."* (I/27/M)

Während sich ausländische Touristen besonders für das vermeintlich Traditionelle und
Authentische wie die typische Kleidung der Hilltribes interessieren, äußern thailändische
Touristen eher Verwunderung gegenüber solchen Besonderheiten.

> *„Thai Tourists often wonder and ask me why I do wear this burdensome clothing. They say that it would be much more comfortable without that. Foreigners on the other hand encourage me to wear it. They say it is so beautiful and special."* (I/10/J)

EVRARD und LEEPREECHA (2009, S. 250) weisen darauf hin, dass sich thailändische Touristen
weniger nach Authentizität, sondern nach „sanuk" (Spaß) sehnen. Neben einem

gewissen Desinteresse thailändischer Touristen an der Kultur der Hilltribes kommt auch hier wieder die ökonomische Determinante zum Vorschein. Thai-Touristen geben weniger Geld aus und verhandeln härter. Dafür wird insofern Verständnis gezeigt, als bei den Dorfbewohnern die Wahrnehmung herrscht, ausländische Touristen hätten grundsätzlich mehr Geld als thailändische.

Negativperzeptionen

> „Many people have already been asking me about tourism. I always answered good, good and so on but I am not 100 per cent sure about that."

Diese Aussage eines Dorfbewohners zeigt einerseits, wie schwierig es ist, kritische Statements zum Tourismus, von dem ja viele Bewohner abhängig sind, zu erhalten, und andererseits, dass eine gewisse Unsicherheit über die Effekte der Tourismusentwicklung herrscht. Tourismus und Touristen sind Phänomene, die überwiegend positiv aufgenommen werden, vor allem deshalb, weil viele Bewohner dadurch ihren Lebensstandard erhöhen konnten. Zu Beginn wurde behauptet, dass die Auswirkungen des Tourismus im Kontext anderer Entwicklungen und Prozesse zu relativieren seien. Trotzdem existieren negative Erscheinungen, die auch von den Akha und Karen, die ich untersucht habe, kritisiert werden.

So werden vor allem von der jungen Bevölkerung negative ökologische Auswirkungen kritisiert, da sich bei den Tourismusattraktionen in den Dörfern überdurchschnittlich viel Müll sammle. In Hinsicht auf den Kleidungsstil der Touristen nehmen die Hilltribes eine gewisse Sittenlosigkeit und Verletzung der sozialen Normen wahr.

> „Some of the tourists arrive in shorts and tank tops or crop tops. And once they went swimming in our river without permission. Something like that should not happen."
> (I/15/M)

Darüber hinaus treten manche Touristen den Hilltribes gegenüber mit mangelndem Respekt und fehlender Achtung auf, die Dorfbewohner sind in wenigen Fällen Touristenbeschimpfungen ausgesetzt und werden manchmal sogar Opfer von Souvenirdiebstählen. Die Touristen können sich im Dorf Fehlverhalten und sogar Diebstahl erlauben, ohne dass sie gerichtliche Konsequenzen zu fürchten haben. Ein solcher Fall ereignete sich zum Beispiel während eines meiner Aufenthalte in Jorpakha, als nach Angaben der Akha-Frauen eines der Souvenirstücke von Touristen gestohlen wurde. Zwischen den Touristen und den Akha-Frauen entbrannte ein Streit um umgerechnet zwei Euro, wobei sich beide Gruppen gegenseitig beschuldigten, zu betrügen.

Irgendwann kehrte die betroffene Souvenirverkäuferin den Touristen den Rücken, kehrte schimpfend zu ihrem Stand zurück und der „Pick-Up" mit den Besuchern fuhr weiter zur nächsten Attraktion. Während diese Konfliktsituation für die Touristen einmalig war und diese das Dorf und das Problem schnell vergessen können, sind die Hilltribes immer wieder mit solchen Konfliktsituationen, in denen sie der schwächere Akteur sind, konfrontiert. Der mögliche Weg zu den Behörden wird vermieden, da der Aufwand zu groß wäre und außerdem wohl zu befürchten ist, dass eher den Touristen als den Hilltribes geglaubt würde. Die dadurch produzierten Negativimages werden jedoch nicht generalisiert und auf andere Touristen übertragen.

> „We don't blame these people. There are good and bad people all over the world."
> (I/12/J)

6.2.3 Wahrnehmung und Bewertung von „Tourist Guides"

Die „Tourist Guides" (zu einer detaillierten Unterscheidung von „Trekking Guides" und „Town Guides" siehe COHEN 2001b) nehmen als Vermittler zwischen Touristen und Hilltribes eine wichtige Rolle ein. Diese zentrale Stellung der Guides wurde in der Literatur über den Hilltribetourismus bereits vielfach behandelt (vgl. MEYER 1988; TOYOTA 1993; COHEN 2001b) und wird auch in meinen Ergebnissen bekräftigt. Dem Tourist Guide wird eine Machtrolle zugeschrieben, weil er es ist, der auch über das Handeln der Touristen entscheidet. Er legt fest, was besichtigt wird, und hat Einfluss darauf, wo und bei wem die Touristen Souvenirs oder Handarbeitsprodukte kaufen. Bei einem Besuch im Dorf nehmen die Guides oft mehrere Rollen wie jene des Übersetzers, des Kulturvermittlers, des Einkaufsberaters und des Wegweisers ein.

Die Touristen stehen nach Meinung der Akha und Karen, wie die dieser Studie zugrunde liegende Befragung ergab, unter der Verantwortung der Guides. Darum wird Fehlverhalten wie die Missachtung sozialer und kultureller Normen weniger auf die Touristen, sondern viel mehr auf die Guides abgewälzt. Dies ist auch der Grund dafür, warum die Rolle der Guides kritischer wahrgenommen wird als jene der Touristen.

> „The guides tell the tourists the rules: about the toilets, walks through villages, about taking photos and so on. So tourists with guides should know what is good and what is not good. If there is a problem with tourists we blame the guide. Tourists are under his responsibility." (I/27/M)

Für die Touristen in Jorpakha und Muang Pham ist der Guide die erste Informationsstelle bezüglich der Akha und Karen, ihrer Lebensweise und Kultur. Jede ankommende Touristengruppe unternimmt einen Dorfrundgang, bei dem der Guide ein paar allgemeine Informationen zu den Dörfern und ihren Bewohnern gibt. Die „Jungle Guides" im Muang Pham haben in der Regel ein persönlicheres Verhältnis zu den Dorfbewohnern und verfügen über ein fundierteres Wissen über die Hilltribes als die „Town Guides" in Jorpakha.

> „Our culture is complex and our ceremonies are not explained in a few sentences. The guides have a superficial knowledge about us. So they are producing many misunderstandings." (I/4/J)

Da die meisten Touristen weder Thai noch Akha beziehungsweise Karen sprechen, ist es eine der wichtigsten Aufgaben der Guides, die Kommunikation zwischen Hilltribes und Touristen zu führen und vor allem das Erzählte zu übersetzen. Manchmal stellen interessierte Touristen viele Fragen über die Kultur und Lebensweise der Akha und fragen nach Mythen und alten Geschichten.

Alexander Trupp

> *„If I explain a ceremony in a few minutes and the guide is translating it in a few sentences I know without understanding his language that the translation is incomplete or wrong." (I/4/J)*

Der Guide hat also nicht nur eine wichtige Funktion als Sprachrohr und Übersetzer, großes Gewicht kommt auch seinen Erklärungen und Interpretationen zu, die dann das Grundverständnis der Touristen sowie das Image über die Akha und Karen prägen. Auch TOYOTA (1993, S. 52) stellt in ihren Untersuchungen fest, dass es der Guide ist, „who directly constructs and exposes the image of the hill tribe people to the wider outside world. Thus it is essential to realize the importance of the role of the guides in order to demonstrate the mechanism of the image production system in the tourism setting".

7. Abschließende Bemerkungen

Das Ergebnis, dass das Phänomen Ethnotourismus in den Köpfen der Akha und Karen eine geringere Bedeutung spielt als vielleicht erwartet, ist zentral. Denn obwohl der Tourismus in beiden Dörfern eine nahezu alltägliche Erscheinung ist, werden andere Prozesse und Ereignisse, wie die Probleme mit der Landwirtschaft, der Staatsbürgerschaft, der Migration, der Missionierung usw., stärker wahrgenommen.

Für das Handeln im touristischen Kontext nützen die Akha und Karen ihr objektiviertes und inkorporiertes kulturelles Kapital, das sie in ökonomischen Gewinn transformieren können. Während der Tourismus im Akha-Dorf Jorpakha für ca. 100 Personen die einzige finanzielle Einnahmequelle darstellt, dient er im Karen-Dorf eher als zusätzliche finanzielle Ressource. Jorpakha ist aufgrund seiner schlechteren wirtschaftlichen Ausgangsposition, die vor allem auf die fehlenden Landrechte zurückzuführen ist, sehr stark von den Ausgaben der Touristen abhängig. Daher sind auch im Akha-Dorf stärkere Negativperzeptionen gegenüber Tourismus und Touristen festzustellen.

Touristen haben aber in beiden Dörfern, generell gesehen, ein sehr positives, wenn auch begrenztes Image. Der von den Touristen vorgeführte materielle Besitz wird wahrgenommen, wodurch den Reisenden die Verfügung über viel Geld zugeschrieben wird. Die Hauptintention für die Handlung im touristischen Kontext ist ganz klar eine ökonomische, wenn auch vor allem die junge Generation ein Interesse an der Akkumulation von kulturellem Kapital in Form von Sprachen zeigt. Die Wahrnehmungs- und Einstellungsschemata der bereisten Akha und Karen sind unterschiedlich, vor allem zwischen der älteren und der mehr und mehr von der „Mainstream"-Gesellschaft beeinflussten jungen Generation.

Während der interkulturellen Begegnung nimmt der „Tourist Guide" die mächtigste Rolle ein. Er ist für den Imageexport der Hilltribes hauptverantwortlich. Genauso wirken sich seine Tipps und Ratschläge auf das Verhalten der Touristen im Dorf (einschließlich des Kaufverhaltens) aus, wodurch er von den Hilltribes kritischer wahrgenommen und bewertet wird als die Touristen.

8. Literatur

ANTHIAS, F. (2007): Ethnic Ties: Social Capital and the Question of Mobilisability. In: Sociological Review 55 (4), S. 788–805.

BEZIC, D., KAOSA-ARD, M. und S. WHITE (2001): Domestic Tourism in Thailand: Supply and Demand. In: GHIMIRE, B. (Hrsg.): The Native Tourist. London: Earthscan, S. 109–141.

BOURDIEU, P. (1987): Sozialer Sinn. Kritik der theoretischen Vernunft. Frankfurt am Main: Suhrkamp.

BOURDIEU, P. (^{2}1997): Die verborgenen Mechanismen der Macht. Hamburg: VSA-Verlag (= Schriften zu Politik und Kultur 1).

BUERGIN, R. (2000): „Hilltribes" und Wälder: Minderheitenpolitik und Ressourcenkonflikte in Thailand. Freiburg: Albert Ludwigs-Universität (= SEFUT Working Paper Nr. 7).

COHEN, E. (1983): The Dynamics of Commercialized Arts: The Meo and Yao of Northern Thailand. Jerusalem: The Hebrew University, Department of Sociology and Social Anthropology.

COHEN, E. (2001a): Ethnic Tourism in Southeast Asia. In: CHEE-BENG, T., CHEUNG, S. und Y. HUI (Hrsg.): Tourism, Anthropology and China. Bangkok: White Lotus, S. 27–52.

COHEN, E. (2001b): Thai Tourism. Hill Tribes, Islands and Open-ended Prostitution. Bangkok: White Lotus.

DEARDEN, Ph. (1996): Trekking in Northern Thailand: Impact Distribution and Evolution Over Time. In: PARNWALL, M. J. G. (Hrsg.): Uneven Development in Thailand. Avebury: Aldershot, S. 204–225

DEARDEN, Ph. und S. HARRON (1994): Alternative Tourism and Adaptive Change. In: Annals of Tourism Research 21, S. 81–102.

EVRARD, O. und P. LEEPREECHA (2009): Staging the Nation, Exploring the Margins: Tourism and its Political Implications in Northern Thailand. In: WINTER, T., TEO, P. und T. CHANG (Hrsg.): Asia on Tour. Exploring the Rise of Asian Tourism. London / New York: Routledge, S. 239–252.

FLICK, U., KARDOFF, E. und I. STEINKE (^{3}2004): Was ist qualitative Forschung? Einleitung und Überblick. In: FLICK, U., KARDOFF, E. und I. STEINKE (Hrsg.): Qualitative Forschung. Ein Handbuch. Hamburg: Rowohlt, S. 13–29.

FRIEDL, H. (2001): Praktische Ethik für Reisen in aride Gebiete der Dritten Welt. Diplomarbeit am Institut für Philosophie, Universität Graz.

FUCHS-HEINRITZ, W. und A. KÖNIG (2005): Pierre Bourdieu. Eine Einführung. Konstanz: UVK Verlagsgesellschaft.

GEDDES, W. R. (1967): The Tribal Research Centre, Thailand: An Account of Plans and Activities. In: KUNSTADTER, P. (Hrsg.): Southeast Asian Tribes, Minorities and Nations. Princeton: Princeton University Press, S. 553–581.

GEUSAU, L. (1983): Dialects of Akhazang: The Interiorizations of a Perennial Minority Group. In: MCKINNON, J. und W. BHRUKASRI (Hrsg.): Highlanders of Thailand. Oxford / New York / Melbourne: Oxford University Press, S. 243–277.

GIDDENS, A. (^{3}1997): Die Konstitution der Gesellschaft. Frankfurt am Main / New York: Campus-Verlag.

GRABURN, N. (1976): Ethnic and Tourist Arts. Cultural Expressions from the Fourth World. Berkeley / Los Angeles / London: University of California Press.

HENNIG, C. (1999). Reiselust. Frankfurt am Main / Leipzig: Suhrkamp Taschenbuchverlag.

HUSA, K. und H. WOHLSCHLÄGL (1985): Thailands Bergstämme als nationales Entwicklungsproblem. Demographische und sozioökonomische Wandlungsprozesse am Beispiel der Hill Tribes in der Provinz Chiang Mai. In: Geographischer Jahresbericht aus Österreich 44, Wien: Institut für Geographie und Regionalforschung, S. 17–69.

KAMPE, K. (1997): Introduction. Indigenous Peoples of Southeast Asia. In: MCCASKILL, D. und K. KAMPE (Hrsg.): Development or Domestication? Indigenous Peoples of Southeast Asia. Chiang Mai: Silkworm Books, S. 1–25.

KIEVELITZ, U. (1989): Ethnotourismus: Ursachen, Formen und Wirkungen interkultureller Kurzkontakte. In: EULER, C. (Hrsg.): „Eingeborene" – ausgebucht. Ökologische Zerstörung durch den Tourismus. Gießen: Focus Verlag, S. 29–39 (= Ökozid 5).

KORFF, R. (2003): Kulturen der Randbereiche. Moderne und Ethnizität im Bergland Südostasiens. In: FELDBAUER, P., HUSA, K. und R. KORFF (Hrsg.): Südostasien. Gesellschaften, Räume und Entwicklung im 20. Jahrhundert. Wien: Promedia Verlag, S. 114–132 (Edition Weltregionen).

KUNSTADTER, P. (1967): Thailand: Introduction. In: KUNSTADTER, P. (Hrsg.): Southeast Asian Tribes, Minorities and Nations. Princeton: Princeton University Press, S. 369–400.

KUNSTADTER, P. (1983): Highland Populations in Northern Thailand. In: MCKINNON, J. und W. BHRUKASRI (Hrsg.): Highlanders of Thailand. Oxford / New York / Melbourne: Oxford University Press, S. 15–45.

LAMNEK, S. (^{4}2005): Qualitative Sozialforschung. Lehrbuch. Weinheim / Basel: Beltz Verlag.

LEWIS, P. und E. LEWIS (1984): Völker im goldenen Dreieck. Stuttgart / London: Edition Hansjörg Mayer.

LÜDERS, Ch. (^{3}2004): Beobachten im Feld und Ethnographie. In: FLICK, U., KARDOFF, E. und I. STEINKE (Hrsg.): Qualitative Forschung. Ein Handbuch. Hamburg: Rowohlt, S. 384–401.

LÜEM, Th. (1985): Sozio-kulturelle Auswirkungen des Tourismus in Entwicklungsländern. Ein Beitrag zur Problematik des Vergleiches von touristischen Implikationen auf verschiedenartige Kulturräume der Dritten Welt. Diss. phil., Universität Zürich.

MACCANNELL, D. (1973): Staged Authenticity. Arrangements of Social Space in Tourist Settings. In: American Journal of Sociology 79 (3), S. 589–603.

MADER, E. (2009). Hinter den Vulkanen. Landschaft, Kultur und Tourismus in Ecuador. In: TRUPP, A. und C. TRUPP (Hrsg.): Ethnotourismus. Interkulturelle Begegnung auf Augenhöhe? Wien: Mandelbaum Verlag, S. 41–58.

MAYRHOFER, M. (2004): UrlauberInnen in einem Land der sogenannten Dritten Welt: Verhalten und Handeln, Wahrnehmungs- und Deutungsmuster, subjektives Urlaubserleben. Eine empirische Studie in Goa, Indien. Diss. phil., Universität Wien (publiziert 2007 als Bd. 11 der Reihe „Abhandlungen zur Geographie und Regionalforschung", Wien: Institut für Geographie und Regionalforschung).

MCKINNON, J. (1997): The Forests of Thailand: Strike Up the Ban? In: MCCASKILL, D. und K. KAMPE (Hrsg.): Development or Domestication? Indigenous Peoples of Southeast Asia. Chiang Mai: Silkworm Books, S. 117–131.

MEYER, W. (1988): Beyond the Mask. Saarbrücken: Verlag Breitenbach.

MICHAUD, J. (1997): A Portrait of Cultural Resistance: The Confinement of Tourism in a Hmong Village in Thailand. In: PICARD, M. und R. E. WOOD (Hrsg.): Tourism, Ethnicity and the State in Asian and Pacific Societies. Honolulu: University of Hawaii Press, S. 128–154.

PLATZ, R. (1995): Tourismus als Faktor des Kulturwandels bei den Lisu in Nordthailand. Bonn: Holos Verlag (= Mundus Reihe Ethnologie 85).

REUBER, P. (2001): Möglichkeiten und Grenzen einer handlungsorientierten politischen Geographie. In: REUBER, P. und G. WOLKERSDORFER (Hrsg): Politische Geographie – Handlungsorientierte Ansätze und Critical Politics. Heidelberg, S. 77–93 (= Heidelberger Geographische Arbeiten 112).

ROTHFUSS, E. (2004): Ethnotourismus – Wahrnehmungen und Handlungsstrategien der pastoralnomadischen Himba (Namibia). Passau: Selbstverlag Fach Geographie der Universität Passau.

STRAUSS, A. und J. CORBIN (1996): Grounded Theory: Grundlagen Qualitativer Sozialforschung. Weinheim: Beltz Verlag (Beltz Psychologie).

Tribal Museum Chiang Mai, Technical Service Club (⁵2004): The Hill Tribes of Thailand. Chiang Mai.

Toyota, M. (1993): Tourism, Continuity and Change within an Akha Community: Image and Reality. Thesis, University of Hull.

Trupp, A. (2009a): Alle Menschen sind gleich, aber einige sind gleicher. Von asymmetrischen Beziehungen im Hilltribe-Tourismus Südostasiens. In: Trupp, A. und C. Trupp (Hrsg.): Ethnotourismus. Interkulturelle Begegnung auf Augenhöhe? Wien: Mandelbaum Verlag, S. 97–116.

Trupp, A. (2009b). Südostasiens ethnische Minderheiten. Im Spannungsfeld von Marginalisierung, Assimilierung und nationaler Integration. In: Geographische Rundschau 61 (10), S. 26–31.

Trupp, A. und C. Trupp. (Hrsg.) (2009): Ethnotourismus. Interkulturelle Begegnung auf Augenhöhe? Wien: Mandelbaum Verlag.

Tzschaschel, S. (1986): Geographische Forschung auf der Individualebene. Kallmünz / Regensburg (= Münchner Geographische Hefte 53).

UNWTO (2009): Tourism Highlights. 2009 Edition. Internet: http://www.unwto.org/facts/eng/highlights.htm (Zugriff: 15.11.2009).

Urry, J. (1990). The Tourist Gaze. Leisure and Travel in Contemporary Societies. London: Thousand Oakes / New Delhi: Sage Publications.

Weber, M. (⁶1984): Soziologische Grundbegriffe. Tübingen: Mohr Siebeck (= UTB, Uni-Taschenbücher 541).

Weichhart, P. (2004): Action Setting – ein „unmögliches" Forschungsprojekt. In: Raum, Zeitschrift des Österreichischen Instituts für Raumplanung 54, S. 44–49.

Werlen, B. (1997): Sozialgeographie alltäglicher Regionalisierungen. Band 2: Globalisierung, Region und Regionalisierung. Stuttgart: Steiner Verlag.

Werlen, B. (1998): Sozialgeographie. Eine Einführung. Bern / Stuttgart / Wien: Paul Haupt (= UTB, Uni-Taschenbücher 1911).

Die Auswirkungen des Tsunamis 2004 auf die Tourismusgebiete im Raum Phuket, Südthailand: Absturz in die Krise oder neue Chance?[1]

BIANCA GANTNER

Inhalt

1. Vorbemerkungen 283
2. Der Tsunami 2004 und seine Auswirkungen auf die Tourismuswirtschaft im Raum Phuket 284
   2.1 Die betroffenen Provinzen Thailands 285
   2.2 Die Auswirkungen des Tsunamis auf die Tourismusindustrie Thailands 286
   2.3 Die Auswirkungen des Tsunamis auf die Tourismusindustrie Phukets 287
   2.4 Sozioökonomische Folgen des Tsunamis 292
3. Wiederaufbauprogramme und -maßnahmen nach dem Tsunami 297
   3.1 Der „Andaman Tourism Recovery Plan 2005" der „Tourism Authority of Thailand" (TAT) 297
   3.2 Der „Phuket Action Plan" (PAP) der „World Tourism Organization" 300
   3.3 Versuche zur Neuordnung der Küstenbereiche: Zonierungen und Baurichtlinien nach dem Tsunami 301
   3.4 Die Errichtung eines Tsunami-Warnsystems 303
4. Die Auswirkungen des Tsunamis auf Kamala Beach – eine Fallstudie 307
   4.1 Die Entwicklung des Tourismus in Kamala Beach 308
   4.2 Die Auswirkungen des Tsunamis auf Kamala Beach 308
   4.3 Der Wiederaufbau in Kamala Beach nach dem Tsunami im Spiegel konkurrierender Interessenlagen 311
   4.4 Strukturelle Veränderungen und Probleme 315
   4.5 Die Tourismusentwicklung in Kamala nach dem Tsunami – ein Resümee . 319
5. Literatur 320

1. Vorbemerkungen

Thailand entwickelte sich in den letzten zwei bis drei Jahrzehnten zu einem massentouristischen Zielgebiet erster Ordnung. Das Königreich zählt heute zu den attraktivsten Tourismusgebieten der Welt, wobei mittlerweile das touristische Angebot sowohl eine breite Palette kultureller Attraktionen als auch erstklassiger Badedestinationen umfasst.

---

[1]) Der vorliegende Beitrag stellt eine stark gekürzte Fassung der Diplomarbeit der Autorin mit dem Titel „Struktur und Dynamik des Massentourismus in Südthailand vor dem Tsunami des 26.12.2004 und zwei Jahre danach – eine Analyse von Kamala Beach auf Phuket" dar, die 2007 am Institut für Geographie und Regionalforschung der Universität Wien approbiert wurde. Für die Veröffentlichung in diesem Band erfolgte eine Überarbeitung und geringfügige Aktualisierung.

Noch in den 1970er-Jahren hingegen konzentrierte sich der Tourismus in Thailand im Wesentlichen auf Bangkok und die benachbarten Regionen, aber bereits wenige Jahre später waren auch die Küstenregionen und Inselgruppen der Andamanensee zu massentouristischen Boomgebieten geworden. Vor allem ab den 1980er-Jahren rückte die rasche Steigerung der Besucherzahlen – wie etwa auf Phuket um 400 Prozent zwischen 1980 und 1988 – eine Region, die vormals ausschließlich von Fischerei und Landwirtschaft dominiert wurde, in den Blickpunkt des Interesses internationaler (und lokaler) Reiseveranstalter und Investoren.

Die Begleiterscheinungen ökologischer und sozialer Art, die mit der wachsenden Bedeutung des touristischen Sektors einhergingen, fanden aber kaum Beachtung und wurden erst im Zuge des Wiederaufbaus nach dem Katastrophenereignis des Tsunamis vom 26. Dezember 2004 für Politik, Planung und Massenmedien zu einem wichtigen Diskussionsthema. Ob die politischen Entscheidungsträger, Tourismusplaner und Unternehmer durch die – oftmals als singuläres Ereignis bezeichnete – Naturkatastrophe zu einem Umdenken angeregt wurden bzw. welche Maßnahmen durch die diversen Wiederaufbaupläne angestrebt und auch tatsächlich realisiert wurden, soll im Folgenden näher analysiert werden.

2. Der Tsunami 2004 und seine Auswirkungen auf die Tourismuswirtschaft im Raum Phuket

Das katastrophale Ereignis des Tsunamis vom 26. Dezember 2004 in der Andamanensee und seine enormen Auswirkungen rückten Thailand und insbesondere die Insel Phuket schlagartig in den Mittelpunkt des weltweiten Interesses und bescherten der Region ein bisher nie gekanntes Medienecho. Der Tsunami wurde durch ein Erdbeben der Stärke 9,3 auf der Richterskala am Meeresboden südwestlich der auf Sumatra gelegenen indonesischen Provinz Aceh ausgelöst. Seine Wellen zerstörten Küstenabschnitte der asiatischen Staaten Indonesien, Malaysia, Thailand, Myanmar, Bangladesch, Indien, Sri Lanka sowie der Malediven. Die zerstörerische Kraft des Tsunamis reichte bis nach Afrika, wo Küstengebiete von Kenia, Somalia und Tansania betroffen waren. Insgesamt forderte die Katastrophe – bei unterschiedlichen vorliegenden Schätzungen, da sich die genaue Zahl der Toten und Vermissten nicht exakt feststellen lässt – etwa 230.000 Menschenleben (vgl. u.a. UN-OSE 2006; United Nations u.a. 2006; USGS 2007).

Die meisten Todesopfer waren in unmittelbarer Nähe des Epizentrums in Indonesien zu beklagen. Hier starben 168.000 Menschen bzw. gelten noch immer als vermisst. Mit mehr als 35.000 Toten und Vermissten liegt Sri Lanka an zweiter Stelle, gefolgt von Indien (18.000) und Thailand (8.200). Diese Opferzahlen wurden noch durch die geschätzte Anzahl von zirka 1,7 Millionen Obdachlosen, davon jeweils mehr als eine halbe Million in Indonesien, Sri Lanka und Indien, und rund 7.000 – nach anderen Angaben bis zu 30.000 – Personen in Thailand ohne Dach über dem Kopf bei weitem übertroffen (vgl. The Nation and Phuket Gazette).

2.1 Die betroffenen Provinzen Thailands

Vom Tsunami waren in Süd-Thailand die Küstenzonen folgender Provinzen betroffen: Phuket, Phang Nga, Krabi, Ranong, Trang und Satun. Diese sechs Provinzen wiesen laut statistischen Angaben des „National Statistical Office of Thailand" im Jahr 2004 mit rund zwei Millionen Einwohnern nur etwa drei Prozent der Gesamtbevölkerung des südostasiatischen Königreichs auf und hatten am Bruttoinlandsprodukt desselben Jahres einen Anteil von 2,9 Prozent; allerdings wurden 17,4 Prozent der touristischen Einnahmen Thailands in dieser Region erwirtschaftet (vgl. ISRANGKURA 2005). Vor allem in den drei Provinzen Phuket, Phang Nga und Krabi spielte der Tourismus eine entscheidende Rolle, war er doch für 85 Prozent des gesamten Touristenaufkommens (immerhin rund neun Millionen Nächtigungen pro Jahr zwischen 1999 und 2003) aller sechs südlichen, an der Andamanensee gelegenen Provinzen verantwortlich.

Die höchsten Opferzahlen waren mit fast 12.000 Toten, Vermissten und Verletzten in der Provinz Phang Nga zu beklagen. Was die Beschädigungen der touristischen Infrastruktur betrifft, so erfuhr Khao Lak (Provinz Phang Nga) die schwersten Schäden, wo beinahe alle touristischen Unterkünfte komplett zerstört wurden. Auch für Koh Phi Phi (Provinz Krabi) bot sich ein ähnliches Bild. Im Gegensatz dazu wurde nur rund ein Fünftel der Beherbergungsbetriebe und -zimmer Phukets beschädigt oder zerstört (siehe dazu ausführlich VORLAUFER 2005). Die drei am stärksten touristisch geprägten Provinzen haben naturgemäß die größten Opferzahlen zu beklagen. Tabelle 1 zeigt die vom „Department of Disaster Prevention and Mitigation" (DDPM) erhobene Anzahl an Toten, Verletzten und Vermissten durch den Tsunami in Thailand.

Tab. 1: Tote, Verletzte und vermisste Personen aufgrund des Tsunamis 2004 in Thailand

Provinz	Tote				Vermisste			Verletzte		
	Thai	Ausländer	unidentifiziert	Total	Thai	Ausländer	insgesamt	Thai	Ausländer	Total
Krabi	357	203	161	721	314	230	544	808	568	1.376
Phang Nga	1.389	2.114	722	4.225	1.352	303	1.655	4.344	1.253	5.597
Phuket	151	111	17	279	245	363	608	591	520	1.111
Ranong	153	6	-	159	9	-	9	215	31	246
Satun	6	-	-	6	-	-	-	15	-	15
Trang	3	2	-	5	1	-	1	92	20	112
Total	2.059	2.436	900	5.395	1.921	896	2.817	6.065	2.392	8.457

Datengrundlage: DDPM Oktober 2005, zit. nach United Nations Country Team in Thailand; teilweise modifiziert.

Da vor allem Küstengebiete mit zahlreichen prominenten internationalen Badedestinationen vom Tsunami erfasst wurden, waren über 3.000 Ausländer aus 37 Staaten unter den Opfern, die Mehrzahl davon Schweden und Deutsche. Die mit Abstand meisten Toten und Vermissten waren in der Provinz Phang Nga (5.880) zu verzeichnen. In Krabi starben rund 1.300 Menschen oder gelten nach wie vor als vermisst und in Phuket rund 900 Personen. Im gesamten Tsunamigebiet Thailands wurden laut DDPM nahezu 5.000 Häuser zerstört oder erheblich beschädigt, was dazu führte, dass noch im Juni 2005 etwa 7.000 Personen in Notunterkünften wohnen mussten.

2.2 Die Auswirkungen des Tsunamis auf die Tourismusindustrie Thailands

Obwohl das Bruttoinlandsprodukt Thailands durch die Katastrophe mit einem Verlust von 0,4 Prozentpunkten nur vergleichsweise geringen Schaden nahm, wurde die Tourismusindustrie von der Katastrophe schwer getroffen. 17 Prozent der Gesamteinnahmen Thailands durch den Tourismus entfielen 2004 auf die sechs vom Tsunami betroffenen Provinzen (vgl. United Nations Country Team in Thailand 2005). Wie bereits erwähnt, stellt der Tourismus vor allem für Krabi, Phang Nga und Phuket den wichtigsten Wirtschaftsfaktor dar. In Abbildung 1, in der die internationalen Touristenankünfte in den vom Tsunami hauptbetroffenen Ländern im ersten Halbjahr 2005 darstellt sind, weist Thailand allerdings trotzdem ein Plus von 1,4 Prozent an touristischen Ankünften im Vergleich zum selben Zeitraum des Vorjahres auf. Das heißt, Gesamtthailand konnte den Schwund an Touristen in den sechs betroffenen Provinzen kompensieren, indem zum Beispiel viele Gäste ihre Reisen auf nicht betroffene Tourismusregionen in Nordthailand oder entlang des Golfs von Thailand umbuchten.

Abb. 1: Internationale Touristenankünfte in den vom Tsunami betroffenen Staaten im 1. Halbjahr 2005

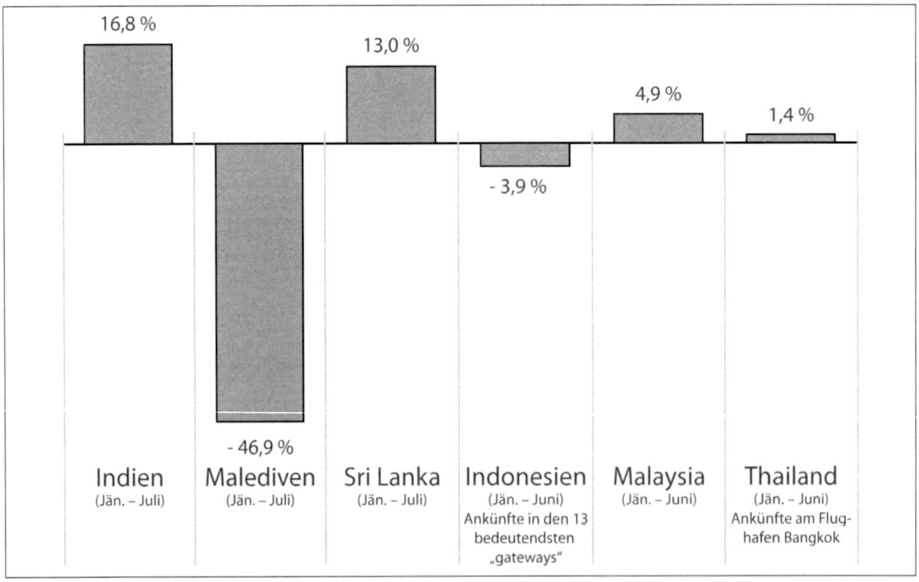

Indien (Jän. – Juli)	Malediven (Jän. – Juli)	Sri Lanka (Jän. – Juli)	Indonesien (Jän. – Juni) Ankünfte in den 13 bedeutendsten „gateways"	Malaysia (Jän. – Juni)	Thailand (Jän. – Juni) Ankünfte am Flughafen Bangkok
16,8 %	-46,9 %	13,0 %	-3,9 %	4,9 %	1,4 %

Quelle: VISA Asia 2005: VISA / PATA Post-Tsunami Update August 2005.

Ein ähnliches Bild ergibt sich auch, wenn man die prozentuellen Veränderungen der Ankünfte auf den internationalen Flughäfen von Phuket und Bangkok von Jänner bis August 2005 im Vergleich zu 2004 betrachtet. In allen Monaten außer Jänner und April konnte am Don Muang Airport in Bangkok ein Plus an Ankünften von bis zu 17,6 Prozent verzeichnet werden. Im Gegensatz dazu erreichte das Minus an Ankünften auf dem internationalen Flughafen Phukets im August 2005 noch immer 50,1 Prozent im Vergleich zum Vorjahreszeitraum. Dies war unter anderem darauf zurückzuführen, dass von zwanzig Fluglinien nur acht ihr Routing in den Süden aufrechterhielten (vgl. HERDIN 2006). Betrachtet man das gesamte Jahr 2005, so war bei den internationalen Touristenankünften für Gesamtthailand nur ein Rückgang von 130.000 Personen zu verzeichnen. Somit wurde trotz der Katastrophe 2005 historisch gesehen der zweitbeste Wert nach 2004 erreicht.

2.3 Die Auswirkungen des Tsunamis auf die Tourismusindustrie Phukets

Die Zahl der Gästeankünfte auf Phuket brach nach dem Tsunami erwartungsgemäß sehr stark ein (vgl. Abb. 2). Im gesamten Jahr 2005 hatte Phuket um 47,6 Prozent weniger Gäste zu verzeichnen als im Jahr davor.

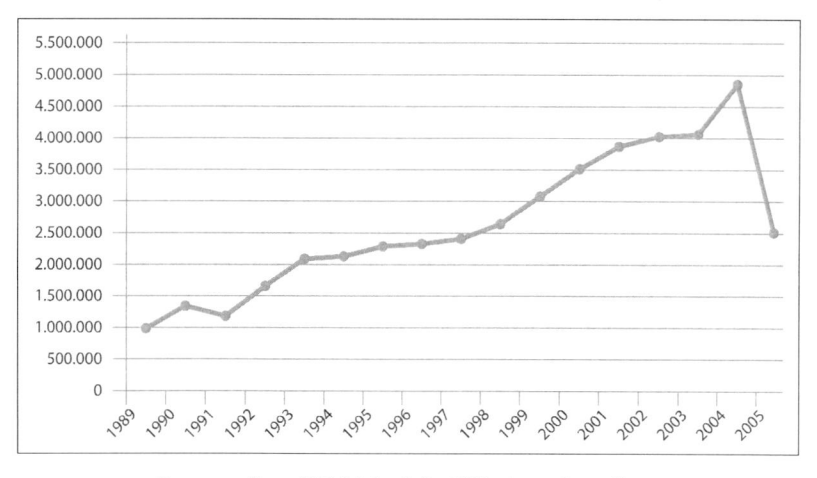

Abb. 2: Touristische Ankünfte in Phuket 1989–2005

Datengrundlage: TAT-Jahrbuch für 2005; eigene Darstellung.

Wichtig zu erwähnen ist, dass die Tourismusbranche der gesamten Insel zu leiden hatte, obwohl nicht die ganze Insel vom Tsunami gleichermaßen betroffen war. VORLAUFER beschreibt den Grund für die unterschiedliche Wirkungsweise des Tsunamis folgendermaßen:

„Die kleinräumig differenzierte Küstenmorphologie beeinflusste wesentlich Dynamik und Volumen und damit die Auswirkungen des Tsunamis, die darüber hinaus von weiteren Faktoren bestimmt wurden. Küsten mit trichterförmigen großen Buchten, ohne

den Schutz von Mangroven und Korallenriffen sowie mit flachen, weit ins Meer abfallenden Stränden waren der verheerenden Wirkung der Flutwelle besonders stark ausgesetzt. [...] Die zerstörerische Kraft des Tsunamis wurde zudem an Küsten und Stränden massiv wirksam, an denen Siedlungen und touristische Infrastrukturen, oft abweichend von vorliegenden Vorschriften, zu dicht an der mittleren Hochwasserlinie errichtet wurden und deren ursprüngliche Landschaft stark verändert wurde, wie durch die Beseitigung von Dünen, Mangroven und der Strandvegetation [...]." (VORLAUFER 2005a, S. 15)

VORLAUFER hat in seiner Studie 2005 das kleinräumig sehr unterschiedliche Muster der Schäden und Zerstörungen auf Phuket analysiert und auch kartographisch dargestellt. Die beiden am stärksten betroffenen Orte waren Kamala Beach und Patong an der Westküste der Insel. In Kamala Beach wurden beinahe alle Beherbergungsbetriebe beschädigt bzw. zerstört, in Patong etwa ein Viertel aller Touristenunterkünfte. Vor allem strandnahe Gebäude waren betroffen. Durch die boomende Entwicklung Patongs herrschte eine große Nachfrage nach Bauland, besonders im Strandbereich, woraus folgte, dass „the beachfront area was thereby exposed to the tsunami onslaught, while the preservation of the sand dunes on the nearby Kata and Karon beaches have saved their beachfronts from a similar fate." (COHEN 2005, S. 86). Die Küstengebiete von Kata und Karon blieben demnach durch das Vorhandensein der Sanddünen im Strandbereich verschont. Generell fehlt an der Westküste Phukets der Schutz durch Mangrovenwälder (vgl. VORLAUFER 2005a).

Allerdings blieb auch die Ostküste Phukets nicht völlig von der Katastrophe verschont. Außer in Phuket Town existierten aber im Osten der Insel kaum Beherbergungsbetriebe oder nennenswerte touristische Einrichtungen und daher konnten auch keine entsprechenden Schäden für diese Branche an der Ostküste registriert werden, während andererseits die durch die Flutwelle angerichteten Zerstörungen im nicht-touristischen Bereich von Politik, Öffentlichkeit und Medien kaum zur Kenntnis genommen wurden. Die Projektmanagerin des „Austrian Hilfswerk" in Phuket, Khemwalai THEERASUWANAJAK, beschrieb das Ausmaß der Schäden an der Westküste im Vergleich zu jenen an der Ostküste wie folgt: „For the West coast the big wave is coming, but for that side [gemeint ist die Ostküste der Insel Phuket] the water is coming higher and higher. It destroyed everything, too. [...] The people lost their equipment, their houses. On television you saw only the West." (THEERASUWANAJAK, Interview vom 09.02.2007)

Ein Vergleich der Gästezahlen auf Phuket in den Jahren 2004 und 2005 (Abb. 3) macht deutlich, dass alle fünf Erhebungsgebiete[2] der „Tourism Authority of Thailand" (TAT) einen rapiden Rückgang der Gästeankünfte zu verzeichnen hatten. Es machte für potenzielle Thailandreisende demnach keinen Unterschied, ob die jeweilige Destination durch den Tsunami Schaden genommen hatte – wie etwa Patong – oder ob (fast) keine Schäden zu verzeichnen waren wie in Kata, Karon oder Chalong. In Patong war bei den touristischen Ankünften ein Minus von 53 Prozent zu verzeichnen, aber auch in den vom

---

[2]) Die TAT gliedert Phuket in nur fünf Erhebungsgebiete. Zum einen in die drei großen Destinationen Patong, Kata und Karon und zum anderen in den Muang District (exklusive Kata und Karon), in dem sich Phuket Town sowie die Chalong Bay, Rawai Beach, das Promthep Cape und Nai Harn Beach befinden. Die fünfte Einheit bilden alle übrigen Orte, wozu beispielsweise Kamala Beach oder Bang Tao Beach zu zählen sind.

Tsunami weitgehend verschont gebliebenen Orten Kata und Karon gingen die Ankünfte um 68 Prozent bzw. 61 Prozent zurück. Alle anderen Zielorte auf Phuket verloren durchschnittlich 67 Prozent ihrer Gästeankünfte. Der Muang District (Phuket-Stadt) hatte dagegen nur ein Minus von elf Prozent aufzuweisen, was darauf zurückzuführen ist, dass die Hauptstadt der Provinz kein Badeort, sondern Sitz der Verwaltung ist.

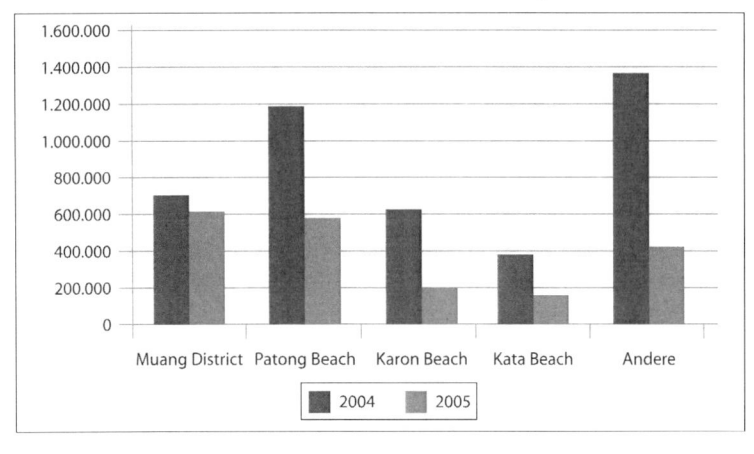

Abb. 3: Gästeankünfte in Phuket 2005 im Vergleich zu 2004

Datengrundlage: TAT Tourismusjahrbücher 2004 und 2005; eigene Darstellung.

Die Entwicklung der Auslastungsquote

Ein Vergleich der Auslastungsquoten der Beherbergungsbetriebe für die Jahre 2004 und 2005 zeigt deutlich, wie schwierig das Jahr 2005 für die Tourismusbranche Phukets war (siehe Abb. 4). Während die Auslastung der Touristenunterkünfte 2004 nie unter die Fünfzig-Prozent-Marke fiel, wurde dieser Wert nach dem Tsunami erst wieder im November 2005 erreicht. Vor allem der zweite Teil der Hochsaison 2004/05 fiel aufgrund der Katastrophe fast zur Gänze aus. Im Jänner waren nur etwa 15 Prozent der Zimmer belegt, bis April stieg dann die Auslastung dank der Osterferien wieder auf 38 Prozent an. Viele Touristen kamen auch aufgrund der zahlreichen Billigangebote. Nach dem April 2005 zeichnet der saisonale Verlauf der Auslastungskurve weitgehend jenen der Kurve von 2004 nach, allerdings auf einem viel niedrigeren Niveau. Erst mit dem Beginn der neuen Hochsaison im November 2005 erfolgte wieder ein Anstieg in der Auslastung auf über fünfzig Prozent, verfehlte aber die 64,5 Prozent aus dem Jahr 2004 deutlich (vgl. TAT Southern Office 2007).

Die Aussagekraft der einschlägigen Statistiken wird von Experten teilweise bezweifelt: In Gesprächen wurde der Verfasserin bestätigt, dass in der Hochsaison 2006/07 sicherlich weniger Touristen auf Phuket waren als in der „Saison des Tsunamis". Anita PLEU-MAROM von der Tourismus-NGO „t.i.m.-team" meinte beispielsweise im Interview zur raschen Erholung der Auslastungsquote nach der Katastrophe: „Es wird immer gesagt,

Bianca Gantner

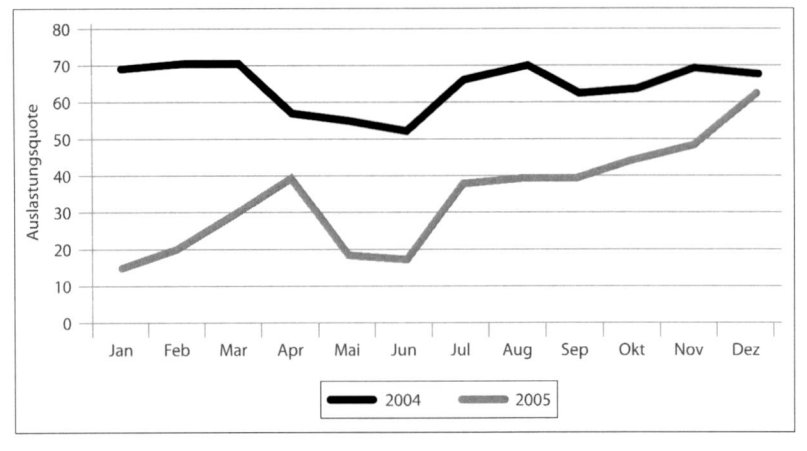

Abb. 4: Auslastungsquote der Beherbergungsbetriebe in Patong 2004 und 2005

Datengrundlage: TAT Tourismusjahrbücher 2004 und 2005; eigene Darstellung.

statistikmäßig oder so ist alles toll, ist alles wie früher. Aber stimmt das? Kann man den Statistiken glauben? Das muss man hinterfragen, weil es ungewöhnlich ruhig ist, auch in der Hochsaison." (PLEUMAROM, Interview vom 15.01.2007). Ähnliche Einschätzungen vertraten auch Dr. Aree TIRASATAYAPITAK von der Tourismusabteilung der „Prince of Songkla University" und Khemwalai THEERASUWANAJAK vom „Austrian Hilfswerk" in Phuket, die die Meinung äußerte, dass etwa 20 Prozent weniger Touristen im Raum Phuket waren.

Auswirkungen auf das Reiseverhalten

Die „World Tourism Organization" gab Anfang des Jahres 2005 eine Umfrage in Auftrag, welche die Reisevorhaben nach dem Tsunami in zehn verschiedenen Herkunftsländern untersuchen sollte. Dazu wurden Personen aus den USA, Kanada, Großbritannien, Deutschland, Frankreich, Schweden, Japan, China, Südkorea und Australien zwischen dem 17. und 27. Februar 2005 online über den Einfluss des Tsunamis auf ihre Reisepläne befragt. Betrachtet man die Ergebnisse differenziert nach Herkunftsländern, so lassen sich große Unterschiede erkennen.

Beispielsweise gaben nur sieben Prozent der Japaner an, dass es nach dem Tsunami wahrscheinlicher für sie sei, das betroffene Gebiet zu bereisen, im Gegensatz zu 54 Prozent, die eine solche Reise für nunmehr unwahrscheinlicher hielten. Für 39 Prozent hatte der Tsunami keinen Einfluss auf ihr Verhalten. Im Falle der Schweden ergibt sich ein viel ausgeglicheneres Bild (vgl. Abb. 5). Für 57 Prozent hatte die Katastrophe keinen Einfluss, 18 Prozent gaben an, es sei für sie nun wahrscheinlicher, in die betroffene Region zu reisen, und 24 Prozent gaben an, eine solche Reise sei unwahrscheinlicher geworden.

Dieses Ergebnis ist umso bemerkenswerter, wenn man bedenkt, dass Schweden unter den Opfern des Tsunamis überproportional stark vertreten waren. Dies könnte dadurch

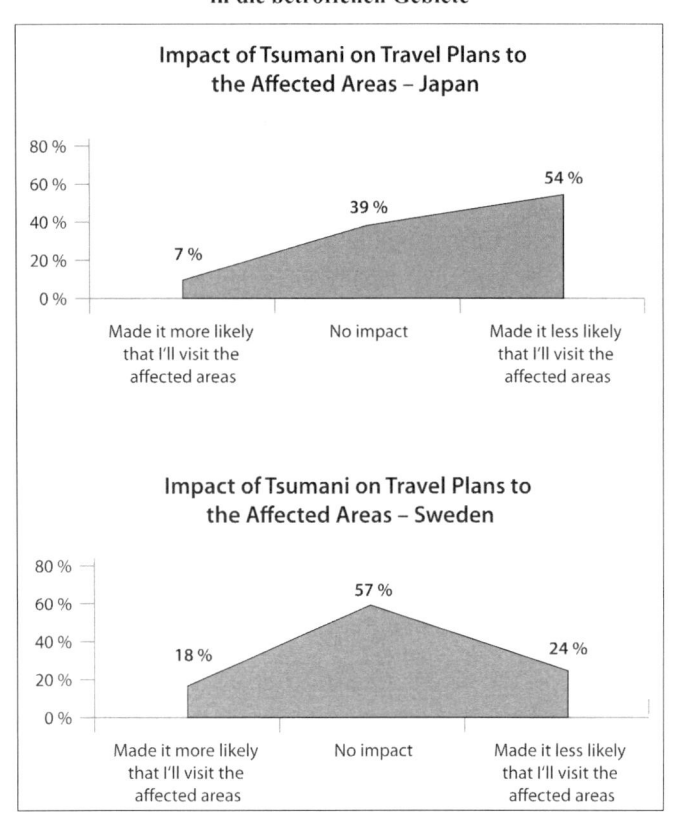

Abb. 5: Einfluss des Tsunamis auf Reisepläne von Japanern und Schweden in die betroffenen Gebiete

Impact of Tsumani on Travel Plans to the Affected Areas – Japan

- Made it more likely that I'll visit the affected areas: 7 %
- No impact: 39 %
- Made it less likely that I'll visit the affected areas: 54 %

Impact of Tsumani on Travel Plans to the Affected Areas – Sweden

- Made it more likely that I'll visit the affected areas: 18 %
- No impact: 57 %
- Made it less likely that I'll visit the affected areas: 24 %

Quelle: UNWTO/VISA 2005: Post-Tsunami Global Travel Intentions Research.

begründet werden, dass viele Touristen, die Phuket zu der Zeit des Tsunamis oder die Jahre davor besucht hatten, auch den Zustand der Insel danach sehen wollten. Adarsh BATRA von der „Assumption University" in Bangkok führte nach dem Tsunami eine Umfrage auf den Stränden Phukets durch und fasste ihre Ergebnisse wie folgt zusammen: „[…] we came to know that the foreign tourists came back. They came back especially to see whether the things have come back to normal and they were also concerned to see how the tsunami happened, what changes that have been made." (BATRA, Interview vom 10.01.2007).

Die Erhebungsdaten für die übrigen Nationalitäten zeigen deutlich, dass vor allem Asiaten den betroffenen Regionen fernbleiben wollten und Touristen aus Übersee eher keinen Einfluss auf ihr Reiseverhalten sahen. Bei Asiaten ist der Grund für das Fernbleiben häufig in ihrem Glauben begründet: „Buddhism and other Asian belief systems hold that if bodies are not recovered and properly buried, their spirits restlessly wander the Earth. Many Asians belief that lost souls try to drag living beings into a spiritual limbo." (National

Geographic 2006). Das Problem liegt also bei den vielen im Meer vermissten Personen, die nicht bestattet werden konnten, und in der daraus resultierenden Furcht der Asiaten vor den nach ihrem Glauben ruhelosen Seelen. Damit asiatische Touristen wieder verstärkt ins Land kommen, wurden Zeremonien von buddhistischen Mönchen abgehalten, um die Geister zu beruhigen (vgl. National Geographic 2006).

Die aus Phuket Town stammende Khemwalai THEERASUWANAJAK vom „Austrian Hilfswerk" bezweifelte allerdings mittelfristig den Erfolg dieser Aktionen: „In my opinion the group of tourists has changed. I think before the tsunami another group has come to Phuket. The group from Asia is reduced. Before the Tsunami there were a lot of Japanese, Chinese and from other areas. […] Many people have come here who have never been there before the tsunami. […] Many Chinese associations made actions to make sure that there are no ghosts any more, but people are still afraid of that." (THEERASUWANAJAK, Interview vom 09.02.2007).

2.4 Sozioökonomische Folgen des Tsunamis

Die soziokulturellen Folgen der Katastrophe sind eng mit den bereits beschriebenen Problemen der Tourismusindustrie verknüpft. Vom Fernbleiben der Gäste war eine breite Bevölkerungsschicht betroffen, weil auf Phuket zur Zeit des Tsunamis ein knappes Drittel der rund 96.000 Erwerbstätigen im Alter von über 15 Jahren im Hotel- und Gastgewerbe tätig war. Der Anteil der vom Tourismus abhängigen Bewohner der Insel steigt sogar bis auf 75 Prozent an, wenn man alle weiteren im Tourismusgewerbe Tätigen (zum Beispiel Fremdenführer, Reiseunternehmer etc.) sowie Beschäftigte in vor- und nachgelagerten Branchen und deren Familienmitglieder inkludiert (vgl. HERDIN 2006). Die Armen litten besonders unter den Folgen des Tsunami, was eine Expertin, die namentlich nicht genannt werden wollte, im Interview bestätigte: „The poor are as poor or more poor as before. […] I made surveys in every village. Two things came out in the survey: One is that they were really hurt and upset, even they were hurt by corruption. They were devastated by the tsunami. Promises were made by the government, those promises were large. And the fact that they were hurt so badly and then promises weren't kept, it was like compounding the hurt, compounding the drama. One thing that came out is that the help they got was from private organizations." (Anonym, Interview vom 22.01.2007).

Beschäftigungsprobleme im formellen Sektor der Tourismuswirtschaft

Der Zusammenbruch des Tourismus im Raum Phuket nach dem Tsunami brachte erwartungsgemäß auch massive Beeinträchtigungen auf dem Arbeitsmarkt mit sich. Zum einen musste die zerstörte Infrastruktur wiederhergestellt werden und zum anderen konnten nur geringe Umsätze aufgrund des Ausbleibens der Touristen verbucht werden. Dennoch behielten viele Arbeitnehmer ihren Arbeitsplatz, was auch in zahlreichen Gesprächen mit Interviewpartnern aus dem Hotelsektor bestätigt wurde. Somchai SILAPANONT, der Manager des „Marina Phuket Resorts" in Karon Beach, das zwar nicht von der Zerstörung durch den Tsunami, aber vom Ausbleiben der Gäste betroffen war, antwortete auf die Frage, ob er Angestellte entlassen musste, dass niemandem gekündigt wurde. Seine Strategie umriss er wie folgt: „At the bad time when you take care for the people, then you have good feeling from the staff which will be good for the future […] they feel strong, they feel secure, they feel good. If most of the people feel good, feel satisfied, feel happy, feel confident, then their work is better – it's true. So we didn't release people. We made things normal like nothing had happened." (SILAPANONT, Interview vom 22.01.2007).

Auch Kittikorn KEWKACHA, der Geschäftsführer des „Phuket FantaSea", eines riesigen Themenparks in Kamala Beach, fuhr eine ähnliche Strategie. Abgesehen von Mitarbeitern, die nach der Katastrophe von selbst gingen, kündigte er niemanden. Auf die Frage, wie er die Bezahlung seiner etwa 1.200 Beschäftigten gewährleisten konnte, antwortete er, dass er zunächst von Jänner bis März 2005 den Angestellten den vollen Lohn bezahlt habe, weil sie gerade in dieser Zeit das Geld am dringendsten benötigt hätten. Da aber auch in den kommenden Monaten die Besucher weitgehend ausblieben, mussten die Gehälter später auf 80 Prozent gekürzt werden. Als dann der Park für einige Monate geschlossen werden musste, wurden die Mitarbeiter zu Ausbildungszwecken auf Trainingskurse geschickt, die direkt im „FantaSea" abgehalten wurden (KEWKACHA, Interview vom 30.01.2007).

Nicht in allen Tourismusbetrieben konnten jedoch die Angestellten ihre Arbeitsplätze behalten: vor allem in den am schwersten betroffenen Gebieten, wie zum Beispiel Kamala Beach, musste laut einem Bericht der Friedrich Ebert Stiftung die Mehrheit der Hotelangestellten in die Arbeitslosigkeit (vgl. Friedrich Ebert Stiftung 2005).

Selbstständige und Besitzer von „Small and Medium Enterprises" (SME)

Kleinladenbesitzer gehören zu den vom Tourismus besonders abhängigen Gruppen. Dazu zählen sowohl vom Tourismus abhängige Geschäftszweige, wie Reisebüros oder Vermieter von Strandliegen und Sonnenschirmen, als auch indirekt vom Tourismus abhängige Betriebe wie Maßschneidereien oder Gemischtwarenläden. Oftmals stellte sich für die SME-Besitzer das Problem, dass ihr gesamtes Geschäft den Flutwellen zum Opfer gefallen war. Das komplette Equipment musste demnach neu angeschafft werden und dies war meist nur mit Hilfe von Krediten möglich, da durch das Ausbleiben der Touristen im Prinzip die Einnahmen einer gesamten Saison ausgefallen waren.

Diese schwierige ökonomische Lage führte dazu, dass im ersten halben Jahr nach dem Tsunami 420 SME-Besitzer ihren Laden schließen mussten (The Nation, Ausgabe vom 14.06.2005). Laut Dr. Adarsh BATRA war die Gruppe der Kleinstladenbesitzern am meisten betroffen, da diese nicht über den finanziellen Spielraum verfügten, um sich anderswo eine neue Existenz aufzubauen: „The small shops, road side shops, which are very popular in Thailand, they cannot go anywhere, they have to be here." (BATRA, Interview vom 10.01.2007). Die meisten Ladenbesitzer bekamen zwar Hilfsgelder von der thailändischen Regierung, diese fielen jedoch so gering aus, dass sie bestenfalls einen „Tropfen auf dem heißen Stein" darstellten. Suchard PANCHALAD, der Besitzer des „Phuket Chaster" Reisebüros in Kamala Beach, dessen gesamtes Shop-Inventar (darunter sechs PCs) im Zuge des Tsunamis zerstört wurde, bekam nur 8.000 Bath von der Regierung für Reparaturarbeiten zur Verfügung gestellt.[3] Zusätzlich erhielt er von Touristen etwa 100.000 Bath an Spenden und musste überdies noch einen erheblichen Kredit aufnehmen. Zur Schadensbestimmung waren gleich in den Tagen nach der Katastrophe Beamte der Regierung gekommen und hatten die Schäden im Reisebüro fotografiert (PANCHALAD, Interview vom 05.02.2007).

Ähnliches berichtete die moslemische Gemischtwarenladenbesitzerin Pornthip PEN SUK, deren Shop nahe beim stark zerstörten Tempel Kamalas, nur etwa fünf Meter vom Strand entfernt, lag und durch die Welle komplett unter Wasser gesetzt worden war. Sie bekam von der Regierung 70.000 Bath an finanzieller Unterstützung und nahm zusätzlich noch einen Kredit von 1,5 Millionen Bath auf, um das Gebäude wieder instandsetzen und aufstocken zu können, da sie nicht mehr im Erdgeschoß wohnen wollte. Zusätzlich vermietete sie eine Wohnung im ersten Stock und einen Teil des Geschäftslokals (PEN SUK, Interview vom 13.02.2007).

Auch viele Zeitungsberichte bestätigen die Aussagen und Probleme vieler Besitzer von Kleinbetrieben an den betroffenen Küsten. Viele Eigentümer konnten ihren Betrieb nicht mehr so nahe wie gewünscht am Meer wiederaufbauen. Außerdem sollten sie von nun an Miete für das Land bezahlen, auf dem ihr Betrieb steht, obwohl ihre Familien hier oft schon seit zwei Generationen lebten. Unsicherheiten bezüglich der Eigentumsverhältnisse machten es wiederum den Banken schwer, Kredite zu vergeben, wie der Präsident der „SME Development Bank", Chotisak ASAPAVIRIYA, der Zeitung „The Nation" mitteilte: „We've tried to help them out but their businesses are risky because they have very short leases remaining on their premises. Some of them will see their leases run out by the end of this year or next year. This had made it tough for banks to decide to give out new money." (The Nation, Ausgabe vom 04.04.2007).

Migranten aus Myanmar: die Hauptproblemgruppe

Zu der vielleicht am schwersten betroffenen Gruppe zählen die Migranten aus Myanmar. Laut Schätzungen verloren 7.000 Migranten aus Myanmar durch die Katastrophe ihren Arbeitsplatz, wobei diese Zahl jedoch nur die registrierten Migranten erfasst. Zieht man in Betracht, dass auf einen registrierten Burmesen etwa ein bis zwei illegale entfallen, so liegt die Zahl der Betroffenen noch um ein Vielfaches höher. Die Situation nach dem Tsunami war für diese Bevölkerungsgruppe besonders schwierig, da mit ihrem Hab und Gut zumeist auch ihre Identifikationspapiere sowie andere wichtige Dokumente, wie zum Beispiel die Arbeitserlaubnis, weggespült wurden, sofern diese überhaupt vorhanden waren (vgl. United Nations Country Team in Thailand 2005).

Zur Illustration seien hier die wichtigsten Aussagen aus einem in Kamala Beach mit Jagan Nath NEROULER, einem burmesischen Maßschneider, geführten Interview wiederge-

---

[3]) 100 Thailändische Bath entsprachen am 14. Mai 2008 rund zwei Euro.

geben, der den Tsunami miterlebt hatte. Zu diesem Zeitpunkt arbeitete er als Angestellter in einem Shop direkt am Strand von Kamala. Seine ersten Gedanken, als sich die erste Welle zurückgezogen hatte, beschrieb er wie folgt: „[…] that time I think about to reach my passport, work permit and some money in my shop. I am a Burmese citizen and to get back a passport from Burmese government is very difficult." (NEROULER, Interview vom 25.01.2007). Bevor er seine Papiere aus der Tischlade im Shop holen konnte, kam schon die zweite, größere Welle und er musste sich und andere in Sicherheit bringen. In der Zwischenzeit gingen die Dokumente für immer verloren.

Die Neuausstellung eines Passes gestaltete sich dann so schwierig, wie er erwartet hatte: In der „Provincial Hall" in Phuket Town, wo nach dem Tsunami nahezu alle Botschaften der Welt präsent waren und unkompliziert Hilfe in bürokratischen Angelegenheiten leisteten, war die Botschaft Myanmars nicht vertreten. So musste Jagan Nath mit einem kostenlosen Flug der Thai Airways nach Bangkok fliegen und dort auf die Botschaft gehen. Hinzu kam das Problem, dass er keine Kopie seines alten Passes besaß und ohne Pass konnte man auch kein Visum bekommen. Zu diesem verhalf ihm später sein ehemaliger Boss. Das nächste Problem war, dass er keinerlei finanzielle Mittel mehr hatte. Er war zwar mit anderen betroffenen Bekannten zur lokalen Administration gegangen, um finanzielle Unterstützung zu beantragen, allerdings ohne Erfolg: „We complained what we had lost, but we got back nothing. Not even one Bath!" (NEROULER, Interview vom 25.01.2007).

Auch Jagan Nath bekam Geld von Kunden aus Europa geschickt und konnte letztlich sein Geschäft nicht nur wieder auf-, sondern auch ausbauen, da ihn ein befreundeter norwegischer Kunde in seine Heimat einlud, wo er für einen Monat Arbeit fand. In dieser Zeit machte er so viel Profit, dass er in Kamala Beach einen neuen eigenen Laden eröffnen konnte. Zum Standort des Geschäfts, in dem er vor dem Tsunami gearbeitet hatte, konnte er nicht mehr zurück, denn auch in diesem Fall traten Probleme mit Besitzrechten auf: „Our rent agreement was still left for two more years, but in Thailand if you rent something – like our shop now – unfortunately if a tsunami comes and destroys it our agreement has to be finished because in their law they say, we rent a house and not the land." (NEROULER, Interview vom 25.01.2007). So blieb für Jagan Nath, wie sicherlich auch für viele andere Burmesen, Eigeninitiative der einzige Ausweg aus dem Dilemma: „We complained at many places what we had lost. For us, we are foreigners it's very difficult to get some help. […] First, I complained at local administration, after that I went to Patong to complain there. I went to Kathu and after that I went to Phuket Town to the main office for tsunami. No reply, no help. So what can we do? I left that. I tried by myself!" (NEROULER, Interview vom 25.01.2007).

Viele burmesische Migranten fürchteten, nach dem Verlust ihrer Dokumente als Illegale festgenommen zu werden und versteckten sich, teilweise verletzt, in den Kautschukplantagen. Todesfälle von registrierten burmesischen Arbeitsmigranten wurden grundsätzlich in derselben Höhe finanziell kompensiert wie in allen anderen Fällen, aber häufig wussten die Angehörigen nicht, wie man dafür ansuchen musste, oder die Entfernungen zu den damit befassten offiziellen Stellen waren zu groß (vgl. Friedrich Ebert Stiftung 2005). Zudem zählten die Sektoren, in denen sie beschäftigt waren, zu den besonders betroffenen Wirtschaftszweigen und so hatten sie zumeist weder Arbeit noch Geld oder Unterkunft. Jene, die noch Arbeit hatten, wurden oftmals nur durch Verpflegung entlohnt. Für unregistrierte Bürger Myanmars war die Lage naturgemäß am schlimmsten. Einige aus dieser Gruppe suchten um Hilfe an, um in ihre Heimat zurückkehren zu können, wurden aber von ihrer eigenen Regierung an der Einreise nach Myanmar gehindert und waren so in der Situation, von beiden Seiten nicht gewollt zu sein (vgl. COLLETT und LACZKO 2005).

Auf thailändischer Seite wiederum wurde versucht, illegale Migranten aufzugreifen und abzuschieben. Nach der Katastrophe tauchten verstärkt Meldungen über Plünderungen durch Burmesen auf, die dankbar von der thailändischen Boulevard-Presse aufgegriffen wurden, die schon seit langem Ressentiments gegen diese Bevölkerungsgruppe geschürt hatte. Insgesamt wurden durch den Tsunami nach STOCK (2005), dessen Schätzung aber wohl als zu hoch einzustufen ist, 3.000 burmesische Migranten getötet und 7.000 galten bzw. gelten als vermisst. Humanitäre Hilfsorganisationen griffen das Leid der burmesischen Migranten auf und internationale Proteste führten schließlich dazu, dass die thailändischen Behörden ab Mitte Jänner 2005 von der Abschiebung oder Verhaftung von Staatsbürgern Myanmars Abstand nahmen. Zudem wurde den Betroffenen erstmals eine Grundversorgung von Seiten mehrerer NGOs angeboten (vgl. STOCK 2005).

Landnutzungskonflikte

Wie schon in den vorhergegangen Kapiteln angedeutet, spielten nach dem Tsunami die Themen Landnutzung und Landbesitztitel eine große Rolle. Vor allem in den Strandgebieten wurde die Katastrophe zum Anlass genommen, um Strände zu „säubern". Viele Kleinstunternehmer oder Fischer verweilten aus „Gewohnheitsrecht" an ihren angestammten Standorten und konnten nicht vertrieben werden. Doch nach der Katastrophe wurde häufig das verwüstete Gebiet abgesperrt und die ehemaligen Besitzer an einer Rückkehr gehindert. Vor allem über die Ereignisse im Fischerdorf Ban Nam Khem in der Nähe Khao Laks wurde in den Medien berichtet. Nach dem Gesetz dürfen Thais jedoch „[…] Land nutzen, wenn sie mehr als zehn Jahre dort gelebt haben und niemand Anspruch darauf erhoben hat. Nun mussten viele erfahren, dass bisher fremde Menschen plötzlich einen Besitztitel auf das Land erworben hatten." (HERDIN 2006, S. 205–206).

Laut der „Asian Coalition for Housing Rights" (ACHR) waren 32 der 47 durch den Tsunami zerstörten Dörfer von Landkonflikten betroffen, die Hälfte davon in der Provinz Phang Nga. In Ban Nam Khem sind 80 Gerichtsprozesse dokumentiert, meist zwischen einfachen Dorfbewohnern und einflussreichen Persönlichkeiten (vgl. PLEUMAROM 2006). Weiters kommt der Report der ACHR zu dem Schluss, dass der Tsunami für Investoren, Developer und ähnliche Gruppierungen durchaus positive Auswirkungen hatte: „[…] powerful interests, the tsunami has been like a prayer answered, since it literally wiped the coast clean of the last communities which stood in the way of their plans for resorts, hotels, golf courses and shrimp farms. As far as they're concerned, these ruined villages are now open land!" (ACHR, zit. nach PLEUMAROM 2006, S. 6). In diesem Kontext muss auch erwähnt werden, dass beispielsweise die „Tourism Authority of Thailand" bald nach dem Tsunami ausländische Investoren aufrief, neue Ressorts in den betroffenen Provinzen Phuket, Phang Nga und Krabi zu errichten (vgl. PLEUMAROM 2006). Im Dezember 2006 wurde prognostiziert, dass die betroffenen Gebiete zu den „Immobilienstars 2007" gehören würden. Bereits 2006 hatte es für den Immobilienmarkt auf Phuket ein Wachstum von 30 Prozent gegeben. An der Westküste der Insel sind die Bodenpreise von 20 Millionen Bath pro Rai (= 1.600 m²) 2005 auf 25 Millionen Bath pro Rai 2006 gestiegen (vgl. Bangkok Post Special 12/2006).

3. Wiederaufbauprogramme und -maßnahmen nach dem Tsunami

Aufgrund der enormen ökonomischen wie auch sozialen Folgen des Tsunamis genossen Maßnahmen zur Wiederbelebung des Tourismus in der Region sowohl bei den Betroffenen und den Behörden als auch bei Vertretern der Wirtschaft höchste Priorität. Dies war umso wichtiger, wenn man bedenkt, wie viele Personen direkt oder indirekt von diesem Wirtschaftssegment abhängig waren. Manche sahen in der Katastrophe allerdings nicht nur eine gewaltige wirtschaftliche Herausforderung, sondern auch die Chance zu einem Neubeginn und die Möglichkeit, Fehlentwicklungen, die durch die starke Dynamik der Tourismusentwicklung in den letzten Jahrzehnten aufgetreten waren, zu bereinigen:

> *„The disaster, by destroying much of the existing tourism infrastructure, appeared to offer officials a golden opportunity to regulate tourism in the region [...]: reclaim land of national parks and other public land encroached upon by tourism developers; restitute beaches cluttered by vendors, bars, restaurants and other services; and devise and enforce zoning regulations."* (COHEN 2005, S. 100).

Ob diese Chancen genützt wurden, soll anhand ausgewählter Wiederaufbauprogramme und -strategien aufgezeigt werden.

3.1 Der „Andaman Tourism Recovery Plan 2005" der „Tourism Authority of Thailand" (TAT)

Der Schwerpunkt des TAT-Konzepts zur Wiederbelebung des Tourismus in der Andamanensee-Region lag von Beginn an primär auf PR-Aktionen. Im Rahmen des Konzepts wurden drei Phasen unterschieden (vgl. TAT 2005):

- Phase 1: Die sog. „kritische Phase" vom 26. Dezember 2004 bis 15. Jänner 2005.
- Phase 2: Kurzfristige Anstrengungen vom 15. Jänner 2005 bis März 2005.
- Phase 3: Mittel- und langfristige Anstrengungen beginnend mit März 2005.

Im „Andaman Tourism Recovery Plan 2005" wurde gleich zu Beginn festgehalten, dass die Krise eine einmalige Gelegenheit für die thailändische Tourismusindustrie darstelle, um fortan eine integrierte Tourismusentwicklung zu verfolgen. Andererseits war aber auch davon die Rede, dass eine schnelle Trendumkehr geschafft und die rasche Wiederherstellung der touristischen Infrastruktur vorangetrieben werden müsse. Die TAT sah

Bianca Gantner

ihre Aufgabe bei der Rückgewinnung der Touristen in einer Repositionierung der betroffenen sechs Provinzen auf den internationalen touristischen Märkten: Durch proaktives und nachhaltiges Werben und diverse PR-Kampagnen sollte neues Vertrauen in die Region generiert werden (vgl. TAT 2005).

Die Phasen und ihre Schwerpunktsetzung

Phase 1

In der sogenannten kritischen Phase bereisten Teams der TAT die betroffenen Provinzen und klassifizierten diese nach dem Ausmaß ihrer Schäden in:

- *am stärksten betroffene Gebiete* (Wiederherstellungsmaßnahmen würden mindestens ein Jahr dauern): Phi Phi Island (Krabi), Tai Muang, Khao Lak und Tap Lamu (Phang Nga);
- *moderat betroffene Gebiete* (Wiederherstellungsmaßnahmen drei bis sechs Monate): Beach Resorts auf Phuket (Kata, Karon, Kamala, Bang Tao, Nai Yang und Patong);
- *minimal betroffene oder nicht betroffene Gebiete* (Gebiete, die für den Tourismus „offen" bleiben sollten): unter anderem Trang, Mu Koh Tapu (James Bond Island), Koh Panyi Island (Phang Nga), Ao Maya bay area, Phuket City Centre etc.

Zudem wurde der Zustand der Beherbergungsbetriebe erhoben. Man kam zu dem Ergebnis, dass in der Provinz Krabi 59 Prozent aller Hotelräume benützbar waren, auf Phuket 53 Prozent und in Phang Nga nur elf Prozent (vgl. TAT 2005).

Phase 2

Die zweite Phase begann, nachdem sich die Situation etwas stabilisiert hatte und die ärgsten Schäden behoben worden waren. Primäres Ziel war, dass die touristische Infrastruktur in den nur teilweise betroffenen Gebieten schnell wiederhergestellt und Hotelanlagen sowie andere touristische Unternehmen wieder benutzbar gemacht werden sollten. Hilfreich war, dass die marinen Ressourcen nicht stark in Mitleidenschaft gezogen worden waren. Ein weiteres großes Plus für die Tourismuswirtschaft Thailands war das positive mediale Feedback, das die Freundlichkeit und Hilfsbereitschaft der thailändischen Bevölkerung unmittelbar nach der Katastrophe hervorhob. Um diese Aspekte in das Zentrum der Berichterstattung zu rücken, wurden folgende Aktionen unternommen (vgl. TAT 2005):

- Durchführung von „Media Education Trips", um den Medien die Möglichkeit zu bieten, sich selbst ein Bild über die betroffenen Gebiete zu machen;
- Briefings von Medienvertretern und Reiseveranstaltern gemeinsam mit Beamten aus den jeweils zuständigen Ministerien über die Auswirkung des Tsunamis;
- Bewerbung von „unberührten" Attraktionen, die von der Katastrophe nicht erfasst worden waren;
- Produktion von Videodokumentationen und Informationsbroschüren;

- Erstellung und Publikation von Listen über offene Hotels und Attraktionen;
- Bereitstellung umfassender Informationen auf der Tourismushotline der TAT und auf www.tourismthailand.org.

Ziel war es, ins Bewusstsein der internationalen Öffentlichkeit zu rücken, dass die Schäden nicht die gesamte Region gleichermaßen betrafen und dass es durchaus möglich war, die Region wieder zu bereisen.

In Bezug auf den internationalen Markt wurden vor allem „familarization trips" gemeinsam mit Partnern aus dem privaten Sektor für Reiseveranstalter organisiert. Der erste dieser Trips wurde am 24. Jänner 2005 für japanische Tourismusagenten durchgeführt. In weiterer Folge gab es auch Inspektionsreisen für Österreicher, Schweizer, Briten, Deutsche, Franzosen und Skandinavier. Bei diesen Reisen sollte nicht nur der rasche Wiederaufbau gezeigt, sondern auch alternative Destinationen präsentiert werden.

Phase 3

Das Szenario für die Phase ab März 2005 sah vor, dass das touristische Service schon wieder auf dem Stand wie vor dem Tsunami sein sollte und dass die Touristen und Tourveranstalter über den Status quo informiert werden sollten. Darauf aufbauend sollten Destinationen wie Patong Beach und Krabi wiederhergestellt und dort zum Teil neue Bestimmungen erlassen werden. Experten sollten zudem neue touristische Ressourcen aufspüren, die in den Fluten verloren gegangene Attraktionen ersetzen könnten. Die PR-Anstrengungen in der Phase 3 waren im Prinzip mit jenen der Phase 2 vergleichbar, allerdings mit dem Unterschied, dass nun auch Touristen wieder in die betroffene Region gelockt werden sollten. Eine Schlüsselmaßnahme in Phase 3 war, dass die „Green Season", die mit der Nebensaison gleichzusetzen ist, verstärkt beworben werden sollte (vgl. TAT 2005).

„Andaman Tourism Recovery Plan" – Fazit

Der „Andaman Tourism Recovery Plan" kann vor allem als PR-Plan gesehen werden. Zwar enthielt der Plan auch Aussagen über die einmalige Chance in Hinblick auf eine integrierte Tourismusentwicklung nach der Katastrophe (zum Beispiel für Phi Phi Island und Khao Lak), wie diese umgesetzt werden sollte, blieb allerdings unerwähnt. Dies ist nicht verwunderlich, da die TAT mehr als Marketingmaschinerie und PR-Institution zu sehen ist. Im virtuellen News Room der TAT ist daher auch ein Auszug des „Andaman Tourism Recovery Plan" enthalten, der nur die PR-Passagen enthält: „Andaman Tourism Recovery Plan 2005: The Focus on PR Efforts". Auch die von der TAT veranstalteten Großevents zogen viel Kritik auf sich. So wurde im Mai 2005 beispielsweise die Wahl der „Miss Universe" in Bangkok veranstaltet, welche 6,5 Millionen US-Dollar kostete. Widerstand kam auf, da man der Meinung war, das Geld hätte für andere, sinnvollere Maßnahmen aufgewendet werden können (vgl. RICE 2005).

Abschließend ist zu sagen, dass es das Grundziel des Plans war, das desaströse Bild der Andamanensee-Region Thailands nach der Katastrophe, das vor allem durch die mediale

Berichterstattung geschaffen wurde, in das rechte Licht zu rücken und somit so schnell wie möglich wieder Touristen in das Gebiet zu bringen. Dahingestellt bleibt, ob mit der raschen Rückkehr der Touristen nicht die Chance vergeben wurde, sich über eine nachhaltigere Ausrichtung des Tourismus Gedanken zu machen.

3.2 Der „Phuket Action Plan" (PAP) der „World Tourism Organization"

Der „Phuket Action Plan" (PAP) war eine Initiative der „World Tourism Organization" der Vereinten Nationen (UNWTO), der sich nicht nur auf Thailand konzentrierte, sondern auch auf Sri Lanka, die Malediven und Indonesien, allesamt Staaten, in denen der Tourismus eine sehr wichtige Rolle spielt. Der Fokus des PAP lag nicht auf der Wiederherstellung der beschädigten Infrastruktur, sondern auf folgenden Aspekten, die in der Einleitung des Plans angeführt werden: „Instead it focuses on the human element, saving tourism jobs, relaunching small tourism-related businesses, and recovering the visitor flow that makes the economies work. The principles of sustainable tourism development underpin the entire Phuket Action Plan" (UNWTO 2005, S. 1). Zudem sollte der Tourismussektor der vier Staaten aus der Katastrophe gestärkt und krisenfester hervorgehen, umweltfreundlicheren Ansätzen folgen, mehr Beteiligung der lokalen Bevölkerung zulassen und dieser somit auch mehr Einnahmen bringen. Diese Ziele sollten durch Schwerpunktsetzung auf folgende fünf operationale Bereiche erreicht werden (vgl. UNWTO 2005):

a) „Marketing-Communications"[4]
b) „Community Relief"[5]
c) „Professional Training"[6]
d) „Sustainable Redevelopment"[7]
e) „Risk Management"[8]

---

[4]) Hier wurden ähnliche Schritte wie im „Andaman Tourism Recovery Plan" der TAT gesetzt, wie beispielsweise die Durchführung von „familarization trips" oder die Erstellung einer Website mit aktuellen Informationen. Außerdem wurden auf der internationalen Tourismusmesse in Berlin (ITB) im März 2005 Sticker mit dem Slogan „Tsunami – Tourism helps recovery" verteilt.

[5]) Vor allem die stark in Mitleidenschaft gezogenen Klein- und Mittelbetriebe (SME) sollten verstärkt technische und finanzielle Unterstützung erhalten.

[6]) Durch den Tsunami verloren tausende Angestellte ihre Arbeit, darunter vor allem junge Leute und Frauen. Fortbildungsprogramme sollten den arbeitslos gewordenen Angestellten helfen, neue Jobs zu finden beziehungsweise ihre Qualifikation zu erweitern, während sie darauf warteten, in ihren alten Jobs wieder arbeiten zu können.

[7]) Auch der „Phuket Action Plan" erwähnte, dass nach dem Tsunami die Möglichkeit bestand, die Fehler der Vergangenheit zu korrigieren und die betroffenen Destinationen zu Vorreitern im Bereich des Umweltschutzes und von Bottom-up-Ansätzen im Planungsprozess zu machen.

[8]) Der Bereich „Risk Management" sollte dazu beitragen, die Küstengebiete der betroffenen Region sicherer zu machen. Der Fokus lag auf Bauweise, „disaster preparedness" und der Unterstützung bei der Errichtung eines Frühwarnsystems.

„Phuket Action Plan" – Fazit

Die Erfolge des „Phuket Action Plan" sollten im so genannten „Tsunami: One Year On"-Report präsentiert werden. Das Schriftstück ist allerdings sehr allgemein gehalten, da sehr wenige Beispiele angeführt werden und auch statistische Belege für die angeblichen Erfolge (wie zum Beispiel die Absenkung der Arbeitslosenquote etc.) fehlen. Auch ein Report von Alison RICE (2005) über den Wiederaufbau nach dem Tsunami befasst sich mit der Effizienz des PAP: „The bad news is the way the different governments are implementing their own measures with little reference to the PAP. To make matters worse, progress is not being monitored in a systematic, transparent manner that involves all the relevant stakeholders, including local communities" (RICE 2005, S. 11).

Außerdem zeigte sich bei zahlreichen Gesprächen im Rahmen des Feldforschungsaufenthalts der Autorin dieses Beitrags zu Beginn des Jahres 2007, dass der PAP keinen hohen Bekanntheitsgrad genießt. Dr. Aree TIRASATAYAPITAK meinte dazu in einem von der Verfasserin mit ihr geführten Interview Folgendes: „I have heard that they have planned, but I didn't see the plan. I had no chance to see the plan or to read in detail. Maybe you can get some information from the Governor of Phuket" (TIRASATAYAPITAK, Interview vom 19.01.2007). Auch in weiteren Expertengesprächen, zum Beispiel mit Vizegouverneur Worapoj RATTHASIMA und dem Tourismusbeauftragten des „Phuket Governor's Office", Nitipong THONNAM, konnten keine weiterführenden Informationen zu dieser Thematik gewonnen werden.

Abschließend gilt es zu sagen, dass die Erfolge des PAP am ehesten im Bereich des Marketings zu sehen sind. Die Touristenzahlen nach der Katastrophe stiegen stetig an und es gelang auch relativ rasch wieder, bei den Gästen ein gewisses Vertrauen in die Sicherheit der Destination wiederherzustellen.

3.3 Versuche zur Neuordnung der Küstenbereiche: Zonierungen und Baurichtlinien nach dem Tsunami

Unmittelbar nach dem Tsunami dominierte zunächst die Auffassung, dass möglichst keine Gebäude und Anlagen mehr in der Nähe des Meeres errichtet werden sollten. Konkrete Baurichtlinien und Verordnungen dazu existieren jedoch offensichtlich nicht. Eine Expertin beschrieb die Unsicherheit bezüglich eventueller neuer Richtlinien wie folgt „[…] at first you have to be 200 metres from the sea and then they changed that to 100 metres and then I think they forgot that they had made that rule. If you go back to buildings, they are not 100 metres away from the sea" (Anonym, Interview vom 22.01.2007). Ähnliches berichtete PLEUMAROM von der NGO „timteam": Ihrer Meinung nach war in Patong bereits zwei Monate nach dem Tsunami die Bebauung der Uferbereiche so dicht wie zuvor, ja ihrem subjektiven Eindruck nach seien sogar noch mehr Gebäude errichtet worden, vor allem an den Enden der Bucht (PLEUMAROM, Interview vom 15.01.2007). Es kam außerdem hinzu, dass Gebäude, die „nur" beschädigt worden waren, was auf die Mehrzahl der Hotels zutraf, bereits ihren Standort in der Nähe des Meeres hatten und sich so das Erscheinungsbild der Orte nicht grundlegend veränderte.

Die Bestrebungen der Behörden, neue Zonierungsregeln für die touristische und sonstige kommerzielle Nutzung einzuführen, erwiesen sich als wenig effizient. Diese sollten nicht nur für die stark betroffenen Buchten von Patong und Kamala Beach gelten, sondern für die gesamte Insel. COHEN beschrieb die Pläne des Gouverneurs wie folgt: „[…] zoning regulations would be designed not only to provide clear access routes to the beaches for safety reasons, but also to ensure that the public beaches were free of underground influences, […] influential persons who control the access of beach vendors and providers of other services" (COHEN 2005, S. 101). Dieser Initiative folgte die Stadtverwaltung Patongs und verbannte alle Sonnenliegen und -schirme aus dem direkten Strandbereich. Außerdem mussten Geschäftslokale und Kioske mindestens 20 Meter vom Strand entfernt gebaut werden (vgl. COHEN 2005). Im Jänner 2005 wurde weiters beschlossen, dass die Zahl der Sonnenschirme von vormals etwa 7.000 auf 1.500 limitiert werden sollte. Der Bürgermeister von Patong meinte dazu, dass der Ort mit einem geordneteren, schöneren Erscheinungsbild wesentlich mehr Touristen anlocken würde als zuvor und somit die lokale Bevölkerung davon profitieren würde (vgl. Phuket Gazette, Ausgabe vom 13.01.2005).

Widerstand gegen die Pläne regte sich sowohl bei den Vermietern von Schirmen und Liegen als auch bei zahlreichen anderen Gewerbetreibenden wie Jet Ski-Vermietern oder der Massagebranche. Bereits Ende Jänner 2005 wurde der Strand von diesen Gruppen teilweise wieder „zurückerobert". So wurde zum Beispiel den Sonnenliegen-Vermietern gestattet „[…] to set up a single row of plastic beach loungers with tables and umbrellas. Heavy wooden beach loungers, most of which were destroyed in the tsunami and are thought to have been responsible for many deaths, are banned" (Phuket Gazette, Ausgabe vom 25.01.2005). In den folgenden Monaten wurde mit rasch ansteigenden Touristenzahlen die Zahl der zugelassenen Strand-Sets bald wieder nach oben korrigiert, wie Beobachtungen im Rahmen der Feldforschungsarbeiten im Jänner und Februar 2007 deutlich machten: Die Liegen in den am stärksten frequentierten Bereichen von Patong Beach waren nicht in drei, sondern zumeist in sechs Reihen aufgestellt, die gesamte Sandfläche wurde ausgenützt und auch die Evakuierungsrouten waren teilweise verstellt (vgl. Abb. 6).

Zusammenfassend lässt sich festhalten, dass viele Zonierungsmaßnahmen und Richtlinien zur besseren Organisation touristischer Aktivitäten im Bereich Phuket nur temporär wirksam waren und mit der Erholung der Touristenzahlen bald wieder zurückgenommen wurden. Längerfristig zurückgedrängt wurden nur die Klein- und Kleinstunternehmen, während große Hotelanlagen häufig von den neuen Regulierungsmaßnahmen touristischer Aktivitäten sogar profitieren konnten.

Die Entfernung der Gebäude zum Strand hat sich seit der Katastrophe nicht verändert: Dies deckt sich auch mit den Beobachtungen, die die Verfasserin der vorliegenden Studie während ihrer Feldforschungsarbeiten vor Ort machen konnte. Es kann keine Rede davon sein, dass Gebäude – wie unmittelbar nach der Katastrophe gefordert – mindestens 200 Meter vom Meer entfernt errichtet sind, was anderseits verständlich ist, denn Touristen wollen zumeist nahe am Meer wohnen und suchen sich eine andere Destination, wenn

Abb. 6: Erscheinungsbild von Patong Beach Ende Jänner 2007

Foto: GANTNER 2007.

dies nicht möglich ist. Auch das Argument, dass der Wiederaufbau zu überhastet vorangetrieben worden ist, greift etwas zu kurz: Wäre es nicht spätestens bis 2006 gelungen, Phuket wieder als international bedeutendes Reiseziel zu positionieren, wäre die Region vermutlich für längere Zeit von der touristischen Bildfläche verschwunden.

3.4 Die Errichtung eines Tsunami-Warnsystems

Eine der wichtigsten Maßnahmen der Regierungen der vom Tsunami betroffenen Staaten, um das Vertrauen der Touristen in die Sicherheit ihrer Urlaubsdestinationen wiederherzustellen, war es, möglichst rasch ein Tsunami-Frühwarnsystem zu etablieren. Während es ein solches für den Pazifischen Ozean auf Hawaii schon seit Jahrzehnten gibt, fehlte eine derartige Einrichtung im Indischen Ozean gänzlich. Im Fall des Tsunamis 2004 hätte mit Sicherheit eine große Zahl an Menschen gerettet werden können, wäre rechtzeitig eine Tsunami-Warnung herausgegeben worden und hätten die Menschen gewusst, wie man auf eine solche Warnung reagieren muss.

Berichten einschlägiger Medien zufolge hatten Thailands führende Meteorologen die Information über das Erdbeben bereits eine Stunde vor dem Eintreffen der ersten Welle erhalten, sich jedoch entschieden, keine Warnung herauszugeben (vgl. FernWeh 2005). Das Schweigen der zuständigen Meteorologen war das Resultat politischen Drucks, denn „[...] als Smith Tumsaroch vor sieben Jahren vor einem Erdbeben und der Möglichkeit eines Tsunami in der Bucht von Bengalen gewarnt hatte, wurde der damalige Leiter der Meteorologischen Station Thailands mit dem Vorwurf konfrontiert, TouristInnen und In-

Bianca Gantner

vestoren zu verschrecken – und verlor seinen Posten. Jetzt, da der Tourismus von der Katastrophe betroffen ist, hat Premier Thaksin ihn zum Chefmeteorologen befördert und mit dem Aufbau eines Warnsystems betraut" (FernWeh 2005, S. 16–17).

Bestandteile und Arbeitsweise eines Tsunami-Warnsystems

Erste Aktivität bei der Etablierung eines Warnsystems war die Errichtung von Warntürmen. So wurde der erste bereits im April 2005 in Patong Beach[9] gebaut und es sollten weitere 78 in den betroffenen Provinzen folgen. Im Falle einer Katastrophenwarnung geben diese sowohl akustische Warnhinweise in Form von mehrsprachigen Durchsagen als auch visuelle Warnungen durch rot blinkende Warnleuchten. In Zukunft sollen laut Auskunft des Vizegouverneurs der Provinz Phuket zudem Hotels, die mehr als einen Kilometer von Warntürmen entfernt sind, mit dem Warnsystem verbunden werden und man soll dieselben Anweisungen auch innerhalb der Hotels vernehmen können (RATTHASIMA, Interview vom 26.01.2007).

Abb. 7: „Warning Tower" in Patong Beach

Foto: GANTNER 2007.

Zudem wurde im Mai 2005 das „National Disaster Warning Center" (NDWC) eröffnet, welches das erste dieser Art in der von der Katastrophe betroffenen Region des Indischen Ozeans war (vgl. COHEN 2005). Die TAT beschreibt die Funktion dieses Centers wie folgt: „The newly-established National Disaster Warning Centre functions as a centralised in-

---

[9]) Mit Stand Mai 2008 verfügt Patong über drei Warntürme.

formation centre receiving, monitoring, processing and relaying critical information on impending natural disasters round the clock. Data on the intensity of seismic or wave activity is received and transmitted via the Early Warning System established by the Thailand National Disaster Warning Centre." (TATNEWS 2005).

Die erwähnten Türme und das Warncenter müssen allerdings ausreichend mit Informationen gefüttert werden, um gegebenenfalls warnen zu können. Ein Teil der nötigen Informationen wird mittels Seismographen gesammelt, die aber alleine nicht ausreichen, um einen Tsunami vorherzusagen, denn nicht jedes Erdbeben bedeutet Tsunami-Gefahr.

Ein wichtiges Indiz ist der Druck am Meeresboden, der durch ein spezielles System, DART genannt,[10] erfasst wird. Dieses besteht aus dem BPR („bottom pressure recorder"), der schon kleinste Veränderungen des Wasserdrucks im Meer wahrnehmen kann, und einer befestigten Boje an der Meeresoberfläche, welche zum einen den Zustand der Meeresoberfläche wahrnimmt und zum anderen per akustischem Signal die Informationen des BPR empfängt und diese in Echtzeit über Satelliten an die Zentrale weitergibt. Zwei DART-Bojen waren zum Stand Dezember 2006 mit Hilfe der US „National Oceanic and Atmospheric Administration" (NOAA) installiert (vgl. Abb. 8).

Eine weitere wichtige Frage ist, wer dafür verantwortlich ist, im Falle einer Tsunami-Warnung eine Evakuierung einleiten zu lassen. Vom „Department of Disaster Prevention and Mitigation" gab es dazu per E-Mail folgende Auskunft: „The Provincial Governor will be the one who make [sic] the decision and command or order an evacuation in

Abb. 8: Lage der DART-Bojen im Indischen Ozean

Quelle: TATNEWS, modifiziert.

---

[10]) DART bedeutet „Deep Ocean Assessment and Reporting of Tsunamis".

case of an issued Tsunami Warning" (Research and International Cooperation Bureau des DDPM, E-Mail vom 15.01.2007). Dies wurde der Verfasserin auch vom Vizegouverneur von Phuket im Rahmen eines Interviews im Jänner 2005 bestätigt. Auf die Frage, wer als Stellvertreter des Gouverneurs verantwortlich sei, wenn dieser verhindert ist, blieb allerdings die Antwort aus.

Trotz all der Meldungen über die erfolgreiche Implementierung von Warnsystemen muss jedoch beachtet werden, dass Technologie allein nicht ausreichend sein wird, um mögliche zukünftige Katastrophen abwenden zu können. Laut Walter C. DUDLEY, Direktor des „Kalakaua Marine Education Center" der „University of Hawaii", sind zusätzlich zu den technischen Einrichtungen Kampagnen, die öffentliches Bewusstsein für Tsunami-Gefahren fördern, sowie Notfallpläne von großer Wichtigkeit: „If you feel an earthquake near the coast, it's time to head for the hills. If you see the water withdraw or even suddenly come in then it's also time to turn and head to high ground. Even without a warning system many of the people who died in this one might have been saved if they'd been educated." (DUDLEY, zit. nach National Geographic 2005). Ein wichtiger Bestandteil der Erziehung zur richtigen Verhaltensweise bei einem Tsunami und zur Umsetzung der Notfallpläne sind die sogenannten „Tsunami Drills", das sind Katastrophenschutzübungen, die regelmäßig stattfinden sollten. Die erste Übung dieser Art fand am 29. April 2005 in Patong Beach statt, eine zweite am 16. Dezember 2005 in Patong Beach und Bang Tao Beach. Laut einer Aufstellung des Büros des Gouverneurs von Phuket sollen solche Drills künftig zweimal jährlich stattfinden.

Wichtig ist auch, dass die Möglichkeit des Auftretens eines Tsunamis im Bewusstsein der Menschen verankert bleibt. Diesem Zweck dienen die mehr als 700 Warn- und Evakuierungsroutenschilder, die in gefährdeten Gebieten Phukets aufgestellt wurden.[11] Kamala Beach und Patong Beach sind heute von solchen Schildern übersät (vgl. Abb. 9).

Abb. 9: Warnschild in Kamala Beach

Foto: GANTNER 2007.

---

[11]) Angaben des Büros des Gouverneurs von Phuket.

Das Tsunami-Warnsystem im Brennpunkt der Kritik

Nachdem die Eröffnung des „National Disaster Warning Center" (NDWC) medial groß inszeniert wurde, könnte man meinen, das Warnsystem sei bereits voll funktionstüchtig. Von Expertenseite wird jedoch nach wie vor massiv Kritik an den diversen Komponenten des Warnsystems geäußert. Ein Kritikpunkt ist zum Beispiel die Lage der DART-Bojen. Dr. SMITH DHARMASAROJA, der Direktor des NDWC, teilte der Phuket Gazette mit, dass vor allem die Lage der ersten Boje ungünstig für Phuket sei: „The buoy is located about the same distance to the west of the fault line as Phuket is to its east. As a result, by the time a west-moving wave were detected by the buoy, its east travelling [sic] counterpart would already be inundating Thailand's Andaman Coast." (Phuket Gazette 20.–26.1.2007). Laut SMITH wurde die Boje in der Mitte zwischen Thailand und Sri Lanka, 1.000 Kilometer von Phuket entfernt, installiert, da die gesammelten Informationen möglichst für alle Anrainerstaaten im Indischen Ozean zwischen Indien und Indonesien von Nutzen sein sollten (vgl. Phuket Gazette 20.–26.01.2007).

Ein weiterer Schwachpunkt des Tsunami-Warnsystems dürfte zudem die Funktionstüchtigkeit der Warntürme sein. So meinte Dr. Aree TIRASATAYAPITAK im Zuge eines mit der Verfasserin geführten Interviews im Jänner 2007: „In many areas people say: ‚No, no, no, we don't hear any warning. We don't hear any voice.' You see? […] I live myself in Phuket town and – no, never – we never hear about a warning of the tsunami. It doesn't work properly" (TIRASATAYAPITAK, Interview vom 19.01.2007). Ebenso kursieren zahlreiche Medienberichte über fehlgeschlagene Probealarme und funktionsuntüchtige Signalvorrichtungen.

4. Die Auswirkungen des Tsunamis auf Kamala Beach – eine Fallstudie

Nicht alle Küstenabschnitte Phukets wurden vom Tsunami gleichermaßen betroffen. Kamala Beach[12] war auf Phuket jener Strandabschnitt, der die größten Schäden aufzuweisen hatte und deshalb als Fallbeispiel zur Analyse der vielfältigen kurz- und langfristigen sozioökonomischen Folgewirkungen der Katastrophe am besten geeignet erschien.

Die Ortschaft Kamala, die eine mehrheitlich moslemische Bevölkerung aufweist, gehört wie Patong zum Verwaltungsdistrikt Kathu und wies 2007 rund 4.800 Einwohner auf. Auf der Homepage der Provinz Phuket wird Kamala Beach als „ruhige Alternative" zu Orten wie Patong oder Kata-Karon beworben:

> *„Tourist development on the beach much of which is covered by a Muslim graveyard and a police outpost has been slow in coming. Buffalo herds still come down to the*

---

[12]) Die Verfasserin hielt sich im Zuge eines Feldforschungsaufenthalts für ihre Diplomarbeit im Jänner und Februar 2007 in Kamala Beach auf.

beach to cool off in the afternoon. The beach is beautiful and about 2 kms. in length. There are accommodations ranging from guesthouse to international class, and a number of small Thai restaurants specializing in seafood for the tourist. Kamala is the perfect place to get away from it all and has little to offer in the way of entertainment for that go across the mountains to Patong." (www.phuket.go.th; Zugriff am 18.06.2007).

4.1 Die Entwicklung des Tourismus in Kamala Beach

Aus der für die „Tourism Organization of Thailand" (TOT)[13] im Jahr 1979 angefertigten Studie zur Tourismusentwicklung auf Phuket geht hervor, dass Kamala nicht von Beginn an für eine touristische Entwicklung vorgesehen war, obwohl die Bucht an sich eine sehr attraktive Lage aufweist: „Although the 1.6 km beach is narrow, it is a very beautiful setting with fairly large capacity at the hinterland. It is most unfortunate therefore that the water and sand are highly polluted, due probably to last mining activities" (TOT 1979, S. 3/27). Im Fall der weiter südlich gelegenen Buchten (zum Beispiel Patong) fanden Bergbauaktivitäten weiter im Landesinneren statt und beeinträchtigten somit die Küstenabschnitte nicht.

Dennoch wurde auch für Kamala längerfristig eine touristische Entwicklung in Betracht gezogen, sofern die Umweltqualität wiederhergestellt werden könnte. Daher ist Kamala auch in der TOT-Studie des Jahres 1979 bereits als „Tourism Development Area" ausgewiesen, wenngleich der Aufbau als Tourismusdestination im Vergleich zu anderen Tourismusregionen auf Phuket eher langsam verlief und der Ort erst in jüngster Zeit einen „Tourismusboom" erlebte. Statistische Belege für diese Aussage existieren leider nicht, da die TAT für Kamala selbst keine Tourismusdaten zur Verfügung stellt.

4.2 Die Auswirkungen des Tsunamis auf Kamala Beach

Wie schwer die aufstrebende Destination Kamala Beach durch den Tsunami getroffen wurde, zeigt sich in der Tatsache, dass beinahe alle Beherbergungsbetriebe bzw. drei Fünftel aller Gästezimmer durch die Katastrophe in Mitleidenschaft gezogen wurden. Dies verwundert nicht, wenn man bedenkt, dass in Kamala Beach fast alle Touristenunterkünfte sehr nahe beim Meer, meist im Bereich zwischen der „Main Road" und dem Strand, lagen (siehe Abb. 10).

Die Wohngebiete der einheimischen Bevölkerung Kamalas hingegen liegen zum größten Teil auf der vom Meer abgewandten Seite der „Main Road". Betrachtet man die Gebäudeschadenskartierung, die nach dem Tsunami von der Bundesanstalt für Geowissenschaften und Rohstoffe Hannover durchgeführt wurde, so wird deutlich, dass vor allem das vom Tourismus genutzte Gebiet Kamalas schwere Schäden zu beklagen hatte (Abb. 11).

---

[13]) Die TOT wurde 1979 in TAT umbenannt.

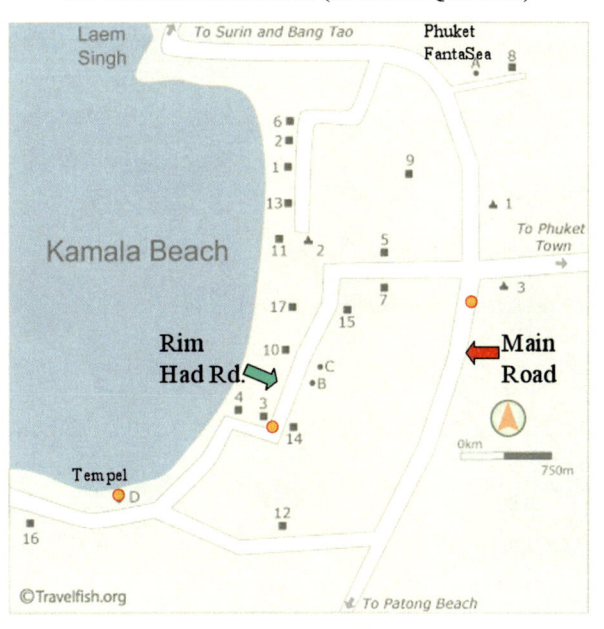

Abb. 10: Übersichtskarte von Kamala Beach mit Lage der Touristenunterkünfte (schwarze Quadrate)

Quelle: Travelfish.org 2007, modifiziert.

Aus Abbildung 11 ist auch klar ersichtlich, dass sich die Schadensklasse „stark" vor allem auf den südlichen Teil der Bucht konzentrierte, wo der Strand sehr flach in das Meer abfällt. In diesem Bereich zog sich die Spur der Verwüstung durch die Tsunamiwellen bis hinter die „Main Road". Die „Rim Had Road" (vgl. Abb. 10), in der sich die meisten Touristengeschäfte und -restaurants sowie Bars befanden, war durch die Wirkungskraft des Tsunamis komplett mit Schutt überhäuft (Abb. 12). Die meisten Gebäude an der Beachfront wurden je nach Bausubstanz entweder komplett weggespült oder so stark zerstört, dass vollständig renoviert werden musste, wie etwa im Falle des buddhistischen Tempels. Laut einer Untersuchung des „Department of Civil Engineering" der „Chulalongkorn University" erreichten die Tsunamiwellen in Kamala Beach eine Höhe von 2,5 bis 3 Metern (vgl. LUKKUNAPRASIT und RUANGSASSAMEE 2005). Aus einer Studie der „New Zealand Society for Earthquake Engineering" geht hervor, dass sowohl in Kamala (vgl. Abb. 12) als auch in Patong vor allem die Erdgeschoßebene schwer beschädigt wurde (vgl. BELL et al. 2005).

Laut der Aussage des Inhabers des „Phuket Chaster" Reisebüros in Kamala, Suchard PANCHALAD, waren in Kamala Beach etwa 80 Todesopfer zu beklagen, darunter zirka 70 Touristen. Die meisten Touristen starben im „Kamala Beach Hotel & Resort", zum einen aufgrund der direkten Strandlage dieser Einrichtung und zum anderen aufgrund der Bauweise des Hotels: Die Zimmer im Erdgeschoß befanden sich etwas unterhalb des Meeresspiegels, hatten keine Hinterausgänge und wurden so zur tödlichen Falle (PANCHALAD, Interview vom 05.02.2007).

Abb. 11: Gebäudeschadenskartierung in Kamala Beach nach dem Tsunami 2004

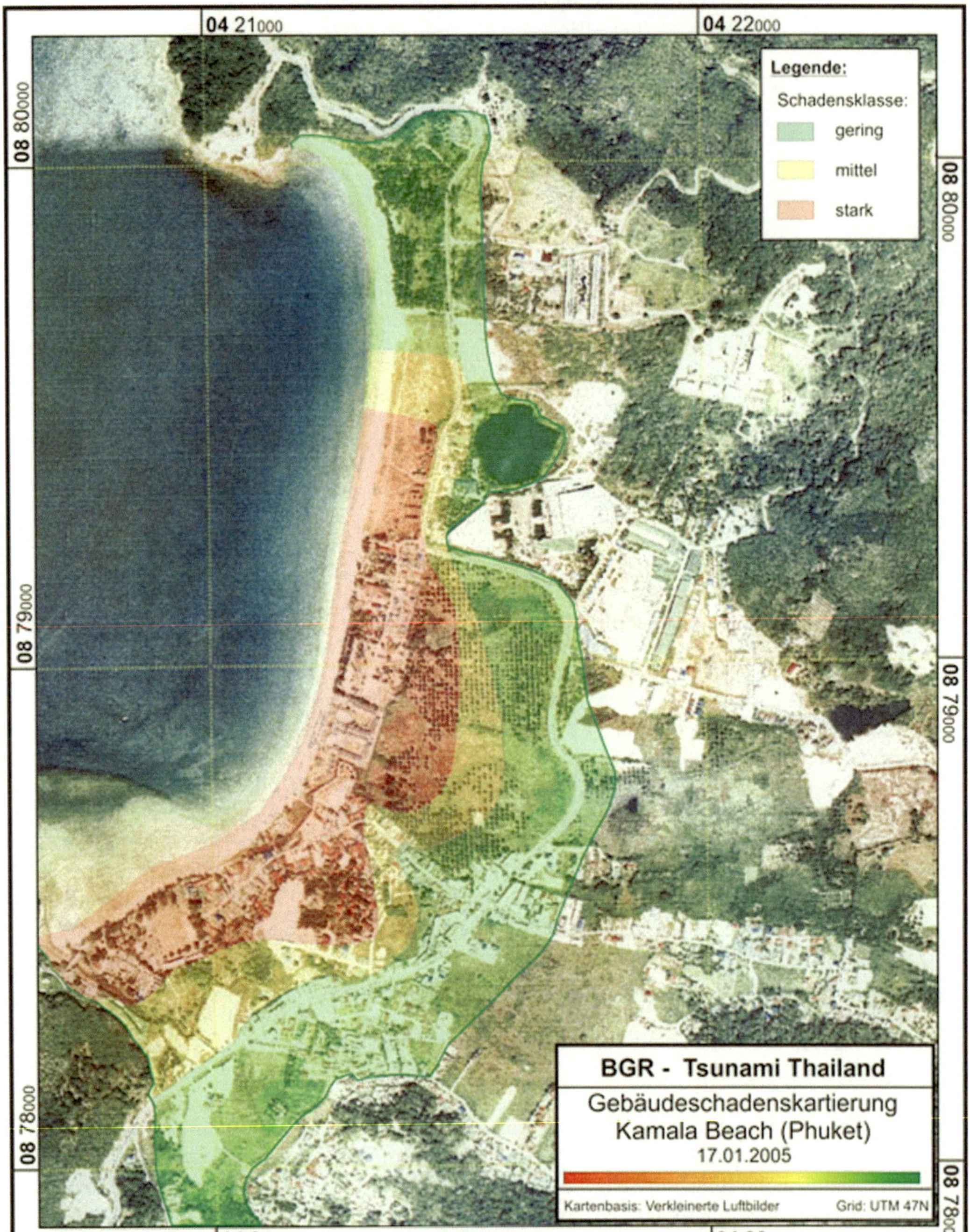

Quelle: Bundesanstalt für Geowissenschaften und Rohstoffe, http://www.bgr.de/oeffen/tsunami_einsatz.htm.

Abb. 12: Rim Had Road (Kamala Beach) nach dem Tsunami

Quelle: Kamala Tambon Administration Organization.

4.3 Der Wiederaufbau in Kamala Beach nach dem Tsunami im Spiegel konkurrierender Interessenlagen

In Kamala Beach kam der Wiederaufbau nach der Katastrophe zunächst nur langsam in Gang. Als erster Schritt wurde Schutt vom Strand weggebracht, wie die Phuket Gazette berichtete: „In Kamala, the area of Phuket probably worst hit by the wave, the beach is also mostly clean, but infrastructural damage is much more apparent, with the large bites taken out of the beach road by the tsunami. […] Soldiers, Kamala council workers and local people are all working hard to clear up the area." (Phuket Gazette, Ausgabe vom 31.12.2004).

Querelen um Landbesitzrechte

Nicht unwesentlich für die nur langsame Aufnahme der Wiederaufbaumaßnahmen waren sehr bald nach der Katastrophe auftretende Unstimmigkeiten zwischen den einzelnen Akteuren und konkurrierende Interessenlagen, was die Landbesitzrechte und die Landnutzung betraf. Als ersten Schritt verabschiedete der damalige Gouverneur Phukets, Udomsak USAWARANGKURA, einen 331 Millionen Bath teuren Plan, der besagte, dass sich Einheimische nicht mehr in unmittelbarer Nähe des Meeres ansiedeln durften. „Gov.

Udomsak welcomed the plan, saying the post-tsunami recovery was a good opportunity to move people who had illegally occupied state land" (Phuket Gazette, Ausgabe vom 14.01.2005). Der Plan sah sogar vor, dass Personen gewaltsam umgesiedelt werden sollten, sofern sie öffentliches Land illegal bewohnten. Doch innerhalb der Administration von Kamala regte sich bald Widerstand gegen die im Plan vorgesehenen radikalen Maßnahmen. So wurde Tiwa KHUNTHONG, Mitglied der lokalen Bezirksbehörde („OrBor-Tor" genannt), folgendermaßen zitiert: „If the government demolishes the houses and forces the residents to move to government housing, then the government should also demolish the hotels in that area too. There shouldn't be one law for householders and another for hoteliers." (zit. nach Phuket Gazette, 14.01.2005).

Aufgrund des immer massiver werdenden Widerstandes wurde Mitte Jänner 2005 eine öffentliche Anhörung zu dieser Thematik in Kamala Beach durchgeführt, bei der der Gouverneur einschränkte, dass Personen, die zuvor illegal auf öffentlichem Grund gelebt hatten, von nun an das Grundstück von der Regierung mieten müssten, sofern dieses in der erlaubten Distanz vom Meer (also 20 Meter entfernt von der Hochwasserfluchtlinie) liegen würde. Die entsprechende Gebühr sollte nicht mehr als 1.000 Bath pro Jahr betragen und das Land könne auch der nächsten Generation vererbt werden (vgl. Phuket Gazette, 19.01.2005). Auf diesen Deal gingen 70 Familien ein. Für die Bevölkerung von Kamala konnte dies als Sieg gegen die Provinzbehörde von Phuket gewertet werden: „The signing of the agreements appears to mark something of a victory for the Kamala residents, who were told on January 14 that they would not be allowed to build anywhere near the beach and would certainly not be allowed to occupy state land." (Phuket Gazette, 22.02.2005). Aufgrund des Bauverbots innerhalb der 20-Meter-Zone im Anschluss an die Hochwasserfluchtlinie wurden in Kamala Beach die gemauerten Geschäftslokale, die nördlich des „Kamala Beach Hotel & Resort" lagen, abgerissen.

Der „Kamala Beach Beautification Process"

Für den Wiederaufbau der stark beschädigten Strände von Patong und Kamala hatte die Provinzbehörde von Phuket bei der thailändischen Regierung um rund eine Milliarde Bath angesucht, um die Pläne der TAT für den Wiederaufbau der Tourismusinfrastruktur in den Buchten auch realisieren zu können. Genehmigt wurde schließlich jedoch nur ein Budget von 200 Millionen Bath für Patong und 100 Millionen Bath für Kamala, also etwa ein Drittel der ursprünglich veranschlagten Summe. So genehmigte die Regierung beispielsweise nicht, dass Strom- sowie Telefonleitungen unterirdisch verlegt werden und beauftragte die TAT, neue Pläne zu erstellen. Das Budget wurde im Juni 2005 dann noch einmal um insgesamt etwa 10 Millionen Bath gekürzt. Im August 2005 wurde seitens der TAT die „Group 3 Design Co" beauftragt, einen Wiederaufbauplan für Kamala zu entwickeln, wobei die Firma dafür nur 1,7 Millionen Bath erhielt. Laut TAT war es aufgrund dieser eklatanten Unterfinanzierung schwierig, überhaupt eine Firma aufzutreiben, die dieses Projekt übernehmen wollte: „It has been very difficult to find companies willing to take on a project because [at those prices] they would lose money. These two companies accepted because they wanted to help people affected by the tsunami." (Phuket Gazette, 02.08.2005).

Auswirkungen des Tsunami 2004 auf die Tourismusgebiete im Raum Phuket

Die in Auftrag gegebenen Projekte für Kamala Beach waren vor allem landschaftsplanerischer Art. Es sollten zunächst vor allem die Ufer des zentral in der Bucht ins Meer einmündenden Klong Pak Bang gesäubert und reguliert werden, um später hier ein Erholungsgebiet errichten zu können. Weiters sollte die Zahl der Informationsschilder für Touristen erhöht, neue Gehsteige angelegt, Bäume gepflanzt sowie ein öffentlicher Park angelegt werden (vgl. Phuket Gazette, Ausgabe vom 03.10.2005). Zum geplanten Beginn des Verschönerungsprojekts Ende Oktober 2005 wurde aufgrund des Starts der Hochsaison nur die Verschönerung des Parks in Angriff genommen, der Großteil der Arbeiten wurde erst Ende März 2006 gestartet, wobei man teilweise auf Widerstand der Hotels oder anderer vom Tourismus abhängiger Betriebe traf.

Der Landschaftsplanungskoordinator Wanchai Ruang-Udom meinte hierzu: „now it's the end of the high season, when there are less tourists, we have started digging holes in the sand to make the beachfront walkway. If we wait any longer it will be the rainy season, which will make it very difficult for the contractor to work. […] Every time I've been to Kamala, I have explained to people there that the TAT knows that it's difficult for everybody, especially for the beach chair operators, but we have to do it. They have to consider the final result, which will be good for them in the future." (zit. nach Phuket Gazette, 20.04.2006).

Der versprochene Zeitpunkt der Finalisierung des Projekts wurde um zwei Monate überzogen: Im Zuge der Bauarbeiten kam es auch zu zahlreichen Stornierungen von Hotelgästen, so etwa im „Layalina Hotel", das etwa zeitgleich mit dem Verschönerungsprojekt am 1. April 2006 eröffnet hatte. Ende Juli 2006 war laut Aussage Walter Plagenauers, des Managers des Layalina Hotels, der „Beautification Process" abgeschlossen. Ein gutes halbes Jahr später, Ende Jänner 2007, beurteilte er das Projekt folgendermaßen: „Es hat sicherlich einen Vorteil, weil es ein gewisses Flair beiträgt. Man kann hier flanieren, was vorher nicht möglich war. […] Ich finde im Nachhinein gesehen, retrospektiv ist es schon eine gewisse Bereicherung." (Plagenauer, Interview vom 24.01.2007).

Dennoch übte auch er Kritik an der Vorgehensweise der TAT: „Der Prozess hätte allerdings irgendwie anders geplant werden sollen. Man hätte das Ganze erstens ankündigen sollen, nicht einen solchen Überraschungseffekt herbeizaubern, dass man planen kann und die Gäste rechtzeitig informieren kann. […] Man hätte das Projekt vom Arbeitsablauf sicherlich anders organisieren können, meiner Meinung nach, dass man zum Beispiel 300- bis 400-meterweise aufgräbt, dann die Fundamente macht und diesen Abschnitt komplett fertigstellt. Hier war es leider so, dass man die ganze ‚Beach' aufgegraben hat in einem ‚Stretch' […] und dadurch hatte es einen relativ unangenehmen ‚Impact', weil die Gäste angefragt haben und gesagt haben: ‚Wir hören, die ganze Beach ist Baustelle.' Und das hat einen negativen Effekt gehabt." (Plagenauer, Interview vom 24.01.2007). Wie erwähnt, kann sich das Ortsbild Kamalas nach der Verschönerung des Strandabschnitts durchaus sehen lassen (vgl. Abb. 13).

Ebenso bedeutend war die Befestigung der Ufer der Klongs (Kanäle), die durch Kamala Beach führen. Der Unterschied im Erscheinungsbild vor und nach den Verschönerungsmaßnahmen ist aus Abbildung 14 deutlich erkennbar, in der der Klong neben dem buddhistischen Tempel kurz nach dem Tsunami Anfang März 2005 und nach der Neugestaltung im Jänner 2007 abgebildet ist.

Abb. 13: Strandpromenade in Kamala Beach zwei Jahre nach dem Tsunami

Foto: GANTNER 2007.

Abb. 14: Erscheinungsbild des südlichen Klongs in Kamala im März 2005 und Jänner 2007

Fotos: GANTNER 2005 und 2007.

Eine weitere Wiederinstandsetzungsmaßnahme war die Errichtung eines „Memorial Parks" in unmittelbarer Nähe zum zentral gelegenen „Kamala Beach Hotel & Resort".

Das Tsunami-Warn- und Evakuierungssystem in Kamala Beach

Im Zuge der Etablierung des schon erwähnten Tsunami-Warnsystems wurde auch Kamala Beach mit entsprechenden Warnzeichen ausgestattet. Dies war sicherlich erforderlich, um das Vertrauen der Touristen in diese Urlaubsdestination wiederherzustellen. Kamala Beach besitzt nun einen Tsunami-Warnturm, der zentral in der Bucht neben dem „Kamala Beach Hotel & Resort" errichtet wurde. Außerdem wurde eine Katastrophenalarmstation errichtet, die im Falle eines Telefon- und Handynetzzusammenbruchs im Katastrophen-

Auswirkungen des Tsunami 2004 auf die Tourismusgebiete im Raum Phuket

fall die Kommunikation via Funk ermöglichen soll. Zusätzlich wurde für Kamala Beach ein System von Evakuierungsrouten entwickelt und Tafeln mit Evakuierungsplänen (vgl. Abb. 15) entlang des gesamten Strands angebracht.

Abb. 15: Der Evakuierungsplan für Kamala Beach

Foto: GANTNER 2007.

Der Weg zur jeweils nächstgelegenen Evakuierungsroute wird durch Hinweistafeln, die alle paar Meter aufgestellt sind, gekennzeichnet. Die Evakuierungsrouten führen zu sogenannten „Evacuation Sites". Dies sind Sammelplätze auf Anhöhen, wo Menschen vor etwaigen Flutwellen in Sicherheit sind. Zusätzlich zu dem Tsunami-Warnsystem wurden auf ganz Phuket insgesamt 19 Türme errichtet, die mit Rettungsschwimmern besetzt sind, einer davon in Kamala Beach.

4.4 Strukturelle Veränderungen und Probleme

Nach dem Tsunami im Dezember 2004 wurde die Region Phuket von einer enormen Welle der Bautätigkeit erfasst, die in vielen Fällen – so auch in Kamala – auch zwei Jahre nach der Katastrophe noch ungebrochen anhielt. In den wenigsten Fällen jedoch waren diese Projekte dazu da, um durch den Tsunami Beschädigtes wiederherzustellen.

Bianca Gantner

Einrichtungen im Beherbergungssektor

In vielen Fällen wurden in Kamala Beach neue Hotels an Plätzen errichtet, wo vor der Katastrophe keine derartigen Anlagen bestanden. Hier ist beispielsweise das „Layalina Hotel" zu nennen, das im April 2006 eröffnet wurde, oder auch das „Print Kamala Resort", das direkt hinter der neu gestalteten Parkanlage gelegen ist und einen sehr großen Pool und zudem ein Spa anbietet. Auffällig ist, dass die Hotels, die nach der Katastrophe neu errichtet wurden, allesamt dem Hochpreis-Segment zuzuordnen sind.

Neben dem Bau von hochpreisigen Hotels wurden in den letzten Jahren in Kamala zunehmend auch Villenprojekte realisiert. Die einzelnen Villen werden kapitalkräftigen ausländischen Gästen für 99 Jahre zur Miete angeboten, weil nach thailändischem Recht ein Kauf durch Ausländer nicht möglich ist. In der Zeit, in der die Hauptmieter nicht anwesend sind, können die Villen an andere Urlauber untervermietet werden.

Das vielleicht größte Projekt dieser Art sind die „Andara Villas" am südlichen Ende der Kamala Bay, wo 24 Luxusvillen sowie ein Luxushotel mit 70 Räumen errichtet werden sollen. Das gesamte Bauvorhaben soll sich über zirka 49 Rai[14] erstrecken (vgl. Andara Luxury Villas and Spa Factsheet). Die große Ausdehnung des Projekts lässt sich auch in Abbildung 16 gut erkennen, in der das am Hang gelegene Baugelände mit gelber Linie hervorgehoben ist.

Laut Auskunft des Verkaufsbüros der „Andara Villas" vom 3. Februar 2007 war zu diesem Zeitpunkt nur noch eine der Villen, die eine Fläche von 1.200 Quadratmetern einnimmt und vier Schlafzimmer hat, um 2,188 Millionen US-Dollar zu vergeben. Diese Aussage deckt sich auch mit einem Artikel, der etwa ein Jahr vorher in der thailändischen englischsprachigen Tageszeitung „The Nation" erschienen ist: „Most of the Andara lots have been quickly snapped up by people familiar with Zeman's reputation." (The Nation, 16.02.2006).

Der in dem Artikel erwähnte Dr. Allan ZEMAN ist Hauptfinanzier des Projekts. Er realisierte viele Immobilienprojekte, unter anderem Casino-Projekte in Las Vegas und Macao. Auf Phuket hatte er bereits das „The Plaza Surin Shopping Center" in Surin nördlich von Kamala Beach bauen lassen und suchte danach nach dem geeigneten Ort für ein Villenprojekt. Laut Kalkulation der Projektträger könnte der Hauptmieter einer Villa beim Vermieten bis zu 1.500 US-Dollar pro Tag erzielen. Bei einer durchschnittlichen Auslastungsquote von 32 Prozent, also 17 Wochen pro Jahr, würde der Kapitalertrag rund zehn Prozent pro Jahr betragen und der Kauf der Villa hätte sich in diesem Fall schon bald amortisiert (vgl. Andara Luxury Villas and Spa Factsheet).

Es bleibt jedoch dahingestellt, ob eine kurzfristige Anmietung solcher Villen zu 1.500 US-Dollar pro Tag tatsächlich auf eine interessierte Klientel stößt. Hinzu kommt noch die Lage der Andara Villen. Das Baugelände liegt in einem tiefen grabenartigen Einschnitt auf einem steilen Hang, und aus Abbildung 16 ist ersichtlich, dass im oberen Bereich der Baustelle bereits jetzt Teile des Hanges durch grüne Netze vor Hangrutschungen gesi-

---

[14]) 1 Rai = 1.600 m².

Abb. 16: Das Projekt „Andara Luxury Villas and Spa"

Foto: GANTNER 2007, bearbeitet.

chert werden müssen. Es bleibt abzuwarten, welche Auswirkungen starke Monsunregenfälle auf die Stabilität des Geländes haben werden.

Abschließend ist zu sagen, dass man im Fall von Kamala Beach eindeutig den Trend zu Projekten im hochpreisigen Segment erkennen kann, wobei auffällt, dass diese Projekte vor allem durch ausländisches Kapital finanziert werden. Von der TAT werden Villen-Projekte nicht aktiv beworben, wie Rattinan CHANTANAKOSETH von der PR-Abteilung des „TAT Southern Office" der Verfasserin im Interview mitteilte: „That's a trend for Phuket [Anm. Villen] because the Thai government opened foreigners come to business. […] But we didn't promote this. It was just the laws and regulations that they can do it now." (CHANTANAKOSETH, Interview vom 29.01.2007). Dass das Akquirieren von Qualitätstouristen dadurch vereinfacht wird, ist anzunehmen. Im Jahr 2007 gab es allerdings noch nicht viele davon, wie eine weitere Aussage der TAT-Mitarbeiterin verdeutlichte: „In the plan we try to – not in the fact – gain high spending tourists." (CHANTANAKOSETH, Interview vom 29.01.2007).

Kleinhandel und Kleingewerbe zwischen Rückkehr und Vertreibung

Im Zuge der Feldforschungsarbeiten im südlichen Strandabschnitt von Kamala (vgl. Abb. 17) im Jahr 2007 zeigte sich, dass der Großteil der Kleingewerbebetriebe, wie zum Beispiel Verkaufsstände oder Restaurants, keineswegs – wie ursprünglich vorgesehen – nach der Katastrophe vom Strand verbannt wurde (vgl. Tab. 2). Dies erscheint aus der Sicht der lokalen Wirtschaft auch durchaus als sinnvoll, da ein beträchtlicher Teil der einheimischen Bevölkerung auf diese Weise ihren Lebensunterhalt verdient. Im Gegensatz zu der Zeit vor dem Tsunami handelt es sich bei den diversen Verkaufseinrichtungen kaum mehr um gemauerte Strukturen, sondern nur um temporäre, provisorische Einrichtungen, wie zum Beispiel leicht wieder abbaubare Stände, Zelte etc.

Tab. 2: Anzahl und Branche der Kleinbetriebe im untersuchten südlichen Strandabschnitt von Kamala im Februar 2007

Branche	Anzahl
Massage[15]	47
Restaurant / Bar	26
Bekleidung	13
Tourvermittlung	1

Quelle: Eigene Erhebung 2007.

Im Zuge einer Kartierung des südlichen Strandbereiches jenseits der Strandpromenade von Kamala im Februar 2007 wurde auch eine Erhebung der Unternehmen, die vom Tourismus abhängig sind, durchgeführt (vgl. Tab. 3). Anders als in der strandnahen Zone dominieren im Bereich jenseits der Strandpromenade primär gemauerte Geschäftlokale, temporäre Strukturen finden sich hier selten.

Tab. 3: Anzahl der vom Tourismus abhängigen Unternehmen im südlichen Strandabschnitt jenseits der Strandpromenade im Februar 2007

Branche des Unternehmens	Anzahl
Restaurant / Bar	35
Beherbergungsbetrieb	26
Schneider	20
Gemischtwarenladen	17
Massagestudio	6
Reisebüro	4
Tauchshop	3
Beautysalon / Friseur	2

Quelle: Eigene Erhebung 2007.

Auffallend ist erstens die mit zirka 110 Geschäften große Zahl direkt vom Tourismus abhängiger Unternehmen, besonders von Schneiderunternehmen, die vor allem in der „Rim Had Road", der „Einkaufsstraße" Kamalas, gehäuft zu finden sind. Bis auf einen Betrieb wurden sämtliche Schneidereien von Burmesen oder Nepalesen geleitet.

Im Zuge der Kartierung 2007 konnte festgestellt werden, dass Kleinunternehmen und die Kleinstbetriebe des Informellen Sektors auch nach der Tsunami-Katastrophe keiner starken Kontrolle der staatlichen Organe unterlagen. Zum Zeitpunkt der Kartierung gab es zirka 90 Kleingewerbebetriebe in der verbotenen Zone innerhalb der Hochwasserschutzlinie direkt am Strand. Auffällig war auch, dass im Bereich der Hauptgeschäftsstraße etwa jeder fünfte Betrieb eine Schneiderei war und hier ein starkes Überangebot herrsch-

---

[15]) Die Anzahl der Massagebetriebe wird nach der Zahl der Betten angegeben, da ein Stand mehrere Betten aufweisen kann, jedoch pro Bett eine Masseurin ihr Geld verdient.

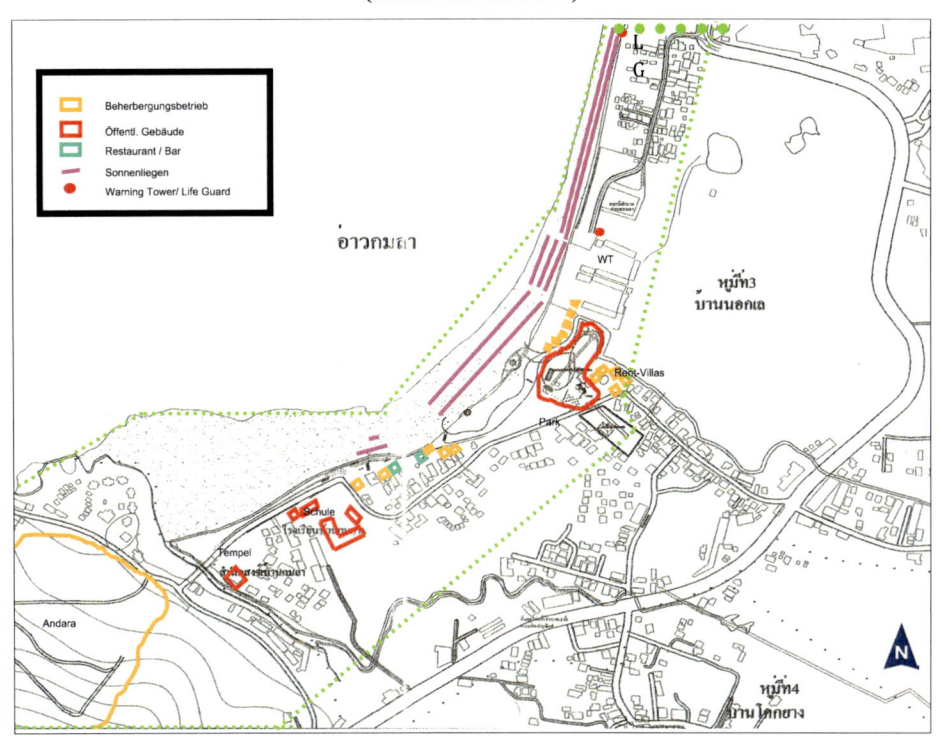

**Abb. 17: Funktionale Gliederung des südlichen Strandabschnitts von Kamala
(Stand Februar 2007)**

Quelle: Eigene Kartierung 2007; Kartengrundlage: Kamala Tambon Administration Organization.

te. Strategische Anreize zur Förderung eines stärker diversifizierten Angebots wären hier sicherlich sinnvoll gewesen. So fehlen in Kamala weitgehend Bekleidungsgeschäfte, die sich nicht der Maßschneiderei verschrieben haben. Die Bedürfnisse der Gäste in diesem Geschäftssegment können direkt in Kamala nicht befriedigt werden, weshalb diese zum Einkaufen von T-Shirts, Strandbekleidung etc. beispielsweise nach Patong abwandern.

4.5 Die Tourismusentwicklung in Kamala nach dem Tsunami – ein Resümee

Inwieweit das Touristenaufkommen heute wieder das Niveau vor der Katastrophe erreicht hat, lässt sich mangels verlässlicher Nächtigungsstatistiken schwer beantworten. Ebenso schwer lassen sich Prognosen über die zukünftige Tourismusentwicklung in Kamala anstellen. Mit Sicherheit steht jedoch fest, dass sich der Urlaubsort von der Tsunamikatastrophe mittlerweile weitgehend erholt hat und sich heute in einem wesentlich geordneteren und attraktiveren Erscheinungsbild präsentiert als vor der Katastrophe, nicht zuletzt dank der Maßnahmen zur Verschönerung des Strandbereichs.

Offen bleibt, wie die Vielzahl der Villenprojekte und Appartementhäuser von potenziellen zahlungskräftigen Gästeschichten angenommen werden wird. Dadurch besteht eventuell die Chance, dass die Bucht von Kamala nicht in dem Ausmaß überlaufen sein wird, wie dies schon heute zum Beispiel in Patong, Kata oder Karon der Fall ist. So sieht es auch der Hotelmanager Walter PLAGENAUER: „(...) Kamala entwickelt sich immer mehr zu einer Residentengegend, wo eigentlich wirklich Expatriates in Phuket gerne leben, weil es genial gelegen ist. Es ist ziemlich zentral, Infrastruktur ist sehr gut. Es gibt Märkte, es gibt gute qualitative Wohnungen und Häuser zu mieten und herrliche Aussichten. Da gibt's zirka sieben, acht, neun Projekte im Villenbereich oder im höheren Segment. Ich finde das sehr positiv beitragend für Kamala für die Zukunft, dass es sich etwas abhebt oder sehr abhebt von Patong, ein eigenes Produkt sozusagen mit einer eigenen Gästeschicht oder -struktur." (PLAGENAUER, Interview vom 24.01.2007).

5. Literatur

Bangkok Post (2006): Bangkok Post Tsunami Special, December 2006: Tsunami-Hit Areas Likely to be the Property Stars in 2007.

BELL, R. et al. (2005): Survey of Impacts in the Andaman Coast, Southern Thailand Following the Great Sumatra-Andaman Earthquake and Tsunami of December 26, 2004. Internet: http://www.nzsee.org.nz/PUBS/RTR_26122004_Tsunami.pdf (Zugriff: 18.06.2007).

COHEN, E. (2005): Tourism and Disaster: The Tsunami Waves in Southern Thailand. In: ALEJZIAK, W. und R. WINIARSKI (Hrsg.): Tourism in Scientific Research. Kraków-Rzeszów., S. 87–122.

COLLETT, E. und F. LACZKO (2005): Assessing the Tsunami's Effects on Migration. Washington, DC: Migration Policy Institute. Internet: http://www.migrationinformation.org/Feature/display.cfm?id=299 (Zugriff: 18.06.2007).

Der Tagesspiegel (21. Dezember 2005): Land in Sicht. Internet: http://www.tagesspiegel.de/diedritteseite/art4176,2163969 (Zugriff: 17.06.2007).

FernWeh (2005): Tsunami-Warnung abgelehnt. In: FernWeh – Forum Tourismus & Kritik im Informationszentrum 3. Welt (iz3w) (Hrsg.): Ready for Tourism? Wiederaufbau und soziale Konflikte nach dem Tsunami in Südthailand. Essen: Asienhaus, S. 16–17 (= Focus Asien 22).

Friedrich Ebert Stiftung und Mobile Assistance Center for Affected Workers (2005): Tsunami Impact on Workers in Thailand. Internet: http://library.fes.de/pdf-files/bueros/thailand/50111.pdf (Zugriff: 18.06.2007).

HERDIN, T. (2006): Same, same but different? Tourismusentwicklung nach dem Tsunami in Thailand. In: BAUMHACKL, H., HABINGER, G., KOLLAND, F. und K. LUGER (Hrsg.): Tourismus in der „Dritten Welt". Zur Diskussion einer Entwicklungsperspektive. Wien: Promedia / Südwind, S. 194–213 (= Historische Sozialkunde / Internationale Entwicklung 25).

ISRANGKURA, A. (2005): Economic Impact of Tsunami on Thailand. Bangkok: Natural Resource and Environment Program, Thailand Development and Research Institute.

LUKKUNAPRASIT, P. und A. RUANGSASSAMEE (2005): Observation of Building Performance in the Asian Tsunami Disaster and University Roles. Internet: http://www.soi.wide.ad.jp/class/20040040/slides/06/ (Zugriff: 18.06.2007).

National Geographic (24. Jänner 2005): Education is Key to Tsunami Safety, Experts Say. Internet: http://news.nationalgeographic.com/news/2005/01/0124_050124_tsunami_warn.html (Zugriff: 18.06.2007).

National Geographic (6. Jänner 2006): Hungry Ghosts Keep Tourists From Tsunami-Hit Resorts. Internet: http://news.nationalgeographic.com/news/2006/01/0106_060106_tsunami_ghosts.html (Zugriff: 18.06.2007).

Phuket Gazette (31. Dezember 2004): Huge progress made in Patong cleanup. Internet: http://www.phuketgazette.com/news/index.asp?fromsearch=yes&Id=3913 (Zugriff: 17.06.2007).

Phuket Gazette (10. Jänner 2005): FantaSea closes temporarily. Internet: http://www.phuketgazette.net/news/index.asp?fromsearch=yes&Id=3952 (Zugriff: 17.06.2007).

Phuket Gazette (13. Jänner 2005): TAT submits B550m plan for Patong Beach. Internet: http://www.phuketgazette.com/news/index.asp?fromsearch=yes&Id=3968 (Zugriff: 17.06.2007).

Phuket Gazette (14. Jänner 2005): Residents 'will resist' Kamala plan. Internet: http://www.phuketgazette.com/news/index.asp?fromsearch=yes&Id=3975 (Zugriff: 17.06.2007).

Phuket Gazette (19. Jänner 2005): Tsunami-hit residents 'must pay rent'. Internet: http://www.phuketgazette.com/news/index.asp?fromsearch=yes&Id=3992 (Zugriff: 17.06.2007).

Phuket Gazette (25. Jänner 2005): Loungers recolonize Patong Beach. Internet: http://www.phuketgazette.com/news/index.asp?fromsearch=yes&Id=4016 (Zugriff: 17.06.2007).

Phuket Gazette (22. Februar 2005): Deal struck for Kamala homeless. Internet: http://www.phuketgazette.net/news/index.asp?fromsearch=yes&Id=4094 (Zugriff: 17.06.2007).

Phuket Gazette (19. Juli 2005): Wat Kamala to be 'blitzed'. Internet: http://www.phuketgazette.net/news/index.asp?fromsearch=yes&Id=4421 (Zugriff: 17.06.2007).

Phuket Gazette (21. Juli 2005): Wat Kamala 'beautifully blitzed'. Internet: http://www.phuketgazette.net/news/index.asp?fromsearch=yes&Id=4427 (Zugriff: 17.06.2007).

Phuket Gazette (2. August 2005): Patong and Kamala revival budgets finally settled. Internet: http://www.phuketgazette.net/news/index.asp?fromsearch=yes&Id=4446 (Zugriff: 17.06.2007).

Phuket Gazette (9. September 2005): Phuket FantaSea bounces back. Internet: http://www.phuketgazette.net/news/index.asp?fromsearch=yes&Id=4514 (Zugriff: 17.06.2007).

Phuket Gazette (3. Oktober 2005): Patong-Kamala redevelopment to start this month. Internet: http://www.phuketgazette.net/news/index.asp?fromsearch=yes&Id=4555 (Zugriff: 17.06.2007).

Phuket Gazette (14. Dezember 2005): Tsunami test mix-up scares 6 provinces. Internet: http://www.phuketgazette.net/news/index.asp?fromsearch=yes&Id=4697 (Zugriff: 17.06.2007).

Phuket Gazette (14. März 2006): Patong beach chair ‚disorder' slammed. Internet: http://www.phuketgazette.com/news/index.asp?fromsearch=yes&Id=4882 (Zugriff: 17.06.2007).

Phuket Gazette (20. April 2006): 'Live with it', TAT tells complaining Kamala hotels. Internet: http://www.phuketgazette.net/news/index.asp?fromsearch=yes&Id=4952 (Zugriff: 17.06.2007).

Phuket Gazette (6. Juli 2006): FantaSea to add 'attractions'. Internet: http://www.phuketgazette.net/news/index.asp?fromsearch=yes&Id=5086 (Zugriff: 17.06.2007).

Phuket Gazette (30. September 2006): Beach chair rates to double. Internet: http://www.phuketgazette.com/news/index.asp?fromsearch=yes&Id=5265 (Zugriff: 17.06.2007).

Phuket Gazette (20.–26. Jänner 2007): Warning from tsunami buoy would be 'too late' – Smith. In: Phuket Gazette 14 (3).

Phuket Gazette (7. April 2007): Daily tsunami warning tests deferred. Internet: http://www.phuketgazette.net/news/index.asp?fromsearch=yes&Id=5604 (Zugriff: 17.06.2007).

Phuket Gazette (25. Juli 2007): Tsunami evacuation drill 'hit and miss'. Internet: http://www.phuketgazette.net/news/index.asp?Id=5857 (Zugriff: 07.05.2008).

Phuket.go.th (2007): Travel Information – Kamala Beach. Internet: http://www.phuket.go.th/www_phuketGoTh/travel/beach_Eng_012.htm. (Zugriff: 18.06.2007).

PLEUMAROM, A. (2006): The Politics of Post-Tsunami Tourism in Thailand – Two Years On. Bangkok: Tourism Investigation and Monitoring Team (t.i.m.-team).

RICE, A. (2005): Post-tsunami Reconstruction and Tourism: a Second Disaster? Internet: http://www.tourismconcern.org.uk/pdfs/Final%20report.pdf (Zugriff: 18.06.2007).

SENERVIRATNE, K. (2005): Phuket Vendors, It's an Uphill Struggle to Restart. Internet: http://www.ipsnews.net/interna.asp?idnews=27581 (Zugriff: 14.05.2008).

STOCK, C. (2005): Doppelt geschädigt: Burmesische MigrantInnen in Thailand nach dem Tsunami. In: FernWeh – Forum Tourismus & Kritik im Informationszentrum 3. Welt (iz3w) (Hrsg.): Ready for Tourism? Wiederaufbau und soziale Konflikte nach dem Tsunami in Südthailand. Essen: Asienhaus, S. 23–25 (= Focus Asien 22).

TAT – Tourism Authority of Thailand (2005): Andaman Tourism Recovery Plan 2005. Internet: http://www.tatnews.org/ccc/2408.asp (Zugriff: 18.06.2007).

TATNEWS (2005): Thailand's National Warning Center & Tsunami Early Warning System Now in Operation. Internet: http://www.tatnews.org/tat_news/2547.asp (Zugriff: 18.06.2007).

Thailand-Tourismus (2007): Phuket – Die Strände. Internet: http://www.thailand-tourismus.de/reiseziele/phuket/phuket-straende.shtml (Zugriff: 18.06.2007).

The Nation (4. April 2005): Tsunami: 100 Days on: Small Firms Still Await Financial Aid. Internet: http://www.nationmultimedia.com/search/page.arcview.php?clid=6&id=114024&usrsess. (Zugriff: 18.06.2007).

The Nation (16. Februar 2006): Andara Villas – „Midas" Goes to Kamala. Internet: http://www.nationmultimedia.com/2006/02/06/business/business_20000310.php (Zugriff: 17.06.2007).

The Nation (22.–24. Dezember 2006): Life Goes On After the Tsunami, Major Challenges Remain.

The Nation & Phuket Gazette (2005): 26.12.2004 Wrath of the Tsunami – Images from a Disaster. Bangkok: Nation Multimedia Group PLC.

TOT – Tourism Organization of Thailand (1979): Masterplan & Feasibility Study Tourism Development of Phuket – Final Report, Vol. 1. Tokyo / Bangkok.

United Nations Country Team in Thailand (2005): Tsunami Thailand One Year Later – National Response and Contribution of International Partners. Internet: http://www.unisdr.org/asiapacific/ap-publications/docs/un-tsunami-thailand-one-year-later.pdf (Zugriff: 17.06.2007).

United Nations, WHO and IFRC (2006): Tsunami Recovery, Impact Assessment and Monitoring System (TRIAMS), Workshop, Bangkok 3–5 May 2006. Genf: World Health Organization.

UN-OSE – United Nations Office of the Special Envoy for Tsunami Recovery (2006): The Human Toll. Internet: http://www.tsunamispecialenvoy.org/country/humantoll.asp (Zugriff: 03.07.2007).

UNWTO – United Nations World Tourism Organization (2005): Tsunami Relief for the Tourism Sector – The Phuket Action Plan. Internet: http://www.unwto.org/tsunami/Phuket/Draft%20Phuket%20Action%20Plan-A%20Zugriff3.pdf. (Zugriff: 18.06.2007).

UNWTO/VISA (2005): Post-Tsunami Global Travel Intentions Research. Internet: http://www.world-tourism.org/tsunami/reports/WTOandVisaPost-TsunamiTravelIntentionsResearch10March20051.pdf (Zugriff: 18.06.2007).

VISA Asia (2005): VISA / PATA Post-Tsunami Update August 2005. Internet: http://www.visa-asia.com/ap/sea/valueofvisa/industrywatch/includes/uploads/VISA_PATA_Post-TsunamiUpdate.pdf (Zugriff: 17.06.2007).

USGS – United States Geological Survey (2007): Magnitude 9.1 – Off the West Coast of Northern Sumatra. Internet: http://earthquake.usgs.gov/earthquakes/equinthenenews/2004/us2004slav (Zugriff: 22.06.2007).

VORLAUFER, K. (2005a): Der Tsunami und seine Auswirkungen in Thailand (Teil 1). In: Geographische Rundschau 57 (4), S. 14–17.

VORLAUFER, K. (2005b): Der Tsunami und seine Auswirkungen in Thailand (Teil 2). In: Geographische Rundschau 57 (6), S. 60–65.

Wikipedia: Amphoe Kathu. Internet: http://en.wikipedia.org/wiki/Amphoe_Kathu (Zugriff: 18.06.2007).

Manila – Urbanisierung findet statt

MARTIN HEINTEL und GÜNTER SPREITZHOFER

Inhalt

1. Vorbemerkung 323
2. Fragestellungen 325
3. Stadtentwicklung 326
   3.1 Bevölkerung 326
   3.2 Squatters 329
   3.3 Migration und Stadt-Land-Interaktion 331
4. Ökonomische Internationalisierung und die Auswirkungen auf die „National Capital Region" (NCR) 334
   4.1 Die nationale Vormachtstellung der Metropolitanregion Manila 335
   4.2 Maßnahmen: Bekenntnisse versus Realität 337
5. Resümee 338
6. Literatur 340

1. Vorbemerkung

Zunehmende Urbanisierung gilt als eines der großen Problemfelder der Dritten Welt. Nach den Angaben der Vereinten Nationen leben seit 2008 weltweit erstmals mehr Menschen in Städten als in ländlichen Räumen. Megastädten – Städten mit mehr als zehn Millionen Einwohnern – kommt dabei eine übergeordnete Entwicklungsdynamik zu, da in diesen in der Regel der Kulminationspunkt der landesweiten Bevölkerungsdichte liegt. Der Begriff der „Hyper-Urbanization" prägt die jüngsten Stadtentwicklungsdebatten. Laut Hochrechnungen soll im Jahr 2025 in Südostasien der Anteil der städtischen Bevölkerung an der Gesamtbevölkerung bei 53,2 Prozent liegen, das entspricht fast einer Vervierfachung der urbanen Bevölkerung seit dem Jahr 1950 (JONES 2002, S. 120). Metro Manila hat hier eine (zweifelhafte) Vorreiterrolle inne – sowohl auf nationaler Ebene als auch im internationalen Vergleich.

Es ist aber nicht primär die quantitative Komponente der Bevölkerungsumverteilung vom Land in die Stadt, hervorgerufen durch Binnenmigration und zusätzliches natürliches Bevölkerungswachstum, die zur Akkumulierung vieler Facetten des urbanen Chaos beiträgt, sondern vielmehr sind es qualitative Komponenten einer weltweiten Globalisierung, die in Megastädten ihre Ausformungen finden. Soziale, räumliche und ökonomische Disparitäten innerhalb der Megastädte, aber auch zwischen Stadt und Hinterland sind Ausdruck einer Entwicklungsdynamik, die nicht abgekoppelt von weltwirtschaftlichen Dynamiken gesehen werden darf.

Dennoch nehmen die Philippinen im südostasiatischen Gefüge eine Randposition im globalen Wettbewerb ein. Unabhängig davon, ob es sich um internationale Investitionen, Tourismus oder wirtschaftliche Wachstumsraten handelt, die Philippinen und eben auch Metro Manila führen ein Schattendasein gegenüber den benachbarten Tigerstaaten. Das Positive der vergleichsweise geringeren Wachstumsraten der Vergangenheit liegt zumindest darin, von der Asienkrise Ende der 1990er-Jahre nicht so stark betroffen gewesen zu sein. Die langen Schatten der Weltwirtschaftskrise 2008/09 auf die Philippinen gilt es erst abzuwarten.

Auch die direkten wirtschaftlichen Verflechtungen des südostasiatischen Inselstaates mit anderen Partnerstaaten in Südostasien sind relativ gering. Zur Zeit der Asienkrise – im Jahr 1998 – lag die reale Wachstumsrate des Bruttoinlandsprodukts der Philippinen bei –0,5 Prozent, im Vergleich dazu in Indonesien bei –13,7 Prozent, in Malaysia bei –6,6 Prozent und in Thailand bei –8,0 Prozent (The Economist Intelligence Unit Limited 1999, S. 19). Zwischenzeitlich ging es mit dem Wachstum bis auf 7,2 Prozent wieder steil bergauf (2007). Im Jahr 2008 lag das Wachstum bei 4,6 Prozent, die Prognosen für 2009 liegen jedoch auch für die Philippinen im Minusbereich.

Am Beispiel des gigantischen Großraumes der *„National Capital Region"* (NCR) auf Luzon soll nun in diesem Beitrag versucht werden, den Zusammenhang von Stadtentwicklung, Migration und ländlicher Veränderung auf den Philippinen aufzuzeigen (vgl. dazu auch HEINTEL und SPREITZHOFER 2002; SPREITZHOFER und HEINTEL 2001). Globalität auf der einen und Lokalität auf der anderen Seite bilden hier das Spannungsfeld. Aber auch die unmittelbaren Gegensätze in den Städten selbst tragen zu einer ständigen Polarisierung des Soziallebens bei. Stadtentwicklung und Migration stehen in Megastädten der Dritten Welt in sehr engem Wechselbezug. Migration wird im Rahmen dieses Beitrags jenseits klassischer Push-Pull-Modelle verstanden, indem globale ökonomische Rahmenbedingungen den Kontext zum Migrationsverhalten herstellen und nicht so sehr der immer wieder zitierte „individuelle Wanderungsentscheid", der die Basis vieler Analysen darstellt.

Die Fokussierung der wirtschaftlichen Investitionen im Großraum der NCR in den letzten 30 Jahren hat die Arbeitsmarktstruktur des ganzen Landes massiv beeinflusst. Es gilt nun zu erörtern, inwieweit eine internationalisierte Wirtschaft das Migrationsverhalten bestimmt und die bisherige Kluft zwischen urbanen und peripheren Gebieten strukturell manifestieren oder verringern kann.

Die weiteren Ausführungen richten sich auf den Zusammenhang von getätigter Wanderung und Familienstrukturen. Es wird die Frage aufgegriffen, inwieweit Migration auf den Philippinen zu einer Entwurzelung der gewanderten Personen beigetragen hat und ob neue Formen der Migration wie etwa in Indonesien („Zirkuläre Migration") (HEINTEL und SPREITZHOFER 1999a) entstanden sind und somit auch neue Formen der (groß)familiären Organisation mit sich gebracht haben. Letztendlich gilt es, die durch Migration mithervorgerufenen (geschlechtsspezifischen) Veränderungen des urbanen Arbeitsmarktes darzustellen.

2. Fragestellungen

Verstädterung in der Dritten Welt ist ein Phänomen, das mit der zunehmenden Globalisierung von Wirtschaft, Kultur und Politik zusammenhängt. Aufbauend auf den bereits umfassenden Forschungstätigkeiten des Instituts für Geographie und Regionalforschung der Universität Wien über Megacities in Süd(ost)asien[1] gilt es nun, das Stadtwachstum in Manila zu analysieren. Konkret soll im Rahmen der Untersuchungen folgenden Forschungsthemen und -fragen nachgegangen werden:

- Megacitymanagement hat sich als Schlagwort der Stadtforschung Mitte der 1990er-Jahre etabliert. Wie reagiert nun die nationale und lokale Politik der Philippinen auf Aspekte der Großraumentwicklung der NCR? Wie ist das Verhältnis von öffentlichen Institutionen zueinander (politischen Einrichtungen, Stadtplanungsbehörden etc.), und welche Rolle übt dabei der private Sektor (nicht-staatliche Industrie, ausländisches Direktkapital in Form von Investitionen etc.) zum Beispiel für Flächennutzung, Arbeitsmarkt und Kapitalakkumulation aus?

- In den Staaten Südostasiens zeichnen sich vergleichbare (ähnliche) Trends von Megastadtentwicklung ab, trotz erheblicher Unterschiede bezüglich historischer, räumlicher und (sozio)kultureller Eigenheiten. Die Auslagerungen von Produktionen multinationaler Unternehmen auf die Philippinen und ausländische Direktinvestitionen führen zur Entwurzelung breiter Bevölkerungssegmente am Land, zu ihrer nur partiellen Integration in die moderne Wirtschaft und die „urban society" sowie zur (weiteren) Verschärfung der Disparitäten zwischen Stadt und Land. Die Megastadt selbst unterliegt einem weiteren Zentralisierungsschub und ökonomischen Verdichtungsprozess. Ist es von nationaler Seite überhaupt möglich, mit der Zielsetzung der Großraumentwicklung der NCR zum Wachstumspol („Cities are the engines of economic growth that propel a country. ... They attract the ablest and the best people. ... The economic growth of the country is dependent on the development of cities.") regionale Disparitäten abzubauen und für einen innerstaatlichen Ausgleich an Industrialisierung, Investition etc. zu sorgen? Zu untersuchen ist hier, inwieweit eine gesteuerte Megaagglomerationsbildung (Wachstumspolförderung) eine weitere Konzentration forciert und nationales Ungleichgewicht hervorbringt.

- Neben der Megastadt als primärem Forschungsfeld gilt es, den wirtschaftlichen und soziokulturellen Wandel des ländlichen Raumes im Stadtumland und in der ländlichen Peripherie näher zu analysieren. Welchen Wandel hat der ländliche Raum (Beschäftigungsstruktur, Familienleben etc.) seit dem rasanten Wachstum der NCR vollzogen?

- Trotz der schon angesprochenen ähnlichen Trends der Megastadtentwicklung in anderen Staaten Südostasiens kommt es zu lokalen Besonderheiten. Die ökonomische Randstellung der Philippinen in Südostasien wurde bereits kurz angedeutet. Auch die jeweiligen (Staats)Religionen spielen unterschiedliche Rollen im Kontext von marktwirtschaftlicher Integration, Internationalisierung und städtischem Sozialleben in den

---

[1]) Siehe dazu u.a. HUSA und WOHLSCHLÄGL 1997, 1999; NISSEL 1997, 1999; SPREITZHOFER und HEINTEL 1997, 2000.

Staaten Südostasiens. Hier gilt es zu untersuchen, inwieweit nationale Spezifika globale Trends überlagern und inwieweit hier Unterschiede zu anderen südostasiatischen Ländern festgemacht werden können bzw. in welchen Bereichen globale Trends regionale Strukturen unterlaufen haben.

3. Stadtentwicklung

Die Abgrenzung und Größenbestimmung ist für fast alle Megastädte der Welt, ob in Afrika, Asien oder Lateinamerika, gleichermaßen ein Definitionsproblem – diesbezügliche Versuche sind substanziell auch nicht wirklich sinnstiftend. Wo endet eine rasch wachsende Stadt, wo beginnt das Stadtumland, der suburbane Bereich, und wie sind zusammenwachsende Neusiedlungsgebiete und gewachsene Städte im Umland miteinander verflochten?

Das rasante Stadtwachstum der letzten 30 Jahre in vielen Staaten Asiens hat jedenfalls historisch definierte Gebietseinheiten gesprengt, und sozialräumliche Interaktionen haben vielfach an „Übersichtlichkeit" verloren (MURAKAMI et al. 2005). Meist macht es keinen Sinn mehr, von einer Stadt zu sprechen, sondern – wie auch im Fall der Metropolitanregion Manila – von einer Stadtagglomeration. Einen Kernstadtbereich isoliert von seinem Umland zu analysieren, besonders wenn es um Fragen der Migration, der Neubesiedlung, um Infrastrukturmaßnahmen, Landnutzung (KELLY 2003) und ökonomische Erschließung geht, ist hier nicht zielführend.

Die *„Metropolitan Manila Area"* („Metro Manila", „National Capital Region") wurde als Verwaltungseinheit im Jahr 1975 gegründet. Seither ist die „Metropolitan Manila Development Authority" für die Administration der Städte Manila, Quezon City, Caloocan, Pasay, Mandaluyong, Makati, Pasig, Marikina, Muntinlupa, Las Piñas, Parañaque, Valenzuela, Malabon, Taguig, Navotas und San Juan sowie für die Gemeinde Pateros verantwortlich (vgl. Abb. 1). Metro Manila zählt – ähnlich wie Jakarta in Indonesien – zu jenen Megastädten, die heute eine unglaubliche funktionale Dominanz und Vormachtstellung im nationalen Gefüge innehaben. Vergleichbar mit dem wirtschaftsstarken West-Ost-Korridor in Java/Indonesien (Serang – Jabotabek – Cirebon) wird nun in Luzon von der „National Capital Region" gesprochen, die zukünftig einen megaurbanen Agglomerationsraum in Nord-Süd-Erstreckung von Dagupan über Manila bis hin nach Lucena bilden wird, in dem schon jetzt die höchste Konzentration von wirtschaftlicher Investition des Landes angesiedelt ist. So werden etwa 40 Prozent der nationalen Industrie und Dienstleistungen der Philippinen in diesem Großraum (raum)wirksam. Die nationale Entwicklung der Philippinen ist untrennbar mit jener der Megacity Manila verbunden – und das im doppeldeutigen Sinn.

3.1 Bevölkerung

Die hohe Konzentration der philippinischen Bevölkerung in der Hauptstadtregion ist eine Entwicklung der letzten 50 Jahre. Noch im Jahr 1903 (erster Zensus) betrug der Anteil

Manila – Urbanisierung findet statt

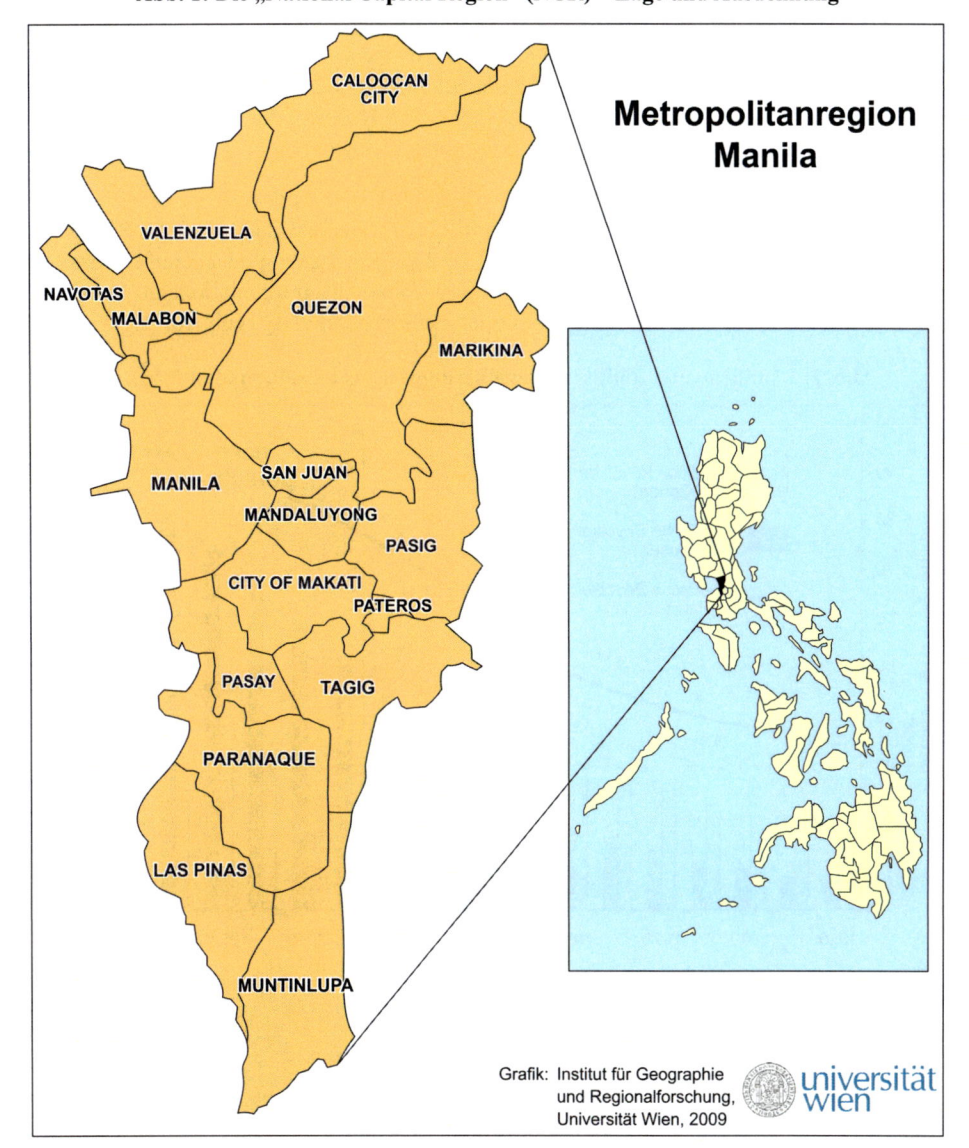

Abb. 1: Die „National Capital Region" (NCR) – Lage und Ausdehnung

der Bevölkerung Manilas an der Gesamtbevölkerung des Landes nur vier Prozent. Die Philippinen hatten noch in jüngster Vergangenheit relativ hohe Bevölkerungswachstumsraten. Zwischen 1990 und 1995 lag die jährliche Wachstumsrate der philippinischen Gesamtbevölkerung im Schnitt bei 2,32 Prozent. Die durchschnittliche Wachstumsrate für die NCR betrug im selben Durchrechnungszeitraum schon 3,3 Prozent. Befürchtungen des „National Statistics Office" aus dem Jahr 1997, dass sich die philippinische Bevölkerung innerhalb der nächsten 30 Jahre verdoppeln würde (NSO 1997, S. 298), müssen aus heutiger Sicht jedoch revidiert werden. Im Jahr 2009 lag das Bevölkerungswachstum des Landes nur noch bei 1,8 Prozent (PRB 2009) – Tendenz weiter sinkend. Das jährliche Durchschnittswachstum für den Zeitraum 2010–2015 wird mit 1,68 Prozent prognostiziert (United Nations 2009). Die Bevölkerungsdichte[2] lag in Metro Manila im Jahr 2007 bei rund 18.100 Personen/km² – die Hauptstadtregion ist somit die mit Abstand dichtest besiedelte Region des Landes.

Der Grad der Urbanisierung betrug auf den Philippinen im Jahr 2000 noch 58,5 Prozent, im Jahr 2010 lag er bereits bei 63 Prozent. Für 2020 wird davon ausgegangen, dass er knapp 75 Prozent erreicht (MANGAHAS 2006, S. 273). Auch im internationalen Vergleich handelt es sich hier bereits um sehr hohe Grade der Urbanisierung (vgl. Abb. 2).

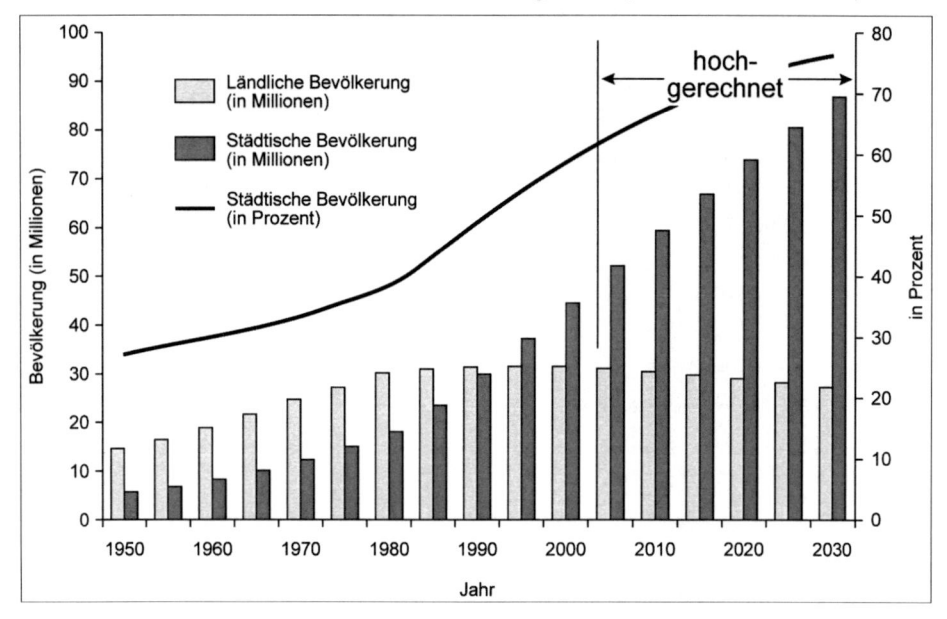

Abb. 2: Ländliche und städtische Bevölkerungstrends (absolut und in Prozent)

Quelle: MANGAHAS 2006, S. 274.

Von 1970 bis 1990 hat sich die Bevölkerungszahl allein im Kernstadtbereich von Metro Manila verdoppelt – sie liegt dort bei etwa acht Millionen Einwohnern –, während sie sich von 1960 bis heute im urbanen Großraum mehr als vervierfacht hat. Die exakten Daten zur gegenwärtigen Bevölkerungszahl Manilas unterscheiden sich je nach Quelle und Flächenbezug. Es wird jedoch davon ausgegangen, dass 2009 bereits wesentlich mehr als zwölf Millionen Menschen in Manila lebten. Der Zensus von 2007 erbrachte eine Bevölkerungszahl Metro Manilas von 11,55 Millionen.

---

[2]) Quelle: National Statistics Office of the Philippines, Zensus vom 1. August 2007.

3.2 Squatters

Die Siedlungsentwicklung in Megastädten des Südens muss immer im Kontext einer internationalisierten und globalisierten Wirtschaft gesehen und analysiert werden. Die Verdichtung vieler Menschen auf engem Raum und die illegale Besetzung von Land stehen in engem Wechselbezug zum jeweiligen Hinterland, zur Situation der Landwirtschaft (unter dem Einfluss des weltweiten Agrarbusiness) und vor allem zu den multinationalen Konzernen und den Industrien, die im Stadtumland die verlängerten Werkbänke eröffnen.

Mit der steigenden weltwirtschaftlichen Integration Manilas steigen nicht nur die Preise für das Land im urbanen Bereich, dieses wird gleichzeitig auch zunehmend knapper. Laut Studien von BERNER (1996, 1997a, 1997b) leben mehr als die Hälfte der Einwohner Manilas als „squatters" in illegalen Siedlungen auf öffentlichem oder privatem Land. Zugeteilte Landflächen im suburbanen Raum wurden nicht angenommen, da Arbeitsmöglichkeiten fehlten, was wieder zu verstärkter Rücksiedlung in die Stadtgebiete führte. Diese Situation bedingt das Phänomen von extrem hohen Bodenpreisen mit extrem niedrigen Lohnkosten, die Globalisierungsgewinner für sich zu nutzen wissen. Ein Schlüssel zur Bekämpfung der städtischen Armut wird daher seit längerem im individuellen und kollektiven Landbesitz gesehen.

Wie in anderen Megastädten Südostasiens auch (z. B. Jakarta und Bangkok) wurde zwar partiell in Slumsanierung, Neustadtgründungen, sozialen Wohnbau und andere „Improvement"-Programme investiert, in Wirklichkeit wurde dadurch aber ausschließlich die besser verdienende Mittelschicht gefördert; oft gingen auch Baufirmen zugrunde oder die Wohneinheiten in den fertiggestellten Siedlungen waren lange Zeit nicht vermittelbar.

Von Seiten der philippinischen Regierung wurde sukzessive versucht, eine Legalisierung des illegalen Landbesitzes voranzutreiben, nicht zuletzt, um die durch Nachbarschaftshilfe errichteten Siedlungen in ihrem volkswirtschaftlichen Gesamtwert zu erhalten. Wenn täglich Gefahr droht, das eigene Hab und Gut vor den staatlichen Schleifungskompanien in Sicherheit bringen zu müssen, dann wird auch nur das Nötigste in die Erhaltung des Hauses selbst und die Infrastruktur des unmittelbaren Wohnumlandes investiert – so die praktischen Erfahrungen der Stadtplanungsbehörden.

„Squatting" galt – gemäß einem Dekret des früheren Präsidenten Marcos – als illegales Vergehen (Presidential Decree PD 772). Unrechtmäßig besiedeltes Land stempelte Siedler somit zu Kriminellen. Die 1975 gegründete „National Housing Authority" (NHA) trat mit dem Ziel an, 30 Prozent der ärmsten Stadtbevölkerung mit Wohnraum zu versorgen. Bis 1985 gelang es, im Schnitt etwa 400 Wohneinheiten pro Jahr zu schaffen, und das bei einem – zusätzlich zu den bereits vorhandenen „urban poor" – jährlichen Zuzug hunderttausender Menschen aus dem ruralen Umland.

Noch bis Ende der 1980er-Jahre ignorierte die philippinische Regierung und Stadtplanung die Bedürfnisse der „urban floating mass". Ähnlich wie beispielsweise in Jakarta wurde von Regierungsseite in Prestigeprojekte mit internationaler Vorzeigbarkeit investiert. Gleich, ob BLISS („Bagong Lipunan [New Society] Improvement of Sites and Services"), die Vorbereitungen zur Miss Universum-Wahl im Jahre 1974, der Staatsbesuch des US-Präsidenten Ford 1975 oder die Weltbankkonferenz 1976 – all dies hat das Stadtbild Manilas verändert und zu einer Realitätsverdrängung beigetragen. Zehntausende wurden aus ihren Häusern gedrängt, da diese in der Nähe oder entlang von Repräsentations- und Paraderouten lagen oder das Umfeld der internationalen Gäste hätten stören können (BERNER 1997, 218f). Derartige Radikalmaßnahmen haben jedoch weder das städtische Wohnungsproblem gelöst noch internationale Reputation und „ein schönes neues Manila" (so der Wunsch der damaligen Gouverneurin Imelda Marcos) hervorgebracht. Auch Slumsanierungen mittels APD-Programmen („Areas for Priority Development") in den späten 1970er- und 1980er-Jahren können als Fehlschlag eingestuft werden.

Seit 1988 besteht durch das „Community Mortgage Program" (CMP) für die Kommunen die Möglichkeit, mit Hilfe diverser NGOs und unter staatlicher Anleitung das illegal besetzte Land zu erwerben. „The Community Mortgage Program seeks to help residents of blighted or depressed areas who have organized themselves into community associations to own the lots they occupy and eventually improve their housing conditions." (National Statistics Office 1997, S. 925). Das Ziel liegt in der gemeinsamen Organisation der Squatter, da das zu erlangende Besitzrecht nur an Organisationen („kommunale Strukturen"), nicht jedoch an Einzelpersonen übertragen wird. Das CMP gilt auch in anderen philippinischen Städten als recht erfolgreiche Kombination der beiderseitigen Bedürfnisbefriedigung. Landbesitzer können ihr (bisher für sie wertloses) Land in flüssiges Kapital umwandeln, ohne Widerstände der Bewohner und etwaige gewaltsame Räumungen und damit verbundene Kosten in Kauf nehmen zu müssen, wenngleich der Kaufpreis ein geringerer als der Marktpreis ist. Kommunen können sich eigenen Besitz schaffen und individuelle Existenzbedrohung abwenden.

Die Theorie, dass Eigentum als Schlüssel für Ordnung, Mitgestaltung und geringfügigen Wohlstand gilt, ist ebenso alt wie ambivalent. Besitz schafft zwar bis zu einem gewissen Grad Verantwortung, diese wird aber eben nur von jenen wahrgenommen, die auch etwas besitzen. Besitzlose sind nach wie vor von Grund und Boden ausgeschlossen. Nur die, die sich in irgendeiner Form am Ankauf mitbeteiligen können und einen Beitrag zur allgemeinen Organisation der Siedlungen leisten, werden sich das Wohnrecht auf Dauer sichern können. Es beginnt eine Ausdifferenzierung innerhalb der Armen, durch die noch Ärmere schließlich erst wieder in unterprivilegiertere Siedlungen verdrängt werden. Gesellschaftliche Segregation geht Hand in Hand mit einer physischen Segregation, die wiederum einen schlechteren Zugang zum urbanen Arbeitsmarkt mit sich bringt. Gegenorganisationen und Konflikte sind dann die logische Konsequenz. Umgekehrt werden zum Teil ehemalige Slums zu Mittelstandswohngebieten.

Die „National Housing Authority" betreut gegenwärtig unterschiedliche Programme („The Slum Upgrading Program", „The Sites and Services Program", „The Relocation and Resettlement Program", „The New Construction Program", „The Livelihood Development Program", „The Community Organization and Social Services Program"), denen allen ein Oberziel zugesprochen werden kann: Sanierung und Legalisierung des Wohnwesens in Metro Manila (National Statistics Office 1997, S. 926f). Alle genannten Maßnahmen können jedoch nicht darüber hinwegtäuschen, dass im Großraum Manila eine extreme Polarisierung der metropolitanen Gesellschaft stattgefunden hat. Städtische Armut ist nach wie vor ein Massenphänomen. Die Sicherung der täglichen Grundbedürfnisse der Bevölkerung, wie die Versorgung mit Trinkwasser, sanitären Anlagen oder Strom, ist in vielen Teilen der Stadt nicht gewährleistet (BRONGER 2007).

Auffallend in Manila ist das „dichte unmittelbare Neben- bzw. Durcheinander" unterschiedlicher Lebensformen von Arm und Reich bzw. eine – oben bereits erwähnte – Heterogenität, die Ausdrucksformen von städtischer Armut noch zusätzlich ausdifferenziert. Während das optische Stadtbild von Bangkok und Jakarta vergleichsweise noch geordnet erscheint, ist Manila von grenzenlosem Nebeneinander, Durcheinander und Chaos gekennzeichnet. Fast allerorts, wo sich Platz auftut, wird dieser (illegal) zur vorübergehenden Besiedlung in Besitz genommen. Eine klare Trennung zwischen Slums, Geschäftsdistrikten und beispielsweise Touristengebieten ist in Manila so einfach nicht möglich. Auch die Dichte der Obdachlosen (vor allem Kinder und Jugendliche) scheint in Manila weit über den beiden eben erwähnten Städten zu liegen. Statistiken dazu fehlen. Das zweifelhafte Bedürfnis von Seiten vieler Stadtplanungsbehörden von Drittweltstädten, international vorzeigbare Stadtteile zu konstruieren, wo das Elend draußen bleibt, ist in Manila nur ansatzweise im Stadtteil Makati „gelungen".

3.3 Migration und Stadt-Land-Interaktion

Der Schwerpunkt der folgenden Betrachtungen liegt auf der Binnenmigration und ihrem Einfluss auf die Entwicklung der NCR. „Internal migration brings about not only demographic but also socioeconomic implications. The flow of people from rural areas to urban industrial districts is very prevalent in the Philippines." (National Statistics Office 1997, S. 312). Die NCR absorbiert schon traditionell die mit Abstand höchste Zahl der philippinischen Binnenmigranten, zusätzlich gefolgt von den räumlich benachbarten Zensuseinheiten Southern Tagalog und Central Luzon, die der NCR einen zusätzlichen Wachstumsschub bringen.

Folgende Trends sind unter dem Aspekt der Formierung neuerer Migrationsmuster auf den Philippinen festzustellen:

- Die Globalisierung im Allgemeinen und die Integration in die Mechanismen der globalen Wirtschaft im Rahmen bilateraler Abkommen etc. bedingen vor allem für Arbeitnehmer ein hohes Maß an geforderter, aber tendenziell ungewollter Flexibilität und damit verbundener räumlicher Mobilität. Die ländlichen Räume sind bezüglich internationaler ökonomischer Trends und wegen der nationalen Konzentration der wichtigsten Aktivitäten in der NCR nach wie vor besonders betroffen. Da der Konzentrationsprozess ökonomischer und sonstiger Aktivitäten im Agglomerationsraum der Metropolitanregion Manila weiter voranschreitet, ist auch in naher Zukunft keine Entspannung für ländliche Räume – egal ob im Stadtumland oder der Peripherie – in Sicht. Die Kombination von Arbeitskräftenachfrage und individueller Not in den ländlichen Räumen bedingt wohl auch in naher Zukunft keinen wirklichen Trendwechsel des Mobilitätsverhaltens auf den Philippinen.

- Im Gegensatz zu Indonesien (hier vor allem Jakarta und Java) scheint – als These formuliert – die „nicht permanente Migration" (HEINTEL und SPREITZHOFER 1999b, S. 177) zwischen ländlichen und städtischen Gebieten auf den Philippinen eine untergeordnetere Rolle zu spielen. Die Gründe dafür mögen unterschiedlich sein: Zum einen – und das ist ein sehr banaler Grund – ist der öffentliche Transport in und aus der Metropolitanregion Manila so katastrophal wie in keiner vergleichbaren Stadt Südostasiens. Selbst kurze Distanzen (etwa 100 km) werden häufig zu Tagesreisen aufgrund des ständig stockenden Verkehrs, der das individuelle Zeitbudget enorm belastet. Allein 50 Prozent der landesweit verfügbaren Straßenfahrzeuge befinden sich in der Metropolitanregion Manila. Die Durchschnittsgeschwindigkeit beträgt hier 12 km/h. Auch die Frequenz der jeweiligen Transporte ist im Vergleich zu benachbarten Ländern eher gering. Ein zweiter Grund könnte in der Familienorganisation und dem religiösen Hintergrund zu finden sein. Katholizismus auf den Philippinen (84,1 Prozent der landesweiten Gesamtbevölkerung sind Katholiken) bringt anders gelagerte Familienstrukturen und Netzwerke mit sich als beispielsweise in Thailand (94 Prozent der landesweiten Gesamtbevölkerung sind Buddhisten) oder Indonesien (86,9 Prozent der landesweiten Gesamtbevölkerung sind Muslime) vorhanden sind. In Indonesien gibt es beispielsweise nach wie vor einen sehr innigen großfamiliären Kontakt auch über größere Distanzen und längere Zeiten der Abwesenheit. Das bedeutet aber nicht, dass es auf den Philippinen keine Beziehungen von Familienmitgliedern zwischen städtischen und ländlichen Gebieten gibt. Bereits in Städte gewanderte Familien bilden auch hier vor allem für Einzelpersonen Auffangnetze für die erste Kontaktaufnahme im städtischen Milieu.

- Sind Migranten einmal im Metropolitanraum Manila angelangt, versuchen sie dort tendenziell – vor allem mittels informeller Ökonomie – Fuß zu fassen. Gelingt das im Kernstadtbereich nicht wegen Vertreibung, mangelnder Arbeitsmöglichkeit etc., so findet eher eine Rückwanderung in ein suburbanes Gebiet der NCR („metropolitan shadow regions adjacent to Metro Manila") statt als in die ländliche Heimatregion. Das Ausklinken aus dem ruralen Arbeitsmarkt, bei generell sich verschlechternden Bedingungen für den Agrarsektor und somit auch für den ländlichen Raum insgesamt, macht eine Reintegration in vormals ausgeübte Arbeitsfelder immer schwieriger. Zaghafte Maßnahmen im Kernstadtbereich, wie die bereits angedeutete Legalisierung von Landbesitz (bzw. Landbesetzung), die zur Verbesserung der individuellen Lebenssituationen hätten beitragen sollen, haben jedenfalls den Trend der Suburbanisierung weiter unterstützt. Die NCR erfährt eine flächenmäßige Ausdehnung, die Kernprobleme werden innerstädtisch räumlich verlagert bzw. ausgeweitet, beinhalten jedoch keine substanzielle Lösung oder erkennbare Strategie.

- (Ehemals) Ländliche Räume in Central Luzon und Southern Tagalog gerieten – und geraten nach wie vor – unter den steigenden Druck der vom metropolitanen Zentralraum Manila ausgehenden voranschreitenden Industrialisierung. Die lokal ansässige Bevölkerung wird hier zunehmend in ihren gewohnten, traditionellen Arbeitsstrukturen untergraben, was eine räumliche und soziale Loslösung bedingt und zur Entwurzelung breiter Bevölkerungssegmente im Stadtumland beiträgt. Nicht nur der zunehmende Landverbrauch prosperierender Industrien, sondern auch die darin liegenden Folgen sind negativer Bestandteil dieser Entwicklung. Wasserverbrauch und Abwasserbeseitigung sind nur ein Bereich, der massive Einschnitte in eine gewachsene landwirtschaftlich orientierte Struktur mit sich bringt. Die hier freigesetzten Arbeitskräfte absorbiert entweder die (neu entstandene) Industrie oder sie drängen (existenziell bedingt) auf den urbanen Arbeitsmarkt.

- Interessant ist auch die Ausdifferenzierung der gewanderten Personen nach dem Geschlecht. Nicht nur im landesweiten Schnitt gibt es mehr Migrantinnen, sondern vor allem die NCR ist es, die Migrantinnen in Überzahl absorbiert. 58,2 Prozent Immigrantinnen stehen 41,8 Prozent Immigranten gegenüber. Mitverantwortlich dafür sind unter anderem die sinkenden Arbeitsmöglichkeiten der Frauen am Land, vor allem in der Landwirtschaft, und die verlängerten Werkbänke vor allem im suburbanen Raum der NCR. Aber auch Naturkatastrophen haben einen schon fast traditionellen Anteil am Binnenwanderungspotenzial der Philippinen.

- Werden die Hauptwanderungsströme nach Herkunfts- und Zielregion analysiert, so zeigt sich das – beispielsweise auch in Jakarta und seinem Umland stark zur Wirkung kommende – Phänomen, dass die Wanderungsfrequenz zwischen der NCR und den benachbarten Zensuseinheiten Southern Tagalog und Central Luzon auffallend hoch ist. Das lässt zwei Schlüsse zu: Zum einen dienen die genannten Zählgebiete als Übergangsregionen, Zwischenstationen vom Land zur Metropolitanregion Manila, zum anderen gibt es auch einen starken Rücklauf von der NCR in die umliegenden Provinzen, der die Schwierigkeit, in der Megastadt Manila Fuß zu fassen, zum Ausdruck bringt.

- Untersuchungen auch in anderen philippinischen Städten (United Nations 1992, S. 32f) zeigen, dass es sich bei Migrantinnen vergleichsweise häufig um junge, nicht verheiratete und ein geringes Ausbildungsniveau aufweisende Frauen handelt, die dann demzufolge auch schlechter entlohnt werden als Nichtmigrantinnen in der Stadt. Aufgrund der steigenden Exportorientierung mancher stark wachsender arbeitsintensiver Industrien werden Frauen – mehr als Männer – vor allem bei Fabriksarbeit ausgebeutet. „The labour market is clearly segmented according to gender." Dies analysiert etwa KELLY (1999a, S. 60). Während im mittleren und höheren Management so gut wie ausschließlich Männer zu finden sind, finden sich die Frauen vor allem auf den verlängerten Werkbänken und bilden das stets flexible Arbeitskräftepotenzial für globale Ökonomien.

- Die Philippinen sind in Südostasien das Auswanderungsland par excellence („[...] the Philippines can be considered one of the top emigration countries in the world." BATTISTELLA 1999, S. 230). Überseemigration ist zwar nicht Thema der dargestellten Ausführungen, sie bildet jedoch auch Kontexte zum Binnenmigrationsverhalten. Durch die weltweit recht gut organisierten „Philippine Communities" gibt es auch auf den Philippinen selbst vielfältige Informationen über ein Leben anderswo. Ob Hong Kong, Taiwan, der Mittlere Osten, USA, Kanada, Australien oder Westeuropa, direkter Informationstransfer, Medien und eine „global culture" schaffen neue Bilder und suggerieren bisher nicht geglaubte Möglichkeiten. Die Metropolitanregion Manila ist dann vielfach Zwischenstation oder Sprungbrett in eine neue Welt, jedenfalls temporärer Teil der Auswanderung, womit hierdurch zusätzlicher Druck auf den urbanen Arbeitsmarkt erzeugt wird. Globale Wirtschaftskrisen, wie jene Ende der 1990er-Jahre in Südost- und Ostasien oder die ökonomische Krise 2008/09, tragen verstärkt zu einer solchen Dynamisierung dieser Trends bei.

4. Ökonomische Internationalisierung und die Auswirkungen auf die „National Capital Region" (NCR)

Schon das Kabinett der früheren philippinischen Regierung unter Ex-Präsident ESTRADA setzte seit 1998 auf die national-wirtschaftspolitische Vision „Prosperity for all" und auf eine Sozialreform. Das Ziel war es, „to establish reforms adressing poverty and implement a development agenda with a definite pro-poor bias" – so die damaligen Worte Estradas (COUSART 1999, S. 79). Unter den Aspekten von geringerem Wirtschaftswachstum, den langen Schatten der Asienkrise bis weit über den Jahrtausendwechsel hinweg, geringerem Steueraufkommen und rückläufiger nationaler Kaufkraft, einer Bankenkrise, einer langandauernden Trockenheit bei gleichzeitigen Taifunschäden und Schäden durch Vulkanausbrüche setzt auch die gegenwärtige Regierung bis heute auf eine weitere Marktöffnung und fortgesetzte Liberalisierung des Handels. Trotz des – wie im Folgenden noch näher ausgeführt wird – Bekenntnisses, vor allem neue Arbeitsmöglichkeiten und Investitionsförderungen in ländlichen (rückständigen) Räumen zu schaffen, gilt das Hauptaugenmerk der Investoren jedoch nach wie vor der NCR und den beiden angrenzenden Provinzen.

Die Bilanz – ländliche Räume und ärmere Teile der Bevölkerung zu fördern – sieht demgemäß aus heutiger Sicht eher schlecht aus. Ärmere Regionen des Landes werden nach wie vor nicht gezielt finanziell gefördert, der Hauptteil der Ausgaben konzentriert sich wie bisher in Luzon und der Metropolitanregion Manila. Mehr als 50 Prozent des Budgets gehen traditionell allein nach Luzon (FREHNER und MEYER 1999, S. 32). Das Budget für Landwirtschaft (2005 waren landesweit 37 Prozent der Gesamtbevölkerung allein in diesem Wirtschaftssegment tätig) fällt weitaus geringer aus. Die ländlichen Räume der Philippinen sind nach wie vor primär landwirtschaftlich genutzter Raum (anders als in Industrienationen) und vergleichsweise auch überproportional von ärmeren Segmenten der Bevölkerung bewohnt (im Vergleich zu urbanen Räumen).

Weiters zielt die Kritik dahin, dass es sich um Regierungsprogramme handelt, die Eliten bevorzugen. Öffentliche Angestellte, Beamte und Militär sind hier die Nutznießer eines Systems, das wiederum primär im Kernstadtbereich überproportional repräsentiert ist. Weiters vermutet die Opposition versteckte öffentliche Gelder im „Rural-Urban Development Infrastructure Fund" als „Korruptionsrücklage" und zur Selbstbedienung für Kongressabgeordnete. Selbst die Weltbankfinanzierungshilfen gehen nur zum geringen Teil in Richtung der armen Bevölkerung, etwa zur Hälfte dagegen in den maroden Bankensektor. Nepotismus und Günstlingswirtschaft sind auch – wie in den meisten anderen südostasiatischen Ländern üblich – Grundlage eines politischen Systems, das auf den Philippinen momentan zumindest scheinbar noch von der „breiten Masse" toleriert wird.

4.1 Die nationale Vormachtstellung der Metropolitanregion Manila

Schon beim ersten im Jahr 1903 durchgeführten Zensus wurde die funktionale Dominanz von Manila sichtbar. Obwohl erst vier Prozent der landesweiten Bevölkerung in Manila lebten, beherbergte die Stadt bereits etwa 40 Prozent der landesweiten Betriebe des produzierenden Gewerbes, etwa 80 Prozent der Banken und 90 Prozent der Zeitungsredaktionen des Landes. Der Hafen Manilas setzte 90 Prozent der landesweit gehandelten Güter um, und auch zwei Drittel aller Patienten des Landes wurden in Krankenhäusern Manilas behandelt (BRONGER und ENGELBRECHT 1997, S. 39). Die heutige Konzentration von ökonomischen Aktivitäten und Entscheidungsstrukturen ist somit im historischen Kontext zu interpretieren. Die Unterentwicklung des eigenen Hinterlandes wurde durch die ungebrochene funktionale Hegemonie der kolonialen Hauptstadt („parasitic city") über Jahrhunderte gefestigt.

Die nationale Vormachtstellung der heutigen Metropolitanregion Manila ist somit kein ausschließliches Produkt gegenwärtiger Globalisierungstendenzen. Kolonialzeitlich forcierte Städte der Dritten Welt können häufig im weltweiten Vergleich einen Entwicklungsvorsprung gegenüber dem jeweiligen Hinterland erringen, vor allem dann – und dies trifft in der Regel zu – wenn es sich dabei um Hafenstädte handelt, über die ein Großteil des Außenhandels „monopolartig" kontrolliert und abgewickelt wurde bzw. wird. Interner Kolonialismus (die Hegemonialmacht gegenüber dem eigenen Land) und die Abhängigkeit gegenüber der Kolonialmacht stehen häufig in engem Wechselbezug. Klassisch über Jahrhunderte aufgebaute wirtschaftliche Knotenpunkte und gefestigte hierarchische Strukturen werden nicht so schnell aufgebrochen – weder durch gesteuerte Maßnahmen im Zuge politischer Transferleistungen, noch durch wachsende weltwirtschaftliche Anteilnahme peripherer Regionen.

Die innerstaatliche Dominanz der Metropolitanregion Manila kommt auch heute in unterschiedlichen Facetten zum Ausdruck und gilt als typisch für schnellwachsende Metropolen in Drittweltländern. Die funktionale „Primacy" überlagert in ihrer Bedeutung die demographische „Primacy" bei weitem. „NCR is characterized by the concentration of economic, social and political activities as evidenced by the presence of 90 out of the 100 biggest corporations in the country, all major newspapers, radio and TV networks and 60 percent of the country's nonagricultural labour force. The area serves as the distribution center for exports and capital goods. In addition, about 90 percent of internal revenue collections for the entire country is taken from the area and almost 80 percent of the national imports enter through its harbours. The NCR is also the nation's center for nonprimary production, providing almost half of the total national output in manufacturing, commerce and services." (National Statistics Office 1996). Auch die nationale Vormachtstellung am Bildungssektor ist offenkundig. Die starke Konzentration der dargestellten Aktivitäten bedingt jedoch keinesfalls automatisch die internationale Geltung im weltweiten Wettbewerb von Metropolitanregionen.

Vor allem im ökonomischen Bereich nimmt die Metropolitanregion Manila – wie bereits kurz angedeutet – eine landesweite Vormachtstellung ein, die ihre funktionale „Primacy" erst so richtig zum Ausdruck bringt. „National economic growth in most developing countries is becoming more and more dependent on the ability of urban centers to perform key production and trade functions within the macro and regional economies and to lead the national development effort. Production activities tend to be concentrated in urban centres. The National Capital Region (NCR) of the Philippines accounts for about onethird of the country's Gross Domestic Product (GDP) generated by more than thirteen percent of the country's population. The highly urbanized regions combined – NCR, Regions 3, 4, 7 – account for more than sixty percent of the country's GDP." (RAMOS 1996, S. 13). An der Wirtschaftsleistung der NCR gegenüber dem Hinterland hat sich bis heute nichts geändert (MICHEL 2006, 2007). Die Tatsache der überproportionalen Konzentration wirtschaftlicher Aktivitäten und Wachstumsorientierung auf die NCR unterscheidet sich auch in der Entwicklung und damit verbundenen Problemlagen von langsam(er) wachsenden (Industrie)Nationen. Der Focus der Entwicklung auf einen so engen Kernraum bedingt eine „Agglomerations-Wirtschaft" im nationalen Gefüge als spezifische Wirtschaftswachstumsform.

Die Auswirkungen einer konzentrierten wachstumsorientierten Ansiedlungspolitik können demnach auch im Segment neu geschaffener Arbeitsplätze identifiziert werden. Im landesweiten Vergleich schöpft auch hier die NCR mit dem benachbarten Central Luzon und Southern Tagalog den Löwenanteil ab. So kann beispielsweise mehr als die Hälfte der landesweit neu geschaffenen Jobs für diese Region verbucht werden. Die Einkommensdisparitäten zwischen der NCR und ländlich peripheren Regionen heben die Vormachtstellung der Hauptstadtregion weiter hervor. Das Pro-Kopf-Einkommen in der NCR, der reichsten Region des Landes, ist siebenmal höher als in den vier Provinzen der autonomen Muslimregion in Mindanao. Zehn Prozent der reichsten Bevölkerung (gemessen am Pro-Kopf-Einkommen), die primär dem urbanen Bereich zuzuordnen sind, haben ein 24-fach höheres Einkommen als die ärmsten zehn Prozent, die wiederum größtenteils im ländlichen Raum leben (The Economist Intelligence Unit Limited 1999, S. 19).

Das Wachstum der gesamt-philippinischen Wirtschaft ist somit eng mit dem Wachstum der Metropolitanregion Manila verknüpft. Seit etwa Mitte der 1990er-Jahre bestimmen vor allem internationale Direktinvestitionen – wie auch in anderen Staaten Südostasiens – das Geschehen der wirtschaftlichen Entwicklung der NCR. Der mit Abstand größte Investor auf den Philippinen ist Japan, gefolgt von Südkorea, Taiwan und Hongkong. Die USA und die EU spielen im Vergleich zu asiatischen Staaten eine eher geringe Rolle im „Investment-Poker" der Philippinen (KELLY 1999b, S. 287). Die Wirtschaftspolitik sieht in ihrem Paradigma „the opening of restricted or banned sectors to foreign investment" weitere Schritte der Liberalisierung vor (The Economist Intelligence Unit Limited 1999, S. 20).

Wie in anderen südostasiatischen Staaten auch werden von offizieller Regierungslinie Auslandsinvestitionen als Ergebnis eigener stabilisierender innenpolitischer Maßnahmen gesehen. Die magischen „four Ds" („decentralization", „deregulation", „devolution" und „democratization") gehen als offizielles staatspolitisches Paradigma Hand in Hand mit der wirtschaftlichen Entwicklung des Landes, unabhängig von der jeweiligen Staatsführung der letzten 20 Jahre. Zu sagen bleibt, dass Forderungen von Dezentralisierung wohl kaum über wirtschaftliche Konzentrierung im Rahmen internationaler Investitionen nachgekommen werden kann – ein Widerspruch in so vielen Ländern der Dritten Welt, der von „außen", von Investitionsseite, und von „innen", von staatspolitischer Seite, immer gleichermaßen vor sich hergetragen wird. Demokratisierung über wirtschaftliche Fremdinvestitionen einzuleiten bzw. zu steuern, ist ebenfalls ein äußerst problematisches Feld, das an dieser Stelle nicht näher erörtert wird. Vorhandene Rohstoffe und verlängerte Werkbänke als Entwicklungsfaktor zu sehen, ist in einem Zeitalter, in dem (technische) Innovationen und gehobene Dienstleistungen mehr und mehr den internationalen Wettbewerb bestimmen, ein weiterer nicht unproblematischer Faktor von Entwicklungsleitlinien.

Als Nebeneffekt dieser starken Fokussierung wirtschaftlicher Aktivitäten auf relativ engem Raum hat sich um Megastädte wie Jakarta, Bangkok und eben die Metropolitanregion Manila auch ein neuer Raumtyp herausgebildet, der Ausdruck sowohl nationaler Planungsmaßnahmen als auch internationaler Investitionen ist. „Such industries have exhibited a heavy concentration in the national core region centred on Manila. The result has been a surge of construction and redevelopment activities in the urban core, but also a regionalization of the urbanization process into adjacent agricultural areas." (KELLY 1999b, S. 283). Der Charakter einer „desakota-Region" oder Region, in der sich Stadt und Land in vielfältiger Weise vermischen, ist typisch für rasch wachsende Agglomerationen im südostasiatischen Gefüge. Eine derartige Region stellt einen neuen Typ im suburbanen Raum dar, der weder Stadt noch Land ist, sich rasch verändert und unter dem Einfluss einer globalisierten Weltwirtschaft seine Ausformungen findet. KELLY (ebd.) spricht in diesem Kontext vom Phänomen der „Agro-Industrialisierung" Manilas. Die Verdrängung weiterer Arbeitskräfte aus der Landwirtschaft wird durch die sukzessive Umstellung der Landwirtschaft seit den 1960er-Jahren (siehe u.a. ESTUDILLO und OTSUKA 1999) weiter unterstützt.

4.2 Maßnahmen: Bekenntnisse versus Realität

> „Considering the dominance of Metro Manila in terms of the concentration of population and economic activities, the Philippine Government has, since the last 20 years adopted regional development both as goal and strategy in the attainment of balanced development in the country. The thrust is to disperse development in selected centers outside the primate city through rural development and industrial dispersal policies. These efforts have in one way or another contributed to the emergence of new big cities and urban centres outside of the nation's capital as indicated by the shift in urban population noted previously."
> (SOBREPEÑA 1994)

Das staatspolitische Bekenntnis des stellvertretenden Generaldirektors der „National Economic and Development Authority" (NEDA), SOBREPEÑA, im Jahr 1994 steht freilich im Widerspruch zur vorherrschenden realen Entwicklungsdynamik. Das sei weniger als Kritik erwähnt, sondern soll vielmehr die Schwierigkeit und Persistenz der Problemstellung aufzeigen. Maßnahmen zur Eindämmung der Binnenmigration und des fokussierten wirtschaftlichen Wachstums werden nur ansatzweise sichtbar und sind auch zum Teil wenig erfolgreich. Ein Beispiel ist die Landreform. Ähnlich der bereits dargestellten Legalisierung von Landbesitz im urbanen Raum gab es auch seit 1988 im Rahmen einer

Landreform Bestrebungen der philippinischen Regierung, landwirtschaftlich genutztes Land neu zu verteilen und die Rechte der Farmer zu stärken (The Hongkong and Shanghai Banking Corporation Limited 1996, S. 9) – nicht zuletzt mit dem Ziel, den ländlichen Raum aufzuwerten und der Binnenmigration entgegenzuwirken. Unterstützt und koordiniert wurde das Zehnjahresprogramm von der „Land Bank of the Philippines", dem „Department of Agriculture" und dem „Department of Agrarian Reform" (DAR). 730.000 Hektar landwirtschaftliches Nutzland wurden so an 400.000 Bauern im gesamten Staatsgebiet verteilt (ebd.). Aber auch hier gibt es zahlreiche Konflikte, Korruption und politische Intrigen, so dass die Effizienz des Vorhabens rückblickend angezweifelt werden darf (Institut für Asienkunde 1999, S. 94).

Gegenwärtige Landreformen dürfen aber nicht darüber hinwegtäuschen, dass sie in sehr engem Zusammenhang zur Kolonialpolitik beispielsweise der US-Amerikaner stehen (ALMEDA MARTIN 1999). Globalisierung ist kein zufälliges Produkt der Gegenwart, sondern steht vor allem in ehemaligen Kolonien in sehr direktem Bezug zur Vergangenheit. Auch wenn es heute zu einer stärkeren Dynamisierung und Verdichtung von Veränderungsprozessen kommt, sind damals geschaffene Strukturen vielfach auch heute noch strukturbestimmend. Kolonialzeitliche Strukturen von Organisationen und Besitzverhältnissen sind dann zu den lokalen Eliten übergewechselt. „The Philippine has developed into a political economy dominated by and centered around the country's aristocracy and their interests. As a result, policy and implementation have been captured by minority elite interests, with grave results for the majority, the poor population." (STOREY 1998, S. 271f). Gewachsene Strukturen im Sinne eines paradigmatischen Wechsels zu verändern, ist jedoch ein Projekt über Generationen.

Generell bleibt aber zu sagen, dass die gleichzeitig stattfindende staatliche Förderung und Neuimplementierung von Industriegebieten vor allem im suburbanen Raum alles andere bedingt, als Binnenmigration, Entwurzelung und die Zerstörung ehemals gewachsener Sozialstrukturen zu unterbinden. Daher wird gegenwärtig die Forcierung kleinerer und mittlerer Unternehmen – nach japanischem und taiwanesischem Vorbild – als effizientestes Mittel gesehen, um einerseits Wachstum und andererseits einen gewissen sozialen Ausgleich zu ermöglichen. Das gilt auch für den Bereich der Landwirtschaft, wo „the promotion of rural industries" als „one the most effective means to alleviate rural poverty and pathological urban growth" gesehen wird (HAYAMI et al. 1998, S. 132).

5. Resümee

Die Metropolitanregion Manila war in den letzten Jahrzehnten durch eine unglaubliche demographische, ökonomische und funktionale Wachstumsdynamik charakterisiert, die als noch nicht abgeschlossen zu betrachten ist. Dennoch ist die internationale Integration der Philippinen – und eben allen voran der NCR – in das globale ökonomische System nicht so fortgeschritten wie die „benachbarter" Agglomerationen im (süd)ostasiatischen Raum. Unabhängig davon, ob die Betrachtung auf Staatenebene (z. B. Tigerstaaten) oder auf der Vergleichsebene von Städten (z. B. Bangkok, Jakarta, auch Shanghai etc.) erfolgt, liegen die Philippinen bzw. die NCR im internationalen Abseits. Wirtschaftswachstum, Öffnung der lange geschützten Sektoren für ausländische Investitionen und Beteiligungen, somit weitgehende Liberalisierung der Wirtschaft, sind Paradigmen der jüngsten Regierungsstrategien, wie auch in der „Manila 2007 Declaration"[3] festgehalten.

Maßnahmen der Stadtentwicklung (z. B. öffentlicher Verkehr, Verteilung von Landrechten, Slumsanierung etc.) gelten als immer noch unzulänglich, um der vorherrschenden Wachstumsdynamik gerecht zu werden. Kaum anderswo wird Armut in einer derartigen Ausdifferenziertheit und Heterogenität sichtbar wie in der Metropolitanregion Manila. Das Scheitern vieler Ansätze der „Metropolitan Manila Authority" geht Hand in Hand mit der unkontrollierbaren Eigendynamik der Stadtentwicklung.

Die Vormachtstellung der „National Capital Region" im nationalen Kontext ist dermaßen erdrückend, dass sämtliche Bekenntnisse zur Dezentralisierung, Umverteilung und zu den notwendigen Infrastrukturinvestitionen im ländlichen Raum als „Tropfen auf den heißen Stein" bzw. Lippenbekenntnisse der Regierung anzusehen sind. Der Widerspruch zwischen Wachstumspolförderung (NCR) und propagiertem Ausgleich nationaler Disparitäten ist eklatant und scheint sich in naher Zukunft eher zu verstärken.

Die Philippinen sind – vergleichbar mit anderen Staaten Südostasiens – ähnlichen Einflüssen von politischer räumlicher Machtkonzentration, Vetternwirtschaft und Korruption ausgesetzt. Alles Dinge, die Konzentration eher erhalten, als dass sie Hierarchien – auch im räumlichen Verständnis – abzubauen in der Lage sind. Dass es hier bislang zu vergleichsweise geringen Spannungen – trotz verbreiteter Armut und religiös motivierten Differenzen – innerhalb des Landes gekommen ist, kann ohnedies als kleines Wunder gewertet werden.

Globalisierung als ein Schlagwort des neuen Jahrtausends im Sinne einer weltweiten Durchdringung von ökonomischen Prozessen darf in ehemals kolonialen Städten nicht als ein Produkt der jüngsten Gegenwart betrachtet werden. Die nahe Zukunft wird zeigen, inwieweit es gelingen kann, einen eigenständigen Weg der Wirtschaftsentwicklung zu gehen, der nicht primär seine Impulse in ausländischen Direktinvestitionen sieht. Die Abhängigkeit von globalem Kapital steht in sehr engem Bezug zu national-räumlichen Entwicklungsoptionen – diese Tatsache wird durch die Weltwirtschaftskrise der Jahre 2008/09 eindrucksvoll bestätigt. Investiert wird nach wie vor dort, wo ein Optimum an billigem Boden und billiger Arbeitskraft, gekoppelt mit günstigen anderen Standortvorteilen wie Häfen, technischer Infrastruktur und anderen Verkehrsanbindungen, gegeben ist. Gelingt es nicht, ein landesweites Mindestniveau an diesbezüglicher Infrastruktur und Grundversorgung sicherzustellen, steht dem fortschreitenden ökonomischen und demographischen Konzentrationsprozess auf die NCR nichts im Wege. Die Gefahr, sich mit weiteren Investitionen in verlängerte Werkbänke (arbeitsintensive Industrien) mittelfristig in das weltwirtschaftspolitische Abseits zu manövrieren, sei als These unter der Berücksichtigung unmittelbarer Konkurrenten wie beispielsweise China nur am Rande angedacht.

---

[3] www.citiesalliance.org/doc/events/2007/ppf/manila_07_declaration_fullversion.pdf (Zugriff: 30.04.2009)

6. Literatur

ALMEDA MARTIN, A. L. (1999): Philippine Land Reform Cycles: Perpetuating U.S. Colonial Policy. In: Philippine Studies 47, Manila, S. 181–205.

BATTISTELLA, G. (1999): Philippine Migration Policy: Dilemmas of a Crises. In: Sojourn 14 (1), Singapore, S. 229–248.

BERNER, E. (1996): Legalizing Squatters, Excluding the Poorest: Urban Land Transfer Programs in the Philippines. Bielefeld (= Universität Bielefeld, Working Paper 257).

BERNER, E. (1997a): Opportunities and Insecurities: Globalization, Localities and the Struggle for Urban Land in Manila. In: European Journal of Development Research 9, Basingstoke, UK, S. 167–182.

BERNER, E. (1997b): Alltagsleben, Gruppenbildung und Konflikte um städtisches Land: Lokale Organisationen in Manila. In: Zeitschrift für Soziologie 26 (2), Stuttgart, S. 115–127.

BRONGER, D., Hrsg. (2007): Marginalsiedlungen in Megastädten Asiens. Berlin: LIT-Verlag (= Asien Wirtschaft und Entwicklung 4).

BRONGER, D. und K. ENGELBRECHT (1997): Metro Manila als Primatstadt im Lichte der Entwicklungstheorie. In: Geographie und Schule 110, Köln, S. 39–45.

COUSART, E. A. (1999): Poverty Alleviation in the Philippines; The Social Reform Agenda and the Role of the Private Sector. In: Regional Development Dialogue 20 (1), Nagoya, S. 79–93.

ESTUDILLO, J. P. und K. OTSUKA (1999): Green Revolution, Human Capital, and Off-Farm Employment: Changing Sources of Income among Farm Households in Central Luzon, 1966–1994. In: Economic Development and Cultural Change 47 (3), Chicago, S. 499–523.

FREHNER, W. und W. MEYER (1999): Die politische Situation der Philippinen nach dem Wahljahr 1998. In: KAS-Auslandsinformationen 4, Sankt Augustin, S. 23–42.

HAYAMI, Y., KIKUCHIL, M. und E. B. MARCIANO (1998): Structure of Rural-based Industrialization: Metal Crafts Manufacturing on the Outskirts of Greater Manila, the Philippines. In: The Developing Economies 36 (2), Chiba, S. 132–154.

HEINTEL, M. und G. SPREITZHOFER (1999a): Megastadtentwicklung, Globalisierung und Migration – Fallstudie Jakarta. In: HUSA, K. und H. WOHLSCHLÄGL (Hrsg.): Megastädte der Dritten Welt im Globalisierungsprozess; Mexico City, Jakarta, Bombay – Vergleichende Fallstudien in ausgewählten Kulturkreisen. Wien, S. 199–346 (= Abhandlungen zur Geographie und Regionalforschung 6).

HEINTEL, M. und G. SPREITZHOFER (1999b): Migration und Stadtentwicklung; Agglomerationsbildung und ländliche Neuordnung in Java. In: Mitteilungen der Österreichischen Geographischen Gesellschaft 141, Wien, S. 155–186.

HEINTEL, M. und G. SPREITZHOFER (2002): Metropolitanregion Manila; Demographische und ökonomische Aspekte einer Funktionalen Primacy. In: asien afrika lateinamerika 30 (1), Berlin, S. 31–48.

HUSA, K. und H. WOHLSCHLÄGL (1997): „Booming Bangkok": Eine Megastadt in Südostasien im Spannungsfeld von Metropolisierung und Globalisierung. In: FELDBAUER, P., HUSA, K., PILZ, E. und I. STACHER (Hrsg.): Mega-Cities. Die Metropolen des Südens zwischen Globalisierung und Fragmentierung. Frankfurt a. M.: Brandes & Apsel, S. 113–150.

HUSA, K. und H. WOHLSCHLÄGL, Hrsg. (1999): Megastädte der Dritten Welt im Globalisierungsprozess. Mexico City, Jakarta, Bombay – Vergleichende Fallstudien in ausgewählten Kulturkreisen. Wien: Institut für Geographie und Regionalforschung (= Abhandlungen zur Geographie und Regionalforschung 6).

Institut für Asienkunde, Hrsg. (1999): Südostasien aktuell 15 (1–2).

Jones, G. W. (2002): Southeast Asian Urbanization and the Growth of Mega-Urban Regions. In: Journal of Population Research 19 (2), Heidelberg, S. 119–136.

Kelly, P. F. (1999a): Rethinking the „Local" in Labour Markets: The Consequences of Cultural Embeddedness in a Philippine Growth Zone. In: Singapore Journal of Tropical Geography 20 (1), Singapore, S. 56–75.

Kelly, P. F. (1999b): Everyday Urbanization: The Social Dynamics of Development in Manila's Extended Metropolitan Region. In: International Journal of Urban and Regional Research 23 (2), Oxford, S. 283–303.

Kelly, P. F. (2003): Urbanization and the Politics of Land in the Manila Region. In: The Annals of the American Academy of Political and Social Science 590, Thousand Oaks, Calif., S. 170–187.

Mangahas, J.V. (2006): The Philippines. In: Urbanization and Sustainability: Case Studies of Good Practice. Manila: Asian Development Bank, S. 273–307.

Michel, B. (2006): Intramuros; Gated Communities und Stadtentwicklung in Manila. In: Südostasien 2/2006, Essen, S. 81–83.

Michel, B. (2007): Metro Manila zwischen „dying city" und „center of global capitalism". In: Pacific News 27, Hamburg, S. 6–10.

Murakami, A., Zain, A. M., Takeuchi, K., Tsunekawa, A. und S. Yokota (2005): Trends in Urbanization and Patterns of Land Use in the Asian Mega Cities Jakarta, Bangkok, and Metro Manila. In: Landscape and Urban Planning 70, London / New York, S. 251–259.

NSO – National Statistics Office, Hrsg. (1996): NCR Profile, National Capital Region, Manila.

NSO – National Statistics Office, Hrsg. (1997): 1997 Philippine Yearbook. Manila.

Nissel, H. (1997): Megastadt Bombay – Global City Mumbai? In: Feldbauer, P., Husa, K., Pilz, E. und I. Stacher (Hrsg.): Mega-Cities. Die Metropolen des Südens zwischen Globalisierung und Fragmentierung. Frankfurt am Main: Brandes & Apsel, S. 95–111.

Nissel, H. (1999): Megastadtentwicklung, Globalisierung und Migration – Fallstudie Bombay. In: Husa, K. und H. Wohlschlägl (Hrsg.): Megastädte der Dritten Welt im Globalisierungsprozess. Mexico City, Jakarta, Bombay – Vergleichende Fallstudien in ausgewählten Kulturkreisen. Wien: Institut für Geographie und Regionalforschung, S. 347–432 (= Abhandlungen zur Geographie und Regionalforschung 6).

PRB – Population Reference Bureau (2009): World Population Data Sheet 2009. Washington.

Ramos, N. R. (1996): Urban Land Development Trends in the Philippines. In: Philippine Planning Journal 27 (2), Manila, S. 13–26.

Sobrepeña, A. M. (1994): Pathways for Urban Development in the Philippines. In: National Economic Development Authority (Hrsg.): National Urbanization Strategies and Local Government Development in the Context of Decentralization. Country Paper Philippines. Manila.

Spreitzhofer, G. und M. Heintel (1997): Jakarta: Der „Big Apple" Südostasiens? In: Feldbauer, P., Husa, K., Pilz, E. und I. Stacher (Hrsg.): Mega-Cities: Die Metropolen des Südens zwischen Globalisierung und Fragmentierung. Frankfurt am Main: Brandes & Apsel, S. 151–175.

Spreitzhofer, G. und M. Heintel (2000): Metro-Jakarta: Zwischen Nasi und Nike. Suhartos „Neue Ordnung" als Motor der Regionalentwicklung in Westjava? Frankfurt/M.: Peter Lang Verlag.

Spreitzhofer, G. und M. Heintel (2001): Metro Manila. Megastadt als Spielball postfeudaler Zwänge, neokolonialer Interessen und globaler Vernetzungen. In: Mitteilungen der Österreichischen Geographischen Gesellschaft 143, Wien, S. 35–62.

Storey, D. (1998): Housing the Urban Poor in Metro Manila. In: Philippine Studies 46, Manila, S. 267–292.

The Economist Intelligence Unit Limited (1999): EIU Country Profile 1999–2000; Philippines. London.

The Hongkong and Shanghai Banking Corporation Limited (1996): Business Profile Series Philippines, Third Quarter. Hongkong.

United Nations (1992): Migration and Urbanization: Interrelations with Socio-economic Development and Evolving Policy Issues. Report of the Pre-conference Seminar held at Seoul, Republic of Korea, 21–25 January 1992. New York (= Asian Population Studies Series 114).

United Nations (2009): World Population Prospects. The 2008 Revision – Highlights. New York.

„New Towns & Old Kampungs" – Metro-Jakarta zwischen Macht und Marginalität[1]

GÜNTER SPREITZHOFER

Inhalt

1. Konfliktpotenziale im metropolitanen Raum – eine Einführung........................... 343
2. Regionalentwicklung und Landnutzung in Metro-Jakarta: Viele Konzepte, wenig Koordination 346
   2.1 Koloniale Stadtplanung und Sukarnos „Gelenkte Demokratie" (1945 bis 1965)......... 346
   2.2 Suhartos „Neue Ordnung" (1965 bis 1998): Privatisierung und Deregulierung........... 347
3. Urbane Lebensformen: Monas, Malls und Marginalität....................................... 352
   3.1 Brennpunkt Wohnungsmarkt: Zwischen Staat und Privat.............................. 352
   3.2 Brennpunkt Lebensraum: Zwischen Kampung und Kondominium................... 355
4. Zwischen suburbaner Macht und zentraler Marginalisierung: Ein Ausblick........ 366
5. Literatur... 368

> *„When all the development was going on, they couldn't build golf courses and housing developments fast enough; they were just stripping down the hillsides. It made me think the whole thing was turning into a monumental urban nightmare."*
> (Ken PATTERN, in: The Jakarta Post, 25.04.2005)

1. Konfliktpotenziale im metropolitanen Raum – eine Einführung

Das rasante Stadtwachstum der letzten Jahrzehnte hat – so wie in anderen Weltregionen – auch in Südostasien historisch definierte Gebietseinheiten gesprengt (siehe dazu u.a. BRONGER 2004; CRANE und DANIERE 1997; HUSA und WOHLSCHLÄGL 1999; MCGEE 1995) und Fragen der Zuwanderung, Neubesiedlung und ökonomischen Erschließung sind längst nicht mehr nur auf die eigentlichen Kernstadtbereiche reduzierbar (NAS 2002). Der Urbanisierungsgrad Südostasiens ist mit 37,2 Prozent (2000) sehr gering ausgeprägt (JONES 2002), kulminiert jedoch in einzelnen Ballungsräumen, die meist hafennahe Hauptstadtregionen darstellen: „Mega-Urban Regions" dringen definitionsgemäß oft 50 Kilometer und mehr vom Kernstadtbereich in das peri-urbane Hinterland (MCGEE und

---

[1]) Bei dem vorliegenden Beitrag handelt es sich um den unveränderten Wiederabdruck des 2007 in der Zeitschrift Geographischer Jahresbericht aus Österreich, Bd. 62/63 (Doppelband), S. 157–184, publizierten gleichnamigen Aufsatzes des Autors.

ROBINSON 1995). In Indonesien, dem größten Staat Südostasiens, bestimmen sie vor allem auf Java, Heimat von über der Hälfte der Gesamtbevölkerung auf nur sieben Prozent der Fläche des Inselstaats, die Bevölkerungsdynamik (SILAS 2002, S. 1ff), die vor allem im nordjavanischen Städteband kulminiert (vgl. Abb. 1).

Abb. 1: Großraum Jabotabek – das ökonomische Wachstumszentrum in Nordjava

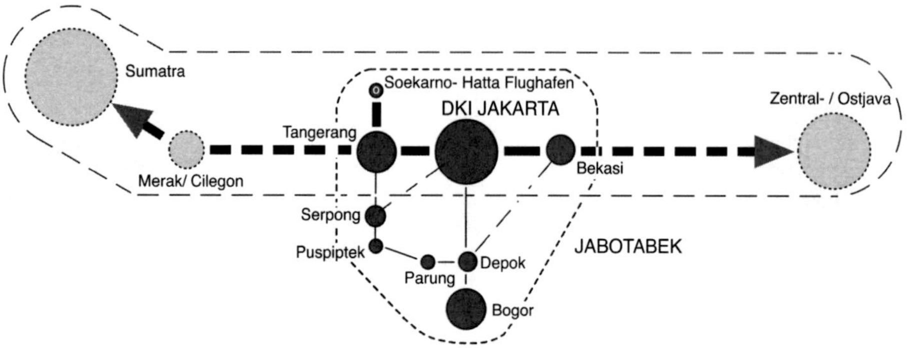

Quelle: SPREITZHOFER und HEINTEL 1997, modifiziert.

Metro-Jakarta, auch als „Jakarta Metropolitan Area" (HAN und BASUKI 2001), „Jakarta Extended Metropolitan Region" (JONES 2002) oder kurz – dem nationalen Planungskonstrukt entsprechend – „Jabotabek" (bzw. „Jabodetabek") bezeichnet, gilt als die größte Stadtagglomeration Südostasiens, deren Attraktivität als Zielraum für Migrationsströme – nach kurzzeitiger rückläufiger Entwicklung Ende der 1990er-Jahre – wieder ungebrochen scheint: *Jabotabek*,[2]) mit einer Fläche von 6.160 km^2 etwa sieben Mal größer als Berlin, steht als Akronym für die aus *Ja*karta sowie aus den im Süden, Westen und Osten an den Kernstadtbereich angrenzenden Städten *Bo*gor, *Ta*ngerang und *Bek*asi bestehende Stadtagglomeration. Jüngere Publikationen erweitern den Begriff auf *Jabodetabek*, um dem Bevölkerungsboom in der neuen Millionenstadt *De*pok, im Südteil des Ballungsraumes zwischen Jakarta und Bogor gelegen, gerecht zu werden und diese auch terminologisch einzubinden (vgl. u.a. SOEGIJOKO und KUSBIANTORO 2001; YULINAWATI 2005).

Der Großraum beherbergte 2001 elf Prozent der indonesischen Gesamtbevölkerung (1961: 6,1 Prozent), wobei der Großteil der Zunahme in *Botabek* erfolgt (RUSTIADI 2002). Doch auch der bebaute Kernraum von DKIJ[3]) ist seit den 1960er-Jahren (180 km^2) bis 2001 (590 km^2) deutlich gewachsen, weist derzeit annähernd elf Millionen Einwohner auf, könnte diese Zahl bis 2015 auf 21,2 Millionen verdoppeln und wäre damit die fünftgrößte Stadt der Welt – fünfzehn Mal größer als 1955, wenige Jahre nach der Erlangung der Unabhängigkeit des südostasiatischen Archipelstaates (PERESTHU 2004).

---

[2]) *Jabotabek* ist administrativ dreigeteilt, koordinative Maßnahmen sind deshalb traditionell schwierig zu setzen: Die Kernstadt Jakarta (DKIJ) ist direkt der Regierung unterstellt; Bogor, Depok und Bekasi sind Teil der Provinz West-Java, während Tangerang zur Provinz Banten gehörig ist.

[3]) DKI ist eine Abkürzung für *Daerah Khusus Ibukota* (= Hauptstadtsonderdistrikt). Der Begriff *Botabek* bezeichnet den metropolitanen Raum außerhalb des Kernstadtbereiches DKIJ(akarta).

Metro-Jakarta zwischen Macht und Marginalität

Der Übergang zwischen dem Kernstadtbereich DKIJ und den angrenzenden Städten kann – zumindest Tangerang und Bekasi betreffend – als fließend betrachtet werden. Industrielle Ansiedlungen (zum Beispiel der Hafen Tanjung Priok) oder prestigeträchtige Neubauprojekte kommerzieller und siedlungsbezogener Art („Villa 2000", „Concord 2000", „Waterfront"[4], Kemayoran, u. a.) und bedeutende Verkehrsachsen (beispielsweise zum International Airport Sukarno Hatta) sind für diese Entwicklung mitverantwortlich. „Uncontrolled urban expansion and chaotic land use", laut RUSTIADI (2002) symptomatisch für die südostasiatische Urbanisierung, machen auch vor *Jabotabek* nicht halt, das durch einen Mix aus landwirtschaftlichen und nicht-landwirtschaftlichten Nutzungsformen bis in die Kernstadt gekennzeichnet ist, der als *„desa-kota*-Ansatz" definierbar ist: Nach MCGEE (1995) handelt es sich dabei um semiperiphere Stadtrandgebiete, deren Nutzung durch Besiedlung, Industrialisierung und subsistenzorientierte Landwirtschaft geprägt ist.

Die Marginalisierung großer urbaner Bevölkerungsgruppen greift weltweit um sich (BRONGER 2005): In Metro-Jakarta handelt es sich um eine direkte Folge der regionalen Wirtschaftskrise der späten 1990er-Jahre, die latente Disparitäten verschärfte und die Kluft zwischen (urbanen) Armen und (suburbanen) Reichen weiter vorantrieb. Die rigiden Maßnahmen der gegenwärtigen Stadtregierung gegen sämtliche Bereiche des informellen Sektors (vgl. u.a. JELLINEK 2003) dokumentieren die Gratwanderung zwischen versuchter (westorientierter) Modernisierung und (postautokratischer) Konzeptlosigkeit im Umgang mit stetig zunehmenden Bevölkerungsgruppen, die sich ihrerseits zunehmend emanzipieren und in zahlreichen Printmedien und Internet-Plattfomen Artikulationsmöglichkeiten nützen, die – nicht zuletzt aufgrund der autokratischen Regime der letzten Jahrzehnte – früheren Generationen von marginalisierten Gruppen nicht offen standen.

Der folgende Beitrag spart Aspekte von urbaner Umweltbelastung und des Investitionshypes ebenso wie das parteipolitische Umfeld und Fragen der globalisierten Transformation gezielt aus, denen in früheren Arbeiten das Hauptaugenmerk galt (SPREITZHOFER und HEINTEL 1997 bis 2003). Versucht wird vielmehr ein Überblick über Genese und Konfliktfelder der metropolitanen Planung innerhalb der Agglomeration Metro-Jakarta, deren gegenwärtige Entwicklung eine kontinuierliche Verstärkung latenter Disparitäten erkennen lässt, die bestehende Marginalisierungstendenzen geradezu fördert.

Im komplexen Spannungsfeld von rural-urbanem Nutzungswandel, gezielter Industrialisierung, rapider Bevölkerungszunahme und visionären Planungskonzepten[5] stehend, ist die Wohnungs- und Siedlungsdiskussion längst nicht mehr ausschließlich auf die Kernstadt begrenzt zu führen; diese „Lebensfrage" *Jabotabeks* ist zunehmend an die Bereit-

---

[4]) Die visionäre „Waterfront City" (auch *WFC* oder *Pantura* genannt*)* galt in den 1990er-Jahren als Prototyp futuristischer Landnutzungsprojekte: Dieses öffentlich-private Großvorhaben erstreckte sich über die gesamte Jakarta Bay (ca. 32 km, im Nordteil von DKI Jakarta), basierend auf 2.700 ha (künstlich gewonnenem, 1,5 km ins Meer reichendem) Küstenland sowie 2.500 ha Revitalisierungsland und war, bei Bereitstellung von 500.000 Arbeitsplätzen, für 1–1,5 Millionen Einwohner konzipiert. Aus Kostengründen wurde das Projekt jedoch storniert (CALJOUW et al. 2004, S. 5).

[5]) Vgl. www.portmanusa.com/master_plan/bsd.html; Zugriff: 20.5.2006

stellung und Anbindung von Infrastrukturleistungen (suburbane Stadtneugründungen; öffentlicher und privater Verkehr, u. a.) in der städtischen Peripherie gekoppelt, wo unkoordinierte Neustadtgründungen und willkürliche Flächenwidmung die (jahrzehntelange) Ausgrenzung breiter urbaner Bevölkerungsmehrheiten in Zentraljakarta begleiten, die seit 1998 – dem Ende der Suharto-Ära – eine neue (systematische) Qualität erfährt: Marginalisierung versus Moderne scheint das entscheidende urbane Konfliktpotenzial der indonesischen Gegenwart.

2. Regionalentwicklung und Landnutzung in Metro-Jakarta: Viele Konzepte, wenig Koordination

2.1 Koloniale Stadtplanung und Sukarnos „Gelenkte Demokratie" (1954 bis 1965)

Die ersten raumplanerischen Ansätze im Bereich der Stadtentwicklung in Java fallen in die letzte Phase der niederländischen Kolonialherrschaft in den 1940er-Jahren, als die Migrationsströme in die Städte ständig zunahmen und Handlungsbedarf entstand.[6] Noch kurz vor der Unabhängigkeit, am 23. Juli 1948, trat ein Stadtplanungsakt[7] in Kraft, gefolgt von einer nationalen Verordnung[8] zur Stadtplanung. Exekutiert wurden die erforderlichen Maßnahmen im neugegründeten Raumplanungsbüro („Centraal Planologisch Bureau") des damaligen Batavia, das dem „Department of Reconstruction and Public Works" (später: „Ministry of Public Works and Energy") zugeordnet war.

Kebayoran, die erste Neustadtgründung südlich von Jakarta, die für eine Einwohnerzahl von 100.000 Personen konzipiert war, geht planungstechnisch noch auf eine niederländische Konzeption zurück und kann als erster Schritt in Richtung einer integrativen Regionalentwicklung im Umfeld der neuen Nationalmetropole Jakarta betrachtet werden – auch wenn die Wirren der Unabhängigkeit (1949) eine gezielte Fortführung der planerischen Leitideen zur Migrationskontrolle zunächst vereitelten. Rurale Migranten siedelten sich in den Dörfern rund um die Agglomeration an, die ihren ruralen Charakter verloren und sich seither stetig zu urbanen *Kampungs*[9] wandelten: „Because Indonesia did not formalise a housing policy until the 1970s […] migrants still have no choice but to settle in these kampungs" (REERINK 2006).

---

[6]) Parallel zum heutigen Verwaltungssystem wurde auch im kolonialen Indonesien zwischen drei Ebenen, der National-, der Provinzial- und der zweigeteilten Lokal-/Regionaladministration unterschieden. Bei letzterer standen bzw. stehen „*kotamadya*" (städtischer Raum) und „*kabupaten*" (Distrikt) – gleichwertig nebeneinander.

[7]) Stadsvormingsordonnantie, Staatsblad 1948, No. 18.

[8]) Stadsvormingsverordening, Staatsblad 1949, No. 40.

[9]) Zur Definition und Diskussion des Begriffes „Kampung", vgl. Kapitel 3.2.2.

Nichtsdestoweniger entwickelte ein holländisch-indonesisches Planungskomitee zur metropolitanen Grenzfestlegung der neuen Hauptstadt 1950 das Konzept „Jakarta Raya", das in wesentlichen Zügen dem Jabotabek-Ansatz der Gegenwart entspricht. Auch der „*Jagorawi*-Highway", die Hauptverkehrsachse zwischen Jakarta und Bogor, geht auf die unmittelbare Nachkriegszeit zurück, die allerdings – aufgrund der politisch labilen Situation und nach der Demission der niederländischen Raumplanungsexperten – außer Absichtserklärungen wenige konkrete planerische Umsetzungen bieten konnte. Die Administration der „Gelenkten Demokratie" des Präsidenten SUKARNO war insgesamt zu schwach und in der Frage der überfälligen Landreform zum Scheitern verurteilt (GIEBELS 1986, S. 3f).

2.2 Suhartos „Neue Ordnung" (1965 bis 1998): Privatisierung und Deregulierung

> *„We shall not be able to build a complete Indonesian being,*
> *we shall not be able to enjoy spiritual and material well-being,*
> *we shall not be able to improve the quality of life,*
> *unless the problem of human settlement and*
> *shelter can be fundamentally overcome."*
> (SUHARTO, zit. nach National Committee for Habitat II 1996, S. 1)

Es blieb dem Konzept der „Neuen Ordnung" des nächsten Präsidenten, SUHARTO, vorbehalten, die anstehenden Fragen der metropolitanen Stadterweiterung erneut, diesmal jedoch unter massivem Bevölkerungsdruck, weiter zu entwickeln. Auch wenn der Anteil der urbanen Bevölkerung 1971 indonesienweit nur bei 17 Prozent lag, erforderte das disproportionale Wachstum der Hauptstadt Jakarta, des Symbols der Einheit der jungen Nation, das Hauptaugenmerk auf die kulminierenden Migrationsströme in die Hauptstadt, die ihre Bevölkerungszahl seit 1930 auf 4,6 Millionen verzehnfacht hatte, zu legen.

Der „Entwicklungsplan West-Java", von niederländischen Raumplanern[10] mitgestaltet, stellt ein Konstrukt hierarchischer Zentren im Umland der Kernstadt Jakarta dar. Die Politik der Zentralisierung hatte die gesamte wirtschaftliche, infrastrukturelle, soziale und kulturelle Entwicklung auf die Metropole fokussiert, für die bis in die frühen 1970er-Jahre 50 Prozent des Nationalbudgets aufgewendet wurden – die unumgängliche Schaffung wirtschaftlicher Gegenpole wurde im „Jabotabek-Report" 1973 erstmals formuliert.

Irreale Szenarien und Planungskonzepte leiteten die Stadtplanung ein: Der erste „Jakarta Master Plan" war für den Zeitraum 1965 bis 1985 konzipiert und sah den Ausbau Jakartas rund um das neu errichtete Nationaldenkmal *„Monumen Nasional"* (*Monas*) vor, um das sich in einem Umkreis von 15 Kilometern punktuelle Entwicklungszentren gruppieren sollten: Ziel war ein gelenktes Wachstum in konzentrischen Kreisen.

---

[10]) Die Region West-Java (Provinzen West-Java und DKI Jakarta) entspricht, bei weit höherer Einwohnerzahl, der Fläche der Niederlande und wurde somit zum Experimentierfeld niederländischer Raumplaner.

Abb. 2: Die Agglomerationsräume Jabotabek und Bandung

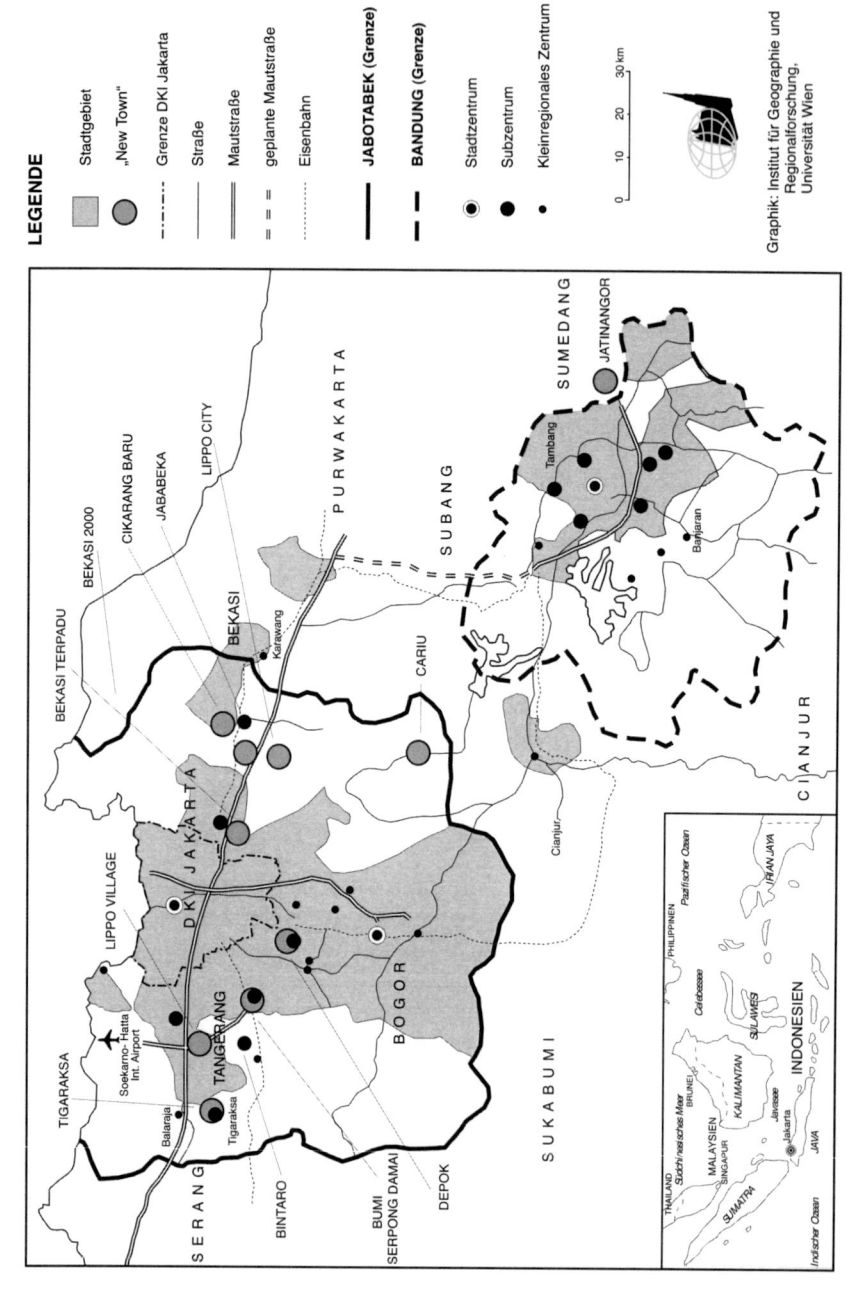

Quelle: SPREITZHOFER und HEINTEL 1997, modifiziert.

2.2.1 Entwicklungsstrategien und Planungskonzepte

> *„Here there are many people who are more powerful than our governor.*
> *That makes Jakarta a very difficult city to manage."*
> (BIANPOEN 1991, S. 71)

Anhaltende Migration, sich verschlechternde Umweltbedingungen und ein schrumpfender Arbeitsmarkt verlangten nach verstärkter überregionaler Koordination: Die Planungsregion Jabotabek wurde mit Beginn des zweiten Fünfjahresplanes (Repelita II) als Planungskonzept[11]) etabliert. Ziel war die Koordinierung infrastruktureller Maßnahmen im Großraum Jakarta, da bis dato Maßnahmen der Wasserver- und -entsorgung sowie des Straßen- und Schienenausbaus ohne Rahmenkonzeption erfolgt waren.

Der „Jabotabek Strategic Plan 1978–81" sollte ergänzend die Entwicklung des metropolitanen Umlandes steuern und war auf die Bereitstellung von Trinkwasser, auf Überschwemmungskontrollen sowie die Schaffung von Wohn- und Industriegebieten ausgerichtet (CCJ 1994, S. 40).

Die jährlichen Wachstumsraten der drei Nachbardistrikte Jakartas (= *Botabek*) betrugen nach Beginn der Industrialisierungs-Offensive SUHARTOS zwischen 3,6 und 4,6 Prozent und schufen infrastrukturellen Handlungsbedarf über die engen Grenzen der Kernstadt DKIJ hinaus: Neben Begleiterscheinungen wie Bevölkerungsentflechtung und Armutsverminderung stand die gezielte Ansiedlung internationaler Industrien um Tangerang (Westen) und Bekasi (Osten) im Mittelpunkt (PERESTHU 2004), während die Region Bogor (Süden) vorwiegend als Trinkwasserspeicher und Wohnraum reserviert bleiben sollte (DONNER 1987, S. 298).

Konzeptionell zur Anwendung kam das Modell der „bundled concentration", das – dem niederländischen „Randstad-Modell" entsprechend – die Förderung punktueller Wachstumszentren im Großraum Jakarta vorsah, um eine weitere unkontrollierte Suburbanisierung zu verhindern; die lineare Wachstumsstrategie („ribbon development"), die den geringsten infrastrukturellen Kostenaufwand und auch Freiflächen zwischen den Wachstumspolen erwarten ließ, setzte sich hierbei letztendlich durch (GIEBELS 1986, S. 113f). Die Achsenbildung kulminiert heute in zwei Hauptachsen: ein 120 km langer Ost-West-Korridor verbindet Bekasi mit Jakarta und Tangerang, eine 200 km lange Nord-Süd-Achse reicht längst über die südliche Distriktsgrenze hinaus bis in den Bereich der zweitgrößten Agglomeration Javas, Bandung (vgl. Abb. 2).

Als integrierender Teil des nationalen „Long-Term Regional Development Pattern 1985–2005" wurde 1985 das Konzept „Jakarta General Spatial Planning 2005" (= „Jakarta Structure Plan") formuliert: Ziel war eine optimierte Landnutzung, die Erhaltung historisch wertvoller Bausubstanz und die kontrollierte Ausweitung der Verbauung in das me-

---

[11]) Zur Operationalisierbarkeit des Entwicklungsmodells wurde 1976 ein Koordinationsgremium geschaffen (BKSP – „Jabotabek Development Planning Board"): Die „Jabotabek Metropolitan Development Study", 1977 mit Unterstützung der Weltbank initiiert, war mit Kosten von 224 Millionen US-Dollar veranschlagt (CERNEA 1993, S. 35).

tropolitane Umland. Zur Erleichterung der effektiven Umsetzbarkeit der abstrahierten Zielsetzungen wurden „Urban Partial Plans" (Detailplanungen für Stadtteile) und „District Plans" (für Subdistrikte) etabliert: Im Gegensatz zum „Jakarta Master Plan 1965–1985", der der physiognomischen Entwicklung eindeutige Priorität einräumte, beruhte der „Jakarta Master Plan 1985–2005" auf „umfassender integraler Kombination von urbaner Funktion, Programmatik und Struktur", wie die Stadtregierung formuliert (vgl. Jakarta Metropolitan City Government 1995, S. 75). Dennoch wurde keine verbindliche rechtliche Grundlage geschaffen, koordinative Maßnahmen wurden damit kaum möglich. Erst die Erklärung des gesamten Planungsraumes *Jabotabek* als „Megastadt" (vgl. Indonesian Observer, 16.04.1999) scheint die Zusammenarbeit in sensiblen Bereichen wie Hochwasserschutz, Wasserressourcen, Wohnungspolitik oder Verkehrskonzeption mittelfristig zu verbessern (siehe dazu LEISCH 2000, S. 22).

Die ursprüngliche Strategie, bestehende Siedlungseinheiten zu hierarchisch strukturierten Wachstumszentren auszubauen und auf Stadtneugründungen zu verzichten, um keine Umsiedlungsmaßnahmen zu forcieren, erwies sich als irreal. Die Nukleus-Idee der Autonomie der Subzentren hinsichtlich Arbeitsplatz- und Dienstleistungsangebot ist zwar nach wie vor aktuell, zur Umsetzung der Planungsstrategien bedarf es jedoch mehr als bloßer Absichtserklärungen oder auch (teils) fundierter Zielsetzungen; solange die Umsetzung an demographischen (Migrationsvolumen) und gesellschaftspolitischen (urbane Raumplanung versus private Erschließungspläne) Fehleinschätzungen scheitert, ist das postulierte Ziel der De-Marginalisierung und Einbindung der „Urban Poor" in weiter Ferne. „Für den Abbau der Marginalität ist [...] der Wille des Einzelnen wie auch der politisch Verantwortlichen entscheidend," konstatiert BRONGER (2005, S. 9), der die Problematik der internationalen Vergleichbarkeit von Marginalfaktoren hervorstreicht: Urbane Armut hat andere Gesichter als rurale (vgl. u.a. DAVIS 2004).

2.2.2 Dezentralisierung und Entwurzelung: Der demographische Hintergrund

Die Entwicklung von 1980 bis 1990 zeigt die absolute Notwendigkeit koordinierter Urbanisierung in der Botabek-Region: Innerhalb dieses Jahrzehntes stieg die Bevölkerungzahl um 3,5 Millionen, was einer Zunahme von 336 Prozent, bei etwa 16 Prozent durchschnittlichem jährlichen Wachstum, entspricht – eine Reflexion des wirtschaftlichen Höhenfluges im Zuge gezielter Deregulierung (PERESTHU 2004). Die Urbanisierungsrate der Region lag 1990 bereits weit über 50 Prozent, gegenüber lediglich 20 Prozent im Jahr 1980. Räumlich disparitäre Entwicklung ist offenkundig: Galt in den frühen 1980er-Jahren die (südliche) Region Bogor als Zuwanderungsmagnet, so explodierten die westlichen (Tangerang) und östlichen (Bekasi) urbanen Pole zeitverzögert von jeweils rund einer Viertelmillion Einwohner (1980) auf über eine Million (1990).

Während sich die Bevölkerung der Kernstadt (DKIJ) von 1961 (2,9 Millionen) bis 1981 (6,5 Millionen) mehr als verdoppelt und mittlerweile die 10-Millionen-Schallmauer durchbrochen hat (MARSHALL 2005, S. 312), wurde für die Umlandgebiete zumindest eine Verdreifachung der Bevölkerungszahl (CERNEA 1993, S. 34) erwartet; für die gesamte Region Jabotabek ist ein Bevölkerungsanstieg von 17,1 Millionen (1990) – davon

Metro-Jakarta zwischen Macht und Marginalität

sind 13,1 Millionen dem urbanen Sektor zuzuordnen – auf 30 Millionen 2010 (WEBSTER 1995, S. 28) bzw. 40 Millionen 2020 (HAN und BASUKI 2001, S. 1841) prognostiziert. Massive Binnenmigration scheint vorprogrammiert, da „the pool of population remaining in rural and regional areas [...] is still large enough to generate high rates of net in-migration and [...] mega-urban growth" (JONES 2002): Die Migranten nach DKIJ sind weitgehend jung, oft alleinstehend und immer besser ausgebildet, während Familienzuwanderung eher in den Randbereichen der Metropole zu konstatieren ist (JONES und MAMAS 1996; JONES 2002).

Tab. 1: Die Entwicklung der Bevölkerungszahl in Jabotabek
1960 bis 2000 und Prognose für 2010

	1960		1970		1980		1990		2000		2010	
	in Mio.	in %	in Mio.	in %	in Mio.	in %	in Mio.	in %	in Mio.	in %	in Mio.	in %
DKI Jakarta	2,97	51	4,57	55	6,49	54	8,22	48	8,38	40	*11,18*	*37*
Bogor	1,31	23	1,86	22	2,74	24	4,01	23	5,38	25	*7,41*	*25*
Bekasi und Tangerang	1,54	26	1,90	23	2,67	22	4,87	29	7,37	35	*11,30*	*38*
Jabotabek (Gesamt)	5,83	100	8,33	100	11,89	100	17,01	100	21,13	100	*29,91*	*100*

Quellen: Biro Pusat Statistik (2000); MCGEE 1995, S. 12 (1960 bis 1990); KUSBIANTORO 1996, S. 61 (Prognose 2010).

Das Wachstum der Kernstadt (DKIJ) lag in den 1990er-Jahren bei vergleichsweise geringen 2,4 Prozent jährlich und ist zwischen 1995 und 2000 – verglichen mit jährlich durchschnittlich 3,8 Prozent in den frühen 1970er-Jahren – mit +0,2 Prozent p.a. nahezu gänzlich zum Stillstand gekommen (JONES 2001). Eine Reihe von innerstädtischen Bezirken zeigt seit zwei Jahrzehnten einen Bevölkerungsrückgang, etwa Zentraljakarta mit -1,4 Prozent (1980 bis 1990) und -3,0 Prozent (1990 bis 2000) (RUSTIADI 2002, S. 68f), dessen Ursache jedoch umstritten ist: Zum einen trägt die Umwandlung weiter Flächen in Industriegebiete das ihre zu dieser Entwicklung bei, zum anderen gilt die Politik der De-Konzentrierung von dicht besiedelten Wohngebieten als verantwortlich.

Insgesamt ist der Bevölkerungsanteil der Kernstadt DKIJ an der Gesamtbevölkerung von Jabotabek von 55 Prozent (1980) auf 48 Prozent (1990) bzw. 40 Prozent (2000) gesunken (Tab. 1), wofür die rege Bautätigkeit in den Randregionen verantwortlich gemacht wird: sechs Prozent (38.000 ha) der Fläche Botabeks, dessen Bevölkerung derzeit jährlich um 3,7 Prozent wächst (JONES 2002), wurden von der „National Housing Agency" mit Nutzungspermits versehen, von denen 86 Prozent für Wohnzwecke und 14 Prozent für Industrieprojekte vergeben wurden.

3. Urbane Lebensformen: Monas, Malls und Marginalität

Der folgende Diskurs wird zweigeteilt geführt: Nach einer Analyse von Rahmenbedingungen, Entwicklungstendenzen und -hemmnissen im metropolitanen Wohnungsmarkt folgt eine Betrachtung zu Genese, Entstehung und gegenwärtigem Stellenwert von (traditionellen) *Kampungs* und (modernen) *New Towns*, die Planungsszenarien zu *Jabotabek* reflektieren und die gesellschaftliche Polarisierung einer inhomogenen Stadtbevölkerung dokumentieren.

3.1 Brennpunkt Wohnungsmarkt: Zwischen Staat und Privat

3.1.1 Der legistische Hintergrund

Um den Anforderungen eines adäquaten Wohnungsmarktes gerecht zu werden, war von staatlicher Seite eine Anpassung der legistischen und administrativen Voraussetzungen notwendig. Die Zusammenlegung des „Ministry of Housing" mit dem „Ministry of Population and Environment" zum „State Ministry for the Environment and State Housing of Population" belegt die enge Verknüpfung von bevölkerungspolitischen und umwelttechnischen Fragestellungen; die zunehmende Dezentralisierung von planungsrelevanten Schritten in Sachen Finanzierung und Infrastrukturgestaltung gilt als weiteres Indiz für gezielte Interventionsmaßnahmen in den Wohnungsbereich, dessen enge Bindung an den Wohlstand einer Gesellschaft mittlerweile unbestritten ist.

Zur Optimierung der staatlichen Investitionen und der Einbindung lokaler Gelder existiert seit 1985 das „Integrated Urban Infrastructure Development Programme" (IUIDP), das mittlerweile von einem ganzheitlich strukturierten „Integrated Urban Development Programme" (IUDP) abgelöst wurde. Seit 2001, im Zuge wachsender Regionalautonomie, hat die staatliche „National Land Agency" (NLA) nicht mehr die Alleinverfügung über die Landnutzung im Umfeld von DKIJ (REERINK 2006). Die Entwicklungsstrategien werden Stadt für Stadt speziell ausgearbeitet, wobei die Einbeziehung des „Ministry of Public Works", der „National Development Planning Agency", des „Ministry of Finance" und des „Ministry of Home Affairs" eine konsistente wie auch pragmatisch fundierte Basis gewährleisten soll, um die Dezentralisierung, Koordinierung und Finanzierung urbaner Landnutzung wie -schaffung zu regeln. Das IUDP gilt asienweit als Musterbeispiel gremienübergreifender Zusammenarbeit (vgl. dazu United Nations Centre for Human Settlements 1996, S. 302).

Neben dem noch näher zu erläuternden Konzept des „*Kampung* Improvement Programme" (KIP)[12] begann parallel dazu ein weiteres, vom nationalen „Ministry of Social Affairs" 1991 implementiertes Programm der „Social Rehabilitation of Poor Areas"

---

[12]) Vgl. Kapitel 3.2.2.1.

(„*Rehabilitasi Sosial Daerah Kumuh*"), von dem national bislang über drei Millionen Slumbewohner profitiert haben, allmählich Wirkung zu zeigen. Die Schwerpunktsetzung auf nachhaltige Siedlungsentwicklung („Urban Policy Action Plan" – UPAP) im zweiten Langzeit-Entwicklungsplan Indonesiens (1993–2018) verdeutlicht das Bewusstsein, dass ökonomische Zuwachsraten allein auf Dauer die gesellschaftliche Stabilität nicht tragen werden können (National Committee for Habitat II 1996).

3.1.2 Die Entwicklungsstrategien

Die Reduzierung der Armut ist das offizielle Hauptanliegen der indonesischen Regierung, die dieses Ziel mittels massivem Wirtschaftswachstum und rapider Erhöhung der Produktivität erreichen will. Verfügbarkeit von Land, hohe Baukosten und komplizierte Kreditvergabe sind die Hauptverursacher für die steigende Zahl von Substandard-Wohnungen: Indonesienweit lebt ein Viertel der Bevölkerung unter der Armutsgrenze (www.habitatindonesia.org; Zugriff 30.04.2006).

WARDHANA (1996, S. 454) betonte bereits vor einem Jahrzehnt die Notwendigkeit spezifischer Maßnahmenbündel, um der Bevölkerung unter der Armutsgrenze den Zugang zu Transportmitteln und Wohnungen erschwinglich zu machen – ohne aktive Eingriffe der Stadtpolitik ist die Etablierung eines Niedrigpreis-Wohnungsmarktes illusorisch (NURBIANTO 2006). Auf präsidiale Verordnung wurde seit 1995 die Fertigstellung von 240.000 „Very Low-Cost Housing"-Einheiten (Kosten: 2.200–3.000 US-Dollar) und „Low-Cost Housing"-Einheiten (Kosten: 4.000–5.000 US-Dollar) eingeleitet, was latente Spannungsfelder in Fragen der Landnutzung und Landrechte intensivierte.

Analog zu Entwicklungstendenzen am urbanen Arbeitsmarkt ist auch der Wohnungsmarkt durch zunehmende Informalisierung gekennzeichnet. Der formelle Sektor, bestehend aus der nationalen Wohnbaugesellschaft *Perum Perumnas* und zahlreichen Privaterschließungsgesellschaften, kann auf nationaler Ebene gerade 15 Prozent der städtischen Wohnungsnachfrage decken (National Committee for Habitat II 1996, S. 9), in Jakarta etwa 25 Prozent. Im Gegensatz zur ursprünglichen Konzeption waren die Anlagen von *Perum Perumnas* nicht in der Lage, der Nachfrage nach Wohnraum auch nur annähernd gerecht zu werden: Zum einen übersteigen die verlangten Preise der Gebäude (Durchschnittsfläche: 12 m^2) zumeist die finanzielle Kapazität der abgesiedelten *Kampung*-Bewohner und auch der neu migrierten Bevölkerungsgruppen, zum anderen ist die Lage in den urbanen Randzonen zudem für einen adäquaten Lebensunterhalt denkbar ungeeignet; Wohnblocks wiederum verhindern die Beibehaltung etablierter Beschäftigungsmuster vor allem im informellen Sektor. Wäscherinnen im dritten Stock sind so deplatziert wie eine Umsiedlung von fahrenden Garküchen in ein Dachgeschoß – „flats are only suitable for those with formal professions, like civil servants, labourers or other professions prosecuted out of the house", bringt BIANPOEN (1991, S. 69) die Kluft zwischen arbeitspolitischer Realität und wohnungspolitischer Vision auf den Punkt.

Der informelle Wohnungsmarkt *Jabotabeks* funktioniert vergleichsweise zufriedenstellend, vorwiegend aufgrund einer ausgeprägten „Laissez-faire"-Haltung der Planungsbehörden, die auf Preisvorschreibungen und restriktive Reglementierungen verzichten, solange keine ökonomischen Interessen dagegen sprechen. Wesentliche Hürden im Zugang zu „low-cost housing" bilden jedoch einerseits das Fehlen klarer Besitzverhältnisse, zum anderen die derzeit geringe Verfügbarkeit von Wohnbaukrediten, wobei das neu etablierte KUPEDES-Programm der „Bank Rakyat Indonesia" zumindest bis 1997 Abhilfe schaffen konnte; für Beamte wurde das TAPERUM-Schema, eine Art obligatorische Bausparkasse, initiiert.

Um den – speziell für Privatbaugenossenschaften unattraktiven – Billigwohnungsmarkt zu beleben, kam es zur Etablierung einer verpflichtenden Hausentwicklungsquote, um den finanziell lukrativen, doch vergleichsweise wenig nachgefragten Hochpreissektor zugunsten des Niedrigpreissektors zu entlasten: Der Schlüssel 1 (Luxus) : 3 (Mittel) : 6 (Billig) zwingt Privatfirmen zwar in der Theorie zu verstärkter Konzentration auf „low-cost-housing", aufgrund der explodierenden Landpreise bleibt allerdings auch dieser Bereich außerhalb der finanziellen Kapazität[13] der Mehrheit der Bevölkerung (DOUGLASS 1996a, S. 17). Der suburbane Spekulationsraum, mit boomenden Grundstückspreisen außerhalb des zentralen, dicht besiedelten, verkehrsintensiven Stadtbereiches, gewinnt zunehmend an Attraktivität (HAN und BASUKI 2001, S. 1843).

Die im „Housing and Human Settlements Law" (1992) festgelegte Rolle der Regierung als Regulator der Landpreisentwicklung scheint damit – analog zu zahlreichen Aspekten der nationalen und regionalen Wirtschaftsentwicklung – von der Realität überholt. Lebensraumschaffung ist mehr als die Bereitstellung von Wohneinheiten ohne infrastrukturelle Koordination, die nach Aufschließung von einstigem Agrarland strukturlos – ohne adäquate Wasser- oder Elektrizitätsversorgung sowie Müllentsorgung – zwangsläufig weiteren Umweltdruck durch Zersiedelung bewirken.

Hochrechnungen zufolge betrug die Nachfrage nach Wohnraum 1995 500.000 Häuser; unter Zugrundelegung des gegenwärtigen Bevölkerungswachstums für *Jabotabek* von jährlich 2,1 Prozent (JONES 2002) wären – nach Sättigung des bisherigen Bedarfs – immer noch jährlich 70.000 bis 100.000 Wohnungen (DOUGLASS 1996b, S. 54) erforderlich, die Hälfte davon für Bevölkerungsgruppen unter der Armutsgrenze.

Der anhaltende Zustrom an Migranten, deren Dunkelziffer die offiziellen Zahlen bei weitem übersteigen dürfte, sorgt für derart massiven Druck auf den urbanen Wohnungsmarkt, dass das (geplante) Angebot – ganz abgesehen von der überhöhten Preisgestaltung – mit der effektiven Nachfrage nicht Schritt halten kann. Solange latente innerstaatliche Disparitäten, politische Unruhen und aktuelle Naturkatastrophen[14] die rurale Bevölkerung vor allem Javas, wenn auch vielfach nur temporär, nach *Jabotabek* treiben, ist eine Entspannung der Siedlungssituation wohl ferne Vision.

---

[13]) Eine Studie der Baulandpreise im Raum *Jabotabek* Ende der 1980er-Jahre ergibt folgendes Bild: Zwischen 1987 und 1989 stieg der Preis für Parzellen zehn Kilometer außerhalb des CBD um jährlich rund 11 Prozent, im unmittelbaren Zentrum um fünf Prozent und 20 Kilometer außerhalb um durchschnittlich 18 Prozent (CRANE et al. 1997, S. 1498)

[14]) Vgl. Tsunami (Sumatra 2004); Erdbeben (Yogyakarta/Java, 2006), Vulkanausbrüche (Merapi/Java), u. a.

3.2 Brennpunkt Lebensraum: Zwischen Kampung und Kondominium

Der Anstieg der Wohnungskosten im legal-autorisierten Bereich betrug zwischen 1980 und 1990 153 Prozent und lag damit selbst in der ökonomischen Boomphase der frühen 1990er-Jahre über der Inflationsrate von 133 Prozent (State Ministry for People's Housing 1995). Die Divergenz zwischen der Stadtplanung der regierenden Elite und den Bedürfnissen der Masse der urbanen Bevölkerung, die durch staatspolitisch motivierte Maßnahmen wie „Street Clearance", „*Kampung* Clearance" und „Land Clearance" die Internationalisierung hautnah erfährt, dokumentiert sich nicht zuletzt in einem mehrheitlich unerschwinglichen Wohnungsmarkt: „The ever increasing land prices in urban areas are a result of the increased need for commercial space and increased land speculation, and have led to the growth of more slum housing, particular on public land and marginal areas [...]" (TJIPTOHERIJANTO 1996, S. 9).

„Those in possessory rights cannot sell their land (since they have no title) and can only exercise their rights and realise some value to their land by continuing to reside on it, thus inhibiting changes in land use patterns", bringen HENDERSON et al. (1996, S. 80) die Interessenkollision auf den Punkt. DOUGLASS (1996a, S. 15ff) betont die Illusion einer Entwicklungskonzentration auf die infrastrukturell völlig überlastete Kernstadt. Ziel der Planungsstrategien sollte eine integrierte Schaffung von „Site and Services"-Einrichtungen sein: Ohne die Bereitstellung von Verkehrswegen, Trinkwasser, Müllentsorgung oder Elektrizität würde die Konzeptlosigkeit der Ära der frühen „Neuen Ordnung" prolongiert und eine weitere Verschärfung der prekären Umwelt- und Transportbedingungen vorweggenommen (IEDA et al. 2003).

Die Erschließung von „Serviced Land", teils in Form von Neustadtgründungen, genießt mittlerweile längst den Vorrang vor der nachträglichen Verbesserung der Lebensqualität in *„Old Kampungs"* (PERESTHU 2004), was – durch die Tertiärisierung der Kernstadt – ohnedies eine Relozierung etablierter zentraler Siedlungsräume mit sich bringt. Langfristig scheint die Kernstadt Jakarta als Wohnraum nur mehr gehobenen Einkommensgruppen zugänglich, die – der Vision der Weltstadt entsprechend – ihren Lebensbereich in zentral gelegene Apartments und Kondominien von privat errichteten vielstöckigen Wohntürmen („Towers") verlegen.

3.2.1 Superblocks und New Towns: Leben in der Moderne?

Die „Superblock"-Konzeption der Stadterweiterung liegt sämtlichen Szenarien für *Jabotabek* zugrunde und beruht auf der Verordnung 678/1994 des Gouverneurs von Jakarta:[15]) Als Superblocks gelten multifunktionale und integriert entwickelte Gebiete mit einer Mindestgröße von 20.000 m^2, die von mindestens zwei Hochkapazitätsstraßen erschlos-

---

[15]) Die verwaltungstechnische Operationalisierung der erforderlichen Planungsstrategien obliegt seit 1976 einem koordinativen Gremium aus Zentralregierung, Stadtregierung und Provinzregierung (Provinz West-Java).

sen werden und in urbanen Stadterneuerungsgebieten oder Niedrigdichteregionen liegen sollen (Jakarta Metropolitan City Government 1995, S. 83).

Für das suburbane Umland erscheinen die potenziellen Konfliktfelder noch ausgeprägter. Die Raumplanungskonzepte der Provinz West-Java für *Botabek* lassen eine Interessenkollision zwischen agrarischem Versorgungsraum und der dezidierten Ansiedlung von industriellen Groß- und Mittelbetrieben erkennen. Im Rahmen eines konzentrischen Wachstums der Wohnzonen soll dem Pendlerproblem begegnet werden, das seinerseits die prekäre innerstädtische Transportsituation[16] ursächlich bedingt: In einem inneren Kreis, der maximal 15 bis 20 Kilometer von der Distriktgrenze DKI Jakartas entfernt ist, sollen 75 Prozent der potenziellen Arbeitspendler lokalisiert sein, in einem äußeren Kreis (Entfernung zur Kernstadtgrenze: 30 bis 40 Kilometer) 25 Prozent. Die Praxis zeigt jedoch die De-facto-Unkontrollierbarkeit jedweder Entwicklung im unmittelbaren Umfeld der Kernstadt. Als Folge der Deregulierungsmaßnahmen der 1990er-Jahre sind oftmals ungeplante Wachstumspole entstanden, die wieder ihrerseits das Verkehrskonzept veraltet erscheinen lassen.

Die Spillover-Effekte zunehmender Landnutzung im Umland der Kernstadt manifestieren sich in massiver Verbauung, die – von der Stadtgrenze ausgehend – zunächst die angrenzenden Teile *Botabeks* erfasste. Eine Betrachtung der verbauten Fläche innerhalb von DKI Jakarta verdeutlicht den enormen Siedlungsdruck in Richtung *Botabek*: 1971 waren 31,4 Prozent, 1980 58 Prozent, 1994 bereits 82 Prozent des administrativen Stadtgebiets von Jakarta verbaut, was einer jährlichen Steigerung der bebauten Fläche von derzeit 4,3 Prozent entspricht; 95 Prozent sämtlicher 1993 in *Jabotabek* neu errichteter Häuser – insgesamt 246.000 – entstanden in *Botabek*, lediglich 5 Prozent in Jakarta selbst, wo noch 1981 48 Prozent der Neubauten lokalisiert waren (Soegijoko 1995, S. 20f).

3.2.1.1 Investoren kontra Raumplanung: Der „Influx" der „Developer"

Die Strategie der Forcierung von Gegenpolen zu DKI Jakarta innerhalb *Botabeks* – sogenannten „Countermagnets" – ist ein Produkt des letzten Jahrzehnts; die Schaffung von semi-autarken „New Towns" wurde zum prägenden Merkmal der gegenwärtigen Planungsintention, um der starken Zuwanderung und dem ausufernden Pendlerwesen zielgerecht zu begegnen. Mitte der 1990er-Jahre agierten über 30 private Landerschließungsgesellschaften, die auf Flächen von 500 bis 10.000 ha Neustadtgründungen planten, die allerdings nur teilweise realisiert wurden. Sämtliche dieser designierten Wachstumspole sind innerhalb eines Umkreises von 60 Kilometern zu Jakarta gelegen und umfassen eine Gesamtfläche von über 43.000 ha (Kusbiantoro 1996, S. 61).

Die Neustadtgründungen mögen zwar architektonische Bewährungsproben sein und auch kurzfristige Erfolge in der Entlastung des angespannten Wohnungsmarktes (für Mittelschichtpublikum) bringen; Hochrechnungen für das Ende der Erschließungsphase lassen jedoch eine bloße Verlagerung der Transportproblematik befürchten. Die Rolle der Neu-

---

[16]) Die geplante Metro-Verbindung durch Zentraljakarta ist aus technischen und finanziellen Gründen auf unbestimmte Zeit ausgesetzt.

gründungen als Gegenmagnet wird – bei Fortschreibung der gegenwärtigen Entwicklungstendenzen – weitere transregionale Verkehrsströme bedingen.

Die Szenarien für *Bumi Serpong Damai*[17], eine „New Town" im Distrikt Tangerang, deren Fertigstellung für 2015 mit einer Zahl von rund 800.000 Einwohnern projektiert ist, prophezeien eine Verkehrslawine ersten Ranges: Ausgehend von der bis dahin bloß zwölfprozentigen Erschließung (1989 bis 1995) sprechen die Prognosen von einer 30-fachen Steigerung des Verkehrs auf Regionalstraßen und einer 20-fachen Erhöhung auf den bemauteten Hauptachsen. Studien für *Lippo Cikarang* (Distrikt Bekasi) sind annähernd deckungsgleich – die Hochrechnungen geben keinen Anlass zu Optimismus, das Siedlungsproblem mit Neustadtgründungen kontrollieren zu können: „Given that all new towns and industrial estates developed along the toll road corridor are expected as the one that BSD and LC have, the impact of this rapid development will be devastating." (KUSBIANTORO 1996, S. 63).

HENDERSON et al. (1996, S. 78ff) unterstreichen die inhärente Konzeptlosigkeit, die zahlreichen derartigen Erschließungsprojekten zu eigen ist. Die Siedlungsentwicklung findet vielfach in „Pockets", als transportkostenschonendes Anhängsel, entlang der Mautstraßenkorridore statt. Auf den Bau eigener Verkehrswege wird aus Kostengründen häufig verzichtet. Die fehlende Koordination der einzelnen Betreiber untereinander bewirkt eine mangelhafte Infrastruktur und eine scheinbar konzeptlose Aneinanderreihung von Bauprojekten. Die (durchaus vorhandenen) örtlichen Raumplanungsmaßnahmen wären sehr wohl exekutierbar – doch Plan und Realität erwiesen sich als keineswegs konsistent, was das populäre (wie populistische) Motto des „dynamic planning" (LEAF 1994, S. 65) erleichterte.

Parallel dazu erzeugten – politisch forciert – die wesentlich verbesserten Transportbedingungen auf Java neue räumliche Mobilität: Der (Aus)Bau von Straßen und das Aufkommen von Minibussen rückten auch bislang schwer erreichbare Siedlungen zunehmend in die Nähe der Hauptstadt – der Zeitfaktor der Anreise war kein Hindernisgrund mehr für saisonale oder temporäre Beschäftigung(ssuche) im Umfeld von Metro-Jakarta, was die räumliche Entwicklung Westjavas entscheidend mit beeinflussen sollte.

Umgekehrt eröffnete der Ausbau des Verkehrswesens auch die Möglichkeit der Penetration ruraler Märkte mit Gütern, die in (sub)urbanen Mittel- und Großproduktionsbetrieben erzeugt wurden. Ob Lebensmittel oder Kleidung, der Preis- und Qualitätsdruck der Waren bewirkte vielfach eine berufliche Umorientierung der Erwerbstätigkeit (Schneider werden Kleiderhändler, u. a.) wie auch ländliche Arbeitslosigkeit und einen weiteren „Push" in Richtung informeller Tätigkeiten im städtischen Raum – gemeinsam mit definitiv besseren Bildungsmöglichkeiten in *Jabotabek*, die als Impetus nicht zu vernachlässigen sind (MARSHALL 2005, S. 312f). Der private Konsum ist zwar weiterhin der Motor des 4,1-prozentigen nationalen Wachstums (2003), doch zumindest das Doppelte wäre notwendig gewesen, um die aufgrund der Bevölkerungszunahme steigende Arbeitslosenquote stabil zu halten, in der sich auch die sinkende Nachfrage nach indonesischen Textilien reflektiert (HOFMANN 2004).

---

[17]) Vgl. Kapitel 3.2.1.2.

3.2.1.2 Projekte und Projektoren: Ciputra, Bumi Serpong Damai (BSD) und Jababeka

> *„Im Werbevideo erscheinen die Bilder einer besseren Welt: Prachtvolle Wohnhäuser, Villen, Schulen, gepflegtes Grün. Dazu schmettert ein Kinderchor den Refrain „Bumi Serpong Damai", der nach Glücksversprechen und heiler Welt klingt, ohne dass man zunächst versteht, was das heißt: Ruhiges Land Serpong, ... der alte Name des Stadtteils am Rand des Molochs Jakarta, der keine Ränder mehr hat."* (NOVY 2005, S. 1)

Visionen brauchen Visionäre, um Realität zu werden: Einer der ersten Privatiers, die noch vor der Wirtschaftskrise 1997/98, der sog. „Asienkrise", die planerischen Akzente für das Jakarta der Jahrtausendwende setzten, hieß CIPUTRA, ein chinesisch-indonesischer Unternehmer, dessen Beziehungen bis zu höchsten politischen Kreisen legendär waren. „Ciputra has had a greater influence on the formation of Jakarta's landscape than any other single individual, including Sukarno", stellt LEAF (1994, S. 65) die Effizienz administrativer Planungsebenen (öffentliche Infrastrukturinvestitionen, Landnutzungregulative) in Frage.

Tab. 2: Stadtneugründungen in *Botabek* (Projekte vor der Wirtschaftskrise)

Name	Fläche (ha)	Lage (Distrikt)	Finanzierung
Bumi Serpong Damai	6.000	Tangerang	privat
Tigaraksa	3.000	Tangerang	privat
Cariu	---	Bogor	privat
Bekasi 2000	2.000	Bekasi	privat
Bekasi Terpadu	1.500	Bekasi	privat / öffentlich
Cikarang Baru	2.000	Bekasi	privat
Lippo City	450	Bekasi	privat
Depok	---	Bogor	öffentlich
Lippo Village	500	Tangerang	privat

Quellen: DHARMAPATNI et al. 1995; LEAF 1994.

Weitere (meist privat finanzierte) Stadtgründungen entlang der West-Ost-Achse von Metro-Jakarta – eine Stadtgründung bei Tangerang (3.000 ha), vier bei Bekasi (gesamt 7.000 ha) – waren für die finanzkräftige Mittelschicht geplant.

Die meisten Landentwickler agieren als Wohnbaugesellschaften, ohne ein Gesamtkonzept für die umliegende Infrastruktur vorzulegen. Im Gegensatz dazu zeichnen sich private Satellitenstädte wie *Bintaro*, *Bumi Serpong Damai* (BSD; www.bsdcity.com) und *Lippo Karawaci* (www.lippokarawaci.co.id), die allesamt im Distrikt Tangerang (Jabotabek West) liegen, durch ihre Konzeption als selbstständige Städte („*kota mandiri*") aus (LEISCH 2000, S. 25). Die Daseinsgrundfunktionen sind zumeist auf höchstem (westlichem) Niveau gewährleistet: Modernste klimatisierte Großraumkinos, Fitness-Studios, Golfklubs und Franchise-Unternehmen internationaler Fastfoodketten (Dunkin Donuts, McDonalds's, Pizza Hut u. a.) sowie Gesundheits- und Bildungseinrichtungen („Deutsche Internationale Schule"; „Swiss-German-University" u. a.) machen derartige synthetische Stadtgebilde attraktiv und ermöglichen kapitalkräftigen Investoren eine urbane Gegenwelt mit direktem Autobahnanschluss (seit 2005) zum internationalen Flughafen Soekarno-Hatta – ein Wachstumsimpuls mehr für die Bevölkerungsentwicklung im suburbanen Raum, die den Stadtkern marginalisierten Gruppen überlässt und sich in eigene Welten, zumeist „gated communities" zurückzieht: Lebten 1999 in BSD (Ausbauziel 2015: 800.000 Einwohner) erst 40.000, in Lippo Karawaci (Ausbauziel 2015: 84.000 Einwohner) 10.000 Menschen (LEISCH 2000, S. 25), so stieg die Bevölkerungzahl in BSD bis 2003 bereits auf 60.000 an.

Was kann die Disparitäten zwischen den sozialen Gruppen *Jabotabeks* besser belegen als das Kaufverhalten? Traditionelle Straßenmärkte in DKI Jakarta werden durch überdachte Malls in den Satellitenstädten rundum, wie *Plaza Indonesia* oder *Plaza Senayan* kontrastiert: Eigentlich Platznamen, „die Öffentlichkeit suggerieren […], den Ursprungsort entfalteter Urbanität. Aber solche Orte gibt es in Jakarta noch weniger als Fußwege, sie wurden durch die *Plaza* ersetzt: den kommerzialisierten, von Security überwachten Raum unter dem kühlenden Dach des Konsumtempels. Wer da nicht hineingehört – und das sind die allermeisten – lebt draußen: in Hitze, Smog und Lärm, tief unten zwischen den Hochhäusern, die der asiatische Boom in riesigen Clustern über die Stadt gestreut hat" (NOVY 2005, S. 3). Mit 67 Shopping Centers (1995) hat sich die Zahl der Malls in Jakarta seit 1990 mehr als verdreifacht (SOEGIJOKO und KUSBIANTORO 2001), ihre Gesamtfläche liegt bei über drei Millionen Quadratmetern bei einer Auslastung von mittlerweile wieder 75 bis 90 Prozent (Colliers International Indonesia News 2003).

Die *Lippo Supermall* etwa, die im Zuge der Unruhen 1998 weitgehend zerstört wurde, ist renoviert und längst mehr als ein (mit Wachleuten gesichertes) Versorgungszentrum (LEISCH 2000, S. 24ff): An Wochenenden flanieren wieder an die 100.000 Menschen durch die schicken Freizeiteinrichtungen vor Ort, die nur durch private Investitionen möglich gemacht wurden – Lebensbedingungen, die viele Indonesier aus dem Fernsehen kennen, die aber für das Gros unerschwinglich scheinen. „Since many outdoor spaces have been made unpleasant due to parked cars and traffic jams, a walk in a mall has become the new Indonesian recreational activity", betont PRATIWO (2003), der Direktor des „Research Institute for Constructive Habitat" in Jakarta. Genutzt werden diese Einrichtungen allerdings von wesentlich weniger Menschen – meist der Mittel- und Oberschicht.

Die Wohnraumschaffung für die Industriearbeiterschaft, quasi im Paket mit der Gründung von Industrieparks, hat dagegen eine etwas längere Tradition: *Cikarang Baru* (im Gelände des „Cikarang Industrial Estate") oder *Lippo City* (im Umfeld des „Bekasi Terpadu Industrial Estate") gelten als erste Beispiele für Reißbrett-Stadtgründungen für finanzschwache Sozialgruppen, was die latente Strukturlosigkeit an der urbanen Peripherie weiter verstärkt. 13 von 15 der gesamten urbanen Neustadt-Projekte Indonesiens lagen in *Jabotabek*, wo sich Ende der 1990er-Jahre auch 50 Prozent aller Industrieparks des Landes befanden (YULINAWATI 2005, S. 9).

Noch einen Entwicklungsschritt weiter gehen kombinierte Arbeits-Wohn-Städte: *Jababeka* etwa gilt als Musterbeispiel für Industriestadtgründungen, die auch nach der Wirtschaftskrise 1997/98 florieren: Im Jahr 1989 40 km östlich der Stadtgrenze Jakartas bei Bekasi gegründet (im Bereich von Jabotabek Ost), beherbergt *Jababeka* heute 150.000 Menschen und 1.100 Unternehmen aus 24 Ländern, darunter multinationale Konzerne wie Unilever, Samsung oder Mattel. Die Stadt ist mittlerweile autark, mit eigenen Kraftwerken, Wasseraufbereitungsanlagen, Universitäten (etwa einem geplanten nationalen „Center of Excellence") und Freizeiteinrichtungen für die multiethnische Bevölkerung, die sich aus Migranten aus dem ruralen Umland zusammensetzt. Setyono Djuandi DARMONO, Präsident von *Jababeka*, beziffert den Umsatz der Konzerne seiner Urbanzone mit 10 Prozent des nationalen Exportaufkommens und strebt mittlerweile auch einen administrativen Autonomiestatus in Form eines legal eingesetzten Stadtrates aus Industriellen und Bürgern an (KHALIK 2005).

Die ausbleibenden Investitionen gelten als Hauptproblem für die schleppende Fertigstellung oder die Aufgabe vieler Neustadtgründungen. Das prognostizierte Wirtschaftswachstum von jährlich fünf bis sechs Prozent für Südostasien droht zu stagnieren, was auf politische Instabilität, mangelnde Rechtssicherheit, Korruption und Bürokratismus zurückzuführen ist (HOFMANN 2004).

3.2.2 Leben im Kampung: Traditioneller Lebensraum am Ende?

Die oftmals synonyme Verwendung der Termini „Slum" und *„Kampung"* mag gebräuchlich sein, ist jedoch inhaltlich nicht korrekt. Letzterer Begriff ist mit dörflichen Strukturen assoziierbar, wobei die korporative Einheit sowohl durch räumliche als auch durch soziale Merkmale gekennzeichnet ist. Außer Zweifel steht jedoch die mangelnde Versorgung mit öffentlichen Infrastrukturleistungen wie Strom, Wasser oder adäquaten allwettertauglichen Zufahrtswegen (HAN und BASUKI 2001, S. 1842).

SULLIVAN (1992, S. 71) erachtet den hohen Grad an Zusammengehörigkeitsgefühl und „Nachbarschaft" als grundlegendes Charakteristikum: „[…] there are strong pressures on *kampung* people to be good neighbours. Good neighbourship or ‚neighbourliness' is quite precisely defined in the *kampung* and powerful sanctions function to make community members behave in conformity with the conventions". *Kampungs* seien weiters gekennzeichnet durch „communal harmony, a situation in which people live together peacefully and compatibly" (ebd., S. 106). Das Prinzip des *„gotong royong"* (Nachbarschaftshilfe) spielt eine große Rolle, wie es überhaupt die traditionelle Lebensform des Archipelstaates darstellte.

MURRAY (1991, S. 61) klammert dagegen in seiner Definition das Konzept der Gemeinsamkeit weitgehend aus und betont das System der Zweckgemeinschaft: „[…] *kampung* is not an entity capable of devising a ‚strategy' but a community of individuals adapting to their urban situation and the arrival of more and more people with a balance of co-operation and competition." Insgesamt scheint die Zusammengehörigkeit auf die unmittelbaren Nachbarn beschränkt, da der gesamte Bereich des *Kampungs* aufgrund seiner Ausdehnung und Bevölkerungszahl intensivere Kontakte nahezu unmöglich macht:

„Inhabitants identified less with the *kampung* than with clusters of houses along several paths", erkennt JELLINEK (1991, S. 26) in ihren Erhebungen über das Leben in javanischen *Kampungs*. Die kommerziellen Aktivitäten des informellen Sektors, dessen Wurzeln in den dörflichen Strukturen der urbanen *Kampungs* liegen, sind mit Informationsaustausch verknüpft und kausal gekoppelt (JELLINEK 2003, S. 172ff).

Die soziale Realität des Zusammenlebens auf engstem Raum und der erforderlichen Solidarität innerhalb der Bevölkerung bedeutet jedoch nicht zwangsläufig Homogenität; die soziale und räumliche Stratifizierung ist ausgeprägt, etwa zwischen Haushalten im Zentrum und solchen an den äußeren Übergangszonen, im Grenzbereich zu semipermanenten Slum-Distrikten.

Doch auch innerhalb der *Kampung*-Struktur sind Disparitäten unverkennbar: „[…] the better-off regarded themselves and were regarded by the rest of the neighbourhood as outsiders", wie MURRAY (1991, S. 41f) feststellen konnte. Je höher Bildungsgrad, Einkommen und Mobilität, desto eher sind schichtspezifische Identifikationsmuster bemerkbar. SULLIVAN (1992, S. 75) ortet darin ein wesentliches Charakteristikum im *Kampung*-Leben der 1990er-Jahre: „[…] the reality of inequality – the existence of a rather broad social mis – is just as essential to *kampung* order as the *kampung*'s subtle ideologically shaped conception of equality."

Die Intensität sozialer Kontakte ist somit einer hierarchisch-institutionellen Basis unterworfen, die intern fungiert, aber auch über den eigentlichen *Kampung* hinausgeht. Die administrative Koppelung bewirkt soziale und ökonomische Streuung unter divergierender Führerschaft. KORFF (1996, S. 303) vergleicht dieses Organisationsmuster mit einer Pyramide, deren horizontale Verknüpfungen auf die unmittelbare Umgebung (Familie, Nachbarschaft) beschränkt bleiben, während die vertikalen Konnexe über den individuellen Einflussbereich hinausgehen – dieses Konzept verringert die Möglichkeiten organisierter kommunaler Aktivitäten außerhalb formalisierter Kanäle beträchtlich.

3.2.2.1 „Kampung Improvement Programme" (KIP): Verordneter Mindeststandard?

> *„Like the Dutch, the Jakarta administration chose the cheapest means of assisting the poor, so as not to jeopardize their concentration on building up the more visible parts of the city as a modern, international capital"*
> *(ABEYASEKERE 1987, S. 226)*

LOWRY und DHARMAPATNI (1994, S. 3) definieren urbane *Kampungs* als eine Ansammlung von Kleinhäusern (Minimum: 30 m^2), die von engen, vierradtauglichen Gassen durchzogen sind, hohe Bevölkerungsdichten ebenso wie sanitäre Mängel aufweisen und – trotz vielfach unklarer Grundbesitzverhältnisse – der ansässigen Bevölkerung weitgehend stabile, nur von Großprojekten gefährdete Sicherheit boten. Dem nationalen „Housing Survey" von 1969 zufolge waren 60 Prozent der Stadtfläche von Slums mit insgesamt 75 Prozent der Stadtbevölkerung belegt, 80 Prozent der *Kampung*-Häuser hatten zu Beginn der „Neuen Ordnung" keine Toiletten, 80 Prozent keinen Elektrizitätsanschluss und 90 Prozent kein Fließwasser.

Das „*Kampung* Improvement Programme" (*KIP*), 1969 auf Provinzebene initiiert, 1974 als nationale Zielstellung formuliert und von der Weltbank zunächst als beispielloser sozio-ökonomischer Erfolg gefeiert, wurde nach dem kolonialen Vorbild der niederländischen Wohnraumverbesserung etabliert. 1970 waren geschätzte 80 Prozent, 1986 rund 70 Prozent, 2002 etwa 60 Prozent der Bevölkerung Jakartas Bewohner von *Kampung*s, dörflichen Strukturen im urbanen Umfeld, die Pak DARRUNDONO, der frühere Direktor des KIP, als „densely populated, largely illegal, threatened, unserviced, low-income settlements" bezeichnet (DARRUNDONO 2005, S. 15).

Das Konzept des Programms fußt auf vier Entwicklungsphasen, die – aus nationaler Sichtweise – zu einem „integrated and internationally respected community-based slum upgrading and poverty reduction programme", das gesicherte Besitzverhältnisse und Infrastrukturzugang für alle ermöglicht, hochstilisiert werden (DARRUNDONO 2005, S. 15): Während in Phase 1 (1969–1974) selektive Infrastrukturmaßnahmen (vor allem Entwässerung, Verbesserung des Zugangs) für 1,2 Millionen Menschen für einen durchschnittlichen Pro-Kopf-Aufwand von lediglich 13 US-Dollar gesetzt wurden, eröffnete die Weltbank (1974–1982) die Option von Darlehen für Überdachung, Belüftung und Beleuchtung – in dieser Phase 2, in der das KIP zur „national policy" des „Ministry of Public Works" avancierte, verbesserten sich die Lebensbedingungen von 15 Millionen städtischen Armen in Indonesien. Phase 3 (1982–1994) brachte neue Verantwortlichkeiten – seit 1993 ist das „Housing Department" zuständig – und die Einsicht, dass verordnete Pauschallösungen jeder Nachhaltigkeit entbehren: „Community-Based Action Planning" wurde zum neuen Credo, das in Phase 4 (ab 1995) zum „Sub-District Society Empowering Programme" (PPMK) transformiert wurde: Aus ausschließlich physisch-städtebaulichen Maßnahmen wurde, zumindest theoretisch, ein Ansatz zur gezielten Armutsreduzierung unter Einbindung lokaler Entscheidungsträger und betroffener Kampungbewohner.

Die Realität sah weniger rosig aus: Die oftmals dubiosen Besitzrechte reduzierten die Bereitschaft der Bevölkerung, am Aufbau kleinräumiger Lokal-Infrastruktur (Kanalisierung, Straßenbefestigung, u. a.) aktiv mitzuwirken; SISWANTOS (1996) Vision der „Community Participation" scheiterte somit an legistischen Rahmenbedingungen. Ebenso ambivalent ist die Haltung der Stadtregierung, die einerseits eine De-facto-Legitimierung der Squatter-Settlements befürchten muss, andererseits allerdings deutliche Kostenersparnisse bei Involvierung der Lokalbevölkerung erzielen würde (DOUGLASS 1996b, S. 54f).

Das KIP beruht insgesamt auf drei Säulen: Neben Umsiedlungsprogrammen der armen Bevölkerungsgruppen in öffentlich subventionierte Wohnanlagen sowie der Schaffung von Basisinfrastruktur rund um diese (meist suburbanen) Wohnanlagen („site and services") bildet die Verbesserung der Lebensqualität in situ durch die Bereitstellung adäquater Infrastruktur einen wesentlichen Schwerpunkt („slum-upgrading"). LOWRY und DHARMAPATNI (1994, S. 2) sprechen hierbei von „brown agenda", handelt es sich doch vorwiegend um eine (beabsichtigte) Verbesserung der Sanitärbedingungen: „The density of poor settlements, uncertain or disputed land tenure, poor site conditions, low-capacity sewer and water lines, prohibitive costs and uncertain cost recovery are among the many reasons offered for not providing the urban services to the poor that are provided to the ‚planned' city".

Scheiterte die angestrebte Umsiedlung in „Site and Services"-Satellitenwohnanlagen am Stadtrand großteils aufgrund überhöhter Mietforderungen der nationalen Wohnbaubehörde „*Perum Perumnas*"[18] – etwa in Klender (Ostjakarta) –, weil die Mieten lediglich für eine Minderheit von 15 bis 20 Prozent erschwinglich waren (JELLINEK 1991, S. 128f), so erwies sich die versuchte Verbesserung des Wohnumfeldes als erfolgreicher und effektiver für den einzelnen.

So positiv die Schaffung von Moscheen, Verwaltungsgebäuden, Kanalsystemen und der Ausbau des Wegenetzes wahrgenommen wurde, so sehr stieß jedoch die autoritäre Prioritätensetzung der Stadtregierung, die ohne Information und Rücksprache mit den Betroffenen erfolgte, auf Kritik: Durch fehlende Beteiligung lokaler Entscheidungsträger ist die Erhaltung etwa von neuen Straßenzügen keineswegs gesichert. Die Forcierung von PKW-tauglichen Straßen war für unmotorisierte *Kampung*-Bewohner ebenso unverständlich wie die „Laissez-faire"-Haltung in der Trinkwasserfrage; 70 Prozent des finanziellen Aufwands gingen in die Verbesserung der Verkehrsinfrastruktur, lediglich ein Prozent kam der Verbesserung der sanitären Verhältnisse zugute (MURRAY 1991, S. 22).

Nicht die sanitär bedenklichsten, sondern die westlichen Beobachtern am besten zugänglichen *Kampungs* wurden eher saniert. Die Ersatzhäuser wurden generell kleiner, billiger und an der Peripherie errichtet, so dass die Aufrechterhaltung etablierter sozialer *Kampung*-Bindungen erschwert wurden (ISA 1993). Angelpunkt sämtlicher Bestrebungen war die optische Modernisierung der Stadt, die der physischen Erneuerung Priorität vor gesellschaftlicher Adaption und Schaffung adäquater Arbeitsplätze einräumte.

Der „Jakarta Master Plan", das (geheimnisumwitterte und unveröffentlichte) Raumordnungs-Szenario der Metropole, sah die Schleifung von etablierten *Kampungs* ebenso wie von illegalen Squatter-Settlements vor, sofern der öffentliche Bedarf für Straßen- und Industrieflächenerschließung gegeben war. Den Betroffenen wurden günstigstenfalls Umzugskosten ersetzt, jedoch war keine generelle Entschädigung für den verlorenen Wohnraum vorgesehen, und Kompensationskosten im Ausmaß von mehreren Jahreseinkommen blieben die Ausnahme (ISA 1993). Je größer der erreichte Grad der öffentlichen Anteilnahme, desto höher wurde die Entschädigung.

SOMANTRI (1995, S. 221) betont die Gelassenheit, mit der Umsiedlungen in der Regel hingenommen werden, und ortet vielfach Lethargie und das Bewusstsein der Chancenlosigkeit jedweder Protestaktion: „For *kampung* dwellers, to get a fair amount of compensation money and move elsewhere is more attractive than to continue to suffer severe repression by security officers in the urban areas, and to preserve their communities." Das Recht auf Kompensation scheint mittlerweile außer Zweifel, doch die Grundproblematik bleibt ungelöst: „As long as there is uncertainty about the legal position of kampung dwellers, the once useful flexibility in the system of land law will harm any form of urban development" (REERINK 2006).

---

[18]) *Perum Perumnas* wurde 1974 gegründet, um neue Siedlungsgebiete im metropolitanen Jakarta zu erschließen; Zielgruppe waren „low- und moderate-income households", deren Einkommen zwischen 20 und 80 Prozent des indonesischen Durchschnittseinkommens liegen sollte. Seit „*Repelita II*" wurden rund 303.000 Häuser in 131 Städten errichtet (National Committee for Habitat II 1996, S. 15).

Noch 1970 hatte nur 35 Prozent der Stadtfläche einen offiziellen Besitzer, 1986 waren 43 Prozent der Wohnfläche Jakartas illegal besetzt (DONNER 1987, S. 288). Die akribisch geplanten, meist militärisch unterstützten Räumaktionen machten keinerlei Unterschied zwischen öffentlichem Interesse an urbaner Infrastrukturverbesserung und privatem Interesse teilweise ausländischer Investoren – als Paradebeispiel gilt der *Kampung Pondok Indah*, der einem privaten Shopping-Komplex mit Luxuswohnungen und Golfanlagen weichen musste.

Direkte staatliche Investitionen in den Wohnungsbau sind indonesienweit gering. In urbanen Bereichen ist die Dominanz privater und kommunaler Bauträger noch stärker ausgeprägt und beträgt geschätzte 85 Prozent für den städtischen Wohnungsmarkt, der jedoch systematisch de-privatisiert werden soll (DBI 2004). Die Gewinnorientierung der Bauträger, deren Bautätigkeit auf die finanzielle Kapazität der schmalen Mittelschicht ausgelegt ist, führt zur verstärkten Ausprägung illegaler Squattersiedlungen, die die Absorptionsfunktion für die stetig wachsende Bevölkerung zu tragen haben.

Nimmt man das verwendete (provisorisch-semipermanente) Baumaterial dieser „shanty towns" als Definitionskriterium (DAVIS 2004), so lebte Anfang der 1990er-Jahre – je nach Berechnungsgrundlage – noch ein Drittel der Bevölkerung Jakartas (1970: 60 Prozent) in Slums (JELLINEK 2003). Die Schätzungen der Stadtregierung sind optimistischer; diesen zufolge sind rund 4,8 Prozent der Stadtfläche Jakartas (2.855 ha) von Slums belegt, in denen knapp zehn Prozent der Gesamtbevölkerung der Metropole leben – bei der überwiegenden Mehrheit handelt es sich um saisonale Migranten.

Die ursprüngliche Vision eines slum-freien Jakarta bis 2005 (CCJ 1994) erwies sich rückblickend angesichts der restriktiven Vorgangsweise des (ehemaligen) Suharto-Regimes und seiner Nachfolger in zahlreichen gesellschafts- und wirtschaftspolitischen Belangen nicht unbedingt als völlig unrealistische Illusion. Die Schleifung traditioneller *Kampungs* und die darauf folgende Ersetzung durch Wohnblock-Siedlungen mag technisch durchaus bewerkstelligbar sein, stellt jedoch lediglich eine Problemverlagerung in das Umland Jakartas und – langfristig – nach West-Java dar. Die Beschleunigung des regionalen Wirtschaftswachstums und die gezielte (physische) Modernisierung haben auch soziale und ökologische Kosten, die sich im Verschwinden von Grünflächen deutlich äußern, die in Wohn-, Verkehrs- und Industrieflächen transferiert wurden: Von 1972 bis 1997 sank der Anteil nicht kommerziell genutzter Flächen um 23 Prozent (ZAIN 2001), während die Bevölkerungsdichte in der Kernstadt DKIJ auf 13.787 Einwohner/km^2 stieg (JONES 2002).

Das „Urban Housing Renewal Programme", eine Weiterentwicklung des „*Kampung* Improvement Programme" (*KIP*), führt weiterhin zu „*kampung* clearance" und damit verbundener Umsiedlung der Bevölkerung sowie zu einer Ersetzung der gewachsenen Bausubstanz durch vielstöckige Bauwerke mit internationalisierter Architektur. HUGO (1994, S. 35) fordert explizit die Aufgabe der Versteifung auf „minimim housing standards" und „aesthetic niceties", die als Rechtfertigung für Schleifungsaktionen im Zentrum der Kernstadt angeführt werden, ohne jedoch adäquaten und finanziell erschwinglichen Ersatz-Wohnraum in den „New Towns" *Jabotabeks*, die durch zunehmende internationale Investitionstätigkeit und dadurch neu geschaffene Erwerbsmöglichkeiten stetig attraktiver werden, anzubieten.

Die Hebung des allgemeinen Bildungsniveaus mag mittelfristig die Zahl potenziell interessierter Angehöriger der Mittelschicht an Wohnraum in den neuen Wohnblock-Siedlungen – auch in „*Kampung* clearance"-Gebieten – erhöhen, deren finanzieller Hintergrund ist jedoch selbst noch nicht sehr groß und oftmals nicht ausreichend, diese Wohnungen auch zu erhalten. In deutlichem Gegensatz dazu stehen die opulenten und luxuriösen „neo-decadent dwellings" einer zunehmenden Oberschicht, die bereits vor zwei Jahrzehnten Thema einschlägiger Publikationen waren (vgl. CLARKE 1985, S. 39).

3.2.2.2 Post-Suharto-Jabotabek: Die Marginalisierung schreitet voran

> *„Slums [...] werden als illegal angesehen und häufig werden hier öffentliche Leistungen und grundlegende Dienste verweigert. [...] Aber Vertreibung und Abriss sind keine Lösung für die Probleme der raschen Verstädterung. Wir müssen eine Entwicklung fördern, die sich um die Armen kümmert [...] und in der Entwicklung mit Respekt vor den Menschenrechten und dem Völkerrecht erreicht wird."*
> *(UNO-Generalsekretär Kofi* ANNAN*)*[19]

Der alljährlich im Oktober stattfindende „World Habitat Day" wurde 2005, im Gedenken an die Tsunami-Opfer 2004, an Jakarta vergeben: Über 1000 geladenen Gästen wurde von höchsten politischen Stellen ein Muster-Apartment-Komplex in *Cenkareng* (Westjakarta) präsentiert und Bürgermeister SUTIYOSO erhielt eine Auszeichnung der UNO für seine Leistungen in „slums improving and building new infrastructure to create an exclusive cosmopolitan city".

Jakarta sei eine sicherere, besser versorgte, grünere und lebenswertere Stadt geworden, verlautet aus offiziellen Kommentaren. Blanker Zynismus, wie Wardah HAFIDZ, Koordinator der indonesischen NGO „Urban Poor Linkage Indonesia" (UPLINK) betont, der die Schattenseite der Anti-Marginalisierungskampagnen der Stadtregierung aufzeigt (siehe www.habitants.org, Zugriff: 01.10.2005): Zwischen 2000 und 2005 wurden in Jakarta 63.676 Personen vertrieben, weiteren 1,6 Millionen Menschen droht nach der Realisierung bereits vereinbarter privater bzw. öffentlicher Nutzungstransformationen der Stadtfläche ein ähnliches Los; 23.205 Fahrradrikschas („becaks"), die durch Zweischichtbetrieb etwa 46.000 Arbeitsplätze stellen, und 62.263 mobile Stände von Straßenhändlern wurden konfisziert und vernichtet, allein 2003 550 Straßenmusiker verhaftet (www.achr.net; Zugriff: 30.04.2006).

Der informelle Sektor leiste keinen Beitrag zur urbanen Wirtschaftsentwicklung und störe daher das nationale Wachstum, wird Bürgermeister SUTIYOSO zitiert (Tageszeitung Kompas, 3.12.2003), Kommentare orten ein „increased risk of eviction for kampung dwellers" (REERINK 2006). Die Slumbewohner haben zumeist keinen Anspruch auf Infrastrukturleistungen (Gesundheit, Nahrung, Bildung), da die wenigsten einen Meldeausweis für Jakarta haben, obwohl sie teilweise schon seit Jahrzehnten hier leben. Kompensation – etwa im Ausmaß des Mietpreises eines kleinen Zimmers für zwei Monate – steht nur denjenigen zu, die ihre Häuser freiwillig in Eigenregie abbauten, um zumindest eini-

---

[19]) Erklärung zum Welt-Habitat-Tag, 3.10.2005; in: www.runic-europe.org/german/presse/2005/runic86.htm.

ge Materialien sicherzustellen, wie etwa in *Pedongkelan* (Ostjakarta) geschehen (siehe: www.achr.net; Zugriff: 28.04.2006).

Fragen des Landbesitzes[20] sind weiterhin ungelöst, trotz physischer, sozialer und wirtschaftlicher Besserstellung der *Kampungs*: Im Zuge zunehmender Industrialisierung und Siedlungstätigkeit an der urbanen Peripherie behielt es sich die Regierung vor, freie Hand über Spekulationsland zu behalten, um potenziellen Investoren attraktive Flächen wie Immobilien zu bieten. „The lack of land registration contributed to the emergence of legal pluralism in Indonesia's land sector", konstatiert REERINK (2006), der die Bedeutung „semi-formaler" Besitzverhältnisse hervorstreicht – „not on any legal basis, but on the basis of daily practice, including the daily practice of corruption". Aus traditionellen „old kampungs" werden zunehmend „squatter-kampongs", die sich nach der Zerschlagung vormaliger Sozial- und Baustrukturen ergeben (PERESTHU 2004).

Die öffentliche Perzeption[21] der De-Marginalisierungswelle ist keineswegs so rosig, wie die Aussagen von Djoko KIRMANTO (Minister of Public Works) und M. AYSARI (Minister of Housing) vermuten lassen, die bis 2010 200 indonesische Städte völlig slumfrei sehen und 12.000 Wohnungseinheiten allein für Jakartas Mittel- und Unterschicht einplanen (UN-Habitat 2005, S. 1). „The award will encourage the city to be more intensive in evicting the poor and confiscating the livelihoods now that it has received international support for its development policies", betont HAFIDZ (2005, S. 2). Es besteht aber auch die Gefahr der „negativen Vorreiterfunktion" der Preisverleihung an den Bürgermeister Jakartas für seine Leistungen in „slum improving and building new infrastructure" – sowohl für die Hauptstadt als auch für andere indonesische Städte: Enteignung, Konfiszierung und Vertreibung werden durch eine neue Präsidentenverordnung erleichtert, die die Planung von „für die Öffentlichkeit wichtigen Bauvorhaben" beschleunigen soll – Schätzungen des „Urban Poor Consortium" zufolge könnten davon mittelfristig allein in der Hauptstadt 1,5 Millionen Menschen betroffen sein (www.detik.com, Liputan6 (SCTV), 05.06.2005).

4. Zwischen suburbaner Macht und zentraler Marginalisierung: Ein Ausblick

Die Marginalisierung der Mehrheit der urbanen Bevölkerung schreitet stetig voran und stellt mittelfristig einen potenziellen Sprengkopf für die metropolitane Entwicklung der indonesischen Hauptstadtregion dar: Sowohl soziale Ausgrenzung als auch erzwungene räumliche Dislokation kennzeichnen die gesellschaftliche Entwicklung des Ballungs-

---

[20]) In Indonesien bestehen zwei Sichtweisen zu Landbesitzverhältnissen: Das traditionelle „*adat*", unregistriertes Land, konkurriert mit den statutorischen Landrechten, die seit 1960 im „Basic Agrarian Law" (BAL) formuliert sind (REERINK 2006).

[21]) Einer Umfrage der Tageszeitung „Kompas" zufolge betrachten 52,8 Prozent der Befragten die Transportsituation allgemein als zunehmend schlechter, für 47,4 Prozent sinkt die Qualität der Straßen und 49,3 Prozent betonen die abnehmende Sicherheit auf öffentlichen Plätzen (Kompas, 18.06.2005)

raumes, dessen Marginalsiedlungen – BRONGERS Definitionsansatz folgend (2005, S. 10f) – sowohl Squattersiedlungen als auch infrastrukturell degradierte Kampung-Viertel darstellen. Synthetische Reißbrettstädte, die von Investorenkonsortien für sozial besser gestellte Zielgruppen errichtet werden, sind als Ersatz für die traditionellen Kampungstrukturen genauso wenig geeignet wie öffentliche Wohnanlagen im suburbanen Raum, die weder etablierte Sozialnetze aufrecht erhalten noch informelle Beschäftigungsmöglichkeiten gewährleisten können: Eine weitere Polarisierung der Gesellschaft scheint unvermeidlich, solange die metropolitane Modernisierung unsensibel und autoritär die Marginalisierung vorantreibt.

Die Transformation der Landnutzung geschieht im Kernstadtbereich zumeist auf öffentlichen oder privaten Druck hin, Grundstücke bzw. Parzellen kommerziell zu attraktivieren – zumeist ohne konsistente Infrastrukturplanung bzw. -einbindung, was die prekäre Umweltsituation zahlreicher Bereiche von DKI Jakarta verschärft und die Lebensbedingungen marginalisierter Gruppen erschwert (YULINAWATI 2005, S. 9). Nutzungswandel ist mit Entwaldung, Bodenerosion, Sedimentation und erhöhter Überschwemmungsgefahr gekoppelt, die vor allem in Nordjakarta verstärkt zu verzeichnen ist (CALJOUW et al. 2004, S. 1ff).

Der öffentliche Raum wird zunehmend politisiert, eine Folge der Emanzipation der städtischen Armen,[22]) deren Leben und Arbeiten öffentlich geworden ist. Die wachsende Demokratisierung, die seit Präsident SUHARTOS Rücktritt 1998 unverkennbar ist, bewirkt auch vermehrte Opposition zu infrastrukturellen Entscheidungen, die durch das Fehlen entsprechender Interessengruppierungen über Jahrzehnte hingenommen werden mussten. Marco KUSUMAWIJAYA, Architekt und Sprachrohr betroffener Bevölkerungsgruppen, betont die Konfliktpotenziale und Transformationsoptionen zentraler öffentlicher Flächen, die als zunehmend unsicher empfunden werden (MURWISAH 2003, S. 2ff).

Segregation ist unübersehbar: Die (wohlhabende) Mittel- und Oberschicht drängt – dem latenten Trend zur räumlichen Verlagerung des Lebensbereiches in den suburbanen Raum folgend – weiter in die Satellitensiedlungen am urbanen Außenrand, in klimatisierte „Malls" und „Gated Communities", da die Straßen in DKI Jakarta als „Reich der Armen" gesehen werden. Jakartas Mittelschichten scheinen ein Ziel konsequent zu verfolgen: „[…] to create a ‚safe' suburban environment, removed from the marginally-employed lower classes crowded into both inner city and other urban kampung areas" (JONES 2002), die sowohl durch ihr kriminelles Gewaltpotenzial als auch durch ihre prekäre Umweltsituation nicht als attraktiver Lebensraum erachtet werden. Luft- und Wasserverschmutzung *Jabotabeks* – vor allem im zentralen DKIJ, vermehrt auch im suburbanen *Botabek* (WIRAHADIKUSUMAH 2002) – sind trotz steigendem Problembewusstsein seitens der Planungsinstanzen stetig im Ansteigen. Aufgrund der Interdependenz soziokultureller und ökonomischer Faktorenbündel (konsumorientierter Wertewandel – Industrialisierung und internationale Arbeitsteilung) scheint eine rasante Verbesserung unwahrscheinlich.

„The Western model of so-called democracy and consumerism is thrown at them in a very unfair way. Everybody wants to buy into the MTV thought pattern", kritisiert Ken

---

[22]) Vgl. Jaringan Rakyat Miskin Kota (Netzwerk der Becakfahrer); JELLINEK 2003; Urban Poor Consortium; u.a.

PATTERN, bekannt für seine Kampung-Stillleben, den Modernisierungsschub der 1990er-Jahre, der nach der Wirtschaftskrise 1997/98 skurrile Formen annahm: Zurück in die Vergangenheit? Rund um verrostende Kräne auf ehemaligem Kampunggelände, das für nie mehr realisierbare Kondominien vorgesehen war, bilden sich längst wieder Marginalsiedlungen, die Baustellen der Reichen wurden vom Lebensraum der Armen überrollt – „almost as if we give the developing world McDonald's and golf courses as if that's going to help people" (The Jakarta Post, 25.04.2005).

Die großteils unkoordinierte Errichtung und Planung von punktuellen Industriezonen oder Satellitenstädten ist weiters nicht dazu angetan, die Zeitbombe Umwelt kurzfristig zu entschärfen. Das Potenzial für Landnutzungskonflikte scheint insbesondere in *Süd-Jabotabek* (Raum Bogor) massiv, wo aus Wasserschutzgründen weitere Bebauung unterbleiben sollte, nichtsdestoweniger aber von privater Seite auf vormals landwirtschaftlich genutzten Flächen massive Landaufschließung betrieben wird (DOUGLASS 1996a).

Soziale Disparitäten, Umweltverschmutzung und unzureichende Lösungen in Wohnungs- und Arbeitsfragen fördern massive Marginalisierung: Ohne verstärkte Einbeziehung lokaler Raumplanung und die Schaffung von praktikablen Landnutzungskonzepten, auch gegen die Intentionen lokaler und internationaler Investoren und Landaufschließungsgesellschaften, scheint auch eine mittelfristige Lösung nicht in Sicht und die Attraktivität *Jabotabeks* als internationaler Produktionsstandort gravierend gefährdet.

Dass islamistische Heilslehren im größten Moslemstaat der Welt angesichts dieses Umfeldes aus politisch-methodischer Marginalisierung künftig auf starken Zustrom stoßen könnten, scheint unbestritten: Wachsendes Unbehagen und Opposition gegen den westlichen Lebensstil von internationalen Investoren und – viel mehr noch – der wachsenden Mittelschicht des 220-Millionen-Staates, der sich in den „Gated-Communities" und „Shopping-Malls" der (vorwiegend) suburbanen Neustadtgründungen manifestiert, bewirkte neben ersten Attacken auf internationale Luxushotels auch Demonstrationen gegen die Stadtregierung, die zur Zeit außer gewaltsamen Auflösungen keine Lösungsmodelle für die disparitäre Gesellschafts- und Siedlungsentwicklung anzubieten in der Lage ist. Quo vadis, *Jabotabek*?

5. Literatur

ABEYASEKERE, S. (1987): Jakarta. A History. Oxford: Oxford University Press.
BIANPOEN (1991): Managing the Megalopolis. In: The Indonesian Indicator 51, Jakarta, S. 67–71.
Biro Pusat Statistik (2000): Penduduk Indonesia, Hasi Sesus Penduduk 2000 seri RBL1.2. Jakarta.
BRONGER, D. (2004): Metropolen, Megastädte, Global Cities. Die Metropolisierung der Erde. Darmstadt: Wissenschaftliche Buchgesellschaft.
BRONGER, D. (2005): Marginalsiedlungen in Metropolen: „Erste" Welt – „Fünfte" Welt. Begriffliche und methodische Erfassungsprobleme für einen weltweiten Vergleich. In: Geographie und Schule 27 (157), S. 2–13.

CALJOUW, M., NAS, P. J. M und PRATIWO (2004): Flooding in Jakarta. Paper presented at „The 1st International Conference on Urban History", Surabaya, 23. bis 25.08.2004.

CCJ – Capital City of Jakarta (1994): Jakarta. A Dynamic World City at the Threshold of the 21st Century. Jakarta: City Planning Department.

CERNEA, M. M. (1993): The Urban Environment and Population Relocation. New York: International Bank for Reconstruction and Development.

CLARKE, G. (1985): Jakarta, Indonesia: Planning to Solve Urban Conflicts. In: LEA, J. P. und J. M. COURTNEY (Hrsg.): Cities in Conflict. Studies in the Planning and Management of Asian Cities. A World Bank Symposium. Washington: The World Bank, S. 35–60.

Colliers International Indonesia News (2003, October 1–15). Internet: www.colliers.com/contenst/reopositories/base/markets/indonesia/english/market_report/pdfs/oct03_1st.pdf (Zugriff: 02.04.2006).

CRANE, R. und A. DANIERE (1997): The Contribution of Environmental Amenities to Low-Income Housing: A Comparative Study of Bangkok and Jakarta. In: Urban Studies 34 (9), S. 1495–1512.

DARRUNDONO, P. (2005): The First Large-scale Upgrading Programme: An Indonesian Success Story. In: Habitat Debate, Nr. 9/05, S. 15.

DAVIS, M. (2004): Planet of Slums. Zit. nach: Wildcat, Nr. 71, Herbst 2004, S. 47–50. Internet: www.wildcat-www.de/wildcat/71/w71_davis.htm.

Deutsche Bank Indonesia (DBI) Newsletter, 30.01.2004, Jakarta.

DHARMAPATNI, I. und T. FIRMAN (1995): Problems and Challenges of Mega-Urban Regions in Indonesia: The Case of Jabotabek and the Bandung Metropolitan Area. In: MCGEE, T. G. und I. M. ROBINSON (Hrsg.): The Mega-Urban Regions of Southeast Asia. Vancouver: University of British Columbia Press, S. 297–314.

DONNER, W. (1987): Land Use and Environment in Indonesia. London: Hurst.

DOUGLASS, M. (1996a): Land-Use Planning and Management Strategies For A Sustainable Greater Jabotabek. Bappenas – D.G. Cipta Karya – the World Bank Seminar on Strategies for a Sustainable Greater Jabotabek. Jakarta, July 8–10, 1996, The Regent Hotel. Jakarta: Bappenas – Ministry of Public Works – World Bank.

DOUGLASS, M. (1996b): Land-Use Planning and Management Strategies For A Sustainable Greater Jabotabek. In: Jurnal Perencanaan Wilayah dan Kota 21, S. 46–59.

GIEBELS, L. J. (1986): Jabotabek – An Indonesian-Dutch Concept on Metropolitan Planning of the Jakarta-region. In: The Indonesian City 117, Dordrecht, S. 101–116.

HAFIDZ, W. (2005): World Habitat Day 2005. Internet: www.habitants.org/article/articleview/1502/1/395 (Zugriff: 02.06.2006).

HAN, S. S und A. BASUKI (2001): The Spatial Pattern of Land Values in Jakarta. In: Urban Studies 38 (10), S. 1841–1857.

HEINTEL, M. und G. SPREITZHOFER (1998): Jakarta: Megastadt im Spannungsfeld nationaler Verhaftung und globaler Integration. In: Asien, Deutsche Zeitschrift für Politik, Wirtschaft und Kultur 66, S. 23–42.

HEINTEL, M. und G. SPREITZHOFER (1999): Megastadtentwicklung, Globalisierung und Migration – Fallstudie Jakarta. In: HUSA, K. und H. WOHLSCHLÄGL (Hrsg.): Megastädte der Dritten Welt im Globalisierungsprozess. Wien: Institut für Geographie und Regionalforschung der Universität Wien, S. 199–346 (= Abhandlungen zur Geographie und Regionalforschung 6).

HEINTEL, M. und G. SPREITZHOFER (2001): Jakarta. In: BECKEL, L. (Hrsg.): Megacities. Salzburg: Geospace Verlag, S. 138–143.

HENDERSON, J. V., KUNCORO, A. und D. NASUTION (1996): The Dynamics of Jabotabek Development. In: Bulletin of Indonesian Economic Studies 32 (1), S. 71–95.

HOFMANN, N. von (2004): Südostasien auf dem Weg aus der wirtschaftlichen Krise? Unveröffentlichtes Arbeitspapier. Friedrich Ebert Stiftung, Singapur.

Hugo, G. (1994): International Labour Migration and the Family: Some Observations from Indonesia. Paper prepared for the Symposium on „Work and Family Life of International Migrant Workers", Nihon University, Tokyo, 5–7 December 1994.

Husa, K. und H. Wohlschlägl, Hrsg. (1999): Megastädte der Dritten Welt im Globalisierungsprozess. Mexiko City, Jakarta, Bombay – Vergleichende Fallstudien in ausgewählten Kulturkreisen.Wien: Institut für Geographie und Regionalforschung der Universität Wien (= Abhandlungen zur Geographie und Regionalforschung 6).

Ieda, H., Mizokami, S., Kidokoro, T. und Iwakura, S. (2003): Impact Study on Transportation Projects in Jabotabek. Jakarta.

International Alliance of Inhabitants (2005): World Habitat Day 2005. In: www.habitants.org (Zugriff: 30.04.2006).

Isa, I. T. (1993): An Evaluation of Low Cost Housing Program (KPR-BTN): A Case Study in Jabotabek, Indonesia. Thesis, Atlantic Planners Institute.

Jakarta Metropolitan City Government (1995): Jakarta: 50 Tahun Dalam Pengembangan Dan Penataan Kota (Jakarta Insight: 50 Years of City Planning and Development). Jakarta.

Jellinek, L. (1991): The Wheel of Fortune: The History of a Poor Community in Jakarta. Honolulu: University of Hawaii Press.

Jellinek, L. (2003): Collapsing Under the Weight of Success: an NGO in Jakarta. In: Environment and Urbanization 15 (1), S. 171–180.

The Jakarta Post (The Journal of Indonesia Today), diverse Ausgaben 1996–2005.

Jones, G. W. (2001): Population Growth and Decline in Indonesian Cities. In: Bulletin of Indonesian Economic Studies 37 (1), S. 37.

Jones, G. W. (2002): Southeast Asian Urbanization and the Growth of Mega-urban Regions. In: Journal of Population Research 19 (2), S. 119–136

Jones, G. W. und M. Mamas (1996): The Changing Employment Structure of the Extended Jakarta Metropolitan Region. In: Bulletin of Indonesian Economic Studies 32 (1), S. 51–70.

Khalik, A. (2005): Jababeka. In: Jakarta Post, Ausgabe vom 03.08.2005, Jakarta.

Korff, R. (1996): Global and Local Spheres: The Diversity of Southeast Asian Urbanism. In: Sojourn. Journal of Social Issues in Southeast Asia 11 (1), S. 288–313.

Kusbiantoro, B. S. (1996): Transportation Problem in Rapidly New Town Development Area. In: Jurnal Perencanaan Wilayah dan Kota 21, S. 60–65.

Leaf, M. L., Hrsg. (1994): Urbanisation in Southeast Asia: Public Policy and Private Initiative. Vancouver: University of British Columbia, Centre for Southeast Asian Research.

Leisch, H. (2000): Entwicklungsprobleme der Megastadt Jakarta. In: Geographische Rundschau 52 (4), S. 21–27.

Lowry, K. und I. Dharmapatni (1994): Evaluating Jakarta's Kampung Improvement Program. In: Douglass, M. (Hrsg.): Urban Environmental Management at the Grassroots (Third International Workshop on Community-Based Environmental Management. Institute of Technology Bandung, Indonesia. October 3–6, 1994). University of Hawaii: Department of Urban and Regional Planning.

Marshall, J. (2005): Megacity, mega mess ... In: Nature 437, 15.09.2005, S. 312–314.

McGee, T. G. (1995): Metrofitting the Emerging Mega-Urban Regions of ASEAN: An Overview. In: McGee, T. G. und I. M. Robinson (Hrsg.): The Mega-Urban Regions of Southeast Asia. Vancouver: University of British Columbia Press, S. 3–26.

Murray, A. J. (1991): No Money, No Honey: A Study of Street Traders and Prostitutes in Jakarta. Singapore: Oxford University Press.

Murwisah, R. (2003): Jakarta Rising. Internet: http://spacing.ca/outerspace03-jakarta.htm (Zugriff: 02.06.2006).

Nas, P. J. M., Hrsg. (2002): The Indonesian Town Revisited. Singapore: Institute of Southeast Asian Studies.

Novy, B. (2005): Häuser wie Stilmöbel. Nachrichten aus einer Megacity. In: www.freitag.de (Zugriff: 27.05.2005).

Nurbianto, B. (2006): Jakarta's Rail System to be Developed. In: www.planetmole.org/06-01 (Zugriff: 29.04.2006)

Peresthu, A. (2004): Jakarta's „Exurbia" Kampongs. Barcelona (ETSAV Research Reports, Escuela Tecnica Superior d'Arquitectura de Barcelona). In: www.etsav.upc.es/personals/iphs2004/urbper/ num01/inf01-1.htm (Zugriff: 31.05.2006)

Pratiwo (2003): Markets and Malls in Jakarta. In: IIAS Newsletter 31, Juli 2003, S. 12.

Reerink, G. (2006): The Price of Uncertainty: Kampung Land Politics in Post-Suharto Bandung. In: IIAS Newsletter 40, Frühling 2006, S. 14.

Rustiadi, E. (2002): Suburbanization Process, Land Use Cover Change and Environmental Changes in Jabotabek Region. Bonn: IHDW Workshop Paper. Internet: www.ihdp.uni-bonn.de/ihdw02/summaries (Zugriff: 29.04.2006)

Silas, J. (2002): Mega-Urbanization: New Town and City Setting. Paper presented at the Mega Urbanization Seminar at University of Leiden, 12.–15.12.2002.

Siswanto, A. (1996): Inner City Neighbourhood Development and Community Participation. The World Bank seminar. July 8–10, 1996, The Regent Hotel, Jakarta. Jakarta: Bappenas – Ministry of Public Works – World Bank.

Soegijoko, B. T. S. (1995): Evolution of Urban Spatial Form in Jabotabek Region: Characteristics and its Policy Implications for Regional Development Planning. Paper presented to the Cambridge Conference on Global City Regions: Their Evolution and Management 17–19 September 1995, Cambridge, MA.

Soegijoko, B. T. S. und B. S. Kusbiantoro (2001): Globalization and the Sustainability of Jabodetabek, Indonesia. In: Lo, F. und E. Marcotullio (Hrsg.): Globalization and Sustainability of Cities in the Asia Pacific Region. Tokyo: United Nations Unversity Press, S. 311–363.

Somantri, G. R. (1995): Migration within Cities: A Study of Socioeconomic Processes, Intra-City Migration and Grassroots Politics in Jakarta. Dissertation, Universität Bielefeld.

Spreitzhofer, G. (1999): Gesellschaftliche Liberalisierung in Indonesien? Aktuelle Aspekte in Partei und Politik. In: asien, afrika, lateinamerika 27 (3), S. 227–244.

Spreitzhofer, G. (2000a): Jakarta. Megacity im Spannungsfeld globaler Interessen und sozialer Disparitäten. In: Blotevogel, H. H. et al. (Hrsg.): Lokal verankert – weltweit vernetzt. Tagungsbericht und wissenschaftliche Abhandlungen (52. Deutscher Geographentag in Hamburg). Stuttgart: Steiner Verlag, S. 273–278.

Spreitzhofer, G. (2000b): Metropolization in Suharto's Western Java. Three Decades of Megacity Management in Jabotabek Region. In: asien, afrika, lateinamerika 28 (4), S. 609–630.

Spreitzhofer, G. (2000c): Globalizing Urbanization in Western Java. Paper presented at the „Global Conference on Economic Geography" (5.–9. Dec. 2000), National University of Singapore, Singapore.

Spreitzhofer, G. (2001a): Post-Suharto's Jabotabek Region: New Issues of Demographic and Socio-Economic Change in Western Java. Paper presented at „SEAGA 6", 2001 International Conference: Southeast Asia's Quality of Life in the New Millenium' (12.–15. Nov. 2001), Universiti Kebangsaan Malaysia, Bangi, Malaysia.

Spreitzhofer, G. (2001b): Jakarta. In: Pilz, B. (Hrsg.): Zum Beispiel Mega-Städte. Göttingen: Lamuv-Verlag, S. 30–35 (= Lamuv 303, Nord-Süd).

Spreitzhofer, G. (2002): Metro-Jakarta: Post-crisis Investment Opportunities and Risks in a Mega-urban Region. In: IFAS Forum (Interdisciplinary Research Institute for Asian Studies) 1-2/2002, S. 28–35.

SPREITZHOFER, G. (2003): From Farming to Franchising: Current Aspects of Transformation in Post-crisis Metro-Jakarta. In: Asien, Deutsche Zeitschrift für Politik, Wirtschaft und Kultur 87, S. 52–64.

SPREITZHOFER, G. und M. HEINTEL (1997): Jakarta: Der „Big Apple" Südostasiens? In: FELDBAUER, P., HUSA, K., PILZ, E. and I. STACHER (Hrsg.): Mega-Cities: Die Metropolen des Südens zwischen Globalisierung und Fragmentierung. Frankfurt am Main / Wien: Brandes & Apsel / Südwind, S. 151–175.

SPREITZHOFER, G. und M. HEINTEL (1998): Urbanization in West Java in the „New Order Era": Demographic and Socio-economic Trends in Jabotabek region. In: Journal of Population, Manila 4 (1), S. 89–111.

SPREITZHOFER, G. und M. HEINTEL (1999): Aktuelle Aspekte der Urbanisierung in Jabotabek: Räumlicher und sektoraler Wandel in Metro-Jakarta. In: Internationales Asienforum 30 (1–2), S. 131–152.

SPREITZHOFER, G. und M. HEINTEL (2000): Metro-Jakarta: Zwischen Nasi und Nike. Suhartos „Neue Ordnung" als Motor der Regionalentwicklung in Westjava? Frankfurt/M.: Peter Lang Verlag.

SPREITZHOFER, G. und M. HEINTEL (2001): Die Infrastruktur der Megastadt: Zeitbombe Jabotabek? Metro-Jakarta im Spannungsfeld von internationaler Investition, ökologischem Desaster und politischer Labilisierung. In: Asien, Deutsche Zeitschrift für Politik, Wirtschaft und Kultur 78, S. 50–69.

SULLIVAN, J. (1992): Local Government and Community in Java: An Urban Case Study. Oxford: Oxford University Press.

TJIPTOHERIJANTO, P. (1996): Urbanisation and Urban Development in Indonesia. In: The Indonesian Quarterly 24 (1), Jakarta: Centre for Strategic and International Studies.

UN-Habitat (2005): International Seminar on the Millenium Development Goals and the City, Bandung, 30.09.2005. Internet: www.unhabitat.org/whd/2005/whd_jakarta.asp

United Nations Centre for Human Settlements (1996): An Urbanizing World: Global Report on Human Settlements 1996. Oxford: Oxford University Press.

WARDHANA, A. (1996): Economic Reform in Indonesia: The Transition from Resource Dependence to International Competitiveness. In: The Indonesian Quarterly 24 (3), S. 257–272.

WEBSTER, D. (1995): Mega-Urbanization in ASEAN: New Phenomenon or Transitional Phase to the „Los Angeles World City"? In: MCGEE, T. G. und I. M. ROBINSON (Hrsg.): The Mega-Urban Regions of Southeast Asia. Vancouver: University of British Columbia Press, S. 27–41.

WIRAHADIKUSUMAH, K. (2002): Jakarta Air Quality Management: Trends and Policies. Paper Presented at the „Regional Workshop on Better Air Quality in Asian and Pacific Rim Cities", Hongkong, 16.12.2002.

YULINAWATI, H. (2005): Jakarta Mega Urban Region. How Livable is its Environment? Paper presented at the 8th International Conference of the Asian Planning Schools Association, 11.–14.09.2005. In: www.apsa2005.net/Fullpapers/Pdf (Zugriff: 29.04.2006)

ZAIN, A. M. (2001): Distribution, Structure and Function of Urban Green Space in Southeast Asian Megacities with Special Reference to Jakarta Metropolitan Region. Thesis, University of Tokyo.

Internet-Links

http://www.achr.net/jakarta_achr.htm
http://www.germancentre.co.id
http://www.habitatindonesia.org
http://www.portmanusa.com/master_plan/bsd.html

Zum Problem informellen Wohnens in Bangkok Metropolis: Traditionelle und partizipative Ansätze zur Lösung der Wohnungsproblematik von Niedrigeinkommensgruppen[1]

ANDREA PERCHTHALER

Inhalt

1. Einleitung 373
2. Die Megastadt – Ort der Extreme 376
3. Slums und Squattersiedlungen in Bangkok 379
   3.1 Zur Begriffsdefinition – Was sind Slums, was sind Squatter? 379
   3.2 Generelle Lebenssituation in den Slumsiedlungen Bangkoks 381
4. Strategien zum Umgang mit informellen Wohnverhältnissen: Ein historischer Rückblick . 383
   4.1 Staatliche Wohnprogramme – eine Geschichte des Scheiterns 384
   4.2 Zivilgesellschaftliche Initiativen: Kompensation für die Unfähigkeit des Staates? 387
   4.3 Entwicklung der letzten Jahre und aktuelle Situation 389
5. Aktuelle staatliche Strategien und Lösungsansätze: Bleiben oder gehen? 391
   5.1 Räumung und Zwangsumsiedlung – ein bewährtes „Lösungsmittel" 392
   5.2 Staatlich subventioniertes Eigentum: Das „Baan Eur Ah-Torn"-Programm 395
   5.3 „Baan Mankong": Partizipation und Dezentralisierung nicht nur als Schlagworte 396
6. Fazit 401
7. Literatur 401

1. Einleitung

Zeitliche Beschleunigung, Globalisierung und veränderte Wirtschaftsstrukturen lassen die Welt immer weiter zusammenrücken und führen zu zahlreichen neuartigen Lebensmustern, die es zuvor in dieser Art noch nicht gegeben hat. Landflucht, neue Siedlungsstrukturen und Megastädte sind nur einige der Konsequenzen der aktuellen Entwicklung und sie stellen eine große Herausforderung vor allem für jene Länder dar, die traditionell von einer ländlichen Lebensweise geprägt waren.

---

[1]) Bei dem vorliegenden Beitrag handelt es sich um erste Ergebnisse der derzeit am Institut für Geographie und Regionalforschung in Bearbeitung befindlichen Dissertation von Andrea PERCHTHALER zum Thema „Partizipative Ansätze zur Armutsreduktion im Wohnsektor Bangkoks". Dieser Beitrag enthält noch keine Ergebnisse der Feldforschungen der Autorin.

Noch nie zuvor in der Geschichte der Menschheit fanden so weitreichende Veränderungen der Welt innerhalb einer so kurzen Zeitperiode statt – das letzte Jahrhundert gilt daher – um mit HOBSBAWN (1994) zu sprechen – nicht umsonst als das „Zeitalter der Extreme".

Global betrachtet waren in den 1950er-Jahren nur etwa 30 Prozent der Menschheit in Gebieten angesiedelt, die als „städtisch" bezeichnet werden konnten; dieser Anteil erfuhr jedoch in den folgenden Jahrzehnten eine rasante Steigerung. Vor wenigen Jahren, etwa um 2008/09, wurde nach Berechnungen der Vereinten Nationen ein besonderer Wendepunkt erreicht, als erstmals in der Menschheitsgeschichte mehr Menschen in städtischen als ländlichen Gebieten lebten (vgl. United Nations 2008, 2010).

In Entwicklungsländern werden Megastädte immer mehr zu Problemräumen, in welchen schon lange die negativen Implikationen die positiven zu überragen scheinen. Darauf, welche Vor-, aber auch Nachteile es für die Bewohner mit sich bringt, in solch einer Agglomeration zu leben, wird später genauer eingegangen.

Der vorliegende Beitrag macht es sich zum Ziel, die thailändischen Ansätze zur Lösung der Wohnproblematik im Großraum Bangkok zu analysieren und die Entwicklung der verschiedenen Konzepte nachzuzeichnen. Worin liegt es begründet, dass bisher gestartete Initiativen keinen Erfolg aufwiesen, sondern oft nach kurzer Zeit schon wieder eingestellt wurden? Welche Strategien verfolgten die staatlichen Programme und warum konnten sie die ambitioniert gesteckten Ziele nicht erreichen? Und auch: Welche alternativen Lösungswege werden aktuell verfolgt?

Megastädte sind komplex und unüberschaubar, sie verschlingen enorme Ressourcen. Fehlt es an ausreichender Finanzkraft, wird es schwierig, sie verwaltungstechnisch und infrastrukturell unter Kontrolle zu halten. Viele Regierungen stehen daher angesichts einer nicht mehr planbaren Ausdehnung der Stadtregionen den Bedürfnissen der Bewohner hilflos gegenüber. Es mangelt an Geld, um die benötigten Investitionen zu leisten und an administrativer Kompetenz, das Wachstum in einer produktiven Weise zu regulieren und zu lenken. In den meisten Fällen muss die arme Bevölkerung – also jenes Gesellschaftssegment, das aus Slumbewohnern, Squattern, unterbezahlten Arbeitern und informell oder illegal in der Stadt lebenden Menschen besteht – die Last der kaum vorhandenen Regierungsarbeit selbst tragen. Der größte Teil der städtischen Armen lebt mit dem Umstand, sich zur Gänze selbst versorgen zu müssen, da von Seiten der öffentlichen Hand nicht mit Unterstützung gerechnet werden kann.

Das Fehlen von Basisinfrastruktur wirkt sich zwar auf die Lebensqualität der gesamten städtischen Bevölkerung aus, jedoch werden für den kleinen Bevölkerungsanteil, der über die größten finanziellen Mittel verfügt, beinahe alle vorhandenen Ressourcen eingesetzt. Für den – weitaus größeren – Rest der Einwohner bleibt daher nicht mehr viel, für sie gibt es oft keine Anbindung an Wasserleitungen oder das Stromnetz, kein Abwassersystem, keine Arbeitsregulierungen, keine geregelten Wohnrechte, keine Bildungs- oder Gesundheitseinrichtungen, keinen öffentlichen Transport. Es fehlt nicht nur an Geld, sondern häufig auch am politischen Willen, die Wohnviertel der armen Bevölkerung zu versorgen.

Das Nichtvorhandensein der Grundversorgung hängt eng mit dem Auftreten von städtischer Armut, besonders in Entwicklungsländern, zusammen. Am deutlichsten manifestiert sich diese Armut im Wohnsektor, wo die Mängel dann sehr offensichtlich im Stadtbild hervorstechen. So ist es nicht erstaunlich, dass informelle Siedlungen, die keinerlei Bauvorschriften erfüllen, Behausungen, zusammengetragen aus jeglichem verfügbaren Material und Bilder generellen Verfalls das Aussehen weiter Teile rasch wachsender Megastädte der Dritten Welt prägen. Zwar wird häufig davon ausgegangen, dass Slumsiedlungen im Zuge schneller Urbanisierungsphasen entstehen und meist nur ein vorübergehendes Phänomen darstellen, es zeigt sich jedoch mittlerweile, dass auch im Zuge einer aufstrebenden Wirtschaft in den Städten der Entwicklungsländer kaum eine Verbesserung hinsichtlich der Wohnsituation stattfindet. Schon Mitte der 1990er-Jahre schätzten die Vereinten Nationen, dass zum Jahrtausendwechsel mehr als die Hälfte der Einwohner in Asien in Substandard-Wohngebieten leben würde, also in Slums oder ähnlichen Gebieten (vgl. ALDRICH und SANDHU 1995, S. 18).

Die Großregion Südostasien wurde zwar erst relativ spät von einer dynamischen Urbanisierungswelle erfasst, muss deshalb aber auch innerhalb einer relativ kurzen Zeitspanne mit den Konsequenzen von weitgehend ungeregelt ablaufenden Urbanisierungsprozessen zurechtkommen. Ein besonders typisches Beispiel für eine südoastasiatische Megastadt mit derlei Entwicklungs- und Wachstumsproblemen stellt *Bangkok Metropolis*, die Hauptstadt Thailands, dar (vgl. dazu ausführlich u.a. HATZ, HUSA und WOHLSCHLÄGL 1993; HUSA und WOHLSCHLÄGL 1997). Das rasante und weitestgehend ungeplante Stadtwachstum der letzten Jahrzehnte führte zu dem heute bestehenden komplexen Mix aus Innovation und Moderne gepaart mit Armut, Chaos und akzentuierter sozialer Ungleichheit. Extremste Lebensbedingungen konzentrieren sich auf sehr engem Raum, was unausweichlich zu zahlreichen Fehlentwicklungen und Problemen führt. Hinsichtlich einer ausgewogenen Stadtplanung und der Bereitstellung von Basisinfrastruktur für alle Bewohner ist die Stadtverwaltung Bangkoks mit ihren Aufgabengebieten vielfach überfordert, zu unüberschaubar und wechselhaft sind die zahlreichen Schwierigkeiten, die einer Lösung bedürfen. So wurden bereits unzählige Initiativen in den letzten Jahrzehnten gestartet, um das Wohnproblem – vor allem der armen und marginalisierten Bevölkerungsteile – unter Kontrolle zu bekommen. In den meisten Fällen jedoch scheiterten diese bereits nach sehr kurzer Zeit.

Um zu verstehen, wie sich die verschiedenen Herangehensweisen bis hin zur heutigen Situation entwickelten, ist es notwendig, die wichtigsten Veränderungen und Anpassungen der Wohnbaustrategien in einem historischen Rückblick aufzuarbeiten. Es zeigt sich schnell die Beharrlichkeit, mit der manche Ansätze trotz mehrmaligen Scheiterns weiterverfolgt wurden. Erst spät wurde erkannt, dass auch eine andere Herangehensweise möglich ist und Selbstbestimmung sowie Partizipation im Wohnbau eine sehr wichtige Komponente für die Bewohner der Stadt darstellen können. „Urban Governance" ist das neue Schlagwort, das den Einwohner als wichtigen Akteur sieht und für die Förderung einer neuartigen, offeneren Stadtentwicklung steht.

Wir gehen also der Frage nach, wie sich innovative Governance-Prozesse in Bangkok artikulieren und welche Rolle „Empowerment" und „partizipative Entwicklung" wirklich spielen. Welche Veränderungen haben sich in den letzten Jahrzehnten ergeben, wie sieht die heutige Regierungsarbeit auf dem Wohnbausektor aus, versprechen die neuen Ansätze mehr Chancen auf Erfolg?

Im ersten Teil des Beitrags werden wir daher zunächst einen Blick auf die spezifisch thailändischen Rahmenbedingungen der Stadtentwicklung werfen und uns einen Überblick über die bisher gestarteten Initiativen verschaffen. Im Anschluss daran widmen wir uns den aktuellen Wohnbauprogrammen für Niedrigeinkommensgruppen und erörtern ihr Potenzial für eine langfristige und nachhaltige Verbesserung des Lebensstandards für die Menschen in den Slumsiedlungen Bangkoks.

2. Die Megastadt Bangkok – ein Ort der Extreme

Das Königreich Thailand mit seinen etwa 63 Millionen Einwohnern weist eine durchschnittliche Bevölkerungsdichte von rund 112 Personen pro Quadratkilometer auf, womit Thailand global betrachtet zu den überduchschnittlich dicht besiedelten Staaten zählt. Die Hauptstadt Bangkok ist mit einer Fläche von 1.565 km² und zirka sieben Millionen Einwohnern (2009), was einer Dichte von fast 4.500 Einwohnern pro km² entspricht, erwartungsgemäß die am dichtesten besiedelte Region des Landes (vgl. NSO 2009).

Spricht man von Bangkoks Fläche oder seiner Einwohnerzahl, so ist aus planungstechnischer Hinsicht einerseits zwischen „Bangkok Metropolis", dem „eigentlichen" administrativen Stadtgebiet, und andererseits der Planungsregion „Bangkok Metropolitan Region" (BMR) zu unterscheiden, die zusätzlich die fünf Nachbarprovinzen Nonthaburi, Pathum Thani, Samut Prakan, Samut Sakhon und Nakhon Pathom miteinbezieht (vgl. PORNCHOKCHAI 1992; HUSA und WOHLSCHLÄGL 1997).

Der allgemeine Lebensstandard der thailändischen Bevölkerung ist einer der höchsten in Südostasien, jedoch bestehen innerhalb des Landes beträchtliche Ungleichgewichte. Vor allem der Nordosten des Landes bleibt hinsichtlich des Einkommens, der Infrastrukturausstattung und des Angebots an Gesundheits- und Bildungseinrichtungen sehr stark hinter der Hauptstadtregion, aber auch den zentralen und südlichen Landesteilen zurück.

Die Konzentration des Wohlstands im Bereich der Herrschaftszentrale war schon seit jeher ein typisches Charakteristikum der thailändischen Staatenbildung – bereits Sukhothai als erste Hauptstadt im thailändischen Königreich bildete von 1238 bis 1350 den alles dominierenden politischen und wirtschaftlichen Mittelpunkt des Landes. Später wurde Sukothai von Ayutthaya und Thonburi und schließlich von Bangkok (Krung Thep) als dominanten Zentren abgelöst.

Thailands Städtesystem ist von einer ausgeprägten Hierarchie bestimmt, in der Bangkok spätestens ab Ende des 18. Jahrhunderts die Spitze der politischen und wirtschaftlichen Macht einnahm. Die Stadt war schon früh ein international wichtiger Hafen und dadurch das Zentrum der finanziellen Akkumulation im Land. Thailand war als einziges Land in Südostasien nie ein Kolonialstaat, wurde aber dennoch sehr schnell in die globale Weltwirtschaft eingebunden, was den raschen Aufstieg Bangkoks zu einer wichtigen Drehscheibe Südostasiens stark beschleunigte.

Ab diesem Zeitpunkt begann sich auch der Grundstücksmarkt im Land stark zu verändern. Ländereien waren ursprünglich im Besitz von Monarchen, Landtitel wurden in den 1890er-Jahren schließlich auch offiziell eingeführt. Mit der Einbindung in das kapitalistische System entstand schnell ein Wettbewerb um freie Grundstücke der Stadt, sie wurden mehr und mehr kommodifiziert und für Verkauf und Vermietung herangezogen (vgl. ASKEW 2002, S. 31ff). Ab diesem Zeitpunkt setzte ein sehr starkes Wachstum der Stadt ein, in Jahr 1913 wies Bangkok bereits die zwölffache Einwohnerzahl der landesweit zweitgrößten Stadt Chiang Mai auf; hervorgerufen wurde dies vor allem durch den zu diesem Zeitpunkt relativ hohen Zustrom chinesischer Migranten (vgl. ASKEW 2002, S. 37).

Die immer stärker exportorientierte Ausrichtung der thailändischen Wirtschaft nach dem Zweiten Weltkrieg bewirkte nicht nur ein sprunghaftes Stadtwachstum, sondern brachte für viele Bevölkerungsgruppen in der Hauptstadt einen erheblichen Zuwachs an Lebensqualität. So gut wie alle im Land produzierten Waren wurden letztendlich über Bangkok vertrieben, was einerseits zu einem dynamischen wirtschaftlichen Aufstieg der Stadt führte, andererseits allerdings eine extreme Einkommensschere zwischen den reicheren und ärmeren Bevölkerungsgruppen öffnete. Zusätzlich erhielt Thailand finanzielle Unterstützung durch die US-amerikanische Entwicklungshilfe, die ebenfalls konzentriert im Raum Bangkok ihren Einsatz fand – die Dichotomie zwischen Stadt und Land wurde dadurch weiter stark vergrößert (vgl. ASKEW 2002, S. 49ff).

Um die wirtschaftlichen Standortvorteile gegenüber anderen Staaten in Südostasien auch weiterhin halten zu können, stellte spätestens ab den 1980er-Jahren eine weitreichende Modernisierung die oberste politische Priorität in der Landesentwicklung dar – es zeigte sich jedoch schon bald, dass das rapide Stadtwachstum teilweise bereits mehr hinderliche als förderliche Ausmaße annahm. Die Vorteile der wirtschaftlichen Entwicklung konnten nur ungleichmäßig an die Bewohner weitergegeben werden und schon bald wurden erste Wohlfahrtsprogramme für die unterversorgten Bevölkerungsteile eingeführt. Zugleich verfolgte man jedoch auch weniger soziale Strategien, um der Armut in der Stadt Herr zu werden, nämlich indem man Slumräumungen durchführte und Barrieren schuf, die eine weitere Migration in die Stadt einschränken sollten. Doch der Hauptanteil des Stadtwachstums entfiel zu jenem Zeitpunkt nicht auf die Migration, sondern auf das natürliche Bevölkerungswachstum der Stadt:

> *„Migration to the (BMR) region has been extremely slow, particularly when compared to the size of the rural population of Thailand. According to the 1980 census, net migration to the BMR accounted for a population increase of 286,275 persons between 1975 and 1980, an average of less than 60,000 persons per annum. If we consider that Thailand has approximately 60,000 villages, with an average of 650 persons per village, this means that on the average one person migrates to Bangkok from each village every year, or one family every five years"* (Bangkok Land Management Study 1987, S. 17, zit. in PORNCHOKCHAI 1992, S. 78).

Eine weitere Fehlauffassung bestand in der Annahme, dass der Großteil der Migrantinnen und Migranten aus den ärmeren ländlichen Schichten stammte und diese hauptsächlich zum Wachstum der Slumgebiete beitragen würden. In Wahrheit jedoch zählte ein sehr hoher Anteil der ländlichen Migranten zu mittleren und höheren Einkommensschichten. Der größte Teil jener Zugezogenen, der tatsächlich aus der ärmeren Bevölkerung stammte und nach Bangkok migrierte, war in Fabriken tätig und wurde entweder in Arbeiterunterkünften einquartiert oder war nur saisonal in der Stadt beschäftigt (vgl. PORNCHOKCHAI 1992, S. 79).

Die Maßnahmen der Regierung zur Beschränkung der weiteren Zuwanderung in die Hauptstadt gingen somit am Ziel vorbei, denn eigentlich war die dynamische Bevölkerungszunahme durch die hohen positiven Geburtenüberschüsse und nur zu einem wesentlich geringeren Teil durch Migrationsgewinne bedingt (vgl. PORNCHOKCHAI 1992, S. 79).

Die rasante Ausbreitung der Stadt führte in den folgenden Jahren zu immer größeren Problemen. Ergebnis war eine extreme Polarisierung zwischen Arm und Reich sowie ein Aufeinanderprallen von Tradition und Moderne auf engstem Raum, das ASKEW anhand eines typischen Beispiels aus dem Bangkok der 1980er-Jahre wie folgt beschreibt:

> *„While the City of Angels boasted a high-tech stock exchange and new elevated expressways, traffic lights were operated manually by the metropolitan traffic police."* (ASKEW 2002, S. 89)

Auch die Luftverschmutzung in der Stadt erreichte bald ein permanent gesundheitsschädliches Niveau, wobei der Grund dafür vor allem am sehr hohen Verkehrsaufkommen lag, das vom nicht ausreichenden Straßennetz nicht bewältigt werden konnte, wodurch umfangreiche Staus auf der Tagesordnung waren. Ebenso ist das öffentliche Verkehrsnetz nicht ausreichend ausgebaut, wodurch viele Bewohner auf den Individualverkehr angewiesen sind. Den größten Teil des Tages fließt der Verkehr nur sehr schleppend, teilweise sogar im Schritttempo. Verantwortlich dafür ist das Fehlen eines effizienten untergeordneten Verkehrsnetzes, so dass sich der Verkehr beinahe ausschließlich auf einige wenige Hauptverkehrsachsen konzentriert:

> *„The Highway Department constructs the primary roads, while the Bangkok Metropolitan Administration is supposed to build the secondary roads, but it is often unable to do so due to lack of funds. Thus, land owners and developers, after negotiations with owners of adjacent land parcels, connect their plots of land to the nearest primary road, in the most economical way and with no regard for the public interest, with a narrow road (soi) along the boundaries of the plots, to occupy as little as possible of the land parcels. The outcome is a haphazard network of narrow, often dead-end, roads which are not interconnected. The situation is further complicated by a large number of irrigation and transportation canals. As a result, many plots of land cannot be easily developed because of their inaccessibility (i.e. the lack of road frontage or a bridge)."* (YAP 1992c, S. 32).

Zwar wurde in den letzten Jahren viel Geld in den Ausbau öffentlicher Transportmittel (Bau einer U-Bahnlinie und von zwei Skytrain-Linien) investiert, jedoch erschließen diese nur einen sehr kleinen Teil der Stadt. Der größte Teil der Bewohner ist nach wie vor auf den Individualverkehr mit eigenem PKW oder Motorrad, auf Taxis oder die öffentlichen Busse angewiesen, die allesamt von derselben Stauproblematik betroffen sind.

Ein weiteres zentrales Problemfeld der Stadtentwicklung und -planung, auf das im folgenden Kapitel im Detail eingegangen wird, ist die Wohnungsproblematik, die sich in einer rasch wachsenden Anzahl von Slumsiedlungen, heruntergekommenen Behausungen und Obdachlosigkeit manifestiert.

3. Slums und Squattersiedlungen in Bangkok

> *„A slum is a cancer in a city. A city that is not making at least partially energetic and effective sorties against its slums is in danger of the slum's metastasizing, and changing the essential character of the city itself."* (HUNTER 1964, S. 6).

Der Begriff „Slum" weist je nach regionalem Kontext verschiedenste Konnotationen auf, gemeinsam ist diesen jedoch, dass meist größtes Elend, Schmutz und ärmste Verhältnisse das Vorstellungsbild prägen. Ein Slum bezeichnet allgemein ein nichtstandardgemäßes, sich durch das Erscheinungsbild vom Rest der Stadt abhebendes Wohngebiet, das im Wesentlichen von marginalisierten Bevölkerungsgruppen bewohnt wird. Diese Begriffsinterpretation reicht historisch bereits sehr weit zurück:

> *„[T]he origin of the word slum, although obscure, probably comes from ‚slumber' since slums were originally – to the majority – unknown, back streets or alleys, wrongly presumed to be sleepy and quiet. [...] Over the years Webster has softened this view a bit. In 1931 the dictionary said a slum was a foul back street of a city, especially one with a slovenly and often vicious population; a low or squalid neighbourhood. In 1953 a more charitable feeling prevailed, and a slum was defined as a thickly populated street or alley marked by squalor or wretched living conditions."* (HUNTER 1964, S. 5)

Slum- und Squattersiedlungen umfassen nach heute gängigen Definitionen sehr unterschiedliche Ausprägungen, was es auch erschwert, die Slumgebiete Bangkoks beispielsweise mit jenen anderer Länder zu vergleichen. Es bedarf somit in erster Linie einer präzisen Definition, was im Folgenden unter „Slum" bzw. „Squatting" im Raum Bangkok verstanden werden soll und aufgrund welcher Kriterien diese Siedlungsformen von anderen unterschieden werden können.

3.1 Zur Begriffsdefinition – Was sind Slums, was sind Squatter?

Was also sind die Charakteristika einer Siedlung in Bangkok, damit sie als Slum bezeichnet werden kann? Hier eine umfassende und detaillierte Definition, die angesichts der Wohnsituation in Bangkok als sinnvoll erscheint:

> *„Usually, in Thai context, the term ‚slum' refers to both slum and squatter settlements since the physical conditions of the occupied dwellings are poor in both cases. In 1990, the NHA [National Housing Authority] and the BMA [Bangkok Metropolitan Adminis-*

> *tration] defined a ‚slum' as ‚[a] group of buildings with a housing density of not less than 15 households per rai (0,16 ha) in an area characterized by overcrowding and flooding with deteriorated and unsanitary conditions that offer stuffy, damp and unhygienic accommodation, and which might be harmful for health, security or as the source of illegal or immoral activities'."* (VIRATKAPAN, PERERA und WATANABE 2004, S. 234).

Als Slumsiedlungen werden in Thailand demnach jene Gebiete bezeichnet, die durch unterdurchschnittliche Wohnstandards, ein physisch schlechtes Erscheinungsbild und durch schwierige soziale Umstände charakterisiert sind. Das Hauptcharakteristikum zur Definition der Slumgebiete in Thailands Städten ist jedoch ein hohes Ausmaß an Platzmangel. Während ursprünglich von der „National Housing Authority" (NHA) noch jene Gebiete als Slums bezeichnet wurden, die mindestens 30 Wohneinheiten pro Rai[2] aufwiesen (PORNCHOKCHAI 2003, S. 13), wurden 1991 von der „Bangkok Metropolian Administration" (BMA) folgende Siedlungstypen als Slums charakterisiert:

> *„[...] an overcrowded, unorderly and dilapidated community with unample [sic] environment which can be harmful for health and lives. The minimum number of housing units per rai is 15"* (zit. nach PORNCHOKCHAI 2003, S. 13).

Mittlerweile hat sich letztere Definition mit 15 Wohneinheiten pro Rai als Kriterium für Überbevölkerung allgemein durchgesetzt. Nach einer Studie aus dem Jahr 2003 lag die Belagsdichte einer Wohneinheit in Thailand bei durchschnittlich 3,75 Personen, in Bangkok waren es nur 2,99 Personen. In Slumgebieten hingegen zeigt sich ein umgekehrtes Bild: Slums in Thailand (insgesamt) beherbergten 7,2 Menschen pro Wohneinheit und in Bangkok sogar 7,8 Menschen, also beinahe dreimal so viele wie in den anderen Wohngebieten der Stadt (PORNCHOKCHAI 2003, S. 9). Nach der Definition der BMA beherbergen Slums in Bangkok auf einer Fläche von 1.600 m² (1 Rai) mehr als 15 Wohneinheiten, was bedeutet, dass pro Einheit weniger als 107 m² Fläche (inklusive Straßen, Gehwege, Flächen für die Allgemeinheit) zur Verfügung stehen. Geht man von einer durchschnittlichen Haushaltsgröße von acht Personen pro Wohneinheit aus, so ist leicht vorstellbar, welch beengten Lebensverhältnissen die Bewohner ausgesetzt sind.

Ein weiteres Charakteristikum des Substandard-Wohnsektors der niedrigen Einkommensschichten ist der sehr geringe Anteil an Squattersiedlungen. Die Unterscheidung zwischen Squattern und Slumbewohnern wird an das Vorhandensein eines Landnutzungstitels bzw. einer vom Grundeigentümer erteilten Aufenthaltsbewilligung auf seinem Grundstück geknüpft; Squatter besitzen eine solche nicht und besetzen somit das Land illegal und ohne rechtliche Grundlage. Slumbewohner hingegen siedeln mit Einverständnis des Eigentümers (wenngleich dieses meist auch nicht in schriftlicher oder offiziell gültiger Form vorliegt) und bezahlen an diesen meistens auch eine geringe Miete (YAP 1992b, S. 9).

Im Vergleich zu Megastädten in anderen Entwicklungsländern ist der Anteil der „vollkommen illegal" wohnenden Squatter in Thailand mit 18 Prozent sehr gering – in Bangkok sind es sogar nur 16 Prozent, die über keinerlei Vereinbarung mit dem Landeigentümer verfügen (PORNCHOKCHAI 2003, S. 9).

---

[2]) Ein Rai entspricht 0,16 ha.

Ein Großteil dieser Squattergebiete befindet sich entlang von Klongs[3] und Eisenbahnlinien. Da diese Gebiete einen sehr geringen Grundstückswert aufweisen und häufig auch nicht für andere Zwecke genutzt werden können, ist das Risiko einer Räumung für die Bewohner hier sehr gering. Aufgrund der schlechten Bausubstanz der Behausungen sind diese dennoch nicht gerne gesehen, beispielsweise dann, wenn lose gewordenes Baumaterial der Hütten nach Überschwemmungen in die Kanäle gespült wird und diese blockiert. Aufgrund dessen wurden – vor allem Mitte der 1980er-Jahre – zahlreiche informelle Wohngebiete in sog. „Squatter Clearance"-Programmen der „State Railways of Thailand" und des „Royal Irrigation Department" abgerissen (vgl. YAP 199c, S. 32, 46).

Slumbewohner besitzen, wie schon erwähnt, im Gegensatz zu Squattern eine Einverständniserklärung des Landbesitzers, um auf dem betreffenden Grundstück zu siedeln. In den meisten Fällen resultiert aus der Existenz eines Abkommens aber keine Sicherheit für die Bewohner, da diese Abkommen keine legale, also vertraglich gesicherte Basis bilden und die Menschen trotzdem jederzeit von einer Räumung des Grundstückes betroffen sein können. Slumbewohner können daher bezüglich ihrer rechtlichen Lage nur als geringfügig privilegierter als Squatter gelten. Auch im physischen Erscheinungsbild besteht kaum ein Unterschied zwischen Slumgebieten und Squattersiedlungen – in beiden Fällen werden Unterkünfte von den Menschen selbst gebaut und die Siedlungsstrukturen erfüllen weder planerische noch architektonische Standards des formellen Wohnsektors.

Für das Stadtgebiet Bangkoks wird daher keine Unterscheidung zwischen den beiden Wohnformen getroffen, auch nicht von Seiten der Regierungsinstitutionen, sondern es werden beide Wohntypen unter der Kategorie „Slum" zusammengefasst.

3.2 Generelle Lebenssituation in den Slumsiedlungen Bangkoks

Slumgebiete, die offiziell häufig auch als „congested communities" bezeichnet werden, sind direkte Abbilder der Unfähigkeit des Staates, den Menschen die benötigten grundlegenden Serviceleistungen zur Verfügung zu stellen. Die Mehrheit dieser Areale ist oftmals einer ständigen Überflutungsgefahr ausgesetzt, es gibt keinerlei Infrastruktur, sogar Strom- und Wasseranschlüsse sind nicht immer vorhanden. Durch mangelnde Abwasser- und Müllentsorgung sind die Bewohner der Gebiete einem höheren Gesundheitsrisiko ausgesetzt als die restliche Bevölkerung, ebenso sind Infektionskrankheiten wesentlich weiter verbreitet und auch die Säuglings- und Kindersterblichkeit ist deutlich über dem Durchschnitt (vgl. DOUGLASS, ARD-AM und KIM 2002, S. 37).

Abgesehen von diesen Problemfeldern, die generell in den meisten Substandardwohngebieten in Megastädten der Dritten Welt zu finden sind, weisen Bangkoks Slumgebiete

---

[3]) Als *Klongs* werden die Kanäle, die ursprünglich als Hauptwasserwege die Stadt durchzogen, bezeichnet.

noch weitere spezifische Merkmale auf, die sehr untypisch sind und Slums in anderen Städten nicht in dieser Form betreffen. Besonders charakteristisch für die Slums von Bangkok ist beispielsweise eine sehr hohe Heterogenität der Bewohner. Bangkoks Slums sind nicht, wie in den meisten anderen Städten, die Elendsquartiere der ärmsten Bevölkerungsteile, sondern ihre Bevölkerung ist sozial gesehen sehr durchmischt. Die Einkommensunterschiede zwischen den Einwohnern können auch innerhalb einzelner Slumsiedlungen sehr hoch sein, auch finden sich Angehörige verschiedenster Berufsgruppen und Bildungsniveaus in engster Nachbarschaft. Das Wohnen im Slum kann daher nur bedingt als Indikator für Armut oder geringes Einkommen herangezogen werden, denn nicht alle Personen, die in einem Slum leben, zählen zu den Armen der Stadt – ein Drittel der Slumbewohner verfügt sogar über ein höheres Einkommen als der Durchschnitt der Bevölkerung Bangkoks (vgl. LEE 1998, S. 996):

> *"Slums and squatter settlements provide affordable housing for the low-income population of Bangkok, but not all slum-dwellers are poor and not all poor live in slums and squatter settlements. [...] Almost 30 percent of the slum households earn Baht 10,000 or more per month and could thus easily afford a private sector low-cost house. One has to conclude that in Bangkok, plagued by traffic jams and long commuting times, location is more important than housing quality for many people."*
> *(Yap 1995, S. 264).*

Die soziale Inhomogenität der Slumbewohner findet ihren Ausdruck auch in der unterschiedlichen Rechtsform der Behausung. Beispielsweise können auf einem Gebiet Bewohner leben, die ihre Behausung bzw. Parzelle gemietet haben, andere errichten selbst Hütten und vermieten diese und wieder andere stellen zwischen bereits existenten Behausungen ihre eigenen Hütten auf und sind rechtlich gesehen also Squatter. Auf einem einzelnen Grundstück kann man demnach Mieter, Vermieter oder illegale Besetzer finden (vgl. YAP 1992c, S. 33).[4]

Ein Teil der Slumbewohner könnte es sich aufgrund seines relativ hohen Einkommens zwar leisten, in ein besseres Stadtgebiet zu ziehen, bleibt aber häufig wegen der zentralen Lage und dem guten Zugang zu Erwerbsmöglichkeiten in den Substandard-Wohngebieten. Der Großteil der Slumbewohner ist aber aufgrund des geringen Einkommensniveaus auf das Wohnen im Slum angewiesen. Die Preise für Standardwohnungen in von der öffentlichen Hand errichteten Geschoßwohnbauten liegen bei etwa 10.000 US-Dollar und sehen eine Darlehensrückzahlung innerhalb von 15 Jahren vor – solche Wohnungen sind für den Großteil der Slumbewohner unleistbar (vgl. PORNCHOKCHAI 2004, S. 18).

Die tatsächlichen Einkommensverhältnisse der Slumbevölkerung spielen aber in der Planung des städtischen Wohnbaus kaum eine Rolle, da sich dieser an offiziell errechneten Armutsindizes orientiert. Nach diesen liegt statistisch gesehen nur ein sehr geringer

---

[4]) Die „National Housing Authority" (NHA) unterscheidet, je nachdem, wer Besitzer des Landes ist, drei Arten von Slumsiedlungen. Auf privatem Land befinden sich etwa 63 Prozent aller Slumwohngebiete, 25 Prozent sind auf öffentlichem Land und etwa 11 Prozent sind auf gemischtem Landbesitz. In einem Prozent der Fälle ist nicht geklärt, wer der eigentliche Besitzer des Landes ist (vgl. YAP 1992c, S. 33).

Teil der Bewohner Bangkoks unter der offiziellen Armutsgrenze, was jedoch der Realität nicht entspricht. Die offizielle Definition von Armut in Thailand ist – grundsätzlich sinnvoll – so ausgerichtet, dass sie subsistenzwirtschaftliche Aktivitäten miteinbezieht; für Stadtbewohner spielen diese jedoch eine wesentlich geringere Rolle als für die Bevölkerung im landwirtschaftlich geprägten ländlichen Raum. Auch bezieht sich die errechnete Armutsgrenze auf den Landesdurchschnitt, die Lebenshaltungskosten in Bangkok sind jedoch deutlich höher als in ländlichen Gebieten (vgl. LEE 1998, S. 995).

Slumbewohner finden sich also in der Regel – ob freiwillig oder gezwungenermaßen – mit den schlechteren Lebensbedingungen in ihren Wohngebieten ab, wobei jedoch die ärmste Bevölkerungsschicht den negativen Aspekten des Slumlebens deutlich stärker ausgesetzt ist als finanziell etwas besser gestellte Bewohner.

Ein großes Problem ist beispielsweise die hohe Überflutungsgefahr, die einen Großteil der informellen Wohngebiete Bangkoks betrifft. Um Überschwemmungen des Wohnbereichs zu verhindern, wird in den meisten Fällen Land aufgeschüttet. Für viele Slumbewohner ist dies jedoch nicht leistbar; sie stellen ihre Hütten oder Häuser nur auf einige Holzbalken, wobei sich aber das Wasser darunter zu stauen beginnt und damit einen permanent unhygienischen Zustand hervorruft (vgl. YAP 1992c, S. 36).

Viele der ärmsten Bewohner, die ein Squatterdasein führen müssen, sind auch häufig mit dem Problem konfrontiert, keine amtliche Registrierung am Wohnort zu erhalten. Sie können somit weder um Wasser- noch um Stromanschlüsse ansuchen und müssen ihren Bedarf meist teuer über einen registrierten Nachbarhaushalt abdecken. Viele Haushalte sind auch nicht in der Lage, im Fall der Geburt eines Kindes eine offizielle Geburtsurkunde zu erhalten, wodurch ihren Kindern später auch der Eintritt in die Schule verwehrt wird (vgl. YAP 1992, S. 34f).

Ein weiteres Problem ist die generell schlechte Bausubstanz der Slumsiedlungen: Hütten werden meist aus billigem Holz errichtet, die Brandgefahr ist hoch und wird durch die enge Bauweise noch zusätzlich gesteigert. Die Siedlungen sind sehr schlecht an das Verkehrsnetz angebunden, wodurch sie im Fall eines Feuers zu einer wahren Brandfalle für die Bewohner werden können.

4. Strategien zum Umgang mit informellen Wohnverhältnissen: Ein historischer Rückblick

Seit Jahrzehnten wurde in mehreren staatlichen Programmen immer wieder versucht, die schlechte Wohnsituation in den Slums von Bangkok zu verbessern, wobei sowohl schon länger bestehende Strategien angepasst als auch neue Ansätze erprobt wurden. Erfolge bzw. Misserfolge bei den Versuchen, die Lebensumstände in den Slumsiedlungen zu verbessern, sollen im Folgenden kurz beschrieben werden.

Andrea Perchthaler

4.1 Staatliche Wohnprogramme – eine Geschichte des Scheiterns

Bereits gegen Ende der 1940er-Jahre begann die Regierung Thailands mit dem Bau von Unterkünften für die urbane Niedrigeinkommensschicht, die Nachfrage nach Bereitstellung von Wohnraum war in dieser Phase jedoch noch nicht besonders hoch.

Vor allem im innerstädtischen Bereich kam es zur Ausbildung informeller Substandard-Wohngebiete, die schon damals sehr häufig von den Behörden geräumt wurden. Aufgrund ausreichend vorhandener alternativer Wohnplätze in unmittelbarer Nähe der alten Siedlungen stellte dies jedoch noch keine größere Schwierigkeit für die Betroffenen dar.

Ein Großteil der als Slums definierten Wohngebiete entstand vor allem in den 1960er-Jahren, als nach dem Ende des Zweiten Weltkriegs eine Phase dynamischer Urbanisierung einsetzte. Die Bezeichnung „Slum" wurde in dieser Zeit erstmals offiziell verwendet, nachdem eine ausländische Expertengruppe in einer Studie über die Wohnverhältnisse in Bangkok einen hohen Anteil an Substandard-Wohneinheiten konstatierte. Der damaligen Studie zufolge hätten etwa 40 Prozent aller städtischen Wohneinheiten aufgrund des desolaten Zustandes niedergerissen und neu gebaut werden müssen (vgl. PORNCHOKCHAI 1992, S. 11).

Als Konsequenz wurde das „Community Improvement Office" des Innenministeriums beauftragt, rasch Aktionen zur Behebung des Slumproblems zu setzen:

> *„Actions on slums started in 1960 with the first responsible governmental organization being the Community Improvement Office under the Ministry of Interior. The first task was the clearance of a big slum of 1,500 households in front of the present Highway Department. It can be said that the initial actions of the Community Improvement Office were clearance, eviction and relocation." (PORNCHOKCHAI 1992, S. 98).*

Auch von der Stadtverwaltung von Bangkok wurde ein „Slum Improvement Programme" eingeführt – dem Wohnungssektor wurde jedoch generell von der Regierung keine hohe Bedeutung beigemessen und auch die Stadtentwicklung verlief weiterhin großteils ungeplant.

Vor der Bildung der „National Housing Authority" (NHA), die mehrere Kompetenzbereiche unter einem Dach zusammenfasste, waren zahlreiche Regierungsagenturen und Institutionen sowohl auf lokaler als auch nationaler Ebene mit dem Wohnsektor befasst, namentlich das „Housing Bureau", das „Slum Clearance Office of the Bangkok Municipality", die „Housing Bank" und auch die „Housing Division of the Department of Public Welfare". In verschiedensten Bereichen – und auch für unterschiedliche Zielgruppen zuständig – waren diese Einrichtungen in der einen oder anderen Art in die Bereitstellung von Wohnraum involviert; für Slumgebiete engagierte sich vor allem die „Bangkok Municipality" (vgl. YAP 1992b, S. 12f).

Als Hemmfaktor für eine effiziente Wohnraumbeschaffung erwies sich – damals wie auch heute – die Zersplitterung des Grundbesitzes, da je nach Zuständigkeit unterschiedliche Strategien verfolgt wurden und dadurch eine allgemeingültige Vorgangsweise nicht erreicht werden konnte.

Der größte staatliche Landbesitzer war das „Crown Property Bureau" – dementsprechend hoch war auch die Anzahl an geräumten Slumgebieten auf CPB-Land. Ein weiterer großer Teil der Slums befand sich auf Grundstücken, die sich im Eigentum des „Treasury Department" befanden, hier wurden die Siedler meist toleriert und insgesamt nur wenige Zwangsumsiedlungen durchgeführt (vgl. BOONYABANCHA 1983, S. 29).

Das Risiko einer Räumung ist generell höher auf Regierungsland – diese Grundstücke liegen meist näher am Stadtzentrum und weisen auch einen höheren Anteil an Squattern auf. Siedler auf privatem Land hingegen verfügen hingegen tendenziell häufiger über Vereinbarungen mit den Besitzern bezüglich ihres Aufenthalts (vgl. BOONYABANCHA 1983, S. 257f).

Gegen Ende der 1960er-Jahre befanden sich etwa 80 Prozent der Stadtfläche Bangkoks in privater Hand, die Eigentumsverhältnisse veränderten sich aufgrund des wirtschaftlichen Wachstums jedoch immer wieder relativ schnell. Bereits ab der Mitte der 1960er-Jahre setzte eine Entwicklung ein, die sich sehr zum Nachteil der armen Bevölkerung der Stadt auswirken sollte. Einzelne Stadtgebiete und Blocks gingen mehr und mehr in die Hände privater Agenturen über und wurden im darauffolgenden Jahrzehnt zunehmend zu einer bevorzugten Form der Investition. Grundstücke wurden zum Spekulationsgut sowohl für den Staat als auch für die rasch wachsende urbane Mittelschicht, wobei die unteren Einkommensgruppen aus diesem Wirtschaftssektor vollkommen ausgeschlossen blieben (vgl. DURAND-LASSERVE 1983, S. 285ff).

1973 wurde die „National Housing Authority" gegründet, um der Zersplitterung und unkoordinierten Vorgangsweise im „Housing Sector" entgegenzuwirken. Ihr anfängliches Aufgabengebiet bestand in erster Linie darin, Unterkünfte für Bewohner geräumter Slumgebiete bereitzustellen (vgl. YAP 1992b, S. 12f).

Als in der kurzen Zeit der parlamentarischen Demokratie von 1973 bis 1976 die thailändische Gesellschaft einen Zuwachs an individuellen Rechten erfuhr, änderte sich auch die Zusammensetzung der Akteure im Wohnbausektor. Es kam zu einem sprunghaften Anstieg neugegründeter NGOs und zivilgesellschaftlicher Organisationen, die sich zunehmend in sozialen Bereichen betätigten. Viele der neuen Institutionen engagierten sich im Wohnsektor und führten eigene Projekte durch – zwar ohne staatliche Unterstützung, dafür aber auch selbstbestimmt und ohne Einmischung von außen.

So entstanden zahlreiche Kooperationsnetzwerke, die Interaktion zwischen der Regierung und den betreffenden „Slum-Communities" blieb jedoch – trotz des offeneren politischen Klimas – generell sehr gering. Weiterhin verlief die staatliche Planung ohne partizipative Ansprüche, sie wurde zentral durchgeführt und auch Änderungen der legalen Rahmenbedingungen blieben nach wie vor nur unzureichend (vgl. DOUGLASS et al. 2002, S. 54). Zwar wurde von der BMA in diesem Zeitraum die Bildung von „Community-Committees", die als Vermittler zwischen den Slumhaushalten und dem Staat dienen sollten, unterstützt, die wirkliche Anerkennung ihrer Nützlichkeit fand allerdings erst mehr als zehn Jahre später statt, als sie von BMA und NHA offiziell formalisiert wurden (vgl. ASKEW 2002, S. 146).

Mit der Einführung des ersten Fünf-Jahres-Plans zur Stadtentwicklung (1976 bis 1980) wurde das Thema Wohnungsknappheit erstmals offiziell aufgegriffen und nach umfassenden Lösungsansätzen gesucht. Geplant wurde für diesen Zeitraum der Bau von 120.000 Wohneinheiten – hauptsächlich Appartementwohnungen – durch die NHA[5].

Trotz des ambitionierten Projekts war das Konzept von Anfang an zum Scheitern verurteilt. Die Regierung hatte versucht, das extrem kostspielige Programm durch stark verbilligte Kredite zu unterstützen. Doch schon im Folgejahr nach der Planerstellung erkannte man, dass die teure Subventionierung nicht mehr finanzierbar war. Das gesamte Projekt wurde schließlich 1987 mangels Realisierbarkeit aufgegeben.

Ende der 1970er-Jahre wurde ein neues Projekt ins Leben gerufen, das die Konstruktion von 5.600 Appartements für Niedrigeinkommenshaushalte, das „Upgrading" von 26.000 Slumwohneinheiten und die Entwicklung von 19.160 „Sites-and-Service"-Einheiten zwischen 1979 und 1982 vorsah.[6]

Sowohl der Ansatz des „Slum-Upgrading" wie auch die Umsiedlungsmaßnahmen im Rahmen von „Sites-and-Service"-Projekten wurde von den Zielgruppen nicht positiv aufgenommen. Die Upgrading-Projekte bezogen sich ausschließlich auf die Verbesserung des Bauzustandes der Häuser, was jedoch die sozialen und wirtschaftlichen Probleme der Gemeinschaften nicht zu lösen vermochte. Die „Sites-and-Service"-Projekte wurden aufgrund der peripheren Lage der Grundstücke – die kaum Jobmöglichkeiten, dafür sehr hohe Transportkosten implizierte – ebenfalls kein Erfolg. Bereits 1975 wurde ein erstes Projekt dieser Art für 1.500 Wohneinheiten im Stadtteil Rangsit durchgeführt, das sich aufgrund der angeführten Probleme als Misserfolg erwies, jedoch wurden die dabei gemachten Erfahrungen bei den Folgeplanungen nicht berücksichtigt.

Die Undurchführbarkeit und Überambitioniertheit dieses Vorhaben war auch hier von Beginn an abzusehen und schon 1981 wurden diese Planungen mangels Finanzierbarkeit, aufgrund übergroßer bürokratischer Hürden und wohl auch wegen fehlender Zustimmung von Seiten der Zielgruppen wieder verworfen.

Die Regierung verringerte in den darauffolgenden Jahren die finanzielle Unterstützung für den Wohnungsmarkt weiter und die NHA musste aufgrund von Geldknappheit ihre Politik ändern. Die ursprüngliche Zielgruppe, nämlich Personen mit sehr niedrigem Einkommen, wurde gegen mittlere und höhere Einkommensschichten ausgetauscht. Nun wurde beabsichtigt, aus dem Wohnungsbau für höhere Einkommensgruppen Profit zu ziehen, durch den wiederum Wohnbauprogramme für den Niedrigeinkommenssektor fi-

---

[5]) Der Fünf-Jahres-Plan wurde sehr zielgruppenorientiert abgefasst, indem verschiedene Modellwohnungen geplant und deren Anzahl proportional zu den Anteilen der jeweiligen Bevölkerungsgruppen festgelegt wurde. Der Fokus des gesamten Programms lag auf drei verschiedenen Gruppen: Familien mit weniger als 1.500 Baht Einkommen pro Monat, für die 41,6 Prozent der 120.000 Wohneinheiten geplant wurden, Familien mit einem Einkommen zwischen 1.500 und 3.000 Baht (46,7 Prozent) und jene mit einem Einkommen zwischen 3.000 und 5.000 Baht (11,7 Prozent) (vgl. POUDERS 2004, S. 22).

[6]) Bei „Sites-and-Service"-Projekten wurde das Grundstück durch die NHA erworben und nur mit Basisinfrastruktur ausgestattet. Die betreffenden Parzellen wurden an die zukünftigen Bewohner übergeben, die dann darauf ihr eigenes Haus nach Maßgabe ihrer Möglichkeiten bauen konnten.

nanziert werden sollten. Auch hier zeichnete sich bald wieder ein Scheitern des Projekts ab, als sich herausstellte, dass die NHA in der Bereitstellung von Wohneinheiten höheren Standards nicht mit dem Privatsektor mithalten konnte (vgl. YAP 1992b, S. 13).

Man baute dann in der Folge eine gewisse Anzahl von Billigunterkünften, die meist aus Einzimmerwohnungen in vierstöckigen Appartementhäusern bestanden. Die Mieten für diese Kleinstwohnungen, die speziell für die Personen mit sehr niedrigem Einkommen zugänglich sein sollten, waren extrem niedrig angesetzt (monatlich zwischen 400 und 800 Baht). Diese Wohnungen wurden aber schon bald darauf nicht mehr von der eigentlichen Zielgruppe bewohnt, sondern aufgrund des sehr niedrigen Mietpreises gewinnbringend weitervermietet (vgl. YAP 1992b, S. 13).

Das Wohnen in den Appartementhäusern schien generell kein zielführender Weg zur Lösung der Wohnmisere zu sein, da in ihnen kein Platz für wirtschaftliche Aktivitäten der Bewohner (wie zum Beispiel die Errichtung von Heimwerkstätten etc.) vorgesehen war und sie somit den Mietern keine Möglichkeiten mehr zur Einkommensgenerierung eröffneten. Den Bewohnern fehlten überdies die gewohnten sozialen Kontakte, und die mangelnde Instandhaltung der Bausubstanz führte schnell dazu, dass sich die Wohnblöcke in vertikale Slums verwandelten (vgl. YAP 1992c, S. 40).

Ein weiterer Faktor, der für das Scheitern von beinahe allen Regierungsinitiativen in diesen Jahrzehnten mitverantwortlich war, lag wohl auch an internen organisatorischen Schwierigkeiten auf Seiten der durchführenden Institutionen. Denn trotz der Bildung der NHA gab es weiterhin Probleme mit der Abgrenzung der Kompetenzbereiche und bei der Koordination der gemeinsamen Vorgangsweisen. Die BMA und die NHA standen gewissermaßen in Konkurrenz zueinander, was zu einem erheblichen Teil darauf zurückzuführen war, dass sich rivalisierende politische Parteien der beiden Einrichtungen bedienten, um die Wählerstimmen der Slumbewohner zu lukrieren (vgl. YAP 1992b, S. 14).

4.2 Zivilgesellschaftliche Initiativen: Kompensation für die Unfähigkeit des Staates?

In der Zeit zwischen 1978 bis 1991 bestand der primäre Ansatz der NHA in dem Versuch, bestehende Slums zu sanieren und die Lebenssituation in diesen Wohngebieten zu verbessern. Im selben Zeitraum erhielten jedoch bereits etwa dreimal so viele Slums durch zivilgesellschaftliche Initiativen und NGOs Unterstützung, was die NHA als eigentlichen Hauptakteur zunehmend in den Hintergrund drängte (DOUGLASS et al. 2002, S. 55).

Schließlich setzte man auf eine neue Strategie, das sog. „Land-Tenureship"-Konzept. Bei diesem wurde die öffentliche Unterstützung auf ein Minimum reduziert, indem man den Siedlern einzig die Rechtssicherheit für die Grundstücke zusprach, sich jedoch nicht weiter um Infrastruktur oder Siedlungsentwicklung kümmerte. Grundannahme dieser Vorgangsweise war, dass sich der Bau notwendiger gemeinschaftlicher Einrichtungen in der Folge von selbst ergeben würde, da Rechtssicherheit bezüglich ihres Wohnplatzes für die Menschen genug Anreiz für Investitionen sei. Empirische Analysen der Wohnsituation in rechtlich gesicherten und in illegalen Wohnsiedlungen haben jedoch ergeben, dass diesbezüglich kaum Unterschiede zwischen den beiden Siedlungstypen festzustellen sind (vgl. PORNCHOKCHAI 1992, S. 12); dennoch genießt das „Land-Tenureship"-Konzept nach wie vor eine gewisse Popularität.

Bis zum Jahr 1983 nahm die Anzahl der Upgrading-Projekte beinahe jährlich zu, danach setzte jedoch ein Wendepunkt ein. Aufgrund der anhaltenden Bodenpreissteigerungen wurde die Umsiedelung von Slumbewohnern zur dominanten Politik.

Nach wie vor blieb der Wohnbausektor für Niedrigeinkommensgruppen jedoch nur marginal für das öffentliche Interesse und besaß keine hohe politische Priorität. Selbst auf oberster Regierungsebene wurde teilweise noch die Auffassung vertreten, dass einkommensschwache Haushalte für die Verbesserung ihrer Wohnsituation selbst Sorge tragen sollten und dies nicht unbedingt der Aufgabenbereich des Staates sei (vgl. DOUGLASS et al. 2002, S. 55).

Ein weiterer Bedeutungsgewinn für den NGO-Sektor fand ab Mitte der 1980er- und in den 1990er-Jahren statt, wodurch der mangelnde Einsatz der Regierung für die Belange der Slumbewohner zumindest teilweise kompensiert werden konnte.

Es wurden auch zahlreiche lokale CBOs gegründet, deren Fokus vor allem auf dem „Empowerment" der Zielgruppen und einer nachhaltigen lokalen Entwicklung lag (vgl. ASKEW 2002, S. 139, 147). Zu Beginn kamen die NGO-Akteure vorwiegend aus Wohlfahrtsorganisationen, die unter der Schirmherrschaft der königlichen Familie standen, später

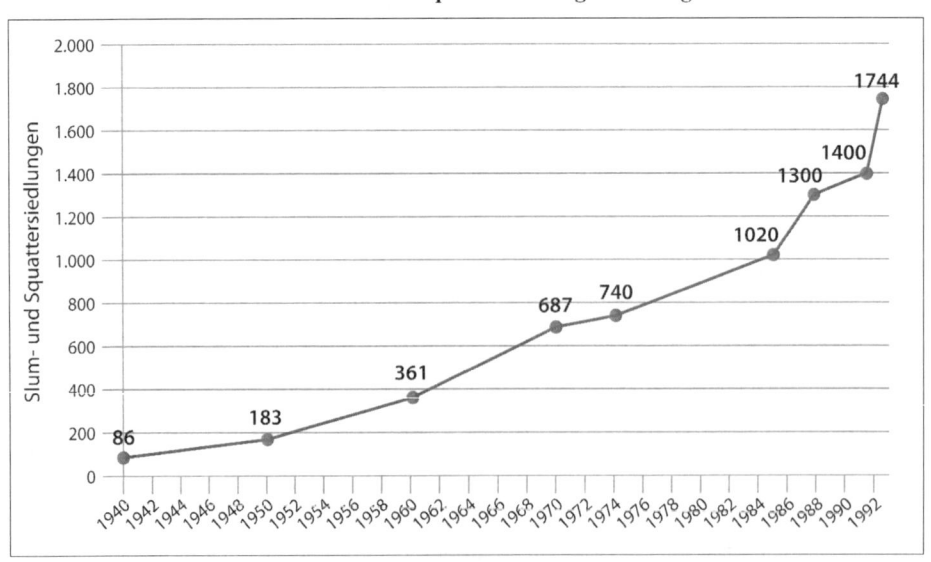

Abb. 1: Anzahl der Slum- und Squattersiedlungen in Bangkok bis 1992

Quelle: YAP 1992b, S. 9; ASKEW 2002, S. 79.

gesellten sich auch christliche Missionsinitiativen und progressive Studentenorganisationen hinzu (vgl. PORNCHOKCHAI 1992, S. 102).

Ab 1992, als das politische Klima in Thailand deutlich offener zu werden begann, wurde die Slumproblematik vermehrt Teil des öffentlichen Diskurses. In dieser Zeit erfolgte die Bildung einer neuen Zivilgesellschaft durch die städtische Mittelklasse – es folgten erste öffentliche Demonstrationen, auch für die Anliegen der Slumbewohner, was bis dato etwas Neues für die thailändische Gesellschaft darstellte (vgl. ASKEW 2002, S. 97).

Dennoch wurde von der NHA eine Politik verfolgt, die den meisten Slumbewohnern zum Nachteil gereichte – Umsiedlungen wurden zum hauptsächlichen Lösungsweg, um mit der Verknappung von Bau- und Siedlungsland umzugehen. Die Siedlungsgebiete wurden dabei stetig vom Zentrum nach außen verschoben, die Grundstückspreise im Stadtzentrum stiegen kontinuierlich an und die Slumbevölkerung wurde in der Folge immer weiter in die Außengebiete abgedrängt. In den 1980er- und 1990er-Jahren verschwanden daher zahlreiche Slums aus dem zentralen Stadtgebiet. Dies lag aber nicht etwa an einer geringeren Anzahl der informellen Siedlungen, sondern an der veränderten Lage innerhalb der Stadtregion.

Tatsächlich stieg die Anzahl der informellen Siedlungen trotz des thailändischen Wirtschaftsaufschwunges in dieser Zeit stark an (Abb. 1). Die Gründe dafür sind vielfältig und nicht unbedingt in einem Anstieg der Armut zu finden. Häufig wurden Slumgebiete durch die Umsiedlung zersplittert, woraus eine höhere Anzahl solcher Siedlungen resultierte.

Des Weiteren wurden am Stadtrand zahlreiche Fabriken angesiedelt, die neue Einkommensmöglichkeiten im Umland der Kernstadt eröffneten und viele Slumbewohner veranlassten, freiwillig aus den zentralen Stadtteilen an die Peripherie zu ziehen (vgl. YAP 1992c, S. 42). Und schließlich wurden durch Verschiebung der administrativen Grenzen manche Siedlungen zu Slumgebieten gezählt, die ursprünglich Dörfer am Stadtrand waren und durch den dynamisch ablaufenden Urbanisierungsprozess rasch in das Stadtgebiet integriert wurden (vgl. YAP 1992d, S. 140)[7].

4.3 Entwicklung der letzten Jahre und aktuelle Situation

Die Vielzahl an gestarteten Initiativen zeigt, dass das Wohnproblem Bangkoks von offizieller Seite her zwar registriert wurde, das Thema jedoch nicht jene Priorität einnahm, die ihm

---

[7]) Viele der als herabgekommen bezeichneten Häuser im urbanen Gebiet sind im Grunde genommen durchschnittliche traditionelle Thai-Häuser, die aus Holz und anderen bestehenden Materialien konstruiert werden. Würden diese Häuser in derselben Bauweise in ländlichen Gebieten stehen, so würde man sie als normale Dorfhäuser bezeichnen. Somit stellen offizielle Wohnstandards, die in den letzten Jahren etabliert wurden, in gewisser Weise ein Problem dar, da sie eine Verknappung des Wohnangebotes nach sich ziehen. Sie definieren künstliche Mindeststandards, die traditionelle Wohnformen zu Substandardwohnungen machen, wodurch zahlreiche Häuser im urbanen Raum die Vorgaben nicht mehr erfüllen und geräumt werden müssten (vgl. PORNCHOKCHAI 1992, S. 67; POUDERS 2003, S. 21).

hätte zukommen sollen. Ambitionierte Programme wurden zwar weiterhin entworfen, ihre Umsetzung wurde jedoch nur halbherzig verfolgt und ein Großteil der Pläne wurde nicht zu Ende geführt. Das mag einerseits daran liegen, dass die gesteckten Ziele zwar ambitioniert, jedoch viel zu unrealistisch waren, andererseits wurde auch zu wenig Rücksicht auf die wahren Bedürfnisse der Bewohner genommen – man versuchte primär, den Mangel an Wohnraum durch verstärkten Neubau von Wohneinheiten zu lösen, ohne auf das notwendige soziale und ökonomische Umfeld zu achten.

Tatsächlich umfasste das wahre Problem weitaus mehr Aspekte als Knappheit an Wohnraum. Um eine umfassende und nachhaltige Verbesserung der Lebenssituation der Slumbewohner zu erreichen, müssen im Falle einer Umsiedlung von Slumbewohnern auch Möglichkeiten zur Einkommensgenerierung sowie der Zugang zu Gesundheits- und Bildungseinrichtungen berücksichtigt werden. Jene Programme, die von der Regierung umgesetzt wurden, scheiterten, weil sie auf wenig Akzeptanz von Seiten der Einwohner stießen. Ihre Wohnsituation wurde – abgesehen von einem physisch schöner gestalteten Wohnumfeld – nicht verbessert, sondern führte in vielen Fällen zum Verlust von Einkommen und bestehenden sozialen Netzwerken.

Auch heute noch verfolgt die thailändische Regierung einen stark ausgeprägten „Topdown"-Ansatz, in dem von oben bestimmt wird, wie das Problem zu lösen sei, ohne dabei die Zielgruppe miteinzubeziehen. Lokale Selbstverwaltung und Mitbestimmung haben noch kaum Tradition und nach wie vor prägen strenge hierarchische Strukturen das politische und gesellschaftliche Leben.

Dennoch findet die Diskussion rund um das aktuelle „Urban Governance"-Konzept als neue Kooperations- und Steuerungsform zwischen Bevölkerung und Regierung auch in Thailand langsam Eingang, und die Stadtpolitik Bangkoks öffnet sich zunehmend für neue Zugänge und Lösungen. Es entstehen immer mehr Formen öffentlicher Partizipation, wie etwa die großen Slumverbesserungsinitiativen von CODI („Community Organization Development Institute") zeigen. Mehr und mehr setzte sich in den letzten Jahren die Auffassung durch, dass die betreffenden Gemeinden vor allem zwei Arten von Unterstützung benötigen, erstens eine starke finanzielle Hilfe und zweitens – und genauso wichtig – eine soziale Aufwertung durch die Einbindung der Zielgruppe in die Stadtentwicklung (vgl. BOONYABANCHA 2004, S. 28).

Die Gründe für die Änderung dieser Haltung der Administration sind zahlreich. Zum einen wurden, wie bereits erwähnt, Slumbewohner als bedeutendes Wählerpotenzial entdeckt und dementsprechend wurde folglich in der Politik reagiert. Die Regierung zeigt derzeit einen großen Willen zur Unterstützung lokaler Initiativen und forciert die Dezentralisierung gewisser Aufgabengebiete.

Weiters wurde in der Vergangenheit eine Vielzahl erfolgreicher Projekte im asiatischen Raum durchgeführt, die als „Best-practice"-Modelle stark auf die aktuelle Herangehensweise in Bangkok rückwirkten. Und nicht zuletzt bestehen Kredit- und Spargruppen in ländlichen Gebieten schon länger, derlei Konzepte wurden also nicht vollkommen neu erdacht, sondern hatten sich anderenorts schon erfolgreich bewährt (vgl. BOONYABANCHA 2004, S. 27f).

5. Aktuelle staatliche Strategien und Lösungsansätze: Bleiben oder gehen?

Aufgrund des Fehlschlagens der konventionellen Wohnbaustrategien wurde in den letzten Jahren einer stärker bedarfsorientierten Vorgangsweise der Vorzug gegeben, indem versucht wird, jenen Wohnraum zur Verfügung zu stellen, der auch wirklich benötigt wird. Die einzelnen städtischen Wohnungsteilmärkte wurden dabei detailliert erfasst, wobei sich allerdings die grundlegenden Probleme in allen Teilmärkten als sehr ähnlich erwiesen (vgl. Abb. 2).

Abb. 2: Wohnungsteilmärkte in Bangkok Metropolis und Zielgruppen, differenziert nach Einkommensgruppen

Gesamtmarkt	Einkommensgruppen	Bereitstellung	Art der Behausung	Einkommensgruppe		
				low	middle	high
Housing Supply System	Low income Housing	Self & Mutual Help Housing	Mobile House	X		
			Suburb Rural Housing	XX		
			Squatter	XX		
			Slum	XX		
			Community Provided Housing	XX	X	
		Employer Provided Housing	Domestic Workers Housing	XX		
			Construction Workers Housing	XX		
			Factory Workers Housing			
			Government Employees Housing		X	
		Public Housing	Slum Upgrading & Relocation	XX		
			Baen Mankong	XX		
			Urban Renewal Project		XX	
			Public Rental Housing			
			Public Housing Project		XX	
			New Town Project		XX	
			Baan Eur Ah-Thorn	X		
	Middle & High income Housing	Private Sector Housing	Rental / Serviced apartment		XX	
			Land Subdivision		XX	XX
			Land Subdivision & Housing		XX	XX
			Condominium		XX	XX
			Home Builder Company		XX	XX

Quelle: Panitchpakdi 2008.

Ersichtlich ist, dass ein sehr hoher Anteil des Wohnungsmarktes auf den Niedrigeinkommenssektor entfällt, der dafür eine relativ breite Streuung an verschiedenen Wohnalternativen bietet. Auch wenn diese in den meisten Fällen unter einem gewissen Mindestqualitätsstandard liegen, finden sich in Bangkok zumindest – anders als in vielen Megastädten der Dritten Welt – kaum Menschen, die gezwungenermaßen auf der Straße schlafen müssen, was allerdings noch wenig über die Lebensqualität der Menschen in Bangkok aussagt (YAP 1992a, S. 4).

Der Staat ist vor allem bei der Bereitstellung von Wohnraum in den beiden Kategorien „Self & Mutual Help Housing" und „Public Housing" gefordert, bei den anderen Wohnungsteilmärkten liegt die Verantwortung zur Abdeckung der Nachfrage in Händen des Arbeitgebers bzw. privater Wohnbauträger. Im Jahr 2003 wurde ein neues, sehr umfangreich angelegtes Programm zur Deckung des Wohnraumbedarfs für Niedrigeinkommensgruppen gestartet, das über zwei unterschiedliche Strategien eine möglichst große Zielgruppe erreichen soll.

Von Seiten der „National Housing Authority" (NHA) wurde ein neuer Fünf-Jahres-Plan etabliert (2003 bis 2007), in welchem tausende Wohneinheiten für den unteren Einkommenssektor zur Verfügung gestellt werden sollten. In einem zweiten Großprojekt ist die hauptsächliche Zielgruppe die Slumbevölkerung, wobei allerdings der Fokus nicht auf dem Bau neuer Wohnungen, sondern auf der Verbesserung bestehender Slumgebiete liegt.

Diese beiden Initiativen – „*Baan Eur Ah-Torn*" und „*Baan Mankong*" genannt – sollen über die nächsten Jahre die Probleme der Slumbevölkerung und von Bewohnern mit sehr niedrigem Einkommen lösen helfen, wobei ein Zugang verfolgt wird, der sich von bisherigen Strategien deutlich unterscheidet.

Dennoch wird ein großer Teil der Bewohner informeller Siedlungen von keinem der genannten Programme erreicht, das heißt, gegen sie wird mit der althergebrachten Vorgehensweise der Zwangsräumung vorgegangen, die für viele Verantwortliche nach wie vor noch immer den einfachsten Weg darzustellen scheint, dem Wohnproblem im Innenstadtbereich Herr zu werden.

5.1 Räumung und Zwangsumsiedlung – ein bewährtes „Lösungsmittel"

Für den größten Teil der informellen Wohnsiedlungen Bangkoks ist die Unsicherheit bezüglich ihres Aufenthaltsrechts das dringlichste Problem. Mehr als die Hälfte der Slum-Communities leben mit der ständigen Gefahr, das Land früher oder später freigeben und sich ein anderes Wohngebiet suchen zu müssen – etwa 100.000 Menschen sahen sich laut NHA zu Beginn des 21. Jahrhunderts von einer unmittelbar bevorstehenden Zwangsräumung bedroht (BOONYABANCHA 2004, S. 26).

Räumungen laufen seit Jahrzehnten nach demselben Muster ab, das auf ein möglichst geringes Maß an offener Konfrontation angelegt ist. In den meisten Fällen wird vom

Grundstückseigentümer keine Miete mehr eingeholt, was als erster Schritt der Vorwarnung angesehen werden kann. Die Bewohner bleiben häufig noch monate- oder jahrelang auf dem Gebiet, bis sie schließlich gebeten werden, das Land freizugeben. In den meisten Fällen geht dies dann auch ohne Widerstand vor sich, die Menschen akzeptieren ihr temporäres Aufenthaltsrecht und häufig wird die nicht mehr eingeholte Miete als eine Art von Kompensation gewertet (vgl. YAP 1992c, S. 38f). Bis vor wenigen Jahren war eine Räumung für die Betroffenen auch nicht mit großen Problemen verbunden, es gab noch genügend freie Flächen innerhalb des Innenstadtgebietes, sodass meist schnell eine ebenso günstige Alternative gefunden werden konnte (vgl. YAP 1992b, S. 9; ANGEL und CHIRATHAMKIJKUL 1983, S. 435). Die meisten Umsiedlungen und Räumungen vollzogen sich daher, ohne viel Aufsehen zu verursachen. Verlässliche Angaben, wie viele Menschen davon betroffen waren, sind aufgrund dessen kaum möglich.

Durch den rasanten Preisanstieg im Wohnungssektor wurde innerstädtisches Land jedoch bald immer mehr zur Mangelware. Die Grundstücke wurden von den Besitzern meist einem profitableren Zweck als der Vermietung an Niedrigeinkommensgruppen zugeführt. Alternative Wohnplätze waren von Jahr zu Jahr schwerer zu finden, eine Räumung kam somit immer mehr einer Vertreibung an den Stadtrand und dem Verlust von Arbeitsplatz und Einkommen gleich.

Bereits im Jahr 1983 wurde in einer Studie geschätzt, dass die starke Nachfrage nach Land im innerstädtischen Gebiet Bangkoks noch maximal bis zum Jahr 2000 gedeckt werden könne, da die Besiedlung bis zu diesem Zeitpunkt hauptsächlich achsenförmig entlang von Straßenzügen stattfand und sich dazwischen noch genügend freie Flächen befanden (TANPHIPHAT 1983, S. 380ff). In den meisten Fällen wurden diese Gebiete zu Spekulationszwecken freigehalten und in der Zwischenzeit von Niedrigeinkommensgruppen für Wohnzwecke genutzt. Mittlerweile dürfte sich die Schätzung wohl bewahrheitet haben, denn im zentralen Bereich der Stadt finden sich kaum mehr freie Flächen. Diese existieren, wenn überhaupt, nur mehr zu Spekulationszwecken und werden teuer verkauft. Die Nachfrage der informellen Siedler nach zentraler gelegenen Wohngebieten übersteigt daher schon seit einigen Jahren das reale Angebot.

Slumgebiete sind umso räumungsgefährdeter, je zentraler ihre Lage ist, da das Land in diesen Fällen den höchsten Wert aufweist. Aber auch Gebiete in der Peripherie können einem hohen Räumungsrisiko ausgesetzt sein, wenn beispielsweise Straßen in ihrer Nähe gebaut werden und das Land somit ebenfalls profitabler (etwa durch den Bau eines Einkaufszentrums) genutzt werden könnte.

Auch wenn die thailändische Gesellschaft traditionell Konflikte zu vermeiden sucht und eine offen ausgetragene Konfrontation um das Bleiberecht in vielen Fällen als Erniedrigung für beide Seiten wahrgenommen wird, formiert sich in den letzten Jahren mehr und mehr Widerstand gegen die Räumung von informellen Wohngebieten. Die Bildung von CBOs und die Unterstützung vieler NGOs zur Selbstorganisation führten dazu, dass die Menschen gestärkter für ihre eigenen Rechte eintreten und nicht mehr gewillt sind, widerstandslos aufzugeben. Mittlerweile sind etwa 65 Prozent der Slumbewohner bereits in Bangkok geboren und haben, anders als ihre zugewanderten Vorfahren, eher das Gefühl, einen Anspruch auf ein Leben in der Stadt zu haben (vgl. YAP 1992c, S. 34).

Das Auftreten von organisiertem Widerstand gegen eine Umsiedlung ist auch darin begründet, dass die negativen Implikationen der Preisspirale für die Betroffenen immer größer werden. Konnte früher schnell ein Wohnplatz in der unmittelbaren Umgebung gefunden werden, so bedeutet eine Räumung heutzutage meist auch den Verlust von Arbeit und Einkommen, da nur mehr an der Peripherie eine Wohnalternative gefunden werden kann. Tagelöhner verlieren ihre Kontaktpunkte, auch Straßenverkäufer müssen ihr ursprüngliches Arbeitsgebiet aufgeben. Investitionen, die in das bisherige Haus gemacht wurden, gehen verloren und ein erheblicher Teil der Ersparnisse muss oft für den Umzug oder den nun notwendig gewordenen täglichen Transport in die Innenstadt ausgegeben werden. Kompensationen, die zwar mittlerweile häufig an die Siedler bezahlt werden, reichen in den meisten Fällen nicht aus, um sich davon eine neue Existenz aufbauen zu können. Dies alles bedeutet ein hohes Stressniveau für die Betroffenen und geht mit nicht zu unterschätzenden psychischen Kosten einher, beispielsweise, wenn dem finanziellen Ruin auch noch der Verlust von jahrzehntelang etablierten Nachbarschaftsnetzwerken folgt.

Das Beispiel des größten Slumgebiets von Bangkok – Klong Toey – zeigt jedoch, dass es durchaus möglich ist, durch Selbstorganisation einen legales Aufenthaltsrecht zu erlangen, auch wenn dies teilweise einen monate- oder auch jahrelangen Kampf bedeutet.

In den meisten Fällen jedoch werden solche Initiativen bereits im Keim erstickt. Sehr häufig treten im Vorfeld einer Räumung bzw. bei zu erwartendem Widerstand Siedlungsbrände auf – in solch einem Fall gilt nämlich aus rechtlicher Sicht eine bestehende Mietvereinbarung als annulliert. Des Weiteren muss das Gebiet nach einem Brand für 45 Tage geräumt werden und darf nicht bewohnt werden, um es der Polizei zu ermöglichen, Nachforschungen über den Brandhergang einzuholen (vgl. KHAN 1994, S. 26; YAP 1992c, S. 39).

Das Auftreten eines Feuers kann aufgrund der gesetzlichen Lage eine Räumung somit ziemlich beschleunigen – wovon schon seit Jahren auch immer wieder Gebrauch gemacht wird (vgl. YAP 1992c, S. 39; BOONYABANCHA 1983, S. 270). Durch diese Vorgangsweise werden die Bewohner, die das Land schon jahrelang bewohnen und auch formell über eine Art Mietvertrag verfügen, zu Squattern und vollkommen in die Illegalität getrieben (vgl. YAP 1995, S. 264f).

Eine Räumung ist also für die Bewohner mit großen Problemen verbunden, aber in vielen Fällen für den Staat und auch für private Landbesitzer die einfachste Methode, an ihr Land zu kommen. Es bedarf in den meisten Fällen nur einer geringen Kompensation, ein umfassendes Programm zur Lösung der entstandenen Wohnprobleme der betroffenen Bevölkerung ist üblicherweise nicht vonnöten. Dass diese Vorgangsweise nicht mehr sehr lange verfolgbar sein wird, liegt dabei auf der Hand und es formiert sich zunehmender Widerstand unter den Betroffenen. Rufe nach dem Einschreiten des Staates und die Forderung, endlich eine brauchbare Antwort auf die Wohnprobleme der ärmeren Bevölkerung zu finden, werden immer lauter.

„Baan Eur Ah-Torn" und „Baan Mankong" sollen diese Antwort liefern, weshalb wir nun einen genaueren Blick auf diese Initiativen und ihre Umsetzung werfen wollen.

5.2 Staatlich subventioniertes Eigentum: Das „Baan Eur Ah-Torn"-Programm

Die Planungs- und Implementierungsorganisation für dieses Programm ist die „National Housing Authority" (NHA), die – wie vorher dargestellt – bereits in eine Vielzahl von Aktionen zur Bereitstellung von Wohnraum involviert war.

Schon seit der Gründung 1973 war die Arbeit der NHA problembehaftet; in den letzten drei Jahrzehnten wurden nur knapp über 400.000 Wohneinheiten fertiggestellt und begonnene Projekte wurden meist nach kurzer Zeit schon wieder stillgelegt. Die beiden hauptsächlichen Herangehensweisen der NHA im Niedrigeinkommenssektor waren in den letzten Jahrzehnten vor allem Slumverbesserungsmaßnahmen (knappe 53 Prozent) und Umsiedlungen. Durch das nun verfolgte „Baan Eur Ah-Torn"-Programm[8] soll ein neuer Zugang gefunden werden, mit den Problemen in Wohnsektor effizienter umzugehen (vgl. NHA 2003, S. 30; POUDERS 2003, S. 28f)

„Baan Eur Ah-Torn" ist die thailändische Variante des sozialen Wohnbaus. Es werden billige Wohnungen gebaut und an Haushalte mit einem monatlichen Einkommen von weniger als 22.000 Baht (das entsprach im Oktober 2009 ca. 441 Euro) vergeben. Das Projekt hat sich für die erste Phase das Ziel gesteckt, 600.000 Wohneinheiten zu errichten – möglicherweise wieder ein eher unrealistisches Ziel, wenn man bedenkt, dass von der NHA innerhalb von fünf Jahren nun um ein Drittel mehr Wohneinheiten gebaut werden sollen, als das in den letzten 30 Jahren insgesamt (!) der Fall war. Um dieses engagierte Ziel zu erreichen, wird daher wieder vermehrt versucht, den Privatsektor in den Bau von Wohnraum für Niedrigeinkommensgruppen miteinzubeziehen.

„Baan Eur Ah-Torn" ist darauf ausgelegt, die Bewohner zu Hauseigentümern anstatt Mietern zu machen; die Wohneinheiten sind demnach nur für jene Bevölkerungsteile geeignet, die es sich leisten können, dieses Eigentum zu erwerben. Es wird somit klar, dass die Zielgruppe, auf welche sich dieses Projekt bezieht, zwar zur ärmeren Schicht zu zählen sein muss – wie erwähnt, können sich nur Haushalte mit einem maximalen Einkommen von 22.000 Baht dafür bewerben –, jedoch kann, aufgrund der nötigen Finanzierungskapazität des Wohnungskaufs, das Einkommen auch nicht unter 10.000 Baht liegen, wodurch die wirklich marginalisierte Bevölkerungsschicht schon a priori aus dem Programm ausgeklammert bleibt.

Es wird sich wohl erst längerfristig zeigen, ob der Plan der NHA realisiert werden konnte oder ob sich nicht viele Familien bald gezwungen sehen werden, ihre Wohnungen mangels Finanzierbarkeit wieder zu verkaufen, wodurch das Projekt – zumindest was seine Fokussierung auf niedrige Einkommensgruppen betrifft – als Fehlschlag zu betrachten wäre. Neu ist jedenfalls, dass es sich bei „Baan Eur Ah-Torn" erstmals um eine Art von sozialem Wohnbau für das gesamte Stadtgebiet handelt. Es werden nicht einzelne, auf

---

[8]) Es finden sich in Dokumenten sehr unterschiedliche Schreibweisen (wie zum Beispiel auch „Eur-Arthorn"), da es kein einheitliches System der Umschrift aus dem Thailändischen gibt. Übersetzt bedeutet das Projekt etwa: Baan = Haus, Eur = helfen, großzügig sein; Ah-torn = sich kümmern, sich sorgen (vgl. POUDERS 2003, S. 30).

bestimmte Slumgebiete begrenzte Projekte durchgeführt, sondern gebietsunabhängig ein Großbauprogramm für Stadtbewohner aus den niedrigeren Einkommensschichten betrieben. Neu ist auch, dass es diesmal nicht nur um die physische Bereitstellung von Wohnraum geht, sondern auch soziale Aspekte und die Bedürfnisse der Bewohner stärker berücksichtigt werden sollen:

> „After the completion of construction and occupation by the residents, the NHA has to be responsible for community management in order to improve the quality of life of community members. The Eur-Arthorn culture has been crafted as a tool to encourage the community to have a ‚caring-for-each other' culture in four distinct areas: physical culture, economic culture, service culture and social culture. These ideals should create a livable community consisting of residents who help, care for and respect each other's rights." (NHA 2009).

Dennoch handelt es sich beim „Baan Eur Ah-Torn"-Programm vorrangig um einen Top-down-Ansatz, der den Menschen keine Mitspracherechte im Bezug auf den Bau der Wohneinheiten lässt. Sie werden als passive Empfänger wahrgenommen und nicht als aktive Partner bei der Durchführung der Projekte.

Im Gegensatz dazu verfolgt „Baan Mankong", das zweite großangelegte Wohnbauprogramm Thailands, einen sehr viel partizipativeren Zugang und stellt die Selbstbestimmung der Bevölkerung stärker in den Vordergrund.

5.3 „Baan Mankong": Partizipation und Dezentralisierung nicht nur als Schlagworte

„Baan Mankong", das etwa „sicheres Wohnen" bedeutet, verfolgt eine andere Herangehensweise und stellt generell einen innovativeren Ansatz als „Baan Eur Ah-Torn" dar. „Baan Mankong" bündelt Geld von der Regierung und gibt dieses direkt an die Slumbewohner weiter. Dadurch wird es möglich, dass diese ihre Projekte nach ihren eigenen Prioritäten durchführen. Für die Implementierung des Programms ist CODI („Community Organizations Development Institute"), eine dem Ministerium für Soziale Entwicklung und Sicherheit unterstellte staatliche Organisation, zuständig. Diese Agentur arbeitet sehr eng mit den betreffenden Slumgemeinschaften zusammen und stellt sie als zentrale Akteure in den Mittelpunkt des Entwicklungsprozesses.

CODI ging aus dem 1992 gegründeten UCDO („Urban Community Development Office") hervor, einer ursprünglichen Untereinheit innerhalb der NHA. Das zentrale Aufgabengebiet war es, lokale Zusammenschlüsse von Slumgemeinschaften zu fördern und diese mit Krediten zu unterstützen. CODI ist mittlerweile eine rechtlich eigenständige Einheit, die ihre Programmatik relativ unabhängig von der Regierung durchführen kann; ein gewisser staatlicher Einfluss ist aber dennoch spürbar:

> „[...] Baan Mankong has only been possible with the commitment by the central government to allow people to be the core actors and to decentralize the solution-finding process to cities and communities." (CODI 2008, S. 2).

Eine weitere Neuerung in der von CODI verfolgten Herangehensweise ist die starke Förderung der sozialen Netzwerke in den Projektgebieten. Konventionelle Ansätze waren eher auf das Gegenteil ausgerichtet, da ein starker Zusammenhalt zwischen den Bewohnern eines Gebietes viele Maßnahmen, vor allem die Räumung, behinderte. „Baan Mankong" hingegen stellt die aktive Förderung von Zusammenschlüssen in den Vordergrund; es werden keine individuellen Haushalte gefördert, sondern alle finanziellen Mittel nur an Nachbarschaftsnetzwerke vergeben, die die Planung ihrer Projekte damit selbst übernehmen können:

> *„This concept of a people-driven housing development process, in which poor people themselves are the main actors, the main solution-finders and the main delivery mechanism is no longer a new concept in Thailand. While adjustments continue to be made in the Baan Mankong program, as lessons learned along the way are plowed like fertilizer right back into the process, this people-driven approach has been the core principle since the beginning of the upgrading program."* (CODI 2008, S. 3)

Auf diese Weise wird eine vollkommen neue Art der Selbstverwaltung und autonomen Entwicklung eingeleitet, wodurch es möglich wird, mit vergleichsweise wenig Einsatz einer zentralen Stelle sehr weitreichende Verbesserungen durchzuführen. Die Flexibilität des Programms erlaubt außerdem die Unterstützung einer großen Vielfalt von Zielgruppen, da sowohl kleine als auch große Gemeinschaften teilnehmen können.

Die Durchführung gestaltet sich relativ einfach: Je Haushalt werden 80.000 Baht Unterstützung gewährt und dieses Geld wird von der Gemeinschaft im Kollektiv für die Verbesserung ihres Wohngebietes verwendet. Je nach spezifischer Problemlage des Slums kommen verschiedene Ansätze zum Tragen – der Maßnahmenkatalog umfasst hier „Upgrading", „Land-Sharing", „Reblocking" und Umsiedlung bzw. eine Kombination dieser Maßnahmen.

Generell ist ein Slum-Upgrading die bestmögliche Lösung, da dadurch den Bewohnern ermöglicht wird, an ihrem Wohnort zu bleiben und zugleich ihre Lebensbedingungen vor Ort zu verbessern. Das wirtschaftliche und soziale System der Gemeinschaft wird beibehalten und die finanziellen Verluste sind geringer als bei einer Umsiedlung (siehe Abb. 3a und b).

Konventionell wird unter Upgrading die Verbesserung der physischen Wohnaspekte verstanden. Dies kann beispielsweise durch den Ausbau von Gehwegen und Zufahrtsstraßen, die Installation von Wasser- und Stromleitungen oder ähnliche Maßnahmen erreicht werden. Auch der Bau von Kinderbetreuungsstätten, Einrichtungen zur Altenpflege, Jugend- oder Gesundheitszentren fällt darunter. Im Rahmen des „Baan Mankong"-Programms wird der Begriff *„Upgrading"* noch erweitert, indem auch soziale Aspekte miteinbezogen werden:

> *„Real upgrading goes beyond the physical aspects; it changes relationships and allows urban poor communities space and freedom."* (BOONYABANCHA 2005, S. 39).

> *„Upgrading, the way we see it, is a process in which a group of people are changing because they begin to believe in their own power and see that they are no different than all the other citizens in the city."* (BOONYABANCHA 2005, S. 44).

Abb. 3a: Fertig gestellte Häuser in Klong Bang Bua.

Foto: PERCHTHALER 2009.

Abb. 3b: Blick auf die gegenüberliegende Seite des Klongs. Es ist geplant, auch dort ein von CODI unterstütztes Upgrading-Projekt durchzuführen.

Foto: PERCHTHALER 2009.

Ein „*Slum-Upgrading*" wird im „Baan Mankong"-Projekt häufig auch mit anderen Maßnahmen kombiniert und kann demgemäß eigentlich auch als Überbegriff für die anderen Konzepte aufgefasst werden, bei denen die Siedler auf dem gleichen Grundstück verbleiben.

Sehr häufig wird im Zuge eines Slum-Upgradings beispielsweise auch ein sogenanntes „*Land-Sharing*" durchgeführt:

> „*Land-sharing is a technique applied successfully, albeit on a very limited scale, in Bangkok to solve the eviction problem. The site of the informal settlement is reorganized so that the community can continue to inhabit a portion of the area they originally occupied while the rest of the land is cleared for development by the landowner.*" (KHAN 1994, S. 29).

Schon in den späten 1970er-Jahren wurde dieser Ansatz vermehrt verfolgt und in einigen Fällen konnten Slumgemeinschaften dadurch erfolgreich Verhandlungen mit den Grundeigentümern führen und so ihren Wohn- und Lebensraum sichern. Viele Landbesitzer jedoch widersetzen sich der Einmischung von außen und wollen das Land lieber verkaufen, als es mit den Slumbewohnern zu teilen. Das „Land-Sharing"-Konzept basiert somit auf dem guten Willen des Eigentümers und dessen Kooperationsbereitschaft. Im thailändischen Gesetz besteht nämlich kein Anspruch der Bewohner einer Parzelle auf einen legal abgesicherten Aufenthalt, die Siedler können daher auch keinen offiziellen Einspruch erheben. Aus diesem Grund konnten mit „Land-Sharing"-Modellen in den meisten Fällen nur sehr begrenzte Erfolge erzielt werden (vgl. ASKEW 2002, S. 147; YAP 1992b, S. 14ff).

„Land-Sharing" hat allerdings den großen Vorteil, dass die Familien in ihrem ursprünglichen Wohngebiet bleiben können, was vor allem für jene Menschen günstig ist, die im informellen Sektor arbeiten (vgl. ANGEL und CHIRATHAMKIJKUL 1983, S. 437). Ein Nachteil dieses Ansatzes sind jedoch die hohen Kosten, die eine solche geteilte Landnutzung mit sich bringt. Die ursprünglichen Unterkünfte müssen meist abgerissen und auf der für die Bewohner wieder zur Verfügung gestellten Fläche neu errichtet werden. Auch verringert sich die Wohnfläche, die den Familien zur Verfügung steht, und häufig ist es nicht möglich, alle Siedler auf dem nun kleineren Bauland unterzubringen, was für einen Teil von ihnen wiederum einen Umzug in ein anderes Gebiet impliziert.

Ein weiteres Konzept, mit dem im „Baan Mankong"-Programm gearbeitet wird, ist das „*Reblocking*" bzw. die „*Densification*". Häufig werden diese beiden Konzepte in Kombination eingesetzt: Wenn zum Beispiel ein Grundstück für verschiedene Nutzungszwecke aufgeteilt wird, kann das restliche Gebiet vollkommen neu bebaut werden – bei einem solchen „*Rebuilding*" werden dann alle Häuser durch kleinere oder höhere Bauten ersetzt. Eine zweite Möglichkeit ist das „*Infilling*", bei dem Unterkünfte zwischen bereits bestehende gebaut werden, um den benötigten zusätzlichen Wohnraum zu schaffen. Inwiefern das Land umgestaltet wird, hängt jeweils von den bestehenden Gegebenheiten und den möglichen Kosten ab. Der finanzielle Aufwand ist im Fall einer vollkommenen Neuerrichtung höher, dafür können jedoch zum Beispiel Feuerschutzbestimmungen schon von Beginn an berücksichtigt werden. Auch das äußere Erscheinungsbild der Siedlungen kann dadurch erheblich verbessert werden (siehe Abb. 4a und b).

Andrea Perchthaler

**Abb. 4a und b: Fertig gestellte Siedlung Suan Plu.
Ein Beispiel für erfolgreiches „Reblocking".**

Fotos: PERCHTHALER 2009.

In vielen Fällen kann auch durch das „Baan Mankong"-Programm nicht verhindert werden, dass Betroffene das jeweilige Grundstück räumen und auf einen alternativen Wohnplatz umgesiedelt werden müssen. Ist ein Umzug unausweichlich, so wird besonders darauf geachtet, dass die Siedler zumindest eine entsprechende finanzielle Kompensation erhalten, die es ihnen ermöglicht, eine neue Unterkunft zu beziehen. Eine zentrale Rolle spielen dabei die Lage und die rechtliche Sicherheit des neuen Wohngebietes, da sich in der Vergangenheit bereits mehrfach ein Scheitern bei Nichtberücksichtigung dieses Aspektes zeigte. Besonders wichtige Rahmenbedingungen für eine erfolgreiche Umsiedlung sind ein intaktes soziales Netzwerk, eine günstige Lage der neuen Wohngebiete und vor allem ausreichende Möglichkeiten zur Einkommensgenerierung. Ist dies nicht der Fall, so treten sehr schnell jene negativen Erscheinungen zu Tage, die schon im Kapitel zur Zwangsräumung erläutert wurden.

„Baan Mankong" gilt als großer Erfolg und hat mittlerweile eine gewisse Vorbildwirkung im asiatischen Raum erlangt, was die Bereitstellung von Wohnraum für Bevölkerungsgruppen mit geringem Einkommen betrifft. Das Programm wird weiterhin stark ausgeweitet und ein reger Austausch auf horizontaler Ebene zwischen den Gemeinschaften erlaubt es, die entsprechenden Maßnahmen immer weiter zu optimieren. Nach den ersten Pilotprojekten vor einigen Jahren ist die Zielgruppe, die vom Programm erreicht wird, mittlerweile auf 2.000 Slumgemeinschaften in beinahe 200 thailändischen Städten angewachsen, was etwa 300.000 Haushalten entspricht (vgl. BOONYABANCHA 2005, S. 25).

6. Fazit

In den letzten Jahren finden auch in Thailand die Schlagworte Partizipation, Empowerment und Selbstbestimmung verstärkt Eingang in die diversen staatlichen Wohnbauprogramme. Die Operationalisierung dieser Konzepte erfolgt allerdings auf unterschiedliche Art und Weise, wie sich am Beispiel der beiden vorgestellten Programme „Baan Eur Ah-Torn" und „Baan Mankong" aufzeigen lässt.

„Baan Eur Ah-Torn" geht hierbei noch den konventionelleren Weg; das Programm ist gewissermaßen eine Fortführung der bisher gesetzten Maßnahmen und bietet relativ wenig Innovation. Zwar stellt die Fokussierung auf die Entwicklung eines sozialen Netzwerkes in den neuen Wohngebieten eine wichtige Komponente im Programm dar, aber weder in den Planungsprozess noch in die spätere Umsetzung werden die Betroffenen einbezogen. Zwar erwerben die Einwohner mit finanzieller Unterstützung der öffentlichen Hand Wohnungseigentum, haben aber keinerlei Einfluss auf den Grundriss der Wohnungen oder die Gestaltung des Wohnumfeldes, in dem sie leben werden. Es ist auch fraglich, wie die gewünschte Bildung eines Nachbarschaftsnetzwerkes vorangetrieben werden soll, da in der Regel vor dem Bezug der neuen Wohnung keine sozialen Kontakte zwischen den Bewohnern vorhanden sind.

Der Erfolg von „Baan Eur Ah-Torn" wird in erster Linie davon abhängen, ob die ursprüngliche Zielgruppe in einigen Jahren noch in den Wohnungen lebt, oder ob diese zum größten Teil wegen mangelnder Finanzierbarkeit ihrer Wohnung wieder umsiedeln musste. Die tatsächlich Ärmsten der städtischen Bevölkerung bleiben ja ohnehin aus dem Programm ausgeschlossen, da sie keinesfalls über das nötige Kapital verfügen, um eine Projektwohnung erwerben zu können. Aus diesen Gründen muss wohl davon ausgegangen werden, dass die Reichweite der geplanten Wohbaustrategien für niedrige Einkommensgruppen wesentlich geringer ausfallen dürfte als ursprünglich angenommen.

7. Literatur

ALDRICH, B. C. und R. S. SANDHU (1995): The Global Context of Housing Poverty. In: ALDRICH, B. C. und R. S. SANDHU (Hrsg.): Housing the Urban Poor. Policy and Practice in Developing Countries. London / New Jersey: Zed Books, S. 17–33.

ANGEL, S. und T. CHIRATHAMKIJKUL (1983): Slum Reconstruction: Land Sharing as an Alternative to Eviction in Bangkok. In: ANGEL, S., ARCHER, R. W., TANPHIPHAT S. und E. A. WEGELIN (Hrsg.): Land for Housing the Poor. Singapore: Select Books, S. 430–460.

ANZORENA, J. et al. (1998): Reducing Urban Poverty; Some Lessons from Experience. In: Environment and Urbanization 10 (1), S. 167–186.

ASKEW, M. (2002): Bangkok. Place, Practice and Representation. London: Routledge Chapman & Hall.

BERNER, E. und R. KORFF (1995): Globalization and Local Resistance: The Creation of Localities in Manila and Bangkok. In: International Journal of Urban and Regional Research 19 (2), S. 208–222.

BRINKHOFF, T. (2007): Principal Agglomerations of the World. Internet: http://www.citypopulation. de/World.html (Zugriff: 21.08.2008).

BOONYABANCHA, S. (1983): The Causes and Effects of Slums Eviction in Bangkok. In: ANGEL, S., ARCHER, R. W., TANPHIPHAT S. und E. A. WEGELIN (Hrsg.): Land for Housing the Poor. Singapore: Select Books, S. 254–283.

BOONYABANCHA, S. (1999): The Urban Community Environment Activities Project and its Environment Fun in Thailand. In: Environment and Urbanization 11 (1), S. 101–115.

BOONYABANCHA, S. (2001): Savings and Loans; Drawing Lessons from Some Experiences in Asia. In: Environment and Urbanization 13 (2), S. 9–21.

BOONYABANCHA, S. (2004): A Decade of Change: From the Urban Community Development Office to the Community Organization Development Institute in Thailand. In: MITLIN, D. und D. SATTERTHWAITE (Hrsg.): Empowering Squatter Citizen. Local Government, Civil Society and Urban Poverty Reduction. London: EarthScan, S. 25–53.

BOONYABANCHA, S. (2005): Baan Mankong: Going to Scale with „Slum" and Squatter Upgrading in Thailand. In: Environment and Urbanization 17 (1), S. 21–46.

BROCKERHOFF, M. und E. BRENNAN (1998): The Poverty of Cities in Developing Regions. In: Population and Development Review 24 (1), S. 75–114.

BRONGER, D. (1996): Megastädte. In: Geographische Rundschau 48 (2), S. 74–81.

BRONGER, D. (1997): Megastädte – Global Cities. Fünf Thesen. In: FELDBAUER, P., HUSA, K., PILZ, E. und I. STACHER (Hrsg.): Mega-Cities. Die Metropolen des Südens zwischen Globalisierung und Fragmentierung. Frankfurt a. M.: Brandes & Apsel, S. 37–67.

CARLEY, M. (2001): Top-down and Bottom-up: the Challenge of Cities in the New Century. In: CARLEY, M., JENKINS, P. und H. SMITH (Hrsg.): Urban Development & Civil Society: The Role of Communities in Sustainable Cities. Oxford: Earthscan, S. 3–15.

CERNEA, M. (1999): Why Economic Analysis is Essential to Resettlement: A Sociologist's View. In: CERNEA, M. (Hrsg.): The Economics of Involuntary Resettlement. Questions and Challenges. Washington: World Bank Publications, S. 5–49.

CHOGUILL, C. L. (1995): The Future of Planned Urban Development in the Third World. In: ALDRICH, B. C. und R. S. SANDHU (Hrsg.): Housing the Urban Poor. Policy and Practice in Developing Countries. London / New Jersey: Zed Books, S. 403–414.

CLINARD, M. B. (1966): Slums and Community Development. Experiments in Self-help. New York / London: Free Press.

CODI – Community Organization Development Institute (2008): 50 Community Upgrading Projects. Bangkok (= CODI update 5).

CRAMER, C. und S. SCHMITZ (2004): „Die Welt will Stadt" – Entwicklungszusammenarbeit für das „Urbane Jahrtausend". In: Aus Politik und Zeitgeschichte 15–16, S. 12–20.

DAVIS, M. (2007): Planet der Slums. Berlin: Assoziation A.

DESAI, V. (1996): Community Participation and Slum Housing, A Study of Bombay. New Delhi / Thousand Oaks / London: Barnes & Noble.

DOUGLASS, M., ARD-AM, O. und I. K. KIM (002): Urban Poverty and the Environment: Social Capital and State-Community Synergy in Seoul and Bangkok. In: EVANS, P. (Hrsg.): Livable Cities? Urban Struggles for Livelihood and Sustainability. Berkeley / Los Angeles / London: University of California Press, S. 31–66.

DURAND-LASSERVE, A. (1983): The Land Conversion Process in Bangkok and the Predominance of the Private Sector Over the Public Sector. In: ANGEL, S., ARCHER, R. W., TANPHIPHAT S. und E. A. WEGELIN (Hrsg.): Land for Housing the Poor. Singapore: Select Books, S. 284–309.

DUTT, A. K. und N. SONG (1994): Urbanization in Southeast Asia. In: AGGARWAL, S., COSTA, F. J., DUTT, A. K. und A. G. NOBEL (Hrsg.): The Asian City: Processes of Development, Characteristics and Planning. Dordrecht / Boston / London: Springer Verlag, S. 159–180.

EAMES, E. und J. G. GOODE (1977): Anthropology of the City. An Introduction to Urban Anthropology. New Jersey: Prentice Hall.

EBNER, S. (2006): Marginale Siedlungen in Bangkok und Manila. Entstehung, Entwicklung, staatliche und nichtstaatliche Ansätze – Eine vergleichende Analyse. Diplomarbeit, Institut für Geographie und Regionalforschung der Universität Wien.

EINIG, K. et al. (2005): Urban Governance. Bonn: Bundesinstitut für Bau-, Stadt- und Raumforschung (= Informationen zur Raumentwicklung 9/10).

EVERS, H.-D. und R. KORFF (2000): Southeast Asian Urbanism. The Meaning and Power of Social Space. Münster: LIT-Verlag.

EVANS, P. (2002a): Introduction: Looking for Agents of Urban Livability in a Globalized Political Economy. In: EVANS, P. (Hrsg.): Livable Cities? Urban Struggles for Livelihood and Sustainability. Berkeley / Los Angeles / London: University of California Press, S. 1–30.

EVANS, P. (2002b): Political Strategies for More Livable Cities: Lessons from SixCases of Development and Political Transition. In: EVANS, P. (Hrsg.): Livable Cities? Urban Struggles for Livelihood and Sustainability. Berkeley / Los Angeles / London: University of California Press, S. 222–246.

FINLEY, S. E. (1993): The Third World City: Development Policy and Issues. In: KASARDA, J. D. und A. M. PARNELL (Hrsg.): Third World Cities. Problems, Policies and Prospects. Newbury Park / London / New Delhi: Sage Publications, S. 1–31.

FOO, T. S. (1992): The Provision of Low-Cost Housing by Private Developers in Bangkok, 1987–1989: The Result of an Efficient Market? In: Urban Studies 29 (7), S. 1137–1146.

FRIEDMANN, J. (2002): The Prospects of Cities. Minnesota: University of Minnesota Press.

GERTLER, P. J. und O. RAHMAN (1994): Social Infrastructure and Urban Poverty. In: PERNIA, E. (Hrsg.): Urban Poverty in Asia. A Survey of Critical Issues. Oxford / New York: Oxford University Press, S. 128–194.

GILBERT, A. und J. GUGLER (1992): Cities, Poverty and Development: Urbanization in the Third World. Oxford: Oxford University Press.

HATZ, G., HUSA, K. und H. WOHLSCHLÄGL (1993): Bangkok Metropolis – eine Megastadt in Südostasien zwischen Boom und Krise. In: FELDBAUER, P., PILZ, E., RÜNZLER, D. und I. STACHER (Hrsg.): Megastädte. Zur Rolle von Metropolen in der Weltgesellschaft. Wien / Köln / Weimar: Verlag Böhlau, S. 149–189.

HOBSBAWN, E. (1994): The Age of Extremes: The Short Twentieth Century, 1914–1991. London: Michael Joseph.

HUNTER, D. (1964): The Slums. Challenge and Response. London: Free Press.

HUSA, K. und H. WOHLSCHLÄGL (1997): „Booming Bangkok": Eine Megastadt in Südostasien im Spannungsfeld von Metropolisierung und Globalisierung. In: FELDBAUER, P., HUSA, K., PILZ, E. und I. STACHER (Hrsg.): Mega-Cities. Die Metropolen des Südens zwischen Globalisierung und Fragmentierung. Frankfurt a. M.: Verlag Brandes & Apsel, S. 113–150.

Informationszentrum Raum und Bau der Fraunhofer-Gesellschaft (Hrsg.): Sanierung von Slums und Squattersiedlungen in Asien und Lateinamerika. IRB-Literaturauslese. Stuttgart.

JENKINS, P. und H. SMITH (2001): The State, the Market and Community: An Analytical Framework for Community Self-Development. In: CARLEY, M., JENKINS, P. und H. SMITH (Hrsg.): Urban Development & Civil Society: The Role of Communities in Sustainable Cities. Oxford: Earthscan, S. 16–30.

JOCANO, F. L. (1975): Slum as a Way of Life. A Study of Coping Behavior in an Urban Environment. Quezon City: University of the Philippines Press.

KASARDA, J. D. und E. M. CRENSHAW (1991): Third World Urbanization: Dimensions, Theories, and Determinants. In: Annual Review of Sociology 17, S. 467–501.

KHAN, S. A. (1994): Attributes of Informal Settlements Affecting their Vulnerability to Eviction; a Study of Bangkok. In: Environment and Urbanization 6 (1), S. 25–39.

KORFF, R. (1996): Globalisierung und Megastadt. Ein Phänomen aus soziologischer Perspektive. In: Geographische Rundschau 48 (2), S. 120–123.

KRAAS, F. (1996): Bangkok. Ungeplante Megastadtentwicklung durch Wirtschaftsboom und soziokulturelle Persistenzen. In: Geographische Rundschau 48 (2), S. 89–96.

LEE, Yok-Shiu F. (1998): Intermediary Institutions, Community Organizations, and Urban Environmental Management: The Case of Three Bangkok Slums. In: World Development 26 (6), S. 993–1011.

MILLS, E. und E. PERNIA (1994): Introduction and Overview. In: PERNIA, E. (Hrsg.): Urban Poverty in Asia. A Survey of Critical Issues. Oxford / New York: Oxford University Press, S. 1–51.

NAERSSEN, T. VAN, LIGTHART, M. und F. N. ZAPANTA (1995): Managing Metropolitan Manila. In: RÜLAND, R. (Hrsg.): The Dynamics of Metropolitan Management in Southeast Asia. Singapore: Institute of Southeast Asian Studies, S. 168–206.

NHA – National Housing Authority (2003): Annual Report 2002. Bangkok.

NHA – National Housing Authority (2009): Internet: http://eng.nha.co.th/main.php?filename=index (Zugriff: 17.01.2009)

NIJKAMP, P. (1994): Improving Urban Environmental Quality: Socioeconomic Possibilities and Limits. In: PERNIA, E. (Hrsg.): Urban Poverty in Asia. A Survey of Critical Issues. Oxford / New York: Oxford University Press, S. 242–292.

NISSEL, H. (1997): Megastadt Bombay – Global City Mumbai? In: FELDBAUER, P., HUSA, K., PILZ, E. und I. STACHER (Hrsg.): Mega-Cities. Die Metropolen des Südens zwischen Globalisierung und Fragmentierung. Frankfurt a. M.: Brandes & Apsel, S. 95–112.

OBERAI, A. S. (1993): Urbanization, Development, and Economic Efficiency. In: KASARDA, J. D. und A. M. PARNELL (Hrsg.): Third World Cities. Problems, Policies and Prospects. Newbury Park / London / New Delhi: Sage Publications, S. 58–73.

PANITCHPAKDI, K. (2008): Housing in Thailand. Unpublizierter Konferenzbeitrag.

PARAI, A., BENHART, J. E. und W. C. RENSE (1994): Water Supply in Selected Mega Cities of Asia. In: AGGARWAL, S., COSTA, F. J., DUTT, A. K. und A. G. NOBEL (Hrsg.): The Asian City: Processes of Development, Characteristics and Planning. Dordrecht / Boston / London: Springer Verlag, S. 205–212.

PARNREITER, C. (1999): Globalisierung, Binnenmigration und Megastädte der „Dritten Welt" – Theoretische Reflexionen. In: HUSA, K. und H. WOHLSCHLÄGL (Hrsg.): Megastädte der Dritten Welt im Globalisierungsprozess. Mexico City, Jakarta, Bombay – Vergleichende Fallstudien in ausgewählten Kulturkreisen. Wien: Institut für Geographie und Regionalforschung, S. 17–58 (= Abhandlungen zur Geographie und Regionalforschung 6).

PEARCE, D. W. (1999): Methodological Issues in the Economic Analysis for Involuntary Resettlement Operations. In: CERNEA, M. (Hrsg.): The Economics of Involuntary Resettlement. Questions and Challenges. Washington: World Bank Publications, S. 50–82.

PERNIA, E. M. (1992): Southeast Asia. In: STREN, R., WHITE, R. und J. WHITNEY (Hrsg.): Sustainable Cities. Urbanization and the Environment in International Perspective. Boulder / San Francisco / Oxford: Westview Press, S. 233–258.

PERNIA, E. M. (1994): Issues of Urban and Spatial Development. In: PERNIA, E. M. (Hrsg.): Urban Poverty in Asia. A Survey of Critical Issues. Oxford / New York: Oxford University Press, S. 53–80.

PORNCHOKCHAI, S. (1992): Bangkok Slums. Review and Recommendations. Bangkok: School of Urban Community Research and Actions Agency for Real Estate Affairs.

PORNCHOKCHAI, S. (2003): Global Report on Human Settlements 2003. City Report: Bangkok. Internet: http://www.thaiappraisal.org/pdfNEW/HABITAT1new.pdf (Zugriff: 30.11.2007).

POUDERS, M. (2004): Thailand Projects Revisited: The Evolution and Impact of the Building Together Project, Bangkok. Unpublizierte Masterarbeit. Leuven.

RAKODI, C. (1999): Urban Governance, Partnership and Poverty: An Overview of the Research Issues.

RODRIGUEZ, C. R. (1990): Überleben im Slum. Psychosoziale Probleme in peruanischen Elendsvierteln. Frankfurt a. M.: Fischer Taschenbuch Verlag.

RÜLAND, J. (1995): The Dynamics of Metropolitan Management in Southeast Asia. An Introductory Note. In: RÜLAND, J. (Hrsg.): The Dynamics of Metropolitan Management in Southeast Asia. Singapore: Institute of Southeast Asian Studies, S. 1–29.

RÜLAND, J. und B. M. L. LADAVALYA (1995): Managing Metropolitan Bangkok. Power Contest or Public Service? In: RÜLAND, J. (Hrsg.): The Dynamics of Metropolitan Management in Southeast Asia. Singapore: Institute of Southeast Asian Studies, S. 31–70.

THANPHIPHAT, S. (1983): Immediate Measures for Increasing the Supply of Land for Low-Income Housing in Bangkok. In: ANGEL, S., ARCHER, R. W., TANPHIPHAT S. und E. A. WEGELIN (Hrsg.): Land for Housing the Poor. Singapore: Select Books, S. 375–392.

UNFPA (2007): Weltbevölkerungsbericht 2007. Urbanisierung als Chance: Das Potenzial wachsender Städte nutzen. New York.

United Nations (2008): World Urbanization Prospects: The 2007 Revision. Highlights. New York.

United Nations (2010): World Urbanization Prospects: The 2009 Revision Population Database. New York. Internet: http://esa.un.org/unpd/wup/unup.

USAVAGOVITWONG, N. und P. POSRIPRASERT (2006): Urban Poor Housing Development on Bangkok's Waterfront: Securing Tenure, Supporting Community Processes. In: Environment and Urbanization 18 (2), S. 523–536.

VIRATKAPAN, V., PERERA, R. und S. WATANABE (2004): Factors Contributing to the Development Performance of Slum Relocation Projects in Bangkok, Thailand. In: International Development Planning Review 26 (3), S. 231–260.

VIRATKAPAN, V. und R. PERERA (2006): Slum Relocation Projects in Bangkok: What has Contributed to their Success or Failure? In: Habitat International 30 (1), S. 157–174.

WEGELIN, E. A. und C. CHANOND (1983): Home Improvement, Housing Finance and Security of Tenure in Bangkok Slums. In: ANGEL, S., ARCHER, R. W., TANPHIPHAT S. und E. A. WEGELIN (Hrsg.): Land for Housing the Poor. Singapore: Select Books, S. 75–97.

WEGELIN, E. A. (1994): Urban Shelter, Municipal Services, and the Poor. In: PERNIA, E. (Hrsg.): Urban Poverty in Asia. A Survey of Critical Issues. Oxford / New York: Oxford University Press, S. 195–240.

YAP, K. S. (1992a): Introduction. In: YAP, K. S. (Hrsg.): Low-Income Housing in Bangkok. A Review of Some Housing Sub-Markets. Bangkok: Division of Human Settlements Development, Asian Institute of Technology, S. 1–6.

YAP, K. S. (1992b): Low-Income Housing Sub-Markets. In: YAP, K. S. (Hrsg.): Low-Income Housing in Bangkok. A Review of Some Housing Sub-Markets. Bangkok: Division of Human Settlements Development, Asian Institute of Technology, S. 7–30.

YAP, K. S. (1992c): The Slums of Bangkok. In: YAP, K. S. (Hrsg.): Low-Income Housing in Bangkok. A Review of Some Housing Sub-Markets. Bangkok: Division of Human Settlements Development, Asian Institute of Technology, S. 31–48.

YAP, K. S. (1992d): Trends and Options. In: YAP, K. S. (Hrsg.): Low-Income Housing in Bangkok. A Review of Some Housing Sub-Markets. Bangkok: Division of Human Settlements Development, Asian Institute of Technology, S. 137–146.

YAP, K. S. (1992e): The Suwan Prasid 2 Resettlement Project. In: YAP, K. S. (Hrsg.): Low-Income Housing in Bangkok. A Review of Some Housing Sub-Markets. Bangkok: Division of Human Settlements Development, Asian Institute of Technology, S. 73–98.

YAP, K. S. (1995): Slums and Squatter Settlements in Thailand. In: ALDRICH, B. C. und R. S. SANDHU (Hrsg.): Housing the Urban Poor. Policies and Practice in Developing Countries. London / New Jersey: Zed Books, S. 261–276.

„Shifting Cultivation" im Wandel der Zeit – am Beispiel von Landnutzungskonflikten in Nordthailand

Werner Schlick

Inhalt

1. Einleitung 407
2. Voraussetzungen und Funktionsweise der Wechselwirtschaft 408
   2.1 Ökologische Voraussetzungen trophischer und subtropischer Ökosysteme ... 408
   2.2 Funktionsweise 408
   2.3 Ökologische Voraussetzungen in Nordthailand 410
3. „Shifting Cultivation" in Nordthailand 411
   3.1 „Lowland Thais", „Hilltribes" und die landwirtschaftliche Dichotomie ... 411
   3.2 Drei Systeme der Wechselwirtschaft 412
   3.3 Politische Rahmenbedingungen der Umwelt-, Ressourcen- und Minderheitenpolitik im „Nationalstaat" Thailand 418
   3.4 Landnutzungsregelungen, Umweltpolitik und Ressourcenkontrolle 418
   3.5 Minderheitenpolitik gegenüber der Bergbevölkerung 421
4. Die Wechselwirtschaft im Konfliktzentrum und das „Hilltribe"-Problem ... 423
5. Wandlungstendenzen in der Landwirtschaft 424
   5.1 Staatliche Maßnahmen und Eingriffe in die Landwirtschaft 424
   5.2 „Shifting Cultivation" im Wandel der Zeit – Intensivierung und Kommerzialisierung ... 426
   5.3 Nachhaltigkeit im landwirtschaftlichen Wandel – Folgen für die Umwelt ... 429
6. Fazit 430
7. Literatur 431

1. Einleitung

Der vorliegende Beitrag verfolgt das Ziel, die Transformation landwirtschaftlicher Systeme der „Shifting Cultivation" (oder Wechselwirtschaft) im Norden Thailands zu analysieren und lässt sich hiermit wohl am ehesten der Tradition der Kulturökologie zuordnen, die versucht, die wechselseitige Abhängigkeit zwischen Kulturen und der natürlichen Umwelt zu erklären (Bargatzky 1986, S. 13). Anhand einer ausführlichen Literaturrecherche soll dargestellt werden, welchem Wandel die traditionellen landwirtschaftlichen Systeme unterworfen sind, welche Faktoren diese Transformation regeln und welche ökologischen und sozialen Konsequenzen sich daraus ergeben.[1]

---

[1]) Der vorliegende Text stellt eine stark gekürzte Fassung der gleichnamigen Diplomarbeit dar, die im März 2009 am Institut für Geographie und Regionalforschung der Universität Wien approbiert wurde (Schlick 2009). Für detailliertere Ausführungen muss auf diese Arbeit sowie auf die Literaturliste verwiesen werden.

Werner Schlick

Unter anderem soll auf die Frage eingegangen werden, welche Rolle der wissenschaftliche und der gesellschaftspolitische Diskurs in diesem Prozess spielen und welche Ursachen und Folgen die großteils negative Stereotypisierung der Wechselwirtschaft hat. Schließlich soll eine Antwort auf die Frage gefunden werden, welche Faktoren die Transformation der landwirtschaftlichen Systeme regeln und ob die bewusste Forcierung dieses Wandels aus ökologischer und gesellschaftlicher Sicht befürwortet werden kann.

2. Voraussetzungen und Funktionsweise der Wechselwirtschaft

2.1 Ökologische Vorraussetzungen tropischer und subtropischer Ökosysteme

„Shifting Cultivation" wird bevorzugt in wechselfeuchten Klimaregionen betrieben,[2] denn in den niederschlagsärmeren Perioden kann das geschlagene Pflanzenmaterial für die anschließende Brandrodung austrocknen. Die agrarökologischen Bedingungen (sub)tropischer Gebiete sind vor allem durch eine sehr hohe Energiezufuhr aufgrund der intensiven Sonneneinstrahlung charakterisiert. Daher besteht ein deutlich höheres Potenzial für agrarische Produktion als etwa in den mittleren Breiten. Die Niederschläge sind durchschnittlich sehr hoch, auch wenn sie in den wechselfeuchten Klimaregionen weder zeitlich noch räumlich gleichmäßig verteilt sind.

Gleichzeitig wird aber durch die hohen Temperaturen und die permanente Feuchte ein sehr schneller Abbau organischer Substanz bewirkt. Während sich in den gemäßigten Breiten mineralische Nährstoffe im Humus ansammeln und in der Folge den Pflanzen für das Wachstum zur Verfügung stehen, findet man in den Tropen nur eine sehr dünne Humusschicht und relativ wenige Nährstoffe im Boden. Der Großteil befindet sich im Pflanzstand. Außerdem sind tropische Böden durch die relativ schlechte Bodenstruktur besonders erosionsanfällig (vgl. SCHULTZ 2002).

2.2 Funktionsweise

In landwirtschaftlichen Systemen der Wechselwirtschaft wird der Pflanzenbestand als wichtigste Nährstoffquelle durch die Rodung „angezapft". Das geschlagene Pflanzenmaterial wird zum Trocknen liegen gelassen und anschließend verbrannt, hierbei werden die Nährstoffe freigesetzt und in der Asche zwischengespeichert. In der Folge werden sie mit dem nächsten Regen in den Boden übertragen und dessen Fruchtbarkeit erhöht (vgl. z. B. NYE und GREENLAND 1960, S. 10). Die Brandrodung erfüllt also die Funktion, die im

---

[2]) Allerdings finden sich verschiedene Formen der Wechselwirtschaft auch in vielen anderen Ökozonen (vgl. RUTHENBERG 1980).

Pflanzenbestand gespeicherten Nährstoffe für die landwirtschaftliche Nutzung verfügbar zu machen.

Ein weiterer Effekt, von vielen Autoren als Hauptzweck der Brandrodung hervorgehoben, ist die Anhebung des pH-Werts. Mit steigendem pH-Wert erhöht sich einerseits die Menge an pflanzenverfügbarem Phosphor, andererseits wird toxisches Aluminium verringert[3] (SCHULTZ 2002, S. 298; TANAKA et al. 1997, S. 707). Darüber hinaus dient die Brandrodung auch der Vernichtung von Unkraut (NYE und GREENLAND 1960, S. 66–67).

Trotz der intensiven Aschedüngung ist einer der größten Nachteile der Brandrodungsverfahren der erhebliche Nährstoffverlust. Um diesen auszugleichen, sind die Brachephasen der Wechselwirtschaft notwendig, da sie die Regeneration des Pflanzenbestandes ermöglichen. Die Zeit für die vollständige Regeneration kann je nach Standort zwischen drei und 80 Jahren liegen (ADGER und BROWN 1994, S. 82).

Landwirtschaftliche Systeme der Wechselwirtschaft sind in der Regel Mischanbausysteme, „in denen gleichzeitig eine ganze Reihe von vermischt wachsenden Nutzpflanzen auf demselben Feld gezogen wird […]" (RAMSEYER 1988, S. 41). Die Komplexität und auch die Schwierigkeit bei der Zusammenstellung von Mischkulturen besteht darin, die Kulturpflanzen räumlich und zeitlich so miteinander abzustimmen, dass die verschiedenen ökologischen Nischen möglichst vollständig ausgefüllt sind und auch die zeitliche Integration unterschiedlicher Wachstumsphasen beachtet wird (BRECKLING und BIRKENMEIER 2000, S. 211). So erlaubt häufig erst die Ernte einer bestimmten Nutzpflanze das Wachstum einer weiteren (z. B. CONKLIN 2008, S. 247), die Kulturpflanzen stehen vielfach in einem gegenseitigen Abhängigkeitsverhältnis.

Dieses „Prinzip der Vielfalt" (RAMSEYER 1988, S. 56) ist von großer Bedeutung, denn homogene Pflanzenbestände wie Monokulturen bewirken vor allem in den Tropen Massenvermehrungen von spezialisierten Pflanzenfressern. Mischanbausysteme stellen daher eine Strategie der Risikominimierung dar, da sie weniger anfällig für Schädlinge und Krankheiten sind und bei einem möglichen Schädlingsbefall nicht unbedingt die ganze Ernte in Gefahr ist (DOVE 2008, S. 28). Außerdem nutzen Mischkulturen Bodenwasser und Nährstoffe durch ihre vielschichtigen Wurzelsysteme wesentlich effektiver als Monokulturen, und der stockwerkartige Aufbau gewährleistet eine bessere Licht- und Sauerstoffaufnahme (RAMSEYER 1988, S. 41). Der stockwerkartige Aufbau und das Wurzelsystem wirken überdies der Bodenerosion entgegen (NYE und GREENLAND 1960, S. 88). Schließlich wird durch Mischanbausysteme auch eine ausgeglichene Nahrungsversorgung über das Jahr hergestellt (MARTEN und VITYAKON 1986, S. 204).

„Dass die Wechselwirtschaft als eine Technik der Nahrungsmittelproduktion erscheint, die den Verhältnissen in den Tropen in hohem Maße angepasst ist, hängt aber mit der Struktur vieler Pflanzungen als *generalisierte künstliche Ökosysteme* zusammen, die den Charakter eines natürlichen generalisierten Ökosystems anscheinend optimal simulieren." (BARGATZKY 1986, S. 114). Betrachtet man die Ökologie landwirtschaftlicher Sys-

---

[3]) Da besonders im tropischen Asien viele Böden unter Aluminium-Toxizität leiden, ist dies gerade auch in Thailand von großer Bedeutung (UHLIG 1988, S. 39).

teme, so ist nach GEERTZ (1963, S. 16) die Nachahmung des natürlichen Ökosystems in der Wechselwirtschaft das herausragende Charakteristikum: „In ecological terms, the most distinctive positive characteristic of swidden agriculture (and the characteristic most in contrast to wet rice agriculture) is that it is integrated into and, when genuinely adaptive, maintains the general structure of the preexisting natural ecosystem into which it is projected, rather than creating and sustaining one organized along novel lines and displaying novel dynamics." Es ist unter anderem diese Komplexität der Wechselwirtschaft, die zu Missverständnissen, Fehldeutungen und unangemessenen Eingriffen geführt hat.

2.3 Ökologische Voraussetzungen in Nordthailand

Die Morphologie der Großregion Nordthailand (ca. 86.000 km²) ist durch mächtige in nordsüdlicher Richtung verlaufende Gebirgszüge gekennzeichnet, die bis über 2.500 Meter reichen. Diese werden durch Täler und Tiefebenen getrennt, in welchen sich die Flüsse ihren Weg nach Süden bahnen. Becken erreichen Ausmaße von bis zu 100 Kilometern Länge und 30 Kilometern Breite und befinden sich in Höhenlagen zwischen 180 und 500 Metern (UHLIG 1995, S. 23).

Das Klima Nordthailands ist maßgeblich vom Monsun geprägt und zählt zu den sommerfeuchten Tropen. Die jährliche Durchschnittstemperatur liegt in Nordthailand bei 25–26 °C (SCHMIDT-VOGT 2001, S. 750), die jahreszeitlichen Schwankungen sind allerdings für tropische Verhältnisse recht stark ausgeprägt. Die Regenzeit setzt etwa Ende April ein und dauert häufig bis November. Die niederschlagsreichsten Monate sind August und September, mit durchschnittlichen Niederschlagswerten von 1.000 bis 1.400 Millimetern in den Tälern und Becken und bis zu 3.000 in den Bergen (UHLIG 1995, S. 26). Die Höchsttemperaturen fallen in dieser Zeit bis auf 30 °C in den Tälern und 24 °C in den Bergen (WALKER 1975, S. 3). Erst im Februar beginnen die Temperaturen wieder zu steigen, April und Mai sind die heißesten Monate im Jahr mit Tagestemperaturen um 35 °C in den Tälern und kaum weniger auf den Bergen (WALKER 1975, S. 3).

Die vorherrschende Vegetation sind immergrüne tropische Trockenwälder sowie gemischte laubabwerfende Wälder[4] (ADGER und BROWN 1994, S. 69–70; LOOSE 1996, S. 17). Die etwas trockeneren Laub- und Mischwälder enden auf ca. 1.000 Metern und gehen über in immergrünen tropischen Bergwald mit fruchtbareren Böden. Die Böden in den Bergen sind mit einem durchschnittlichen pH-Wert zwischen fünf und sieben eher säuerlich, haben aber einen für tropische Bedingungen relativ hohen Gehalt an organischer Substanz (FUNAKAWA et al. 1997b, S. 669–670). Prinzipiell weisen Regionen mit monsunalem Klima etwas bessere agrarklimatische Bedingungen auf als immerfeuchte tropische Klimaregionen (UHLIG 1988, S. 42). Die eher „kühlen" Temperaturen während und nach der Regenzeit erlauben sogar den Anbau von hitzeempfindlichen Früchten wie etwa Litschis oder Erdbeeren (TUCHRELLO 1989, S. 62), die Trockenmonate hingegen ermögli-

---

[4]) In diesen gemischten Laubwäldern findet sich auch das wertvolle Teakholz, welches in der wirtschaftlichen Entwicklung Thailands eine große Rolle spielt (siehe Kapitel 4).

chen die Brandrodung und schließlich sind die Böden für tropische Bedingungen relativ fruchtbar. In Nordthailand können drei agrarökologische Zonen unterschieden werden: das Tiefland, ein breiter Übergangsbereich und das Hochland (z. B. ANAN 1998, S. 75).

3. „Shifting Cultivation" in Nordthailand

3.1 „Lowland Thais", „Hilltribes" und die landwirtschaftliche Dichotomie

Die große Mehrheit der ethnischen Minderheiten in Südostasien betreibt in irgendeiner Form „Shifting Cultivation" (KEYES 1995, S. 26; KUNSTADTER 1967, S. 29), so auch im Norden Thailands. Es gibt neun offiziell anerkannte ethnische Minderheiten in Thailand, die zu den sogenannten „Hilltribes" gezählt werden: die *Lua (Lawa)*, die *Htin*, die *Khamu*, die *Karen (Kariang) oder Yang)*, die *Hmong (Meo)*, die *Mien (Yao)*, die *Akha (Ekaw)*, die *Lahu (Mussur)* und die *Lisu (Lisaw)* (z. B. BHRUKSASRI 1989, S. 6).[5] Gemeinsam machen diese Gruppen, die hauptsächlich in den Bergen Nordthailands siedeln, zwischen 1 und 1,3 Prozent der Bevölkerung Thailands aus (BUERGIN 2000, S. 6; GRAVERS 2001, S. 18, in TOMFORDE 2006, S. 61). Naturgemäß schwanken die Angaben über ihre Bevölkerungszahl, BUERGIN (2001, S. 16) gibt ihre Zahl mit rund 840.000 an.

Der Begriff „Hilltribes" kam in den 1950er-Jahren in Gebrauch und hat sich bald zum „negativen Stereotyp der waldzerstörenden, gesellschaftsschädigenden Unruhestifter und Opiumpflanzer verdichtet" (BUERGIN 2000, S. 7). Im Allgemeinen werden die ethnischen Minderheiten der Berge Nordthailands heute relativ undifferenziert unter der Rubrik „Hilltribes" oder thailändisch *chao khao* zusammengefasst (z. B. KEYES 2008, S. 28). Dabei sind die kulturellen Unterschiede zwischen diesen Gruppen sogar ziemlich groß. „Although there is a broad commonality between these groups in terms of their overall economies and cultures, there are also very significant variations in economic and social organization, agriculture, dress, language, customs, art, rituals and many other aspects of their lives." (DEARDEN 1995, S. 332). So gehören etwa die Sprachen verschiedenen Sprachfamilien an und die Einwanderungsgeschichten in das Gebiet des heutigen Thailands sind sehr unterschiedlich.

In Thailand (wie auch im gesamten Südostasien) wurden und werden diese ethnischen Gruppen in ein gesellschaftliches System eingegliedert, welches von der Mehrheitsgesellschaft, den Thais, dominiert wird. Dennoch ist die gängige Annahme, die „Hilltribes" hätten bis zur Entwicklung des modernen Staates abgesondert und unabhängig existiert, zurückzuweisen. Vielmehr waren sie niemals völlig isoliert von den dominanten politischen und ökonomischen Strukturen in der Großregion (z. B. KUNSTADTER 1967, S. 3–5). Denn auch vor mehreren hundert Jahren bestanden etwa Tauschbeziehungen, wobei die

---

[5]) Nach Meinung mancher Wissenschaftler zählen die zur austro-asiatischen Sprachfamilie gehörigen Minderheiten der Lua, Htin und Khamu eigentlich nicht zu den „wahren Hilltribes", da es sich um indigene Gesellschaften handelt, die im Gegensatz zu anderen Gruppen die Region bereits vor den Thais besiedelten (z. B. MISCHUNG 1995, S. 95).

Bergbevölkerung verschiedenste Produkte des Waldes zu bieten hatte (KEYES 1995, S. 20). Auf lokaler Ebene bestanden sogar vielfach Beziehungen mit symbiotischem Charakter (MISCHUNG 1995, S. 97). Trotzdem waren die Beziehungen auch immer machtgeladen und die Menschen in den Bergen wurden von den „Lowland Thais" häufig als potenzielle Arbeitskräfte gesehen, die auch als Sklaven gehalten werden konnten (KEYES 1995, S. 20).

Heute ist zweifellos eine große Kluft zwischen diesen beiden Bevölkerungsgruppen zu bemerken. Während die „Lowland Thais" unter dem Einfluss der Kolonialmächte neue politische Systeme verinnerlichten, blieb die Bergbevölkerung von diesen Prozessen lange Zeit unberührt. „They remained ‚the holders of the wild', ‚the people of the upland fields' who rendered periodic obeisance to the lowland rulers [...]" (KEYES 1995, S. 19). Es entstand die klassische Dichotomie zwischen den sesshaften Nassreisbauern der Täler und den Betreibern von Wechselwirtschaft in den Bergen (z. B. UHLIG 1995, S. 27). Die Unterschiede manifestierten sich sowohl in der ethnischen Zugehörigkeit als auch in den landwirtschaftlichen Praktiken. Diese Dichotomie der Agrarstruktur ist zwar durch den landwirtschaftlichen Wandel der letzten Jahrzehnte deutlich verschwommen, bestimmt aber nach wie vor das kulturelle und landwirtschaftliche Bild Nordthailands sowie auch anderer Regionen: „Swidden and irrigated agriculture are still commonly characterized as ‚upland' and ‚lowland' systems, respectively." (DOVE 2008, S. 29).

3.2 Drei Systeme der Wechselwirtschaft

Die verschiedenen Systeme der Wechselwirtschaft im Norden Thailands weisen trotz ihrer großen Unterschiede einige Gemeinsamkeiten auf. Grundsätzlich wird „Shifting Cultivation" in Nordthailand ausschließlich mit Hilfe von Brandrodung durchgeführt.[6] Durch das vorherrschende Monsunklima entstehen ausgeprägte Regen- und Trockenzeiten. Daher muss die Schrittabfolge im landwirtschaftlichen Zyklus der Wechselwirtschaft zeitlich perfekt abgestimmt sein. Das Schlagen des Waldes darf nicht zu spät erfolgen, da das Pflanzenmaterial Zeit zum Trocknen benötigt. Auch die Brandrodung muss zum richtigen Zeitpunkt erfolgen. Wird zu früh verbrannt, so erfolgt die Verbrennung unvollständig und viele Nährstoffe gehen verloren, wird jedoch zu spät verbrannt, kann die Regenzeit ein effektives Verbrennen ebenfalls verhindern (GRANDSTAFF 1980). Das wichtigste kultivierte Nahrungsmittel in der Wechselwirtschaft Nordthailands ist der Bergreis (Trockenreis).

WALKER (1975, S. 7–10) unterscheidet nach CONKLIN (1957, S. 3) drei Wechselwirtschaft betreibende Gruppen in Nordthailand: *Incipient swiddeners, established swiddeners* und *pioneer swiddeners*. Diese Einteilung ist vergleichbar mit der in den 1930er-Jahren von Wilhelm CREDNER getroffenen Differenzierung in „Pflugbauvölker" der Täler, „Waldhackbauern" der tieferen Gebirge und „Berghackbauern" der Hochgebirge (z. B. GRÜNSTEIDL 1993, S. 21; SCHMIDT-VOGT 1998, S. 136). Eine ähnliche Gruppierung ergibt sich auch bei der Unterteilung der landwirtschaftlichen Systeme nach KUNSTADTER und CHAPMAN (1978)

---

[6]) Zumindest sind dem Autor keine Berichte über Systeme der Wechselwirtschaft im Norden Thailands bekannt, die ohne Brandrodung auskommen.

je nach Länge der Anbau- und Bracheperiode, die ebenfalls auf die Höhenlagen und deren landwirtschaftliche Nutzung rückschließen lässt.[7] Die Unterscheidung zwischen Betreibern der Landwechselwirtschaft *(established swidderners)* und den Wanderfeldbauern *(pioneer swidderners)* entspricht außerdem der von Terry GRANDSTAFF (1980) vorgenommen Einteilung in *secondary forest swidderners* und *primary forest swidderners*.

Auffallend bei dieser Einteilung ist, dass die Gliederung nach Höhenstufen stark mit den Einwanderungsgeschichten der Gruppen korreliert. So werden etwa die höchsten Gebiete von den zuletzt in der Region angekommenen Gemeinschaften besiedelt, zum Beispiel den Hmong oder den Akha, während die niederen Höhenlagen von bereits länger ansässigen oder indigenen Gruppen bewohnt werden. Allerdings kann die Einwanderungsgeschichte nicht als alleinige Ursache für die aktuelle Höhenverteilung gesehen werden, auch Wechselwirkungen zwischen verschiedenen Bevölkerungsgruppen haben hierzu beigetragen. So siedelten etwa die Lua vermutlich ursprünglich ebenfalls in den Ebenen, bevor sie von den Thais in die Bergregionen verdrängt wurden. Außerdem tragen auch politische Entwicklungen zur aktuellen Verteilung bei. So schreibt Dove (2008, S. 29): „Thus, the contemporary concentration of swidden agriculture in upland areas […] is due to the fact that this is the only place where people are not prevented by the state from practicing this type of agriculture."

SRIMONGKOL und MARTEN (1986, S. 85) geben an, dass in der Provinz Chiang Mai etwa 60 Prozent der bewaldeten Fläche von Gemeinschaften besiedelt werden, die dort „Shifting Cultivation" betreiben. Im Zuge des landwirtschaftlichen Wandels hat sich dieses Bild jedoch deutlich verschoben, denn politische, demographische und ökologische Entwicklungen haben große Veränderungen herbeigeführt. Die Kategorisierung landwirtschaftlicher Systeme in drei Gruppen spiegelt deshalb seit den 1970er-Jahren die aktuelle Situation nur mehr bedingt wider (z. B. BUERGIN 2001, S. 17; HAYAMI 1997, S. 563). Teilweise werden jene drei landwirtschaftlichen Systeme der Wechselwirtschaft, wie sie in den folgenden Kapiteln beschrieben werden, zwar auch heute noch in dieser traditionellen Form praktiziert, großteils mussten die Betreiber ihre landwirtschaftliche Tätigkeit aber umstellen oder sogar gänzlich einstellen.

„Shifting Cultivation" der „Lowland Thais" – „Incipient swidden farming"

Es ist eine gängige Fehlannahme, dass „Shifting Cultivation" in Thailand nur von den sogenannten „Hilltribes" betrieben wird. Denn Wechselwirtschaft wird auch von den „Lowland Thais" in den Tälern bzw. an den unteren Hängen der Gebirge praktiziert, zahlenmäßig womöglich sogar von mehr Menschen als bei der Bergbevölkerung (vgl. z. B. GRANDSTAFF 1980; WALKER 1975, S. 10). Diese Form der „Shifting Cultivation" fällt nach KUNSTADTER und CHAPMAN (1978) in die Kategorie „kurze Anbauzeit – kurze Brache":

---

[7]) Die Differenzierung nach KUNSTADTER und CHAPMAN (1978) sieht eine Dreiteilung der landwirtschaftlichen Systeme der Wechselwirtschaft vor (HURST 1990, S. 221–222):
1. Short cultivation, short fallow (kurze Anbauzeit und kurze Brache)
2. Short cultivation, long fallow (kurze Anbauzeit und lange Brache)
3. Long cultivation, long fallow (lange Anbauzeit und sehr lange Brache)

„The Northern Thai who settled in permanent lowland villages mainly practised the first type – short cultivation and short fallow – only as supplementary to their irrigated wetrice cultivation." (ANAN 1998, S. 75).

Zusätzlich zum Nassreisanbau werden hierbei die Wälder der nahe liegenden Hänge geschlagen, die Felder brandgerodet und anschließend kultiviert. Diese Form der Landwirtschaft findet in der untersten agrarökologischen Zone Thailands statt, in welcher vorrangig gemischte laubabwerfende Wälder existieren. Die Felder werden im Allgemeinen nicht höher als in 400 bis 600 Metern Meereshöhe geschlagen, hauptsächlich werden Reis, Gemüse, Mais und Bohnen kultiviert (HURST 1990, S. 221–222). Die Brachezeiten liegen oft bei nur ein bis zwei Jahren, sodass der Boden kaum Zeit zur Regeneration hat und die Vegetation nur ansatzweise regenerieren kann (SCHMIDT-VOGT 2001, S. 752). Daher dominiert zumeist Buschwerk auf den brachliegenden Feldern.

Diese Praxis wird nicht, wie bei den ethnischen Minderheiten in den Bergen, bereits seit Jahrhunderten betrieben, sondern erst seit die Bevölkerung unter anderem durch Landmangel zur landwirtschaftlichen Expansion getrieben wurde. Erst seit der zweiten Hälfte des 20. Jahrhunderts, insbesondere ab den Siebzigerjahren, findet diese Bewegung der „Lowland Thais" in die Gebirgsregionen verstärkt statt (TURTON 1976, S. 122, in TOMFORDE 2006, S. 74). Dementsprechend verfügen die Bauern auch nicht über generationenlange Erfahrung und ein diesbezügliches Verständnis ökologischer Zusammenhänge, was sich besonders im stark kritisierten Umgang mit den natürlichen Ressourcen widerspiegelt. Die Brandrodung wird häufig nicht vollständig durchgeführt und auch die Auswahl der Felder erfolgt oft nicht nach ökologischen Kriterien (z. B. KEEN 1973, S. 21, in WALKER 1975, S. 10). Auch GRANDSTAFF (1980) gibt an, dass der Brandrodungsfeldbau der „Lowland Thais" ökologisch weniger verträglich und weniger nachhaltig als bei den Nachbarn in den Bergen durchgeführt wird und daher eine große ökologische Gefahr darstellt. „In short, this is a typical form of destructive shifting agriculture practised by few traditional tribal farmers." (HURST 1990, S. 222).

Landwechselwirtschaft – „Established swiddening"

Zur Mitte der zweiten Hälfte des 20. Jahrhunderts betreiben in Thailand noch etwa 200.000 Menschen Landwechselwirtschaft (GRANDSTAFF 1980). Der Großteil gehörte der ethnischen Minderheit der Karen an, andere Minderheiten wie die Khamu, Htin und die Lua machten nur einen relativ kleinen Teil dieser Bevölkerung aus (WALKER 1975, S. 8). Nach KUNSTADTER und CHAPMAN (1978) gehören diese Systeme der Landwirtschaft zur Kategorie „kurze Anbauzeit – lange Brache".

Im Gegensatz zu den *incipient swiddeners* wird die Landwechselwirtschaft in ihrer ursprünglichen Form subsistenzorientiert betrieben, bevorzugt in der mittleren agrarökologischen Zone in Höhenlagen von 400 bis 1.000 Metern (BUERGIN 2000, S. 7; HURST 1990, S. 222). Hier herrschen neben gemischten Laubwäldern auch bereits immergrüne tropische Bergwälder vor, deren Fähigkeit zur raschen Regeneration von großer Bedeutung ist. Denn gerodet wird Sekundärwald, das heißt, der Wald regeneriert in der Brachezeit nicht vollständig und erreicht nicht dasselbe Niveau wie Primärwälder. Im Gegenzug können dafür die Felder nach wenigen Jahren Regenerationszeit erneut kultiviert werden. Um einerseits Nachhaltigkeit zu gewährleisten und andererseits unnütze Mehrarbeit zu vermeiden, werden Wälder im passenden Alter genutzt: Ist der Wald zu jung, erfolgt keine ausreichende Aschedüngung des Bodens und die Ernte fällt mager aus, ist der Wald hingegen schon zu stark regeneriert und der Pflanzenbestand zu hoch, erfordert die Rodung einen unverhältnismäßig höheren Arbeits- und Zeitaufwand (DELANG 2006, S. 475). Nach angemessener Regenerationszeit wird wieder zum selben Feld zurückgekehrt und der gesamte Zyklus, der durchschnittlich sechs bis 15 Jahre dauert (vgl. GRANDSTAFF 1980; SATO 2000, S. 164; SCHMIDT-VOGT 1988, S. 138–139), beginnt von Neuem. Daher wird üblicherweise sehr großer Wert auf ökologische Nachhaltigkeit und die Erhaltung von Boden-, Wald- und Wasserressourcen gelegt (z. B. WALKER 1975, S. 2).

Der Bergreis ist die wichtigste Kulturpflanze und das Hauptnahrungsmittel. In und neben den Reisfeldern werden aber normalerweise hunderte weitere Nutzpflanzen angebaut. Der Mischanbau hat neben zahlreichen ökologischen Vorteilen auch den Nutzen, dass er den Bauern mehr marktwirtschaftliche Unabhängigkeit ermöglicht (GRANDSTAFF 1980). Entgegen dem populären Irrtum, brachliegende Flächen würden weder beansprucht noch genutzt (DOVE 2008, S. 75), sind auch in diesen Feldern zahlreiche Kulturpflanzen zu finden (ANAN 1998, S. 75).

Nebenbei wird auch in hauseigenen Gärten gewirtschaftet und Tierhaltung betrieben (z. B. BHRUKSASRI 1989, S. 11). Meistens wird außerdem zusätzlich Nassreis auf bewässerten Terrassen kultiviert, daher stellt das gesamte System eigentlich eine Kombination aus Wechselwirtschaft und bewässertem Nassreisanbau dar. Die Abbildungen 1 und 2 zeigen Ergebnisse einer Erhebung über die Hauptanbauprodukte der Karen, Lua, Htin und der Khamu in Thailand aus dem Jahr 1986.

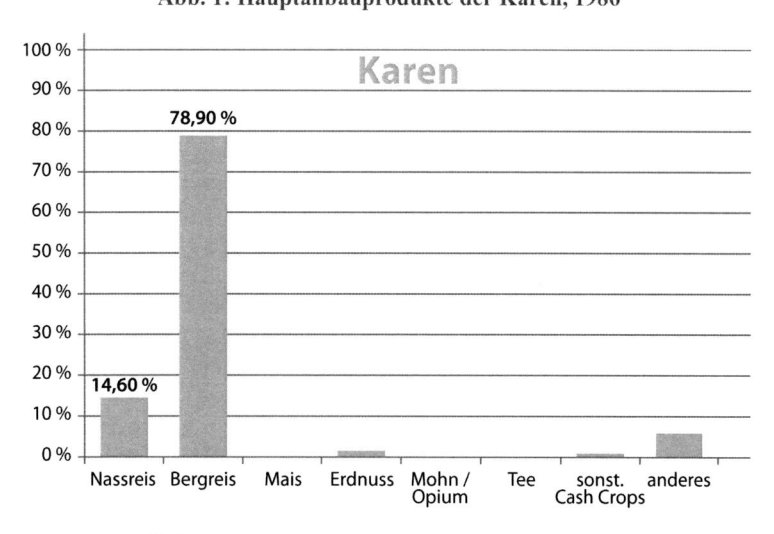

Abb. 1: Hauptanbauprodukte der Karen, 1986

Quelle: GRÜNSTEIDL (1993, S. 139), verändert. Datengrundlage: Thailand, National Statistical Office 1987.

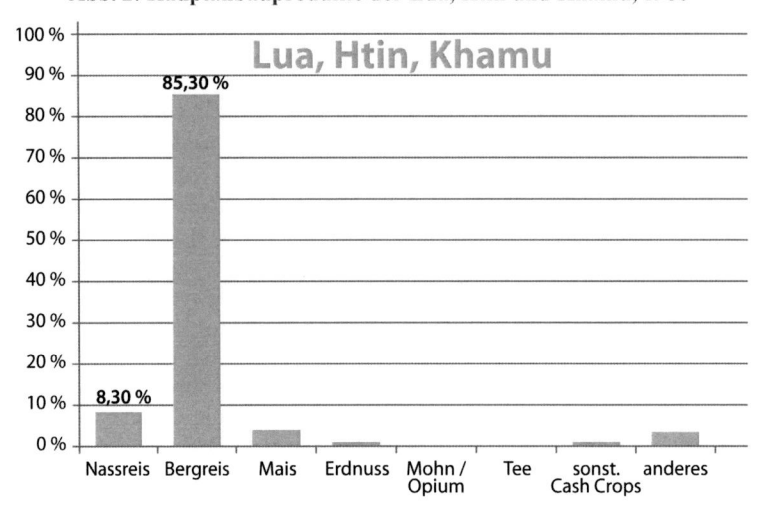

Abb. 2: Hauptanbauprodukte der Lua, Htin und Khamu, 1986

[Balkendiagramm: Lua, Htin, Khamu – Nassreis 8,30 %; Bergreis 85,30 %; Mais; Erdnuss; Mohn/Opium; Tee; sonst. Cash Crops; anderes]

Quelle: GRÜNSTEIDL (1993, S. 139), verändert. Datengrundlage: Thailand, National Statistical Office 1987.

Wanderfeldbau – „Pioneer swiddening"

Zu den traditionellen Wanderfeldbauern im Norden Thailands zählen die ethnischen Minderheiten der Hmong, Lisu, Lahu, Akha sowie der Yao (z. B. WALKER 1975, S. 8). Mehrheitlich migrierten diese erst gegen Ende des 19. und zu Beginn des 20. Jahrhunderts nach Thailand. Die größte Gruppe stellen die Hmong dar, deren Bevölkerung in Thailand heute auf 100.000 bis 150.000 geschätzt wird (LATT 2008, S. 3). In Nordthailand wird der Wanderfeldbau in seiner traditionellen Form aber schon seit den 1960er-Jahren kaum mehr praktiziert (GRANDSTAFF 1980).

Nach KUNSTADTER und CHAPMAN (1978) entspricht das landwirtschaftliche System dieser Art des Wanderfeldbaus der Kategorie „lange Anbauzeit – sehr lange Brache". Die Wanderfeldbauern bewirtschaften die oberste agrarökologische Zone Thailands und die meisten Siedlungen befinden sich in Höhen um 1.200 Meter, wobei das kühlere Höhenklima eine längere Kultivierung der Felder gestattet (SCHMIDT-VOGT 2001, S. 753; WALKER 1975, S. 7). Bevorzugt werden immergrüne Bergwälder – Primärwälder – geschlagen. Bei der Erschließung von Primärwald anstelle von Sekundärwald sind einerseits größere Ernteerträge und weniger Jätarbeit zu erwarten, andererseits ist die Rodung aufwändiger (NYE und GREENLAND 1960, S. 66). Die Mehrarbeit für die Rodung wird also durch weniger Jätarbeit und die bessere Möglichkeit einer mehrjährigen Nutzung ausgeglichen (GRANDSTAFF 1980).

Da Primärwälder rasch erschöpft sind, sind Wanderfelbauern sehr mobile Gesellschaften. In Nordthailand wurden die Siedlungen traditionellerweise etwa alle zehn bis 30 Jahre verlegt (vgl. ANAN 2000, S. 75; TOMFORDE 2006, S. 141). Im Gegensatz zur traditionellen Landwechselwirtschaft spielen im Wanderfeldbau „Cash Crops" eine wichtige Rolle und durch das Einkommen aus deren Verkauf wird häufig das Überbrücken großer Distanzen finanziert (GRANDSTAFF 1980). Trockenreis stellt zwar zumeist auch im Wanderfeldbau das Grundnahrungsmittel dar, zusätzlich werden aber auch Mais und vor allem hohes Einkommen versprechendes Opium kultiviert. Der Opiumanbau bedingt ein Leben in höheren Lagen, denn Mohn nimmt in Nordthailand klimabedingt eine Höhenstufe von 900 bis 1.600 Metern ein (UHLIG 1988, S. 166).

Auch die Wanderfeldbauern kultivieren eine große Anzahl weiterer Nutzpflanzen in und neben den Reisfeldern, zum Beispiel verschiedene Getreidearten oder Kartoffel (GRANDSTAFF 1980; TOMFORDE 2006, S. 262, 268). In den Abbildungen 3 und 4 ist zu erkennen,

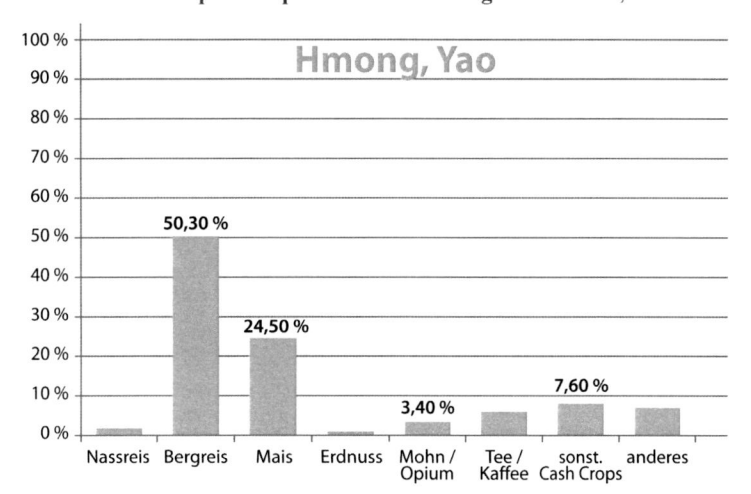

Abb. 3: Hauptanbauprodukte der Hmong und der Yao, 1986

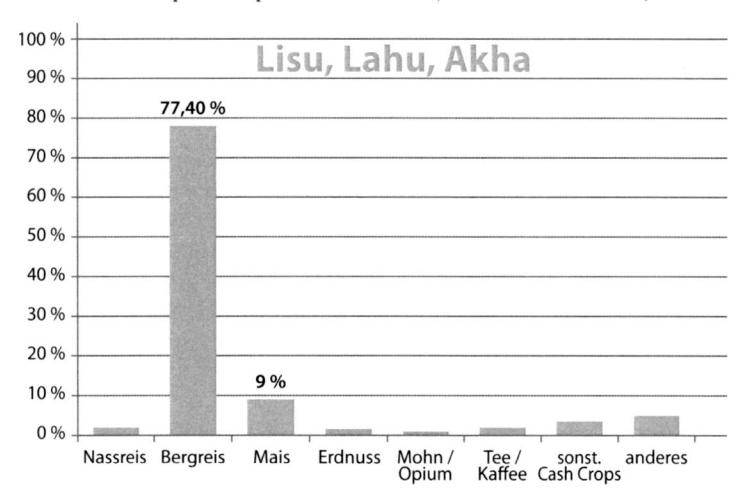

Hmong, Yao
- Nassreis:
- Bergreis: 50,30 %
- Mais: 24,50 %
- Erdnuss:
- Mohn / Opium: 3,40 %
- Tee / Kaffee:
- sonst. Cash Crops: 7,60 %
- anderes:

Abb. 4: Hauptanbauprodukte der Lisu, Lahu und der Akha, 1986

Lisu, Lahu, Akha
- Nassreis:
- Bergreis: 77,40 %
- Mais: 9 %
- Erdnuss:
- Mohn / Opium:
- Tee / Kaffee:
- sonst. Cash Crops:
- anderes:

Quelle (Abb. 3 und 4): GRÜNSTEIDL (1993, S. 139), verändert.
Datengrundlage: Thailand, National Statistical Office 1987.

dass der Bergreis bei weitem nicht dieselbe Bedeutung wie in der Landwechselwirtschaft hat, auch die Kultivierung von Nassreis ist bei den Wanderfeldbauern unüblich. Mais hingegen nimmt einen höheren Stellenwert ein, der Opiumanbau scheint zum Erhebungszeitpunkt bereits stark zurückgegangen zu sein (vgl. dazu auch Kapitel 4).

3.3 Politische Rahmenbedingungen der Umwelt-, Ressourcen- und Minderheitenpolitik im „Nationalstaat" Thailand

Die Umwelt- und Ressourcenpolitik sowie die Minderheitenpolitik stellen den politischen Rahmen für die aktuellen Entwicklungstendenzen der Wechselwirtschaft in Thailand dar und sind die Ursache vieler gegenwärtiger Landnutzungskonflikte. Der Beginn der Entwicklung aktueller staatlicher Regelungen ist als Reaktion auf die Kolonialisierung Südostasiens durch die europäischen Kolonialmächte zu verstehen (z. B. BUERGIN 2000, S. 6). Siamesische Herrscher waren einerseits bemüht, die Unabhängigkeit gegenüber England und Frankreich zu wahren, und andererseits den lange Zeit weitgehend autonomen Norden in den modernen Nationalstaat einzubinden.

3.4 Landnutzungsregelungen, Umweltpolitik und Ressourcenkontrolle

Der Beginn des 20. Jahrhunderts und die Gründung des RFD

Nachdem die wirtschaftliche Nutzung der Forstressourcen lange Zeit ohne große Einflussnahme des Herrscherhauses stattgefunden hatte, etablierte König CHULALONGKORN 1896 das „Royal Forestry Department" (RFD). Dieses kümmerte sich um wirtschaftliche Angelegenheiten der Waldressourcen sowie um die administrativen Regelungen der Nutzung (HURST 1990, S. 213).

Im Jahr 1941 trat schließlich, neben einer Reihe anderer Regelungen, der für die landwirtschaftlichen Aktivitäten der Bergbevölkerung folgenschwere *Forest Act* in Kraft. In diesem Gesetz sowie auch im sogenannten *Forestry Reserve Law* wurde festgelegt, dass alle unbewohnten bzw. unbesetzten Gebiete in Staatseigentum übergehen sollten (PINKAEW 2005, S. 8). Somit wurden erstmals die landwirtschaftlichen Aktivitäten der Bergbevölkerung kriminalisiert, denn zweifellos gingen durch diese gesetzlichen Regelungen vor allem die brachliegenden Felder unter Wechselwirtschaft in Staatsbesitz über, wodurch ihre spätere Nutzung nicht mehr legal war.

In der Folge kam es zu den ersten gröberen Landnutzungskonflikten zwischen der Regierung und den sogenannten „Hilltribes", insbesondere nachdem das RFD zahllose Konzessionen für Holzeinschlag und Nutzung der Forstressourcen an zumeist ausländische Kompanien vergeben hatte, während die Siedlungsgebiete der Bergbevölkerung häufig um ehemals landwirtschaftlich genutzte Waldgebiete beschnitten wurden. Wirtschaftliche

Motive standen deutlich im Vordergrund aller Aktivitäten des RFD. In den 1960er- und 1970er-Jahren nahm daher die Entwaldung Thailands bereits alarmierende Ausmaße an.

Der erste „National Economic and Social Development Plan" (NESDP) 1961–1966 sah die Aufrechterhaltung einer Waldfläche von 50 Prozent der Landfläche vor (HURST 1990, S. 214; HAFNER 1990, S. 70), bereits 1967 wurde dieser Wert jedoch auf 40 Prozent revidiert (PRAGTONG und THOMAS 1990, S. 171). Trotzdem wurden auch in den 1970er-Jahren Konzessionen für Holzeinschlag und -export relativ leichtfertig vergeben.

Leitmotiv Umweltschutz? Wiederaufforstungen und Nationalparks

Als Reaktion wurden Natur- und Ressourcenschutz immer häufiger zum offiziellen Leitmotiv staatlicher Maßnahmen. 1960 wurden die ersten Naturschutzgebiete gegründet; in diesen war kein Landbesitz möglich, es bestanden Zugangsbeschränkungen und Landwirtschaft und Jagd wurden verboten (HURST 1990, S. 213). Daher wurde der Umwelt- und Ressourcenschutz bald auch ein zentrales Element der Minderheitenpolitik und gleichzeitig zur Ursache zahlreicher Konflikte.

Im Jahr 1975 wurde das RFD autorisiert, Programme zur besseren Kontrolle von illegal besetzten und degradierten Waldgebieten zu entwickeln; in den 1970er-Jahren präsentierte das RFD das sogenannte „Forest Village Program". Teil dieses Programms war unter anderm die Kennzeichnung von Wiederaufforstungsgebieten, die Einschränkung der Rechte der Bewohner oder auch die Umsiedlung gesamter Dörfer, häufig Siedlungen ethnischer Minderheiten (z. B. HAFNER 1990, S. 82). Wiederaufforstungen waren hauptsächlich an den Bedürfnissen der Holzindustrie und nicht an jenen der lokalen Bevölkerung orientiert, schließlich hatten diese Bemühungen auch kaum Einfluss auf die Bremsung der fortschreitende Entwaldung (HURST 1990, S. 215). In Tabelle 1 ist zu erkennen, dass besonders in den letzten Jahrzehnten das Ausmaß der Wiederaufforstungen deutlich angestiegen ist.

Tab. 1: Wiederaufforstungen der Regierung des Privatsektors in Thailand 1906 – 2004

Zeitraum	wiederaufgeforstete Fläche (in ha)	ds. wiederaufgeforstete Fläche pro Jahr (in ha)
1906–1960	8 157,44	151,1
1961–1966	2 2800,00	4560,0
1966–1971	27 491,20	5498,2
1972–1976	47 177,76	11794,5
1977–1981	217 218,40	54304,6
1981–1986	304 188,80	60837,8
1987–1991	122 360,00	30590,0
1992–1996	151 000,00	37750,0
1997–2002	159 494,00	31898,9
2003–2004	26 123,00	26123,0
Gesamt	1 086 010,60	11081,7

Quelle: Greenworld Foundation (1999), RFD (2004), LAKANAVICHIAN (2006, S. 342). Eigene Berechnung.

Werner Schlick

In den 1970er- und 1980er-Jahren stieg die Fläche der als Schutzzonen deklarierten Gebiete ständig an. Viele Naturschutzgebiete schlossen Siedlungen mit ein und gegen Ende der 1980er-Jahre befanden sich etwa 1,2 Millionen Haushalte in diesen Gebieten, es war daher nicht möglich, mehr als einen kleinen Teil dieser Bevölkerung umzusiedeln (PRAGTONG und THOMAS 1990, S. 178). Viele Siedlungen blieben in einem zweifelhaften Status innerhalb dieser gekennzeichneten Zonen und Reservate bis heute bestehen und stehen, im Falle des Falles, einer drohenden Vertreibung ziemlich machtlos gegenüber (PINKAEW 2005, S. 8).

Zuspitzung der Konflikte und „Entwicklung" der „Hilltribes"

Trotz aller Bemühungen zum Schutz der Wälder ab den 1970er-Jahren schrumpften Thailands Wälder jedoch weiter, und im Zuge des fünften NESDP (1982–1987) wurde die sogenannte „National Forest Policy" entwickelt. Die neuen Richtlinien sahen vor, den bewaldeten Teil der Staatsfläche wieder auf 40 Prozent zu vergrößern (z. B. HURST 1990, S. 215; PRAGTONG und THOMAS 1990, S. 177). Außerdem wurden Integration und „Entwicklung" der „Hilltribes" zunehmend zu wichtigen Bestandteilen der Ressourcenpolitik, wobei die Bergbevölkerung in diesem Prozess jedoch zunehmend marginalisiert wurde (BUERGIN 2001, S. 3). Ethnische Minderheiten sollten zukünftig mit dem „Royal Forest Department" (RFD), aber auch mit Universitäten und dem Privatsektor, zusammenarbeiten, neue Technologien anwenden und an Ausbildungs- und Informationsprogrammen teilnehmen (PRAGTONG und THOMAS 1990, S. 177). Tatsächlich änderten diese Vorsätze an der Gesamtsituation jedoch wenig (z. B. LAKANAVICHIAN 2006, S. 333).

Das RFD geriet in Verruf, sich weder effektiv um die Bevölkerung noch um den Umweltschutz zu kümmern und musste sich gegen Anschuldigungen der Korruption und wegen anderer Vergehen verteidigen (z. B. PRAGTONG und THOMAS 1990, S. 179). 1989 wurde schließlich das landesweite Verbot des Holzeinschlags ausgesprochen und damit auch die landwirtschaftliche Praxis der Wechselwirtschaft endgültig untersagt. Im Zuge des siebenten Fünfjahresplans (1992–1996) sah die Regierung abermals eine massive Vermehrung und Vergrößerung der Naturschutzgebiete und Nationalparks vor (ANAN 1998, S. 73). Die Ideen blieben also über die Jahrzehnte dieselben, die Durchsetzung dieser Vorhaben wurde allerdings mit der Zeit rücksichtsloser und aggressiver. Zunehmend wurde militärische Hilfe angefordert und es kam auch zu offenen Kampfhandlungen mit ethnischen Minderheiten (siehe dazu z. B. BUERGIN 2001, S. 19–21). Ungerechtigkeiten und Diskriminierung traten in den vergangenen zwei Jahrzehnten deutlicher denn je in den Vordergrund. „[…] the forest conservation policy became very political in the sense that the state strictly enforced the policy on some groups, particularly ethnic minorities in the highlands and poor villagers in the lowlands, while favoring others, mainly business interests" (ANAN 1998, S. 73).

Das Konfliktpotenzial der aktuellen Umwelt- und Ressourcenpolitik

Seit den 1970er-Jahren rücken die ethnischen Minderheiten Nordthailands zunehmend in das Zentrum von Umweltdebatten. Ausgelöst durch den Einfluss der europäischen Kolonialmächte, haben die Prozesse der Zentralisierung und Modernisierung tiefgreifende Konflikte über Ressourcen in Gang gesetzt, welche für Regierung und industrielle Unternehmen wirtschaftlichen Profit verheißen, für viele ethnische Minderheiten aber die Lebensgrundlage darstellen (HIRSCH und LOHMANN 1989, S. 439).

Die thailändische Regierung verfolgt ein Konzept der Zweiteilung von Waldgebieten in *conservation forests* (z. B. Naturschutzgebiete) und *use forests* (z. B. Wiederaufforstungsgebiete), wodurch die Ziele Umweltschutz und wirtschaftlicher Profit vereint werden sollen (z. B. SATO 2000, S. 161). Ethnische Minderheiten werden, obwohl häufig Bewohner dieser Gebiete, nicht nur von Entscheidungen ausgeschlossen, sondern auch als Umweltgefahr dargestellt, insbesondere die von ihnen eingesetzte Praktik der Wechselwirtschaft. Hieraus resultierende Umsiedelungen stellen, in Verbindung mit unzureichenden Kompensationen, den Ausgangspunkt vieler aktueller Konflikte dar (HIRSCH und LOHMANN 1989, S. 449).

Die thailändische Umweltpolitik folgt einer Art Ideologie der Unvereinbarkeit von Mensch und Natur, wobei die Einhaltung dieses Grundsatzes zunehmend mithilfe des Militärs durchgesetzt wird (BUERGIN 2001, S. 3, 13). Gleichzeitig werden jedoch jene Ressourcen, die ethnischen Minderheiten vorenthalten werden, für industrielle und wirtschaftliche Zwecke wie Energiegewinnung, Rohstoffabbau, Tourismus oder Plantagenwirtschaft verfügbar gemacht (TOMFORDE 2006, S. 79; SATO 2000, S. 173).

Darüber hinaus siedeln die meisten ethnischen Minderheitengruppen heute in als Staatseigentum deklarierten Gebieten. Sie haben daher kaum Nutzungsrechte und können nicht frei über den Umgang mit den Ressourcen entscheiden (TOMFORDE 2006, S. 82). Diese Problematik fußt auch darauf, dass gemeinschaftliche Nutzungsregelungen lokaler Gemeinschaften generell nicht anerkannt werden (ANAN 1998, S. 78–80; LEEPREECHA 2004, S. 338), und ist daher Ursache vieler gegenwärtiger Konflikte.

3.5 Minderheitenpolitik gegenüber der Bergbevölkerung

Die Angelegenheiten der Bergbevölkerung wurden also in den letzten Jahrzehnten ein zunehmend wichtiger Bestandteil der Umweltpolitik Thailands. Umgekehrt kann man bei der Minderheitenpolitik Thailands erkennen, dass Umweltfragen immer stärker thematisiert werden. Hierbei geraten häufig die landwirtschaftlichen Praktiken der Betroffenen ins Kreuzfeuer.

Entwicklungen in der zweiten Hälfte des 20. Jahrhunderts

Nachdem sich die thailändische Regierung vor dem Zweiten Weltkrieg kaum mit den ethnischen Minderheiten beschäftigte hatte, änderte sich dies in den 1950er-Jahren drastisch und es wurden intensive Bemühungen unternommen, die Bergbevölkerung in das Verwaltungssystem zu integrieren.

Ab den 1960er-Jahren wurden Lehrer in die Bergregionen entsandt, um Thai zu unterrichten, Angehörige ethnischer Minderheiten zu Lehrern ausgebildet, medizinisches Personal zur Verfügung gestellt, die Infrastruktur ausgebaut und Arbeitsmigration, Kommunikation und Handel subventioniert (UHLIG 1994, S. 34). Häufig standen diese Eingriffe nicht im Einklang mit den Vorstellungen der Bergbevölkerung, und 1967 ereignete sich der erste direkte Widerstand in einem Dorf der Hmong (BHRUKSASRI 1989, S. 15). In der Folge wurden die „Hilltribes" im Allgemeinen als Anhänger kommunistischer Bewegungen abgestempelt (KEYES 2008, S. 29). Waldregionen wurden nicht mehr nur mit Unterentwicklung, sondern nun auch mit Widerstand gegen und Gefahr für den Nationalstaat assoziiert (ANAN 2000, S. 53; HIRSCH und LOHMANN 1989, S. 443). Es erfolgten auch militärische Angriffe auf Siedlungen, zum Beispiel auf Dörfer der Hmong und der Yao (BHRUKSASRI 1989, S. 15-16; KEYES 2008, S. 29). Tatsächlich war natürlich nicht die gesamte Bergbevölkerung Teil einer kommunistischen Bewegung, aber einige Gruppen schlossen sich tatsächlich kommunistischen Einheiten an und leisteten auch bewaffneten Widerstand (MCCASKILL et al. 2008, S. 16; SATO 2000, S. 163).

Die Wahrnehmung der Bergbevölkerung als Bedrohung führte jedoch auch zu verstärkten Versuchen, die „Hilltribes" zu assimilieren. Umsiedelungen, buddhistische Missionsprojekte und vor allem Entwicklungsprojekte sollten dieses Ziel ansteuern (BHRUKSASRI 1989, S. 15; MCCASKILL et al. 2008, S. 17). In den 1970er-Jahren verlagerte sich die Minderheitenpolitik auf die Bekämpfung der Opiumproduktion und auf die Umstellung der traditionellen Landwirtschaft (MCCASKILL et al. 2008, S. 16; HURST 1990, S. 223). In der Folge wurde eine große Anzahl landwirtschaftlicher Projekte initiiert, die helfen sollten, den Mohnanbau durch andere landwirtschaftliche Praktiken zu ersetzen.

Seit den späten 1980er-Jahren konzentrieren sich die Maßnahmen auf die Themen Ressourcenschutz und Entwicklung (MCCASKILL et al. 2008, S. 16). Dieser Schwenk in der Minderheitenpolitik in Richtung Ressourcenschutz war unter anderem eine logische Folge der noch verbliebenen Waldbestände, die ganz überwiegend in den Berggebieten des Nordens und des Westens und damit in Siedlungsgebieten der ethnischen Minderheiten zu finden waren (z. B. BUERGIN 2000, S. 12; siehe Abb. 5).

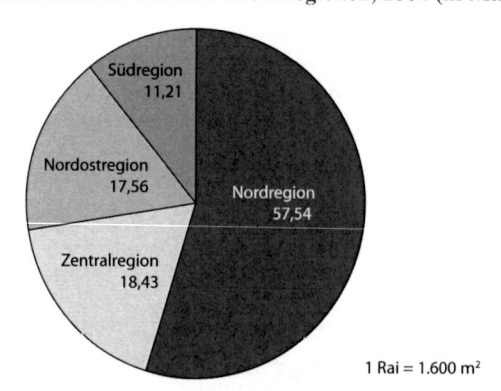

Abb. 5: Waldbestand in Thailand nach Regionen, 2004 (in Millionen Rai)

- Südregion 11,21
- Nordostregion 17,56
- Nordregion 57,54
- Zentralregion 18,43

1 Rai = 1.600 m²

Quelle: LAKANAVICHIAN (2006, S. 329); nach CHARUPPAT (1998), LAKANAVICHIAN (2001), RFD (2004).

Etwa seit Mitte der 1990er-Jahre zeichnet sich nun gegenüber den ethnischen Minderheiten in den Bergen eine zunehmende Ausgrenzungsstrategie mit rassistischen Tendenzen ab, wobei die Verteufelung der „Shifting Cultivation" einen zentralen Teil dieser Strategie darstellt (BUERGIN 2000, S. 3; KEYES 1995, S. 25).

Konfliktpotenziale der aktuellen Minderheitenpolitik

Viele Autoren bezeichnen die thailändische Handlungsweise gegenüber ethnischen Minderheiten als Assimilationspolitik oder sogar Repressionspolitik (z. B. BUERGIN 2000, S. 3), Gleichbehandlung ist nicht vorhanden, insbesondere Angehörige der sogenannten „Hilltribes" haben weniger Chancen auf Ausbildung, Arbeit und medizinische Versorgung, ganz zu schweigen von gesicherten Nutzungsrechten für ihr Land (TOMFORDE 2006, S. 83).

Wie schon erwähnt, rückten in den letzten Jahrzehnten des 20. Jahrhunderts die „Hilltribes" immer mehr in den Mittelpunkt der Debatten um Umwelt- und Ressourcenschutz. Unter anderem wird den ethnischen Minderheiten die Möglichkeit zur selbstständigen Entwicklung aberkannt und somit Eingriffe von außen gerechtfertigt. Durch Entwicklungsprogramme, unter anderem landwirtschaftliche Projekte, wurde die Bergbevölkerung immer stärker in Abhängigkeitsverhältnisse manövriert und zusätzlich politisch, ökonomisch und kulturell marginalisiert (z. B. MISCHUNG 1995, S. 94). Außerdem wird den traditionellen landwirtschaftlichen Systemen der Wechselwirtschaft die Schuld an der Umweltdegradierung Thailands zugeschoben.

4. Die Wechselwirtschaft im Konfliktzentrum und das „Hilltribe"-Problem

Aufgrund des hohen Flächenbedarfs und der vermeintlich schlechten Produktivität gilt „Shifting Cultivation" als rückständig und primitiv und wird darüber hinaus auch als Hauptursache für die fortschreitende Umweltdegradierung dargestellt (vgl. SCHMIDT-VOGT 1998, S. 136).

Eine gängige Behauptung lautet, „Shifting Agriculture" sei, wenn überhaupt, nur solange nachhaltig, solange die Bevölkerungsdichte ein eher geringes Maß nicht übersteigt (GEERTZ 1963, S. 26; RAMSEYER 1988). In Nordthailand deutet jedoch einiges darauf hin, dass die Bevölkerungszunahme der Bergbevölkerung nicht die Gefahr darstellt, als welche sie von politischer Seite häufig hervorgehoben wird (z. B. PINKAEW 2005). Hierzu meint HIRSCH (1987, S. 130): „For those who still use tribal groups as scapegoats, a caveat to the growing evidence of ecological stable rotation practices has been to shift the blame to population growth." Die politische Haltung Thailands tendiert jedoch klar zur Schuldzuweisung, wobei der traditionellen Wechselwirtschaft der ethnischen Minderheiten besonders die Schuld an drei ökologischen Problemen zugeschoben wird: der Zerstörung der Wälder, der Bodenerosion und dem zunehmenden Wassermangel.

Tatsächlich ist die Entwaldung Thailands hauptsächlich auf die exzessiven Rodungen der britischen und thailändischen Holzindustrie zurückzuführen und zu einem weiterem großen Teil auf das Vordringen der „ Lowland Thais" in höhere Lagen (*incipient swiddeners*) (z. B. ANAN 2000, S. 60; TOMFORDE 2006, S. 71). Auch stimmen viele Wissenschaftler darin überein, dass die Bodenerosion auf den Feldern der „Hilltribes" keineswegs so groß ist, wie dies häufig behauptet wird, da sich diese Gruppen der Gefahr sehr wohl bewusst sind (ANAN 2000, S. 164; RASHID 1975, S. 102; SCHMIDT-VOGT 1998, S. 145). Und der Wassermangel wird eher durch den gestiegenen Wasserbedarf der Nassreisbauern verursacht als durch landwirtschaftliche Praktiken der „Shifting Cultivation" (siehe dazu ALFORD 1992; WALKER 2003).

Es scheint, dass die gesamte Bergbevölkerung gewissermaßen einen sehr „zweckdienlichen Sündenbock" darstellt. Die Politik der Schuldzuweisung kann unter anderem als Versuch verstanden werden, die wahren Hintergründe der aktuellen Umweltprobleme zu verschleiern und den Blick von Korruption und illegalem Holzeinschlag abzulenken (MCKINNON 1987, in HIRSCH 1987, S. 130; SATO 2000, S. 165). Letztendlich dienen die Anschuldigungen der Regierung vor allem als Instrument im Kampf um die Kontrolle der Forstressourcen und rechtfertigen Eingriffe in die traditionelle Lebensweise der ethnischen Minderheiten, welche den Wandel der Landwirtschaft großteils bedingen.

5. Wandlungstendenzen in der Landwirtschaft

5.1 Staatliche Maßnahmen und Eingriffe in die Landwirtschaft

Die Unterdrückung der landwirtschaftlichen Praktiken der Bergbevölkerung begann bereits in den 1950er-Jahren (ISAGER 2001, S. 106–108, in TOMFORDE 2006, S. 70). Landwirtschaftliche Systeme wie etwa der Wanderfeldbau, die üblicherweise mit der regelmäßigen Verlegung gesamter Dörfer verbunden waren, standen der Expansion der Holzindustrie im Wege und machten dieser Konkurrenz. Spätesten seit 1985 steht die thailändische Landnutzungspolitik der Wechselwirtschaft stark negativ gegenüber (PINKAEW 2005, S. 7).

So schreibt zum Beispiel RAMSEYER (1988, S. 58): „Durch marktwirtschaftlich ertragsfähige Alternativkulturen [...] oder aber durch Übergänge zum Nassreissystem und zu ständiger Trockenfeld-Bewirtschaftung sollen die unerwünschten Wanderbewegungen gestoppt und die Bauern zum Daueranbau in festen Siedlungen und damit zur Eingliederung in das soziale und wirtschaftliche Leben der Staaten bewegt werden." Bisher erfolgten jedoch die meisten staatlichen Maßnahmen ohne ausreichende Information über die landwirtschaftlichen Praktiken der Bergbevölkerung und ohne erforderliches

Verständnis ihrer ökologischen Zusammenhänge (z. B. PINKAEW 2005, S. 10). Neben direkten Maßnahmen zum Stopp von „Shifting Cultivation" üben auch die staatlichen Regelungen rund um Landbesitz und Staatsbürgerschaft indirekt Druck auf die Bergbevölkerung aus und forcieren so den agrarischen Wandel. Eine besondere Rolle spielen landwirtschaftliche Entwicklungsprogramme.

Landnutzungsregelungen und Landbesitz

Im Zusammenhang mit den „modernen" Landnutzungsregelungen besteht offensichtlich eines der größten Probleme der Wechselwirtschaft darin, dass es sich um eine extensive Form der Landwirtschaft handelt. Denn der Großteil der insgesamt benötigten Fläche wird jeweils nicht bewirtschaftet und läuft daher Gefahr, von staatlicher Seite nicht als permanent genutzte landwirtschaftliche Fläche anerkannt zu werden.

Heute zählt die Unsicherheit der Landnutzungsrechte zu den schwerwiegendsten Problemen der Bergbevölkerung. Während für Felder im Zyklus der Wechselwirtschaft Konzessionen und Besitzrechte verweigert werden, gilt dies nicht für die bewässerten Reisterrassen (RENAUD et al. 1998, S. 347). Denn Landbesitz für landwirtschaftliche Zwecke wird von der Regierung nur für Flächen unter permanenter Nutzung anerkannt, nicht anerkannt hingegen werden die traditionellen Landnutzungsregelungen ethnischer Minderheiten (ANAN 2000, S. 72).

Direkte gesetzliche Maßnahmen zum Stopp der „Shifting Cultivation"

Bereits 1961 wurde die Wechselwirtschaft in Thailand verboten, dieses Gesetz fand aber kaum ernsthaft Anwendung (BUERGIN 2001, S. 10). Nach folgenschweren Erdrutschen im Süden Thailands im Jahr 1988, die über 300 Menschenleben forderten, wurde am 10. Jänner 1989 ein generelles Verbot des Holzeinschlags ausgesprochen und „Shifting Cultivation" damit abermals offiziell verboten (LOOSE 1996, S. 249; MCKINNON 1997, in DELANG 2006, S. 470).

Um die Wechselwirtschaft in Thailand schließlich effektiv stoppen zu können, wurden unterschiedliche Maßnahmen angewandt. Diese beinhalten neben der gewaltvollen Umsiedelung von Dörfern in den Bergen auch gesetzlich vorgeschriebene kürzere Brachezeiten (z. B. DELANG 2006, S. 473; KEYES 2008, S. 28). Diese Maßnahme bedeutet im Endeffekt ein Verbot der Nutzung eines Feldes, welches länger als die vorgegebene „Maximalbrachezeit" von beispielsweise drei Jahren nicht gerodet oder bewirtschaftet wurde (TOMFORDE 2006, S. 75).

Diese und andere staatlichen Maßnahmen laufen großteils unter dem Deckmantel des Umweltschutzes ab. Eine weitere Maßnahme zur Durchsetzung des Verbots von „Shifting Cultivation" sind Zwangsumsiedelungen im Rahmen von Wiederaufforstungsprogrammen und Entwicklungsprojekten.

Werner Schlick

Entwicklungsprojekte als Medium zur Eindämmung der „Shifting Cultivation"

Ab den 1960er-Jahren lag der Schwerpunkt der Entwicklungsprojekte in den Berggebieten – parallel zur Minderheitenpolitik – im Allgemeinen auf der Erhaltung der nationalen Sicherheit sowie auch auf der Bekämpfung des Opiumanbaus (KEYES 2008, S. 29; TOMFORDE 2006, S. 81). Mit Hilfe von Entwicklungsprogrammen sollte versucht werden, die Systeme der Wechselwirtschaft zu beenden und „permanentere" Formen der Landwirtschaft einzuführen (GRANDSTAFF 1980). Das Konzept einer nachhaltigen landwirtschaftlichen Nutzung durch Land- und Forstwirtschaft wurde aber kaum erfolgreich umgesetzt, weder in den „Royal Projects" noch in anderen Projekten: „All development programs are preoccupied more with crop substitution for opium than with any serious efforts to political and economic development which requires some recognition of ethnic minorities rights to participate in the management of their own local resources." (ANAN 2000, S. 165). Die Idee, den ethnischen Minderheiten selbst die Kontrolle über die vorhandenen Ressourcen (zurück)zugeben, wurden bisher nur in Ausnahmefällen praktiziert (ANAN 1998, S. 73).

5.2 „Shifting Cultivation" im Wandel der Zeit – Intensivierung und Kommerzialisierung

Der Wandel der Landwirtschaft kann daher kaum auf einen einzelnen Faktor zurückgeführt werden, sondern vielmehr auf ein ganzes Bündel von Einflussfaktoren, wie zum Beispiel auf zunehmenden Bevölkerungsdruck, ökologische Veränderungen, die steigende Bedeutung der Marktwirtschaft, den Ausbau der Infrastruktur und nicht zuletzt auf staatliche Interventionen (vgl. ANAN 2000, S. 64; TOMFORDE 2006, S. 81).

Im Allgemeinen findet ein fließender Übergang der Wechselwirtschaft in Richtung permanenter Landwirtschaft statt. So hat sich etwa durch die Forcierung des kommerziellen Reisanbaus die Fläche bewässerter Reisfelder im Norden Thailands zwischen 1963 und 1978 von 400.000 auf 592.000 Hektar vergrößert (ANAN 2000, S. 83). Der Regierung ist es in den letzten Jahrzehnten gelungen, die traditionelle landwirtschaftliche Praxis der „Shifting Cultivation" zu einem großen Teil auszulöschen. Heute wird in Nordthailand Wechselwirtschaft in ihrer traditionellen Form nur mehr in nahezu isolierten Gebieten praktiziert (HARES 2006, S. 162; SCHMIDT-VOGT 2001, S. 749).

Zunehmend werden „Shifting Cultivation"-Praktiken durch die Kultivierung von Nassreis oder „Cash Crops" ergänzt oder sogar bereits vollkommen durch diese ersetzt (TOMFORDE 2006, S. 81). Gegenwärtig folgen die agrarischen Systeme praktisch aller ethnischen Minderheiten einem Rotationszyklus, klassischer Wanderfeldbau wird kaum mehr praktiziert (ANAN 1998, S. 76). Ausschließlich subsistenzorientierte landwirtschaftliche Systeme sind selten und die Produktion für lokale, nationale und internationale Märkte hat beinahe überall Eingang gefunden (DOVE 2008, S. 28). Die Wechselwirtschaft selbst wurde in diesem Prozess jedoch nicht vollständig ersetzt, sondern mit den „modernen" Methoden kombiniert (PINKAEW 2005, S. 13; TOMFORDE 2006, S. 275).

Kürzung der Brachephasen

Eine der folgenschwersten Veränderungen der traditionellen landwirtschaftlichen Systeme ist die radikale Kürzung der Brachephasen. Heute existieren in Thailand hauptsächlich modifizierte Formen von Landwechselwirtschaft mit extrem stark verkürzten Bracheperioden von ein bis zwei Jahren (KANOK und BENJAVAN 1994, MORRISON 1995, in ANAN 1998, S. 75–76; SCHMIDT-VOGT 2001, S. 161). Die Dezimierung der Brachezeiten erfolgt im Allgemeinen in Kombination mit dem Anbau neuer Nutzpflanzen. So berichtet etwa SAMATA (2003, S. 2) von mehreren Gruppen der Karen, die heute einen zyklischen Anbau von Bergreis und Kohl betreiben, indem diese beiden Feldfrüchte jährlich abwechselnd auf zwei bis drei Feldern kultiviert werden. Manche Autoren (z. B. LAKANAVICHIAN 2006, S. 338; SCHMIDT-VOGT 2001, S. 761) sprechen daher von einer sogenannten „(degraded) rotational cultivation". Mancherorts ist bereits ein vollständiger Übergang in ein System mit permanenter Bodenkultivierung erfolgt (FUNAKAWA et al. 1997a, S. 682; LATT 2008, S. 117).

Diese Veränderung ist auch die Folge gezielter staatlicher Regelungen, welche längere Brachezeiten gesetzlich verbieten, auch der zunehmende Einfluss der Marktwirtschaft spielt eine große Rolle. „The increasing scarcity of resources and space for livelihood were not naturally generated, they were socially produced by the establishment of the sanctuary and the regulations of land use." (SATO 2000, S. 172).

Nachdem die Brachezeit in der Wechselwirtschaft unter anderem die Funktion der Nährstoffakkumulierung erfüllt, bedeuten gekürzte Regenerationszeiten daher im Allgemeinen auch geringere Ernten. Eine mögliche „Lösung", um bei kürzeren Brachezeiten trotzdem einigermaßen zufriedenstellende Ernten zu erzielen, ist naturgemäß die Vergrößerung der landwirtschaftlichen Flächen (HANKS 1972, S. 31), wie es zum Beispiel HARES (2006, S. 164) von einigen Gruppen der Lua berichtet.

Abkehr vom Prinzip der Vielfalt – „Cash Crops" und Monokulturen

Grundsätzlich hat die Anzahl der kultivierten Nutzpflanzen deutlich abgenommen. Die Forcierung des kommerziellen Reisanbaus hat zur vermehrten Kultivierung von Nassreis geführt. Vor allem aber hat sich die zunehmende Bedeutung der Marktwirtschaft bemerkbar gemacht. Während für die Wanderfeldbauern „Cash Crops" schon seit langem eine wichtige Rolle spielten (z. B. SCHMIDT-VOGT 1998, S. 147), wurden sie in der Landwechselwirtschaft noch vor wenigen Jahrzehnten kaum angebaut (WALKER 1975, S. 2). Heute werden vermehrt neue und an der Marktwirtschaft orientierte Nutzpflanzen kultiviert, oft weiterhin in Kombination mit traditionellem Trockenreis (z. B. SAMATA 2003, S. 2).

Neben „klassischen" Exportprodukten wie Kaffee oder Sojabohnen werden unter anderem auch Tee, Ingwer, Knoblauch, Kohl, Bohnen, Zucchini, Zwiebel, Litschi, Pfirsiche, Kakis, Rohrzucker, Maniok oder Erdnüsse kultiviert (HARES 2006, S. 79; RENAUD et al. 1998, S. 348; SATO 2000, S. 161; TOMFORDE 2006, S. 262–281; UHLIG 1995, S. 41). TOM-

FORDE (2006, S. 278) stellte bei ihren Forschungen in Dörfern der Hmong fest, dass sich die Auswahl der jeweils kultivierten „Cash Crops" in erster Linie am momentanen Marktwert orientiert. Während Reis nach wie vor für den Eigenkonsum angebaut wird, werden nebenbei andere Feldfrüchte bereits ausschließlich für den Verkauf produziert.

Tab. 2: Ernteerträge und Nutzung im Dorf Pha Dua der Yao,
Provinz Chiang Rai, 1994

Feldfrucht	Ernte (kg)	Verkauf (%)	Eigenbedarf (%)	Lagerungsverluste (%)	Vorratshaltung (%)	als Viehfutter (%)
Mais	96.860	**90,8**	–	2,0	0,8	6,4
Sojabohnen	32.665	**93,0**	0,3	2,1	4,6	–
Erdnüsse	5.400	**87,3**	1,3	2,7	8,7	–
Bergreis	5.052	–	**87,9**	7,5	4,6	–
Tieflandreis	4.740	–	**89,9**	6,3	3,8	–
Ingwer	2.700	**100**	–	–	–	–

Quelle: RENAUD et al. (1998, S. 349).

Eigenartig anmutende Beispiele wie der Anbau von Chrysantemen in Gewächshäusern (UHLIG 1995, S. 37) rühren daher, dass die Substitution von Opium häufig oberstes Ziel thailändischer Entwicklungsprogramme war und zur Erreichung dieses Ziels scheinbar jedes Mittel recht war. Der Mischanbau mit Bergreis wurde stark zurückgedrängt und in vielen Dörfern bereits vollständig ersetzt (PINKAEW 2005, S. 8). „Cash Crops" werden klassischerweise in Monokulturen gezüchtet, was auch zum erhöhten Einsatz chemischer Zusatzstoffe geführt hat.

Einsatz von Düngemitteln und Pestiziden

Der Wandel der landwirtschaftlichen Aktivitäten der Bergbevölkerung beinhaltet auch den vermehrten Einsatz chemischer Zusatzstoffe. Diese werden nicht zuletzt in vielen Entwicklungsprojekten in die Landwirtschaft eingeführt (z. B. LATT 2008, S. 116–117). Physikalische Bodenuntersuchungen im Norden Thailands haben gezeigt, dass eine langfristige intensive und permanente Landwirtschaft ohne Zufuhr von organischem Material oder künstliche Anhebung der Bodenfruchtbarkeit kaum möglich ist (FUNAKAWA et al. 1997a, S. 692). Daher werden Düngemittel mittlerweile auch beim Anbau von Bergreis eingesetzt (RENAUD et al. 1998, S. 349–350). Vor allem aber beim Anbau marktorientierter „Cash Crops" ist der Verzicht auf künstliche Düngemittel kaum mehr vorstellbar (HARES 2006, S. 162), ebenso sind Pestizide nicht mehr aus der Landwirtschaft wegzudenken, da Monokulturen anfälliger gegenüber Schädlingsbefall sind (FOX 2000, S. 6; SCHMIDT-VOGT 1998, S. 148). Gerade im Zuge landwirtschaftlicher Entwicklungsprojekte wird der Gebrauch dieser Substanzen eingeführt, oft ohne die Bevölkerung über Wirkungsweise und Risiken aufzuklären.

5.3 Nachhaltigkeit im landwirtschaftlichen Wandel – Folgen für die Umwelt

Analyse der ökologischen Folgen

Bei einer ökologisch orientierten Betrachtungsweise dieser Entwicklungen stechen besonders jene Umweltprobleme ins Auge, die häufig mit der Wechselwirtschaft in Zusammenhang gebracht werden: Waldzerstörung, Bodenerosion und Störung des Wasserhaushalts.

Einige Autoren (z. B. Fox 2000, S. 2–4; Schmidt-Vogt 2001, S. 761–762) geben an, dass eben durch die Zurückdrängung der traditionellen Landwirtschaft und die zunehmende Ausbreitung von permanenten Kultivierungsmethoden die Rodung der Wälder vorangetrieben wird. Die Intensivierung der Wechselwirtschaft und die Kürzung der Brachezeiten führen häufig zur Entstehung von Grassteppen und Bambuswäldern auf ehemaligen Waldflächen und zu einer stark verlangsamten Entwicklung artenarmer Sekundärwälder, Bambushaine und Grassteppen auf degradierten Böden (Anan 1998, S. 76; Schmidt-Vogt 1998, S. 147 und 2001, S. 761). Zusätzlich führt vor allem die zunehmende finanzielle Abhängigkeit der Bergbevölkerung zu einer Expansion der landwirtschaftlichen Flächen auf Kosten von Waldregionen (Dearden 1995, S. 331–332; Hirsch und Lohmann 1989, S. 440).

Auch die Erosionsproblematik ist heute größer denn je. So werden aufgrund von Landknappheit vermehrt ungeeignete und erosionsanfällige Flächen kultiviert (z. B. Renaud et al. 1998, S. 346). Auch die Intensivierung der Landwirtschaft trägt wesentlich zur Verschlimmerung der Problematik bei. Wird ein Feld nach einmaliger Ernte im darauf folgenden Jahr wieder gerodet, so steigt die Gefahr der Oberflächenerosion beträchtlich (Hanks 1972, S. 31; Nye und Greenland 1960, S. 88). Monokulturen, wie sie im Anbau von „Cash Crops" üblich sind, verfügen außerdem nicht über die erosionshemmende Wirkung von Mischkulturen, und die intensivere Bodenbearbeitung verschlechtert Bodenstruktur und Bodenbelastbarkeit.

Schließlich brachte der landwirtschaftliche Wandel auch für die landwirtschaftliche Tätigkeit der ethnischen Minderheiten häufig die Notwendigkeit von Bewässerung in der Trockenzeit mit sich (z. B. Leepreecha 2004, S. 337; Walker 2003, S. 945). Wie dargestellt, sind die Störungen des Wasserhaushalts im Norden von Thailand vor allem auf den großen Wasserbedarf im Nassreisanbau zurückzuführen, der durch die Forcierung permanenter Nutzungssysteme deutlich angestiegen ist. Darüber hinaus bringt der Einsatz chemischer Zusatzstoffe eine erhebliche Verschmutzung der Wasserbestände mit sich (z. B. Pinkaew 2005, S. 10). So hat etwa der Anbau von Kohl in mehreren Dörfern der Karen zur Wasserverschmutzung durch die Verwendung künstlicher Düngemittel geführt (Kanok und Benjavan 1994, S. 32, 59, 64, in Samata 2003, S. 3–4).

Neben den drei soeben angesprochenen Umweltproblemen ergeben sich aus der Intensivierung der Landwirtschaft aber noch weitere negative ökologische Folgen in den Bergen Nordthailands. Im Allgemeinen führen die aktuellen landwirtschaftlichen Praktiken zur Bodendegradation und zum Rückgang der Fruchtbarkeit und der (mikro-)biologischen Aktivität der obersten Bodenschichten (z. B. Anan 1998, S. 76; Funakawa et al. 1997a,

S. 688). Die Nutzung chemischer Düngemittel sowie Einsatz von Pestiziden sorgen für zunehmende Verschmutzung von Luft und Wasser, bringen aber außerdem auch neue gesundheitliche Probleme mit sich (z. B. HARES 2006, S. 162–163). Die Abkehr von Mischkulturen und vom „Prinzip der Vielfalt" kann auf diese Weise also zu gravierenden Problemen mit der Nährstoffversorgung führen (z. B. DEARDEN 1995, S. 332).

Umweltprobleme in Nordthailand – eine selbst erfüllende Prophezeiung?

Man könnte die gegenwärtigen Umweltentwicklungen im Norden Thailands daher als eine Art „selbst erfüllende Prophezeiung" betrachten. Denn die Anklagen der Regierung gegen die Wechselwirtschaft haben sich eben durch den von staatlicher Seite angestoßenen Wandel in der Landwirtschaft großteils verstärkt oder überhaupt erst erfüllt. DEARDEN (1995, S. 325–326) sieht den Hauptgrund für das Scheitern der gezielten „Entwicklung" darin, dass Entwicklung primär als eine ökonomische Aufgabe betrachtet wurde und den ökologischen und naturräumlichen Belangen zu wenig Aufmerksamkeit geschenkt wurde.

Es scheint, dass eben erst durch den Wandel im Agrarbereich und durch das Vordringen kommerzieller, agrarindustrieller Nutzungsformen die ehemals ökosystemverträgliche, kleinflächige Form der Brandrodung zu einem Problem geworden ist (BRECKLING und BIRKENMEIER 2000, S. 135). Die Gefahr der Bodenerosion ist stark angestiegen, der Wasserbedarf ebenfalls, und durch die Nutzung chemischer Dünge- und Pflanzenschutzmittel tritt nun tatsächlich jene Verschmutzung der Gewässer ein, die den ethnischen Minderheiten in den Bergen schon lange vorgeworfen wird.

Viele der ökologischen Missstände resultieren vor allem daraus, dass die neu eingeführten Methoden der Landwirtschaft eher an die Ökosysteme der Ebenen und Täler angepasst sind als an jene der Gebirgsregionen (z. B. KESMANEE 1989, S. 94–95, in TOMFORDE 2006, S. 271). Daher werden nun in den Bergen zunehmend ökologisch unangebrachte landwirtschaftliche Praktiken angewandt. So werden zum Beispiel in einigen Dörfern der Karen in den Provinzen Kanchanaburi, Tak und Uthai Thani nun ironischerweise Entwicklungsprojekte durchgeführt, um die ökologischen Folgen der neu eingeführten landwirtschaftlichen Praktiken zu lindern, welche erst kürzlich anstelle der traditionellen Wechselwirtschaft übernommen worden waren (SATO 2000, S. 171). Neben den Auswirkungen auf die Umwelt sind auch die sozialen und gesellschaftlichen Folgen des landwirtschaftlichen Wandels besorgniserregend, denn Arbeitslosigkeit, Armut, gesundheitliche Probleme und vor allem Abhängigkeit der Bergbevölkerung haben stark zugenommen.

6. Fazit

Die Transformation der landwirtschaftlichen Systeme der Wechselwirtschaft zeigt in erster Linie die Folgen einer fragwürdigen Minderheiten- und Ressourcenpolitik in Kombination mit einem fragilen Ökosystem. Dieser agrarische Wandel ist selbstverständlich nicht auf den Norden von Thailand beschränkt, sondern findet gleichermaßen in vielen anderen Teilen Asiens sowie auf anderen Kontinenten statt, wie etwa im Amazonasraum (z. B. BRECKLING und BIRKENMEIER 2000; KEYES 1995).

Die Berge Nordthailands stellen gegenwärtig ein komplexes Konfliktfeld dar, in welchem ein Kampf um die Kontrolle der Ressourcen ausgetragen wird. Was den landwirtschaftlichen Wandel betrifft, so hat sich gezeigt, dass vor allem der von wirtschaftlichem Profitstreben getriebene Raubbau an der Natur und die staatliche Tendenz zur Assimilationspolitik wesentlich zur Entstehung der heutigen Situation beigetragen haben. Die Marginalisierung ethnischer Minderheiten ist Teil dieser Prozesse und die Verteufelung der Wechselwirtschaft als ineffizientes und umweltschädliches landwirtschaftliches System stellt gewissermaßen ein Instrument zur Rechtfertigung der staatlichen Eingriffe in das Leben der Bergbevölkerung dar. Die Folgen des von offizieller Seite eingeleiteten bzw. manchmal erzwungenen agrarstrukturellen Wandels zeugen allerdings eher vom Unverständnis der Lebens- und Wirtschaftsweisen der ethnischen Minderheiten und spiegeln das Bild einer „selbst erfüllenden Prophezeiung" wider.

Der landwirtschaftliche Wandel im Norden Thailands ist geprägt von forcierten und ökologisch unangepassten Abänderungen traditioneller Systeme der „Shifting Cultivation" und stellt hiermit eine Gefahr für Mensch und Umwelt dar.

7. Literatur

ADGER, N. und K. BROWN (1994): Land Use and the Causes of Global Warming. Chichester (u.a.): Wiley Verlag.

ALFORD, D. (1992): Streamflow and Sediment Transport from Mountain Watersheds of the Chao Phraya Basin, Northern Thailand: A Reconnaissance Study. In: Mountain Research and Development 12 (3), S. 257–268.

ANAN, G. (1998): The Politics of Conservation and the Complexity of Local Control of Forests in the Northern Thai Highlands. In: Mountain Research and Development 18 (1), S. 71–82.

ANAN, G. (2000): Local Control of Land and Forests: Cultural Dimensions of Resource Management in Northern Thailand. Chiang Mai University.

BARGATZKY, T. (1986): Einführung in die Kulturökologie – Umwelt, Kultur und Gesellschaft. Berlin: Dietrich Reimer Verlag.

BHRUKSASRI, W. (1989): Government Policy: Highland Ethnic Minorities. In: MCKINNON, J. und B. VIENNE (Hrsg.): Hill Tribes Today: Problems in Change. Bangkok: White Lotus Press, S. 5–31.

BRECKLING, B. und P. BIRKENMEIER (2000): Landnutzungsalternativen im Regenwald – Praxis und Theorie der ökosystemkonformen Landnutzung. Frankfurt am Main / Wien: Peter Lang Verlag.

BUERGIN, R. (2000): „Hilltribes" und Wälder: Minderheitenpolitik und Ressourcenkonflikte in Thailand. Universität Freiburg (= SEFUT – Socio-Economics of Forest Use in the Tropics and Subtropics – Working Paper 7).

BUERGIN, R. (2001): Contested Heritages: Disputes on People, Forests, and a World Heritage Site in Globalizing Thailand. Universität Freiburg (= SEFUT – Socio-Economics of Forest Use in the Tropics and Subtropics – Working Paper 9).

CAPISTRANO, A. D. und G. G. MARTEN (1986): Agriculture in Southeast Asia. In: MARTEN, G. G. (Hrsg.): Traditional Agriculture in Southeast Asia: A Human Ecology Perspective. Boulder: Westview Press, S. 6–19.

CHARUPPAT, T. (1998): Forest Situation in the Past 37 Years (1961–1998). Bangkok: Royal Forestry Department (RFD), Forest Resources Assessment Division (in Thai).

CONKLIN, H. C. (1957): Hanunóo Agriculture – A Report on an Integral System of Shifting Cultivation in the Philippines. Rom: FAO.

CONKLIN, H. C. (2008): An Ethnological Approach to Shifting Agriculture. In: DOVE, M. R. und C. CARPENTER (Hrsg.): Environmental Anthropology – A Historical Reader. Malden: Wiley-Blackwell, S. 241–248.

DEARDEN, P. (1995): Development and Biocultural Diversity in Northern Thailand. In: Applied Geography 15 (4), S. 325–340.

DELANG, C. O. (2006): Indigenous Systems of Forest Classification: Understanding Land Use Patterns and the Role of NTFPs in Shifting Cultivators' Subsistence Economies. In: Environmental Management 37 (4), S. 470–486.

DOVE, M. R. und C. CARPENTER (2008): Introduction: Major Historical Currents in Environmental Anthropology. In: DOVE, M. R. und C. CARPENTER (Hrsg.): Environmental Anthropology – A Historical Reader. Malden: Wiley-Blackwell, S. 1–85.

FOX, J. M. (2000): How Blaming „Slash and Burn" Farmers is Deforesting Mainland Southeast Asia. In: Asia Pacific Issues 47, S. 1–8.

FUNAKAWA, S. et al. (1997a): Ecological Study on the Dynamics of Soil Organic Matter and Its Related Properties in Shifting Cultivation Systems of Northern Thailand. In: Soil Science and Plant Nutrition 43 (3), S. 681–693.

FUNAKAWA, S. et al. (1997b): Physicochemical Properties of the Soils Associated with Shifting Cultivation in Northern Thailand with Special Reference to Factors Determining Soil Fertility. In: Soil Science and Plant Nutrition 43 (3), S. 665–679.

GEERTZ, C. (1963): Agricultural Involution: The Process of Ecological Change in Indonesia. Berkeley: University of California Press.

GRANDSTAFF, T. B. (1980): Shifting Cultivation in Northern Thailand. Tokyo: The United Nations University (= Resource Systems Theory and Methodology Series 3).

GRAVERS, M. (2001): Ethnic Minorities in Thailand: Figures and Selected Bibliography. In: POULSEN, E. et al. (Hrsg.): Forest in Culture, Culture in Forest: Perspectives from Northern Thailand. Tjele: Research Centre on Forest and People in Thailand, S. 17–20.

GRÜNSTEIDL, S. (1993): Demographische Entwicklungen und sozioökonomischer Wandel der Bergstammbevölkerung Thailands. Diplomarbeit zur Erlangung des Magistergrades der Philosophie, Universität Wien, Institut für Geographie und Regionalforschung.

HAFNER, J. A. (1990): Forces and Policy Issues Affecting Forest Use in Northeast Thailand 1900-1985. In: POFFENBERGER, M. (Hrsg.): Keepers of the Forest – Land Management Alternatives in Southeast Asia. Connecticut: Kumarian Press, S. 69–94.

HANKS, L. M. (1972): Rice and Man – Agricultural Ecology in Southeast Asia. Honolulu: University of Hawaii Press.

HARES, M. (2006): Community Forestry and Environmental Literacy in Northern Thailand: Towards Collaborative Natural Resource Management and Conservation. Dissertation, Faculty of Agriculture and Forestry, University of Helsinki.

HAYAMI, Y. (1997): Internal and External Discourse of Communality, Tradition and Environment: Minority Claims on Forest in the Northern Hills of Thailand. In: Southeast Asian Studies 35 (3), S. 558–579.

HINTON, P. (1970): Swidden Cultivation among the Pwo Karen of Northern Thailand – Present Practices and Future Prospects. In: International Seminar on Shifting Cultivation and Economic

Development in Northern Thailand, Land Development Department, Royal Thai Government, Bangkok, S. 1–24.

Hirsch, P. (1987): Deforestation and Development in Thailand. In: Singapore Journal of Tropical Geography 8 (2), S. 129–138.

Hirsch, P. und L. Lohmann (1989): Contemporary Politics of Environment in Thailand. In: Asian Survey 29 (4), S. 439–451.

Hurst, P. (1990): Rainforest Politics – Ecological Destruction in South-East Asia. London / New Jersey: Zed Books Ltd.

Husa, K. und H. Wohlschlägl (1987): Thailands Bergstämme als nationales Entwicklungsproblem – demographische und sozioökonomische Wandlungsprozesse am Beispiel der „Hill Tribes" in der Provinz Chiang Mai. In: Geographischer Jahresbericht aus Österreich 44, Wien, S. 17–69.

Isager, L. (2001): History and People of North Thailand. In: Poulsen, E. et al. (Hrsg.): Forest in Culture, Culture in Forest: Perspectives from Northern Thailand. Tjele: Research Centre on Forest and People in Thailand, Danish Institute of Agricultural Sciences, S. 85–115.

Kanok R. und B. Rerkasem (1994): Shifting Cultivation in Thailand: Its Current Situation and Dynamics in the Context of Highland Development. London: International Institute for Environment and Development (= Forestry and Land Use Series 4).

Keen, F. G. B. (1973): Upland Tenure and Land Use in North Thailand. Bangkok: SEATO.

Kesmanee, C. (1989): The Poisoning Effect of a Lovers Triangle: Highlanders, Opium and Extension Crops, a Policy Overdue for Review. In: McKinnon, J. und B. Vienne (Hrsg.): Hill Tribes Today: Problems in Change. Bangkok: White Lotus Press, S. 61–102.

Keyes, C. F. (1995) (2. Ausgabe): The Golden Peninsula – Culture and Adaption in Mainland Southeast Asia. Honolulu: University of Hawaii Press.

Keyes, C. F. (2008): Ethnicity and the Nation-States of Thailand and Vietnam. In: Leepreecha, P., McCaskill, D. und K. Buadaeng (Hrsg.): Challenging the Limits – Indigenous Peoples of the Mekong Region. Chiang Mai: Mekong Press, S. 13–48.

Kunstadter, P. (1967): Introduction. In: Kunstadter, P. (Hrsg.): Southeast Asian Tribes, Minorities, and Nations (Volume 1). Princeton: Princeton University Press, S. 3–66.

Kunstadter, P. (1970): Subsistence Agricultural Economics of Lua and Karen Hill Farmers of Mae Sariang District, Northwestern Thailand. In: International Seminar on Shifting Cultivation and Economic Development in Northern Thailand, Land Development Department, Bangkok.

Kunstadter, P. und E. C. Chapman (1978): Problems of Shifting Cultivation and Economic Development in Northern Thailand. In: Kunstadter, P., Chapman, E. C. und S. Sangra (Hrsg.): Farmers in the Forest: Economic Development and Marginal Agriculture in Northern Thailand. Honolulu: East West Center, University Press of Hawaii, S. 3–23.

Lakanavichian, S. (2001): Impacts and Effectiveness of Logging Bans in Natural Forests: Thailand. In: FAO (Hrsg.): Forests Out of Bounds: Impacts and Effectiveness of Logging Bans in Natural Forests in Asia-Pacific. Bangkok: FAO Regional Office for Asia and the Pacific, S. 167–185.

Lakanavichian, S. (2006): Trends in Forest Ownership, Forest Resources Tenure and Institutional Arrangements: Are They Contributing to Better Forest Management and Poverty Reduction? In: Understanding Forest Tenure in South and Southeast Asia. Rom: FAO Forestry Department, S. 325–354 (= Forestry Policy and Institutions Working Paper 14).

Latt, S. S. W. (2008): The Hmong and the Shan: Ethnic Politics, Labour Restructuring and Agrarian Transformation in a Royal Upland Project in Northern Thailand. Toronto: Graduate Program in Geography, York University.

Leepreecha, P. (2004): Ntoo Xeeb: Cultural Redefinition for Forest Conservation among the Hmong in Thailand. In: Tapp, N. et al. (Hrsg.): Hmong/Miao in Asia. Chiang Mai: Silkworm Books, S. 335–349.

Loose, R. (1996): Reise-Handbuch Thailand. Köln: DuMont.

MARTEN, G. G. und P. VITYAKON (1986): Soil Management in Traditional Agriculture. In: MARTEN, G. G. (Hrsg.): Traditional Agriculture in Southeast Asia: A Human Ecology Perpective. Boulder: Westview Press, S. 199–225.

MCCASKILL, D., LEEPREECHA, P. und H. SHAOYING (2008): Chapter I – Globalization, Nationalism, Regionalism, and Ethnic Minorities in the Greater Mekong Subregion: A Comparative Analysis. In: MCCASKILL, D., LEEPREECHA, P. und H. SHAOYING (Hrsg.): Living in a Globalized World – Ethnic Minorities in the Greater Mekong Subregion. Chiang Mai: Mekong Press, S. 1–56.

MCKINNON, J. (1987): Resettlement and the Three Ugly Stepsisters Security, Opium, and Land Degradation: A Question of Survival for the Highlanders of Thailand. Canberra: Australian National University (= Proceedings of the Third International Conference on Thai Studies).

MCKINNON, J. (1997): The Forests of Thailand: Strike up the Ban? In: MCCASKILL, D. und K. KAMPE (Hrsg.): Development or Domestication? Indigenous Peoples of Southeast Asia. Chiang Mai: Silkworm Books, S. 117–131.

MERTZ, O. (2002): The Relationship between Length of Fallow and Crop Yields in Shifting Cultivation: A Rethinking. In: Agroforestry Systems 55, S. 149–159.

MERTZ, O. et al. (2007): A Fresh Look at Shifting Cultivation: Fallow Length an Uncertain Indicator of Productivity. In: Agricultural Systems 96, S. 75–84.

MISCHUNG, R. (1995): The Hill Tribes of Northern Thailand: Current Trends and Problems of their Integration into the Modern Thai Nation. In: GRABOWSKY, V. (Hrsg.): Regions and National Integration in Thailand 1892–1992. Wiesbaden: Harrassowitz Verlag, S. 94–104.

MORRISON, E. (1995): A Regional Overview of National Policy Relating to Shifting Agriculture: Laos, Vietnam and Thailand. In: Proceedings of a Regional Symposium on „Montane Mainland Southeast Asia in Transition". Chiang Mai: Chiang Mai University, S. 320–341.

NYE, P. H. und D. J. GREENLAND (1960): The Soil under Shifting Cultivation. Reading, Great Britain: Commonwealth Agricultural Bureaux.

PINKAEW, L. (2005): Swidden Agriculture in Thailand: Myths, Realities and Challenges. In: Indigenous Affairs 2 (5), S. 7–13.

RAMSEYER, U. (1988): Reis – Konsequenzen des Geschmacks. St. Gallen / Köln / Sao Paulo: Edition diá.

RASHID, M. R. (1975): Karen Swiddening Techniques. In: WALKER, A. R. (Hrsg.): Farmers in the Hills – Ethnographic Notes on the Upland Peoples of North Thailand. BHD., Penerbit University Sains Malaysia, Georgetown, Pulau Pinang: Phoenix Press SDN, S. 101–107.

RENAUD, F., BECHSTEDT, H.-D. und UDOMCHAI NA NAKORN (1998): Farming Systems and Soil-Conservation Practices in a Study Area of Northern Thailand. In: Mountain Research and Development 18 (4), S. 345–356.

RFD – Royal Forestry Department (2004): Forestry Statistics of Thailand. Bangkok: RFD Information Office.

RUTHENBERG, H. (1980) (3.Ausgabe): Farming Systems in the Tropics. Oxford: Clarendon Press.

SAMATA, R. (2003): Agricultural Transformation and Highlanders Choice: A Case Study of a Pwo Karen Community in Northwestern Thailand. Artikel für die RCSD (Regional Center for Social Science and Sustainable Development) Konferenz „Politics of the Commons: Articulating Development and Strengthening Local Practice" vom 11.–14. Juli 2003, Chiang Mai.

SATO, J. (2000): People in Between: Conversion and Conservation of Forest Lands in Thailand. In: Development and Change 31, S. 155–177.

SCHLICK, W. (2009): „Shifting Cultivation" im Wandel der Zeit – am Beispiel von Landnutzungskonflikten in Nordthailand. Diplomarbeit zur Erlangung des Magistergrades der Naturwissenschaften, Universität Wien, Institut für Geographie und Regionalforschung.

SCHMIDT-VOGT, D. (1998): Defining Degradation: The Impacts of Swidden on Forests in Northern Thailand. In: Mountain Research and Development 18 (2), S. 135–149.

SCHMIDT-VOGT, D. (2001): Secondary Forests in Swidden Agriculture in the Highlands of Thailand. In: Journal of Tropical Forest Science 13 (4), S. 748–767.

SCHULTZ, J. (2002) (3. Auflage): Die Ökozonen der Erde. Stuttgart: Verlag Eugen Ulmer.

SRIMONGKOL, K. und G. G. MARTEN (1986): Traditional Agriculture in Northern Thailand. In: MARTEN, G. G. (Hrsg.): Traditional Agriculture in Southeast Asia: A Human Ecology Perspective. Boulder: Westview Press, S. 85–102.

TANAKA, S. et al. (1997): Soil Ecological Study on Dynamics of K, Mg, and Ca, and Soil Acidity in Shifting Cultivation in Northern Thailand. In: Soil Science and Plant Nutrition 43 (3), S. 695–708.

Thailand, National Statistical Office (1987): Report. The Survey of Hill Tribe Population; 1986 – Chiang Mai Province, 1986 – Chiang Rai Province, 1986 – Phayao Province, 1987 – Mae Hong Son Province, 1987 – Nan Province. Bangkok.

TOMFORDE, M. (2006): The Hmong Mountains: Cultural Spatiality of the Hmong in Northern Thailand. Hamburg: Lit Verlag.

TUCHRELLO, W. P. (1989): Chapter 2 – The Society and Its Environment. In: LEPOER LEITCH, B. (Hrsg.): Thailand – A Country Study. Washington: United States Government, Library of Congress, S. 55–120.

TURTON, A. (1976): North Thai Peasant Society: A Case Study of Rural and Political Structures at the Village Level and their Twentieth-Century Transformations. Unpublished PhD Thesis, University of London, London.

UHLIG, H. (1988): Südostasien – Australisch-pazifischer Raum. Frankfurt am Main: Fischer Taschenbuch Verlag (= Fischer Länderkunde, Bd. 3).

UHLIG, H. (1995): Northern Thailand: The Natural Region and the Cultural Landscape. In: GRABOWSKY, V. (Hrsg.): Regions and National Integration in Thailand 1892–1992. Wiesbaden: Harrassowitz Verlag, S. 22–45

WALKER, A. R. (1975): Introduction – North Thailand: Hills and Valleys, Hillmen and Lowlanders. In: WALKER, A. R. (Hrsg.): Farmers in the Hills – Ethnographic Notes on the Upland Peoples of North Thailand. BHD., Penerbit University Sains Malaysia, Georgetown, Pulau Pinang: Phoenix Press SDN, S. 2–17.

WALKER, A. (2003): Agricultural Transformation and the Politics of Hydrology in Northern Thailand. In: Development and Change 34 (5), S. 941–964.

Der Konflikt in Südthailand aus historischer, ethnisch-religiöser und sozioökonomischer Perspektive[1]

RAINER EINZENBERGER

Inhalt

1. Einleitung 438
2. Das Ausmaß der Gewalt in den drei südlichen Grenzprovinzen Thailands 2004 bis 2008 .. 440
3. Die historische Entwicklung als Einflussfaktor 446
   - 3.1 Der „Mythos Patani": Aufstieg und Fall eines Königreichs..................... 447
   - 3.2 Eingliederung Patanis in das neu entstehende moderne Staatsgebilde von Siam: Zwischen Integration und Assimilierung 449
   - 3.3 Die Reformen unter König Chulalongkorn und der Anglo-Siamesische Vertrag von 1909 450
   - 3.4 Der Widerstandskampf der Malai-Muslime im 20. Jahrhundert................. 452
4. Ethnisch-religiöse Dimensionen des Konflikts... 458
   - 4.1 Thai-Nation, „Thainess" und die Malai-Muslime 459
   - 4.2 Die malaiische ethnische Identität.. 461
   - 4.3 Die Rolle der Religion... 463
   - 4.4 Das Wiederaufleben des Islam 464
5. Der sozioökonomische Hintergrund 466
   - 5.1 Der „Human Achievement Index" als Indikator für ungleichmäßige Regionalentwicklung 467
   - 5.2 Die wirtschaftliche Situation in den südlichen Grenzprovinzen.............. 469
   - 5.3 Landwirtschaft, Fischerei und Konflikte um Ressourcennutzung............. 472
   - 5.4 Ethnisch segmentierte Arbeitsteilung, Unterbeschäftigung und Arbeitsmigration 480
   - 5.5 Der Faktor Bildung.. 481
   - 5.6 Armut... 483
   - 5.7 Drogenmissbrauch und Korruption... 488
6. Staatliche Gewalt und Menschenrechtsverletzungen................................. 489
7. Zusammenfassung... 492
8. Literatur.. 495

---

[1] Der vorliegende Beitrag stellt eine gekürzte Fassung der Diplomarbeit des Autors mit dem Titel „Konfliktherd Südthailand: eine Analyse der historischen, ethnisch-religiösen und sozioökonomischen Hintergründe der Unruhen in den Grenzprovinzen Pattani, Yala und Narathiwat" dar, die 2007 am Institut für Geographie und Regionalforschung der Universität Wien approbiert wurde. Für die Veröffentlichung in diesem Band erfolgte eine teilweise Überarbeitung und Aktualisierung.

Rainer Einzenberger

1. Einleitung

Der Süden Thailands erlebte in den letzten Jahren eine beispiellose Eskalation der Gewalt. Seit Beginn des Jahres 2004 stehen in den Provinzen Pattani, Yala und Narathiwat (und auch in einzelnen Distrikten der Provinz Songkhla) blutige Anschläge mit Todesopfern an der Tagesordnung, ein Ende scheint bis dato nicht in Sicht. Bis Mitte 2008 kamen dabei weit über 3.000 Menschen ums Leben, und Tausende Personen wurden teils schwer verletzt.[2] Obwohl es sich bei dem gegenwärtigen Gewaltkonflikt – einem der blutigsten in ganz Südostasien – um keinen Bürgerkrieg im eigentlichen Sinn handelt, herrschen in der Region kriegsähnliche Zustände. Trotz der dramatischen Ausmaße der Gewalt blieb das Interesse der internationalen Medien an der Konfliktregion an der Grenze zu Malaysia relativ gering. Sehr zum Wohlgefallen der thailändischen Regierung, die eine Einmischung von außen und negative Auswirkungen auf die so wichtige Tourismusindustrie fürchtet.

Die Ursachen der aktuellen Gewalt sind umstritten und über die Identität der Aufständischen und der Akteure im Hintergrund herrscht ebenso Unklarheit. Weder gab es jemals offizielle Bekennerschreiben militanter Gruppierungen noch konkrete Forderungen, welche etwas mehr Licht ins Dunkel der Ereignisse gebracht hätten. Keine der alteingesessenen separatistischen Gruppierungen, wie beispielsweise die „Patani United Liberation Organisation" (PULO), die „National Revolutionary Front" (Barisan Revolusi Nasional – BRN), oder die „Patani National Liberation Front" (Barisan Nasional Pembebasan Patani – BNPP), scheint momentan die Lage in den Grenzprovinzen stark beeinflussen zu können. Wer für die täglichen Anschläge wirklich verantwortlich ist, ob es ausschließlich lokale militante separatistische Gruppierungen sind oder ob auch internationale islamistische Terrororganisationen wie die „Jemaah Islamiyah" und „Al-Qaida" darin verwickelt sind, darüber teilen sich die Meinungen. Damit ist der Konfliktherd in Südthailand im Vergleich zu anderen regionalen Krisenherden, wie beispielsweise auf den Philippinen oder in Burma, auch einer der rätselhaftesten Südostasiens.

Auf den ersten Blick könnte es sich bei dem Konflikt in den muslimisch dominierten Provinzen Südthailands tatsächlich nur um eine weitere Manifestation des nahezu weltumspannenden „islamischen Terrorismus" handeln. Dieser Befund würde ausgezeichnet zu den „kulturalistischen Konfliktdeutungen" passen, die sich vor allem seit „9/11" im Aufwind befinden und besonders prägnant im Kulturkampfszenario des Populärwissenschaftlers HUNTINGTON (1998) formuliert sind.[3] Der Erfolg HUNTINGTONS beruht laut OSSENBRÜGGE (1998) „[auf] dem offensichtlichen Verlangen der Öffentlichkeit nach übersichtlichen und einfach auszulegenden Konzepten der räumlichen Ordnung der Welt, besonders in solchen Phasen der Geschichte, die durch Vieldeutigkeit, Widersprüche und Unsicherheiten geprägt sind" (OSSENBRÜGGE 1998, zitiert nach WOLKERSDORFER 2001, S. 39).

---

[2] Vgl. „M'sian FM vows further help to try to end violence", www.bangkokpost.com, vom 3. Juli 2008.

[3] Für eine Kritik der Thesen HUNTINGTONS aus geographischer Perspektive, auf die hier nicht näher eingegangen werden kann, siehe z. B.: REUBER und WOLKERSDORFER 2002; REUBER und KREUTZMANN 2002.

Konflikterscheinungen auf verschiedenen Ebenen werden von der Presse und Teilen der Wissenschaft immer wieder in Bezug zu den äußerst fragwürdigen Thesen vom „Kampf der Kulturen" gesetzt (vgl. WOLKERSDORFER 2001, S. 39). Es ist jedoch angebracht, sich abseits überstürzter (Vor)Urteile intensiver mit den lokalen Hintergründen regionaler Konflikte zu beschäftigen und einer differenzierteren Betrachtung Vorrang zu geben, die der meist komplexen „Konfliktwirklichkeit" eher entsprechen kann. Die aktuelle wissenschaftliche Literatur zum Konflikt in Südthailand nähert sich der Thematik je nach wissenschaftlicher Disziplin von sehr verschiedenen Seiten, und dementsprechend unterschiedlich sind auch die daraus resultierenden Erklärungsansätze. SRISOMPOB und PANYASAK (2006, S. 96) meinten diesbezüglich „[...] the explanations for the violence remain contested, and interpretations opaque. People from different backgrounds and perspectives are looking at the same situation, yet seeing different things".

Manche Autoren beschäftigten sich etwa ausführlich mit den verschiedenen in Thailand weitverbreiteten Verschwörungstheorien, die den rätselhaften Aufstand erklären sollen. Dabei geht es um die engen Verbindungen zwischen der organisierten Kriminalität, (religiösen?) militanten Gruppierungen (Separatisten) und andern Interessengruppen in der sogenannten „disorderly border region" (vgl. ASKEW 2007). Andere Arbeiten stellen die sich radikal verändernden politischen Rahmenbedingungen unter der Regierung Thaksin und seine hart durchgreifende Politik ins Zentrum ihrer Untersuchungen und identifizieren darin eine wesentliche Ursache für die neue Gewaltwelle, die bemerkenswerterweise nur kurz nach Thaksins Amtsantritt im Jahr 2001 über die Grenzprovinzen hereinbrach (vgl. MCCARGO 2006; UKRIST 2006). Die komplexe Frage nach dem tatsächlichen Einfluss einer radikal-islamistischen Ideologie bzw. des internationalen islamistischen Terrorismus im gegenwärtigen Konflikt bleibt nach wie vor unbeantwortet (vgl. LIOW 2006; WATTANA 2006; HARISH 2006; CHALK 2008).

Dieser Artikel will keinen weiteren strittigen Erklärungsansatz für den überaus undurchsichtigen Konflikt im Süden Thailands liefern, sondern versucht, die aktuelle wissenschaftliche Debatte zu ergänzen, indem ein Schwerpunkt auf die in der bisherigen Forschung oft vernachlässigten schwierigen sozioökonomischen Bedingungen in der Grenzregion zwischen Thailand und Malaysia gelegt wird.[4] Es soll damit kein direkter kausaler Zusammenhang zwischen den sozioökonomischen Gegebenheiten und der aktuellen Gewalt suggeriert werden. Dies würde nach Meinung des Autors einer unzulässigen Verkürzung gleichkommen. Trotzdem bedarf es zum besseren Verständnis der Gewaltereignisse in den südlichen Grenzprovinzen Thailands einer Sichtweise, die nicht abgekoppelt von den „strukturellen Gegebenheiten" bzw. den wirtschaftlichen und sozialen Bedingungen in der Region ist. Ebenso werden die historischen und ethnisch-religiösen Dimensionen des Konflikts in dieser Übergangszone zwischen einer mehrheitlich buddhistisch geprägten Gesellschaft einerseits und einer malai-muslimischen Gesellschaft andererseits berücksichtigt, die zweifellos eine nicht zu unterschätzende Rolle spielen.

---

[4]) Eine bemerkenswerte Ausnahme ist der Artikel von SRISOMPOB und PANYASAK aus dem Jahr 2006, der eine wichtige Grundlage für den vorliegenden Beitrag darstellt.

Rainer Einzenberger

2. Das Ausmaß der Gewalt in den drei südlichen Grenzprovinzen Thailands 2004 bis 2008

Eine Analyse der verfügbaren Daten zur Struktur und Verbreitung der Gewalt in Südthailand zeigt auf den ersten Blick den drastischen Anstieg der Gewaltereignisse seit Beginn des Jahres 2004 (siehe Abb. 1).[5] Während in den Jahren 1993 bis 2003 insgesamt etwa 748 gewaltsame Vorfälle in den Grenzprovinzen zu verzeichnen waren, kam es allein im Jahr 2004 zu rund 1.850 Anschlägen. 2005 war bisher das bei weitem gewaltreichste Jahr mit beinahe 2.300 gewaltsamen Vorfällen. Auch in den darauffolgenden Jahren 2006 und 2007 blieb die Zahl der Gewaltereignisse mit jeweils etwa 1.800 konstant hoch. Die Distrikte, die zwischen 2004 und Mitte 2008 am stärksten von der Gewalt betroffen waren, lagen hauptsächlich in den Provinzen Yala, Narathiwat und Pattani, doch kam es auch in südlichen Distrikten der Provinz Songkhla vereinzelt zu Anschlägen.

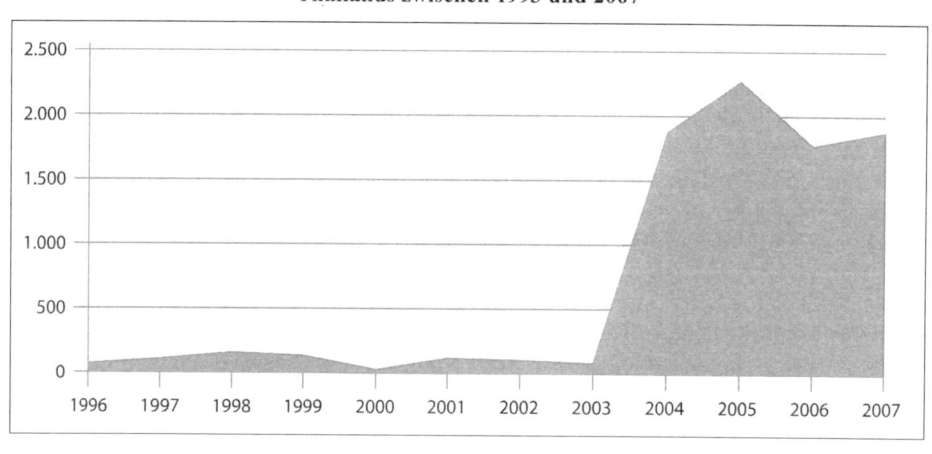

Abb. 1: Anzahl der gewaltsamen Vorfälle in den südlichen Grenzprovinzen Thailands zwischen 1993 und 2007

Quelle: Srisompob und Panyasak 2006, S. 2; www.deepsouthwatch.org. Eigene Darstellung.

Als Beginn der gegenwärtigen Gewaltwelle[6] gilt der spektakuläre Angriff auf ein Militärcamp der Royal Thai Army im Distrikt Cho Airong in der Provinz Narathiwat, dessen Hintergründe bis heute Gegenstand von Spekulationen sind (vgl. Askew 2007).[7] In der Nacht zum 4. Jänner 2004 stürmten an die 100 bewaffnete Angreifer das Militärcamp,

---

[5]) Detaillierte Informationen zur Gewalt in Südthailand sind vor allem auf den Internetseiten http://www.deepsouthwatch.org und http://medipe2.psu.ac.th/~vis/ zu finden (in Thai).

[6]) Croissant (2005) sieht bereits 2001 erste Anzeichen einer neuerlichen separatistischen Gewaltwelle.

[7]) Eine Chronologie der wichtigsten Ereignisse findet sich im Internet unter: http://en.wikipedia.org/wiki/South_Thailand_insurgency (Zugriff: August 2008).

Der Konflikt in Südthailand

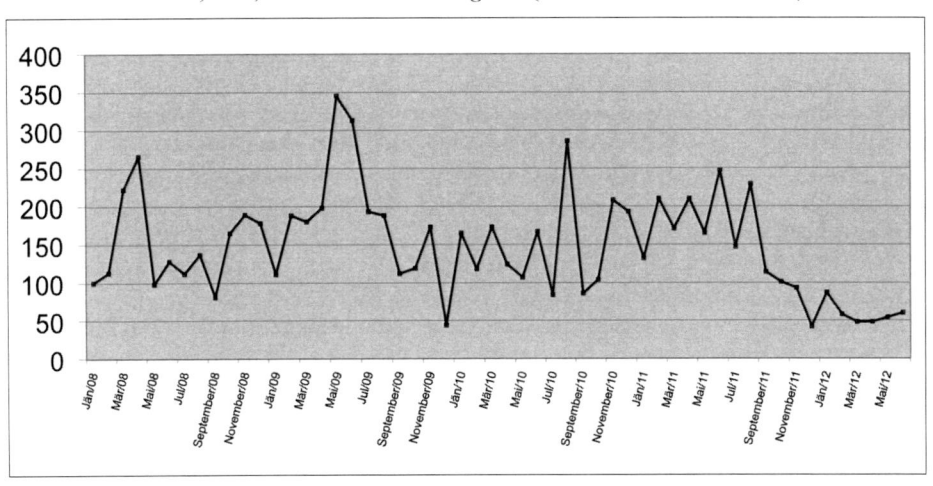

Abb. 2: Anzahl der gewaltsamen Vorfälle pro Monat in den Provinzen Pattani, Yala, Narathiwat und Songkhla (Jänner 2004 bis Juni 2008)

Quelle: www.deepsouthwatch.org. Eigene Darstellung.

erbeuteten etwa 400 Waffen (einschließlich Maschinengewehre, Pistolen und Raketenwerfer) und töteten vier buddhistische Wachen, jedoch keine der muslimischen Wachen. Etwa zur gleichen Zeit wurden auf ca. 20 Schulen und drei Polizeiposten in Narathiwat Brandanschläge verübt. Tags darauf wurden in der Provinz Pattani mehrere Bomben gelegt, bei deren Entschärfungsversuchen zwei Beamte zu Tode kamen (vgl. ICG 2005a, S. 17). Die thailändischen Sicherheitskräfte und Geheimdienste waren vom Ausmaß und der professionellen Durchführung der Anschläge überrascht und völlig unvorbereitet. Der damalige Premierminister Thaksin ließ kurz darauf das Kriegsrecht über die drei Grenzprovinzen (Pattani, Yala und Narathiwat) ausrufen (welches im Jahr 2005 in einen Notstandserlass umgewandelt wurde) und ordnete die Entsendung von zusätzlichen 3.000 Soldaten in die Region an, die mit umfassenden Sonderrechten ausgestattet wurden (die Zahl der Soldaten sollte bis 2007 auf etwa 26.000 anwachsen). Thaksins massive militärische Antwort auf die erste Gewaltwelle eskalierte auf tragische Weise in den Vorfällen um die historische „Kru-Se (Krisik)"-Moschee nahe der Provinzhauptstadt Pattani am 28. April 2004 und im Tak-Bai-Protest vom 25. Oktober 2004. Dabei kamen insgesamt 183 Menschen ums Leben, die meisten davon Malai-Muslime aus der Region.[8] Sie starben hauptsächlich durch die Hand staatlicher Sicherheitskräfte, entweder direkt (durch außergerichtliche Exekution) oder indirekt (durch Misshandlungen) (vgl. ICG 2005a, S. 21–31; HRW 2007a, S. 29ff – mehr zum Thema Menschenrechtsverletzungen durch staatliche Sicherheitskräfte siehe Kapitel 7).

---

[8]) Der Autor übernimmt den in der wissenschaftlichen Literatur verbreiteten Begriff *Malai-Muslime*, um damit ethnische Malaien muslimischen Glaubens in der Südregion Thailands zu bezeichnen. Es gibt aber darüber hinaus eine Vielzahl an weiteren Exonymen und Endonymen, wie zum Beispiel: Thai Malai-Muslime oder Thai Muslime malaiischer Herkunft, Ore Jawi, Ore Nayo, Nayu etc. (siehe JOLL 2006).

Die häufigste Form der Gewalt sind Anschläge mit Schusswaffen, häufig in Form von sogenannten „Drive-by shootings", wie SRISOMPOB und WATTANA (2006) beschreiben: „A typical attack scene would feature two people on a motorbike with the hit-man as pillion rider cruising to hunt victims." (SRISOMPOB und WATTANA, 2006, S. 6). Die Anzahl der mit Schusswaffen verübten Anschläge sank zwischen Jänner 2004 und Juli 2007 kaum unter 40 pro Monat, häufig kam es sogar zu über 80 derartigen Anschlägen (siehe Abb. 3). An zweiter Stelle der Gewaltakte standen bis Mitte 2005 Brandanschläge (vorwiegend auf öffentliche Gebäude wie Schulen oder Polizeistationen), bei welchen jedoch kaum Personen direkt zu Schaden kamen. Die Brandstiftungen wurden mittlerweile von der zunehmenden Zahl an Bombenanschlägen auf den dritten Rang verdrängt (siehe Abb. 3). Zwischen Jänner 2004 und Juli 2007 wurden 1.152 Bombenanschläge gezählt.

Besonders seit der zweiten Hälfte des Jahres 2005 und ab dem Sommer 2006 kam es immer häufiger zu extensiven Anschlagsserien mit Bomben in Größenordnungen zwischen drei und zehn Kilogramm (etwa im Juni 2006 und Februar 2007), die teilweise durch Fernzünder zur Explosion gebracht wurden. Die Bombenanschläge galten dabei sowohl Zivilisten – so wurden teilweise in Motorrädern oder Autos versteckte Bomben auf belebten Märkten oder vor Restaurants, Hotels, Banken etc. zur Explosion gebracht – als auch militärischen Einrichtungen und Militärkonvois entlang der wichtigsten Verkehrsverbindungen in der Region. Seit 2007 wurden auch mehrmals größere Bomben mit 15 Kilo und mehr verwendet, die eine verheerendere Wirkung zeigten. In den letzten Jahren

Abb. 3: Anzahl gewaltsamer Vorfälle und Art der Anschläge (Brandstiftung, Bombenanschläge, Vorfälle mit Schusswaffen) pro Monat in den südlichen Grenzprovinzen Thailands (Jänner 2004 bis Juli 2007)

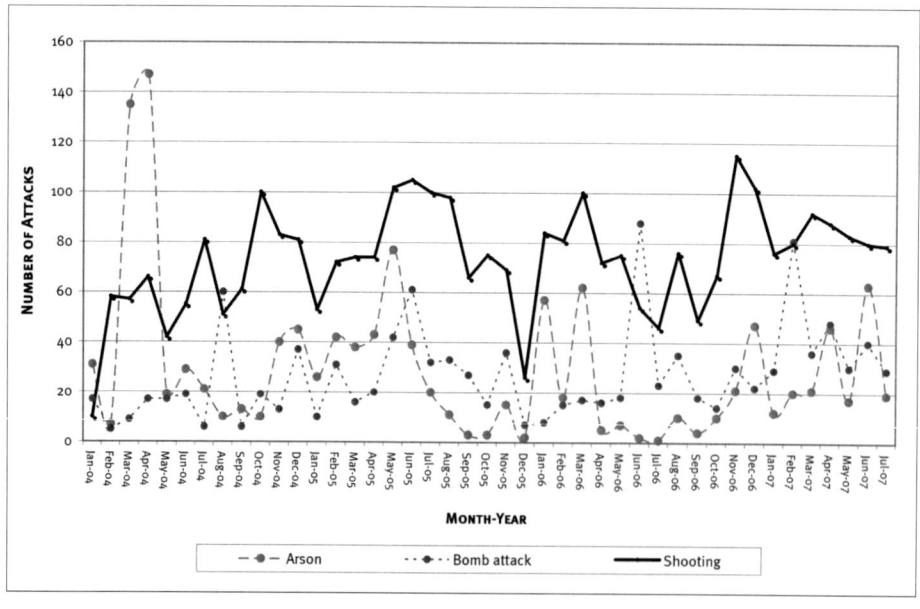

Quelle: Human Rights Watch 2007a, S. 48.

kam es immer wieder zu koordinierten Bombenanschlagsserien, bei welchen an bis zu 60 Orten simultan kleinere Bomben gezündet wurden. Diese verursachten zwar relativ geringe Schäden und zielten nicht auf eine größtmögliche Opferzahl ab, der psychologische Effekt auf die lokale Bevölkerung war jedoch verheerend. Im Unterschied zu anderen Krisenherden, wie etwa im Irak oder in Afghanistan, blieben Selbstmordanschläge bisher aus (vgl. ICG 2007, S. 7; HRW 2007a, S. 85 f).

Für das ganze Land besonders traumatisierend waren die bis Jänner 2008 gezählten 37 Fälle von Enthauptungen (es wird von Dutzenden weiteren versuchten Enthauptungen berichtet), wobei es sich bei den Opfern meist um Buddhisten handelte.[9] Die von aufständischen Separatisten häufig auch tagsüber auf offener Straße verübten grausamen Morde sollen Angst und Schrecken in der Bevölkerung verbreiten und einen Keil zwischen vormals mehr oder weniger friedlich zusammenlebende Buddhisten und Muslime treiben. Manche Beobachter sehen in den gezielten Anschlägen gegen die buddhistische Minderheit den Versuch der ethnischen Säuberung, um sie für immer aus der Region zu vertreiben. Etwa 45.000 Buddhisten sollen bisher aus den Grenzprovinzen geflohen sein und jene, die bleiben, werden regelmäßig in Flugblättern militanter Separatisten bedroht (vgl. ABUZA 2007).

Seit Jänner 2004 verging kaum ein Tag, an dem die Zahl der Opfer im Krisengebiet Südthailands nicht nach oben korrigiert werden musste. Von Jänner 2004 bis Juni 2008 wurden 3.071 Personen getötet und 4.986 verletzt.[10] Bis September 2007 kamen durchschnittlich mehr als 60 Personen pro Monat auf gewaltsame Weise ums Leben. Unter den Todesopfern befanden sich Buddhisten wie auch Muslime, wobei die Zahl der getöteten Muslime mit rund 56 Prozent die Zahl der budhhistischen Todesopfer mit 42 Prozent (bis Juni 2008) übertraf.[11] Während aber mehr Muslime als Buddhisten durch Anschläge getötet wurden, befanden sich unter den Verletzten wesentlich häufiger Buddhisten als Muslime. Der größte Teil der Anschläge galt Zivilisten oder zivilen Einrichtungen (63 Prozent). Erst in zweiter Linie waren Polizisten, Soldaten und Beamte davon betroffen.[12] Eine neben den thailändischen Sicherheitsbeamten besonders gefährdete Berufsgruppe sind die Lehrer. Zwischen Jänner 2004 und Juli 2008 wurden in den drei Grenzprovinzen mehr als 120 Lehrer getötet.[13]

Dass nun Zivilisten die primären Anschlagsziele darstellen, unterstreicht die neue Qualität der aktuellen Gewaltwelle im Vergleich zur Gewalt der vergangenen Jahrzehnte in der Region. In den 1960er- und 1970er-Jahren richtete sich die Gewalt noch hauptsächlich gegen Angehörige des Militärs und andere Vertreter des thailändischen Staates (vgl. SRISOMPOB und WATTANA 2006, S. 6f). Die neue scheinbare Willkür der Attentäter in der

---

[9]) „Ambush kills 8", www.pataninews.net, vom 14. Jänner 2008.

[10]) „Incidents in the Southern Provinces within 4 years and 6 Months" (in Thai), www.deepsouthwatch.org, vom 28. Juli 2008.

[11]) Die übrigen zwei Prozent konnten nicht zugeordnet werden.

[12]) „Violence in the Southern border provinces within 45 months (January 2004 bis September 2007)" (in Thai); www.deepsouthwatch.org , vom 29. Oktober 2007

[13]) „128 teachers, students, staff killed since Jan 2004", www.bangkokpost.com, vom 11. Juli 2008.

Abb. 4: Anzahl der verletzten und getöteten Personen in den Grenzprovinzen Pattani, Yala, Narathiwat und Songkhla zwischen Jänner 2004 und September 2007

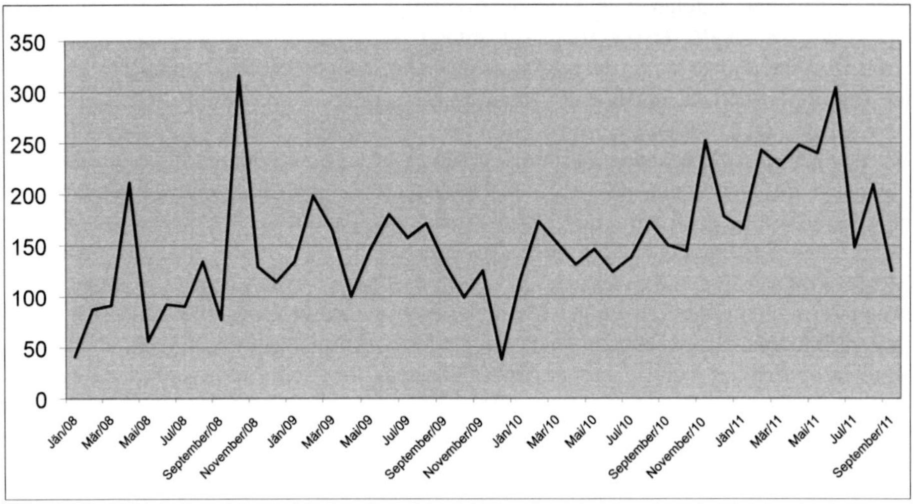

Quelle: www.deepsoutwatch.org. Eigene Darstellung.

Auswahl ihrer Opfer verstärkt das Gefühl der Angst und Unsicherheit in der lokalen Bevölkerung noch weiter. Dabei befindet sich die malai-muslimische Bevölkerung in einer doppelten Zwangslage. Während sie ebenso wie ihre buddhistischen Nachbarn fürchten muss, ins Visier militanter Separatisten zu geraten (als vermeintliche Kollaborateure oder Spione der Sicherheitskräfte), muss sie ebenso damit rechnen, von Militär oder Polizei als potenzielle Separatisten verdächtigt und festgenommen zu werden. Nicht selten verschwanden Personen, die von der Polizei oder Militärs in Gewahrsam genommen wurden, spurlos. Auch sind außergerichtliche Hinrichtungen von Malai-Muslimen durch Angehörige des Thai-Militärs belegt, was den Unmut und den Widerstand der lokalen Bevölkerung gegen die Sicherheitskräfte weiter verstärkte (vgl. WATTANA 2006, S. 124; ICG 2005a, S. 36).

In den letzten Jahren wurde die Zivilbevölkerung in Südthailand mehr und mehr in den gewaltsamen Konflikt hineingezogen. Eine besorgniserregende Entwicklung stellt dabei auch die zunehmende Bewaffnung und Organisation der zivilen Bevölkerung in paramilitärischen Gruppen und Dorfmilizen dar (z. B. bei den „Rangers" und „Defense Volunteers"). Ein Großteil davon rekrutiert sich aus der verängstigten buddhistischen Minderheit, die, schlecht ausgebildet, undiszipliniert und kaum überwacht, ihre Dörfer gegen angreifende Aufständische verteidigen soll. Anstatt jedoch die bisher überforderten regulären Streitkräfte bei der Eindämmung der Gewalt zu unterstützen, scheinen die Milizen und paramilitärischen Gruppen die Situation noch verschlimmert zu haben. So wurde beispielsweise von Fällen berichtet, in denen „Rangers" mit tödlichen Folgen auf unbewaffnete Zivilisten feuerten (vgl. ICG 2007).

Die Frage nach den Drahtziehern der Gewalt ist wohl eines der größten Rätsel im Zusammenhang mit den Ereignissen in Südthailand. Für die Sicherheitskräfte ist es schwierig, die im Verborgenen agierenden militanten Aufständischen aufzuspüren. SRISOMPOB und WATTANA (2006, S. 14) versuchten trotz des großen Misstrauens der lokalen Bevölkerung, durch Zeugen-Befragungen einzelne Gewaltereignisse in Kategorien zusammenzufassen und daraus folgende Kernakteure abzuleiten:

- Aktionen militanter separatistischer Gruppierungen oder Aufständischer (Separatisten);
- Gewaltakte, hervorgerufen durch persönliche Konflikte;
- Aktionen von staatlicher Seite, „Anti-Terrorismus Einsätze".

Ein Geheimdienstbericht des „National Security Council" (zitiert bei ASKEW 2007) kommt – was die verschiedenen Akteursgruppen betrifft, die im Verdacht stehen, die Unruhen im Süden zu schüren – zu einem ähnlichen Ergebnis, nämlich:

- „Disturbance instigators" bzw. Separatisten;
- Politische Gruppen, die sowohl auf lokaler als auch nationaler Ebene agieren;
- Einflussreiche Personengruppen, die in illegale Aktivitäten, wie zum Beispiel Drogenhandel und Waffenschmuggel, involviert sind;
- Persönliche Konflikte.

Schon HAEMINDRA identifizierte in den 1970er-Jahren mehrere Gruppen als Unruhestifter in den Grenzprovinzen: „... ordinary or non-political bandits, political bandits – sub-divided as communist terrorists and Malay separatists ..." (HAEMINDRA 1976, S. 197).

Welche Rollen die verschiedenen Gruppen heute im Einzelnen spielen und in welchem Ausmaß sie für die Gewalt verantwortlich zu machen sind, ist unklar. Wahrscheinlich ist es nicht möglich, die verschiedenen Akteure und ihre Motive exakt voneinander zu trennen. Vielmehr dürften militante Separatisten von den bereits vorhandenen „traditionellen" kriminellen und korrupten Netzwerken in der Grenzzone profitieren und umgekehrt profitieren auch illegale Netzwerke von der seit 2004 erneut sehr instabilen Lage in der Region, was CROISSANT (2005, S. 5) wie folgt beschreibt: „As insurgents rely to some extent on the same infrastructure as criminals, it is likely that criminal gangs, bandits and drug traffickers joined the Muslim insurgents in recent years." Ebenso gehören einzelne Akteure möglicherweise gleichzeitig mehreren Gruppen an. So operieren diese Gruppen scheinbar in einer Grauzone zwischen Kriminalität und persönlichen (wirtschaftlichen) Interessen einerseits und ethnischen oder religiösen Motiven andererseits. Ähnlicher Ansicht ist ASKEW (2007, S. 36) wenn er schreibt: „... all of these groups [‚criminals', ‚influential figures' and ‚militants'] are subsumed within a broadly-based militant-led insurgency, which incorporates players with complementary motivations and overlapping identities".

Bei der wahrscheinlich wichtigsten Gruppe von Gewaltakteuren, den ideologisch motivierten Separatisten bzw. militanten Aufständischen, soll es sich vorwiegend um junge Malai-Muslime handeln, die in kleinen, lose voneinander agierenden Zellen – auch als „mobile combat units" bezeichnet – besonders effizient operieren können. Der „Runda Kumpulan Kecil" (RKK), dem bewaffneten Flügel der „BRN-Coordinate" (einer Splittergruppe der BRN), werden die meisten Anschläge zugeschrieben, seine Mitglieder sollen ein entsprechendes Training in Indonesien erhalten haben. Die BRN-C ist neben der „Mujahideen Islamiya Pattani" (GMIP) die gegenwärtig aktivste militante Gruppierung in den Grenzprovinzen (vgl. NRC 2006, S. 14; ICG 2007, S. 6; UNGPAKORN 2007, S. 128; HORSTMANN 2008, S. 63).

3. Die historische Entwicklung als Einflussfaktor

Gewaltsame Konflikte in den Grenzprovinzen von Pattani, Yala und Narathiwat sind keineswegs ein rezentes Phänomen. Die Region des ehemals unabhängigen Königreichs Patani[14] blickt bereits auf eine sehr lange konfliktreiche Geschichte zurück, die immer wieder vom Kampf um Unabhängigkeit und Selbstbestimmung (gegen den Einfluss Siams) geprägt war. Der Einfluss der lokalen Geschichtserzählungen der Region auf die aktuellen Ereignisse darf nicht unterschätzt werden. Erst kürzlich wieder bezog sich Kasturi Mahkota, ein Vertreter der „Patani United Liberation Organization" (PULO), in einem offenen Brief an General Sonthi auf die – nach Ansicht der PULO – leidvolle Geschichte der Unterdrückung der Malai-Muslime in den Grenzprovinzen durch die Thais, insbesondere durch das nationalistische Regime in den Jahren nach dem Coup von 1932.[15] Schon HAEMINDRA (1977, S. 58) spricht von einer separatistischen Organisation in den 1960er-Jahren „[which] continued to refer to the grandeur of Pattani history as the chief justification for independence". CHE MAN (1990, S. 70) weist explizit auf die Funktion der glorifizierten Geschichte Patanis für die Legitimierung der malai-muslimischen Unabhängigkeitsbewegung der 1950er- und 1960er-Jahre hin. Aus jüngerer Zeit berichtet etwa Alexander HORSTMANN (1997, S. 19), dass die konstante Beschäftigung mit der Vergangenheit ein typischer Aspekt des Lebensstils der malaiischen Mittelschicht in den Grenzprovinzen ist.

Bezüglich der aktuellen Gewaltwelle seit 2004 ist nur schwer abzuschätzen, inwiefern sich auch die heutigen (mehr oder weniger unbekannten) Akteure des separatistischen Widerstandes zur Legitimation der Gewalt auf historische Konstruktionen und lokale Erzählungen stützen. Es gibt aber vereinzelte Hinweise, die auf symbolische Verbindungen zur lokalen Historiographie schließen lassen. So lässt sich etwa feststellen, dass sich die Gewalt vor allem auf den historischen Kernraum des Sultanats Patani konzentriert und andere muslimisch dominierte Provinzen, wie beispielsweise Satun, das historisch nicht Patani zuzurechnen ist, davon verschont blieben. Einen anderen Hinweis stellt der Vorfall in der „Kru-Se"-Moschee vom 28. April 2004 dar, der nach Meinung des angesehenen thailändischen Wissenschaftlers Chaiwat SATHA-ANAND (2006, S. 29f) viele Parallelen zu den historisch bedeutsamen Ereignissen bei Dusun-Nyor um den 28. April 1948 aufweist. Ebenso knüpft das unter Analysten der aktuellen Krise viel beachtete Büchlein „Berjhad di Pattani" (Der Kampf um die Befreiung von Pattani), welches bei einem der getöteten Kämpfer in der „Kru-Se"-Moschee gefunden wurde, stark an das gängige lokale Geschichtsverständnis an (vgl. GUNARATNA et al. 2006, S. 118–145).

---

[14]) Man beachte die unterschiedliche Schreibweise des ehemaligen Königreichs Patani mit nur einem „t" im Gegensatz zur heutigen thailändischen Provinz Pattani.

[15]) „Pulo's open letter to Gen Sonthi", www.pataninews.net, vom 7. Juli 2007.

3.1 Der „Mythos Patani": Aufstieg und Fall eines Königreichs

Vor dem 15. Jahrhundert gehörte das Gebiet des späteren Sultanats Patani zum Königreich Langkasuka, über das heute jedoch nur wenig bekannt ist.[16] Langkasuka, eines der frühesten Königreiche der malaiischen Halbinsel, war hinduistisch geprägt und wurde wahrscheinlich im 1. Jahrhundert n. Chr. gegründet. Im 12. Jahrhundert wurde Langkasuka dem buddhistischen Großreich Srivijaya tributpflichtig und verschwand schließlich ab dem 15. Jahrhundert im Dunkel der Geschichte (vgl. IDRIS 1995, S. 195f). Der Gründungsmythos Patanis, niedergeschrieben im „Hikayat Patani",[17] ähnelt im Kern den Gründungsmythen von Malaka und Pasai. Seinen Namen bekam Patani nach einem verbreiteten Volksglauben von einem alten honorigen Fischer namens Encik Tani, der von den Dorfbewohnern Pak Tani genannt wurde (vgl. TEEUW und WYATT 1970, S. 217; SYUKRI 2005, S. 19f).

Wie der Islam in Patani Einzug hielt, schildert Ibrahim SYUKRI (2005) in Anlehnung an den Hikayat Patani in der Geschichte des muslimischen Heilers Sheik Syafialudin aus Pasai, der den König von Patani – Raja Intera – von einer schlimmen Krankheit befreien konnte und ihm dafür das Versprechen abnahm, zum Islam zu konvertieren (vgl. SYUKRI 2005, S. 21f). Die offizielle Erklärung zum islamischen Sultanat erfolgte wahrscheinlich im Jahr 1457 (vgl. CHE MAN 1990, S. 34).

Das Sultanat Patani war (wie zahlreiche andere kleinere Königreiche in Festlandsüdostasien) verschiedenen bedeutenden Machtzentren gleichzeitig tributpflichtig, wie dem Sultanat Malaka im Süden und auch dem Königreich Siam im Norden (zu jener Zeit von Ayutthaya aus regiert).[18] Diese „multiple submission" sollte Patani gegen feindliche Übergriffe nach allen Seiten absichern. Im Falle eines Übergriffs durch Siam erhoffte man sich dadurch Unterstützung von Malaka und umgekehrt. Die Tributbeziehungen wurden durch verschiedene Rituale symbolisiert (vgl. WINICHAKUL 1994, S. 82f). So hatten die Rajas von Patani als Zeichen ihrer Loyalität und zur Erneuerung der Allianz alle zwei oder drei Jahre an den König von Siam Tribut in Form reich verzierter Bäumchen mit Blüten aus Gold und Silber zu zahlen (genannt „Bunga Mas"). Des Weiteren musste

---

[16]) *Langkasuka* befand sich nach Ansicht vieler Historiker an der Ostküste der malaiischen Halbinsel zwischen Kelantan und Songkhla und seine Hauptstadt lag wahrscheinlich in der heutigen Provinz Pattani.

[17]) *Hikayat Patani* erzählt die Geschichte Patanis von seiner Gründung bis in das Jahr 1730. Entstanden zwischen 1730 und 1830 in einer politisch instabilen Phase, sollte der sorgfältig konstruierte Text, der einerseits alte orale Erzählungen aufgriff und andererseits zeitgeschichtliche Themen beinhaltete, auch die Funktion erfüllen, die lokale Identität Patanis zu artikulieren und zu bewahren (vgl. VIRUNHA 2004, S. 10).

[18]) Dieses Schema der Machtbeziehungen in Südostasien ist bekannt als „mandala concept". „The mandala represented a particular and often unstable political situation in a vaguely definable geographical area without fixed boundaries and where smaller centers tended to look in all directions for security. Mandalas would expand and contract in concertina-like fashion. Each one contained several tributary rulers, some of whom would repudiate their vassal status when the opportunity arose and try to build up their own networks of vassal." (WOLTERS, zitiert nach WINICHAKUL 1994, S. 82).

Patani im Bedarfsfall seinen Verbündeten militärische Hilfe leisten (vgl. CHE MAN 1990, S. 34; HAEMINDRA 1976, S. 199).

Das „Goldene Zeitalter" Patanis begann Anfang des 16. Jahrhunderts während der Regierungszeit von Raja Hijau, der ersten weiblichen Raja.[19] Durch ihre Weltoffenheit und günstige geographische Lage zog die Hafenstadt (und gleichnamige Hauptstadt des Sultanats) Patani Händler aus Siam, China, Japan, Java, Indien und den arabischen Ländern an. 1516 erreichten auch die ersten Europäer Patani, portugiesische Händler, die von Malaka aus gekommen waren, um ihr Handelsnetzwerk auszubauen. Den Portugiesen sollten schließlich die Holländer nachfolgen, die 1641 die portugiesische Handelsbasis in Malaka eroberten und sich so die wirtschaftliche Vorherrschaft in der Region sicherten, vor allem von ihrer Hauptbasis in Batavia (Jakarta) aus. Später kamen noch die Engländer hinzu (vgl. SYUKRI 2005, S. 23–32; IDRIS 1995, S. 196f).[20]

SYUKRI (2005) zufolge war das Sultanat Ende des 16. Jahrhunderts bereits zu einem so bedeutenden und mächtigen Handelszentrum Festlandsüdostasiens gewachsen, dass Ayutthaya wirtschaftlich nicht mehr mithalten konnte. Dies erweckte den Wunsch des Königs von Siam, seinen Vasallenstaat Patani vollständig zu unterwerfen. König Naresuan, der große Herrscher von Ayutthaya, startete im Jahr 1603 mit seiner Kriegsflotte den ersten Versuch, Patani zu erobern. Unterstützt durch die ansässigen Händler inklusive der Europäer (Portugiesen und Holländer), die Feuerwaffen und Kanonen zur Verfügung stellten, gelang es Patani, die Angreifer in die Flucht zu schlagen. Im Jahr 1632 und in den folgenden Jahrzehnten kam es immer wieder zu neuen Angriffen Siams, die jedoch erfolglos blieben (vgl. SYUKRI 2005, S. 32–48; IDRIS 1995, S. 197).

Mit dem Tod von Raja Kuning, wahrscheinlich im Jahr 1688, endete die Herrschaft der vier aufeinanderfolgenden weiblichen Rajas (Nang Chayang) in Patani. Zugleich starb mit ihr der letzte Nachfahre von Raja Sri Wangsa, dem Gründer und ersten Raja von Patani. Die Zeit danach wurde später als „Era of Troubles" bekannt (vgl. IDRIS 1995, S. 198). Das Ende der „Goldenen Ära" Patanis machte sich auch in wirtschaftlicher Hinsicht bemerkbar. Das ehemalige Handelszentrum Südostasiens verlor an Bedeutung und die europäischen Händler hatten das Sultanat inzwischen großteils verlassen. Die langen Friedenszeiten (Siam hatte sich mit den Übergriffen der Burmesen herumzuschlagen und stellte deshalb keine echte Bedrohung mehr dar) hatten auch eine militärische Schwächung Patanis bewirkt. Als Siam schließlich im Jahr 1786 wiedererstarkt einen neuerlichen Angriff auf Patani unternahm, mit dem Ziel das Königreich endgültig zu unterwerfen, da dieses versucht hatte, sich von seiner Tributpflicht gegenüber Siam zu befreien, wirkte sich dieser Umstand verhängnisvoll aus. Dieses Mal war Patani nicht mehr in der

---

[19]) Vom Anfang des 16. bis zum Ende des 17. Jahrhunderts – in der Hochblüte Patanis – wurde das Königreich ausschließlich von weiblichen Rajas regiert. Alle weiblichen Rajas trugen den Titel Nang Chayang, abgeleitet von Phra Nang Chao Ying, was soviel bedeutet wie „Her Majesty the Female Raja" (vgl. SYUKRI 2005, S. 30).

[20]) Auch der erste österreichische Weltreisende Christoph Carl Fernberger von Eggenberg gelangte durch Zufall 1624 nach Patani („Bethanien"), um dort Handel zu treiben, sollte aber schließlich für die Königin von Patani in einer Schlacht gegen Siam kämpfen (vgl. WERNHART 1972, S. 127f).

Lage, seine Souveränität zu verteidigen und musste sich der Übermacht der Armee Siams geschlagen geben.[21] „This defeat was the first in the history of the Malay Kingdom of Patani, and signified the loss of independence of the Malay Kingdom of Patani and the abolution of the sovereignty of the Malay rajas which had been defended for hundreds of years. The purpose of the Siam-Thai raja was accomplished, which he had long desired, to subjugate Patani and enslave its people." (SYUKRI 2005, S. 58).

3.2 Eingliederung Patanis in das neu entstehende moderne Staatsgebilde von Siam: Zwischen Integration und Assimilierung

Nach dem Sieg über Patani setzte Siam einen Malaien namens Raja Bendang Badang, genannt Tungku Lamidin, als neues Regierungsoberhaupt und Raja von Patani ein. Die Verwaltung des Landes fiel dem Siam-Thai Herrscher von Ligor (im heutigen Nakhon Si Thammarat) zu (vgl. SYUKRI 2005, S. 59f). Nur wenige Jahre später (1786) entschied sich Tungku Lamidin zu einer Revolte gegen Siam. Mit seiner wiederhergestellten Armee griff er die Städte Singgora und Ligor (in den heutigen Provinz Nakhon Si Thammarat und Songkhla) an und besiegte diese. Mit der Unterstüzung einer Armee aus Bangkok schlugen Singgora und Ligor jedoch zurück und fügten Patani nach mehrjährigem Kampf (1789–1791) die zweite schmerzhafte Niederlage seiner Geschichte zu. Tungku Lamidin wurde verhaftet, nach Bangkok gebracht und wegen Hochverrats zum Tode verurteilt.

Der neue Herrscher Patanis, der von Siam eingesetzt wurde, war der Malaie Datuk Pangkalan. Um eine neuerliche Revolte zu verhindern, wurde nun zusätzlich auch ein Siamese als Supervisor eingesetzt, der die Malaien genau im Auge behalten sollte. Zwischen den beiden kam es häufig zu politischen Unstimmigkeiten, die schließlich in einer heftigen Auseinandersetzung mündeten. Im Jahr 1809, während der Herrschaft von König Rama I, vertrieb Datuk Pangkalan den Siamesen endgültig aus Patani, was einen neuerlichen Krieg provozierte. Auch dieses Mal trug Siam den Sieg davon und setzte nun erstmals allein einen siamesischen Herrscher, Palat Chana von Songkhla, als Raja von Patani ein, womit der Machtverlust der malaiischen Rajas endgültig besiegelt wurde.

Unter König Rama I., der bereits eine Politik der Assimilierung verfolgte, wurden an die 500 siamesische Familien in Patani angesiedelt, um die Zahl der Thai-Buddhisten in der Region zu erhöhen. Während dieser Zeit war die Beziehung zwischen den siamesischen Regierungsoberhäuptern und ihren malaiischen Untertanen in Patani sehr angespannt. Um den Widerstand der Malai-Muslime Patanis zu schwächen und die Region leichter regierbar zu machen, kam unter König Rama II. das bewährte Prinzip „divide et impera"

---

[21]) Zur Erinnerung an den Sieg Siams über Patani steht noch heute vor dem Verteidigungsministerium nahe dem Königspalast eine der symbolträchtigen Kanonen aus Patani (genannt Phaya Tani, gegossen während der Herrschaftszeit von Raja Biru), die nach Ende des Krieges zusammen mit Kriegsgefangenen nach Bangkok gebracht wurde (siehe http://en.wikipedia.org/wiki/Phraya_Tani, Zugriff: August 2008). Auch das Siegel der Provinz Pattani ziert noch heute das Abbild dieser Kanone.

zur Anwendung. 1816 wurde das nunmehr ehemalige Königreich Patani in sieben kleine Provinzen mit den Namen Patani, Nong Chik, Yaring, Saiburi, Yala, Raman und Rangae geteilt (vgl. IDRIS 1995, S. 198f).[22]

3.3 Die Reformen unter König Chulalongkorn und der Anglo-Siamesische Vertrag von 1909

Die politische Situation in den südlichen Grenzprovinzen Thailands änderte sich neuerlich unter König Mongkut (Rama IV., 1851–1868) und seinem Sohn König Chulalongkorn (Rama V., 1868–1910), der eine Politik der administrativen Zentralisierung etablierte, um eine direkte Kontrolle Bangkoks über alle Gebiete des Staates zu gewährleisten (bekannt als „Thesaphiban System"). Dies war eine Reaktion auf den europäischen Kolonialismus, dem sich Thailand durch die Präsenz der Franzosen in Indochina und der Briten im Westen und Süden ausgesetzt sah. Es schien eine Frage der nationalen Sicherheit, das Königreich nach europäischem Vorbild zu modernisieren, die Verwaltung systematisch neu zu strukturieren und die peripheren, ehemals autonomen Regionen stärker an das Zentrum zu binden, um so die territoriale Integrität Siams zu wahren (vgl. HEMINDRA 1976, S. 201f; PITSUWAN 1985, S. 29; STEINMETZ 2004, S. 135).[23]

1902 erreichten die Reformen auch die südlichen Grenzprovinzen. Die lokalen Eliten Patanis wurden zusehends ihrer Positionen enthoben (ihnen wurde eine fixe Pension als Abfindung zugesprochen) und durch Bürokraten ersetzt, die von Bangkok aus ernannt wurden. Mit der Änderung des Status des ehemaligen Sultanats Patani – es war nun eine Provinz wie alle anderen – war auch der traditionelle Tribut in Form der „Bunga Mas" obsolet geworden, stattdessen wurde die allgemeine Steuerpflicht eingeführt. Während die finanziellen Reformen und andere administrative Änderungen vor allem die Eliten direkt betrafen, die sich, da die Steuergelder nun direkt in Richtung Bangkok flossen, ihrer finanziellen Grundlage beraubt sahen, stießen die juristischen Reformen bei der Bevölkerung insgesamt auf Ablehnung. Alle rechtlichen Angelegenheiten (bis auf das Familien- und Erbrecht), die zuvor durch die Scharia geregelt worden waren, unterstanden nun dem siamesischen Rechtssystem.

Unmittelbar nach den Reformen kam es zu heftigem Widerstand des lokalen malaiischen Adels, der seine Existenz gefährdet sah (vgl. HAEMINDRA 1976, S. 201ff; CHE MAN 1995,

---

[22]) Weitere administrative Änderungen gab es 1905/06: Aus Patani, Nongchik und Yaring wurde Patani, aus Yala und Raman wurde Yala, Saiburi und Rangae blieben bestehen. 1933 wurde aus Saiburi und Patani die heutige Provinz Pattani, aus Rangae wurde das heutige Narathiwat und Yala blieb unverändert.

[23]) WINICHAKUL (1994, S. 101, 130f) kritisiert die konventionelle historische Darstellung der Entstehung des modernen Siam, nämlich, dass „The West was an ‚external' power which jeopardized the survival of Siam and dismembered ‚parts of its body'". Er sicht auch die aktive Rolle Siams und seine ambitionierte, aggressive Annexionspolitik gegenüber den zuvor autonomen peripheren Regionen. Für WINICHAKUL war Siam „not a helpless victim of colonialism as is generally thought".

Der Konflikt in Südthailand

S. 236).²⁴ SYUKRI (2005) unterstreicht die Bedeutung des Jahres 1902 als wesentliche Zäsur in der Geschichte Patanis mit folgenden Worten: „1902 was the year of the ultimate fall of the country of Patani, the loss of sovereignty of its rajas, the destruction of the right of suzerainty of the Malays in the country of Patani, and the pawning of all rights to liberty and independence to the Raja of Siam-Thai. This was the last and most unfortunate year in the history of the fall of the Malay Kingdom of Patani." (SYUKRI 2005, S. 81).

Die Ausweitung und Konsolidierung der Kontrolle Siams über die malaiischen Gebiete im Süden wurde schließlich von britischen Interessen gestoppt. Die Briten drängten auf eine Demarkation ihrer bislang diffusen Grenzen zu Thailand und so wurde am 10. März 1909 ein Abkommen zwischen Siam und Großbritannien unterzeichnet, welches den bis heute gültigen Verlauf der Staatsgrenze zwischen Thailand und Malaysia festlegen sollte. Siam trat all seine südlichsten malaiisch dominierten Provinzen Kelantan, Trengganu, Perlis und Teile von Kedah²⁵ an die Briten ab (ebenso die Inseln Langkawi und Rahman),²⁶ hielt jedoch ausgerechnet am Gebiet des ehemaligen Sultanats Patani fest, dessen letzter Raja den Anschluss an „British Straits Settlements" gefordert hatte.

Im Gegenzug verzichteten die Briten auf alle Sonderrechte, die sie in Siam durch den „Bowring Treaty" genossen hatten und gewährten einen günstigen Kredit zum Bau einer Eisenbahn zwischen Siam und Malaya. Aus der Sicht der Föderierten Malaiischen Staaten war eigentlich eine Teilung angestrebt worden, welche die vorwiegend malaiisch dominierten Gebiete unter britisches Protektorat und siamesisch dominierte Gebiete unter den Einfluss Siams bringen sollte. Für die Regierung Siams stand es jedoch aus Prestigegründen außer Frage, einer Abtretung der Gebiete von „Greater Patani" keinesfalls zuzustimmen (vgl. NUMNONDA 1967, S. 231–235; STEINMETZ 2004, S. 137f).

Die Schaffung einer modernen, klar definierten Grenze im Jahr 1909 hatte für das ehemalige Sultanat Patani, aber auch für Siam, weitreichende Konsequenzen. Von einem ehemaligen Vasallenstaat mit innerer politischer Autonomie war es nun zu einem integralen Bestandteil des Königreichs Siam geworden und stand von nun an offiziell unter der Herrschaft Bangkoks (vgl. HAEMINDRA 1976, S. 204; GILQUIN 2005, S. 68).

---

²⁴⁾ Nachdem klar wurde, dass die lokalen Herrscher durch Thais ersetzt würden, wandte sich Tengku Abdul Kadir (der letzte Raja von Patani) 1901 an Sir Frank Swettenham (den britischen Gouverneur der Straits Settlements in Singapore) mit der Bitte, die Briten mögen in Thailand für Patani intervenieren. London entschied sich jedoch aus verschiedenen Gründen dafür, sich nicht in diese Angelegenheit einzumischen. Kurz darauf wurde Tengku Abdul Kadir auf Befehl aus Bangkok festgenommen, da er sich geweigert hatte, die Reformen der Zentralregierung mitzutragen. Nach zwei Jahren Gefängnis kam er wieder frei und ging nach Kelantan ins Exil (vgl. CHE MAN 1990, S. 62).

²⁵⁾ Der Rest von Kedah bildet heute die Provinz Satun.

²⁶⁾ Für Siam waren diese entlegenen Gebiete, über die es de facto keine echte Kontrolle ausübte, nur ein Sicherheitsrisiko. Strobel, der Berater des Königs von Siam, verglich diesem gegenüber die malaiischen Gebiete mit kranken Gliedmaßen, die es abzutrennen galt, um den Körper zu retten (vgl. NUMNONDA 1967, S. 231–235).

Rainer Einzenberger

3.4 Der Widerstandskampf der Malai-Muslime im 20. Jahrhundert

Der Widerstand der Malai-Muslime gegen die Integrationsversuche Siams, nun unter dem stark nationalistisch eingestellten König Vajiravudh (Rama VI., 1910–1925), wurde umso heftiger, je intensiver Siam versuchte, seine Kontrolle auszuweiten. In das Bemühen um die Wiedererlangung der Selbstbestimmung waren zu Beginn sowohl der Adel als auch die religiösen Führer Patanis involviert (vgl. CHE MAN 1990, S. 63f). Die ersten größeren Proteste zu Beginn des 20. Jahrhunderts entzündeten sich an steuer- und bildungspolitischen Eingriffen Siams. Im Jahr 1921 hatte die Regierung den „Compulsory Primary Education Act" in Kraft gesetzt, der für alle Kinder einen verpflichtenden Besuch staatlicher Grundschulen (mit Unterrichtssprache Thai) vorsah. Das Gesetz wurde von den Malai-Muslimen als absichtlicher Angriff auf ihre Kultur und malaiische Identität (insbesondere auf ihre Sprache) gewertet. Auch waren viele Malai-Muslime dagegen, dass ihre Kinder mit anderen Lehren als jenen des Islam in Berührung kommen sollten und lehnten staatliche Schulen strikt ab. Sie schickten ihre Kinder lieber weiterhin in „Pondoks", die traditionellen islamischen Schulen der Region.

Im Jahr 1922 rebellierten die Dorfbewohner von Ban Namsai im Distrikt Mayo gegen die staatliche Autorität, indem sie sich weigerten, Steuern zu bezahlen. Kurz darauf kam es zu schweren Zusammenstößen zwischen Malai-Muslimen, dem Militär und der Polizei, die viele Todesopfer forderten. Die Protestbewegungen, in die auch Tungku Abdul Kadir involviert war, der von Kelantan aus unterstützt wurde, konnten nur mit beträchtlicher Mühe unter Kontrolle gebracht werden. Die Konflikte in der Region zwangen die Regierung 1923, ihre Integrationspolitik neu zu überdenken. Neue Richtlinien wurden erlassen, um jene Gesetze, die mit den Lehren des Islam unvereinbar schienen, anzupassen. Es wurde eine gewisse Form religiöser und kultureller Autonomie gewährt und auch die Besteuerung der Malai-Muslime wurde auf ein Minimum herabgesetzt. Diese etwa von 1923 bis 1938 andauernde Phase gemäßigter Politik korrespondierte auch mit einem deutlich geringeren Niveau gewaltsamen Widerstandes der Malai-Muslime in den Grenzprovinzen (vgl. CHE MAN 1990, S. 64; 1995, S. 236f; SYUKRI 2005, S. 84).

Mit dem Aufkommen der ultra-nationalistischen Militärdiktatur unter Feldmarschall Phibun Songkhram (Phibulsonghkram) (1938–1944) endete diese relativ friedliche Periode in Südthailand. Der Thai-Nationalismus gewann die Oberhand, geprägt von einer Verherrlichung der „Thai-Rasse", einer Idee, die auf einem völlig fiktiven Konstrukt basierte.[27] Die Redewendung „Thailand für die Thais" wurde zum wichtigsten Propagandaslogan. So kam es 1939 auch zu einer Änderung des ethnisch neutralen Namens Siam in Thailand („Land der Thais") (vgl. CHE MAN 1990, S. 65; 1995, S. 237; STEINMETZ 2004, S. 142f; GILQUIN 2005, S. 72). Es wurde ausschließlich die Kultur der Thais der Zentralregion akzeptiert und nur diese gefördert. Alle thailändischen Staatsbürger inklusive der Minderheiten hatten sich den Normen der Thais anzupassen. Diese nationalistische Bewegung der kulturellen Uniformierung wurde „Pan-Thai"- oder „Greater-Thai"-Bewegung genannt (vgl. PITSUWAN 1985, S. 88). Wie alle Minderheiten wurden auch die Malai-

---

[27]) Phibun Songkhram war inspiriert von faschistischen Regimen, wie sie zu jener Zeit bereits unter Hitler und Mussolini existierten, und strebte Ähnliches auch für Thailand an.

Muslime Patanis mit dieser erzwungenen Assimilierung konfrontiert. 1939 erließ Phibun Songkhram eine Reihe von Verordnungen (genannt „Thai Dress and Customs Decree" oder „Thai Rathaniyom"), die das Ziel verfolgten, eine gemeinsame „Thai-Identität" zu schaffen. Dazu gehörten beispielsweise der verpflichtende Gebrauch der Thai-Sprache der Zentralregion und das Annehmen eines Thai-Namens, das Verbot, traditionelle malaiische Kleidung (den Sarong) zu tragen, Patani-Malai zu sprechen und Betelnüsse zu kauen, die Verpflichtung, die Nation durch Salutieren vor der Flagge oder Singen der Nationalhymne zu ehren (teilweise wurden auch Muslime gezwungen, Buddha-Statuen anzubeten) und vieles mehr.

Phibuns Politik der Repression und Zwangsassimilierung, die in nahezu sämtliche Aspekte des täglichen Lebens eingriff und die vormaligen kulturellen Freiheiten in der „Greater Patani Region" zunichte gemacht hatte, führte zu enormen Spannungen in den malaiischen Grenzprovinzen. Viele Tausende Malai-Muslime flüchteten in das heutige Malaysia oder nach Saudi Arabien. Obwohl die „Rathaniyom Decrees" nach dem Zweiten Weltkrieg fallengelassen wurden, blieben diese bitteren Erfahrungen bis heute im kollektiven Gedächtnis der Malai-Muslime erhalten.

Nach Ende des Zweiten Weltkriegs hofften die Muslime der „Greater Patani Region", die auf Seiten der Briten gestanden hatten, dass Thailand als Verbündeter Japans so behandelt werden würde, wie es einem Kriegsverlierer zustünde, und die malaiischen Provinzen, die es vor 1909 besessen und von Japan zurückbekommen hatte, an die Briten abtreten müsste. Getragen von dieser Hoffnung, die jedoch aufgrund anderweitiger Interessen der Briten und der USA enttäuscht werden sollte[28] (Thailand als Verbündeter war ein willkommenes Gegengewicht zu den kommunistischen Bewegungen in China, Indochina, Indonesien und Malaya), gründeten malai-muslimische Anführer die Vereinigung „Gabungan Melayu Patani Raya" (GAMPAR) oder „Association of Malays of Greater Patani". In etwa zur selben Zeit organisierte der berühmte islamische Gelehrte Haji Sulong bin Abdul Kadir das „Patani Peoples Movement" (PPM). Diese beiden Organisationen waren die eigentlichen Keimzellen des andauernden organisierten Kampfes der Malai-Muslime „Greater Patanis" um Unabhängigkeit (vgl. PITSUWAN 1985, S. 88f; GILQUIN 2005, S. 73f; CHE MAN 1990, S. 65f).

Die PPM unter der Führung Haji Sulongs, die mit der GAMPAR in Verbindung stand und von einer religiösen Elite dominiert wurde, hatte das Ziel, den Grundstein für ein autonomes Patani zu legen. Am 3. April 1947 überbrachte die PPM unter Führung Haji Sulongs dem Innenministerium und der Regierung in Bangkok unter Thavan Thamrong Navaswasdi einen Katalog mit sieben Forderungen. Diese beinhalteten unter anderem die Wiederherstellung einer autonomen „Greater Patani Region", mit einem aus der Region kommenden gewählten Hochkommissar. Außerdem wurde neben der Einführung

---

[28]) Phibun Songkhram wurde 1944 gezwungen abzutreten. Die neue Regierung distanzierte sich von den auf thailändischem Boden befindlichen japanischen Truppen. Nach Kriegsende wurde die Teilnahme Thailands am Krieg von den USA in den Friedensverhandlungen relativiert, da sich der thailändische Botschafter in Washington geweigert hatte, die Kriegserklärung weiterzuleiten. So erklärten die USA diese für null und nichtig. Auch die Briten gaben sich nach einer kostenlosen Lieferung von 1,5 Millionen Tonnen Reis und einer neuerlichen Versicherung Thailands, keinen Kanal am Isthmus von Kra zu bauen, zufrieden.

von Malai als zweiter Amtssprache neben Thai auch eine Steuerhoheit und das islamische Recht eingefordert (vgl. Pitsuwan 1985, S. 152; Che Man 1990, S. 66; Gilquin 2005, S. 75f; Syukri 2005, S. 94).

Erwartungsgemäß war die Reaktion der Regierung auf die Forderungen Haji Sulongs ablehnend. Als die steigende Unzufriedenheit der Malaien mit der Vorgangsweise der Regierung schließlich in Unruhen mündete und ein Wahlboykott der Malai-Muslime bei den Wahlen von 1948 drohte, reagierte Bangkok im Jänner 1948 mit der Verhaftung von Haji Sulong und seinen Gefolgsleuten (man warf ihnen Landesverrat vor).[29] Dies wiederum provozierte zahlreiche Aufstände in den malaiischen Gebieten, bei welchen mehrere Polizeibeamte zu Tode kamen. Die Situation im Süden verschlimmerte sich dramatisch, als Phibun Songkhram am 8. April 1948 erneut an die Macht kam (vgl. Haemindra 1976, S. 209; Che Man 1990, S. 66f; Aphornsuvan 2004, S. 33f). Die Krise explodierte schlussendlich im April 1948 in Form einer Revolte in einem Dorf im Distrikt Ra-ngae in Narathiwat, die als „Dusun-Nyor Rebellion" in die Geschichte Thailands eingehen sollte (die Malaien sprachen vom „War of Dusun-Nyor").

Dieser Vorfall wird von manchen Malai-Muslimen als die gewaltsamste Konfrontation zwischen der Polizei und lokalen Dorfbewohnern in der Geschichte Südthailands gewertet (vgl. Satha-Anand 2006, S. 12). Damals, am 27. und 28. April 1948, kam es zu einem tödlichen Zusammenstoß zwischen geschätzten 1.000 Malai-Muslimen (welche von der Regierung der geplanten Rebellion bezichtigt wurden) und thailändischen Polizeieinheiten.[30] Die Kampfhandlungen dauerten etwa 36 Stunden an, bevor die Dorfbewohner zur Aufgabe gezwungen wurden. Etwa 400 Malai-Muslime (angeblich auch Frauen und Kinder)[31] und 30 Polizisten wurden dabei getötet. Syukri (2005) berichtet in seinem ursprünglich nur ein Jahr danach erschienenen Buch „The Malay Kingdom of Patani", das möglicherweise als Reaktion auf die Krise verfasst wurde, aus der Sicht eines Malai-Muslimen über den Vorfall in Dusun-Nyor: „The sacrifice of hundreds of Malay lives was a major event in the history of the rising of the Malay people of Patani, who demand justice and freedom." (Syukri 2005, S. 97). Pitsuwan (1985, S. 161) berichtet über die Ereignisse: „The Dusong Nyor rebellion on April 26–27 has now become a symbol of the Malays defiant spirit and continues to inspire independence movements at the present."

Als Folge der gewaltsamen Ereignisse flohen etwa 2.000 bis 6.000 Malai-Muslime über die Grenze nach Malaya. Geschätzte 250.000 Malaien unterzeichneten eine Petition an die Vereinten Nationen über die Abspaltung der vier muslimischen Provinzen und ihre Vereinigung mit der neu formierten „Föderation von Malaya". Die Reaktion Phibuns bestand aus der Verhängung des Ausnahmezustands in den muslimischen Gebieten und der Entsendung

---

[29]) Der Prozess Haji Sulongs und seiner Leute endete im Februar 1949. Das Gericht hatte die Anklage wegen Hochverrats zwar aufgehoben, ihn jedoch wegen anderer Straftaten zu einer siebenjährigen Haftstrafe verurteilt, von der er über drei Jahre absitzen musste.

[30]) Über den genauen Hergang gibt es je nach Quelle verschiedene Ansichten. Einmal attackierten zuerst die Streitkräfte der Regierung, ein anderes Mal die Malai-Muslime (vgl. Satha-Anand 2006, S. 17–22).

[31]) Die Opferzahlen schwanken je nach Bericht von 30 bis 100 (offizielle Berichte) und von 400 bis 600 (Berichte von Malai-Muslimen) (vgl. Satha-Anand 2006, S. 19).

von Polizei-Spezialeinheiten, um die „Kommunisten" zu bekämpfen (vgl. CHE MAN 1990, S. 67; APHORNSUVAN 2004, S. 40–43; SYUKRI 2005, S. 97f; SATHA-ANAND 2006, S. 17–22).

Ein Ereignis, das neuerlich großen Unmut unter den Malai-Muslimen hervorrief, war das mysteriöse Verschwinden Haji Sulongs zwei Jahre nach seiner Entlassung aus dem Gefängnis im Jahr 1954. Es wird vermutet, dass er gemeinsam mit drei Anhängern von der Polizei ermordet wurde (vgl. HAEMINDRA 1977, S. 85; GILQUIN 2005, S. 78). Haji Sulong wurde so zu einem Symbol des Widerstands gegen die Assimilierungsversuche und die brutale Unterdrückung durch den thailändischen Staat.

1959 formierte sich die „Patani National Liberation Front" (Barisan Nasional Pembebasan Patani, kurz BNPP) mit der Zielsetzung, die Unabhängigkeit Patanis wiederherzustellen. Die bevorzugten Strategien wurden nunmehr erweitert und umfassten auch den bewaffneten Guerilla-Kampf. Von den frühen 1960er-Jahren an kam es mit Unterbrechungen immer wieder zu bewaffneten Kämpfen mit den staatlichen Streitkräften (vgl. CHE MAN 1990, S. 98f). Anfang der 1960er-Jahre wurde die „National Revolution Front" (Barisan Revolusi Nasional, kurz BRN) gegründet, mit dem Ziel der Errichtung der Republik Patani. Die BRN legte größeren Wert auf die politische Organisation (vor allem in religiösen Schulen) als auf den Guerilla-Kampf. Sie schreckte jedoch auch nicht vor Gewaltakten zurück, die von ihrem militanten Flügel verübt wurden. Der BRN sagte man auch eine gewisse Nähe zur Kommunistischen Partei Thailands (CPT) nach (die in den Provinzen Trang und Phattalung bewaffnete Einheiten stationiert hatte), da sie daran interessiert war, alle Gegner Bangkoks zu bündeln (vgl. CHE MAN 1990, S. 99; GILQUIN 2005, S. 79).

Unter der Militärregierung von Feldmarschall Sarit Thanarat, der Phibun durch einen Staatsstreich 1957 gestürzt hatte und eine Politik der bedingungslosen Assimilierung der malai-muslimischen Bevölkerung verfolgte, erhielt die Unabhängigkeitsbewegung in Südthailand erneut Zulauf (vgl. PITSUWAN 1985, S. 168). Im Jahr 1961 wurde von Sarit im Rahmen seiner Modernisierungskampagne ein Programm zur Umwandlung der Pondoks in registrierte private säkulare Schulen (unter staatlicher Kontrolle) gestartet. Alle Schulen hatten ein festgelegtes Curriculum in Thai zu unterrichten. Aber auch die ökonomische Entwicklung Südthailands sollte vorangetrieben werden. Tausende buddhistische Familien (bis zu 100.000 Siedler) aus dem ganzen Land, speziell aus dem Nordosten, wurden durch das „Self-Help Land Settlement Project", eine Art „Mini-Transmigrasi"-Programm, in den Südprovinzen angesiedelt, wo sie Land zur Verfügung gestellt bekamen. Ein Ziel des Projekts war offensichtlich auch, die demographischen Verhältnisse in der Region zugunsten der Thai-Buddhisten zu verschieben (vgl. CHE MAN 1990, S. 97; STEINMETZ 2004, S. 148; GILQUIN 2005, S. 80). Über die Auswirkungen der Regierungsprogramme unter Sarit, die von den Malai-Muslimen als weitere Assimilierungsversuche wahrgenommen wurden, schreibt CHE MAN (1990): „The determination of the Thai government to carry out these assimilation programmes, together with the ‚internal colonial' characteristics of the existing socio-economic and political structure of the Muslim society [...], explain the rise of separatist politics and the emergence of different liberation fronts." (CHE MAN 1990, S. 98).

1968 entstand die dritte bewaffnete Gruppierung, die „Patani United Liberation Organisation" (PULO), die bis heute eine wichtige Rolle spielt. Die PULO besetzte eine mittlere Position zwischen dem „orthodoxen Islam" der BNPP und dem „islamischen Sozialismus" der BRN (vgl. CHE MAN 1990, S. 99). Sie ist stärker säkular-nationalistisch ausgerichtet (ihre offizielle Ideologie lautet: „Religion, Race/Homeland, Humanitarianism") und hat die Errichtung eines unabhängigen islamischen Staates zum Ziel (vgl. CHALK 2001, S. 243). Die PULO erhielt Unterstützung aus Syrien und Libyen und ließ auch ihre Kampfeinheiten (geschätzte 200 bis 600 Mann) teilweise dort ausbilden. Ihre Hochburgen waren allerdings Narathiwat und Pattani und ihr Büro befand sich in Kota Bahru in Kelantan (vgl. ICG 2005a, S. 8; GILQUIN 2005, S. 81).

Die Zeit von 1968 bis ungefähr 1975 markierte die Hochphase der separatistischen Aktivitäten in Südthailand. Über 60 verschiedene bewaffnete Gruppen (muslimische Separatisten, aber auch thailändische und malaysische Kommunisten, Banditen, etc.) sollen in den späten 1960er-Jahren im Süden aktiv gewesen sein. Sie verfolgten hauptsächlich Guerillamethoden, waren schwach organisiert und kooperierten kaum (vgl. GILQUIN 2005, S. 80; ICG 2005a, S. 6). Es kam primär zu Anschlägen auf Militär- und Polizeiposten und Regierungsgebäude (inklusive Schulen). Erpressungen von Plantagenbesitzern, Dorfbewohnern und von Geschäftsleuten wurden zu einer wichtigen Einnahmequelle für die Aktivisten. Man sprach teilweise von den Widerstandsorganisationen als „Invisible Government", die eine „free region" etabliert hatten (vgl. HAEMINDRA 1977, S. 88).

Als Antwort darauf lancierte die Regierung von 1968 bis 1975 eine Reihe von Militäroperationen, bei denen man hart gegen die Separatisten vorging. Die Bilanz waren 385 Zusammenstöße zwischen Militär und Separatisten. Dabei starben 329 Malai-Muslime, es wurden 1.208 Verhaftungen durchgeführt und 165 Aufständische ergaben sich freiwillig (vgl. CHE MAN 1990, S. 100f; ICG 2005a, S. 9). Ein damals führender Beamter der Polizei und Teilnehmer der Operationen bemerkte über die wenig nachhaltigen Erfolge dieser Aktionen: „If we look at the statistics, we like to believe that our operations were successful, and that the terrorists should have been entirely wiped out. On the contrary, several terrorists remain active; new leaders who are unfamiliar to us have appeared. In fact, we have conducted campaigns against them since 1905. Yet, they can still exist." (MEGARAT 1977, zitiert nach CHE MAN 1990, S. 101).

In den späten 1970er- und frühen 1980er-Jahren brachen die älteren separatistischen Gruppierungen allmählich auseinander (zuerst die BNPP, dann die BRN und PULO). 1985 spalteten sich von der bereits stark geschwächten BNPP einige der militanteren Anführer ab, um die „Barisan Bersatu Mujahidin Patani" (BBMP) zu formen. Radikaler und islamistischer als ihre Mutterorganisation, rief sie zum „Jihad" gegen die „kafir" (ungläubige) thailändische Regierung auf, die sie beschuldigte, die Identität der Muslime Patanis absichtlich zu unterminieren. Auch die BNPP änderte 1986 ihren Namen in „Barisan Islam Pembebasan Patani" (BIPP = Patani Islamic Liberation Front), um ihre Bindung zum Islamismus zu bekräftigen. Dieser Richtungswechsel war teilweise vom Erfolg der islamischen Revolution im Iran 1979 inspiriert worden (vgl. ICG 2005a, S. 10).

Als General Prem Tinsulanonda[32] 1980 die Regierungsgeschäfte übernahm, kam es zu einem Strategiewechsel, was die innenpolitischen Probleme und die Bedrohung durch

---

[32]) General Prem Tinsulanonda, Präsident des „Privy Council" (des Kronrates des Königs), spielte auch eine zentrale Rolle im Staatsstreich des Jahres 2006.

Der Konflikt in Südthailand

Aufständische (vor allem durch die Kommunisten)[33] betraf. Mit der „Prime Ministerial Order 66/2523"[34] ging man von der Assimilierungspolitik der Vorgänger ab. Es wurde ein neuer Ansatz zur Befriedung des Landes (inklusive des Südens) verfolgt, der eine öffentliche Partizipation, ökonomische Entwicklungsprogramme, mehr kulturelle Rechte und Freiheiten sowie eine Amnestie umfasste. Hunderte kommunistische und separatistische Kämpfer im Land nahmen das Amnestie-Angebot an. General Prem kam selbst aus dem Süden (aus Songkhla) und verstand die lokale Identität und die Missstände in der Region besser als seine Vorgänger.

Prem baute im Süden einige neue Institutionen auf, um den Übergang von einer Kultur der Konfrontation hin zu einer Verhandlungskultur zu vollziehen. Dazu diente einerseits das CPM 43 („Civil-Police-Military joint headquarters"), eine Institution, welche die Einsätze der Sicherheitskräfte koordinieren sollte, um so auch etwaigen Menschenrechtsverletzungen vorzugreifen. Eine weitere von General Prem ins Leben gerufene Einrichtung, die sich um die größten Probleme in der Verwaltung (wie mangelnde Koordination und Korruption) der südlichsten Provinzen kümmern sollte, war das SBPAC („Southern Border Provinces Administrative Center"). Der neue Ansatz wirkte sich positiv auf die Lage in den südlichsten Provinzen aus. In den 1980er- und 1990er-Jahren nahm die Gewalt signifikant ab, und die Zahl der Kämpfer in den bewaffneten Organisationen war aufgrund der erlassenen Amnestie deutlich zurückgegangen (vgl. ICG 2005a, S. 11).[35]

Zu Beginn der 1990er-Jahre schien ein gewisser Optimismus gerechtfertigt, dass die Unabhängigkeitsbewegung im Süden Thailands endgültig am Ende sei. Doch einige wenige Akteure hielten weiter an ihrer Vision eines unabhängigen Patani fest. 1995 ging aus der PULO, die für eine Reihe von Bombenanschlägen im Jahr 1993 verantwortlich gemacht wurde, die „New PULO" hervor, die sich der Strategie regelmäßiger kleinerer Anschläge verschrieben hatte (vgl. CHALK 2001, S. 243). Ebenfalls 1995 tauchte die GMIP („Gerakan Mujahidin Islam Patani" bzw. „Islamic Mujahidin Movement of Patani") auf, die von Nasoree Saesang, einem ehemaligen Afghanistan-Kämpfer aus Narathiwat, gegründet wurde. Die Bewegung hat sich der Schaffung eines unabhängigen Staates Patani verschrieben und orientiert sich stärker an der internationalen islamistischen Agenda als das bei BRN oder New PULO der Fall ist (vgl. ICG 2005a, S. 13). 1997 gingen PULO und New PULO schließlich eine taktische Allianz unter der Dachorganisation der BERSATU („United Fronts for Patani") ein.[36] Zwischen 1997 und 1998 kam es als Folge dieser Kooperation (an der möglicherweise auch Elemente der GMIP und BRN beteiligt waren) zu 33 Anschlägen (mit dem Codenamen „Falling Leaves"), die insgesamt neun Todesopfer forderten und beträchtliche Schäden verursachten. Dies war die größte Eskalation separatistischer Gewalt seit den 1980er-Jahren (vgl. CHALK 2001, S. 244).

---

[33]) Zu diesem Zeitpunkt war vor allem die „Communist Party of Thailand" (CPT) sehr aktiv.

[34]) Die Order 66/2523 setzte auf politische Maßnahmen zur Bekämpfung des Kommunismus (und auch Separatismus) und weniger auf militärische Lösungen.

[35]) Manche ehemalige Guerilla-Kämpfer nahmen an Entwicklungsprojekten teil oder traten sogar der Armee bei.

[36]) Laut CHE MAN (1995) wurde die Dachorganisation BERSATU bereits 1991 gegründet. Sie ging aus einer Konferenz der „Patani Freedom Fighters" im Jahr 1989 hervor, an welcher die BIPP, BRN-C, GMP und PULO teilgenommen hatten.

4. Ethnisch-religiöse Dimensionen des Konflikts

Fast 80 Prozent der (laut Zensus 2000) etwa 1,7 Millionen Einwohner der drei Provinzen Pattani, Yala und Narathiwat sind Muslime malaiischer Herkunft (siehe Abb. 5). Sie bilden gemeinsam mit den restlichen Muslimen Thailands mit etwa 3,5 bis 5 Prozent die zweitgrößte Minderheit im Land und werden nur von den zumeist gut integrierten Chinesen zahlenmäßig übertroffen. Thai-Buddhisten sind in den Grenzprovinzen Südthailands klar in der Minderheit. Sie konzentrieren sich ebenso wie die Sino-Thais vorwiegend in den wenigen urbanen Zentren, während die Malai-Muslime hauptsächlich im ländlichen Raum leben (vgl. HAEMINDRA 1976, S. 197; SUHRKE 1989, S. 2f; GILQUIN 2005, S. 38).

Die Malai-Muslime in den drei Grenzprovinzen Südthailands unterscheiden sich, was ihre ethnische Identität betrifft, stark von der zu etwa 95 Prozent buddhistischen Mehrheits-

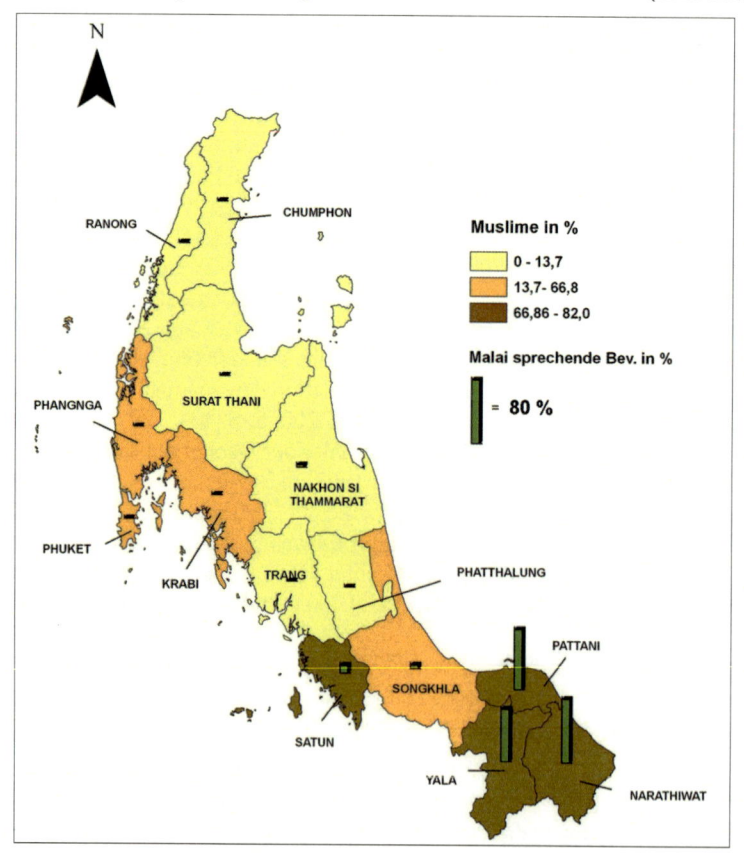

Abb. 5: Anteil der muslimischen und malai-sprachigen Bevölkerung an der Gesamtbevölkerung in den Südprovinzen Thailands im Jahr 2000 (in Prozent)

Datengrundlage: GISTHAI; NSO 2000b. Eigene Darstellung.

bevölkerung Thailands, aber auch von ihren anderen muslimischen Glaubensbrüdern in anderen Regionen Thailands (zusammengefasst als Thai-Islam), wie beispielsweise den Sam-Sam (Thai-sprechende Muslime) in Satun (vgl. KOBKUA 2004).

4.1 Thai-Nation, „Thainess" und die Malai-Muslime

Seit der Entstehung einer „modernen" thailändischen Nation zu Beginn des 20. Jahrhunderts versuchten sowohl Thailands Monarchen als auch nachfolgende nationalistische Regime, ihr Volk dazu zu bringen, sich als „Thais" mit ihrer Nation zu identifizieren. Spätestens seit dem ultra-nationalistischen Regime Phibun Songkhrams in den 1940er-Jahren mit seiner Politik der Zwangsassimilierung bzw. einer Zwangs-Thaiisierung ist der Begriff „Thai" (oder „Thainess" bzw. „khwampenthai") im Konzept der nationalen Identität Thailands fest verankert.[37] Obwohl trotz einer eigens eingesetzten „Commission for National Identity" bis heute nie klar definiert werden konnte, was „Thainess" im eigentlichen Wortsinn bedeutet, glauben dennoch viele Staatsbürger Thailands zu wissen, wer ein echter Thai ist und wie sich ein solcher zu verhalten habe (vgl. WINICHAKUL 1994, S. 5).

Rein juristisch sind natürlich alle Besitzer einer thailändischen Staatsbürgerschaft „Thais", doch die populäre Definition von „Thainess" hat damit wenig zu tun und zieht eher kulturelle und nationalistische Kriterien als Merkmale heran. So ist jemand dann ein „hundertprozentiger Thai", wenn er siamesische Wurzeln hat und Patriot ist, loyal gegenüber dem König und praktizierender Buddhist. Dieses Konzept von „Thainess" wird bis heute durch die Triade „Chart", „Sasana" und „Phramahakasatra" symbolisiert. Diese drei Säulen – Nation, Religion und Monarchie –, die sehr eng miteinander in Verbindung stehen, sind für viele Thais die Basis von „Thainess" bzw. ihrer nationalen Identität. Auch die drei Farben der Nationalflagge (blau, weiß, rot) werden inoffiziell analog zu dieser Triade interpretiert.[38] Die Ablehnung bzw. Nichtbeachtung nur einer dieser drei Institutionen kommt einem Verrat an der Nation bzw. am thailändischen Volk gleich (vgl. SUTHASASNA 1989, S. 94f; KOBKUA 2004, S. 182f).

Die Charakterisierung von „Thainess" erfolgt aber auch über eine negative Identifikation bzw. über eine Abgrenzung in der Interaktion mit anderen, wie dies zwischen ethnischen Gruppen generell üblich ist (vgl. BARTH 1969). Dabei bildet sich die Bewusstwerdung des Gemeinsamen, des „We-self", über die Abgrenzung zum „Anderen", („They-self") (vgl.

---

[37]) Noch unter König Chulalongkorn (1868–1910) wurde vom damaligen Innenminister Prinz Damrong Rajanubbha ein anderes Identitätskonzept für die Einwohner Siams vorgeschlagen. Damrong war sich der Tatsache bewusst, dass die neu geschaffene Nation von den verschiedensten Ethnien und Kulturen bewohnt wurde. In einem Artikel („Administration of Siam since the Ancient Time") identifizierte er die drei charakteristischen Eigenschaften der Siamesen als Liebe für die nationale Unabhängigkeit, Fairness und Fähigkeit, zwischen verschiedenen Interessenvertretern zum Wohle der Nation Kompromisse zu schließen. Sein Konzept der nationalen Identität hatte kaum etwas mit Ethnizität zu tun.

[38]) Der blaue Streifen in der Mitte repräsentiert die Monarchie, die zwei weißen Streifen die buddhistische Religion und die zwei äußeren roten Streifen die Nation.

DORAIRAJOO 2002, S. 359). Das „Andere", oft negativ oder abwertend betrachtet, meint nicht notwendigerweise Individuen außerhalb des Staatsgebietes, sondern auch Angehörige von Minderheiten innerhalb der Grenzen der Nation: „The ‚external' may not really be external; the ‚internal' can be made alien or external." (vgl. WINICHAKUL 1994, S. 170).

In der thailändischen Sprache gibt es analog dazu beispielsweise den Begriff „Farang", der Menschen westlicher Herkunft bezeichnet, unabhängig davon, welcher Nationalität oder Kultur sie tatsächlich zugehörig sind.[39] „Khaek" ist ein weiterer meist pejorativer Begriff, der das Gegenteil von Thai bzw. das „Nicht-Thai-Sein" bezeichnet. „Khaek" bedeutet soviel wie Gast oder Fremder und wurde ursprünglich für Menschen dunkler Hautfarbe verwendet, die von der malaiischen Halbinsel, aus Südasien oder dem Mittleren Osten kamen. Mit „Khaek" werden vor allem auch Muslime bezeichnet (vgl. WINICHAKUL 1994, S. 5). Auch die Malai-Muslime Südthailands werden noch heute von den Thais in der Alltagssprache „Khaek" genannt, ungeachtet der historischen Tatsache, dass es sich bei den Malai-Muslimen keineswegs um Zuwanderer oder Gäste, sondern um eine schon lange vor der Ankunft der Thais in der Region ansässige Gruppe handelt. Obwohl die Malai-Muslime den Begriff „Khaek" generell ablehnen, da er als abwertend aufgefasst wird (tatsächlich assoziieren Thais mit „Khaek" häufig negative Eigenschaften wie Ignoranz, mangelnde Bildung, Fanatismus, etc.), ist er sehr verbreitet (vgl. HAEMINDRA 1977, S. 99; SUTHASASNA 1989, S. 103f; CHE MAN 190, S. 42; IDRIS 1995, S. 206).

Die thailändische Regierung setzte mit ihrer rigiden Assimilierungspolitik stark darauf, die Minderheiten in ihr Konzept von Thainess hineinzupressen oder – wie es WINICHAKUL (1994) ausdrückt – „making the ‚external' internal" (zitiert nach DORAIRAJOO 2002, S. 360). Im Jahr 1949 führte die Regierung die Bezeichnungen „Thai-Muslime" bzw. „Thai-Islam" ein, die auch den Begriff „Khaek" ersetzten sollten. Damit strebte man eine „Konvertierung" der Malai-Muslime zu Thai-Muslimen an. Die Thai-Identität sollte, trotz aller zuvor angesprochenen Widersprüche, mit der persönlichen Identität der Muslime verschmelzen und die Malai-Identität langsam verdrängen. Die Bezeichnung „Malai-Muslime" wurde als hinderlich für einen Integrationsprozess gesehen, da sie in engem Bezug zu Malaysia, einer fremden Nation jenseits der Grenze, stand (vgl. CHE MAN 1990, S. 42; IDRIS 1995, S. 206).

Doch die Begriffe Thai-Muslime / Thai-Islam wurden von Anfang an von den Malai-Muslimen abgelehnt, die bestrebt waren, die Abgrenzung zu den Thais weiter aufrechtzuerhalten. Eine der berühmtesten Personen des Widerstandes der Malai-Muslime in der Nachkriegszeit, HAJI SULONG, gab in einer Rede darüber zu verstehen: „We Malays are conscious that we have been brought under Siamese rule by defeat. The term ‚Thai Islam' with which we are known by the Siamese government reminds us of this defeat and is therefore not appreciated by us. We therefore beg of the government to honour us with the title of Malay Muslims so that we may be recognized as distinct from the Thai by the outside world." (HAJI SULONG, zitiert nach FRASER 1966, S. 53).

---

[39]) Der Ursprung des Wortes ist umstritten. Eine Theorie verweist auf den persischen Ursprung *Farangg (Franken)*, da die Perser alle Europäer als Franken bezeichneten und dieses Wort ihren siamesischen Handelspartnern mitbrachten. Die zweite Theorie geht davon aus, dass sich Farang von *francaise* ableitete (die Franzosen waren unter den ersten Europäern in Siam) (nach www.wikipedia.org, Zugriff: Juli 2008).

Zusammenfassend lässt sich feststellen, dass die Malai-Muslime in den Grenzprovinzen von Pattani, Yala und Narathiwat eine Thai-Identität, wie sie von der Regierung und der Mehrheit der Thais definiert wurde, und das vorherrschende Konzept von „Thainess" nicht akzeptieren konnten. Im Gegensatz zu den chinesischen Immigranten und zu den Muslimen im Rest des Landes (auch jenen in Satun), die sich besser integrieren konnten, waren sie nicht bereit, Kompromisse einzugehen, die möglicherweise ihre ethnisch-kulturelle Eigenständigkeit als Malai-Muslime gefährden würden. Solange die Regierung ihren Standpunkt nicht änderte, sahen sie im bewaffneten Widerstand die einzige Möglichkeit, ihr „malaiisches Erbe" zu bewahren (vgl. KOBKUA 2004, S. 185).

4.2 Die malaiische ethnische Identität

Sowohl in ethnischer, religiöser, sprachlicher als auch in kultureller Hinsicht bilden die Malai-Muslime in den Grenzprovinzen Südthailands eine eigene, mehr oder weniger in sich geschlossene ethnisch-kulturelle Einheit in der „ethnischen Landschaft" Thailands. Mehr als mit dem thailändischen Staat, der sie ohne ihre Zustimmung in das thailändische Staatsgebilde inkorporiert hatte (vgl. WINICHAKUL 1994), identifizieren sich die Malai-Muslime aber mit dem benachbarten Malaysia. Vor allem mit Kelantan, dessen Regenten enge Kontakte mit dem Königshaus von Patani pflegten, besteht bis heute eine besondere Verbindung. Die Malai-Muslime Südthailands sehen in den Malaien jenseits der Grenze nahe Verwandte bzw. einen Teil ihres sozialen Umfeldes und pflegen enge wirtschaftliche und soziale Kontakte mit ihnen. Die 1909 künstlich geschaffene Grenze existiert in den Köpfen vieler Grenzbewohner so gut wie nicht, grenzüberschreitende Handlungen gehören zur alltäglichen Praxis.

Lange Zeit, bis weit in das 20 Jahrhundert hinein, war es möglich, die 573 km lange südliche Staatsgrenze zu Fuß oder per Boot zu überschreiten, ohne Grenzkontrollen befürchten zu müssen, und so diente das entlegene, teilweise unzugängliche und dicht bewaldete hügelige Grenzgebiet auch Dissidenten, Flüchtlingen und Banditen als geeignetes Versteck vor Verfolgung. Erst in den letzten Jahrzehnten wurde die Grenze stärker überwacht und auch befestigt.[40] Trotz strenger Sicherheitsmaßnahmen ist sie jedoch an manchen Stellen, wie am Kolok-Fluss, noch immer schwer zu kontrollieren. Die Schmuggelwirtschaft, die seit jeher einen wichtigen wirtschaftlichen Faktor in der Region darstellt, ist daher noch heute ein blühendes Geschäft (vgl. HAEMINDRA 1976, S. 197f; RUMLEY 1991, S. 142; HORSTMANN 2004, S. 116, 125).

Viele Grenzbewohner besitzen aus praktischen Gründen, um Probleme bei Grenzübertritten zu vermeiden oder die Arbeitssuche in Malaysia zu erleichtern, eine Doppelstaatsbürgerschaft, obwohl dies offiziell sowohl in Thailand als auch in Malaysia nicht erlaubt ist.

---

[40]) Erst im Februar 2007 unterzeichneten Thailand und Malaysia ein Abkommen zur Errichtung einer 27 Kilometer langen Grenzmauer am Grenzübergang von Sadao. Diese Mauer soll die Sicherheit in der Region erhöhen und die illegale (Arbeits-) Migration zwischen Thailand und Malaysia unterbinden (vgl. „Thailand and Malaysia agree to extend border security wall", www.nationmultimedia.com, vom 28. Februar 2007).

Es wird auch von Malaien aus Pattani berichtet, die in der malaysischen Provinz Kelantan an Wahlen teilgenommen haben sollen. Vor allem die jüngeren Malai-Muslime im gegenwärtigen Thailand haben gelernt, kontextspezifisch sowohl zwischen ihren Identitäten als Malaien bzw. thailändische Staatsbürger als auch zwischen Patani-Malai, Standard-Malai und Thai zu wechseln (vgl. RUMLEY 1991, S. 142; HORSTMANN 2004, S. 120).

Ethnolinguistisch gehören die Malai-Muslime Südthailands zur Malayo-Polynesischen Sprachfamilie, im Gegensatz zu den Thai-Sprachgruppen in den zentraleren Regionen Thailands (vgl. SUHRKE 1989, S. 1; LUKAS 2006, S. 20f). Malai ist für einen Großteil der Malai-Muslime in den Grenzprovinzen nach wie vor die Muttersprache und das alltägliche Kommunikationsmedium Nummer eins, auch wenn vor allem die junge Generation heute bereits großteils die thailändische Sprache in der Schule erlernt. In Narathiwat sprechen etwa 80 Prozent der Bevölkerung Malai, in Pattani 77 Prozent und in Yala 66 Prozent (siehe Abb. 5). Bei genauerer Betrachtung handelt es sich dabei eigentlich um verschiedene lokale malaiische Dialekte, die auch unter dem Begriff „Patani-Malai" subsumiert werden und die sich vom Standard-Malai („Bahasa Malaysia") geringfügig unterscheiden. Patani-Malai ist eng verwandt mit dem Kelantan-Malai, das auf der anderen Seite der Grenze in Nordmalaysia gesprochen wird. „Jawi", das oft fälschlicherweise mit dem lokalen malaiischen Dialekt verwechselt wird, ist eigentlich das orthographische System des Patani-Malai. Es verwendet im Unterschied zum Standard-Malai, für welches das lateinische Alphabet herangezogen wird, die arabische Schrift (vgl. GILQUIN 2005, S. 53; OMAR in SATHA-ANAND 2005, S. xi). Jawi hat bis heute in den Grenzprovinzen einen sehr hohen Stellenwert, weil es direkt mit der Sprache der göttlichen Offenbarung des Koran in Verbindung steht. Besonders die in Jawi verfasste islamische Literatur ist von zentraler Bedeutung für die kulturelle Identität der Malai-Muslime (vgl. HORSTMANN 2002). Es hat seinen festen Platz im Religionsunterricht in den Pondoks und ist essenziell für das lokale historische Bewusstsein.

Warum (Patani-)Malai trotz energischer Versuche der (sprachlichen) Assimilierung durch die Regierung für die Malai-Muslime die bevorzugte Sprache bleibt, erklärt MUDMARN (1988) wie folgt: „The Malay Language functions as a boundary marker between those who are Malay and those who are not. It links their present existence with their glourious past, reminding them of their history as a separate sovereign polity. Furthermore, Malay is considered a source of cultural heritage, of positive values and of pride for the Muslim Malays." (MUDMARN 1988, zitiert nach SATHA-ANAND 2005, S. 34). Obwohl die „National Reconciliation Commission" empfohlen hatte, Patani-Malai den Status einer zusätzlichen Arbeitssprache in den mehrheitlich von Malaien bewohnten Gebieten zu verleihen, um Sprachbarrieren und Kommunikationsprobleme zwischen den Behörden und der lokalen Bevölkerung zu verringern und den Gebrauch von Patani-Malai im Alltag zu erleichtern, wurde dies von der Regierung bisher abgelehnt.[41]

---

[41]) Der Chef des Privy Council, General Prem Tinsulanonda, eine einflussreiche Persönlichkeit der thailändischen Politik, reagierte auf den Vorschlag der NRC mit den Worten: „We cannot accept that [proposal] as we are Thai. The country is Thai and the language is Thai. So we have to make efforts to learn Thai and [everyone should have a uniform] command with the rest of the Kingdom." (vgl. „Prem not happy with NRC's idea: Privy Council chief opposes Malay as working language in the region", www.nationmultimedia.com , vom 26. Juni 2006).

4.3 Die Rolle der Religion

Der Islam ist nach PITSUWAN (1985, S. 24) das zentrale Element der ausgeprägten eigenständigen Identität der Malai-Muslime in den Provinzen Pattani, Yala und Narathiwat. Die Malai-Muslime nennen sich selbst „Melayu" (oder „Nayu") (vgl. DORAIRAJOO 2002). Dieser Begriff meint Personen, die Malai sprechen, den Islam praktizieren und sich der malaiischen Kultur zugehörig fühlen. Bezeichnenderweise bedeutet in der lokalen Sprache der Malai-Muslime „zum Islam konvertieren" „masok melayu", wörtlich „Malai werden", womit Malaie bzw. Moslem zu sein, als Synonym betrachtet wird (GILQUIN 2005, S. 51).

Patani war bereits sehr früh ein wichtiges Zentrum des Islam und wurde als „Wiege des Islam" in Südostasien bezeichnet. Wann der Islam das Königreich Patani tatsächlich erreichte, ist schwer festzustellen und umstritten, jedoch kann davon ausgegangen werden, dass sich der Islam spätestens im 14. Jahrhundert in Patani verbreitete, noch bevor er Malaka erreichte. Als relativ gesichert gilt auch, dass die Königsfamilie von Patani im Jahr 1457 zum Islam konvertierte (vgl. PITSUWAN 1985, S. 24, 47f; IDRIS 1995, S. 201). Aus den Religionsschulen Patanis gingen einige berühmte islamische Gelehrte, wie beispielsweise Daud ibn Abdillah Ibn Idris al Fatani (Syeikh Daud Patani), hervor, deren Schriften bis heute in weiten Teilen Südostasiens und sogar in Ländern wie Ägypten publiziert werden. Besonders im 19. Jahrhundert wurde Patani zu einem überregionalen Zentrum für traditionelle islamische Bildung (vgl. HORSTMANN 2002, S. 113).

Der Islam spielt eine herausragende Rolle im Dorfleben der Malai-Muslime der Grenzregion. Religiöse Würdenträger wie der Imam, Tok Guru (Pondok-Lehrer) oder Hajis (Personen, die auf Pilgerreise in Mekka waren) genießen ein besonderes Ansehen in der Dorfgemeinschaft. Obwohl weltliche Dorfoberhäupter und politische Führer respektiert werden, sind sie in ihrer sozialen Stellung nicht den religiösen Eliten gleichgestellt.

Das oberste Ziel eines Malai-Moslems ist es, entsprechend den Lehren des Islam zu leben (vgl. PITSUWAN 1985, S. 25). Dazu ist religiöses Wissen unentbehrlich, das in den traditionellen religiösen Bildungsinstitutionen wie den Pondoks vermittelt wird. Über die Bedeutung der Pondoks berichtet PITSUWAN (1985): „In the Greater Patani Region in particular, the Pondok institutions have grown to symbolize the Malay-Muslims' pride in their Islamic ideals and their aspirations for the realization of those ideals. The religious leaders who guide and instruct in the pondok also serve as the role model of all Islamic virtues and ethical ideas for the students and other Muslims outside their walls." (PITSUWAN 1985, S. 178).

Doch neben ihrer Funktion als religiöse Bildungsinstitutionen waren die Pondoks auch immer wieder Orte der politischen Diskussion und Auseinandersetzung. Deshalb wurden sie von der thailändischen Regierung seit jeher als Hort für Fundamentalisten und politische Aktivisten angesehen (vgl PITSUWAN 1985, S. 179). Auch in letzter Zeit nahm die Regierung erneut die Pondoks ins Visier. Trotz der Beteuerung vieler Pondok-Betreiber, dass in ihren Schulen keine Separatisten oder militanten Muslime rekrutiert würden und – im Gegenteil – in den Pondoks sogar eine friedliche Koexistenz zwischen Buddhisten und Muslimen propagiert werde, kam es häufig zu Durchsuchungen und Verhaftungen durch die Behörden (vgl. JANCHITFAH 2004). Im September 2005 schlugen Abgeordnete der Thai-Rak-Thai Partei vor, die Pondoks kurzerhand abzuschaffen.[42] Dieser Vorschlag stieß jedoch auf heftige Kritik und es blieb dabei, dass Pondoks registriert und unter staatliche Aufsicht gestellt werden sollten. 2006 waren bereits über 300 Pondoks in den Grenzprovinzen als „Pondok Institutes" registriert. Die tatsächliche Verwicklung der Pondoks in die gewaltsamen Aktivitäten der letzten Jahre bleibt weiter umstritten.

4.4 Das Wiederaufleben des Islam

Ist nun, wie von manchen Seiten behauptet wird, ein „Islamic Revival"[43] hauptverantwortlich für das Wiederaufflammen des neuesten Konflikts in den südlichsten Provinzen Thailands? Geht es, wie es nach den Ereignissen in der „Kru-Se"-Moschee am 28. April 2004 auf den ersten Blick den Anschein hatte, nun primär doch um die Religion, oder stehen ethnisch-nationalistische Aspekte weiterhin im Zentrum der Auseinandersetzungen? Diese Frage ist, wenn überhaupt, nur mit Vorbehalten zu beantworten und ist nicht das Hauptthema dieses Beitrags. Im aktuellen wissenschaftlichen Diskurs herrschen diesbezüglich unterschiedliche Meinungen und Theorien vor, auf die hier nicht im Detail eingegangen werden kann (siehe LIOW 2006; WATTANA 2006; HARISH 2006).

Tatsächlich blieb auch Südthailand nicht gänzlich von der globalen Ausbreitung des Islamismus, also jener Lesart des Islam, die diesen politisch und nicht nur als religiöse Ideologie auffasst (vgl. LOHLKER 2005), unberührt. Thailands Malai-Muslime praktizierten seit jeher eine synkretistische und moderate Form des Islam, einen sufistischen Sunni-Islam mit mystischen Elementen. In den letzten Jahrzehnten aber verbreitete sich, getragen von einer umfassenderen „Renaissance des Islam" (vgl. WATTANA 2006, S. 134; SATHA-ANAND 2005, S. 78–100), eine puristische Form des Salafi-Islam (Wahhabitischer Islam) vor allem durch Zuwendungen und Spenden aus dem Mittleren Osten. Dieser orthodoxe Islam blieb aber bisher eher am Rande der muslimischen Gemeinden und fand keine breite Basis (vgl. CROISSANT 2005, S. 8f; LIOW 2006, S. 48). Eine in Südthailand sehr aktive Missionsbewegung, die zwar nicht direkt in die aktuelle Gewalt involviert ist, aber einen Nährboden für Islamismus und Anti-Amerikanismus schuf, ist die aus Indien stammende transnationale Bewegung der „Tablighi Jemaat" (vgl. HORSTMANN 2007, S. 62).

Für die Politisierung des Islam in Südthailand spielten jedoch – abgesehen vom beträchtlichen Einfluss der islamischen Partei PAS (Partei Islam se-Malaysia) in Kelantan – auch globale Ereignisse der letzten Jahrzehnte eine wesentliche Rolle, wie beispielsweise die Eskalation des Israel-Palästina-Konflikts, die islamische Revolution im Iran 1979 und der Sowjetisch-Afghanische Krieg der 1980er-Jahre. Der Islamismus bzw. der politische Islam wurde zur einer neuen „Ideologie des Widerstands", besonders nach dem Ende des Kalten

---

[42]) „Religious School: Proposal to abolish pondoks condemned", www.nationmultimedia.com, vom 17. September 2005.

[43]) Für eine eingehendere Auseinandersetzung mit den Begriffen „Islamic Resurgence", „Revival" oder „Reassertion" siehe SATHA-ANAND 2005, S. 79–82.

Krieges. Mit dem Fall des Kommunismus schien kein anderes glaubwürdiges Konzept des Widerstandes – oder wie JORY (2007, S. 16) es nennt, „leftist program of resistance" – mehr vorhanden zu sein. In Südostasien führten diese Entwicklungen zum Auftreten radikaler islamistischer Bewegungen und Parteien. Während in den 1960er- und 1970er-Jahren die Politik des Widerstands in Malaysia, Thailand und den Philippinen noch von säkular gebildeten Anführern dominiert war, konnte man in den 1980er- und 1990er-Jahren das zunehmende Auftreten und die Vernetzung radikaler Bewegungen beobachten, deren Ideologien und Diskurse vermehrt auf religiöse Werte und Ideen zurückgriffen.

Im Fall von Südthailand wurde der islamistische Einfluss besonders von ehemaligen Mujaheddin-Kämpfern gefördert, die im Afghanistankrieg gekämpft hatten und teilweise Untergrundorganisationen gründeten, wie etwa die GMIP („Gerakan Mujahidin Islam Patani"). Manche Beobachter schätzen, dass bis zu 2.000 Muslime aus Thailand gegen die Sowjet-Okkupation in Afghanistan gekämpft haben könnten. Daneben kehrten auch Tausende Studenten von ihren Studienaufenthalten in arabischen Ländern zurück, wo sie mit Hilfe ausländischer Unterstützung ihre religiöse Ausbildung fortsetzten konnten, nachdem die Religionsschulen in Südthailand in den 1970er- und 1980er-Jahren immer stärker unter den Druck der Regierung geraten waren (vgl. LIOW 2006, S. 45; WATTANA 2006, S. 132).

Alle diese Einflüsse und weitere mehr, insbesondere das geopolitische Klima nach dem 11. September 2001 und dem darauffolgenden „War on Terror" (Thailand ist ein Verbündeter der USA und entsandte auch Truppen in den Irak), hatten zur Folge, dass der eindeutig ethnisch-nationalistische südthailändische separatistische Widerstand der 1960er- und 1970er-Jahre heute teilweise radikal-islamistische Elemente beinhaltet. Besonders Jugendliche und auch junge Graduierte, die von Universitäten im islamischen Ausland heimkehrten und Schwierigkeiten hatten, am thailändischen Arbeitsmarkt Fuß zu fassen, waren für eine Radikalisierung sehr anfällig.

WATTANA Sugunnasil, Professor an der „Prince of Songkhla"-Universität in Pattani, diagnostiziert das Problem des zunehmenden Radikalismus wie folgt: „separatist struggle, which was initially based on a Malay national liberation struggle, has taken on undertones of radical Islamist ideology, and the discourse of the separatist struggle has significantly shifted to that of radical Islamist politics by calling for a jihad against the state, its local agents, and their Muslim allies." (WATTANA 2006, S. 119).

Auch CHE MAN Wan Kadir, ehemaliger Anführer der BERSATU und Autor eines der grundlegenden Werke über separatistische Organisationen in Südthailand (CHE MAN 1990), sieht die Verbindung von nationalistischen mit religiösen Ideologien als Motor des neuen Widerstands: „The young people of Patani today seem more and more inclined to cultural politics of religious grounds. During my youth, my generation were nationalists. This was a key theme in the 1970s. But today the resurgence of Islam worldwide gives the separatist movement a more religious flavor, and we see the Islamists working closer with the nationalists. In other words, separatism is even stronger in Patani today because of the combination of both political and religious ideas."[44]

---

[44]) „Dr. Farish Noor Interviews the head of the Patani Beratu movement", www.malaysia-today.net, vom 15. Juni 2005

Gleichzeitig betont CHE MAN Wan Kadir aber, dass es sich bei dem Konflikt in Südthailand nach wie vor um einen lokalen Konflikt mit lokalen Ursachen handelt. Diese Theorie wird von der Tatsache gestützt, dass in Satun, wo ebenfalls fast 68 Prozent der Bevölkerung Muslime sind, darunter aber nur etwa zehn Prozent ethnische Malaien, bisher kaum Gewaltereignisse zu beobachten waren, auch in vergangenen Phasen des Konflikts nicht. Dies ist ein stichhaltiges Argument dafür, dass die ethnische Identität der Malai-Muslime im Moment noch immer im Vordergrund steht und nicht eine globale jihadistische Ideologie. Darüber hinaus sind ideologisch motivierte militante Separatisten nur eine Gruppe unter den anderen Akteuren, wie etwa stärker pragmatisch orientierte Interessengruppen (vgl. ASKEW 2007), die in die aktuellen Unruhen in den Grenzprovinzen verwickelt sind.

5. Der sozioökonomische Hintergrund

Die drei südlichsten Grenzprovinzen Thailands gehören seit vielen Jahren zu den ärmsten Regionen des Landes (vgl. UNDP 2007, S. 15). Trotzdem fand die sozioökonomische Situation der südlichen Grenzregion in der wissenschaftlichen Aufarbeitung des aktuellen Gewaltkonflikts bislang nur relativ wenig Beachtung. Einzelne Autoren erkannten schon früher die wirtschaftlichen und sozialen Probleme als möglichen Nährboden für die bestehenden separatistischen Bestrebungen in der Region, ohne jedoch näher darauf einzugehen. So bemerkte HAEMINDRA (1977) zur wirtschaftlichen Lage in den Grenzprovinzen: „In terms of economic development the southern border provinces are obviously in a very unsatisfactory and backward condition when compared with neighbouring Malaysia. The sharp contrast economic situation between this region and Malaysian states provides a ready-made basis for irredentism." (HAEMINDRA 1977, S. 102).

Auch PITSUWAN (1985) schrieb einige Jahre später ähnlich über die wirtschaftliche Situation in Südthailand: „This deteriorating [economic] condition has contributed to the centrifugal tendency of the Malay-Muslims and has encouraged the separatist movement in recent years." (PITSUWAN 1985, S. 19).

Dass sich daran in den letzten Jahrzehnten wenig geändert hatte, offenbarte eine aktuelle Studie von PRINYA Udomsap aus dem Jahr 2002, in der neun Distrikte der drei südlichsten Provinzen untersucht wurden. Als die fundamentalsten Probleme in den Distrikten wurden dabei „poverty unemployment, lack of education, lack of public infrastructure, lack of capital, lack of land, low quality of living standard, lack of markets for agricultural products, flooding, and other economic related facors [...]" identifiziert (PRINYA 2002, in SURAT 2003, S. 7).

Im folgenden Kapitel sollen deshalb die sozioökonomischen Bedingungen in der Konfliktregion an der Grenze zu Malaysia etwas ausführlicher beleuchtet werden. Dabei geht es zunächst um regionale Disparitäten innerhalb des thailändischen Staates, im Besonderen zwischen der Zentralregion und den Peripherregionen. In weiterer Folge werden die spezifischen sozialen und wirtschaftlichen Probleme in den Provinzen Pattani, Narathiwat und Yala erörtert.

5.1 Der „Human Achievement Index" als Indikator für ungleichmäßige Regionalentwicklung

„Thailand is as striking an example of uneven development as it is of economic achivement." (PARNWELL 1996, S. 2). Dieses Zitat aus PARNWELLS 1996 erschienenem Buch „Uneven Development in Thailand" bringt das Problem der wirtschaftlichen und sozialen Polarisierung der thailändischen Gesellschaft, das in Zeiten der Globalisierung ebenso in vielen anderen Ländern der Welt zu beobachten ist, kurz und prägnant zum Ausdruck. Obwohl Thailand wie kein anderes Land in Festlandsüdostasien seit den 1980er-Jahren als „fünfter Tigerstaat" ein rasantes Wirtschaftswachstum mit durchschnittlichen Wachstumsraten zwischen sieben und acht Prozent verzeichnen konnte, war es nicht allen Landesteilen und Bevölkerungsgruppen möglich, in gleichem Ausmaß davon zu profitieren (vgl. dazu u.a. ausführlich HUSA und WOHLSCHLÄGL 1991, 1996, 1999).

So gibt es hinter der Fassade der boomenden Tourismus- und Exportindustrie auch ein zweites Thailand, das wesentlich verbreiteter ist, als man auf den ersten Blick annehmen möchte. Ein Thailand, „where change is much slower, improvement less obvious, and prospects less bright" (Far Eastern Economic Review, zitiert nach PARNWELL 1996, S. 1). Dieses Thailand findet man vor allem in den Dörfern der Peripherregionen im Norden, Nordosten und Süden, weit weg vom übermächtigen Zentrum Bangkok und seinen Umlandprovinzen. Auch der aktuelle „Thailand Human Development Report" (UNDP 2007, S. 2) spricht nach wie vor von „stark inequalities" in Thailands Entwicklung.

Eine brauchbare Methode, Disparitäten im „Entwicklungsstand" zwischen Ländern oder Regionen aufzuzeigen, bietet die Berechnung von „Entwicklungsindizes". Im „Thailand Human Development Report" des „United Nations Development Programme" (UNDP) aus dem Jahr 2003 wurde erstmals der *Human Achievement Index* (HAI) für alle 76 Provinzen Thailands ermittelt, um stagnierende oder sich langsam entwickelnde Provinzen von „fortschrittlicheren" zu unterscheiden. Der HAI besteht aus acht Komponenten („health, education, employment, income, housing and living conditions, family and community life, transportation and communication, participation"), die sich wiederum aus 40 weiteren Indikatoren zusammensetzen (vgl. UNDP 2003, S. 84).[45] Abbildung 6 zeigt den HAI-Wert für alle Provinzen Thailands. Je höher der Human Achievement Index (grüne Farbe), desto fortschrittlicher ist die Provinz, was die „menschliche Entwicklung" anbelangt.

Ein Jahr vor Ausbruch der neuerlichen Gewalt wiesen zwei der drei Grenzprovinzen im Krisengebiet Südthailands zunächst, wie vermutet, einen relativ niedrigen HAI-Wert auf und galten damit als relativ unterentwickelt (auf der entsprechenden Rangliste belegte Narathiwat Rang 51 und Pattani Rang 53 von 76 Provinzen). Die bemerkenswerte Ausnahme war Yala, das an 15. Stelle lag und somit überraschend gut abschnitt. Bei ge-

---

[45]) Jeder Indikator wird für jede einzelne Provinz folgendermaßen berechnet: Aktueller Wert minus Minimalwert, dividiert durch: Maximalwert minus Minimalwert. Für jeden Indikator gibt es einen Maximal- und einen Minimalwert, der jene Bandbreite abdeckt, die der betreffende Indikatorwert voraussichtlich in den folgenden zehn Jahren betragen kann. Für die Berechnung des Gesamtwertes werden alle acht Komponenten des HAI gleich gewichtet.

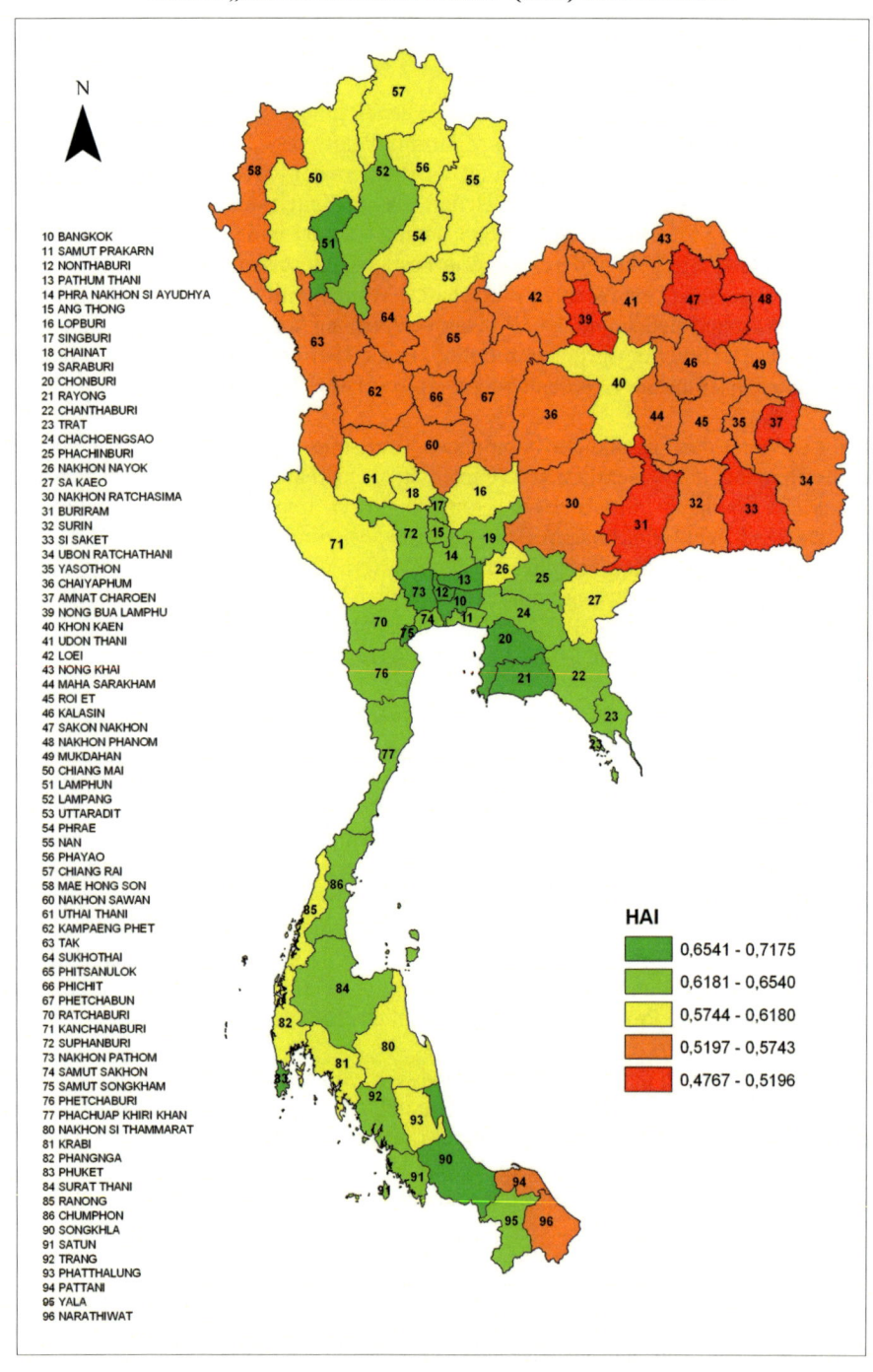

Abb. 6: „Human Achivement Index" (2003) nach Provinzen

10	BANGKOK
11	SAMUT PRAKARN
12	NONTHABURI
13	PATHUM THANI
14	PHRA NAKHON SI AYUDHYA
15	ANG THONG
16	LOPBURI
17	SINGBURI
18	CHAINAT
19	SARABURI
20	CHONBURI
21	RAYONG
22	CHANTHABURI
23	TRAT
24	CHACHOENGSAO
25	PHACHINBURI
26	NAKHON NAYOK
27	SA KAEO
30	NAKHON RATCHASIMA
31	BURIRAM
32	SURIN
33	SI SAKET
34	UBON RATCHATHANI
35	YASOTHON
36	CHAIYAPHUM
37	AMNAT CHAROEN
39	NONG BUA LAMPHU
40	KHON KAEN
41	UDON THANI
42	LOEI
43	NONG KHAI
44	MAHA SARAKHAM
45	ROI ET
46	KALASIN
47	SAKON NAKHON
48	NAKHON PHANOM
49	MUKDAHAN
50	CHIANG MAI
51	LAMPHUN
52	LAMPANG
53	UTTARADIT
54	PHRAE
55	NAN
56	PHAYAO
57	CHIANG RAI
58	MAE HONG SON
60	NAKHON SAWAN
61	UTHAI THANI
62	KAMPAENG PHET
63	TAK
64	SUKHOTHAI
65	PHITSANULOK
66	PHICHIT
67	PHETCHABUN
70	RATCHABURI
71	KANCHANABURI
72	SUPHANBURI
73	NAKHON PATHOM
74	SAMUT SAKHON
75	SAMUT SONGKHAM
76	PHETCHABURI
77	PHACHUAP KHIRI KHAN
80	NAKHON SI THAMMARAT
81	KRABI
82	PHANGNGA
83	PHUKET
84	SURAT THANI
85	RANONG
86	CHUMPHON
90	SONGKHLA
91	SATUN
92	TRANG
93	PHATTHALUNG
94	PATTANI
95	YALA
96	NARATHIWAT

HAI
- 0,6541 – 0,7175
- 0,6181 – 0,6540
- 0,5744 – 0,6180
- 0,5197 – 0,5743
- 0,4767 – 0,5196

Datengrundlage: GISTHAI; UNDP 2003. Eigene Darstellung.

nauerer Betrachtung geht der relativ hohe Wert Yalas aber vor allem auf die Komponente Bildung zurück, insbesondere auf die Bruttoeinschulungsrate im Bereich der „lower secondary schools".[46] Angesichts der allgemein mangelhaften Bildungssituation in den Grenzprovinzen (siehe unten) und der generellen Problematik von Bildungsstatistiken (eine niedrige Bruttoeinschulungsquote wie zum Beispiel in Bangkok ist eher auf inkonsistente Daten aufgrund verschiedener Zuständigkeiten der Behörden und mangelhafter Datenkompatibilität zurückzuführen) ist dieser Wert aber wenig aussagekräftig.

Im letzten „Thailand Human Development Report" aus dem Jahr 2007 wurden erneut die HAI-Werte für alle 76 Provinzen Thailands ermittelt. Da zur neuen Berechnung teilweise andere Indikatoren herangezogen wurden, sind die HAI-Werte von 2007 nicht direkt mit jenen von 2003 vergleichbar (vgl. UNDP 2007, S. 84). Dennoch lassen sich gewisse Trends ablesen, in welche Richtung sich die einzelnen Provinzen in den letzten Jahren in der Rangliste bewegt haben. Bemerkenswert ist, dass Narathiwat im aktuellen Ranking erstmals unter den „Bottom 10"-Provinzen des Landes zu finden ist (Narathiwat rutschte von Rang 51 im Jahr 2003 auf Rang 71 ab!). Auch die anderen zwei Provinzen der aktuellen Konfliktregion, Pattani und Yala, mussten einen Absturz um mehrere Plätze hinnehmen. Yala rutschte von Rang 15 (2003) auf Rang 36 ab und Pattani fiel vom 53. Platz (2003) auf den 61. zurück. Diese Entwicklung spiegelt den sich weiter beschleunigenden sozioökonomischen Niedergang im Krisengebiet wider.

5.2 Die wirtschaftliche Situation in den südlichen Grenzprovinzen

„Whereas once economic conditions in the five provinces were better than in most other parts of rural Thailand, and were not significantly worse than in neighbouring areas of Malaysia, such case is no longer true." (THOMAS 1975, S. 7–8). Aktuelle Wirtschaftsdaten zeigen, dass diese These von THOMAS aus dem Jahr 1975 auch heute noch ihre Gültigkeit hat. Die wirtschaftliche Situation in den ländlichen Grenzprovinzen des Südens ist im Vergleich mit anderen Regionen Thailands tatsächlich unterdurchschnittlich (vgl. Abb. 7). Narathiwat hatte 2005 ein Bruttoinlandsprodukt (BIP) pro Kopf von nur 44.553 Baht[47] vorzuweisen (Pattani 62.860, Yala 58.915). Im Vergleich dazu betrug das BIP pro Kopf in Songkhla 103.785 Baht, in Phuket 190.365 Baht und in der Hauptstadt Bangkok beachtliche 300.987 Baht. Damit war das BIP pro Kopf von Phuket, der reichsten Provinz in der Südregion, etwa 4,3 mal so hoch wie jenes von Narathiwat, der relativ ärmsten Provinz des Südens. Thailand insgesamt erreichte 2005 ein BIP pro Kopf von 109.696 Baht, also mehr als das Doppelte der Grenzprovinzen. Auch in den benachbarten Provinzen Malay-

---

[46]) Beim Indikator „lower secondary gross enrolment" liegt die Provinz Yala mit 100,4 Prozent unter den „Top Five" Thailands. Dieser Indikator gibt Auskunft über das Verhältnis der eingeschriebenen Schüler zur Gesamtzahl der schulpflichtigen Personen in einer Schulstufe bzw. über das Potenzial an Ausbildungsplätzen. Eine Bruttoeinschulungsquote von 100 Prozent bedeutet eine nahezu vollständige Einschreibungsrate in einer Schulstufe. Quoten über 100 Prozent sind darauf zurückzuführen, dass auch nicht mehr schulpflichtige Personen in einer Schulstufe eingeschrieben sind.

[47]) Das entspricht etwa 890 Euro (bei einem Wechselkurs im Jahr 2005 von 50 Baht = 1 Euro).

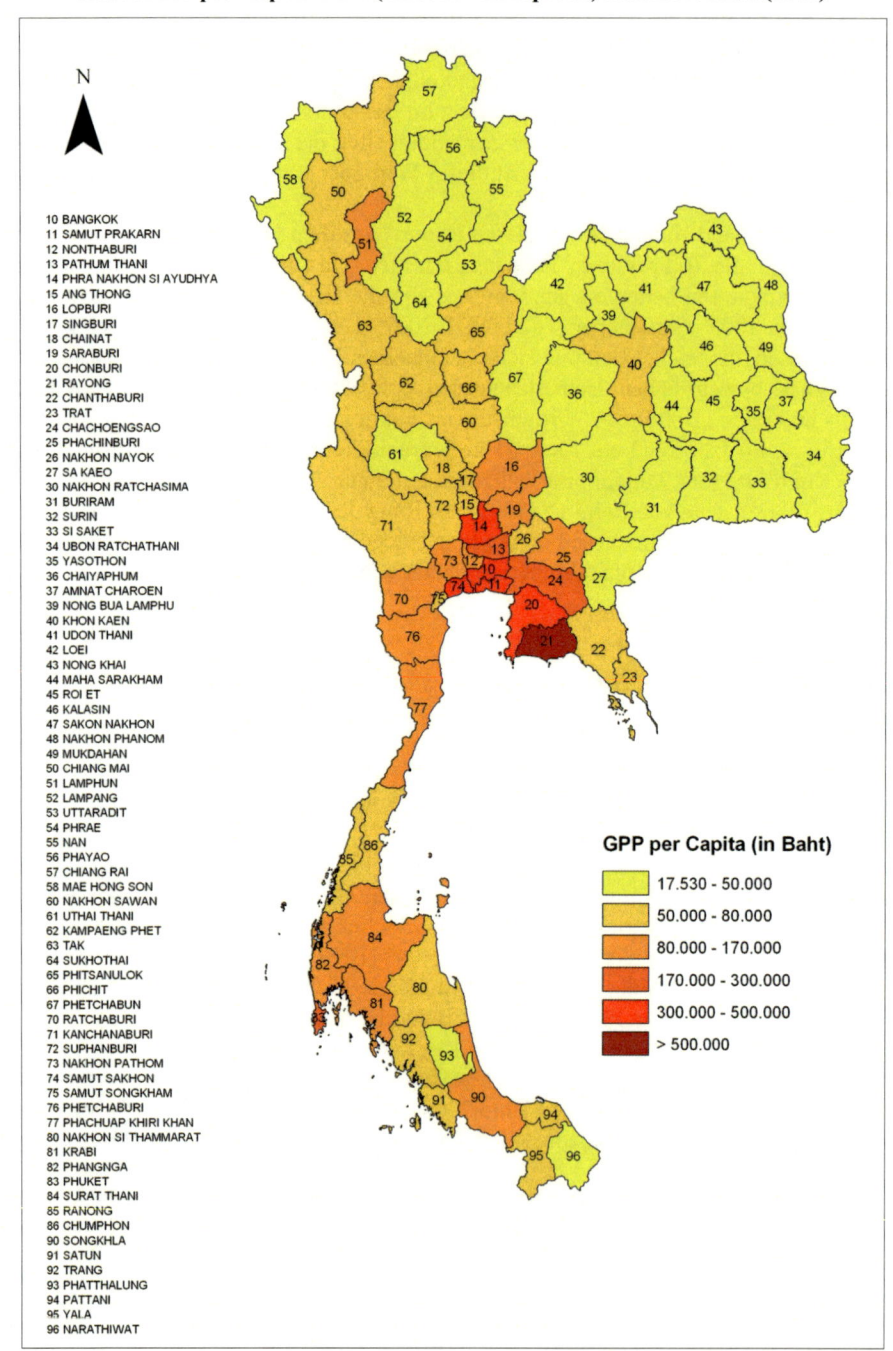

Abb. 7: BIP pro Kopf in Baht (aktuelle Marktpreise) nach Provinzen (2005)

10 BANGKOK
11 SAMUT PRAKARN
12 NONTHABURI
13 PATHUM THANI
14 PHRA NAKHON SI AYUDHYA
15 ANG THONG
16 LOPBURI
17 SINGBURI
18 CHAINAT
19 SARABURI
20 CHONBURI
21 RAYONG
22 CHANTHABURI
23 TRAT
24 CHACHOENGSAO
25 PHACHINBURI
26 NAKHON NAYOK
27 SA KAEO
30 NAKHON RATCHASIMA
31 BURIRAM
32 SURIN
33 SI SAKET
34 UBON RATCHATHANI
35 YASOTHON
36 CHAIYAPHUM
37 AMNAT CHAROEN
39 NONG BUA LAMPHU
40 KHON KAEN
41 UDON THANI
42 LOEI
43 NONG KHAI
44 MAHA SARAKHAM
45 ROI ET
46 KALASIN
47 SAKON NAKHON
48 NAKHON PHANOM
49 MUKDAHAN
50 CHIANG MAI
51 LAMPHUN
52 LAMPANG
53 UTTARADIT
54 PHRAE
55 NAN
56 PHAYAO
57 CHIANG RAI
58 MAE HONG SON
60 NAKHON SAWAN
61 UTHAI THANI
62 KAMPAENG PHET
63 TAK
64 SUKHOTHAI
65 PHITSANULOK
66 PHICHIT
67 PHETCHABUN
70 RATCHABURI
71 KANCHANABURI
72 SUPHANBURI
73 NAKHON PATHOM
74 SAMUT SAKHON
75 SAMUT SONGKHAM
76 PHETCHABURI
77 PHACHUAP KHIRI KHAN
80 NAKHON SI THAMMARAT
81 KRABI
82 PHANGNGA
83 PHUKET
84 SURAT THANI
85 RANONG
86 CHUMPHON
90 SONGKHLA
91 SATUN
92 TRANG
93 PHATTHALUNG
94 PATTANI
95 YALA
96 NARATHIWAT

GPP per Capita (in Baht)
- 17.530 - 50.000
- 50.000 - 80.000
- 80.000 - 170.000
- 170.000 - 300.000
- 300.000 - 500.000
- > 500.000

Datengrundlage: GISTHAI; National Economic and Social Development Board of Thailand (NESDB). Eigene Darstellung.

Der Konflikt in Südthailand

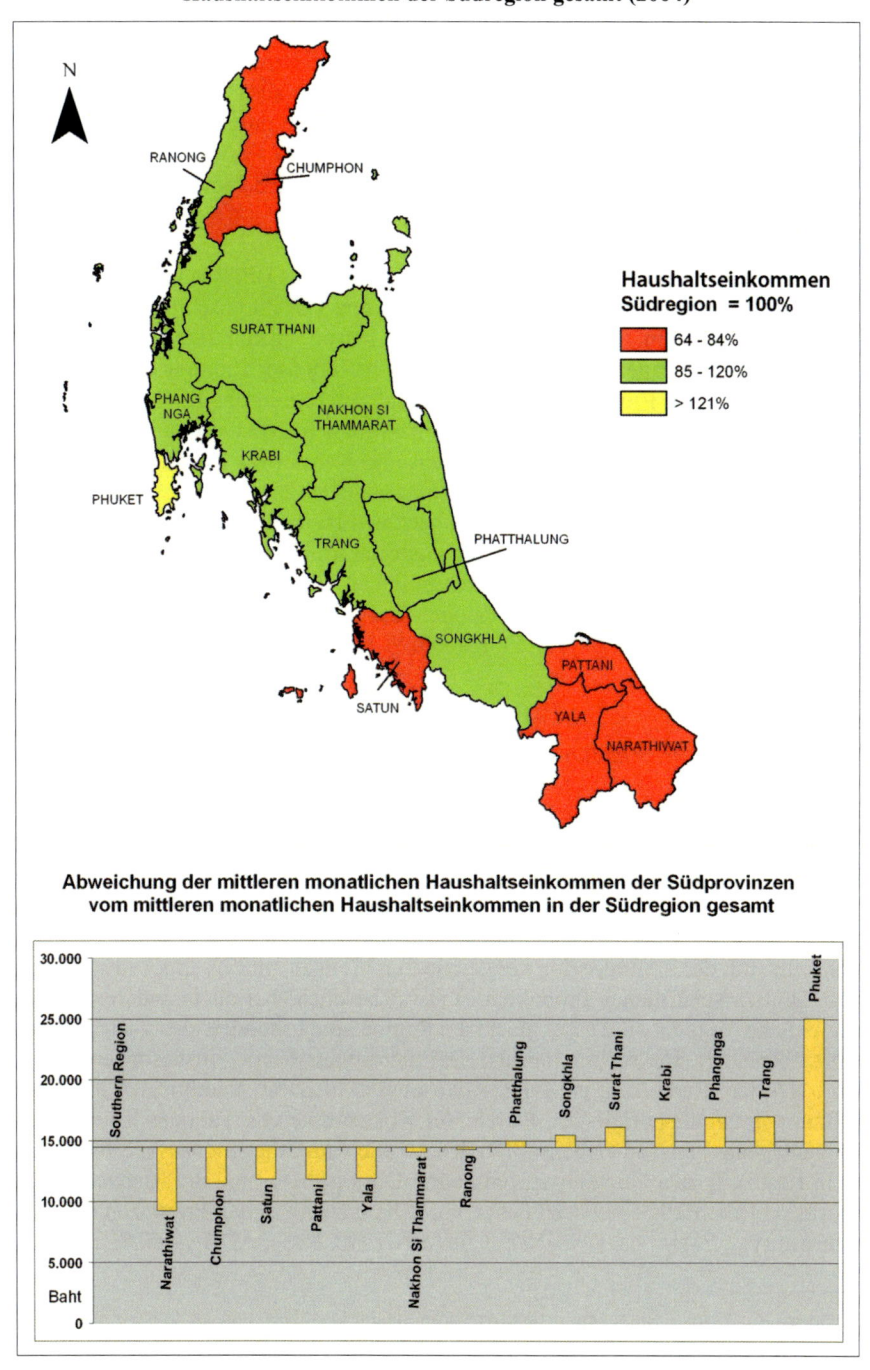

Abb. 8: Abweichung einzelner Provinzen vom mittleren monatlichen Haushaltseinkommen der Südregion gesamt (2004)

Datengrundlage: GISTHAI; NSO 2004. Eigene Darstellung.

sias ist das BIP pro Kopf wesentlich höher als in den südlichen Grenzprovinzen Thailands (vgl. SRISOMPOB und PANYASAK 2006, S.103).[48]

Zwar konnten die Grenzprovinzen in den letzten Jahrzehnten ein Wachstum des BIP pro Kopf verzeichnen, dieses fiel aber wesentlich bescheidener aus als in den übrigen Provinzen des Südens oder in Thailand insgesamt. Das jährliche durchschnittliche Wachstum des BIP pro Kopf zwischen 1988 und 2003 betrug nur etwa 1,8 Prozent im Vergleich zu 3,44 Prozent (andere Südprovinzen) und 5,16 Prozent (andere Provinzen Thailands exkl. Bangkok) (vgl. NRC 2006, S. 25).

Eine Analyse des Haushaltseinkommens zeigt ein ähnliches Bild struktureller wirtschaftlicher Schwäche der drei südlichsten Grenzprovinzen. Das durchschnittliche monatliche Haushaltseinkommen in der Südregion insgesamt betrug im Jahr 2004 14.469 Baht. Alle drei Grenzprovinzen lagen weit unter diesem Wert (ebenso Chumphon und Satun). In Abbildung 8 sind jene Provinzen, die ein markant unterdurchschnittliches Haushaltseinkommen aufweisen, rot eingefärbt. Die Provinz Yala kam 2004 auf nur 11.886 Baht pro Haushalt und Monat, Pattani auf 11.837 Baht und Narathiwat gar nur auf 9.240 Baht. Narathiwat lag somit mit unter 10.000 Baht pro Haushalt und Monat weit abgeschlagen auf dem letzten Platz in der Südregion. Zu beachten ist dabei außerdem, dass die Haushaltsgrößen in den Grenzprovinzen zu den höchsten im Land zählen und daher etwa für die Provinz Narathiwat bei einer durchschnittlichen Haushaltsgröße von 4,6 Personen (thailändischer Durchschnitt sind 3,6 Personen) auf jede Person nur etwa 2.000 Baht[49] pro Monat entfallen (vgl. NSO 2004; UNDP 2003, S. 126–127).

5.3 Landwirtschaft, Fischerei und Konflikte um Ressourcennutzung

Durch die günstigen klimatischen Verhältnisse mit den höchsten mittleren Niederschlägen im ganzen Land ist die südliche Grenzregion Thailands besonders gut für die landwirtschaftliche Nutzung geeignet, die zugleich auch die wirtschaftliche Basis der Bevölkerung darstellt. Aufgrund der Bodenverhältnisse und der Topographie werden hier jedoch keine mit der Zentralregion vergleichbaren Mengen an Reis angebaut, und die Palette an landwirtschaftlichen Produkten ist etwas bescheidener als in anderen Regionen. Das reichliche Angebot an Wasser macht die Region zum besonders geeigneten Anbaugebiet für Kautschuk (Hevea Brasiliensis). Darüber hinaus werden insbesondere tropische Früchte (Durian, Rambutan, etc.) und Kokosnüsse kultiviert. Narathiwat hat sich dabei auf (Baum-)Früchte spezialisiert, Pattani auf Kokosnüsse und Yala auf Kautschuk. Ölbaumplantagen gibt es, im Gegensatz zu den nördlich anschließenden Südprovinzen (wie z. B. in Krabi), in den Grenzprovinzen kaum. Die Fischerei und die fischverarbeitende Industrie sind ebenfalls ein wesentlicher Wirtschaftszweig in den Provinzen Pattani und Narathiwat (vgl. PARNWELL 1996, S. 5; CHE MAN 1990, S. 37; ADB 1995, S. 25).

---

[48]) Kelantan, der ärmste Staat Malaysias, erreichte beispielsweise schon im Jahr 2000 ein BIP pro Kopf von umgerechnet mehr als 60.000 Baht.

[49]) Bei einem Wechselkurs im Jahr 2004 von 50 Baht = 1 Euro entsprechen 2.000 Baht etwa 40 Euro.

Noch immer sind über 50 Prozent der Bevölkerung in den Grenzprovinzen von Pattani, Yala und Narathiwat im Landwirtschaftssektor tätig. Dies gilt insbesondere für die Gruppe der Malai-Muslime, die häufig als Kleinbauern von der (Subsistenz-)Landwirtschaft leben oder auch von der Fischerei. Von zunehmender Bedeutung ist aber auch die Lohnarbeit, entweder auf Großplantagen (als Gummizapfer), die zumeist im Besitz von Sino-Thais sind, oder auch außerhalb der Landwirtschaft am expandierenden urbanen Arbeitsmarkt, wie zum Beispiel im Baugewerbe. Weil diese Lohnarbeit aber meist saison- und konjunkturabhängig ist und daher kein gesichertes ganzjähriges Einkommen ermöglicht, bleibt die kleinstrukturierte Landwirtschaft nach wie vor eine wichtige Nahrungs- und Einnahmequelle, die aber durch diverse Ressourcenkonflikte zunehmend gefährdet ist (vgl. CHE MAN 1990, S. 37; WATTANA 2005, S. 68f.).

Thailand ist vor Indonesien und Malaysia der bei weitem größte Produzent von Naturkautschuk für den Weltmarkt. Ebenso zählt Kautschuk zu den zehn wichtigsten Exportprodukten Thailands und ist der wichtigste Exportartikel im Agrarsektor, noch vor dem Reis.[50] Beinahe der gesamte Kautschukanbau Thailands konzentriert sich auf die Südregion (vor allem auf die Provinzen Songkhla, Nakhon Si Thammarat, Surat Thani und Trang), wobei auch in den Provinzen Yala und Narathiwat über 69 Prozent der landwirtschaftlichen Flächen für den Anbau von Kautschukbäumen genutzt werden (vgl. KERMEL-TORRÈS 2004, S. 99).[51]

Der Kautschukanbau kam zu Beginn des 20. Jahrhunderts aus Malaysia nach Thailand und wurde zuerst von den lokalen Sino-Thais übernommen, die unter fallenden Zinnpreisen am Weltmarkt zu leiden hatten und sich nach anderen lukrativen Einnahmequellen umsehen mussten. Später übernahmen auch Thais und Malai-Muslime der Region den Kautschukanbau. Im Laufe des 20. Jahrhunderts weitete sich der Anbau rasant aus und erreichte in den 1980er-Jahren einen Höhepunkt. Für die Landbevölkerung des Südens war der Anbau von Kautschuk (als Cash-Crop) trotz tendenziell sinkender Erträge die attraktivste und profitabelste Beschäftigungsmöglichkeit und veränderte so auch die Lebensweise vieler Malai-Muslime nachhaltig (vgl. UHLIG 1995, S. 223f.; KERMEL-TORRÈS 2004, S. 98; CORNISH 1997, S. 49–55). Auch viele Fischer in den Küstendörfern sahen aufgrund der immer geringeren Fischerträge (siehe unten) im Kautschukanbau eine willkommene neue Einnahmequelle (vgl. FRASER 1966, S. 96f.).

Der Kautschukanbau erfolgt bis heute fast ausschließlich durch Kleinbauern (thailandweit ca. 820.000) und ist sehr arbeitsintensiv. Die Qualität des Kautschuks der Kleinproduzenten in den Grenzprovinzen ist, verglichen mit der Qualität des Kautschuks von Großplantagen in Malaysia, relativ schlecht und erzielt auf dem unbeständigen Weltmarkt für Rohkautschuk oft nur geringe Preise. In den letzten Jahrzehnten entwickelte sich der Weltmarktpreis für Rohkautschuk tendenziell negativ, wie in Abbildung 9 zu sehen ist. Zwischen 1999 und 2001, nicht lange vor dem Ausbruch der aktuellen Unruhen im Sü-

---

[50]) Thailand ist mit einem Marktanteil von 26 Prozent (1995–2001) auch der größte Reisexporteur der Welt (www.unctad.org, Zugriff: Dezember 2006).

[51]) Erst seit den 1990er-Jahren wurde auch im Nordosten Thailands vermehrt in Kautschukplantagen investiert und in jüngster Zeit gibt es intensivere Bestrebungen der Regierung, eine Kautschukindustrie im Nordosten aufzubauen.

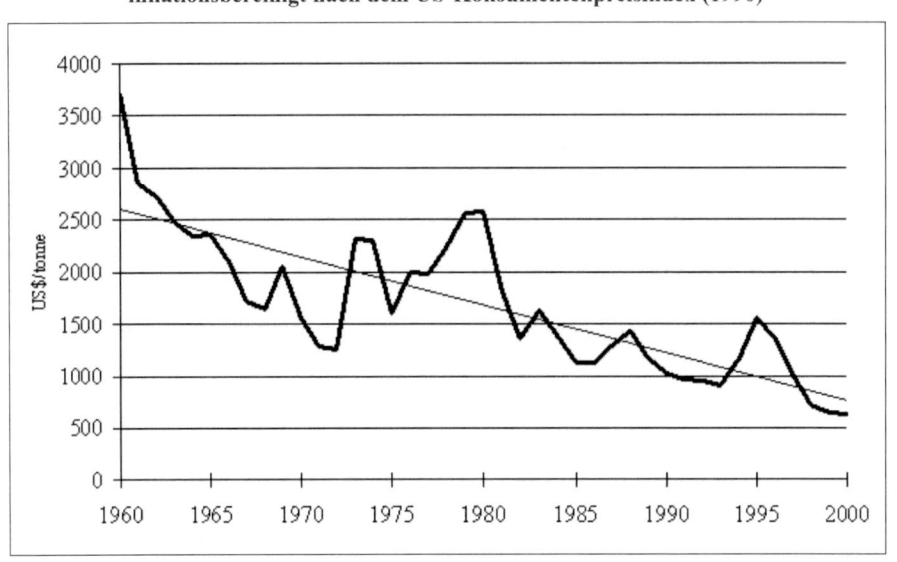

Abb. 9: Preisentwicklung für Naturkautschuk (US RSS1) 1960 bis 2000, inflationsbereinigt nach dem US-Konsumentenpreisindex (1990)

Quelle: FAO 2002.

den, erreichte der Marktpreis für Kautschuk in Thailand seinen niedrigsten Wert seit 30 Jahren! Kurz darauf zeichnete sich wieder ein Aufwärtstrend ab, was nicht zuletzt auf die Verteuerung des synthetischen Gummis aufgrund der allgemein höheren Erdölpreise zurückzuführen war.[52] Nach Ausbruch der Gewaltwelle stiegen die Preise für Rohkautschuk in den Grenzprovinzen wieder an und kletterten im Juni 2006 paradoxerweise auf den höchsten Stand seit Jahrzehnten (siehe Abb. 10). Dies war auf die geringere Kautschukproduktion in der Grenzregion bei einer gleichzeitig steigenden Nachfrage von Seiten des chinesischen Marktes zurückzuführen. Viele Gummizapfer hatten schlichtweg Angst, in die Plantagen zu gehen, da sie häufig Ziel von Gewaltanschlägen wurden. Inzwischen startete das „Southern Border Provinces Administrative Centre" (SBPAC) eine Initiative, um ungenutzte Kautschukplantagen in Reisfelder umzuwandeln und den lokalen Bauern die Möglichkeit zu geben, zumindest den Eigenbedarf an Reis zu decken.[53]

Ende 2006, nach dem Militärputsch, kam es erneut zu einem dramatischen Einbruch der Kautschukpreise. Die Preise rutschten von über 100 Baht pro Kilo auf ca. 40 Baht ab und trieben viele Kautschukpflanzer an den Rand des Ruins.[54] Die Entwicklung der letzten Jahre zeigt deutlich, wie schutzlos die Kautschukbauern den Preisschwankungen auf dem Weltmarkt ausgeliefert waren und bis heute sind. Darüber hinaus sind die Kleinprodu-

---

[52]) Vgl. „Natural rubber at record highs", http://www.purchasing.com, vom 1. September 2005.

[53]) Vgl. „Rubber loses bounce, farmers growing more rice in Narathiwat", http://enews.mcot.net/, 19. Mai 2008.

[54]) Vgl. „Rubber price drop prompts call for help", www.bangkokpost.com, vom 4. Dezember 2006.

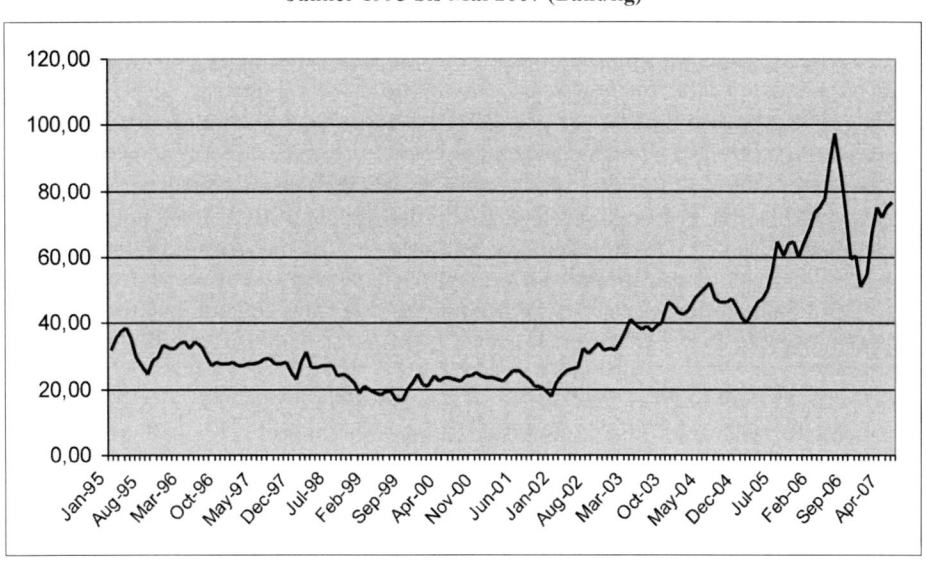

**Abb. 10: Großhandelspreis für unverarbeitete Naturkautschuk-Blätter (Güteklasse 3)
Jänner 1995 bis Mai 2007 (Baht/kg)**

Quelle: Rubber Central Market Office, www.rubberthai.com. Eigene Darstellung.

zenten von Rohkautschuk auf dem schlecht organisierten thailändischen Markt häufig auf Zwischenhändler angewiesen, um ihre Produkte (verfestigter getrockneter Kautschuk in Form von „sheets") auf den Markt bringen zu können. Diese Zwischenhändler zahlen an die Kleinbauern meist deutlich weniger als den offiziellen Preis auf dem zentralen Markt in Hat Yai. Oft bestehen auch Abhängigkeitsverhältnisse zwischen den Kleinbauern und den Zwischenhändlern, die in den Dörfern große Macht besitzen. Die Zwischenhändler vergeben häufig Kredite an die Kleinbauern, welche als Kreditnehmer in der Folge gezwungen sind, ihre Produktion an ihre Kreditgeber zu verkaufen.[55]

Seit den 1960er-Jahren gab es diverse Programme der Regierung zur Verbesserung der Qualität der Kautschukproduktion und der Absatzmöglichkeiten, um den Kleinproduzenten die Chance auf ein höheres Einkommen zu ermöglichen. Diese Programme erreichten aber, wie auch andere Entwicklungsprogramme in der vernachlässigten Südregion, aufgrund mangelhafter Planung und Umsetzung nur selten die angestrebten Ziele (vgl. CORNISH 1997, S. 66–69; KERMEL-TORRÈS 2004, S. 98f).

---

[55]) Da die Kautschukgewinnung nur 120 bis 170 Tage im Jahr möglich ist und dieses Einkommen häufig nicht für das gesamte Jahr ausreicht, müssen sich viele Kleinbauern Geld borgen. Da Banken oft nicht in Frage kommen (es gibt keine Sicherheiten, Dokumente, etc), wenden sich die Bauern für Kredite an reiche Zwischenhändler im Dorf. Weil unter Muslimen aus religiösen Gründen keinen Geldzinsen eingehoben werden dürfen, behalten diese Zwischenhändler einen Teil der Produktion ihrer Schuldner als Quasi-Zinsen ein, oder ziehen das Geld später vom Kaufpreis ab. Dabei entstehen für die Bauern meist erheblich höhere Kosten, als sie für Bankzinsen zu bezahlen hätten (vgl. CORNISH 1997, S. 67f).

Rainer Einzenberger

Die Fischereiwirtschaft ist ein weiterer traditionell wichtiger Wirtschaftszweig in den Küstengebieten von Pattani und Narathiwat, und Fisch ist auch ein Hauptproteinlieferant für die Küstenbewohner. Die Fischer in den Grenzprovinzen (meist Malai-Muslime) sind beinahe ausschließlich Kleinfischer, deren Haushaltseinkommen hauptsächlich vom Fischfang abhängt. Wie die „grüne Revolution" im Agrarsektor, so brachte auch die „blaue Revolution" im Fischereisektor große Veränderungen mit sich. Basierte vor 1950 die Fischereiwirtschaft Thailands noch fast gänzlich auf der traditionellen, kleinstrukturierten und unmotorisierten Fischerei, so zeichnete sich ab den 1960er-Jahren ein radikaler Wandel ab. Private und öffentliche Initiativen, unterstützt durch internationale Institutionen, machten sich daran, die Fischereiwirtschaft zu modernisieren, um mit dem Handel von Fisch und Fischprodukten auf dem Weltmarkt möglichst hohe Profite zu erzielen. Die Modernisierungsansätze konzentrierten sich vor allem auf einen vermehrten Einsatz größerer motorisierter Boote, neuer Nylon-Netze und effizienterer Fangmethoden.

Die rapide Expansion der Fischereiwirtschaft zeigt sich in einem spektakulären Anstieg beim Fischfang (siehe Abb. 11). Der marine Fischfang in Thailand lag bis 1960 noch stabil bei etwa 150.000 Tonnen pro Jahr. 1970 erreichte man bereits 1,3 Millionen Tonnen und 1993 bemerkenswerte 2,75 Millionen Tonnen. WATTANA Sugunnasil von der „Prince of Songkhla"-University in Pattani fasst diesen Wandel in der marinen Fischereiwirtschaft Thailands folgendermaßen zusammen: „Thus, within the past three decades or so, Thailand's marine fishery sector has been transformed from ‚a poor man's occupation' into a multi-billion dollar industry, vertically linked with processing sector and other associated industries." (WATTANA 1999, S. 2).

Abb. 11: Durchschnittlicher jährlicher mariner Fischfang in Thailand 1970 bis 2000 (in 1000 t)

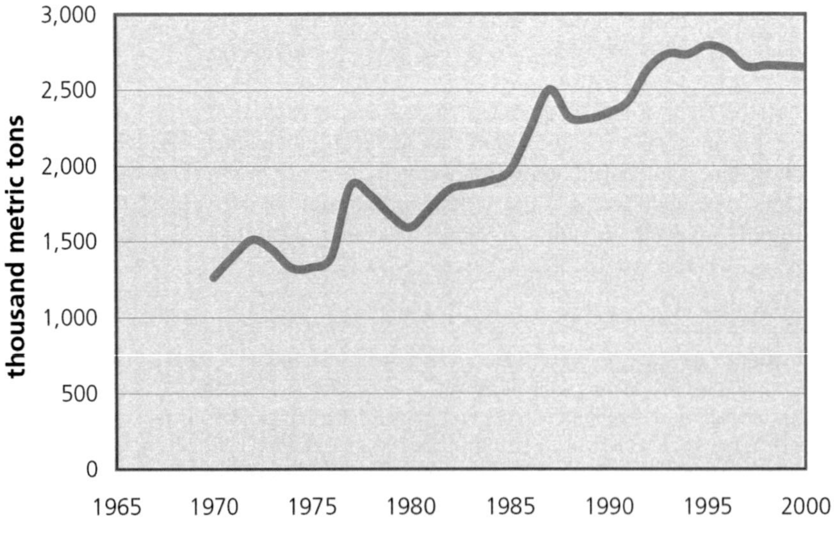

Quelle: http://earthtrends.wri.org/.

Heute ist Thailand einer der größten Produzenten und Exporteure von Fischprodukten. Dieser Aufstieg war nur mithilfe großer Schleppnetzfischer-Flotten möglich, die ab den späten 1960er-Jahren aufkamen. Gab es 1960 nur etwa 99 Schleppnetzboote (Trawlers) in Thailands Gewässern, so waren es 1982 bereits gewaltige 11.745. Die Regierung verabsäumte dabei jedoch, die rasante Entwicklung der Fischereiindustrie und insbesondere deren Auswirkungen auf die marinen küstennahen Ressourcen und die lokale Fischereiwirtschaft in effektiver Weise zu kontrollieren. Schon in den 1960er-Jahren berichtete FRASER (1966) in seiner Fallstudie über das malaiische Fischerdorf Rusembilan nahe Pattani über besorgte Fischer, die bereits damals die neuen großen Fischereiflotten kritisierten (die sie in der Hand von Chinesen und von der Regierung unterstützt glaubten).

Die Kleinfischer waren der Ansicht, dass die radikalen und unnachhaltigen Fangmethoden der großen Flotten die Zahl der Fische in den küstennahen Gewässern stark reduzieren würden. Ebenso beschuldigten sie die großen Fischereiunternehmen, mit ihren Fängen den lokalen Fischmarkt zu überschwemmen, was die Fischpreise stark reduzierte. FRASER (1966, S. 94f) berichtet, dass schon in dieser Zeit viele Fischer nach alternativen Einkommensmöglichkeiten suchten, wie im Kautschukanbau und in anderen Formen der Lohnarbeit in den Städten. Aktuelle Studien thematisieren beinahe die gleichen Probleme, die FRASER bereits vor Jahrzehnten vorfand: „[…] modernization and export-led development of fisheries sector has resulted in widespread conflicts and serious problems of overfishing and depletion of the marine resources. The processes therefore meant loss of productivity and incomes for the majority of small-scale fishers, who were only peripheral beneficiaries of this modernization model." (WATTANA 1999, S. 2ff).

Die starke Überfischung in den küstennahen Gewässern, aber auch die Abholzung der Mangrovenwälder für die Errichtung von Shrimpsfarmen machten sich in den Fischernetzen der Kleinfischer bemerkbar (vgl. DORAIRAJOO 2002, S. 68–71). „Many of the [fisher]men did not go out to sea regularly because the catch was not sufficient to reimburse the cost of going out to sea, which included diesel to run the engine, new nets […]" (ebd., S. 81–82).

Der Anteil der Erträge der Kleinfischer am gesamten marinen Fischfang Thailands betrug Ende der 1980er-Jahre gerade noch etwa zehn Prozent. Wie zu erwarten, hat sich dieser Rückgang des Fischreichtums sehr negativ auf das Einkommen und die Lebensumstände der traditionellen Kleinfischer an den Küsten von Pattani und Narathiwat ausgewirkt (vgl. dazu DORAIRAJOO 2002). SUWIMON Piriyathanalai vom „Wildlife Fund Thailand" berichtete über die Konsequenzen dieser Entwicklung: „When the sea is empty they have to work illegally in Malaysia. Families are separated. This has caused other social consequences such as drug addiction and Aids." (zitiert nach JANCHITFAH 2004, S. 28).

Zwar wurde bereits 1972 durch ministeriellen Erlass eine Schutzzone errichtet, die sich von der Küste bis drei Kilometer (1,6 Seemeilen) hinaus ins offene Meer erstreckt und in der zum Schutz der Kleinfischer das Fischen mit Trawlern und anderen destruktiven Methoden (wie „push-nets") untersagt ist. Doch die Einhaltung dieser Regelung wurde von den zuständigen lokalen Behörden kaum überwacht, und Fischereiunternehmen, die in die Schutzzone eingedrungen waren, konnten sich oft freikaufen. Vor diesem Hintergrund bildeten sich in den letzten Jahren – nach zahlreichen erfolglosen Protestaktionen lokaler Kleinfischerverbände – Grassroot-Bewegungen wie das „Pilot Project for Management and Rehabilitation of Coastal Resources" in Pattani im Jahr 2000. Dieses Projekt setzte sich zum Ziel, die Fischressourcen und das küstennahe Ökosystem Pattanis zu sanieren, indem man destruktive Fischfangmethoden (die teilweise auch unter einheimischen Kleinfischern verbreitet sind) beseitigen wollte. Des Weiteren ging es auch um eine Ermächtigung der lokalen Gruppen, die Küstenressourcen eigenständig zu managen, zu schützen und zu überwachen, auch mithilfe eigener Patrouillenboote („community patrol units"). Doch auch hier war eine Zusammenarbeit mit den Behörden unumgänglich, welche jedoch nicht immer reibungslos funktionierte (vgl. WATTANA 1999, S. 1ff; SRISOMPOB 2002, S.1ff; JANCHITFAH 2004, S. 23f.).

Die Konflikte um natürliche Ressourcen in den südlichen Grenzprovinzen beschränken sich aber nicht nur auf die Küstenzone. Auch in Bezug auf die Landnutzung haben die Malai-Muslime Südthailands (wie auch viele andere Bewohner peripherer Regionen Thailands)[56] mit dem Problem immer knapper werdender Ressourcen zu kämpfen. Dies hat zu einem Großteil mit der Politik der Zentralregierung in Bangkok zu tun, die in den letzten Jahrzehnten auch in den peripheren Gebieten der ethnischen Minderheiten auf eine restriktive Forstpolitik setzte (vgl. dazu BUERGIN und KESSLER 1999; BUERGIN 2000, 2001). Seit Mitte der 1970er-Jahre kam es, als Gegenmaßnahme zu der rasch voranschreitenden Entwaldung in Thailand, zu einer intensiven Ausweitung der Schutzgebiete und Forstreserven. Besonders seit dem Erlass eines absoluten Holzeinschlagverbots im Jahr 1989 verschärfte sich die Situation für die Minderheiten im ganzen Land, die häufig keine offiziellen Landrechte für die von ihnen genutzten Flächen besaßen. Die Ausweisung der staatlichen Wälder als Forstreserven und Schutzgebiete sowie die damit verbundenen Nutzungseinschränkungen erfolgten in der Regel ohne Rücksicht auf bereits bestehende Siedlungen und lokale Nutzungsformen (vgl. BUERGIN 2000, S. 7).

Auch in den Grenzprovinzen Südthailands sehen sich viele Landbewohner bzw. Kleinbauern durch die Ausweitung der Schutzflächen in ihrer Existenz bedroht (vgl. JANCHITFAH 2004, S. 34f, 70f). Im Jahr 1999 wurde der „Budo-Su Ngai Padi National Forest" offiziell zu einem Nationalpark erklärt.[57] Er erstreckt sich mit 341 Quadratkilometern über die Provinzen Pattani, Yala und Narathiwat. Etwa 3.000 Familien leben auf dem Gebiet des Nationalparks, dessen Grenzziehung durch die Behörden hauptsächlich mittels Fernerkundung und Luftbildern erfolgte, ohne Einbeziehung der lokalen Bevölkerung. Da jegliche Nutzung (außer jener touristischer Art) in Nationalparks untersagt ist, fürchten die ansässigen Kleinbauern, ihre Obstgärten und Kautschukhaine, die nunmehr im Gebiet des Nationalparks liegen, aufgeben zu müssen. Diese Kleingärten stellen jedoch eine wichtige Lebensgrundlage für die Kleinbauern dar, da sie das ganze Jahr über Erträge bringen. Sie sind Teil einer traditionellen und nachhaltigen Wirtschaftsweise in der Region. Um nicht aus dem Nationalpark ausgewiesen zu werden, müssen die Bewohner anhand von Luftbildern und Satellitenbildern nachweisen, dass sie bereits vor der Er-

---

[56]) Dies gilt vor allem auch für die „Hilltribes", Minderheiten in Nordthailand, welchen durch die Ausweisung der Waldgebiete als Schutzflächen und die damit einhergehenden Nutzungsverbote teilweise ihre Lebensgrundlage entzogen wurde.

[57]) Zurzeit gibt es in Thailand 102 Nationalparks (81 Nationalparks and 21 Meeres-Nationalparks), die insgesamt eine Fläche von 52.264 km² oder 9,6 Prozent der Landesfläche einnehmen.

nennung des Gebietes zu einem „National Forest" dort ansässig waren. Dieser Nachweis gestaltet sich aber in vielen Fällen äußerst schwierig. In einem Interview brachte ein Kommunalpolitiker des Distrikts Yi-Ngo in Narathiwat seinen Unmut über die Forstpolitik der Regierung folgendermaßen zum Ausdruck: „Government policies such as those governing national parks and reserve forests are more threatening to our livelihoods than anything else." (JANCHITFAH 2004, S. 34).

Ob die Ressourcenkonflikte zwischen der lokalen Bevölkerung in den Grenzprovinzen von Pattani, Yala und Narathiwat und den Behörden in Bangkok den aktuellen Gewaltkonflikt mit angeheizt haben, bleibt fraglich. Saroja DORAIRAJOO stellt in ihrer Dissertation „No Fish in the Sea" über ein Fischerdorf in Pattani die Hypothese auf, „that it is more profitable for Malays to assert their Thai national identity in registering dissent against the destruction of their environment rather than to promote their environmental cause by claiming ethnic discrimination" (DORAIRAJOO 2002, S. 368). Daher, so ihre Folgerung, hat sich der potenzielle ethnische Konflikt in der Grenzregion in einen ökologischen Konflikt verwandelt. Angesichts der eskalierenden Gewalt nur wenige Jahre danach stellt sich jedoch die Frage, inwiefern der aktuelle Konflikt nicht doch auch mit Ressourcenkonflikten zu tun hat. Die „National Reconciliation Commission" wies etwa in ihrem Report (2006) explizit darauf hin, dass es in „areas of high insurgency acitvity", sogenannten „red zones"[58] (das sind 257 von 1.638 Dörfern oder 15,7 Prozent in der Region), auffällig oft auch Konflikte über natürliche Ressourcen, insbesondere in den Nationalparks, gab (genauer in 120 dieser Dörfer oder in 46,7 Prozent der Dörfer in den „red zones"). Allein in der Provinz Pattani entlang der Küste lagen 44 von insgesamt 75 Küstendörfern oder 58,7 Prozent in „red zones". Die NRC gelangte deshalb zur folgenden Ansicht:

„If the villages are marked ‚red' because of violence, it is also possible that the violence has to do with the conflict over natural resources, not only because ‚criminals' plot violence against state authorities and civilians. Pressure over natural resources drives villagers into a corner of poverty. When impoverished people lack enough education to have other choices in life, the pressure on them mounts. For this reason, one way to cope with violence is to reduce the pressure over natural resources by granting communities the right to manage resources, i.e., use natural resources cost-effectively and without harm to others, on the basis of religious belief." (NRC 2006, S. 26).

Auf welcher Datengrundlage die NRC zu diesen Ergebnissen gekommen ist, geht aus dem vorliegenden Report nicht hervor. Aus heutiger Sicht und ohne eingehendere Forschung bleibt die Theorie eines signifikant positiven Zusammenhangs zwischen Ressourcenkonflikten und den aktuellen Unruhen in den einzelnen Distrikten der Grenzprovinzen sehr vage.

---

[58]) Unter Ministerpräsident Thaksin wurden die drei Grenzprovinzen zu Beginn des Jahres 2005, je nach Sicherheitslage und Anschlagshäufigkeiten, in farbige Zonen eingeteilt. Rote Zonen galten als Gebiete mit einem hohen Gewaltaufkommen und starkem Widerstand gegen die Regierung. Gelbe Zonen wurden als moderat problematisch und grüne Zonen als unproblematisch eingestuft. Thaksin hatte die Idee, diese roten Zonen wegen ihrer angeblichen Unterstützung der militanten Separatisten von jeglichen Sonderzahlungen aus Bangkok auszunehmen, was jedoch sehr kontrovers aufgenommen wurde. („PM's Remedy for Crisis in the South: ‚Red' villages face sanctions", http://www.nationmultimedia.com, vom 17. Februar 2005).

Rainer Einzenberger

5.4 Ethnisch segmentierte Arbeitsteilung, Unterbeschäftigung und Arbeitsmigration

Eine Arbeitsteilung nach ethnischen Gesichtspunkten zieht sich durch alle drei Grenzprovinzen Südthailands. Betrachtet man den Arbeitsmarkt gesondert nach ethnischen Gruppen, so lässt sich eine gewisse Segmentierung beobachten. Der Status der Malai-Muslime auf dem Arbeitsmarkt und in anderen Bereichen des gesellschaftlichen Lebens in der Grenzregion scheint wesentlich geringer als jener der Thai-Buddhisten (oder der Sino-Thais).

Malai-Muslime sind wesentlich häufiger (im informellen Sektor) selbstständig tätig, innerhalb der Familie beschäftigt oder privat angestellt als etwa Thai-Buddhisten (siehe Abb. 12). Im oberen Segment des Arbeitsmarktes unter den „white-collar workers" (Lehrer, Doktoren, andere Berufe im öffentlichen Dienst), Bürokraten und Staatsangestellten sind hingegen kaum Malai-Muslime zu finden. Nur 2,4 Prozent der Malai-Muslime bekleiden solche Posten im Gegensatz zu 19,2 Prozent der Thai-Buddhisten, die somit stark überproportional vertreten sind, weil sie in den Grenzprovinzen eine demographische Minderheit bilden (vgl. SRISOMPBOB und PANYASAK 2006, S. 105f). Viele besser ausgebildete Malai-Muslime, die in den urbanen Zentren mit Thais und Sino-Thais im Wettbewerb um höherwertige Arbeitsplätze stehen, fühlen sich diskriminiert. „Many felt that their Thai-Buddhist superiors placed a glass ceiling in their paths of progress." (DORAIRAJOO 2002, S. 58).

Während die offizielle Arbeitslosenstatistik der Grenzprovinzen aufgrund des geringen Anteils von regulären Beschäftigungsverhältnissensehr niedrige Werte aufweist (zwi-

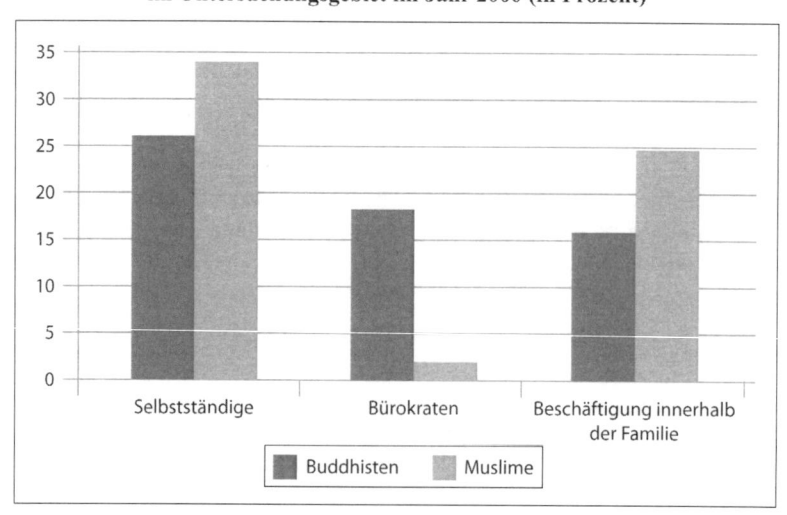

Abb. 12: Ausgewählte Formen der Beschäftigung nach religiöser Zugehörigkeit im Untersuchungsgebiet im Jahr 2000 (in Prozent)

Quelle: SRISOMPOB und PANYASAK 2006, S. 106. Eigene Darstellung.

schen 0,6 und 2,1 Prozent),[59] scheint die Lebensrealität vieler Malai-Muslime nicht dieser Statistik zu entsprechen. De facto gibt es, wie SRISOMPBOB und PANYASAK (2006, S. 105f) berichten, ein beträchtliches Ausmaß an Arbeitslosigkeit und Unterbeschäftigung, das vor allem saisonal auftritt. Hunderttausende Malai-Muslime sehen sich dadurch gezwungen, im benachbarten Malaysia, in Singapur oder in Saudi Arabien und anderen arabischen Ländern auf Arbeitssuche zu gehen (vgl. CHE MAN 1990, S. 37).[60] Eine wichtige Rolle hinsichtlich der häufig illegalen Arbeitsmigration spielen die sogenannten „Tom Yam Restaurants" in Malaysia (Thai-Restaurants, benannt nach der scharfen Shrimps-Suppe), die vorwiegend von Malai-Muslimen aus den Grenzprovinzen Südthailands betrieben werden. Für viele junge unverheiratete malai-muslimische Männer und zunehmend auch Frauen aus Südthailand, die für sich in Landwirtschaft und Fischerei keine Zukunft mehr sehen, sind Jobs als Tellerwäscher, Kellner oder Köche in „Tom Yam Restaurants" aufgrund des bedeutend höheren Lohnniveaus in Malaysia sehr attraktiv (vgl. DORAIRAJOO 2002, S. 164–208; TSUNEDA 2004).

5.5 Der Faktor Bildung

Seit Beginn des Konflikts zwischen den Malai-Muslimen in den Grenzprovinzen und der Regierung in Bangkok Anfang des 20. Jahrhunderts steht das Bildungssystem im Zentrum der Auseinandersetzungen. Welch wichtigen Stellenwert die Bildungsfrage auch in der aktuellen Konfliktphase einnimmt, lassen die zahlreichen getöteten und verletzten Lehrer und die häufigen Brandanschläge auf staatliche Schulen erahnen. Immer wieder müssen Schulen, teilweise in einem gesamten Distrikt, aus Sicherheitsgründen für mehrere Wochen geschlossen werden.[61] In einigen Distrikten werden die Lehrer mittlerweile auf ihrem täglichen Weg in die Schulen von bewaffneten Personenschützern begleitet, oder sie tragen selbst Schusswaffen zur Selbstverteidigung (vgl. ICG 2007, S. 19).

Die Etablierung eines modernen Bildungssystems nach westlichem Vorbild in Thailand hatte ihren Ursprung in den umfassenden Reformen unter König Chulalongkorn (Rama V.) um die Jahrhundertwende vom 19. zum 20. Jahrhundert. Die bildungspolitischen Reformen sollten das Land modernisieren und die nationalstaatliche Integration vorantreiben. Bildung sollte gleichsam als Instrument zur Schaffung einer nationalen Einheit und Identität dienen, dessen Hauptaufgabe die Verbreitung der nationalen thailändischen Kultur, Geschichte, Symbole und Sprache war (vgl. DULYAKASEM 1986, S. 217ff). Von Seiten der Malai-Muslime Greater Patanis gab es allerdings heftigen Widerstand gegen die Errichtung eines modernen staatlichen Bildungssystems in den muslimischen Provinzen. Sie waren argwöhnisch, was die Absichten der Regierung in Bangkok betraf: „They accused the Siamese Government of ‚trying to stamp out the hated Malay language and

---

[59]) Je nach Provinz sind beispielsweise nur 3,6 bis 7,7 Prozent der Beschäftigten sozialversichert (UNDP 2007, S. 116).

[60]) CHE MAN (1990, S. 37) berichtet von bis zu 200.000 Malai-Muslimen, die temporäre Arbeit in Malaysia und Singapur suchen.

[61]) Siehe „100 schools to shut for a week", www.nationmultimedia.com, vom 2. Mai 2006.

changing the natural status of the rising generation of Malay to Siamese'" (zitiert nach
DULYAKASEM 1986, S. 218). Sie lehnten die neuen staatlichen Schulen großteils ab und
schickten ihre Kinder lieber weiterhin in die eigenen traditionellen islamischen Schulen,
die sogenannten Pondoks. Dort erhielten Schüler eine fundierte religiöse Ausbildung und
wurden in ihrer Muttersprache (Patani-)Malai und auf arabisch unterrichtet (vgl. JANCHIT-
FAH 2004, S. 197f; IBRAHEM 2006, S. 75ff).

In den 1960er-Jahren unternahm die Regierung unter Sarit Thanarat erneut einen Versuch, das Bildungssystem in den Grenzprovinzen unter staatliche Kontrolle zu bringen
und zu modernisieren, denn nur eine Minderheit der schulpflichtigen Malai-Muslime be-
suchte staatliche Schulen (viele Eltern zahlten lieber Bußgelder, anstatt ihre Kinder in
die Schule zu schicken). Bangkok konnte den Pondoks nicht viel Positives abgewinnen,
und man betrachtete sie als Hindernis für die „nationale Entwicklung". Daher sollten die
Pondoks säkularisiert und in „private Schulen für den islamischen Religionsunterricht"
(„private schools teaching Islam" – PSTI) umgewandelt werden. Dazu mussten sich die
Pondoks erst registrieren lassen, einen einheitlichen Stundenplan nach Vorgabe des Un-
terrichtsministeriums einführen und auch einige Stunden pro Woche Thai unterrichten.[62]
Als Gegenzug sollten sie eine staatliche Unterstützung erhalten. Die mehr oder weniger
erzwungene Umwandlung der Pondoks verlief, zumindest was die Anzahl der Registrierungen betraf, sehr erfolgreich. Bis zum Jahr 1971 waren bereits die meisten Pondoks als
private islamische Schulen registriert (vgl. DULYAKASEM 1968, S. 226). Einige Gruppen
unter den Malai-Muslimen stellten sich jedoch gegen staatliche Eingriffe in diesem für
sie äußerst sensiblen Bereich.

Heute existiert in den Provinzen Pattani, Yala und Narathiwat nach wie vor das „duale
Bildungssystem" mit staatlichen Schulen und Universitäten einerseits und privaten islamischen Schulen (PSTI) unter staatlicher Aufsicht sowie traditionellen Pondoks (ohne
staatlichen Einfluss) andererseits. Ein Großteil der Schüler in weiterbildenden Schulen
in den Grenzprovinzen besucht solche PSTIs, trotz der schlechteren Infrastruktur und
geringeren Qualität der Ausbildung im Vergleich zu staatlichen Schulen. Doch viele Eltern ziehen für ihre Kinder PSTIs vor, da sie nicht nur, wie schon erwähnt, eine religiöse
Ausbildung anbieten, sondern häufig auch billiger sind. Die Pondoks haben trotz ihrer
wichtigen institutionellen Funktion innerhalb der Dörfer im Vergleich zu den PSTIs an
Attraktivität verloren, da sie keinerlei formale Abschlüsse anbieten können.

Aufgrund des im Vergleich zu staatlichen Schulen niedrigeren Ausbildungsniveaus der
PSTIs erhalten nur wenige malai-muslimische Studentinnen und Studenten Zugang zu
höheren Schulen in Thailand, was wiederum ihre Chancen am Arbeitsmarkt verringert.
Tausende Studierende setzten deshalb, angelockt von Stipendien, ihre religiöse oder wissenschaftliche Ausbildung im muslimischen Ausland fort, wie beispielsweise im Mittleren Osten, in Pakistan, Malaysia oder Indonesien. Zurückgekehrt als Graduierte sehen
sie sich bei der Arbeitssuche oft mit Problemen konfrontiert und benachteiligt. Da ihre
im Ausland erworbenen Qualifikationen oft nicht anerkannt werden, bekommen sie am
Arbeitsmarkt häufig entweder Stellen unter ihrer Qualifikation oder sie kehren als Lehrer

---

[62]) In den PSTIs findet meist der Unterricht nach staatlichem Stundenplan am Vormittag und der
religiöse Unterricht am Nachmittag statt.

in das PSTI- oder Pondok-System zurück (vgl. ICG 2007, S. 21; DORAIRAJOO 2002, S. 60).

Insgesamt ist das Bildungsniveau der Bevölkerung den Grenzprovinzen Pattani, Yala und Narathiwat im Vergleich zum Landesdurchschnitt relativ niedrig. Im Jahr 2002 hatte die Gruppe der 20- bis 29-Jährigen in der Region eine durchschnittliche Gesamtausbildungszeit von nur 8,3 Jahren vorzuweisen, während jene in den übrigen Provinzen der Südregion im Schnitt 9,2 Jahre eine Ausbildung erhielten (in anderen Provinzen neun Jahre) (vgl. NRC 2006, S. 27). Zwischen 14 und 20 Prozent der Bevölkerung in den drei Grenzprovinzen hatten (2001) überhaupt keine formale Ausbildung erhalten. Nur in den entlegenen Bergregionen Nordthailands leben mehr Personen ohne formalen Schulabschluss (siehe Abb. 13) (vgl. UNDP 2003, S. 135).

Das Bildungsproblem betrifft wiederum im Besonderen die Malai-Muslime. Unter ihnen konnten laut dem Zensus 2000 über 30 Prozent weder Thai lesen noch schreiben. Rund 70 Prozent der Malai-Muslime hatten im Jahr 2000 nur die Grundschule besucht, im Vergleich zu etwa 50 Prozent der Buddhisten in den Grenzprovinzen (vgl. Abb. 14). Je höher die abgeschlossene Ausbildung, desto weniger Malai-Muslime sind unter den Absolventen zu finden. Nur 9,2 Prozent der Malai-Muslime hatten eine weiterbildende Schule besucht, während dies bei 13,2 Prozent der Buddhisten der Fall war. Den akademischen Titel Bachelor konnten nur 1,7 Prozent der Malai-Muslime erlangen – im Gegensatz zu 9,7 Prozent der Thai-Buddhisten. Diese Zahlen belegen eindeutig die Unterrepräsentation der Bevölkerungsmehrheit der Malai-Muslime in den drei Grenzprovinzen, was höhere Bildungsabschlüsse betrifft (vgl. SRISOMPOB und PANYASAK 2006, S. 104f).

Was die Qualität der Ausbildung angeht, schnitten die Schülerinnen und Schüler der drei Grenzprovinzen bei Tests des Bildungsministeriums schlechter ab als Schüler anderer Provinzen Thailands. In fast allen Bereichen blieben die Testergebnisse hinter denen anderer Regionen zurück, mit Ausnahme des Unterrichtsfaches Englisch (vgl. NRC 2006, S. 26). Manche Experten sehen diesen Umstand darin begründet, dass viele malai-muslimische Schüler, wenn sie in die staatliche Grundschulausbildung eintreten, kaum ausreichend die thailändische Sprache beherrschen. Deshalb bleiben ihre schulischen Leistungen bald hinter jenen der Mitschüler mit thailändischer Muttersprache zurück. Nur im Fach Englisch, in dem Thai-Sprachkenntnisse wenig relevant sind, können sie leistungsmäßig mit ihren buddhistischen Mitschülern mithalten.[63] Damit bleibt das Sprachproblem im Bildungssystem der Grenzprovinzen weiterhin ein zentrales Problem, dessen Lösung von eminenter Wichtigkeit ist (vgl. ICG 2007, S. 20).

5.6 Armut

Die südlichsten Grenzprovinzen Thailands gehören zu den ärmsten Regionen des Landes. Obgleich man kaum extreme Armut vorfindet – zumindest für eine Grundversorgung ist

---

[63]) Erklärung von Dr. Ammar SIAMWALLA bei einem Workshop der Chulalongkorn University im Sommer 2006.

Abb. 13: Anteil der Bevölkerung ohne formalen Schulabschluss nach Provinzen (2005)

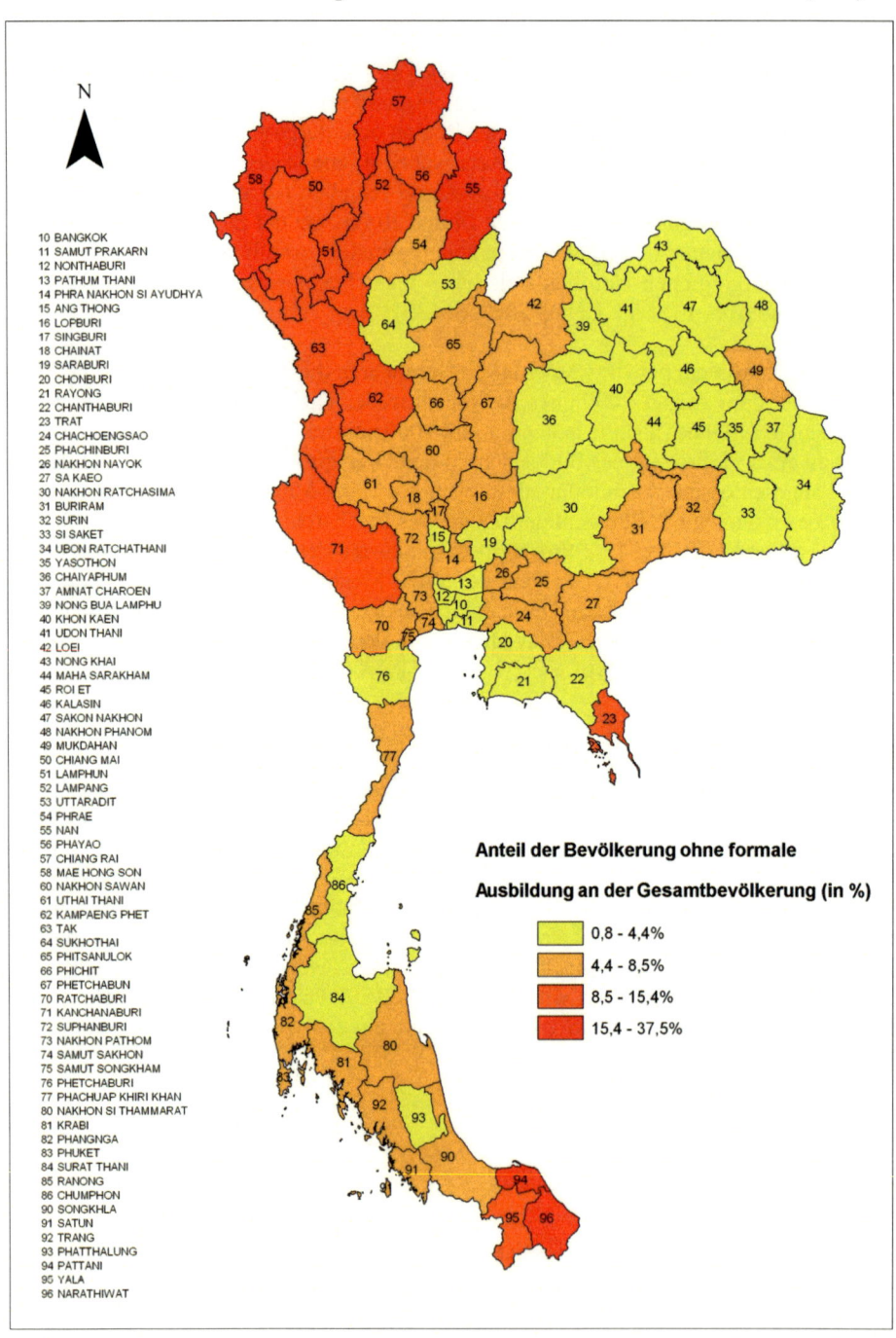

10 BANGKOK
11 SAMUT PRAKARN
12 NONTHABURI
13 PATHUM THANI
14 PHRA NAKHON SI AYUDHYA
15 ANG THONG
16 LOPBURI
17 SINGBURI
18 CHAINAT
19 SARABURI
20 CHONBURI
21 RAYONG
22 CHANTHABURI
23 TRAT
24 CHACHOENGSAO
25 PHACHINBURI
26 NAKHON NAYOK
27 SA KAEO
30 NAKHON RATCHASIMA
31 BURIRAM
32 SURIN
33 SI SAKET
34 UBON RATCHATHANI
35 YASOTHON
36 CHAIYAPHUM
37 AMNAT CHAROEN
39 NONG BUA LAMPHU
40 KHON KAEN
41 UDON THANI
42 LOEI
43 NONG KHAI
44 MAHA SARAKHAM
45 ROI ET
46 KALASIN
47 SAKON NAKHON
48 NAKHON PHANOM
49 MUKDAHAN
50 CHIANG MAI
51 LAMPHUN
52 LAMPANG
53 UTTARADIT
54 PHRAE
55 NAN
56 PHAYAO
57 CHIANG RAI
58 MAE HONG SON
60 NAKHON SAWAN
61 UTHAI THANI
62 KAMPAENG PHET
63 TAK
64 SUKHOTHAI
65 PHITSANULOK
66 PHICHIT
67 PHETCHABUN
70 RATCHABURI
71 KANCHANABURI
72 SUPHANBURI
73 NAKHON PATHOM
74 SAMUT SAKHON
75 SAMUT SONGKHAM
76 PHETCHABURI
77 PHACHUAP KHIRI KHAN
80 NAKHON SI THAMMARAT
81 KRABI
82 PHANGNGA
83 PHUKET
84 SURAT THANI
85 RANONG
86 CHUMPHON
90 SONGKHLA
91 SATUN
92 TRANG
93 PHATTHALUNG
94 PATTANI
95 YALA
96 NARATHIWAT

Anteil der Bevölkerung ohne formale Ausbildung an der Gesamtbevölkerung (in %)

- 0,8 - 4,4%
- 4,4 - 8,5%
- 8,5 - 15,4%
- 15,4 - 37,5%

Datengrundlage: UNDP 2007. Eigene Darstellung.

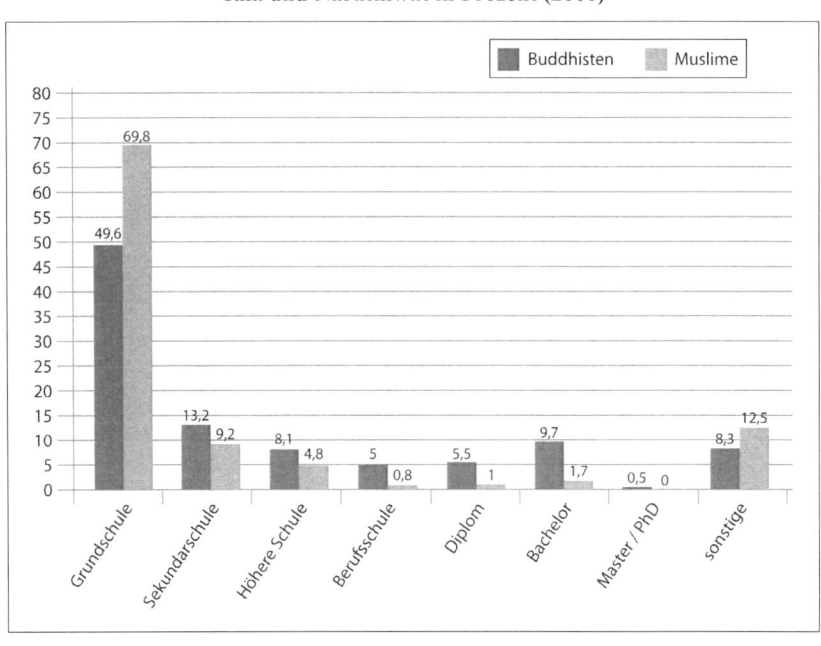

Abb. 14: Höchste abgeschlossene Schulbildung nach religiöser Zugehörigkeit der Bevölkerung in den Provinzen Pattani, Yala und Narathiwat in Prozent (2000)

	Buddhisten	Muslime
Grundschule	49,6	69,8
Sekundarschule	13,2	9,2
Höhere Schule	8,1	4,8
Berufsschule	5	0,8
Diplom	5,5	1
Bachelor	9,7	1,7
Master / PhD	0,5	0
sonstige	8,3	12,5

Datengrundlage: NSO 2000b; hier nach SRISOMPOB und PANYASAK 2006, S. 105. Eigene Darstellung.

meist (häufig durch Subsistenzwirtschaft) gesorgt – kann man dennoch von einem signifikanten Ausmaß an relativer Armut sprechen (siehe Abb. 15). Der Großteil der in Armut lebenden Bevölkerung Südthailands konzentriert sich auf die südlichsten muslimischen Provinzen Pattani, Yala und Narathiwat. Den Daten des „National Economic and Social Development Board" (NESDB) zufolge lebten im Jahr 1998 (unmittelbar nach der sogenannten „Asienkrise") von offiziell 1,3 Millionen Malai-Muslimen in den drei Provinzen rund 470.000 Personen oder 36 Prozent der Bevölkerung unter der jeweiligen Armutsgrenze ihrer Provinz.[64] 37 Prozent der Bevölkerung in Yala lebten damals unter der Armutsgrenze, in der Provinz Pattani waren es 20,7 Prozent. Die größte relative Armut in der Südregion – gemessen am Einkommen – gab es in Narathiwat mit einem Anteil von etwa 46 Prozent der Bevölkerung, die mit weniger als 808 Baht pro Monat auskommen mussten (vgl. SRISOMPOB und PANYASAK 2006, S. 104).

Von 1998 bis 2000 sanken die Armutsquoten in den Provinzen Narathiwat und Yala merklich, nur in Pattani war ein Anstieg um etwa fünf Prozent zu verzeichnen. Vergleicht man die Armutsindikatoren der südlichen Grenzprovinzen für das Jahr 2000 mit jenen der übrigen Provinzen Thailands, so kann man erkennen, dass in den Provinzen im Nordostens

---

[64] Die Armutsgrenzen wurden jeweils für jede Provinz mit einem bestimmten monatlichen Mindesteinkommen festgelegt.

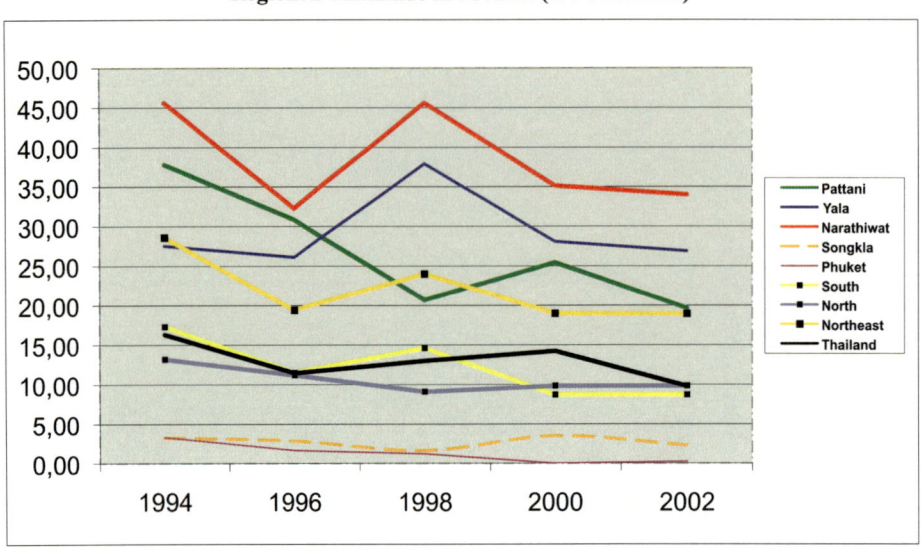

Abb. 15: Anteil der Bevölkerung unter der Armutsgrenze an der Gesamtbevölkerung in ausgewählten Provinzen und Regionen Thailands in Prozent (1994 bis 2002)

Quelle: NESDB, http://poverty.nesdb.go.th/poverty_new/. Eigene Darstellung.

des Landes die relative Armut noch stärker ausgeprägt war als in der südlichen Grenzregion. In der Nordostregion lagen die Armutsquoten teils über 50 Prozent (in den Provinzen Nong Bua Lam Phu und Yasothon) (siehe Abb. 16). Aus Sicht der Bevölkerung in Pattani, Yala und Narathiwat ist der direkte Vergleich mit den Nachbarprovinzen jedoch wesentlich relevanter als der Vergleich mit dem weit entfernten strukturschwachen Nordosten. Hier macht sich eine große Kluft bemerkbar: In der mehrheitlich von Buddhisten bewohnten Provinz Songkhla etwa lebten im Jahr 2000 nur ca. 3,5 Prozent der Bevölkerung unter der Armutsgrenze (im Gegensatz zu rund 30 Prozent in den drei Grenzprovinzen). Auch in den angrenzenden Staaten im benachbarten Malaysia lagen die Armutsquoten im Jahr 2002 mit nur acht bis zwölf Prozent weitaus niedriger[65] (vgl. UNDP 2003, S. 142f; LEETE 2004; SRISOMPOB und PANYASAK 2006, S. 104). Mit anderen Worten bilden die drei Grenzprovinzen Pattani, Yala und Narathiwat eine „Armutsenklave" auf der malaiischen Halbinsel.

Die im „Thailand Human Development Report 2007" veröffentlichten Zahlen aus dem Jahr 2004 dokumentieren zwar eine weitere Verringerung der Armutsquoten in den Provinzen Yala und Narathiwat seit 2000, trotzdem sehen die Autoren der Studie darin insgesamt keine Verbesserung der Armutssituation in der Krisenregion: „In recent years, the decline in poverty incidence has slowed, and even reversed in some areas. Poverty in Na-

---

[65]) In Kelantan, das an Narathiwat angrenzt und zur ärmsten Region Malaysias gehört, lebten 2002 zwölf Prozent der Einwohner unter der vergleichsweise großzügig angesetzten Armutsgrenze von umgerechnet 3.400 Baht pro Monat und Person.

Der Konflikt in Südthailand

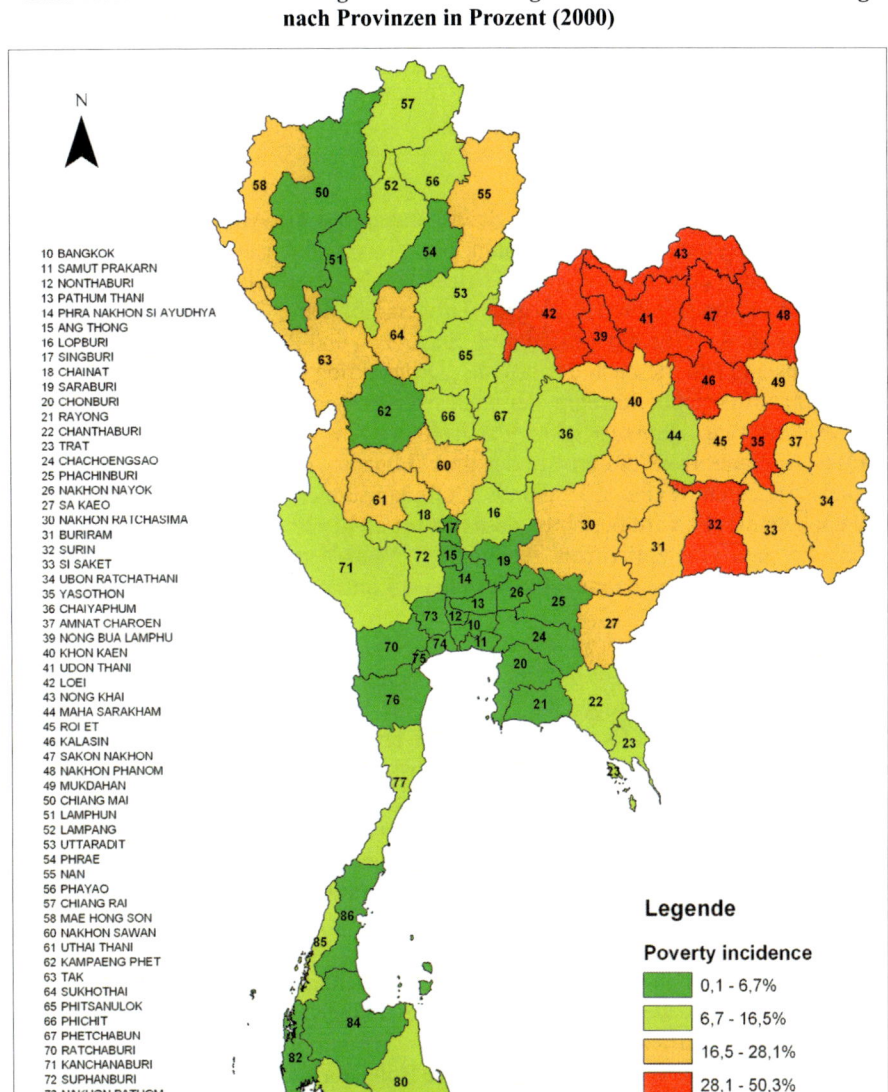

Abb. 16: Anteil der Bevölkerung unter der Armutsgrenze an der Gesamtbevölkerung nach Provinzen in Prozent (2000)

10 BANGKOK
11 SAMUT PRAKARN
12 NONTHABURI
13 PATHUM THANI
14 PHRA NAKHON SI AYUDHYA
15 ANG THONG
16 LOPBURI
17 SINGBURI
18 CHAINAT
19 SARABURI
20 CHONBURI
21 RAYONG
22 CHANTHABURI
23 TRAT
24 CHACHOENGSAO
25 PHACHINBURI
26 NAKHON NAYOK
27 SA KAEO
30 NAKHON RATCHASIMA
31 BURIRAM
32 SURIN
33 SI SAKET
34 UBON RATCHATHANI
35 YASOTHON
36 CHAIYAPHUM
37 AMNAT CHAROEN
39 NONG BUA LAMPHU
40 KHON KAEN
41 UDON THANI
42 LOEI
43 NONG KHAI
44 MAHA SARAKHAM
45 ROI ET
46 KALASIN
47 SAKON NAKHON
48 NAKHON PHANOM
49 MUKDAHAN
50 CHIANG MAI
51 LAMPHUN
52 LAMPANG
53 UTTARADIT
54 PHRAE
55 NAN
56 PHAYAO
57 CHIANG RAI
58 MAE HONG SON
60 NAKHON SAWAN
61 UTHAI THANI
62 KAMPAENG PHET
63 TAK
64 SUKHOTHAI
65 PHITSANULOK
66 PHICHIT
67 PHETCHABUN
70 RATCHABURI
71 KANCHANABURI
72 SUPHANBURI
73 NAKHON PATHOM
74 SAMUT SAKHON
75 SAMUT SONGKHAM
76 PHETCHABURI
77 PHACHUAP KHIRI KHAN
80 NAKHON SI THAMMARAT
81 KRABI
82 PHANGNGA
83 PHUKET
84 SURAT THANI
85 RANONG
86 CHUMPHON
90 SONGKHLA
91 SATUN
92 TRANG
93 PHATTHALUNG
94 PATTANI
95 YALA
96 NARATHIWAT

Legende

Poverty incidence

- 0,1 - 6,7%
- 6,7 - 16,5%
- 16,5 - 28,1%
- 28,1 - 50,3%

Datengrundlage: UNDP 2003. Eigene Darstellung.

rathiwat is 18 percent and in Pattani 23 percent, more than double the national average."
(UNDP 2007, S. 15).

5.7 Drogenmissbrauch und Korruption

Die schwierigen sozioökonomischen Bedingungen und die Armutssituation tragen zu einer Ausweitung der Drogenproblematik bei, die vor allem die junge Generation der Malai-Muslime in den Grenzprovinzen betrifft. In den letzten Jahren waren die nachgewiesenen Fälle von Missbrauch illegaler Drogen laut dem „Office of Narcotic Control Board" stark im Ansteigen begriffen (vgl. SRISOMPOB und PANYASAK 2006, S. 106ff). An diesem Umstand änderte auch der brutale „Drogenkrieg" der Regierung unter Thaksin im Jahr 2003 offensichtlich wenig, der landesweit zwischen 2.000 und 3.000 Menschenleben forderte (vgl. Human Rights Watch 2004). Am stärksten vom Drogenproblem betroffen ist Narathiwat, die ärmste der drei Grenzprovinzen. Besonders verbreitet ist das auch in anderen Regionen Thailands häufig konsumierte „Yaaba", ein sehr beliebtes Metaamphetamin. Es wird berichtet, dass nahezu 25 bis 30 Prozent der Teenager in den Dörfern der drei Grenzprovinzen regelmäßig „Yaaba" konsumieren. Hauptbetroffene sind arbeitslose Jugendliche im Alter zwischen 15 und 24 Jahren (vgl. auch DORAIRAJOO 2002, S. 87f).

Zu Beginn der aktuellen Krise im Jahr 2004 machte Premierminister Thaksin Shinawatra zunächst jugendliche Drogenabhängige für die Kampfhandlungen in der „Kru-Se"-Moschee verantwortlich.[66] Es stellte sich jedoch später heraus, dass keiner der getöteten Kämpfer in der „Kru-Se"-Moschee unter Einfluss illegaler Drogen gestanden hatte. Bei den Opfern und Verhafteten des „Tak-Bai"-Vorfalles wurden ebenfalls nur sehr wenige positiv auf illegale Suchtmittel getestet (vgl. SRISOMPOB und PANYASAK 2006, S. 106ff).[67] Es gilt aber als wahrscheinlich, dass leicht manipulierbare drogenabhängige Jugendliche ein wichtiger Rekrutierungspool für militante Separatisten oder andere Akteure in der Krisenregion sind.

Die Südprovinzen gelten seit jeher als wichtiger Umschlagplatz für illegale Drogen, die, aus Burma kommend, weiter nach Malaysia geschmuggelt werden. Drogenhändler bzw. diverse Schmugglerkartelle, in die auch korrupte Beamte involviert sind, spielen wahrscheinlich in der anhaltenden Krise eine aktive Rolle, da sie von der instabilen Situation in der kaum kontrollierbaren Grenzzone profitieren. „Despite periodic arrests of officials in the south the sporadic attempts of Thai authorities to regulate illicit cross-border movements and transactions [...] are themselves undermined by corrupt officials linked to powerful groups of ‚influential figures' who have a vested interest in keeping the borderland porous and malleable." (ASKEW 2007, S. 20f).

---

[66]) „Southern Carnage: Kingdom Shaken", wwww.nationmultimedia.com, vom 29. April 2004.

[67]) Von den 1.093 Verhafteten des „Tak-Bai"-Vorfalles wurden nur 13 positiv auf illegale Suchtmittel getestet. Von den über 70 getöteten Demonstranten wurden 40 getestet, wobei zwei von Ihnen illegale Suchtmittel konsumiert hatten.

6. Staatliche Gewalt und Menschenrechtsverletzungen

Ein wesentlicher Faktor, der die Beziehungen zwischen den Malai-Muslimen und den thailändischen Behörden bzw. Sicherheitskräften in den Grenzprovinzen massiv beeinträchtigt, ist das hohe Maß an Misstrauen auf beiden Seiten. Viele Beamte (großteils Thai-Buddhisten), die in der Region beschäftigt sind, kommen ursprünglich aus anderen Regionen des Landes und haben oftmals eine von negativen Stereotypen geprägte Sichtweise von den Malai-Muslimen.[68] Sie sprechen auch meist weder den lokalen Dialekt (Patani-Malai) noch sind sie mit den Grundlagen des Islam und der malaiischen Kultur vertraut. Oft fühlen sich die Malai-Muslime durch das Verhalten der Beamten beleidigt, zum Beispiel, wenn sie von diesen als „Khaek" (Gäste) bezeichnet werden, oder wenn von den Thai-Buddhisten keine Rücksicht auf die religiösen oder kulturellen Eigenheiten der Malai-Muslime genommen wird.

THOMAS (1982) berichtet aus den 1980er-Jahren über den Kontakt zwischen Thai-Beamten und Malai-Muslimen: „In any event, many Thai [Malai-] Muslims who have any kind of substantive contact with Thai Buddhist officials tend to sense supercilious attitudes of the latter and they react negatively in their dealings, or avoid dealings whenever possible, with the officials." (THOMAS 1982, S. 159f).

Insbesondere Polizeibeamte gelten als korrupt und werden häufig beschuldigt, ein größeres Interesse zu haben, aus illegalen Aktivitäten persönlichen Profit zu schlagen, als sich um die Einhaltung der Gesetze zu kümmern. Immer wieder gab es gegen die Polizei Vorwürfe wegen Erpressungen und anderen Formen des Amtsmissbrauchs. Allein in den Jahren 1998 bis 2000 gingen beim „Southern Border Provinces Administration Center" (SBPAC) 1.354 Beschwerden gegen Beamte in der Region wegen missbräuchlichen Verhaltens ein. Jedoch nur 51 Beamte wurden daraufhin aus der Region versetzt (vgl. THOMAS 1982 S. 195f; JANCHITFAH 2004, S. 36f).

Die Wahrnehmung, ungerecht und als Bürger zweiter Klasse behandelt zu werden, verstärkte sich unter den Malai-Muslimen in Südthailand besonders in den Jahren nach dem Amtsantritt von Thaksin Shinawatra als Regierungschef im Jahr 2001. Das ohnehin geringe Vertrauen der Malai-Muslime in staatliche Institutionen und das staatliche Rechtssystem wurde besonders durch den Drogenkrieg von 2003 und die neuerliche Eskalation der Gewalt im Jahr 2004 stark beschädigt. Ebenso negativ dürfte sich die Auflösung der vermittelnden Institutionen wie des „Southern Border Provinces Administraiton Centre"

---

[68]) In Südthailand trifft dies auf etwa 80 Prozent der Beamten zu. Im administrativen System Thailands ist es generell üblich, Beamte regelmäßig in verschiedene Landesteile zu versetzen. Die Versetzung nach Südthailand erfolgt oft als „Bestrafungsaktion" für korrupte oder inkompetente Beamte. Deshalb gilt der tiefe Süden für viele Beamte als das „thailändische Sibirien". In diesem Zusammenhang forderte ein thailändischer Wissenschaftler bei einem Workshop der Chulalongkorn-University in Bangkok im Sommer 2006 die „De-Sibirization" der Grenzprovinzen, also ein Ende der Praxis der Zwangsversetzung von Beamten in die Grenzregion.

(SBPAC) und der „43rd Civilian Police Military Task Force" (CPM 43) durch Thaksin im Jahr 2002 ausgewirkt haben.[69]

Die Härte, mit der die Sicherheitskräfte auf Anweisung Thaksins auf die ersten Anschläge im Jahr 2004 reagierten, führte zu gravierenden Menschenrechtsverletzungen. Die Separatisten wiederum nützten das missbräuchliche Verhalten der Sicherheitskräfte aus, um in den Dörfern Stimmung gegen das Militär zu machen und ihre Attentate als Vergeltungsschläge zu rechtfertigen. Am offensichtlichsten zeigte sich das unverhältnismäßig brutale Vorgehen der Sicherheitskräfte bei den Ereignissen rund um die „Kru-Se"-Moschee und bei der gewaltsamen Auflösung einer Massendemonstration am 25. Oktober 2004 in Tak-Bai.[70]

Die nahe der Provinzstadt gelegene jahrhundertealte „Kru-Se"-Moschee erlangte traurige Berühmtheit, als am 28. April 2004 ein Sondereinsatzkommando das Gotteshaus stürmte und alle 32 darin befindlichen malai-muslimischen Kämpfer exekutierte. Die Männer, zwischen 17 und 68 Jahre alt, hatten sich Stunden zuvor dort verschanzt, nachdem sie einen nahe gelegenen Wachposten attackiert sowie einen Polizisten und einen Soldaten erstochen hatten. General Phanlop Phinmani, der den Einsatz leitete, hatte seinen Soldaten trotz gegenteiliger Anweisung der Regierung ausdrücklich einen Schießbefehl erteilt. Etwa zeitgleich kam es auch an anderen Schauplätzen in Pattani, Yala und Songkhla zu gewaltsamen Zusammenstößen zwischen Sicherheitskräften und meist nur mit Macheten bewaffneten Aufständischen. Insgesamt wurden an diesem Tag 105 Aufständische durch die Sicherheitskräfte getötet, daneben starben fünf Soldaten und ein Zivilist.

Der Anlass für den Einsatz der Sicherheitskräfte in Tak-Bai nahe der Grenze zu Malaysia war eine Demonstration vor der örtlichen Polizeistation. Etwa 1.500 Demonstranten hatten sich versammelt, um gegen die Festnahme von sechs „village defense volunteers" zu protestieren, die beschuldigt worden waren, ihre von der Regierung zu Verfügung gestellten Waffen an militante Separatisten weitergegeben zu haben. Nachdem die Sicherheitskräfte anfangs versuchten, die Demonstration mit Tränengas und Wasserwerfern aufzulösen, fielen kurz darauf Schüsse mit scharfer Munition, wodurch sieben Demonstranten getötet wurden. Anschließend wurden rund 1.300 Männer und Knaben festgenommen. Diese mussten sich gefesselt und mit nacktem Oberkörper auf den Boden legen und heftige Schläge und Tritte von Soldaten über sich ergehen lassen. Beim Abtransport der Demonstranten in ein nahe gelegenes Militärlager ereignete sich schließlich die Tragödie. Um alle 1.300 Männer und Buben in nur 28 Lastwagen unterzubringen, wurden jeweils bis zu vier Personen auf den Ladeflächen übereinander gestapelt! Einige der Fahrzeuge erreichten das nur 150 Kilometer entfernte Lager in Pattani erst nach etwa fünf Stunden.

---

[69]) Das SBPAC war die einzige Institution „[where] soldiers, police, Muslim leaders and religious teachers, and local officials met to exchange views and compare notes" (KAVI, zitiert nach McCARGO 2006, S. 49) und es fungierte auch als Vermittlungsinstanz zwischen Bangkok und dem Süden.

[70]) Für nähere Informationen zu den Vorfällen in der „Kru-Se"-Moschee und in Tak-Bai siehe: http://www.nationmultimedia.com/specials/takbai/index.htm; unter http://thailand.ahrchk.net/takbai/ stehen Videomitschnitte der Ereignisse in Tak-Bai zum Download zur Verfügung (Zugriff: August 2008).

Die Konsequenz war, dass 78 Personen während des Transportes verstarben, die meisten von ihnen erstickten (vgl. ICG 2005a, S. 21ff).

Giles UNGPAKORN von der Chulalongkorn Universität fand folgende Erklärung für das fahrlässige und menschenverachtende Vorgehen des Militärs: „In the minds of the troops and their commanders, the Takbai prisoners were captured prisoners of war, ‚nasty foreigners' or ‚enemies of the state' who needed to be punished." (UNGPAKORN 2007, S. 121). Bisher wurde kein einziges Mitglied der Sicherheitskräfte für die Ereignisse in Tak-Bai strafrechtlich belangt, lediglich einige Beamte wurden von ihren Posten versetzt.

Die mangelnde Bereitschaft der Regierung, die von den Sicherheitskräften begangenen Menschenrechtsverletzungen aufzuklären, zeigte sich auch in vielen anderen Fällen. Auf Grundlage des bis heute rechtskräftigen Notstandserlasses, der den Sicherheitskräften weitläufige Sonderrechte einräumt und von Kritikern als „license to kill" bezeichnet wurde (vgl. ICG 2005b, i), kam es in den Grenzprovinzen zur Erstellung von schwarzen Listen und zu willkürlichen Festnahmen verdächtiger Personen, von denen viele behaupteten, in Haft gefoltert worden zu sein. Einige der festgenommenen Personen verschwanden spurlos, von anderen wurden später die mit Folterspuren übersäten Leichen gefunden (vgl. ICG 2005a, S. 35f; ICG 2005b, S. 8ff). Die Menschenrechtsorganisation „Human Rights Watch" dokumentierte in einem Bericht 22 Fälle von Personen, für deren „Verschwinden" mit hoher Wahrscheinlichkeit thailändische Sicherheitskräfte verantwortlich sind, die Dunkelziffer liegt vermutlich bei mehreren hundert (vgl. HRW 2007b).

Besonders großes Medienecho erregte der Fall des muslimischen Rechtsanwaltes und Chefs der muslimischen Juristenvereinigung Somchai Neelaphaijit, der im Februar 2004 öffentlich in einer Rede die Polizei beschuldigt hatte, seine Klienten gefoltert zu haben und eine Aufklärung forderte. Nur einen Monat später verschwand Somchai spurlos mitten in Bangkok; vermutlich wurde er auf Anweisung hoher Regierungsbeamter beseitigt. Der Fall Somchai ist der einzige, bei dem es aufgrund massiven internationalen Drucks zur Verurteilung eines Polizisten kam. Trotzdem blieb die Aufklärung lückenhaft, bis heute sind viele Fragen ungeklärt (vgl. HRW 2007b).[71]

In diesem Klima der ständigen Angst und des gegenseitigen Misstrauens entschloss sich im August 2005 eine Gruppe von 131 Malai-Muslimen, die Grenzprovinzen zu verlassen und ins benachbarte Malaysia zu flüchten, um dort um Asyl anzusuchen. Sie behaupteten, aus Angst vor Verfolgung durch die thailändischen Sicherheitskräfte geflohen zu sein. Thaksin beschuldigte die Flüchtlinge, den Separatisten anzugehören und den Konflikt internationalisieren zu wollen. Er warf Malaysia vor, die Separatisten zu schützen und verlangte die Rückkehr der Flüchtlinge nach Thailand. Der Vorfall hatte schwere diplomatische Spannungen zwischen Thailand und Malaysia zur Folge und brachte auch die Vertretung des UN-Flüchtlingshochkommissariats UNHCR in Malaysia massiv unter Druck (vgl. IGC 2005b, S. 11ff).

---

[71]) „Somchai was killed by govt. officials, says premier", www.nationmultimedia.com, vom 14. November 2006.

7. Zusammenfassung

Wie in diesem Beitrag gezeigt werden konnte, sind gewaltsame Unruhen in den von ethnischen Malaien muslimischen Glaubens dominierten südlichen Grenzprovinzen Thailands durchaus kein neues Phänomen. Bisher beispiellos sind jedoch das Ausmaß und die Intensität der Gewalt und die Tatsache, dass ein Großteil der Opfer der jüngsten Gewaltwelle unbeteiligte Zivilisten sind.

Die von Widerstandskämpfen und separatistischen Aufständen geprägte Geschichte der heutigen Provinzen Pattani, Yala und Narathiwat reicht bereits lange zurück. Bis zur Angliederung an Siam im Jahr 1902 bzw. der Festlegung der Staatsgrenzen im Jahr 1909 waren die südlichen Grenzprovinzen ein Teil des muslimischen Sultanats Patani („Greater Patani Region"). Patani war im 16. Jahrhundert eine bedeutende Handelsstadt (auch für europäische Händler) und ein wichtiges Zentrum des Islams in Südostasien. Dieses Geschichtsbild eines vor der endgültigen Unterwerfung durch Siam blühenden unabhängigen und stolzen Patani ist auch heute noch lebendig und ein wichtiges Element der eigenständigen Identität der Malai-Muslime im Grenzgebiet.

Erste Widerstände der Malai-Muslime gegen den teilweise bis heute als Kolonialmacht empfundenen thailändischen Staat formierten sich bereits zu Beginn des 20. Jahrhunderts. Besonders jedoch erweckte der Assimilierungsdruck während der ultra-nationalistischen Regierung unter Phibun Songkhram in den 1940er-Jahren auch unter den Malai-Muslimen Südthailands nationalistische Gefühle und führte zur Gründung der ersten Organisationen, die das Ziel der Unabhängigkeit oder Autonomie der südlichen Grenzprovinzen verfolgten. Im Laufe der folgenden Jahrzehnte kam es immer wieder zu gewaltsamen und teils tödlichen Auseinandersetzungen zwischen militanten separatistischen Organisationen verschiedenster Ausrichtungen und thailändischen Sicherheitskräften. Diese Auseinandersetzungen erreichten in den 1970er-Jahren ihren vorläufigen Höhepunkt. In den 1990er-Jahren schien die Lage in den südlichen Grenzprovinzen, nicht zuletzt durch eine versöhnlichere Strategie und die Amnestiepolitik der Regierung in den 1980er-Jahren, weitgehend unter Kontrolle zu sein. Dies änderte sich jedoch nach der Jahrtausendwende schlagartig, als im Jahr 2004 überraschend eine neue Welle der Gewalt über den Süden hereinbrach, die alles bisher Dagewesene überschattete.

Es ist anzunehmen, dass die vielfältigen sozioökonomischen Probleme in der Region einen Nährboden für die neue Eskalation der Gewalt boten, auch wenn der direkte Auslöser wohl in anderen Ursachen begründet liegen dürfte. Die relative Armut in den Grenzprovinzen, besonders im Vergleich zu den Nachbarprovinzen in Nordmalaysia, die wirtschaftliche Benachteiligung und die empfundene Diskriminierung durch den thailändischen Zentralstaat sorgten unter den Malai-Muslimen der Grenzregion für anhaltenden Unmut. Besonders die Landwirtschaft und die Fischereiwirtschaft, die wichtigste Lebensgrundlage für die Mehrheit der Malai-Muslime, waren in den letzten Jahrzehnten mit großen Schwierigkeiten konfrontiert. Die übermäßige Ausbeutung der küstennahen Fischressourcen durch die moderne thailändische Fischereiindustrie wirkte sich äußerst negativ auf die Lebensverhältnisse der lokalen Kleinfischer aus. Die Kautschukbauern und Erntehelfer hatten unter den sehr volatilen Preisen für unverarbeiteten Naturkautschuk auf dem Weltmarkt zu leiden, die sich in den letzten Jahrzehnten tendenziell negativ entwickelten. Ebenso sind die Kleinbauern auf dem schlecht organisierten lokalen Markt oft benachteiligt und geraten in Abhängigkeitsverhältnisse.

Dazu kamen in den 1990er-Jahren Konflikte über die Landnutzung in Gebieten, die von der Regierung in Bangkok ohne Rücksprache mit der lokalen Bevölkerung als Schutzzonen ausgewiesen worden waren und so der landwirtschaftlichen Nutzung entzogen wurden. Die wirtschaftliche Stagnation, das mangelhafte Bildungssystem und daraus resultierende fehlende Zukunftsperspektiven betreffen vor allem die überdurchschnittlich junge Bevölkerung der Südregion. Oft führt der Weg in die (illegale) Arbeitsmigration ins benachbarte Ausland, nach Malaysia, wo insbesondere in den sogenannten „Tom Yam"-Restaurants gut bezahlte Arbeitsplätze locken, oder in andere islamische Länder. Ein beträchtlicher Teil der Jugendlichen in den Dörfern ist auch mit Drogenproblemen konfrontiert. Der Schmuggel und insbesondere der Drogenhandel spielen eine wesentliche Rolle in den Grenzprovinzen, die auch ein prominenter Schauplatz des brutalen Drogenkriegs der Regierung Thaksin im Jahr 2003 waren, der möglicherweise eine weitere Destabilisierung der Region mitverschuldete. Die überwiegend buddhistischen Behörden sind oftmals in illegale Geschäfte involviert und gelten gemeinhin als korrupt.

Das Misstrauen gegenüber den Behörden wurde durch die zahlreichen Menschenrechtsverletzungen verstärkt, welche von thailändischen Sicherheitskräften im Rahmen des „War on Terror" begangen wurden. Es wird von willkürlichen Verhaftungen, Folter, Entführungen und gezielten außergerichtlichen Tötungen berichtet, die ein Klima der Rechtlosigkeit und Angst verbreiteten. Diese unheilvolle Atmosphäre verschlechterte sich weiter nach der ersten Anschlagserie unbekannter Täter im Jänner 2004, auf die Ministerpräsident Thaksin gnadenlos und brutal mit militärischen Mitteln antwortete. Er ließ das Kriegsrecht ausrufen und schickte zusätzlich zu den vor Ort stationierten Truppen Tausende weitere Soldaten in die Grenzregion. Die traurigen Höhepunkte der menschenverachtenden brutalen Vorgehensweise Thaksins gegen mutmaßliche Aufständische bildeten die Vorfälle von Tak-Bai und Kru-Se, die vielen unschuldigen Menschen das Leben kosteten und den Zorn der lokalen Bevölkerung schürten.

Nach dem Sturz Thaksins durch das Militär im September 2006 hegten viele die Hoffnung, dass es bald zu einer friedlichen Lösung des Konflikts in Südthailand kommen könnte.[72] Die Eskalation der Gewalt im Süden war einer der Gründe gewesen, die als Rechtfertigung für den unblutigen Militärputsch genannt wurden. Tatsächlich reiste der neue Premierminister der Militärregierung, Surayud Chulanont, im November 2006 in die Grenzprovinzen und entschuldigte sich offiziell für die Fehler und Menschenrechtsverletzungen der vorherigen Regierung.[73] Er kündigte einen neuen Weg der Aussöhnung an und ließ auch entsprechende Taten folgen. So ordnete er die Entlassung der letzten 56 Inhaftierten des „Tak-Bai"-Vorfalles an und richtete das von Thaksin aufgelöste SBPAC und CPM 43 wieder ein. Ebenso bot er offiziell an, mit Separatistenführern Gespräche

---

[72]) Vgl. „Thai coup may ease violence in South", www.csmonitor.com/, vom 26. September 2006.

[73]) Vgl. „Premiers first border tour: Surayud apologises for govt's abuses in South", www.nationmultimedia.com, vom 3. November 2006.

führen zu wollen, um gemeinsam eine friedliche Lösung zu finden. Tatsächlich hatte es aber schon unter Premierminister Thaksin geheime Gespräche mit Vertretern der PULO, BERSATU und BRN unter Führung des ehemaligen malaysischen Premiers Mahatir auf der Insel Langkawi gegeben, die allerdings ergebnislos geblieben waren.[74]

Doch trotz des neuen Kurses der Militärregierung wurden die in sie gesetzten Hoffnungen schnell enttäuscht. Auch unter Premier Surayud gab es kaum Fortschritte bei der Aufarbeitung der von den Sicherheitskräften begangenen Menschenrechtsverletzungen und im Jänner 2007 wurde der umstrittene Notstandserlass neuerlich verlängert (vgl. UNGPAKORN 2007, S. 122; HORSTMANN 2008, S. 62). Trotz versöhnlicher Gesten der Militärregierung stieg die Zahl der gewaltsamen Anschläge in den Monaten nach dem Militärputsch dramatisch an (vgl. Abb. 2), und schnell wurden Stimmen laut, die den „soft approach" der Militärjunta ablehnten und eine erneute Rückkehr zu härteren Maßnahmen gegen die Separatisten forderten. Schließlich erhöhte die Militärregierung im Juni 2007 den militärischen Druck massiv, stockte die Präsenz der Sicherheitskräfte in den Grenzprovinzen auf etwa 30.000 Mann auf und führte Massenrazzien und -verhaftungen in den angeblich von Aufständischen unterwanderten Dörfern durch.[75] Berichten zufolge wurden in nur zwei Monaten etwa 1.000 verdächtige Personen festgenommen. Zur selben Zeit kritisierte der Anführer des Militärputsches, General Sonthi Boonyaratkalin, die Ineffizienz und den mangelnden Professionalismus der Sicherheitskräfte, der zu einer weiteren Verschlimmerung der Lage geführt hätte (vgl. PRASHANTH 2007; UNGPAKORN 2008).

Im Dezember 2007, 15 Monate nach dem Militärputsch, wurde in Thailand in freien Wahlen die „People's Power Party" (PPP) zur stärksten Partei gewählt. Mit Samak Sundaravej an der Spitze setzte sich diese Partei hauptsächlich aus Unterstützern Thaksin Shinawatras zusammen und gilt als Nachfolgepartei von dessen „Thai Rak Thai"-Partei (TRT), die nach dem Putsch durch das Militär vom Höchstgericht aufgelöst worden war. Für die Putschisten war dieses Wahlergebnis ein herber Schlag, und die Gegner Thaksins befürchteten, er könnte bald an die Spitze zurückkehren. Die neue Sechser-Koalition unter Führung der PPP und Premierminister Samak scheint bisher nicht imstande zu sein, eine friedliche Beilegung des Konflikts in den südlichen Grenzprovinzen herbeizuführen.[76] Zu sehr ist sie nach nur wenigen Monaten im Amt mit ihrem politischen Überlebenskampf und anderen außenpolitischen Spannungen beschäftigt, als dass sie sich ernsthaft mit den Problemen im Süden auseinander setzen könnte. Statt auf eine politische Lösung setzt die neue Regierung weiterhin auf militärische Mittel zur Bekämpfung der Gewalt. Statistisch gesehen scheint sich seit Ende 2007 tatsächlich ein Abwärtstrend abzuzeichnen, was die Häufigkeit der Anschläge und die Zahl der Opfer betrifft. Im ersten Halbjahr 2008 verringerte sich die Gewalt im Vergleich zum selben

---

[74]) Vgl „Talks vital to restore peace in the South", www.nationmultimedia.com/specials/south2years/nov2706.php; vom 27. November 2006.

[75]) Vgl. „Hundreds of villagers rounded up and detained in southern Thailand", http://www.ahrchk.net/ua/mainfile.php/2007/2482/ vom 12. Juli 2008.

[76]) Vgl. „Abhisit accuses Samak of failing to solve national problems", http://www.nationmultimedia.com , vom 24. Juni 2008.

Zeitraum des Jahres 2007 um etwa 50 Prozent.[77] Ob dieser Trend jedoch weiter anhalten wird und sich die Lage längerfristig beruhigt, scheint fraglich, insbesondere, solange die innenpolitischen Turbulenzen und die politische Spaltung des Landes weiter anhalten.

8. Literatur

ABUZA, Z. (2007): 9 Months Since Coup, the Military Installed Government has Proven Unable to Quell Insurgency in Thailand's Muslim South: Violence has Dramatically Spiked. In: Counterterrorism Blog. Internet: http://counterterrorismblog.org/2007/06/9_months_since_coup_the_milita.php (Zugriff: 18.06.2007).

APHORNSUVAN, T. (2004): Origins of Malay Muslim „Separatism" in Southern Thailand. Singapore (= ARI Working Paper 32). Internet: http://www.ari.nus.edu.sg/publication_details.asp?pubtypeid=WP&pubid=529 (Zugriff: 25.11.2008)

ADB – Asian Development Bank (1995): Indonesia-Malaysia-Thailand Growth Triangle – Development Project, Volume IV: Agriculture and Fisheries. Manila.

ASKEW, M. (2007): Thailand's Recalcitrant Southern Borderland: Insurgency, Conspiracies and the Disorderly State. In: Asian Security 3 (2), S. 99–120.

BUERGIN, R. und C. KESSLER (1999): Das Janusgesicht der Zivilgesellschaft: Demokratisierung und Widerstand im thailändischen Umweltdiskurs. Freiburg (= SEFUT Working Paper 6).

BUERGIN, R. (2000): „Hilltribes" und Wälder: Minderheitenpolitik und Ressourcenkonflikte in Thailand. Freiburg (= SEFUT Working Paper 7).

BUERGIN, R. (2001): Contested Heritages: Disputes on People, Forests, and a World Heritage Site in Globalizing Thailand. Freiburg (= SEFUT Working Paper 9).

CHALK, P. (2001): Separatism and Southeast Asia: The Islamic Factor in Southern Thailand, Mindanao, and Aceh. In: Studies in Conflict and Terrorism 24 (4), S. 241–269.

CHALK, P. (2008): The Malay-Muslim Insurgency in Southern Thailand – Understanding the Conflict's Evolving Dynamic. Santa Monica: RAND National Defense Research Institute (= RAND Counterinsurgency Study Paper 5). Internet: http://www.rand.org/pubs/occasional_papers/2008/RAND_OP198.pdf.

CHE MAN, W. K. (1990): Muslim Separatism: The Moros of Southern Philippines and the Malays of Southern Thailand. Singapore / Oxford / New York: Oxford University Press.

CORNISH, A. (1997): Whose Place is This? Malay Rubber Producers and Thai Government Officials in Yala. Bangkok: White Lotus.

CROISSANT, A. (2005): Unrest in Southern Thailand: Contours, Causes, and Consequences Since 2001. In: Strategic Insights 4 (2), S. 1–17. Internet: http://www.ccc.nps.navy.mil/si/2005/Feb/croissantfeb05.asp.

DORAIRAJOO, S. (2002): No Fish in the Sea: Thai Malay Tactics of Negotiation in a Time of Scarcity. Ph.D. thesis, Department of Social Anthropology, Harvard University.

DULYAKASEM, U. (1986): The Emergence and Escalation of Ethnic Nationalism: Southern Thailand. In: TAUFIK, A. und S. SHARON: Islam and Society in Southeast Asia. Singapore: ISEAS – Institute of Southeast Asian Studies, S. 208–249.

---

[77]) Vgl. „M'sian FM vows further help to try to end violence", www.bangkokpost.com, vom 3. Juli 2008.

FAO – Food and Agricultural Organization of the United Nations (2002): Consultation on Agricultural Commodity Price Problems. Internet: http://www.fao.org/DOCREP/006/Y4344E/Y4344 E00.HTM (Zugriff: 26.11.2008).

FRASER, T. M. (1966): Fishermen of South Thailand: The Malay Villagers. Illinois: Waveland Press.

GILQUIN, M. (2005): The Muslims of Thailand. Chiang Mai: Silkworm Books.

GUNARATNA, R., ACHARYA, A. und S. CHUA, Hrsg. (2006): Conflict And Terrorism in Southern Thailand. Singapore: Marshall Cavendish Academic.

HAEMINDRA, N. (1976): The Problem of the Thai-Muslims in the Four Southern Provinces of Thailand (Part One). In: Journal of Southeast Asian Studies 7 (2), S. 197–225.

HAEMINDRA, N. (1977): The Problem of the Thai-Muslims in the Four Southern Provinces of Thailand (Part Two). In: Journal of Southeast Asian Studies 8 (1), S. 85–105.

HARISH, S. P. (2006): Changing Conflict Identities: The Case of the Southern Thailand Discord. Singapore: Institute of Defence and Strategic Studies (= Working Paper 107). Internet: www.rsis.edu.sg/publications/WorkingPapers/WP107.pdf (Zugriff: 26.11.2008).

HORSTMANN, A. (1997): Hybrid Processes of Modernization and Globalization: the Making of Consumers in South Thailand. Bielefeld: Fakultät für Soziologie der Universität Bielefeld (= Working Paper 283). Internet: http://www.uni-bielefeld.de/tdrc/publications/working_papers/WP283.PDF (Zugriff: 26.11.2008).

HORSTMANN, A. (2002): Nostalgia, Resistance, and Beyond: Contested Uses of Jawi Islamic Literature and the Political Identity of the Patani Malays. In: The Journal of Sophia Asian Studies 20, S. 111–122.

HORSTMANN, A. (2004). From Shared Cosmos to Mobilization of Hatred: Ethnic Relations in Southern Thailand between Complementary, Alienation and Hostility. In: ENGELBERT, T. und H. D. KUBITSCHECK (Hrsg.): Ethnic Minorities and Politics in Southeast Asia. Wien / Berlin: Peter Lang.

HORSTMANN, A. (2008): Approaching Peace in Patani, Southern Thailand – Some Anthropological Considerations. In: Asia Europe Journal 6 (1), S. 57–67. Internet: http://www.springerlink.com/content/221302h50gv23678/fulltext.pdf (Zugriff: 26.11.2008).

HRW – Human Rights Watch (2004): Not Enough Graves: The War on Drugs, HIV/AIDS, and Violations of Human Rights. Internet: http://www.hrw.org/reports/2004/thailand0704/thailand0704.pdf.

HRW – Human Rights Watch (2007a): No One Is Safe: Insurgent Violence Against Civilians in Thailand's Southern Border Provinces. Internet: http://www.hrw.org/reports/2007/thailand0807/thailand0807webwcover.pdf.

HRW – Human Rights Watch (2007b): It Was Like Suddenly My Son No Longer Existed – Enforced Disappearances in Thailand's Southern Border Provinces. Internet: http://hrw.org/reports/2007/thailand0307/thailand0307webwcover.pdf.

HUNTINGTON, S. P. (1998): The Clash of Civilizations and the Remaking of World Order. New York: Simon & Schuster.

HUSA, K. und H. WOHLSCHLÄGL (1991): Regionale Disparitäten in einem asiatischen Entwicklungsland mit dynamischer Wirtschaftsentwicklung – Das Beispiel Thailand. In: Geographischer Jahresbericht aus Österreich 48, Wien, S. 41–99.

HUSA, K. und H. WOHLSCHLÄGL (1996): Thailand – on its Way to Becoming Asia's Fith Tiger? The Thai Model of Industrialization and the Price at which it Comes. In: Applied Geography and Development 48. Tübingen: Institute for Scientific Co-operation, S. 85–119.

HUSA, K. und H. WOHLSCHLÄGL (1999): Vom „Emerging Market" zum „Emergency Market": Thailands Wirtschaftsentwicklung und die „Asienkrise". In: PARNREITER, C., NOVY, A. und K. FISCHER (Hrsg.): Globalisierung und Peripherie. Umstrukturierung in Lateinamerika, Afrika und Asien. Frankfurt am Main: Verlag Brandes & Aspel, S. 209–236.

IBRAHEM, N. (2006): Educational Change for Building Peace in Southern Border Provinces of Thailand. In: IMTIYAZ, Y. und L. P. SCHMIDT (Hrsg.): Understanding Conflict and Approaching Peace in Southern Thailand. Bangkok: Konrad-Adenauer-Stiftung e.V.

IDRIS, A. (1995): Tradition and Cultural Background of the Patani Region. In: GRABOWSKY, V. (Hrsg.): Regions and National Integration in Thailand 1892–1992. Wiesbaden: Harrassowitz.

ICG – International Crisis Group (2005a): Southern Thailand: Insurgency, Not Jihad. Singapur / Brüssel (= Crisis Group Asia Report 98).

ICG – International Crisis Group (2005b): Thailand's Emergency Decree: No Solution. Jakarta / Brüssel (= Crisis Group Asia Report 105).

ICG – International Crisis Group (2007): Southern Thailand: The Impact of the Coup. Jakarta / Brüssel (= Crisis Group Asia Report 129).

JANCHITFAH, S. (2004): Violence in the Mist: Reporting on the Presence of Pain in Southern Thailand. Bangkok: Kobfai Publishing Project.

JOLL, C. (2006): What's in a Name? The Politics of Muslim Identity. Universiti Kebangsaan, Malaysia, Institut Alam dan Tamadun Melayu. Paper presented at the Conference „Crossing Borders: Politics, Religion, Culture and Local Power of the South", CS Pattani Hotel, Prince of Songkhla University, Pattani Campus, 7.–8. September 2006.

JORY, P. (2007): From „Melayu Patani" to „Thai Muslim": The Spectre of Ethnic Identity in Southern Thailand. Singapore (= ARI Working Paper 84). Internet: http://www.ari.nus.edu.sg/publication_details.asp?pubtypeid=WP&pubid=643 (Zugriff: 26.11.2008).

KAVI, C. (2004): Thailand: International Terrorism and the Muslim South. Singapore: ISEAS – Institute of Southeast Asian Studies.

KERMEL-TORRÈS, D., Hrsg. (2004): Atlas of Thailand. Chiang Mai: Silkworm Books.

KOBKUA, S. (2004): Thai National Identity in the Muslim South: A Comparative Study of the „Sam-Sams" of Satun and the Thai Malay Muslims in the Three Provinces of Pattani, Yala, and Narathiwat. Paper presented at the Workshop „A Plural Peninsula: Historical Interactions Among the Thai, Malays, Chinese and Others", Walailak University, 5.–7. February 2004.

KREUTZMANN, H. und P. REUBER (2002): „Kulturerdteile" im Wandel? Politische Konflikte und der „Kampf der Kulturen". In: EHLERS, E. und H. LESER (Hrsg.): Geographie heute – für die Welt von morgen. Gotha / Stuttgart: Klett-Perthes-Verlag, S. 139–146.

LEETE, R. (2004): Kelantan's Human Development Progress and Challenges. Kuala Lumpur, United Nations Development Programme. Internet: http://cc-sea.org/megananda/data/HDR_COUNTRY/Malaysia_Kelantan_HD.pdf.

LIOW, J. C. (2006): Muslim Resistance in Southern Thailand and Southern Philippines: Religion, Ideology, and Politics. Washington: East-West Center.

LOHLKER, R. (2005): Islamismus und Globalisierung. In: SIX, C., RIESEBRODT, M. und S. HAAS (Hrsg.): Religiöser Fundamentalismus: Vom Kolonialismus zur Globalisierung. Wien: Studien Verlag, S. 117–133.

LUKAS, H. (2006): Einführung in die Sozialanthropologie des kontinentalen und insularen Südostasien. Skript zur Vorlesung im WS 2006/07, Institut für Ethnologie, Kultur- und Sozialanthropologie der Universität Wien.

MCCARGO, D. (2006): Thaksin and the Resurgence of Violence in the Thai South: Network Monarchy Strikes Back? In: Critical Asian Studies 38 (1), S. 39–71.

MUDMARN, S. (1988): Language Use and Loyalty among the Muslim Malay of Southern Thailand. Buffalo: State University of New York, Ph.D. thesis.

NRC – National Reconciliation Commission (2006): Report of the National Reconciliation Commission Overcoming Violence Through the Power of Reconciliation – Unofficial Translation. Bangkok. Internet: http://thailand.ahrchk.net/docs/nrc_report_en.pdf.

NSO – National Statistical Office of Thailand (2000a): The 2000 Population and Housing Census. Bangkok: NSO.

NSO – National Statistical Office of Thailand (2000b): The 2000 Population and Housing Census – Southern Region. Bangkok: NSO.

NSO – National Statistical Office of Thailand (2004): Report of the Household Socio-Economic Survey – Southern Region. Bangkok: NSO.

NUMNONDA, T. (1967): Negotiations Regarding the Cession of Siamese Malay States 1907–1909. In: Journal of the Siam Society 55 (2), S. 227–236.

PARNWELL, M. J. G., Hrsg. (1996): Uneven Development in Thailand. Aldershot: Avebury.

PITSUWAN, S. (1985): Islam and Malay Nationalism: A Case Study of the Malay-Muslims of Southern Thailand. Bangkok: Thai Kadi Research Institute, Thammasat University.

PRASHANTH, P. (2007): The Southern Insurgency: Rethinking Thailand's Military Strategy. Singapore: S Rajaratnam School of International Studies (RSIS). Internet: http://www3.ntu.edu.sg/rsis/publications/Perspective/RSIS0862007.pdf.

PRINYA, U. (2002): The Findings to Understand Fundamental Problems in Pattani, Yala and Narathiwat. Bangkok: National Research Council of Thailand (in Thai).

REUBER, P. und G. WOLKERSDORFER (2002): Clash of Civilization aus der Sicht der kritischen Geopolitik. In: Geographische Rundschau 54 (7–8), S. 24–29.

RUMLEY, D. (1991): Society, State and Peripherality: The Case of the Thai-Malaysian Border Landscape. In: RUMLEY, G. und J. V. MINGHI (Hrsg.): The Geography of Border Landscapes. London / New York: Routledge.

SATHA-ANAND, C. (2005): The Life of this World: Negotiated Muslim Lives in Thai Society. Singapore: Marshall Cavendish.

SATHA-ANAND, C. (2006): The Silence of the Bullet Monument: Violence and „Truth" Management, Dusun-nyor 1948, and Kru-Ze 2004. In: Critical Asian Studies 38 (1), S. 11–37.

SRISOMPOB, J. (2002): Roles of the Fisherfolk Community in the Local Governance: A Model for Management of Coastal Resources and Policy Implementation in Pattani Bay. Paper presented at the 1st Inter-Dialogue Conference on Southern Thailand, Prince of Songkhla University Pattani.

SRISOMPOB, J. und S. PANYASAK (2006): Unpacking Thailand's Southern Conflict – The Poverty of Structural Explanations. In: Critical Asian Studies 38 (1), S. 95–117.

SRISOMPOB, J. und S. WATTANA (2006): Nature of Violence in the Deep South of Thailand. Prince of Songkhla University, Pattani Campus, unpublished manuscript.

STEINMETZ, M. (2004): Thai Nationalism and the Malay Muslim Minority. Reflections on the Domestic and Foreign Policy Aspects of Relevant Historic Sequences. In: ENGELBERT, T. und H. D. KUBITSCHECK (Hrsg.): Ethnic Minorities and Politics in Southeast Asia. Berlin / Wien: Peter Lang.

SUHRKE, A. (1989): The Muslims of Southern Thailand. In: FORBES, A. D. W. (Hrsg.): The Muslims of Thailand – Politics of the Malay-speaking South. Bihar: Center for South East Asian Studies, S. 1–18 (= South East Asia Review 14/1–2).

SURAT, H. (2003): The Far South of Thailand in the Era of the American Empire, 9/11 Version, and Thaksin's „cach and gung-ho" Premiership. In: Asian Review 2006 (11), S. 131–151.

SUTHASASNA, A. (1998): Thai Society and the Muslim Minority. In: FORBES, A. D. W. (Hrsg.): The Muslims of Thailand – Politics of the Malay-speaking South. Bihar: Center for South East Asian Studies, S. 91–112 (= South East Asia Review 14/1–2).

SYUKRI, I. (2005): History of the Malay Kingdom of Patani. Chiang Mai: Silkworm Books.

TEEUW, A. und D. K. WYATT (1970): Hikayat Patani: The Story of Patani. Leiden: Martinus Nijhoff Publishers.

THOMAS, M. L. (1975): Political Violence in the Muslim Provinces of Southern Thailand. Singapore: Institute of Southeast Asian Studies (= Occasional Paper 5).

THOMAS, M. L. (1982): The Thai Muslims. In: ISRAELI, R. (Hrsg.): The Crescent in the East: Islam in Asia Major. London: Curzon Press Ltd.

TSUNEDA, M. (2006): Gendered Crossing: Gender and Migration in Muslim Communities in Thailand's Southern Border Region. In: Kyoto Review of Southeast Asia 7. Internet: http://kyotoreviewsea.org/Tsuneda_final1.htm.

UHLIG, H. (1995): Southern Thailand and its Border Provinces. In: GRABOWSKY, V. (Hrsg.): Regions and National Integration in Thailand 1892–1992. Wiesbaden: Harrassowitz.

UKRIST, P. (2006): Thaksin's Achilles' Heel: The Failure of Hawkish Approaches in the Thai South. In: Critical Asian Studies 38 (1), S. 73–93.

UNGPAKORN, G. J. (2007): A Coup for the Rich: Thailand's Political crisis. Bangkok: Workers Democratic Publishing.

UNGPAKORN, G. J. (2008): The Thai State Cannot Win the War in Southern Thailand. Bangkok: Faculty of Political Science, Chulalongkorn University and Peoples Coalition Party.

UNDP – United Nations Development Programme (2003): Thailand Human Development Report 2003. Bangkok: UNDP.

UNDP – United Nations Development Programme (2007): Thailand Human Development Report 2007. Sufficiency Economy and Human Development. Bangkok: UNDP.

VIRUNHA, C. (2004): Past Perceptions of Local Identity in the Upper Peninsular Area: A Comparative Study of Thai and Malay Historical Literatures. A Plural Peninsula: Historical Interactions Among Thai, Malays, Chinese and Others. Nakhon si Thammarat: Walailak University.

WATTANA, S. (1999): Fishing Communities in Southern Thailand: Changes and Local Responses. Paper presented at the 7th International Conference on Thai Studies, Amsterdam, 4-8 July 1999.

WATTANA, S. (2006): Islam, Radicalism and Violence in Southern Thailand: Berjihad di Patani and the 28 April 2004 Attacks. In: Critical Asian Studies 38 (1), S. 119–144.

WERNHART K. R. (1972): Christoph Carl Fernberger. Der erste österreichische Weltreisende 1621–1628. Wien: Europäischer Verlag.

WINICHAKUL, T. (1994): Siam Mapped: A History of the Geo-Body of a Nation. Honolulu: University of Hawaii Press.

WOLKERSDORFER, G. (2001): Politische Geographie und Geopolitik: Zwei Seiten derselben Medaille? In: REUBER, P. und G. WOLKERSDORFER: Politische Geographie – Handlungsorientierte Ansätze und Critical Geopolitics. Heidelberg (= Heidelberger Geographische Arbeiten 12).

Der Kampf um Lebensraum in den Megastädten Indiens[1]

HEINZ NISSEL

Inhalt

1. Indische Megastädte als „Globalizing Cities" 501
2. Der Kampf um Lebensraum – Visionen und Aktionen 506
3. Bangalore – Inseln der Postmoderne und der „Rest" 512
4. New Delhi – Gurgaon. Die Hyperrealität der „Shopping Malls" 515
5. Slums in Bombay: *Kamala Nehru Nagar* und *Dharavi*. Solidaritätsnetzwerke und Gefährdungspotenzial 518
6. „Bulldozing the Slums" von *Yamuna Pushta* – eine neoliberale „Erfolgsstory" aus New Delhi 521
7. Fazit 524
8. Literatur 525

Further capital accumulation always has to negotiate, confront and if necessary revolutionize the regional structures it had earlier produced.
(David HARVEY: Notes Towards a Theory of Uneven Geographical Development. 2005, S. 79)

Bombay verkörpert die Zukunft der urbanen Zivilisation auf der Erde.
Gott stehe uns bei.
(Suketu MEHTA: Bombay Maximum City. 2006, S. 13)

1. Indische Megastädte als „Globalizing Cities"

Nach Einschätzung der Vereinten Nationen ist die Welt 2006 eine urbane geworden, weil erstmals über die Hälfte der Menschheit in Städten wohnt. Immer mehr findet eine Bevölkerungskonzentration in wenigen, überproportional wachsenden Megastädten statt, insbesondere in Staaten der „Dritten Welt" (einen Überblick über die wesentlichen Probleme bieten COY und KRAAS 2003). Unaufhaltsam wachsende städtische Armut bei gleichzeitiger Marginalisierung der großen Mehrheit der Bewohner von Mega- und Weltstädten ergibt jedoch düstere Szenarien der Zukunft (zur Einführung: BÄHR und MERTINS 2000). Die Kern-

---

[1] Bei dem vorliegenden Beitrag handelt es sich um den Wiederabdruck des 2007 in der Zeitschrift Geographischer Jahresbericht aus Österreich, Bd. 62/63 (Doppelband), Wien, S. 131–155, publizierten gleichnamigen Aufsatzes des Autors.

problematik der Weltstadtformierung wurde schon 1982 von FRIEDMANN und WOLFF durch die Metapher „Zitadelle und Getto" treffend umschrieben – Inseln mit Hochhäusern gehobenen Wohnens und moderne Büro- und Geschäftskomplexe symbolisieren die Zitadellen der Eliten, Zonen ökonomischer Macht, politischer Herrschaft und des demonstrativen Luxus, das Getto steht für die sozial wie räumlich ungleich größeren Anteile der städtischen Armut und ihres räumlichen Ausdrucks in den marginalisierten Zonen der Slums.

So kontrovers die Globalisierungsdebatte immer noch geführt wird, bleibt doch zunächst einmal die überragende Rolle der „*Global Cities*" als wichtigste Knotenpunkte und Steuerungszentren der weltweiten Austauschbeziehungen, vor allem von Informationen und Kapital, unbestritten. Bis vor wenigen Jahren konzentrierte sich die interdisziplinäre Diskussion fast ausschließlich auf diese Weltstädte der höchstentwickelten Staaten unserer Erde. Inzwischen sehen wir jedoch auch die Metropolen und insbesondere die Megastädte der Entwicklungsländer nicht nur passiv in globale Aktivitäten eingebunden, sondern nachweisbar als „*Globalizing Cities*" an der Ausformung und Perpetuierung dieser weltweiten Netzwerke mitbeteiligt.[2]

Zugleich erleiden solche Riesenstädte der Dritten Welt durch die neuen transnationalen Varianten ökonomischer Abhängigkeit massive Eingriffe in allen Dimensionen städtischen Lebens: Zunehmende soziale, ökonomische und ökologische Polarisierung geht Hand in Hand mit verschärften Konflikten um immer knapper werdende Ressourcen, die sich auch in einer zunehmenden Fragmentierung urbaner Räume niederschlagen. Fragen nach gesellschaftlicher Partizipation von Randgruppen, „Globalisierungsgewinnern und -verlierern", Verteilungsgerechtigkeit und Umweltbelastungen rücken dabei immer mehr in den Fokus wissenschaftlicher Analysen. Der im Aufsatztitel gewählte Terminus „Kampf um Lebensraum", den Friedrich RATZEL 1901 prägte, soll hier keineswegs in einem geopolitischen, deterministischen Kontext Anwendung finden, sondern nur als Metapher diese vielfältigen Konflikte auf einen „einfachen" Nenner bringen.[3]

Metropolen, Millionenstädte und noch einmal verstärkt Megacities zeigen nicht nur die größtmöglichen Verdichtungen menschlichen Zusammenlebens in quantitativer Hinsicht, sondern sie sind in ihrer Komplexität, Dynamik und Innovationskraft von so außergewöhnlicher Wirkung, dass heute sämtliche darunter liegenden Ebenen städtischer, periurbaner und ländlicher Siedlungsräume zu verblassen scheinen. Die Megastädte Indiens fügen sich nicht nur in diesen Kontext, sondern können geradezu exemplarisch für die vielschichtigen Phänomene der Ansprüche, Krisen und Friktionen der urbanen Gesellschaft insgesamt wie auch ihrer unterschiedlichsten Bewohner und Bezugsgruppen stehen.

---

[2]) Siehe zum aktuellen Stand der Megastadtforschung die Internetseite der „MegaCity Task Force" der „International Geographical Union" (IGU) und andere *Links* im Literaturanhang.

[3]) Der Autor erhielt vielfältige Anregungen für diesen Aufsatz während seiner Teilnahme an einer Konferenz anlässlich der Jubiläumsveranstaltungen „150 Jahre Universität Mumbai" am „Department of Geography" zum Thema „Accumulation, Dispossession, Claims and Counterclaims: Transformative Cities in the New Global Order" im Oktober 2006. Gedankt sei vor allem Swapna BANERJEE-GUHA, der Mentorin und Organisatorin, weiters für Gespräche David HARVEY, Neil SMITH, Saskia SASSEN, Smita GANDHI, Dunu ROY, P. K. DAS, Darryl D'MONTE und Nazrul ISLAM. Der Dank geht auch an die Universitäten Mumbai und Wien für finanzielle Unterstützung.

Verschiedene Definitionen setzen die Untergrenze für Megastädte bei fünf oder zehn Millionen Einwohnern an (in Indien überwiegend ersteres). Für die hier zu treffenden Aussagen ist dies jedoch unerheblich. Stimmen dürfte hingegen die Annahme, dass mit steigender Stadtgröße Quantität wie Komplexität urbaner Problemstellungen ebenfalls zunehmen (z. B. solche der Zuwanderung und Bevölkerungsverdichtung, der Infrastruktur, der Begrenztheit ökologischer Ressourcen und der Globalisierungsfolgen insgesamt). Nicht auszuschließen ist jedoch auch die gesteigerte „Attraktivität" von Megastädten für die wissenschaftliche Exploration oder die künstlerische Bewältigung (Film, Literatur, Musik),[4] wodurch mehr Information, mehr Wissen generiert wird als für weniger spektakuläre Formen menschlichen Zusammenlebens. Indiens Megacities weisen für Bewohner und Beobachter diese ungeheure Variationsbreite von Hoffnung und Verzweiflung auf, von Überfluss und Überlebenskampf, kultureller Vitalität und plattem Kommerz, Modernismus und Leben in Armut, die in ökonomische Verteilungskämpfe wie soziale und politische Eruptionen münden. Das bloße alltägliche Überleben dieser Riesenstädte ist erstaunlich genug und widerspricht jeglicher (westlicher) Erfahrung und Logik.

Dennoch wachsen die Megastädte in atemberaubendem Tempo weiter, jede für sich genommen einzigartig in ihrer Entwicklung – und doch sind sie alle eingebunden als Puzzleteile in die Gesamtgesellschaft Indiens. Sicher wünschen die urbanen Eliten auf Inseln des Reichtums in „gated communities" gerade dieser Situation zu entkommen, unterstützt durch wechselnde Regierungen, die aber alle das neoliberale Credo von „India Shining"[5] und „New Economic Policy" singen. So lassen sich die 350 Millionen Bewohner, die unter der indischen (!) Armutsgrenze leben müssen, leichter verdrängen, desgleichen das Fehlen einer gesicherten Grundversorgung für die Mehrheit der Bevölkerung oder die miserable Infrastruktur in weiten Teilen des Landes. Oder doch nicht? Auch nach jahrzehntelanger Verfolgung, massiven Zwangsräumungen und Zerstörungen ihrer Behelfsunterkünfte sind die Armen, Entrechteten, Marginalisierten nicht aus dem Blickfeld der Reichen und Mächtigen verschwunden. *Slums* überziehen die Megastädte zu Tausenden, und ohne die Tätigkeiten von Millionen Slumbewohnern wären die Standortvorteile für „business and commercial activities" obsolet. Der alltägliche Überlebenskampf von Millionen Einzelnen und ihre unüberschaubaren Vernetzungen nach Status, Einkommen, Kasten usw. findet seine räumliche Entsprechung im „Kampf um Lebensraum"; sozialökonomische Polarisierung und räumliche Fragmentierung führen letztendlich zu „different worlds in one place".

Je nach Definition können wir von drei „großen" und drei „kleineren" Megastädten in Indien sprechen. Bei der jüngsten Volkszählung 2001 wurden für die U.A. („urban agglomerations") folgende Einwohnerzahlen ermittelt (in Millionen): Bombay 16,4; Kalkutta 13,2; Delhi 12,8; Madras 6,4; Bangalore 5,7; Hyderabad 5,5. Für 2006 können die Schätzungen wie folgt angesetzt werden: Bombay 18, Delhi 15 und Kalkutta 14 Millionen. Kalkutta, Bombay, Madras und Delhi (in dieser Reihenfolge) bildeten auch die ersten Millionenstädte des Landes und dominierten die Großregionen Osten, Westen, Süden und

---

[4]) Vgl. dazu Christina OESTERHELD: Mumbai/Bombay: Literarische Bilder einer Großstadt. In: AHUJA und BROSIUS (2006), S. 81–98, und im gleichen Band Dorothee WENNER: Die Megastadt als Filmdorf: Bombay im Bollywood-Film, S. 113–124.

[5]) Wahlslogan der rechts gerichteten hindu-nationalistischen Volkspartei Bharatiya Janata Party (BJP) im Bundeswahlkampf 2004.

Norden. Im Gefolge des Aufkommens rechtsnationalistischer Hinduparteien erfolgten seit 1995 etliche Umbenennungen. Bombay wurde zu Mumbai, Madras zu Chennai und Kalkutta zu Kolkata.[6]

Das Konfliktpotenzial dieser Megastädte existiert jedoch nicht erst seit dem neoliberalen Mainstream internationaler Politik- und Wirtschaftsbeziehungen. Es wurzelt zweifelsohne älter und tiefgründiger in den unaufgelösten Widersprüchen der indischen Gesellschaft insgesamt. Ihre Entstehung wie heutige Existenz verdanken diese Zentren der von den britischen Kolonialherren induzierten ungleichen wirtschaftlichen und regionalen Entwicklung des Landes. Das Paradoxon der indischen Urbanisierung liegt darin, dass dieser Subkontinent drei der sieben größten Städte der Erde trägt, insgesamt 35 Millionenstädte, aber dass trotzdem mit einer Verstädterungsquote von gerade einmal 28 Prozent noch immer nahezu drei Viertel der Gesamtbevölkerung von mittlerweile mehr als einer Milliarde Menschen in den 550.000 Dörfern wohnen und arbeiten. Dieses Ungleichgewicht ist nur mit Kenntnis der historischen Perspektive zu begreifen. Von den sechs Megastädten spielten bloß das alte Delhi der Großmogule sowie Hyderabad in der Jahrtausende alten Geschichte eine wichtige Rolle, bezeichnenderweise beide in meerferner Lage. Alle übrigen (auch Neu-Delhi) sind britische Gründungen im Gefolge der Deurbanisierung Indiens im 17. Jahrhundert, als die Binnenorientierung des indischen Städtesystems unter Hindu- wie Moslemherrschern durch die kolonialwirtschaftliche Penetration des Subkontinents zerstört wurde, Britannien dem Land eine neue internationale Arbeitsteilung aufzwang (indische Rohstoffe gegen englische Fertigwaren) und damit eine neue Außenorientierung des Städtesystems einleitete.

Die großen, spät induzierten Hafenstandorte des *„British Empire"*, Bombay, Kalkutta und Madras, noch jüngeren Datums Karachi und Colombo erlebten vor allem in der zweiten Hälfte des 19. Jahrhunderts einen rasanten Aufstieg als wichtigste Knotenpunkte der britischen Herrschaft, Verwaltung und ihrer merkantilen Interessen. Sie waren die „Anker" fremdländischer Aneignung und Ausbeutung sowie Diffusionszentren der allmählichen Durchdringung und Beherrschung Indiens und weiter Teile Asiens (dazu ausführlich NISSEL 2004, S. 181–206). Als Spiegelbild und Wegbereiter zeigen sie bis heute die baulichen Symbole des Kolonialismus und multikulturelle Populationen, beides ein Dorn im Auge des „Hindutva"-Nationalismus.[7] Die Umbenennungsmanie innerhalb der letzten zehn Jahre ist in diesem Kontext zu lesen.

Anders bei Delhi: Im Jahr 1911 verlegten die Briten ihre Hauptstadt aus dem politisch instabil gewordenen Kalkutta in den Raum des stillen, aus vormaliger Glanzzeit der Mogule zur Kleinstadt abgesunkenen Delhi. Erst die massiven Flüchtlingsströme nach der Teilung Indiens und Pakistans (1947) und die starke Konzentration von finanziellen Res-

---

[6]) Die komplexe Rhetorik und Ideologie der Um- und Neubenennungen zeigt ECKERT (2006, S. 65ff) auf.

[7]) *Hindutva* verkörpert die Programmatik des „reinen Hindutums", das die *bhumiputra* („Söhne der Erde") repräsentiert. Feinde dieses Reinigungsmythos der „Heiligen Erde Indiens" sind zunächst Südinder, Kommunisten, später *Dalits* (Angehörige der ehemals Unberührbaren) und ganz besonders Muslime, oft als „Bangladeshis" stigmatisiert, um ihre nicht zu duldende Fremdheit zu untermauern. Daraus entwickelten sich die Pogrome von Bombay im Winter 1992/93.

sourcen, Beamtenapparat sowie später Industrieentwicklung ermöglichten Delhis raschen Aufbau zur Millionenstadt und zur heute am schnellsten wachsenden Megacity.

Im Süden des Subkontinents konnte Madras bis etwa 1960, 1970 seine Führungsposition verteidigen. Doch dann erfolgte der stetige Aufstieg von Bangalore, der Hauptstadt des Bundesstaates Karnataka, zunächst durch Standorte der Rüstungstechnologie, nachfolgend jedoch immer stärker über Computerproduktion und IT-Software-Entwicklung, zum *„Silicon Valley"* und zur *„Electronics Capital of India"*. Trotz mangelhafter Infrastrukturentwicklung und dem Aufkommen neuer Konkurrenten gehört die Technologieregion Bangalore noch immer zu den weltweit bevorzugten Standorten der IT-Branchen. In der Megacity Hyderabad, zugleich Hauptstadt von Andhra Pradesh, erwächst dieser allerdings in der jüngsten Dekade ein immer stärker aufkommender inländischer Konkurrent. So tragen zwar Madras, Bangalore und Hyderabad gemeinsam zum relativen Entwicklungsvorsprung des Südens insgesamt gegenüber den nördlichen Bundesstaaten bei, müssen aber gleichzeitig als Rivalen um die Führungsposition in Südindien gesehen werden.

Kalkutta war bis in die 1970er-Jahre hinein mit seinem Hinterland nicht nur die einwohnerstärkste Stadtregion Indiens, sondern auch jene mit dem größten Industriebesatz. Doch führten bittere politische Auseinandersetzungen zwischen Unternehmern und Investoren gegenüber linken Gewerkschaften und einer zumeist kommunistisch dominierten Landesregierung zum Exodus von Kapital und Köpfen, ein Manko, welches Kalkutta bis heute nicht wirklich ausgleichen konnte.

Die seit 1991 greifende neue indische Wirtschaftspolitik (NEP = *„New Economic Policy"*) führte zu einer radikalen Umkehr ökonomischer Richtlinien von der vier Jahrzehnte andauernden Orientierung an Prinzipien einer gelenkten Planwirtschaft nach dem Vorbild der Sowjetunion (1951 bis 1991) hin zu einer kapitalistischen Marktwirtschaft mit dem Primat des „freien Spiels der Kräfte". Folgerichtig benannte der Autor die „New Economic Policy" daher als nationales Subsystem der Globalisierung in Indien (vgl. NISSEL 2001, S. 67ff). Die Wirtschaftsliberalisierung wirkt zunehmend selektiv auf die Metropolen und vertieft bestehende Ungleichgewichte. In- wie ausländische Investitionen, sowohl staatlich als auch privat, bevorzugen bestimmte Megastädte, während sie alle übrigen städtischen Kategorien und ländlichen Räume vernachlässigen.

Die Kapitalzufuhr erfolgt erstens bevorzugt in die Megastädte Bombay, Delhi, Madras und Bangalore, zweitens in die sich entwickelnden urbanen Korridore: im Westen entlang der Achse Pune – Bombay – Raigad – Vadodara – Ahmedabad, im Süden in das Megastädtedreieck Madras – Bangalore – Hyderabad, im Norden in die „Delhi National Capital Region" mit Gurgaon, Noida, Faridabad etc. Nicht mithalten können aus einer Reihe von Gründen die Megacity des östlichen Indien, Kalkutta, alle übrigen Landeshauptstädte und Millionenstädte der Bundesstaaten wie etwa Jaipur, Lucknow, Patna im Norden, Bhopal, Indore und Nagpur in Zentralindien oder Coimbatore, Madurai und Trivandrum im Süden und sämtliche darunter liegenden dörflichen und städtischen Strukturen. Um Fehlinterpretationen zu vermeiden, sei betont, dass die Strategien von NEP und Globalisierung nicht „schuld" sind an urban-ruralen Dichotomien oder an der Existenz von zentral-peripheren Entwicklungshemmnissen. Gleichwohl sind sie jedoch verantwortlich für die von Jahr zu Jahr sich ausweitenden Disparitäten.

Die Fünfjahrespläne als Eckpfeiler der Planwirtschaftphase enthielten immer neben der sektoralen Wirtschaftspolitik eine praktisch gleichwertige Regionalpolitik mit dem Schwerpunkt des Ausgleichs zwischen den Bundesstaaten und Territorien und der Förderung peripherer Räume. Die Spielregeln der globalen Neuorientierung erzwingen heute innovative Forschung und Entwicklung (F&E) sowie ihre rasche praxisrelevante Umsetzung auf verschiedensten Teilgebieten des Wirtschaftslebens mit einem entsprechenden Zuschnitt des Humankapitals. Das Credo der Wirtschaftspolitik lautet nun nicht mehr „sozialer Ausgleich verbunden mit regionaler Dezentralisierung", sondern ganz im Gegenteil „Konzentration von Entwicklungsimpulsen und Kapital auf die Anker der globalen Ökonomie", die Megastädte. Ist dies ein Gebot vernünftigen Wirtschaftens auch und gerade bei begrenzten staatlichen Investitionsmitteln eines Schwellenlandes oder die geforderte Anpassungsleistung an die transnationalen Spielregeln der ökonomischen Dimension der Globalisierung? Vieles deutet darauf hin, dass die neue Weltwirtschaftsordnung auf die *räumliche* Verankerung nicht nur in den *Global Cities*, sondern ebenso in den *Globalizing Cities* angewiesen ist.

Indiens Megastädte und übrige Metropolen sind so gesehen nicht mehr (nur) die zentralen Orte höchster Stufe ihrer räumlich umgrenzenden Regionen oder Hinterländer. Sie sind (auch) Orte, in denen weitgehend unabhängig vom „Rest" des Landes jene Voraussetzungen geschaffen werden, die für das perfekte Funktionieren der neuen internationalen Arbeitsteilung notwendig sind. Eine Schlüsselrolle kommt dabei den in diesen Städten lebenden und agierenden Eliten zu, die von diesen Zentren des globalen Netzwerks aus den Indischen Subkontinent für ihre Zwecke erschließen und aufbrechen. Vor 200 Jahren spendeten bereits indische Kaufleute in den Faktoreien der „East India Company" große Geldsummen für die Ausstattung und Bewaffnung britischer Truppen. Die Mittel wurden für „Campagnen" des Militärs verwendet, das heißt, für die gewaltsame Besetzung des Hinterlandes zur Ausweitung der Handelsmöglichkeiten. Später wurden die britischen Hafenstandorte zu den Knoten der Machtausübung am Subkontinent, und die von ihnen vorangetriebenen Bahnlinien bildeten das Netzwerk und Rückgrat kolonialer Herrschaft. Die aktuellen wie geplanten Netzwerke des Informationszeitalters sind visuell weniger greifbar, trotzdem keineswegs von geringerer Bedeutung. Dieser Typ einer globalisierenden „Möchtegern-Weltstadt" ist damit Täter und Opfer zugleich, transnationaler Befehlsempfänger und nationaler Befehlsgeber.

2. Der Kampf um Lebensraum – Visionen und Aktionen

Die vorangegangenen Ausführungen hatten die Aufgabe, die historische Formierung wie aktuelle globale Aufgabenstellung indischer Megastädte knapp zu skizzieren. Der Schwerpunkt der Arbeit liegt jedoch auf der Exploration aktueller sozio-ökonomischer wie städtebaulicher Zustände und Entwicklungen innerhalb der Agglomerationen selbst. Leithypothese ist dabei der verschärfte Kampf um die nicht vermehrbare Ressource Raum, eben um Lebensraum, der von unterschiedlichen gesellschaftlichen Gruppen beansprucht wird, wobei die kombinierten Effekte von Globalisierung, „New Economic Policy" (NEP) und neoliberaler Politik die „Armen" generell rechtlich und territorial immer weiter einschränken und zurückdrängen, während der Verwertung und Ausbreitung von Investitionskapital „der Reichen" von Seiten der Politik, Verwaltung und Stadtplanung immer mehr städtischer Raum eingeräumt wird.

Bis zur Aktivierung von NEP existierte ein klares Oben und Unten im gesellschaftlichen Status, das sich auch in einem deutlichen Abheben der Oberschichtwohnviertel von den übrigen Stadtteilen akzentuierte, zum Beispiel in Bombay in den Villenvierteln auf Malabar und Cumballa Hills, wo jedoch schon seit Jahrzehnten die kolonialzeitlichen Villen abgebrochen und ihre zugehörigen Parks mit luxuriösen Apartmenthochhäusern verbaut wurden. Die Mittelschichten verteilten sich recht diffus in Stadtteilen wie Byculla, Worli oder Dadar nördlich der City auf der Insel Bombay oder in den westlichen Vororten von Bandra bis Andheri. Die große Mehrheit von ca. 80 Prozent der Bevölkerung wohnte zumeist in den *„chawls"* der Arbeiterkolonien, in den Altstadtbereichen der Bazarzone oder in den Hunderten stetig wachsenden Slums. Heute greift eine stärker forcierte „Patchwork"-Differenzierung des öffentlichen Raums, die m. E. auf den weiter vermehrten Bevölkerungsdruck zurückzuführen ist, aber auch auf das Aufkommen einer *neuen Mittelschicht* bei gleichzeitigem Abbau der organisierten Fabrikarbeiterschaft durch den weit gehenden Zusammenbruch traditioneller Industrien (Textilindustrie, Maschinenbau, Werften) bei rasant wachsendem Bedarf an qualifizierten Arbeitnehmern in den neuen Dienstleistungsbranchen der Medienwelt und der Computertechnologien.

Diese neuen Mittelschichten versuchen zunehmend, den Lebensstil der *neuen Eliten* (Manager, Großaktionäre, Filmstars, Parteipolitiker, Gangsterbosse) zu kopieren,[8] vor allem im *Konsumerismus,* der schon die Bedeutung einer Ersatzreligion einnimmt. Es wächst der Druck auf Verwaltung und Planung, den „legitimen Rechten der Steuerzahler" zu entsprechen und die Armen und Fremden abzuriegeln, auszugrenzen und schlussendlich zu eliminieren. Ein seltsamer Widerspruch tut sich auf zwischen der abnehmenden Toleranz der Mittelschichten gegenüber illegaler Siedlungstätigkeit (Slumbildung) bei zugleich verstärkter Ausnutzung informeller Aktivitäten (von Taglöhnern bis hin zu Babysittern). Diese neuen Eliten und Mittelschichten träumen weiterhin vom „Leuchtenden Indien" verbunden mit einer Umstrukturierung der Megastädte zum Status von *World Cities* oder *Global Cities*. Statements wichtiger Offizieller der Stadtverwaltungen vom Bürgermeister abwärts ergehen sich in übersteigerten Visionen: machen wir aus Delhi das Paris des Ostens, aus Kalkutta ein verbessertes Bangkok und natürlich soll Bombay eines Tages Singapur übertrumpfen!

Die Vereinigung *„Bombay First"*[9] veröffentlichte 2003 gemeinsam mit der transnationalen Unternehmensberatungsfirma McKinsey einen Report mit dem kennzeichnenden Titel *„Vision Mumbai",* in dem einerseits die überragende Bedeutung der Finanzmetropole für ganz Indien thematisiert wurde und gleichzeitig ihr Untergang, wenn nicht sofort

---

[8]) Pavan K. VARMA hat 1999 den Hauptgewinner der ökonomischen Liberalisierung, die sogenannte Neue Mittelschicht, gnadenlos seziert in: „The Great Indian Middle Class".

[9]) *Bombay First* ist eine Organisation wichtiger Unternehmer und Investoren mit engen Verbindungen zur obersten Führungsebene in Stadtverwaltung und Stadtplanungseinrichtungen, laut Eigendefinition „the concerned people".

drastische Maßnahmen zu ihrer Rettung veranlasst würden. Bis 2013 soll Bombay die anderen „*globalizing cities*" in Asien ein- oder sogar überholen. Ein wichtiger Schritt dabei sei „die Schaffung von Inseln der Exzellenz in Bezug auf Weltklassewohnen und kommerzielle Komplexe" (McKinsey 2003, S. 20).

Das Lebensgefühl dieser Globalisierungsgewinner charakterisiert Suketu Mehta (2006, S. 33):

> „*In der Bayview Bar des Hotels Oberoi kann man sich eine Flasche Dom Perignon bestellen für das Eineinhalbfache eines durchschnittlichen Jahreseinkommens; zugleich haben in dieser Stadt vierzig Prozent der Haushalte keine funktionierende Trinkwasserversorgung. [...] Bombay ist die größte, die schnellste und die reichste Stadt Indiens. Krishna könnte Bombay gemeint haben, als er im zehnten Gesang der Bhagavadgita von Gott sprach, der sich in all seiner Fülle offenbart:*
> *Ich bin der Tod, der alles dahinrafft,*
> *und der Ursprung von Allem, was entsteht ...*
> *Ich bin das Würfelspiel unter den Betrügern,*
> *und der Glanz von allem, was glänzt.*
> *Es ist eine maximum city.*"

Um diese ehrgeizigen Ziele zu erreichen, welche aus einem „*Third World country*" mit stolzer Kulturtradition eine neue Weltmacht mit dynamischer (Wirtschafts-)Entwicklung machen sollen, gilt es nun endlich, die Megastädte nach neoliberalen Prinzipien zu führen und umzugestalten. In Bombay und Madras erfolgte in den letzten Jahren der Bau dutzender „Fly-over"-Brücken mittels Großkrediten der Weltbank, um den Individualverkehr flüssiger zu gestalten, obwohl nur ein Bruchteil der Einwohner überhaupt PKWs besitzt. Delhi und Hyderabad führen Großreinigungskampagnen durch, um gewünschte in- wie ausländische Investoren zu beeindrucken. Kalkutta gelang es weitgehend, Straßenhändler aus dem Stadtzentrum und von 20 Durchzugsachsen zu verbannen und trotz erbittertem Widerstand zehntausenden Rikschafahrern ihren kargen Lebensunterhalt zu entziehen. Delhi ist dabei, rund 40.000 Klein- und Mittelbetrieben mit ca. 700.000 Beschäftigten, den „non-conforming industries", die weitere Akzeptanz und Lizenzierung zu entziehen und sie zur Abwanderung zu zwingen.

Was ist diesen Aktivitäten gemeinsam? Mit dem „*Facelifting*" durch die Propagierung von Reinheit, Effizienz, Homogenität und vor allem Modernismus sollen weltweit die Akteure der Globalisierung angelockt werden. Staaten und Städte befinden sich dabei in immer schärferem weltweitem Wettbewerb. Ob am Yamuna Fluss in Delhi oder im alten Textilviertel *Girangaon* im Herzen der Insel Bombay – die frei werdenden Industriebrachen verheißen für Betriebseigner, Immobilienspekulanten und den Stadtsäckel ungleich höhere Profite und Steuereinnahmen als die Weiterführung veralteter, unterkapitalisierter Betriebe. Werden die Arbeitsstätten der un- wie angelernten Armen im formellen wie informellen Sektor zunehmend vernichtet, geht damit auch eine stärker werdende Verdrängung ihrer Wohnstandorte aus dem öffentlichen Blickfeld einher.

Mittel- wie Unterschichten erscheinen zunehmend sozial entkoppelt, gerade die Ärmsten immer massiver kriminalisiert. Ein Beispiel: überall auf den tausenden Großbaustellen schuften Bauarbeiter (häufig handelt es sich auch um die Arbeit besonders schlecht entlohnter weiblicher Arbeitskräfte sowie – illegitim, aber weit verbreitet – um Kinderarbeit). Sie hausen unter erbärmlichen Umständen in Hütten oder Zelten in der Nähe ihrer Baustellen. Am Nariman Point, der jüngsten Erweiterung des „Central Business Districts" (CBD) in Bombay, arbeiteten viele Bauarbeiter 15 bis zu 20 Jahre am neuen Regionalparlament, an Fünfsternhotels oder repräsentativen Firmenzentralen. Nach Fertigstellung der Prachtbauten der „Globalizing City" erfolgte das „Bulldozing" der illegalen Siedlungen ihrer Erbauer und die Zwangsvertreibung ohne jegliche finanzielle Abfindung.

Urbanes Facelifting und soziale Entkoppelung können als konstitutive Elemente des Kampfes um Lebensraum gelten. Eine Reihe anderer Indikatoren (vom Autor bereits in früheren Beiträgen beschrieben) belegt dies zusätzlich: Prozesse der *Gentrification* in den älteren „guten" Stadtvierteln und Wohnhäusern; zunehmende *Verknappung des öffentlichen Raums,* etwa die Überantwortung vormals öffentlicher Parkanlagen an Privatfirmen als finanzkräftigen Sponsoren bei radikaler Einschränkung des Besucherkreises und der Besuchszeiten; der Ausbau von *gated communities;* Sonderwirtschaftszonen; Produktionsverlagerungen industrieller Tätigkeit in den informellen Sektor und in die Heimarbeit. Insgesamt erfolgt eine stärker werdende Orientierung tonangebender Gruppen an „globalen" Werten. Indiens Megastädte entsprechen nicht mehr den alten Vorstellungen vom Städtischen im Land. Es sind hybride Gebilde voller Imitationen des Westlichen – etwa die Glitterwelt *Bollywoods,* der weltgrößten Traumfabrik; von College-Absolventen, die sich nicht zwischen *„Hingli"* (Englisch mit Hindiakzent) und eingeflochtenem US-Slang entscheiden können; von Reichen und Superreichen, die Partys für tausende Gäste ausrichten; von Menschen, die auf einer Wohlstandsinsel inmitten der anhaltenden Armut des Subkontinents schwimmen – die vermutlich gar nicht wissen, dass laut UNO-Statistik der Subkontinent wesentlich mehr Hungernde und Arme beheimatet als sämtliche 53 Staaten Afrikas zusammen.[10]

Wirtschaftswachstum, verbesserte Wohnumfeld- und generell Lebensqualität oder strengere ökologische Auflagen sind natürlich nicht per se negativ – aber es ist im Sinne der „welfare geography" von D. M. SMITH (1977, S. 6) zu hinterfragen, „who gets what, where and how?" Die vorgelegten Konzepte sind klassenspezifisch einseitig zugunsten der neuen Mittelschichten ausgerichtet, auf dem Rücken und zu Lasten der Modernisierungsverlierer. Die zur Umstrukturierung freigegebenen Flächen, seien es nun stillgelegte Fabriksareale oder illegal mit Slums überbaute „Frei-Flächen", geraten überwiegend in die Hände von Spekulanten. Dazu zählen Investmentfirmen, Broker, Fonds sowohl nationaler wie transnationaler Provenienz, häufig verbunden mit dem Agieren von *„Non-Resident-Indians"* (NRIs). Dabei handelt sich um Auslandsinder (vornehmlich in den USA, Kanada, Großbritannien und Südafrika tätig), die bei Investitionen in Indien eine Reihe besonderer Vorrechte genießen. WAMSER (2004) schätzt ihre Direktinvestitionen

---

[10]) Die Frankfurter Buchmesse 2006 konzentrierte mit ihrem Länderfokus „Indien" die Augen der deutschsprachigen Öffentlichkeit auf die überaus reichhaltige und vielseitige Literaturproduktion des Subkontinents. Herausragend in der Wahrnehmung waren einige Titel über indische Megastädte, insbesondere Bombay, die sich sofort zu Bestsellern entwickelten. Neben dem hier bereits zitierten Suketu MEHTA seien genannt (alle 2006): Vikram CHANDRA: Der Gott von Bombay. Berlin: Aufbau-Verlag; Kiran NAGARKAR: Gottes kleiner Krieger. München: A1-Verlag; Shashi TAROOR: Bollywood. Frankfurt am Main und Leipzig: Insel-Verlag; Altaf TYREWALA: Kein Gott in Sicht. Frankfurt am Main: Suhrkamp.

zwischen 1990 und 2000 auf mindestens zwei Milliarden US-Dollar allein in Bombay und eine Milliarde in Delhi.

Diese Interessen greifen massiv in die Restrukturierung der Megastädte ein. Vilasrao DESHMUKH, Ministerpräsident des Bundesstaats Maharashtra, verinnerlichte die Vorgaben des McKinsey Reports und setzte sie brutal in ein Maßnahmenpaket um. Zwischen Herbst 2004 und Frühjahr 2005 ließ er mehr als 80.000 Slumhütten durch Bulldozer schleifen, das heißt, es verloren durch diese Aktionen innerhalb eines halben Jahres etwa 800.000 Menschen ihr Dach über dem Kopf (siehe dazu SRIDHAR 2006). „Gesäubert" wurden dabei (nur) etwa 400 Hektar, auf denen nun luxuriöse Wohnhochhäuser, Shopping Malls, Bürobauten mit modernsten Einrichtungen und – sogar – Grünflächen gestaltet werden sollen.

Die gewaltsame Vernichtung illegaler Siedlungen hat in Indiens Metropolen bereits eine jahrzehntelange Tradition. Schrittweise wurden jedoch früher die Neuankömmlinge im Lauf von Jahren akzeptiert und mit Grundrechten ausgestattet (Aufnahme in die Wählerlisten, Listen für verbilligte Grundnahrungsmittel etc.). Aber im neuen Jahrtausend greift eine neue Härte der Durchsetzungsmacht, die aufgrund besser abgestimmter Organisation wesentlich brutaler agiert als je zuvor. Die Unerwünschten werden in ihren Nischen aufgespürt und vertrieben, während davor oft eine „Laissez-faire-Politik" oder schlicht Korruption und Bestechung eine wirksame Umsetzung der gesetzlichen Vorgaben konterkarierten. Malini BHUPTA (2005, S. 25) beschreibt, wie mit einem in den frühen 1990er-Jahren in Kraft getretenen Ergänzungsgesetz zur Kontrolle der Stadtentwicklung von Bombay mehr als 750 Hektar für die Immobilienspekulation „frei gemacht" wurden, angeblich um Wohnraum für 110.000 Menschen und 372 Hochhäuser zu schaffen.

Die massiven Zerstörungen der Slums und die Vertreibung der Slumbewohner werden immer wieder mit dem Argument begründet, dass es sich um illegale Zuwanderer handle, die den Städten wertvollen Lebensraum und ihren (rechtmäßigen) Bürgern kostbare Ressourcen wie etwa Wasser und elektrischen Strom widerrechtlich stehlen. Zusätzlich würden sie auf potenzielle Investoren und ausländische Touristen in Brennpunkten der städtischen Infrastruktur (z.B. Flughäfen, Verkehrsadern, Luxushotels) abstoßend wirken. So konnte der Ministerpräsident von Maharashtra, Vilasrao DESMUKH, verkünden, in „Mumbai sei kein Platz mehr für „Gäste", Slumbewohner seien nur eine Belastung der Steuerzahler.[11] Außerdem stammten sie überwiegend aus dem Armenhaus Indiens, aus Bihar, sowie „aus Bangladesch" (einer bewusst falschen, diskriminierenden Umschreibung für moslemische Migranten). In Wirklichkeit kamen über 40 Prozent der Illegalen aus dem eigenen Bundesstaat Maharashtra. Dabei sind nach offiziellen Angaben der städtischen Entwicklungsbehörde in Bombay nicht mehr als sechs Prozent des gesamten Stadtkörpers von Slums bedeckt. In Delhi und den andren Megastädten dürften die Anteile vielleicht noch niedriger liegen.

In Bombay, Delhi, Kalkutta und Bangalore, also in den für Investoren besonders interessanten Städten, werden die Maßnahmen der Stadtverwaltungen und der Polizei mit besonderer Brutalität umgesetzt. Natürlich geht es bei der „Reconquista" besetzter öffentlicher Territorien auch um Geld, um viel Geld und damit verbunden um Einfluss

---

[11]) In einer der führenden Tageszeitungen Indiens, *The Hindu*, Ausgabe vom 11. Mai 2005, S. 10.

und Macht. Doch liegen die Begründungszusammenhänge tiefer. Die neue Infrastruktur der urbanen Eliten und Mittelschichten soll „sauber und sicher" sein. Schlagworte wie „city beautiful", „clean city", „ecological city" gehören zum Standardrepertoire der Planer und Macher. Wohnen, Arbeiten, Konsumieren wie in London und New York, oder, noch besser, wie in Singapur oder Shanghai. Die gewünschte Transformation ist deshalb unmoralisch, weil sie die große Bevölkerungsmehrheit systematisch ausschließen und verdrängen will. Partha CHATTERJEE (2003, S. 181) bringt es auf den Punkt: „Während die neue Metropole global verbunden sein mag, ist sie häufig lokal isoliert von großen Teilen der Bevölkerung, die als funktional unwichtig und sozial wie auch politisch störend verstanden werden."

In einem früheren Beitrag stellte der Autor die altindische und die globalisierte Stadtstruktur in Parenthese: War früher der Haupttempel die topographische wie spirituelle Mitte der Stadt und zugleich ein göttliches Symbol eines geordneten Universums, so entstehen heute „*enclaved*" oder „*gated communities*", in denen das Klubhaus mit Swimming Pool und Tennisplätzen die neue Wertigkeit bestimmt. Eine solche streng abgeschirmte Sonderzone (Mauern, bewaffnetes Wachpersonal, Hundestaffeln, Videoüberwachung) bildet ihre eigene städtische Subkultur. Die Insider benützen ihre eigenen Restaurants, Kinos, Golfanlagen, haben ein spezifisches Kulturleben und ihren Hubschrauberlandeplatz. Wo öffentlich zugängliche „*Fun-Cities*" aus dem Boden schießen – beispielsweise auf dem ehemaligen Gelände der „Phoenix Mills" in Bombay – oder im brandneuen Sheraton Hotel, gerade erst in der alten Zigarettenfabrik des Tabakgiganten ITC errichtet, herrschen strenge Zugangsbestimmungen und „*Codes of Conduct*", etwa absolutes Fotografierverbot, korrektes Benehmen, westlich orientierte Bekleidung. Hier werden die neuen Lebenswelten inszeniert, in denen die neuen Götter namens „Spaß" und „Konsum" die höchste Verehrung genießen. Der Kontakt zur Außenwelt und damit zum hässlichen Gesicht des Alltags der Megacity ist nicht mehr notwendig und schon gar nicht erwünscht. Virtuelle Gegenwelten in lärmumtosten Spielhallen oder klimatisierten Showrooms global agierender Marken lassen das Draußen einfach versinken.

CHATTERJEE (2003) spricht bei diesem „verzonten" Raum von „Quasi-Hochsicherheitstrakten", die sich über ein Bedrohungsszenario legitimieren. Die Angst vor Übergriffen der „anderen" ist gleichwohl latent vorhanden und schafft so etwas wie eine eigene Atmosphäre der Enklaven-Gemeinschaft, ein stilles Einverständnis Gleichgesinnter. Megastadtentwicklung in Indien ist heute mit der Schaffung von „*apartheid cities*"[12] verbunden. Die rassistische Segregation von rechtmäßigen und illegitimen Bevölkerungsgruppen wie in Zeiten des Apartheid-Regimes in Südafrika oder über Generationen im britischen Kolonialismus kann auf die aktuelle Stadtentwicklung Indiens umgelegt werden.

Über 2000 Jahre war die indische Gesellschaft streng nach Kasten segregiert, und dies schloss deren räumliche Trennung mit ein. Vom kleinsten Dorf bis zu den Metropolen griff diese kleinräumige, mosaikartige Sortierung religiös-gesellschaftlicher Differenz. In mancher Hinsicht wird die alte Kastenstruktur heute in den Megastädten aufgebrochen und in Frage gestellt. Die neue *postmoderne Apartheid* definiert sich über Besitz, Einkommen, Status, Bildung und Teilhabe an der „*Fun-Kultur*".

---

[12]) Vgl.: Hazards Centre (2005): Blueprint for an Apartheid City. Draft Delhi Master Plan 2021.

Heinz Nissel

Der Kampf um Lebensraum findet hier neue Entsprechung. Es geht ja um den Raum als Kampfzone und um die Ressource „Raum" bei der Beanspruchung öffentlicher Güter. Die Verknappung der Ressourcen führt zu immer härteren Verteilungskämpfen um Wohnraum, Wohnumfeld, Trink- und Brauchwasser, Energie, Ver- wie Entsorgung, Gesundheitsdienste, Freizeit- und Konsumräume.

3. Bangalore – Inseln der Postmoderne und der „Rest"

Karnataka gehört zu den Bundesstaaten, die das neue Selbstbewusstsein Indiens repräsentieren. Dies gilt vor allem für seine Landeshauptstadt Bangalore, das „Epizentrum des indischen IT-Booms" (ULTSCH 2005). Viele Namen von Weltgeltung hat die südindische Megastadt angelockt – IBM, Microsoft, Compaq, Oracle, Siemens und die „Eigenbau"-Giganten *Infosys* und *Wipro*, die an der New Yorker Technologiebörse „Nasdaq" notieren und Dollarmilliarden umsetzen. Call-Center und „Medical-Transcription"-Firmen betreuen von hier aus Millionen Kunden in den USA, in Asien und Europa, Fluglinien haben hierher ihre Buchhaltung, das Ticketing und die Kundenbetreuung ausgelagert. Die wichtigsten Gründe dafür: Zunächst der Kostenfaktor (vergleichbare Arbeit zu 10 bis 30 Prozent der Kosten in der Ersten Welt), zunehmend jedoch auch das unerschöpfliche Reservoir an begabten, hochmotivierten Studienabgängern mit exzellenten Englischkenntnissen.[13] Aus bescheidenen Anfängen um 1990 sind Weltkonzerne entstanden.

Bernard IMHASLY berichtete 2006 in einem Artikel in einer österreichischen Zeitung über *„Infocity"*, das Hauptquartier der Firma *Infosys*:

> *„Ein Traumbild: Sanft gewellte Rasenflächen. Entlang der Blumenbeete bewegen sich lautlos Elektromobile. Zwischen den verstreut liegenden Kuben der Bürogebäude stehen die offenen ‚Food Courts', wo sich die 14.000 ‚Infociticens' verköstigen. Daneben liegen verglaste Fitnesszentren, 24 Stunden geöffnet, wie die Meditationsräume darunter. Am Rande der Kleinstadt ein Kraftwerk, dahinter Wasserversorgung und Kläranlage, und ein riesiges Parkhaus. Für die Gäste aus Übersee ein Fünf-Sterne-Hotel. Direkt daneben die Kirche im Dorf: eine Pyramide mit einem dunkelblauen Glasmantel. [...] Hier wird nicht die Kommunikation mit Gott zelebriert, sondern jene mit dem Markt. In dem Fernsehstudio werden die Quartalszahlen verkündet."*

Konzernherr ist Narayana MURTHI, der es vom Sohn eines Dorfschullehrers zum „Messias der indischen Mittelklasse" (Hindustan Times) und Chef über 50.000 Mitarbeiter gebracht hat. Doch MURTHI ist sich dessen bewusst, dass sich der Gini-Koeffizient des Einkommensgefälles im Land ausgeweitet hat: „Indien hat die politische Freiheit erlangt, aber nicht die ökonomische. Denn es hat seine wichtigsten Ziele verfehlt – den universellen Zugang zu Grundrechten wie Nahrung, Wohnung, Gesundheit und Erziehung" (Anm.: Interview von MURTHI durch IMHASLY im gleichen Bericht).

---

[13]) So bewarben sich am Institut für „Management Studies" der Universität Bangalore etwa 90.000 Abiturienten in landesweiten Ausscheidungsrunden um 400 Studienplätze. Für 1700 Jobs bei Infosys gab es 193.000 Kandidaten (2003).

Zusammen mit MURTHI hatten sich sechs weitere Partner von ihren Ehefrauen 1981 10.000 Rupien (entsprach damals 300 US-Dollar) geliehen, um die Firma Infosys zu gründen. Bis 1991 dümpelte die Firma vor sich hin, nachdem es davor drei Jahre und 25 Bittgänge nach Delhi bedurft hatte, um eine Importlizenz für einen Kleincomputer zu erhalten. Durch strenge Devisenbewirtschaftung waren damals Auslandsreisen indischer Geschäftsleute und Manager extrem limitiert. Die Öffnung des indischen Marktes für Auslandsfirmen und FDI („foreign direct investments") durch die „New Economic Policy" (NEP) rettete nicht nur Infosys, sondern veränderte den ganzen Subkontinent ökonomisch radikal. Innerhalb von 15 Jahren vervielfachte sich der Umsatz von Infosys von fünf Millionen auf zwei Milliarden US-Dollar.

Eine Reihe von Erfinderstories im Stil der Experimente von Bill Gates in der Garage könnte über Firmengründer in Bangalore und im indischen Silikon Valley erzählt werden. Tatsächlich kehren tausende IT-Spezialisten ursprünglicher Herkunft aus Indien, Pakistan oder Bangladesh in den letzten Jahren aus Kalifornien, Atlanta oder Toronto in ihre frühere Heimat zurück, um die Möglichkeiten von NEP zu nützen. Dem *„brain drain"* aus Indien steht somit bereits wieder eine Rückbewegung gegenüber. Soweit zur Sonnenseite der IT-Kapitale.

In krassem Widerspruch dazu fragen Geographen nach den Lebenschancen der großen Bevölkerungsmehrheit, der Globalisierungsverlierer.[14] Welche Bedeutung hat die Globalisierung in ihren lokalen Auswirkungen auf die gesellschaftliche und wirtschaftliche Teilhabe am Aufschwung, auf strukturelle und sozialräumliche Disparitäten? DITTRICH (2004b) erstellte für Bangalore eine Karte der fragmentierten Raumnutzungsmuster unter dem Einfluss der Globalisierung. Die Megacity „zerfällt" in ein Puzzle ganz unterschiedlich beanspruchter städtischer Teilräume:

Überwiegend *weltmarktorientierte* Wirtschaftsformationen bestehen aus dem modernen Geschäftszentrum mit hochrangigen Dienstleistern und IT-Unternehmen, teilweise in Hochhäusern angesiedelt. Weitere IT-Betriebe haben sich in wohlhabenden Wohnquartieren etabliert oder in eigenen Technologiezentren, die „auf der grünen Wiese" in städtischer Peripherlage entstanden. Ein anderes Segment stellen exportorientierte Textilbetriebe dar, die sich räumlich benachbart zu Slums befinden (Niedriglohnproduzenten im globalen Kreislauf).

Eine zweite Gruppe kann überwiegend *binnenmarktorientierten* Wirtschaftsformationen zugeordnet werden: dazu zählen staatliche wie private Großunternehmen sowie kleinere Industriebetriebe in Gewerbeparks mit einem vielseitigen Branchenmix. Es handelt sich räumlich zumeist um alte Industriestandorte an Ausfallstraßen und Bahnlinien.

Eine dritte Gruppe bilden schließlich überwiegend *lokal verankerte* Wirtschaftsformationen, die die größten Areale der Metropole einnehmen. Es sind dies Betriebe des Groß- und Einzelhandels sowie des Kleingewerbes und Heimindustrien im traditionellen Geschäftszentrum, weiters sekundäre Geschäftszentren, Kleingewerbe und Heimindustrien

---

[14] Nach den *„social opportunities"* im Sinne des indischen Nobelpreisträgers für Nationalökonomie Amartya SEN.

im Industriegürtel. Schließlich in enger räumlicher Verzahnung damit Slums mit einer Vielfalt informeller Tätigkeiten, etwa Recycling von Metallen, Chemikalien, Glas oder Papier.

Globalisierung greift dabei ganz unterschiedlich in die einzelnen städtischen Teilräume ein. Effekte der Gentrifizierung im und um den Central Business District funktionieren hier genauso wie in anderen Megastädten: Lebten 1981 noch 13 Prozent der Bevölkerung zentrumsnah, waren es 2001 nur mehr acht Prozent. Zwar stimulieren Globalisierungseinflüsse ein hohes Wachstum an Arbeitskräften im IT-Bereich und über den Kaufkraftanstieg der wachsenden Mittelschichten auch private Dienstleistungen. DITTRICH schätzt in diesen beiden Breichen jeweils 80.000 bis 100.000 Beschäftigte, desgleichen im Behörden- und Verwaltungsapparat.

Gleichzeitig weiten sich jedoch die informellen Tätigkeiten noch viel stärker aus, da der formelle Sektor nur eine geringe Absorptionsfähigkeit für neue Beschäftigte aufweist und außerdem immer mehr Arbeiten von Mittel- und Großunternehmen in den informellen Sektor verlagert werden (Baubranche, Transportwesen, Kleingewerbe, Kleinhandel, Heimarbeit, Haushaltstätigkeiten). Rechtlich ungeschützte, niedrig entlohnte und oft noch saisonal beschränkte Arbeit kennzeichnet diese Tätigkeiten, die überwiegend in der lokal verankerten Wirtschaft greifen und nicht weniger als 80 Prozent aller städtischen Erwerbstätigen umfassen – das heißt, wesentlich mehr als alle übrigen Wirtschaftsformationen zusammen.

DITTRICH (2004a, S. 276) deutet die Auswirkungen von Globalisierung und NEP in Übereinstimmung mit den Arbeiten zu Bombay, Delhi oder Kalkutta:

> *„Die Einbindung Bangalores in das asymmetrische Beziehungsnetz weltwirtschaftlicher Aktivitäten und in den global entgrenzten Wettbewerb um Investitionen, Kompetenzen und Märkte geht mit einem tiefgreifenden räumlich-gesellschaftlichen Strukturwandel einher. Dabei werden bisher gültige raumstrukturelle Muster sowie der Gesamtkontext gesellschaftlicher Beziehungen dynamisiert und gleichzeitig von neuen Ordnungsprinzipien überlagert. Außerdem kommt es unter den Bedingungen der Globalisierung und des rasanten Bevölkerungszuwachses zu einer heillosen Überforderung der öffentlichen Infrastruktur. Damit erlangen auch die Umweltbelastungen eine neue Dimension."*

Auch in Bangalore werden nicht mehr als sechs bis sieben Prozent der kommunalen Ausgaben für wohlfahrtsstaatliche Projekte, Bildung und Slumentwicklung ausgegeben. Auch hier existiert die enge Interessengemeinschaft städtischer Eliten und Institutionen der Stadtplanung. Lobbies der Bauunternehmer, Immobilienmakler und Bodenspekulanten profitieren von den neoliberal geprägten Deregulierungsmaßnahmen der Stadt- und Landespolitik, etwa der Freigabe der Wohnungspreise, der Lockerung restriktiver Landvergabe- und Baurichtlinien.

Die Deregulierung des Bodenmarktes und der weitgehende Rückzug der Kommunen und Länder aus dem sozialen Wohnungsbau führen zur Verknappung und damit Verteuerung des Wohnens. Die extrem gestiegenen Miet- und Immobilienpreise überfordern zunehmend auch die untere städtische Mittelschicht und verdrängen sie aus dem innerstädtischen Wohnraum. Wenn sie dann in die Slums der Peripherie übersiedeln müssen, werten sie einerseits diese Marginalviertel sozial und baulich auf; andererseits verdrängen sie damit viele der ärmeren Gruppen in noch entlegenere Slums an der Peripherie. Es tritt also innerstädtisch sukzessive eine wellenförmige zentral-periphere Verdrängung jeweils sozial und ökonomisch Schwächerer ein, ausgelöst durch den gehobenen Bedarf globaler Netzwerke an Lebens- und Arbeitsraum im CBD und in Oberschichtwohnvierteln.

In der Megastadt Bangalore dürften an die 1000 Slums mit 1,5 bis 1,7 Millionen Bewohnern existieren sowie zusätzlich 200.000 „pavement dwellers" (Obdachlose). Nur ein Drittel der Slumbewohner verfügt über einen legalen Status, zwei Drittel sind mit verschiedenen Formen befristeter Nutzungsrechte ausgestattet („Registered Slums" versus „Illegal Slums"). Auch in Bangalore beherrschen „Slumlords" aus der Unterwelt Organisation, Ordnung und Außenrepräsentation der Slumstrukturen und ihrer Bewohner. Sie dienen als verlängerter Arm der politischen Eliten und der „big bosses" der Drogen- und Alkoholmafia. Reguläre Polizei wird ersetzt durch „goondas", berüchtigte Schlägertruppen. Ohne den Sanktus dieser Leute ist kein Projekt zur Slumverbesserung denkbar, dafür organisieren sie die „vote banks" (das „Stimmvieh") für die kleinen Politgrößen. Die informelle Dienstleistungs- und Produktionsökonomie dieser Stadtviertel alimentiert den formellen Sektor weiter, auch wenn dieser jetzt durch post-fordistische Hochtechnologie geprägt ist.

Die alte dependenztheoretische Konzeption der *strukturellen Heterogenität* verliert auch in der globalisierten Welt nicht an Erklärungskraft. *Abhängigkeit* zeigt sich heute vielleicht in neuen Erscheinungsformen und Anforderungen, doch wurde sie damit weder zum Verschwinden gebracht noch verkleinert. Nach David HARVEY ist die *Erzeugung* von ungleicher zeitlicher und geographischer Entwicklung zugleich eine Voraussetzung wie ein notwendiges Ergebnis spätkapitalistischer Wirtschaftsentwicklung. Ein Teil der Globalisierungsgewinner, die untere Mittelschicht, etwa 20 Prozent der Einwohner, muss mit Fred SCHOLZ (2000) eher als Scheingewinner apostrophiert werden, da sie als letztes Glied in der globalen Wertschöpfungskette ständig um ihre neu errungene Position bangen müssen (Prinzip des „hire and fire" ohne Solidarnetze). Drei Viertel der Stadtbewohner, die „Armen", haben kaum oder gar nicht von der „New Economy" und ihren lokalen Auswirkungen profitiert, ganz im Gegenteil, sie sind die Globalisierungsopfer. Sie erleiden eine kontinuierliche Intensivierung der Risiken auf dem Wohn- und Arbeitsmarkt und eine sich noch schärfer ausformende Destabilisierung ihrer ohnehin prekären Überlebensbedingungen.[15]

4. New Delhi – Gurgaon. Die Hyperrealität der „Shopping Malls"

Neben Bangalore verkörpert keine andere Stadt Indiens die neoliberale Neuausrichtung mehr als Gurgaon. Innerhalb der letzten Dekade mauserte sie sich von einer verschlafenen Provinzstadt im Bundesstaat Haryana zu einer Trabantenstadt Delhis, die heute schon über

---

[15]) DITTRICH (2004a, S. 313ff) zeigt dies mit seinen empirischen Untersuchungen zur Existenzsicherung am Beispiel eines extrem fragmentierten Slums (*Koramangala*), einer legalisierten Marginalsiedlung (*Ambedkarnagar*) und des sozialen Wohnungsbaus (*Bangalore City Corporation Quarters*).

eine Million Einwohner aufweist und zu einem neuen Fixstern der Hochtechnologieentwicklung aufgestiegen ist. Gurgaon liegt etwa 30 km südwestlich der Stadtmitte New Delhis, aber nur 10 km vom „Indira Gandhi International Airport" entfernt. Dies dürfte wesentlich zum Aufstieg der neuen Großstadt beigetragen haben, desgleichen die Tatsache einer unternehmerfreundlichen Politik Haryanas hinsichtlich Landerwerb, Bauauflagen, Steuerlasten etc. Die sechsspurige Schnellstraße *M.G.-Road* [16] zieht als Teil der Fernstraße Delhi – Jaipur kilometerlang als Hauptachse durch die neue Agglomeration. Gesäumt wird sie von den 20- bis 30-stöckigen Apartmenthochhäusern der (Oberen) Mittelschicht mit Tennisplätzen, Swimmingpools und anderen Insignien typischer „*gated communities*". Ein öffentliches Nahverkehrssystem existiert so gut wie nicht. Aber die Arbeitsstätten in den postmodernen Fabriken und Dienstleistungszentren der „*multinational corporations*" liegen ja ebenfalls um die Ecke: Coca-Cola, Nokia, Hewlett Packard, General Motors, Nestlé, American Express, Citibank, Ericsson (nach KLAS 2006, S. 6ff). Zusätzlich zieht diese „Stadt der Zukunft" Schaulustige und Kaufinteressenten aus der Megastadt Delhi selbst an.

Die Freizeit- und Einkaufsmeile Gurgaons ist einzigartig in Indien. Von angekündigten 60 Malls im Großraum Delhi sind alleine 25 in dieser Zone geplant und etliche bereits fertiggestellt. Keine andere Stadt im Umfeld der „*Delhi National Urban Region*" lukrierte einen größeren Anteil von Wohnstandorten der neuen Mittelschicht und sogenannten BPO's („*Business-Process-Outsourcing Units*", das sind Betriebe, die aus der Auslagerung bestimmter Geschäftsbereiche etwa von multinationalen Firmen entstehen). Sollte die Entwicklungsdynamik wie bisher anhalten, werden für die Agglomeration im Jahr 2021 3,7 Millionen Einwohner prognostiziert (Gurgaon Master Plan Juli 2006). Nichts symbolisiert die Widersprüche des städtischen Indien gegenwärtig schärfer. Ein brillantes Porträt der schönen neuen Welt der „Shopping Malls" liefert Harini NARAYANAN (in AHUJA und BROSIUS 2006, S. 157ff) am Beispiel der „Mall Mile" in Gurgaon.

Für die Zielgruppe der Mittelschichtverbraucher verbindet sich die Kenntnis von Einkaufszentren in anderen Teilen der Welt (real oder über Medien wie Fernsehen, Großanzeigen in Zeitungen oder Prospektmaterial vermittelt) mit Vorstellungen einer raschen Integration Indiens in postmoderne Lebenswelten der Globalisierung. Die amerikanisch-futuristischen Anlagen der Malls (architektonisch oft geschmacklos, vollklimatisiert, mit musikalischer Dauerberieselung und aufdringlichen Leuchtreklamen) bilden – wie NARAYANAN (2006, S. 161) formuliert – einen „absurden, vielleicht sogar obszönen Gegensatz zu Slums, die sie oft umgeben und die das andere Gesicht der Urbanisierung in einem Entwicklungsland verkörpern". Die „vollkommene Lifestyle-Erfahrung" (Zeitungsannonce) verwischt die Grenzen zwischen Wunsch und Realität und führt zu einer Art „Hyperrealität" wie in einem Bollywood-Film, an welcher der Besucher teilhaben kann.

Shows verquicken Pseudoelemente altindischer Kultur mit Figuren, die aus Disney-Filmen oder amerikanischen Cartoons stammen könnten. Aber die Betonung liegt auf Größe, Internationalität und anglo-amerikanischen Versatzstücken, wie schon die Namensgebung der Malls assoziiert: *Metropolis, Imperial, Grand Central Regent Square, Regent Plaza* usw. Im Vergleich dazu in Bombay die Malls *Crossroads* oder *Westside,* Freizeit-

---

[16] Nicht wie überall sonst in Indien die Abkürzung für „Mahatma Gandhi Road", sondern für „Mehrauli – Gurgaon Road".

zentren wie *Superdrome* und *Bowling Co.* oder hippe Musikläden wie *Groove* und *Planet M*. Der Kampf um Kundenanteile führt auch schon zu Spezialisierungen: ein Gold- und Schmuckmarkt in Gurgaon nennt sich *Gold Souk Market* – offenbar um das Original in Dubai zu überholen; noch absurder die *Fort Knox* benannte Schmuckmall in Kalkutta.

Die Benennungen zeigen überdeutlich die begeisterte Annahme von Globalisierungssymbolen im neuen Konsumerismus. Das Kaufen der Konsumgüter ist vermutlich für die Mehrzahl der Besucher zweitrangig. Es geht um die Teilhabe an einem bestimmten *Lifestyle* der „*Insider*". Der Gang durch die Mall ergibt die einzigartige Megacity-Erfahrung. Die bombastischen Reklamen und Kaufanreize spiegeln die Wunschvorstellungen der begüterten neuen Eliten und der (Oberen) Mittelschichten. So wie die Malls wirken, so wünschen sich urbane Inder mit sozialen Aufstiegsambitionen ihre Städte. Widerspruchsfrei, schön, ja glamourös – wunderbare Orte der „*New Economy*". Das Warenangebot hält solchen Fantasien nicht stand. Würden nicht auch Geschäfte für den Verkauf *indischer* Stoffe, Saris, Damenschuhe oder Juweliere existieren, gäbe es keinen gravierenden Unterschied zum Einheitsbrei der Einkaufszentren weltweit – die ewig gleiche ermüdende Abfolge von Adidas, Benetton, Reebok, Nike, McDonald's und KFC (natürlich mit „*VegBurger*").

Schön an den Malls ist auch ihre luftdicht versiegelte Abschottung von der realen Welt voll gleißender Hitze, Staub, Gestank und den real existierenden armen Leuten. Ideal wären überhaupt durchgehende Verbindungen zwischen Shopping Malls, Gated Communities und bewachten Apartmenthäusern, ohne mit dem Tageslicht konfrontiert zu werden. Michel FOUCAULT beschreibt in seiner Studie über das Panoptikum-Gefängnis (1994) eine „totale" Institution, die eine lückenlose Beobachtung, Überwachung und Disziplinierung von Menschen ermöglicht. Nach diesen Prinzipien (vollständige Überwachung des gesamten Raums von einem zentralen Beobachtungsort aus) funktionieren eben die „Panoptikum-Malls". Auch in dieser „*Brave New World*" existiert noch immer ein Gefährdungspotenzial – bestehend aus den Sklaven des Systems. Nennen wir sie in Indien die „*Parias*". Es sind die Haushaltshilfen, Kindermädchen, Fahrer, Gärtner, Wächter, die sich vielleicht nicht „auf ewig" mit dem Zusehen und Leiden begnügen werden.

Inzwischen wird auch deutlich, dass die öffentliche Hand oft kurzsichtig als einmaligen Zugewinn Flächen zur Errichtung von Malls an die Bauherrenlobby verkauft. Spezifische Finanzierungsmodelle erleichtern zwar den Bau von Malls, haben aber gleichzeitig bereits zu einer Übersättigung des Marktes geführt. Überhöhte Mieten zur Gewinnmaximierung der Anleger erweisen sich auch als kontraproduktiv. Nur zehn bis 15 Prozent der Besucher entwickeln sich zu echten Käufern, der Rest besteht aus Gaffern, die das Ambiente und vor allem die Aircondition genießen. Auf die Belastung der städtischen Infrastruktur (Zufahrten, Strom, Wasser, Brandschutz) wird selten geachtet, obwohl die Versorgung meist aus den unmittelbaren lokalen Ressourcen gespeist wird und „draußen" vorhandene Bevölkerungsgruppen noch stärker benachteiligt.

Einkaufszentren stellen im heutigen städtischen Umfeld Indiens spektakuläre Räume des Reichtums, Überflusses und der Imagination menschlicher Trugbilder dar. Sie sind Symbole des „*India Shining*" der Aufsteiger. Umgeben werden sie in der Regel von Räumen real existierender Armut, Verzweiflung und Hoffnungslosigkeit.

Heinz Nissel

5. Slums in Bombay – *Kamala Nehru Nagar* und *Dharavi*. Solidaritätsnetzwerke und Gefährdungspotenzial

Zu den wichtigsten Legendenbildungen und Rechtfertigungsmustern städtischer Eliten und Mittelschichten bei der Abdrängung und Vertreibung von Slumbewohnern gehört der gebetsmühlenartige Hinweis, Slums seien permanente Bedrohungen für die rechtmäßigen Bürger der Städte, sowohl in sozialer Hinsicht als Brutstätten unmoralischer Verhaltensweisen wie auch ökologisch als „Verschmutzer" der natürlichen Ressourcen Luft und Wasser sowie als „Diebe" öffentlicher Versorgung (Strom, Gas, Wasser). Inzwischen beweist eine große Anzahl von Untersuchungen die Unhaltbarkeit solcher Unterstellungen. „Die Konflikte der Megastädte spiegeln sich jedoch zwangsläufig aus den ungelösten Widersprüchen der ganzen indischen Gesellschaft und erhalten durch sie ihre Schärfe" (AHUJA 2006, S. 8). Auch nach Jahrzehnten der Repression und der Zwangsräumungen sind die *„have nots"* nicht aus dem Blickfeld der *„haves"* verschwunden. Denn gerade die unbegrenzte Zahl, ständige Verfügbarkeit und räumliche Nähe billigster Arbeitskräfte im informellen Sektor ist einer der wesentlichen Standortvorteile indischer Megastädte gegenüber anderen globalen Mitbewerbern.

Bombay hält den traurigen Rekord an Anzahl, Größe und Bevölkerung städtischer Slums. Eine seriöse, eher unterschätzende Quelle ist die groß angelegte Untersuchung der Stadtverwaltung von 2001 („Slum Sanitation Scheme" der Brihanmumbai Municipal Corporation). Gezählt wurden 1959 Slums mit einer Gesamtbevölkerung von 6,25 Millionen Menschen; dies entsprach 54 Prozent der Gesamtbevölkerung. In den nicht offiziell registrierten 137 Slums alleine lebte über eine halbe Million Menschen, 209 Marginalsiedlungen hatten weder private noch öffentliche Toiletten.

Mit ihrer Fallstudie des „Railwayslums" von *Kamala Nehru Nagar* in Bombay ist es Elke NEUDERT (2001, Zitat S. 211) gelungen, deutlich zu machen, dass *„housing poverty*, städtische Armut und die Situation auf dem städtischen Arbeitsmarkt in engem Zusammenhang stehen, sich jedoch nicht unbedingt wechselseitig bedingen. Die Ursachen dieser Phänomene sind in den politischen und ökonomischen Rahmenbedingungen zu suchen – sowohl auf lokaler und nationaler als auch auf globaler Ebene. Die Potenziale der städtischen Armen, ihre Wohn- und Lebenssituation zu verbessern, sind erheblich durch ihre Armut und durch die äußeren politischen und ökonomischen Konditionen eingeschränkt."

Dies soll wiederum nicht bedeuten, die Slumbewohner würden nicht im alltäglichen Überlebenskampf eine Vielzahl von Aktivitäten zur Verbesserung ihrer Lebens- und Arbeitssituation wahrnehmen, insbesondere durch eine Vielfalt von sozialen Netzwerken, oft mit Hilfe von NGO's. NEUDERT zeigt dies anhand von Beispielen von Frauensolidarität trotz Mehrfachbelastung als Hausfrau, Mutter und informell Arbeitende, trotz eingeschränkter Aktionsräume und häufig sehr traditioneller Geschlechterverhältnisse und Rollenbilder.

Martin FUCHS liefert mit seinen präzisen Analysen von *Dharavi* (zuletzt 2006) – häufig und noch immer in der Fachliteratur als „größter Slum der Welt" apostrophiert – eine insgesamt entmutigende Prognose zukünftiger Überlebenschancen städtischer Armer. Er beschreibt die Geschichte eines „konsolidierten" städtischen Umfelds, das gerade wegen stetiger Verbesserungen an seiner Infrastruktur durch die engagierten „Slum"-Bewohner erneut in das Blickfeld sozialer Aufsteiger der neuen Mittelschicht gerät, damit zum Spekulationsterrain wird und letztendlich die Vertreibung der Unterprivilegierten einleitet.[17]

Im Bewusstsein einer breiteren indischen Öffentlichkeit steht *Dharavi* gleichsam paradigmatisch für tausende Slums in den Städten des Landes und verkörpert „alles Übel". Doch müssen wir FUCHS (2006, S. 47) zustimmen: „[...] so sind Slums in Größe, Geschichte, Bevölkerungszusammensetzung, wirtschaftlicher Rolle, kultureller Artikulation und dem Grad sozialer Mobilisierung, aber eben auch in der Rolle, die sie in der öffentlichen Imagination spielen, doch zu unterschiedlich. [...] Slums bilden keinen einheitlichen sozialen Typus."

Lange Zeit war *Dharavi* am Mahim Creek an der Nordspitze der Insel Bombay ein Synonym für Armut und Kriminalität, der große Müllhaufen am Ende der Stadt, als deren Mülldeponie das Gebiet noch bis in die 1990er-Jahre fungierte. Auf einer Fläche von nur etwa zwei Quadratkilometern sollen 2001 noch kaum vorstellbare 900.000 Einwohner registriert worden sein. Die Mehrheit besteht aus den „*Dalits*" (Unberührbaren, ehemals *Parias*), den in der Verfassung festgeschriebenen „*Scheduled Castes and Tribes*" (in der britischen Kolonialzeit auch als „*ex-criminal*" und „*denotified tribes*" bezeichneten Gruppen) sowie Subkasten der untersten Kategorien. Der Anteil der Muslime dürfte über dem Stadtmittel (20 Prozent) bei 25 bis 30 Prozent liegen.

Ab 1887 entwickelte sich dieser sumpfige, mangrovenbedeckte Küstenabschnitt, der für die Polizei kaum zu kontrollieren war, zum Rückzugsgebiet der Asozialen und Verbrecher. Bis in die 1970er-Jahre hinein fehlte so gut wie jegliche städtische Infrastruktur. Dann wurde *Dharavi* von nationalen und internationalen Organisationen (vom „Rajiv Gandhi Fund" bis zur Weltbank) „entdeckt" und Maßnahmen zur Verbesserung von „*sites and services*" eingeleitet.[18] Heute können die Lebensbedingungen mit denen einer durchschnittlichen indischen Kleinstadt oder eines anonymen Dorfes nicht nur mithalten, sondern liegen sogar deutlich darüber. Das Gebiet ist damit für die innerstädtische Zuwanderung besser gestellter sozio-ökonomischer Gruppen geradezu attraktiv geworden.

Diese Entwicklung ist aber überwiegend dem Kampf der Bewohner *Dharavis* selbst zu verdanken. Ende der 1970er-Jahre begannen sie sich in Aktionskomitees, Selbsthilfegruppen und anderen basisdemokratischen Einrichtungen zu organisieren, um ihr Los zu verbessern, dabei unterstützt von in- und ausländischen Nichtregierungsorganisationen und Menschenrechtsgruppen. Ihre „natürlichen Feinde" waren die Landesregierung, die

---

[17]) Der Autor dankt der „Arbeitsgruppe Kritische Stadtplanung" am Institut für Geographie der Universität Mumbai (Leitung Frau Prof. BANERJEE-GUHA) für gemeinsame Begehungen und Befahrungen in *Dharavi*, *Parel* und *Sewri* im Oktober 2006.

[18]) WERLIN (1999) konnte nachweisen, dass die „*Sites and Services*-Programme" der Weltbank in Kalkutta, Jakarta und Manila trotz Anfangserfolgen nicht ausreichten, die Lebensbedingungen der Slumbewohner nachhaltig zu verbessern. Entscheidender Faktor ist die Rechtssicherheit der Eigentumstitel über Land und/oder Hütte/Haus. Für SHARMA und BHIDE (2005) ist die Partizipation der Betroffenen der wichtigste Faktor.

städtische Verwaltung und die lokalen Polizeidienststellen. 1983 erkämpften die Bewohner das *Wohnrecht* (gegen geringe Monatsgebühr) für zunächst 30 Jahre – der wichtigste Schritt zur langfristigen Aufenthaltssicherung. Deshalb konnten sich im Lauf der Jahre weite Teile von *Dharavi* zu konsolidierten Zonen entwickeln, von Zeltunterkünften aus Bambus und Plastik über Einraum-Hütten aus Wellblech, Pappe etc. bis hin zu mehrstöckigen Bauten aus Ziegeln oder Zement. Jüngste Baumaßnahmen setzt der finanziell sonst so schwachbrüstige soziale Wohnungsbau – mehrstöckige Blocks mit Normwohnungen von 20 m^2 pro Familie.

Ökonomisch ist *Dharavi* vielfältig in Wirtschaftskreisläufe eingebunden, von der städtischen Wirtschaft bis zur Weltökonomie, etwa bei Lederwaren aller Art, Bekleidung, Produkten der Lebensmittelindustrie, Recycling von Plastikmaterial. Obwohl eine Teerfabrik und Gerbereien um 1990 wegen der extremen Umweltbelastung ausgelagert werden mussten, florieren hier die gefährlichen Gewerbe des informellen Sektors, nicht selten verbunden mit Kinderarbeit (Aufbereitung von Altölen, Abwrackdienste, Gießereien usw.). Viele arbeiten als angelernte Arbeiter im Hafen, bei den Eisenbahnen und in hoher Zahl bei der Stadtreinigung.

Die soziale Alltagswelt ist von Religion und Kastenzugehörigkeit geprägt. Kasten-Assoziationen vertreten ihre Mitglieder nach außen, bilden aber auch die wichtigste Grundlage der sozialen Netzwerke, zum Beispiel für die Adaptation der neuen Zuwanderer, für Verbindungen zu örtlichen Organisationen politischer Parteien oder die Schlichtung von Streitfällen. Diese Subkastengruppierungen weisen eine große Vielfalt an Umfang, Formen und Bindungsintensitäten auf.

Bis heute fällt die geringe Dichte und Größe staatlicher Einrichtungen vor Ort auf. Polizeiposten, First-Aid-Zentren, Einrichtungen des *„slum improvement"* tauchen nur inselhaft aus diesem Häuser- und Menschenmeer. Für Meldezettel, Lebensmittelkarten oder Einsetzung in die Wählerverzeichnisse sind sie jedoch von großer Bedeutung. Erstaunlich, wie ungenau und lückenhaft die Verzeichnisse der Behörden jeweils bleiben. Besser organisiert sind die vielen Selbsthilfegruppen. Ihnen fehlt dafür wiederum eine gemeinsame Führungsstruktur oder repräsentative Körperschaft, was sie durchaus anfällig macht für die Basisarbeit radikaler oder fundamentalistischer Parteien.

Gerade die Entwicklungsanstrengungen und Leistungen der Bewohner *Dharavis* könnten letztendlich alles Erreichte gefährden. Mit dieser Art von Konsolidierung und *„slum gentrification"* tritt jetzt auch eine Abnahme der Einwohnersolidarität ein. Schritt um Schritt gelingt es Behörden, Investoren und Bauunternehmern, Schneisen in die vorhandene Bausubstanz der „Festung Dharavi" zu schlagen. Vorkämpfer der gemeinsamen Sache verlassen den Stadtteil mit ihrem persönlichen Aufstieg oder sterben aus, Mitspracherechte der Bewohner werden eingeschränkt. Seit 2004 soll ein Zustrom von Neuzüglern der unteren Mittelschicht von außen in die nun errichteten Wohnblocks im Ausmaß von 20 Prozent erlaubt sein. Viele „alte Bewohner", das heißt, vor 1995 Zugezogene, die berechtigt wären, in diese Neubauwohnungen einzuziehen, können den gesetzlich vorgeschriebenen persönlichen Anteil an den Baukosten nicht tragen. Sie sind deshalb gezwungen, in jüngere, nichtkonsolidierte, rechtlose Slums umzusiedeln. Damit treten sie erneut ein in einen hoffnungslosen Kreislauf der Marginalisierung.

6. „Bulldozing the slums" von *Yamuna Pushta* – eine neoliberale „Erfolgsstory" aus New Delhi

Im Jänner 2004 lebten noch 150.000 Bewohner in *Yamuna Pushta,* der größten Slumsiedlung von Delhi, einem unbeachteten Uferstreifen am Fluss, der seit 25 Jahren von mittellosen Zuzüglern okkupiert war. Migranten aus dem ländlichen Milieu hatten das zumeist ausgetrocknete Flussbett kultiviert, andere arbeiteten in unterschiedlichsten Branchen in der Hauptstadt. Nach kaum mehr als drei Monaten zeugten im Mai 2004 nur noch Schuttberge von dieser „Großstadt" innerhalb der Metropole. Mit der Milleniumswende hatte sich auch die Planungspolitik Delhis radikal geändert. Innerhalb der letzten fünf Jahre sind insgesamt über 400.000 Bewohner von Slumsiedlungen aus ihren Unterkünften in der Nähe der Stadtmitte vertrieben worden. Nur eine Minderheit von diesen erhielt neue Wohnplätze – dutzende Kilometer entfernt und ohne alle Versorgungseinrichtungen – zugewiesen.

Zwangsumsiedlungen und Vertreibungen beweisen die permanente Instabilität solcher ursprünglich provisorischer Unterkünfte, selbst wenn sie schon Jahrzehnte alt und längst in die Megastadt integriert sind (einige „ausgereifte" Slums besitzen zum Beispiel Straßennamen, Hausnummern, zahlen für Strom, Wasser und Müllabfuhr). Illegale Siedlungen der Wohlhabenden (mit Landsitzen, *farm houses*) rund um Delhi, Bombay oder Bangalore werden (mit entsprechenden Schmiergeldern) von den Behörden zumeist geduldet, bis „Gras über die Sache wächst". Der soziale Wohnungsbau hingegen ist seit Jahrzehnten finanziell ausgehungert, und die PPP („public private partnership") läuft nur in Bereichen, die gute Renditen versprechen.

Was hingegen ständig in Medien und innerhalb städtischer Eliten propagiert wird, ist die Unrechtmäßigkeit und (angebliche) Amoralität der Squattersiedlungen ebenso wie der „pavement dweller", die als Bodensatz der Gesellschaft und permanente Gefahr für alle dargestellt werden. MEHRA und BATRA (2006, S. 173): „Slums werden als Indikatoren dafür gesehen, dass weder ‚ausreichender' Fortschritt noch genügend Entwicklung stattgefunden habe. Die Slum-Bewohner selbst werden als Zeichen für eine beständige Unterentwicklung betrachtet, die beseitigt werden muss, um Platz für einen ‚angemessenen' urbanen Raum zu schaffen."

Schon in der britischen Kolonialzeit hatten die städtischen Behörden versucht, europäische Maßstäbe bei der Ordnung und Planung indischer Städte anzulegen, auch als Beweis für die überlegenen Neuerungen der Briten im Imperialismus. Dies ermöglichte auch eine verstärkte Kontrolle städtischer Immobilienmärkte, das heißt, eine Durchsetzung der Anliegen des Privateigentums bei gleichzeitiger Verhinderung illegaler Landnahme, so genannter *„encroachments"*. Im unabhängigen Indien entstanden in den 1960er-Jahren ehrgeizige *„master plans",* die das erfolgreiche Wirken der britischen *„improvement trusts"* in der Zwischenkriegszeit bis zur großen Wirtschaftsdepression weiterführen sollten. Aber während die Siedlungen dieser Trusts noch heute in ihrer Anlage als mustergültig gelten (zum Beispiel in Bombay in den Stadtteilen Byculla, Dadar und Mahim) und Wohnstandorte der Mittelschichten darstellen, sind die späteren Planungsstandards in der Praxis nie umgesetzt worden.

Heinz Nissel

Galt in den 1960er-Jahren noch „*slum removal*" als Oberziel, so waren während der Verhängung des Ausnahmezustands durch Indira GANDHI in den 1970er-Jahren Massenvertreibungen angesagt. Nach der Rückkehr zur parlamentarischen Demokratie galten einige Jahre Zwangsregelungen als verpönt und die Vertreibungen wurden durch „*slum improvement*", vor allem mittels „*Site and Services*-Programmen", ersetzt. Mitte der 1980er-Jahre wendete sich das Blatt erneut und Repressionen gegenüber Illegalen wurden wieder gesellschaftsfähig. Nur eine einzige Zentralregierung – jene unter V.P. SINGH in den Jahren 1989 bis 1990 – hat jemals ernsthaft versucht, den Slumbewohnern so etwas wie rechtliche Sicherheit oder Besitzrechte einzuräumen. Eine Unzahl von nationalstaatlichen, bundesstaatlichen und städtischen Behörden, von Trusts, in- und ausländischen NGO's hat vielleicht im Detail manch gutes Projekt oder wenigstens die Verhinderung des Schlimmsten gebracht, aber insgesamt hat die völlig chaotische „Hilfsstruktur" nur Netzwerke politischer Patronage geschaffen.

In den Slums rekrutieren rechtsgerichtete Parteien ihre Anhänger.[19] Die stetige Abbruchbedrohung der Einwohner durch den Verweis auf ihre Rechtlosigkeit schuf auch eine regelmäßig sprudelnde Einnahmequelle für lokale Beamte, Polizisten und besonders für „*slumlords*", ohne deren Einverständnis und Duldung, ja „amtliche" Genehmigung keine einzige Hütte entstehen würde. Unterweltgangs beherrschen die Slums über den „Verkauf" von Parzellen (die eigentlich öffentliches Land darstellen), die Bereitstellung von Baumaterialien, von Essensmarken etc. Gegenleistungen sind monatliche „Renten" (illegale Mieten für Wohnung und „Schutz"), Wählerstimmen und Wohlverhalten gegenüber den benevolenten Sponsoren.

Anfang 2004 wirkten im *Yamuna Pushta*-Gebiet noch 27 NGO's in verschiedenen Bereichen der Bildung, der Ausbildung und des Gesundheitswesens. Vielleicht trug dies zu einem trügerischen Sicherheitsgefühl bei, zu einer Art Grauzone der Semi-Legalität. Typische Kennzeichen eines ausgereiften Slums sind Märkte und Ladenzeilen, feste Häuser aus Zement, Obergeschosse u.a.m. Die Vorboten der Globalisierung wurden lange nicht wahrgenommen: Slumbewohner, auch solche, die schon 20 Jahre und mehr vor Ort lebten, waren auf einmal wieder Immigranten, die den Einheimischen Luft und Wasser raubten, ihre Wohnplätze Umweltverschmutzer und Brutstätten sozialer Anomalien und unmoralischer Existenz (Prostitution, Drogenhandel, Glücksspiel, Alkoholismus etc.).

Die „New Economic Policy" und die Globalisierung benötigen *Lebensraum* im städtischen Umfeld, um wirksam werden zu können. Ältere Industrien wie etwa die Textilmühlen Bombays oder die Jutefabriken Kalkuttas verschwanden und mit ihnen Gewerkschaften und der organisierte Widerstand der Arbeiterschaft.[20] Große Industrieareale innerhalb der

---

[19]) Dies wurde ausführlich untersucht am Beispiel des Aufstiegs der Parteien *Shiv Sena* in Bombay (etwa durch Julia ECKERT 2004 und 2006) und *Sangh Parivar* in New Delhi (durch Sujata RAMACHANDRAN 2002).

[20]) So konstatiert BANERJEE-GUHA (2002, S. 123) eine Abnahme der Industriearbeiter in Bombay zwischen 1990 und 1998 um 32 Prozent; zwischen 1980 und 1998 ging die Bevölkerungszahl typischer Arbeiterviertel dramatisch zuück: in Parel von 34.900 auf 10.400, in Worli von 62.000 auf 24.000, in Mazgaon von 16.500 auf 4.900 und in Chinchpokli von 51.000 auf 18.000.

Städte wurden entweder von ihren Eignern verkauft oder weit in das Hinterland verschoben oder die Tätigkeiten, wo möglich, in den informellen Sektor (Heimindustrie inklusive illegaler Kinderarbeit) verlagert. Ähnlich erging es tausenden Gewerbebetrieben und niedrigrangigen Dienstleistungen. Plötzlich wurden in den Megastädten hunderttausende „hawker" („fliegende Händler") zur persona non grata erklärt, die verbleibenden räumlich streng fixiert und limitiert.

Dabei geht es immer darum, das umkämpfte Gut, den *städtischen Lebensraum*, „frei" zu bekommen für die *„New Economy"*, für kapitalintensive, wertsteigernde, Steuern zahlende Unternehmen. Solche Betriebe investieren nur in Stadtregionen, deren politisch Verantwortliche die kostspieligen Investitionen langfristig absichern. Neben der Bereitstellung des Raums hat die Stadt auch für die anspruchsvolle Infrastruktur zu sorgen und die ästhetischen Bedürfnisse der neuen Mittel- und Oberschichten zu berücksichtigen. Der Flächenverbrauch hat viele Namen: U-Bahn- wie S-Bahnsysteme, städtische Schnellstraßen und „flyovers", Shopping Malls und moderne Tempelanlagen, Apartmenthochhäuser und *„gated communities"*, Parkanlagen und Freizeitzentren. Praktisch ist jeder Quadratmeter freigemachten Landes Gold wert.

Es wurden bereits früher die „Weltstadtambitionen" der indischen Megastädte vorgestellt. Am stärksten greift der Druck zur Umformung des städtischen Raums dort, wo sich die Interessen globaler Finanzierungseinrichtungen, etwa von multinationalen Firmenkonsortien, mit jenen nationaler und lokaler Akteure vor Ort treffen. Diese neuen städtischen Eliten und ihre Helfer in den Mittelschichten werden zur treibenden Kraft der Umformung, sie sind die *„anchor tenants"*, die Steigbügelhalter der Globalisierung, die den Indischen Subkontinent für die transnationalen Kapitalinteressen aufbereiten sollen. In den Augen dieser Leute bedeuten Maßnahmen zur Förderung der Lebensbedingungen und damit zu mehr sozialer Gerechtigkeit für die Slumbewohner nur, dass man damit die Marginalisierten zum Bleiben ermutigen würde. Bei der Durchführung von Maßnahmen, die nicht *die Armut*, sondern *die Armen* bekämpfen, erweisen sich die Gerichte und richterlichen Urteile und Anordnungen immer mehr als „nützliche Idioten", die nicht praxisnah, sondern *legalistisch* Recht sprechen. Die verfassungsmäßig verbrieften Rechte kommen so den Bürgern der Zivilgesellschaft zugute, jenen, die über Macht, Geld und Einfluss verfügen. Die Armen besitzen weder das Knowhow noch die Mittel, den Rechtsweg erfolgreich zu beschreiten.

Im März 2003 verfügte der *„Delhi High Court"* den Abbruch des Großslums *Yamuna Pushta* (Begründung: ökologische Gefährdung des Yamuna-Flusses). Bevorstehende Parlamentswahlen und die Angst der politischen Parteien vor Stimmenverlusten verhinderten jedoch bis Jahresende 2003 jegliche Tätigkeiten. Gegeninitiativen der Slumbewohner wie Protestmärsche vor den Residenzen prominenter Politiker wurden von der Polizei gewaltsam unterdrückt. Trotz aller (leeren) Versprechungen wurden von den 27.000 betroffenen Familien nur 6.000 mit Neuland kompensiert, mit Parzellen zwischen 12 und 18 Quadratmetern in weit entfernten Arealen (zwischen 20 und 35 km) ohne Infrastruktur. Selbst dafür wurden Gebühren zwischen 5.000 und 20.000 Rupien verlangt (etwa 100 bis 500 Euro) – für die Mehrzahl der Betroffenen einfach unerschwinglich. Ein Anrecht auf Kompensation hatten auch nur jene Personen, die nachweislich schon vor 1998 in dem Gebiet gelebt hatten.

Durch die Zwangsübersiedlungen verloren viele ihre Arbeitsplätze und ihre sozialen Netzwerke. Familien werden zerrissen, Kinder gehen nicht mehr zur Schule und die Alteingesessenen in den Umsiedlungsräumen bedrohen „die Neuen" mit offener Feindschaft. Arbeitswillige, aufstiegsbereite Newcomer werden auf die Wildbeuterstufe zurückgeworfen. MEHRA und BATRA (2006, S. 185): „Nachdem sie viele Jahre gearbeitet haben, um durch gesicherten Lebensunterhalt die ersehnte wirtschaftliche Stabilität zu erreichen, sehen die Pushta-Bewohner sich wieder auf der Straße und unter Gras- und Strohdächern, auf der Jagd nach Brennholz und beim Kochen unter freiem Himmel."

Während der Abrissaktionen beschuldigten die Bewohner von besonders widerspenstigen, mehrheitlich moslemischen Bereichen die Polizei, absichtlich Großfeuer gelegt zu haben.[21]) Komischerweise blieben zwei Siedlungsbereiche, in denen überwiegend Anhänger der hindunationalistischen Partei BJP *(„Bharatia Janata Party")* wohnten, völlig unbehelligt. Der dieser Partei zugehörige Minister für Kultur und Tourismus, JAGMOHAN, fungierte als treibende Kraft bei diesen Ereignissen. In der wichtigen Tageszeitung „The Hindu" (vom 10. 01. 2004) schwärmte er von einem 90 Hektar umfassenden Tourismus- und Kulturkomplex an den Ufern des Yamuna, der zu einem Schmuckstück des indischen Kulturtourismus werden und Hunderttausende in- wie ausländische Touristen anziehen könne. JAGMOHAN ist kein Unbekannter. Als Vizepräsident der *„Delhi Development Authority"* war er federführend an ähnlichen Großoperationen während der autoritären Phase der Notstandsregierung 1975 bis 1977 beteiligt.

Die Visionen der Städteplaner vergleichen bereits die künftige Aufwertung der Yamuna-Ufer mit Paris. Was die Seine für Paris, soll der Yamuna für Delhi leisten, das unverwechselbare Flair einer Weltstadt vermitteln. Das kulturelle Jahrhundertprojekt steht aber nicht konkurrenzlos da. Andere Pläne sehen für die „frei" gewordenen Flächen ganz andere Nutzungen vor – etwa für den Bau von U-Bahndepots der neuen Metro, für einen riesigen Tempelbezirk oder für die Quartiere der *„Commonwealth Games"* 2010.

> *„The city, or what remains of it or what it will become, is better suited than it has ever been for the accumulation of capital; that is, the accumulation, realization, and distribution of surplus value."* (Henry LEFEBVRE: The Urban Revolution. 2003).[22]

7. Fazit

Indiens Megastädte befinden sich in einer kritischen Transformationsphase, die sich sowohl aus Globalisierungswirkungen wie aus nationalen und lokalen Einflüssen und Widerständen speist. Sozio-ökonomische Polarisierung und räumliche, innerstädtische Fragmentierung zeigen Auswirkungen, die in unterschiedlichen Teilräumen sehr verschieden greifen. Gegenläufige Prozesse der Integration und Segmentierung sind ty-

---

[21]) Bei Stadtplanern unter dem zynischen Term „warme Sanierung" geläufig.
[22]) Zitiert nach Hazards Centre, New Delhi: Blueprint for an Apartheid City. 2005, S. 22.

pische Kennzeichen des *„global city space"* der Postmoderne. Innerhalb der *„globalizing cities"* entwickelt sich eine neue Geographie urbaner Zentralität und Marginalität. Eliten, neue Mittelschichten und Stadtplaner sind entschlossen, Indiens Platz in der Welt im dritten Millenium neu zu positionieren, – wie es einer zukünftigen Welt(?)-Macht zukommt.

Als Kernelement dieses neuen Selbstbewusstseins gilt es prioritär, die Megastädte möglichst rasch auf „Weltniveau" zu bringen. Bei der Umsetzung dieser ehrgeizigen Ziele stören die vorhandenen Armen – die große Mehrheit der Bewohner – durch ihre Existenz, ihren Platzbedarf und ihre Gegenwehr. Die „Neue Politik" kämpft nicht dafür, die *Obdachlosigkeit* und *Arbeitslosigkeit* zu eliminieren, sondern die *Obdachlosen* und *Arbeitslosen*. Globalisierung formt, verändert, fragmentiert und fräst spezifische räumliche Konfigurationen, bei denen Flexibilität wenig Wert auf Vorhandenes legt. Die bekannten raumstrukturellen Muster und die bisher gültigen Austauschbeziehungen der städtischen Gesellschaft insgesamt werden durch neue, postmoderne Verhaltensprinzipien abgelöst. Die Dynamik der Entwicklung erhöht vor allem die Verwundbarkeit der Marginalisierten. Sie erleiden eine kontinuierliche Intensivierung der Risiken auf dem Wohn- und Arbeitsmarkt und eine sich noch schärfer ausformende Destabilisierung ihrer ohnehin prekären Überlebensbedingungen. Rasanter Bevölkerungszuwachs, eine völlig überforderte Infrastruktur und gravierende Umweltbelastungen treffen hingegen alle Bewohner. Die urbanen Visionen der Globalisierungsgewinner zerbrechen an der Realität.

8. Literatur

AHUJA, R. (2006): Das Dickicht indischer Megastädte. Eine Annäherung. In: AHUJA, R. und C. BROSIUS (Hrsg.): Mumbai – Delhi – Kolkata. Annäherungen an die Megastädte Indiens. Heidelberg: Draupadi Verlag, S. 7–15.

AHUJA, R. und C. BROSIUS, Hrsg. (2006): Mumbai – Delhi – Kolkata. Annäherungen an die Megastädte Indiens. Heidelberg: Draupadi Verlag.

ASHA, Hrsg. (2006): Delhi Slums – the Reality. Internet: www.asha-india.org.

BÄHR, J. und G. MERTINS (2000): Marginalviertel in Großstädten der Dritten Welt. In: Geographische Rundschau 52 (7–8), Braunschweig, S. 19–26.

BANERJEE-GUHA, S. (2002a): Shifting Cities. Urban Restructuring in Mumbai. In: Economic and Political Weekly, Ausgabe vom 12.01.2002, S. 121–128.

BANERJEE-GUHA, S. (2002b): Critical Geographical Praxis. Globalisation and Socio-Spatial Disorder. In: Economic and Political Weekly, EPW Perspectives, Ausgabe vom 02.11.2002, 10 S.

BATRA, L. (2005): Vanishing Livelihoods in a „Global" Metropolis. In: ROY, D. und L. BATRA (Hrsg.): Blueprint for an Apartheid City. Draft Delhi Master Plan 2021. New Delhi: Hazards Centre, S. 23–31.

BROSIUS, C. (2006): Ikarus oder Tiger auf dem Sprung? Epilog zur indischen Megastadt. In: AHUJA, R. und C. BROSIUS (Hrsg.): Mumbai – Delhi – Kolkata. Annäherungen an die Megastädte Indiens. Heidelberg: Draupadi Verlag, S. 299–308.

CHATTERJEE, P. (2003): Are Indian Cities Becoming Bourgeois at Last? In: CHANDRASEKHAR, I. und P. SEEL (Hrsg.): Body City: Siting Contemporary Culture in India. New Delhi: Tulika Books, S. 170–185.

Coy, M. und F. Kraas (2003): Probleme der Urbanisierung in den Entwicklungsländern. In: Petermanns Geographische Mitteilungen 147 (1), Gotha, S. 32–41.

D´Monte, D. (2002, ²2005): Ripping the Fabric. The Decline of Bombay and its Mills. New Delhi: Oxford University Press.

Dittrich, C. (2004a): Bangalore. Globalisierung und Überlebenssicherung in Indiens Hightech-Kapitale. Saarbrücken: Verlag für Entwicklungspolitik (= Studien zur geographischen Entwicklungsforschung 25).

Dittrich, C. (2004b): Mythos Bangalore. In: Geographie heute 221/222, Seelze, S. 50–53.

Eckert, J. (2004): Partizipation und die Politik der Gewalt. Hindunationalismus und Demokratie in Indien. Baden-Baden: Verlag Nomos.

Eckert, J. (2006): Als Bombay zu Mumbai wurde: Hindunationalismus in der Metropole. In: Ahuja, R. und C. Brosius (Hrsg.): Mumbai – Delhi – Kolkata. Annäherungen an die Megastädte Indiens. Heidelberg: Draupadi Verlag, S. 65–79.

Foucault, M. (1994): Überwachen und Strafen. Frankfurt am Main: Suhrkamp.

Friedmann, J. und G. Wolf (1982): World City Formation: an Agenda for Research and Action. In: International Journal of Urban and Regional Research 6 (3), Oxford, S. 309–344.

Fuchs, M. (2005): Slum as Achievement: Governmentality and the Agency of Slum Dwellers. In: Hust, E. und M. Mann (Hrsg.): Urbanization and Governance in India. New Delhi: Manohar Publications, S. 103–123.

Fuchs, M. (2006): Slum als Projekt: Dharavi und die Falle der Marginalisierung. In: Ahuja, R. und C. Brosius (Hrsg.): Mumbai – Delhi – Kolkata. Annäherungen an die Megastädte Indiens. Heidelberg: Draupadi Verlag, S. 47–63.

Hansen, T. B. (2001): Violence in Urban India. Identity Politics, „Mumbai" and the Postcolonial City. Delhi: Permanent Black.

Harvey, D. (2005): Notes Towards a Theory of Uneven Geographical Development. In: Harvey, D.: Spaces of Neoliberalization: Towards a Theory of Uneven Geographical Development. Wiesbaden: Franz Steiner Verlag, S. 55–89 (= Hettner-Lectures 8).

Hazards Centre, Hrsg. (2005): Blueprint for an Apartheid City. Draft Delhi Master Plan 2021. New Delhi: Laxmi Sadan & Printers.

Imhasly, B. (2006): Gandhi & IT. In: Die Presse, Wien, Ausgabe vom 26.08.2006, Beilage Spectrum, S. VI.

McKinsey Report (2003): Vision Mumbai. Transforming Mumbai into a World-Class City. A Summary of Recommendations. A Bombay First – McKinsey Report. Mumbai.

Klas, G. (2006): Zwischen Verzweiflung und Widerstand. Indische Stimmen gegen die Globalisierung. Hamburg: Edition Nautilus.

Kumar, A. (2005): Mumbai´s Expendable Poor. In: Economic and Political Weekly, Mumbai, Ausgabe vom 05.02.2005, 8 S.

Mahadevia, D. (2006): NURM and the Poor in Globalising Mega Cities. In: Economic and Political Weekly, Mumbai, 05.08.2006, S. 3399–3403.

Mehra, D. und L. Batra (2006): Das neoliberale Delhi: Der Blick vom Trümmerfeld eines planierten Slums. In: Ahuja, R. und C. Brosius (Hrsg.): Mumbai – Delhi – Kolkata. Annäherungen an die Megastädte Indiens. Heidelberg: Draupadi Verlag, S. 173–189.

Mehta, S. (2006): Bombay Maximum City. Frankfurt am Main: Verlag Suhrkamp, 782 S.

MMRDA (1995): Draft Regional Plan for Bombay Metropolitan Region 1996–2011. Mumbai, Oktober 1995.

Mukhija, V. (2003): Squatters as Developers? Slum Redevelopment in Mumbai. Aldershot (Hampshire): Ashgate.

NARAYANAN, H. (2006): Der Schein Delhis. Die luftdicht verpackte Welt der „Shopping Malls". In: AHUJA, R. und C. BROSIUS (Hrsg.): Mumbai – Delhi – Kolkata. Annäherungen an die Megastädte Indiens. Heidelberg: Draupadi Verlag, S. 157–172.

NEUDERT, E. (2001): Armut und Marginalität in Städten der „Dritten Welt" – Sozioökonomische Analyse eines Railwayslums in Bombay unter besonderer Berücksichtigung von Gender-Aspekten. Diplomarbeit in Geographie, Fachrichtung Entwicklungsländer. Universität Tübingen.

NISSEL, H. (2001): Auswirkungen von Globalisierung und New Economic Policy im urbanen System Indiens. In: Mitteilungen der Österreichischen Geographischen Gesellschaft 143, Wien, S. 63–90.

NISSEL, H. (2004a): Hafenstädte im Netzwerk britischer Weltherrschaft. In: ROTHERMUND, D. und S. WEIGELIN-SCHWIEDRZIK (Hrsg.): Der Indische Ozean. Das afro-asiatische Mittelmeer als Kultur- und Wirtschaftsraum. Wien: Promedia-Verlag, S. 181–206 (= Edition Weltregionen 9).

NISSEL, H. (2004b): Mumbai – Megacity im Spannungsfeld globaler, nationaler und lokaler Interessen. In: Geographische Rundschau 56 (4), Braunschweig, S. 55–60.

NISSEL, H. (2006): Bombay/Mumbai: Stadterweiterung und Stadtumbau einer „Globalizing City". In: AHUJA, R. und C. BROSIUS (Hrsg.): Mumbai – Delhi – Kolkata. Annäherungen an die Megastädte Indiens. Heidelberg: Draupadi Verlag, S. 19–34.

PATEL, S. und J. MASSELOS, Hrsg. (2003): Bombay and Mumbai. The City in Transition. New Delhi: Oxford University Press.

RAMACHANDRAN, S. (2002): Operation Pushback: Sangh Parivar, State, Slums, and Surreptitious Bangladeshis in New Delhi. In: Singapore Journal of Tropical Geography 22 (3), Singapore, S. 311–332.

RANDHAWA, R. V. (2005): New Delhi Private ltd. Film des Hazards Centre, New Delhi.

RATZEL, F. (1901): Der Lebensraum. Einen biogeographische Studie. In: BÜCHER, K. et al. (Hrsg.): Festgaben für Albert Schäffle zur siebenzigsten Wiederkehr seines Geburtstages am 24. Februar 1901. Tübingen: Laupp, S. 101–189.

SCHOLZ, F. (2000): Perspektiven des „Südens" im Zeitalter der Globalisierung. In: Geographische Zeitschrift 88 (1), Stuttgart, S. 1–20.

SCHOLZ, F. (2003): Globalisierung und „neue Armut". In: Geographische Rundschau 55 (10), Braunschweig, S. 4–10.

SHARMA, R. N. und A. BHIDE (2005): World Bank Funded Slum Sanitation Programme in Mumbai. Participatory Approach and Lessons Learnt. In: Economic and Political Weekly, 23.04.2005. 13 S. (EPW Special Articles) (Internetabfrage)

SMITH, D. M. (1977): Human Geography. A Welfare Approach. London: Edward Arnold.

SRIDHAR, C. R. (2006): Sky Above, Mud Below. Slum Demolition and Urban Cleansing. In: Economic and Political Weekly, 24.06.2006, S. 2529–2531.

TAYLOR, P. (2000): World Cities and Territorial States under Conditions of Contemporary Globalisation. In: Political Geography 19, Amsterdam, S. 5–32.

THOMAS, F. C. (1999): Calcutta. The Human Face of Poverty. New Delhi: Penguin Books:

ULTSCH, C. (2005): Bis kein Platz mehr war. Bombay, Neu Delhi, Bangalore: Indien zwischen Wirtschaftswunder und Elend. In: Die Presse, Wien, Ausgabe vom 12.02.2005, S. 3.

VARMA, P. K. (1999): The Great Indian Middle Class. New Delhi: Penguin Books.

WAMSER, J. I. (2002): Mumbai – Standort für deutsche Firmen? Analyse und Bewertung der indischen Megastadt Bombay als „globales" Investitionsziel deutscher Unternehmer. Universität Bochum (= Materialien zur Raumordnung 60).

WERLIN, H. (1999): The Slum Upgrading Myth. In: Urban Studies 36 (9), Glasgow, S. 1523–1534.

Heinz Nissel

Aktuelle Internet-Links zur laufenden internationalen Forschung an und in Megastädten:

MegaCity Task Force of the International Geographical Union (IGU). Internet: www.megacities.uni-koeln.de.

Globalization and World Cities Study Group & Network, University of Loughborough. Internet: www.lboro.ac.uk/gawc.

International Human Dimensions Programme, Urbanisation and Global Environmental Change (UGEC). Internet: www.ugec.org.

Schwerpunktprogramm der Deutschen Forschungsgemeinschaft (DFG) 1233: Megastädte: Informelle Dynamik Globalen Wandels. Internet: www.geographie.uni-koeln.de/megacities-spp.

Förderschwerpunkt des Bundesministeriums für Bildung und Forschung (BMBF) der Bundesrepublik Deutschland: Forschung für die nachhaltige Entwicklung der Megastädte von morgen. Internet: www.emerging-megacities.org.

Indiens geopolitische Ambitionen und Interessensphären[1]

Heinz Nissel

Inhalt

1. Indiens strategische Ziele und mögliche Einflusszonen 529
2. Die Beziehungen zwischen Indien und den USA 533
3. Die Beziehungen zwischen Indien und der Volksrepublik China 536
4. Die Beziehungen zwischen Indien und Südostasien 539
5. Die Beziehungen zwischen Indien, dem Nahen Osten und Zentralasien 541
6. Die Beziehungen zwischen Indien und Russland 543
7. Die Beziehungen Indiens zu Japan, Europäischer Union und Afrika 545
8. Indischer Ozean als „mare nostro"? 547
9. Indien und Pakistan – verfeindete Brüder auf ewig? 550
10. Zusammenfassung 552
11. Addenda: Aktuelle Entwicklungen 552
12. Literatur 555

1. Indiens strategische Ziele und mögliche Einflusszonen

Indiens eindrucksvolle ökonomische Leistungen und Aufstiegschancen während der jüngsten Jahre, aber auch weiterhin bestehende Entwicklungshemmnisse sind sowohl in der Fachliteratur wie in den Medien vielfältig interpretiert worden. Vor kurzem hat auch der Autor dieses Beitrags einen konzentrierten Überblick zum Thema gegeben (siehe Nissel 2007). Weit weniger geläufig sind Indiens außenpolitische Ambitionen im engeren und weiteren geographischen Umfeld und der damit verbundene Perspektivenwechsel in geopolitischer und geostrategischer Hinsicht. Nachfolgend soll das veränderte Rollenverständnis Indiens sowohl hinsichtlich globaler Aspekte als auch für die Großregion Südasien aufgezeigt werden (vgl. dazu Wagner 2004; Mohan 2006 sowie Voll 2003).

Im Gegensatz zu den USA und anderen Mächten haben Indiens politische Führer bisher kein „Grand Design" oder eine spezifische außenpolitische Doktrin entwickelt bzw. verkündet, sondern eher pragmatisch über die Jahre viele kleinere Schritte gesetzt, um das politische Gewicht des Landes auf der Weltbühne zu vergrößern. Gleichwohl zeichnen sich Kernelemente eines neuen Politikverständnisses wie auch wachsender Selbstsicherheit im internationalen Kontext ab: dazu zählen nach Jahrzehnten gegenseitigen Miss-

---

[1] Dies ist eine aktualisierte und erweiterte Fassung von Heinz Nissel: Indien: Globaler und regionaler geopolitischer Akteur? In: Andrea K. Riemer (Hrsg.): Geopolitik der Großen Mächte. Schriftenreihe der Landesverteidigungsakademie, Wien, Nr. 4/2008, S. 205–241.

trauens ein seit Jahren stetig verbessertes bilaterales Verhältnis zu den USA und – noch erstaunlicher – eine deutliche Verbesserung der Beziehungen zur Volksrepublik China. Trotz nach wie vor umfangreicher militärischer Kooperation scheint hingegen die unverbrüchliche Freundschaft mit Russland etwas zu verblassen.

Wesentlich größere Schwierigkeiten ergeben sich aus der „natürlichen" Führungsrolle als Regionalmacht Südasiens, seien es die nach wie vor äußerst sensiblen wie komplexen Probleme mit dem Nachbar Pakistan – es genügt, nur auf die ungelöste Kaschmirfrage hinzuweisen – oder die Querelen mit Bangladesch, die langjährigen Bürgerkriege in Sri Lanka, Nepal und Afghanistan. Dafür blickt Indien weit über den südasiatischen Tellerrand hinaus und bemüht sich verstärkt um Kontakte mit Südostasien und mit Kernstaaten der Entwicklungsländer in Afrika und Lateinamerika. Besonders interessant ist aber die Vorstellung, innerhalb des Indischen Ozeans eine weltpolitische Schutz- und Aufpasserfunktion übernehmen zu wollen. Dieses „mare nostro" wird von der „Straße von Hormuz bis zur Straße von Malakka" gesehen und soll u.a. die Erdöllieferungen vom Golf nach Indien und bis Japan(!) schützen. Der deutliche Ausbau von Marine und Luftwaffe ist darauf heute ausgerichtet (in unmittelbarer Rivalität zur VR China).

Es lassen sich somit drei Interessensphären indischer Geostrategie identifizieren:

(1) Der Innere Zirkel besteht aus der „unmittelbaren" Nachbarschaft angrenzender Staaten am Subkontinent Südasien, für die Indien immer eine Führungsrolle beansprucht hat und seit Jahrzehnten versucht, die Einflussnahme anderer Mächte zu minimieren.[2]

(2) Der zweite Kreis erfasst die „weitere Nachbarschaft" in Asien und am Indischen Ozean, wobei es Indien in erster Linie darum geht, eine Machtbalance in einem multipolaren weltpolitischen System zu entwickeln und aufrechtzuerhalten (einfacher formuliert, einer befürchteten Hegemonie der VR China einen Riegel vorzuschieben),

(3) und drittens der gesamte Globus, auf dem Indien seinen Platz an der Sonne unter den Großmächten einzunehmen gedenkt als Schlüsselspieler in Fragen der internationalen Friedensbemühungen und der Sicherheit.[3]

Drei Faktoren haben historisch gesehen Indien bisher daran gehindert, seine großen strategischen Ziele zu verwirklichen. Erstens die Teilung des Subkontinents entlang religiöser Differenzen im Jahr 1947 zwischen Indien und Pakistan, gefolgt von drei Kriegen zwischen den Kontrahenten sowie 1971 mit tatkräftiger indischer Hilfe der Zerfall Pakistans und die Umwandlung Ostpakistans in Bangladesch. Diese Teilungen unterminierten quasi ein Jahrtausend gemeinsamer Geschichte von Hindus und Muslimen, die fortan das Trennende über das Gemeinsame stellten. Trotzdem konnte jedoch nicht verhindert werden, dass in Indien nach den Teilungen immer noch mehr Moslems lebten als in Pakis-

---

[2]) Zu Südasien zählen Indien, Pakistan, Bangladesch, Nepal, Bhutan, Sri Lanka und die Malediven. Neuerdings ist auch Afghanistan in der regionalen Kooperationsschiene SAARC vertreten. Dieser Grundhaltung Indiens entspricht z. B. das Bestreben, den Konflikt mit Pakistan über Kaschmir immer als bilaterales Problem darlegen zu wollen, während die Strategie Pakistans dadurch gekennzeichnet ist, das Problem und dessen Lösung zu internationalisieren.

[3]) Deshalb fordert Indien seit vielen Jahren einen ständigen Sitz im Sicherheitsrat der UNO, der jedoch bisher am Veto der VR China scheiterte

tan oder Bangladesch. Abgetrennt wurde Indien dadurch auch von seinen traditionellen, engen Kontakten zu Afghanistan und Iran. Ebenfalls langfristig gestört wurden auch die Beziehungen zu anderen islamischen Ländern, insbesondere zu den (erdölreichen) arabischen Staaten in der Golfregion.

Diese Hemmnisse engten zweitens zusammen mit dem Einfluss anderer Großmächte in Südasien (Freundschaftspakte Indien – Russland versus Pakistan – USA – China) Indiens Spielraum auf der großen Weltbühne über Jahrzehnte ein. Während der Phase des Kalten Krieges wurde Indien global nicht einmal als zweitrangige Macht eingestuft. Beim Zerbrechen der Sowjetunion stand das Land plötzlich auf der Seite der Verlierer. Es gehört zur Ironie der Weltgeschichte, dass ausgerechnet die „größte Demokratie der Welt" (nach indischer Eigendefinition) den Schulterschluss mit der kommunistischen Supermacht praktizierte, während die USA Pakistan favorisierten, das sich kontinuierlich von „westlichen Werten" entfernte und mehrfach zwischen Unregierbarkeit im demokratischen Chaos und Militärdiktatur wechselte. Die ehemalige Führungsrolle im Konzert der Blockfreien (Nasser, Nehru, Tito) in den 1960er- und 1970er-Jahren konnte die mangelnde Bedeutung nur vorübergehend übertünchen.

Drittens führte der ökonomische Pfad *„towards a socialist pattern of society"* (Indira Gandhi) mit Betonung einer gelenkten, streng kontrollierten Wirtschaft, welche von 1951 bis 1991 durch vier Dekaden die sowjetischen Fünfjahrespläne imitierte, längerfristig nur zu einem bescheidenen Wachstum, welches Indien sowohl weitgehend von Investitionen durch das Auslandskapital ausschloss wie auch umgekehrt wirtschaftliche Engagements des Landes in seinem näheren und weiteren Umfeld nahezu verunmöglichte. Diese ökonomische Nabelschau erlaubte auch keinen politischen Führungsanspruch in der Welt.

Zwei dieser Haupthindernisse scheinen heute beseitigt. Mit der völligen Kehrtwende in der Wirtschaftspolitik seit 1991 hin zur Freien Marktwirtschaft und zur globalen Öffnung wächst Indien erstmals zu einer ernstzunehmenden Wirtschaftsmacht heran, wobei seine Zuwachsrate des Nationaleinkommens um mehr als neun Prozent im letzten Fiskaljahr nur noch knapp von China übertroffen wird.[4] Mit steigender Bedeutung in der globalen Ökonomie werden auch politische Zielsetzungen realistisch, die vorher undenkbar waren, wie etwa der Positionswechsel hin zum friedlichen Wettstreit mit den deklarierten Feinden von früher (USA und China). Dies wird auch durch das Ende des Kalten Krieges möglich, der so lange durch ein einfaches „Freund-Feind-Schema" und entsprechende geopolitische Leitbilder beherrscht wurde. Beide grundlegenden Wandlungen versetzen Indien heute in die Lage, seine Außenpolitik quasi neu zu erfinden und in eine Reihe neuer bi- wie multilateraler Vereinbarungen einzutreten. Eine solche Öffnung ermöglicht auch eine neue Positionierung der Rolle, die Indien im regionalen Kontext Südasiens zu spielen gedenkt. Die Einrichtung einer „Südasiatischen Freihandelszone" könnte zu einem Zusammenschluss der nationalen und regionalen Märkte führen und erneut einen Wirtschaftsraum kreieren, wie er zuletzt vor dem Zusammenbruch Britisch-Indiens existierte.

---

[4] Freilich teilt Indien mit China das Los einer ständig zunehmenden sozialen Polarisierung wie ebenfalls wachsender regionaler Disparitäten in der Verteilung des steigenden Wohlstands.

Dies bedeutet nicht, die schweren politischen Verwerfungen im unmittelbaren Umfeld Indiens zu verkennen. Benennen wir einige von diesen. Der seit 25 Jahren virulente, erst kürzlich beendete Bürgerkrieg in Sri Lanka, der auch die indische Innenpolitik immer wieder vor eine Zerreißprobe stellte.[5] Der zehnjährige Bürgerkrieg in Nepal zwischen Königstreuen und Maoisten.[6] Bangladesch wird von gewaltsamen, bereits bürgerkriegsähnlichen Auseinandersetzungen zweier politischer Lager geprägt, wobei insgesamt Varianten des islamistischen Extremismus auf dem Vormarsch sind. Noch hoffnungsloser scheint die aktuelle Lage in Afghanistan und, aus indischer Sicht wichtiger, in Pakistan zu sein. Die Regime beider Staaten stehen auf der Kippe. Das Wiedererstarken der Taliban und die Ermordung von Benazir Bhutto lassen derzeit keine andere Einschätzung der aktuellen politischen Situation zu als unter der Rubrik *„failed states"*.

Doch könnte gerade die Erfolgsstory der Europäischen Union Vorbild sein, wie selbst in jahrhundertelanger „Erbfeindschaft" verharrende Nationen wie Deutschland und Frankreich über gemeinsame Wirtschaftsaktivitäten und -erfolge zu einem neuen, friedlichen Miteinander zu finden vermögen. Das richtige Instrument dafür könnte die Organisation SAARC sein *(South Asian Association for Regional Cooperation)*, die trotz guter Ansätze doch immer wieder auf der Stelle tritt. Tatsache bleibt aber bisher auch, dass Indien aufgrund seiner Größe und Bedeutung von den übrigen Staaten Südasiens gefürchtet und als Ordnungs- und Schutzmacht nicht gewünscht wird. Dies bedarf in Hinblick auf Pakistan keiner weiteren Erläuterung. Bangladesch ist zwar moslemisch geprägt, verdankt aber seine Unabhängigkeit und Existenz dem Eingreifen des indischen Militärs 1971 im pakistanischen Bürgerkrieg. Hingegen hat die mehrjährige Präsenz einer großen indischen „Friedenstruppe" auf Sri Lanka (1987–1990) weder den Frieden noch Lorbeeren für die Armee gebracht. Die Himalayastaaten Nepal und Bhutan stehen unter ständigem Druck Indiens (vor allem gegen mögliche Einflussnahme Chinas) und versuchen sich diesem mehr oder weniger gelungen zu entziehen, vor allem seit das dritte vormals bestehende Königreich – Sikkim – 1971 von Indien usurpiert wurde. Bhutan hat die Abschottungspolitik lange durchgehalten und rechtlich im neuen Freundschaftsvertrag (2007) mit Indien seinen außenpolitischen Spielraum sogar erweitern können.[7]

Anders zu sehen im geopolitischen Kräftemessen in Südasien ist jedoch auch die stark veränderte Positionierung anderer Mächte, die ihren Einfluss im globalen wie regionalen

---

[5]) Zwar beträgt die Minderheit der Tamilen in Sri Lanka je nach Schätzung nur zwischen 10 und 18 Prozent der Bevölkerung, doch sympathisieren die über 50 Millionen Einwohner des indischen Bundesstaates Tamil Nadu mit überwältigender Mehrheit mit ihren „Landsleuten" jenseits der Palk-Straße. Bisher forderte der Bürgerkrieg mehr als 70.000 Opfer.

[6]) Dieser Bürgerkrieg forderte etwa 14.000 Menschen, könnte aber mit der formellen Absetzung und Enteignung des Königs vor seinem Ende stehen.

[7]) De facto bleibt die nahezu vollständige Abhängigkeit von Indien jedoch bestehen, solange die Grenze nach Tibet / China hermetisch abgeriegelt ist. Der im Dezember 2006 eingesetzte junge König Jigme Khesar Namgyal Wangchuk leitet ein interessantes Experiment, eine Art „Demokratisierung von oben". Er verfügte die Umwandlung von einer absoluten zu einer konstitutionellen Monarchie und leitete ein Mehrparteiensystem ein, wobei für die Wähler bei einem Probegalopp im April 2007 vier fiktive Parteien zur Auswahl standen (Fischer-Weltalmanach 2008, S. 79–80).

Rahmen geltend machen wollen. Die eingespielten Achsen Indien / UdSSR (ab 1991 Russland) und Pakistan / China / USA haben lange Zeit funktioniert, zugleich jedoch den Status quo zementiert. Mit der Neubewertung der Beziehungen zwischen Indien, USA und China ist diese alte Aufteilung obsolet. Die weiteren Ausführungen zielen daher vorrangig auf diese *neue Bewertung Indiens in der Welt und der Welt durch Indien.*

2. Die Beziehungen zwischen Indien und den USA

Mit dem Zusammenbruch der Sowjetunion im Dezember 1991 endete der klassische Ost-West-Konflikt des Kalten Krieges. Im selben Jahr erlebte auch Indien eine einschneidende Veränderung – die große Wirtschaftsreform. Gelenkte Planwirtschaft nach sowjetischem Vorbild, wie sie einst Pandit Nehru begeisterte, wurde durch eine radikale Kehrtwendung hin zu einer neoliberal geprägten Marktwirtschaft ersetzt, die das Land auch Globalisierungseinflüssen öffnete. Diese ökonomische Öffnung hatte Rückkoppelungseffekte auf die Außenpolitik, in der nun ebenfalls wirtschaftliche Belange tonangebend wurden. Hatte Indien bis dahin zwar eine Führungsrolle unter den so genannten „Blockfreien" gespielt, in erster Linie jedoch die Verteidigung seiner Außengrenzen als oberste politische und militärische Priorität gesehen, entwickelten sich nun mit der verstärkten Außenorientierung neue Großmachtambitionen. Für solche Ambitionen ist jedoch ein langjähriges, hohes Wirtschaftswachstum eine Voraussetzung.[8]

Zugleich verschlechterte der atomare Wettlauf zwischen Indien und Pakistan die politische Großwetterlage in Südasien enorm. Vermochten die USA zunächst noch durch großen Druck beide Staaten von Atomtests abzuhalten, brachen schließlich im Mai 1998 die Dämme. Die an die Macht gekommene hindu-nationalistische Partei BJP löste ihr Wahlversprechen an ihre Klientel ein und zündete sechs Atombomben in zwei unterirdischen Serienversuchen, die sogar die CIA völlig überraschten. Pakistan konterte zwei Wochen später mit ebenfalls sechs Zündungen und die Welt war schlagartig sowohl mit einer „Hindu-Bombe" wie auch mit einer „Moslem-Bombe" konfrontiert. Für Bill Clinton und seine Berater wurde die Auseinandersetzung um Kaschmir zum *Hotspot* der Weltgeschichte, der phasenweise sogar die Israel-Palästina-Problematik in den Hintergrund drängte. C. Raja MOHAN (2006) führt dazu aus: „Clinton, driven by the unshakable assumption that Kashmir was one of the world's most dangerous ‚nuclear flashpoints' and so needed to be defused, emphasized ‚preventive diplomacy' and was determined to ‚cap, roll back, and eventually eliminate' India's nuclear capabilities." Dieses Ansinnen lag völlig quer zu den fundamentalen Sicherheitsinteressen Indiens – bestimmt durch den Fokus auf seine territoriale Integrität mit der Aufrechterhaltung der nuklearen Option.

Die nationale Euphorie in Indien wie Pakistan überdeckte die schweren Sanktionen, die US-Präsident Bill Clinton und die Weltbank daraufhin verhängten. Das Verhältnis USA – Indien war durch die Jahrzehnte davor immer nur ein distanziertes zwischen *„estran-*

---

[8]) Die Planwirtschaft hatte im Schnitt nur 3,5 Prozent Wachstum jährlich gebracht bei einer Bevölkerungszunahme von 2,5 Prozent.

ged democracies" (einander „entfremdeten" Demokratien), da sich Indien nie den globalen Strategien der USA beugte. Trotz seiner Isolation war Indien in den 1990er-Jahren außenpolitisch und wirtschaftlich deutlich wichtiger geworden und als Regionalmacht Asiens nicht mehr zu umgehen. Der Besuch Clintons in New Delhi im März 2000 (der erste Besuch eines US-Präsidenten nach 22 Jahren) trug dem Rechnung und weichte die verhärteten Positionen auf.

Amerikanische Analysten erkannten immer klarer, dass nur das demokratische Indien in Asien zu einem Bollwerk gegen verschiedene Hauptströmungen der internationalen Politik gemacht werden konnte, die alle für die Vereinigten Staaten nicht von Vorteil waren. Dazu gehören der rasante Aufstieg der VR China, die sich bei aller US-chinesischen Partnerschaft schon als kommender großer Rivale abzeichnete, ein Wiedererstarken Russlands und die schwierige Problematik mit dem Verbündeten Pakistan sowie der Lage in Afghanistan.

Gegen Ende der 1990er-Jahre begannen führende Politiker Indiens wie der USA Änderungen in ihrer Diktion vorzunehmen; das Verhältnis beider Staaten wurde recht plötzlich als das einer „strategischen Partnerschaft" oder als eines „natürlichen Verbündeten" interpretiert. Beide Länder entdeckten nun ihre gemeinsamen Sicherheitsinteressen (siehe dazu WAGNER 2004). Dazu zählen vor allem die Bedrohung durch den militanten islamischen Fundamentalismus (insbesondere nach den Ereignissen vom 11. September 2001) und die Sorge um eine Vormachtstellung Chinas in Asien. Es war aber erst US-Präsident Bush in seiner ersten Regierungsperiode, der die Sanktionen gegen Indien weitgehend aufhob. Die konservativen Regimes von Bush und Vajpayee sahen sich auch in ihrer Ablehnung multilateraler Vereinbarungen auf gleicher Schiene (Internationaler Gerichtshof Den Haag, Klimaschutz usw.). Je stärker die Regierung Bush China nicht als strategischen Partner, sondern als geopolitischen Rivalen auf der Weltbühne wahrnahm, desto deutlicher erfolgte eine Aufwertung Indiens für die Ziele der amerikanischen Außenpolitik in Asien und im Indischen Ozean. Noch 1997 lautete die offizielle Diktion für die indische Union aus US-Sicht „aufstrebende Großmacht", im Herbst 2002 hingegen wird in der nationalen Sicherheitsstrategie der USA Indien bereits auf eine Stufe mit den potenziellen Großmächten Russland und China gestellt: „Several potential great powers are now in the midst of internal transition – most importantly Russia, India, and China."[9]

Indien revanchierte sich für diese neue Wertschätzung sowohl auf dem diplomatischen Parkett als auch militärisch. So unterstützte die Indische Union die USA bei der Operation *„Enduring Freedom"* in Afghanistan 2002 durch den Schutz von US-Kriegsschiffen in der Straße von Malakka, stimmte mehrfach in der UNO gegen seinen alten Verbündeten Iran und schreckte erst im letzten Moment davor zurück, sich in die *Koalition der Willigen* einzureihen und Truppenkontingente in den Irak zu entsenden (2003). Alle diese Aktivitäten bedeuten eine völlige Abkehr von der früher gültigen Doktrin der Nicht-Einmischung und Blockfreiheit. New Delhi scheint zu der Überzeugung gelangt zu sein, seine eigenen langfristigen strategischen Ziele – sowohl seine globale Position als aufkommende Großmacht zu stärken als auch im multipolaren Spiel der Großmächte ernst genommen zu werden – nur in Kooperation mit den Vereinigten Staaten erreichen zu können. Auf Dauer wird sich allerdings weisen, ob die Konkurrenten diesen „Eiertanz"

---

[9]) Vgl. The National Security Strategy of the United States of America, Washington 2002, S. 27.

Indiens mitmachen oder eines Tages ein klares politisches Bekenntnis einfordern. Bisher funktioniert jedoch der ausgleichende Spagat zwischen den Interessen der chinesischen wie amerikanischen Freunde noch ganz gut.

Eine politische Bombe platzte beim Besuch von US-Präsident George W. Bush in New Delhi Anfang März 2006. „Wir haben heute eine historische Vereinbarung über Atomkraft geschlossen",[10] jubelte Bush nach seinem Treffen mit Indiens Premier Singh. Demnach sollen die USA Indien künftig mit ziviler Nukleartechnologie versorgen. Das ist aber nach US-Recht ebenso wenig wie nach internationalem Recht möglich, da Indien niemals den Atomwaffensperrvertrag unterzeichnet hat (den Indien immer als Knebelvertrag interpretierte). Bis heute gibt es aber keine Zustimmung zu diesem Abkommen durch den US-Kongress und es gilt inzwischen als äußerst fraglich, dass diese Zustimmung jemals kommt (siehe dazu MÜLLER und RAUCH 2007). Amerika liefert Indien seit über 30 Jahren kein spaltbares Material mehr und die anderen Atommächte haben sich diesem Boykott angeschlossen. Untergräbt das Weiße Haus den Atomwaffensperrvertrag, sägt es sich den Ast ab, auf dem es sitzt. Ein Trick sollte diese Aktion ermöglichen: die Trennung des zivilen vom militärischen Atomprogramm, wobei der zivile Sektor von internationalen Experten kontrolliert werden soll. Die politische Blockade innerhalb der USA freut die Konkurrenten. So hat China seine „Hilfe" angeboten, in die Bresche zu springen und Präsident Sarkozy als Staatsgast am Indischen Republiktag, am 25. Jänner 2008, die Bereitschaft Frankreichs noch einmal bekräftigt, Indien mit Rat und Tat zu unterstützen.

Konservative politische Kräfte in Delhi trauern der jahrzehntelang gepflegten „Moralpolitik" nach, und ihr Widerpart in Washington glaubt nicht an die unverbrüchliche Treue des neuen Partners. Die den Indern vormals so teure Idee von der eigenen „Autonomie" („*selfreliance*") wird zunehmend von der Vorstellung verdrängt, die zukünftige Aufgabe Indiens läge darin, eine verantwortliche Macht für die Welt zu sein. Autonomie wird jetzt neu interpretiert als Möglichkeit schwacher Staaten, sich aus dem Wettbewerb der Großen herauszuhalten, aber nicht mehr für eine aufstrebende Nation wie Indien zu taugen. Indien lernt, sich in die große Weltpolitik einzugliedern – dazu zählen eben das Schmieden von Allianzen, die *„balance of power"*, auch klare Positionen in wichtigen Fragen. Für die Vereinigten Staaten gibt es aber keine Sicherheit, dass der von Indien gewählte strategische Partner ein für alle Mal die USA sein werden. Die Gretchenfrage lautet: Sind die USA willens und fähig, Partnerschaften einzugehen, die auf der Gleichheit oder Gleichwertigkeit der Partner beruhen? Oder bleibt *„America first"* für alle Zeiten das Credo der amerikanischen Außenpolitik?

Gegenwärtig teilen Indien und die USA gemeinsame Interessen. Aber solche Konstellationen produzieren nicht automatisch Allianzen. Die Schieflage der aktuellen Machtverteilung, die lange fehlende politische Sprachkultur beider Seiten und der hartnäckige Widerstand von Gegnern des neuen Konzepts in beiden Hauptstädten werden noch geraume Zeit die Möglichkeiten und das Tempo strategischer Zusammenarbeit behindern. Die anhaltende Diskussion um die zivile Atomenergienutzung in Indien und die Rolle, die USA dabei spielen soll, legt die Frage nahe, ob es einer *indienspezifischen* bilateralen

---

[10] Romana KLÄR: Bush will die Achse mit Indien verstärken. In: Kurier, Ausgabe vom 03.03.2006.

Politik der USA bedarf, um „Indiens Exzeptionalismus" entgegen zu kommen. Trotzdem ist C. Raja MOHAN (2006, S. 10) zuzustimmen:

> *„India is unlikely, however, to become a mere subsidiary partner of the United States, ready to sign on to every U.S. adventure and misadventure around the world. It will never become another U.S. ally in the mold of the United Kingdom or Japan. But nor will it be an Asian France, seeking tactical independence within the framework of a formal alliance."*

3. Die Beziehungen zwischen Indien und der Volksrepublik China

Ist das Verhältnis der beiden asiatischen Giganten jahrzehntelang von Abneigung und tiefem Misstrauen geprägt gewesen, so vollzieht sich seit einigen Jahren ein erstaunlicher Wandel. Indien und China kooperieren zunehmend und versuchen, ihre politischen Dauerbrenner (Tibetfrage, Relation zu Pakistan, territoriale Integrität usw.) herunterzuspielen, vielleicht sogar einer Lösung zuzuführen. Vor allem die wirtschaftliche Zusammenarbeit steigt rasant an, seit April 2005 gekrönt durch eine „Strategische Partnerschaft". Der neue Schulterschluss, wenn dieser Trend anhält, wird das globale Gleichgewicht in der Welt neu definieren. Nicht grundlos sprechen viele Politiker und Experten vom 21. Jahrhundert als dem „Asiatischen", in dem die Position der USA als Hegemon und jene Europas als vormalige Führungsmacht gravierend geschwächt wird und der alte Kulturraum Asien wieder jene führende Rolle in der Welt einnehmen dürfte, die er vor einem halben Jahrtausend bereits innehatte und an Europa verlor. Doch dieses *neue Asien* wird keine monopolare Weltordnung verkörpern oder dulden, sondern selbst *multipolar* sein. China, Indien, Japan, Russland, die Staaten Südostasiens und jene im Persisch/Arabischen Golf, nicht zuletzt die jungen Staaten Zentralasiens werden alle zu diesem neuen, selbstbewussten geopolitischen Leitbild des Kontinents Asien beitragen.

Vieles spricht jedoch dafür, dass China und Indien in Zukunft die Führungsmächte innerhalb Asiens, wenn nicht sogar auf globaler Ebene, sein werden. Allein ihr Bevölkerungspotenzial umfasst ein Drittel der gesamten Menschheit und mit dem ökonomischen Aufstieg öffnen sich mittel- und längerfristig reale Chancen für beide, zu Großmächten aufzusteigen. Es muss aber zugleich betont werden, dass beide Staaten noch sehr weit vom Entwicklungsstand und Lebensniveau der führenden westlichen Industrienationen entfernt sind. So konnte sich Indien zwischen 2005 und 2006 im „Human Development Index" nur von Rang 127 auf 126 verbessern und China von 85 auf 81 (zum Vergleich: Österreich liegt derzeit auf Rang 14).[11]

---

[11]) Der HDI (Index menschlicher Entwicklung) wird seit 1990 vom United Nations Development Programme (UNDP) als Indikator für den Entwicklungsstand eines Landes benutzt. Er setzt sich zusammen aus der Lebenserwartung bei der Geburt, dem Alphabetisierungsgrad der Erwachsenen und der realen Kaufkraft pro Kopf (vgl. dazu die jährlichen Reports des UNDP). Dieser mehrdimensionale Indikator beschreibt den Entwicklungsstand eines Landes deutlich „realer" als das vorher bevorzugte Bruttonationaleinkommen pro Kopf.

Die gestiegene Wertschätzung der neuen Partner äußert sich nicht zuletzt in einer Reihe hoch- und höchstrangiger Besuche führender Politiker in Neu Delhi und Beijing, die jeweils von einem Füllhorn neuer Abkommen und Absichtserklärungen umrahmt werden. So wurde beim Besuch von Premierminister Wen Jiabao im April 2005 in Indien die strategische Partnerschaft zwischen beiden Nationen fixiert, im November 2006 kam Staatspräsident Hu Jintao mit einer Mission nach New Delhi und Bombay (Mumbai), also zu einem Besuch der „politischen" und der „wirtschaftlichen Hauptstadt". Es folgte der Gegenbesuch des indischen Regierungschefs Manmohan Singh und seiner Delegation vom 12. bis 15. Jänner 2008 in Beijing.[12]

Seit der verheerenden militärischen Niederlage Indiens gegen China im Grenzkonflikt 1962 hatte die Volksrepublik dem Nachbarn bestenfalls den Rang eines Papiertigers zugebilligt. Innerhalb der letzten zehn Jahre musste Beijing jedoch seine Einschätzung aufgrund der Erfolge Indiens grundlegend revidieren. Dazu zählten die Atombombentests 1998, der generelle ökonomische Aufschwung, aber auch die immer selbstbewusster auftretende indische Großmachtdiplomatie.

Seither hat sich eine Intensität der Beziehungen entwickelt wie nie zuvor seit der Gründung der beiden Staaten. Man könnte auch von einem friedlichen Wettbewerb sprechen, wie er vielleicht in der strategischen Partnerschaft am besten zum Ausdruck kommt. Es gibt jetzt ernsthafte Bemühungen, die seit Jahrzehnten schwelenden Streitigkeiten an den 3.500 km langen gemeinsamen Grenzen endlich zu bereinigen, sie für Handel und Verkehr zu öffnen etc. Ein Freihandelsvertrag zwischen beiden Staaten wird überlegt. China ist, neben den USA, Japan und der EU, seit 2007 auch Beobachter bei der SAARC (*„South Asian Association for Regional Cooperation"*) und hat diesen Status Indiens Einflussnahme zu verdanken.

Chinas ökonomisches Wachstum hat überall in Asien Bedeutung, daher auch für Südasien. 1991 betrug der Wert des Warenaustausches zwischen China und Indien nicht mehr als 260 Millionen Dollar. 2006 lag dieses Volumen bereits bei 24 Milliarden Dollar. Für 2010 schätzen konservative Analysten den Handelsaustausch auf 40, Optimisten auf 50 bis 60 Milliarden Dollar. Chinesische Konsortien wie Banken, IT-Konzerne, aber auch Sparten der Schwerindustrie haben in Indien Fuß gefasst. „Größere chinesische Unternehmen haben in Indien in Sektoren wie Maschinenbau, metallurgische Ausrüstung, Chemikalien, Autos, Seide und Ingenieurwesen expandiert".[13] Indische Spezialisten etablieren Produktionsstätten der Hochtechnologie in China. Das bedeutet, es gibt bereits eine wichtige, ernstzunehmende ökonomische Achse Beijing – Delhi. Dies alles scheint sich in der Europäischen Union überhaupt noch nicht herumgesprochen zu haben. Das Potenzial für gemeinsame Joint Ventures ist zunächst einmal der rasch wachsende indische Binnenmarkt mit der konsumfreudigen Mittelschicht, die inzwischen auch schon bei 150 bis 200 Millionen Personen angesetzt werden kann (die häufig kolportierten 300 Millionen und mehr sind noch unrealistisch). Der bilaterale Tourismus hat gerade erst begonnen.

---

[12]) Jutta LIETSCH: Schulterschluss der Giganten Asiens. In: Die Presse, Ausgabe vom 16.01.2008, S. 7.

[13]) Gaurav CHOUDHURY: India China trade set to hit $ 30 bn. In: The Hindustan Times, Ausgabe vom 13.11.2006, S. 20.

Und Hu Jintao betonte in Delhi: „Die chinesisch-indischen Beziehungen haben den bilateralen Kontext überschritten und globalen Dimensionen erlangt. Als die zwei am schnellsten wachsenden Ökonomien der Welt müssen Indien und China an globale Themen wie Energiesicherheit, Umweltschutz, grenzüberschreitende Gewalt und einer Menge anderer Themen gemeinsam arbeiten." (zit. aus MOHAN und VOLL 2007). Obwohl Indien derzeit noch vor einem Freihandelsabkommen zurückschreckt, um die eigene Industrie und Landwirtschaft nicht zu gefährden, sollen doch weitreichende Handelsliberalisierungen folgen. Tatsache ist jedenfalls, dass China innerhalb weniger Jahre zum wichtigsten Handelspartner Indiens aufsteigen wird, noch vor der Europäischen Union und den Vereinigten Staaten.

Auch Manmohan SINGH bewegte sich in seiner Rede im Jänner 2008 in Beijing auf Samtpfoten: „Wir müssen mit Problemen auf asiatische Art umgehen und Konfrontationen vermeiden".[14] Als Beispiel nannte er eine Zusammenarbeit bei der friedlichen Nutzung der Atomenergie. Dies ist allerdings politisch hochsensibel, knüpft doch China eine solche Partnerschaft daran, mit Pakistan gleich verfahren zu dürfen. Dies wiederum wollen gerade die USA verhindern, die Indien genau eine solche Kooperation angeboten haben, allerdings nur, wenn die indischen Atomkraftwerke auf friedliche Nutzung kontrolliert werden, wozu Indien bisher nicht bereit war. Delhi wünscht sich hingegen, dass Peking das indisch-amerikanische Abkommen in der *„Nuclear Suppliers Group"* unterstützt. Diese Gruppe von 45 Staaten soll dem indisch-amerikanischen Deal zustimmen, wozu China bisher nicht bereit ist.

Sogar militärisch wollen die Nachbarn neuerdings zusammenarbeiten. Erstmals gab es im Dezember 2007 in der Millionenstadt Kunming im Südwesten Chinas gemeinsame Anti-Terror-Manöver unter dem Motto *„Hand in Hand 2007"*. Das Thema „Terrorismusbekämpfung" eignet sich natürlich hervorragend, Indien, China und auch die USA (!) einander näher zu bringen, selbst wenn die gemeinten Gruppierungen jeweils ganz andere sind. Aber noch immer bezeichnen die Chinesen den nordöstlichen indischen Bundesstaat Arunachal Pradesh als Teil ihres Hoheitsgebietes, verlangt Indien Gebiete von China zurück (Aksai Chin), sitzt der Dalai Lama mit über 100.000 Flüchtlingen aus Tibet in Indien usw. Auch die schönsten Sonntagsreden über „Win-Win"-Beziehungen können das lang und tief verwurzelte Misstrauen gegenüber dem neuen Freund nur kaschieren. Missmutig schaut Indien auf Chinas intensive Aktivitäten in Pakistan, Burma und in anderen Staaten Süd- und Südostasiens. Erwähnt sei nur die im März 2007 erfolgte Eröffnung des Hafens von Gwadar in Belutschistan (einer Provinz Pakistans), der westlichste zivile und militärische Vorposten Chinas, der auf die Golfstaaten zielt.[15]

Als Indien im April 2006 erstmals seine Langstreckenrakete Agni-III mit einer Reichweite von 3.500 bis 4.000 km erfolgreich testete, betonten Militärs sofort, diese notfalls mit Atomsprengköpfen versehene Rakete könne auch alle wichtigen Städte Chinas inklusive Pekings erreichen! Die Chinesen wiederum sind besorgt, dass sich die Beziehungen zwischen Delhi und Washington ständig erwärmen und ihre eigenen gleichzeitig abkühlen.

---

[14]) Jutta LIETSCH: Schulterschluss der Giganten Asiens. In: Die Presse, Ausgabe vom 16.01.2008, S. 7.

[15]) Bernhard IMHASLY: Peking etabliert Stützpunkte in Südasien. In: Die Presse, Ausgabe vom 23.03.2007.

Das große Spiel um „strategische Autonomie", „außenpolitische Unabhängigkeit" bei gleichzeitig ständigen Versuchen beider Partner/Kontrahenten, ihren wachsendem Einfluss innerhalb Asiens weiter auszubauen, hat gerade erst begonnen. Da sich indische „Think Tanks" lange nur auf eine Nichteinmischungspolitik in die inneren Angelegenheiten anderer Staaten konzentrierten, dürfte China bei dem gezielten Betreiben seiner Außenpolitik einen Informationsvorsprung haben.

Hu Jintaos Theorem einer „*Harmonischen Welt*" greift vier Bereiche auf:

> „*Effektiver Multilateralismus zwischen Staaten,*
> *Entwicklung eines kollektiven Sicherheitsmechanismus,*
> *Wohlstand für alle durch gemeinsame Entwicklung*
> *sowie Toleranz und Dialog zwischen verschiedenen Zivilisationen.*"
> (aus MOHAN und VOLL 2007)

Steht dieser Ansatz für chinesisches Harmoniebedürfnis oder spricht hier der „Wolf im Schafpelz"? Was zählt für Indien mehr – ständig die Kooperation mit China zum eigenen Vorteil zu erweitern oder für ein stabiles Gleichgewicht der Kräfte in Asien (Status quo) einzutreten?

4. Die Beziehungen zwischen Indien und Südostasien

Die zunehmende Orientierung Indiens nach Asien umfasst auch eine immer intensiver werdende Zusammenarbeit mit den Staaten Südostasiens.[16] Im Anschluss an das 13. Gipfeltreffen der ASEAN (Assoziation Südostasiatischer Staaten) führte Premierminister Manmohan Singh am 20./21. November 2007 Verhandlungen mit den Staatschefs der Region in Singapur. Es war dies zugleich das sechste Indien-ASEAN- und das dritte Ostasien-Gipfeltreffen. Zwar haben die Vertreter von ASEAN dabei die zwischenstaatliche Integration und die Schaffung eines gemeinsamen Binnenmarktes bis 2015 weiter vorangetrieben (Unterzeichnung einer ASEAN-Charta und eines „Economic Community Blueprint"), doch wurde ein zwischen Indien und ASEAN angestrebtes Freihandelsabkommen ähnlich wie mit China erneut vertagt.

Lange Zeit ignorierte die indische Außenpolitik Südostasien nahezu völlig. Indien blickte während des Kalten Krieges praktisch nur nach Westen. Einerseits auf den „ewigen Störenfried" Pakistan und dahinter auf die arabisch-islamische Welt wegen der Energieressourcen und auch aufgrund des Kaschmir-Konflikts. Zweitens existierten noch die weltpolitischen Ambitionen, die zu regem Austausch mit den Vetomächten im Sicherheitsrat der Vereinten Nationen führten. Wie Amit DAS GUPTA richtig ausführt: „Südostasien blieb dagegen weitgehend ein weißer Fleck auf der Landkarte, obwohl ein Engagement dort in mehrfacher Hinsicht nahe gelegen hätte. [...] Die lange europäische Dominanz in Asien bis zur Zeit der Dekolonisierung sorgte allerdings dafür, dass mit der

---

[16]) Diese Ausführungen stützen sich auf VOLL 2007a.

Unabhängigkeit der jeweiligen Staaten kaum Kontakte zu Indien bestanden." (GUPTA 2007). Probleme mit ethnischen Minderheiten an gemeinsamen Grenzen sind bis heute nicht ausgeräumt.

Erst Anfang der 1990er-Jahre propagierte der damalige Premier Narasimha Rao seine *„Look East Policy"*, die nicht nur China, sondern auch die ASEAN-Staaten umfassen sollte. Indien unterhält heute enge Beziehungen mit Singapur.[17] Konstruktive Beziehungen gibt es auch zu Malaysia, Indonesien und Thailand. Indien unterstützte Vietnam im Kampf gegen die USA und besitzt gemeinsame geostrategische Interessen gegen die VR China. Die politisch zu Indien gehörigen Inselgruppen der Andamanen und Nikobaren sind wichtige Stützpunkte der indischen Marine, liegen aber geographisch ungleich näher zu Burma und Indonesien als zum Subkontinent. Beide Staaten sind somit maritime Anrainer und das integrierte Fernost-Kommando der indischen Streitkräfte überwacht von da aus die Straße von Malakka, das Nadelöhr für die Erdölversorgung Japans, Chinas und Südostasiens. Die massive Aufrüstung durch die VR China wird in diesem Raum zunehmend als Bedrohung empfunden – deshalb nehmen seit 1995 Indonesien, Singapur, Malaysia und Thailand an indischen Flottenmanövern teil. Im Bereich der Sicherheitspolitik arbeiten besonders Indonesien und Singapur eng mit Indien zusammen.

Die vielfältigen geographischen, historischen und kulturellen Beziehungen zwischen Indien und Südostasien werden in einer Reihe von Kooperationen aufgegriffen und vertieft. Dazu zählen etwa die im Jahr 2000 in Vientiane gegründete *„Mekong-Ganges-Assoziation"* mit Burma, Vietnam, Kambodscha, Laos und Thailand zur Vernetzung der Zivilisationen sowie die Beteiligung am *„ASEAN Regional Forum"*, dem sicherheitspolitischen Forum der zehn ASEAN-Staaten und 17 weiterer Nationen. Nicht nur das Handelsvolumen soll ausgeweitet werden, sondern eine breite Zusammenarbeit in Wissenschaft und Technologie, Infrastruktur, Tourismus usw. greifen.

Das Bruttonationaleinkommen aller ASEAN-Staaaten liegt bei etwas über einer Billion Dollar, jenes Indiens mit ca. 906 Milliarden Dollar liegt fast gleichauf, beträgt aber nur rund ein Drittel des Bruttonationaleinkommens von China.[18] Die Pro-Kopf-Einkommen der meisten ASEAN-Staaten sind erheblich höher als jenes Indiens, wenn auch mit großen länderspezifischen Abweichungen. Im Fiskaljahr 2006/2007 belief sich der Handelsaustausch zwischen Indien und den ASEAN-Staaten insgesamt auf 31 Milliarden Dollar. Für die Zielvorgabe 2010 werden 50 Milliarden angepeilt.

Als besonders schwieriger Partner in Südostasien gilt der unmittelbare Nachbar Burma (Myanmar) sowohl aufgrund historischer Belastungen wie rezenter politischer Entwicklungen. Wurde Ende der 1980er-Jahre noch die burmesische Demokratiebewegung von Indien aus unterstützt, so arrangierten sich seit 15 Jahren alle indischen Regierungen mit der Militärjunta. Dies wurde während des Aufstands der Mönche und Demokratieaktivisten im September 2007 deutlich. Indien verfolgt in Burma handfeste Macht- und Wirtschaftsinteressen (Erdölbohrungen) und betreibt deswegen *Realpolitik*. Vergeblich drängte

---

[17]) Im Stadtstaat Singapur stellen indischstämmige Bewohner als dritte Bevölkerungsgruppe rund zehn Prozent der Einwohner, in Malaysia – ebenfalls in dritter Position – rund acht Prozent.

[18]) ASEAN economies versus China, India. In: Hindustan Times, Ausgabe vom 19.11.2007, S. 26.

die ASEAN China und Indien, auf die Junta massiv einzuwirken. Beide Staaten sehen auch (schon) Burma als Landbrücke für den rapid anwachsenden bilateralen Handel.

Bei all den positiven Aspekten der verstärkten Kooperation darf man freilich nicht außer Acht lassen, dass in der Außenpolitik oft große Diskrepanzen zwischen Absichtserklärungen und der konkreten Umsetzung der Vorgaben bestehen. Die Mekong-Ganges-Initiative gibt kaum noch Lebenszeichen, desgleichen die BIMSTEC („*Bay of Bengal Initiative for Multi-Sectoral Technical and Economic Cooperation*"). Die politische Bedeutung Indiens in Südostasien muss immer noch als schwach bezeichnet werden, da bisher die strategischen Ziele in der Region nicht klar deklariert wurden, offensichtlich auch zur Vermeidung von Konfrontationen mit China. Der große Rivale agiert wesentlich offensiver und strebt eine handelspolitische Integration bis 2015 an. China, Japan und Südkorea würden dann die Märkte Südostasiens dominieren und Indien hätte das Nachsehen. Dabei hätte Indien genug Möglichkeiten, seine Hilfe für die schwächeren ASEAN-Mitglieder wie Laos, Burma oder Kambodscha zu erhöhen oder auch das gemeinsame buddhistische und islamische Kulturerbe stärker zu pflegen – „Good will"-Aktionen, die sich eines Tages auch materiell bezahlt machen würden. Ohne verstärktes Engagement in Südostasien wird sich Indien in den kommenden Jahrzehnten nicht zu einer global agierenden asiatischen Großmacht entfalten können. Zu einer weltweit greifenden Machtbalance gehört eben mehr als die Hilfe einer Supermacht (also der USA) oder der gebetsmühlenartig vorgetragene Schutz der eigenen Grenzen.

5. Die Beziehungen zwischen Indien, dem Nahen Osten und Zentralasien

Der Persisch-arabische Golf ist – gemessen an der Energieversorgung – die strategisch wichtigste Region der Welt. Als zukünftige Großmacht braucht Indien den Zugang zu den Energiereserven, als Vormacht im Indischen Ozean muss es auch beanspruchen können, Ordnungsfunktionen in der Golfregion auszuüben. Ein Vorteil für die (künftige) indische Position im Nahen Osten liegt sicher in der Tatsache, dass 2,8 Millionen Menschen indischer Abstammung in dieser Region leben und arbeiten, davon 1,5 Millionen allein in Saudi-Arabien. Die finanziellen Rücküberweisungen werden sehr unterschiedlich geschätzt, sollen aber zwischen 5 und 20 Milliarden Dollar jährlich liegen, ein Segen für die indische Zahlungsbilanz. Die Abdeckung des wachsenden Erdölverbrauchs mit eigenen Ressourcen ist für Indien längst obsolet. Bei langjährig gleich bleibender Förderung von ca. 30 Millionen Tonnen ist der Deckungsgrad von 70 Prozent auf 25 Prozent geschrumpft und wird recht bald bei nur noch zehn Prozent liegen. Über die Hälfte der Versorgung mit Erdöl kommt bereits aus dem Golf, und die Abhängigkeit wird weiter wachsen.

Diese strategische Bedeutung führt zum deutlichen „Flagge zeigen" der indischen Marine. Bis 1991 stand das säkulare Indien dem sozialistischen Irak am nächsten, die konservativen Monarchien hingegen bevorzugten das islamische Pakistan mit großzügiger

Finanzhilfe und Sonderpreisen für Erdöl. Inzwischen ist auch hier Bewegung in die „Realpolitik" gekommen und Indien unterhält reguläre militärische Kontakte mit Saudi-Arabien, Iran, Katar und Oman. Es scheint sich aber mehr um eine Pflichtehe zu handeln als um echte Zuneigung. Dazu klaffen die politischen und gesellschaftlichen Verfassungen einfach zu weit auseinander. Die Sicherung der Straße von Hormuz und der Seewege im Indischen Ozean generell sieht Indien heute als seine vordringliche Aufgabe an, nicht nur für die Anrainerstaaten, sondern für die internationalen Handelsströme in dieser Region. Während Pakistan über keine konkurrenzfähige Marine verfügt, ist es zunehmend China, das sich verstärkt in einem „rat race" mit Indien um die Dominanz in der Kontrolle über Seehäfen und Schifffahrtsrouten bemüht.

Radikal verändert hat sich auch das Verhältnis Indiens zu Israel. Da existierte bis in die 1980er-Jahre die ablehnende Haltung Gandhis und Nehrus zur Gründung Israels und die pro-arabische Grundposition der Bewegung der „Blockfreien", in der Indien eine Führungsrolle zukam. Indien stimmte 1947 in der UNO-Vollversammlung gegen die Gründung Israels und dann 1949 gegen die Aufnahme in die UNO. Aus indischer Sicht war das Land religiös definiert und damit eine „nahöstliche Kopie Pakistans" (MÜLLER 2007, S. 247). In den Kriegen Israels mit den arabischen Nachbarstaaten war Indien immer auf der Seite der Araber – komischerweise ohne Gegenleistungen, da die arabische Welt natürlich mit dem Bruderland Pakistan sympathisierte. Erst 1992 nahmen die beiden Staaten diplomatische Beziehungen auf, symptomatisch für die Neuorientierung der indischen Außenpolitik. Die „islamische Bombe" Pakistans (1998) und der Verrat von Atomgeheimnissen des pakistanischen Wissenschafters Abdel Khader Khan an den Iran ließen nun eine enge wirtschafts- und sicherheitspolitische Achse Indien – Israel entstehen.

Israel ist heute nach der Sowjetunion Indiens wichtigster Waffenlieferant, besonders in der Raketenabwehr. Ganz obenan stehen auch gemeinsame Aktivitäten zur Terrorismusbekämpfung. Bedeutend ist auch der Wissenschaftstransfer auf dem Sektor der Zukunftstechnologien. Der von Pakistan gepflegte Vorwurf, Indien unterdrücke seine Moslems im eigenen Land, greift nicht mehr so wie früher. Bisher hält Indien den Spagat durch, gleichzeitig mit den arabischen Staaten und Israel gute Beziehungen zu unterhalten, ohne davon großes Aufheben zu machen. Seit 2005 existiert ein wirtschaftliches Abkommen mit den Mitgliedern des Golf-Kooperationsrats, dem ranghöchsten Gremium der Golfstaaten.

Tiefe historische und kulturelle Beziehungen bestehen zwischen Indien und dem Iran. Es gibt langfristige Lieferverträge für Erdöl, gemeinsame Pipelineprojekte, gemeinsame Marinemanöver. Bei den permanenten Verurteilungen Irans als „Schurkenstaat" weltweit macht Indien nicht mit und bietet seine Dienste als Vermittler an. Höchst delikat ist dabei der beständige politische Drahtseilakt zwischen den „neuen" Freunden USA und Golfstaaten und dem „alten Freund" Iran (Pakistan und Iran sind aus vielen Gründen eher Rivalen und Gegner als Freunde). Bisher schafft Indien die Quadratur des Kreises, nämlich enge und gut funktionierende Beziehungen zu den beiden Todfeinden im Nahen Osten, Israel und Iran, sowie auch mit ihren arabischen Nachbarn zu entwickeln.

Weniger klar sind die Beziehungen zu Zentralasien. Noch aus alten Zeiten stammt eine Art Gefühl, gegenüber Afghanistan als Schutzmacht auftreten zu müssen. Zwischen

2002 und 2006 hat Indien Hilfe im Wert von 550 Millionen Dollar an Afghanistan geleistet für eine Vielzahl von humanitären und infrastrukturellen Projekten. Die Lage des Landes zwischen Pakistan, Golf und den „Stan-Staaten" aus der Erbmasse der ehemaligen Sowjetunion macht es für Indien strategisch wichtig. Das Interesse an der letztgenannten Gruppe konzentriert sich an den dort vorhandenen Öl- und Gasressourcen, besonders jenen in Kasachstan und Turkmenistan, und an der gemeinsamen Bekämpfung des Terrorismus. Eine breitere militärisch-sicherheitspolitische Zusammenarbeit hat sich in den letzten Jahren mit Usbekistan und Tadschikistan entwickelt. Es zeigt sich jedoch, dass Indiens Einfluss in Zentralasien deutlich geringer bleibt als derjenige Russlands, der USA, und zunehmend, Chinas.

6. Die Beziehungen zwischen Indien und Russland

Am 12. November 2007 trafen sich Präsident Wladimir Putin und Premierminister Manmohan Singh zum achten bilateralen Ländergipfel in Moskau (VOLL 2007b). Im Mittelpunkt der Gespräche standen eine vertiefende militärische Kooperation und ein Ausbau der bilateralen Ex- und Importe, vor allem indischer Energieimporte aus Russland. Indien war jahrzehntelang der wichtigste Partner der damaligen Sowjetunion in Asien. Es stand lange unter sowjetischem Atomschutz, profitierte von modernernster Waffentechnologie und von einem Handel auf Rubel-Rupien-Basis. Dafür blieb es treuer Verbündeter bei unzähligen UNO-Abstimmungen.

Noch immer ist Russland strategischer Partner und mit Abstand wichtigster Lieferant des indischen Militärs – etwa 70 Prozent der gesamten militärischen Ausrüstung stammen von dort. Über den gemeinsamen Bau des Marschflugkörpers *Brahmos* (eine Wortschöpfung aus den beiden Strömen Brahmaputra und Moskwa) wurde bereits berichtet. Die gemeinsame Entwicklung einer fünften Generation von Kampfflugzeugen und Transportern unterschiedlicher Typen ist vereinbart. Verzögert hat sich die für Frühjahr 2008 geplante Auslieferung des neuen Flagschiffs der indischen Marine, des für 1,5 Milliarden Dollar umgebauten Flugzeugträgers *Admiral Gorhskov* (49.000 BRT) um zwei Jahre. Die russische Rüstungsindustrie hinkt technologisch westlichen Anbietern hinterher und hält Lieferfristen kaum ein. So benötigt die indische Armee ein Jahr, um wichtige Ersatzteile zu erhalten. Unschlagbar ist die russische Waffenproduktion bisher im Preis und in der Robustheit ihrer Technologie. Längerfristig könnte diese Kooperation durch lähmende Bürokratie, Ineffizienz und finanzielle Nachforderungen der Hersteller jedoch ernsthaft gefährdet sein.

Konkurriert wird Russland zunehmend von Israel, das sich als verlässlicher Partner im Rüstungsgeschäft bereits an die zweite Position gesetzt hat, aber auch durch die USA und Frankreich, die große Anstrengungen unternehmen, in den indischen Wachstumsmarkt einzudringen. Zwar hat Frankreich jüngst den Deal über 197 Helikopter (Eurocopter) für eine Milliarde Dollar verpasst, dafür jedoch „prinzipiell" beim Staatsbesuch Präsident Sarkozys zum Nationalfeiertag, am 25. Jänner 2008, den Auftrag zur Modernisierung von 52 Mirage-2000 Kampfflugzeugen erhalten.[19] In den Mazagaon Docks von Bombay (Mumbai) sollen auch in einem Joint Venture sechs Unterseeboote der Skorpionklasse gebaut werden. Frankreich bleibt damit die Nummer drei bei Lieferungen von militärischem Equipment.

Das bilaterale Handelsvolumen zwischen Indien und Russland erreicht gegenwärtig nur zweieinhalb Milliarden Dollar (zum Vergleich: Indien – China 25 Milliarden, Indien – Deutschland zehn Milliarden) und ist damit für beide Seiten unbefriedigend. Die von Singh und Putin angepeilten zehn Milliarden Dollar Handelsumfang für 2010 dürften illusorisch sein. Als Energielieferant nach Indien spielte Russland bisher nur eine geringe Rolle, da es in seiner Expansionsstrategie (Pipelines) ganz auf Deutschland und Westeuropa ausgerichtet ist, trotz des großen Energiehungers der indischen Industrie. Auch die bedeutende Diamantenförderung in Russland und die Diamantenverarbeitung in Indien konnten einander bisher nicht finden. Das Angebot zum Bau von russischen Atomreaktoren zur Energiegewinnung kann Indien ebenso wenig annehmen wie jene aus den USA, China oder Frankreich, solange nicht die Internationale Atomenergiebehörde in Wien und die „Nuclear Suppliers Group" die Erlaubnis dazu erteilen. Da sich Indien seinerseits weigert, den Atomwaffensperrvertrag zu unterzeichnen, ist hier seit langen Jahren eine Pattsituation gegeben.

Außenpolitisch gesehen haben gegenwärtig für Moskau die USA, Europa und China eine höhere Priorität als die Indische Union. Russland ist sich aber gleichzeitig der wichtigen Rolle Indiens für die asiatische und globale politische Stabilität durchaus bewusst. Seit 2005 treffen einander die Außenminister Russlands, Indiens und Chinas regelmäßig zu Konsultationen, zuletzt im Oktober 2007 in China. Die Spannungen im Dreieck Indien, China und Pakistan erschweren jedoch bisher großzügige Lösungen anstehender Probleme. In der „Shanghai Cooperation Organization" – einer Gruppierung, zu der China, Russland und die zentralasiatischen Republiken zählen – nimmt Indien inzwischen einen Beobachterstatus ein – zugleich mit Iran, Pakistan und der Mongolei.

Gewisse Irritationen im Verhältnis Moskau – New Delhi sind nicht mehr zu übersehen. So spricht der Nationale Sicherheitsberater M. K. Narayanan beim jüngsten Treffen Putin – Singh von einer „nahtlosen und im internationalen Vergleich beispiellosen Beziehung ohne jegliche Probleme, die sich in sechs Jahrzehnten bewährt habe." (VOLL 2007b). Hingegen erklärte Kanti Bajpai, Direktor des „Centre for International Politics" der Jawaharlal Nehru Universität, New Delhi – einer der profundesten Kenner der indischen Außenpolitik – bereits 2002: „Nobody here cares really about Russia." Gemeinsame Sicherheitsperspektiven sind in einigen Regionen Asien vorhanden – in Zentralasien oder in Kaschmir. Was bis auf weiteres bleibt, ist die intensive Zusammenarbeit auf dem Rüstungssektor. Russland ist hier auch zu gemeinsamer Forschung, Produktion und Vermarktung bereit und Indiens bedeutende eigene Fertigung beruht immer noch hochgradig auf russischer Technologie.

---

[19]) Sarkozy visit: Eurocopter off table, but Mirage upgrade on. In: The Times of India, Ausgabe vom 24.01.2008, online.
Sarkozy seeks defence deals, better ties in India. In: The Times of India, Ausgabe vom 25.01.2008, online.
Expand G-8 to include India: Sarkozy. In: The Times of India, Ausgabe vom 26.01.2008, online.

7. Die Beziehungen Indiens zu Japan, der Europäischen Union und Afrika

Da die Beziehungen aus der Sicht Indiens zu anderen Mächten und Regionen nur sekundärer Natur sind – wohlgemerkt, gemeint sind die außenpolitischen, nicht ökonomische Prioritäten – werden sie hier nur sehr kursorisch gestreift.

Japan

Die bilateralen Beziehungen zwischen Indien und Japan haben sich seit der „Eiszeit" wegen der indischen Atomtests von 1998 ebenfalls bedeutend verbessert. Dies begann bereits unter der Regierungsphase der National Democratic Alliance (NDA) und ihrer führenden Partei, der hindu-nationalistischen Bharata Janata Party (BJP), die von 1998 bis 2004 an der Macht war. Für Tokio ist die reibungslose Benützung der Straße von Malakka, die von Indien kontrolliert wird, und damit die Sicherheit der Energiezufuhr von oberster Priorität. Indirekt wird das gute Einvernehmen zwischen Japan und Indien umso wichtiger, je mehr die Beziehungen Japan – China belastet erscheinen. Auf der Singapur-Konferenz im November 2007 verständigten sich Manmohan Singh und der neue japanische Premier Yasuo Fukuda darauf, ein geplantes Freihandelsabkommen schon vorzeitig Mitte 2008 zu unterzeichnen.[20] Als Vorzeigeprojekt gilt das größte Infrastrukturprojekt Indiens, das seit 2006 unter führender Beteiligung japanischer Konsortien umgesetzt wird: der Industrie- und Transportkorridor zwischen Delhi und Mumbai. Einigkeit besteht auch darin, im Rahmen einer globalen strategischen Partnerschaft die Zusammenarbeit in regionalen und multilateralen Foren auszubauen (Themen: Klimawandel, UNO-Sicherheitsrat, maritime Sicherheit etc.). In militärischer Hinsicht gibt es auch bereits konzertierte Aktionen mit der Indischen Marine.

Europäische Union

Im November 2004 kam es zum Abschluss einer „Strategischen Partnerschaft" zwischen Indien und der Europäischen Union beim fünften Gipfeltreffen in Den Haag, unterzeichnet zwischen dem damals erst kurz im Amt befindlichen Premier Manmohan Singh und dem Gastgeber, Regierungschef der Niederlande und EU-Ratspräsidenten Jan Peter Balkenende. Dies zeigte die gegenseitige Anerkennung des Rangs eines bevorzugten Handelspartners. Die EU räumte Indien als globalem Akteur große Bedeutung für die Stabilität Südasiens und die demokratische Entwicklung ganz Asiens ein. Indien wurde damit im Dialog mit der Europäischen Union auf eine Stufe mit anderen privilegierten Partnern gestellt – mit den USA, Kanada, Japan, China und Russland. Gemeinsame Interessen ergeben sich beim Kampf gegen den internationalen Terrorismus, bei Bemühungen um weltweite Abrüstung, bei der Stärkung multilateraler Strukturen etc. (SHAH 2004).

---

[20]) India, Japan agree to deepen strategic partnership. In: The Hindu, Ausgabe vom 22.11.2007.

Innerhalb eines Jahrzehnts – von 1992 bis 2002 – verdreifachte sich das gemeinsame Handelsvolumen auf 27 Milliarden Euro. Nahezu ein Viertel der indischen Exporte geht in die Europäische Union, die damit neben den USA der wichtigste Handelspartner Indiens ist (2004: 24 Prozent oder 33 Milliarden Euro). Trotzdem ist festzuhalten, dass die wirtschaftlichen Beziehungen weit unter ihren Möglichkeiten bleiben. Als Produktionsstandort entdecken europäische Firmen Indien erst seit wenigen Jahren, nachdem der „China-Hype" etwas abzuebben scheint. Die Auslandsinvestitionen in China waren noch 2005 mehr als zehn Mal höher als in Indien.

Natürlich hat Europa auch eine wichtige Vermittlungsfunktion für die wachsende Bedeutung Indiens in der Weltpolitik. Gleichwohl herrscht im indischen Außenministerium immer wieder Verwirrung, wenn von EU-Politikern oder solchen einzelner EU-Mitglieder ganz konträre Statements geliefert werden. So stehen zum Beispiel Frankreich, Großbritannien und Deutschland mit ihren Anboten an militärischer Hochtechnologie als bittere Konkurrenten auf der Matte. Im Zweifelsfall entscheiden sich die Inder dann für klassische Verhandlungen mit einzelnen europäischen Nationen auf bilateraler Basis. Generell lässt sich festhalten, dass das Verhältnis zwischen der EU und Indien von freundlicher Empathie getragen ist, beide Seiten jedoch andere geostrategische Konstellationen jeweils aus ihrer Perspektive für wichtiger erachten.

Afrika

Mit dem wachsenden internationalen Status sucht Indien auch seine Kontakte zu führenden Regionalmächten in Asien, Afrika und Lateinamerika zu intensivieren. Allerdings zeigte die indische Diplomatie bei diesen Bemühungen bisher weit weniger Aggressivität als der große Rivale China. In den letzten Jahren wurde Indien bei seinen Bemühungen, langfristige Kontrakte für Förderrechte und Öllieferungen in Afrika auszuhandeln, mehrfach von China ausgehebelt. Beim Wettrennen um die Rohstoffe der Welt spielt Afrika jedoch eine zunehmend wichtigere Rolle. Seit 2002 gibt es eine indische *„Fokus-Afrika-Initiative"* zur Intensivierung von Investitionen und Handelsaustausch. Diese Bemühungen gipfelten mit der Unterzeichnung einer „Strategischen Partnerschaft" zwischen Nigeria und Indien in Abuja im Oktober 2007 (VOLL 2007c). Die Abkommen reichen von militärischer Zusammenarbeit über die Bildung außenpolitischer „Think Tanks" bis zum forcierten Studentenaustausch.

Drei Charakteristika kennzeichnen den Wandel der Beziehungen seit etwa fünf Jahren (JOBELIUS 2007): Die Beziehungen sind intensiver geworden. Die neuen Initiativen sind strategisch (wirtschaftlich) ausgelegt (der antikoloniale Befreiungskampf hat ausgedient). Die indische Diplomatie geht weg vom Gießkannenprinzip und konzentriert sich auf ölexportierende Staaten wie Nigeria und Sudan, weiters auf Länder mit großen indischen Diaspora-Gemeinden (Tansania, Kenia, Mauritius) und auf die *„emerging power"* Südafrika. Auffällig ist auch die starke Beteiligung Indiens an Friedensmissionen der Vereinten Nationen in Afrika.

Indien importiert etwa ein Viertel seines Rohöls aus Subsahara-Afrika, und wiederum die Hälfte davon vom größten afrikanischen Erdölproduzenten, Nigeria. Dieser Anteil soll noch erhöht werden, da Indien eine zu starke Abhängigkeit von der (islamisch geprägten) Golfregion unbedingt vermeiden will. Nigeria ist zur Zeit wichtigster indischer Handelspartner in Afrika: 2006/2007 machte der bilaterale Handel 7,9 Milliarden Dollar aus. Nigeria liefert aber nahezu ausschließlich Erdölprodukte. Der Slogan „aid for oil" zeigt die Interessenlage Indiens auf.

In jedem Fall wird das Engagement Indiens auf dem afrikanischen Kontinent in den nächsten Jahren stark zunehmen. Die gut organisierte Diaspora-Gemeinde in verschiedenen Ländern Afrikas ermöglicht Indien einen ganz anderen, interessanten Zugang für Handelsaktivitäten als Mitbewerbern. Im April 2008 fand in New Delhi erstmals ein „India-Africa-Forum Summit"[21] statt. Ein Schlagwort dieses Forums war die „Süd-Süd-Kooperation". An der Konferenz nahmen über 1.000 Delegierte, darunter 600 aus 14 ausgewählten afrikanischen Staaten, teil. Premierminister Singh sagte Kredite für Infrastrukturprojekte über fünf Milliarden Dollar zu.

8. Indischer Ozean als „mare nostro"?

Die Weltöffentlichkeit stand zur Jahreswende 2004/2005 im Bann der Tsunami-Katastrophe. Obwohl Indien mindestens 11.000 Tote zu beklagen hatte, lehnte die Regierung im Gegensatz zu anderen Staaten ausländische Hilfe ab. Besonders schwer betroffen waren die kaum mehr als hundert Kilometer vom Epizentrum des Erdbebens entfernt gelegenen Inselgruppen der Andamanen und Nikobaren. Da es sich um wichtige Stützpunkte der indischen Marine handelte, wollte sich hier Indien keinesfalls in die Karten schauen lassen. Gleichzeitig organisierten die Seestreitkräfte jedoch die größte zivile Rettungsaktion in ihrer Geschichte. Anfang 2005 führte die indische Marine mit 32 Schiffen die Tsunami-Hilfsaktion „Operation Sea Wave" durch, nicht nur in eigenen Hoheitsgewässern, sondern auch nach Sri Lanka, zu den Malediven und in die betroffenen Gebiete Südostasiens. Eine Operation dieser Größenordnung deutet auch auf einen hohen Ausrüstungsstand der Marine und fähige Offiziere wie Mannschaften hin – ein deutliches Signal an die Welt.

Dies sind Puzzleteile eines grundsätzlich neuen Politikverständnisses, das zumindest den Beginn eines „Grand Strategy"-Denkens signalisiert. Zwar ist Indien trotz Atombomben und Langstreckenraketen noch keine militärische Supermacht, und trotz alljährlicher, kräftiger Erhöhung des Wehrbudgets auch noch keine bedeutende Seemacht. „Es findet aber zunehmend Gefallen an solchen Vorstellungen", wie Peter SCHNABEL anmerkt.[22] Das Großmachtkonzept, welches die Regierung Vajpayee im Jahr 2003 verabschiedete, enthielt sowohl das Konzept eines Flottenbauprogramms wie auch den Ausbau der militärischen Beziehungen nach Südostasien. Dies deckt sich durchaus mit den Vorstellungen der USA, welche Aufgaben Indien zur Erhaltung globaler Sicherheit in Zukunft übertragen werden sollen. Mit dem Anspruch der Indischen Union, im *gesamten Indischen Ozean*

---

[21]) http://mea.gov.in/indiaafricasummit.

[22]) Nachfolgende Ausführungen stützen sich auf SCHNABEL 2007.

als Ordnungs- und Führungsmacht anzutreten – dezidiert vom Persisch-Arabischen Golf bis zur Straße von Malakka – soll damit ein Gegengewicht zu chinesischen Interessen aufgebaut werden, welche ihrerseits Anspruch erheben, mit ihrer Flottenpolitik bis zu den Küsten Afrikas die Meere kontrollieren zu wollen.

Im Anschluss zur politischen Absichtserklärung der Regierung Vajpayee hat Indien im Jahr 2004 eine neue Marinedoktrin in Kraft gesetzt, welche die Seestreitkräfte wie die Luftwaffe in globale Aufgaben einbinden soll (LEHR 2005). Inzwischen hat diese Doktrin bereits Früchte getragen, zuletzt bei groß angelegten Manövern im Golf von Bengalen im September 2007. Getragen wurde diese Übung mit der Bezeichnung „Malabar 07-02" von den See- und Luftstreitkräften der USA und Indiens; sie operierte vor den Küsten Thailands, Malaysias und Burmas. Es war dies die bisher größte gemeinsame Operation mit der Teilnahme von 26 Kriegsschiffen, darunter auch einigen aus Australien, Japan und Singapur. Der indische Flugzeugträger „INS Viraat" durfte mit zwei atomgetriebenen US-Flugzeugträgern trainieren. Das Netzwerk militärischer und sicherheitspolitischer Kooperationen erstreckt sich inzwischen nicht nur auf die unmittelbare Nachbarschaft des Subkontinents: Im April 2007 operierten auch drei indische Kriegsschiffe bei gemeinsamen japanisch-amerikanischen Manövern im Ostchinesischen Meer.

Dies ist eine klare Botschaft an China, dass mittel- und längerfristig nicht nur der Indische Ozean durch indische Kräfte gesichert werden soll, sondern Indien auch im Vorhof der VR China selbst und in anderen Bereichen des Pazifischen Ozeans aktiv sein kann. Dies bedeutet erstens, dass die USA das nunmehr befreundete Indien in ihre globale Sicherheitspolitik einbauen, und darüber hinaus, dass Indien mit seinen Marine- und Luftwaffeeinheiten gewillt ist, China Paroli zu bieten. Seit März 2000 existiert bereits eine militärische Kooperation mit Vietnam, es folgten Abkommen mit den Philippinen im Februar 2006, mit Australien im Juli 2007 und im Oktober 2007 nochmals eine Erweiterung und Vertiefung der Zusammenarbeit mit Singapur, mit dem Indien schon seit 1993 gemeinsame Marinemanöver durchgeführt hat.

Seit 1999 existiert auch ein sicherheitspolitischer Dialog Indiens mit China, sogar kleinere gemeinsame Manöver fanden bereits statt. Trotzdem bleibt natürlich ein Konkurrenzdenken zwischen den beiden Großmächten bestehen, und darüber hinaus auch beträchtliches Konfliktpotenzial. Einander überlagernde Interessen hinsichtlich der kleineren Nachbarn, Territorial- und Grenzstreitigkeiten entlang der gemeinsamen 3.500 Kilometer langen Grenzen, und zunehmend die Konkurrenz um Rohstoffe (vor allem Energieressourcen) und Märkte. Indien liegt im Rohölverbrauch bereits an sechster Stelle und muss 70 Prozent seines Erdölbedarfs über Importe abdecken, was sich in wenigen Jahren auf 90 Prozent erhöhen wird. Die jahrzehntelange feindliche Funkstille zwischen den asiatischen Riesen ist keinesfalls vergessen, und ein nicht geringer Teil der indischen Öffentlichkeit empfindet China nicht nur als Konkurrenten, sondern noch immer als potenzielle Bedrohung. In vielfältiger Weise agiert China seit langem innerhalb der unmittelbaren Einflusssphäre Indiens: vor allem mit Indiens „Erzfeind" Pakistan, aber auch in Nepal und Burma. Chinesische Einflüsse auf verschiedenen Ebenen lassen sich auch in Bangladesch, Sri Lanka und auf den Malediven ausmachen. Da nun die VR China recht ungeniert im „natürlichen Hinterhof" Indiens agiert, erfolgt der nächste Schachzug von indischer Seite: Hilfestellung vor der Haustür Chinas für Japan, die ASEAN und besonders Vietnam. China versucht seit Jahren, seine Hoheitsgewässer auszuweiten und die Anrainer zur See zu kontrollieren, wie etwa die Auseinandersetzungen um die Spratly-Inseln beweisen (vgl. dazu KRAAS 2004). Nun patrouillieren indische Kriegsschiffe auch im Süd- und Ostchinesischen Meer.

Während des Kalten Krieges schützte noch die Flottenpräsenz der USA wie Großbritanniens die Meere Süd- und Südostasiens. Dies bedeutete Sicherheit trotz niedriger Militärausgaben. Hier hat ein Umdenken stattgefunden. Aufgerüstet wird nicht nur gegen militärische Angriffe, sondern auch zum Schutz der Handelsrouten gegen Piraterie. Die Straße von Malakka galt lange Zeit als *der Hotspot* weltweiter Piraterie, wurde aber in dieser Funktion mittlerweile vom „Horn von Afrika" abgelöst. Multilaterale Kooperationen sollen hier Abhilfe schaffen. Die asymmetrische Kriegsführung gegen Terroristen, Piraten, Guerilleros usw. erfordert jedoch weniger Tarnkappen-Fregatten (wie sie Indien und Singapur bauen) und Überschalljäger als schnelle Eingreiftruppen vor Ort. Trotzdem bietet sich Indien mittelfristig vielleicht als „freundlicher Hegemon" (zit. SCHNABEL 2007) an. Die VR China hat diese Rolle durch ihre forschen Pressionen und exorbitanten Gebietsansprüche längst verwirkt. Japan ist historisch zu belastet und in der Region ökonomisch zu stark. Die USA werden aufgrund überragender Größe und Kampfkraft ihrer Flotten eher gefürchtet als geliebt und, wenn möglich, multilateral eingebunden. Indien hingegen könnte als Führungsmacht in Süd- und Südostasien zu Land und im Indischen Ozean zur See stark genug sein, um zu schützen, aber schwach genug, um nicht zu bedrohen. Seine Rolle sollte aktiv, aber nicht dominant sein.

Ist eine solche Führungsrolle Wunschdenken oder gerechtfertigt? Das Verteidigungsbudget Indiens ist in den letzten Jahren stetig und stark angehoben worden, von neun Milliarden Dollar 1990 auf 14 Milliarden 1998 und 22,3 Milliarden 2006 (2009: Schätzung von 30+ Milliarden). Von diesem großen Kuchen bleibt trotz Präferenz für das ehrgeizige Atomwaffen- und Raketenprogramm doch einiges für die Marine hängen, die vor 2004 mit nur 14 Prozent der Militärausgaben recht stiefmütterlich behandelt wurde.

Indien hat bei der Modernisierung seiner Waffensysteme den großen Vorteil, auf Angebote neuester Technologie aller großen Rüstungskonzerne zugreifen zu können, während China starken Sanktionen unterliegt und aus Eigenmitteln in veralteten Betrieben des militärisch-industriellen Komplexes forschen und entwickeln muss. Mit der Indienststellung des völlig umgebauten ehemaligen russischen Flugzeugträgers der Kiew-Klasse *Admiral Gorshkov* (verschoben auf 2009/10), dann umbenannt auf *Vikramaditya*, wird auch den indischen Marinefliegern ein neuer Radius ermöglicht. Indiens eigene Rüstungsindustrie setzt im Jahr schon über fünf Milliarden Dollar um. Ursprünglich waren die meisten Betriebe Joint-Ventures mit überwiegend russischen Partnern und Lizenztechnologien, inzwischen wächst der Anteil von Eigenentwicklungen stetig. Indien vermag heute eine breite Palette von Waffen zu produzieren: Panzer, Haubitzen, Transport- und Kampfflugzeuge, Lenkwaffenzerstörer wie die neue Bangaloreklasse. Seit 2005 baut Indien seinen dritten Flugzeugträger, die *Vikrant*, in Eigenregie im südindischen Bundesstaat Kerala, und dieser dürfte nicht der einzige seiner Klasse bleiben.

Die militärischen und technischen Voraussetzungen für einen Großmachtstatus Indiens dürften also in den kommenden Jahren gegeben sein. Ob der „freundliche Hegemon" von den Großmächten wie Nachbarstaaten als solcher akzeptiert wird, darüber werden allerdings Außenpolitik, Diplomatie und wirtschaftliche Entwicklung entscheiden.

9. Indien und Pakistan – verfeindete Brüder auf ewig?

Am Ende dieses Beitrags sollen noch einige Anmerkungen zu Pakistan und zu dem so problematischen Verhältnis der beiden Staaten erfolgen. Könnten doch all die Vorstellungen, Großmachtträume und Überlegungen hinsichtlich globaler Einflusssphären und einer zukünftigen Rolle als „freundlicher Hegemon" in einer erneuten militärischen Auseinandersetzung zwischen Indien und Pakistan obsolet werden.

Die zahlreichen Unruhezonen und Krisenherde in Südasien wurden im ersten Teil der Analyse knapp umrissen. Sie reichen von offenen Bürgerkriegen bis zu „Low-Intensity"-Konflikten. Die blutige Geschichte der politischen Trennung der beiden Brüder entlang einer religiösen „*Cleavage*"-Linie und ihre unterschiedliche Entwicklung in getrennten Staaten sollen hier als bekannt vorausgesetzt werden. Pakistan hat die Abtrennung des Kernraums von Kaschmir nie überwunden und lässt sich als Staat charakterisieren, der seine Strategie gegenüber Indien auf Grenzrevisionen ausgerichtet hat, während Indien am Status quo und an territorialer Integrität (um jeden Preis?) festhalten möchte. Drei Kriege 1948, 1965 und 1971 haben an der Pattsituation zwischen den beiden Kontrahenten nichts geändert und mehr als einmal drohte der ständig schwelende Konflikt zu explodieren: besonders virulent nach den Atombombentests beider Staaten (1998), als in der „*Kargil-Krise*" 1999 nicht nur die Clinton-Administration befürchtete, der Dritte Weltkrieg stünde unmittelbar bevor. Der terroristische Angriff islamistischer Freischärler (mit Querverbindungen zu Pakistan) auf das Parlament in New Delhi am 13. Dezember 2001 wäre beinahe „geglückt". Die unmittelbare Kriegsgefahr unter Einschluss eines atomaren Schlagabtausches konnte erst in der ersten Jahreshälfte 2002 gebannt werden, und dies nur unter massivstem Druck der Vereinigten Staaten.

Es folgten darauf wieder einmal Initiativen für einen Abbau der Spannungen zwischen beiden Staaten. Im konventionellen militärischen Wettrüsten wäre Pakistan ohne sein Atomwaffenprogramm dem großen Nachbar heute hoffnungslos unterlegen. Andererseits hält vermutlich gerade dieses *Gleichgewicht des Schreckens* beide Seiten ab, einen begrenzten Kalten Krieg (Phasen der Konfrontation auf hohem Eskalationsniveau) in eine heiße Kriegsphase überzuführen. Es gehört zu den beliebten Sandkastenspielen der Generalität auf beiden Seiten, ob überhaupt und wann eine Strategie des atomaren Erstschlags den Gegner endgültig in die Knie zwingen würde. Während die „*Grand Strategy*" Pakistans – die Zerschlagung der Indischen Union – heute in weite Ferne gerückt zu sein scheint, ist Indiens „*Policy of Containment*" (Eindämmungspolitik) wirksamer. Unterschiedlich beurteilt wird, in welchem Ausmaß Streitmächte an den Frontlinien zu Pakistan, vor allem im Himalaya, in Bereitschaft gehalten werden sollten, um die Kosten für Pakistan zu erhöhen. Umstritten ist auch innenpolitisch die Nukleardoktrin einer „strafenden Vergeltung". Kritiker meinen, gerade dieses Konzept hätte Pakistan dazu getrieben, sich gegenüber Indien als ebenbürtige Atommacht zu etablieren.

Ein anderes Konzept, mit dem Pakistan erfolgreicher operiert, ist die fortgesetzte „*Politik der tausend Nadelstiche*". Grenzüberschreitender Terrorismus islamistischer militanter Gruppen, von denen sich die reguläre pakistanische Armee offiziell völlig distanziert, greift vor allem in Kaschmir nach Indien über. Anschläge von Selbstmordattentätern haben die Opferbilanz unter Zivilisten jüngst drastisch erhöht. Dieses Konzept eines „*Low Intensity War*" wird bereits seit 1989 verfolgt. Indische Militärs diskutieren verschiedene Gegenstrategien. Sie reichen von Vergeltungsschlägen aus der Luft („*Salami Slicing*", „*Operation PoK-Chop*") bis zu den Verfechtern eines begrenzten Krieges. Diese glauben sich im Besitz einer „Eskalationsdominanz", die darin besteht, durch die Androhung der nächsten Ebene den Gegner von einer eigenen Eskalation des Konflikts abhalten zu können (siehe dazu detailliert BAJPAI 2002). Diese Gruppe glaubt, dass unterhalb der atomaren Abschreckungsschwelle weiterhin die Möglichkeit konventioneller Kriege besteht. Zum Vergleich wird die chinesische Militärdoktrin herangezogen, die ebenfalls von der Möglichkeit „lokaler Grenzkriege" ausgeht. Das Konzept des „begrenzten Krieges" dürfte eine falsche und gefährliche Annahme sein. Real und bildlich gesehen sind Indien wie Pakistan so dicht besiedelt, dass es keinen Raum für einen begrenzten Krieg gibt.

2003 schien die Vernunft auf beiden Seiten zu siegen und der Wille zu einer friedlichen Lösung des Kaschmir-Dauerbrenners wurde im November durch einen neuerlichen Waffenstillstand in der Region bekräftigt. Es folgte eine Politik der kleinen Schritte. Wesentliche Fortschritte für die Bevölkerungen ergaben sich durch die Wiederaufnahme des kleinen Grenzverkehrs zwischen beiden Ländern an verschiedenen Punkten. Erstmals nach Jahrzehnten wurde am 7. April 2005 wieder eine Busverbindung von Srinagar nach Muzzaffarabad eingerichtet und zu Jahresbeginn 2006 die ebenso lange brach liegende Bahnlinie durch die Wüste Thar (zwischen Rajasthan und Sindh) reaktiviert.[23] Diese hoffnungsfrohen Bemühungen wurden jedoch wiederum durch Terrorattentate empfindlich gestört, zum Beispiel durch Anschläge auf die Pendlerzüge in Bombay am 11. April 2006 oder auch durch solche militanter islamischer wie hinduistischer Gruppen gegen gesprächsbereite Persönlichkeiten auf beiden Seiten. Präsident Musharraf legte Ende 2006 einen umfangreichen Stufenplan zur Lösung der Kaschmirfrage vor. 2007 brachte keine spektakulären Fortschritte, aber weitere Deeskalation.[24]

Wieder einmal drohen jedoch aktuell die positiven Entwicklungen zunichte gemacht zu werden. Der Grund dafür liegt in der schwersten innenpolitischen Krise Pakistans seit Bestehen des Landes. Richterentlassungen, Massendemonstrationen gegen Musharraf, Kampf der „Koranschüler" um die Rote Moschee in Islamabad, der erzwungene Rücktritt Musharrafs als Armeeoberbefehlshaber, sein Kampf um die politische Macht, Rückkehr und Ermordung der charismatischen Politikerin Benazir Bhutto, Verschiebung der Neuwahlen.[25] Beobachter der Szene sprechen von einer „*Talibanisierung*" der pakistanischen Innenpolitik bis hin zu einem „*versagenden Staat*".

---

[23]) Vgl. Fischer-Weltalmanach 2006, S. 216–217.

[24]) Siehe Fischer-Weltalmanach 2008, S. 219–221.

[25]) Eine aktuelle Diskussion der innerpakistanischen Kalamitäten findet sich unter: newsletter@worldsecuritynetwork.net vom 5. Februar 2008.

Diese innenpolitischen Turbulenzen können auch die Beziehungen zu Indien tagtäglich destabilisieren und zu einer neuen Eskalation der Konflikte zwischen den beiden feindlichen Brüdern führen. Ohne Lösung der Probleme zwischen Indien und Pakistan sowie Indien und anderen Nachbarstaaten stehen die Großmachtträume der Indischen Union jedoch auf tönernen Füßen. Die Position, die Indien künftig global in der Weltpolitik einnehmen kann, wird nicht zuletzt von den Entwicklungen in Südasien entscheidend mit abhängen.

10. Zusammenfassung

Dieser Beitrag versucht, die außenpolitischen Ambitionen Indiens im engeren und weiteren geographischen Umfeld aufzuzeigen. Verbunden mit einem neuen Selbstverständnis einer Rolle als zukünftiger „friedlicher Hegemon" ist ein Perspektivenwechsel in geopolitischer wie geostrategischer Hinsicht. Die sich daraus ergebenden Ziele und Interessensphären werden in einem ersten Abschnitt vorgestellt. Es folgen die Nationen und Großregionen in der Einschätzung der wechselseitigen Aktivitäten mit Indien in der Reihenfolge ihrer Bedeutung aus indischer Perspektive – USA, China, Südostasien, der Golf, Russland. Summarisch werden die Kontakte zu Japan, EU und Afrika erläutert. Die mögliche zukünftige Rolle im Indischen Ozean ist aus globaler Perspektive besonders interessant. Im letzten Teil werden die schwierigen Beziehungen zum Nachbarn Pakistan aufgegriffen – als stete, latente Bedrohung der neuen Großmachtambitionen Indiens.

Auf einen kurzen Nenner gebracht: Indien hat das Potenzial, ein globaler Akteur zu werden – jedoch erst mittel- bis langfristig wie auch der große asiatische Konkurrent China. Bei diesem Prozess sitzt allerdings China im Wartesaal I. Klasse und Indien in jenem II. Klasse, da der Entwicklungsvorsprung der VR China sowohl ökonomisch als auch in der internationalen Durchsetzungsfähigkeit auf der politischen Bühne doch deutlich ist. Ein beträchtliches Gefahrenpotenzial für die innere und äußere Sicherheit Indiens und seine Ansprüche auf einen (künftigen) Großmachtstatus geht auch von seinen unmittelbaren Nachbarn – den „*failing states*" Südasiens – aus.

11. Addenda: Aktuelle Entwicklungen

Analysen geopolitischer Zusammenhänge veralten naturgemäß rasch. Die Erstfassung vom Februar 2008 soll hier noch durch einige Anmerkungen vom Juli 2009 ergänzt werden. Die grundsätzlichen Überlegungen und Argumente zum Thema bleiben jedoch unverändert aufrecht.

Das Nuklearabkommen zwischen Indien und den USA stellt den größten außenpolitischen Triumph des Landes in diesem Jahrzehnt dar. Nach Indiens erstem Atomwaffentest 1974 wurde 1975 ein Verbund von 45 Staaten zur strengen Regelung des Vertriebs von nuklearen Brennstoffen geschaffen, die *„Nuclear Suppliers Group" (NSG)*. Da sich Indien immer weigerte, den Nichtverbreitungsvertrag *(„Non Proliferation Treaty", NPT)* zu unterschreiben und zusätzlich das nukleare Testverbot *(„Comprehensive Test Ban Treaty", CTBT)* ignorierte, wurde das Land über Jahrzehnte mit Sanktionen belegt. Seit der Unterzeichnung eines bilateralen Atomabkommens zwischen Präsident Bush und Premier Singh im Juli 2005 arbeiteten beide Seiten beharrlich am innenpolitischen Sanktus wie an der Zustimmung durch die NSG.

Hintergrund dieses Atomdeals ist die geopolitische Neuorientierung der USA, bei der Indien in Asien als Gegengewicht zum immer stärker werdenden China aufgebaut werden soll – als strategischer Partner und aus wirtschaftspolitischen Gründen (Handelsvolumen des Ausbaus bis zu 150 Milliarden US-Dollar). Ermöglicht wird dieses Abkommen durch die Spaltung in „friedlich" genutzte Kernenergie (mit IAEA-Überprüfung) und militärische Präsenz (atomare Abschreckungsstrategie). Die internationale Atombehörde in Wien *(„International Atomic Energy Agency")* stimmte dem Vertrag am 18. August 2008 zu und unterzeichnete den Sondervertrag mit Indien am 2. Februar 2009. Damit ist Indien das *einzige* Land der Welt, das nun auch offiziell als Atommacht anerkannt ist und weiterhin *nicht* Mitglied des NPT ist (gemeinsam mit Pakistan, Nordkorea und Israel).

Musste dieser Vertrag in den USA einige innenpolitische Hürden überwinden, so stieß er in Indien auf den erbitterten Widerstand von Oppositionsparteien und Atomkraftgegnern. Im August 2008 scherten die Kommunisten deswegen aus der Koalitionsregierung aus und stellten im Parlament die Vertrauensfrage. Manmohan Singh gewann überraschend die Abstimmung mit 275 zu 256 Stimmen bei zehn Enthaltungen. Die Ratifizierung des wichtigsten Projekts seiner Amtszeit bescherte dem Kongress und seinen Verbündeten einen riesigen Prestigegewinn.

Ein weiteres herausragendes Ereignis waren die 15. Parlamentswahlen zum Unterhaus (Lok Sabha) der „Größten Demokratie der Welt" in fünf Wahlrunden im April/Mai 2009 (siehe dazu auch NISSEL 2009). Von 714 Millionen Wahlberechtigten (!) gaben 428 Millionen (60 Prozent) ihre Stimme ab. 369 Parteien stellten 8.070 Kandidaten auf, 37 Parteien und neun unabhängige Abgeordnete wurden in das Parlament gewählt. Entgegen aller Prognosen hat sich die indische Nation für Stabilität und Kontinuität der bisherigen Politik der Regierungskoalition von Kongress und Verbündeten ausgesprochen, während die Oppositionsparteien von Mitte-Rechts (BJP, Jana Sangh) bis weit Links (alle Linksparteien) schwere Verluste hinnehmen mussten. Damit kann die Kongress-Partei bis 2014 ohne besondere Probleme die Regierungsgeschäfte betreiben. Mit dieser eindrucksvollen Demonstration politischer Reife – besonders im Vergleich mit den schweren Turbulenzen und Verwerfungen in den südasiatischen Nachbarstaaten – können die außenpolitischen Ambitionen Indiens kontinuierlich ausgebaut werden.

Das Verhältnis zu Pakistan bleibt weiterhin von einem ewigen Auf und Ab gekennzeichnet. Die permanenten und wachsenden Probleme des Nachbarn in der Innen- wie Außenpolitik, in der Terrorismusbekämpfung, im atomaren Arsenal lassen in Washington und Delhi die Alarmglocken schrillen. Aus den Parlamentswahlen am 18. Februar 2008 ging die vorher oppositionelle *Pakistan Peoples Party* (PPP) als Wahlsieger hervor. Die Macht hat (angeblich vorübergehend) der Witwer der ermordeten Premierministerin Benazir Bhutto, Asif Ali Zardari übernommen (vereidigt am 9. September 2008). Noch am 29. November 2007 war der „starke Mann" Pakistans, General Musharraf als ziviler Präsident für eine zweite Amtsperiode bis 2012 gewählt worden. Am 18. August 2008 musste Musharraf wegen eines drohenden Amtsenthebungsverfahren zurücktreten. Seither versucht die pakistanische Armee in groß angelegten Operationen, in einem Kampf auf Biegen und Brechen Hochburgen der Taliban und anderer islamistischer Bewegungen in der Nordwestprovinz, im Swat-Tal usw. auszuheben.

Die politische Radikalisierung Pakistans hat unmittelbare Auswirkungen auf Indien, zuallererst auf die Kaschmirfrage. Das zweite Thema, das Indien nach dem Nuklearabkommen monatelang bewegte, war der furchtbare Anschlag auf die „Wirtschaftshauptstadt" Bombay/Mumbai vom 26. bis 29. November 2008, der in seiner Planung und Durchführung alle früheren Operationen weit in den Schatten stellte. Zehn fanatische Mitglieder der Terrororganisation *Lashkar-e-Taiba* waren über See eingesickert und hatten tagelang „*landmarks*" der City gehalten. Zurück blieben 179 Tote, über 300 Verletzte und ein überlebender Attentäter, Ajmal Amir Kasab.[26] Äußerlich ist die Metropole zwar aus heutiger Sicht erstaunlich rasch zur Normalität zurückgekehrt, aber der Schock sitzt tief und das starke Misstrauen zwischen Hindus und Moslems bleibt aufrecht. Erst im Februar 2009 hat die pakistanische Regierung offiziell „akzeptiert", dass die Angreifer aus ihrem Land kamen, dort trainiert und indoktriniert wurden. Die Angst vor dem islamistischen Terror ist in Indien weiter gewachsen und wurde im Wahlkampf gezielt geschürt. Es ist dem Premier *Manmohan Singh* und seiner Regierung hoch anzurechnen, trotz großer Pressionen der Versuchung eines militärischen Racheakts widerstanden zu haben. Vielleicht wird diese Besonnenheit erst im historischen Rückblick als großes Verdienst gewürdigt werden.

Auch andere Bedrohungsszenarien können nicht übersehen werden. Indien spürt ebenfalls die Folgen der weltweiten Wirtschafts- und Finanzkrise und wird die (durchschnittlich bei acht Prozent des Bruttosozialprodukts liegenden) Wachstumssteigerungen der letzten Jahre nicht fortsetzen können. Dadurch wiederum sind die umfangreichen (eingeleiteten wie geplanten) Programme zur Armutsbekämpfung gefährdet. Wachsende strukturelle Defizite, vor allem weiter steigende sozioökonomische Disparitäten bieten politischen Sprengstoff und verlangsamen auch den Aufstieg zur Großmacht. Die zunehmenden Ungleichheiten im gesellschaftlichen System belasten die friedliche Koexistenz der „*unity in diversity*" enorm. Indische Autoren sprechen bereits von einer „*Second Partition*" nach der Teilung des Subkontinents 1947.

Der kometenhafte Aufstieg von Barack Obama zum 56. Präsidenten der Vereinigten Staaten mit der Wahl am 4. November 2008 hat in Indien wesentlich geringere Begeisterung ausgelöst als in weiten Teilen der Welt. So unbeliebt sein Vorgänger Bush gegen Ende seiner Amtszeit auch international war, so sehr wurde er in Indien wegen des erfolgreichen Atomdeals gefeiert. Hingegen sorgt Obamas Initiative für eine atomwaffenfreie Welt in Delhi für große Unruhe. Und Jahrzehnte lang war nicht Indien, sondern Pakistan der enge

---

[26]) Der überlebende Attentäter hat sich im seit Mai laufenden Prozess am 20. Juli 2009 überraschend „schuldig" bekannt.

Verbündete der USA in Südasien. Dies bekam die US-Außenministerin Hillary Clinton bei ihrem ersten Besuch Indiens im Juli 2009 deutlich zu spüren.[27] So lehnt Indien es kategorisch ab, sich in irgendeiner Form rechtlich zur Begrenzung der Schadstoffemissionen zu bekennen. Klimaschutz betrachtet Indien bisher als Bringschuld der reichen Industrienationen.

12. Literatur

BAJPAI, K. P. (2002): Roots of Terrorism. New Delhi: Penguin Books.

GUPTA, A. D. (2007): Es besteht Nachholbedarf. Indiens strategische Versäumnisse in Südostasien. In: Südostasien, Zeitschrift für Politik, Kultur, Dialog 4/2007, Essen: Asienhaus, S. 8–10.

IHLAU, O. (2008): Indien auf dem Sprung zur Weltmacht. In: Aus Politik und Zeitgeschichte 22/2008. Bonn: Bundeszentrale für politische Bildung, S. 3–6.

JOBELIUS, M.: Delhis Auftritt. In: Zeitschrift für Entwicklung und Zusammenarbeit, E+Z 6/2007, Frankfurt am Main: Deutsche Gesellschaft für Internationale Zusammenarbeit, S. 242–244.

KÖBERLEIN, M. (2008): Politischer Jahresbericht Indien 2007/2008. Delhi: Heinrich Böll Stiftung, Regionalbüro Indien.

KRAAS, F. (2004): Konfliktpotentiale und Konfliktbewältigung in der ASEAN. In: Petermanns Geographische Mitteilungen 148 (2), Stuttgart: Ernst Klett Verlag, S. 44–51.

LEHR, P. (2005): Seemacht Indien? Ein Jahr nach der Veröffentlichung der neuen Marinedoktrin. In: SCHUCHER, G. und C. WAGNER (Hrsg.): Indien 2005. Politik, Wirtschaft, Gesellschaft. Hamburg: Institut für Asienkunde, S. 93–113.

MOHAN, C. R. und K. J. VOLL (2007): Schulterschluss der Rivalen. Wirtschaft, Nukleartechnik, Regionalpolitik: Die chinesisch-indischen Beziehungen sind enger denn je. Erfüllt sich Nehrus Vision der Bildung eines neuen Asiens? In: Internationale Politik 62 (7/8), Berlin: Deutsche Gesellschaft für Auswärtige Politik, S. 74–79.

MOHAN, C. R. (2006): India and the Balance of Power. In: Foreign Affairs 85 (4), Tampa: Council on Foreign Relations, S. 17–32.

MÜLLER, H. (^{2}2007): Weltmacht Indien. Wie uns der rasante Aufstieg herausfordert. Frankfurt am Main: Fischer.

MÜLLER, H. und C. RAUCH (2007): Wahl zwischen Pest und Cholera. Indien braucht Uran, die USA brauchen Indien – doch nützt der geplante Nukleardeal zwischen beiden Staaten der Abrüstung? In: Internationale Politik 62 (12), Berlin: Deutsche Gesellschaft für Auswärtige Politik, S. 100–105.

N.N.: India, Japan agree to deepen strategic paertnership. In: The Hindu, Ausgabe vom 22.11.2007.

NISSEL, H. (2007): Indien. In: Landesverteidigungsakademie (Hrsg.): Aspekte zur Vision BH 2025. Wien, S. 299–315 (= Schriftenreihe der Landesverteidigungsakademie, Nr. 7/2007).

NISSEL, H. (2008): Indien – Globaler und regionaler geopolitischer Akteur? In: RIEMER, A. K. (Hrsg.): Geopolitik der Großen Mächte. Wien, S. 205–241 (= Schriftenreihe der Landesverteidigungsakademie, Nr. 4/2008).

NISSEL, H. (2009): Indien hat gewählt. Ergebnis und Bewertung der 15. Unterhauswahlen im April/Mai 2009. ISS Flash Analysis 5/2009. Institut für Strategie und Sicherheitspolitik, Landesverteidigungsakademie Wien.

---

[27]) Sascha ZASTIRAL: Auf der Suche nach Gemeinsamkeiten. In: Die Presse, Ausgabe vom 21.07.2009.

PILNY, K. (2006): Tanz der Riesen. Indien und China prägen die Welt. Frankfurt / New York: Campus.

ROTHERMUND, D. (2008): Indien. Aufstieg einer asiatischen Weltmacht. München: C. H. Beck.

SCHNABEL, P. (2007): Ein kleines bisschen Supermacht. Die Rolle der indischen Streitkräfte in Südostasien. In: Südostasien, Zeitschrift für Politik, Kultur, Dialog 4/2007, Essen: Asienhaus, S. 11–14.

SHAH, D. (2004): Europäische Union und Indien bekräftigen Zusammenarbeit. Internet: http://www.suedasien.info/nachrichten/717 (Zugriff: 18.01.2008).

VOLL, K. J. (2003): Geopolitik, atomare Kriegsgefahr und indische Sicherheitsinteressen. Internet: http://www.suedasien.info/analysen/638 (Zugriff: 12.09.2007).

VOLL, K. J. (2007a): Indische Ostpolitik. Bilanz der Indien-ASEAN-und-Ostasien-Gipfeltreffen in Singapur. Internet: http://www.suedasien.info/analysen/2201 (Zugriff: 18.01.2008).

VOLL, K. J. (2007b): Indisch-russischer Gipfel in Moskau. Moderne Waffen, Energie und Handel. Internet: http://www.suedasien.info/nachrichten/2170 (Zugriff: 18.01.2008).

VOLL, K. J. (2007c): Strategische Partnerschaft zwischen Indien und Nigeria. Internet: http://www.suedasien.info/nachrichten/2140 (Zugriff: 18.01.2008).

Von HAUFF, M. (Hrsg.) (2009): Indien. Herausforderungen und Perspektiven. Marburg an der Lahn: Metropolis-Verlag.

WAGNER, Ch. (2004): Großmacht im Wartestand? Indische Außenpolitik am Beginn des 21. Jahrhunderts. Berlin: Südasien-Informationsnetz e.V. (= Südostasien-Informationen 5/2004).

Überschwemmungen und Entwicklung in Bangladesch – von Widersprüchen zu Zusammenhängen[1]

TIBOR ASSHEUER und A. Z. M. SHOEB

Inhalt

1. Einführung 557
2. Katastrophen und sozioökonomische Entwicklungen in Bangladesch 559
3. Überschwemmungen in Bangladesch 562
   3.1 Historischer Hintergrund 562
   3.2 Ursachen der Überschwemmungen 565
4. Die Überschwemmungen 2007 – eine Fallstudie 567
   4.1 Die Überschwemmung 2007 im Vergleich zu anderen Überschwemmungsjahren 567
   4.2 Die Vulnerabilität der Bevölkerung durch Katastrophen: der Kontext von Bangladesch 571
5. Die Überschwemmungskatastrophe des Jahres 2008 und ihre Folgen 577
6. Überschwemmungsmanagement in Bangladesch 580
   6.1 Phasen der Überschwemmungskontrolle 580
   6.2 Staatliche Organisationen 582
   6.3 Die Rolle der Entwicklungshilfepartner, NGOs und der Bevölkerung . 583
7. Der Beitrag von Nicht-Regierungsorganisationen (NGOs) zur Senkung der Vulnerabilität der von Überschwemmungen betroffenen Bevölkerung 584
   7.1 Integration des Katastrophen-Managements in die reguläre Projektarbeit 585
   7.2 Konkrete Katastrophenschutz-Projekte der NGOs 586
   7.3 Der Beitrag von Nicht-Regierungsorganisationen zur „Resilience" 590
8. Fazit 594
9. Literatur 594

1. Einführung

Bangladesch wird gemeinhin als ein typisches Land für Überschwemmungen und – als Folge davon – von Katastrophen gesehen. Die Ursachen für Überschwemmungen und der Umgang mit diesem Phänomen seitens der Regierung und der Nicht-Regierungsorganisationen (NGOs) sind Gegenstand dieses Artikels. Besonderer Wert wird dabei auf die Aspekte der sozioökonomischen Entwicklung des Landes gelegt. Um die Zusammenhänge im Kontext von Bangladesch besser verstehen zu können, werden theoretische Kon-

---

[1]) Der vorliegende Beitrag (abgeschlossen im Jahr 2009) ist eine in Zusammenarbeit mit A. Z. M. SHOEB, University of Rajshahi, Bangladesch, entstandene Folgestudie der Diplomarbeit von Tibor ASSHEUER mit dem Titel „Entwicklungszusammenarbeit als Anpassung an Naturereignisse – Nichtregierungsorganisationen (NGOs) und Überschwemmungen in Bangladesch", die 2007 am Institut für Geographie und Regionalforschung approbiert wurde.

zepte wie „Vulnerabilität" und „Resilience" angesprochen. Zur Veranschaulichung der komplexen Probleme, die Naturkatastrophen in Bangladesch mit sich bringen, wird im Besonderen auf die Überschwemmung 2007 und ihre Folgen eingegangen. Ein weiterer Schwerpunkt dieses Artikels liegt auf den Möglichkeiten von im Land tätigen Nicht-Regierungsorganisationen (NGOs), die Fähigkeit der Bevölkerung zur Bewältigung solcher Katastrophen zu verbessern.

Es steht außer Frage, dass Überschwemmungen in Bangladesch sowohl überlebenswichtig sind als auch eine große Zerstörungskraft haben. Die Auswirkungen hängen jeweils vom Zeitpunkt, der Art, Dauer und Höhe der Überschwemmung ab. Überschwemmungen füllen die Grundwasserspeicher, beseitigen Schädlinge und versorgen den Boden mit neuen Nährstoffen. Dadurch sind sogenannte „Bumper-Harvests" nach einer Überschwemmung ein häufiges Phänomen. Gleichzeitig leiden aber auch viele Millionen Menschen unter immer wiederkehrenden großen Überschwemmungen. Diese Komplexität stößt auf das Interesse zahlreicher Forscher aus verschiedenen Disziplinen und macht Überschwemmungen in Bangladesch zu einem vielbeachteten Forschungsgegenstand.

Um der Überschwemmungen in Bangladesch Herr werden zu können, wurde eine Vielzahl von Programmen und Plänen ins Leben gerufen wie zum Beispiel der „Flood Action Plan" (FAP). Seit der Unabhängigkeit des Landes im Jahr 1971, aber auch schon vorher, als Bangladesch noch ein Teil Pakistans war, gab es verschiedene Ansätze, um Überschwemmungen zu bewältigen. Während zunächst noch bauliche, ingenieurtechnische Maßnahmen angewendet wurden, wird heute auch großer Wert auf andere, nicht nur technisch ausgerichtete Lösungskonzepte gelegt.

Überschwemmungen wirken sich hinderlich auf die sozioökonomische Entwicklung der armen Bevölkerung aus und gerade die Armut ist eine der Hauptursachen für die hohe Anfälligkeit der Bevölkerung gegenüber Überschwemmungen. Deshalb sind die Unterstützung der betroffenen Bevölkerung durch Nicht-Regierungsorganisationen und die Zusammenarbeit mit Entwicklungspartnern wie zum Beispiel dem „United Nations Development Programme" (UNDP) von hoher Bedeutung. „Katastrophen" und „Entwicklung" korrelieren eng miteinander, und zwar keineswegs immer negativ. Einerseits wirkt Entwicklung der Entstehung von Katastrophen entgegen, andererseits können Katastrophen aber auch den Ausgangspunkt für positive Entwicklungen darstellen. Das Konzept der „Resilience" basiert auf diesen positiven Aspekten bzw. der Lernfähigkeit von Bevölkerungen. Das Konzept der „Vulnerabilität" hingegen ist hilfreich bei der Untersuchung, unter welchen Rahmenbedingungen Naturereignisse zu Katastrophen werden können.

Das Konzept der „Resilience" führt weiter und versucht, Antwort auf die Frage zu geben, warum ein System in einer Stresssituation nicht kollabiert. Daraus lassen sich wertvolle zusätzliche Informationen über Strukturen gewinnen, die die Funktionsfähigkeit eines Systems stützen und stärken. Wesentlich ist, dass Resilience zwar das Gegenteil von Vulnerabilität darstellt, jedoch einen systemischen Ansatz verfolgt, störungsunspezifisch argumentiert und das Potenzial der Weiterentwicklung und der positiven Anpassung ergründet. Damit liefert dieser Ansatz einen wichtigen zusätzlichen Beitrag für eine effiziente Entwicklungszusammenarbeit.

Der folgende Artikel möchte die unterschiedlichen Ebenen der Interaktion von Entwicklung und Katastrophen am Beispiel der großen Überschwemmungen in Bangladesch darstellen und versucht dann aufzuzeigen, inwiefern NGOs die Widerstandskraft der Bevölkerung Bangladeschs zu stärken in der Lage sind. Die empirische Grundlage des vorliegenden Artikels stellen zwei in den Jahren 2006 und 2007 durchgeführte Feldstudien der Autoren in den Überschwemmungsgebieten in Bangladesch dar.

Der erste Forschungsaufenthalt hatte zum Ziel, den Umgang der NGOs mit Überschwemmungen zu analysieren. Zu diesem Zweck führten die Autoren von Juni bis September 2006 im Nordwesten Bangladeschs und in Dhaka zahlreiche Interviews mit Koordinatoren von NGOs, mit Wissenschaftlern und mit Beamten der bangladeschischen Regierung. Zum Aspekt der „Resilience" wurden im August 2008 zusätzlich zwei gesonderte Interviews mit „CARE Bangladesh" und „CARE Deutschland" geführt, wobei es sich um leitfadengestützte, problemzentrierte Expertengespräche handelte. Bei der zweiten Befragung im Juni und September 2007 wurden von der damaligen Überschwemmung betroffene Haushalte interviewt. Ziel dieser Befragung war einerseits, einen unmittelbaren und aktuellen Einblick in die Reaktionen der Betroffenen auf die Überschwemmung zu erhalten, andererseits sollte ein Überblick über das Ausmaß der Vulnerabilität der Bevölkerung erlangt werden. Die Befragung fand ebenfalls im Nordwesten des Landes statt und konzentrierte sich primär auf dörfliche Strukturen.

2. Katastrophen und sozioökonomische Entwicklung in Bangladesch

Global gesehen ereignen sich die meisten Katastrophen – im Sinne von Todesfällen und menschlichen Tragödien – in den sogenannten „Entwicklungsländern". Bangladesch ist dafür ein bekanntes Beispiel. Gravierende Naturereignisse treffen in diesen Ländern auf fragile Siedlungs- und Landnutzungsstrukturen und ungünstige sozioökonomische Verhältnisse, die sich gegenseitig verstärken können und auf diese Weise oft ein Naturereignis zu einer Naturkatastrophe werden lassen (BUCKLE 2005, S. 176). Naturkatastrophen sind somit das Produkt einer Naturgefahr und der Anfälligkeit der betroffenen Bevölkerung bzw. ihrer mangelnden Fähigkeit, Katastrophen zu bewältigen.

Die Interaktion von Katastrophen und Entwicklung – grundsätzliche Überlegungen

Nachdem eine Katastrophe eingetreten ist, besteht die vorrangige Aufgabe der Verantwortlichen zunächst darin, Notfallhilfe zu leisten und, in späterer Folge, Aufräumarbeiten durchzuführen. Diese Zeit *nach* einer Katastrophe wurde bisher wegen der Vielfalt dringend zu bewältigender Probleme und Aufgabenstellungen als zu komplex und dynamisch angesehen, als dass dabei institutionelle Änderungen des Systems in Angriff genommen werden könnten, die eine langfristige sozioökonomische Entwicklung ermöglichen würden.

Das Interaktionsfeld zwischen „Katastrophe" und „Entwicklung" (siehe Abb. 1) kann grundsätzlich in vier Bereiche unterteilt werden, wobei diese sowohl nach positiven als auch nach negativen Auswirkungen auf den Entwicklungsprozess differenziert werden können (UNDP / UNDRO 1992). Folgende Szenarien sind dabei denkbar (vgl. Abb. 1):

Abb. 1: Mögliche Interaktionen zwischen Katastrophen und Entwicklung

Negative Aspekte — Positive Aspekte

– + : Entwicklung kann Vulnerabilität erhöhen.
+ + : Entwicklung kann Vulnerabilität senken.
– – : Katastrophen können Entwicklung zurückwerfen.
+ – : Katastrophen liefern Möglichkeiten für Entwicklung.

Aspekte der Entwicklung / Aspekte der Katastrophen

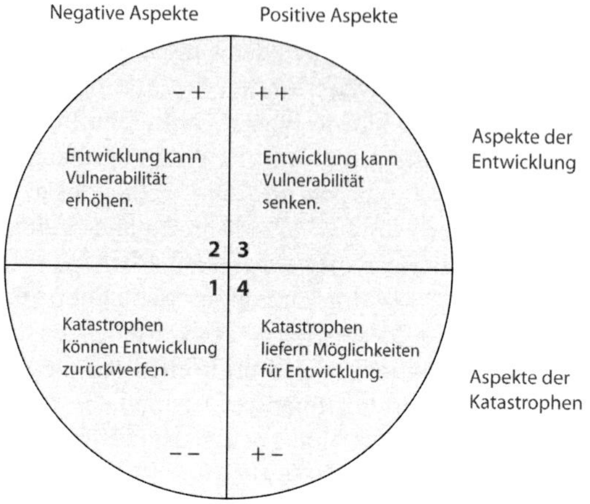

Quelle: UNDP / UNDRO 1992, verändert von den Autoren.

1. Entwicklung wird durch Katastrophen unterbrochen (--).

2. Entwicklung kann die Vulnerabilität der Bevölkerung erhöhen (-+): Aufgrund von Entwicklungsprogrammen kann eine Region anfälliger für Überschwemmungen werden. Dies ist beispielsweise der Fall, wenn bauliche Maßnahmen ungeplant und ungeregelt ablaufen.

3. Entwicklung kann die Vulnerabilität der Bevölkerung reduzieren (++): Entwicklungsprogramme können so aufgebaut sein, dass die Anfälligkeit der Bevölkerung für Naturkatastrophen und deren negative Auswirkungen gesenkt wird. So können zum Beispiel im Rahmen eines Projektes Häuser errichtet werden, die den Naturereignissen besser widerstehen können. Dieses Szenario stellt den Idealfall für eine forcierte Entwicklung bei gleichzeitiger Absenkung der Vulnerabilität der Bevölkerung im Krisengebiet dar.

4. Katastrophen eröffnen bzw. initiieren neue Entwicklungsmöglichkeiten (+-): Während der Aufbautätigkeit nach einer Katastrophe bieten sich Möglichkeiten, überkommene politische bzw. sozioökonomische Strukturen zu erneuern.

Zur Interaktion von Katastrophen und Entwicklung in Bangladesch

In Bangladesch sind schon seit langem Katastrophenereignisse, Entwicklungsprozesse und die Vulnerabilität der Bevölkerung eng miteinander verflochten. Es stellt sich nun die Frage, welches der vier oben genannten Szenarien die Situation im Land im Falle

Überschwemmungen und Entwicklung in Bangladesch

einer großen Naturkatastrophe am besten beschreibt. Zweifellos die größten Möglichkeiten, katastrophale Ereignisse für die Einleitung positiver Entwicklungen zu nützen, eröffnet Szenario 3 und es ist deshalb auch ein wichtiges Anliegen dieses Beitrags, solche positiven Entwicklungsimpulse, die von Maßnahmen zur Bewältigung von Naturkatastrophen ausgehen, zu analysieren. Konkret sollen in diesem Zusammenhang Aktivitäten der in Bangladesch tätigen NGOs zur Krisenbewältigung beschrieben und in Hinblick auf ihren möglichen Beitrag zur Verringerung der Vulnerabilität der betroffenen Bevölkerung analysiert werden.

Neben der Möglichkeit, durch diverse Entwicklungsmaßnahmen die Katastrophenanfälligkeit der Bevölkerung zu reduzieren, können – wie schon erwähnt – Katastrophen auch neue Entwicklungen auslösen bzw. fördern. Dementsprechend sollten Planungs- und Entscheidungsträger nicht nur Kreativität, sondern auch ein hohes Maß an Flexibilität aufweisen, um das Auftreten von Katastrophen zur Förderung neuer Konzepte und Ideen zu nützen. Falls es Bangladesch gelingt, das regelmäßige Auftreten von Überschwemmungskatastrophen positiv für weiterführende Entwicklungsschritte zu nützen, wäre dies eine wesentliche Errungenschaft. Allerdings sind solche positive Beispiele bislang selten. Nach großen Überschwemmungen kommt es in Bangladesch zum Beispiel oft zu besonders ertragreichen Ernten (sog. „Bumper-Harvests"), da der hohe Grundwasserspiegel und die neu eingebrachten Sedimente positive Auswirkungen auf die Bodenqualität haben. Allerdings behindert der vermehrte Eintrag unfruchtbarer Schwemmsande auch die landwirtschaftliche Produktion. Ein großes Potenzial für innovative Maßnahmen besteht im Bereich der Wiederaufbaumaßnahmen, und zwar, indem man versucht, aus vergangenen Fehlern zu lernen. Aber auch diesbezüglich sind die Bemühungen der Regierung von Bangladesch eher spärlich. NGOs hingegen leisten im Katastrophenfall zwar meist wesentlich effektiver Hilfe als staatliche Organisationen, das Potenzial für umfassendere Entwicklungsvorhaben wird aber auch hier weitgehend nicht genützt (vgl. Kapitel 6.3).

Das zweite der in Abbildung 1 dargestellten Szenarien – Entwicklung erhöht die Vulnerabilität der Bevölkerung – ist leider in vielen Bereichen der Entwicklungsarbeit in Bangladesch vertreten. Sogar an sich wichtige Entwicklungsvorhaben, wie die Errichtung künstlicher Bewässerungsanlagen, bringen oft negative Auswirkungen mit sich, indem dadurch eine erhebliche Absenkung des Wasserspiegels verursacht und darauf folgende Dürren in benachbarten Gebieten ausgelöst werden. Entwicklungsprojekte in überschwemmungsgefährdeten Gebieten erhöhen die Vulnerabilität der Bevölkerung, falls keine zusätzlichen Vorkehrungen gegen Überschwemmungen getroffen werden. Dementsprechend ist es wichtig, dass die Regierung von Bangladesch bestehende Entwicklungsmaßnahmen auf eine erhöhte Schadensanfälligkeit hin überprüft.

Das erste Szenario in Abbildung 1 beschreibt den ungünstigsten und gleichzeitig häufigsten Fall in Bangladesch, nämlich, dass Katastrophen die gedeihliche Landesentwicklung verhindern oder erschweren. Grundsätzlich hat jede Katastrophe gravierende Auswirkungen auf Entwicklungsprozesse, und – teilweise simultan auftretende – Wirbelstürme, Überschwemmungen oder andere Naturgefahren stellen eine entscheidende Herausforderung für Politiker, Planer und Betroffene dar. Sowohl Privatunternehmer als auch die Regierung sträuben sich zunehmend, in komplexe Industrien oder in längerfristige Entwicklungsvorhaben zu investieren, wenn die Gefährdung durch Naturereignisse immer wieder zu befürchten ist. Als Folge dieser Passivität ist eine Stagnation im technologischen Fortschritt zu beobachten. Die daraus resultierende mangelnde ökonomische Entwicklung, verbunden mit zunehmender Armut und einem Verfall traditioneller sozialer Normen und Werte bewirkte in den letzten Jahren eine kontinuierlich zu beobachtende Zunahme von wirtschaftlicher Unzufriedenheit und politischen Unruhen im Land und beeinflusst letztendlich auch die Funktionsfähigkeit der staatlichen Institutionen. Genau aus dem Grund müssen sich auch in ihrer Tätigkeit stärker sozial ausgerichtete NGOs mit „Natur"katastrophen beschäftigen.

Obwohl sich also in Bangladesch alle vier Interaktionsvarianten zwischen „Katastrophe" und „Entwicklung" finden lassen, überwiegen jedoch die negativen Varianten deutlich.

Bevor nun die einzelnen Interaktionsmöglichkeiten anhand der großen Überschwemmungskatastrophen der letzten Jahre in Bangladesch diskutiert werden, soll zunächst ein grober Überblick über Häufigkeit und Ausmaß solcher Katastrophen gegeben werden.

3. Überschwemmungen in Bangladesch

3.1 Historischer Hintergrund

Der Großteil der Fläche von Bangladesch ist ein Schwemmland und hat seine heutige Gestalt vor allem den Aktivitäten der Flüsse und Überschwemmungen zu verdanken. Letztere sind in Bangladesch jährliche Erscheinungen, die sich in reguläre und nicht-reguläre Ereignisse unterteilen lassen. Systematische Aufzeichnungen solcher Überschwemmungen existieren allerdings erst seit der großen Flut im Jahr 1954, Informationen über frühere Flutkatastrophen lassen sich aus älteren Tageszeitungen, der Literatur oder mündlichen Überlieferungen entnehmen. Eine detaillierte Beschreibung der schwerwiegenden Überschwemmung aus dem Jahr 1887 bietet beispielsweise das Amtsblatt in Indien (1908, zitiert in MIAH 1988, S. 1). Tabelle 1 gibt einen Überblick über die größten Überschwemmungen und ihre Folgen in Bangladesch in den letzten beiden Jahrhunderten.

In den 1950er-Jahren, insbesondere in den Jahren 1954, 1955 und 1956, ereigneten sich mehrere großflächige Überschwemmungen, bei denen bis zu ein Viertel der Landesfläche überflutet war. Kurz nach der Unabhängigkeit des Landes kam es 1974 zu einer Überschwemmung, die eine dramatische Hungersnot auslöste[2] und – nach einer inoffiziellen Quelle – rund 500.000 Todesopfer forderte (offiziell hingegen 30.000 Tote). Auch die Überschwemmung 1998 hatte katastrophale Folgen und war in ihrem Ausmaß und ihrer Dauer die schlimmste Überschwemmung des 20. Jahrhunderts (Tab. 1 und 2). Sie dauerte

---

[2]) Die Bevölkerung des Landes litt zu dem Zeitpunkt überdies auch noch unter den dramatischen Auswirkungen des Unabhängigkeitskrieges 1971 und des Wirbelsturms 1970.

Tab. 1: Die größten Überschwemmungskatastrophen der letzten 200 Jahre in Bangladesch

Jahr	Ereignis	Auswirkungen / Todesfälle
1784-88[a]	Überschwemmung und Hungersnot; drastische Flussbettänderung des Jamuna (Beginn 1787)	nicht bekannt
1876[a]	Bakerganj (Barisal) Wirbelsturm, gefolgt von Sturmflut und Hochwasser	400.000 Tote
1897[a]	Chittagong: Wirbelsturm, Sturmflut, Hochwasser	175.000 Tote
1970[a]	12. November: Wirbelsturm, gefolgt von Sturmflut und Hochwasser	400.000 – 500.000 Tote
1974[a]	Überschwemmung und Hungersnot	500.000 Tote (offizielle Zahl: 30.000 Tote)
1987[b]	Überschwemmung	1.657 Tote, 1 Mrd. US-Dollar wirtschaftlicher Verlust
1988[c]	Überschwemmung	2.379 Tote, 2 Mrd. US-Dollar wirtschaftlicher Verlust
1991[d]	29. April: Wirbelsturm, gefolgt von Sturmflut und Hochwasser	138.000 Tote, 1,4 Mrd. US-Dollar wirtschaftlicher Verlust
1998[e]	Überschwemmung	918 Tote, 3 Mrd. US-Dollar wirtschaftlicher Verlust
2004[f]	Überschwemmung	747 Tote, 2,2 Mrd. US-Dollar wirtschaftlicher Verlust
2007[g]	Überschwemmung	1.071 Tote, 392 Millionen US-Dollar wirtschaftlicher Verlust
Nov. 2007[g]	SIDR (Wirbelsturm), gefolgt von Sturmflut und Hochwasser	3.447 Tote, 1,4 Mrd. US-Dollar wirtschaftlicher Verlust

Quellen: [a]) ARTHUR und MCNICOLL (1978, S. 29); [b]) BRAMMER (1990b); [c]) International Red Crescent, Pressemitteilung, 26. September 1988; [d]) HAQUE (1995, 1997); [e]) Disaster Management Bureau, Bangladesh Government, Dezember 1998; [f]) SHOEB (2004); [g]) BWDB (2008); Dartmouth Flood Observatory 2008.

mehr als zwei Monate, in manchen Gebieten sogar bis zu drei Monate (SIDDIQUE und CHOWDHURY 2000). Die Höhe des Gesamtschadens wurde auf ca. drei Milliarden US-Dollar geschätzt (FFWC 1999).

1987 und 1988 waren ebenfalls außergewöhnliche Überschwemmungsjahre. Über 40 Prozent des Landes waren von den aufeinanderfolgenden Überschwemmungen betroffen. Es ist ein sehr seltenes Phänomen, dass innerhalb von zwei Jahren starke Überschwemmungen auftreten. Die Weltbank betonte damals aber, dass sich daraus kein Trend für die Zukunft ableiten ließe (ROGERS et al. 1989). Die Überschwemmung 1988 war eine Jahrhundertflut (vgl. ROGERS et al. 1989, S. 37), jene von 1998 sogar eine, wie sie statistisch nur alle 500 Jahre auftritt. Aus den vorhandenen Zeitreihen kann abgeleitet werden, dass im Durchschnitt jedes Jahr 20 Prozent der Landesfläche überschwemmt werden (HOFER und MESSERLI 1997; BWDB 2008).

Tab. 2: Durchschnittlicher Jahresniederschlag (in mm) in den Einzugsgebieten des Ganges, Jamuna und Meghna / Barak, differenziert nach beteiligten Staatsgebieten

Einzugsgebiet	Land	Durchschnittl. Jahresniederschlag in mm
Ganges	Indien	450–2.000
	Bangladesch	1.568
	Nepal	1.860
Jamuna (Brahmaputra)	Indien	2.500
	Bangladesch	2.400
	China (Tibet)	400–500
	Bhutan	500–5.000
Meghna / Barak	Indien	2.640
	Bangladesch	3.574

Quelle: MIRZA 1998.

Abbildung 2 zeigt, dass die Ausdehnung der überschwemmten Fläche seit 1954 nicht zugenommen hat, sich jedoch die Variabilität verändert hat. Während früher ein verhältnismäßig gleichmäßiger Flächenanteil von den jährlich wiederkehrenden Überschwemmungen betroffen wurde, sind in letzter Zeit extreme Jahre erkennbar – entweder Überschwemmungen mit extrem großer oder extrem geringer flächenmäßiger Ausdehnung.

Abb. 2: Überschwemmte Flächen in Bangladesch 1954 bis 2005

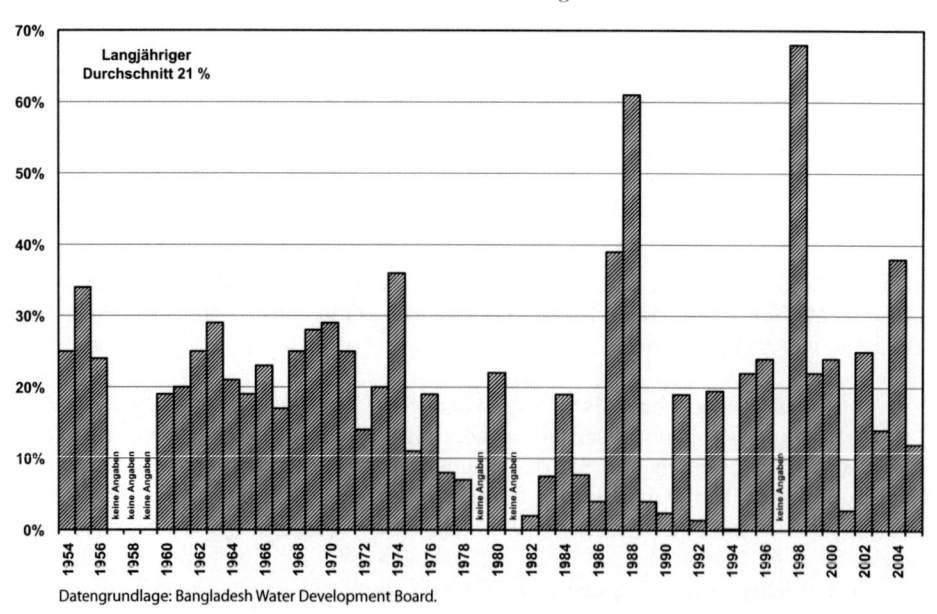

Datengrundlage: Bangladesh Water Development Board.

Quelle: BRAUN und SHOEB 2008, mit freundlicher Genehmigung der Autoren.

3.2. Ursachen der Überschwemmungen

Kleine Überschwemmungen (in Bangla: *barsha*) sind in Bangladesch nahezu jährliche Erscheinungen, die normal und dringend notwendig für die Landwirtschaft sind. Die Ursachen für außergewöhnliche Überschwemmungen (in Bangla: *bonna*) sind vielfältig. Kurz zusammengefasst sind dies starke Regenfälle während der Monsunzeit, insbesondere, wenn die Spitzenabflüsse der Hauptflüsse zeitlich aufeinander treffen. Da die Flüsse einen hohen Sedimentgehalt aufweisen, kommt es jährlich zu starken Sedimentablagerungen, die das Flussbett erhöhen. Dies verringert die Abflusskapazität. Ebenso verhindern manche Deich- und Schutzbauten das Abfließen des Flusswassers, wodurch die Dauer der Überschwemmung verlängert wird.

Der Niederschlag im Einzugsgebiet des Ganges-Brahmaputra-Meghna-Beckens (GBM-Beckens) fällt zu 80 Prozent innerhalb der Monate Juni bis September (HUGHES et al. 1994; BINGHAM 1989; HOFER und MESSERLI 1997; ABBAS 1989). Die Landesfläche von Bangladesch macht dabei nur acht Prozent des gesamten GBM-Einzugsgebietes von 1,76 Millionen Quadratkilometern aus. Der Rest des Einzugsgebietes gehört zu Indien, China, Nepal und Bhutan (Abb. 3).

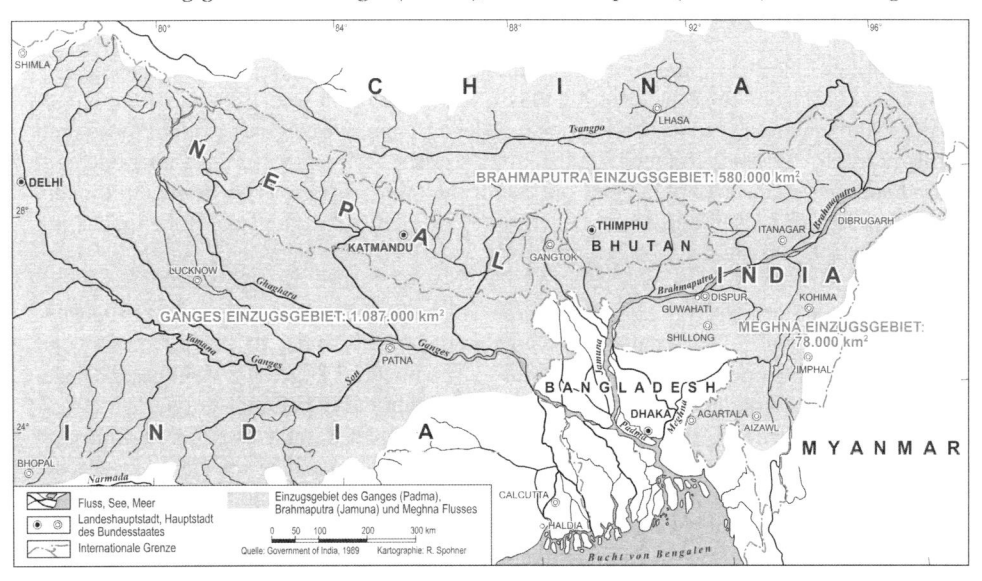

Abb. 3: Einzugsgebiete des Ganges (Padma), des Brahmaputra (Jamuna) und des Meghna

Quelle: Government of India 1989, verändert.

Wie Tabelle 3 zeigt, fließt durch Bangladesch eine gewaltige Wassermenge.[3] Dargestellt sind die durchschnittlichen sowie die maximalen bzw. minimalen Durchflussraten der drei Flüsse Ganges, Brahmaputra und Meghna. Es fällt auf, dass die Spitzenabflüsse ein

---

[3]) Die nachfolgenden Ausführungen dieses Unterkapitels (Kapitel 3.2) wurden bereits in einem anderen Aufsatz des Autors veröffentlicht und hier übernommen (siehe ASSHEUER 2007b).

Tab. 3: Abflussraten der drei großen Flüsse Ganges, Brahmaputra und Meghna

Parameter	Ganges (km³/s)	Brahmaputra (km³/s)	Meghna (km³/s)
„Mean low flow"	790	37.500	1.332
„Mean peak flow"	51.625	65.491	14.047
„Highest peak flow"	76.000	98.600	19.800
„Mean annual flow"	8.544	19.557	6.748

Quelle: BRAMMER 2004.

Vielfaches der durchschnittlichen Abflüsse betragen. Obwohl die drei Flüsse sehr breit sind, können sie diese Spitzenabflüsse nicht immer bewältigen, da sie nicht sehr tief sind. Oberhalb von Dhaka ist keiner der Flüsse mehr schiffbar.

Auf die hohe Sedimentfracht der Flüsse wurde schon hingewiesen. Pro Jahr transportiert der Brahmaputra zwischen 387 und 650 Millionen Tonnen Sediment (BRAMMER 2004). Diese Sedimente füllen das Flussbett und treten an vielen Stellen als Flussinseln (in Bangladesch *„Chars"* genannt) sichtbar zu Tage. Diese *Chars* sind Siedlungsräume vieler Menschen (vgl. SCHMUCK-WIDMANN 1996), die es gewohnt sind, ihr Leben an das Wasser anzupassen. Die Sedimente stammen aus den Bergregionen des Himalaya bzw. im Falle des Meghna aus dem *Shillong-Gebiet*. Die steilen Wände dieses Berg- und Hügellandes begünstigen Hangrutschungen, die dann wieder das Material für die enorme Sedimentfracht liefern.

Eine weitere Ursache für die hohe natürliche Anfälligkeit Bangladeschs für Überschwemmungen liegt in der Tatsache, dass die Flüsse sehr dynamisch sind, oft mäandrierend verlaufen und teilweise das Flussbett verlegen. Diese Dynamik ist auf das „weiche" Flussbett zurückzuführen (Sand, Ton und Schluff können leicht verfrachtet werden), aber auch auf die häufigen Überschwemmungen, die durch die Wassermassen viel bewegen können, und auf den tektonisch unruhigen Untergrund, auf dem sich Bangladesch befindet (vgl. REIMANN 1993; BRAMMER 2004).

Besonders berücksichtigt werden muss aber auch, dass die Wassermassen zeitlich ungleich verteilt sind:[4] Das Staatsgebiet von Bangladesch befindet sich zwischen 20° und 26° nördlicher Breite und zwischen 88° und 92° östlicher Länge. Die Hauptstadt Dhaka liegt auf dem nördlichen Wendekreis. Dadurch kommt Bangladesch in den Wirkungsbereich des Monsuns – und in der Tat sind die Winter in Bangladesch relativ kühl und trocken (die Durchschnittswerte für Temperatur und Niederschlag im Jänner liegen bei 19° C und 10 mm; vgl. JUSTYAK 1997). Die Sommer dagegen sind warm, schwül und feucht. Die Durchschnittswerte für Temperatur und Niederschlag betragen im August ca. 29° C bzw. 380 mm, die Luftfeuchtigkeit liegt im Mittel bei 75 Prozent. Die Summe des Jahresniederschlags beläuft sich in Bangladesch auf etwa 2000 mm. 80 Prozent des Jahresniederschlages fallen jedoch während des Sommermonsuns. Für die Abflussraten der Flüsse ist allerdings nicht nur die Niederschlagsmenge in Bangladesch entscheidend, sondern auch die Niederschlagsverteilung über dem gesamten Einzugsgebiet. Fällt der Sommermonsun etwas stärker aus, so kann diese Tatsache durch das große Einzugsgebiet

---

[4]) Wahrscheinlich ist diese Tatsache sogar die entscheidende natürliche Ursache – ebenso, wie die soziale Ungleichverteilung die entscheidende Ursache für die sozialen Probleme des Landes ist.

verstärkt werden. Im Einzugsgebiet befindet sich übrigens auch die niederschlagsreichste Messstelle der Erde, Cherapunjii in Indien, mit einem langjährigen Jahresniederschlagsmittel von 11.777 mm (sowie einem Maximum von 23.000 mm).

Ein weiteres, für das häufige Auftreten von Überschwemmungen entscheidendes Merkmal des Landes ist, dass sich die Schwemmebene, wie oben kurz erwähnt, durch flache, ebene Landschaftsformen auszeichnet, die auf Meeresniveau oder nur wenig darüber liegen. 90 Prozent der Landesfläche befinden sich weniger als 10 m über NN. Bangladesch ist zum Großteil von Indien umgeben – nur im Südosten hat es für 280 km eine gemeinsame Grenze mit Myanmar und im Süden wird es durch den Golf von Bengalen begrenzt. Diese Tatsachen haben für Bangladesch drei Folgen: Erstens verteilt sich das Hochwasser auf einer großen Fläche. Zweitens kommt es durch das Meer im Süden teilweise zu Aufstauungen – entweder durch starke Druckunterschiede und dadurch bewirkte Winde (z. B. Zyklone), die das Meerwasser „in das Land hineindrücken" oder durch die starken Regenfälle, wodurch das Überschwemmungswasser nicht abfließen kann. Drittens zeigt es die oben angesprochene Abhängigkeit Bangladeschs von der indischen Wasserpolitik (aufgrund der Dämme entlang der Grenze zwischen den beiden Staaten).

Eingriffe des Menschen (wie zum Beispiel die Errichtung des Farakka-Staudammes am Ganges in Indien, kurz vor der bangladeschischen Grenze) und technische Fehlkonstruktionen (die zum Brechen der Staudämme führen können) verstärken noch die Auswirkungen und Gefahren von Überschwemmungen (HOSSAIN et al. 1987; AHMED 1989). Dementsprechend ist Bangladesch nicht nur aufgrund von natürlichen Ursachen, sondern auch aufgrund von menschlich verursachten Fehlern besonders von Überschwemmungen betroffen.

4. Die Überschwemmung 2007 – eine Fallstudie

4.1 Die Überschwemmung 2007 im Vergleich zu anderen Überschwemmungen

Seit Beginn der systematischen Aufzeichnungen im Jahr 1954 zählt die Überschwemmung im Jahr 2007 mit 42 Prozent überflutetem Land zur drittgrößten Flutkatastrophe in Bangladesch (Abb. 4). Aufgrund von baulichen Schutzmaßnahmen in den Städten und Dörfern, der Verbesserung der Infrastruktur sowie der Entwicklung von Vorhersage-Modellen fiel der wirtschaftliche Verlust im Vergleich zu den Jahren 1988, 1998 und 2004 relativ gering aus (Tab. 1). Die Bevölkerung litt dennoch sehr stark an den Folgen der Katastrophe. Die Mehrzahl der ungeschützten ländlichen Gebiete war von der Überschwemmung betroffen, vor allem die Landwirtschaft hatte großen Schäden zu verzeichnen. Dennoch konnten die Schäden durch strukturelle und nicht-strukturelle Interventionen weitgehend behoben werden (BWDB 2008). Während der Hauptregenzeit fiel über Bangladesch insgesamt 3,46 Prozent weniger Niederschlag als im langjährigen Durchschnitt (BUET 2008), die Regenfälle außerhalb von Bangladesch waren jedoch überdurchschnittlich hoch und ließen so die Flüsse über die Ufer treten.

Abb. 4: Überflutete Gebiete im August 2007

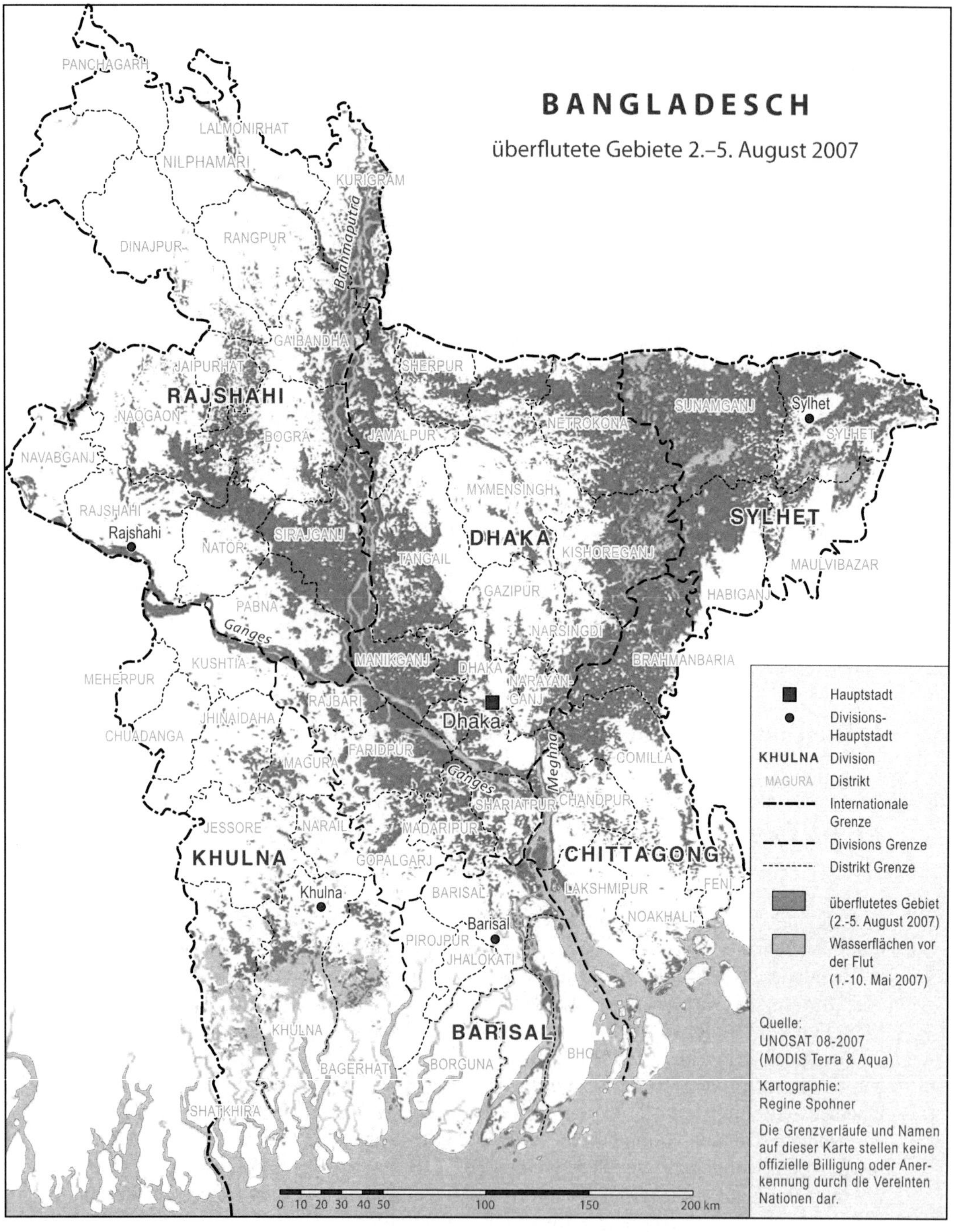

Quelle: United Nations, UNOSAT 2007, verändert.

Die Überschwemmung des Jahres 2007 war ungewöhnlich, da sie zwei Höchststände – sowohl in der letzten Juliwoche als auch Mitte September – aufwies. Dadurch wurde das Land zweimal im selben Jahr überschwemmt. Vor allem die ländliche Bevölkerung traf die zweite Flutwelle besonders gravierend (BWDB 2008).

Naturkatastrophen bedrohen Bangladesch fast das gesamte Jahr hinweg (Tab. 4). So wurde Bangladesch im November 2007 von dem starken Wirbelsturm *Sidr* getroffen. Dieser wies ähnlich hohe Windgeschwindigkeiten wie der Katastrophen-Wirbelsturm des Jahres 1991 auf. Er richtete im Vergleich zur Überschwemmung 2007 mehr wirtschaftlichen Schaden an und forderte mehr Todesfälle.

Tab. 4: Jahresübersicht der Naturgefahren in Bangladesch

J	F	M	A	M	J	J	A	S	O	N	D	Monate
x	x	x	x						x	x		Wirbelstürme
					x	x	x	x				Überschw.
				x	x	x	x	x				Springfluten
x	x	x	x	x								Dürre
		x	x	x					x	x		Tornado
Winter	Sommer				Regenzeit / Monsun				Post-Monsun		Winter	Jahreszeit

Quelle: DMB 1998, verändert von den Autoren.

Tab. 5: Vergleich der Überschwemmung 2007 mit jenen von 2004, 1998 und 1988 anhand der Pegelstände der drei großen Flüsse in Bangladesch

Parameter	Fluss	Messstation	2007	2004	1998	1988
Gefahrenmarke in Meter über PWD (*"Public Works Datum"*)	Brahmaputra	Bahadurabad	19.5	19.5	19.5	19.5
	Ganges	Hardinge Bridge	14.25	14.25	14.25	14.25
	Meghna	Bhairab Bazar	6.25	6.25	6.25	6.25
Datum des Überschreitens der Gefahrenmarke	Brahmaputra	Bahadurabad	27. Juli und 8. Sept.	11. Juli	7. Juli	9. Juli
	Ganges	Hardinge Bridge	–	–	20. August	16. August
	Meghna	Bhairab Bazar	30. Juli und 12. Sept.	11. Juli	20. Juli	6. Juli
Höchster Pegelstand über Gefahrenmarke (in m)	Brahmaputra	Bahadurabad	0.88	0.68	0.87	1.12
	Ganges	Hardinge Bridge	–	–	0.94	0.62
	Meghna	Bhairab Bazar	0.69	1.53	1.08	1.41
Anzahl der Tage mit Pegelständen über der Gefahrenmarke	Brahmaputra	Bahadurabad	21	15	67	16
	Ganges	Hardinge Bridge	0	0	26	23
	Meghna	Bhairab Bazar	37	38	67	75

Quelle: BUET 2008.

Tabelle 5 zeigt den maximalen Wasserstand der drei Hauptflüsse in Bangladesch in den Jahren 1988 bis 2007. Der Wasserstand des Brahmaputra lag im Jahr 2007 länger über der Gefahrenzone als während der Flut in den Jahren 2004 und 1988, jedoch kürzer als bei der Überschwemmung im Jahr 1998. In den Jahren 1998 und 1988 wurde das Ganges-Flussbecken überschwemmt, wobei die am längsten andauernde Überflutung während der Überschwemmung im Jahr 1998 vermerkt worden ist. Erstaunlicherweise überschritt der Wasserstand des Ganges während der Überschwemmung im Jahr 2007 nicht die Gefahrenmarke. Die Überschwemmungen im Einzugsgebiet des Meghna während der Jahre 2007 und 2004 waren von ähnlich langer Dauer (vgl. Tab. 5 und Abb. 5).

Abb. 5: Wasserpegel während der einzelnen Überschwemmungsstadien in den Jahren 2007, 2004, 1998 und 1988

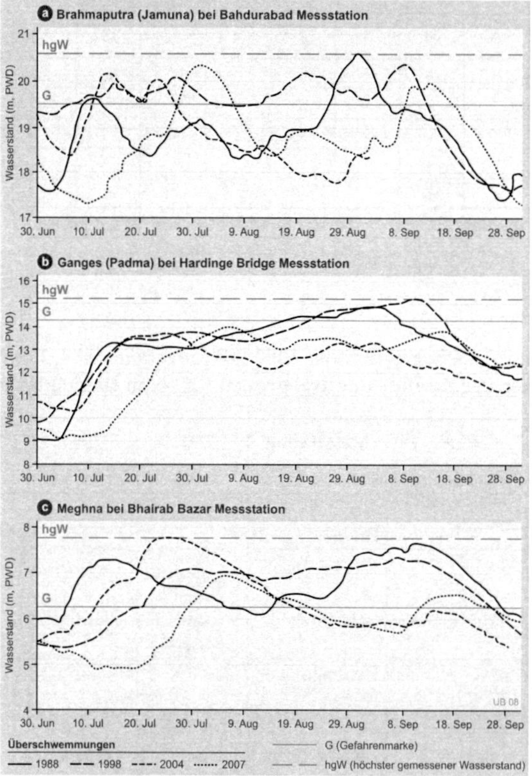

Quelle: BUET 2007, verändert von den Autoren.

Es zeigt sich somit, dass Bangladesch durch naturräumliche Faktoren besonders anfällig für Überschwemmungen ist. Dass aus Überschwemmungen dann aber Sozialkatastrophen entstehen, ist im Wesentlichen auf sozioökonomische Ursachen zurückzuführen (vgl. Kapitel 7). Die sozioökonomischen Gründe für die hohe Verwundbarkeit der Bevölkerung durch Überschwemmungen und andere Naturkatastrophen sollen im folgenden Abschnitt näher analysiert werden.

4.2 Die Vulnerabilität der Bevölkerung durch Katastrophen: der Kontext von Bangladesch

Nach SHOEB (2002) sind die Ursachen für den hohen Grad der Vulnerabilität der Bevölkerung von Bangladesch durch Katastrophen das ganze Jahr über latent vorhanden, werden jedoch erst sichtbar, wenn ein Katastrophenereignis die Bevölkerung zusätzlich bedroht. Wenn nun die Bevölkerung über keine adäquaten Strategien verfügt, solchen Ereignissen zu begegnen, kann im schlimmsten Fall eine Katastrophe größeren Ausmaßes eintreten. Unmittelbar nach der Überschwemmung im Jahr 2007 wurde eine Befragung von 150 Haushalten in ländlichen Gebieten der Division Rajshahi, die im Einzugsgebiet des Meghna und Brahmaputra liegt, durchgeführt.

Die Erhebung ergab, dass die Überschwemmungen erhebliche negative Auswirkungen auf die sozioökonomischen Strukturen der Bevölkerung hatten. Eine übersichtliche Darstellung der relevanten Faktoren der Krisenanfälligkeit der Bevölkerung durch Überschwemmungen im Kontext von Bangladesch liefert das sogenannte „*Pressure and Release-Modell*" (PAR-Modell) von WISNER et al. (2004) (siehe Abb. 6).

Abb. 6: Ein PAR-Modell für die Überschwemmungen in Bangladesch 1987/88

Root Causes ⇨	Dynamic Pressure ⇨	Unsafe Conditions ⇨	Disaster
■ Ungleiche Verteilung von Besitz und Einkommen ■ Abhängigkeit der Elite von ausländischer Hilfe demotiviert Eigeninitiative zur Wirtschaftsentwicklung ■ Ländliche Machtstrukturen bevorteilen Grundbesitzer gegenüber der armen Bevölkerung ■ Nachteilige Vermächtnisse der britischen und west-pakistanischen Herrschaft ■ Mangelnde Kooperation zwischen Indien und Bangladesch in Bezug auf die Nutzung des Ganges	■ Zusammenbruch der ländlichen Wirtschaft und Migration in die Städte oder auf Dämme, Schwemminseln ■ Bevölkerungsdruck und Aufteilung des Landes ■ Keine Regierungskontrolle der Landverteilung für die Armen ■ Unzureichender wirtschaftlicher Fortschritt führt zu Mangel an Möglichkeiten zur Bestreitung des Lebensunterhalts ■ Keine Sozialversicherung ■ Abhängigkeit von Lebensmittelhilfe in Krisensituationen ■ Keine Landreform ■ Widerwille, hohe Einkommen oder Unternehmen zu besteuern	■ Hoher Prozentsatz von Haushalten auf Landwirtschaft angewiesen; gefährdet durch Ernte- und Arbeitsverlust während Überschwemmungen ■ Hohe Bevölkerungsdichte in Überschwemmungsgebieten ■ Mangel an angemessener Verteilung des Landes nach Erosion durch Überschwemmungen ■ Sehr geringes Einkommen für den Großteil der Landbevölkerung; Regenerierung nach Überschwemmung schwierig; oftmals gezwungen, die Gegend zu verlassen ■ Geringer Zugang zu guten Wasserstellen; schlechte Ernährung und schlechte Widerstandsfähigkeit bei Krankheiten ■ Keine Sozialversicherung. Geringe oder keine Lebensmittelvorräte und Ersparnisse	■ Landverlust durch Erosion ■ Ernteverlust ■ Verlust oder Beschädigung der Wohnstätte und anderer Besitztümer ■ Krankheit oder Verletzung verhindern Möglichkeit, für den Lebensunterhalt zu sorgen ■ Verlust von Tieren oder sie werden krank, verletzt ■ Verlust anderer Lebensgrundlagen ■ Evakuierung und keine Mittel um zurückzukehren; Ungewissheit in neuer Niederlassung (Überbevölkerung in Städten und anderen Ländern) ■ Tod durch Ertrinken und Schlangenbisse ■ Späterer Tod durch Verletzungen, Krankheit, Verhungern

Quelle: WISNER et al. 2004, verändert von den Autoren.

Tab. 6: Lokale Faktoren, die die Vulnerabilität der Bevölkerung im Krisenfall erhöhen, erhoben kurz nach der Überschwemmung 2007 in Bangladesch*

Faktoren	Prozent der Nennungen	Erhobener Wert
Einkommen:		
Durchschnittliches Jahreseinkommen pro Kopf / Durchschnittswert		€** 130,00
Medianwert		€ 84,00
Anteil der Haushalte mit unterdurchschnittlichem Einkommen	68,0 %	
Anteil der Haushalte mit überdurchschnittlichem Einkommen	32,0 %	
Haushaltsersparnisse am Ende des Jahres:		
noch welche vorhanden	45,3 %	
keine Ersparnisse und keine Schulden	22,0 %	
Schulden	32,7 %	
Familiengröße:		
durchschnittliche Anzahl an Familienmitgliedern***		5
Unterdurchschnittliche Familiengröße	44,0 %	
Durchschnittliche Familiengröße	22,0 %	
Überdurchschnittliche Familiengröße	34,0 %	
Zahl der Erwerbstätigen pro Haushalt:		
Durchschnittliche Anzahl der Erwerbspersonen pro Haushalt		1,47
Haushalte mit einer erwerbstätigen Person	63,3 %	
Haushalte mit zwei erwerbstätigen Personen	28,7 %	
Haushalte mit mehr als zwei erwerbstätigen Personen	8,0 %	
Verhältnis zwischen Zahl der Erwerbstätigen und Zahl der Mitglieder im Haushalt		1 : 3,52
Frühwarnung erhalten bei der Überschwemmung 2007 bzw. bei früheren Überschwemmungen:		
Ja	21,3 %	
Nein	47,3 %	
Manchmal	31,4 %	
Ausstattung des Haushalts mit Kommunikationsmitteln:		
Radio / Fernseher / beides	60,7 %	
Zeitung	6,0 %	
Nichts	33,3 %	
Bildungsniveau des Haushaltsvorstandes:		
Analphabet	48,0 %	
Lesen und Schreiben	26,0 %	
Höheres Bildungsniveau als Lesen und Schreiben	26,0 %	
Familienmitglied mit dem höchsten Bildungsniveau:		
Analphabet	20,0 %	
Lesen und Schreiben	40,0 %	
Höhere Schulbildung	40,0 %	

*) Ergebnis der Befragung von 150 Haushalten in ländlichen Gebieten der Division Rajshahi im Einzugsgebiet des Meghna und Brahmaputra.
**) 1 € = ± 100 Bangladeschi Taka
***) Es besteht ein Unterschied zwischen Haushalt und Familie. Eine Familie besteht gewöhnlich aus Eltern, Kindern und sonstigen Verwandten. Haushalte schließen in Bangladesch alle Mitglieder eines Hauses ein, die zusammen von einer Kochstelle essen. Dazu zählen auch Bedienstete und andere abhängige Personen. Dementsprechend kann ein Haushalt eine höhere Anzahl an Mitgliedern beinhalten als eine Familie.

Faktoren	Prozent der Nennungen	Erhobener Wert
Berufe des Haushaltsvorstands:		
Landwirtschaft	46,0 %	
Tagelöhner	18,0 %	
Kleinhandel	14,0 %	
Geringfügig bezahlte Arbeiter	20,0 %	
Eiweißaufnahme (Fleisch und Fisch):		
Fleischverzehr (durchschnittliche Anzahl der Tage pro Woche)		1
Fischverzehr (durchschnittliche Anzahl der Tage pro Woche)		4
Kredit und Zinssatz:		
Kredit aufgenommen	25,0 %	
kein Kredit	74,0 %	
Für Kreditnehmer:		
Zinssatz unter 60 %	0,0 %	
Zinssatz 60 % – 100 %	19,0 %	
Zinssatz über 100%	80,0 %	
Besitz eines Bootes:		
Ja	8,0 %	
Nein	90,0 %	
Baumaterial der Häuser:		
Feste Baustruktur / teilweise feste Baustruktur	28,0 %	
Keine feste Baustruktur (Lehm / Stroh)	72,0 %	
Bauliche Schutzmaßnahmen gegen Überschwemmungen:		
Ja	28,0 %	
Nein	72,0 %	
Angst vor Diebstahl während der Überschwemmung:		
Ja	85,0 %	
Nein	14,0 %	
Zustand der Sanitäranlagen (Toiletten) laut Einschätzung der befragten Haushalte:		
hygienisch	21,0 %	
teils hygienisch	45,0 %	
unhygienisch	33,0 %	
Trinkwasserquellen außerhalb der Monsunzeit:		
Pump-Brunnen	99,0 %	
Sonstige Quellen	0,7 %	
Bodenfruchtbarkeit nach der Überschwemmung 2007:		
verbessert	63,0 %	
verschlechtert	21,0 %	
gleich	15,0 %	
Einstellung der Bevölkerung bezüglich des Bedrohungspotenzials von Überschwemmungen:		
Eigeninitiative nötig, um negative Folgen bewältigen zu können	22,0 %	
Leben mit der Überschwemmungsgefahr	36,0 %	
Überschwemmungen werden als normal und gewöhnlich betrachtet	27,0 %	
Keine Meinung	14,0 %	

Quelle: Befragung mittels eines standardisierten Fragebogens, direkt nach der Überschwemmung im Jahr 2007.

Die befragten Haushalte waren aufgrund ihres niedrigen Einkommensniveaus und geringer Ersparnisse kaum in der Lage, die negativen Konsequenzen der Überschwemmungen selbst abzumildern. Tabelle 6 zeigt, dass das durchschnittliche jährliche Pro-Kopf-Einkommen in der Höhe von 130 Euro je Familienmitglied sehr gering war. Aufgrund der ebenfalls kaum vorhandenen Ersparnisse sahen sich zahlreiche Haushalte dazu gezwungen, sich erheblich zu verschulden. Dadurch hatten die Befragten kaum Möglichkeiten, während einer Überschwemmung auf Ersparnisse zurückzugreifen.

Bei Familien mit einer hohen Anzahl an Familienmitgliedern ist eine schnelle Evakuierung während einer Überschwemmung schwierig. Wie aus den Ergebnissen der Befragung zu sehen ist, lag die durchschnittliche Familiengröße bei fünf Personen (Tab. 6). Weiters ist der Tabelle zu entnehmen, dass die durchschnittliche Anzahl von Einkommensbeziehern pro Haushalt rund 1,5 Personen betrug. 63 Prozent der Befragten lebten nur vom Einkommen einer einzigen Erwerbsperson, in 28,7 Prozent der Haushalte gab es zwei Erwerbstätige und in lediglich acht Prozent der Haushalte standen mehr als zwei Erwerbstätige zur Verfügung. Entscheidend für die finanziellen Ressourcen eines Haushalts ist das Verhältnis zwischen der Zahl der Erwerbstätigen und der Zahl der Haushaltsmitglieder. Das Verhältnis von 1:3,52 hebt deutlich hervor, dass auf den Erwerbstätigen eine große Verantwortung lastet. Falls der einzige Einkommensbezieher in einem Haushalt krankheitsbedingt ausfällt, entsteht eine existenzbedrohende Situation für die gesamte Familie.

Der Zugang zu Medien und Frühwarnsystemen ist aufgrund des niedrigen Bildungsniveaus der betroffenen Bevölkerung sehr gering. Es konnte beobachtet werden, dass bei der Überschwemmung 2007 nur etwas mehr als ein Fünftel der Haushalte eine Frühwarnung erhielt. Eine große Zahl der Haushalte (47,3 Prozent) konnte nicht mehr rechtzeitig über die drohende Gefahr informiert werden. Radio und Fernsehen sind die wesentlichen Medien, um die Bevölkerung vor Gefahren zu warnen. Immerhin besaßen 60,7 Prozent der Befragten mindestens eines der Medien und sechs Prozent erhielten sogar regelmäßig eine Tageszeitung. Aber immer noch ein Drittel der Befragten verfügte über keines der genannten Kommunikationsmittel. 48 Prozent der Befragten konnten weder lesen noch schreiben. In 80 Prozent der Haushalte gab es aber zumindest eine Person, die die Frühwarnungen verstehen und an die anderen Mitglieder weiterleiten konnte.

Besonders auffällig ist, dass vor allem die existenzsichernden Erwerbstätigkeiten der ländlichen Bevölkerung durch Überschwemmungen ganz besonders betroffen sind. 46 Prozent der Befragten waren in der Landwirtschaft tätig. Landwirtschaftliche Arbeiten können während einer Überschwemmung aber nicht ausgeübt werden und gravierende Ernteausfälle sind die Folge. Auch ein Großteil der Tagelöhner war in der Landwirtschaft tätig. Zusammengefasst ergab sich ein Anteil von 65 Prozent der Befragten, die während der Überschwemmungsperiode (gewöhnlich von Juli bis September) mit dem Risiko einer eventuellen Arbeitslosigkeit aufgrund von Naturgefahren konfrontiert waren.

Ein weiteres Problem stellt die schlechte Ernährungssituation der Bevölkerung dar, die sich im Katastrophenfall noch wesentlich verschärft. So ist der Verzehr von Eiweiß (insbesondere Fleisch und Fisch) selten. Fisch ist durch das Vorhandensein zahlreicher Flüsse und Gewässer zwar besser verfügbar, wird aber im Durchschnitt nur bei vier Mahlzeiten der Woche konsumiert, Fleisch sogar nur einmal. Dies weicht deutlich von den empfohlenen wöchentlichen Mindestwerten ab. Daher ist es nicht verwunderlich, dass die Befragten oft krank werden und erhebliche Schwächen des Immunsystems aufweisen.

Während der Überschwemmungskatastrophen verleihen viele private Geldgeber Kredite zu sehr hohen Zinssätzen. 81 Prozent der Haushalte mussten für ihren Kredit mehr als 100 Prozent Zinsen bezahlen. 19,4 Prozent liehen Geld zu einem Zinssatz von 60 und 100 Prozent. Die Rückzahlung dieser hohen Kredite stellt oft eine Schuldenfalle dar, aus der die Befragten kaum entkommen können. Unglücklicherweise verleihen öffentliche Banken kaum Kredite an die arme Dorfbevölkerung. Deren Zinssätze (ca. 10 bis 15 Prozent pro Jahr) wären wesentlich humaner. Doch die bürokratischen Hürden bei öffentlichen Banken sind für Analphabeten nahezu unüberwindlich.

Bei massiven Überschwemmungen werden Boote zu einem überlebenswichtigen Transportmittel. Wie die Ergebnisse der Befragung zeigen, besaßen allerdings nur acht Prozent der Haushalte zumindest ein Boot und die Mehrheit (92 Prozent) verfügte über keines.

Die Häuser der Landbevölkerung sind aufgrund ihrer Beschaffenheit relativ schadensanfällig und halten einem Hochwasser kaum Stand. 72 Prozent der Häuser der befragten Haushalte bestanden aus Lehm oder Stroh. Nahezu allen Häusern fehlten stabilisierende Fundamente wie Pfosten oder Pfeiler. 72 Prozent der Hausbesitzer sagten aus, dass ihr Haus gegen Überschwemmungen nicht stabil und geschützt genug sei. Nach Ende der Überschwemmung beginnen die Menschen ihre Häuser wieder zu errichten, was große Kosten verursacht. Auch dies zeigt einen „Teufelskreis", dem die Bevölkerung kaum entrinnen kann.

Die Angst vor Plünderungen ist während der Dauer von Überschwemmungen sehr hoch, wie sich auch in der Befragung zeigte (85,3 Prozent der Befragten). Diese Angst führte dazu, dass mindestens eine Person im Haus verweilen musste und sich dadurch nicht in Sicherheit bringen konnte.

Aufgrund von fehlenden Abwasseranlagen verschlechtern sich üblicherweise auch die hygienischen Bedingungen während einer Überschwemmung enorm. Die Befragung zeigt, dass nur rund 21 Prozent der Haushalte über hygienische Sanitäranlagen verfügten, 45,3 Prozent waren in einem mittelmäßigen Zustand und 45,3 Prozent wurden als deutlich mangelhaft eingestuft. Das Hochwasser wird dadurch stark verschmutzt und stellt eine große Gefahr für die Gesundheit der Bevölkerung im Krisengebiet dar. Zusätzlich leidet die Bevölkerung an Trinkwassermangel. In überschwemmungsfreien Zeiten verfügen fast alle Dorfbewohner (99,3 Prozent) über Trinkwasser aus Pump-Brunnen. Diese Brunnen werden bei Überschwemmungen unbrauchbar, weil sie überflutet werden und somit nur das verschmutzte Hochwasser fördern.

Überschwemmungen beeinflussen auch die Bodenfruchtbarkeit der landwirtschaftlich genutzten Flächen, indem grob- und feinkörniger Sand und Lehm durch das Flutwasser angeschwemmt werden. Grobkörniger Sand ist weniger fruchtbar, feiner Sand und weiche Lehmpartikel hingegen sind sehr fruchtbar. Nach einem Hochwasser finden sich in Ufernähe vor allem die schweren, großen, grobkörnigen Sedimente und erst weiter entfernt die feineren, fruchtbaren Sande. Da die ufernahen Gebiete weniger attraktiv für eine landwirtschaftliche Nutzung sind, werden sie vorrangig von ärmeren Landwirten bewirtschaftet. Eine Überschwemmung wirkt sich also in Bezug auf die Bodenfruchtbarkeit vor allem nachteilig für die ärmeren Bevölkerungsschichten aus. Die feinen Sedimente können über größere Strecken transportiert werden, weshalb Gebiete ab einer gewissen Entfernung vom Hauptfluss von einem Hochwasser meist profitieren. Landwirtschaftliche Flächen in solchen bevorzugten Gebieten gehören meist der wohlhabenderen Bevölkerung. Bei der Befragung konnte erhoben werden, dass 63 Prozent der landwirtschaftlichen Nutzfläche der befragten Haushalte durch die überschwemmungsbedingte Einbringung von Sedimenten eine höhere Fruchtbarkeit erzielten. 22 Prozent des Bodens hingegen wurden unfruchtbar und bei rund 15 Prozent der landwirtschaftlichen Flächen war keine Veränderung bemerkbar. Auch in früheren Studien (vgl. z. B. SHOEB 2002) konnte eindeutig belegt werden, dass die Fruchtbarkeit mit zunehmender Entfernung vom Flussufer tendenziell anstieg.

Die psychische Einstellung zu Überschwemmungen spielt ebenfalls eine große Rolle für das tatsächliche Verhalten im Katastrophenfall. Interessanterweise waren nur etwa 23 Prozent der Befragten der Meinung, dass etwas gegen Überschwemmungen unternommen werden könne. Bei dem Rest der Betroffenen gingen die Meinungen auseinander. 36 Prozent antworteten, dass sie sich „halt mit den Überschwemmungen arrangieren müssten" und 27 Prozent betrachteten Überflutungen als normale und unvermeidliche Phänomene. Ein Teil der Bevölkerung steht baulichen Schutzmaßnahmen vor Überschwemmungen sehr positiv gegenüber, andere hingegen haben kein Vertrauen in die Wirkung derartiger Maßnahmen.

Zusätzlich zu den oben angesprochenen Gründen existiert noch eine Reihe weiterer Faktoren, die die Krisenanfälligkeit der Bevölkerung im Katastrophenfall verstärken. So war zum Beispiel fast keiner der Befragten gegen Überschwemmungen versichert, wodurch keinerlei rechtlicher Anspruch auf Schadenszahlungen bestand. Die Kosten für Wiederaufbaumaßnahmen und Nahrungsmittel während und nach der Überschwemmung müssen somit teilweise über Kredite finanziert werden. Der Zugang zu Krediten mit halbwegs fairen Zinssätzen ist aber sehr gering, wodurch sich viele in eine Schuldenfalle bei den lokalen Geldverleihern begeben müssen. Dies ist auch eine wesentliche Ursache für die ansteigende Kriminalität bei Katastrophen.

Ein weitgehend ungelöstes Problem ist auch die unzureichende medizinische Versorgung im Krisenfall. Viele Menschen hatten bei der Überschwemmung im Jahr 2007 kaum eine Möglichkeit, den vom Wasser übertragenen Krankheiten auszuweichen. So dauerten die überschwemmungsbedingten Epidemien auch noch mehrere Monate nach Ende der Flut im September 2007 an. Während der Dauer der Überschwemmung wurde auch das Brennmaterial knapp, wodurch in vielen Fällen die Zubereitung von warmen Mahlzeiten für längere Zeit nicht möglich war. Zusätzlich mangelte es an Schutzunterkünften, viele Betroffene mussten zum Beispiel vor dem Hochwasser auf erhöhte Straßen fliehen. Dort harrten sie dann zusammen mit tausenden anderen Menschen aus, ohne jeglichen Schutz vor Wind und Wetter.

Zusammengefasst lässt sich sagen, dass die Überschwemmung 2007 gravierende Auswirkungen auf die Bevölkerung hatte und die Ursachen für die hohe Krisenanfälligkeit der betroffenen Bevölkerung zwar vielfältig waren, ihre wichtigste Wurzel aber in der generell gravierenden Armut der Menschen und auch des Landes zu finden ist.

5. Die Überschwemmungskatastrophe des Jahres 2008 und ihre Folgen

Die Überschwemmung von 2008 lag, was die Ausdehnung der überschwemmten Fläche und die Dauer, in der das Hochwasser über dem kritischen Pegel blieb,[5] betrifft, leicht über dem langjährigen Durchschnitt. Die Überschwemmungsstatistiken zeigen, dass im Durchschnitt an die 20 Prozent der Landesfläche überschwemmt werden (BWBD 2008) und dass der durchschnittliche Überschwemmungszeitraum (das heißt, der Zeitraum, in dem das Land unter Wasser liegt) in den betroffenen Regionen in einem normalen Jahr, aufsummiert über alle Messstellen (vgl. Abb. 7), 241 Tage beträgt (WFP Bangladesh Bulletin, 9. September 2008). Laut Deutscher Presse Agentur (DPA) lag 2008 ein Viertel des Landes (25 Prozent) unter Wasser. Die DPA kommentierte: „Gegenden im Norden und im Zentrum Bangladeschs, insgesamt ein Viertel der Gesamtlandesfläche, wurden am Samstag [d.h. am 6. September] überschwemmt. Die zuständigen Behörden warnen vor weiteren Überschwemmungen und der Gefahr, dass zehntausende von Menschen umgesiedelt werden müssen" (DPA, Dhaka, 6. September 2008).

Abbildung 7 zeigt einen Vergleich des Überschwemmungszeitraums 2008 mit jenem der vorangegangenen Jahre. Im Bulletin des „World Food Programme Bangladesh" (WFP) wird das Schaubild folgendermaßen erklärt: „Für 2008 zeigt das Schaubild in Summe weniger Tage (333), an denen Flüsse an verschiedenen Messstationen den kritischen Pegel erreichten. Im Vergleich dazu waren es 2007 mehr Tage (462), an denen dieselben Flüsse den kritischen Pegel entweder erreichten oder überschritten. Die Betrachter sollten

---

[5]) *Kritischer Pegel*: In Bangladesch bezeichnet der kritische Pegel die Wasserstandshöhe, bei der angrenzende Felder und Wohnstätten in Gefahr sind, Schaden zu erleiden. Für einen nicht-eingedämmten Fluss liegt die Gefahrenhöhe etwa beim jährlichen durchschnittlichen Überflutungspegel. Für einen eingedämmten Fluss liegt die Gefahrenhöhe leicht unter dem angegebenen Überflutungspegel der Eindämmung. Der kritische Pegel an einem bestimmten Ort muss fortwährend überprüft werden, da beispielsweise Eindämmungen durchbrochen worden sein können. Diese Überprüfung, die vom „Flood Forecast and Warning Centre" (FFWC) durchgeführt wird, findet jedoch nicht regelmäßig statt und aus diesem Grund sind manche kritische Pegel nicht präzise.
Wasserstandspegel: Das BWBD und andere Regierungsabteilungen messen den Wasserstandspegel in Bezug zum sog. „*Public Works Datum*" (PWD). Das PWD ist eine horizontal gemessene Bezugshöhe, die bei einer bestimmten Meeresspiegelhöhe (MSL) bei Kalkutta mit dem Wert Null angenommen wird. Das PWD liegt etwa 1,5 Fuß unter jener MSL, die in Indien unter britischer Herrschaft festgelegt und während des „Great Trigonometric Survey" nach Bangladesch importiert wurde (BWDB 2008).
Jede Überwachungsstation des FFWC hat ihren eigenen, spezifischen Kritischen Pegel. Die Anzahl der Tage an denen der Wasserstand an diesen Stationen den kritischen Pegel erreicht oder übertritt, ist ein nützlicher Indikator zur Überflutungsüberwachung (WFP Bangladesh Bulletin 2008).

Abb. 7: Summe der Tage, an denen, aufsummiert über alle Messstellen, der Wasserstand der Hauptflüsse über dem kritischen Pegel lag: 2008 im Vergleich mit vorherigen Jahren – 1. Juni bis 8. September

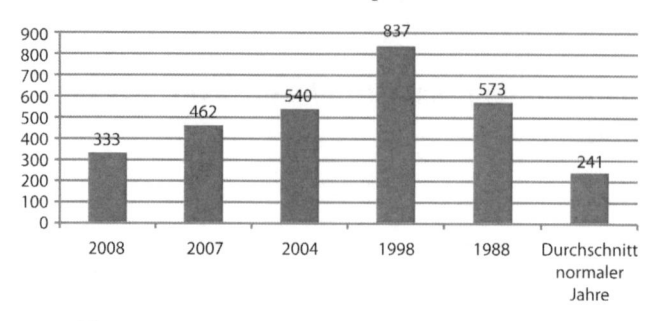

```
900 ┤                           837
800 ┤
700 ┤
600 ┤                540              573
500 ┤       462
400 ┤ 333
300 ┤                                         241
200 ┤
100 ┤
  0 ┴─────────────────────────────────────────────
    2008   2007   2004   1998   1988   Durchschnitt
                                        normaler
                                          Jahre
```

■ Tage über Gefahrenpegel an den Messstellen im Zeitraum 1. Juni bis 8. September.

Quelle: WFP 2008.

sich jedoch bewusst sein, dass die obigen Ergebnisse nur einen relativ kurzen Zeitraum abdecken (z. B. vom 1. Juni bis zum 8. September). Es ist auffällig, dass die Anzahl der Tage, an denen Flüsse im Jahr 2008 den kritischen Pegel erreichten, über dem jährlichen Durchschnitt, aber gleichzeitig unter dem Wert von 2007 liegt. Dies belegt ein geringeres Überschwemmungsrisiko im Vergleich zum letzten Jahr." (WFP Bangladesh Bulletin, 9. September 2008).

In einer weiteren interessanten Studie des WFP vom Juli 2008 wurde analysiert, ob Überschwemmungen in Bangladesch früh, spät oder zum erwarteten Zeitpunkt eintreten. Normalerweise setzen die Überschwemmungen etwa einen Monat nach dem Beginn des Monsuns ein. Der Regen erreicht seine volle Kraft Ende Juni, und Überschwemmungen beginnen daher meist ab Ende Juli und erreichen ihren Höchststand Mitte bis Ende August. Das bedeutet, dass ein Überschwemmungsereignis im Juni, relativ zum Durchschnitt vergangener Jahre gesehen, zu früh und eines im September verspätet auftritt. Die Überschwemmung 2007 war, verglichen mit anderen großen Überschwemmungen in Bangladesch, ungewöhnlich, da in diesem Jahr der Gefahrenpegel zweimal – im Juli und im September – überschritten wurde und es deshalb zu zwei schweren Überschwemmungen innerhalb eines Jahres kam. Somit kann die Überschwemmung 2007 sowohl zu den frühen (das heißt: Beginn der Überschwemmung im Juni) als auch als zu den späten Überschwemmungen (im September) gezählt werden. Wie Abbildung 8 zeigt, war die Überschwemmung 2007 eine der am frühesten im Jahr einsetzenden Naturkatastrophen in Bangladesch seit Beginn der Aufzeichnungen.

Abbildung 8 verdeutlicht, dass im Juni 2008 der Zeitraum, in dem die Flüsse den kritischen Pegel überschritten, nur drei Tage betrug. Im Vergleich waren es im Jahr 2007 90 Tage. Dabei ist besonders interessant, dass der Durchschnittswert für „normale" Jahre von 38 Tagen kaum von jenem der Jahre mit „Megaüberschwemmungen"[6] abweicht. Der Grund hiefür ist, dass der Wasserstand den kritischen Pegel selbst bei Megaüber-

---

[6]) Unter „Megaüberschwemmungen" werden die Überschwemmungen der Jahre 1988, 1998, 2004 und 2007 verstanden.

Abb. 8: Summe der Tage, an denen, aufsummiert über alle Messstellen, der Wasserstand der Hauptflüsse im Juni 2008 im Vergleich zu früheren Jahren den kritischen Pegel erreicht oder überschritten hat

[Balkendiagramm: 2008: 3; 2007: 90; 2004: 47; 1998: 46; 1988: 44; Durchschnitt normaler Jahre: 38]

Tage über Gefahrenpegel an den Messstellen im Zeitraum 1. bis 29. Juni.

Quelle: WFP 2008.

schwemmungen nur im Juli / August überschreitet, also in dem Zeitraum, in dem große Überschwemmungen normalerweise auftreten (WFP 2008).

Die vorhandenen Messdaten (FFWC, BWDB 2008) zeigen, dass die Überschwemmung im Jahr 2008 simultan an verschiedenen Flussüberwachungsstationen Mitte Juli begann. Am 24. Juli waren bereits zehn Überwachungsstationen betroffen, und der Wasserstand blieb bis zum 17. September über dem kritischen Pegel. Im August nahm die Anzahl der Stellen zu, an denen der Wasserstand den kritischen Pegel überstieg. Am 31. August meldeten 19 Überwachungstationen, dass das Hochwasser über dem kritischen Pegel lag. Im September stieg diese Zahl noch weiter an. Vom 5. bis 8. September erreichte das Wasser seinen höchsten Stand an den meisten Stationen. In diesem Zeitraum meldeten 24 Überwachungsstationen des Ganges-Brahmaputra-Meghna-Beckens, dass der Wasserstand den vom „Bangladesh Water Development Board" (BWDB) festgelegten kritischen Pegel überschritten hatte. Damit erreichte die Überschwemmung 2008 ihren Höhepunkt. Ab dem 18. September sank der Wasserstand an allen Überwachungsstationen wieder unter den kritischen Wert. Das bedeutet jedoch nicht, dass die Überschwemmung nun gänzlich vorbei war, denn selbst nach dem 18. September standen einige Gegenden immer noch unter Wasser. Wenn man also die Anzahl der Überschreitungen des kritischen Pegels und die überschwemmte Fläche betrachtet, fällt diese Überschwemmung unter die Spät-Kategorie (BWDB 2008; FFWC 2008; ReliefWeb 2008; WFP 2008).

Nach diesem kurzen Überblick über die Ursachen und Auswirkungen von Überschwemmungen in Bangladesch sollen im Folgenden mögliche Lösungsstrategien angesprochen werden. Erste Lösungsansätze bestanden zunächst vor allem in strukturellen, baulichen Maßnahmen. Als erkannt wurde, dass diese allein keine absolute Sicherheit vor Überschwemmungen bieten konnten, wurden alternative, nicht-baulich-strukturelle Maßnahmen gesucht, die nicht mehr primär das Ziel verfolgten, das Wasser zu „zähmen", sondern der Bevölkerung zu helfen, mit dem Wasser besser umzugehen (HAQUE und BURTON 2005; BLAIKIE et al. 1994). Daraus entwickelte sich einerseits ein Überschwemmungsmanagement, das als wesentliche Elemente des Katastrophenkreislaufes die Katastrophenvorbeugung, Katastrophenvorbereitung, Katastrophenbewältigung und den Wiederaufbau thematisierte (vgl. DIKAU 2005), und andererseits wurde versucht, die entwicklungspolitischen Dimensionen und Implikationen von Katastrophenereignissen stärker zu berücksichtigen und zu nützen.

6. Überschwemmungsmanagement in Bangladesch

Nahezu alle existierenden Studien zum Thema Überschwemmungsmanagement in Bangladesch sind sich darin einig, dass der Schwerpunkt nicht so sehr auf baulich-strukturelle Maßnahmen gelegt werden sollte, sondern mehr auf sozio-kulturelle Strukturen, Wirtschaft, Armutsbekämpfung, Aufklärung und Beteiligung der Bevölkerung, Dezentralisierung der Verwaltung und Reduzierung der Vulnerabilität (BRAUN und SHOEB 2008; HAQUE 1997; SHOEB 2002; ISLAM 2005). Im Folgenden soll ein Überblick gegeben werden, wie sich der Umgang mit Überschwemmungen in Bangladesch seit der Kolonialzeit gewandelt hat.

6.1 Phasen der Überschwemmungskontrolle

Während der britischen Kolonialherrschaft (1757–1947) wurde zur Bekämpfung von Überschwemmungen vor allem auf Hydraulikverfahren und -technologie zurückgegriffen, und für Trockenzeiten wurde Wasser gespeichert. Erst nach der verheerenden Flut von 1955, als Bangladesch noch unter pakistanischer Herrschaft war, wurde eine systematische Überschwemmungskontrolle eingeführt. Eine Kommission der Vereinten Nationen erarbeitete ein Programm zur Überschwemmungskontrolle, das unter dem Namen „Krug Mission Report" bekannt wurde (1957). Auf dessen Empfehlung hin wurde 1959 die „Water and Power Development Authority" (WAPDA) eingerichtet. Die Wasser- und Energieentwicklungsbehörde wurde mit dem Bau von Dämmen und Stauanlagen beauftragt, während die Energiebehörde für die Errichtung von Wasservorräten und Wasserkraftanlagen im Hügelgebiet um Chittagong zuständig war. Nachdem Bangladesch seine Unabhängigkeit erreicht hatte, wurden zwei Institutionen mit unterschiedlichen Aufgabenbereichen eingerichtet: das BWDB („Bangladesh Water Development Board") und das BPDB („Bangladesh Power Development Board").

Vier sukzessive Pläne spiegeln die jeweiligen Versuche zu einer effektiveren Kontrolle von Überschwemmungen wider. Die erste Phase (1955–1971) gipfelte in dem Versuch, Überschwemmungen durch massive strukturelle Eingriffe, wie zum Beispiel die Errichtung von Stauanlagen, Schleusen und Dämmen, unter Kontrolle zu halten. Die zweite Phase (1971–1988) begann nach der Entstehung Bangladeschs im Jahr 1971. Um Kosten zu reduzieren, empfahl die Weltbank kleinere, kostengünstige Projekte. Diese Strategie wurde bis zum Eintritt der zwei desaströsen Überschwemmungen 1987 und 1988 verfolgt. Die dritte Phase (1988–1992) brachte den „Flood Action Plan" (FAP) und damit eine Rückkehr zu den massiven strukturellen Baumaßnahmen der ersten Phase. Der

FAP wurde mit dem Ziel entwickelt, vor allem die großen, katastrophalen Überschwemmungen zu bekämpfen. Nach scharfen Protesten von Umweltschützern und Aktivisten wurden die meisten der geplanten Großprojekte aufgegeben. Daraufhin wurde die vierte Phase (1993 bis heute) eingeläutet, und die Suche nach neuen Lösungen für ein modernes Überschwemmungsmanagement begann (HAQUE 1997; PEARCE und TICKELL 1993; PAUL 1997). Der aktuelle Ansatz der Regierung zur Katastrophenbekämpfung setzt auf eine Kombination verschiedener Strategien unter Mithilfe und Beratung von USAID („United States Agency for International Development").

Trotz erheblicher politischer und sozialer Veränderungen in den letzten Jahren existiert in Bangladesch bis heute kein klares Konzept zum Umgang mit Naturkatastrophen. Es wäre bedauernswert, wenn die derzeitigen Ansätze aufgrund einer weiteren verheerenden Überschwemmung in naher Zukunft wieder geändert würden. Da die Regierung Bangladeschs stark auf Hilfe aus dem Ausland angewiesen ist, ist eine teure Hightech-Überschwemmungskontrolle keine nachhaltige Lösung. Da außerdem Überschwemmungen immer vor allem die Bevölkerung in ungeschützten Regionen besonders in Mitleidenschaft ziehen, nimmt die Zerstörungskraft solcher Ereignisse stark zu. Es erscheint deshalb angebrachter, den Begriff „Hochwasserkontrolle" durch „Hochwasserkatastrophenmanagement" zu ersetzen.

Die Regierung von Bangladesch hat ihre Strategie im Laufe der letzten Jahrzehnte von einem rein strukturell-baulichen Ansatz zu einer Kombination aus sowohl strukturellen als auch nicht-strukturellen Strategien geändert (PAUL 1997), wobei derzeit zwei Hauptansätze zur Hochwasserbekämpfung dominieren. Der eine ist technisch geprägt und umfasst vor allem Baumaßnahmen. Solche Maßnahmen sind nicht nur sehr kostspielig, sondern bringen auch starke Veränderungen im Landschaftsbild mit sich (Abb. 9).

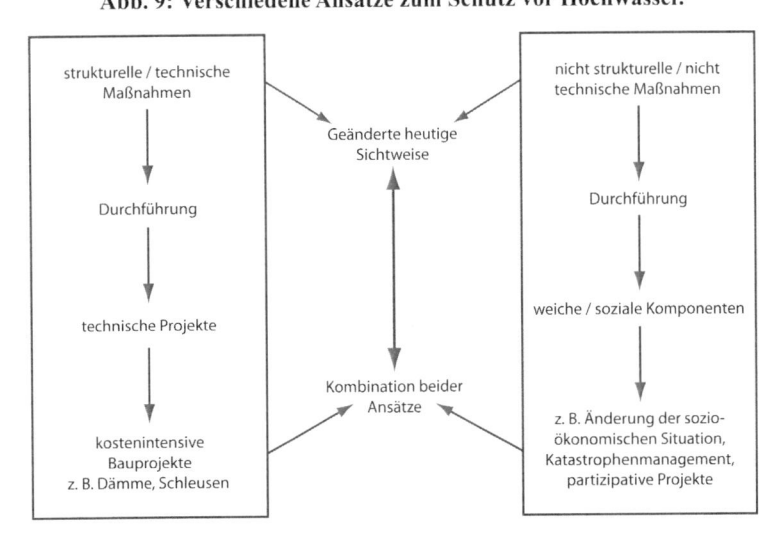

Abb. 9: Verschiedene Ansätze zum Schutz vor Hochwasser.

Quelle: ELAHI 1992; SHOEB 2002; BUET 2008; BWDB 2008; eigene Darstellung.

Der zweite, nicht-technisch geprägte Ansatz umfasst vor allem nicht-strukturelle Maßnahmen, die auf Hochwasserkontrolle und Anpassung an Katastrophensituationen ausgerichtet sind. Diese Maßnahmen sind kostengünstiger, bedürfen jedoch einer großen Partizipation der Bevölkerung. Rational gesehen wäre eine dritte Alternative, Überschwemmungen unter Kontrolle zu halten und zu regeln, eine selektive Kombination beider Ansätze.

6.2 Staatliche Organisationen

Eine zentrale Organisation im Bereich Katastrophenmanagement in Bangladesch ist das sogenannte „Disaster Management Bureau" (DMB), eine dynamische und professionell arbeitende Regierungsabteilung, die eng mit Bezirksbehörden und anderen Ministerien unter der Aufsicht eines hochrangigen Komitees des Innenministeriums (IMDMCC) kooperiert. Das DMB ist zuständig für Planung und Selbsthilfe, Aufklärung der Öffentlichkeit und Organisation von systematischen Trainingsprogrammen für eine große Anzahl von Regierungsbeamten und anderen Mitarbeitern, auf nationaler Ebene bis hin zur Dorfgemeinschaft.

Das „Bangladesh Water Development Board" (BWDB) ist in verschiedene größere Bauprojekte (Staudämme und Schleusen) in vielen Distrikten involviert. Oftmals ist das BWDB auch an der Grabung bzw. Wiederaushebung von Kanälen beteiligt, die einen besseren Wasserabfluss gewährleisten sollen.

Eine weitere wichtige staatliche Organisation, das „Flood Forecasting and Warning Centre" (FFWC) unter der Verwaltungskontrolle des BWDB, wurde 1972 eingerichtet, um die nationale Bereitschaft im Falle einer Überschwemmung zu gewährleisten (CHOWDHURY 2000). Das FFWC wurde 1990 unter dem „Flood Action Plan" (FAP) mit Hilfe finanzieller Unterstützung des „United Nations Development Programme" (UNDP) und verschiedener entwickelter Länder modernisiert. Heutzutage ist das FFWC für die Hochwasser- und Wirbelsturmvorhersage zuständig. Außerdem erstellt es den jährlichen Hochwasserbericht und gelegentlich einen Bericht über Wirbelstürme.

Die „Bangladesh Space Research and Remote Sensing Organization" (SPARRSO) wurde 1980 gegründet. Sie überwacht täglich die Wolkenbildung im Einzugsgebiet der drei großen Flüsse Ganges, Meghna und Brahmaputra. Aus der Verteilung der Bewölkung können Prognosen über die zu erwartenden Niederschläge in verschiedenen Gebieten erstellt und daraus aufgrund von Modellrechnungen die wahrscheinlichen Pegelstände an den Flüssen prognostiziert werden.

Weiters erstellt das „Bangladesh Meteorological Department" (BMD) Zeitreihen aller relevanten klimatologischen Größen. Die täglich gesammelten Informationen helfen, unter anderem Niederschlagsverteilungen, Windstärke und die Richtung von Wirbelstürmen vorherzusagen.

Auf Befehl der Armeeführung können auch die Marine und die Luftwaffe eingesetzt werden, um der zivilen Verwaltung in verschiedenen Stufen der Katastrophenbewältigung zu

Überschwemmungen und Entwicklung in Bangladesch

helfen. Im Falle einer Katastrophe spielt das Militär eine wichtige Rolle, um die Evakuierung, die Hilfe vor Ort und den Wiederaufbau zu organisieren.

6.3 Die Rolle der Entwicklungshilfepartner, der NGOs und der Bevölkerung

Eine beachtliche Anzahl von internationalen Entwicklungsorganisationen (z.B. UNDP, UNDRO, FAO, UNICEF, WHO, WFP, etc.) beteiligt sich am Katastrophenmanagement in Bangladesch. Wenn Katastrophen eintreten, arbeiten sie normalerweise mit Regierungsagenturen zusammen und manchmal agieren sie gemeinsam mit Schwesterorganisationen oder mit Partner-NGOs (PNGOs) (Abb. 10).

Es ist auffällig, dass in Bangladesch der Gemeinschaftssinn sehr ausgeprägt ist. So ist zu beobachten, dass Individuen und einheimische Wohltätigkeitsorganisationen sich schnell an der Hilfe für Überschwemmungsopfer beteiligen. Hilfe wird normalerweise von einer Anzahl verschiedener sozialer Gruppen geleistet. Mitglieder dieser Gruppen agieren als freiwillige Helfer.

Während einer Überschwemmung unterbrechen die meisten NGOs ihre normalen Tätigkeiten und initiieren stattdessen Nothilfeprogramme. Der Großteil dieser Programme wird von ausländischen Geldgebern, sowohl Regierungen als auch Wohltätigkeitsorganisationen, finanziert. In vielen Entwicklungsländern spielen NGOs eine wichtige Rolle in der sozioökonomischen Entwicklung. In Bangladesch bieten sie eine echte Alternative zur institutionellen Katastrophenhilfe. Die führenden ausländischen und einheimischen NGOs in Bangladesch, die unter anderem auch Überschwemmungshilfe leisten, sind CARE, GTZ, Oxfam, Caritas, Grameen Bank, BRAC, ASA, Proshikha und Nijera Kori.

Abb. 10: Netzwerk der Organisationen, die sich mit dem Management der Auswirkungen von Überschwemmungen in Bangladesch befassen

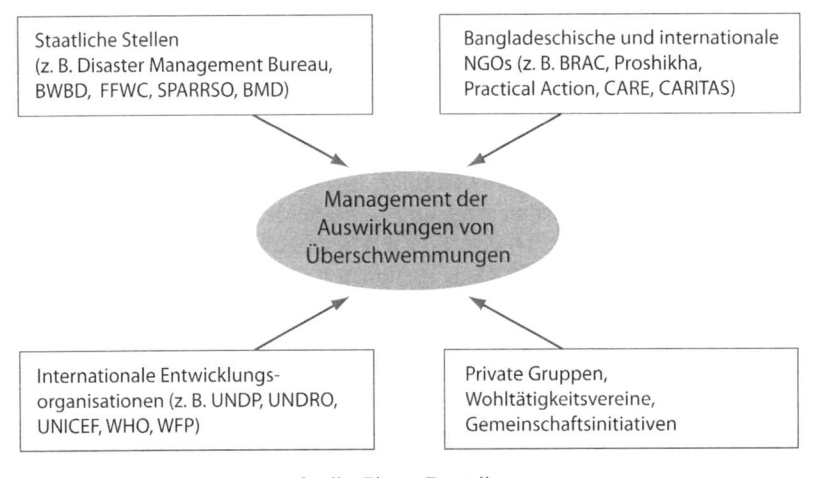

```
┌─────────────────────────────┐     ┌─────────────────────────────┐
│ Staatliche Stellen          │     │ Bangladeschische und        │
│ (z. B. Disaster Management  │     │ internationale NGOs         │
│ Bureau, BWBD, FFWC,         │     │ (z. B. BRAC, Proshikha,     │
│ SPARRSO, BMD)               │     │ Practical Action, CARE,     │
│                             │     │ CARITAS)                    │
└──────────────┬──────────────┘     └──────────────┬──────────────┘
               │                                    │
               ▼                                    ▼
                    ┌───────────────────────┐
                    │   Management der      │
                    │   Auswirkungen von    │
                    │   Überschwemmungen    │
                    └───────────────────────┘
               ▲                                    ▲
               │                                    │
┌──────────────┴──────────────┐     ┌──────────────┴──────────────┐
│ Internationale Entwicklungs-│     │ Private Gruppen,            │
│ organisationen (z. B. UNDP, │     │ Wohltätigkeitsvereine,      │
│ UNDRO, UNICEF, WHO, WFP)    │     │ Gemeinschaftsinitiativen    │
└─────────────────────────────┘     └─────────────────────────────┘
```

Quelle: Eigene Darstellung.

Die unmittelbare Soforthilfe spielt eine entscheidende Rolle, um das Überleben der Betroffenen zu gewährleisten. Die Arbeit der NGOs trägt aber noch wesentlich mehr zum Katastrophenmanagement bei, wie im folgenden Abschnitt zu zeigen sein wird.

7. Der Beitrag von Nicht-Regierungsorganisationen (NGOs) zur Senkung der Vulnerabilität der von Überschwemmungen betroffenen Bevölkerung

Die Untersuchung zur Vulnerabilität der von der Überschwemmung 2007 betroffenen Bevölkerung zeigte, dass große Teile der Bevölkerung von Bangladesch Überschwemmungen und ähnlichen Katastrophen weitgehend hilflos gegenüberstehen. Einerseits sind die naturräumlichen Bedingungen besonders förderlich für Überschwemmungen (BRAMMER 2004; BRAUN und SHOEB 2008), andererseits erzeugt die weit verbreitete Armut in den Landgebieten besonders krisenanfällige sozioökonomische Strukturen. Abbildung 6 zeigt das PAR-Modell für Überschwemmungen in Bangladesch und fasst die schon genannten Faktoren übersichtlich zusammen, wobei Armut als grundlegender Faktor deutlich zum Ausdruck kommt.

Für die Arbeit der Nicht-Regierungsorganisationen (NGOs) in Bangladesch hat dieser Befund aus mehreren Gründen eine hohe Relevanz: Sie haben sich zum Ziel gesetzt, die Armut zu beseitigen,[7] die Erreichung dieses Ziels wird aber primär durch Überschwemmungen bedroht und auch die Mitarbeiter und Einrichtungen der NGOs selbst werden von Überschwemmungskatastrophen in Mitleidenschaft gezogen (Bürogebäude, Testfelder, Felder für Setzlinge, Wohnungen der Mitarbeiter) (vgl. auch ASSHEUER 2007a). Insofern liegt es nahe, dass NGOs den Umgang mit Überschwemmungen an zentraler Stelle in ihre Programme aufgenommen haben.

Unter NGOs werden in diesem Artikel Organisationen verstanden, die gewaltfrei organisiert sowie nicht gewinnorientiert sind und sich für Entwicklungszusammenarbeit einsetzen (AHMAD 2005; NUSCHELER 2005). Das „NGO Affairs Bureau" listet derzeit 2.295 in Bangladesch registrierte NGOs auf.[8] Davon sind 2.085 einheimische NGOs und 210 ausländische. NUSCHELER (2005) unterteilt daher die NGOs noch weiter in *Nord-* und *Süd-NGOs*. Charakteristisch für Süd-NGOs ist, dass sie de facto mit den Armen arbeiten, der Großteil der NGO-Mitarbeiter sind Einheimische und ein Teil des Geldes kommt von ausländischen Geldgebern. Die Nord-NGOs hingegen haben ihren Sitz in den jeweiligen Industrieländern (z. B. USAID in Washington D.C., CARE Österreich in Wien), akquirieren dort die Spendengelder und finanzieren damit Projekte in den sogenannten

---

[7]) Die erklärten Leitziele der NGOs lauten im Fall von CARE Österreich zum Beispiel: „Wir arbeiten für eine Welt der Hoffnung, Toleranz und sozialen Gerechtigkeit, in der die Armut besiegt ist und die Menschen in Würde und Sicherheit leben." (CARE Vision, Jahresreport 2005).

[8]) Stand August 2008. Siehe http://www.ngoab.gov.bd/statistics.xls.

„Entwicklungsländern". Im vorliegenden Beitrag wird vorrangig über die Aktivitäten der Süd-NGOs berichtet.

Anhand von Abbildung 6 soll nun erläutert werden, in welcher Weise die Arbeit von NGOs dazu beitragen kann, die Krisenanfälligkeit der Bevölkerung in Bangladesch zu senken.

7.1 Integration des Katastrophenmanagements in die reguläre Projektarbeit

In Anbetracht der engen finanziellen Situation, in der sich viele NGOs befinden, erweist es sich als schwierig, Projekte zu starten, die speziell auf Vulnerabilitätsfragen zugeschnitten sind. Zusätzlich erscheint eine exklusive Schwerpunktsetzung auf Strategien zur Bewältigung von Naturkatastrophen auch nicht einmal wünschenswert, denn Vulnerabilität hat viele soziökonomische Ursachen. Deshalb sind gerade integrativ arbeitende NGOs (vgl. ASSHEUER 2007a) prädestiniert dafür, komplexere Entwicklungsprobleme aufzugreifen. Abbildung 6 zeigt die wesentlichen Faktoren auf, die zu den bedrohlichen Umständen während der Überschwemmungen 1987/88 beigetragen haben. Tabelle 7 listet weiters konkrete Maßnahmen der NGOs auf, die Teil ihrer täglichen Arbeit sind und gleichzeitig einen wichtigen Beitrag zur Absenkung der Vulnerabilität der Bevölkerung leisten.

Die gängigen Programme der NGOs bestehen zunächst aus der Vergabe von *Mikrokrediten*, bei denen den Mitgliedern der Organisation ein verhältnismäßig geringer Betrag geliehen wird, den sie wöchentlich zurückzahlen müssen. Von den Rückzahlungen werden gleichzeitig geringe Beträge als Ersparnisse eingesammelt. Die Kredite dürfen im Allgemeinen nur für *einkommensgenerierende Maßnahmen* (IGAs) verwendet werden. Zu diesem Zweck werden den Mitgliedern Kurse angeboten, in denen ihnen vermittelt wird, welche Möglichkeiten es gibt, mittels der gewährten Kredite Einkommen zu erwirtschaften. Am häufigsten werden Hühner, Ziegen, ein Kalb oder eine Rikshaw[9] gekauft. Manche Kreditnehmer kaufen auch Saatgut oder eine Nähmaschine.

Bildung und *Gesundheit* sind weitere zentrale Elemente der NGO-Programme. Die Durchsetzung von landesweiten Impfaktionen, die Mutter-Kind-Kontrolle, der Bau von Latrinen und Brunnen (und vor allem deren nachhaltige Implementierung) und Familienplanungsmaßnahmen gehören zu den Gesundheitsprogrammen. Im Rahmen von Bildungsprogrammen soll den Mitgliedern vermittelt werden, welche zentrale Rolle Bildung spielt. Die NGOs errichten entweder selbst Schulen oder veranlassen die Regierung, in der Region Schulen zu eröffnen.

Da Bangladesch nach wie vor ein landwirtschaftlich geprägtes Land ist, kommt *landwirtschaftlichen Ausbildung*sprogrammen eine besonders wichtige Rolle zu. In diesen werden den Mitgliedern neue Anbaumethoden vermittelt und das nötige Saatgut wird zur Verfügung gestellt. Im Rahmen der *Rechtsberatung* bieten NGOs den Mitgliedern Hilfe bei rechtlichen Angelegenheiten. Gerade die arme Bevölkerung kann oft weder lesen noch schreiben, so dass sie besonders machtlos bei rechtlichen Belangen ist.

---

[9]) Fahrrad für „Taxi"-Dienste.

Die *Gruppen- bzw. Gemeinschaftsbildung* leistet ebenfalls einen wichtigen Beitrag zur Entwicklungsarbeit. Zunächst ist die Gruppenbildung pragmatisch, weil es einfacher ist, wenn der Fieldworker[10] mit einer Gruppe arbeiten kann und nicht zu jeder Person einzeln gehen muss. Aber entscheidender ist, dass einerseits die Gruppe für die Mikrokredite der einzelnen Mitglieder haftet und andererseits durch die Gruppenbildung die einzelnen Mitglieder einen stärkeren Resonanzraum vorfinden. So ist die Stellung der Frau in der traditionellen Gesellschaft Bangladeschs jener des Mannes untergeordnet. Durch die Einbindung in eine Gruppe beginnen aber auch Frauen zunehmend, ihre Probleme und Anliegen einem größeren Personenkreis mitzuteilen. Mittlerweile gibt es auch immer mehr Männergruppen, und auch diese können nun ihre Anliegen, beispielsweise gegenüber Großgrundbesitzern, in der Gruppe besser artikulieren als einzelne Bittsteller.

In Tabelle 7 sind nun die Maßnahmen aus den einzelnen NGO-Programmen, die jeweils zur Behebung der in Abbildung 6 angeführten Krisenfaktoren passen, aufgelistet. Dadurch soll ein Überblick verschafft werden, auf welche Weise die tägliche Arbeit der NGOs helfen kann, die Vulnerabilität der Bevölkerung durch Überschwemmungen abzusenken.

Aus den Tabellen 7 bis 9 geht klar hervor, dass NGOs sehr wohl einen großen Beitrag zur Verringerung der Krisenanfälligkeit der Bevölkerung leisten können und viele der Faktoren, die zur Vulnerabilität beitragen, zumindest mildern helfen können. Dies ist kein Zufall, sondern beruht auf einer grundlegenden Erscheinung: Die Notsituation, die die Bevölkerung von Bangladesch bei Überschwemmungen bedroht, bedroht die Bevölkerung auch im ganz normalen, alltäglichen Leben. Charakteristische Krisenerscheinungen bei Überschwemmungen sind zum Beispiel zu wenig Nahrung, kaum Einkommen, schlechte (oder gar keine) Behausung, schlechte Transportmöglichkeiten, schlechte hygienische Zustände, die zu Durchfall und Hautausschlägen führen, und Kinder, die keine Schulen besuchen können. All diese Erscheinungen bestimmen auch den Alltag der armen Bevölkerung, Überschwemmungen potenzieren diese Probleme aber zusätzlich. BOSE, ein Vertreter von „Oxfam", meinte dazu treffend: „Poverty is a disaster itself."

7.2 Konkrete Katastrophenschutz-Projekte der NGOs

Im Interview sagte ein Vertreter von „CARE Bangladesh": „Most [...] NGOs are working in both: Development work as well as disaster-management. Because disaster-management is also part of development work. If you cannot save livelihood and the life of people than you cannot ensure development." Insofern leisten NGOs auch konkretes Katastrophenmanagement. Katastrophen sind sogar meist der konkrete Anlass, dass eine NGO in Bangladesch die Arbeit aufnimmt. Die NGOs beginnen mit Hilfslieferungen und Wiederaufbaumaßnahmen und bleiben dann schließlich, um langfristige Entwicklungsarbeit zu leisten. So war zum Beispiel das Ausmaß der Verwüstungen des Wirbelsturmes im Jahr 1970, der über 300.000 Opfer forderte, der Anlass für viele NGOs, im damaligen Ost-Pakistan die Arbeit aufzunehmen. Der dann 1971 folgende Unabhängigkeitskrieg veranlasste

---

[10]) Diejenigen Mitarbeiter der NGOs, die täglich in die Dörfer zu den Gruppen fahren und den direkten Kontakt zu ihnen haben.

Tab. 7: Mögliche Krisenfaktoren und Gegenmaßnahmen der NGOs

Krisenfördernde Faktoren	Maßnahmen der NGOs
Hohe Abhängigkeit von der Tätigkeit als Tagelöhner oder von kurzfristiger Feldarbeit	Mikrokredite, Berufsdiversifizierung und Schaffung mehrerer Einkommensquellen durch IGAs („Income Generating Activities")
Geringes Einkommensniveau	s.o., Gruppenbildung
Geringer Zugang zu sauberem Wasser	Bau von Brunnen, Latrinen, Gesundheitsprogramm
Schlechte Ernährungssituation	Home Gardening, Gesundheitsprogramm, mehr Einkommen durch IGAs
Geringe Widerstandskraft gegen Krankheiten	Gesundheitsprogramm, Latrinen, Bau von Brunnen, Ersparnisse, bessere Ernährung
Keine Sozialversicherung und kaum Vorräte an Ersparnissen oder Lebensmitteln	Ersparnisse, mehr Einkommen durch IGAs

Tab. 8: Ungünstige sozioökonomische Entwicklungstendenzen (vgl. Abb. 6) und Gegenmaßnahmen der NGOs.

Ungünstige Entwicklungstendenzen	Maßnahmen der NGOs
Zusammenbruch der ländlichen Wirtschaft und Landflucht	Mikrokredite, IGAs, Landwirtschaftsprogramme, Bildung, Gruppenbildung
Bevölkerungsdruck	Familienplanung
Keine staatliche Regelung bei Landverteilung an die arme Bevölkerung	Rechtsberatung, Gruppenbildung
Geringe wirtschaftliche Fortschritte, die Lebensgrundlage zu sichern; einseitige Möglichkeiten	IGAs, Bildung
Abhängigkeit von Hilfsgütern während Krisenzeiten	Ersparnisse, Vorräte anlegen
Keine Besteuerung Wohlhabender	NGOs intervenieren bei Wohlhabenden und weisen auf die Hilfsbedürftigen hin.

Tab. 9: Hauptursachen für das Ausmaß der Vulnerabilität (Abb. 6) und Gegenmaßnahmen der NGOs

Hauptursachen	Maßnahmen der NGOs
Ungleiche Verteilung von Besitz und Vermögen	Mikrokredite, IGAs, Intervention der NGOs bei Wohlhabenden, Gruppenbildung
Ländliche Machtstrukturen bevorzugen die Landbesitzer gegenüber den Besitzlosen	Rechtsberatung, IGAs ermöglichen verschiedene neue Einkommensquellen, Gruppenbildung
Historisch bedingte ungünstige Entwicklungen: Marode Wirtschaft und unterbrochene Wirtschaftsentwicklung durch das koloniale Erbe der Briten und Probleme mit Pakistan	Mikrokredite, IGAs

erneut viele internationale Organisationen, nach den Kriegshandlungen in das junge Land Bangladesch zu gehen und dort Hilfe zu leisten. Vieler dieser Organisationen arbeiten heute noch in Bangladesch, wie zum Beispiel Caritas, das Rote Kreuz und auch CARE.[11]

Das Katastrophenmanagement gliedert sich in *vorbereitende (proaktive) Maßnahmen* und *(reagierende) Katastrophenhilfe*. Im Rahmen der Katastrophenhilfe ist das Potenzial, die Vulnerabilität der Bevölkerung gegenüber Naturerscheinungen zu senken, naturgemäß eher gering – denn dann ist die Katastrophe ja schon eingetreten. Hier ist es nur wesentlich, dass die Hilfe gut „geplant" und schnell erfolgt. Auch bei Wiederaufbaumaßnahmen beteiligen sich NGOs und leisten einen wichtigen Beitrag. Hier liegt das Potenzial darin, die Strukturen, die wieder aufgebaut werden, so aufzubauen, dass sie bei dem nächsten Ereignis weniger in Mitleidenschaft gezogen werden. Dieses Potenzial wird auch in den vorbereitenden Maßnahmen angesprochen, bei denen NGOs ein hohes Potenzial der Vulnerabilitätssenkung haben.

Vorbereitende Schulungen

NGOs arbeiten vorrangig mit dem Gruppenansatz, das heißt, sie lassen Gruppen von 20 bis 40 Personen bilden, die normalerweise wöchentlich zusammentreffen. Bei diesen Treffen werden zum Beispiel Kreditrückzahlungen eingesammelt und allgemeine Dinge besprochen. Falls Überschwemmungen drohen, werden die Fieldworker der NGOs angewiesen, die Mitglieder auf diese Gefahr hinzuweisen und zu besprechen, was im Ernstfall getan werden muss: Vorräte anlegen, wasserdichte Behälter besorgen, die Kinder darauf hinweisen, nicht in dem Hochwasser zu baden und das Wasser nicht zu trinken. Weiters sind Vorbereitungen zur Erhöhung der Brunnen zu treffen, und die Bedeutung der Warnsignale (durch Fahnen markiert) wird wiederholt.

Neben den Mitgliedern der Gruppen werden aber auch andere Personen geschult: Freiwillige werden ausgebildet, wie die Warnsignale gesetzt werden müssen, wie sie Erste Hilfe leisten können, die Schutzgebäude müssen in Stand gehalten werden und die Fluchtwege dorthin müssen bekannt und frei sein. Manche NGOs statten die Freiwilligen mit Radios und Funkgeräten aus. Für die Informationsweitergabe der Frühwarnungen sind möglichst genaue Vorhersagen über die Entwicklung der Überschwemmungssituation notwendig. Die meisten NGOs beklagten, dass sie nicht ausreichend Informationen erhalten hätten, allerdings laufen diesbezüglich mittlerweile staatliche und internationale Programme, wie zum Beispiel das EMIN von CEGIS,[12] die helfen sollen, die Verbreitung von Informationen zu erleichtern. Hier wird aus den Wasserpegeln der nahegelegenen relevanten Flüsse die Hochwassersituation der Region ermittelt und diese Information per SMS[13] an örtliche Behörden und Freiwillige gesendet. Es werden auch Mitarbeiter der NGOs geschult, wie sie sich im Ernstfall zu verhalten haben. Hierzu zählt auch die Planung der

---

[11]) CARE – „Care and Relief for Everywhere".

[12]) EMIN – „Environmental Monitoring Information Network", CEGIS – „Center for Environmental and Geographic Information Service".

[13]) „Short Message Service".

Schadenserfassung, die sofort nach dem Eintritt einer Überschwemmung starten muss, um herauszufinden, wie viele Menschen wie stark betroffen sind, und die Verteilung der Nothilfegüter. Während einer Überschwemmung können NGOs dann die Mitarbeiter von nicht-betroffenen Gebieten abziehen und in betroffenen Gebieten einsetzen.

Bereitschaft fördern

Wenn der Ernstfall eintritt, gibt es eine Reihe von Möglichkeiten, die Auswirkungen einer Überschwemmung zu begrenzen. Einige NGOs lassen „Disaster-Management-Gruppen" bilden, die Katastrophenpläne ausarbeiten. Neben der schon erwähnten Ausbildung von Freiwilligen werden in solchen Plänen zum Beispiel auch notwendige Impfungen für Menschen und Tiere aufgelistet. Gegen manche übertragbare Krankheiten, die vorrangig während Überschwemmungen auftreten, kann geimpft werden. Die Bereitschaft, Hilfe zu leisten, wird auch dadurch gefördert, dass manche NGOs einen Katastrophen-Fonds errichten und einen Vorrat an nicht-verderblichen Lebensmitteln anlegen, die sie dann sofort als Hilfsgüter verteilen können.

Bauliche Maßnahmen

NGOs sind in der Lage, kleinere bauliche Maßnahmen durchzuführen bzw. die Bevölkerung auf solche aufmerksam zu machen. Durch das Pflanzen von Bäumen und hartem Gras werden Straßen stabiler und vor Erosion geschützt. Mit dem Erdmaterial der Felder können kleine Deiche gebaut werden, bzw. der Sockel der Häuser kann erhöht werden. Viele NGOs lassen Brücken und Abzugsgräben errichten oder lassen Teiche ausgraben. Diese Vorgangsweise entspricht der Idee der „river excavation" von Nazrul ISLAM (1999). Er favorisiert statt der teuren, ingenieurtechnischen Errichtung von Dämmen und Deichen einen weniger technischen, aber dafür arbeitsaufwändigen Ansatz der Ausgrabung, Tieferlegung und Erweiterung der bestehenden Wasserkörper. Das dabei gewonnene Material sollte für die Erhöhung der Wohnsiedlungen verwendet werden.

NGOs veranlassen auch den Bau von Schutzräumlichkeiten und fordern von den Mitgliedern, dass sie ihre Häuser durch Betonpfeiler verstärken, wofür meist auch eigens Mikrokredite vergeben werden. Diese Betonpfeiler werden in die Erde eingelassen und sorgen dafür, dass das Grundgerüst des Hauses Überschwemmungen übersteht. An diese Pfosten können leicht Strohmatten befestigt werden, wodurch ein einfacher, grundlegender Schutz der Bausubstanz ermöglicht wird. Ebenso können – im Fall einer Überschwemmung – die „Häuser" schnell abgebaut und an einem anderen Ort wieder errichtet werden.

Das Instrument des sogenannten „Participatory Rural Appraisal" (PRA)

Das „Participatory Rural Appraisal" (PRA) wird seit den 1990er-Jahren in der Entwicklungszusammenarbeit sehr geschätzt (KUMAR 2002). Mittels partizipativer Methoden wird zunächst die Bevölkerungsstruktur analysiert. Dies geschieht normalerweise in neuen Regionen, in denen die NGO vorher nicht gearbeitet hat. Einige NGOs gaben an, das PRA seit der Überschwemmung 2004 auch dafür zu verwenden, das Verständnis für und die notwendigen Maßnahmen gegen Überschwemmungen in Erfahrung zu bringen. Während eines PRA wird besonderer Wert auf die vorhandenen Wünsche der Bevölkerung der jeweiligen Region gelegt und auf dringend notwendige Maßnahmen eingegangen. Insbesondere können NGOs der Bevölkerung helfen, den Kontakt zu lokalen Politikern und Institutionen, Betrieben etc. aufzubauen. Solche Netzwerke sind im ländlichen Bangladesch nach wie vor von enormer Bedeutung.

Es lässt sich also zeigen, dass NGOs durchaus wichtige Beiträge auf verschiedenen Ebenen des Katastrophenmanagements leisten können. Die Autoren möchten aber auch darauf hinweisen, dass das Potenzial der NGOs nicht überbewertet werden darf. Es ist sicher nicht zu erwarten, dass allein durch Mikrokredite und die Schaffung von einkommensgenerierenden Maßnahmen das historische Erbe der ungünstigen Wirtschafts- und Sozialstruktur von Bangladesch beseitigt werden kann. Das Ausmaß der Armut in Bangladesch konnte trotz der Arbeit der NGOs bis heute nicht deutlich reduziert werden. Das Potenzial der NGO-Programme, das Leben der Bevölkerung zu verbessern, stößt somit schnell an seine Grenzen und muss realistischerweise als eher begrenzt eingeschätzt werden.

7.3 Der Beitrag von Nicht-Regierungsorganisationen zur „Resilience"

Wie kann nun im Sinne des „Resilience-Konzeptes" nicht nur die Krisenanfälligkeit einzelner Bevölkerungsgruppen bzw. Individuen gestärkt werden, sondern die Widerstandskraft des gesamten Systems? Einen möglichen Ansatz dazu bildet das sogenannte SHOUHARDO-Programm, das auf der Entwicklungsarbeit von integrativ-arbeitenden NGOs aufbaut. Dieses Programm mit dem Titel „Strengthening Household Ability to Respond to Development Opportunities" (SHOUHARDO) ist ein breit angelegtes Projekt unter Federführung von USAID und der Regierung von Bangladesch. Durchführende Organisation ist „CARE Bangladesh".

Das Programmziel lautet: „to sustainably reduce chronic and transitory food insecurity among 400.000 households by September 2009. SHOUHARDO will also address the underlying causes of food insecurity in the poorest regions of Bangladesh by explicitly emphasizing the importance of entitlement, empowerment, and a rights-based focus for all program activities." (SHOUHARDO-Programm: Mid-Term Review 2007, S. vii). „CARE Bangladesh" implementiert das Programm zusammen mit 45 Partner-NGOs und insgesamt 1.300 Mitarbeitern. Von dem Programm sollen 400.000 Haushalte in vier Regionen (Küstenregion bei Chittagong, Schwemmebenen „haor areas" bei Kishoreganj, Schwemminseln „chars" bei Rangpur und Tangail) direkt profitieren.

Das Herzstück und das Innovative an dem Programm ist die langfristige Implementierung von „Village Development Committees" (VDCs) und „Slum Development Committees" (SDCs) in den Dörfern und Städten der Programmgebiete. Die Mitglieder dieser

Ausschüsse sollen Personen (vor allem auch Frauen) aus den Zielgruppen der „Ärmsten der Armen"[14] sein. Die Ausschüsse sollen in die örtlichen Machtstrukturen eingebunden sein und von diesen langfristig anerkannt werden. Dadurch soll eine Transformation der Machtstrukturen erreicht werden. USAID, die Regierung von Bangladesch und CARE argumentieren, dass gerade die traditionellen Machtstrukturen verhindern, dass die arme Bevölkerung aus dem Armutskreislauf ausbrechen kann. Die Einsetzung solcher Ausschüsse könnte ein Gegengewicht zu den lokalen / traditionellen Machtstrukturen bilden. Die arme Bevölkerung könnte sich organisieren und damit Kräfte bündeln. Gemeinsam könnten sie sich gegen Ungerechtigkeiten besser auflehnen bzw. diese oft überhaupt erst erkennen.

Diese Argumentation deckt sich mit den Forderungen von Amartya SEN nach Zugang zu Berechtigungen („entitlements") (vgl. SEN 2002). Eine Transformation der traditionellen Machtstrukturen sollte längerfristig zu einer Verbesserung der Lebenssituation der armen Bevölkerung in Bangladesch führen. Eine Senkung der Armut fördert die Widerstandskraft der Bevölkerung gegenüber Krisenerscheinungen im Allgemeinen und es darf angenommen werden, dass die Ausschüsse dazu beitragen könnten, zukünftige Entscheidungen auf lokaler Ebene dergestalt zu beeinflussen, dass die arme Bevölkerung davon profitieren kann. ADGER (2000) nennt Institutionen als ein wesentliches Merkmal von Resilience, „because institutional structures such as property rights govern the use of natural resources" (S. 348). Die Ausschüsse (VDCs und SDCs) im SHOUHARDO-Programm sollen genau diesen Zugang zu natürlichen Ressourcen regeln bzw. *neu* regeln.

Der Ansatz ist ehrgeizig und es muss abgewartet werden, wie die lokalen Autoritäten auf derlei Interventionen reagieren. Durch den breiten Ansatz in vielen Dörfern und Slums, mit Rückhalt von vielen NGOs, USAID und vor allem der Regierung Bangladeschs, besteht jedoch die Möglichkeit, dass eine langfristige Transformation des Systems gelingen könnte.

Im Folgenden sollen die konkreten Maßnahmen, die im Rahmen des SHOUHARDO-Programms vorgesehen sind, kurz vorgestellt werden.

Maßnahmen innerhalb des ersten Leitziels des SHOUHARDO-Programms:

„Improved availability / economic access to food through strengthening livelihoods, entitlements and enhancing accountability of service providers."

Die SHOUHARDO-Mitarbeiter erarbeiten gemeinsam mit den Teilnehmern eine Analyse, die offenlegt, welche Probleme existieren und welche örtlichen Potenziale bestehen, diese zu beheben („problem analysis", „well being analysis"). Daraus entsteht ein „community action plan", der die Ziele und deren Erreichungsgrad enthält. Bei der Umsetzung dieses „community action plans" spielen die „Village Development Committees" (VDCs) und die „Slum Development Committees" (SDCs) eine entscheidende Rolle.

---

[14]) Die Ärmsten der Armen zu erreichen ist eigentlich das Ziel jeder NGO. Da es aber besonders schwierig ist, dieser Personengruppe zu helfen, gelingt es nicht allen NGOs. „CARE Bangladesh" versuchte, durch eine großangelegte Erhebung diese Zielgruppe zu erfassen und bemüht sich, diese mit ihrem Programm zu erreichen.

Vor allem in den Dörfern sind die Menschen über aktuelle wirtschaftliche und politische Ereignisse im Allgemeinen schlecht informiert. Auch Frühwarnungen über starke Niederschläge, Stürme, Überschwemmungen oder Wirbelstürme erreichen die Bewohner meist gar nicht oder zu langsam. Durch die Mithilfe der VDCs / SDCs könnte dieser Informationsmangel überwunden werden. Wichtige Informationen könnten das Verhalten der Teilnehmer auf den örtlichen Märkten beeinflussen, beispielsweise durch Kenntnisse von Änderungen der Marktpreise für Reis oder Weizen.

Im Rahmen der Sicherung der Lebensgrundlagen („Food and Livelihood Security Interventions") finden auch sogenannte „Food for Work"- und „Cash for Work"-Aktionen statt. Dabei heuern NGOs kurzfristig Personen an, um notwendige Reparaturen durchführen zu lassen. Die Finanzierung erfolgt entweder durch Spendengelder oder über den Katastrophenfonds. Meistens geht es dabei um Infrastrukturausbaumaßnahmen. Straßen, Brücken, Kanäle oder Gebäude (Schulgebäude, Gebäude von NGOs etc.) werden ausgebessert, Schutzbauten werden errichtet (Deiche, Erhöhungen) und sogar ganze Marktplätze neu gebaut. Im Hinblick auf zukünftige Gefahren legen die NGOs dabei Wert darauf, die Strukturen so zu bauen, dass sie ein langfristiges Schutzpotenzial aufweisen. „Food for Work"- und „Cash for Work"-Projekte stellen für die betroffene Bevölkerung oft die einzige rettende Möglichkeit dar, eine Arbeit für die Zeit zu finden, in der es keine Möglichkeit gibt, als Tagelöhner zu arbeiten.

Maßnahmen innerhalb des zweiten Leitziels:

„Sustainable improvement in the health and nutrition of project participants."

Menschen werden durch Unter- und Mangelernährung stark in ihrer geistigen und körperlichen Entwicklung behindert und sind anfälliger für Krankheiten. Dadurch ist es für sie schwieriger, Geld zu erwirtschaften, zumal die üblichen Arbeitsbereiche von Tagelöhnern (Feldarbeit, Lasttransporte) besonders anstrengend sind. Durch Impfprogramme, Ernährungsmaßnahmen zur Behebung von Eisen- und Vitaminmangel, die gezielte Betreuung von werdenden Müttern sowie durch die Organisation von Geburtsvorbereitungskursen und Säuglingskontrollen versucht SHOUHARDO die gesundheitliche Situation zu verbessern. Die hygienische Komponente beinhaltet das Bauen von Latrinen und die Sicherstellung von sauberem Trinkwasser. Es wird ein „Community Health Volunteer" (CHV) ausgebildet, der / die für hygienische und medizinische Belange AnsprechpartnerIn ist.

Maßnahmen innerhalb des dritten Leitziels:

„Enhanced empowerment of 400.000 women and girls from targeted vulnerable households."

400.000 Mädchen und Frauen sollen durch SHOUHARDO an einem Ausbildungskonzept teilnehmen. Dazu gehört Früherziehung, Erwachsenenbildung und Bewusstseinsbildung für soziale und kulturelle Themen. Bildung, Bewusstseinsbildung und regelmäßiger Austausch von Informationen sind die zentralen Grundlagen für die Arbeit in den Ausschüssen (VDCs / SDCs).

Sogenannte EKATA-Gruppen („Empowerment, Knowledge and Transformative Action") diskutieren in regelmäßigen Treffen wesentliche soziale Themen, wie Mitgift, Heirat von Minderjährigen und Gewalt gegen Frauen. Damit werden Themen diskutiert, die die Stellung der Frau nachhaltig beeinflussen. Diese Themen zur Sprache zu bringen, ist auch das Ziel des allgemeinen Gruppenansatzes – durch EKATA-Gruppen werden diese aber institutionalisiert.

Im Katastrophenmanagement bringt SHOUHARDO ebenfalls genderspezifische Belange ein. Frauen und Kinder sind oft stärker von Katastrophen betroffen als Männer, da sie mehr zu Hause sind, weniger Informationen erhalten, weniger flexibel sind und aus religiösen Gründen zögern, Schutzräumlichkeiten aufzusuchen. Diese Belange müssen auch im Katastrophenmanagement berücksichtigt werden.

Maßnahmen innerhalb des vierten Leitziels:

> *„Targeted communities and institutions are better able to prepare for, mitigate and respond to natural disasters."*

Das vierte und letzte SHOUHARDO-Leitziel wird in einer Programmbroschüre wie folgt erläutert: „In the disaster-prone environment of Bangladesh, successful program strategies must simultaneously reduce food and livelihood insecurity and build the resilience of households and communities to withstand shocks." (SHOUHARDO Program: Mid-Term Review 2007, S. 38).

Frühwarnsysteme (zusammen mit dem „Asian Disaster Preparedness Centre"), vorbeugende Maßnahmen und adäquate Reaktionen auf Ereignisse werden in den „Disaster Management Committees" (DMCs) auf lokalen und regionalen Ebenen eingeführt und trainiert. Damit das Katastrophenmanagement Erfolg versprechen kann, muss es auf allen Ebenen Anklang finden: in den Distrikten, Bezirken, bei den Partner-NGOs, den Freiwilligen, in den Ausschüssen und in den Haushalten. Knapp 10.000 Freiwillige wurden für den Ernstfall ausgebildet. Vor allem soll auf die lokalen Besonderheiten Rücksicht genommen werden. Lokale Vorhersagen werden erstellt und lokale Katastrophenbewältigungsstrategien identifiziert und ausgebaut. SHOUHARDO richtete für Katastrophen einen eigenen Fonds ein, damit in Notzeiten schnell reagiert werden kann. Auch für die Slums werden solche Maßnahmen ergriffen. Berücksichtigt werden Wirbelstürme, Überschwemmungen, Erosionen, Hangrutschungen, Tornados, Stürme, Kälteperioden, Erdbeben und Dürren.

Weiters verfolgt das SHOUHARDO-Programm einen „Comprehensive Approach to Risk Management [...]. A development relief approach does not treat disaster preparedness as an isolated activity but as a way of thinking that is integrated into all activities. The assets of the poor and extreme poor can easily be wiped out by one disaster, so that adopting a risk reduction approach serves as a form of insurance for participants and helps achieve program impact." (ebd.). Deshalb berücksichtigt das SHOUHARDO-Programm in jedem der Leitziele die Gefahr, die von Störungen des Systems ausgehen kann und sieht Möglichkeiten vor, dieser zu begegnen.

8. Fazit

NGOs leisten einen wichtigen Beitrag zur Bewältigung von Katastrophen und Krisen und helfen durch ihre Aktivitäten, die Vulnerabilität der Bevölkerung zu mindern. Diese Erkenntnis wird umso deutlicher, wenn man berücksichtigt, dass Armut und Anfälligkeit für Naturereignisse miteinander verbunden sind und sich gegenseitig verstärken. Anhand des SHOUHARDO-Programms, stellvertretend für die aktuelle Entwicklungszusammenarbeit der NGOs, wird weiter deutlich, dass deren Arbeit auch dazu beiträgt, die Widerstandskraft der gesamten Gesellschaft („Resilience") zu stärken. Auf einer generellen Ebene ist dies durch eine Transformation der traditionellen Machtstrukturen möglich, um die Lebensumstände und Krisenanfälligkeit der Bevölkerung zu verbessern.

9. Literatur

ABBAS, B. M. (1989): Flood Management in Bangladesh. In: AHMAD, M. (Hrsg.): Flood in Bangladesch. Dhaka: Community Development Library, S. 89–96.

ADGER, W. Neil (2000): Social and Ecological Resilience: Are they Related? In: Progress in Human Geography 24 (3), S. 347–364.

AHMAD, M., Hrsg. (1989): Flood in Bangladesh. Dhaka: Community Development Library.

AHMAD, M. (2005): Bottom Up – NGO Sector in Bangladesh. Dhaka: Community Development Library.

AHMAD, Q. K., AHMAD, N. und K. B. S. RASHEED (Hrsg.) (1994): Resources, to the Ganges, Brahmaputra and Meghna Basins. Dhaka: Academic Publishers.

AHMAD, Q. K. und K. B. S. RASHEED (2000): Flood Management in Bangladesh: Issues and Prospects – GBM Regional Perspectives. In: AHMAD Q. K. et al. (Hrsg.): Perspectives on Flood 1998. Dhaka: The University Press Limited, S. 85–96.

ANDERIES, J. M., JANSSEN, M. A. und E. OSTROM (2004): A Framework to Analyze the Robustness of Socialecological Systems from an Institutional Perspective. In: Ecology and Society 9 (1), Art. 18.

ARTHUR, W. B. und G. MCNICOLL (1978): An Analytical Survey of Population and Development in Bangladesh. In: Population and Development Review 4 (1), S. 23–80.

ASSHEUER, T. (2007a): Entwicklungszusammenarbeit als Anpassung an Naturereignisse: Nichtregierungs-Organisationen (NGOs) und Überschwemmungen in Bangladesch. Diplomarbeit, Institut für Geographie und Regionalforschung der Universität Wien.

ASSHEUER, T. (2007b): Proaktives Katastrophenmanagement und die Rolle der NGOs – am Beispiel von Überschwemmungen im ländlichen Bangladesch. In: Geographischer Jahresbericht aus Österreich, Band 62/63. Wien: Institut für Geographie und Regionalforschung, S. 215–232.

BINGHAM, A. (1989): Floods of Aid for Bangladesh. In: New Scientist 1693 (Dez. 1989), S. 42–46.

BLAIKIE, P., CANNON, T., DAVIS, I. und B. WISNER (1994): At Risk: Natural Hazards, People's Vulnerability, and Disaster. London: Routledge.

BOHLE, H.-G. (2008): Leben mit Risiko – Resilience als neues Paradigma für die Risikowelt von morgen. In: FELGENTREFF, C. und T. GLADE (Hrsg.): Naturrisiken und Sozialkatastrophen. Berlin / Heidelberg: Spektrum Verlag, S. 435–441.

BOHLE, H.-G., DOWNING, T. E. und M. WATTS (1994): Climate Change and Social Vulnerability: Toward a Sociology and Geography of Food Insecurity. In: Global Environmental Change 4 (1), S. 37–48.

BRAMMER, H. (1990a): Floods in Bangladesh I. Geographical Background to the 1987 and 1988 Floods. In: The Geographical Journal 156 (1), S. 12–22.

BRAMMER, H. (1990b): Floods in Bangladesh: Teil 2. Flood Mitigation and Environmental Aspects. In: The Geographical Journal 156 (2), S. 158–165.

BRAMMER, H. (2000): Flood Hazard Vulnerability and Flood Disaster in Bangladesh. In: PARKER, D. J. (Hrsg.): Floods. London: Routledge.

BRAMMER, H. (2004): Can Bangladesh be Protected from Floods? Dhaka: The University Press Limited.

BRAUN, B. und A. Z. M. SHOEB (2008): Naturrisiken und Sozialkatastrophen in Bangladesch – Wirbelstürme und Überschwemmungen. In: FELGENTREFF, C. und T. GLADE (Hrsg.): Naturrisiken und Sozialkatastrophen. Berlin / Heidelberg: Spektrum Verlag, S. 381–393.

BUCKLE, P. (2005): Disaster: Mandated Definitions, Local Knowledge and Complexity. In: PERRY, R. W. und E. L. QUARANTELLI (Hrsg.): What is a Disaster – Perspective on the Question. London: Routledge, S. 173–200.

BUET – Bangladesh University of Engineering and Technology (2008): Hydrological Aspects of Flood 2007, Final Report – R 03/2008, BUET. Dhaka: Institute of Water and Flood Management.

BWDB – Bangladesh Water Development Board (2008): Annual Flood Report 2007. Dhaka: Flood Forecasting and Warning Centre (FFWC)

CARLSON, J. M. und J. DOYLE (2002): Complexity and Robustness. In: Proceedings of the National Academy of Sciences 99, S. 2538–2545.

CHOWDHURY, R. (2000): An Assessment of Flood Forecasting in Bangladesh: The Experience of the 1998 Flood. In: Natural Hazards 22 (2), S. 139–163.

CUTTER, S. L. (1996): Vulnerability to Environmental Hazards. In: Progress in Human Geography 20 (4), S. 529–539.

Dartmouth Flood Observatory (2007): Internet: www.dartmouth.edu/~floods (Zugriff: 15.09.2008).

DIKAU, R. und J. WEICHSELGARTNER (2005): Der unruhige Planet – Der Mensch und die Naturgewalten. Darmstadt: Primus Verlag.

DMB – Disaster Management Bureau (1998): An Introduction to Disaster Management in Bangladesh. Ministry of Disaster Management and Relief. Dhaka: DMB.

ELAHI, K. M. (1992): Flood Hazard and the Approaches to Flood Management in Bangladesh. In: ELAHI K. M. et al. (Hrsg.): Bangladesh: Geography, Environment and Development. Dhaka: Bangladesh National Geographical Association, Jahangirnagar University.

FFWC – Flood Forecasting and Warning Centre (1999): Annual Flood Report 1998. Dhaka: Bangladesh Water Development Board (BWDB).

FFWC – Flood Forecasting and Warning Centre (2008): Annual Flood Report 2008. Dhaka: Bangladesh Water Development Board (BWDB).

FOLKE, C. (2006): Resilience: The Emergence of a Perspective for Social-Ecological Systems Analyses. In: Global Environmental Change 16 (3), S. 253–267.

HAQUE, C. E. (1995): The Climatic Hazards Warning Process in Bangladesh: Experience of, and Lessons from the 1991 April Cyclone. In: Environmental Management 19 (5), S. 719–734.

HAQUE, C. E. (1997): Hazards in a Fickle Environment: Bangladesh. Dordrecht: Kluwer Academic Publishers.

HAQUE, C. E. und I. BURTON (2005): Adaptation Options Strategies for Hazards and Vulnerability Mitigation: An International Perspective. In: Mitigation and Adaptation Strategies for Global Change 10, S. 335–353.

Haque, C. E. und D. Etkin (2007): People and Community as Constituent Parts of Hazards: The Significance of Societal Dimensions in Hazards Analysis. In: Natural Hazards 41 (2), S. 271–282.

Hofer, T. und B. Messerli (1997): Floods in Bangladesh: Process. Understanding and Development Strategies. Bern: Institute of Geography. University of Bern.

Holling, C. S. (1973): Resilience and Stability of Ecological Systems. In: Annual Review of Ecology and Systematics 4, S. 1–23.

Holling, C. S. (2001): Understanding Complexity of Economic, Ecological and Social Systems. In: Ecosystems 4, S. 390–405.

Hossain, M., Islam, A. T. M. A. und S. K. Saha (1987): Floods in Bangladesh: Recurrent Disaster and People's Survival. Dhaka: Universities Research Centre.

Hughes, R., Adnan, S. und B. Dalal-Clayton (1994): Floodplain or Flood Plains? A Review of Approaches to Water Management in Bangladesh. London: International Institute for Environment and Development.

IFRCRCS – International Federation of Red Cross and Red Crescent Societies (1988): World Disasters Report. Hrsg.: N. Cater. Geneva.

Islam, N. (1999): Flood Control in Bangladesh – Which Way Now? In: Ahmed, I. (Hrsg.): Living with Floods – an Excercise in Alternatives. Dhaka: The University Press Limited.

Islam, N. (2005): Natural Hazards in Bangladesh. Disaster Research Training and Management Centre (DRTMC). Dhaka: University of Dhaka.

Justyak, J. (1997): Azsia eghajlata. Debrecen: Kossuth Egyetemi Kiado.

Krug, J. A. (Krug-Mission Report) (1957): United Nations Technical Assistance Programme. Report No. TAA/Pak/15, Vol. I. June. Dhaka: East Pakistan Water and Power Development Authority (EPWAPDA).

Kumar, S. (2002): Methods for Community Participation – A Complete Guide for Practitioners: Intermediate Technology Publications Ltd.

Luthar, S., Cicchetti, D. und B. Becker (2000): The Construct of Resilience: A Critical Evaluation and Guidelines for Future Work. In: Child Development 71 (3), S. 543–562.

Miah, M. M. (1988): Flood in Bangladesh: A Hydromorphological Study of the 1987 Flood. Dhaka: Academic publishers.

Mirza, M. Q. (1998): Modelling the Effects of Climate Change on Flooding in Bangladesh. Unveröffentlichte Doktorarbeit. International Global Change Institute (IGCI), University of Waikato, Hamilton, New Zealand.

Nuscheler, F. (2005): Lern- und Arbeitsbuch Entwicklungspolitik: Bonn: Dietz.

Oliver-Smith, A. (1998): Global Changes and the Definition of Disaster. In: Quarantelli, E. L. What is a Disaster – Perspectives on the Question. London: Routledge, S. 177–194.

Paul, B. K. (1997): Flood Research in Bangladesh in Retrospect and Prospect: A Review. In: Geoforum 28 (2), S. 121–131.

Pearce, F. und O. Tickell (1993): West Sinks Bangladesh Flood Plan. In: New Scientist 1887 (Aug. 1993), S. 4.

Perry, R. W. und E. L. Quarantelli (Hrsg.) (2005): What is a Disaster – Perspective on the Question. London: Routledge.

Pritchard, L., Folke, C. und L. Gunderson (2000): Valuation of Ecosystem Services in Institutional Context. In: Ecosystems 3 (1), S. 36–40.

Quarantelli, E. L. (Hrsg.) (1998): What is a Disaster – Perspectives on the Question. London: Routledge.

Reimann, K.-U. (1993): Geology of Bangladesh. Stuttgart: Borntraeger (= Beiträge zur regionalen Geologie der Erde 20).

ReliefWeb 2008. Internet: http://reliefweb.int/rw/dbc.nsf (Zugriff: 12.09.2008)

ROGERS, P., LYDON, P. und D. SECKLER (1989): Eastern Water Study: Strategies to Manage Flood and Drought in the Ganges-Brahmaputra Basin. Arlington, VA: ISAPAN.

SEN, A. (2002): Ökonomie für den Menschen – Wege zu Gerechtigkeit und Solidarität in der Marktwirtschaft. München: Deutscher Taschenbuch Verlag.

SCHMUCK-WIDMANN, H. (1996): Living with the Floods: Survival Strategies of Char-Dwellers in Bangladesh. Berlin: Hilbert & Pösger.

SHOEB, A. Z. M. (2002): Flood in Bangladesh: Disaster Management and Reduction of Vulnerability – A Geographical Approach. Rajshahi: University of Rajshahi.

SHOEB, A. Z. M. (2004): Hochwasserkatastrophe in Bangladesh. In: Südasien 24 (2/3), S. 8–12.

SHOUHARDO Program: Mid-Term Review. 2007. Dhaka: CARE Bangladesh.

SIDDIQUE, Q. I. und M. H. CHOWDHURY (2000): Flood '98 – Losses and Damages. In: AHMAD, Q. K. et al. (Hrsg.): Perspectives on Flood 1998. Dhaka: The University Press Limited, S. 1–13.

UNDP /UNDRO (1992): An Overview of Disaster Management (2nd Edition). Disaster Management Training Programme. Geneva: UNDRO.

UNDRO / INTERTECH (1991): Disasters and Development, a UNDP/ UNDRO training module prepared by R. S. STEPHENSON and Disasters and Development: a study in institution-building prepared for UNDP by INTERTECT, January. Geneva: UNDRO.

WFP Bangladesh Bulletin, 1. Juli 2008; 9. September 2008. Dhaka: World Food Programme.

WISNER, B., BLAIKIE, P., CANNON, T. und I. DAVIS (^{2}2004): At Risk – Natural Hazards, People's Vulnerability and Disasters. London: Routledge.

Verzeichnis der Autorinnen und Autoren

Tibor Aßheuer, Mag. rer. nat., Geograph, Studium der Theoretischen und Angewandten Geographie an der Universität Wien.
E-Mail: tibor.assheuer@gmail.com

Rainer Einzenberger, Mag. rer. nat., Geograph, Program Coordinator Myanmar/Burma, Assistant to the Director, Heinrich Böll Stiftung South East Asia, Bangkok, Studium der Theoretischen und Angewandten Geographie an der Universität Wien.
E-Mail: einzenberger@gmail.com

Bianca Gantner, Mag. rer. nat., Geographin, Studium der Theoretischen und Angewandten Geographie an der Universität Wien.
E-Mail: bianca.gantner@gmx.at

Martin Heintel, Mag. phil., Dr. phil. habil., Geograph, Ao. Universitätsprofessor am Institut für Geographie und Regionalforschung der Universität Wien.
E-Mail: martin.heintel@univie.ac.at

Karl Husa, Mag. rer. nat., Dr. phil. habil., Geograph, Ao. Universitätsprofessor am Institut für Geographie und Regionalforschung der Universität Wien. Koordinator des „Asien-Schwerpunkts" am Institut für Geographie und Regionalforschung.
E-Mail: karl.husa@univie.ac.at

Heinz Nissel, Dr. phil. habil., Geograph, Ao. Universitätsprofessor i. R. am Institut für Geographie und Regionalforschung der Universität Wien.
E-Mail: heinz.nissel@univie.ac.at

Andrea Perchthaler, Mag. phil., Projektmitarbeiterin am Institut für Philosophie der Universität Wien, Studium der Internationalen Entwicklung an der Universität Wien.
E-Mail: andrea.perchthaler@univie.ac.at

Werner Schlick, Mag. rer. nat., Mag. phil., Geograph und Ethnologe, Studium der Theoretischen und Angewandten Geographie sowie der Kultur- und Sozialanthropologie an der Universität Wien.
E-Mail: werna.schlick@gmx.net

A. Z. M. Shoeb, Ph. D., Associate Professor, Department of Geography and Environmental Studies, University of Rajshahi, Bangladesh.
E-Mail: shoeb@ru.ac.bd

Günter Spreitzhofer, Mag. rer. nat., Dr. phil., Geograph und Journalist, Universitätslektor am Institut für Geographie und Regionalforschung der Universität Wien, Lehrer an einer allgemeinbildenden höheren Schule, Studium der Theoretischen und Angewandten Geographie an der Universität Wien.
E-Mail: guenter.spreitzhofer@univie.ac.at

Verzeichnis der Autorinnen und Autoren

Alexander Trupp, Mag. rer. nat., Geograph, Universitätsassistent am Institut für Geographie und Regionalforschung der Universität Wien, Universitätslektor am Institut für Kultur- und Sozialanthropologie der Universität Wien, Studium der Theoretischen und Angewandten Geographie an der Universität Wien.
E-Mail: alexander.trupp@univie.ac.at

Krisztina Veress, Mag. rer. nat., Geographin, Studium der Theoretischen und Angewandten Geographie an der Universität Wien.
E-Mail: k_veress@yahoo.de

Philip Weninger, Mag. rer. nat., Geograph, Studium der Theoretischen und Angewandten Geographie an der Universität Wien.
E-Mail: philip.weninger@gmail.com

Helmut Wohlschlägl, Mag. rer. nat., Dr. phil. habil., Geograph, Universitätsprofessor am Institut für Geographie und Regionalforschung der Universität Wien, Professur für Regionalgeographie. Gemeinsam mit Karl Husa Koordinator des „Asien-Schwerpunkts" am Institut für Geographie und Regionalforschung.
E-Mail: helmut.wohlschlaegl@univie.ac.at

ABHANDLUNGEN ZUR GEOGRAPHIE UND REGIONALFORSCHUNG

Die Bände der Reihe „Abhandlungen zur Geographie und Regionalforschung" erscheinen fallweise. Die Reihe dient einerseits der Veröffentlichung von umfangreichen Sammelbänden zu ausgewählten Themen und andererseits zur Publikation von Monographien über Ergebnisse der Forschungstätigkeit österreichischer Universitätsgeograph(inn)en.

Bisher in dieser Reihe erschienene Bände:

Band 12: **Regional Governance und Regionalplanung. Zwei Fallbeispiele aus Niederösterreich.**

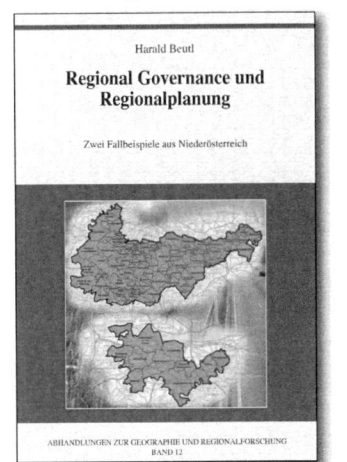

Harald Beutl
2010, 232 Seiten. ISBN: 978-3-900830-72-4 € 20,–

Unter den gegenwärtigen gesellschaftlichen Rahmenbedingungen scheint die Steuerungsleistung raumplanerischer Aktivitäten immer deutlicher abzunehmen. Versuche einer Verbesserung dieser Situation und einer Effizienzsteigerung in der Regionalplanung beziehen sich häufig auf das Konzept der „Regional Governance". Fachdiskurse dazu bewegten sich aber bisher auf einem hohen Abstraktionsniveau und lieferten wenig konkrete Umsetzungsvorschläge für die Praxis. Der Autor greift diese Problematik auf und analysiert aktuelle Planungsprozesse vor dem Hintergrund des Governance-Konzepts anhand zweier Fallbeispiele im Bundesland Niederösterreich.

Der konzeptionelle Teil liefert grundlegende Überlegungen zu den Elementen und Funktionsweisen des Regionalplanungssystems sowie zum Regional-Governance-Diskurs. Darauf aufbauend werden die wesentlichen Kernaussagen des Regional-Governance-Ansatzes dargestellt. Voraussetzung für die Beschreibung konkreter Ausprägungen von regionalen Steuerungsarrangements („Regional Governance") ist die detaillierte Rekonstruktion von Raumplanungsprozessen. Deshalb werden im empirischen Teil zwei verschieden institutionalisierte Raumplanungsmaßnahmen auf regionaler Ebene untersucht. Dazu wird eine qualitative Forschungsmethodik entwickelt, wobei der Regional-Governance-Ansatz in Verbindung mit dem „akteurszentrierten Institutionalismus" als heuristisches Diskussionsfeld dient. Die Auswertung des empirischen Materials erlaubt die retrospektive Beschreibung und den Vergleich der regionalen Steuerungsmechanismen. Im abschließenden Teil der Arbeit werden die Ergebnisse im Kontext der Forschungsmethode, der Planungstheorie und der Bedeutung für die Planungspraxis dargelegt.

Die analytische Verwendung des Regional-Governance-Ansatzes liefert erstmals systematisierte Detailkenntnisse über regionale Steuerungsprozesse und Planungskultur. Diese stellen eine wesentliche Voraussetzung für planungspraktische Empfehlungen und Möglichkeiten einer Effizienzsteigerung des Planungsprozesses dar.

Band 11: **UrlauberInnen am Urlaubsort in einem Land der sogenannten Dritten Welt. Verhalten und Handeln, Wahrnehmungs- und Deutungsmuster, subjektives Urlaubserleben – eine empirische Studie in Goa, Indien.**

Maria Mayrhofer
2008, 381 Seiten. ISBN: 978-3-900830-64-9 € 35,–

Die Tourismusdebatte hat eine lange Tradition und in jüngster Zeit lässt sich erneut ein Pendelschlag zurück zur Vision des verantwortungsvollen, respektvollen Reisens feststellen. Normative Vorgaben und Verhaltensempfehlungen werden unermüdlich wiederholt – nur ein Vorwurf bleibt unverändert im Raum stehen: Das Fehlen von konkreten empirischen Befunden über das unmittelbare Verhalten von UrlauberInnen an ihrem Urlaubsort, die viel zu geringe Bezugnahme auf die tatsächliche Erlebnisebene im Urlaubsraum.

Die Wirklichkeit von UrlauberInnen während ihres Aufenthaltes an einem Ort der sogenannten Dritten Welt zu erfassen, zu verstehen und zu erklären, ist Ziel dieser empirischen Studie. Forschungsfragen formulieren sich in größtmöglicher Offenheit: Welche Situationen haben während des Urlaubsaufenthaltes besondere Bedeutung, wie werden sie erlebt? Was wird in der Urlaubssituation wahrgenommen, was will wahrgenommen werden? Welche Haltung zeigt sich gegenüber anderen UrlauberInnen? Wie sieht der Kontakt zu Einheimischen aus, gibt es überhaupt Berührungspunkte, soll es sie geben? Wie verläuft nonverbale Kommunikation? Inwiefern prägen Vorstellungen und Erwartungen aus der alltäglichen Lebenswelt das Geschehen am Urlaubsort? Welche Rolle spielen Urlaubskonzeptionen in ihrer normativen Dimension? Wo gibt es Diskrepanzen zwischen Urlaubsnormen und dem tatsächlichen Verhalten? Wie wird das

ABHANDLUNGEN ZUR GEOGRAPHIE UND REGIONALFORSCHUNG

beobachtbare und beschreibbare Handeln von UrlauberInnen selbst wahrgenommen, kommentiert und interpretiert? Wie ist schließlich der Urlaubsraum, verstanden als Dimension des Handelns, zu erfassen?

Eine solche Forschungskonzeption impliziert den Einsatz von qualitativen Forschungsmethoden. Mit Hilfe von qualitativen Interviews, Zeichnungen der GesprächspartnerInnen, informellen Gesprächen, teilnehmender Beobachtung, ergänzt durch Fotos und Skizzen, wird versucht, die Wirklichkeit der Handelnden in den konkreten Handlungssituationen zu erfassen, um sie nachvollziehbar zu machen und schließlich interpretieren zu können.

Band 10: Ost- und Südostasien zwischen Wohlfahrtsstaat und Eigeninitiative. Aktuelle Entwicklungstendenzen von Armut, Alterung und sozialer Unsicherheit.

Hrsg: Karl Husa, Rolf Jordan und Helmut Wohlschlägl

Mit Beiträgen von Hans H. Bass, Ulrike Bey, Karl Husa, Rolf Jordan, Walter Kieweg, Kristin Kupfer, Nils Mevenkamp, Niklas Reese, Wolfram Schaffar, Christoph Schuck und Helmut Wohlschlägl.

2008, 242 Seiten. ISBN: 978-3-900830-63-2 € 20,-

Armut und soziale Ungleichheit sind globale Probleme, deren Ausprägung in Ost- und Südostasien besonders stark ist, da es in den meisten Ländern keine oder nur unzureichend entwickelte Sicherungssysteme gegen die Folgen von Arbeitslosigkeit und Krankheit oder zur Absicherung der Altersversorgung gibt. Mit dem Projekt „Armut, soziale Unsicherheit und Globalisierung – Für die Stärkung sozialer Sicherheit" hat sich das „Asienhaus" dieser Thematik angenommen und zentrale Fragen der Überwindung von Armut und sozialer Ungleichheit sowie der Schaffung sozialer Sicherheit in Asien im Rahmen von Publikationen und Veranstaltungen einem interessierten Publikum näher gebracht. Der vorliegende Sammelband dokumentiert wesentliche Themenfelder des Projekts und greift zum anderen weitere, im Laufe der Projektarbeit entwickelte Fragestellungen auf.

Die Beiträge des Buches diskutieren grundlegende Fragen, die für eine kritische Debatte über Armut, Alterung und soziale Unsicherheit in den Ländern Ost- und Südostasiens von zentraler Bedeutung sind. Im Blickpunkt steht dabei die Entwicklung sozialer Sicherungssysteme vor dem Hintergrund von Globalisierung und fortschreitender Weltmarktintegration. Die Beiträge greifen Fragen der Gesundheitsversorgung und des Alterungsprozesses der Bevölkerung ebenso auf wie solche des Wandels sozialer Absicherung unter Transformationsbedingungen und der Bedeutung sozialer Sicherheit für die Herausbildung demokratischer Strukturen in den Ländern der Region. Im Fokus des Interesses steht dabei immer auch die Frage, wie die Menschen mit anhaltend prekären Arbeits- und Lebensverhältnissen umgehen und welche (Über-)Lebensstrategien sich hieraus entwickeln.

Band 9: Place Identity und Images. Das Beispiel Eisenhüttenstadt.

Peter Weichhart, Christine Weiske und Benno Werlen

Mit Beiträgen von Gerhard Ainz und Christoph Sulzer sowie Marco Mehlin.

2006, 296 Seiten. ISBN: 978-3-900830-57-1 € 20,-

Im Rahmen des Stadtforschungsprojekts „Bauen und Wohnen im 21. Jahrhundert" wurde ein Forschungsvorhaben mit dem Titel „Stadt 2030" initiiert, in dessen Vordergrund das Ziel stand, für die beteiligten Kommunen Leitbilder, Konzepte und Szenarien der zukünftigen Entwicklung zu erarbeiten. Eine der zentralen Problemstellungen war auf die Begriffe „Identität" und „Image" bezogen. Dies galt in besonderem Maße auch für das Forschungsvorhaben „Eisenhüttenstadt 2030", über dessen Ergebnisse im vorliegenden Band berichtet wird.

Im ersten Hauptabschnitt wurde versucht, die konzeptionellen Unklarheiten aufzulösen, die in der Literatur bei der Behandlung der Themen „Image" und „Identität" auffallen, und ein kohärentes, umsetzungsorientiertes Deutungsmuster für die verschiedenen Phänomene der ortsbezogenen Identität vorzulegen. Im zweiten Hauptteil werden die Ergebnisse einer empirischen Erhebung zusammengefasst, die im Rahmen der Projektarbeit in Eisenhüttenstadt durchgeführt wurde. Ziel dieser Untersuchung war es, auf der Grundlage der theoretischen Überlegungen das aktuelle Image von Eisenhüttenstadt und seiner

ABHANDLUNGEN ZUR GEOGRAPHIE UND REGIONALFORSCHUNG

verschiedenen Quartiere sowie die emotionale Bindung der Wohnbevölkerung an diese Stadt zu ermitteln. Dabei werden auch Fremdbilder der Stadt dargestellt, wie sie in der Außensicht verschiedener Probandengruppen und in der Literatur zum Ausdruck kommen.

Die Öffnung des Eisernen Vorhangs und die einsetzende Restrukturierung der Industrie haben die Position der Stadt, des Stahlwerkes EKO Stahl und der Stadtbewohner in der ökonomischen und in der sozialen Welt grundlegend verändert. Diese Phase der – oftmals schmerzlichen und mühevollen – Neupositionierung der Akteure des Stadtgeschehens wird mit den empirischen Befunden der vorliegenden Arbeit detailliert nachgezeichnet.

Band 8: **Regionalmanagement in Österreich. Professionalisierung und Lernorientierung.**
Martin HEINTEL
2005, 319 Seiten. ISBN: 978-3-900830-56-4 € 20,–

Band 7: **„Heraus Forderung Migration". Beiträge zur Aktions- und Informationswoche der Universität Wien anlässlich des „UN International Migrant's Day"**
Hrsg.: Susanne BINDER, Gabriele RASULY-PALECZEK und Maria SIX-HOHENBALKEN
Mit insgesamt 23 Beiträgen (u. a. von Heinz FASSMANN, August GÄCHTER, Barbara HERZOG-PUNZENBERGER, Christiane HINTERMANN, Karl HUSA, Josef KOHLBACHER, Christof PARNREITER und Helmut WOHLSCHLÄGL).
2005, 282 Seiten. ISBN: 978-3-900830-49-6 € 20,–

Band 6: **Megastädte der Dritten Welt im Globalisierungsprozess.**
Mexico City, Jakarta, Bombay – Vergleichende Fallstudien in ausgewählten Kulturkreisen.
Hrsg.: Karl HUSA und Helmut WOHLSCHLÄGL
Mit Beiträgen von Martin HEINTEL, Heinz NISSEL, Christof PARNREITER und Günter SPREITZHOFER.
1999, 469 Seiten. ISBN: 978-3-900830-40-3 € 28,–

Band 5: **Einmal Peripherie – immer Peripherie?**
Szenarien regionaler Entwicklung anhand ausgewählter Fallbeispiele.
Martin HEINTEL, 1998, 265 Seiten. ISBN: 978-3-900830-32-8 € 19,–

Band 4: **Wohnchancen – Wohnrisiken.**
Räumliche Mobilität und wohnungsbezogene Lebensführung in Wien im gesellschaftlichen Wandel.
Elisabeth AUFHAUSER, 1995, 492 Seiten. ISBN: 978-3-900830-26-7 € 28,–

Band 3: **Innovationsaktivitäten in der österreichischen Industrie.**
Eine empirische Untersuchung des betrieblichen Innovationsverhaltens an ausgewählten Branchen und Raumtypen.
Manfred M. FISCHER und Gottfried MENSCHIK, 1994, 272 Seiten. ISBN: 978-3-900830-22-9 € 19,–

Band 2: **Beiträge zur Didaktik der Geographie.** Festschrift Ernest Troger zum 60. Geburtstag. Band 2.
Hrsg.: Karl HUSA, Christian VIELHABER und Helmut WOHLSCHLÄGL
1986, 288 Seiten. ISBN: 978-3-7019-5026-3 vergriffen

Band 1: **Beiträge zur Bevölkerungsforschung.** Festschrift Ernest Troger zum 60. Geburtstag. Band 1.
Hrsg.: Karl HUSA, Christian VIELHABER und Helmut WOHLSCHLÄGL
1986, 384 Seiten. ISBN: 978-3-7019-5025-6 vergriffen

Bestellung von Bänden und Anforderung von Informationen:
Institut für Geographie und Regionalforschung der Universität Wien,
zu Handen: Fr. Karin Mayer, Universitätsstraße 7, A-1010 Wien.
Tel.: +43-1-4277-48603, Fax: +43-4277-9486, E-Mail: geographie@univie.ac.at